LA PENA DE PRISIÓN ENTRE EL EXPANSIONISMO Y EL REDUCCIONISMO PUNITIVO

Lorenzo Morillas Cueva
(Director)

Lorenzo Morillas Cueva
(Director)

LA PENA DE PRISIÓN ENTRE EL EXPANSIONISMO Y EL REDUCCIONISMO PUNITIVO

Jesús Barquín Sanz
Ignacio F. Benítez Ortúzar
María Ángeles Calvo Alba
Miguel Ángel Cano Paños
Isabel Casanova Aguilar
Nuria Castelló Nicás
María José Cruz Blanca
Eva Mª Domínguez Izquierdo
Pilar Fernández Pantoja
Belén Macías Espejo
Lorenzo Morillas Cueva
David Lorenzo Morillas Fernández
Fátima Pérez Ferrer
Jaime Miguel Peris Riera
Mª José Sánchez Robert
José María Suárez López
Javier Valls Prieto

Dykinson, S.L.

La presente obra es el resultado final de la investigación realizada en el marco del Proyecto de Investigación DER 2012-35860 dentro de la Convocatoria de Proyectos de Investigación fundamental no orientada I+D del Plan Nacional I+D+I, concedido y financiado por el Ministerio de Economía y Competitividad, con la denominación de "Variables para una moderna política criminal superadora de la contradicción expansionista/reduccionista de la pena de prisión", bajo la dirección del Dr. Morillas Cueva, como investigador principal.

COLECCIÓN ENSAYOS PENALES

Dirigida por
LORENZO MORILLAS CUEVA

Este libro ha sido sometido a evaluación por parte de nuestro Consejo Editorial
Para mayor información, véase *www.dykinson.com/quienes_somos*

Editorial DYKINSON, S.L.
Meléndez Valdés, 61 - 28015 Madrid
Teléfono (+34) 915442846 - (+34) 915442869
e-mail: info@dykinson.com
http://www.dykinson.es
http://www.dykinson.com

ISBN: 978-84-9148-060-0
Depósito Legal: M-43850-2016

Preimpresión:
Besing Servicios Gráficos, S.L.
besingsg@gmail.com

Índice

ABREVIATURAS

AA.VV.	Autores varios
Acum.	Acumulado/s
ADPCP	Anuario de Derecho Penal y Ciencias Penales
AJA	Actualidad Jurídica Aranzadi
AN	Audiencia Nacional
AP	Audiencia Provincial
ARP	Sentencias de AP, AN y TSJ en materia penal (Aranzadi)
Art./Arts.	Artículo/Artículos
Assist.	Asistente
ATC	Auto del Tribunal Constitucional
BGB	Boletín Oficial Federal alemán
BGH	Tribunal Supremo Federal alemán
BGHSt	Sentencias del Tribunal Supremo Federal alemán
BVerfG NJW	Nueva publicación semanal jurídica del Tribunal Constitucional Federal
BVerfGE	Sentencias del Tribunal Constitucional Federal alemán
CE	Constitución Española
CEDH	Convenio Europeo de Derechos Humanos
CEE	Tratado Constitutivo de la Comunidad Económica Europea
Cfr.	*Cónfer*/Confrontar (con)
CGPJ	Consejo General del Poder Judicial
CIE	Centro de Internamiento de Extranjeros
CIS	Centro de Investigación Sociológica
Cit.	Citado
CJA	Criminal Justice Act/Ley de Justicia Penal
Coord./ s.	Coordinador/es
CP	Código Penal
CPA	Código Penal Anterior
CPC	Cuadernos de Política Criminal
CPTR73	Código Penal. Texto refundido de 1973
DGIP	Dirección General de Instituciones Penitenciarias
Dir./Dirs.	Director/es
DLI	Dispositivo para el inculpado/condenado
Dr.	Doctor
DT	Disposición Transitoria
Ed.	Edición

Ediz.	Edizione
Eds.	Editores
EE.UU.	Estados Unidos
Epígr.	Epígrafe
ET AL.	Y otros
Eta	Medida direccional de variables
FGE	Fiscalía General del Estado
FJ	Fundamento Jurídico
Fr.	Frecuencia/s
Ibd./Ibid / Ibídem...	En el mismo lugar/igual
IBM SPSS	International Business Machines Statistical Package for the Social Sciences (software de análisis estadístico para Ciencias Sociales de IBM)
IDGIP	Instrucción de la Dirección General de Instituciones Penitenciarias
IIPP	Instituciones Penitenciarias
JAI	Consejo de Justicia y Asuntos de Interior [Consejo de la Unión Europea]
JPD	Jueces para la Democracia
JR	Revista Jurídica
JUR............................	Sentencias y autos de la AN, TSJ, AP, Juzgados...
JVP	Juez de Vigilancia Penitenciaria
LASPOA....................	Legal Aid, Sentencing and Punishment of Offenders Act/ Ley de Ayuda Legal, Condena y Castigo de Delincuentes
LECrim	Ley de Enjuiciamiento Criminal
LEG...........................	Legislación consolidada
LI	Ley del Indulto
LO/LL.OO.	Ley Orgánica/Leyes orgánicas
LOEx.........................	Ley Orgánica sobre derechos y libertades de los extranjeros en España y su integración social
LOGP........................	Ley Orgánica General Penitenciaria
LOPJ	Ley Orgánica del Poder Judicial
LP..............................	Localización permanente
MF	Ministerio Fiscal
MQPL	Measuring the Quality of Prision Life/Medición de la Calidad de la Vida en Prisión
NJW	Revista alemana Neue Juristen Wochenschrift
NOMS	National Offernders Management Service/Servicio Nacional de Gestión de Infractores
Núm./N....................	Número
Ob. cit.	Obra citada
Op. cit./ Opus cit.	*opus citatum* (obra citada)

p./pp.	Página/Páginas
PACP	Proyecto Anterior del Código Penal
Pág./ Págs.	Página/Páginas
Párr.	Párrafo
Passim	En lugares varios
PJ	Poder Judicial
PLOCP	Proyecto de Ley Orgánica del Código Penal
PRC	Prisions Research Centre/ Centro de Investigación de Prisiones
Prof.	Profesor
RCL	Repertorio Cronológico de Legislación
RD	Real Decreto
REC.	Recurso
RECPC	Revista Electrónica de Ciencia Penal y Criminológica
Ref.	Referencia
RGD	Revista General de Derecho
RJ	Repertorio de Jurisprudencia
RP	Reglamento Penitenciario
RPIM	Responsabilidad penal por impago de multa
RPT	Relación de puesto de trabajo
RTC	Repertorio Aranzadi del Tribunal Constitucional
SAP	Sentencia de Audiencia Provincial
Sec.	Sección
SGIP	Secretaria General de Instituciones Penitenciarias
SQL	Staff Quality of Life survey / Encuesta sobre calidad de vida
ss.	Siguientes
SSAP	Sentencias de Audiencia Provincial
SSC Guideline	Scottish Sentencing Council/ Directriz Escocesa del Consejo de Sentencias
SSTC	Sentencias del Tribunal Constitucional
SSTEDH	Sentencias del Tribunal Europeo de Derechos Humanos
SSTS	Sentencias del Tribunal Supremo
STC	Sentencia del Tribunal Constitucional
StGB	Código Penal alemán
StPO	Código Procesal Penal alemán
STS	Sentencia del Tribunal Supremo
TBC	Trabajos en beneficio a la comunidad
TC	Tribunal Constitucional
TEDH	Tribunal Europeo de Derechos Humanos
Trad.	Traducción
TS	Tribunal Supremo
UE	Unión Europea
UNED	Universidad Nacional de Educación a Distancia

UPF	Universitat Pompeu Fabra
UV	Universidad de Valencia
Vid.	Véase
VMP	Clausulas vinculantes de modificación de la pena
Vol.	Volumen
VV.AA.	Varios autores

Introducción

El libro que tengo el placer de introducir es fruto de la investigación llevada a cabo por un amplio grupo de investigadoras e investigadores en el marco del Proyecto de Investigación DER 2012-35860 dentro de la Convocatoria de Proyectos de Investigación fundamental no orientada I+D del Plan Nacional I+D+I, concedido y financiado por el Ministerio de Economía y Competitividad, con la denominación de "Variables para una moderna política criminal superadora de la contradicción expansionista/reduccionista de la pena de prisión".

El título de la obra "La pena de prisión entre el expansionismo y el reduccionismo punitivo" completa los resultados más destacados de una investigación de calidad, multidisciplinar, intensa en su elaboración, actualizada y llevada a cabo por cualificados especialistas a los que he tenido el honor de dirigir. Viene a completar otras muchas publicaciones que sobre la materia hemos elaborado y editado a lo largo de los cuatro años de duración del Proyecto. Durante dicho periodo temporal el Código Penal español ha soportado varias reformas, la más importante cualitativa y cuantitativamente ha sido la desarrollada por la LO 1/2015, de 30 de enero, por la que se modifica la Ley Orgánica 10/1995, de 23 de noviembre, del Código Penal y que incidió con especial intensidad en algunas de las cuestiones básicas sobre el contenido de la materia a tratar.

La relevancia de esta institución jurídico-penal que marca la consecuencia del delito más intensamente limitadora de la libertad es una constante en la Ciencia del Derecho Penal y en el Derecho penitenciario. Con razón decía Welzel, el maestro del finalismo, que "desde el largo tiempo que la reflexión filosófica acompaña al hombre en el curso de su existencia, éste se interroga por el sentido y necesidad de la pena". Aquí radica el punto inicial del Proyecto y el final con este libro.

Varios son los parámetros sobre los que se ha fundamentado y que responden, con completa y fiel ejecución, a los propuestos en la Memoria original. Primero, el análisis de la realidad de la pena en general en una estructura de Estado social y democrático de Derecho, como proclama el artículo 1 de nuestra Constitución. No se ha planteado como un estudio en sentido tradicional de profundización en el concepto, fundamento, necesidad o fines de aquella con la reproducción de las teorías más sobresalientes al respecto, sino de situar los citados predicados sobre hipótesis de racionalidad democrática y social y de legitimidad material basada en la aplicación real de los principios que asientan dicha legitimidad desde la perspectiva constitucional con el objetivo de valorar y evaluar el grado y nivel de eficiencia y eficacia que se ha de requerir a una institución tan limitadora o, incluso, anuladora de derechos ciudadanos como ésta.

Segundo, se profundiza, a nivel nacional e internacional, en las contradicciones entre expansionismo y reduccionismo, y también entre cada uno de ellos, en principio, en relación con la pena de prisión

Tercero, se hace un análisis riguroso y comprometido sobre la controvertida dicotomia de no fácil armonización, prevalente, por otro lado, con mayor o menor intensidad en el panorama punitivo comparado: aumento de la utilización de la pena de prisión versus búsqueda de nuevas formas alternativas a ella.

Cuarto, se ahonda en la auténtica realidad de la pena de prisión tanto en su manifestación normativa como en su material aplicación desde una perspectiva esencialmente empírica que nos lleva a atender de igual modo al resto de las penas fijadas en el catálogo correspondiente del artículo 33 del Código penal, como alternativas derivadas de la propia naturaleza de las penas, no tanto en su contenido conceptual como en el comparativo con la de prisión, y a las alternativas específicas, desde un enfoque instrumental prioritariamente con vocación estadística, penitenciaria, sociológica y criminológica.

Se ha construido con ello un sólido armazón científico, dogmático, legislativo y fundamentalmente práctico que nos ha servido para elaborar una auténtica propuesta político criminal propia del siglo XXI. En definitiva, el objetivo final ha sido, sobre la recopilación, interpretación y evaluación de los datos e hipótesis que se han obtenido de la metodología investigadora utilizada, conseguir, sobre ellos, un diagnóstico completo de la efectiva incidencia del sistema de penas, con la amplitud mencionada, de sus carencias y debilidades actuales, para proyectar unas variables político-criminales que superan, creo, las permanentes contradicciones de un expansionismo sin al parecer límites y un reduccionismo perdido, a veces, en versiones no totalmente aceptadas socialmente.

Sobre semejantes parámetros se ha dividido la obra en cuatro partes, diferenciadas en su contenidodo pero coordinadas entre sí por los objetivos prioritarios a cubrir.

La primera de ellas está dedicada a la pena de prisión como tal, en una especie de introducción conceptual y situacional de la reacción punitiva. Cinco son los capítulos que la integran. Comienza con una amplia y documentada valoración de la pena en estudio, desde sus mecanismos programáticos y conceptuales y su desarrollo generalmetne expansionista: "La pena de prisión en la sociedad actual" –Dr. Morillas Cueva. Universidad de Granada–. El segundo, base y razón del sistema punitivo, trata de su vinculación constitucional, "Pena de prisión y constitución" –Dra. Casanova Aguilar. Universidad de Murcia–. El siguiente capítulo responde a un elaborado estudio estadístico-valorativo sobre la presencia de la pena de prisión en nuestro Texto punitivo, de gran interés para detectar, con datos, la realidad legislativa de su utilización –"Nuevo impulso expansionista de la pena de prisión. Así se distribuyen las penas en el Código Penal español tras la reforma de 2015". Dr. Barquín Sanz. Universidad de Granada–. El cuarto se dedica en parecida línea a una cuestión más específica pero de parecida relevancia –"Individualización judicial y fines de la pena. Discrecionalidad *ver-*

sus arbitrariedad en la fase judicial de concreción de la pena exacta". Dra. Cruz Blanca. Universidad de Jaén–. Finaliza esta parte con un relevante estudio que pone en relación el sistema penal y el derecho premial y su inferencia en la aplicación y ejecución de la pena de prisión – "Incidencia de las actuaciones *post-facto* en la determinación de la pena". Dr. Benítez Ortúzar. Universidad de Jaén–.

La segunda – "Suspensión de pena y otras variables alternativas a la pena de prisión"– trata de las alternativas a tal pena como modelo de un posible reduccionismo eficaz y efectivo de aquella. Si la reiterada pena proyecta una cierta voracidad punitiva, sus sustitutos, como respuesta, se muestran en sus más diversas dimensiones como un fenómeno complejo , necesario de resolver y cuya extensión provoca situaciones encontradas, relevante protagonismo tanto en la doctrina como en la jurisprudencia e, incluso, en las propias legislaciones penales en una búsqueda inacabada y, en la mayoría de las ocasiones, superficial y contradictoria de alternativas válidas y socialmente adecuadas al encarcelamiento.

Con esta perspectiva se materializan las diversas hipótesis que al respecto nuestro legislador propone después de la reforma de 2015. Se principia con una valoración general de la nueva forma integradora a través de la suspensión que el texto punitivo hace de las formas sustitutivas de la ejecución de las penas privativas de libertad –"El nuevo modelo omnicomprensivo de suspensión de la ejecución de la pena". Dr. Peris Riera. Universidad de Murcia–. A continuación los siguientes capítulos atienden a la suspensión – **"**Régimen general en materia de suspensión de la ejecución de la pena: presupuestos y requisitos**".** Dra. Fernández Pantoja. Universidad de Jaén –y a sus diversas variables, como la especial consideración suspensiva que se tiene para los drogodependientes –"La suspensión de la ejecución de la pena en situaciones de drogadicción". Dra. Castelló Nicás. Universidad de Granada–, la única sustitución de pena real que ha quedado compatible con la suspensión y de exigente valoración crítica –"Sustitución y expulsión de extranjeros". Dra. Macías Espejo. Universidad de Jaén–, o la mantenida dentro de este capítulo, integrada como forma autónoma de suspensión, libertad condicional que supone una evidente disfuncionalidad con respecto a su consideración por la Ley General Penitenciaria, como último grado del sistema de individualización científica –"La libertad condicional". Dra. Domínguez Izquierdo y Dra. Fernández Pantoja. Universidad de Jaén–. Se incluyen asimismo otras hipótesis de incidencia general como especies de sustitutivos no encuadrables dentro del amplio concepto de suspensión, pero con efectos alternativos en relación a la pena en estudio –"Sobre la problemática del indulto y sus límites: la extinción total o parcial de la responsabilidad criminal y la conmutación de penas". Dra. Pérez Ferrer. Universidad de Almería–. Concluye esta parte, con la valoración profundamente crítica de una controvertida alternativa de la alternativa. Hasta este momento se ha trabajado sobre las alternativas a la pena de prisión; ahora se presenta la pena de prisión como alternativa en negativo a la de impago de multa, lo que no deja de ser una cierta quiebra del sistema que se plantea en este libro y del propio desarrollado en el Texto punitivo, al menos como declaración programática en su Exposición de Motivos –La prisión: ¿una "alternativa" al impago de la multa? Dra. Domínguez Izquierdo. Universidad de Jaén–.

La tercera, hace referencia a la ejecución de la pena y se sustenta en dos amplios capítulos. Uno, ocupado por los beneficios penitenciarios, con especial referencia a la antigua redención de penas por el trabajo –"Los beneficios penitenciarios como mecanismo reduccionista de la pena de prisión: La aplicación de la redención de penas por el trabajo veinte años después de su derogación". Dr. Morillas Fernández. Universidad de Murcia–; otro, por un extenso estudio empírico-valorativo sobre la opinión de los internos en Centros de referencia acerca del sistema penitenciario y de la ejecución real de la pena de prisión –"Percepción de la calidad de vida en prisión por los reclusos en dos centros. *Una aproximación en materia de reinserción.* Drs. Barquín Sanz, Cano Paños, e investigadora Calvo Alba–.

La cuarta y última está abierta a otras cuestiones, obviamente relacionadas con el objeto de la investigación. El primero de sus capítulos se dirige al análisis de los mecanismos electrónicos de control, pero también a su posible utilización como alternativa a la pena de prisión en determinados casos –"El tratamiento penal de la inutilización de los dispositivos electrónicos de control de cumplimiento de penas, medidas cautelares o de seguridad". Dr. Suárez López. Universidad de Granada–. El segundo, conjuga el estudio de una pena privativa de libertad de larga duración y de controvertida ubicación y alcance en el Código Penal español, tras la reforma de 2015, con su presencia en los países de la Unión Europea, especialmente en el sistema de penas español y alemán –"La constitucionalidad de la pena de prisión permanente revisable en la Unión Europea. Especial referencia a las legislaciones española y alemana" –Dra. Sánchez Robert. Universidad de Granada–. Termina esta parte en línea con la anterior con un estudio aproximativo del sistema de penas en el ámbito anglosajón, con referencia a Inglaterra y Gales –Dr. Valls Prieto. Universidad de Granada–.

Finaliza tan completo trabajo – sobre el que, si además de introductor no fuera asimismo su director, me permitiría la licencia, eso sí basada en la objetividad, de calificarlo como un inigualable Tratado político criminal sobre la pena de prisión– con una síntesis de resultados que a manera de conclusiones ofrece al lector de manera escueta los más relevantes objetivos conseguidos durante toda la investigación y plasmados en este texto que evidencia un verdadero compromiso científico y político criminal sobre la legitimación, alcance y función de la pena de prisión en un Estado garantista, motivador de normas que respondan a las exigencias constitucionales del Estado social y democrático de Derecho y que, en relación con el Derecho penal, pasan por el principio de intervención mínima, y en cuanto a la pena, y fundamentalmente a la de prisión, por un reduccionismo de extrema exigencia. Esa amarga necesidad para la sociedad que es el Derecho punitivo, se intensifica en su reducción con la apreciación de la pena de prisión como *ultima ratio* de la *ultima ratio* que es el Derecho penal dentro del Ordenamiento jurídico.

He de concluir este breve opúsculo introductorio, mas no quiero hacerlo sin manifestar mis agradecimientos, que es tanto como escribir de satisfacciones y complacencias; a veces tan difíciles de conseguir en el ámbito del trabajo universitario y de la dedicación investigadora, salpicados por formalismos inútiles, burocracias estériles y evaluaciones sin especial sentido y ajenas a la auténtica calidad de lo investigado y de lo escrito. En primer lugar, a todos los compañeros y compañeras que, especialmente motivados por una investigación de calidad, han trabajados sin horarios, sin RPT, solo con su compromiso científico, su aptitud profesional y su responsabilidad universitaria –a veces, sacudidos en su paciencia de manera inmisericorde por este director–. Cuántas loas necesitaría para hacer justicia, pero lo he de dejar en una cita de Plutarco "el incienso, para los dioses; las alabanzas para los buenos". Al Ministerio de Economía y Competitividad, que ha financiado el Proyecto base de este libro. A la Editorial Dykinson que año tras año, lustro tras lustro evidencia su implicación con las Ciencias jurídicas, tan necesitadas de apoyo y comprensión por instancias institucionales. A la Universidad pública española que, a pesar de demasiados pesares, sigue manteniendo la llama de la ilusión y el compromiso de muchos y muy excelentes docentes e investigadores con la esperanza de futuro, de ese largo mañana que todavía nos espera, de que a través de la autocrítica se siga avanzando en el camino interminable por apasionante de la calidad y el rigor científico.

LORENZO MORILLAS CUEVA

Parte primera

Pena de prisión

Capítulo primero
La pena de prisión en la sociedad actual

LORENZO MORILLAS CUEVA
Catedrático de Derecho Penal en la Universidad de Granada

Sumario: I. Introducción.- II. Referencias conceptuales de la pena de prisión.- III. Evolución normativa y programática a nivel internacional y nacional.- IV. Reduccionimo a través de alternativas a la pena de prisión.- V. Valoración final.

I. INTRODUCCIÓN

Una de las instituciones que dentro del ámbito jurídico tienen una mayor proyección social es la pena en general y en concreto la pena de prisión, como baluarte máximo de la reacción del Estado frente a las conductas delictivas, sobre todo en aquellos países como es España en los que afortunadamente no tiene espacio la de muerte. Con semejante perspectiva, tanto histórica como actual, su presencia en cualquier sistema jurídico-penal parece inevitable. Ello no quiere decir que su presentación a lo largo del tiempo haya sido una constante pacífica en cuanto a su utilización, efectos y alcance. Fundamentalmente es, desde esta perspectiva introductoria en la que la estoy mostrando, un importante mecanismo de control social que intenta proteger la pacífica convivencia de los ciudadanos y que se legitima en su necesidad, "amarga necesidad" que refería el Proyecto Alternativo de Código penal alemán. Sin embargo, semejantes hipótesis explicativas son revisadas en la actualidad desde enfoques críticos que pretenden conducir hacia la idea de una permanente crisis del Derecho punitivo; hipotética, en todo caso, diría yo, pues la tendencia legislativa no solo en España sino en prácticamente todo el Derecho comparado camina hacia presupuestos de expansión que, en ocasiones, resultan sumamente discutibles cuándo no sorprendentes para una moderna y legitimada en parámetros democráticos y sociales Ciencia punitiva que tiene, como uno de sus más destacados protagonistas, la susodicha pena de prisión.

Con tal dimensión es conveniente admitir que la pena de prisión se muestra, al menos sobre las coordenadas actuales del sistema social y jurídico, como un mal necesario –se le ha comparado por un sector de la doctrina, no sin falta de razón, como un enfermo terminal con salud de hierro[1]; aunque ya IHERING señaló, resaltando su posible crisis, que la historia de la prisión es la historia de su abolición y MAPELLI CAFFARENA, aún negando la mayor, precisa la tendencia, en una posición más cautelosa pero posiblemente más realista, no hacia su desaparición sino a una evolución dirigida a recortar los tiempos máximos y mínimos de estancia real en prisión desde la afirmación de que "ni la prisión perpetua ni las penas de larga duración pueden tener cabida en un sistema penitenciario orientado hacia la resocialización, que aspira ante todo a crear unas expectativas para una futura incorporación pacífica del penado en sociedad"[2]– en cualquier sociedad como forma de actuación para prevenir conductas criminales sobre las premisas de la amenaza de la pena y, caso de realizarse la conducta típica, su imposición. No obstante, en lo que, en principio, puede parecer una incongruencia, que no lo es, muchas legislaciones actuales se afanan –en la mayoría de los casos bien es cierto que no se sobre una profunda convicción del legislador que sigue apostando, a veces con cierto empecinamiento, por el mantenimiento e incluso aumento de las penas de prisión, en un continuo expansionismo del propio Derecho punitivo, no sólo en la elaboración de nuevos tipos sino también en el incremento de la duración de las penas privativas de libertad– en buscar alternativas, más o menos válidas, a la excesiva aplicación de la prisión como respuesta. Como dice el autor antes citado, en el Derecho comparado, también en el español, desde hace décadas se buscan fórmulas para evitar el ingreso en prisión, sobre todo para estancias cortas[3]. Loable afirmación pero cada vez más oscurecida por los planteamientos expansionistas de nuestros legisladores y el abusivo uso que se hace de dicha pena, como en este libro se ha de demostrar.

Verdad es que el modelo de penas y los fundamentos básicos que lo sustentan generalmente se asientan en un cierto nivel garantizador de principios fundamentales limitativos del *ius puniendi* en un Estado social y democrático de Derecho que en él se manifiestan como una realidad práctica y normativa de imprescindible referencia y que presupone, cada vez más, la exigencia de una valoración intensa y clara que rompa, de esta manera, ciertas torpezas históricas de alejamiento por parte de un sector de la doctrina en relación a esta institución jurídico-penal[4]. En consecuencia, del propio concepto de que se parta, de su justificación y fines dependerá, en gran medida, la propia idea de Derecho penal que se sustente, sobre el entendimiento inicial de que la función de éste, como ya he advertido, depende de la que se le asigne a la pena, y más especialmente a la de privación de libertad, como el medio más frecuente y característico

---

[1] *Vid.*, por todos: BENITO DURÁ, Mauricio. *Sistemas penitenciarios y penas alternativas en Iberoamérica. Análisis a partir de la situación de la criminalidad y de las políticas criminológicas.* Valencia, 2009, pág. 254.

[2] MAPELLI CAFFARENA, Borja. "*Las consecuencias jurídicas del delito*". 5ª ed., Navarra, 2011, pág. 81. En parecidos sentido: QUINTERO OLIVARES, Gonzalo. *Parte General del Derecho Penal.* 5ª ed., Navarra, 2015, págs. 553-554.

[3] MAPELLI CAFFARENA, Borja. *Las consecuencias...* cit., pág. 86.

[4] En tal línea, y en atención a la función del Derecho penal en el Estado social democrático de Derecho derivada de la propia pena, *vid,* por todos: MIR PUIG, Santiago, *Derecho Penal. Parte General.* 10ª ed., 1ªreimpresión corregida, Barcelona, 2016, págs. 100-105.

de la intervención penal[5]. Por lo dicho, es conveniente, asimismo, señalar que no todo lo anterior ha de concebirse con un sectario automatismo sino que, por el contrario, es fundamental y, por ello mismo, adecuado, reflexionar sobre el alcance de semejante componente de la estructura punitiva, lo que ha llevado a profundos e interesantes debates propiciados desde las más encontradas posiciones ideológicas y dogmáticas.

En cualquier caso y soy reiterativo en dicha aseveración, parece claro que la pena, y dentro de ella la de prisión, es el instrumento más utilizado, como respuesta a la criminalidad, por una sociedad donde parece que crecen los peligros, hasta convertirse en una sociedad de riesgo, y donde las reacciones a determinadas convicciones generalmente asentadas en premisas mediáticas son la de exigir una más intensa y rígida lucha contra la criminalidad que inevitablemente camina hacia una intensificación de los medios de reacción punitivos. Además, los gobiernos y, en consecuencia, las legislaciones, se muestran interesadamente sensibles a trasladar dichas demandas a los textos penales, cuando no a incentivarlas[6]. Semejante comprensión egoísta de la instrumentalización del Derecho penal y de su consecuencia jurídica más relevante, la pena de prisión, lleva a lo que algunos autores denominan populismo punitivo y que concretan en un uso abusivo del Derecho penal por las estructuras de poder bajo el paraguas de tres afirmaciones sostenedores: a) más penas y de mayor intensidad reducen el delito; b) las penas ayudan a reforzar el consenso moral existente en la sociedad; c) las presuntas ventajas electorales derivadas de lo anterior oscurecen otras consideraciones garantistas y de eficacia del propio Derecho penal[7]. Ninguna de estas tres hipótesis son completamente verificables sino todo lo contrario pues muestran una forma de entender el Derecho penal moderno como un instrumento político, retribucionista y alejado de los postulados más básicos de un *ius puniendi* concebido como última ratio del Ordenamiento jurídico sobre premisas garantistas. Como tampoco lo es que la ciudadanía perciba el binomio seguridad-inseguridad como una de

---

[5] Sobre esta idea *vid.*, MORILLAS CUEVA, Lorenzo. "La función de la pena en el Estado social y democrático de Derecho". En *Revista Internacional de Doctrina y Jurisprudencia.* Vol 4, 2013 págs. 1 a 26. También, acerca de la misión y legitimación del Derecho Penal y de sus consecuencias: MORILLAS CUEVA, Lorenzo. *Sistema de Derecho Penal. Parte General. Fundamentos conceptuales y metodológicos de Derecho Penal. Ley Penal.* 3ª ed., Madrid, 2016, págs. 85 y ss. Con mayor extensión: "¿Pasa la legitimación de la pena de prisión en una sociedad democrática por una política criminal reduccionista?". En *Revista Internacional de Doctrina*...cit., vol 8, diciembre 2014, págs. 1 a 36. Asimismo: "Derecho Penal, pena de prisión y garantías en su ejecución". En *Derecho Penal en tiempos de cambio.* Libro Homenaje a Luis Fernando Niño. Coord. Arnel Medina Cuenca. La Habana, 2016, págs. 67-97.

[6] *Vid.*, con mayor profundidad: DÍEZ RIPOLLÉS, José Luís. "El Derecho penal simbólico y los efectos de la pena", Actualidad Penal, nº 1, 2001, págs. 2 y ss. El mismo autor, añade junto al concepto de riesgo, el de expansionismo, como otra de las ideas motrices del debate sobre la modernización del Derecho penal, incluso este sufre una transformación de la expansión modernizadora del derecho punitivo en una expansión securitaria e intensiva, no tanto extensiva, lo que incide en los Códigos penales. DÍEZ RIPOLLÉS, José Luís. "De la sociedad del riesgo a la seguridad ciudadana: Un debate desenfocado". En *Derecho penal y política transnacional.* Coords. Bacigalupo, S-Cancio Meliá. Barcelona 2005, págs. 256-260.

[7] Por todas, vid, al respecto: LARRAURRI PIJOAN, Elena. "Populismo punitivo y penas alternativas a la prisión". En *Derecho penal y política transnacional* cit., págs. 284-285.

sus máximas preocupaciones. En tal sentido se puede visualizar y al mismo tiempo ejemplificar, con la opinión que los españoles tienen sobre la incidencia negativa de la denominada inseguridad ciudadana como problema.

Percepción por los españoles de la seguridad ciudadana como problema. Noviembre 2016

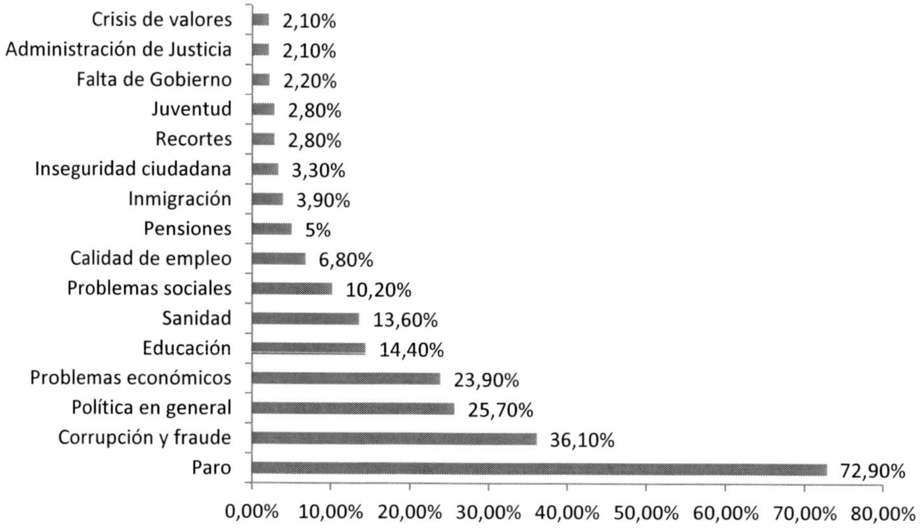

Fuente: Centro de Investigaciones Sociológicas (CIS)

Sobre datos de CIS, que periódicamente muestra la percepción de los españoles acerca de los problemas que más les afectan, previa consulta a los ciudadanos, fechados en el último mes que en el momento de elaborar este trabajo estaba publicado, esto es, noviembre de 2016 y seleccionados los dieciséis problemas que en opinión de aquellos más afectan al conjunto de la sociedad española, destaca la situación, realmente baja en preocupación de la inseguridad ciudadana, undécima con un 3,30%, muy inferior de la media europea; mientras que cuestiones como el paro, 72,90, la corrupción y el fraude 36,10%, políticos en general, partidos políticos y política con un 25,70% son las tres preocupaciones principales que se manifiestan actualmente en España según los propios ciudadanos. Seguidas muy de cerca por los problemas económicos y a más distancia por cuestiones como la educación, la sanidad, los problemas sociales, todos por encima del 10%; entre el 5% y el 10%, la calidad de empleo y las pensiones. En el bloque final de 2% al 5% aparece la inseguridad ciudadana con una relevancia realmente pequeña en cuanto a incidencia y de difícil motor justificador de medidas expansivas en el ámbito punitivo.

Analizo a continuación para cerrar este inciso sistemático dedicado al binomio seguridad-inseguridad en clave de ejemplo poco concluyente para reafirmar algunas de las líneas que a nivel nacional e internacional se han evocado en el discutible sentido indicado.

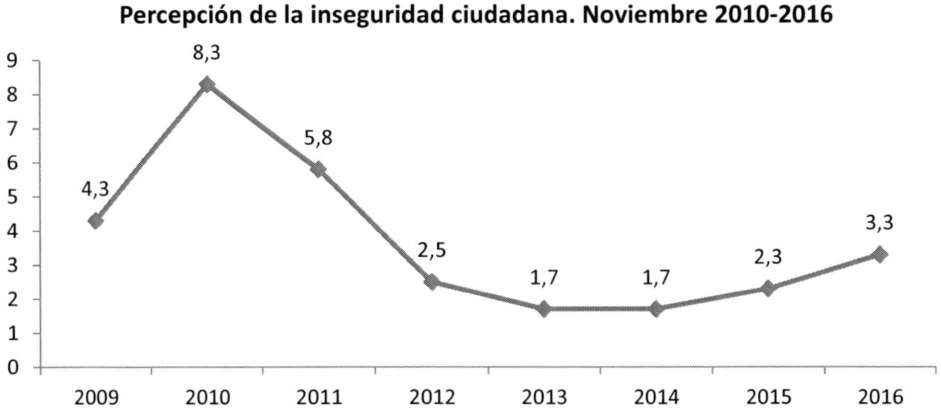

Fuente: Centro de Investigaciones Sociológicas (CIS)

Se ha empleado en este gráfico la misma fuente para su realización, con la variable de utilizar en los ocho años evaluados los datos del mes de noviembre que son los últimos publicados, con respecto a 2016, como anteriormente he dicho. Se puede visualizar una ondulante tasa temporal de más a menos aunque con un cierto rebrote en los dos últimos años examinados. La cresta del máximo se sitúa en el 2010, año en que precisamente entra en vigor la LO 5/2010 y es a partir de ese momento cuando desciende espectacularmente hasta situarse en los años 2013 y 2014 en su índice más bajo de 1,7%. Curiosamente sobre este insignificante nivel, el legislador español estima que hay que reformar el Texto punitivo con conocidos criterios expansionistas, lo que da lugar a las LO 1/2015 y 2/2015 de 30 de marzo, con entrada en vigor el 1 de julio. Es en ese año y en el siguiente, 2016, cuando cambia la tendencia y se vuelve a incrementar la percepción de inseguridad entre la ciudadanía; todavía en porcentaje mínimo, por lo que sigue sin ser una preocupación destacada dentro de los problemas más relevantes que afectan a la ciudadanía pero sí expresa una contradicción precisamente por los objetivos a cubrir por las leyes indicadas de 2015.

En todo caso, semejantes apreciaciones no evitan el reconocimiento real de que ciertos sectores sociales hagan de la pena de prisión un objetivo de respuesta a la delincuencia y a la inseguridad que puede generar y que se pretende manifestar como soporte de presión del apoyo popular a la utilización de dicha pena en la compresión no verificable de que a mayor dureza punitiva menos delincuencia y más seguridad ciudadana. Frente a ello, o junto, se requiere una progresiva sensibilización de la comunidad sobre la importancia y necesidad de las penas alternativas a la prisión y de sustitutivos eficaces a ella.

Referencia, diferenciada del puntual ejemplo anterior, de esta no justificada y, en ocasiones, perversa tendencia es la evolución que se ha producido en el sistema anglosajón, fundamentalmente en los dos países de mayor influencia en este campo: Estados Unidos e Inglaterra. Inicialmente, en los años sesenta, se exhiben como impulsores de una atractiva política criminal de tratamiento individualizado para pasar, al poco tiempo, de manera radical y ante las pretendidas carencias de aquélla a un modelo de imposición de penas en atención casi exclusiva al criterio del injusto o del mal causado que es, además y preocupantemente, dirigida, con provecho de los sectores dirigentes, hacia una progresiva intensificación de las sanciones penales y un consecuente alargamiento de las privaciones reales de libertad, cuando no, y todavía, en casos graves, de la misma vida, en algunos Estados del primero de los países señalados. Introducción de cánones retribucionistas que llevan a una desproporcionada dureza ausente, frecuentemente, de parámetros racionales y humanitarios en la determinación de la pena y alejados de algunas de las garantías básicas de los ciudadanos, aunque estos hayan delinquido y la sociedad se tenga que defender ante ataques de tal naturaleza a sus bienes jurídicos más preciados.

Este emergente populismo punitivo, ya situado expresamente en EEUU, es valorado sobre sus fuentes creadoras por TONRY y resumido por LARRAURRI PIJOÁN[8] y que adapto a esta narración: a) premisa: el aumento del índice de delitos en EEUU –década de los 90–; contra-premisa: incorrecta la consecuencia porque se puede actuar de otro modo. b) premisa: opinión pública intensamente punitiva; contra-premisa: explicación no asumible ya que ni la opinión pública es monolítica y, además, la iniciativas políticas al respecto preceden a la opinión pública. c) premisa: rentabilidad electoral; contra-premisa: no está demostrado que la etiqueta de "blando" incida directamente en una pérdida de elecciones –curiosamente en España ha sucedido todo lo contrario pues las grandes reformas del Texto punitivo, en su inmensa mayoría expansionistas en relación los delitos y a las penas, han concluido con la pérdidas electorales de los partidos que las propiciaron. Así, Código de 1995, reformas de 2003, reforma de 2010, reforma de 2015 –en este caso con pérdida de la mayoría absoluta que tenía en la anterior legislatura, cuando se aprobó la reforma, el partido en el Gobierno, en el Congreso de los Diputados. Evidentemente ni en esta hipótesis ni en las anteriores cronológicamente explicitadas, supone una relación directa de causa-efecto, pero tampoco lo contrario–; d) premisa: exigencia de legitimación de los gobiernos en momentos de crisis que llevan a la obligación de "hacer algo"; contra-premisa: no necesariamente la vía para neutralizar dicha situación ha de ser la del populismo punitivo, pues otros países en circunstancias parecidas no han optado, al menos exageradamente por esa hipótesis. e) premisa: percepción de una sociedad de riesgo que tiene que "defenderse" fundamentalmente con el Derecho punitivo; contra-premisa: igual respuesta que en la anterior. f) premisa: motivos históricos; contra-premisa: la más débil, al menos para mí, de las expuestas, siendo todas bastante objetables, pues aquella no puede mediatizar ni orientar las reacciones punitivas modernas.

Dicho esto tanto a nivel de derecho comparado como de aplicación interna en el derecho positivo español es conveniente mostrar en clave de estadísticas a nivel mundial la diferenciación notable en el uso y ejecución real de la pena de prisión. Lo he de hacer con una muestra a dicho nivel, con referencia cuantitativa de EEUU, de la población en prisión por cada 100.000 habitantes.

---

[8] Ibd., págs. 284-286.

PAÍS	TASA x 100000 Habs.	FECHA
AMÉRICA DEL NORTE		
EEUU	693	Finales 2014
Canadá	114	Octubre 2014
EUROPA		
Alemania	78	Marzo 2016
España	129	Octubre 2016
Francia	101	Octubre 2016
Inglaterra/Gales	147	Noviembre 2016
Italia	91	Octubre 2016
Rusia	441	Noviembre 2016
Suecia	53	Inicios 2016
Turquía	238	Abril 2016
AMÉRICA DEL SUR		
Argentina	160	Final de 2014
Brasil	307	Finales 2014
Chile	238	Octubre 2016
Perú	252	Junio 2016
Venezuela	159	Mayo 2015
CENTROAMÉRICA		
Costa Rica	352	Septiembre 2014
Guatemala	124	Julio 2016
México	192	Julio 2016
CARIBE		
Cuba	510	Mayo 2012
Puerto Rico	349	Septiembre 2016
República Dominicana	232	Septiembre 2016
ÁFRICA		
Angola	96	Agosto 2015
Argelia	156	Finales 2013
Marruecos	222	Abril 2015
Sudáfrica	291	Marzo 2016
ASIA		
China	118	Mitad 2015
India	33	Finales 2015
Japón	47	Mitad 2015
OCEANÍA		
Australia	152	Junio 2015
Islas Fiji	174	Septiembre 2015
Nueva Zelanda	208	Septiembre 2016

Fuente: World Prison Brief. 2016

La comparativa mostrada pone de manifiesto la expansiva utilización de la pena de prisión en EEUU, convirtiéndose de esta manera en el país del fácil encarcelamiento. Asimismo y con un índice preocupante se significan Cuba, Rusia, Puerto Rico, Brasil, Sudáfrica, Perú, Chile, Turquía, República Dominicana, Marruecos, Nueva Zelanda, todos ellos por encima de 200, aunque muy alejados de EEUU. Por continentes, incluso con la división establecida para el americano, sobresale éste en primer lugar en el que las tasas son sumamente elevadas en su totalidad, y por sectores individualizados, es decir en los cuatro clasificados –media por encima de los 200–. Situación intermedia se evidencia en África y Oceanía, con tendencia al alza. En el lado contrario se manifiestan Europa y Asia. En la primera, si se excluye a los no pertenecientes a la Unión Europea, Rusia y Turquía –la situación híbrida en este momento de Inglaterra/Gales hace que se le haga una valoración diferenciada que pone de manifiesto la expansión del sistema anglosajón en el que se mueve, la más alta de los miembros originales de la Europa de los quince–, las tasas son bastante esclarecedoras acerca del "prudente" uso de la pena de prisión, al menos en la comparativa pergeñada y con países inicialmente miembros de la Unión Europea. Entre todos destaca Suecia que curiosamente junto a Japón y la India, exponen la tasa más baja: 53, 47 y 33, respectivamente.

A pesar de lo anterior, con las variables expuestas, y como ha escrito Silva Sánchez, en términos generales, parece, en referencias abstractas, advertirse la disposición legislativa a ofrecer respuestas selectivas en función de la percepción social del correspondiente hecho delictivo como fuente de inseguridad subjetiva; otra cosa es que responda a la auténtica realidad colectiva y no tanto en función de la gravedad del hecho en términos axiológicos, impregnada, además, aquella, por dos recientes pero posiblemente ya permanentes en el tiempo corrientes doctrinales que asientan con rotundidad expansiva el clásico principio *nullum crimen sine poena*: la de la lucha contra la impunidad, impunidad cero, y la del derecho de la víctima al castigo del autor [9].

Semejante orientación legislativa, impulsada, además, por determinados sectores de la ciencia penal alemana, se extiende como ola furiosa también por el viejo continente transformando poco a poco las ideas aperturista que configuran la estructura penal en un recurrente neoconservadurismo que parecía superado, al menos en sus fundamentos más radicales. Ello supone una cierta vuelta a los planteamientos retribucionistas-preventivos generales y un alejamiento de los parámetros más esenciales del Derecho penal garantista y preventivo basado en la idea de intervención mínima tanto en cuanto al delito como a la pena e integrador y recuperador, como objetivo esencial de ésta, de los ciudadanos que delinquen asentado en políticas sociales y punitivas sustentadas en mecanismos alternativos, en la medida de lo posible, a la pena de prisión.

---

[9] SILVA SÁNCHEZ, Jesús Mª. "¿Política Criminal del legislador, del Juez, de la Administración Penitenciaria? Sobre el sistema de sanciones del Código Penal". En *La Ley*, 1998, pág. 1451. Asimismo: *En busca del Derecho Penal. Esbozo de una teoría realista del delito y de la pena*. Montevideo-Buenos Aires, 2015, págs. 83 y ss.

En todo caso, la realidad doctrinal justificadora de la esencia de la pena de prisión va más allá en una ondulante búsqueda de criterios que den luz a un tema de esta envergadura cuya realización se mueve entre los más concienzudos defensores de las nuevas especies de retribucionismo actualizado en las plumas de tendencia jakobsiana hasta las utópicas y fracasadas predicciones abolicionistas, en ocasiones brillantes por solidarias, que ven la pena como injusta, inútil y hasta perjudicial, pasando por todo el cargamento de teorías unitarias, preventivas, preventivo generales positivas y demás[10].

Desde un planteamiento de razonamiento filosófico-jurídico, VILAJOSANA selecciona los siguientes objetivos de la pena privativa de libertad: a) retribuir al delincuente por su acción criminal cometida; b) entender que el castigo tiene que suponer un coste suficiente con el fin que tanto el delincuente como el resto de la comunidad entiendan que no sale a cuenta delinquir; c) incapacitación, cuya finalidad es impedir físicamente a quien delinquió que lo vuelva a hacer; d) rehabilitación del delincuente; e) reparar el daño causado con la comisión del delito[11]. Al margen de la utilización de conceptos no adecuados, para lo que se quiere decir, desde un planteamiento jurídico y de la mezcla de finalidades entre sí, la exposición del autor citado, asentada e identificada con los cuatro objetivos que, previamente, la jurisprudencia del TEDH relaciona y reproduce en varias de sus sentencias lo que le ha dado un cierto reconocimiento de legitimidad[12], sumamente discutible en atención a la retribución desde parámetros preventivos garantistas, supone una simbiótica dualidad entre retribución, en la mayoría de los casos, incluso en los que parece decantarse por criterios preventivos generales, lo hace desde las perspectiva de la retribución-castigo, y la resocialización en clave de prevención especial versus integración social. La utilización continuada del término castigo desde los orígenes jurisprudenciales del TEDH, a los que me dirijo en esta valoración, en dicha materia deviene en una construcción conceptual e ideológica de un prevalente acercamiento a las teorías retribucionistas.

La contrapropuesta a semejantes tendencias mayoritariamente expuestas que no aportadas en la realidad concreta de la dogmática penal ha de ser sustentada, como se hace en este escrito, sobre opciones preventivas que razonadas en el respeto a los principios básicos del Estados social y democrático de Derecho consigan sobre esa interesante base legitimadora propuestas político-criminales garantistas que mejoren el sistema tanto del Derecho penal en general como el de penas, en particular.

---

[10] Con mayor amplitud, *vid*: MORILLAS CUEVA, Lorenzo. *Teoría de las consecuencias jurídicas del delito*·. Madrid, 1991., págs.15-35. Asimismo: "Reflexiones sobre el Derecho penal del futuro". En " "*Los Derechos Humanos. Libro Homenaje el Excmo. Sr. D. Luís Portero.* Granada, 2000, pág. 643 y ss. MORILLAS CUEVA, Lorenzo. *La función*...cit., págs. 24 y ss. MAPELLI CAFFARENA, Borja. *Las consecuencias*...cit., págs. 57 y ss.

[11] VILAJOSANA, Josep M. *Las razones de la pena.* Valencia, 2015, pág. 18.

[12] VAN ZYL SMIT, Dirk-SNACKEN, Sonja *Principios de derecho y política penitenciaria europea. Penología y derechos humanos.* Valencia 2013, págs.138-141.

Pero una cosa es lo pretendido y otra lo realmente conseguido. Esa inquietante dicotomía ha llevado a severas disfuncionalidades en el ámbito punitivo y penitenciario. La casi obsesiva tendencia doctrinal, de la que formo parte, de plantear y desarrollar, en una búsqueda interminable pero absolutamente necesaria, una política criminal superadora de las contradicciones expansionistas-reduccionistas de la pena de prisión, conduce a notables aportaciones no bien entendidas por los órganos de poder y control social desubicados generalmente en una pretensión totalizadora de seguridad colectiva perturbadora, en demasiados casos, de los necesarios fines preventivos de la pena de prisión, de su pretensión reduccionista y de la coherente materialización de verdaderas alternativas a su excesiva aplicación.

II. REFERENCIAS CONCEPTUALES DE LA PENA DE PRISIÓN

A tenor de lo dicho, y antes de continuar con otras cuestiones de referencia internacional o de alternativas a la pena de prisión, cabe situar mi percepción sobre semejante institución jurídico-penal, la cual adelanto como una posición unificadora preventiva que acerca dicha pena a niveles razonables de reduccionismo y la aleja del expansionismo radical. De tal forma, comprometido con todo lo anteriormente expuesto en clave de principios, la pena hay que estimarla, no cabe ser de otra manera, como un mal, en la idea de acto de fuerza que la sociedad emplea para su defensa y que supone para el individuo que la recibe una privación de derechos. Esto no significa que se esté adelantando ningún otro criterio pues ese mal no tiene por qué significar retribución. Se justifica en su necesidad para la protección de bienes jurídicos a través de la prevención. Su fundamento es doble: por un lado, la culpabilidad que juega esencialmente como limitación de la intervención; por otro, la necesidad, y aquí enlaza con la justificación: una pena adecuada a la medida de la culpabilidad únicamente puede fundamentarse cuando realmente sea necesaria para la protección de la sociedad y del individuo; si no lo fuera para atender a las exigencias preventivas no debe de ser aplicada. La culpabilidad juega un notable papel de garantía[13]: cuando la pena adecuada a la culpabilidad entre en conflicto con los fines preventivos de la pena, el límite superior será invariable, mientras que el límite inferior puede ceder en disminución e incluso en sustitución de la pena si los fines preventivos así lo demandan, con la

---

[13] Roxin, por ejemplo, en una interpretación valorativa sobre la pena y sus fines en la jurisprudencia del Tribunal Federal Constitucional alemán sitúa dicha construcción en lo que denomina en relación al fin de la pena la "prevención limitada por la culpabilidad cuya concreción pasa por el desarrollo de aquella "desde la prevención general intimidatoria, a través del pronunciamiento de pena orientado según la prevención general y especial, hasta una ejecución de la pena que en su configuración solo apunta a la resocialización". ROXIN, Claus. "La pena y sus fines en la jurisprudencia del Tribunal Federal constitucional". En *Sistema del hecho punible/1. Acción e imputación objetiva.* Coord. Córdoba-Incardona-Pastor-Sarrabayrouse. Trad. del artículo original en homenaje a Volk (2009) de José R. Beguelín. Buenos Aires, 2013, pág. 72.

única limitación de que las causas de disminución o sustitución vengan legalmente establecidas por la ley.

Con tales pilares, el edificio construido tiene sus cimientos en dos grandes columnas: una, en un planteamiento unificador como este, alrededor de la prevención, no cabe ninguna ventana para la retribución, ni en hipótesis marcadas por un simple acompañamiento secundario junto a la prevención; otra, como complemento argumental de lo anterior, que deriva en principal, el fin de la pena únicamente ha de estimarse como preventivo, tanto preventivo-general como preventivo especial.

Para concretar todavía más esta opción es conveniente situarla en la práctica de su realidad social, sobre tres fases generalmente admitidas por la doctrina penal: la primera, la de conminación legal, tiene un marcado carácter preventivo general, pues la pena fijada en la ley con anterioridad a la comisión del delito se dirige a la colectividad y se fundamenta y justifica en la necesidad para la convivencia a través, por su función primaria reiteradamente aludida en esta intervención, de la protección de bienes jurídicos; la segunda, la de determinación e imposición, la justificación es la misma, pero para su fundamento junto a la necesidad hay que situar la culpabilidad, con el carácter garantista que le he otorgado, los fines son preferentemente preventivo-generales al suponer la determinación e imposición de la pena una confirmación de la amenaza abstracta tipificada previamente en la ley, se está sirviendo esencialmente a dichos criterios preventivo-generales, mas puede suceder, no obstante y de manera básicamente puntual, que en ciertos casos la aplicación de una pena juegue como elemento de prevención especial cuando incida en el delincuente frente a una posible reincidencia; la tercera, la de ejecución, se vuelve a justificar y fundamentar en su necesidad para los fines preventivos, los cuales se encaminan, en este ciclo ejecutivo, primordialmente hacia la prevención especial, aunque sin anular efectos preventivo-generales, como pueden ser los producidos por una ejecución efectiva, que vuelve a ratificar la seriedad de la conminación legal para el resto de los ciudadanos, consolidándose así nuevamente las pretensiones preventivo-generales, como ya apuntó el MARQUÉS DE BECCARIA, para dicha vertiente de las penas, la eficacia de éstas no estriba en su dureza sino en la seguridad de su aplicación y, añado yo, eficacia junto a garantías y búsqueda de alternativas.

Situados los rasgos más relevantes de la pena en el sistema democrático, tal como la concibo, y, en consecuencia, su función como instrumento protector de bienes jurídicos, por otro lado función esencial del propio Derecho penal, a través de la prevención general y especial surge otra nueva exigencia de valoración: la relación entre ambas. Parece innecesario afirmar que ésta ha de ser pacifica, caminar por senderos paralelos y, a la vez, coincidentes. Pero no siempre es así, en ocasiones, pocas, pueden presentar disfuncionalidades e incompatibilidades que demanden de un orden cualitativo concreto, sobre todo en casos, como escribió Antón Oneca, en los que se toma la prevención especial como reeducación con procedimientos blandos que haga la pena amena y atractiva para el propio delincuente (lo que pocas veces se habrá logrado sí es que se ha seguido firmemente alguna vez) o la general se identifica con el terror intimidatorio[14]. Excluidas radicalizaciones, la conciliación no es compleja es necesaria y sería absurdo no buscarla y conseguirla para el fin prioritario de evitar futuros delitos.

A pesar de lo dicho, en concretos supuestos, fundamentalmente de determinación y aplicación de la pena, la antinomia de los fines de la pena se da, sobre todo cuando ambas requieren distinta cuantía, o ninguna, de pena, lo que conduce a la exigencia conceptual y práctica de decidir al respecto. Un relevante sector de autores, entre los que me encuentro, se manifiestan por la preferencia, en estos seleccionados casos, de la prevención general sobre la especial en atención a la diferente incidencia real y práctica de una y otra: para la primera, en caso de fracaso, afectará a muchos potenciales delincuentes y, en consecuencia, a la sociedad en general al relajarse las barreras inhibidores que fundamentan dicha prevención; por el contrario, si lo que falla es la prevención especial, también se crearan conflictos pero, en principio, reducidos a la sola persona que ha cometido el delito en su relación con el Estado y, concretamente, con la administración penitenciaria en la fase de ejecución de la pena[15]. Otro grupo se expresa, avalado por el Proyecto Alternativo alemán y sobre el pensamiento roxiniano[16] al respecto, por la preferencia, que no exclusión, de la prevención especial sobre la general en cuanto la resocialización es un imperativo constitucional, en España orientativo-prioritario, que no puede ser desobedecido donde sea posible su cumplimiento; cuestión esta última que lleva incluso a esta tendencia a asumir, en casos concretos, limitaciones a la prioritaria aceptación de la prevención especial sobre la general.

El conflicto, si lo hubiere, se muestra, en consecuencia, en una bipolarización entre el derecho y la tendencia de la sociedad a tutelar sus intereses más vitales, por un lado, y la exigencia de la persona, ciudadano de un Estado social y democrático de Derecho, aunque haya delinquido, a ser tratada y atendida como tal por la estructura social donde se integra. Mi solución ya ha sido adelantada, en este caso fruto del pragmatismo, en caso de antinomia entre las dos, la opción prioritaria ha de ser la de prevención general y ello por las siguientes razones: a)las continuas crisis que han soportado las tendencias preventivo-especiales más radicales; b) el mayoritario alejamiento de las teorías retribucionistas que, a cambio, ha llevado a una mayor fijación de los postulados preventivo-generales; c) la mayor fortaleza de la sociedad frente al individuo y la vocación de las diversas instituciones que desarrollan sistemas de control social por la tutela de intereses comunitarios. Todas ello conducen hacia la prioridad prevención

[14] ANTÓN ONECA, José. *La prevención general y la prevención especial en la teoría de la pena.* Salamanca, 1944, pág.99.

[15] En tal sentido: LUZÓN PEÑA, Diego-Manuel. *Medición de pena u sustitutivos penales.* Madrid, 1979, págs. 64-64. MIR PUIG, Santiago. *Derecho Penal*...cit., págs. 95-96. MORILLAS CUEVA, Lorenzo. *La función*...cit., págs. 21-23. EL MISMO. *Sistema*...cit., págs. 115-117.

[16] ROXIN, Claus. *Derecho Penal. Parte General.* Tomo I. Fundamentos. La estructura de la teoría del delito. Trad., Luzón Peña, Díaz y García Conlledo, De Vicente Remesal. Madrid, 1997, págs. 96-98.

general, para algunos fundamentalmente a la prevención general positiva[17], pero solo en caso de extremo conflicto, en los demás supuestos su instrumentalización conjunta se presenta como la normalidad en la aplicación de ambas.

En consecuencia, todo lo expuesto al respecto se hace sobre la convicción de su excepcionalidad. La instrumentalización conjunta de una y otra, para conseguir los objetivos preventivos y, en consecuencia, la efectiva protección de bienes jurídicos es un fin irrenunciable, más en un sistema unificador preventivo, como el aquí defendido, que necesita de un cuidado equilibrio entre ambas para lograr ofrecer un verdadero fundamento teórico a la función de la pena, que difícilmente se ha de conseguir sino es con la adecuada articulación integradora de sus elemento.

III. EVOLUCIÓN NORMATIVA Y PROGRAMÁTICA A NIVEL INTERNACIONAL Y NACIONAL

Llegados a este momento, conviene, para completar en la medida de lo posible esta información, proyectar el estudio en realización hacia el ámbito internacional en el que parece desprenderse de las múltiples resoluciones que tratan el tema una mantenida línea de consejos, no especialmente asumidos, de carácter presuntamente reduccionista tanto en doctrina como en normativa.

Quiero comenzar esta referencia con una frase de una autora especialmente relevante para el sistema penitenciario español e internacional, como fue CONCEPCIÓN ARENAL, en relación precisamente a la utilización de la pena de prisión en una simbiosis de aquél con ésta que con clarividencia resume con la siguiente frase: "no es posible que el mejor sistema penitenciario de buenos resultados con leyes que cooperen al delito o con penas con exceso e injusticia"[18]. Propuesta en la que los jueces y el procedimiento judicial a seguir tienen asimismo una especial trascendencia, que al no ser objetivo de este trabajo me impide extenderme con mayor intensidad en el pensamiento de la autora pero que quiero resaltar porque igualmente es relevante[19] en cualquier proposición al respecto.

He iniciado esta presentación de opciones y normativas internacionales de la mano de la insigne autora gallega, pues a pesar de haber pasado dos largos siglos de su magnífica obra y sensible compromiso con un sistema penitenciario más

---

[17] Vid, en este sentido: PÉREZ MANZANO, Mercedes. "Aportaciones de la prevención general positiva a la resolución de las antinomias de los fines de la pena". En Política Criminal y nuevo Derecho Penal. Libro Homenaje a Claus Roxin. Ed. Silva Sánchez, Barcelona, 1997, págs.73 y ss.

[18] ARENAL, Concepción. *Informes presentados en los Congresos Penitenciarios de Estocolmo, Roma, San Petersburgo y Amberes.* 1ª ed., Fundación Biblioteca Virtual Miguel de Cervantes, 2012, pág. 187.

[19] Concepción Arenal en su papel argumental asume que para la aplicación equitativa de la pena debe dejarse gran latitud al juez, a fin de que pueda sentenciar según las circunstancias individuales del acusado, y no sacrificarle a la letra de la ley. *Ibd.*, págs. 190-192. Vid, con mayor extensión: MORILLAS CUEVA, Lorenzo ¿Pasa la legitimación…cit., págs. 3-4.

avanzado, manifiesta precisamente los inicios de un amplio debate que llega a nuestros días con parecida actualidad y sin haber conseguido eficaces y definitivas soluciones tanto a nivel local como internacional sobre una pena de prisión, dubitativa en su fundamento, parca en sus alternativas, excesiva en su expansionismo, tanto en su uso como ejecución. Y estas dos últimas van a ser las variables a seguir en este apartado: por un lado, la referidas a la propia pena de prisión como tal; por otro, a su ejecución en clave de desarrollo penitenciario.

Recordemos lo referido en otros de mis trabajos al respecto con relación a la dimensión internacional de semejante cuestión, concebida y tratada desde este ámbito con más dudas que realidades, y con una línea interpretativa que, sin embargo, ha tenido sino éxito al menos cobertura importante. Así, desde Naciones Unidas se ha propiciado numerosas resoluciones al respecto fundamentalmente relacionadas con derechos humanos, o en las variables de derechos económicos, sociales, culturales, civiles y políticos en referencia a las personas privadas de libertad –por ejemplo, el artículo 2 de la Declaración Universal de los Derechos Humanos, adoptada por la Asamblea General de Naciones, en Resolución 217 A de 10 de diciembre de 1948 fija que los Derechos proclamados en dicha Declaración afectan a todas las personas[20] o el artículo 9 (interdicción de la arbitrariedad para ser detenido, preso o desterrado), 10 (igualdad, audiencia y justicia ante Tribunales independientes e imparciales en vía penal), 11 (presunción de inocencia, principio de legalidad en los delitos y en las penas), o, de parecida manera al susodicho artículo 2, el artículo 3 del Pacto Internacional de Derechos económicos, sociales y culturales (Asamblea General en su Resolución 2200 A (XXI), de 16 de diciembre de 1966, o el Pacto Internacional de Derechos civiles y políticos (Asamblea General en la Resolución 2200 A (XXI), de 16 de diciembre de 1966) que amplía considerablemente en cuanto a concreción y desarrollo los parámetros enunciados por los citados artículos 9, 10 y 11 de la Declaración. De especial interés para este trabajo es el artículo 10 en el que se señala expresamente el régimen penitenciario, la finalidad esencial de la ejecución de la pena de prisión, la necesaria separación entre procesados y condenados privados de libertad y de menores y adultos en tal situación[21]– y que inciden con posterioridad al

---

[20] Dice el artículo 2 en su número 1: "Toda persona tiene todos los derechos y libertades proclamados en esta Declaración, sin distinción alguna de raza, color, sexo, idioma, religión, opinión política o de cualquier otra índole, origen nacional o social, posición económica, nacimiento o cualquier otra condición". Por lo que cabe interpretar que en ese toda persona está incluida aquella que está privada de libertad, en relación con todos los demás derechos.

[21] Artículo 10: "1. Toda persona privada de libertad será tratada humanamente y con el respeto debido a la dignidad inherente al ser humano. 2. a) Los procesados estarán separados de los condenados, salvo en circunstancias excepcionales, y serán sometidos a un tratamiento distinto, adecuado a su condición de personas no condenadas; b) Los menores procesados estarán separados de los adultos y deberán ser llevados ante los tribunales de justicia con la mayor celeridad posible para su enjuiciamiento. 3. El régimen penitenciario consistirá en un tratamiento cuya finalidad esencial será la reforma y la readaptación social de los penados. Los menores delincuentes estarán separados de los adultos y serán sometidos a un tratamiento adecuado a su edad y condición jurídica".

principal problema que se está analizando en esta reflexión, la propia realidad de la pena de prisión. Mas sin ser factores directamente reduccionistas de la mencionada pena sí ejercen como garantías de los ciudadanos que evitan su ingreso en prisión de manera discrecional y arbitraria, por lo que de esta forma se ésta limitando el uso, en tales hipótesis en sentido contrario, irracional, de la reiterada pena de prisión.

Dicho lo anterior, de gran importancia para el sistema penitenciario mundial y para el reconocimiento, en demasiadas ocasiones oscurecimiento cuando no destrucción, de las garantías y derechos de los internos en Centros Penitenciarios, también se pueden encontrar disposiciones que marcan la forma de entender la pena de prisión y su alcance, dibujando esa controvertida línea entre expansionismo y reduccionismo, objeto protagonista de este libro.

En tal sentido cobran especial relieve los diferentes Congresos de Naciones Unidas sobre prevención del delito y tratamiento del delincuente. El primero de ellos –Ginebra, 22 de agosto a 3 de septiembre de 1955–, por ejemplo, supone, en sus conclusiones y en la aprobación de Reglas mínimas para el tratamiento de los reclusos una importante guía de gran trascendencia mundial en torno a esta cuestión pues se desarrolló como una referencia básica en relación a la administración general de los establecimientos penitenciarias, en línea con las Declaraciones programáticas previas citadas. El segundo –Londres, de 8 al 19 de agosto de 1960–, más relacionado con la cuestión que trato aunque igualmente impregnado de cuestiones penitenciarias, estuvo fundamentalmente dirigido a la delincuencia derivada de los cambios sociales consecuencia del rápido desarrollo económico, incluida la de menores. Entre sus muchas Recomendaciones cabe destacar la referida a las penas cortas privativas de libertad.

En dicha Recomendación, que ya actúa sobre un discutible núcleo de la pena de prisión, se plantean dos importantes bloques: por un lado, el estudio mismo de tal pena de corta duración, su vigencia y eficacia –contagio moral debido a la influencia corruptora de la promiscuidad con criminales con penas de media o larga duración, efecto correctivo o intimidatorio inexistente, falta de valor educativo–; por otro, medios de sustitución en ese momento utilizados y propuestas de futuro. En tal sentido la Recomendación no deja de ser titubeante en sus planteamientos al partir de la idea de que aun aceptando la fuerte contestación a la pena de prisión de corta duración su supresión total sería difícil, lo que no empece "la conveniencia de sustitución por otras penas que no tengan los efectos nocivos que a menudo se le atribuyen a las penas cortas de privación de libertad". Sobre semejantes argumentaciones de manera conclusiva afirma, en una valoración que parece, al menos a mí me lo sugiere, excesivamente relativista, aunque hay que tener en cuenta el momento cronológico en que se produce, lo siguiente: a) la pena corta privativa de libertad, especialmente la muy corta, debería evitarse en todo lo posible, pero no abolirse totalmente; b) la pena corta no debería aplicarse en una forma general, sino en los casos concretos en los que haya de resultar eficaz por la razón de las circunstancias, sean personales o de otra índole, y en caso de imposición, el condenado debería ser enviado de preferencia a un establecimiento abierto o semiabierto o especial para esta clase de reclusos y, en todo caso, separado, de los otros penados; c) tales penas, en la medida de lo posible, debería reemplazarse por otras sanciones o medidas no privativas de libertad –se enumeran, a título de ejemplo no como únicas, hasta dieciséis; d) la ejecución de estas sanciones o medidas debería tener la mayor flexibilidad posible, siempre que sea compatible con la finalidad de la pena. Como puede observarse se está ante un documento que, a pesar de sus limitaciones y dudas, mantiene iniciado un camino de especial trascendencia para la valoración utilitarista de la pena de prisión, aunque únicamente sea de la de corta duración e, incluso, dentro de ella de las más recortadas conceptualmente. Parece abrirse con muchas cautelas, demasiadas, una puerta a la idea reduccionista de la pena de prisión, tanto en su naturaleza como en su ejecución.

En este planteamiento de ejemplos puntuales cabe pasar al sexto Congreso[22] –Caracas, del 25 de agosto a 5 de septiembre de 1980– en el que sin entrar en estimación valorativa de la pena de prisión o de sus posibles alternativas, el marco temario sobre el que se desarrolló, bajo la nominación de "la prevención del delito y la calidad de vida", fue precisamente las previsiones de dicha prevención basada en las circunstancias sociales, culturales, políticas y económicas del país antes que en las represivas punitivas. Así lo destaca en el Informe, en apoyo de la Declaración de Caracas, en cuyo punto 1 se declara que "el éxito de los sistemas de justicia pena y de las estrategias para la prevención del delito, especialmente en vista del aumento de nuevas y sofisticadas formas de delincuencia y las dificultades que enfrenta la administración de justicia penal, depende ante todo de los progresos que se realicen en el mundo para mejorar las condiciones sociales y para elevar el nivel de calidad de la vida, de esta manera resulta indispensable revisar las estrategias tradicionales para combatir el delito basadas exclusivamente en criterios jurídicos".

De especial importancia para la cuestión en análisis por significar una aproximación más intensa a la función de la pena de prisión y, especialmente, a la promoción de sanciones no privativas de libertad como alternativas, lo que conlleva una cierto avance de las ideas reduccionistas de aquélla, es el octavo Congreso[23] –La Habana, 27 de agosto a 7 de septiembre, 1990– en el que se aprueban normas, entre otras referidas a reglas mínimas de las Naciones Unidas para las medidas no privativas de libertad. En el Informe provisional del Secretario General, que

---

[22] El tercero –Estocolmo, del 9 al 18 de agosto de 1965– analizó las relaciones entre la delincuencia y la evolución social; El cuarto –Kyoto, del 17 a 26 de agosto, 1970– trató sobre mejor planificación de la prevención del delito para el desarrollo económico y social; en el quinto –Ginebra, del 1 al 12 de septiembrem 1975– se aprobó la Declaración sobre la protección de todas las personas contra la tortura y otros tratos o penas crueles, inhumanas o degradantes.

[23] El séptimo Congreso –Milán, del 26 de agosto al 6 de septiembre, 1985– complementa el anterior sobre la Prevención del delito para la libertad, la justicia, la paz y el desarrollo, con aprobación de instrumentos como reglas mínimas para la administración de la justicia de menores o los principios básicos relativos a la independencia de la justicia o el Acuerdo sobre el traslado de reclusos extranjeros y recomendaciones.

luego daría lugar a la propuesta del Congreso a la Asamblea General, de Reglas mínimas para las medidas no privativas de libertad se parte de la base de que pese a los esfuerzos encaminados a disminuir la aplicación y presencia de la pena de prisión ésta sigue siendo la piedra angular de los sistemas penales actuales, lo que no oculta las numerosas desventajas de la prisión, tanto para el delincuente como para la sociedad por lo que a nivel mundial y de las instituciones internacionales se procura encontrar medidas sustitutorias no privativas de libertad que han de ser sanciones sin privación de libertad "fiables". Este último es el objetivo en torno a este tipo de penas elaborado en el susodicho Congreso y que supone un paso importante en esa especial dicotomía entre pena de prisión y alternativas no privativas de libertad.

Sobre semejante previsión congresual se eleva el documento a la Asamblea de Naciones Unidas que en Resolución 45/110, de 14 de diciembre de 1990 aprueba las reiteradas Reglas mínimas de Naciones Unidas sobre medidas no privativas de libertad (Reglas de Tokio) en las que se proclaman como objetivos fundamentales los siguientes: a) concreción de una serie de principios básicos para promover la aplicación de medidas no privativas de libertad, así como salvaguardias mínimas para las personas a quienes se aplican medidas sustitutivas de la prisión –opción descriptiva donde se diseña la idea de utilización de medidas diferentes a las penas privativas de libertad junto a un desarrollo garantista en relación al individuo–; b) fomentar una mayor participación de la comunidad en la gestión de la justicia penal, especialmente en lo que respecta al tratamiento del delincuente, así como incrementar entre estos el sentido de su responsabilidad hacia la sociedad –intento de combinar dos premisas básicas en el desarrollo de la respuesta penal: integración social con responsabilidad de los sujetos que cometen delitos en su relación con la sociedad–; c) aplicación teniendo en cuenta las condiciones políticas, económicas, sociales y culturales de cada país, así como los propósitos y objetivos de su sistema de justicia penal –respeto a la soberanía de cada país, pero sobre las bases anteriormente fijadas–; d) por otro lado, y en el objetivo 4, se alerta a los Estados Miembros para que se esfuercen por alcanzar un equilibrio adecuado entre los derechos de los delincuentes, los derechos de las víctimas y el interés de la sociedad en la seguridad pública y la prevención del delito –trilogía a conseguir esencial para mantener una adecuada ponderación entre las tres partes intervinientes en un conflicto punitivo–; e) como, consecuencia de lo anterior, y en el 5 objetivo, se fija que los Estados Miembros introducirán medidas no privativas de la libertad en sus respectivos ordenamientos jurídicos para proporcionar otras opciones, y de esa manera reducir la aplicación de las penas de prisión, y racionalizar las políticas de justicia penal, teniendo en cuenta el respeto de los derechos humanos, las exigencias de la justicia social y las necesidades de rehabilitación del delincuente –parámetros esenciales que resumen con precisión la tendencia y objetivos claves de Naciones Unidas al respecto–[24].

---

[24] Sorprende, no obstante, la amplitud con que en el número 2 se señalan a las personas a las cuales se aplicarán las susodichas reglas, que son las sometidas a acusación, juicio o cumplimiento de una sentencia, en todas las fases de la administración de la justicia penal, lo cual lleva

Han transcurrido veintiséis años desde la mencionada fecha en la que Naciones Unidas formuló las reiteradas Reglas Mínimas y los documentos previos en los que se situaba el amplio debate sobre la pena de prisión y sus posibles alternativas no privativas de libertad, con interesantes propuestas que han incidido de manera desigual en los Ordenamientos internos de los países miembros, y, no obstante, la realidad práctica y normativa sigue siendo parecida con una utilización importante y, en la mayoría de los casos, prioritaria de la pena de prisión.

Cierto es que los posteriores Congresos y otras declaraciones de Naciones Unidas[25] han profundizado sobre el tema, más en la concreción de nuevas formas de delincuencia, de respuestas a las exigencias de adaptación social de la prevención delictiva y, en el ámbito estrictamente relacionado con la prisión, con especial atención a los mecanismos y garantías penitenciarias. De destacar, en este último sentido, el 11° Congreso –Bangkok, del 18 al 25 de abril de 2005– en cuya Declaración nominada como la ciudad sede, presta concreta atención no solo al sistema penitenciario –"30. Recomendamos que la Comisión de Prevención del Delito y Justicia Penal considere la posibilidad de revisar la idoneidad de las reglas y normas en relación con la administración penitenciaria y los reclusos"– sino también incluso a las bondades de una novedosa justicia restaurativa que influya en la previsión reduccionista de la pena de prisión –"32. Para promover los intereses de las víctimas y la rehabilitación de los delincuentes, reconocemos la importancia de seguir elaborando políticas, procedimientos y programas en materia de justicia restaurativa que incluyan alternativas del juzgamiento, a fin de evitar los posibles efectos adversos del encarcelamiento, de ayudar a reducir el número de causas que se presentan ante tribunales penales y de promover la incorporación de enfoques de justicia restaurativa en las prácticas de justicia penal, según corresponda"–.

Especial relevancia en la línea que nos ocupa tiene el 12° Congreso, celebrado en Salvador de Bahía (Brasil), del 12 al 19 de abril de 2010, por la atención que le presta a estas cuestiones, encaminadas fundamentalmente a ejecución de la pena de prisión y a sus posibles alternativas aunque caben ser valoradas como un nuevo intento realmente no conseguido de reducción del uso y aplicación penitenciaria de aquella, en la importante Declaración de Salvador sobre "Estrategias amplias ante problemas globales: los sistemas de prevención del delito y justicia penal y su desarrollo en un mundo en evolución" avalada con posterioridad por

---

a designar "delincuentes", a los efectos de las Reglas a estas personas "independientemente de que sean sospechosos o de que hayan sido acusados o condenados". Complicada identificación entre esta trilogía de posibilidades procesales a efectos de aplicación de estas penas o medidas alternativas, que evidentemente son más apropiadas, en la mayoría de los casos, que la privación de libertad.

[25] Así, por ejemplo, el 9° Congreso –El Cairo del 28 de abril a 5 de mayo de 1995– bajo el slogan "Menos crimen, más justicia: seguridad para todos" se centró esencialmente en la cooperación internacional y en la asistencia técnica de carácter práctico para fortalecer el imperio de la ley, con temas como "Sistemas de justicia penal y de policía" "Medidas contra la delincuencia organizada y transnacional". El 10° –Viena del 10 al 17 de abril de 2000– aprobó la Declaración de Viena sobre medidas contra la corrupción en el plano internacional, en cuyo Manifestación número 22 reconoce, entre otras, la importancia del sistema penitenciario.

la Resolución de la Asamblea General de Naciones Unidas de 21 de diciembre de 2010. Cinco variables de diferente naturaleza, algunas como meros proyectos de estudio, son proclamadas en el texto: a) reconocimiento del sistema penitenciario como uno de los elementos principales del sistema de justicia penal y en consecuencia utilización de las reglas y normas de la propia Naciones Unidas para el tratamiento de los reclusos como fuente de orientación a fin de elaborar o actualizar los códigos nacionales de administración penitenciaria; b) revisión de las reglas mínimas de Naciones Unidas para el tratamiento de los reclusos con el objetivo de reflejar en ellas los recientes avances de la ciencia penitenciaria; c) atención especial a las medidas de tratamiento de las mujeres detenidas y sometidas a medidas privativas o no privativas de libertad; d) necesidad de reforzar las medidas sustitutivas de la prisión, como pueden ser, el servicio comunitario, la justicia restaurativa y la vigilancia electrónica, así como apoyar programas de rehabilitación y reinserción y los destinados a corregir las conductas delictivas y los programas de educación y formación profesional para los reclusos; e) limitar, cuando corresponda, el recurso a la prisión preventiva[26].

El último de los Congresos celebrados hasta la fecha de este escrito, el 13°, Doha (Qatar) del 12 al 19 de abril de 2015, marca una tendencia revisionista y complementaria de los anteriores, reiterativa y acrítica. En su Declaración programática alude a que se han reunido para "reiterar nuestro compromiso común de defender el Estado de Derecho y prevenir y combatir la delincuencia en todas sus formas y manifestaciones, en los planos nacional e internacional; garantizar que nuestros sistemas de justicia penal sean eficaces, imparciales, humanos y responsables; facilitar el acceso a la justicia para todos; crear instituciones eficaces, responsables e imparciales e inclusivas a todos los niveles, y aumentar el principio de la dignidad humana y la observancia y respeto universales de todos los derechos humanos y libertades fundamentales". Declaración previsible, actualizada, garantistas, después de 60 años de Congresos de Naciones Unidas sobre prevención del delito y justicia penal[27], y de escaso compromiso frente la realidad expansionista de la pena de prisión y más ocupada, y es su aspecto positivo, en la búsqueda de medidas eficaces para combatir y neutralizar determinados grupos de delitos de especial presencia interna e internacional.

De cierto interés en el apartado de ejecución de dicha pena es el contenido dado a las letras j) y k) del punto 5 dirigido nuevamente a las mejoras del sistema

---

[26] Números 48 a 52 de la Declaración.

[27] Que, según la Declaración, "son uno de los foros internacionales más amplios y diversos para el intercambio de opiniones y experiencias en materia de investigación y elaboración de leyes, políticas y programas entre los Estados, las organizaciones intergubernamentales y los expertos que, a título individual, representan a diversas profesiones y disciplinas, con miras a detectar las tendencias y cuestiones que se están perfilando en el ámbito de la prevención del delito y la justicia penal. Reconocemos las singulares e importantes contribuciones de los congresos a la elaboración de leyes y políticas, así como a la determinación de nuevas tendencias y cuestiones relacionadas con la prevención del delito y la justicia penal".

penitenciario, en cuanto a educación, trabajo, atención médica, rehabilitación, reinserción social, prevención de la reincidencia en relación a los reclusos así como adoptar y fortalecer políticas de apoyo a las familias de los internos. Junto a ello se proclama la voluntad de promover y alentar el uso de medidas sustitutivas de la prisión –con la temerosa cautela de "cuando proceda" que es obvia pero innecesaria y que muestra, al menos en mi interpretación, una débil convicción del uso sustitutivo del encarcelamiento. Más aún cuando en la letra k) nuevamente vuelve a la idea de la revisión de las políticas penales, de la utilización de las sanciones no privativas de libertad, de medidas prácticas para reducir la prisión preventiva, pero en clave de hacer frente al hacinamiento en las cárceles y no en el más adecuado y de fondo de la utilización excesiva de la pena de prisión en las legislaciones de los países integrantes de Naciones Unidas– y someter a examen o reformar los procesos de justicia restaurativa y de otro tipo con el objetivo de conseguir una satisfactoria reinserción.

Se llega así a las Reglas Mínimas 2015/16, conocidas por "Reglas Mandela" sobre tratamiento de los reclusos –Resolución 70/175 de la Asamblea General de Naciones Unidas, de 17 de diciembre de 2015–. Documento último hasta este momento, posiblemente el más completo y definitorio de las políticas penitenciarias impulsadas por la Asamblea General y que supone una revisión esencial actualizada, complementada y sumamente protectora de los derechos humanos de los presos, sobre el desarrollo progresivo de las normas internacionales relativas al tratamiento de los reclusos iniciada en 1955. Solo añadir, en síntesis, las reglas básicas que programan el resto del texto: a) todos los reclusos serán tratados con el respeto que merece su dignidad y valor intrínseco en cuanto seres humanos, no serán sometidos a torturas o tratos inhumanos o degradantes y se velará en todo momento por su seguridad; b) no habrá discriminación por motivos de raza, color, sexo, idioma, religión, opinión política o de cualquier otra índole; c) los objetivos de las penas y medidas privativas de libertad son principalmente proteger a la sociedad contra el delito y reducir la reincidencia, para ello se arbitrarán las medidas necesarias para la reinserción de los ex reclusos; d) el régimen penitenciario procurará reducir al mínimo las diferencias entre la vida en prisión y la vida en libertad.

De todo lo expuesto cabe significar como primera valoración positiva el interés de Naciones Unidad, al menos inicialmente, en estas cuestiones de vital importancia para el propio sistema interno e internacional de Justicia Penal. Y ello lo afirmo porque son indicadores, no especialmente profundos cierto es, del camino a seguir para una adecuada política criminal garantista y protectora de los principios básicos que han de marcar los fines de la pena en general y de las alternativas a la de prisión en particular en un Estado social y democrático de Derecho con las ingentes variables con que pueden desarrollarse en el derecho positivo local de tan diversos componentes y sistemas políticos y jurídicos del catálogo de Estados que constituyen la Institución: respeto a los derechos esenciales de los penados a los que se les aplique una pena alternativa; participación de la sociedad en la realización de la justicia penal para de esta forma incrementar su comprensión por semejantes opciones; combinación de la dicotomía, a veces difícil de conseguir y comprender, entre seguridad y prevención de delito con formas más imaginativas y adecuadas que la pena de prisión, lo que conduce a una conveniente y necesaria ponderación entre derechos de los penados o imputados, víctimas e intereses sociales; políticas de justicia penal adecuadas a tales objetivos, reduccionismo de la pena de prisión, respeto a los derechos humanos de los condenados, atención a las demandas de justicia social y los objetivos de resocialización.

La atención de Naciones Unidas a estas cuestiones se bifurca, además de lo explicitado en relación a los Congresos celebrados, en una serie de Acuerdos, Recomendaciones, Consideraciones, Informes, Reglas, a veces muy repetitivas, excesivamente formalistas y que, posiblemente, no encaren el problema nuclear de la pena de prisión con toda la intensidad a desear desde una perspectiva minimalista y no expansionista de tal sanción penal. Dos son los parámetros desde los que se parte. Por un lado, planificar estrategias generales para reducir el ámbito del sistema de justicia penal y evitar de tal forma e indirectamente el uso del encarcelamiento; b) plantear la utilización de medidas sustitutivas en todas las fases del sistema de justicia penal, que cabe concretarlas en tres: a') fase anterior al juicio –basadas fundamentalmente en actuaciones prejudiciales y a evitar, en la medida de los posible, los efectos nocivos de la prisión preventiva[28]–; b') fase de la sentencia –es posiblemente la fase más destacada en la que se intensifican las posibilidades de evitar la prisión, sobre un cuadro interesante de supuestos[29]; c') fase de carcelación/excarcelación anticipada de los reclusos sentenciados y privados de libertad –se combinan las hipótesis de permanencia en prisión, las más tratadas desde la perspectiva del derecho penitenciario tan frecuentemente considerado en las proclamaciones de Naciones Unidas, con las de apertura gradual a la libertad del penado, a veces, con cierta confusión conceptual al combinar lo que son permisos penitenciarios, verdaderas alternativas de libertad, como la remisión sin condiciones, o simples causas de extinción de la responsabilidad penal[30]–.

---

[28] Cuestión ésta tratada con cierta frecuencia en las propuestas internacionales, como resumen ejemplificativo destacar como hipótesis alternativas: comparecer ante un tribunal en un día concreto o según lo que ordene el tribunal en el futuro; abstenerse de interferir en el curso de la justicia, incurrir en una conducta determinada, ir, o no ir, a determinados lugares o zonas, o aproximarse a personas concretas o reunirse con ellas; permanecer en una dirección específica; presentarse diariamente o de forma periódica ante un tribunal, la policía u otra autoridad; entregar el pasaporte u otros documentos de identificación; aceptar la supervisión de un organismo de someterse a vigilancia electrónica; o entregar fondos u otros tipos de propiedad como garantía de que comparecerá ante el juez en el momento del juicio, o que mantendrá una conducta determina mientras éste no se celebre.

[29] Destacar entre ellos: sanciones verbales, como la amonestación, la reprensión y la advertencia; libertad condicional; penas privativas de derechos o inhabilitaciones; sanciones económicas y penas en dinero, como multas y multas sobre los ingresos calculados por días; incautación o confiscación; mandamiento de restitución a la víctima o de indemnización; suspensión de la sentencia o condena diferida; régimen de prueba y vigilancia judicial; imposición de servicios a la comunidad; obligación de acudir regularmente a un centro determinado; arresto domiciliario; cualquier otro régimen que no entrañe reclusión; alguna combinación de las sanciones precedentes.

[30] Se refieren fundamentalmente desde la suavización del régimen carcelario para permitir que el recluso tenga un contacto limitado con la sociedad aplicándole un régimen de libertad

Con semejante perspectiva el susodicho Manual, asimismo a manera de síntesis reflexiva de las diversas propuestas de Naciones Unidas al respecto, afirma como explicación a la posible utilización de medidas alternativas varios supuestos a tener en cuenta: a) el encarcelamiento como forma de castigo cabe ser mostrado como ajeno a las tradiciones culturales locales de ciertos países que durante milenios han recurrido a formas alternativas de combatir el delito; b) parece demostrado, por otro lado, que semejante privación de libertad puede ser contraproducente si se pretende rehabilitar y reinsertar a los condenados a delitos menores así como para determinados grupos vulnerables de la población[31].

Estas dos parciales afirmaciones sustitutivas de la pena de prisión chocan con la realidad práctica no solo de un observador objetivo sino también de Naciones Unidas al aseverar el mismo Manual que en todo el mundo se recurre cada vez más al encarcelamiento como forma general de castigo, "aunque hay pocas pruebas de que su mayor utilización mejore la seguridad pública"[32], lo que provoca en demasiadas ocasiones graves problemas de hacinamiento y conculcación de las normas básica de Naciones Unidas y otras que exigen un trato de respeto a la dignidad y a los valores inherentes de su condición de seres humano para los reclusos, es decir, a los derechos humanos de todos los ciudadanos sea cual sea su situación.

La coyuntura en la Unión Europea es parecida, aunque tiene la ventaja inicial de una mayor homogeneidad de los países miembros, de los fines a conseguir y de los modelos de Estado compartidos. Tanto es así que se habla de una auténtica vertebración del nuevo Espacio Penitenciario Europeo que va bastante más allá de un simple sistema de traslado de personas condenadas y en la que la política criminal en relación a las penas, y en concreto a las privativas de libertad, ha querido evolucionar hacia una conciencia, relajada desde mi punto de vista, de humanización de dichas penas sobre los cimientos de actuar en razón a parámetros de sustitución de la prisión o de previsiones condicionales de condenas o de libertades, en la idea final de utilizar lo menos posible la prisión. Mas, como dice con buen criterio BARAS GONZÁLEZ, parece, como, según él, queda demostrado –afrontaré dicha demostración páginas más adelante–, las reformas penales de los veinte últimos años llevadas a cabo en los Códigos penales europeos ponen de manifiesto un evidente alejamiento de semejante pretensión programática[33].

condicional en la comunidad, hasta las libertades anticipadas sin condiciones: permisos y centros de transición, liberación con fines laborales o educativos, distintas formas de libertad condicional, remisión, indulto. En esencia en las Reglas de Tokio –asimismo en el Manual de principios básicos y prácticas prometedoras en la aplicación de medidas sustitutivas al encarcelamiento (Naciones Unidas, Nueva York 2010, pág. 2 y 31 a 66 –en adelante Manual–) se diferencian estas tres hipótesis de actuación. Vid, con amplitud: MORILLAS CUEVA, Lorenzo. "Aspectos generales de la pena de prisión. Alternativas y sustitutivos". En *La aplicación de las alternativas a la pena de prisión en España*. Dir: Morillas Cueva-Barquín Sanz. Ed. Defensor del Pueblo. Madrid, 2013, págs. 34-40.

[31] *Manual*...cit., pág. 3.

[32] *Ibd.*

[33] BARAS GONZÁLEZ, Marcos. *El espacio penitenciario europeo*. Madrid, 2013, pág. 210.

Interesante es, como planteamiento previo a la materia que estamos analizando, resaltar los esfuerzos comunitarios, inacabados, para conseguir una auténtica cooperación judicial que articule las medidas y propuestas más adecuadas para hacer frente a la delincuencia internacional incentivada por la necesaria mayor libertad que la proclamada movilidad europea produce en su versión negativa. Necesidad para la unión de garantizar la protección en clave de seguridad para los ciudadanos europeos, para las víctimas de los delitos y la atención a los sujetos que cometen delitos[34]. En tal línea es de mencionar sobre un enfoque de la UE acerca del derecho penal de la Comisión de libertades civiles, justicia y asuntos del interior, la Resolución del Parlamento Europeo de 12 de abril de 2012 (A7-0144/2012) en la que se marcan principios tan importantes para la comprensión del sistema de penas como el de respeto pleno a los derechos fundamentales de las personas sospechosas, acusadas o condenadas, el de proporcionalidad entre la pena y la infracción penal cometida, culpabilidad, seguridad jurídica, irretroactividad y de *lex mittior, non bis in idem*, presunción de inocencia, intervención mínima referido tanto a los delitos como a las penas.

En concreto el sistema europeo penitenciario y, en especial, a los efectos de este trabajo, en relación a la pena de prisión y al encarcelamiento como consecuencia de ésta, se asienta sobre una larga tradición individualizada y colectiva, nacida de manera relevante con la Ilustración[35]. En la actualidad, en la entrada del siglo XXI, está orientado por múltiples Recomendaciones del Comité de Ministros del Consejo de Europa a través fundamentalmente del Comité Europeo en Problemas Criminales y el Consejo para la Cooperación Penológica, Resoluciones de la Comisión y del Tribunal Europeo de Derechos Humanos, Decisiones Marco del Consejo de la Unión Europea, tales como Decisión Marco 2005/214/JAI, 24 febrero 2005, relativa a la aplicación del principio de reconocimiento mutuo de sanciones pecuniarias, Decisión Marco 2008/909/JAI, 27 noviembre 2008, relativa a la aplicación del principio de reconocimiento mutuo de sentencias en materia penal por las que se imponen penas u otras medidas privativas de libertad a

---

[34] En este sentido, en la ficha Técnica sobre cooperación judicial en materia penal se estructura como resultados de semejante objetivo los desarrollados en: A) marco institucional (Tratado de Lisboa –más efectividad, responsabilidad y legitimidad en el espacio de libertad, seguridad y justicia–, Programa de Estocolmo –nuevo programa plurianual para el periodo 2010-2014, en el marco del espacio de libertad, seguridad y justicia–), B) Asistencia judicial mutua en materia penal; C) Reconocimiento mutuo de las resoluciones judiciales en materia penal; D) Orden de detención europea; E) Aproximación de las legislaciones; F) Eurojust, Red Judicial Europea y los equipos conjuntos de investigación; F) Derechos procesales; H) Hacia una política de Derecho Penal de la UE. "La cooperación judicial en materia penal". *Fichas técnicas sobre la Unión Europea*. 2015. Alessandro Davoli, 04/2014.

[35] SNACKEN, Sonja-VAN ZYL SMIT, Dirk señalan que en dicho periodo, en el que el objetivo de la pena pasó de ser el causar dolor de manera arbitraria, a una más deliberada corrección de los condenados, la pena de prisión resultó, por vez primera, un elemento clave del castigo, impulsadas las nuevas orientaciones, –que, según mi opinión, en todo caso no dejaron de ser correccionalista-retribucionistas–, de la mano de comprometidos penitenciaristas como Howard, entre otros. VAN ZYL SMIT, Dirk-SNACKEN, Sonja *Principios*...cit., pág.32.

efectos de su ejecución en la Unión Europea, Decisión Marco 2008/947/JAI, 27 noviembre 2008, relativa a la aplicación del principio de reconocimiento mutuo de sentencias y resoluciones de libertad vigilada con miras a la vigilancia de las medidas de libertad vigilada y las penas sustitutivas, Decisión Marco 2009/829/JAI, de 23 de octubre 2009, relativa a la aplicación, entre Estados miembros de la Unión Europea, del principio de reconocimiento mutuo a las resoluciones sobre medidas de vigilancia como sustitución de la prisión provisional[36].

Todas ellas, y otras más que se podrían citar como Decisiones, Recomendaciones, etc., marcan criterios, sobre los fundamentos antes esbozados, acerca esencialmente, como también pasa con las propuestas de Naciones Unidas, de la aplicación de la pena de prisión y de los aspectos penitenciarios de semejante cuestión sin obviar referencias a posibles alternativas y a los principios que deben ser limitadores del uso excesivo de semejante reacción penal y que no siempre y en todas las circunstancias cumplen tal objetivo.

Se detecta, pues, fundamentalmente, la pretensión de regularización de los diversos sistemas de la países miembros sobre denominadores compartidos en la idea del espacio común europeo en relación a las justicia penal, posiblemente más formalista que valorativo de las verdaderas exigencias de la realidad punitiva volcada hacia un expansionismo de bienes jurídicos a proteger, de delitos a sancionar y de utilización excesiva de la pena de prisión, a pesar de los planteamientos protectores de los derechos humanos de los penados y de la orientación de encuentro y cooperación entre las legislaciones internas o precisamente por ello. Sin embargo, y a pesar de esta apreciación genérica de la situación, algunos autores han fijado con mayor optimismo o posiblemente objetividad de las tendencias europeístas sobre tal trilogía y en lo que a este escrito atañe a la pena de prisión.

Así, CID, ha resumido los principios básicos de la política criminal europea en materia de sanciones y alternativas a la prisión sobre dos relacionados intrínsecamente entre sí y que son soporte, al menos teórico, de semejante manifestación: por un lado, la prisión como última ratio en el sistema de sanciones – diversificado en dos orientaciones; a) la pena de prisión únicamente debe adoptarse cuando la gravedad de la conducta haga inapropiada cualquier otra sanción; b) la pena de prisión sólo es admisible cuando ninguna otra pueda alcanzar el objetivo de la rehabilitación[37]–; por otro, las sanciones alternativas a la prisión han de ser la respuesta frente a la comisión del delito, asentadas sobre dos ideas; una, respeto a la libertad de la persona y evitar los efectos negativos del encarcelamiento;

---

[36] Para más detalle vid, entre otros: GRUPO DE ESTUDIOS DE POLÍTICA CRIMINAL. "Una propuesta alternativa al sistema de penas y su ejecución, y a las medidas cautelares personales. Anexos". *Documentos del Grupo.* Málaga 2005, págs. 91-297. VAN ZYL SMIT, Dirk-SNACKEN, Sonja *Principios*...cit., págs. 42 y ss.

[37] Cid los estima como dos fundamentos distintos del reduccionismo: el modelo punitivo proporcionalista en el primer caso y el modelo rehabilitador en el segundo. CID, José. "La política criminal europea de sanciones alternativas a la prisión y la realidad española: una brecha que debe superarse". En *Estudios Penales y Criminológicos.* Vol. XXX (2010), págs. 60-61.

dos, estár en mejores condiciones que la pena de prisión de conseguir las finalidades del castigo[38].

El aceptable y pretendido equilibrio en la política criminal europea entre pena de prisión y alternativas a ella se me antoja más una declaración programática que un análisis detallado de las consecuencias e inoportunidad del uso desmesurado de aquella, pues la orientación nuclear de la programación europea al respecto no deja de mantener la dicotomía seguridad-pena de prisión con evidente tendencia hacia la dureza y frecuencia de ésta. Esclarecedora al respecto es la opinión del ponente, CORNELIS DE JONG, del Informe "sobre un enfoque de la UE acerca del Derecho penal" en cuya Exposición de Motivos, en clave ya de texto del Parlamento Europeo se alude de la siguiente manera: "Las disposiciones de Derecho penal se proponen con demasiada facilidad debido a sus supuestos efectos simbólicos y disuasorios: tratan de tranquilizar a los ciudadanos europeos convenciéndoles de que la UE se toma en serio su seguridad y de dejar claro a los delincuentes potenciales que recibirán un severo castigo. Pero, en realidad, no es una disposición del Derecho penal en sí misma la que da lugar a una reducción de la delincuencia en la UE. La ejecución de las sanciones es igual de importante, si no lo es más; el mero hecho de que la UE haya adoptado una nueva legislación no hace que disminuya la cantidad de delincuencia. Solo si las disposiciones jurídicas son claras y se corresponden con los sistemas nacionales existentes, la ejecución podrá ser eficaz. Es la combinación de la existencia de disposiciones de Derecho penal y de su cumplimiento lo que normalmente incide en la delincuencia". Al margen de las disfuncionalidades conceptuales que tal manifestación presenta visualiza un Derecho penal más simbólico que práctico, con prevalencia de la prevención general, con programación de duras sanciones y con la exigencia de una eficaz ejecución.

Morgenstern sitúa la política criminal europea al respecto en un lugar intermedio entre un giro punitivo y una contención al punitivismo, con países más cercanos a aquél y otros, entiendo que los menos y con posiciones no especialmente firmes, que parecen alejarse de este[39]. En todo caso y, como afirma la propia autora[40], incluso en Estados de la Europa continental en los que, en términos generales, se da más una contención de los parámetros punitivistas hay que señalar una dualidad convergente que va desde un cierto reduccionismo de la pena de prisión que pasa por medidas no penales o penas leves, generalmente pecuniarias, que tratan de evitar o reducir al mínimo la utilización del Derecho penal hasta conductas de un expansionismo endurecedor con penas de prisión de larga duración.

No cabe negar que si únicamente se atiende a la declaración de principios básicos por los que ha de transcurrir la pena de prisión y el derecho penitencia-

---

[38] *Ibd.*, pág. 62.

[39] MORGENSTERN, Christine. "Estándares europeos sobre penas y medidas comunitarias". En *Penas comunitarias en Europa*. Madrid, 2011, págs. 20-21.

[40] *Ibd.* Pág. 21.

rio a nivel mundial y europeo las respuestas de Naciones Unidas y de la Unión Europea pueden calificarse, en términos generales, de aceptables incluso, como hacen VAN ZYL SMIT-SNACKEN, de evidenciar una cierta política reduccionista basada en el principio del encarcelamiento como última medida que, sin embargo, su aplicación a nivel interno es bastante más problemática[41] por la tendencia a un expansionismo creciente en las normas nacionales. Así lo ve un amplio sector de la doctrina que manifiesta su preocupación por lo que entiende imparable tendencia dominante en la legislación de todos los países hacia la incorporación de nuevos tipos penales, así como a una agravación de los existentes, y a una mayor rigurosidad presencial de la pena de prisión que puede ubicarse en el marco general de la restricción o la reinterpretación de las garantías clásicas del Derecho penal sustantivo y del Derecho procesal penal[42]. Expansionismo que, sin embargo, motiva otro consenso doctrinal sobre la valoración crítica de la eficacia de la pena de prisión basado en dos seleccionados fundamentos esenciales para la crítica: a) la constatación de que el incremento del uso de la prisión no ha impedido el incremento de la criminalidad; b) el encarcelamiento no es una pena que afecta solamente al individuo condenado sino que arrastra a la familia cuando aquél es el sustento de ésta, como sucede en la mayoría de los casos de la población carcelaria[43].

Dicha utilización abusiva de la pena de prisión, y en consecuencia los discutibles éxitos de las alternativas a ella, sobre todo en la privación de libertad de media y larga duración, también parece una constante, esencialmente en determinados países. En dicho sentido, no han faltado las valoraciones más o menos radicalizadas. Intensa e interesante es la de ZAFFARONI que llega a calificar la

[41] VAN ZYL SMIT, Dirk-SNACKEN, Sonja. Principios...cit., pág. 149. Ambos autores plantean como características de una política criminal reduccionista una estrategia de puertas abiertas o una estrategia de puertas cerradas o, mejor, por medio de una combinación de las dos. Con respecto a la primera se ha de conseguir a través de la discriminalización, limitando el uso y la duración de la prisión preventiva y las condenas a prisión, así como una efectiva aplicación de medidas y penas no privativas de libertad, utilización del encarcelamiento como última medida de intervención únicamente para delitos de especial gravedad para la seguridad pública; la segunda supone la imposición de periodos de privación de libertad tan breves como sea posible, con estimulo de la libertad condicional. Págs. 150-151.

[42] Por ejemplo Zaffaroni señala que en las últimas décadas se ha insistido en todo el mundo en aumentar la frecuencia de la prisión, fundamentalmente en Estados Unidos, como país referencia de cambio de perspectiva de la política criminal de la resocialización a la retribución enmascarada en la prevención general, como ya he advertido anteriormente. ZAFFARONI, Eugenio Raúl. *Manual de Derecho Penal. Parte General.* Buenos Aires, 2005, pág. 702

[43] *Vid.*, en esta línea: BENITO DURÁ, Mauricio. *Sistemas*...cit., pág. 259. El autor añade, además, en semejante idea de efectos negativos de la pena de prisión: es un elemento desbaratador de la familia, la edad de los privados de libertad supone la inmovilización de un sector importante de la población activa de un país que afecta a su capacidad de crecimiento, tiene devastadores consecuencias tanto para la población penitenciaria como para la población en general al constituirse en foco de enfermedades infecto contagiosas, hacinamiento y efectos negativos de él, elevado costo, contrasentido que supone querer educar o reeducar a una persona para la sociedad, manteniéndola aislada de la misma durante años (pág. 260).

situación de fracaso de las ideologías de la resocialización y todo el conjunto de teorías preventivas especiales positivas, que coincide con la crisis del Estado providente, ante lo que resulta que en la realidad la prisión se convierte en un mero local de depósito de seres humanos deteriorados. "Se trata de una tendencia genocida que, en definitiva, se afilia a la prevención especial negativa, es decir, a la idea de la prisión como una eventual pena de muerte"[44]. Las radicalizadas precisiones del autor argentino necesitan ser limitadas, pero ponen de manifiesto una determinada concepción absolutamente crítica del desarrollo penitenciario; aunque el propio escritor las relativiza al añadir, a continuación, su percepción de que en pocas décadas la frecuencia de la prisionización disminuya debido al desarrollo tecnológico del control electrónico de conducta[45]; una variable, sin duda, de cierto atractivo pero insuficiente para pilotar un cambio real de la situación descrita en torno a la pena de prisión.

De cualquier manera, se llegue a la interpretación que sea, la realidad es la vitalidad de la pena de prisión, su extensión y su especial importancia como mecanismo de crecimiento del Derecho penal actual, a pesar de las puntuales oscilaciones que puedan haber en su aplicación concreta en un determinado período de tiempo y de las indicaciones programáticas tanto de Naciones Unidas como de la Unión Europea.

España no es una excepción en este sentido y también se ha dejado notar, entre oscilaciones en cuanto a su intensidad, las consecuencias de la tendencia expansionista. El propio Código penal de 1995 y, sobre todo, las destacadas reformas operadas por las Leyes Orgánicas 7/2003, de 30 de junio, de medidas de reforma para el cumplimiento íntegro y efectivo de las penas; 11/2003, de 29 de septiembre, de medidas concretas en materia de seguridad ciudadana, violencia doméstica e integración social de los extranjeros; 15/2003, de 25 de noviembre, por la que se modifica la Ley Orgánica 10/1995, de 23 de noviembre, del Código penal; 20/2003, de 23 de diciembre, de modificación de la Ley Orgánica del Poder Judicial y del Código Penal; 1/2004, de 28 de diciembre, de Medidas de Protección Integral contra la Violencia de Género; 15/2007, de 30 de noviembre, por la que se modifica la Ley Orgánica 10/1995, de 23 de noviembre, del Código Penal en materia de seguridad vial; LO 5/2010, de 22 de junio, por la que se modifica la Ley Orgánica 10/1995, de 23 de noviembre, y las recientes LO 1/2015, de 30 de marzo, por la que se modifica a LO 10/1995, de 23 de noviembre, del Código Penal y LO 2/2015 de 30 de marzo, por la que se modifica a LO 10/1995, de 23 de noviembre, del Código Penal, en materia de delitos de terrorismo. Si bien, a alguna de ellas, no se les puede negar objetivos aciertos en sus contenidos, manifiestan una clara tendencia hacia presupuestos de expansión, que, en ocasiones, resultan sumamente discutibles cuando no arriesgados y desconcertantes científicamente.

Algunas muestras de ello en clave de penas: a) en redacción inicial del Código penal de 1995 incremento de penas o añadido de nuevas (paradigmáti-

[44] ZAFFARONI, Eugenio Raúl. *Manual*...cit., pág. 702.

[45] *Ibd.*

ca, es la decisión legislativa de evitar las penas de privación de libertad de corta duración –menos de seis meses, es decir, lo que antes era arresto mayor de un mes y un día a seis meses pero a cambio y para los mismos delitos con penas de arresto mayor se le incrementa la pena a la de prisión de seis meses a tres años o, incluso, a cuatro años del vigente. Así, entre otros, amenazas condicionales sin haber conseguido el propósito del artículo 169.1 inciso final –pena de seis meses a 3 años–; anterior 493.1°, inciso final –pena de arresto mayor– o la estafa del artículo 249 –prisión de seis meses a tres años–; anterior artículo 528 –arresto mayor–); b) modificaciones de la L.O. 7/2003, de 30 de junio, que excluye o limita sensiblemente, en varios preceptos –periodo de seguridad del artículo 36.2, reglas del artículo 78, libertad condicional del artículo 90– beneficios penitenciarios (reducción para todos en relación al período de seguridad, cuando la duración de la pena de prisión impuesta sea superior a cinco años, la clasificación del condenado en el tercer grado de tratamiento penitenciario no podrá efectuarse hasta el cumplimiento de la mitad de la pena impuesta. La LO 5/2010, con más adecuado criterio pero todavía discutible su presencia en el Texto punitivo[46]atenúa el cerrado impacto de la descripción original dejando la ordenación de que la clasificación del condenado en tercer grado de tratamiento penitenciario no se efectúe hasta el cumplimiento de la pena impuesta como potestativa del Juez o Tribunal en los casos en que la pena sea superior a cinco años de prisión excepto en los delitos referentes a organizaciones y grupos terroristas, terrorismo, los cometidos en el seno de una organización o grupo criminal, los de abusos y agresiones sexuales a menores de trece años del artículo 183 del CP, los relativos a la prostitución y a la corrupción de menores, cuando la víctima sea menor de trece años–, permisos de salida, clasificación en tercer grado o computo de tiempo para la libertad condicional, a los reos de terrorismo de la Sección 2ª, del Capítulo V del Título XXII del Libro II o a los que los cometan en el seno de organizaciones criminales; c) ampliación del límite máximo de cumplimiento de la pena de prisión hasta los cuarenta años[47] y disminución del límite mínimo a los tres meses[48]; d) incorporación de la pena

---

[46] Opción criticada por un sector de la doctrina científica (*vid.*, por todos: MAPELLI CAFFARENA, Borja. *Las consecuencias*...cit, pág. 107 "A todas luces se trata de una disposición de naturaleza penitenciaria cuya presencia aquí solo sirve para generar problemas de sistematicidad y poner, una vez más de relieve, la escasa consideración que merece la cuestión penitenciaria".

[47] La reforma producida por la L.O. 7/2003, eleva el límite máximo, contenido en el artículo 76, en diez años, al pasar de treinta que lo situaba el texto original del Código penal de 1995 a cuarenta. Se trata de una nueva prueba de las veleidades preventivo-generales, cercanas al retribucionismo, por las que opta el legislador español en sus actuaciones más recientes. Cierto es que el impacto de la decisión se ve limitado al ser utilizado semejante límite en exclusiva para la solución de situaciones concursales de gran intensidad punitiva. *Vid.*, con mayor amplitud: MORILLAS CUEVA, Lorenzo. *Valoración*...cit., págs. 62-63.

[48] La reforma llevada a cabo por la L.O. 15/2003 supone asimismo un cambio importante en la comprensión de los límites de la pena de prisión, en este caso del mínimo. Se pasa de los planteamientos iniciales del Texto punitivo, límite de seis meses, –que situaba a la legislación punitiva española, al margen de otros problemas que semejante decisión produjo, en

de prisión permanente revisable para supuestos de especial gravedad[49]; e) aumento y mayor presencia de penas de prisión de larga duración que se produce a través de las reformas de 2015 al modificar contenidos y penas de delitos de especial gravedad con utilización de penas de prisión de larga duración más de las que hasta este momento tenían: por ejemplo, homicidio agravado –pena superior en grado, de quince a veintidós años (Artículo 138.2. No existía antes)–, asesinato en sus diversas variables –básico de quince a veinticinco años; antes quince a veinte años (artículo 139), tipo agravado, mitad superior, de veinticinco a treinta años (artículo 139.2), supuestos hiperagravados, prisión permanente revisable (artículo 140.1 y 140.2, antes para este último supuesto de 20 a veinticinco años, los del 140.1 son circunstancias incorporadas por la reforma–, detención ilegal o secuestro sin dar razón del paradero del detenido o secuestrado –de diez a quince años de prisión para detención ilegal, y de quince a veinte para el secuestro (artículo 166.1), y en tipo agravado que la víctima fuera menor de edad o persona con discapacidad necesitada de especial protección o que la conducta se hubiere llevado a cabo con intención de atentar contra la libertad o indemnidad sexual de la víctima, o hubiere actuado posteriormente con esta finalidad, de quince a veinte año de prisión para detención ilegal y de veinte a veinticinco año de prisión para secuestro(Artículo 166.2); antes pena superior en grado a la señalada en los artículos anteriores, de los que el más grave penado era cuando fuera secuestro y el encierro o detención durará más de quince días y fuere ejecutado con simulación de autoridad o función público o la víctima fuere menor de edad o funcionario público en el ejercicio de sus funciones, que podía ascender a la pena de prisión de doce a trece años (artículos 164 y 165 en relación con el 166), delitos de terrorismo modificados al alza en sus penas y tipologías por la LO 2/2015, –por ejemplo: si se causare la muerte de una persona, pena de prisión por el tiempo máximo previsto en este Código (presentación inusual y eufemística, al menos en estos momentos, de la pena prisión permanente revisable), antes pena de prisión de veinte a treinta años;

---

las más modernas corrientes doctrinales y político-criminales, que abogan por la supresión de las penas de prisión de corta duración, ya que en ellas el breve período de internamiento no es suficiente para conseguir ningún fruto resocializador y sí es, en cambio, lo suficientemente largo como para desocializar al delincuente primario, con lo que, además, en algunos casos, se daba entrada a otras penas alternativas– al de tres "con el fin de que la pena de privación de libertad de corta duración pueda cumplir su función de prevención general adecuada respecto a los delitos de escasa importancia. Al mismo tiempo, esta duración permite estructurar de forma más adecuada la relación existente entre faltas y delitos y la escala de penalidad aplicable a ambos" (Exposición de Motivos de la Ley). Previsión esta última bastante discutible. *Vid.*, con más extensión: *Ibd.*, pág. 63-66. Con carácter general: MORILLAS CUEVA, Lorenzo. *Teoría de las consecuencias jurídicas del delito.* Madrid, 1991, págs. 15 y ss. Ni la LO 5/2010 ni la LO 1/2015 modifican el artículo 36. 2, con lo que se mantiene el límite mínimo de la pena indicada en los tres meses.

[49] Al ser objeto su estudio de otro capítulo de este libro, únicamente hago referencia a ella en cuanto a su inclusión, sin dejar de comentar, eso sí, lo que significa en cuanto a la expansión cuantitativa y cualitativa de la pena de prisión en nuestro Ordenamiento jurídico-penal.

prisión de veinte a veinticinco años cuando, en los casos de secuestro o detención ilegal no se dé razón del paradero de la persona, entre otros–[50].

A pesar de lo indicado anteriormente y que pone de manifiesto la tendencia expansionista, aunque a veces limitada por el mantenimiento de hipótesis reduccionistas, la realidad aplicativa española supone una cierta contradicción en cuanto a su desarrollo. Así por ejemplo, si se tiene en cuenta la evolución de la población penitenciaria como buena prueba de la real y efectiva utilización de la ejecución de la pena de prisión, muestra diferentes variables temporales, sobre todo en dos perspectivas de especial interés para la valoración de la posible política criminal limitativa de la aplicación de la pena de prisión, destacadamente en sus niveles de corta y media duración: el número de internos en los Centros Penitenciarios españoles, en número global, antes se ha visto en porcentaje con respecto a cada 100.000 habitantes y el número de presos preventivos, cuya reducción gradual en España es un dato referencial a nivel europeo y una aplaudible restricción al uso de la privación libertad todavía de más impacto que la propia pena de prisión por lo que significa para el principio de presunción de inocencia, otro bastión garantista clave en el Estado social y democrático de Derecho.

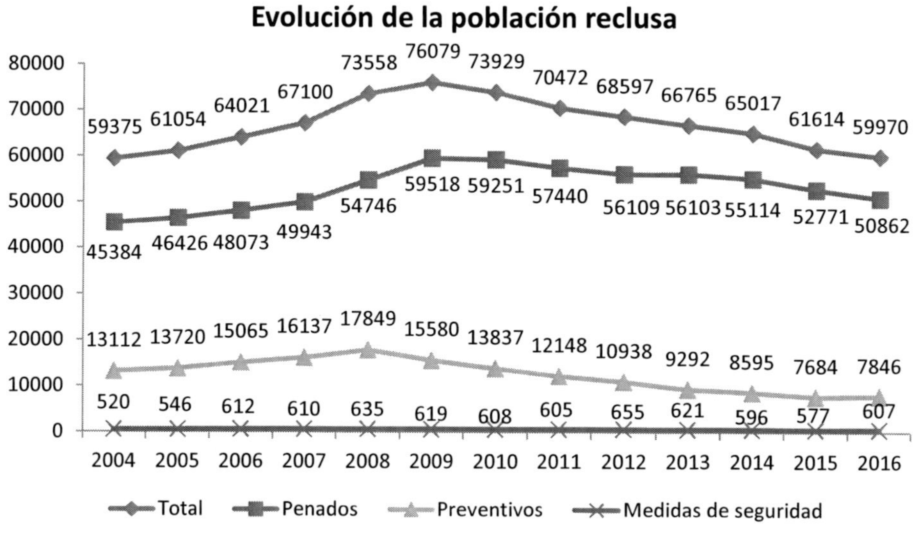

Fuente: Elaboración propia con datos de la Secretaría General de Instituciones Penitenciarias

[50] Con mayor extensión y datos, *vid*: CORRAL MARAVER, Noelia. *Las penas largas de prisión en España. Evolución histórica y político-criminal.* Madrid, 2015, págs. 247-258 y 371-386.

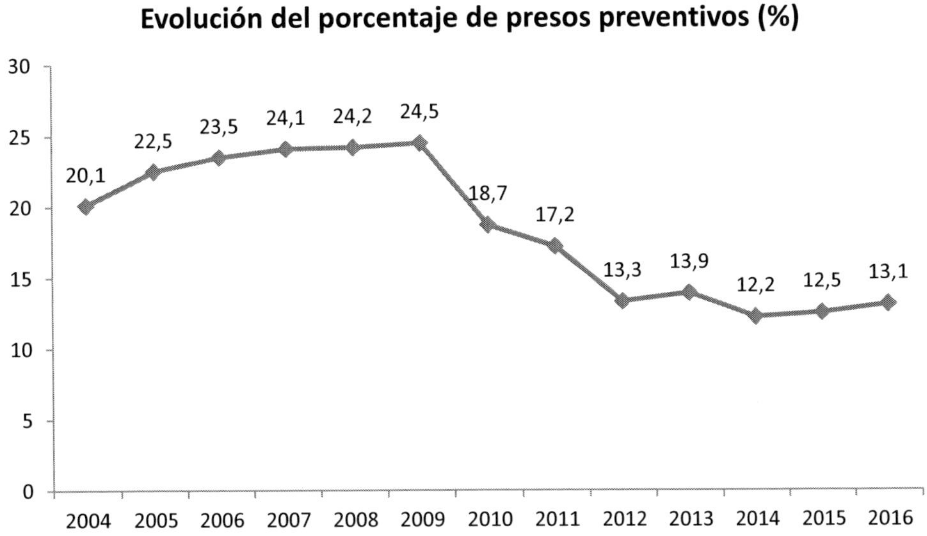

Fuente: Elaboración propia con datos de la Secretaría General de Instituciones Penitenciarias[51]

Dos variables destacan de los gráficos presentados. Por un lado, las cuantitativas que se manifiestan en relación al número de internos en los Centros penitenciarios españoles y de penados[52]; por otro, la progresiva y aplaudible disminución de los presos preventivos.

Con relación a la primera hay que destacar dos bloques temporales de muy distinta significación: el que se desarrolla desde 2004 a 2010 que es fruto expansivo de las reformas de 2003 y 2004 y que en el trienio 2008-2010 alcanza la cota más altas de internos –año 2009, 76.079, que toca una tasa de 165 por 100.000 habitantes la más alta desde 1997, año en el que se inicia la exposición de datos y de penados, 59.518–; el que se genera desde 2011 hasta 2016, derivación en general de la LO 5/2010 que inicia en su aplicación un proceso reduccionista del uso y aplicación de la pena de prisión hasta llegar a los dos últimos con evidente minoración de los internos en dichos Centros y con tasa de 133 y 129 sobre 100.000 habitantes respectivamente, tanto por la incidencia normativa como por la relevante disminución de preventivos, como ahora se analizará. Algo parecido sucede en particular con los penados cuya tendencia es asimismo descendente, con respecto a 2009 y a 2010. Así, el número de penados en 2011 –57.440– evidencia un 3,05%

[51] El porcentaje de preventivos se ha obtenido sobre la totalidad de internos conforme a los datos de la Secretaría General de Instituciones Penitenciarias.

[52] Dada la finalidad de este trabajo es necesario hacer caminar el respectivo análisis tanto por número total de internos que nos muestra los privados de libertad en general, como por número de penados, a los que realmente se le aplica una pena de prisión como consecuencia de una sentencia condenatoria.

menos que con relación a los penados de 2010 –59.251–; los de 2012 –56.109– un 2,31% menos a los de 2011; los de 2013 –56.103– un 0,01% a los de 2012; los de 2014 –55.114– un 1,76% menos a los de 2013; los de 2015 –52.721– 4,34% menos a los de 2014; los de 2016 (noviembre) –50.862– 3,52% menos a los de 2015. En comparativa global desde 2010 a 2016, se ha producido una disminución de 8.389 penados lo que supone el 14,15% menos. Cifra interesante que significa un cierto avance hacia el reduccionismo de la pena de prisión, a pesar de su expansiva presencia en el Texto punitivo, como se analiza en otro capítulo de este libro.

En cuanto a la segunda, la reducción de presos preventivos en España, a destacar como paradigmática, en relación con sus propios datos y con los países de la Unión Europea más significativos. Tanto es así que en los últimos diez años se muestra como el cuarto país que secuencialmente hace menos uso de esta institución jurídica de compleja fundamentación y precisamente en los dos últimos años ha disminuido progresivamente hasta alcanzar cuotas verdaderamente relevantes en su utilización; la número dos detrás de Irlanda en 2015–[53].

IV. REDUCCIONIMO A TRAVÉS DE ALTERNATIVAS A LA PENA DE PRISIÓN

En la dicotomía base por la que se desarrollan los contenidos de este capítulo y de este libro entre expansionismo y reduccionismo, juega un papel fundamental, en esta segunda línea limitativa a la presencia y aplicación de la susodicha pena de prisión las alternativas que a ella se ofrecen.

La permanente invocación a la búsqueda y encuentro de alternativas a la pena de prisión –pudiera parecer que planteada así en el contexto en el que estamos de análisis y valoración referencial acerca de la pena de prisión como instrumento inevitable de respuesta social a la criminalidad, se presenta como la contra argumentación de la función de la pena para la protección de bienes jurídicos, lo que indudablemente no es la realidad ya que es una forma exquisitamente válida y coherente de conseguir también esa función y esos objetivos– es una constante temporal posiblemente con menos éxito, por ahora, pero no por ello menos importante, que el desarrollo de la que pretende sustituir. Es paradójico, pero al mismo tiempo real, que las reiteradas demandas, por ciertos sectores, otros están empecinados en su negación, de sustitutivos penales se oscurezcan una y otra vez con la prepotencia de una pena que, por necesaria, no cede prácticamente terreno. Nimio es afirmar que existen niveles distintos entre las diversas legislaciones en torno a tales alternativas, a su grado de aplicación y a su eficacia real, que no siempre coinciden con la descripción nominal de tales opciones en los Textos punitivos que, por lo general, atienden a su regulación, al menos desde una perspectiva formal.

[53] Con mayor amplitud, *vid*: MORILLAS CUEVA, Lorenzo."Reflexiones sobre la prisión preventiva". En *Anales de Derecho*. 1/2016, págs.3 y ss.

Semejante compromiso y pretensión político-criminal parece ser una realidad progresiva en derecho comparado y asimismo en nuestro ordenamiento jurídico-penal, con limitaciones pero también con evidentes avances. Ello, según BENITO DURÁ, pasa por: a) estabilizar y reducir el uso de la prisión; b) desarrollar el campo de las medidas y penas alternativas tomando en cuenta la necesidad de la individualización de la pena; c) una apuesta clara por la información y educación de la población; d) el necesario desarrollo de experiencias en la implementación de las diferentes modalidades de penas alternativas acompañadas de mecanismos de monitoreo y evaluación que permitan su validación y capacidad de expansión y replica; e) el desarrollo de investigación científicas y multidisciplinarias, así como la dotación de los recursos humanos y materiales para la implementación de las penas alternativas; f) la adopción y validación de protocolos de trabajo; g) la participación de la comunidad; h) crear conciencia que las respuestas a la criminalidad y a la potencial inseguridad ciudadana es responsabilidad de todos y no del sistema penal y los subsistemas policial y penitenciario[54].

En definitiva, un compromiso múltiple e inter partes sociales y jurídicas que evite lo que el autor anteriormente citado llama con buen criterio definitorio "miedo al cambio"[55] de un sistema uniforme asentado en la privación de libertad hacia otro diferenciador y multiforme en sus respuestas que ha de tener como premisa sobresaliente de entre las citadas la toma de conciencia de la ciudadanía acerca de la eficiencia y necesidad de dichas alternativas y de sus beneficiosas derivaciones sociales asentadas en la trilogía real y práctica: información-educación-sensibilidad.

Con semejante perspectiva, voy a examinar y valorar, en clave de síntesis –el contenido y desarrollo de dichas alternativas y sustitutivos penales están tratados con especial intensidad en otros pasajes de este libro– aquellas en una puesta en relación con la propia pena de prisión. En tal comprensión, MANTOVANI describe una interesante evolución de la pena de prisión, de su alcance y de la progresión de la medidas alternativas a ella, en la estructura de lo que denomina "los tipos de pena en los sistemas diferenciados", en los que la estrategia contra el crimen se basa en la presencia esencial de la pena de prisión, que sigue siendo una constante en las actuales legislaciones, pero también en las alternativas o sustitutivas de ellas[56].

Sobre la convicción, comúnmente aceptada, de la crisis de la pena de prisión como instrumento sustancialmente único y rígido de reacción penal, enumera una serie de razones de dicha situación: a) no siempre es necesaria y por ello el Estado moderno ha estimado la posibilidad de crear otros instrumentos alternativos; b) puede ser contraindicada a los fines preventivos especiales y también demasiado perturbadora y estigmatizante para el sujeto y la familia y costosa para la colectividad; c) ha sufrido una continua erosión de su función preventivo general y especial por efecto de la hipertrofia de la legislación penal y de la inflación de la pena de

54 BENITO DURÁ, Mauricio. *Sistemas*...cit., pág. 271.

55 *Ibd.*

56 MANTOVANI, Ferrando. *Diritto Penale. Parte Generale.* 9ª ed., Padova, 2015, pág. 730.

prisión misma[57].Diversos documentos de Naciones Unidas, como se ha comentado con anterioridad, atestiguan esta situación: a) encarcelamiento y derechos humanos –los gobiernos tienen el deber de justificar que el uso del encarcelamiento es necesario para lograr un importante objetivo social y que no existe otro medio menos restrictivo que permita lograr tal objetivo–; b) el encarcelamiento es caro –resulta difícil calcular el costo de las cárceles en todo el mundo, pero las mejores estimaciones, mostradas por el autor, lo han cifrado en torno a 62.500 millones de dólares anuales (utiliza estadísticas de 1997, por tanto lejanas en el tiempo, con lo que la previsión actual ha de estar por encima de esta importante cifra) de costes directos, como la construcción y administración de las cárceles, así como el alojamiento, alimentación y cuidado de los reclusos, y los indirectos o inducidos también importantes ya que el encarcelamiento puede repercutir en la comunidad en general de diversas formas negativas, así, las cárceles son incubadoras de enfermedades tales como la tuberculosis y el SIDA, en especial si los reclusos están hacinados, y cuando estos recuperan su libertad, pueden contribuir a que se difundan estas enfermedades–; c) el encarcelamiento se utiliza en exceso –por consiguiente, las alternativas al encarcelamiento deben ser el punto de partida primario para evitar la excesiva confianza en el sistema carcelario–[58].

La reiterada crisis, más teórica que real, de la pena de prisión acompañada de las tradicionales medidas de clemencia hacen cambiar, en opinión de MANTOVANI, y con la perspectiva del ordenamiento italiano, la idea dual del derecho punitivo-derecho de clemencia por la de derecho punitivo-derecho premial que en el aspecto que aquí interesa se aplica con el fortalecimiento del sistema sancionatorio-disuasorio, en el sentido de recuperar la eficacia de la sanción penal que ha sido dispersada, para ciertos sectores de delitos y delincuentes, con el combinado efecto del sistema único de la pena de prisión y sus correcciones distorsionadas en términos de clemencia-indulgencia, pero sin que la norma penal y la conexa desaprobación social de los hechos incriminados pierdan credibilidad, o, lo que es peor, seriedad. En tal línea, semejante recuperación se pretende conseguir a través de la reducción: a) en el área del ilícito penal, mediante la descriminalización, despenalización o privatización de la sanción punitiva, con el objetivo de concentrar los instrumentos represivos y especial preventivos en la defensa contra la formas más intensas de antisocialidad; b) en el área de la pena de prisión opera: a') circunscribiendo dicha pena a la criminalidad grave y media y a los reincidentes, respecto de la cual es el sentido común de la justicia, en la exigencia de prevención general y especial, permitiendo la renuncia a la pena de prisión, que, no obstante, sigue siendo la espina dorsal del sistema; b´) añadiendo junto a la pena de prisión un amplio y flexible sistema de penas sustitutivas, de regulación aplicable a la criminalidad de modesta entidad, esto es, como opción a la pena de prisión de corta duración[59].

---

[57] *Ibd.*, pág. 747.

[58] *Manual de principios básicos y prácticas prometedoras en la aplicación de medidas sustitutivas del encarcelamiento.* Naciones Unidas. Nueva York, 2010, págs. 4-6.

[59] MANTOVANI, Ferrando. *Diritto*...cit., pág. 733-737.

Las hipótesis presentadas por el autor italiano en cita, algunas de ellas revisables, sobre todo las dirigidas a una visión parcialmente retribucionista de la pena, sitúan, en cualquier caso, los parámetros esenciales por los que se mueve o, al menos, desea caminar el binomio pena de prisión-alternativas desde la perspectiva de una moderna política criminal. Tales aseveraciones encuentran fundamento y desarrollo en las políticas diferenciadoras de importantes instituciones y movimientos internacionales al respecto –Naciones Unidas, Consejo de Europa o Movimiento Internacional para la reforma del Derecho penal, entre otras–.

En la última de las direcciones citadas, las otras dos han sido ya ampliamente tratadas en este estudio, es referencial la apreciación que, en su momento, realizó JESCHECK, de adecuada vigencia a la actualidad de este trabajo y soporte de las anteriores premisas sintetizadas del pensamiento de MANTOVANI y otros muchos autores, acerca de los rasgos esenciales del movimiento internacional de reforma del Derecho Penal. Sobre la base de una prognosis inicial, algo pesimista, del cambio que se produce en la moderna penología ubicado en el escepticismo y la resignación a consecuencia de los escasos resultados que obtuvieron los programas de resocialización imperantes en la década de los cincuenta y sesenta del siglo pasado en los que se mantuvo la fe en la posibilidad de recuperación social del delincuente bajo condiciones de falta de libertad y de un internamiento forzoso junto a otros sujetos de parecidas características, semejante contrariedad conceptual y práctica llevó a criterios diferentes y generó, incluso en los países que más apostaron por los programas de tratamiento de larga duración de los delincuentes mediante la privación de libertad por tiempo indeterminado –por ejemplo Estados Unidos o Suecia–, un política criminal fijada en parámetros más garantistas, a la vez que más diversificados, tanto sustancial como procesalmente. Dicho giro reformista se mantiene activo en la actualidad con progresivas modificaciones y ampliaciones en su alcance. Sus planteamientos esenciales, cuán carta político criminal de actuación son: a) la pena privativa de libertad, aun siendo clave en la estructura de las consecuencias jurídicas del delito pasa, cada vez más, como *ultima ratio,* a un segundo plano entre los instrumentos con los que cuenta el Derecho penal, con relevancia únicamente para los supuestos de mayor gravedad o como pena subsidiaria en caso de imposibilidad de pago de la pena de multa –cuestión ésta sumamente debatida en la actualidad como se analizará con extensión en otro capítulo de este libro, sobre la paradoja que en la búsqueda de alternativas a la pena de prisión nos encontramos a esta como alternativa negativa a la pena de multa–; b) en lugar de las penas de corta duración, la de multa; c) en sustitución de las de duración medial, sometimiento a prueba en libertad bajo ciertas condiciones; d) otros desarrollos de alternativas a la pena de prisión por distintos caminos y con arreglo a diversas formulaciones jurídicas –entre otras, sometimiento a prueba del condenado en libertad vigilada, suspensión provisional de la formulación de la acusación, arresto fin de semana, probation, multa, reprensión pública, amonestación, caución, trabajos útiles para la comunidad– así como soluciones procesales que permitan obviar la necesidad del proceso penal[60].

---

[60] JESCHECK, Hans-Heinrich. "Rasgos fundamentales del movimiento internacional de reforma del Derecho Penal". *La reforma del Derecho Penal.* Ed., Mir Puig. Bellaterra, 1980, págs. 9-22.

Tales movimientos internacionales de reforma del Derecho penal asientan los criterios básicos por los que ha de caminar la política criminal de la pena y de las medidas en el siglo XXI y sus respectivas alternativas y sustitutivos. Mención institucional relevante, en parte ya comentada, hay que hacer a los criterios sostenidos por Naciones Unidas al respecto, a través de Reglas, Declaraciones, Principios básicos en la materia. De especial interés es la premisa de la que se parte con el reconocimiento expreso de que uno de los retos con que se encuentran las autoridades que tratan de promover el uso de medidas sustitutivas del encarcelamiento como forma de reducir la población carcelaria es asegurarse de que la definición teórica de esas medidas sustitutivas no sea demasiado reductora, desde el momento en que las medidas sustitutivas son un componente fundamental de todos los niveles y etapas del sistema de justicia penal. Metodológicamente para ello se emplean dos referencias: a) estimar estrategias generales para reducir el ámbito del sistema de justicia penal y evitar de este modo indirectamente el uso del encarcelamiento; b) ubicarse sistemáticamente en la utilización de medidas sustitutivas en todas las fases del sistema de justicia penal: fase anterior al juicio; fase de la sentencia; y fase en la que cabe considerar la excarcelación anticipada de los reclusos sentenciados. De estas tres últimas voy a atender a la intermedia o fase de sentencia por su relevancia para los criterios utilizados en este libro y por ser el núcleo referencial en el que se fundamentan la mayoría y más determinantes alternativas a la pena de prisión.

Para ello, es necesario volver nuevamente a las Reglas de Tokio pues representan, a mi entender, la guía a seguir para su comprensión desde Naciones Unidas al resto de Declaraciones internacionales. En su regla 8.1 se matiza de manera programática, que la autoridad judicial, que tendrá a su disposición una serie de sanciones no privativas de la libertad, "al adoptar su decisión deberá tener en consideración las necesidades de rehabilitación del delincuente, la protección de la sociedad y los intereses de la víctima, quien será consultada cuando corresponda". Trilogía de exigencias que son a tener en cuenta en cualquier justificación que del tema se haga tanto a nivel nacional como internacional.

En el número 2 enumera de manera concreta pero escueta las medidas posibles de adoptar –a) sanciones verbales, como la amonestación, la reprensión y la advertencia; b) libertad condicional; c) penas privativas de derechos o inhabilitaciones; d) sanciones económicas y penas en dinero, como multas y multas sobre los ingresos calculados por días; e) incautación o confiscación; f) mandamiento de restitución a la víctima o de indemnización; g) suspensión de la sentencia o condena diferida; h) régimen de prueba y vigilancia judicial; i) imposición de servicios a la comunidad; j) obligación de acudir regularmente a un centro determinado; k) arresto domiciliario; l) cualquier otro régimen que no entrañe reclusión; m) alguna combinación de las sanciones precedentes–. Se trata de un catálogo abierto pero restrictivo que no se detiene en el contenido de cada una de ellas ni en el soporte administrativo necesario para su aplicación, pero que bien estructuradas y dirigidas en los derechos internos son un soporte alternativo a la prisión aceptable en el que la terminología empleada por las susodicha Regla puede variar en relación a la usada por las diferentes legislaciones internas e, incluso, caben otras hipótesis sustitutivas siempre que, como señalan las propias Reglas y el Manual de Principios Básico sus componentes punitivos cumplan las normas sobre la dignidad humana y el Estado de Derecho.

El Manual de Principios Básicos amplia de manera grupal dichas medidas de la siguiente forma, que reproduzco y resumo por el interés que representa para el contenido de este libro: a) sanciones verbales, como amonestaciones, reprensiones, advertencias o sobreseimientos sin condiciones acompañados de una sanción verbal, formal o informal, son algunas de las medidas más suaves que un juez puede adoptar tras constatar la existencia de un delito; b) libertades condicionales, liberación del sujeto sin imponerle otra pena; c) penas privativas de derechos o inhabilitaciones que niegan al delincuente algunos derechos concretos dentro de la comunidad; d) sanciones económicas figuran entre las medidas más eficaces para mantener a muchos delincuentes fuera de la cárcel; e) incautación o confiscación –en terminología de las Reglas de Tokio– como tipo de sanción que puede establecer una sentencia –sin embargo, en muchas jurisdicciones no se considera que una medida de este tipo sea en absoluto una sentencia impuesta por un juez sino sencillamente una consecuencia que deriva de un delito–; f) mandamientos de restitución a la víctima o de indemnización, dichas disposiciones a favor de las víctimas son un objetivo importante de la justica penal moderna –de cualquier forma, y sobre todo en el Derecho penal español, hay que repetir el condicionante anterior–; g) suspensión de las sentencias o condenas diferidas –suspensión durante un determinado plazo del cumplimiento de una sentencia de encarcelamiento pronunciada por un juez con exigencia de que se cumplan las condiciones fijadas por éste es evidentemente una alternativa atractiva al encarcelamiento–; h) régimen de prueba y vigilancia judicial –el régimen de prueba ha evolucionado y los servicios de asistencia social se han convertido en organismos cuya responsabilidad primaria es asegurarse de que el delincuente cumple los mandamientos del juez sobre lo que tiene o no tiene que hacer para permanecer en la comunidad, en lugar de ser encarcelado–; i)imposición de servicios a la comunidad que obliga al delincuente a trabajar sin remuneración un determinado número de horas o realizar una labor concreta; j) remisión a un centro de tratamiento y asistencia, esto es, a unas instalaciones donde el delincuente pasa el día, volviendo a su casa por la noche–; k) arresto domiciliario[61].

La doctrina camina por parecido sentido, con perspectiva de ordenación sistemática más adecuadas y con variedad de tendencias y contenidos. Así, de vuelta con MANTOVANI, sobre los datos y propuestas que anteceden, y también sobre el aumento progresivo de la población carcelaria, como uno de los factores de mayor necesidad de reflexión científica pero también social, el maestro italiano enumera y compendia una amplia gama de hipótesis que, como medidas alternativas, se presentan con mayor asiduidad en las diversas normativas penales y que, voy a utilizar, con cierta adaptación sobre todo terminológica, como introducción concreta al

[61] *Manual*...cit., págs. 35-47.

tema, desde el punto de vista científico: a) medidas sustitutivas de la pena de prisión –desarrollan una función esencialmente de prevención general y de disuasión y, ciertamente, también de neutralización–: a') medidas patrimoniales que comprenden la pena pecuniaria, la medida impeditiva de los resultados económicos que determinados tipos de delito están destinados a conseguir, y la caución de de buena conducta; b') penas paraprisión, que constituyen una variante de la pena de prisión y conllevan no una privación sino solo una reducción de la libertad personal: a") arresto esporádico, fuera de los días laborables, en fines de semana, vacaciones, fiestas, etc; b") semi-detención (prisión de noche, obligación de permanecer un número de horas al día en la cárcel, etc); c") arresto domiciliario o libertad controlada; c') pena de trabajo de pública utilidad; d') medidas de interdicción, que privan al sujeto de la capacidad de desarrollar determinadas funciones profesionales, actividades, etc; e') sanciones simbólicas, desaprobación verbal del comportamiento del delincuente, reprensión judicial; b) medidas suspensivas en prueba, renuncia total o parcial de la pena de prisión, condicionada al buen éxito de un periodo de prueba, controlada y asistida; c) medidas preparatorias a la liberación, incluye: a') admisión de trabajo en el exterior de la prisión; b') régimen de semilibertad; c') licencia preliberación o libertad condicional[62].

El amplísimo catálogo propuesto por MANTOVANI evidencia algunas disfuncionalidades cuando se concreta en un sistema específico, lo que no deja de ser lógico; pero tiene la ventaja de mostrar, prácticamente, todas las variables que pueden ser desarrolladas, bien como auténticos sustitutivos, bien como alternativas reales o, incluso, como complementos a la pena principal. En todo caso, se detecta de cualquier análisis comparativo varias hipótesis que pueden presentarse como comunes: a) prioridad, todavía, de la pena de prisión; b) progresivo desarrollo de las penas alternativas, sustitutivas o suspensivas de la de prisión; c) como consecuencia de lo anterior, una cierta discrecionalidad del juez, que puede llegar, dentro del marco de la legalidad, a una política criminal judicial, fundamentalmente en la individualización y en la ejecución de la pena y, en consecuencia, en la aplicación práctica y concreta de los sustitutivos penales[63].

Por ejemplo, JESCHECK-WEIGEND, sitúan en el Derecho penal germano la pena de prisión en la cúspide, aunque, como hemos visto, en retroceso, suspensión condicional de la pena y, su variante, amonestación con reserva de pena, pena de multa, trabajos en beneficio de la comunidad, reparación. Semejante valoración de entendimiento real de la pena de prisión como *ultima ratio* se ha visto sacudida en los últimos año por situaciones disfuncionales que pueden paralizar dicha tendencia, como el aumento de presos en las prisiones, el incremento de las penas de prisión de largo duración y la agravación punitiva en la práctica en delitos violentos, sexuales y relacionados con la droga[64].

---

[62] MANTOVANI, Ferrando, *Diritto Penale*...cit., págs. 735-741.

[63] Sobre este tema en relación entre principio de legalidad y discrecionalidad judicial, *vid.*, MORILLAS CUEVA, Lorenzo. *Valoraciones*...cit., págs. 53-60.

[64] JESCHECK, H.H.-WEIGEND, T. *Tratado de Derecho Penal. Parte General.* Trad. Olmedo Cardenete, 5ª ed., corregida y ampliada, Granada, 2002, págs. 802 y ss.

En el ámbito doctrinal español son bastantes los especialistas penales y penitenciarios que han profundizado en el tema en una indagación, siempre inacabada, de modelos alternativos a la prisión, que llegan incluso a planteamientos revisionistas del propio Derecho penal y de su función en un Estado moderno. A veces, desde posiciones restrictivas que identifican alternativas con sustitutivos penales; otras, desde perspectivas más amplias, como se ha podido comprobar con las citas anteriores.

En las primeras se mueven, por ejemplo, las opciones de COBO DEL ROSAL-VIVES ANTÓN, que contemplan la expresión "sustitutivos de las penas" en un sentido limitado, modesto, como la propuesta de "determinadas y concretas opciones en lugar de la ejecución de la pena privativa de libertad por lo general para determinados supuestos específicos"[65] y que, a su vez, distinguen lo que para ellos no son, estrictamente, auténticos sustitutivos de las penas de prisión ya que lo que hacen no es reemplazar dichas penas por otras o por medidas, sino que comportan, en una mera función suspensiva, su inejecución o ejecución incompleta, de los verdaderos, al menos en su compresión estricta, en los que el lugar de la pena privativa de libertad es ocupado por una pena de otra naturaleza y contenido o, simplemente, por una medida.

La segunda va mucho más allá y es la expresión máxima del positivismo criminológico. Según su común denominador lo que se ha de buscar son opciones de política y prevención social que estructuren fórmulas alternativas para la evitación de la criminalidad y para la reducción cada vez más, hasta llegar a la utopía de su eliminación, del Derecho penal y en coherencia de sus consecuencias jurídicas. En esta línea de comprensión, pero con una perspectiva mucho más moderada y realista, ROXIN pone de manifiesto cómo en el futuro la pena será completada por una variedad de otras reacciones a la conducta punible, bastantes de ellas ya en vigor en muchos países, entre las que incluye el arresto domiciliario, interdicción de conducir vehículos como pena principal e independientemente de que exista un delito de tráfico, nuevas medidas de seguridad, sanciones orientadas a la libre voluntad, como trabajos en beneficio de la comunidad y reparación civil voluntaria, sanciones contra entes colectivos[66].

En atención a todo lo dicho, y sobre una compresión amplia de las posibilidades alternativas a la pena de prisión, estimo que son tres fundamentalmente las formas en que se pueden presentar las hipótesis a cubrir, al margen o sobre la ubicación en alguna de las tres etapa desarrolladas por Naciones Unidas. Por un lado, las del propio catálogo de penas, que en realidad no están concebidas o, al menos, descritas como sustitutivos, pero que sí es cierto que evitan, en los pocos casos que están utilizadas sin las de privación de libertad, que se apliquen éstas –la prevaricación regulada en el artículo 404 del Código penal español está castigada con la pena de inhabilitación especial para empleo o cargo público por tiempo de

---

65 COBO DEL ROSAL, M-VIVES ANTÓN, T.S. *Derecho Penal. Parte General.* 5ª ed., Valencia, 1999, pág 844.

66 ROXIN, Claus. "El desarrollo del Derecho penal en el siguiente siglo". *Dogmática penal y Política Criminal*, Lima 1998, págs. 453 y ss.

nueve a quince años–. Por otro, en íntima relación con lo anterior, los instrumentos alternativos a dichas penas señalados de una manera general en los diversos tipos –el artículo 153 para los casos de violencia de género que fija la pena de prisión de seis meses (tres para el número dos) a un año o trabajos en beneficio de la comunidad de treinta y uno a ochenta días (como alternativa específica). Por último, las que se encuentran agrupadas bajo un epígrafe específico de formas sustitutivas de la ejecución de las penas privativas de libertad y de la libertada condicional –después de la LO 1/2015 estas son modificadas de manera intensa en su contenido y sistemática, como se analizan en otros capítulos de este libro, al integrarse tanto la sustitución –únicamente queda la que posiblemente más demanda una restructuración esencialmente negadora: la expulsión de territorio español de extranjero que haya cometido un delito sancionado con pena de prisión de hasta cinco años, pena que puede ser modulada al alza en determinados supuestos–, como la libertad condicional, esta con graves reproches de la doctrina al respecto, en la suspensión.

Como valoración conclusiva de este epígrafe hay que destacar la necesidad de incluir, en línea con los parámetros esenciales al respecto de Naciones Unidas, en los Ordenamientos jurídicos internos medidas no privativas de libertad para así proporcionar otras opciones que reduzcan la aplicación de la pena de prisión. Junto a ello, y para ello, se precisa alcanzar un equilibrio adecuado entre los derechos de los delincuentes, los de las víctimas, el interés de la sociedad en la seguridad pública y la prevención del delito, sin menoscabo de la función esencial de protección y prevención que he marcado para la pena de prisión.

La conveniente apuesta por una eficaz política criminal alternativa, fundamentalmente para las penas de prisión de corta y media duración, requiere como imprescindible una progresiva sensibilización de la comunidad social sobre la importancia y necesidad de dichas penas alternativas y de sustitutivos eficaces. Con ello, se ha de evitar lo que he llamado anteriormente "miedo al cambio" y apostar con decisión racional y proporcionada por un sistema mixto de penas privativas de libertad, las menos posibles, y de alternativas a ellas.

Cierto es, en aras a la objetividad valorativa, que, en este sentido, el Código peal español es prolijo, más que otros textos legales, en acoger alternativas a la pena de prisión, en las dos dimensiones antes explicitadas, pero también lo es que no deja de ser un cierto espejismo en cuanto el sistema de penas originariamente diseñado para el Código de 1995 y luego moldeado con inaudita frecuencia por las sucesivas reformas presenta como criterio en exceso preferente el uso de la pena de prisión, escoltado por un renovado catálogo de penas restrictivas de libertad y privativas de derechos que, en la mayoría de las ocasiones, son meras acompañantes de la primera. De nuevo una pretendida reforma, la contenida en el LO 1/2015, se abona a estos criterios expansionistas. Otra oportunidad perdida.

V. VALORACIÓN FINAL

Para completar todo lo escrito en este trabajo considero oportuno finalizarlo con algunas conclusiones a manera de valoración conclusiva. En primer lugar, a pesar de las programáticas y, a veces, generosas declaraciones tanto de Naciones Unidas como de la Unión Europea y de otras Instituciones Internacionales, la preocupante realidad punitiva es la tendencia hacia una modernizada retribución penal, en clave de expansionismo punitivo, como instrumento para tratar y anular, que no resolver, problemas sociales cuyas soluciones han de venir por otras actuaciones menos gravosas para los ciudadanos pero más comprometidas para los poderes públicos. En segundo, como planteamiento político-criminal, se hace necesario consolidar variables punitivas que reduzcan tanto la utilización de la pena de prisión como, y en derivación, la población penitenciaria: despenalización, reducción al máximo del empleo y duración de la prisión preventiva, fomento de las penas no privativas de libertad, periodos de internamiento carcelario lo menos extensos posible, atención a la libertad condicional, respeto a los derechos humanos de los reclusos. En tercero, estimación verdadera de la pena de prisión, como la *ultima ratio de la ultima ratio*, lo que conlleva confrontar frente al expansionismo una realista Política Criminal reduccionista. En cuarto, a pesar de los reparos, en la actual situación y con tales parámetros, la pena de prisión se muestra como un mal necesario en cualquier sociedad como forma de actuación para prevenir conductas criminales, pero su real justificación ha de pasar por la exigencia de ser la única reacción posible para la protección de bienes jurídicos esenciales para la sociedad y para las exigencias de justicia social sobre la trilogía garantista y aseguradora, delincuente-sociedad-víctima, y así poder legitimarse dentro del Estado social y democrático de Derecho.

Capítulo segundo
Pena de prisión y Constitución

Isabel Casanova Aguilar
Profesora Titular de Derecho Constitucional.
Universidad de Murcia

I. DERECHO A LA LIBERTAD PERSONAL Y PRIVACIÓN DE LIBERTAD POR CONDENA PENAL (ART.17 CE)

1. El derecho a la libertad personal como derecho de configuración limitada por el propio texto constitucional

El artículo 17 CE al tiempo que reconoce el derecho a la libertad personal como derecho a la libertad física o deambulatoria lo configura como un derecho de carácter limitado al contemplar la posibilidad de privación de libertad "con la observancia de lo previsto en este artículo y en los casos y en la forma previstos en la ley".

Una de las formas constitucionalmente legítimas de privación de libertad es la pena de prisión derivada de la comisión de un hecho punible que, al comportar una grave interferencia en el ejercicio, entre otros, del derecho a la libertad personal, precisa de la observancia de una serie de garantías establecidas por el ordenamiento jurídico precisamente con el objetivo de permitir al individuo que va a ser afectado en sus derechos conocer con certeza cuáles son las conductas que darán lugar a dicha reacción penal con el objeto de que pueda evitarlas.

De esta forma, el principio de legalidad se erige en una importante garantía del ciudadano frente al poder punitivo del Estado ya que no significa otra cosa que la exigencia de una serie de requisitos para el ejercicio del mencionado ius puniendi por aquél tales como la predeterminación con certeza y por escrito de las conductas delictivas y de las penas que las acompañan (lex praevia, scripta y stricta).

Por otro lado, la vigencia de un Estado social y democrático de derecho también deja su impronta en el ejercicio del ius puniendi del Estado en el sentido de que como no puede ser de otra forma en un Estado así adjetivado, su poder es un poder limitado por el necesario respeto de una serie de principios y valores constitucionales que han de ser preservados. De esta forma, hay que considerar también como limitada la posibilidad estatal de adoptar decisiones que restrinjan el ejercicio de los derechos fundamentales como lo es sin duda la imposición de una condena penal de privación de libertad. En esta oportunidad, es el principio de proporcionalidad el que, pese a no hallarse expresamente mencionado en el texto constitucional, es un instrumento, de origen jurisprudencial, que desempeña un papel de trascendental importancia a la hora de determinar la legitimidad constitucional de las limitaciones de derechos producidas con ocasión de la necesidad de preservar otros derechos o bienes constitucionalmente protegidos que entran en colisión con aquellos. Se trata de un principio que establece una serie de requisitos para poder justificar la limitación de un derecho fundamental tales como la justificación de la medida restrictiva del derecho de que se trate por la persecución de un fin legítimo y la superación de un triple juicio: el de idoneidad, el de necesidad y el de proporcionalidad en sentido estricto; esto es, que la medida restrictiva del derecho fundamental sea idónea para la consecución del fin pretendido, sea necesaria para el logro de dicho objetivo, al no existir otra medida alternativa menos gravosa para el derecho concernido, y sea proporcionada en el sentido de que sean mayores los beneficios obtenidos que los perjuicios causados.

Así las cosas, y en relación con el tema que nos ocupa, la sanción penal privativa de libertad "solo podrá estimarse constitucionalmente legítima si en la formulación del tipo y en su aplicación se han respetado las exigencias propias del principio de legalidad penal del art. 25.1 C.E, y si además no han producido por su severidad, un sacrificio innecesario o desproporcionado de la libertad de la que privan o un efecto disuasorio o desalentador del ejercicio de los derechos fundamentales implicados en la conducta sancionada" (STC 136/1999 FJ 20).

2. Garantías constitucionales que condicionan la limitación del derecho a la libertad personal por el ejercicio del ius puniendi del Estado

a) El principio de legalidad penal

El principio de legalidad penal aparece consagrado en el art. 25.1 C.E como exigencia de predeterminación suficiente de las conductas delictivas y de las penas correspondientes de forma que constituyen expresiones de dicho principio la reserva de ley (lex scripta), el principio de taxatividad y la subsiguiente prohibición de la analogía (lex stricta), el principio de irretroactividad (lex praevia) y el principio non bis in idem que impide el doble castigo por unos mismos hechos[1]. Se trata, pues, de un conjunto de exigencias orientadas todas ellas a preservar el principio de seguridad jurídica proclamado en el art. 9.3 C.E.

En primer lugar, el art. 25.1 C.E contiene, según la jurisprudencia constitucional, una reserva de ley para la regulación de los delitos y de las penas correspondientes a cada uno de ellos[2]. Reserva de ley que aunque no se indique expresamente en el texto constitucional ha de tener el carácter de ley orgánica en el supuesto de normas penales que establezcan sanciones privativas de libertad. Y ello en razón de la doctrina sentada por el TC como consecuencia del amplio debate que ha tenido lugar acerca del rango o jerarquía que debía acompañar a esa reserva de ley en materia penal dada la indeterminación del art. 25.1 de la CE al respecto. La cuestión estribaba en determinar si la reserva de ley penal constitucionalmente establecida, implicaba o no reserva de ley orgánica por conexión del art. 25 CE con el art. 81.1 CE que prevé dicha categoría normativa para el desarrollo de los derechos fundamentales y libertades públicas. El TC, tras reconocer la insuficiencia del art. 25.1 para determinar el carácter orgánico de la ley objeto de reserva en materia penal[3], considera que las normas penales que establezcan penas privativas de libertad han de tener la condición de leyes orgánicas en base a la consideración de que al no existir en un ordenamiento jurídico un límite más severo a la libertad que la privación de libertad en sí, los preceptos legales que fijan las condiciones de tal privación constituyen un desarrollo del derecho a la libertad personal del art. 17.1 CE que así se limita y, en consecuencia, han de tener la condición de ley orgánica según lo prescrito por el art.81.1 CE que contiene una

---

[1] Para un análisis más pormenorizado de esta cuestión puede consultarse:MIR PUIG, S. *"Derecho Penal. Parte General"*. 8ª ed. Barcelona 2008, págs. 101-129.DIEZ-PICAZO GIMENEZ, LM. *"Sistema de derechos fundamentales"*. 4ª ed. Navarra, 2013, págs. 441-458. COBO DEL ROSAL, M y BOIX REIG. J "Garantías constitucionales del derecho sancionador" En *"Comentarios a la legislación penal. Tomo I Derecho Penal y Constitución"*. Dir. Cobo del Rosal. Madrid, 1982.COBO DEL ROSAL, M y VIVES ANTÓN, TS. *"Derecho Penal. Parte General"*, 5ª ed. Valencia, 1999 págs. 67-100.CARBONELL MATEU, Juan Carlos. *"Derecho Penal: concepto y principios constitucionales"*. Valencia, 1999.

[2] Las afirmaciones del TC en este sentido se producen con cierta reiteración. Así, en la sentencia 25/1984 se señala por este Tribunal que "al decir el art. 25.1 de la Constitución que "nadie puede ser sancionado o condenado por acciones u omisiones que en el momento de producirse no constituyan delito, falta o infracción administrativa, según la legislación vigente en aquél momento", da expresión general al principio de legalidad en materia sancionadora del que se deriva que una sanción de privación de libertad u otra, solo procederá en los casos previstos y tipificados en normas preestablecidas y únicamente en la cuantía y extensión previstas en dichas normas" (FJ 3).

[3] "Como ya señaló este Tribunal, la formulación del principio de legalidad respecto de las normas sancionadoras penales contenido en el art. 25.1 de la CE, supone la exigencia del rango de Ley formal para este tipo de normas; pero no implica, por sí sólo, la necesidad de que asuman los caracteres de las Leyes Orgánicas previstas en el art.81.1 del Texto constitucional" (STC 140/1986 FJ 5).

reserva material de ley orgánica para el desarrollo de los derechos fundamentales y libertades públicas. Y añade que "la imposición de una pena de privación de libertad prevista en una norma sin ese carácter [Ley Orgánica], viene a constituir una vulneración de las garantías del derecho a la libertad personal reconocido en el art. 17.1 de la C.E. y, por ello, una violación de ese derecho protegible en la vía de amparo (STC 140/1986 FJ 5 y 6). Exigencia de lex escripta que, por lo demás comporta la prohibición de la costumbre como norma reguladora de los delitos y de las penas.

Por otro lado, el requisito de lex certa también forma parte del contenido del principio de legalidad penal para poner de manifiesto la taxatividad, claridad y precisión exigibles a la ley con la finalidad de otorgar a los destinatarios de la norma la certidumbre necesaria acerca de las conductas que llevan aparejada la sanción penal. Como consecuencia de este requerimiento integrado en el principio que analizamos, serán contrarias al principio de legalidad penal las leyes que configuren los tipos penales de una forma abierta o indeterminada, quedando excluida la interpretación analógica in malam partem, esto es, en cuanto perjudique al reo.

Por lo demás, la exigencia de lex certa específicamente contemplada en el art. 25.2 C.E no conlleva una absoluta proscripción de los conceptos jurídicos indeterminados ya que según palabras del Tribunal Constitucional esa garantía de certidumbre o seguridad que la misma comporta se mueve dentro de los límites humanos donde la claridad y precisión absolutas son inalcanzables dado el margen de indeterminación siempre presente en el lenguaje humano (STC 62/1982 FJ 7, c). Basta así que las normas penales sean tan precisas como para "permitir a los ciudadanos conocer suficientemente la conducta que constituye delito" (STC 122/1987 FJ 3), aún cuando hagan uso de conceptos indeterminados, siempre que "su concreción sea razonablemente factible en virtud de criterios lógicos, técnicos o de experiencia, y permitan prever (...), con suficiente seguridad, la naturaleza y características esenciales de las conductas constitutivas de la infracción tipificada"(STC 69/1989 FJ1)[4].

En tercer lugar, el carácter previo o predeterminado de la tipificación delictual y de las penas aplicables en cada caso también constituye una exigencia integrada en el principio de legalidad que, en esta oportunidad, determina la improcedencia de la legislación retroactiva desfavorable al delincuente como aparece expresamente recogido en el art. 9.3 CE, esto es, aquella que pretende aplicarse a hechos acontecidos con anterioridad a su entrada en vigor. El objeto del debate en este tema se sitúa en el interrogante de si en contraposición a la proscripción de la retroactividad desfavorable al reo, la retroactividad de las leyes penales favorables pudiera o no formar parte del principio de legalidad. El TC ha aceptado en cierta forma que la retroactividad de la ley penal más favorable puede encontrar apoyo constitucional pero no a través del art. 25.1 sino en virtud del art. 9.3 interpretado a sensu contrario (STC 99/2000, voto particular y las allí citadas), con las

---

[4] Información extraída de la STC 150/1991 apartado c) de las alegaciones del Abogado del Estado relativas a la cuestión de constitucionalidad relacionada con el agravante de reincidencia.

consecuencias que ello comporta según advierte acertadamente DIEZ-PICAZO GIMENEZ, en orden a la posibilidad de poder o no invocar en amparo la retroactividad de la ley más favorable[5].

Por último, la jurisprudencia del TC ha reconocido, desde su sentencia 2/1981, que el principio non bis in idem, aunque no aparece constitucionalmente consagrado de manera expresa, ha de considerarse integrado en los principios de legalidad y tipicidad de las infracciones recogidas en el art. 25.1 C.E. Dicho principio supone la prohibición de que, por autoridades de un mismo orden y a través de procedimientos distintos, se sancione repetidamente una misma conducta ya que dicha posibilidad entrañaría una reiteración inadmisible en el ejercicio del ius puniendi del Estado (STC 150/1991 FJ 9).

b) El principio de proporcionalidad

El principio de proporcionalidad con el significado antes descrito, se proyecta en el ámbito penal en una doble dimensión o perspectiva ya que una sanción penal puede resultar desproporcionada bien por ser innecesaria la reacción penal o por resultar excesiva la pena impuesta en relación con el delito cometido. De esta forma, el principio de proporcionalidad puede constituir un límite al legislador penal en dos momentos distintos: a la hora de acudir o no a la represión penal y en el momento de concretar la pena aplicable al tipo delictivo de que se trate, porque lo que el principio de proporcionalidad parece indicarnos en materia penal no es otra cosa que no debemos penalizar una conducta cuando no sea necesario, esto es, cuando existan otras alternativas que nos permitan reaccionar con la misma efectividad protectora frente a la conducta antisocial, y que en los supuestos en que si proceda dicha sanción no debemos aplicarla con más intensidad de la necesaria. Y todo ello en virtud de las exigencias de necesidad y proporcionalidad en sentido estricto contenidas en el principio de proporcionalidad en sentido amplio ya que si la pena privativa de libertad es la sanción más costosa para la libertad deberá acudirse a cualquier otra antes que a ella e imponerla de la forma menos gravosa cuando sea necesaria. De esta forma, adquieren relevancia constitucional los principios penales de necesidad o de intervención mínima, de prohibición de exceso, de subsidiariedad, ultima ratio o fragmentación del derecho penal.

Pero una vez expuesta la virtualidad del principio de proporcionalidad como instrumento de limitación y control del poder punitivo del Estado, nuestro razonamiento quedaría incompleto si no reparásemos en un dato de trascendental importancia que de no ser considerado nos podría conducir a conclusiones erróneas y ese dato que no es otro que la necesidad de cohonestar las exigencias del principio de proporcionalidad con el margen de discrecionalidad de que goza el legislador penal a la hora de determinar los distintos tipos delictivos.

---

[5] DIEZ –PICAZO. “Sistema… op.cit pág.447 8ªed.

El propio Tribunal Constitucional ha procedido a reconocer el amplio margen de discrecionalidad del que goza el legislador a la hora de proceder a la tipificación penal de las conductas al considerar que, en principio, el juicio sobre proporcionalidad de la pena prevista por la ley en relación al hecho punible que es presupuesto de la misma, es competencia del legislador debiendo ser respetada dicha libertad configuradora del legislador salvo en los supuestos en los que la desproporción de la pena sea inconclusa y no quepa duda alguna sobre su manifiesta inadecuación o injustificado exceso (STC 65/1986 FJ 3)[6]. A mayor abundamiento, el TC en otra de sus sentencias, la 160/2012 dictada con ocasión de la duda de constitucionalidad suscitada por una norma que, con el objeto de lograr el cumplimiento íntegro de la condena, restringe la posibilidad judicial de suspender la pena en ciertos delitos especialmente graves, reitera la postura anteriormente señalada y explicita el papel que le corresponde desempeñar al TC en los siguientes términos: "Conviene poner de manifiesto con carácter previo –por lo que de relevante tiene para el alcance de nuestro enjuiciamiento–, que el control de la ley penal que este Tribunal tiene asignado debe venir presidido, en todo caso, por el reconocimiento de la competencia exclusiva del legislador para el diseño de la política criminal, correspondiéndole un amplio margen de libertad, dentro de los límites de la Constitución, para la configuración tanto de los bienes penalmente protegidos y los comportamientos penalmente reprensibles, como del tipo y la cuantía de las sanciones penales, o la proporción entre las conductas que pretende evitar y las penas con las que intenta conseguirlo. El juicio de constitucionalidad que nos atañe no se ocupa, en consecuencia, de cuestiones referidas a la eficacia, conveniencia o acierto técnico de la norma, sino únicamente a enjuiciar si se han respetado los límites externos que a la intervención legislativa imponen los principios constitucionales invocados por el órgano cuestionante. Por tal razón, una hipotética solución desestimadora ante una norma penal cuestionada no afirma nada más ni nada menos que su sujeción a la Constitución, sin implicar, por lo tanto, en absoluto, ningún otro tipo de valoración positiva en torno a la misma" (FJ 2 c) y las sentencias allí indicadas). A la hora de realizar dicho enjuiciamiento el propio Tribunal ha señalado el camino a seguir al indicar que "cabe afirmar la proporcionalidad de una reacción penal cuando la norma persiga la preservación de bienes o intereses que no estén constitucionalmente proscritos ni sean socialmente irrelevantes y cuando la pena sea instrumentalmente apta para dicha persecución. La pena, además, habrá de ser necesaria y, ahora en un sentido estricto, proporcionada (...). Desde la perspectiva constitucional solo cabrá calificar la norma penal o la sanción penal como innecesarias cuando a la luz del razonamiento lógico, de datos empíricos no controvertidos y del conjunto de sanciones que el mismo legislador ha estimado necesarias para alcanzar fines de protección análogos, resulta evidente la manifiesta suficiencia de un medio alternativo menos restrictivo de derechos para la consecución igualmente eficaz de las finalidades deseadas por el legislador. Y solo cabrá catalogar la norma penal o la sanción penal que incluye como estrictamente desproporcionada cuando

6 En la misma línea puede verse lo afirmado en la STC 150/1991 FJ 4.

concurra un desequilibrio patente y excesivo o irrazonable entre la sanción y la finalidad de la norma a partir de las pautas axiológicas constitucionalmente indiscutibles y de su concreción en la propia actividad legislativa" (STC 136/1999 FJ 23 y las allí citadas).

La revisión constitucional de la proporcionalidad aparece así, a su vez, limitada por el amplio margen de discrecionalidad de la que goza el legislador a la hora de ejercer su función, pero ello no significa que dicha revisión con la subsiguiente declaración de inconstitucionalidad de la norma infractora, no sea posible. La STC 136/1999 (caso Mesa de Herri Batasuna) declaró inconstitucional un precepto penal por haber vulnerado el principio de proporcionalidad como consecuencia de imponer una pena excesiva para los casos de cooperación con el terrorismo[7].

De esta forma y a modo de conclusión, podemos considerar, como acertadamente señala MIR PUIG, que "entre los límites que debe respetar la prevención en un Estado social y democrático de Derecho como el acogido en la Constitución española y en otras muchas de nuestro ámbito cultural, se reconoce pacíficamente que debe incluirse el de que la pena sea proporcionada al delito"[8]

Y puesto que, tal y como hemos tenido ocasión de comprobar anteriormente, la legitimidad de la sanción penal no sólo va a depender de su carácter necesario y proporcionado sino que también va a requerir su idoneidad para la consecución de un fin constitucionalmente legítimo y socialmente relevante, nos corresponde a continuación dirigir nuestra mirada al significado del mandato resocializador de las penas contenido en el art. 25.2 CE..

II. EL ARTÍCULO 25.2 C.E COMO INSTRUMENTO MODULADOR DE LAS PENAS PRIVATIVAS DE LIBERTAD[9]

1. Determinación del significado y alcance del objetivo resocializador de las penas contenido en el artículo 25.2 de la CE

El art. 25.2 CE establece que "las penas privativas de libertad estarán orientadas hacia la reeducación y reinserción social".

---

[7] Puede verse al respecto ALVAREZ GARCÍA, J. "Principio de proporcionalidad. Comentario a la sentencia del Tribunal Constitucional de 20 de Julio de 1999, recaída en el recurso de amparo interpuesto por los componentes de la Mesa Nacional de Herri Batasuna" En *Diario La Ley*, Sección Doctrina, 1999, tomo V.

[8] MIR PUIG, Santiago "El principio de proporcionalidad como fundamento constitucional de límites materiales del Derecho penal". En *"Constitución y Principios del Derecho Penal: algunas bases constitucionales"*. Dir. Mir Puig/Queralt Jimenez. Valencia, 2010, pág.72.

[9] Puede verse al respecto CASANOVA AGUILAR, I. "Mandato resocializador de las penas privativas de libertad y permisos de salida penitenciarios" En Revista Internacional de Doctrina y Jurisprudencia núm. 8 Diciembre 2014, del que el presente epígrafe constituye un extracto de su primer apartado.

Ese mandato resocializador de las penas privativas de libertad contenido en el precepto antes transcrito, está llamado a proyectarse sobre las distintas fases o etapas del ejercicio del "ius puniendi" del Estado ya que tanto el legislador en el momento del establecimiento de las sanciones penales, como el Juez a la hora de aplicarlas al caso concreto, y la Administración Penitenciaria en el momento de su ejecución han de tenerlo presente, aunque, como veremos a continuación, según doctrina del TC español, esa proyección no se va a producir con la misma intensidad en los distintos momentos señalados, sino que tal y como se deduce de las afirmaciones realizadas por el interprete supremo de la Constitución, esa proyección esta llamada a ser más intensa en la última de esas fases, esto es, en el momento de la ejecución de la condena lo que no significa que la presencia de dicho mandato no tenga que ser una realidad en todas y cada una de ellas.

Por otro lado, determinar el significado y alcance de la cláusula contenida en el mencionado precepto no es tarea fácil dada la envergadura de los interrogantes que suscita ya que nos podríamos interrogar, en primer lugar, acerca de si dicha prescripción es o no portadora de un derecho subjetivo del penado a la reinserción capaz de habilitarle para exigir su eficacia en amparo constitucional dada la ubicación del art. 25.2 en la Sección Primera del Capítulo II del Título I y cuya respuesta afirmativa podría llevarnos a tener que aceptar el derecho del penado a la inejecución de su condena en el supuesto de que no precisara ser rehabilitado o resocializado como así se le ha requerido al TC en varias ocasiones. O también, nos podríamos interrogar, acerca de la capacidad del art. 25.2 C.E para operar como instrumento delimitador o constrictor de la sanción penal en el momento de ser establecida por el legislador. O, incluso, plantearnos si podemos encontrar en él una habilitación para sustituir las penas privativas de libertad, de carácter indudablemente desocializador, por otras medidas más acordes al objetivo integrador del penado constitucionalmente prescrito. O, por último, podríamos, igualmente, intentar esclarecer cuales son las obligaciones del Estado para hacer realidad en el transcurso de la ejecución de la condena ese objetivo resocializador señalado constitucionalmente.

2. El objetivo resocializador de las penas ¿derecho fundamental del penado?

El recurso a la existencia de un hipotético derecho a la reeducación y reinserción social ha sido utilizado con cierta frecuencia a la hora de sustentar la improcedencia de la aplicación de una pena privativa de libertad. En más de una oportunidad, el condenado a una pena de privación de libertad ha solicitado del Tribunal Constitucional la inejecución de su condena argumentando que las penas privativas de libertad han de orientarse a la reinserción y dado que durante el tiempo transcurrido entre la comisión del hecho delictivo y la ejecución de la condena se había ya producido la reinserción del sujeto recurrente, la pena rehabilitadora sería innecesaria[10].

---

[10] Eso fue lo pretendido, por ejemplo, en el caso resuelto por la STC 28/1988 en el que un condenado a una pena de privación de libertad por un delito cometido a causa de su dro-

La respuesta negativa del Tribunal ha sido contundente en todos los supuestos en los que se le ha planteado tal pretensión al señalar que "aunque no debe desconocerse la importancia del principio constitucional en él contenido, el art. 25.2 no confiere como tal un derecho amparable que condicione la posibilidad y la existencia misma de la pena a esa orientación" (STC 2/1987). El Tribunal suscribe, pues, la procedencia de mantener la ejecución de la pena privativa de libertad a aquellos que pese a ser autores de la conducta que lleva aparejada dicha sanción no precisan ser rehabilitados y difiere la plena eficacia del mandato resocializador al momento ulterior de la ejecución penitenciaria de la condena al considerar que "lo que dispone el art. 25.2 es que en la dimensión penitenciaria de la pena se siga una orientación encaminada a la reeducación y reinserción social, más no que a los responsables de un delito al que se anuda una privación de libertad se les condone la pena en función de la conducta observada durante el periodo de libertad provisional" (ATC 486/1985), De esta forma, y según el criterio del TC la reeducación y reinserción social no puede ser considerado un derecho fundamental del penado susceptible de ser protegido por vía de amparo sino un principio constitucional orientador de la política penal y penitenciaria del Estado[11].

En conclusión, según dicho planteamiento jurisprudencial, el objetivo de reeducación y de reinserción social que el texto constitucional asigna a las penas privativas de libertad no puede servir de justificación para no imponer una pena privativa de libertad a aquellos que pese a ser autores de la conducta delictiva sancionada no precisan ser "reeducados" o "reinsertados" ni tampoco para mantener en prisión a aquellos que pese a haber satisfecho el cumplimiento de la pena impuesta no hubieran logrado el objetivo resocializador y ello no sólo porque el art. 25.2 contenga un mandato al legislador del que no se derivan derechos subjetivos, sino también porque, como tendremos ocasión de comprobar en el epígrafe siguiente, en el mencionado precepto no se establece que la reeducación y la reinserción social sean la única finalidad legítima de las penas privativas de libertad.

3. La cláusula constitucional de reinserción social del penado como parámetro de la constitucionalidad de las leyes penales: reeducación y reinserción social y sistema punitivo

Como ya hemos apuntado anteriormente si nos desplazamos al momento del establecimiento de la sanción penal por el legislador la problemática que plantea

---

gadicción solicitaba del Tribunal que, como ya había superado su drogadicción a consecuencia del tratamiento al que se había sometido declarase la suspensión de la ejecución de la condena impuesta. Así como muchas más en el mismo sentido (STC 381/1993; 35/1994; etc).

[11] Una opinión discrepante respecto de la posición mantenida por el Tribunal Constitucional es la suscrita por José Cid Moline (1998) para quien "la ubicación sistemática del precepto es decisiva para considerar que el primer inciso del artículo 25.2 C.E. constituye un principio del que derivan derechos fundamentales para la persona condenada a pena privativa de libertad" ("Derecho a la reinserción social. Consideraciones a propósito de la reciente jurisprudencia constitucional en materia de permisos" *Jueces para la democracia* nº 23, pág. 40).

el mandato resocializador de las penas constitucionalmente establecido no es otra que su posibilidad de actuar como parámetro de la constitucionalidad de las leyes penales y en consecuencia su capacidad invalidante de aquellas que se le opongan.

Según doctrina del TC, si bien la prescripción contenida en el art. 25.2 C.E, no es fuente, en sí misma, de derechos subjetivos a favor de los condenados a penas privativas de libertad, ni menos todavía de derechos fundamentales susceptibles de amparo constitucional, sí que puede servir de parámetro de la constitucionalidad de las leyes. (STC 75/1998, FJ 2). Nos corresponde a continuación analizar el cómo esa finalidad resocializadora de las penas prevista en el art. 25.2 va a ejercer esa eficacia condicionante de la validez de las leyes penales y con qué límites va a poder hacerlo.

No han sido infrecuentes las ocasiones en las que se ha solicitado el pronunciamiento del TC para enjuiciar la constitucionalidad de determinadas sanciones penales que planteaban dificultades para satisfacer las exigencias que a las penas privativas de libertad impone el art. 25.2 C.E por impedir, a causa de su escasa o de su excesiva duración, el tratamiento reeducador constitucionalmente previsto.

La respuesta otorgada por el Tribunal a estos requerimientos no ha sido otra que señalar la posible legitimidad de las mismas dado el carácter plural de los fines de la pena. En relación con estos supuestos, el Tribunal constitucional ha afirmado de forma reiterada que el fin de prevención especial de la pena en su dimensión resocializadora no es el único fin de las penas privativas de libertad, sino que las mismas pueden cumplir otros fines, ya sean de prevención general o de carácter retributivo, y, en consecuencia, no es contraria a la Constitución la imposición de penas que aunque no estén orientadas a la reeducación y reinserción social pueden responder a otras finalidades de la pena[12].

---

[12] En este sentido, la STC 120/2000, sobre la posible inconstitucionalidad de la sanción de arresto menor prevista en el art.586 bis del Código Penal de 1973, resuelve la duda fundamentada por el órgano judicial ordinario en la inadecuación de una pena de tan corta duración para el logro del efecto resocializador requerido por el art. 25.2 CE, declarando la constitucionalidad de dicha sanción al considerar que "la pena de arresto menor en si misma considerada no imposibilita que se alcance la resocialización del autor, ni impide la consecución de otros fines igualmente legítimos de la pena al amparo de la Constitución" (FJ 4).

Y, en la misma línea, la STC 19/1988, sobre el arresto sustitutorio por impago de multas cuya constitucionalidad se cuestiona en razón de su carácter meramente expiativo dada su falta de idoneidad para cumplir los fines de reeducación y reinserción social señalados por el art. 25.2 de la CE, resuelve la cuestión manifestando la imposibilidad de "descartar por inconstitucionales a todas aquellas medidas privativas de libertad que puedan parecer inadecuadas, por su relativamente corta duración, para cumplir los fines allí impuestos a la Ley y a la Administración" y apoya dicha afirmación remitiéndose a la doctrina ya consolidada al respecto según consta en el Auto 780/1986 consistente en señalar que si bien la norma fundamental dispone que las penas privativas de libertad y las medidas de seguridad estarán orientadas hacia la reeducación y la reinserción social, de esta declaración constitucional no se sigue ni el que tales fines reeducadores y resocializadores sean los únicos objetivos admisibles de la privación penal de la libertad ni, por lo mismo, el que se haya de considerar contraria a la Constitución la aplicación de una pena que pudiera no responder exclusivamente a dicho punto de vista" (FJ 9).

Es más, el propio Tribunal señala que "el art. 25.2 CE no resuelve sobre la cuestión referida al mayor o menor ajustamiento de los posibles fines de la pena al sistema de valores de la CE ni, desde luego, de entre los posibles, ha optado por una concreta función de la pena en el Derecho penal"(STC 150/1991 FJ4), y dado que "el complejo entramado de las funciones de la pena no funciona sin tensiones, en la medida en que lo necesario para la satisfacción de la prevención general puede no ser lo idóneo o lo más aconsejable desde la óptica de la reinserción social", considera que es "labor del legislador, dada su competencia exclusiva para el diseño de la política criminal, la articulación de las relaciones entre ellos, a partir de los instrumentos de los que dispone" (STC 160/2012 FJ 4).

Concluido el análisis de las sentencias referenciadas podemos considerar que es doctrina constitucional consolidada que a la hora de determinar la compatibilidad constitucional de una pena, no importa tanto la duración de la misma, como que en el transcurso de su ejecución el reo pueda lograr un acortamiento del periodo de cumplimiento en caso de pronóstico favorable de reinserción.

Así las cosas y dada la escasa virtualidad atribuida a dicho principio por el Tribunal Constitucional en las fases correspondientes al establecimiento y aplicación de la pena, observamos que serán las previsiones penitenciarias existentes para el periodo de ejecución de la condena el factor determinante de la regularidad constitucional del sistema punitivo de forma que queda desplazado a ese momento o estadio del ciclo penal el alcance de la eficacia del mandato resocializador constitucionalmente prescrito.

4. La cláusula constitucional de reinserción social del penado en su proyección sobre el sistema penitenciario: resocialización del interno y régimen de vida penitenciario

Abordemos pues el tercer interrogante que nos planteábamos inicialmente, esto es, cuales son las obligaciones del Estado para hacer realidad en el transcurso de la ejecución de la condena ese objetivo resocializador señalado constitucionalmente. O lo que es lo mismo ¿Cuál es el alcance de la finalidad resocializadora de las penas de prisión prescrita por el texto constitucional en su proyección sobre el sistema penitenciario?

El mandato resocializador constitucionalmente prescrito en el art. 25.2 CE, si bien no constituye, según doctrina reiterada del TC un derecho subjetivo a favor del interno que le faculte para reclamar judicialmente su eficacia, si comporta, al menos, para el legislador y la Administración Penitenciaria la obligación de observar una doble actuación, tendente, por un lado, al diseño de un régimen de cumplimiento de la pena flexible y capaz de ir adaptándose a los progresos realizados por el interno en su trayectoria hacia la rehabilitación social. Esa es la misión que cumple la clasificación penitenciaria de los internos en grados (primer grado, segundo grado, tercer grado, libertad condicional) correspondiendo a cada uno de ellos un diferente régimen de vida penitenciario (cerrado, ordinario, abierto o en libertad). Y, por otro lado, la Administración penitenciaria también debe arbitrar los mecanismos necesarios para poner a disposición de los internos los medios y tratamientos adecuados que les permitan lograr una reinserción social o lo que es lo mismo acceder a una vida en libertad sin delitos. Esa es la misión que cumple el denominado tratamiento penitenciario en cuyo seno se insertan una serie de instrumentos cuyo denominador común no es otro que operar de forma individualizada sobre los reclusos al objeto de proporcionarles la reeducación que cada uno de ellos precise para superar la conducta antisocial que en su día determinó su pérdida de libertad.

En relación con esta cuestión, no han faltado las oportunidades en las que internos penitenciarios han cuestionado la legitimidad de algunas sanciones impuestas por el Centro al que pertenecían, como por ejemplo, la sanción de aislamiento en celda, al considerarlas inadecuadas para el logro del objetivo resocializador contemplado en el texto constitucional. Y en este mismo orden de cosas, tampoco han faltado las reclamaciones de los reclusos frente a resoluciones penitenciarias denegatorias de los permisos de salida o de la obtención de algún otro beneficio penitenciario conectado a la finalidad reeducadora, al considerarlas un obstáculo para el logro de dicho objetivo al impedir el acceso de los internos a los instrumentos penitenciarios previstos para su consecución. En ambas oportunidades la respuesta del TC ha sido del mismo tenor consistente en señalar que el principio resocializador de las penas "no genera un derecho subjetivo a que cada aspecto de la organización de la vida en prisión se rija exclusivamente por el mismo, con independencia del también fin primordial de las instituciones penitenciarias de retención y custodia de los detenidos, presos y penados que comporta garantizar y velar por la seguridad y el buen orden regimental del Centro" (STC 119/1996, FJ 4). En el iter argumental de esta sentencia observamos, una vez más, la decidida y reiterada opción del TC por el carácter plural de los fines de la pena no siempre compatibles entre sí ya que pueden entrar en conflicto[13]. Ante el conflicto apuntado el TC establece sus prioridades y realiza su opción en el supuesto que se cuestiona, de forma que, no solo mantiene, como venía siendo habitual, que el fin de prevención especial en su versión integradora no ostenta el régimen de exclusividad, sino también que en el caso referido ha de ceder ante otras exigencias de carácter retributivo y de prevención general, así como ante determinados aspectos inocuizadores de prevención especial, capaces, como da a entender en el transcurso de la argumentación, de neutralizar al fin resocializador.

En suma y a modo de recapitulación final podemos considerar que el momento de la ejecución de la condena es el espacio al que queda desplazada, no sin reticencias, por la jurisprudencia constitucional española la eficacia del principio

---

[13] Puede verse al respecto el interesante trabajo de Arribas López, E. (2004). "Reflexiones en torno a los fines de la pena y a los regímenes del cumplimiento de la pena de prisión". *Revista del Poder Judicial*, núm. 77, págs. 63-69.

resocializador de las penas dado el escaso margen que dicha instancia jurisdiccional ha dejado reservada para la actuación del mismo en las otras fases existentes en el ejercicio de la potestad sancionadora del Estado.

Como hemos podido comprobar en las páginas precedentes, el Tribunal Constitucional, en lo concerniente a las dos primeras fases del ciclo penal, esto es, en el momento del establecimiento de la pena privativa de libertad por el legislador penal y en el momento de la imposición de la misma por la instancia correspondiente al autor del tipo delictivo de que se trate, ha mantenido reiteradamente una actitud muy restrictiva y precautoria respecto a la eficacia jurídica de la orientación resocializadora de las penas privativas de libertad prevista en el art. 25.2 de la CE. Para ello ha utilizado un único y recurrente argumento: la orientación rehabilitadora de la pena no es un derecho del penado ni tampoco es el único fin atribuible a las penas privativas de libertad de forma que la clausula contenida en el primer inciso del art. 25.2 C.E no puede servir de excusa para no imponer dicha sanción a quien no precise ser "reeducado" o "reinsertado" así como tampoco para determinar la ilegitimidad de aquellas penas no orientadas a ese objetivo rehabilitador o incluso difícilmente compatibles con el mismo siempre que cuenten en su haber la consecución de cualquier otro fin legítimo[14].

Y, ya en el momento de la ejecución de la condena, que, como hemos indicado anteriormente, es el espacio al que queda desplazada por la jurisprudencia constitucional española la eficacia de dicho principio, vuelven a hacer acto de presencia esas reticencias y reservas iniciales ya que en coherencia con el discurso anterior, el Tribunal Constitucional, si bien considera que la previsión penitenciaria de instrumentos de rehabilitación del penado constituye una exigencia del mandato constitucional contenido en el art. 25.2 C.E, no se manifiesta proclive a considerar el acceso a esos instrumentos rehabilitadores previstos por la legislación penitenciaria – léase permisos, beneficios penitenciarios, libertad condicional – como un derecho fundamental de los internos, con lo cual la orientación rehabilitadora de las penas privativas de libertad queda en el momento de su cumplimiento degradada al nivel de la legalidad ordinaria.

Esta visión restrictiva de la eficacia del principio resocializador de las penas sustentada por nuestro TC creemos que se encuentra, en parte, motivada por la contradicción existente en la pretensión resocializadora en un ambiente desocializador como el que impera en el sistema carcelario actual; contradicción que explicaría la escasa fe en el principio que propugna la orientación de las penas privativas de libertad hacia la reeducación y reinserción social. Quizás el hallazgo de

[14] Como acertadamente señala la doctrina esa eficacia condicionante de la validez de las leyes penales que puede ejercer el texto constitucional quedaría reducida, una vez salvaguardado el ámbito de libertad de que dispone el legislador a la hora de delimitar el sistema punitivo, a las leyes penales fundamentadas en principios o valores ajenos o incompatibles con el texto constitucional. Véase el interesante trabajo de Joaquín URÍAS MARTÍNEZ "El valor constitucional del mandato de resocialización". *Revista Española de Derecho Constitucional* nº 63 (septiembre-diciembre de 2001) págs. 69-70.

un sistema punitivo superador de la contradicción expansionismo-reduccionismo de la pena de prisión podría ayudar a un cambio de esta actitud en beneficio de una sociedad a la que le interesa la prevención y la reducción de la delincuencia.

III. OTROS LÍMITES CONSTITUCIONALES AL PODER PUNITIVO DEL ESTADO

Tal y como hemos señalado al comienzo de estas páginas, en un Estado de Derecho, los derechos de los ciudadanos se configuran como límites infranqueables frente a la intervención del poder punitivo del Estado de forma que a la hora de la determinación estatal de los tipos penales con las correspondientes sanciones, el legislador penal no sólo ha de respetar el principio de legalidad consagrado en el art. 25.1 CE sino además ha de actuar con el debido respeto a los derechos fundamentales constitucionalmente consagrados "evitando producir un sacrificio desproporcionado o innecesario de la libertad de la que privan o un efecto disuasorio o desalentador del ejercicio de los derechos fundamentales implicados en la conducta sancionada"(STC136/1999 FJ 20).

1. Los derechos fundamentales como limite a la potestad sancionadora del Estado: la prohibición de incriminación de conductas que sean ejercicio de derechos fundamentales[15]

Los derechos fundamentales, constituyen, así, un límite para el poder punitivo del Estado al impedirle incriminar conductas que sean ejercicio de los derechos fundamentales de forma que, cuando esté implicado el ejercicio de un derecho fundamental en la imposición de una sanción penal el juicio de proporcionalidad de la reacción penal frente al acto cometido ha de hacerse de forma más rigurosa al objeto de impedir el efecto disuasorio que en el momento de ejercitar los derechos fundamentales pudiera ejercer en la ciudadanía la existencia de esa amenaza sancionadora dado que podrían decidir no ejercerlos libremente ante la posibilidad de que cualquier extralimitación les reportara una severa sanción. Esta es la razón por la que constituye una exigencia del ordenamiento constitucional la limitación del legislador penal por el contenido esencial del derecho fundamental impidiéndole la tipificación de una conducta que exprese dicho contenido sobre todo o especialmente cuando se trate de la libertad de expresión. Es más, ese límite no solo opera en el momento de la determinación de los tipos penales por el legislador sino también en el momento de la aplicación del tipo penal al caso

[15] Sobre este punto resulta de imprescindible consulta el trabajo de RODRÍGUEZ MONTAÑÉS, Teresa. "Expansión del Derecho Penal y límites constitucionales" En *Constitución, Derechos fundamentales y sistema penal.* Tomo II. Dir. Carbonell Mateu. Valencia, 2009. Págs. 1655-1672.

concreto por el Poder Judicial. En esta oportunidad, la capacidad limitadora de los derechos fundamentales respecto al juez penal se expresaría, según palabras de RODRIGUEZ MONTAÑÉS, "en la idea de que los tipos penales no pueden interpretarse y aplicarse de forma contraria a los derechos fundamentales y que los hechos probados no pueden ser valorados a un mismo tiempo actos de ejercicio de un derecho fundamental y como conductas constitutivas de un delito"[16].

Han sido varios los pronunciamientos en los que el Tribunal Constitucional, como instancia encargada de verificar el control de las decisiones legislativas y judiciales en las que se encuentre implicado algún derecho fundamental, ha determinado el significado que el principio que comentamos tiene para ambas instancias. Así la STC 2/2001 es sumamente expresiva acerca de lo que comporta el contenido de los derechos fundamentales como límite a la actuación del juez penal al señalar que "el juez penal debe examinar, en aquellos casos en que se haya alegado el ejercicio legítimo de las libertades del art. 20.1 a) y d) CE como cuestión previa a la aplicación del pertinente tipo penal a los hechos declarados probados, si estos no han de encuadrarse, en rigor, dentro de ese alegado ejercicio de los derechos fundamentales protegidos en el citado precepto constitucional, ya que, de llegar a esa conclusión, la acción penal no podría prosperar. Es obvio que los hechos probados no pueden ser a un mismo tiempo valorados como actos de ejercicio de un derecho fundamental y como conductas constitutivas de un delito, de manera que la ausencia de ese examen previo al que está obligado el juez penal, o su realización sin incluir en él la conexión de los comportamientos enjuiciados con el contenido de los derechos fundamentales y de las libertades públicas no es constitucionalmente admisible" (FJ 2)[17]. El supuesto de hecho que actúa como base de la resolución cuestionada es una condena por delito de calumnias a dos de los miembros de una asociación de apoyo a los presos de una determinada localidad a causa de su participación en la difusión a través de diversos medios informativos de un comunicado en el que se imputaba a la dirección del centro penitenciario ubicado en la localidad, la comisión de determinadas infracciones penales y se denunciaba la calamitosa situación carcelaria existente en el Centro. La respuesta del TC ante el recurso planteado por los condenados aduciendo la vulneración por la sentencia judicial de su derecho a la libertad de expresión, es su anulación por considerar que la misma había procedido a penalizar una conducta que constituía un legitimo ejercicio de la libertad de expresión.

Y en la misma línea la STC 108/2008 procede a la invalidación de una sentencia judicial condenatoria de una falta de injurias a un delegado sindical por distribuir pasquines entre los clientes de una empresa de limpieza criticándola por razón de un conflicto laboral. Dicha invalidación se produce una vez verificada la comprobación de que la conducta sancionada constituía un ejercicio legítimo de la libertad sindical en relación con el derecho a la libertad de expresión. Y ello en

---

[16] RODRÍGUEZ MONTAÑÉS, T "Expansión ...", op. cit,, pág.1667.

[17] El FJ 3 de dicha sentencia reitera los mencionados argumentos en términos muy parecidos.

razón de la consideración por parte del TC de que la actuación punitiva condenatoria era "una reacción innecesaria y desproporcionada, con un efecto disuasorio o desalentador del ejercicio de dichos derechos fundamentales, no haciendo, por ello, los órganos judiciales intervinientes la obligada ponderación que viene siendo exigida por la doctrina de este Tribunal en estos casos" (FJ 6).

E incluso, el TC ha llegado en alguna ocasión, esto es, en relación con la sentencia dictada en el caso Herri Batasuna, a la que nos hemos referido con anterioridad, a desvincular dicha prohibición del carácter legitimo o ilegitimo con el que pueda producirse el ejercicio del derecho fundamental implicado en la conducta objeto de sanción. Así, la STC 136/1999 expresa con toda nitidez lo hasta aquí afirmado al considerar que pese a no hallarse en presencia de un ejercicio legítimo de la libertad de expresión sería improcedente la sanción penal de la conducta porque una reacción penal excesiva frente a este ejercicio ilícito de estas actividades puede producir efectos disuasorios o de desaliento sobre el ejercicio legítimo de los referidos derechos, ya que sus titulares, sobre todo si los límites penales están imprecisamente establecidos, pueden no ejercerlos libremente ante el temor de que cualquier extralimitación sea severamente sancionada" (FJ 20).

Este proceso evolutivo observado por la doctrina del Tribunal Constitucional en el tema que nos ocupa ha llevado a afirmar a la autora del trabajo antes citado que se ha dejado "una puerta abierta a la posibilidad de limitar la tipificación de conductas en todos aquellos casos en que se halla implicado el ejercicio de un derecho fundamental, incluso cuando representen un ejercicio abusivo, pero ejercicio al fin y al cabo, de un derecho fundamental"[18].

Y ya en fechas más recientes, el TC resuelve en la Sentencia 65/2015 un caso similar de desvinculación de la prohibición de incriminar conductas que sean ejercicio de derechos fundamentales al requisito de estar en presencia de un ejercicio legitimo, aunque esta vez relacionado con la Administración de Justicia y en el que a diferencia del supuesto analizado con anterioridad no es en la decisión de la mayoría del Tribunal donde se cuestiona la proporcionalidad de la reacción penal frente a la libertad de expresión sino en el voto particular suscrito por el magistrado don Juan Antonio Xiol Ríos en legitima discrepancia con la decisión mayoritaria. El supuesto de hecho que origina la sentencia que comentamos es una condena por injurias graves impuesta a los portavoces de una asociación ecologista por las acusaciones de falta de probidad que dirigen contra el juzgador en un determinado proceso judicial. La mayoría decide no invalidar la sentencia condenatoria por considerar que hubo un ejercicio abusivo de la libertad de expresión limitándose a otorgar prioridad al derecho al honor en su colisión con aquella. Por el contrario, el magistrado discrepante considera desproporcionada la intervención penal dado el efecto disuasorio que la gravedad de la sanción penal puede ejercer respecto del ejercicio del derecho fundamental implicado en la misma y recuerda a sus compañeros que "la respuesta penal en el ámbito de la libertad de expresión comporta un juicio constitucional de necesidad y de

---

18 RODRÍGUEZ MONTAÑÉS, T "Expansión..." Op. Cit pág. 1667.

proporcionalidad. Debe ponderarse no solo si resulta prevalente el derecho al honor frente a la libertad de expresión, sino también si un eventual exceso en su ejercicio es de tal magnitud y la lesión correlativa del derecho al honor de tal importancia que resulta justificada una respuesta penal" (FJ 1).

En suma, los derechos fundamentales y las libertades públicas poseen una intensa capacidad limitadora del poder sancionador del Estado desde un doble frente, ya que, según doctrina del Tribunal Constitucional, éste viene obligado no sólo a no restringir el ejercicio de un derecho fundamental o libertad pública de forma innecesaria o desproporcionada como consecuencia de la imposición de una sanción privativa de libertad, sino también a no "desalentar" a los ciudadanos en el ejercicio de sus derechos o libertades mediante la amenaza de una sanción penal ya que el principio de no incriminación de conductas que sean ejercicio de derechos fundamentales le impide hacerlo siempre que en el ejercicio de ese derecho no se haya producido una desnaturalización del mismo situándose la conducta enjuiciada al margen del contenido del derecho, principio que, por lo demás se encarga de hacer efectivo el Tribunal Constitucional en los términos antedichos.

2. El principio de humanidad de las penas: La prohibición de la pena de muerte y de los tratos inhumanos y degradantes (art.15 CE)

Junto al papel constrictor de la reacción punitiva del Estado ejercido por los derechos fundamentales en los términos analizados en el epígrafe anterior, el propio texto constitucional sustrae del Estado la posibilidad de imponer unas concretas y determinadas sanciones que estando relacionadas con los derechos a la vida y a la integridad física se encuentran expresamente prohibidas por el art. 15 de la CE: la pena de muerte y los tratos inhumanos y degradantes.

Dicha prohibición constitucional encuentra su reflejo en el Código penal que tipifica determinadas actuaciones bajo el delito de tortura y tratos inhumanos (arts. 173 a 177). Y para asegurar la adecuada protección de todas las personas contra la tortura o tratos crueles, inhumanos o degradantes las Naciones Unidas han aprobado distintas normas universalmente aplicables entre las que se encuentran la Declaración universal de derechos humanos de 10 de diciembre de 1948; el Pacto internacional de derechos civiles y políticos de 1976; la Declaración de las Naciones Unidas sobre la protección de todas las personas contra la tortura y otros tratos o peas crueles, inhumanos o degradantes de 1975, la Convención contra la tortura de 1984 etc.

Se trata de una cuestión que, dada su relevancia, ha propiciado un elevado número de pronunciamientos jurisdiccionales tanto de carácter nacional como internacional en los que se ha realizado un enorme esfuerzo de delimitación conceptual de los términos antedichos al objeto de poder en un momento posterior adoptar las decisiones pertinentes acerca de si una concreta medida del poder público es o no constitutiva de tortura o de tratos inhumanos o degradantes.

Son varios los aspectos que nos interesa destacar de la doctrina de nuestro Tribunal Constitucional al respecto. En primer lugar, ha señalado que para apreciar la existencia de tratos inhumanos o degradantes es necesario "que éstos acarreen sufrimientos de una especial intensidad o provoquen una humillación o sensación de envilecimiento que alcance un nivel determinado, distinto y superior al que suele llevar aparejada una condena" (STC 65/1986, entre otras). En este punto según indica nuestro propio Tribunal no hace más que seguir el criterio adoptado por el Tribunal Europeo de Derechos Humanos en las sentencias de 15 de mayo de 1980 (Caso Campbell y Cosans) y de 7 de Julio de 1989 (Caso Soering) en las que se señala que "para que el trato sea degradante debe ocasionar también al interesado –ante los demás o ante sí mismo– (...) una humillación o un envilecimiento que alcance un mínimo de gravedad". Y, por otro lado, nuestro Tribunal ha declarado "que aunque una concreta medida no pueda considerarse constitutiva de trato inhumano o degradante en razón del objetivo que persigue ello no impide que se le pueda considerar como tal en razón de los medios utilizados (STC 120/1990). Por lo demás, y siguiendo también la doctrina sentada por el Tribunal europeo de derechos humanos, nuestro Tribunal ha declarado que "las tres nociones recogidas en el art.15 C.E. torturas, penas o tratos inhumanos, penas o tratos degradantes) son, en su significado jurídico nociones graduadas de una misma escala que en todos sus tramos entrañan, sean cuales fueran los fines, padecimientos físicos o psíquicos ilícitos e infligidos de modo vejatorio para quien los sufre, y con esa propia intención de vejar y doblegar la voluntad del sujeto paciente"(STC 57/1994).

En relación con la posibilidad de que una sanción penal colisione con la prohibición constitucional de infligir al individuo tratos inhumanos y degradantes, el Tribunal Constitucional ha afirmado, que la calificación de una pena como inhumana o degradante no depende exclusivamente de su duración sino también de las condiciones en las que tiene lugar la ejecución de la misma (STC 65/1986). El supuesto de hecho que da lugar a la sentencia que comentamos es la condena del recurrente en amparo a una pena de diecisiete años como responsable de un delito de malversación de caudales públicos, que es recurrida por el reo al considerarla lesiva del art. 15 de la CE por su carácter desproporcionado. El TC no entiende que dicha lesión se produzca en base al argumento consistente en señalar que "la calificación de una pena como inhumana o degradante depende de la ejecución de la pena y de las modalidades que ésta reviste, de forma que por su propia naturaleza la pena no acarree sufrimientos de una especial intensidad (penas inhumanas) o provoquen una humillación o sensación de envilecimiento que alcance un nivel determinado, distinto y superior al que suele llevar aparejada la simple imposición de la condena" (FJ 4).

Por otro lado, y situándonos ya en el momento de la ejecución de la condena, desde un punto de vista constitucional, el régimen de vida penitenciario que más problemas plantea es el sistema cerrado correspondiente a los internos clasificados en primer grado. Y ello en razón de que el sistema de ejecución de la condena que comporta es muy restrictivo al apoyarse básicamente en el cumplimiento de la pena en aislamiento en celda y bajo fuertes medidas de vigilancia y control. Este problema fue planteado en su día ante el TC por un grupo de internos que consideraba que el régimen de vida al que se veían sometidos como penados en primer grado de tratamiento consistente en permanencia de veintidós horas solos en sus celdas, y dos horas diarias de patio también solos, sin acceso a ninguna actividad común y sin autorización para ver televisión, ni a comunicar vis a vis con persona alguna, lesionaba, entre otros, sus derechos fundamentales a no sufrir tratos inhumanos o degradantes (art. 15 CE). El TC mediante la Sentencia 119/1996 no comparte la afirmación relativa a la presunta lesión del art. 15 por la condición inhumana y degradante de las condiciones en las que se producía la ejecución de la condena afirmando muy sucintamente que "sólo pueden merecer tan graves calificativos los tratos que acarreen sufrimientos de una especial intensidad o provoquen una humillación o sensación de envilecimiento distinto y superior al que suele llevar aparejada la simple imposición de la condena"(STC 119/1996, FJ 2).

De esta forma, mediante la prohibición constitucional de la tortura y de los tratos inhumanos y degradantes el principio de humanidad de las penas adquiere en la Constitución española de 1978 la condición de derecho autónomo.

IV. CONCLUSIONES

El tránsito hacia los modernos Estados sociales y democráticos de Derecho ha venido acompañado de un proceso expansionista de la legislación penal[19] motivado no solo por la propia apertura del sistema hacia una mayor aceptación de la intervención estatal en los diversos ámbitos socio-económicos como corresponde a las exigencias de un Estado del bienestar comprometido en proporcionar a los ciudadanos una serie de servicios y asistencias sino también por la aparición de nuevas formas de criminalidad y de conflictividad propias de ese proceso de desarrollo social que han llegado a cuestionar la capacidad de los viejos moldes represivos para su contención. Todo ello ha derivado hacia una configuración de la seguridad como bien o valor predominante a proteger mediante la omnipresencia de la reacción penal y el endurecimiento de las penas aplicables a las conductas delictivas, olvidando, o, al menos, relegando a un segundo plano los clásicos principios constitucionales limitadores del poder punitivo del Estado y propiciando, en consecuencia, la derivación de la materia penal hacia derroteros autoritarios.

El panorama así descrito entra en pugna con la visión mantenida por el liberalismo al propugnar un sistema penal basado en la idea de última ratio o de intervención mínima para la protección de los bienes más importantes de la so-

[19] La tendencia expansiva actual del derecho penal es manifiesta, entre otras cosas, por la reiteración de reformas penales producidas desde 2002 hasta la fecha todas ellas caracterizadas en términos generales por el aumento de la presencia y el endurecimiento de la reacción penal frente a las conductas delictivas relacionadas con el terrorismo, el narcotráfico, los delitos sexuales, la inmigración ilegal etc.

ciedad frente a los ataques más graves, y apoyado, en consecuencia, en medidas represivas limitadas por la vigencia de los derechos fundamentales y las libertades públicas y tendentes a la consecución por la sanción penal de una finalidad de prevención tanto general como especial frente al delito más que a consideraciones de carácter retributivo.

Si tuviéramos que determinar en apretado resumen cuales serían los requerimientos de Estado de Derecho al poder punitivo del Estad los situaríamos en los siguientes postulados:

1. El necesario cumplimiento de las exigencias derivadas del principio de legalidad penal de forma que solo aquellos que ostentan la representación política de la ciudadanía puedan definir las conductas tipificadas como delito y las sanciones aplicables con, taxatividad, certeza, previsibilidad y sin carácter retroactivo en lo desfavorable, de forma que los individuos puedan conocer con exactitud cuales son las conductas que llevan aparejada la privación de libertad para poder evitarlas.
2. El carácter proporcionado de la reacción penal tanto en lo concerniente a la existencia de dicha reacción como a la intensidad de la respuesta penal ante las conductas desviantes debiendo retraerse esa incriminización a los supuestos necesarios atendiendo a la relevancia constitucional del bien jurídico protegido y a la gravedad de las conductas que pretenden lesionarle no penalizando las conductas que así lo requieran con más intensidad de la necesaria al guardar la debida proporción entre la gravedad de la conducta y la cuantía de la pena.
3. Principio de orientación resocializadora de la pena. La finalidad predominantemente de prevención limitada a la que en un sistema democrático, deben estar orientadas las penas privativas de libertad, ejerce un indudable efecto modulador de las sanciones penales de forma que, si bien el fin resocializador de las penas puede no ser el único objetivo a perseguir por el poder represivo del Estado, debe ocupar un lugar primordial si no exclusivo en determinados supuestos como puede ser la penalización de las conductas delictuales protagonizadas por los menores de edad pero responsables penalmente, y, en consecuencia, debe propiciarse, en todo caso, la imposición de aquellas sanciones penales más proclives a la consecución de la resocialización del sujeto en detrimento de aquellas otras llamadas a operar en sentido contrario, esto es, en profundizar la desocialización del delincuente, como ocurre con las penas de prisión sobredimensionadas.
4. El necesario respeto de los derechos fundamentales y libertades públicas así como la debida protección de ciertos valores y principios constitucionales tales como la dignidad de la persona y el libre desarrollo de la personalidad con la consiguiente observancia por parte del Estado de la prohibición de penalizar conductas que sean manifestación del ejercicio de un derecho fundamental o libertad pública y el debido cum-

> plimiento del principio de culpabilidad en el ejercicio de la función sancionadora, quedando, en consecuencia, constitucionalmente proscrito todo vestigio o manifestación de un "Derecho penal de autor" que determinara las penas en atención a la personalidad del reo y no según la culpabilidad de éste en la comisión de los hechos. (STC 65/1986, 14/1988 y otras).

Qué duda cabe que todas estas consideraciones nos conducen a un punto de confluencia: la necesidad de retrotraer la situación del Derecho Penal a una posición equilibrada rompiendo con la tendencia expansionista observada en los últimos tiempos a causa de la inseguridad generada por los nuevos peligros que acechan a la sociedad actual. En esa posición equilibrada tendrán que estar presentes los siguientes elementos: 1) No permitir la sanción penal allí donde no sea necesaria en razón de la importancia de los bienes o intereses a proteger y el grado de afectación de los mismos por las conductas desviantes. 2) No sobredimensionar la pena aplicable allí donde sea necesaria en razón de que en ningún caso la cuantía de la pena puede superar el hipotético alcance "retributivo" de la sanción. 3) Sustituir las penas de prisión por otras menos desocializadoras allí donde sea posible dada la existencia de sistemas alternativos capaces de ejercer similar contención.

Capítulo tercero
Nuevo impulso expansionista de la pena de prisión
Así se distribuyen las penas en el Código Penal español tras las reformas de 2015. Especial atención a la prisión perpetua

Jesús Barquín Sanz
Catedrático (acr.) de Derecho Penal. Universidad de Granada
HS Freehills Visiting Professor. Faculty of Law, University of Cambridge

Sumario: I. Antecedentes y contexto.- II. Metodología: *1. Método para la normalización de las penas previstas en el Libro Segundo del Código Penal y su sistematización en una tabla de datos susceptible de análisis estadístico. 2. Método estadístico.*- III. Mapa punitivo del Código Penal español vigente a 31 de diciembre de 2016.- IV. Una modificación significativa: la pena de prisión perpetua.- V. Observaciones específicas y conclusiones generales.

I. ANTECEDENTES Y CONTEXTO[1]

El sistema de penas diseñado por la legislación penal, así como los procesos de aplicación y no aplicación (condena condicional, libertad condicional, suspensión, etc.) y de efectivo cumplimiento han sido durante tiempo un sector del derecho penal orillado por los penalistas académicos, salvo que se tratase de la inagotable discusión, sin duda engarzada firmemente en los fundamentos de este sector del ordenamiento jurídico, acerca de los fines de la pena[2]. Los penalistas nos hemos ganado una imagen según la cual se nos ve a veces por otros operadores jurídicos

---

[1] El presente trabajo se ha beneficiado de una Beca del Programa Salvador de Madariaga del Ministerio de Educación, Cultura y Deporte, disfrutada por el autor en el University College London durante el verano y el otoño de 2016. El autor agradece a Dª. María Ángeles Calvo Alba su colaboración en el apartado técnico, así como debe dejar constancia de que este artículo en parte es continuación de uno previo que se publicó en 2012 y en el que las aportaciones metodológicas y estadísticas del otro coautor del mismo, Prof. Dr. Juan de Dios Luna del Castillo, fueron fundamentales.

[2] Una discusión que, por tanto, no debe abandonarse. Un ejemplo reciente de profundo análisis y convincentes propuestas: Feijoo Sánchez, B. (2014): *La pena como institución jurídica: retribución y prevención general*, Madrid. Lo que se defiende en el texto no es que basculemos hacia el extremo opuesto y abandonemos el núcleo esencial de la teoría jurídica del delito, sino que el estudio de nuestra disciplina sea integral y comprensivo, más allá incluso de la teoría de las consecuencias jurídicas, para acoger incluso conocimientos estadísticos acerca del real funcionamiento de los institutos jurídicos y de la justicia penal.

como académicos obsesivamente enfrascados en discusiones de naturaleza marcadamente sistemática, apasionantes intelectualmente pero que, cuando se tienen como objeto cuasiexclusivo de la discusión doctrinal, acaban alejando a la academia de la realidad cotidiana de la justicia penal, como a mi juicio ha estado a punto de suceder en algún momento. Ha habido una época en la que se ha acentuado esta percepción, una que probable e injustamente ha coincidido con la de mayor pujanza y prestigio internacional de la ciencia penal española, con maestros históricos en plena madurez de su producción y autores muy brillantes de generaciones posteriores que demostraban su solidez científica, principalmente de influencia germánica, con trabajos de extraordinaria profundidad. Al mismo tiempo, como dato adicional que no creo simplemente anecdótico, es legión el número de licenciados universitarios en Derecho (y modernamente, pero ya en menos medida, también graduados) que se han despedido de su *alma mater* con el título debajo del brazo sin haber tenido que estudiar una sola línea relativa al sistema de penas, y sin que siquiera se les hubiera exigido tener al menos una idea aproximada de qué penas tienen asociadas las diferentes infracciones al estudiar la parte especial. En muchas facultades de Derecho, a las que sólo llegaban en realidad los ecos de la discusión de fondo que protagonizaba, en otra onda muy diferente, la mejor ciencia penal internacional, la discusión parecía estar casi reducida a una disputa sistemática entre causalismo y finalismo. Después, el tema casi monográfico fue el derecho penal del enemigo. En ellas, prestar atención a algo tan prosaico como las penas y su efectiva aplicación y ejecución no terminaba de casar con las altas aspiraciones de la ciencia del derecho penal. Las penas venían a ser consideradas por una parte relevante de la doctrina algo así como el mero resultado mecánico de aplicar a los silogismos normativos las elevadas reflexiones de la teoría jurídica del delito.

Desde entonces, aproximadamente a lo largo de la última década, algo ha cambiado en varios sentidos[3]. Aún es pronto para disponer de la perspectiva adecuada que sólo se obtiene con el paso del tiempo, pero entre los cambios que se aprecian hay dos que quiero señalar ahora y que es probable que estén conectados de alguna forma. En particular, interesa subrayar que ya quedó atrás aquel halo de indiferencia hacia las penas y las consecuencias jurídicas en general, que se antojaban cuestiones "garbanceras" frente a la sublime profundidad de otras nucleares de la teoría jurídica del delito, si bien –justo es decirlo– nunca con un desprecio ni siquiera cercano al que el intemperante Valle reservaba para Galdós en sus diatribas. Así lo acreditan, a mi juicio, la notable cantidad y calidad de publicaciones (artículos, libros de autoría colectiva, monografías de un solo autor) que en la última docena de años han aparecido sobre una variedad de cuestiones relativas a las consecuencias jurídicas, con plena legitimidad como objeto de estudio esencial de las ciencias penales[4].

---

[3] No obstante, las raíces son muy anteriores. Apunta el papel relevante de Claus Roxin como iniciador de un enfoque amplio, integrador de la política criminal Mir Puig, S. (2016): *Derecho Penal. Parte General*, 10ª ed, corregida y revisada, Barcelona, pág. 147.

[4] Es difícil seleccionar una muestra que ilustre a las claras la idea expresada en el texto, puesto que la abundancia de trabajos en la materia es tal que casi cualquier selección que se hiciera

Aunque desde luego coincido en que un reto innegociable del penalista académico es el de indagar en la metodología y en los fundamentos de la disciplina, siempre consideré que la cabal comprensión del derecho penal y de su método ha de integrar ineludiblemente el sistema de penas, tanto desde la perspectiva teórica de su diseño y estructura, como desde la perspectiva rabiosamente real de su efectiva aplicación por los tribunales y ejecución por la justicia penal considerada en su conjunto[5]. Lo que se defiende no es, pues, que orillemos la discusión sobre los fundamentos y la columna vertebral de la teoría jurídica del delito, sino que integremos de pleno derecho cuestiones penológicas supuestamente fronterizas, incluso desde una perspectiva empírica y estadística, que pertenecen indiscutiblemente al ámbito propio de la ciencia penal.

En semejante contexto, el presente trabajo tiene como objeto desentrañar algunas cifras relevantes de la distribución de penas en el Código Penal español, una labor que, en parte y referida al contenido del Código entonces vigente, ya se realizó y publicó en 2012[6], y que necesita de una actualización tras las reformas

---

podría ser tachada, no sin razón, de arbitraria. Aun así, me parece razonable acudir a la relación de bibliografía de un libro colectivo publicado en 2013 del que fui codirector y en el que participé como autor de una parte sustancial de su contenido: MORILLAS CUEVA, L. y BARQUÍN SANZ, J. (Dirs.), *La aplicación de las alternativas a la pena de prisión*, Defensor del Pueblo, Madrid, 2013. Si dividimos en dos períodos de ocho años los dieciséis años que transcurren desde que entra en vigor el Código Penal en 1996 y la escritura de este libro (se cerró a comienzos de diciembre de 2012), tenemos que en el primer período de ocho años (1997-2004, ambos incluidos) se publicaron veintiuno de los artículos y libros en castellano específicos sobre pena de prisión y sus alternativas citados en dicha relación bibliográfica, mientras que a lo largo del segundo período (2005-2012, ambos incluidos) se publicaron 50 libros y monografías sobre temas equivalentes allí citados.

Aun cuando se trata, por supuesto, de un muestreo imperfecto, me parece ilustrativo del cambio de perspectiva al que aludo en el texto. Animo al lector a comprobar en otras fuentes y por otros métodos si los datos verdaderamente confirman, como defiendo, que las consecuencias jurídicas del delito están recibiendo una creciente atención por parte de la doctrina jurídicopenal española, por contraste con un período anterior en el que venía a ser considerada algo muy secundario y poco merecedor de atención si uno quería incorporarse o permanecer en la *mainstream* de la ciencia penal española.

[5] Sobre las construcciones ideales carentes de una imprescindible vinculación con la realidad así como sobre la insuficiencia de la dogmática reduccionista para legitimar materialmente el Derecho Penal como Derecho, véase: FREUND, G. (1995): "Der Zweckgedanke im Strafrecht?", *Goltdammer's Archiv für Strafrecht*, págs. 4 y ss., *passim*. En español, del mismo autor (2004): "Sobre la función legitimadora de la idea de fin en el sistema integral del Derecho Penal", en WOLTER/FREUND (eds.), *El sistema integral del Derecho penal. Delito, determinación de la pena y proceso penal*, Madrid: Marcial Pons, pp. 106 y ss.

En España, es de justicia señalar el carácter pionero de las aportaciones de ELENA LARRAURI PIJOAN y JOSEP CID MOLINÉ, tanto en el establecimiento de sólidos puentes con la investigación criminológica desde la perspectiva inicialmente jurídica, propia del ámbito del conocimiento del que procedían originariamente ambos autores, como en un enfoque de justicia criminal al estudio de las instituciones penológicas. Su respectiva producción bibliográfica es fácilmente accesible en los recursos en línea habituales (por ejemplo, en Dialnet: dialnet.unirioja.es), baste con mencionar aquí como muestra señera la colaboración entre ambos en la coordinación del libro *Penas alternativas a la prisión*, Barcelona, 1997.

[6] Véase BARQUÍN SANZ, J. y LUNA DEL CASTILLO, J.D. (2012): "En los dominios de la prisión: Distribución numérica de las penas en el código y en la justicia penal", *Revista Electrónica*

de 2015 y, en menor medida, de diciembre de 2012. Aquel escrutinio mostró a las claras que la prisión sigue siendo, como lo es desde que se impusiera a partir de las revoluciones liberales[7], "la reina y protagonista del sistema penal en los dos últimos siglos, la sanción penal por antonomasia"[8], hasta el punto de que estaba presente en el 73% de las disposiciones punitivas del Código Penal español en su redacción inmediatamente anterior a la L.O. 7/2012, de 27 de diciembre[9].

Se confirmaba así con datos precisos una cierta impresión generalizada entre juristas académicos y prácticos del ámbito penal: el derecho penal del estado social y democrático de derecho que se ha construido a partir de la Constitución de 1978 no ha superado la dependencia de la pena privativa de libertad que a todas luces ofrecía el derecho penal franquista, ni siquiera con la aprobación y entrada en vigor, ya en mayo de 1996, del Código Penal llamado «de 1995» y «de la Democracia». Al principio, una de las características por las que se elogió este nuevo texto punitivo fue la implantación de un nuevo sistema de penas y de medidas de seguridad en el que, pretendidamente, otras respuestas penales diferentes de la prisión cobraban protagonismo para ir reduciendo paulatinamente el predominio secular de la privación de libertad: arresto de fin de semana (luego derogado y, en cierto modo, sustituido por localización permanente), alejamientos personales, trabajos en beneficio de la comunidad... así como una importante modificación estructural de las penas de multa, con el sistema de días multa como estandarte[10]. Pero se trataba en realidad de un espejismo, como ya tuve ocasión de argumentar desde el principio[11], ya que muchas de las previsiones normativas de aquel texto no resistían un examen mínimamente crítico. Además, lo que es aún más desasosegante, una comparación de la penalidad de muchas figuras típicas "clásicas" del Código Penal Texto Refundido de 1973 en su redacción previa a la muerte del dictador, con los mismos o equivalentes tipos del Código Penal de 1995 arrojan el turbador resultado de que las

---

de Ciencia Penal y Criminología, núm. 14-16, págs. 16:1-16:52. Disponible en internet: *http://criminet.ugr.es/recpc/14/recpc14-16.pdf*. En cierta medida, el presente trabajo es una continuación de aquél, esta vez con la participación de la investigadora en ciencias sociales de la Universidad de Granada María Ángeles Calvo Alba, quien ha colaborado en la tarea técnica de preparar las tablas y figuras a partir de la base de datos de asignación de penas en el Libro Segundo del Código Penal elaborada por el autor.

[7] V. Mapelli Caffarena, B. (2011): *Las consecuencias jurídicas del delito*, 5ª Ed., Navarra, pp. 90 y ss.

[8] Barquín y Luna, cit., pág. 16:2.

[9] De estas presencias (que en números más precisos exactos sumaban 73,39%), 34,13% era como pena única, 31,98% como pena acumulativa y 7,28% como pena alternativa. Barquín y Luna, cit., págs. 16:25 y 16:51.

[10] Barquín y Luna, cit., pág. 16:2.

[11] Críticamente sobre el tema, Barquín Sanz, J. (2000): "Sistema de sanciones y legalidad penal", *Revista del Poder Judicial*, Núm. 58, pp. 171 y sigs., así como Barquín Sanz, J. (2001): Versión ampliada del mismo artículo en *Aequitas. Revista Jurídica del Poder Judicial* (México), págs. 271 y ss. También en una línea crítica, pero más matizada, véase Morillas Cueva, L. (2003): "Valoración político-criminal sobre el sistema de penas en el Código Penal Español", *Cuadernos de Derecho Judicial*, 17, págs. 21 y ss.

penas se han incrementado notablemente e incluso multiplicado en los últimos cuarenta años[12].

En otras palabras, tras la entrada en vigor del CP de 1995 (y de sus incesantes reformas), no hubo ni posteriormente ha habido un cambio de paradigma punitivo en el derecho penal español. No se ha desplazado ni siquiera moderadamente la prisión del centro de gravedad del sistema de penas. La prisión sigue siendo la pena más frecuente[13], la sanción penal por definición, como nuestro trabajo de 2012 demostraba y como parece inevitable que seguirá siendo tras la última gran reforma de cariz claramente conservador[14], puesto que su contenido y su filosofía no van en la línea de las alternativas a la prisión, sino todo lo contrario. Así lo evidencia la reintroducción en nuestro ordenamiento punitivo de la pena de prisión perpetua (eufemísticamente, «prisión permanente revisable»). Es de sospechar, por tanto, que la pregunta que da pie a este trabajo (en la tensión expansionismo/contracción, ¿cómo queda la pena de prisión tras las recientes reformas penales?) la tenemos prácticamente ya casi respondida de entrada, podría pensarse

---

[12] Como un mero aperitivo, compárense las respectivas estructuras de tipos y penas del homicidio, las lesiones, hurtos y robos. El resultado es un tratamiento notoriamente más grave en el vigente Código Penal. Y entonces existía la redención de penas por el trabajo que a efectos prácticos implicaba la casi automática reducción de la pena en un tercio a la mayor parte de los condenados. Por lo demás, el elenco de infracciones penales es notablemente más extenso en la actualidad. Sobre esto último, Corcoy Bidasolo, M. (2012): "Expansión del Derecho Penal y Garantías Constitucionales", *Revista de Derechos Fundamentales*, 8, 2012, pág. 46: "hay que ser conscientes de que difícilmente se podrá limitar la legislación penal, en cuanto a número de modalidades típicas, que aumentan en una progresión nunca conocida".

Véase un amplio análisis crítico en Díez Ripollés, J.L. (2006): «La evolución del sistema de penas en España: 1975-2003», *Revista Electrónica de Ciencia Penal y Criminología*, núm. 08-07, pp. 07:1-07:25, *passim*. Disponible en internet: *http://criminet.ugr.es/recpc/08/recpc08-07.pdf*

[13] Con esta asunción estamos discrepando, al menos en el punto de partida, con la opinión de Mapelli Caffarena, B., *Las consecuencias jurídicas del delito*, 4ª Ed., Navarra, 2005, p. 67, hasta la cuarta edición de esta obra: "Por más que sea la multa la pena más empleada..." En la quinta edición, de 2011, no se encuentra esta apostilla; en cambio, se observa en las págs. 215 y 216 cómo la multa tiende a emplearse crecientemente como pena principal y única en el ámbito europeo, si bien en España la situación es diferente: "entre nosotros aún no se ha desarrollado plenamente como alternativa a la prisión de corta duración, sino que seguimos aferrados a la idea clásica de que la multa carece de entidad propia y el mejor uso que puede hacerse de la misma es como pena complementaria junto con otra más grave –normalmente, la prisión–". Esta descripción, que ya en su momento suscribían Cachón Cadenas, M.J. y Cid Moliné, J. (1997): "La pena de días-multa como alternativa a la prisión", en Cid & Larrauri (coords.), *Penas alternativas a la prisión*, págs. 37 y ss., era tan acertada en la década de 1990 cuanto lo es ahora, como evidencian los datos que se exponen más adelante en el texto.

[14] Sobre las dos Leyes Orgánicas de 2015 que modificaron el Código Penal, de intensa repercusión en los resultados de este trabajo (sobre todo, por su extensión, la L.O. 1/2015), véanse las numerosas entradas correspondientes al sistema de penas y a los cambios de penalidad en la parte especial en diversas obras monográficas. Entre otros volúmenes: González Cussac (dir.) et Al. (2015): *Comentarios a la reforma del Código Penal de 2015*, Valencia; Morillas Cueva (dir.) et Al. (2015): *Estudios sobre el Código Penal reformado (Leyes Orgánicas 1/2015 y 2/2015)*, Madrid; Quintero Olivares (dir.) et Al. (2015): *Comentarios a la reforma del Código Penal de 2015*, Navarra.

que sin necesidad de desarrollar la premiosa tarea de desentrañar los nuevos tipos y anotar la penalidad asignada a cada una de las nuevas figuras o, en su caso, la nueva penalidad para tipos que se mantienen sin cambios relevantes. Si las últimas reformas del Código Penal, y señaladamente la L.O. 1/2015, han repercutido de alguna manera en la relación de predominio de unas u otras sanciones en la distribución de penas a lo largo de la parte especial, todo apunta a que no habrá sido en el sentido de rebajar el protagonismo de la pena de prisión, sino más bien al contrario. De eso podíamos estar casi completamente seguros.

Pero es preciso que el derecho penal se acostumbre (que los penalistas académicos nos acostumbremos) a operar con evidencias allá donde éstas estén disponibles, y no con intuiciones; con datos cuantificables y susceptibles de verificación y falsación (la referencia a POPPER y el Círculo de Viena es ineludible), en lugar de con apriorismos que inevitablemente están ideológicamente condicionados aun cuando cada uno piense de sí mismo que no es su caso. Ése es el objeto preciso del presente trabajo, en el que se expone y analiza el mapa punitivo de la parte especial del Código Penal vigente a 31 de diciembre de 2016[15], y se compara con los datos correspondientes al otoño de 2012, que ya se publicaron en su momento. Se atenderá principalmente a la frecuencia y la variabilidad de la frecuencia, a fin de mostrar un panorama general de la selección y asignación de las diferentes penas establecidas por el Código Penal español, lo que a su vez permitirá justificar, entre otras, la afirmación que rubrica el trabajo: Si el Código Penal español ya era notorio el dominio de la prisión, las últimas reformas significan una acentuación de esta tendencia, que por lo demás se ve reforzada por la novedad de la prisión perpetua, pena a la que se dedicará un epígrafe específico. Como se verá, en la tensión reduccionismo/expansionismo, este último sigue triunfando indiscutiblemente en el nivel formal de la asignación de penas a los tipos penales.

II. METODOLOGÍA

El objeto principal del presente trabajo es elaborar una descripción estática de las penas tal y como están asignadas en el Libro Segundo del Código Penal español atendiendo a la frecuencia relativa de presentación de las penas en general, y de presentación de las penas por delitos. Como instrumento clave para avanzar en esta tarea se ha utilizado un cuadrante de elaboración propia de las penas previstas en el CP. En un primer apartado se explicará el método seguido, a continuación se desarrollará el análisis, acompañado de los resultados del análisis y, por último, el trabajo terminará con un resumen de las conclusiones más notables que el presente estudio arroja.

[15] De hecho, el trabajo material se ha terminado antes de dicha fecha, pero por un lado la ausencia de leyes orgánicas de reforma en tramitación en las Cortes Generales permitía prever con gran probabilidad de acierto que no iba a haber modificaciones del Código Penal antes del fin de 2016, y por otro lado, en caso de alguna circunstancia excepcional, se contaba con el período ultimísimo de corrección de pruebas para, si hubiera sido necesario, cambiar la fecha de cierre de los datos de este artículo.

El conjunto de los métodos empleados para obtener los resultados y llevar a cabo el análisis se puede dividir en dos grandes bloques: Por un lado, el método y las reglas observadas en la construcción de un cuadrante de penas y delitos, archivo base sobre el que se han llevado a cabo los análisis del objetivo del trabajo. Por otro lado, los métodos estadísticos empleados para el análisis de dicho cuadrante. Atendiendo a esta división se estructuran los dos epígrafes que componen este apartado.

1. Método para la normalización de las penas previstas en el Libro Segundo del Código Penal y su sistematización en una tabla de datos susceptible de análisis estadístico

El método y los criterios empleados para la normalización de las penas previstas en el Libro Segundo del Código Penal y para su sistematización en una tabla de datos susceptible de análisis estadístico fueron objeto de explicación detallada en un trabajo precedente[16]. Dada la prolijidad de las reglas y los criterios que se siguieron, dado que se han vuelto a seguir básicamente los mismos criterios para la modificación del cuadrante conforme a lo resultante de las últimas reformas del Código Penal, y dado que el referido trabajo de 2012 es de acceso universal y gratuito en internet, parece inoportuno reiterar aquí aquellas observaciones. Me limitaré aquí, por tanto, a subrayar los rasgos fundamentales, al tiempo que remito al lector al mencionado artículo para los detalles.

La base fundamental de trabajo es un cuadrante de elaboración propia *ex novo* en el que he sistematizado todas las penas formalmente establecidas para las personas físicas (y sólo para las personas físicas) en el Libro II del Código Penal español. Fundamentalmente, la tarea ha consistido en anotar en la cuadrícula oportuna con un sistema binario 0/1 cuál es la pena (o cuáles son las penas) asociada/s a cada infracción penal, sea delito o falta, para construir de este modo una base de datos exhaustiva que pretende ser un retrato numérico del reparto de penas que el legislador mantiene en el CP conforme al texto vigente en el momento de cerrar este trabajo. Es importante subrayar de entrada que la unidad analítica que se ha tomado como referencia para la elaboración del cuadrante de penas no es exactamente el tipo o el subtipo penal, ni tampoco el artículo del CP, ni siquiera el numeral, párrafo o apartado del mismo. En un estudio centrado en las penas, hemos preferido tomar las propias penas como centro de ordenación de las disposiciones punitivas del Código Penal español, especialmente porque hay ciertas circunstancias que aconsejan no apegarse de manera obsesiva a la estructura de tipos y subtipos. Resumidamente, los criterios seguidos son:

---

[16] Barquín Sanz, J. y Luna del Castillo, J.D. (2012): "En los dominios de la prisión: Distribución numérica de las penas en el código y en la justicia penal", *Revista Electrónica de Ciencia Penal y Criminología*, núm. 14-16, págs. 16:4 a 16:9.

1. Se recogen tan sólo las penas aplicables a las personas físicas previstas en la parte especial del Código Penal español, no así las previstas para las personas jurídicas[17].
2. Se anota sólo la naturaleza de la/s pena/s, sin diferenciar por su cuantía.
3. Están ausentes del cuadrante propiamente dicho los alejamientos espaciales y personales establecidos para una larga lista de delitos por el art. 57.1 CP.
4. Se han agrupado inhabilitaciones y suspensiones de manera indiferenciada.
5. A veces la privación de la patria potestad se plantea como una medida puntual, referida a personas concretas. Otras veces tiene un alcance general, en cuyo caso se marca tanto la casilla de la privación de la patria potestad como la de las inhabilitaciones y suspensiones.
6. Por regla general, una misma proposición normativa que tiene atribuida una pena unitaria se considera como disposición única.
7. En una primera parte, y principal, del cuadrante se incluyen todas las penas vinculantes o de obligada imposición por el juzgador, sean únicas, conjuntas o alternativas, o una combinación de las dos últimas. Por alternativas se entiende, en este contexto, aquellas penas que se expresan a través de una disyuntiva: el órgano judicial ha de imponer necesariamente una pena, pero puede decidir cuál entre dos o tres opciones que el CP pone a su disposición.
8. En la segunda parte del cuadrante se incluyen las penas de imposición facultativa, es decir aquéllas en las que se encomienda al órgano juzgador la facultad de valorar si procede la imposición de una determinada pena o una determinada cláusula de agravación o atenuación, sin otra opción alternativa que su inaplicación. La principal diferencia con respecto a las penas que se denominan alternativas o disyuntivas dentro del grupo de las penas vinculantes, es que en estas últimas la improcedencia de aplicar una pena resulta inseparable de la imposición de su alternativa. En el caso de las penas facultativas propiamente dichas, la facultad discrecional del juzgador es total.

[17] Desde mi punto de vista, el subsistema penal de responsabilidad de las personas jurídicas no es integrable junto con el de las personas físicas en un solo sistema jurídicopenal. La bibliografía y la discusión al respecto en los últimos años es muy abundante y supera el objeto de este trabajo. No obstante, véase incidentalmente, acerca de los particulares problemas de determinación que las penas previstas para las personas jurídicas plantean, DE LA MATA, N. y HERNÁNDEZ, L. (2013): "Los problemas de congruencia en la concreción y aplicación de las sanciones previstas para las personas jurídicas", en DE LA MATA BARRANCO (dir.) y DE LA CUESTA ARZAMENDI (coord.), *Respònsabilidad penal de las personas jurídicas*, Navarra, págs. 227 y ss.

9. En la tercera parte del cuadrante he anotado las cláusulas de modificación de penas que están definidas en otros preceptos, los cuales normalmente preceden a dichas cláusulas.
10. Las cláusulas genéricas, sean de adición de alguna pena (con frecuencia, pero no exclusivamente, inhabilitaciones y suspensiones), sean de rebaja o agravación facultativa o vinculante, dan lugar a un árbol de disposiciones (tipos y subtipos) sólo cuando sus respectivos presupuestos fácticos están claramente delimitados y/o abarcan unas pocas conductas típicas estrechamente conectadas entre sí.
11. En cambio, cuando la cláusula que fundamenta cualquiera de estas acumulaciones, agravaciones o rebajas es genérica o imprecisa, se clasifica en el apartado correspondiente como cláusula genérica, sea vinculante o facultativa, y no se abre un árbol de disposiciones o subtipos.
12. Las cláusulas que determinan la imposición de una pena a un conjunto de figuras delictivas previamente desglosada en otros preceptos se tratan de forma unitaria. Y sin duda es ésta una cuestión que a la postre ha sido clave en la construcción y, por tanto, en la interpretación de este cuadrante de penas.

2. Método estadístico

Con objeto de estudiar el cuadrante de penas se empleará la distribución de frecuencias de diferentes medidas obtenidas para las penas. De entrada, disponemos de medidas para el número de penas vinculantes, número de penas facultativas y cláusulas vinculantes de modificación de la pena. Pero, como se verá, a los efectos del presente estudio se trabajará sólo sobre las primeras, las penas vinculantes para el órgano judicial, o de preceptiva imposición, dentro de las cuales el trabajo se centrará en las más relevantes: prisión perpetua, prisión, multa, trabajos en beneficio de la comunidad, localización permanente, inhabilitaciones y suspensiones. La presentación de cada pena vinculante se organiza en cuatro categorías: no presentación, presentación sola, presentación acumulativa con otra u otras penas, presentación como alternativa. En los casos en que sea necesario se llevarán a cabo representaciones gráficas simples o compuestas, típicamente en forma de diagrama de barras, con objeto de clarificar los datos presentados.

Por innecesario para ilustrar unos resultados de incremento de la punitividad que quedan inequívocamente reflejados en las tablas y figuras que se verán más adelante, se prescindirá de presentar el análisis de la probabilidad de que cada pena se presente de manera vinculante en un precepto. No obstante, de cara a futuras publicaciones y a la comparación con resultados que puedan obtener otros investigadores en este campo, es de interés apuntar las reglas que, en nuestro caso, seguimos a estos efectos: 1ª) Si una pena es la única pena que se presenta para un delito se le asigna una probabilidad de 1 de que se presente (por ejemplo, art. 138 CP: prisión 1). 2ª) Si dos o más penas se presentan de manera acumulativa en un delito cada una de ellas aparece con probabilidad 1 de presentación en ese delito puesto que cada una de ellas será obligatoria en el mismo (por ejemplo, art. 144.1: prisión 1, inhabilitación 1). 3ª) Si varias penas, k en general, se presentan de manera alternativa, la probabilidad asignada a cada una de ellas será 1/k (por ejemplo, art. 384 CP: prisión 1/3, multa 1/3, trabajos en beneficio de la comunidad 1/3). 4ª) Cualquier combinación de penas que expresa alternativas y, dentro de ellas, penas acumuladas, será tratada de tal forma que en las alternativas se presentarán 1/número de dichas alternativas y las acumuladas, esa probabilidad para cada una de ellas (por ejemplo, art. 385 CP: prisión 1/2, multa 1/2, trabajos en beneficio de la comunidad 1/2). Estas reglas dan lugar a una distribución esperada de presentación de cada una de las penas que puede promediarse para todo el cuadrante o por agrupaciones de delitos conforme a la subdivisión del Libro II en diferentes títulos.

III. MAPA PUNITIVO DEL CÓDIGO PENAL ESPAÑOL VIGENTE A 31 DE DICIEMBRE DE 2016

El cuadrante de penas construido ha dado lugar a un número total de 1047 disposiciones o preceptos legales que establecen o modifican significativamente la pena de una determinada conducta punible, atendiendo a los criterios que se han explicado más arriba, en el método y reglas observadas para la construcción del cuadrante. Las penas han sido agrupadas en: a) penas vinculantes (V) o de imposición obligatoria por parte del órgano judicial una vez se estime realizado el presupuesto de hecho o conducta típica subyacente a cada una de ellas; b) penas de imposición facultativa (F) para el juez o tribunal; y c) cláusulas vinculantes de modificación de la pena (VMP), de cualquier pena o cualesquiera penas a la/s que afecte en cada caso. Por ello lo primero que es susceptible de ser analizado es el número de penas de cada tipo que aparecen en el total de disposiciones del cuadrante. Los datos de tal presentación están en la Tabla 1, representados gráficamente en la Figura 1. Previamente, a efectos de comparación, se muestran en la Tabla 2012-1 los resultados conforme a la redacción del CP vigente en otoño de 2012[18], justo antes de la aprobación y prácticamente inmediata entrada en vigor de la L.O. 7/2012, de 27 de diciembre[19].

---

[18] En adelante, por agilidad de redacción y lectura, nos referiremos a la versión anterior como CP 2012. Se emplea una fuente de menor tamaño y siempre en cursiva en todas las tablas referidas al CP 2012 a fin de hacer más intuitiva la lectura y comparación de los datos, y que se pueda identificar con facilidad en todo momento cuáles se refieren al viejo contenido del Código y cuáles al vigente contenido del Código Penal.

[19] Barquín y Luna, cit., pág. 16:22.

Tabla 2012-1. Distribución del número de penas por disposición y por forma de imposición (CP 2012)

Penas vinculantes				*Penas facultativas*				*Cláusulas vinculantes de modificación de las penas*			
Núm.	*Fr.*	*%*	*%acum.*	*Núm.*	*Fr.*	*%*	*%acum.*	*Núm.*	*Fr.*	*%*	*%acum.*
0	*137*	*14.1*	*14.1*	*0*	*655*	*67.2*	*67.2*	*0*	*803*	*82.36*	*82.36*
1	*502*	*51.5*	*65.5*	*1*	*290*	*29.7*	*96.9*	*1*	*172*	*17.64*	*100*
2	*256*	*26.3*	*91.8*	*2*	*16*	*1.6*	*98.6*				
3	*76*	*7.8*	*99.6*	*3*	*14*	*1.4*	*100.0*				
4	*4*	*0.4*	*100.0*								
Total	***975***	***100.0***			***975***	***100.0***			***975***	***100.0***	

Fuente: Cuadrante de Penas, elaboración propia

Tabla 1. Distribución del número de penas por disposición y por forma de imposición (CP 2016)

Penas vinculantes				*Penas facultativas*				*Cláusulas vinculantes de modificación de las penas*			
Núm.	**Fr.**	**%**	**%acum.**	**Núm.**	**Fr.**	**%**	**%acum.**	**Núm.**	**Fr.**	**%**	**%acum.**
0	149	14,2	14,2	**0**	955	91,2	91,2	**0**	849	81,1	81,1
1	531	50,7	64,9	**1**	75	7,2	98,4	**1**	197	18,8	99,9
2	279	26,6	91,6	**2**	17	1,6	100,0	**2**	1	0,1	100,0
3	85	8,1	99,7								
4	3	0,3	100,0								
Total	**1047**	100,0			**1047**	100,0			**1047**	**100**	

Fuente: Cuadrante de Penas, elaboración propia

Hay que señalar que en un número de preceptos no aparece ninguna pena vinculante, concretamente en 149, lo que supone un 14,2% de las disposiciones que figuran en el cuadrante, lo que coincide esencialmente con el CP-2012. Esto implica que la parte del cuadrante en la que se marcan las penas como facultativas no está normalmente constituida por preceptos autónomos con respecto a cualesquiera otras que determinan una pena vinculante, sino por disposiciones en las que se faculta al órgano judicial para modificar la o las penas asignadas con carácter imperativo en otros preceptos. Lo dicho para las denominadas facultativas (F) se puede afirmar para las VMP salvo que en este caso la modificación establecida es vinculante. El análisis tanto de las penas denominadas facultativas (F) como de las denominadas VMP es de interés, pero no lo desarrollaremos en el presente trabajo.

Figura 1. Distribución del número de penas por disposición y por forma de imposición (%) - CP 2016

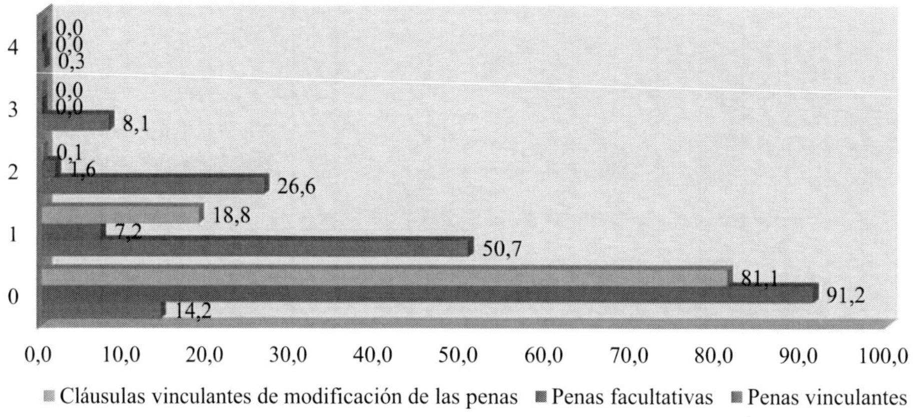

Fuente: Cuadrante de Penas, elaboración propia

Por tanto el denominador del número de disposiciones con el que trabajaremos a partir de ahora será de 1047-149=898, que de hecho son los preceptos intrínsecamente diferentes. En comparación con CP 2012, tenemos sesenta preceptos punitivos más que sobre la cifra anterior significa un *incremento bruto de la punitividad del 7,2%, tan sólo al nivel del número de preceptos penales diferenciados que asignan al menos una pena vinculante a una determinada conducta típica.* A continuación nos centramos por tanto en los datos representados en la Tabla 2 y, gráficamente, en la Figura 2.

Tabla 2012-2. Distribución del número de penas vinculantes por disposición (CP 2012)			
Núm.	*Fr.*	*%*	*% acum.*
1	*502*	*59.9*	*59.9*
2	*256*	*30.5*	*90.4*
3	*76*	*9.1*	*99.5*
4	*4*	*0.5*	*100.0*
Total	**838**	**100.0**	

Fuente: Cuadrante de Penas, elaboración propia

Tabla 2. Distribución del número de penas vinculantes por disposición (CP 2016)			
Núm.	*Fr.*	*%*	*% acum.*
1	*531*	*59,1*	*59,1*
2	*279*	*31,1*	*90,2*
3	*85*	*9,5*	*99,7*
4	*3*	*0,3*	*100*
Total	**898**	**100**	

Fuente: Cuadrante de Penas, elaboración propia

Figura 2. Distribución del número de penas vinculantes por disposición (%) - CP 2016

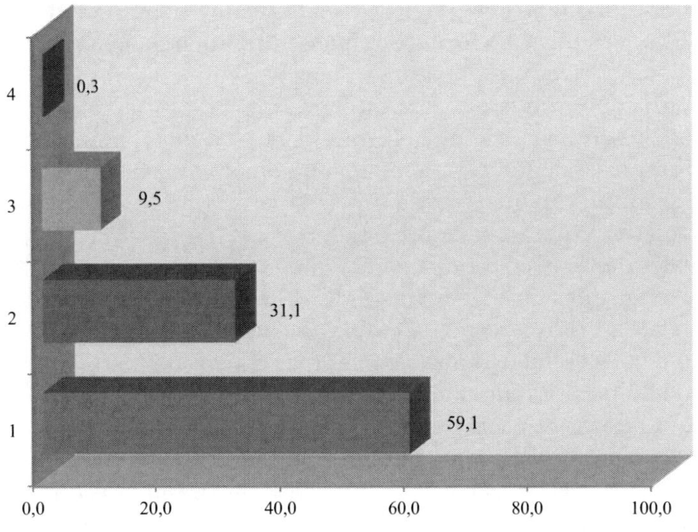

Fuente: Cuadrante de Penas, elaboración propia

En relación con las penas vinculantes para el juzgador, podemos afirmar en primer lugar que la mayoría de los preceptos establecen una sola pena: 531 de los 898, o sea un 59.1%, mientras que 279 de los 898 (31.1%) establecen dos penas, 85 (9.5%) tres penas y, por último, tan sólo 3 de ellos (0.3%) asignan cuatro penas. Es decir, la notoria mayoría constituida por los preceptos que establecen una única pena se convierte en una mayoría abrumadora del 90,2% si sumamos las disposiciones que establecen hasta dos penas vinculantes. Parece claro que el Código Penal español está decididamente orientado a un número limitado de penas por delito, ya que la mediana del número de penas por delito es de 1 pena y la media es de 1.51 penas por precepto, lo cual abunda en esa idea. Estos últimos datos son equivalentes, a grandes rasgos, a CP 2012, pero en este caso hay una leve variación al alza (como casi siempre), de 1.50 a 1.51 en la media de penas por precepto que revela de nuevo una tendencia de fondo a la mayor punitividad; relativamente pequeña, pero esa centésima de incremento es más significativa de lo que parece. En efecto, obsérvese que las diferencias en los porcentajes, aunque modestas, lo son casi siempre en un sentido de mayor punitividad (en los supuestos significativos, es decir 1, 2 y 3, puesto que el caso 4 tan sólo tiene 4 y 3 presencias, respectivamente, en 2012 y 2016): porcentualmente decrecen en ocho décimas los preceptos (recordemos que este concepto de disposición o precepto no coincide exacta ni necesariamente con el de delito o tipo delictivo) que asignan una sola pena, mientras que crecen en seis décimas (de 30.5% a 31.1%) y en cuatro décimas (de 9.1% a 9.5%) los que asignan, respectivamente, dos y tres penas. Indiscutiblemente, una pequeña adición a la tendencia esperable hacia una mayor punitividad resultante de las reformas penales de 2015, si bien no tan intensa como la que ya se observó antes en el sentido de un incremento en más de un siete por ciento del número de preceptos con asignación de pena vinculante.

Tras exponer un dibujo general del CP en lo relativo al número de penas por delito, procede ahora estudiar las formas en que se presentan la pena de prisión y otras penas especialmente relevantes por su estrecha relación en términos de sustitución y subsidiariedad, como son la pena de multa, la pena de localización permanente y la pena de trabajos en beneficio de la comunidad. La Tabla 3 presenta estos datos, y la Figura 3 los representa gráficamente, si bien con el matiz de que en la primera se discrimina la prisión perpetua («prisión permanente revisable» en la terminología del Código), mientras que en la segunda se incorporan los datos de la prisión perpetua a los globales de la prisión, pena con la que está obviamente conectada aunque técnicamente tenga diferencias, a fin de poder comparar los datos globales tanto con la segregación de la prisión perpetua (Tabla 3) como con su agregación (Figura 3). De este modo damos visibilidad a una de las más conspicuas (no para bien, precisamente) novedades punitivas de nuestro ordenamiento jurídico. La prisión perpetua, novedad punitiva de las reformas de 2015 que nos devuelve a tiempos históricos anteriores a 1928, cuando estaban vigentes la reclusión perpetua y la cadena perpetua, se presenta en ocho preceptos cuyo análisis pormenorizado es aconsejable a fin de desentrañar cuál la verdadera presencia y relevancia de esta pena en nuestro vigente Código Penal. Será objeto de atención específica en un epígrafe posterior.

Tabla 2012-3. Formas de presentación de las diferentes penas en el CP (2012)

		Formas de presentación de la pena				
		no	única	acumulativa	alternativa	**Total**
Prisión	Fr.	223	286	268	61	**838**
	%	26.61	34.13	31.98	7.28	**100.00**
Multa	Fr.	444	77	234	83	**838**
	%	52.98	9.19	27.92	9.90	**100.00**
Localización permanente	Fr.	817	1	1	19	**838**
	%	97.49	0.12	0.12	2.27	**100.00**
Trabajos beneficio comunidad	Fr.	820	0	0	18	**838**
	%	97.85	0.00	0.00	2.15	**100.00**

Fuente: Cuadrante de Penas, elaboración propia

Tabla 3. Formas de presentación de las diferentes penas en el CP (2016) – Prisión perpetua segregada

		Formas de presentación de la pena				
		no	única	**acumulativa**	**alternativa**	Total
Prisión perpetua	**Fr.**	890	8	0	0	898
	%	99,11	0,89	0,00	0,00	100
Prisión	**Fr.**	223	311	266	98	898
	%	24,83	34,63	29,62	10,91	100
Multa	**Fr.**	458	94	252	94	898
	%	51,00	10,47	28,06	10,47	100
Localización permanente	**Fr.**	895	0	0	3	898
	%	99,67	0	0	0,33	100
Trabajos beneficio comunidad	**Fr.**	882	0	0	16	898
	%	98,22	0,00	0,00	1,78	100

Fuente: Cuadrante de Penas, elaboración propia

Figura 3. Formas de presentación de las diferentes penas en el CP (%)

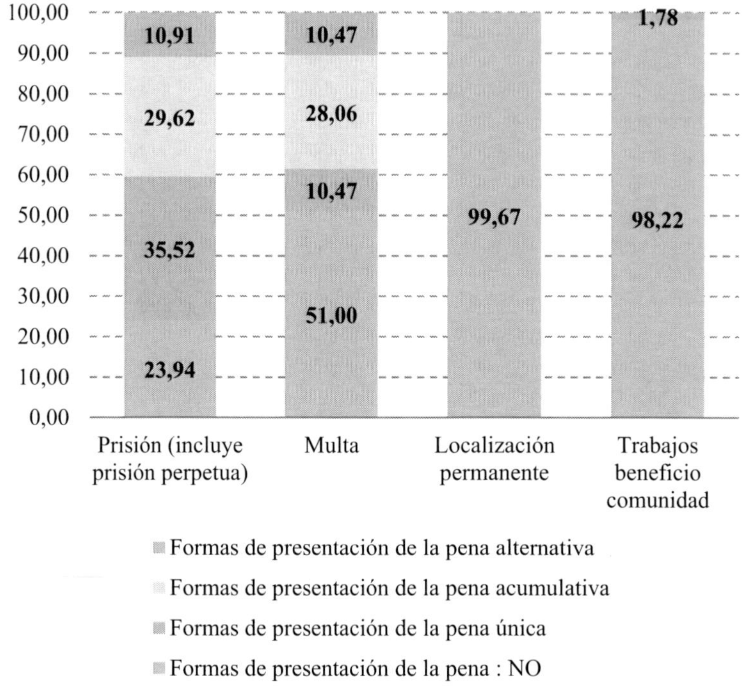

La primera e indiscutible conclusión que se obtiene de esta tabla y esta figura nos confirma la validez de la afirmación según la cual la prisión sigue siendo la sanción penal por excelencia. Si incluimos a estos efectos, como parece razonable, la prisión perpetua, obsérvese que sólo deja de presentarse en el 23.94% de las disposiciones punitivas, lo que obviamente implica que sí se presenta, de diferentes maneras, en el 76.06% de los preceptos. Este dato supone un notable incremento frente a CP 2012, cuando las cifras eran el 26.61% de no presencia frente al 73.39% de presencia. Nuevamente, parece un cambio pequeño, aparentemente de apenas un 2.7%, pero si se ponen en relación ambos porcentajes entre sí, se observa que el tanto por ciento en que se ha reducido el porcentaje de preceptos que no tienen asignada la pena de prisión entre CP 2012 y la vigente redacción del Código Penal español es exactamente de un 10%, de 26.61% a un 23.94%. Si añadimos este dato a los anteriores, tenemos una nueva evidencia de que vivimos tiempos de decidido expansionismo de la pena de prisión.

La prisión (datos agregados) aparece como pena única en el 35.52% de los preceptos, lo cual es una presentación muy alta y desde luego muy superior a la de las otras penas consideradas. En un 29.62% figura como acumulativa, lo que significa que en casi otro tercio de los preceptos sancionadores aparece combinada con otras penas, siendo de imperativa imposición el conjunto de todas ellas. Por último, la estadística arroja que en el 10.91% de los preceptos aparece como alternativa, de manera que en la aplicación de la norma el órgano judicial deberá optar, o por una, o por otra u otras. Recuérdese que en estos casos una de dichas penas sigue siendo de imposición vinculante o preceptiva, mientras que lo potestativo será tan sólo la elección de cuál de ellas imponer, lo que queda pendiente de determinar, normalmente tras la libre valoración del juez, si bien con ciertas limitaciones procesales y sustantivas, entre aquéllas las genéricas derivadas del principio acusatorio y la necesidad genérica de motivación. Es precisamente aquí el primer momento en que encontramos datos aparentemente alentadores en el sentido de matizar el predominio de la prisión, puesto que la comparación con CP 2012 muestra que se ha incrementado notablemente el porcentaje de supuestos en los que la prisión aparece como alternativa y han disminuido aquellos en los que aparece acumulada a otras penas, datos que en CP 2012 eran, respectivamente, 7.28% y 31.98%. No debe en todo caso perderse de vista que la variación más notable se produce, correlativamente, entre la ya señalada reducción de los supuestos en los que no está presente la pena de prisión (de 26.61% a 23.94%), y el aumento de los supuestos en los que la prisión se presenta como alternativa junto a otras penas (de 7.28% a 10.91%). De modo que, en buena medida, el crecimiento del recurso a la prisión como pena alternativa y no acumulativa debe atribuirse no a una disminución de la presión punitiva debido a que haya sustituido la prisión establecida como acumulativa, sino a supuestos en los que simplemente no se preveía anteriormente dicha pena.

La distribución de la prisión según sus formas de presentación da una medida clara de que en el vigente CP la prisión es una pena que se presenta en una gran mayoría de las disposiciones sancionatorias, mayoritariamente como pena de preceptiva imposición, sea única o conjuntamente con otra que también es vinculante para el juzgador, y muy pocas veces en términos disyuntivos, como alternativa específica frente a otras opciones punitivas. Esta foto fija de la prisión como sanción penal por antonomasia en el derecho español es paradójicamente el resultado de una legislación penal que se ha ido construyendo a lo largo de décadas, durante las cuales se ha esgrimido como bandera de manera casi constante incluso por el mismo legislador (bien es cierto que con grados de énfasis variable según el momento histórico) una voluntad de reducir su peso dentro del sistema. Pues bien, hasta aquí es hasta donde se ha llegado hasta ahora el proceso de la mitigación de la importancia de la pena de prisión. Como se ve, su posible desmantelamiento estaría aún muy lejos de conseguirse aun en el caso de que éste fuera un propósito real y no mayormente impostado de la hodierna política criminal[20].

La multa se configura en varios aspectos como pena intermedia entre la prisión y las demás penas alternativas a ésta. En primer lugar, puesto que no aparece de ninguna forma en el 51% de los preceptos, esto quiere decir que se presenta en un 49% de ellos (el porcentaje de presencia aumenta levemente frente a CP 2012), frente al 76% de la pena de prisión. Se presenta como pena única en un 10.47% de los casos, lo que también significa una mejora. Sin embargo, como pena acumulativa se sigue presentando en un 28% de los casos, lo que indica claramente que la función esencial

---

[20] Barquín y Luna, cit., pág. 16:26.

que reserva para ella el CP es la de actuar como una pena adicional, frecuentemente junto con la prisión. Por último podemos decir que como pena opcional dentro de un conjunto disyuntivo se presenta en otro 10.47%. Por tanto la multa sigue estando concebida en el CP ante todo como pena acompañante de otras, y en pocas ocasiones se asigna como pena única o como opción facultativa frente a otras penas.

La localización permanente ya mostraba un perfil radicalmente diferente a las dos penas anteriores en CP 2012, lo cual se ha visto extremadamente acentuado en tanto en cuanto ha sido poco menos que barrida del Código Penal a consecuencia de la supresión formal de las faltas, dentro de las cuales tenía cierto protagonismo. Ahora tan sólo aparece en tres casos de penas vinculantes, todos ellos formando parte de un ramillete de penas entre las que debe escoger el juzgador (localización permanente, trabajos en beneficio de la comunidad o multa). Está ausente por tanto en el 99.67% de los preceptos, es decir sólo aparece en el 0.33% de ellos. Nunca como única, nunca como acumulativa. Hemos mantenido esta pena dentro de las tablas y las figuras que ilustran este artículo tan sólo para ilustrar hasta qué punto a partir de julio de 2015 sería ilusorio pretender que nuestro sistema penológico incluye verdaderamente la localización permanente como una de las penas privativas de libertad de directa imposición. Su supuesta presencia es, de hecho, casi lo más cercano a la inexistencia como pena de asignación directa por la comisión de un delito que pudiera imaginarse.

En cuanto a su función de pena sustitutiva, la vigente redacción del Código también ha reducido al mínimo su aplicabilidad, limitada ya a una de las opciones disponibles para la sustitución obligatoria de las penas de prisión inferiores a tres meses (art. 71.2 CP) y para el cumplimiento de la responsabilidad personal subsidiaria por impago de multa (art. 53.1 CP). En CP 2012 la localización permanente tenía ya una función residual[21], lo que se ha acentuado extraordinariamente tras las reformas de 2015, hasta el punto de su casi extinción.

La foto fija de la pena de trabajos en beneficio de la comunidad era muy parecida a la de la localización permanente en CP 2012, y en buena medida sigue siéndolo toda vez que también se ha verificado un descenso de la presencia de los TBC, aunque no tan radical como en el caso anterior. Los trabajos en beneficio de la comunidad han perdido presencia al bajar del 2.15% al 1.78% de los preceptos. Como en CP 2012, sigue sin aparecer en ningún caso como pena única ni como acumulativa. Siempre aparece, por tanto, en el contexto de diversas opciones disyuntivas, entre las cuales el juzgador está vinculado a imponer al una. Así pues, el CP asigna a la pena de trabajos en beneficio de la comunidad una función exclusiva de pena alternativa, lo que se debe a la bien conocida interpretación mayoritaria del art. 25.2 CE que obligaría en estos casos a dar siempre una opción alternativa al penado para que los trabajos no puedan considerarse «forzados»[22]. De las 16 veces que se

---

[21] Barquín y Luna, cit., pág. 16:27.

[22] Apuntaré que, desde mi punto de vista, esta tacha de inconstitucionalidad de unos eventuales trabajos en beneficio de la comunidad de imposición obligatoria sería susceptible de matiz: el art. 25.2 CE veta indubitablemente que "las penas privativas de libertad y las medidas de seguridad" puedan "*consistir* en trabajos forzados" (cursivas añadidas), no que una pena no privativa de libertad pueda *consistir* en una prestación de trabajo en beneficio de la comunidad.

presenta como alternativa, en 12 aparece como opción frente a la prisión (bien que en una de ellas: art. 385 CP, acompañada de multa, y en otras tres ocasiones en una triple disyuntiva frente a prisión y multa), o sea un 75% de los casos, mientras que en el 25% de los casos (4 presencias) aparece como disyuntiva frente a multa o a localización permanente. En consecuencia, el CP reserva para la pena de trabajos en beneficio de la comunidad un papel de pena alternativa a la prisión, lo que se ve acentuado por su protagonismo en la suspensión-sustitución del art. 84.1.3ª CP y por el dato de que no aparece como acumulativa de la prisión en ningún caso.

Además de las formas de presentación de las penas, el CP también es susceptible de un ilustrativo análisis en bruto, todavía, de cómo se distribuyen las diferentes penas y conjuntos disyuntivos de penas según las disposiciones que las establecen. Los datos de este análisis aparecen en la Tabla 4 y en la Figura 4, que segrega cada pena y forma de presentación de las penas, de modo que aquí las estadísticas de, por ejemplo, la pena de multa, sumará todas aquellas presencias de la multa como tal, sea a solas o conjuntamente con otra/s pena/s también de imposición obligatoria, pero no cuando la multa forma parte de un conjunto alternativo (prisión o multa, localización permanente o multa, etc.), puesto que estos conjuntos disyuntivos se muestran por separado.

En primer lugar hemos de hacer notar que diferentes penas pueden aparecer simultáneamente en un solo precepto. Lo que se refleja en la Tabla 4 es el número de disposiciones en las cada una de ellas aparece y por lo tanto la suma de los porcentajes necesariamente desbordará el 100%. Por ejemplo, la pena de prisión se presenta, como tal, en un 65.14 de los preceptos, lo cual no quiere decir que se presente siempre como pena única, y por otra parte no incluye todas aquellas ocasiones en que la prisión forma parte de un conjunto dentro del cual es una de las opciones punitivas que se pueden aplicar. La pena de multa aparece en el 38.53% de los preceptos, con la misma observación que acabamos de hacer; las inhabilitaciones o suspensiones figuran –siempre en los mismos términos– en un 30.18% de los casos, la disyuntiva prisión o multa en un 9.58%, etcétera. No debe olvidarse que el total al que se refieren esos porcentajes es a 898 disposiciones.

En comparación con CP 2012, se observa un pequeño baile de porcentajes en general, que se acentúa en relación con la disyuntiva prisión o multa (pasa del 6.80% al 9.58%), un incremento de casi tres puntos porcentuales que absorbe con creces la disminución del porcentaje de la pena única de prisión (de 66.11% a 65.14%). Aunque esta leve modificación porcentual contradiría la idea de que la prisión gana terreno con las últimas reformas, no debe olvidarse que los números absolutos crecen con claridad: de un total de 554 preceptos que tenían asignada la pena exclusiva de prisión en CP 2012, hemos pasado a 585 en la actualidad. Por lo demás, destaca la ya antes señalada casi desaparición de la localización permanente en todas sus presentaciones. En particular, era relevante la fórmula localización permanente o multa, que pasa de un 2% (17 presencias) en CP 2012 a 0 presencias y 0% en la vigente redacción del CP.

Tabla 2012-4. Diferentes penas vinculantes en los diferentes preceptos (CP 2012)

	Fr.	*% preceptos en los que se presenta*
prisión	*554*	*66.11*
multa	*311*	*37.11*
inhabilitación o suspensión	*251*	*29.95*
prisión o multa	*57*	*6.80*
localización permanente o multa	*17*	*2.03*
prisión o trabajos en beneficio de la comunidad	*7*	*0.84*
trabajos en beneficio de la comunidad o multa	*5*	*0.60*
prisión o multa o trabajos en beneficio de la comunidad	*3*	*0.36*
localización permanente	*2*	*0.24*
localización permanente o trabajos beneficio comunidad	*2*	*0.24*
o bien prisión, o bien multa y trabajos beneficio comunidad	*1*	*0.12*

Fuente: Cuadrante de Penas, elaboración propia

Tabla 4. Diferentes penas vinculantes en los diferentes preceptos (CP 2016)

	Fr.	*% preceptos en los que se presenta*
prisión (incluye prisión perpetua)	*585*	*65.14*
multa	*346*	*38.53*
inhabilitación o suspensión	*271*	*30.18*
prisión o multa	*86*	*9.58*
localización permanente o multa	*0*	*0.00*
prisión o trabajos en beneficio de la comunidad	*8*	*0.89*
trabajos en beneficio de la comunidad o multa	*1*	*0.11*
prisión o multa o trabajos en beneficio de la comunidad	*3*	*0.33*
localización permanente	*0*	*0.00*
localización permanente o trabajos beneficio comunidad	*0*	*0.00*
o bien prisión, o bien multa y trabajos beneficio comunidad	*1*	*0.11*

Fuente: Cuadrante de Penas, elaboración propia

La Figura 4 muestra de manera aún más clara esta distribución de las penas. Se aprecia nítidamente que:

1º) La pena de prisión es abrumadoramente mayoritaria.

2º) La pena de multa ocupa el segundo lugar, con una presencia relevante.

3º) La disyuntiva prisión o multa contribuye a resaltar, con su creciente presencia hasta un 9.58%, la relevancia en términos absolutos y porcentuales de las dos penas anteriores.

4º) Después de estas dos, las que más se presentan asimismo con un porcentaje significativo son las inhabilitaciones y suspensiones.

5º) A mucha distancia se encuentran todas las demás, incluyendo las diferentes combinaciones en las que entran la localización permanente y los trabajos en beneficio de la comunidad, ninguna de las cuales alcanza siquiera el 1%.

Figura 4. Diferentes penas vinculantes en los diferentes preceptos en los que se presenta (%) - CP 2016

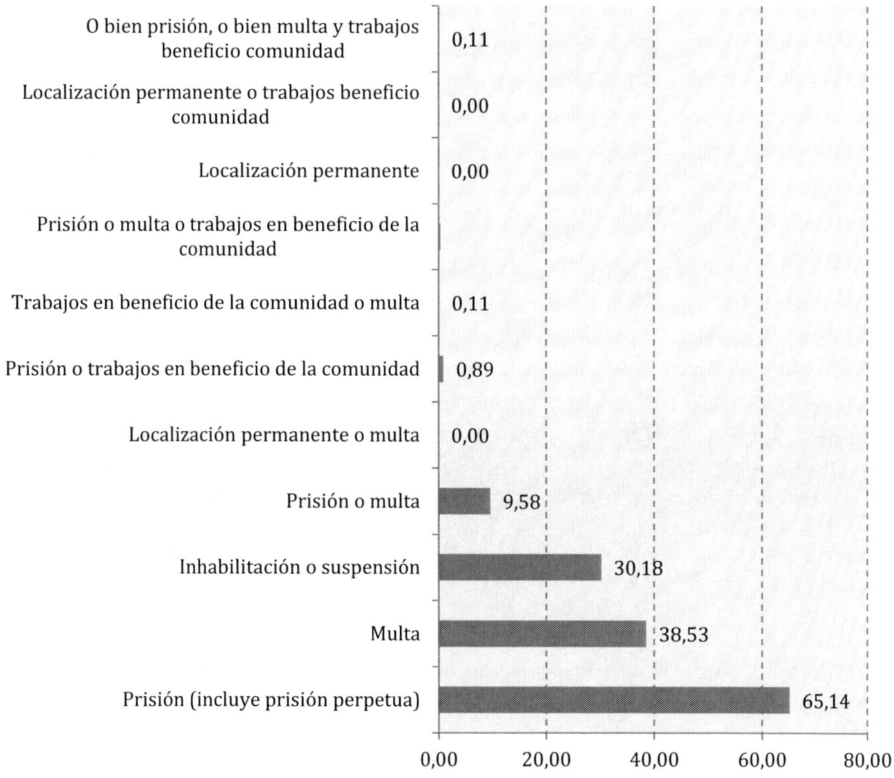

Fuente: Cuadrante de Penas, elaboración propia

Hay que señalar que hay otras penas en nuestro sistema punitivo con una presencia más destacada, pero en ningún caso alcanzan un porcentaje significativo, por lo que se ha preferido mantenerlas al margen de estas tablas y figuras. Las más relevantes, en tanto en cuanto superan el 1% de porcentaje de presencia, son: privación del derecho a la tenencia y porte de armas (1.34%), privación del derecho a conducir vehículos a motor y ciclomotores (1%) y pérdida de la posibilidad de obtener subvenciones o ayudas públicas y del derecho a gozar de beneficios o incentivos fiscales o de la Seguridad Social (pena que, por otra parte, presenta suficientes elementos asimilables al grupo general de inhabilitaciones y suspensiones como para que no hubiera sido descabellado incluirla allí, si bien en este caso he valorado como más relevantes los aspectos diferenciales y por ello la presento separadamente), con un creciente porcentaje del 2.23%, por cuanto las reformas recientes han acentuado su presencia en la parte especial de nuestro Código Penal.

En definitiva, parece indiscutible la conclusión ya apuntada de que, desde el punto de vista de la directa asignación de penas en la tipificación penal, la prisión sigue siendo la sanción penal por antonomasia, escoltada por la multa y por las diversas modalidades de inhabilitación y suspensión, mientras que el resto de penas cumple una función casi testimonial.

IV. UNA MODIFICACIÓN SIGNIFICATIVA: LA PENA DE PRISIÓN PERPETUA

Se ha confirmado con números que, en el marco general del mapa punitivo del derecho penal español considerado en una perspectiva formal y estática como se hace en el presente trabajo, es manifiesta la tendencia de política criminal hacia un mayor punitivismo en las últimas reformas a partir de finales de 2012, y muy señaladamente por las LL.OO. 1 y 2/2015, que significaron, sobre todo la primera, una extensa y, en ocasiones, intensa reforma del referido mapa punitivo. En este punto, parece oportuno analizar el contenido esencial de una de las más relevantes expresiones de esta tendencia: la muy llamativa y criticada recuperación de la prisión perpetua, casi noventa años después de que el Código Penal de 1928 la eliminase de nuestro ordenamiento. Una novedad legislativa que confirma rotundamente la tendencia punitivista en la que sigue instalado el legislador penal.

Antes que nada, una precisión terminológica. Utilizo la denominación prisión perpetua porque, cuando una institución jurídica tiene un nombre asentado, que en este caso es el de prisión perpetua como actualización a la terminología penal del vigente Código de las antiguas penas de cadena perpetua y reclusión perpetua de nuestros códigos penales del siglo XIX[23], un elemental sentido de salud demo-

[23] En concreto, de 1848-1850 y 1870, ya que las penas equivalentes del CP de 1822 eran trabajos perpetuos y reclusión por el resto de su vida. Véase sucintamente CERVELLÓ DONDERIS, V. (2015): *Prisión perpetua y de larga duración*, Valencia, págs. 44 y ss.

crática y de respeto al contenido material del principio de legalidad debe conducir al legislador a mantener la denominación[24]; incluso más: a cuidarla como un frágil tesoro. Bastante alejamiento se produce ya de por sí entre el derecho y la justicia, por un lado, y los ciudadanos, por otro, debido a la inherente complejidad y a la en ocasiones forzada ininteligibilidad del lenguaje jurídico, como para que aceptemos de buen grado los eufemismos interesados de ciertos políticos y sus adláteres[25]. Del mismo modo que, por ejemplo, cuando se produce una violación, la conducta debe ser llamada por ese nombre incluso si al legislador le da por prescindir de él, como de hecho hizo durante tres años entre 1996 y 1999[26]. En el caso de la eufemística *prisión permanente revisable*, los motivos para emplear el circunloquio son, además, particularmente poco virtuosos: la hipocresía[27] y el intento de lavado de cara a una institución punitiva bien identificada con respecto a la cual se quiere despejar la carga emotiva y política que conlleva para una buena parte de la población[28]. La

---

[24] A propósito del carácter fundamental de este contenido material, véase CORCOY BIDASOLO, M. (2012): "Expansión del Derecho Penal y Garantías Constitucionales", *Revista de Derechos Fundamentales*, 8, 2012, pág. 47: "elemento esencial para la eficacia de la norma es su conocimiento, no se puede motivar/disuadir sin conocer la prohibición".

[25] Críticamente no sólo con el eufemismo en sí, sino también con la contradicción intrínseca a los adjetivos escogidos para caracterizar la pena, CERVELLÓ DONDERIS, V. (2015): *Prisión perpetua y de larga duración*, Valencia, pág. 40: "denominar prisión permanente a algo que se puede revisar no es gramaticalmente correcto". Concuerdo en la perspectiva crítica, pero no estoy tan seguro de que la expresión prisión permanente revisable permanente dé necesariamente lugar a una aporía; en cualquier caso, este engendro lingüístico no merece más análisis, y lo relevante es no dejarse atrapar por el eufemismo legislativo, punto en el que coincido con la mencionada autora.

[26] En la redacción original del artículo 179 del Código Penal de 1995 se atendía únicamente a su naturaleza de abuso sexual agravado y se obviaba por completo el bien conocido *nomen iuris* de la violación. Esta omisión duró tan sólo tres años, desde el 24 de mayo de 1996 hasta el 21 de mayo de 1999, cuando una disposición de la L.O. 11/1999 reintrodujo la palabra violación en dicho precepto y, al cabo, en el Código Penal español, para referirse a este delito en particular (no ya a otras infracciones penales en el contexto de la violación de secretos, de plazos y de garantías, que son referencias que aparecen en el CP de 1995 desde un principio). Entonces quien esto escribe era partidario de seguir llamando violación al delito, y habría seguido siendo partidario durante todo el tiempo transcurrido aun en el caso de que el legislador no hubiera rectificado en 1999 lo que a mi juicio había sido un error. Como se expresa en el texto, las expresiones de contenido jurídico que se han incorporado al acerbo común y cotidiano del idioma deben conservarse como oro en paño.

[27] Hipocresía en la que se maneja con gran holgura moral el legislador punitivo español, no importa de qué orientación política. Así, por ejemplo, ese monumento a la doblez que lleva más de dos décadas estando a la vista en el artículo 36 CP: la pena de prisión tendrá una duración "máxima de veinte años, salvo que…": a efectos reales, lo exacto sería continuar con todo cinismo, pero también con menos fingimiento: "salvo cuando tiene una duración superior". Véase BARQUÍN SANZ, J. (2000): "Sistema de sanciones y legalidad penal", *Revista del Poder Judicial*, 58, págs. 182 y ss.

[28] No creo que ésta sea una cuestión accesoria ni menor, al contrario: rebelarse contra las imposiciones ideológicas del retorcimiento del lenguaje es un mandato de salud intelectual y democrática. El *Newspeak* no era un elemento accidental del tipo de sociedad y estado contra el que, siempre con éxito limitado, en su época y en la nuestra, previno George Orwell en *1984*.

prisión perpetua es lo mismo que en el derecho penal británico (Inglaterra y Gales) se denomina por académicos y prácticos *life imprisonment* o *life sentence*[29], y resultaría impensable llamarla algo así como "*indefinite parolable sentence*"; o el equivalente a lo que en el derecho penal de Francia se denomina *réclusion perpetuelle* o réclusion criminelle à perpétuité[30], sin que el ordenamiento francés recurra al circunloquio "*réclusion criminelle permanente révisable*". En ambos casos, como en más ejemplos que podrían aducirse de otros países de nuestro entorno, sin que sea imaginable una disociación entre la expresión del lenguaje común para referirse a la pena y el *nomen iuris* empleado por los operadores jurídicos, incluyendo por supuesto a los encargados de fijar las normas penales. A mi juicio, la denominación que preferentemente debemos emplear los juristas para referirnos a esta pena debería ser prisión perpetua[31], por supuesto sin que ello implique desterrar la expresión prisión permanente revisable que tiene obviamente la legitimidad que le otorga la propia norma legal, pero sí dejando esta última en un segundo plano.

La irrupción de la prisión perpetua como pena privativa de libertad *ex novo* (o, si se prefiere, como nueva subespecie de la pena de prisión) implica la creación de una nueva categoría en el mapa de penas de nuestro texto punitivo, a la que hay que atribuir o bien siete o bien ocho presencias, dependiendo del modo en que se interprete la deplorable frase del artículo 573 bis.1.1ª CP: "prisión por el tiempo máximo previsto en este Código", en la que más adelante nos detendremos. Presuponiendo que haya de interpretarse que dicha frase se corresponde, en la vigente redacción del Código Penal, con la denominada prisión permanente revisable, entonces la cifra total de apariciones de esta pena asciende a ocho[32].

A continuación se analizan sucintamente y por orden de presentación los delitos en los que se ha incluido esta nueva pena así como las penas que ha venido a sustituir y, en su caso, las modificaciones colaterales a las que ha dado lugar. Con carácter preliminar, debo advertir de que las siguientes consideraciones se refieren exclusivamente a la distribución y asignación de penas dentro de la parte

---

Puede intuirse que la clase de individuos que lanzan cortinas de humo mediante la invención de este tipo de expresiones probablemente llamarían a la pena de muerte algo así como "pena de cese de la vida" cuando decidieran reintroducirla.

[29] Véase, por ejemplo: Griffin, D., & O'Donnell, I. (2012): "The life sentence and parole", *British Journal of Criminology*, *52*(3), págs. 611 y ss.

[30] Véase, por ejemplo: Albrand, L. É.: "Conséquences psychosomatiques de la réclusion criminelle à perpétuité", Études sur la mort, 141, 1, 2012, págs. 33 y ss.

[31] En esta misma línea se ubican, al menos implícitamente, aquellos autores que prescinden de o ponen en segundo plano la permanencia y el carácter revisable en los títulos de sus trabajos para destacar la tradicional caracterización de esta pena como perpetua. Así por ejemplo el libro de Cervelló Donderis repetidamente citado, pero también Cancio Meliá, M. (2013): "La pena de cadena perpetua («prisión permanente revisable») en el Proyecto de reforma del Código Penal", *Diario La Ley*, 8175, 22 Oct. 2013; Ríos Martín, J.C. (2013): *La prisión perpetua en España: razones de su ilegitimidad ética y su inconstitucionalidad*, San Sebastián; Serrano Tárraga, M.D. (2012): "La prisión perpetua revisable", Revista Jurídica Universidad Autónoma de Madrid, 25, págs. 165 y ss.

[32] De hecho, así lo hemos considerado a efectos de nuestro cuadrante de penas y de las correspondientes estadísticas analizadas en el epígrafe precedente.

especial, que es el objeto y ámbito del presente estudio; queda fuera por tanto el análisis del régimen de cumplimiento de esta pena, en particular a efectos de posible acceso a la libertad condicional (o, si se prefiere, suspensión del cumplimiento del resto de la pena) y al tercer grado penitenciario, cuestiones que son objeto de regulación en el Libro Primero del Código[33].

a) Primera y segunda presencias de la prisión perpetua en el Código Penal español: Asesinato agravado (art. 140.1 CP) y asesinato múltiple (art. 140.2 CP)

Se trata de sendos tipos de asesinato de nueva introducción, por cuanto el supuesto de asesinato agravado del antiguo art. 140 (con concurrencia de más de una de las circunstancias del art. 139 CP) ha pasado al art. 139.2, que le asigna la pena de veinticinco años y un día a treinta años (superior en grado a prisión de quince a veinticinco años, con el límite máximo de treinta años establecido por el art. 70.3.1º CP). Las dos nuevas figuras de asesinato que se castigan con prisión perpetua consisten, respectivamente, en:

a') Matar a alguien con la concurrencia de al menos una de las cuatro circunstancias del asesinato (art. 139.1: alevosía; precio, recompensa o promesa; ensañamiento; para facilitar la comisión de otro delito o evitar que se descubra), más la de al menos una de las tres circunstancias enumeradas por el art. 140.1: víctima menor o especialmente vulnerable, concurso con delito contra la libertad sexual sobre la víctima, pertenencia a organización criminal. El menor salto punitivo derivado de esta modificación legal se produce en aquellos casos en los que concurren más de una de las tres primeras circunstancias del art. 139.1, junto con una o varias de las del art. 140.1 CP; en tales casos, la pena prevista por el Código Penal hasta el 1 de julio de 2015 era prisión de veinte a veinticinco años, y a partir de esta fecha pasó a ser de prisión perpetua. Se trata de un incremento muy notable, pero que palidece en comparación con el que se produce en otros supuestos.

En efecto, en cualquiera de las nueve posibles combinaciones simples tomando una sola de las tres primeras circunstancias del art. 139.1, más una de las circunstancias del art. 140.1, así como en cualquier combinación compuesta que tome tan sólo una de las circunstancias mencionadas, junto con más de una de las del art. 140.1 CP, la pena que habría correspondido conforme a la regulación precedente habría sido prisión de quince a veinte años (redacción del art. 139 CP anterior a la LO 1/2015), de modo que el salto punitivo a la prisión perpetua es claramente mayor en este caso.

---

[33] Por lo demás, como he dicho en otro lugar, no merece la pena entrar aún a fondo en esta materia, dado que el horizonte más cercano de aplicabilidad de tales previsiones normativas se sitúa bien avanzada la década de 2030, e incluso de 2040, y la volatilidad a la que nos tiene acostumbrado el legislador penal español (y no menos la política penal de la Unión Europea) hace muy poco probable que las previsiones hoy en vigor vayan a aplicarse alguna vez en sus términos actuales. Véase Barquín Sanz, J. (2015): "El nuevo sistema de alternativas a la ejecución de la prisión en el derecho penal español: Una cierta unificación", *Cuadernos de Política Criminal*, 117, 2015, pág. 73.

Pero no acaba ahí la cosa. Hay por último supuestos en los que el incremento punitivo (expansionismo de la pena de prisión, por tanto) resulta todavía más intenso: cuando la circunstancia que cualifica la muerte dolosa como asesinato no es una de las primeras del vigente art. 139.1 CP, sino la cuarta, de reciente introducción por la L.O. 1/2015. Así, la muerte dolosa de otra persona para facilitar la comisión de otro delito o para evitar su descubrimiento, sin concurrir alevosía, precio ni ensañamiento, tenía asignada pena de prisión de diez a quince años (homicidio del art. 138 CP) hasta que la L.O. 1/2015 entró en vigor, con independencia de que, por ejemplo, la víctima pudiera ser especialmente vulnerable o de que el delito con el que la referida muerte estuviera conectado lo fuera contra la libertad sexual de la propia víctima. Pues bien, superando todos los límites imaginables de la moderación punitiva, cualquiera de estos supuestos pasan directamente a estar conminados penalmente con prisión perpetua a partir de la reforma de 2015: formalmente, ¡*de una pena mínima de diez años de prisión a una pena mínima de prisión perpetua*! Hablar meramente de expansión punitiva o de incremento de las penas en este caso es quedarse corto. Más bien, la alharaca y el escándalo (justificados, claro está)[34] de la introducción de la prisión perpetua ejercen una función de pantalla difuminadora de una notable modificación de la estructura típica y de la penalidad de estos delitos. Ni que decir que en un sentido agravatorio o, por expresarlo en términos coherentes con el contexto de este trabajo, en sentido *expansionista* de la pena de prisión.

b') Concurso de tres o más asesinatos. En una interpretación literal, esta cláusula parece aplicable tanto en una sola sentencia que condene al reo por más de dos asesinatos, como en vía de refundición de condenas teniendo en cuenta varias sentencias recaídas sobre el mismo individuo. En cualquier caso, la comparación con la normativa precedente excede el ámbito del presente trabajo, ya que no se trata de una cuestión de penalidad típica, sino de reglas generales para la solución de los supuestos de concurso real de delitos.

b) Tercera presencia de la prisión perpetua en el Código Penal español: Homicidio del Rey o del heredero de la Corona (art. 485.1 CP)

En la regulación precedente se asignaba una pena común de veinte a veinticinco años de prisión a todos los supuestos de homicidio de un miembro de la familia real española, desde el propio Rey (o Reina) hasta cualquiera de sus

---

[34] A pesar de los fallidos intentos de defensa de la institución, un tanto monocordes en torno a la equiparación con otros países de nuestro entorno. Así, Jaén Vallejo, M. y Perrino Pérez, A.L. (2015): *La reforma penal de 2015. (Análisis de las principales reformas introducidas en el Código Penal por las Leyes Orgánicas 1 y 2/2015, de 30 de marzo)*, Madrid, págs. 15, 86, 87, entre otras.

Sobre la endeblez de estos argumentos "a la defensiva", véase Domínguez Izquierdo, E. (2015): "Capítulo Quinto. El nuevo sistema de penas a la luz de las últimas reformas", en Morillas Cueva (dir.) et Al., *Estudios sobre el Código Penal reformado (Leyes Orgánicas 1/2015 y 2/2015)*, Madrid, págs. 133 y ss., en especial pág. 134.

ascendientes y descendientes y al (a la) Regente y los miembros de la Regencia[35]. A partir del 1 de julio de 2015 se escinde el tratamiento punitivo del homicidio contra la Corona dependiendo de la persona víctima. De hecho, en términos generales el art. 485.2 mantiene la pena para todos los supuestos anteriores, excepto cuando la víctima del homicidio sea el "Rey o a la Reina o al Príncipe o a la Princesa de Asturias", en cuyo caso el apartado 1 del mismo artículo establece la pena de "prisión permanente revisable".

Al hilo de estos cambios, el legislador pretende incorporar una novedad a la regulación de la tentativa de estos delitos que no se sabe bien si calificar de incomprensible o de bochornosa. Dentro del propio art. 485, allí donde la redacción original del Código Penal de 1995 establecía que "La tentativa del mismo delito *se castigará* con la pena inferior en un grado", la reforma de 2015 reza: "En el caso de tentativa de estos delitos *podrá imponerse* la pena inferior en un grado". La interpretación de la redacción original era poco discutible: una excepción a la regla general en materia de tentativa según la cual la pena del tipo de que se trate se puede rebajar tanto en uno como en dos grados; estaba claro que, de tratarse de un delito de homicidio contra la Corona, la opción se descartaba y la rebaja habría de ser en un solo grado. En cambio, el texto ahora vigente no resulta fácil de interpretar. Parece que la idea que subyace es habilitar al órgano judicial para aplicar la pena inferior en grado, pero tan sólo como opción excepcional frente a la regla general. El problema surge precisamente aquí, al tratar de identificar cuál es la regla general que el legislador tiene en mente. Puede sospecharse que, teniendo en cuenta su tenor literal, los tiempos punitivistas que corren y el perfil ideológico de la fuerza política que, prácticamente en solitario, impulsó y aprobó la L.O. 1/2015, esa supuesta regla general que tendría en mente sería la pena del tipo, sin rebajas. Pero sucede que no hay disposición legal que sustente semejante pretensión. Cierto que la pena puede ser la inferior en un grado pero también puede no serlo… ¿y entonces? Quedará a la interpretación jurisprudencial el dilucidar de futuro, si fuera alguna vez el caso (ojalá que no haga falta), cuál es la regla general sobre la que "podrá imponerse" establece una potencial excepción. A mi juicio, y a pesar de la habilitación genérica que establece el art. 64 CP[36], en la redacción del vigente art. 485.3 CP no hay un fundamento suficientemente taxativo como para que la regla del art. 62 CP ("pena inferior en uno o dos grados a la señalada por la Ley para el delito consumado") pueda quedar exceptuada[37]. Dicha previsión específica más bien ha de tomarse como una orientación jurídica

---

[35] O bien la pena de veinticinco a treinta años de prisión "si concurrieran en el delito dos o más circunstancias agravantes", una previsión que se mantiene en el segundo inciso del apartado 2 del vigente art. 485 CP.

[36] Art. 64 CP: "Las reglas anteriores no serán de aplicación en los casos en que la tentativa y la complicidad se hallen especialmente penadas por la Ley."

[37] De otra opinión Mira Benavent, J. (2015): "Delitos contra la Corona (Art. 485)", en González Cussac (dir.) et Al., *Comentarios a la reforma del Código Penal de 2015*, Valencia págs. 1251 y ss., quien no advierte que haya dudas en cuanto a la interpretación de que la reforma introduce una cláusula de equiparación penológica entre consumación y tentativa, si bien se manifiesta en términos muy críticos al respecto.

en el sentido de que la tentativa de estos delitos ha de castigarse normalmente con pena inferior en un solo grado y no en dos. Parece probable que no fuera ésta la intención del legislador al introducir el cambio de "podrá imponerse" en lugar de "se castigará", pero no es menos notorio que, teniendo la posibilidad de haber establecido con rotundidad algo así como "En el caso de tentativa de estos delitos podrá imponerse la misma pena o la inferior en un grado", no lo hizo; y no es función del intérprete académico suplir las deficiencias cognitivas, gramaticales o morales del legislador incompetente, ni colaborar aportando consistencia sistemática a modificaciones legales que, si algo demuestran en el estricto plano técnico jurídico, es una grosera impericia.

c) *Cuarta presencia de la prisión perpetua en el Código Penal español: Homicidio terrorista (art. 573 bis.1.1ª CP)*

Hablando de ignorancia jurídica y de desprecio al principio de legalidad, por la puerta asoma... De las ocho apariciones que, como máximo, tiene la prisión perpetua a lo largo de la parte especial del Código Penal español, hay siete indubitadas y una dubitada. Esta última es precisamente el homicidio terrorista del art. 573 bis.1.1ª CP, que viene a sustituir de manera prácticamente directa (es decir, sin los matices y modificaciones de estructura típica que hemos visto en los supuestos anteriores), el tipo de homicidio terrorista del antiguo art. 572.2.1º CP[38], cuya pena era prisión de veinte a treinta años. Este límite máximo coincide con el máximo absoluto de la pena de prisión para un delito individual que asignaba el Código Penal hasta el 1 de julio de 2015, límite que a su vez compartía con tan sólo otros tres tipos[39].

En la lógica interna de la reincorporación al Código de la pena de prisión perpetua, parece claro que el homicidio terrorista sería uno de los principales, si no el principal, candidato entre los tipos destinados a ser conminados con esta pena, puesto que desde hace décadas se le viene asignando pena de prisión hasta la extensión máxima prevista en nuestro ordenamiento penal. A pesar de ello, el legislador de 2015, debido a un acuerdo político entre los conservadores que ostentaban la mayoría absoluta en Las Cortes y la principal fuerza de la oposición cuya implicación se estimaba imprescindible en materia de política criminal contra el terrorismo, opta por no establecer dicha asignación de manera unívoca y directa, sino

[38] La reforma introducida en esta materia por la L.O. 2/2015 tiene un amplio alcance no obstante, incluso desde la propia definición de terrorismo. Véase al respecto Cano Paños, M.A. (2015): "La reforma penal de los delitos de terrorismo en el año 2015", *Revista General de Derecho Penal*, 23, 2015, págs. 5 y ss.

[39] Véanse, *en la versión vigente hasta la entrada en vigor de las reformas de 2015*, además del propio art. 572.2.1º CP: art. 473.2 CP (jefes de rebelión militar, delito que por cierto el legislador de 2015 no ha considerado oportuno incluir entre los conminados con pena de prisión perpetua), art. 485.3 CP (homicidio agravado de miembro de la Corona) y art. 605.1 *in fine* CP (homicidio agravado de Jefe del Estado extranjero).

pretendidamente a través de un circunloquio[40]: el art. 573 bis.1.1ª no menciona por tanto la pena de "prisión permanente revisable", sino que en su lugar establece la de "prisión por el tiempo máximo previsto en este Código"[41]. Qué cosa significa esta última frase para la mayoría parlamentaria que aprobó la L.O. 2/2015 es claro: prisión permanente revisable, prisión perpetua en román paladino, en tanto siga formando parte del sistema de penas vigente en España. Pero no parece que los recursos lingüísticos que empleó para expresarlo sean muy afortunados, porque hay una base sólida, tanto literal como sistemática, para impugnar que la interpretación deba ser necesariamente ésa. Fundamentalmente, que la prisión permanente revisable no tiene un tiempo concreto establecido y que en el propio elenco de penas privativas de libertad (art. 35 CP) se describe como una categoría separada de las penas de prisión a secas, las cuales tienen asignado un tiempo determinado de hasta treinta años (arts. 473 y 485 CP). No obstante, también hay argumentos a favor de la validez del circunloquio, así ciertos referentes indirectos como el mayor rigor de las condiciones para acceder a la suspensión del cumplimiento del resto de la pena (antigua libertad condicional) y a la clasificación en tercer grado, que la pena inferior; o, incluso con mayor fuerza argumentativa aún, el dato de que la pena inferior en grado a la de prisión perpetua sea prisión de veinte a treinta años (art. 74.4 CP). Sea como sea, es preciso de nuevo manifestarse en términos críticos con el recurso a la manipulación semántica, los eufemismos y los circunloquios en la legislación penal[42], que son una amenaza adicional (como si hicieran falta más...) para el contenido material profundamente garantista del principio de legalidad.

d) Quinta presencia de la prisión perpetua en el Código Penal español: Homicidio de Jefe de Estado extranjero, o a otra persona internacionalmente protegida por un Tratado, que se halle en España (art. 605.1 CP)

Aquí la pena de prisión perpetua sustituye, bien la pena de prisión de veinte a veinticinco años, bien la pena de prisión de veinticinco a treinta años, en este segundo caso cuando "concurrieran en el hecho dos o más circunstancias agravantes". Es llamativo que, de nuevo, bajo la ruidosa cobertura de la prisión perpetua se encuentra no sólo la propia introducción de esta pena desmesurada (adjetivo que incluso los partidarios deben aceptar como exactamente descriptivo de su naturaleza), sino también una reestructuración de los tipos a que afecta acompañada de un

[40] Véase Cano Paños, M.A. (2015): "La reforma penal de los delitos de terrorismo en el año 2015", *Revista General de Derecho Penal*, 23, 2015, pág. 13.

[41] ¡Eufemismo del eufemismo! Y aún habrá quien ponga en duda la feracidad del genio creativo español...

[42] Otro ejemplo desdichado acaba de aparecer unas líneas más arriba en el texto: donde todos nos entendíamos bien, incluso al nivel del lenguaje corriente, al referirnos a la libertad condicional, ahora resulta que supuestamente habría que emplear la enrevesada frase "suspensión del cumplimiento del resto de la pena". Sin verdadera necesidad, ni siquiera utilidad. Véase Barquín Sanz, J. (2015): "El nuevo sistema de alternativas a la ejecución de la prisión en el derecho penal español: Una cierta unificación", *Cuadernos de Política Criminal*, 117, 2015, págs. 68 y ss., donde mantengo el *nomen iuris* tradicional como primera opción para identificar la figura.

agravamiento de su tratamiento punitivo más allá de la prisión perpetua. Obsérvese que no se asigna la prisión perpetua sólo a los supuestos más graves de homicidio de Jefe de Estado extranjero u otra persona protegida internacionalmente por un tratado, sino que de entrada se borran los matices que en la anterior regulación diferenciaban el tipo básico del tipo hiperagravado (concurrencia de dos o más agravantes), para a continuación conminar el nuevo tipo simplificado con la pena más grave prevista en el vigente Código Penal. El triunfo de la tendencia expansionista de la prisión es, de nuevo, notorio en el presente caso.

e) Sexta y séptima presencias de la prisión perpetua en el Código Penal español: Homicidio genocida (art. 607.1.1º CP), agresiones sexuales y lesiones graves genocidas (art. 607.1.2º CP)

La pena precedente para todos estos supuestos era prisión de quince a veinte años, excepto cuando se tratara de un homicidio o asesinato y "concurrieran en el hecho dos o más circunstancias agravantes", en cuyo caso se establecía la superior en grado (prisión de veinte años y un día a treinta años). Es decir, se trata de un nuevo ejemplo, y de los más acentuados, de expansión punitiva, hasta el punto de que una pluralidad de tipos cuya comisión estaba conminada con pena a partir de quince años de prisión pasan a estar castigados con un ¡mínimo! de prisión perpetua. Si lo ponemos en el contexto de las formas de participación, a fin de poder comparar extensiones temporales (recuérdese que la pena de prisión perpetua es, por naturaleza, indeterminada), allí donde la pena del cómplice de cada una de estas infracciones venía a ser de siete años y seis meses a quince años menos un día en la redacción del Código vigente hasta el 30 de junio de 2015, ahora pasa a ser para la misma responsabilidad a título de complicidad desde un mínimo de veinte años (un 267% del mínimo anterior) y un máximo de treinta años (un 200% del máximo anterior). Indiscutiblemente, una nueva victoria aplastante del expansionismo punitivo.

f) Octava presencia de la prisión perpetua en el Código Penal español: Homicidio de lesa humanidad (art. 607 bis.2.1º CP)

La pena anterior era prisión de quince a veinte años, salvo que se tratara de un asesinato (concurriera alguna de las circunstancias del art. 139 CP en su redacción vigente hasta 2015), en cuyo caso la pena era de veinte años y un día a treinta años de prisión (superior en grado a la anterior). Estamos por tanto ante una evolución normativa equivalente en parte a la que acabamos de comentar en el epígrafe inmediatamente anterior: por la misma conducta delictiva por la que se castigaba con un mínimo de quince años de prisión, pasa a castigarse con un mínimo de prisión perpetua, de modo que su carácter expansionista resulta fuera de toda duda. En cambio, el legislador decide frenar su ímpetu punitivista en relación con otras modalidades delictivas que en supuestos de genocidio tienen asignada prisión perpetua y en supuestos de lesa humanidad mantienen su penalidad previa de prisión de doce a quince años: violación y graves lesiones del art. 149 CP.

La explicación es puramente formalista: en el ámbito del genocidio estas conductas tenían asignada pena de quince a veinte años, lo que las convirtió automáticamente en candidatas a la elevación a prisión perpetua, mientras que en el ámbito de los delitos de lesa humanidad el umbral punitivo de estas conductas era, de entrada, inferior como se acaba de ver. A resultas de ello, se crean otras paradojas si se comparan las penas asignadas a las propias conductas en diferentes ámbitos, así como a la tentativa y a la participación en las mismas.

V. OBSERVACIONES ESPECÍFICAS Y CONCLUSIONES GENERALES

Como colofón de estas páginas, se enumera a continuación una serie de observaciones específicas, que vendrán rematadas por conclusiones generales:

1. De una comparación del vigente texto punitivo con su versión vigente en el otoño de 2012, el recuento arroja sesenta preceptos punitivos más, 898 sobre 838, lo que sobre la cifra anterior significa un incremento bruto de la punitividad del 7,2% en el nivel del número de preceptos penales diferenciados que asignan al menos una pena vinculante a una determinada conducta típica.
2. En su diseño teórico, el Código Penal español está decididamente orientado a un número limitado de penas por delito, ya que la mediana del número de penas por delito es de 1 pena y la media es de 1.51 penas por precepto. Esto se acentúa tras las últimas reformas, con una leve variación al alza de 1.50 a 1.51 en la media de penas por precepto, lo cual revela de nuevo una tendencia de fondo a la mayor punitividad; aunque relativamente pequeña, esa centésima de incremento es más significativa de lo que parece. Las diferencias en los porcentajes, aunque también pequeñas, lo son casi siempre en un sentido de una respuesta penal más grave.
3. La sanción penal por excelencia sigue siendo la prisión. Sólo deja de presentarse en el 23.39% de las disposiciones punitivas, lo que obviamente implica que sí se presenta, de diferentes maneras, en el 76.06% de los preceptos. Parece un cambio pequeño, aparentemente de apenas un 2.7%, pero si se ponen en relación ambos porcentajes entre sí, se observa que el tanto por ciento en que se ha reducido el porcentaje de preceptos que no tienen asignada la pena de prisión entre CP 2012 y la vigente redacción del Código Penal español es nada menos que exactamente un 10%, de 26.61% a un 23.94%. Una nueva evidencia de que vivimos tiempos de decidido expansionismo de la pena de prisión.
4. La comparación con CP 2012 muestra que se ha incrementado notablemente el porcentaje de supuestos en los que la prisión aparece como alternativa y han disminuido aquellos en los que aparece acumulada a otras penas. Esto podría interpretarse como una evidencia que matiza

el predominio de la prisión, pero debe tenerse en cuenta que la variación más notable se produce, correlativamente, entre la reducción de los supuestos en los que no está presente la pena de prisión (de 26.61% a 23.94%), y el aumento de los supuestos en los que la prisión se presenta como alternativa junto a otras penas (de 7.28% a 10.91%). De modo que, en buena medida, el crecimiento del recurso a la prisión como pena alternativa y no acumulativa debe atribuirse no a una disminución de la presión punitiva por que sustituyera a la prisión establecida como acumulativa, sino a supuestos en los que simplemente no se preveía anteriormente dicha pena.

5. En cuanto a la pena de localización permanente, la vigente redacción del Código Penal casi la ha borrado por completo de la faz de nuestro ordenamiento jurídico, terminando así a efectos prácticos con la una función residual, fundamentalmente como pena alternativa, tanto en el contexto de las disyuntivas vinculantes (en un 2.27% del total de preceptos) como en el de las alternativas a la ejecución de la pena de prisión, que mostraba en CP 2012.
6. En cambio, se conserva el papel fundamental de pena alternativa a la prisión de la pena de trabajos en beneficio de la comunidad.
7. En comparación con CP 2012, se observa un pequeño baile de porcentajes en cuanto a la presentación de diferentes penas vinculantes en diferentes preceptos, que se acentúa en relación con la pena disyuntiva prisión o multa (pasa del 6.80% al 9.58%), un incremento de casi tres puntos porcentuales que absorbe en buena medida la disminución del porcentaje de la pena única de prisión (de 66.11% a 65.14%). Aunque esta modificación porcentual contradiría la idea de que la prisión gana terreno con las últimas reformas, no debe olvidarse que los números absolutos crecen con claridad: de un total de 554 preceptos que tenían asignada la pena exclusiva de prisión en CP 2012, hemos pasado a 585 en la actualidad.
8. Las cifras relativas a la directa asignación de penas en la tipificación penal evidencian de nuevo que la prisión sigue siendo la sanción penal por antonomasia, escoltada por la multa y por las diversas modalidades de inhabilitación y suspensión, mientras que el resto de penas tiene una presencia casi testimonial.
9. La reincorporación de la prisión perpetua al Código Penal español casi un siglo después de su abolición sólo puede interpretarse como un refuerzo expansivo de la pena de prisión. Esto ya es así de entrada, en atención al mero hecho de su introducción en el texto punitivo para sustituir otras penas, aunque graves, de menor gravedad comparativa. Pero, además, un examen detallado de la estructura típica y punitiva de los ocho supuestos a los que se asigna esta pena revela que el justificado ruido generado por esta novedad punitiva ha sido aprovechado por el

legislador conservador para introducir un régimen notoriamente agravado con respecto al anterior, llegando a castigar con pena mínima de prisión perpetua ciertas conductas típicas en el ámbito del homicidio/asesinato comunes que en la precedente redacción del Código tenían asignado un mínimo punitivo de prisión de diez años. Los ejemplos en los que penas mínimas de quince o veinte años se convierten en prisión perpetua son prácticamente todos los demás.

Conclusiones generales:

A) La distribución estática de las penas en el Código Penal español revela un indiscutible protagonismo de la pena de prisión, que es la sanción penal por antonomasia no sólo en atención a su naturaleza particularmente aflictiva y a su exclusión de otros órdenes jurídicos sancionadores diferentes del penal, sino también porque es notoriamente la que el legislador español establece con mayor frecuencia que cualquier otra. La prisión tiene una presencia mayoritaria en el diseño formal del código, donde tres de cada cuatro disposiciones punitivas contemplan su aplicación como consecuencia jurídica a quienes resulten responsables de un ilícito penal.

B) Este hecho numérico ya era notorio en el Código Penal de 1995 desde que entró en vigor en mayo de 1996, y quedó acreditado en el recuento que realizamos en la segunda mitad de 2012. Desde entonces ha habido varias modificaciones de calado del Código Penal español, en particular a través de la L.O. 1/2015, entre todas las cuales se han cambiado las previsiones punitivas de varios centenares de disposiciones del Código. El nuevo recuento actualizado a diciembre de 2016 evidencia que la pena de prisión no ha perdido protagonismo sino que la tendencia se mantiene, puesto que las novedades incorporadas por estas leyes de reforma implican en su conjunto un ligero incremento del protagonismo de la pena de prisión.

C) En el contexto del presente proyecto de investigación, enfocado en la tensión expansión-reducción de la pena privativa de libertad, cabe por tanto concluir que el camino por el que sigue optando el legislador en el nivel formal al menos es el de la expansión de la pena de prisión. Las últimas reformas significan un impulso adicional en ese sentido. Es de subrayar que esta observación se limita al ámbito formal de la asignación de penas en la tipificación penal, puesto que no se debe perder de vista un dato que es bien conocido y cuyo análisis excede el ámbito del presente trabajo[43], por lo que me limito a mencionarlo: en el mismo período 2012-2016 ha continuado de manera ininterrum-

[43] Un análisis que debe integrar, entre otros datos y factores, los relativos a la evolución de la criminalidad en nuestro país.

pida una tendencia inversa en el ámbito penitenciario a la reducción del número de internos de las prisiones españolas, que tuvo su inicio a mediados de 2010, cuando la población penitenciaria alcanzó un máximo cercano a 77.000 reclusos, frente a menos de 60.000 que reflejan las últimas estadísticas penitenciarias publicadas (noviembre de 2016)[44].

44 Véase *http://www.institucionpenitenciaria.es/web/portal/documentos/estadisticas.html.*

Capítulo cuarto
Individualización judicial y fines de la pena. Discrecionalidad *versus* Arbitrariedad en la "fase judicial de concreción de la pena exacta"

María José Cruz Blanca
Profesora Titular de Derecho penal
Universidad de Jaén

I. INTRODUCCIÓN

Siempre que no se afirme la inutilidad de la pena para prevenir la comisión de delitos como podría sostenerse desde una teoría abolicionista, cabe afirmar que el Derecho penal es un mal necesario para prevenir la criminalidad y así proteger los valores esenciales para el desenvolvimiento de las personas en comunidad. Durante el momento conminatorio, cuando se tipifican delitos a los que se asocian sanciones penales, la pena cumple con las menos amables de sus finalidades: la intimidación o prevención general negativa, con la que se pretende que los ciudadanos, frente al temor de poder sufrir una pena, se abstengan de cometer infracciones penales, y también la finalidad estabilizadora o prevención general positiva, tratando de conseguir que la ciudadanía mantenga la confianza en el sistema. No obstante, cuando se ha cometido el delito, el Derecho penal deja de ser una simple amenaza para transformarse en auténtico ejercicio de *ius puniendi* imponiendo, en su caso, la sanción al autor del ilícito para tratar de cumplir con fines predominantemente preventivos-especiales. Es en este momento cuando la pena deja de ser una categoría abstracta y se convierte en una realidad aflictiva para la persona que la sufre.

A partir principalmente de los planteamientos emergentes del periodo ilustrado, se han buscado modelos para dotar de racionalidad al sistema punitivo y, por ello, a la determinación, aplicación y ejecución de las penas[1]. Aun cuando la literatura jurídica surgida del Iluminismo ofrece extensos pasajes sobre esta materia, será fundamentalmente a partir de los años 70 del pasado siglo XX cuando se comience a prestar una creciente atención a la selección, cuantificación y aplicación de las penas y, en particular, a la <disparidad judicial injustificada> en el proceso de determinación de aquéllas[2], entendiéndose por tal "las diferencias o desigualdades no deseadas que constituyen una falta de justicia formal" en la medida que "asuntos análogos no son tratados de la misma manera o asuntos diferentes no son tratados de manera diferente"[3]. Si las penas, una vez impuestas,

---

[1] Sobre ello vid. SALEILLES, R., *Individualización de la pena* (Trad. Juan de Hinojosa), Madrid, 1914, que aborda la conformación de las bases de distintos modelos penales, desde el derecho primitivo, clasicismo, neoclasicismo y positivismo en relación con la aplicación e individualización de la pena.

[2] Así, en el marco del Consejo de Europa, desde los años setenta surgiría una creciente preocupación por la cuestión de la disparidad injustificada en la imposición de las penas. Particularmente, en el año 1988 el Comité Europeo para los Problemas Criminales propuso, y el Comité de Ministros autorizó, la creación del Comité restringido de expertos sobre el pronunciamiento de las penas con el mandato específico de examinar, además de los resultados de la investigación empírica en la materia (llevada a cabo sobre la forma en que los órganos judiciales aplicaban las penas en donde intervendrían distintos jueces europeos) y la formación de los jueces, "la elaboración de los principios generales aplicables al pronunciamiento de las penas que permitieran el desarrollo de una política de pronunciamiento de penas coherente y consistente en Europa, con la colaboración de la judicatura, sin perder de vista la libertad judicial de apreciación"; tras varias reuniones se elaboraría un proyecto (Recomendación del Consejo de Ministros n. 17 sobre *Sentencing*, del año 1992.), vid. BUENO ARÚS, F., "La determinación judicial de la pena y el Consejo de Europa", *Actualidad penal*, n. 15/1992, p. 121. La búsqueda de una nueva racionalidad penal que garantizara la aplicación de decisiones homogéneas se hacía también patente en el marco de Naciones Unidas al señalarse que: "*La preocupación por la racionalidad no es un lujo teórico, sino algo fundamental para la cuestión práctica de cómo se pronuncian las decisiones en el sistema de justicia penal. La racionalidad en el contexto de las decisiones de los casos penales individuales entraña fórmulas directrices que ayudarán a jueces y fiscales en la aplicación coherente del derecho y de las sanciones jurídicas en procesos penales distintos*" (O.N.U. 1985, A/CONF 121/5). Sobre ello vid. también SILVA SÁNCHEZ, J.M., "Las recomendaciones del Consejo de Europa sobre la determinación judicial de la pena. Algunas observaciones", *Revista de Ciencias* Penales, vol. 1, núm. 1, 1998, pp. 11-22. Como afirma ZYSMAN QUIRÓS, D., justamente la "coherencia", la "transparencia" y la "consistencia" en la aplicación de sanciones parece resurgir como valor en sí más allá de la existencia de intenciones contrapuestas o superpuestas en cuanto al fin que debe perseguir el castigo, en "La problemática de la determinación de la pena. Una mirada a la crisis del castigo penal en el fin del milenio" (disponible en recurso electrónico: *http://www.geocities.ws/seminarioicci/ponencia_31.htm*).

[3] Por ejemplo, no podrían considerarse como disparidades injustificadas las diferencias que pueden explicarse por razón del hecho enjuiciado o de la persona del delincuente pero sí

no son valoradas como equitativas y coherentes, sufriría sin duda la confianza de los ciudadanos en el sistema de justicia penal, especialmente en los casos de penas privativas de libertad[4].

La oposición a los efectos perniciosos que en la praxis judicial tuvieron las orientaciones preventivo especiales que conducían a veces a notables agravaciones punitivas para autores reincidentes, propiciaría la aparición de una corriente doctrinal que abogaba por el abandono a la ideología resocializadora como finalidad exclusiva del Derecho penal y demandaba la recuperación de un sistema garantista, de carácter retrospectivo, en el cual la pena se determinará antes de la comisión del hecho y de la ejecución de la sentencia[5]. Ello, no obstante, no ha puesto freno al expansionismo penal como ponen de manifiesto claramente las últimas reformas españolas con, por ejemplo, la introducción en el Código penal de la pena de prisión permanente revisable y la regulación, bastante controvertida desde el principio de culpabilidad, de la medida de libertad vigilada.

En mi opinión, una alternativa no expansionista de la pena de prisión no debe instrumentalizarse únicamente mediante una adecuada política legislativa criminalizadora/discriminalizadora si efectivamente se respetan insalvables principios como el de lesividad, sino también con la utilización de fórmulas jurídicas que permitan imponer una pena más justa al autor del delito como elemental consecuencia del principio de igualdad. No cabe olvidar que aplicando los criterios de individualización de las penas (necesariamente con ciertas dosis de discrecional como veremos), un juez u otro pueden ofrecer resultados penológicos diversos a casos similares (que nunca iguales); de ahí la importancia de establecer márgenes más claros para el ejercicio de la discrecionalidad judicial.

---

aquellas que se imputen al azar, a la personalidad, a las opiniones personales o estado afectivo del juez, a la opinión pública, a la propaganda difundida por los medios de comunicación o a los deseos de las víctimas.

[4] Al respecto, es importante destacar cómo el Comité restringido de expertos al que se ha aludido en la anterior nota (2) también señalaría la necesidad de la adopción de medidas para que los jueces y la opinión púbica fuesen regularmente informados del sistema general de justicia penal (tendencias de la política criminal, estado de las prisiones, liberación anticipada de los presos...), incluida la práctica seguida en los tribunales en materia de determinación de las penas. Las cuestiones relacionadas con la determinación de las penas son tan amplias que se consideraba muy oportuno la organización de cursos, conferencias y seminarios dirigidas a jueces, magistrados y fiscales para reunirlos y facilitar el estudio de problemas comunes, explicarles la finalidad de las orientaciones o principios básicos establecidos y mostrarles la relación entre la determinación de las penas y las demás decisiones que se adopten en el interior del sistema de justicia penal, sobre ello vid. BUENO ARÚS, F., "La determinación judicial de la pena...", ob. cit. p. 131. Ya, a principios del siglo XX señalaría Saleilles la importancia de la formación en los jueces en aspectos relacionados con la individualización de la pena, SALEILLES, R., *Individualización de la pena*, ob. cit., p. 280.

[5] FEIJOO SÁNCHEZ, B., sitúa el surgimiento del movimiento neo-proporcionalista, también denominado neoclásico, en países que, como EEUU, Holanda, Suecia o Noruega tuvieron experiencias resocializadoras que supusieron una gran decepción, en "Individualización de la pena y teoría de la pena proporcional por el hecho. El debate europeo sobre los modelos de determinación de la pena", *InDret*, n. 403/2007, pp. 5-7.

Un escaso desarrollo teórico sobre la determinación de la pena, como ha observado SILVA SÁNCHEZ, ha dado lugar a que los razonamientos judiciales relativos a la medida de la pena sean pobres en algunos casos, variables siempre y, en ocasiones, directamente arbitrarios[6] lo que el citado autor ilustra con el supuesto extraído de la SAP de Barcelona de 22 de enero de 1999 que condenó a un juez como autor de un delito fiscal a la pena en su grado medio porque "quien ejerce la función judicial merece un mayor reproche si incurre en la comisión de ilícitos penales" cuando, en realidad, esto no es factor que deba agravar el injusto o la culpabilidad del acusado-juez respecto del delito contra la hacienda pública[7].

Este trabajo pretende poner de relieve cómo, además de a justificaciones filosóficas y científicas que legitiman la pena, es importante prestar un mayor atención a justificaciones internas que racionalicen y den coherencia a su determinación y cuantificación. Decisiones judiciales como la que ilustra la sentencia anteriormente mencionada, justifican la oportunidad del presente trabajo que se centrará, esencialmente, en el momento final de determinación judicial de la pena concreta a imponer por la comisión de un injusto culpable que la he denominado como <fase judicial de concreción de la extensión de la pena exacta>.

---

[6] En opinión de Silva Sánchez, el desarrollo de la determinación de la teoría judicial de la pena (individualización) ha tenido un peculiar desarrollo en la historia del Derecho penal; mientras que la dogmática del delito, cuya finalidad es la determinación del sí o no del delito y de su marco legal, iba adquiriendo un gran desarrollo y refinamiento, no sería así respecto de la teoría de la individualización de la pena, esto es, respecto de la determinación del cuánto de la pena. En su opinión, ello se debe a que para un importante sector de la doctrina la individualización de la pena no se relaciona con la teoría del delito sino con las teorías de la pena, de modo que la medida de la pena se orientaría en función de consideraciones de prevención general, especial o retribución, esto es, de principios político criminales generales que, basados en buena medida en pronósticos u otros juicios empíricos, carecerían de un sistema de reglas para traducirlos en términos cuantitativos de pena. A lo sumo se admitiría que junto a esas finalidades, se valoren retrospectivamente los elementos del hecho concreto cometido, mezclándose en este último caso lo prospectivo con lo retrospectivo, en "La teoría de la determinación de la pena como sistema (dogmático): un primer esbozo", SILVA SÁNCHEZ, JM., *InDret*, abril de 2007, p. 3. Con anterioridad, también DE RIVACOBA y RIVACOBA, M., había puesto de manifiesto cómo se puede comprobar la exagerada desproporción que hay en las obras dedicadas a la parte general del Derecho penal entre la teoría jurídica del delito y la teoría de la determinación de la pena lo que, en su opinión, se traslada a las aulas universitarias advirtiendo cómo "en el fondo, no se trata sino de una indisimulable falla o deficiencia de la dogmática, de su genuino y obligado cometido de examinar el ordenamiento, o un sector diferenciado del ordenamiento, y suministrar fundamentos y criterios para su aplicación racional" en "Cuantificación de la pena y discrecionalidad judicial, *Revista de Derecho Penal y Criminología*, 3-1993, pp. 621-622.

[7] En efecto, desde el punto de vista de desvalor de acción, la condición de juez no implica una mayor facilidad para cometer el delito ni un peligro superior para el bien jurídico. El desvalor de resultado tampoco es mayor en este caso puesto que la lesión al bien jurídico es la misma que la que hubiese ocasionado un sujeto particular; en cuanto a la culpabilidad, tampoco se puede afirmar una mayor exigibilidad del comportamiento adecuado a derecho. En definitiva, no existe una conexión interna entre el hecho delictivo y la condición de juez lo que, en cambio, sí podría ser jurídicamente relevante si el juez hubiese cometido otros delitos como, por ejemplo, el de prevaricación judicial.

II. ORIGEN DEL PROCESO DE INDIVIDUALIZACIÓN DE LAS PENAS

Como ya pondría de manifiesto R. SALEILLES, el Derecho penal "antiguo o primitivo" no conocía el sistema de penas tal y como se concibe en la actualidad ya que entonces los jueces las individualizaban conforme al denominado sistema de *penas arbitrarias* según el cual su aplicación y determinación quedaban al arbitrio judicial eligiendo el juez, de entre el arsenal de las penas legales, aquélla más adecuada a cada hecho; se le permitía también combinar a su arbitrio aquellas penas con otras, denominadas penas extraordinarias, si ello resultaba ser más adecuado al delito cometido[8].

La severidad propia del sistema penal pre-ilustrado[9] explicaría la reforma penal impulsada por la Ilustración siendo entonces una de las cuestiones más inmediatas suprimir la arbitrariedad judicial y atenuar la atrocidad de las penas. En este contexto social surgiría lo que se convino en denominar como Escuela clásica para la cual el Derecho penal era sustancialmente objetivo, es decir, el mal que causara el delito sería el mismo sea quien sea su autor y sus motivos internos. Además, si para esta concepción la responsabilidad del autor del delito se basaba en el libre albedrío, siendo éste igual en todas las personas, se sostenía coherentemente que a la comisión de un mismo hecho debía corresponder una misma pena. Al mismo tiempo, la pena se concebía como una consecuencia necesaria de un hecho pasado (mal por el mal) sin referencia a lo que podía producir en el futuro y, en consecuencia, podía ser fijada de antemano distribuyéndose las distintas penas, sus meses y años, en función de la gravedad material del delito sin atender a la personalidad del delincuente[10]. Todo lo expuesto debe ser entendido en aquel contexto en el cual el principio garantista de legalidad taxativa de

[8] Vid. SALEILLES, R., *La individualización de la pena...*, ob. cit., pp. 85-89. Como señalara este autor, en el Derecho primitivo –de carácter puramente objetivo–, para imponer las penas se consideraba el daño cometido y no la personalidad del agente que resultaba indiferente, ob. cit., p. 70. En particular, sobre el sistema de penas privadas (*wergeld*) y de penas públicas para los hechos que afectaban a la seguridad de la tribu en el Derecho penal primitivo vid. la obra citada pp. 62-63.

[9] En concreto, en el periodo absolutista, como recordara TOMÁS Y VALIENTE, F., donde la sociedad estaba completamente estamentalizada, se reflejaba *"una casi sacralización del rey, típica de un sistema de personalización absoluta del poder político del monarca (...) hablar de un Derecho penal real significa que los reyes tiene poder para en sus leyes penales definir qué actos son delictivos y que pena merecen sus autores. Y además significa que hay unas instituciones dependientes del poder real encargadas de aplicar tales leyes, ejerciendo el derecho penal de castigar, el ius puniendi estatal"*, en *El Derecho penal de la monarquía absoluta (siglos XVI, XVII y XVIII)*, Madrid, 1992, pp. 23-24.

[10] Como indicara SALEILLES, R., para esta concepción clásica el crimen se convertía en una entidad jurídica análoga a lo que sería una concepción geométrica o una fórmula algebraica; el citado autor ponía el siguiente ejemplo ilustrativo: "Si falta, por ejemplo, un elemento de realización objetiva, tenemos la tentativa, lo que podría designarse A-B, representando A el crimen total en su consumación total y B el elemento que falta" o, por ejemplo, la representación de la complicidad donde se asimilarían cantidades iguales: A=B=C", en *La individualización de la pena...*, ob. cit., p. 42.

la pena, como reacción a la arbitrariedad anteriormente imperante, implicaba la predeterminación por parte de la ley de la clase y quantum de pena, esto es, de una pena fija resultado de la abstracta mentalidad iluminista que pretendía eliminar cualquier atisbo de arbitrio judicial.

Las anteriores consideraciones encontraron fiel reflejo en los primeros códigos penales franceses de 1791 y el posterior de 1795 que al fijar exactamente las penas, no otorgaban el más mínimo margen a la discrecionalidad judicial. Este sistema de penas absolutamente fijas, aunque se le atribuyó los méritos de reconocer la igualdad e impedir la odiada arbitrariedad judicial, abría las siguientes interrogantes: "¿no era, sin embargo, la más desigual de todas, la que consiste en tratar a todos lo hombres como números?"; si no se tienen en cuenta las circunstancias individuales, ciertamente podría ser "el triunfo de la igualdad penal. Pero no era más que una igualdad de rótulo y para la galería porque la igualdad que reclama la justicia es la igualdad de sufrimientos para una manifestación de criminalidad idéntica"[11].

En efecto, el sistema de la pena fija no tardó en encontrar dificultades en su aplicación derivadas del reconocimiento de otros principios limitadores del poder punitivo, como los de proporcionalidad o utilidad de la pena, comenzando a generalizarse la idea de que la verdadera igualdad no consistía en castigar a todos los individuos por igual sino a cada cual como mereciera. Al mismo tiempo, la determinación fija de las penas conduciría a notorias injusticias en la práctica de aquella época[12]; posiblemente por ello el posterior Código penal francés de 1810 abriría un estrecho margen a la discrecionalidad judicial introduciendo las penas entre un límite máximo y otro mínimo, previendo al tiempo un embrionario reconocimiento de circunstancias atenuantes para algunos delitos; más tarde, para corregir el principio estricto de legalidad y permitir la modulación judicial de las penas, las sucesivas reformas francesas practicadas primero por la ley de 25 de junio de 1824 y, especialmente, por la posterior Ley de 28 de abril 1832, desarrollarían de forma más extensa las circunstancias atenuantes aplicables a toda clase de delitos, graduándose la pena en función del grado de responsabilidad del delincuente[13].

---

[11] *Ibidem*, p. 97.

[12] Al respecto, SALEILLES, R., pondría de relieve como el jurado, cuestionando la premisa clásica de que la libertad es la misma para todos frente a un mismo acto, comprobaba cómo al margen de la locura podía haber grados de libertad y, por tanto de responsabilidad, de modo que, en la práctica, a falta de poder cuantificarla, absolvía. De hecho, el citado autor expone cómo se terminaron de clasificar los delitos "según que tuviesen o no las simpatías del jurado; existe toda una categoría, respecto de los cuales el jurado olvida siempre el hecho cometido para no ver más que el sentimiento, el instinto apasionado, tal vez irresistible, de que nació el crimen. Se les ha llamado delitos pasionales. La ley les aplica, como a los demás, la misma pena legal; les ignora. El jurado salta por encima de la ley y le absuelve. Al hacerlo, sólo hace individualización, puesto que sólo mira al individuo", en *Individualización de la pena…*, ob. cit., p. 48.

[13] Vid. RAMOS VÁZQUEZ, I., "La individualización judicial de la pena en la primera codificación francesa y española", *Anuario de Historia del Derecho Español*, Tomo LXXXIV, 2014, pp. 337 y 340-344.

Las reformas penales francesas anteriormente citadas responderían también a los nuevos postulados teóricos sostenidos por la denominada Escuela neoclásica que, a diferencia de la Escuela Clásica, partiría de la premisa de que el hombre libre no siempre actuaba bajo las mismas circunstancias de modo que para que la pena fuese realmente justa debía individualizarse conforme al grado de responsabilidad del autor que, a su vez, se fundaba en su libertad[14]. Habrá que esperar a finales de siglo XIX para que otras nuevas escuelas penales[15] abundaran en el desarrollo de la individualización judicial de la pena[16].

La evolución de la legislación penal española en esta materia fue algo más tardía. El primer Código penal español de 1822 realizaría un regulación de la graduación de la pena dentro de unos límites máximos y mínimos, estableciéndose tres grados (mínimo, medio y máximo), y una enumeración de las circunstancias agravantes y atenuantes, graduación que el posterior Código penal de 1848 haría de forma más detallada al fijar la forma, grados y circunstancias (que se ampliaron) a través de los cuales el juez debía individualizar la pena. A partir de enton-

---

[14] La escuela neoclásica hacía depender la irresponsabilidad penal no sólo de la prueba del estado patológico (pericial, médica), sino también de la afección del grado de libertad; ello propiciaría el paso de un sistema psicológico puro a otro mixto. La primera consecuencia de la teoría nueva sería que la prueba judicial debía recaer, en lo sucesivo, no sobre estados de diagnóstico patológico, lo que era una cuestión relativamente sencilla y de pura comprobación médica, sino que versaría sobre una cuestión de psicología moral, precedida de un problema de metafísica pura, la cuestión de saber si el acto concreto había sido realizado en estado de libertad moral. He aquí la segunda consecuencia de la doctrina neoclásica: la consagración legislativa de la idea de individualización, fundada sobre el grado de responsabilidad. Es lo que la ciencia nueva vendría a denominar teoría de la responsabilidad parcial o atenuada. En efecto, la escuela neoclásica sería una escuela audazmente subjetiva constituyendo la introducción del punto de vista subjetivo en materia de penalidad: se empieza a no ver sólo el crimen, sino también al criminal, vid. SALEILLES, R., *La individualización de la pena...*, ob. cit., p.119, 112 y 126.

[15] Como, entre otras, la positivista o antropológica italiana que considera el crimen como una patología o deficiencia biológica, la Terza Scuola italiana que trataba de conciliar los postulados clásicos con el determinismo positivista, la Escuela italiana de la defensa social para la cual el delito es el resultado de circunstancias sociales vinculando su castigo a la temibilidad, la Escuela sociológica o político-criminal alemana, o la escuela correccionalista. Sobre ello vid. RAMOS VÁZQUEZ, I., "La individualización judicial de la pena...", ob. cit., p. 345.

[16] Aunque suele repetirse, como ha señalado DE RIVACOBA RIVACOBA, M., que quien idea, denomina e inicia la teoría de la individualización de la pena es Emil Wahalberg (1831-1885), con su monografía *Das Prinzip der Individualisierung der Strafpflege*, publicada en Viena en 1869, antes había granado el concepto en la mente y rondaba la palabra en la pluma de Karl David August Röder (1806-1879), en *Las doctrinas fundamentales reinantes sobre el delito y la pena en sus anteriores contradicciones. Ensayo crítico preparatorio para la renovación del Derecho penal*, que vio la luz en Giessen el año 1867. Es fácil de comprender que la idea y la palabra germinaran en el seno del correccionalismo y posteriormente acogidas y difundidas por el positivismo que desplazaron su eje de estudio de la objetividad del delito a la personalidad del delincuente y "lo que en consecuencia, había de interesarle es adaptar la sanción a las peculiaridades y la singularidad del individuo que delinque", en "Cuantificación de la pena y discrecionalidad..., ob. cit., 624-625.

ces, el sistema de determinación de la pena quedaría tan cerrado que se vino a denominar de métrica o aritmética penal[17]. Posteriormente los Códigos penales de 1850, 1870, 1928, 1932, 1944 y el antecesor inmediato del vigente Código penal de 1995, el Código Penal Texto Refundido de 1973, encauzarían en mayor o menor grado la labor judicial de individualización mediante la incorporación de reglas para la concreción y medición de la pena.

Aunque el Código penal de 1995 ha mantenido el sistema de determinación de la pena vinculado al principio de legalidad[18], no obstante lo ha simplificado, flexibilizado y abierto a una mayor discrecionalidad judicial: al sustituir el anterior sistema de división en tres grados de la pena –mínimo, medio y máximo– por otro que distingue sólo entre sus dos mitades (mitad inferior/mitad superior), lo que indudablemente deja un mayor recorrido a la individualización judicial de la pena; al aligerar las reglas de aplicación de las penas en consideración a las circunstancias modificativas de la responsabilidad criminal pasando de las siete previstas en el CPTR73, a las cuatro de la originaria redacción del art. 66 del Código penal de 1995; y finalmente, al convertir en facultativas algunas rebajas de la pena hasta entonces obligatorias (artículos 66.4.ª y 68 Código penal de 1995, en su redacción originaria) [19].

La tendencia político criminal de reconocer una mayor discrecionalidad judicial iniciada por el Código penal de 1995, como advierte DEMETRIO CRESPO, estaba en consonancia con aquellas exigencias doctrinales que entendían que la anterior regulación penal contenía una determinación muy apriorística y que por tanto impedía una adecuada individualización al caso concreto obligando al juez, en algunos casos, a hacer uso de su arbitrio en un momento anterior a la determinación de la pena, esto es, en la calificación técnico-penal del hecho o de las circunstancias para, de ese modo, forzar una calificación jurídica que parecía más ajustada a la gravedad material del hecho y a las circunstancias personales de su autor[20].

No obstante, la discrecionalidad judicial se vería nuevamente limitada con la redacción dada al art. 66 CP por la LO 11/2003, de 29 de septiembre, *de medidas concretas en materia de seguridad ciudadana, violencia doméstica e integración social de los extranjeros*. Como ha advertido GALLEGO DÍAZ, la anterior reforma, unida a

---

[17] Sobre esta evolución vid. RAMOS VÁZQUEZ, I., *Ibídem*, pp. 347-361. Sobre la evolución histórica, en particular, respecto de circunstancias modificativas, vid. BELESTÁ SEGURA, L., "El artículo 66 del nuevo Código Penal y el arbitrio judicial", *Actualidad Penal*, Nº 35, Sección Doctrina, Semana del 23 al 29 Sep. 2002 y CASTELLÓ NICÁS, N., *Arbitrio judicial y determinación de la pena en los delitos dolosos. (Art. 66.1 del Código penal)*. Granada, 2007, pp. 58-91.

[18] Como lo demuestra el tenor literal del art. 4.3 CP.

[19] Vid. GALLEGO DÍAZ, M., "La aplicación de la pena en consideración a las circunstancias modificativas de la responsabilidad criminal. Criterios de determinación legal y factores de individualización judicial", *RVAP*, núm. 87-88/2010, p. 432.

[20] DEMETRIO CRESPO, E., "Análisis de los criterios de individualización judicial de la pena en el nuevo Código penal de 1995", *Anuario de Derecho Penal y Ciencias Penales*, L, 1997, p. 329.

algunas otras introducidas por la LO 15/2003 de 25 de noviembre de modificación del Código Penal, como las llevadas a cabo en el artículo 68 y sobre todo en el 70, en el que se vuelve a introducir el día de separación entre penas, ha hecho de nuevo más complejo nuestro sistema de aplicación de penas a la vez que ha supuesto una vuelta a la dosimetría o aritmética penal que parecía superada, con la consecuencia de un mayor encorsetamiento legal y, en cierto sentido también, de un paso atrás en la línea de apertura al arbitrio judicial[21] pese a lo cual, como veremos, el Código penal deja considerables márgenes a la discrecionalidad judicial en la fase de individualización de la pena.

III. FASES DE LA PENA CON ESPECIAL INTERÉS A LA FASE JUDICIAL DE INDIVIDUALIZACIÓN

La medición y concreción de la pena constituye la segunda de las tres fases que pueden distinguirse en la "vida de la pena". En la primera, denominada *fase conminatoria,* dirigida a la colectividad, el legislador fija una sanción para la persona que viole la norma penal conforme a parámetros tales como la importancia del bien jurídico protegido y su grado de afección; la forma subjetiva del ataque, el grado de ejecución y las formas de participación. El Código penal español articula un amplio catálogo de penas para las personas físicas conforme a su art. 32 pueden clasificarse en privativas de libertad[22], privativas de otros derechos[23] y la pena de multa[24]. En la segunda, *la fase judicial de individualización de la pena,* el juez aplica los criterios legales que adecúan la pena al hecho concreto y a las circunstancias de su autor. La tercera y última fase, propiamente administrativa aunque con control judicial, es la fase *de ejecución de la pena* cuyo texto normativo más destacado, aunque no único, es la Ley Orgánica General Peniteniaria.

[21] GALLEGO DÍAZ, M., "La aplicación de la pena en consideración ...", ob. cit., p. 432.

[22] Art. 35 CP: prisión permanente revisable, prisión, localización permanente y la responsabilidad personal subsidiaria por impago de multa.

[23] Art. 39 CP: inhabilitación absoluta; inhabilitación especial para empleo o cargo público, profesión, oficio, industria o comercio, u otras actividades determinadas en el Código Penal, o de los derechos de patria potestad, tutela, guarda o curatela, tenencia e animales, derecho de sufragio pasivo o de cualquier otro derecho; suspensión de empleo o cargo público; privación del derecho a conducir vehículos a motor o ciclomotores; privación del derecho a la tenencia porte de armas; privación del derecho a residir en determinados ligares o acudir a ellos; prohibición de aproximarse a la víctima o a aquellos de sus familiares u otras personas que determine el Juez o Tribunal; prohibición de comunicarse con la víctima o aquellos de sus familiares u otras personas que determine el Juez o Tribunal; trabajos en beneficio de la comunidad y la privación de la patria potestad.

[24] Arts. 50 y ss CP.

IV. SUBFASES DE LA FASE JUDICIAL DE INDIVIDUALIZACIÓN DE LA PENA

En la fase de individualización judicial de la pena en particular, el juez habrá de determinar el tipo y quantum de pena aplicable al autor de un hecho concreto, lo que llevará a cabo a través de un triple proceso no exento en cualquiera de sus fases de mayores o menores dosis de discrecionalidad judicial. Al respecto en el mencionado proceso de individualización judicial he distinguido tres subfases en cada una de las cuales puede apreciarse un mayor o menor protagonismo bien del criterio legislativo, bien del criterio judicial.

1. Determinación judicial de la pena abstracta aplicable

En un primer momento, el juez deberá subsumir la conducta enjuiciada en un tipo concreto al que el Código penal asocia una pena en abstracto (marco genérico de pena). Si se tiene en cuenta que las palabras son un instrumento "no exacto" y que, además, es difícil encontrar el punto medio entre el empleo de elementos descriptivos que ofrecen, en principio, más seguridad jurídica, y la necesaria abstracción y generalización que requiere la redacción de normas penales, es fácil entender que esta primera fase también queda abierta, en alguna medida, a un cierto margen de discrecionalidad judicial. Sirva como ejemplo las posibles consecuencias prácticas que implica la interpretación del bien jurídico "vida humana independiente" en tanto que una interpretación más o menos amplia de aquél daría lugar a estimar que una conducta pueda ser constitutiva de un delito de aborto o, en otro caso, de un delito de homicidio en función de cuándo se interprete que comienza la vida humana independiente (fecundación, anidación, dilatación, visualización, etc.).

En cualquier caso, no puede olvidarse que determinar la pena implica necesariamente la determinación correcta del tipo aplicable conforme a las reglas hermenéuticas aceptadas, y no así buscar una "pena justa" a un hipotético "tipo injusto". De hecho, como señala CASTELLÓ NICÁS, se ha sugerido por algún autor que el juez puede ejercer a veces un arbitrio judicial a priori en el momento de la calificación técnico-penal del tipo, por ejemplo, para así aplicar una infracción castigada con una pena menor que permita en su caso su suspensión, o para establecer una penalidad materialmente ajustada a la entidad del hecho y del autor pudiendo entonces producirse un desenfoque entre lo "justo" y lo "legal"[25].

---

[25] En relación con lo cual Castelló Nicás advierte que, como "la verdad", "la justicia" no es unívoca,; por eso la justicia puede acabar siendo subjetiva y "cuando una excesiva subjetividad entre a formar parte de los criterios determinantes del castigo al hombre por la comisión de un hecho que transgrede los cánones más esenciales y básicos de la convivencia social, es cuando realmente comienzan a producirse auténticas desigualdades; por ello, en su opinión, habría que sustituir un anhelo por la justicia, en mayúsculas, por una justicia a cuya aproxima-

2. Fase legal de concreción judicial de la pena

Una vez determinado el tipo aplicable al hecho cometido y por tanto la pena que le corresponde en abstracto, el juez deberá ir concretándola en función de las reglas previstas expresamente en el Código penal relacionadas con las formas de autoría y participación y con el grado de ejecución del delito contenidas en sus arts. 61, 62 y 63 en donde, por ejemplo, se otorga un margen de discrecionalidad judicial al juez para concretar la pena en el supuesto de tentativa del delito pudiendo ser rebajada en uno o en dos grados. También se recogen reglas relacionadas con la concurrencia de circunstancias modificativas de la responsabilidad criminal contenidas en los arts. 66.1 y 68 del CP y también en la aplicable a los supuestos de error del art. 14 del mismo cuerpo legal. En ambas disposiciones se prevén claros ejemplos de discrecionalidad judicial cuando se deja al juez la facultad de decidir si la pena se mueve en uno o dos grados. En algunos casos también el juez deberá elegir discrecionalmente qué pena imponer cuando el delito aplicable recoja penas alternativas lo que esencialmente, aunque no sólo, se ceñirá a la elección entre la aplicación de la pena de prisión o de multa[26].

3. Fase judicial de concreción de la extensión de la pena exacta

Dentro de aquel marco legal ofrecido por el legislador y seleccionado por el juez aplicando las reglas legales anteriormente señaladas, resta concretar la pena exacta que corresponde imponer al sujeto[27], no ya a un sujeto en abstrac-

---

ción más certera se llega por el camino de la imparcialidad, de los criterios fijos, tasados y taxativos hasta donde ello sea posible, pues alcanzar lo justo acaba por convertirse en la búsqueda de la seguridad jurídica, de la legalidad y de la proporción del castigo impuesto a un ciudadano por el hecho cometido en relación con la pena impuesta a otro por el mismo delito o por otro distinto. Lejos de pretender una opción absolutamente matemática en la asunción de esta materia, ni de convertir al juez en puro mecano o robot programado, la autora entiende preferible el mayor rigor, y probablemente una cierta rigidez, por qué no decirlo, en la imposición de la pena que una mayor liberalidad en la concreción de la misma. vid. CASTELLÓ NICÁS, N., *Arbitrio judicial y determinación de la pena*...ob. cit., pp. 15-16.

[26] Sobre ello, BESIO HERNÁNDEZ, M., *Los criterios legales y judiciales de individualización de la* pena, Valencia, 2011, pp. 573-587. Otros supuestos evidentes de discrecionalidad judicial los encontramos, entre otros, en los arts. 23; 56; 57; 66.2 y, aunque su aplicación se encuentre suspendida, en el art. 69, todos del Código penal.

[27] Por eso, se podría coincidir con R. Saleilles en que a pesar de que "desde lo alto" se pueden considerar tres clases de individualización, la legal, la judicial y la administrativa (penitenciaria), "en realidad, no hay individualización legal. La ley no puede prever más que especies, no conoce los individuos (...). La ley no suministra más que bases muy amplias y elementos de apreciación muy elásticos, dejando al juez el cuidado de hacer una clasificación estrictamente individual, después de un estudio especial de cada individuo, y entonces no es más que la organización por la ley de la individualización judicial", SALEILLES R., en *La individualización de la pena*..., ob. cit., pp. 269-271.

to, sino a una persona con sus propias circunstancias personales lo que se refleja en la cláusula prevista en el art. 66.1.6ª CP conforme a la cual el juez deberá atender a la gravedad del hecho y a las circunstancias personales de su autor lo que, de nuevo, evidencia la discrecionalidad judicial en la fase de concreción final de la pena.

En esta tercera fase de concreción algunos autores han distinguido entre determinación de la pena en sentido estricto que finalizaría con la determinación de la pena exacta atendiendo a los criterios anteriormente señalados, y determinación de la pena en sentido amplio que abarcaría además las posibilidades de suspensión de la pena[28].

V. LA FASE JUDICIAL DE INDIVIDUALIZACIÓN DE LA PENA

1. Arbitrariedad versus discrecionalidad judicial

Como ha señalado CASTELLÓ NICÁS, aunque "arbitrariedad" y "discrecionalidad" son términos que se han utilizado indistintamente para hacer referencia a la libertad de la que goza el juez en la determinación final de la pena, no significan lo mismo; arbitrio, en su acepción más peyorativa es "voluntad no gobernada por la razón, sino por el apetito o capricho" y, seguida de judicial, sería la "facultad que se deja a los jueces para la apreciación circunstancial a que la ley no alcanza"; discrecional significa "que se hace libre y prudencialmente". El arbitrio puede llegar a la arbitrariedad lo que además de estar constitucionalmente prohibido ex art. 9.3 CE, atenta contra otros derechos fundamentales. La arbitrariedad, a diferencia de la discrecionalidad que supone un ejercicio libre pero prudente, nada tiene que ver con la razón, la moderación o la sensatez, al estar guiado por la voluntad y el capricho[29].

En términos dialécticos, la posible solución al problema de la determinación de la pena para el caso concreto, como señala FERRANDO MANTOVANI[30], pasaría por optar entre, al menos, tres posibles soluciones: defensa del principio de legalidad taxativa; en el polo opuesto, el reconocimiento de una discrecionalidad judicial absoluta y, finalmente, la postura intermedia representada por el establecimiento de una discrecionalidad judicial jurídicamente vinculada.

La defensa a ultranza de la legalidad taxativa implicaría establecer un sistema de penas fijas que, como ya se ha indicado supra, ha quedado superado. Por el contrario, si se defiende la absoluta discrecionalidad judicial sería tanto como delegar al juez la más amplia libertad de elección de la pena reconociéndose, de

---

[28] Sobre los autores que sostienen esta clasificación, vid. DE LA MATA BARRANCO, N.J., *La individualización de la pena en los tribunales de justicia*, Navarra, 2008, p. 21.

[29] CASTELLÓ NICÁS, N., *Arbitrio judicial y determinación de la pena*...ob. cit., pp. 12-13.

[30] MANTOVANI, F., *Diritto Penale. Parte Generale*, Padova, 2015, p. 765.

este modo, una especie de "soberanía judicial" cuya más extrema expresión sería un sistema de pena indeterminada que permitiera el más amplio arbitrio judicial. La posición intermedia que representa la denominada discrecionalidad jurídicamente vinculada, constituiría un punto de equilibrio entre la exigencias garantistas del principio de legalidad y las más flexibles exigencias derivadas del proceso de individualización de la pena lo que conduciría a predeterminarla legalmente entre un intervalo mínimo y un máximo dentro del cual el juez impondrá la pena en concreto conforme a unos criterios que, fijados legalmente, lo guían en tal elección lo que permitiría cierto control sobre el uso que los órganos judiciales hacen de sus facultades discrecionales. En materia de sanciones entonces, la búsqueda de un punto de equilibrio entre legalidad y defensa social, entre certeza y justicia sustancial constituyen uno de los problemas centrales del Derecho penal.

Si se admite que el reconocimiento de una cierta discrecionalidad judicial es la consecuencia inevitable de la imposibilidad de tipificar todas las circunstancias que puedan producirse en la realidad, y además se tiene en cuenta que lo equívoco de ciertos elementos típicos en abstracto sólo podrían ser resuelta en concreto en atención a las circunstancias materiales del hecho y las concretas del autor, podría afirmarse como lo hace FERRANDO MANTOVANI que el juez, cuando individualiza la pena, prosigue la obra del legislador donde éste no ha podido resolver[31].

Dicho esto, establecer un sistema de discrecionalidad judicial jurídicamente vinculada, como hace el Código penal español, plantea en primer lugar el problema de concretar los criterios de valoración a los cuales vincular tal margen de discrecionalidad para lo cual la cuestión sería determinar, si ello se admite, los fines que el Derecho penal asigna a la pena en el momento de su imposición, esto es, si la pena debe ser concretada en función de la retribución, (o en términos más neutros, de la estricta culpabilidad), de la prevención especial o de la prevención general, algo que, como es sabido, a falta de disposición legal expresa resulta aún hoy muy discutido. Ello, no obstante, tiene consecuencias prácticas para la medida de la pena muy distintas. Así, por ejemplo, una pena elevada impuesta por razones retributivas o preventivo generales puede no estar justificada en términos preventivo especiales debido, por ejemplo, a la nula o escasa probabilidad de que el autor de la infracción vuelva a cometer el delito. Por eso, una clara definición de los fines de la pena, aunque no es suficiente para garantizar la racionalidad del quantum de la pena, constituye al menos un presupuesto necesario para establecer qué datos son importantes y cómo deben ser evaluados. Aunque esto ciertamente puede producir "errores" en la determinación final de la pena, en el caso concreto permitiría al menos que la praxis no fuese del todo incoherente y privada de cualquier principio orientador[32]. En efecto, como ha señalado SCHÜNEMANN, si no hay criterios claros y prima, por el contrario, una

---

[31] MANTOVANI, F., *Diritto Penale...*, ob. cit. p. 766; este autor distingue entre discrecionalidad jurídica que implica una elección fundada en argumentos de derecho y una discrecionalidad técnica cuando implica una elección sobre la base de un juicio técnico (por ejemplo, prognosis criminal para la suspensión condicional de la pena).

[32] Sobre ello vid. MANTOVANI, F., *Diritto Penale*...ob. cit., pp. 767.

discrecionalidad judicial desmedida, ello podría conducir a una sobrevaloración de la impresión que tiene el juez sobre el hecho cometido inmediatamente después de la celebración del juicio oral, bajo las condiciones psicológicas anormales que priman en ese momento, lo que podría socavar el derecho a la defensa o dar lugar a penas muy indulgentes para el que se muestre "especialmente sumiso"[33].

Por todo lo señalado hasta el momento, se podría concluir que, aunque un sistema de discrecionalidad jurídicamente vinculada deja margen a cierto ejercicio de "soberanía judicial", no obstante obliga a que los órganos judiciales motiven sus resoluciones para poner de relieve si se ha sentenciado o no por motivos tales como la intuición, la ideología, el sentido común, estado de la opinión pública respecto a determinado asunto etc., parámetros todos ellos difícilmente conciliables con la vigente concepción del Derecho penal del hecho.

2. Los fines de la pena (factores finales) en el momento de su individualización judicial

Como puede desprenderse de todo lo señalado hasta el momento, parece no sólo inevitable, sino adecuado para hacer efectivo el principio de igualdad, que el legislador otorgue a los órganos judiciales cierta dosis de discrecionalidad que le permitan establecer la pena más adecuada al caso concreto siempre que ello se haga dentro de los márgenes legales, lo que, desde luego, no está exento de dificultades. Las reglas de determinación de la pena previstas en el Código penal, las dosimétricas, no resuelven toda la compleja cuestión sobre la determinación de la pena más adecuada al injusto culpable. Este camino, desde luego, parte indudablemente de la vinculación que tienen los jueces a los principios limitadores del *ius puniendi estatal*[34] pues el Ordenamiento jurídico español prevé distintos instrumentos para que los órganos judiciales contribuyan a la salvaguarda de aquellos principios, como la posibilidad de plantear y admitir el recurso de inconstitucionalidad de una pena[35], los recursos de apelación y casación para revocar senten-

---

[33] SCHÜNEMANN, B., en el prólogo a la obra de HÖRNLE, T., *Determinación de la pena y culpabilidad. Notas sobre la determinación de la pena en Alemania*, Buenos Aires, 2003, pp. 17-18. Esto me hace reflexionar sobre los acuerdos entre Ministerio Fiscal y partes con ofrecimiento de penas mas bajas para casos de confesión o amenaza de agravación si no confesión que puede considerarse como una auténtica extorsión incorporada como acto procesal *contra legem*.

[34] Sobre ellos, vid. DE LA MATA BARRANCO, N.J., que sistematiza, recogiendo numerosos pronunciamientos judiciales, estos principios en la búsqueda de la pena idónea, necesaria y proporcionada, en *La individualización de la pena en...*, ob. cit., pp. 21-53.

[35] Lo que De la Mata Barranco considera muy excepcional debido a la complejidad del juicio, la variedad de factores que presiden la decisión adoptada y el respeto a la distribución de competencias entre el legislativo y el judicial; así, por ejemplo la STC 150/1991 destaca que "sólo cabrá alegar la infracción del principio de proporcionalidad cuando exista una desproporción evidente que vulnere el valor justicia, la dignidad de la persona o el principio de culpabilidad, DE LA MATA BARRANCO, N.J., en *La individualización de la pena...*, ob. cit., p. 59.

cias no ajustadas al principio de proporcionalidad[36] y la posibilidad de informar favorablemente la concesión del indulto total o parcial.

De otro lado, en la fase de individualización judicial de la pena, es preciso tomar partido sobre si la labor de los órganos judiciales, en los no pocos casos en los que la ley les otorga cierto margen de discrecionalidad, debe o no estar orientada por los fines de la pena, cuestión nada baladí si se tiene en cuenta que la pena exacta a imponer en el caso concreto puede variar según el fin que se persiga o prevalezca. Como ya se ha dicho, el punto de partida no puede ser otro que la aplicación imparcial de las penas previstas en los tipos penales; pero hecho esto, la pregunta que cabría formular sería, como lo hace CASTELLÓ NICÁS, la siguiente: ¿Debe el juez tener en cuenta y ser consciente de que su misión en el momento de la determinación de la pena, y siempre dentro de los márgenes legalmente establecidos, ha de estar guiada por finalidades de prevención general y/o prevención especial?[37]. Es decir, ¿debe estar orientada su labor de concreción por los fines de la pena lo que, desde luego, deberían argumentar en sus sentencias?

Ofrecer una respuesta a las anteriores preguntas requiere necesariamente plantearse y tomar partido sobre la cuestión de si los órganos judiciales, en el momento de individualizar la pena concreta, deben tomar en consideración como un factor más los fines de la pena (factor final) lo que, desde luego, no resulta pacífico en la doctrina[38].

No cabe perder de vista que el Código penal otorga un margen de discrecionalidad a los órganos judiciales para adoptar decisiones punitivas que pueden

---

[36] Un caso lo encontramos en la STC 136/1999, de 20 de julio de 1999 (RTC 1999\136) que declaró inconstitucional el art. 174 bis a) CPTR73 por vulneración del principio de proporcionalidad ya que la conducta de los acusados (miembros de la Mesa Nacional de la asociación política vasca Herri Batasuna que decidieron difundir como propaganda electoral unos videos elaborados por la banda terrorista ETA), aunque podía ser calificada ciertamente como colaboración con banda armada, la pena prevista en aquel precepto era desproporcionada al ser la misma pena con la que el Código penal castigaba a los integrantes de bandas armadas; señaló el TC que "el precepto resulta inconstitucional únicamente en la medida en que no incorpora previsión alguna que hubiera permitido atemperar la sanción penal a la entidad de actos de colaboración con banda armada" lo que "hubiera permitido al juzgador, en casos como el presente, imponer una pena inferior a siete años de prisión" (la mínima que recogía el citado art. 174 bis a).

[37] CASTELLÓ NICÁS, N., *Arbitrio judicial y determinación...*, ob. cit., p. 36.

[38] Como ha indicado Belloff, la importancia de la determinación judicial de la pena ha sido puesta de relieve desde tres perspectivas: desde el punto de vista político criminal para ver si las decisiones judiciales puedes ser eficaces o inocuas para disminuir los índices de delincuencia tanto como las medidas legislativas o sociales; desde la psicología judicial en la medida que el juez, como persona con su particular historia, valores y personalidad y un sinnúmero de presiones es el principal agente de individualización de la pena y, finalmente, desde la defensa social porque la sentencia no sólo importa como infracción del individuo sino también la consideración de la personalidad de su autor si tenemos en cuenta el aspecto resocializador, vid. BELLOFF, MA; "Individualización de la pena ¿Más allá del bien y del mal?, disponible en recurso electrónico, p. 249.

implicar una horquilla punitiva de varios años de diferencia lo que, desde luego, los convierte *de facto* en una instancia político-criminal esencial o de primera magnitud de donde se desprende la necesidad de abundar en el desarrollo teórico de la teoría de la individualización de la pena.

Sobre si el Juez debe considerar directamente en el momento de la individualización de la pena los fines que la misma puede cumplir, se han sostenido al menos dos grandes opciones: entender que los fines de la pena no deben tomarse en consideración en la fase de su concreción judicial o entender justo lo contrario. Veamos.

2.1. *El juez no debe tomar en consideración los fines de la pena en la fase de individualización*

Para un sector de la doctrina penal, el juez en la fase de concreción de la pena debe vincular sus decisiones solamente a aspectos relacionados con el injusto, la culpabilidad y la punibilidad[39] y no así directamente a los fines de la pena lo que no supondría necesariamente desatender criterios preventivos si se considera que aquellos sí pueden ser tomados en cuenta en las categorías dogmáticas reconstruidas o interpretadas en clave político criminal.

En esta posición cabría situar, entre otros, a SILVA SÁNCHEZ el cual, aunque no discute el hecho de que en la praxis de concreción de la pena el juez "hace política criminal" (como en el caso de la sentencia anteriormente mencionada en

[39] Como ha señalado De Rivacoba, el problema de la cuantificación de la pena carecía realmente de base racional mientras no se aplicase la Filosofía de los valores, pues ellos recorren una serie continua de intensidades, desde su plenitud absoluta hasta su ausencia total permitiendo la graduación de los entes y cualidades que los realizan. Con la adopción de la noción de valor, en el plano de la antijuridicidad lo injusto se hace graduable, y en la culpabilidad nace la concepción normativa de ésta, que, en cualquiera de sus versiones, la entiende así mismo graduable. Si se parte de que la sentencia en una actuación judicial, la más genuina e importante, y desde el punto de vista de su contenido, del fondo, no desde el punto de vista procesal el fallo se articula en torno a una serie de juicios lógicos, unos que expresan un conocimiento acerca de ciertos datos de la realidad y otros de valor, que expresan la valoración, positiva o negativa, con arreglo al sistema axiológico que informa el respectivo ordenamiento, del caso concreto que se someta al conocimiento y decisión del juez. En lo criminal, los primeros son el juicio sobre la actividad (causalidad, tipicidad) y los segundos la antijuridicidad y culpabilidad. En congruencia con esto, el concepto de pena es asimismo valorativo (porque es la expresión o concreción de la desvaloración y, por tanto, también graduable (porque el concepto de delito, entendido en referencia a valores, exige que su consecuencia, la pena, tenga idéntica entidad valorativa y graduable, repudiando por ello los ordenamientos jurídicos modernos las penas rígidas hoy en abierto descrédito y decadencia, y precisando en cambio su divisibilidad, con reglas para su cuantificación en cada caso. Y es que, en suma, tanto el delito como la pena son entes y conceptos que, aunque reposen sobre un substrato natural, no pertenecen al mundo de la naturaleza, sino al cultural. De este planteamiento se desprende entonces que la determinación judicial de la pena, es decir, su graduación e imposición precisa al caso singular y concreto, es consecuencia sobre todo de los juicios de antijuridicidad y culpabilidad, DE RIVACOBA RIVACOBA, M., "Cuantificación de la pena y…", ob. cit., pp. 627-629.

la introducción de este trabajo), sí cuestiona que ello deba hacerse de forma directa, abogando por canalizarla por vías dogmáticas entendiendo que una teoría de la determinación de la pena debe manifestarse, ante todo, como la dimensión cuantitativa o de grado de un sistema de la teoría del delito que por eso debería de dejar de ser entendido, en su opinión, como binario (teoría del delito/teoría de la pena); ello supone, según el citado autor, partir de las siguientes premisas: en primer lugar, que el marco penal abstracto se configura como una respuesta pre-constituida a un conjunto de hechos que constituyen un tipo de injusto penal, culpable y punible, en el que se contienen los elementos que fundamentan el merecimiento y necesidad de aquella pena marco; en segundo lugar, en la medida que injusto, culpabilidad y punibilidad son categorías graduables, el marco penal abstracto puede verse como la unión de un conjunto de conminaciones penales más detalladas (submarcos) que asignarían medidas diversas de pena a las distintas subclases de realizaciones (subtipos), más o menos graves, del injusto culpable y punible expresado en el tipo; y en tercer lugar, que el acto de individualización judicial es aquél en virtud del cual se constata el concreto contenido de injusto, culpabilidad y punibilidad de un determinado hecho, traduciéndolo en una determinada medida de pena. No obstante, reconoce que una sistematización como la que defiende, llevada a cabo hasta sus últimos detalles, resulta de una enorme complejidad como así pone de manifiesto su propuesta concreta[40].

La posición de SILVA SÁNCHEZ, como él mismo advierte, no puede confundirse con una fundamentación exclusivamente retributiva del Derecho penal[41] pero es que, añado, desde una postura esencialmente retributiva donde la pena no se justifica por su utilidad social sino por la confirmación de un injusto culpable que necesariamente tiene que ser compensado con el mal que representa (la pena), cabría fundamentar la disparidad entre penas por un mismo hecho sobre la base de que, por alguna razón, el autor de la infracción penal ha expiado parte de su culpa[42].

El planteamiento del citado autor, como el mismo reconoce, encuentra como referente próximo a la teoría de la proporcionalidad con el hecho distanciándose de las convencionales teorías de la individualización judicial de la pena como la teoría del valor posicional y la teoría del espacio de juego o de prohibición de desbordamiento de la culpabilidad[43].

---

[40] Sobre todo ello, vid. SILVA SÁNCHEZ, JM., "La teoría de la determinación de la pena...", ob. cit., p. 5 y pp. 8-14.

[41] *Ibidem*, p. 8.

[42] Piénsese, por ejemplo, en el reconocimiento de la idea de pena natural en el momento de su concreción –por ejemplo, el responsable de una accidente de tráfico imprudente que produce la muerte de su propio hijo; o el sujeto que coloca una bomba y resulta lesionado–. Desde esta institución de la pena natural, una rebaja de la pena podría justificarse desde el principio de culpabilidad si se entiende que de no admitirse, quedaría rota la necesaria proporcionalidad entre el delito y la sanción.

[43] Igualmente, Silva Sánchez señala que se distancia menos de la teoría de la pena exacta o puntual, pues en la decisión sobre el sí o el no de la suspensión de la pena sí parece tener carácter político criminal "directo", SILVA SÁNCHEZ, JM., "La teoría de la determinación de

En la misma posición respecto de defender que el juez no debe hacer política criminal directa pueden situarse también a FEIJOO SÁNCHEZ[44] y a HÖRNLE[45].

2.2. *El juez sí debe tomar en consideración los fines de la pena en la fase de individualización*

Otro sector de la doctrina entiende, en cambio, que el juez sí debe tomar en consideración los fines de la pena no sólo en la fases previas a su determinación, sino también en la propia concreción de la misma, debiendo atender entonces a los objetivos que se persiguen con la pena que permitirían matizar y valorar los factores reales (gravedad del hecho y circunstancias personales de su autor) que concurran en el caso concreto en función de aquellos fines. En este sentido, De la Mata Barranco considera que "la determinación de qué fines persigue la pena, en qué momento y con qué intensidad en cada estadio de la intervención del sistema penal, es la clave, se dirá, a partir de la cual se obtiene respuesta tanto a la cuestión de la dirección valorativa de los factores reales –explícitos legalmente o no– que concurren en la individualización de la pena como la del peso de los mismos a la pena final a imponer"[46].

Tomar en consideración los fines de la pena en su fase de individualización judicial resulta, desde luego, de una enorme complejidad en la medida que, dado que a la pena se le reconoce fines antinómicos, lo que demande una de sus finalidades puede ser rechazado por la otra.

En el marco de las teorías sobre la determinación de la pena, esta opción que da cabida a los fines de la pena en su fase de individualización podría ser enmarcada en la denominada teoría del espacio de juego, desarrollada por la jurisprudencia alemana, que sostiene que la pena ajustada a la culpabilidad no es una pena exacta sino que admitiría un "marco de culpabilidad" determinado entre un máximo "todavía adecuado" y un mínimo "ya adecuado"; ese marco de culpabilidad constituye para el juzgador un "espacio de juego" dentro del cual podrá moverse para graduar la pena en función de necesidades preventivas; fuera de esos límites la pena no sería ajustada a la culpabilidad del autor del injusto. Por eso, como agudamente ha señalado HÖRNLE, la teoría del espacio de juego

---

la pena...", ob. cit., p. 6 (nota n.14). Para la teoría de la pena exacta o puntual, el juez debe imponer la pena ajustada exactamente a la culpabilidad del sujeto. Desde estos planteamientos claramente retribucionistas que entenderían que la culpabilidad es una magnitud fija, se considera posible determinar el punto exacto y justo de la pena que corresponde al injusto culpable, no condicionando el quantum de pena a necesidades preventivas. Es decir, esta teoría niega un espacio de juego por razones preventivas y aspira a una pena exacta que se corresponda con el injusto culpable; sobre ésta y otras teorías vid. la monografía de DEMETRIO CRESPO, E., *Prevención general e individualización judicial de la pena*, Salamanca, 1999.

[44] FEIJOO SÁNCHEZ, B., "Individualización de la pena y teoría de la pena...", ob. cit. passim.

[45] HÖRNLE, T., *Determinación de la pena y culpabilidad...*, ob. cit., passim.

[46] DE LA MATA BARRANCO, N.J., en *La individualización de la pena...*, ob. cit., p. 96.

resulta cómoda para todos ya que los autores que abogan por "la justicia" ven que <la gravedad del hecho> fija el máximo y el mínimo de pena permitido, y los autores prevencionistas encuentran también su espacio de juego, unos inclinados a la ley y al orden –prevención general– y otros a las necesidades del delincuente –prevención especial–[47].

Desde los mencionados planteamientos doctrinales, el nudo de la cuestión entonces será determinar en qué medida el juez debe atender a criterios de prevención general y/o prevención especial[48] [49] sobre lo que el Código penal español no se pronuncia expresamente.

Aunque en la doctrina no faltan autores que consideran que en la individualización de la pena se deben atender también finalidades preventivo generales[50], resulta mayoritariamente admitido que las necesidades que deben atenderse exclusiva o preferentemente como factor final son las de prevención especial positiva entendida como la maximización de la no desocialización del reo, o la consecución de las máximas cotas de resocialización cuando ello sea posible[51]. Otros autores reservan las finalidades preventivo-especiales para el momento de decidir sobre la suspensión de la pena.

---

[47] HÖRNLE, T., *Determinación de la pena y culpabilidad...*, ob. cit., pp. 26-27. Esta autora, en pp. 24-25, señala cómo pueden distinguirse en Alemania, al menos, dos versiones de esta teoría: 1. Aquélla que pone énfasis en las necesidades preventivas (de prevención general y/o prevención especial), y 2. Aquella otra que pone un débil énfasis en la prevención lo que, en opinión de la autora, parece ser la práctica más común en Alemania considerándose que el castigo debe ser simplemente el segmento más estrecho del ámbito de la sentencia sin ningún razonamiento personal de que la prevención sea una orden judicial, aunque no se quieren cerrar a la posibilidad de razones preventivas. En definitiva, como recuerda la autora citada siguiendo en este punto un estudio de Albrecht, en general la cuestión de la prevención es mucho menos importante en la práctica que el grado de daño que se ha causado, "ningún involucrado en las prácticas de la justicia penal asumen que los jueces verdaderamente escogen entre la prevención general y a prevención especial de forma rutinaria".

[48] Todas las teorías son explicaciones que a veces no están conectadas con la ley positiva. Por eso cualquier teoría que se sostenga de *lege data* debe tener cabida en Derecho positivo.

[49] Vid. el planteamiento de distintos autores, con numerosa jurisprudencia, en DE LA MATA BARRANCO, N.J., en *La individualización de la pena...*, ob. cit., pp. 97-114; también en BESIO HERNÁNDEZ, M., *Los criterios legales y judiciales de individualización...*ob. cit., pp. 85-205.

[50] En este sentido, DE LA MATA BARRANCO, NJ., (junto con otros autores que recoge en su trabajo) considera que el juez, en el momento de la concreción de la pena, debe incluir también consideraciones preventivo generales dentro de los marcos legales, pudiendo imponer una sanción que llegue al máximo de dicho marco. El citado autor amplia a lo mayoritariamente admitido (la prevención especial) también la prevención general señalando que el marco legal de la pena es el que delimita el juego de la prevención general y especial que son las que, modulando la intensidad de aquélla, permitirán también su modulación en función de la gravedad del hecho y las circunstancias personales de su autor, en *La individualización de la pena...*, ob. cit., pp. 99-103 y 106. Para analizar cómo los tribunales de justicia explican la magnitud de la pena a imponer al caso concreto en virtud de las anteriores variables vid. la obra citada, pp. 114-119.

[51] Como hace DEMETRIO CRESPO, E., "Análisis de los criterios de individualización judicial de la pena en el nuevo Código penal de 1995", ADPCP, L, 1997, p. 357.

Las posiciones doctrinales que defienden la operatividad de los fines de la pena en el momento de su concreción no están exentas de críticas. Veamos.

Respecto de dar cabida a necesidades preventivas (en general), además de provocar escepticismo sobre la posibilidad de lograr prevenir la criminalidad a través de las penas y de no estar en disposición de dar respuesta a aquellos casos en los que no existan necesidades preventivas, se ha objetado, desde el ámbito de la Criminología, que resulta prácticamente imposible decir "cuánta" pena exactamente posee "tales" efectos preventivos; de otro lado, desde el punto de vista práctico, se dice que sería completamente imposible para los jueces realizar dichos juicios de manera científicamente seria, debiendo confiar entonces sus criterios a intuiciones personales; además, se advierte cómo valorar el entorno personal del delincuente y la necesidad social de disuasión tomaría demasiado tiempo para ser factible en la práctica cotidiana, ¡imaginemos si los jueces tienen que decidir si el día del enjuiciamiento se necesita más o menos disuasión que otro día![52].

Respecto de dar cabida en el momento de la individualización de la pena a finalidades preventivo generales igualmente ha sido criticado porque atender a estas orientaciones preventivo generales en el momento de la individualización, además con efectos no constatados empíricamente, supondría una instrumentalización del individuo en contra de su dignidad u otros derechos fundamentales al utilizarlo como fin distinto a sí mismo; frente a ello se ha contestado que la solución dependerá de cómo se pretenda materializar la prevención general en la determinación de la pena, qué alcance se le dé a aquélla y cómo se haga compatible con el resto de los criterios a tener en cuenta[53]. Otro de los inconvenientes que se le ha reprochado a la defensa de la prevención general viene dado, se indica, por considerarse que ello supondría una doble valoración ya que el legislador, al tipificar las conductas y asociarle sus correspondientes penas, ha tomado ya en consideración los efectos preventivo generales necesarios para una eficaz disuasión de terceros; de este modo, la consideración nuevamente en la fase de medición de la pena conllevaría una doble valoración con efectos agravatorios[54]. Finalmente, también en sentido crítico se ha dicho que con la utilización de orientaciones preventivo generales se corre el riesgo de operar con conceptos equívocos y abstrusos como lo son "inseguridad", "desasosiego", "conmoción" o "alarma social" frente a lo que DE LA MATA BARRANCO ha replicado que, por ejemplo, el criterio de "gravedad del hecho", que no es precisamente un criterio preventivo especial, también resulta equívoco; lo que en opinión de este último autor sucede es que, cuando se argumenta sobre la in-

---

[52] HÖRNLE, T., *Determinación de la pena y culpabilidad...*, ob. cit., p. 25.

[53] En este sentido, DE LA MATA BARRANCO, NJ., en *La individualización de la pena...*, ob. cit., p. 102.

[54] CASTELLÓ NICÁS, N., no obstante, considera que esas tareas son complementarias materializando el juez en el momento de la determinación en el caso concreto las valoraciones hechas previamente por el legislador, en *Arbitrio judicial y determinación de la pena...*, ob. cit. p. 156.

cidencia de la prevención general en la individualización de la pena, se tiende a pensar siempre en sus posible efectos agravatorios deficientemente justificados, lo que no se hace respecto de la prevención especial cuando en su opinión esta última finalidad, prescindiendo de otras consideraciones, puede conllevar igualmente a una instrumentalización de la persona por mucho que se atienda –o precisamente por ello– a su individualidad[55].

Dar cabida en el momento de la individualización de la pena a finalidades preventivo especiales tampoco ha estado exento de críticas. Así, se ha señalado cómo se podrían generar desigualdades entre "delincuentes integrados" y "no integrados" ya que si los primeros, yendo a prisión, tendrían "mucho más que perder", la prevención especial diría que no deberían ingresar por lo que "clemencia sólo para algunos grupos sociales no es una manera muy satisfactoria de alcanzar humanidad, porque la otra cara de la moneda es relativo tratamiento más duro de los otros. Un sistema de determinación de la pena debería esforzarse para combinar humanidad y justicia para todos los delincuentes"[56].

De otro lado, se dice, que en la práctica una aproximación exclusivamente preventivo especial de la orientación judicial podría llevar a penas más elevadas cuando, valorada la biografía del delincuente, los tribunales pongan énfasis en los antecedentes del autor del delito lo que resulta muy problemático especialmente respecto de aquellos delitos que no sean graves[57].

Finalmente, también se puede objetar que no resulta muy útil una teoría que siempre da la misma respuesta sea cual sea la gravedad del hecho: imponer pena mínima. Si la única cuestión a decidir fuese imponer el mínimo de pena (o en su caso, añado, el máximo de disuasión), en realidad no tendría mucho sentido plantearse la búsqueda de "sentencias justas"[58].

---

55 DE LA MATA BARRANCO, NJ., en *La individualización de la pena...*, ob. cit., pp. 101-103. Este autor parte todos los fines de la pena deben ser tomados en cuenta en las distintas fases de su aplicación considerando que el único temor que debe existir es la preponderancia incorrecta y excesiva de unos sobre otros (utilitarismo puro o retribucionismo exacerbado), sin atender a los objetivos que debe perseguir en su conjunto la intervención penal. Si en el caso concreto, señala, las finalidades conducen a direcciones diferentes, un derecho penal mínimo justificaría su no necesidad aun cuando exista el injusto culpable. De la Mata Barranco estima que las orientaciones preventivo generales no siempre deben llevar necesariamente a una exasperación de la pena y los ilustra con el siguiente un ejemplo: no entiende porqué razones de prevención especial (como difícil situación económica, familiar o social, emotiva) de un transportista de un poco cantidad de droga, absolutamente rehabilitado, pueden ser atendidas, y no así para el mismo sujeto que transporte una gran cantidad de droga destinada a un centro escolar; por eso señala que habrá de atenderse al caso concreto y ponderar todos los factores, siempre dentro del marco legal, concretado por el juez de acuerdo al criterio de la proporcionalidad, incluyendo también en él la posibilidad de sustitución o suspensión de la pena, *Ibidem*, pp. 103 y pp. 113-114.

56 HÖRNLE, T., *Determinación de la pena y culpabilidad...*, ob. cit., pp. 31-32.

57 *Ibidem*, pp. 32-33.

58 FEIJOO SÁNCHEZ, B., "Individualización de la pena...", ob. cit., p. 12.

VI. LA FASE JUDICIAL DE CONCRECIÓN DE LA EXTENSIÓN DE LA PENA EXACTA. LOS FACTORES REALES O FÁCTICOS

Una vez determinada la pena conforme a todos los criterios legales eventualmente aplicables a cada caso concreto (fase legal de concreción judicial de la pena), al juez le resta llevar a cabo la última fase del proceso de determinación (anterior al de su aplicación), momento en el cual deberá decidir el quantum de pena, la exacta. En esta fase, el Código penal aún señala algunos criterios que, aunque más generales, orientan la labor judicial de concreción referidos esencialmente a la gravedad del hecho y a las circunstancias personales de su autor. Ambos factores, denominados reales o fácticos, se contienen en el art. 66.1.6ª del CP en el marco de las reglas para la aplicación de las penas si bien no cabe olvidar que el texto punitivo hace referencia en otras disposiciones –tanto de su parte general como especial– a ambos factores bien de manera conjunta, bien sólo a alguno de ellos individualmente[59] lo que, como se señalará, puede tener importancia para una adecuada interpretación de aquéllos.

Parece evidente la naturaleza dispar de ambos factores reales haciendo referencia el primero de ellos, <la gravedad del hecho> a matizaciones referidas al injusto culpable y el segundo, <las circunstancias personales del delincuente> a aspectos estrictamente personales de su autor y a sus circunstancias existenciales. No obstante, al estar descritos de manera muy amplia es oportuno, como han hecho doctrina y jurisprudencia, tratar de concretarlos. Sea cual sea la naturaleza de ambos factores lo cierto es que, al ser criterios normativos, resultan vinculantes para los jueces debiendo ser motivados en la sentencia ex art. 72 con argumentos susceptibles de ser eventualmente recurridos.

1. La gravedad del hecho

Resulta prácticamente pacífico admitir que el concepto <gravedad del hecho> hace referencia a aquellas circunstancias o datos que permiten graduar, modulándolo, el injusto culpable en esta última fase judicial[60], es decir, a todos aquellos que "supongan un incremento o disminución del injusto o de la cul-

[59] Gravedad del hecho y circunstancias personales de su autor se prevén conjuntamente en los siguientes artículos: 4.3; 14.1; 80.1.párrafo 2º; 89.4; 112; 153; 171.6; 172.2.párrafo 4º; 298.2; 301.1; 307 ter.1.párrafo 2º y 368 párrafo 2. De otro lado, el Código penal hace referencia sólo a las circunstancias personales en los siguientes artículos: 36.2, tercer párrafo; 68; 50.5; 78.2; 80.3; 89.5; 90.2b; 95.291.2. Se refiere a la gravedad del hecho y peligro que el delincuente representa en su art. 57.1; a la peligrosidad en los arts.: 6; 36.3; 83.3; 83.4 párrafo 2º; 90.5 párrafo 2º; 91.2; 91.3; 92.3.3; 97 b; 192.1; 579 bis 2; a la personalidad en los arts. 90.1 párrafo 2ª y 92.1.c; y sólo a la gravedad del hecho en las siguientes disposiciones: 56; 171.1; 172.1; 172 bis.1 y 249.

[60] No obstante, algunos autores reconducen las circunstancias que modulan la culpabilidad al factor circunstancias personales del autor. Las distintas posiciones mantenidas en

pabilidad del hecho concretamente cometido, como hecho singular, exclusivo e irrepetible"[61] lo que encuentra una vía indiciaria, como ha sostenido GARCÍA ARÁN, en aquello que es considerado más o menos grave en otros lugares del código tanto en las circunstancias modificativas genéricas y específicas de la responsabilidad penal, como en la valoración subyacente en los propios tipos penales (cantidad de droga aprehendida al autor del delito de tráfico de drogas, cuantías monetarias, relevancia de las lesiones causadas, etc.) [62].

Al respecto la cuestión controvertida es la siguiente. Dado que las circunstancias agravantes y atenuantes, a excepción de aquéllas que tienen un fundamento político-criminal a las que me referiré cuando se analice el factor <circunstancias personales del delincuente>, gradúan el injusto y la culpabilidad cabría preguntarse si es posible tomarlas en consideración en alguna medida en esta última fase de concreción de la pena sin que ello suponga una violación del principio *nebis in idem*. No siendo ésta una cuestión pacífica entre la doctrina[63] estimo que, partiendo de que tales circunstancias son graduables (por ejemplo, no es lo mismo la intensidad que puede tener un ensañamiento que otro!!) es acertado tomar en cuenta el valor o desvalor que implican para orientar la modulación del injusto culpable en esta última fase de concreción de la pena[64]. En definitiva, la gravedad del hecho no debe ser identificada con las circunstancias agravantes y atenuantes pero estas últimas sí podrían ser consideradas "como catálogo incompleto de factores reales de la individualización de la pena anticipados legalmente y con una determinada valoración (agravatoria o atenuatoria) indicada por la ley"[65] y siempre, claro está, que no implique un doble valoración pues ello violaría el principio *nebis in idem*; de este modo, en esta última fase de concreción de la pena exacta aplicable al caso concreto, las circunstancias modificativas de la responsabilidad penal modularían la gravedad de "la pena proporcionada" determinada previamente conforme a las reglas generales de determinación de la pena.

El concepto <gravedad del hecho> así entendido, sin ánimo de ser exhaustiva, daría cabida a factores concretos tales como los que ha señalado la doctrina.

---

relación con este tema pueden con remisión a la doctrina pueden ser consultadas en BESIO HERNÁNDEZ, M., *Los criterios legales y judiciales...*, ob. cit., 407-408.

[61] Por eso cabe distinguir entre la <gravedad del hecho> y la <gravedad del delito> que ya habrá sido tenida en cuenta por el legislador al establecer el marco penal correspondiente, Vid. GALLEGO M., "La aplicación de la pena en consideración...", ob. cit., p. 462, nota (53).

[62] GARCÍA ARÁN, M., *Los criterios de determinación de la pena en el Derecho español*, Barcelona, 1982, pp. 213-219.

[63] Las diferentes posturas que se mantienen en la doctrina española sobre la incidencia que pueden tener las circunstancias agravantes y atenuantes para dotar de contenido material a los factores reales de individualización son abordadas extensamente en BESIO HERNÁNDEZ, M., *Los criterios legales y judiciales...*, ob. cit., 260-283, que analiza igualmente las posturas sostenidas por la jurisprudencia (pp. 284-289).

[64] De esta opinión, entre otros, DE LA MATA BARRANCO, N., *La individualización de la pena en los tribunales de justicia...*, ob. cit., p.120.

[65] Como lo hace DEMETRIO CRESPO, E., "Análisis de los criterios de individualización judicial de la pena...", ob. cit., p. 333.

Así, por ejemplo, CHOCLÁN MONTALVO señala como factores concretos los siguientes. En cuanto a la gravedad del injusto podrían incluirse datos relacionados con el desvalor de acción tales como la forma de ejecución del delito (empleo de armas, brutalidad, acción u omisión, grado de infracción del deber); la voluntad aplicada al delito (tenacidad); también datos relacionados con el desvalor de resultado tales como la magnitud del daño, el grado de peligro, la unidad o pluralidad de sujetos pasivos, la situación en que queda la víctima o su familia, los daños producidos por el delito fuera del ámbito del propio delito o las consecuencias materiales o psíquicas que se han derivado de su comisión. En cuanto a los datos relacionados a la gravedad de la culpabilidad se hace mención al valor o disvalor ético de los motivos de actuación, los procesos de motivación, los estímulos externos o los móviles internos[66].

Dicho esto, si se considera que los distintos factores señalados han de ser además interpretados conforme a los fines de la pena, cabría poner de relieve las distintas consecuencias que a nivel interpretativo conllevarían sostener un fin u otro (retribución, prevención general o prevención especial)[67].

Si el concepto <gravedad del hecho> se interpreta desde la óptica de una teoría retributiva en la que se presta atención a la nocividad del hecho y a la reprochabilidad de su autor, en principio no se podrían admitir la posibilidad de tomar en consideración circunstancias que hagan posible castigar de modo diferente hechos de la misma gravedad salvo, como ya se ha dicho, que se atiendan a razones que, desde el principio de culpabilidad, lo admitan[68]. Cabe también sostener, como por ejemplo hace DE LA MATA BARRANCO, que el juez, en el momento de determinar la mayor o menor gravedad del hecho que el autor también entiende como injusto culpable, deberá atender también a consideraciones de prevención general como ha hecho previamente el legislador[69]. Así, pone

[66] CHOCLÁN MONTALVO, J.A., *Individualización judicial de la pena. Función de la culpabilidad y la prevención en la determinación de la sanción* penal, Madrid, 1997, pp. 181 y ss. Por su parte, JORGE BARREIRO, A., diferencia entre los factores que afectan al injusto: a) aquellos relacionados con la forma concreta en la que se lleva a cabo la conducta siempre que no valorados en circunstancias: la brutalidad, la brusquedad, o el especial desprecio o inhumanidad con la víctima, número de autores o la infracción de un especial deber de tutela. b) los que hacen referencia a la intensidad del dolo –directo o eventual– y a la tenacidad o debilidad de la voluntad y c)lo relativo a la magnitud de la lesión, la entidad del peligro, el perjuicio económico, las condiciones de la víctima o los perjuicios concretos a ésta; y los factores que afectan a la culpabilidad entre los que incluye el grado de imputabilidad, el conocimiento de la norma o la exigibilidad del cumplimiento del deber, en "La motivación en la individualización judicial de la pena", *Manuales de formación continuada,* núm. 4, 1999, pp. 82 y ss.

[67] Sobre ellas vid. DEMETRIO CRESPO, E., "Análisis de los criterios de individualización judicial de la pena...", ob. cit., pp. 349-351.

[68] Vid. la anterior nota núm. 42.

[69] Lo que supondría, en mi opinión, que el Juez deba tomar en consideración en el momento de concretar la pena exacta datos tales como la mayor o menor frecuencia del delito en el momento de ser juzgado, la alarma que genera su particular medición o el grado de confianza que se ve afectado por tal medición.

como ejemplo que si la cuantía de las drogas determina las penas en abstracto en los delitos de tráfico de estas sustancias, según él no precisamente por criterios de lesión al bien jurídico protegido, entonces lo mismo puede operar el juez en su concreción considerando que "éste debe ser el sentido de la presencia de la finalidad preventivo-general en la individualización de la pena, la de posibilitar un discurso paralelo, no contradictorio, simplemente especificador de cuantías exactas siguiendo los parámetros legales de valoración; no la alusión a conceptos inseguros vinculados a la función ejemplarizante de la pena que no se reflejan, ni pueden hacerlo, en su consideración abstracta"[70].

De otro lado, estimo que no parecen tener cabida en la interpretación del concepto <gravedad del hecho> orientaciones preventivo especiales más allá de las propias del juicio de culpabilidad. Es decir, para modular la gravedad del hecho parece evidente que no deban tomarse en consideración circunstancias personales del reo, no sólo porque éstas no miden la gravedad del injusto culpable (más allá de las relacionadas con la culpabilidad del autor), sino también porque ello parece tener cabida en el segundo factor real de medición, esto es, en las <circunstancias personales de su autor>. En mi opinión, el concepto <gravedad del hecho> en realidad aproxima la pena concreta a la proporcionalidad que posteriormente podrá ser corregida por criterios preventivo especiales en el momento de valorar las <circunstancias personales del delincuente>.

En el ámbito jurisprudencial se ha señalado con carácter general que la gravedad del hecho equivale al desvalor de la conducta puesta de manifiesto en la infracción penal, tanto en su vertiente de actor personal, como al referido al resultado lesivo al bien jurídico señalándose igualmente que la gravedad del hecho a la que se alude en la individualización de la pena no es la gravedad genérica del delito (que es la que ha tenido el legislador en cuenta para la tipificación de las conductas), sino la de otras circunstancias fácticas, elementos de todo orden concominantes al supuesto concreto que se está juzgando[71].

2. Las circunstancias personales del delincuente

El art. 66.1.6ª del vigente Código penal recoge como otro de los factores reales para la concreción judicial de la pena <las circunstancias personales del delincuente> habiendo modificado la redacción que su antecesor, art. 61.4ª CPTR73, hacía al referirse a <la personalidad del delincuente>. El cambio de redacción no es baladí pues ha reducido la discrecionalidad judicial ya que el juez deberá atender a otros criterios preventivo especiales más allá de a su personalidad.

---

[70] DE LA MATA BARRANCO, N., *La individualización de la pena en los tribunales de justicia...*, ob. cit., pp. 123-124.

[71] Una amplia muestra de resoluciones judiciales pueden consultarse en DE LA MATA BARRANCO, N., *La individualización de la pena en los tribunales de justicia...*, ob. cit., pp. 124-125 y 129-154 y en BESIO HERNÁNDEZ, M., *Los criterios legales y judiciales...*, ob. cit., pp. 327-331; 346-350; 356-365 y 385-390.

Aunque también ha sido cuestionado que dicha clausula incorpora explícitamente una referencia directa al fin de prevención especial en la fase de individualización de la pena[72], en mi opinión parece claro que el factor real relativo a las <circunstancias personales del delincuente> previsto en el art. 66.1.6ª CP, hace referencia a elementos o datos indiciarios pertenecientes al ámbito existencial del autor de la infracción que pueden orientar al juez sobre qué cantidad de pena, entre los márgenes de la pena proporcionada según la gravedad del hecho, es suficiente para tratar de lograr la resocialización del autor de la infracción penal lo que, desde una perspectiva de prevención especial positiva, sería tanto como imponer, dentro de los límites permitidos por la Ley, aquel quantum de pena que resulte suficiente para evitar la reincidencia del autor y sea, al tiempo, lo menos desocializadora posible en el caso individual que se está enjuiciando.

En este sentido se ha entendido que este factor se refiere al "conjunto de factores existenciales que configuran su actitud ante lo protegido por el Derecho penal" ya que "sólo así puede avanzarse en la averiguación de la necesidad preventivo especial y de la reacción penal más adecuada para cumplir tal efecto"[73]. En parecida orientación se ha estimado que este factor hace referencia a circunstancias distintas a las modificativas de responsabilidad que tienen que ver, de un lado, con aquellos datos o características de la persona y personalidad del condenado (edad, madurez psicológica, salud física y mental) o de su contexto situacio-

---

[72] En efecto, entre la doctrina podemos encontrar autores que consideran que con el concepto <circunstancias personales del delincuente> no se alude directa o únicamente a la prevención especial sino a otras consideraciones político criminales o dogmáticas como, por ejemplo, a la culpabilidad; sobre las distintas posiciones doctrinales vid. BESIO HERNÁNDEZ, M., *Los criterios legales y judiciales…*, ob. cit., 407-408. Así, por ejemplo, en opinión de Feijoo Sánchez, afirmar que el art. 66.1.6ª del CP hace referencia a la prevención especial resulta un argumento endeble por las siguientes razones: porque ese artículo sólo se aplica cuando no haya agravantes no atenuantes; porque, no es aplicable a todas las infracciones –delitos imprudentes o delitos contra la seguridad en el trafico del 383– ni para todas las penas –multa proporcional con reglas propias en art. 52.2– y porque tener en cuenta las circunstancias personales no indica que tengan que ser interpretadas como no desocialización. Pone como ejemplo que el autor de 18 años con problemas de madurez que cometa un hurto: ello puede ser tenido en cuenta para reducir la pena al mínimo por el significado del hecho para la generalidad con independencia del efecto que pueda tener la pena en el futuro para el joven. En este caso se atenderían a las circunstancias personales del joven pero no utilizando criterios preventivo especiales.; al mismo tiempo, en su opinión, una interpretación sistemática del Código penal contradice tal interpretación porque en otros lugares en los que el Código penal hace referencia a circunstancias personales, por ejemplo art. 14, no se refiere a los efectos resocializadores de la pena (así también en los arts. 68, 88, 80, 95 se ve como esta expresión va adquiriendo contenidos distintos). Estima que afirmar en general que este factor hace referencia a la prevención especial en la determinación de la pena no sirve de nada si no se sabe cómo pueden hacer los jueces un pronóstico de peligrosidad (datos relevantes, con qué método se realizan pronósticos –estadístico, intuitivo, clínico, estructural, etc– cómo se determina el peligro de reincidencia…) dado que con nuestros conocimientos actuales no existe seguridad, siendo imposible enunciar un juicio de pronostico mínimamente seguro respecto a la conducta futura del autor, FEIJOO SÁNCHEZ, B., "Individualización de la pena…", ob. cit., p. 12-13.

[73] GARCÍA ARÁN, M., "Los criterios de determinación…", ob. cit., p. 224.

nal (origen, educación, nivel cultural, situación y entorno familiar, posición profesional y social, situación económica) que tienen relación con su vida anterior, con la comisión del delito y con la tendencia a infringir las normas y, de otro lado, a la proyección social de todos estos datos y situaciones en orden a poder predecir la necesidad de prevención especial y valorar los efectos de la pena en la vida futura del sujeto en sociedad (comportamiento posterior al delito, sensibilidad frente a la pena, posibilidades de integración en la sociedad, consecuencias previsibles de la pena en su vida futura) [74].

Al igual que se ha dicho respecto del factor <gravedad del hecho>, el texto punitivo no concreta cuáles pueden ser los datos o elementos que conformarían las <circunstancias personales del delincuente> lo que, de otro lado, parece razonable debido a la heterogeneidad e infinidad de circunstancias de carácter individual que pueden afectar de distinta manera a sujetos distintos. Por ello, cabe igualmente plantear si sería posible sin violentar el principio ne bis in ídem tomar en alguna medida en cuenta en la última fase de concreción de la pena aquellas circunstancias que, no graduando el injusto ni la culpabilidad (pues ya se hizo al modular la gravedad del hecho), sí tengan un fundamento político criminal como las contenidas en los números. 4, 5 y 6 del art. 21 y en el art. 22.8 todos del Código penal. Si se admite, como estimo adecuado, que tales circunstancias al ser graduables modulan la pena en la fase de concreción exacta en el marco del factor <circunstancias personales del delincuente> en esta última fase, la de determinación de la pena exacta, las circunstancias modificativas de la responsabilidad penal modularían la gravedad de "la pena proporcionada" impuesta conforme al juego de las reglas generales de determinación de la pena junto con el factor real <gravedad del hecho>.

Lo que en cualquier caso sí cabe decir es que para un Derecho penal del hecho no sería lícito castigar las circunstancias en sí de un sujeto sino sólo el hecho que comete desde esas circunstancias a las que el juez deberá atender, motivándolas, en el momento de concreción de la pena.

El concepto <circunstancias personales del delincuente> daría cabida a datos o circunstancias concretas a las que se han referido la doctrina y la jurisprudencia[75] tales como: la vida anterior del reo como pudiera ser las penas anteriormente impuestas o sensu contrario, la impunidad del reo hasta ese momento; el comportamiento posterior del reo para lo cual podría tomarse en cuenta, por ejemplo, la agravante de reparación del art. 21.5ª o la satisfacción de responsabilidad civil del art. 80.2.3ª; u otras circunstancias personales tales como la situación

---

[74] GALLEGO DÍAZ, M., "La aplicación de la pena en consideración...", ob. cit. pp. 463-464.

[75] Sobre las posiciones doctrinales y jurisprudenciales mantenidas vid: DEMETRIO CRESPO, E., "Análisis de los criterios de individualización judicial de la pena...", ob. cit., pp. 351-357; DE LA MATA BARRANCO, N., *La individualización de la pena en los tribunales de justicia...*, ob. cit. pp. 155-179 y BESIO HERNÁNDEZ, M., *Los criterios legales y judiciales...*, ob. cit.,pp. 424-486.

familiar[76], económica o situación profesional del reo[77]; o el de la sensibilidad a la pena, es decir, que una persona padece más que otra con la imposición de la misma pena[78]; la susceptibilidad a la pena del reo dado que el efecto positivo o negativo de la misma puede ser distinto según el reo[79/80].

Sirva como ejemplo la STS de 7 de marzo de 1994 para ilustrar cómo el citado tribunal alude a algunos de los factores mencionados:

> *"Tanto la prevención especial o individual, como fin de la pena, como la condena anterior, como factor de la individualización que denota una cierta tendencia al delito, son correctos criterios desde el punto de vista del derecho vigente. Ni la Constitución ni la legislación ordinaria excluyen legitimidad a la prevención especial, que, por el contrario, ha sido tenida especialmente en cuenta en el art. 25.2 CE. Asimismo, las condenas anteriores son factores que se consideran plenamente adecuadas para la determinación de las necesidades preventivo individuales. Por lo tanto, en estos aspectos el juicio de la Audiencia sobre la individualización de la pena no resulta objetable. En lo que concierne a la traducción de las necesidades de prevención especial en la pena privativa de la libertad impuesta, esta Sala no observa ninguna razón que muestre una arbitrariedad patente y manifiesta del Tribunal "a qua". En efecto, es indudable que la recurrente, luego de haber sufrido tres años antes una pena de 3 años por un delito similar al que motiva la presente causa, ha continuado su actividad delictiva en el mismo sentido, lo que*

---

[76] Desde esta perspectiva se discutiría la ejecución de penas cortas privativas de libertad ya que separa de la familia y trabajo, y contagio criminal.

[77] Al respecto DEMETRIO CRESPO, E., recoge algunos casos sobre los que se han pronunciado los tribunales alemanes; así, la imposición de penas a funcionarios públicos que impliquen la pérdida de la condición de tales; de soldados que son despedidos y pierden el derecho a indemnización, o de otros profesionales como farmacéuticos o abogados que tienen consecuencias muy negativas para el posterior ejercicio de su profesión, lo que tendrá que ser valorado caso por caso, en "Análisis de los criterios de individualización judicial de la pena...", ob. cit., pp.354-355.

[78] Por ejemplo, en Alemania con efectos atenuatorios se ha tomado en consideración en caso tales como la elevada edad del reo o por el padecimiento de enfermedades graves tales como el VIH.

[79] Sobre este elemento concreto DEMETRIO CRESPO ha advertido con acierto sobre el peligro que conllevaría una consideración "elitista" del mismo (también el de las circunstancias profesionales) pues podría privilegiar a los mas favorecidos socialmente –por ejemplo, respecto de la llamada delincuencia de cuello blanco– en relación con lo cual el citado autor entiende que el concepto de "no necesidad de resocialización" debería revisarse en el sentido de que cree que los delincuentes de cuello blanco necesitan probablemente ser resocializados entendiendo ese concepto como "dotación de la capacidad del individuo de no lesionar bienes jurídicos", en "Análisis de los criterios de individualización judicial de la pena...", ob. cit., p. 356.

[80] DE LA MATA BARRANCO, N., también recoge los factores a los que se ha referido la doctrina: edad, madurez psicológica, origen, educación o formación intelectual y cultural, el estado y entorno familiar, alud física y mental, condiciones económica –particularmente para la pena de multa–, posición profesional o social del sujeto, su vida anterior, su comportamiento postdelictivo, su comportamiento procesal, su sensibilidad y susceptibilidad a la pena, sus posibilidades de integración social (y, en general, las consecuencias previsibles de la pena en su vida futura!), en *La individualización de la pena en los tribunales de justicia...*, ob. cit. 157.

> *demuestra una cierta insensibilidad respecto de los imperativos del orden jurídico. Tal actitud refractaria sugiere la necesidad de una respuesta penal más enérgica y, por lo tanto, justifica que el Tribunal "a qua" haya agotado la posibilidad de incidencia de la pena sobre el comportamiento futuro de la recurrente".*

Dicho esto, si se asume que los factores reales han de ser además interpretados conforme a los fines de la pena, cabría poner de relieve las distintas consecuencias que comportaría sostener un fin u otro para interpretar el concepto de <las circunstancias personales del delincuente>[81].

Si el concepto <circunstancias personales del delincuente> se interpreta desde la óptica de una teoría retributiva aquéllas deberán conectarse con la culpabilidad desnaturalizándose entonces como principio preventivo[82]. De otro lado, si tal factor se interpreta desde una óptica preventivo-general el juez, en el momento de la concreción, debería tomar en consideración aspectos tales como "quién es el autor, sobre qué motivos de su personalidad se asentó la decisión de cometer el delito, cómo se manifiesta su actitud frente al ordenamiento jurídico, con qué intensidad se muestran la energía y la intensidad criminal manifestadas por el autor a través de la comisión del delito o en qué medida se descubre en el comportamiento del autor" dado que todos ellos pueden ser apreciados por la comunidad influyendo sobre sus reacciones frente a la ejecución de la pena. En definitiva, como ha señalado DEMETRIO CRESPO, dependiendo de quién haya sido el autor en determinados supuestos la sociedad puede entender que se baje la pena debido al juicio favorable que hace del delincuente concreto, lo que a su juicio es una "abstracción" rechazable por distintos motivos entre los que se encuentra la escasa fiabilidad de la racionalidad de la supuesta decisión de la tolerancia social frente al delito[83].

En mi opinión el factor <circunstancias personales del delincuente> previsto en el art. 66.1.6ª debe interpretarse desde una óptica preventivo especial lo que justificaría imponer (dentro de los márgenes legales) una pena inferior a la "proporcional en atención a la gravedad del hecho" siempre que sea suficiente para evitar la reincidencia logrando la mayor dosis de resocialización (o no desocialización) posible criterios que, obviamente se hacen extensivos en el momento de decidir sobre la suspensión de la ejecución de la pena. En cualquier caso, <las circunstancias personales del delincuente> nunca deberían ser interpretadas como <peligrosidad

---

[81] Sobre ellas vid. DEMETRIO CRESPO, E., "Análisis de los criterios de individualización judicial de la pena...", ob. cit., pp. 349-351.

[82] Al respecto el siguiente pasaje de la obra BRUNS, que tomo de DEMETRIO CRESPO, E., es muy significativo al señalar que: "Las cualidades específicas del acusado, sobre todo sus obligaciones pueden conducir ya a un crecimiento del injusto del hecho, influyendo en cualquier caso el grado de culpabilidad, que depende fuertemente de los elementos psicológicos, motivacionales y caractereológicos de la culpabilidad. Que diferentes autores, aun cometiendo el mismo delito, reciben penas diferentes según su personalidad, bajo el punto de vista del principio de la culpabilidad/expiación, no puede discutirse y es hoy reconocido de forma general", en "Análisis de los criterios de individualización judicial de la pena...", ob. cit., p. 349.

[83] DEMETRIO CRESPO, E., "Análisis de los criterios de individualización judicial de la pena...", ob. cit., pp. 350-351.

del autor> concepto que, como es sabido, juega un papel fundamental en el marco de la aplicación de las medidas de seguridad para los autores inimputables.

3. Cuestiones comunes a los factores reales o fácticos

El art. 66.1 del CP prevé las reglas de determinación de la pena aplicables a los delitos dolosos en función de la concurrencia o no de circunstancias agravantes y/o atenuantes genéricas[84] conteniendo su regla 6ª la forma de proceder por el juez ante la ausencia de tales circunstancias en el caso concreto; al respecto el art. 66.1.6ª dispone que: "*cuando no concurran atenuantes ni agravantes aplicarán la pena establecida por la ley para el delito cometido, en la extensión que estimen adecuada, en atención a las circunstancias personales del delincuente y a la mayor o menor gravedad del hecho*"[85]. Dado el tenor literal de la regla 6ª del art. 66.1 que resuelve los casos en los que "*no concurran atenuantes ni agravantes*", la primera duda que surge es si la misma se aplica sólo a los supuestos en los que realmente no concurran o, por el contrario, también es de obligada aplicación por el juez como último criterio de concreción una vez aplicada, si procede, alguna de las reglas previstas en el art. 66.1 CP lo que, obviamente, supondría mermar algo más la discrecionalidad judicial.

Siendo una cuestión controvertida[86] dada la literalidad de la norma y la no incorporación de una regla expresa para estos casos (como por el contrario sí hacía el CPTR73[87]), estimo posible interpretar que el juez debería aplicar los factores reales incluso cuando hayan concurrido al caso concreto otras circunstancias agravantes y/o atenuantes. En primer lugar, porque la propia literalidad de la regla 6ª lo permitiría si se interpreta que, una vez que se ha aplicado alguna de las otras reglas del art. 66.1, la situación es materialmente igual a la de ausencia de circunstancias[88]. En segundo lugar, porque en los casos de comisión de delitos en la que no concurren circunstancias modificativas genéricas tienen una identidad,

---

[84] Sobre el proceso de determinación de la pena en función de la concurrencia de circunstancias modificativas de la responsabilidad pernal vid. la monografía de CASTELLÓ NICÁS, N., *Arbitrio judicial y determinación de la pena...*, ob. cit. y el artículo de GALLEGO DÍAZ, M., "La aplicación de la pena en consideración...", ob. cit.

[85] Su predecesor, el art. 61.4ª del CPTR73, disponía que: "Cuando no concurrieren circunstancias atenuantes ni agravantes, los Tribunales, teniendo en cuenta la mayor o menor gravedad del hecho y la personalidad del delincuente, impondrá la pena en el grado mínimo o medio".

[86] Algunos autores, de hecho, parecen no admitir esta última posibilidad como lo hace FEIJOO SÁNCHEZ, B., "Individualización de la pena y teoría de la pena...", ob. cit., p. 11.

[87] El art. 61.7ª del CPTR73 disponía la regla que debían apreciar los jueces una vez aplicadas el resto de reglas de determinación de la pena señalando que: "Dentro de los límites de cada grado, los tribunales determinarán la extensión de la pena en consideración al número y entidad de las circunstancias agravantes y atenuantes y a la mayor o menor gravedad del mal producido por el delito".

[88] De hecho, la regla prevista en el art. 61.7ª del CPTR73 había sido considerada innecesaria por algún autor, sobre ello vid. GALLEGO DÍAZ, M., "La aplicación de la pena en consideración...", ob. cit. p. 466.

al menos estructural, similar a los casos de comisión de un delito agravado o atenuado en cuya comisión no concurran circunstancias genéricas; al respecto creo que nadie dudaría en aplicar la mencionada regla 6ª al supuesto de, por ejemplo, un delito de asesinato con ensañamiento sin concurrencia de ninguna circunstancia genérica a pesar de que el ensañamiento es una circunstancia genérica convertida en específica en el asesinato; finalmente, si no se tomara en consideración la regla 6ª del art. 66.1 sólo se valoraría, en realidad, el injusto culpable no atendiéndose unas circunstancias, las personales del autor, lo que considero que supondría una tratamiento distinto injustificado.

En definitiva estimo acertado que, aun en el caso en que sí concurran circunstancias agravantes o atenuantes, el juez atienda a la regla prevista en el art. 66.1.6ª que ofrece criterios que evitan algo más el dictado de resoluciones arbitrarias o aleatorias. No obstante, coincido con GALLEGO DÍAZ en que, para evitar dudas, sería oportuno como propuesta de *lege ferenda* incluir una regla que evitara la duda sobre si se debe hacer extensiva la regla del 66.1.6. a estos supuestos[89].

Finalmente cabe señalar que, dado que el art. 66.1.6ª CP no establece cuál de ambos factores (circunstancias personales del delincuente/gravedad del hecho) deba prevalecer, en el momento de la concreción de la pena como, por ejemplo, sí hace la Ley Orgánica de Responsabilidad Penal de los Menores[90], surge la duda relativa a si alguno de ellos debe entenderse de especial "peso" o valoración prioritaria o predominante. Una interpretación histórica parece sugerir que deberían prevalecer las circunstancias personales del sujeto frente a la gravedad del hecho si se atiende a que el art. 66.1.6ª del vigente Código penal, a diferencia de su predecesor ha cambiado el orden de redacción situando a aquéllas en primer lugar[91].

---

[89] *Ibidem*, p. 467. El citado autor propone añadir un nuevo párrafo al art. 66.1.6ª con el siguiente tenor literal: "*En atención a estos mismo criterios aplicarán la pena que resulte de las otras reglas de este artículo en la extensión que estime adecuada dentro de los límites de cada grado o de la mitad inferior o superior de la pena, en su caso*", lo que permitiría, en su opinión, una mejor motivación de la sentencia ex art. 72 y evitaría la aplicación sistemática de la pena en el límite mínimo de la establecida por el delito por parte de jueces y tribunales como parecen hacer los tribunales.

[90] El art. 7.3 de la Ley Orgánica Reguladora de la Responsabilidad Penal de los Menores establece que: "*Para la elección de la medida o medidas adecuadas se deberá atender de modo flexible, no sólo a la prueba y valoración jurídica de los hechos, sino especialmente a la edad, las circunstancias familiares y sociales, la personalidad y el interés del menor, puestos de manifiesto los dos últimos en los informes de los equipos técnicos y de las entidades públicas de protección y reforma de menores cuando estos hubieran tenido conocimiento del menor por haber ejecutado una medida cautelar o definitiva con anterioridad, emitidos conforme a lo dispuesto en el art. 27 de la presente Ley. El juez deberá motivar en la sentencia las razones por las que aplica una determinada medida, así como el plazo de duración de la misma, a los efectos de la valoración del mencionado interés del menor*".

[91] Sobre esta cuestión, DE LA MATA BARRANCO, N., ha señalado que precisamente porque el art. 66.1.6 del CP no establece jerarquía entre ellos y porque no es lícito castigar en si mismas las circunstancias personales de su autor (derecho penal de autor), es posible interpretar que la compensación de ambos factores permitiría rebajar la pena si no es necesaria para la prevención especial pero no en cambio una pena superior a la permitida por la gravedad del hecho, esto es, "a establecer una compensación dentro del límite máximo, pero no mínimo, del principio de culpabilidad", en *La individualización de la pena en los tribunales de justicia...*, ob. cit. p. 123.

Capítulo quinto
Incidencia de las actuaciones *post-facto* en la determinación de la pena

IGNACIO F. BENÍTEZ ORTÚZAR
Catedrático de Derecho Penal de la Universidad de Jaén

I. INTRODUCCIÓN

La regulación procesal de los instrumentos de investigación criminal en la lucha contra la delincuencia organizada dieron lugar a la regulación expresa en la Ley de Enjuiciamiento Criminal de figuras tales como la "entrega vigilada" y el "agente encubierto", con la pretensión de dotar de una mayor eficacia la desestructuración de la organización criminal[1]. Junto a ellos, con la misma finalidad pero con una naturaleza jurídica muy distinta los ordenamientos jurídicos suelen incorporar mecanismos de incentivación a la colaboración con la Justicia de algún miembro de la organización. Así, surge la figura del colaborador con la Justicia o "arrepentido", que es un miembro o ex-miembro de la organización delictiva que aporta elementos que pueden ser usados para la incriminación de otros miembros de la organización o para impedir la comisión de nuevos delitos. Normalmente esta colaboración va a fomentarse con una expectativa de disminución en la pena impuesta o en la obtención privilegiada de beneficios peni-

[1] Al respecto, vid. BENÍTEZ ORTÚZAR, I.F., *El colaborador con la justicia. Aspectos sustantivos, procesales y penitenciarios derivados de la conducta del arrepentido, Madrid,* 2004, páginas 13 a 21.

tenciarios. A diferencia de la «entrega vigilada» o del «agente encubierto», de naturaleza procesal, el «colaborador con la Justicia» es una figura regulada en España en la legislación sustantiva[2], como ocurre –por ejemplo– con los artículos 376, 570 quater.4, y 579 bis.3 del Código penal, aún cuando la finalidad de las tres instituciones sea la misma. Con la previsión de un mejor tratamiento punitivo al delincuente arrepentido se trataría de incluir, junto al castigo como consecuencia legítima de la comisión de la conducta constitutiva de delito, la del premio por la contra-conducta consistente en la colaboración con la Justicia.

En definitiva, se tratan de mecanismos que tienden a promocionar la delación, cuyo encaje en el Ordenamiento Jurídico va a depender de la admisión o no del principio de oportunidad en el proceso penal. Así, en el mundo anglosajón se incluyen incluso programas a través de los cuales se otorgan cantidades al delator en función de lo recaudado por el Estado al desactivar la organización criminal[3]. No obstante, en el Derecho continental este tipo de premios tienen difícil encaje en el Derecho penal, si bien fueron introduciéndose en estos ordenamientos jurídicos a partir de las legislaciones de emergencia que se fueron elaborando para hacer frente al crimen organizado, principalmente respecto de los delitos relativos al terrorismo y al tráfico de drogas.

En relación con la que pudiera denominarse delincuencia común, el Código penal recoge otras fórmulas que dotan de relevancia a los actos realizados por el sujeto tras la comisión del hecho típicamente antijurídico y que van a afectar directamente en la una disminución de la pena. Así, por ejemplo, de forma genérica se pueden incluir en este grupo de conductas post-facto con incidencia en la determinación de la pena, de un lado, la figura del desistimiento en la tentativa del artículo 16.2 CP, y, de otro lado, las circunstancias atenuantes de responsabilidad criminal de confesión de los hechos a las autoridades (artículo 21.4 CP) o de reparación del daño causado (artículo 21.5 CP), así como la resultante de la aplicación analógica del artículo 21.7 CP a alguna de las dos anteriores.

En otro orden de cosas, aún cuando en España no rige el principio de oportunidad en el proceso penal, cada vez son más frecuentes las llamadas sentencias penales por conformidad, con las que –de algún modo– desde el plano estrictamente procesal se están utilizando actos post-facto que inciden directamente en la determinación de la pena. Al respecto, la Ley de Enjuiciamiento Criminal regula en los artículos 781 a 801 la "conformidad premiada", que lleva aparejada un beneficio penológico de un tercio de la pena solicitada para los delitos menores. Al margen de esta conformidad premiada, la practica judicial está posibilitando

---

[2] A diferencia de lo que ocurre en otros Estados en los que se ha optado por incluir las colaboraciones con la Justicia en la legislación procesal, en una especie de introducción del principio de oportunidad reglada, tal y como ocurre, por ejemplo en el "proceso especial de colaboración en el Código Procesal Penal peruano.

[3] Respecto a la normativa internacional y otros modelos premiales, vid. SÁNCHEZ DE PAZ, I., "El coimputado que colabora con la justicia penal", *Revista Electrónica de Derecho Penal y Criminología*, 2005, páginas 5:2 y siguientes.

acuerdos entre fiscalía y defensa que, sin estar regulados expresamente por la vigencia del principio acusatorio, impide una valoración judicial diferente a la acordada por las partes, posibilitando una Sentencia de conformidad de acuerdo con el artículo 655 LECr con renuncia a la práctica de la prueba.

En definitiva, los estados articulan fórmulas premiales y de Justicia negociada que surgen por la necesidad de restaurar el orden jurídico perturbado a través de conductas que pueden remediar las consecuencias del delito y facilitar su persecución penal.

II. SISTEMA PENAL Y DERECHO PREMIAL

La relevancia de la conducta del sujeto activo del delito después de su ejecución en la determinación y aplicación de la pena correspondiente por el hecho realizado aparece reflejada, de modo general en el Derecho penal español, en las circunstancias atenuantes relativas a la confesión (21.4 CP) y a la reparación del daño causado (artículo 21.5 CP) [4].

Incluso, faltando ésta expresa disposición del sujeto activo a colaborar en el esclarecimiento del delito exigida para la aplicación de las circunstancias atenuantes de los apartados 4° y 5° del artículo 21 CP, ante la ausencia de circunstancias modificativas de la responsabilidad criminal, el Juez o Tribunal en la individualización concreta de la pena a imponer al caso concreto dentro de la "relativa discrecionalidad reglada" que le otorga la Ley para poder moverse dentro de los márgenes señalados por el grado establecido, entre las "circunstancias personales del reo" que establece el artículo 66 CP[5], podría atenderse –entre otras– al "comportamiento posterior al hecho delictivo", como ha señalado el Tribunal Supremo en Sentencias de 16 de febrero de 1999 y de 27 de noviembre de 2002[6].

---

[4] El Ordenamiento Jurídico Penal alemán hace una mayor apuesta por la relevancia penal de la conducta del autor posterior al delito tendente a reparar o compensar a la víctima. Así, el parágrafo 46.II recoge expresamente entre las circunstancias que deberá ponderar el tribunal para la medición de la pena "*su conducta después del hecho, especialmente sus esfuerzos por reparar los daños, y sus esfuerzos para acordar una compensación con el perjudicado*". Expresamente el parágrafo 46ª. Señala lo siguiente: "*Cuando el autor 1. se haya esforzado seriamente por acordar una compensación económica con el perjudicado (compensación autor-víctima), le haya restablecido en su mayor parte la situación jurídica anterior, o 2. haya indemnizado a la víctima totalmente o en su mayor parte, en una situación en la que la reparación de los daños exija notables prestaciones o renuncias personales, el Tribunal podrá atenuar la pena de acuerdo al parágrafo 49, apartado I o, cuando no se deba aplicar una pena mayor de un año de privación de libertad o de una multa de hasta trescientos sesenta días-multa, privar de pena*".

[5] Artículo 66.1 CP: "*Cuando no concurrieren circunstancias atenuantes ni agravantes o cuando concurran unas y otras, los Jueces y tribunales individualizaran la pena imponiendo la señalada en la ley en la extensión adecuada a las circunstancias personales del delincuente y a la mayor o menor gravedad del hecho, razonándolo en la sentencia*".

[6] Sentencias del Tribunal Supremo de 16 de febrero de 1999 y 2000 de 27 de noviembre de 2000, las cuales señalan en sus Fundamentos de Derecho primero y decimonoveno, respecti-

Si bien, no obstante, el Código penal español no recoge expresamente ninguna cláusula expresa referente a la conducta del sujeto subsiguiente al delito en relación a este poder discrecional del Juez o Tribunal dentro de los límites fijados por la Ley como, sin embargo, si hace –por ejemplo– el artículo 133 párrafo segundo del Código penal italiano, cuando señala que "*el juez debe tener en cuenta además la capacidad de delinquir del culpable, deducido de: … 3) la conducta contemporánea y subsiguiente al delito*".

En la parte especial del Derecho penal, de modo específico, se pueden encontrar puntuales referencias "premiales" en relación a figuras delictivas concretas, conformando parte de lo que, con una exclusiva función expositiva, podría denominarse "derecho penal premial"[7] en un sentido muy amplio que incorporaría toda conducta del culpable posterior a la ejecución del delito que tiene incidencia favorable al mismo en la determinación de la pena. Así, por ejemplo, la rebaja de pena en un grado correspondiente al reo de detención ilegal o secuestro que, sin haber conseguido su propósito, deja en libertad al detenido en el plazo de tres días (artículos 163.2 2 y último inciso del 164, ambos del Código penal), o la figura de la retractación de una declaración falsa vertida en juicio constitutiva del delito de falso testimonio (artículo 462 del Código penal). En esta línea, incluso podría considerarse premial la exención de pena por el delito de cohecho al particular que "*haya accedido ocasionalmente a la solicitud de dádiva o presente realizada por autoridad o funcionario público y denunciare el hecho a la autoridad que tenga el deber de proceder a su averiguación, antes de la apertura del correspondiente procedimiento, siempre que no hayan transcurrido más de dos meses desde la fecha de los hechos*" (artículo 426 del Código penal[8]).

En esta línea, esta legislación premial sustantiva consistiría básicamente en asumir con efectos en la disminución de la pena o, incluso, en la impunidad del sujeto, como relevantes penalmente "todos aquellos comportamientos antagonistas a la conducta penalmente ilícita realizados por el imputado y expresivos de una voluntad de arrepentimiento y/o de reparación del daño provocado"[9]. Su estructura aparece directamente relacionada con la ofensa típica (el daño o el peligro) o –en determinados casos– en una menor reprochabilidad, pero no con

vamente, expresamente lo siguiente: "*En el proceso de individualización de las penas, debe jugar una serie de factores que actúen al margen de las reglas más rígidas y formalistas que se establecen para el caso de que concurran circunstancias modificativas de la responsabilidad criminal. La edad de la persona, su grado de formación intelectual y cultural, su madurez psicológica, su entorno familiar y social, sus actividades laborales, su comportamiento posterior al hecho delictivo y sus posibilidades de integración en el cuerpo social, son factores que no sólo permiten, sino que exigen modular la pena ajustándola a las circunstancias personales del autor, sin olvidar la incidencia que, por su cuenta, puedan tener, además, la mayor o menor gravedad del hecho que debe ser medida no solo con criterios cuantitativos sino también cualitativos*".

[7] Si bien, como señala Lanzi, A., sin una sistemática normativa de tutela del premio, en "Diritto penale premiale", en AA.VV., *Diritto Premiale e Sistema Penale,* Milano 1983, página 138.

[8] En la redacción dada por LO 5/2010.

[9] Pisapia, G., considerando el autor italiano justo que estas conductas antagonistas del mal encuentren "el reconocimiento de un «premio» sustancial", en la "Relazione introductiva… página 32.

la amenaza de la pena, con la que tras la ejecución de la ofensa, la norma trata de crear en el agente una motivación reparadora del mal causado[10].

Por su parte, la figura del "colaborador de la Justicia" supone un paso de lo sustantivo a lo procesal, en tanto que la colaboración del culpable interesa en cuanto supone una contribución a la adquisición de pruebas en el procedimiento penal. La expectativa de premio no aparece ahora como contraprestación a una conducta del sujeto "contraofensiva" al bien jurídico directamente ofendido con el hecho ya ejecutado, sino que surge como consecuencia de una actuación positiva en el proceso, consistente en la colaboración con la autoridad policial o judicial, con la que la Administración de Justicia trata de conseguir aquello que no ha conseguido con lo que podrían llamarse medios de investigación regulares[11]. Esta situación plantea una problemática más compleja, de un lado, ante la legitimidad de prever un mejor tratamiento punitivo al culpable colaborador, esto es, la necesidad de encontrar una fundamentación jurídico-penal al trato ventajoso ofertado al culpable colaborador al margen de la ofensividad al bien jurídico y de la culpabilidad del sujeto; y, de otro lado, en relación al propio valor probatorio de las actuaciones del sujeto que presta su colaboración a cambio de una expectativa premial, es decir, el valor de la información vertida en el proceso penal por el culpable colaborador.

El Derecho penal liberal tradicional se basa sobre la amenaza de un mal por el hecho realizado, el cual mantiene una doble función preventiva, general, bien desplegando principalmente una función intimidatoria frente a toda la población (prevención general negativa), bien creando un ambiente de refuerzo jurídico-moral de respeto a la norma (prevención general positiva), y especial, respecto al individuo concreto que ejecuta la conducta antijurídica. Sobre esta estructura, se ha asumido como criterio político-criminal la disminución e incluso la elusión de la pena cuando el sujeto, una vez iniciada la fase ejecutiva del delito y con anterio-

---

[10] En esta línea PULITANO, D., en "Tecniche premiale fra diritto e processo penale", en AA.VV., *Conven in ricordo di Pietro Nuvolone: La legislazione Premiale.* Milano 1987, página 76; MUSCO, E., en una primera acepción amplia del derecho premial, distinta de la correspondiente exclusivamente al momento ejecutivo de la sanción penal (que comprende los institutos jurídicos que prevén ventajas y posibilidad de recuperar la libertad, según el seguimiento positivo de la evolución de la personalidad del condenado) y de la que comprende al colaborador de la justicia, incluye en la premialidad, "todas aquella figuras que de alguna manera conceden una ventaja al sujeto –de atenuación o exención de la pena– sea por un comportamiento que se puede reflejar tanto sobre el contenido del ilícito cuanto sobre la culpabilidad, sea por un comportamiento que se tiene en la fase de ejecución de la pena", en "La premialità nel diritto penale", en AA.VV., *Convengo in ricordo di Pietro Nuvolone: La legislazione Premiale.* Milano 1987, páginas 115-116 y 128; en esta línea también PASELLA, R., en *Diritto Premiale e Sistema Penale,* Milano 1983, página 237.

[11] De un modo excesivamente simple, pero significativo, en la doctrina argentina, EDWADS, C.E., en una primera aproximación señala que el "arrepentido es una técnica de investigación que emplean las autoridades para obtener información sobre los integrantes, funcionamiento, etc., de una organización dedicada al tráfico ilícito de estupefacientes: por ello, se nos presenta como una novedosa forma de investigación con que contará el juez para desbaratar a este tipo de delincuencia organizada", en *El arrepentido, el Agente Encubierto y la Entrega Vigilada,* Buenos Aires 1996, página 31.

ridad a la consumación, voluntariamente adopta la decisión de evitar el resultado lesivo del mismo. Esta figura, que se ha venido denominando "arrepentimiento espontáneo" (que, cuando no exige un elemento subjetivo en el sujeto, debe considerarse "desistimiento espontáneo"), en el estudio del Derecho penal aparece entre las formas de aparición del delito[12], dentro del "iter críminis", a sensu contrario, en la distinción de la tentativa de delito. De otro lado, los Códigos penales suelen incluir el arrepentimiento espontáneo como causa de atenuación de la pena en aquellos casos en los que la conducta realizada ya supone la consumación del mismo, pero el autor, voluntariamente, con anterioridad al inicio del procedimiento por el hecho causado, trata de evitar –o, al menos, paliar– los efectos del mismo[13]. En ambos casos se trata de lo que Ruga Riva califica de "Arrepentimiento sustantivo", frente al "arrepentimiento procesal"[14], consistente en una actuación de colaboración con la Administración de Justicia en la persecución del hecho delictivo. Se trata de una actuación del sujeto, con posterioridad a la ejecución del delito que no incide en el plano de la ofensa al bien jurídico[15], que se concreta en la colaboración procesal con la autoridad con los fines de facilitar la represión de los delitos cometidos y de la individualización de los autores, así como en un resultado apreciable bajo el perfil probatorio[16].

Razones estrictamente político-criminales basadas en la lucha contra la delincuencia organizada llevan al legislador a plantear la relevancia de actuaciones "post-facto" por parte del culpable en la individualización de la responsabilidad criminal. En esta línea, la confesión del hecho a las autoridades y la reparación del daño a las víctimas del hecho o disminuir sus efectos aparecen en el Código penal español de 1995 como circunstancias atenuantes genéricas de la responsabilidad criminal. No obstante, estas circunstancias quedan muy limitadas a un espacio y a un momento post-delictual muy concreto (con anterioridad al inicio del procedimiento o al de que el culpable tenga conocimiento de que éste se dirige contra él, en unos casos, o con anterioridad a la apertura del juicio oral, en

---

[12] Así se expresa el Código penal español en su artículo 16.: 2. "*Quedará exento de responsabilidad penal por el delito intentado quien evite voluntariamente la consumación del delito, bien desistiendo de la ejecución ya iniciada, bien impidiendo la producción del resultado, sin perjuicio de la responsabilidad en que pudiera haber incurrido por los actos ejecutados, si éstos fueren ya constitutivos de otro delito o falta; 3. Cuando en un hecho intervengan varios sujetos, quedaran exentos de responsabilidad penal aquel o aquellos que desistan de la ejecución ya iniciada, e impidan o intenten impedir, seria, firme y decididamente, la consumación, sin perjuicio de la responsabilidad en que pudieran haber incurrido por los actos ejecutados, si estos fueren ya constitutivos de otro delito o falta*".

[13] Tal y como se ha señalado que ocurre en los apartados 4º y 5º del artículo 21 del Código penal español.

[14] Ruga Riva, C., *Il premio per la collaborazione precessuale*, Milano 2002, página 13.

[15] No obstante, Ruga Riva, C., habla de un principio de "contra-ofensividad" como legitimador del premio en el sentido que "la legitimación del premio depende de la incidencia de la conducta colaboradora sobre el mismo bien precedentemente ofendido, sobre otros de igual o superior rango", en *Il premio…*, ob. cit., página 17.

[16] Ibidem., página 14.

otros) y se fundamentan en una disminución de los efectos del delito provocado voluntaria y espontáneamente por el culpable[17].

Sin embargo, en otros supuestos el legislador puede ir más allá, exigiendo una contra-conducta posterior a la consumación del delito ante cuya realización establece un "premio". En estos casos siempre se exige el requisito de la voluntariedad de la contra-conducta realizada por el reo, pero no siempre se requiere la espontaneidad de la misma. Así, en la sustantivización de la colaboración procesal del culpable puede establecerse la recompensa de conseguir un "premio" que se plasme en una rebaja considerable de la pena que le corresponde por ese mismo delito en cuyo esclarecimiento se colabora o –en determinados casos– por la colaboración en otros delitos distintos relacionados de algún modo con aquellos en los que había participado el colaborador. Se produce la paradoja de que, a diferencia del Derecho penal que amenaza con la imposición del mal en que se materializa la pena prevista ante la realización de determinadas conductas previstas como delito, el Derecho premial establece la perspectiva de una recompensa, de un "premio", a aquel sujeto culpable que colabora activamente en la investigación policial y judicial en el desarrollo del procedimiento penal.

Si la función preventivo-general del Derecho penal se sustenta en la amenaza de una pena por el mal previsto como hipótesis en la norma punitiva (prevención general negativa) o en la creación de un ánimo de respeto a la norma (prevención general positiva), tratando en cualquier caso de poner un freno inhibitorio al potencial infractor, el Derecho premial, dirigido al que ya ha quebrantado la norma, aparece con la finalidad de hacerle colaborar con la Justicia. En el primer caso, el Estado, usa la amenaza de pena (el castigo), en el segundo caso, se usa el incentivo, la recompensa, en definitiva, el premio.

Es posible hablar incluso de que, con la previsión de estos premios en el marco del Derecho penal sustantivo, como contraprestación por la colaboración procesal, el legislador utiliza el Derecho penal con una función promocional, utilizable en otros sectores del Ordenamiento Jurídico[18], pero de difícil compatibilidad con un derecho exclusivamente sancionador de las conductas más graves e intolerables, como es el Derecho penal[19].

---

17 Al respecto señala Quintanar Díez. M., que estas figuras "no menoscaben los principios básicos de un Derecho penal respetuoso del principio de ofensividad, proporcionalidad, racionalidad y, en último extremo, culpabilidad", en *La justicia penal y...*, ob. cit., página 13.

18 Al respecto es sumamente ilustrativo el trabajo de Jiménez de Asua, L. titulado "La recompensa como prevención general", publicado en *Revista General de Legislación y Jurisprudencia*, 1914, páginas 5 a 30 y 353 a 394; Vid. también, Tolomei, A.D., *Il pentimento nel dirtto penale*, Torino 1927 (vid. especialmente páginas 156 y siguientes); Bettiol, G., "Dal Diritto penale al diritto premiale", en *Rivista Italiana di Diritto e Procesura Penale*, 1960, páginas 701 a 713.

19 Así, Lanzi, A., en "Diritto penale premiale..., ob. cit., página 137.

En esta línea Musco, E. en relación la compatibilidad del Derecho penal con el estímulo y el premio en que se basa la función promocional del Derecho, válida en otros sectores, señala lo siguiente: "la sanción positiva no sirve, en verdad, ni en la forma de incentivo ni en la forma de premio para crear las condiciones generales –también empíricas–, que contribuyen a la observancia de la Ley"; no

Así, un hipotético "Derecho penal premial" se caracterizaría por el establecimiento de unas expectativas de obtención de un premio que incentive al sujeto responsable de un determinado delito de tal modo que le seduja más la confesión de su participación en el mismo y su colaboración activa con la justicia[20], que la utilización del derecho constitucional a no declararse culpable y a la presunción de inocencia, con la consiguiente carga de la prueba procesal por parte del que otorga[21].

Por su parte, en una concepción del sistema penal diametralmente opuesta al exquisito respeto al conjunto de garantías individuales dimanado de la concepción del sistema punitivo propio del Estado de Derecho liberal, admitiendo la condición de "no persona" o de "enemigo" al terrorista y al narcotraficante, entre otros sujetos enmarcados en el ámbito de la criminalidad organizada, desde una perspectiva estructural-funcionalista –que permitiría, para estas "no personas" no partir del derecho a la presunción de inocencia– que trata de ser legitimado desde la doctrina penal y procesal penal por G. JAKOBS y sus discípulos, la utilización del premio al coimputado como elemento sistémico en la lucha contra este tipo de delincuencia –junto a otros que cuestionan más gravemente las garantías constitucionales, como la a obtención de declaraciones del propio acusado por confidentes particulares sin autorización judicial– no debe plantear ningún problema de legitimación procesal penal, en tanto no sería más que un medio de obtener información acerca de la actividad delictiva de "no personas", de sujetos que han quedado fuera del "contrato social" (terroristas, narcotraficantes, miembros de organizaciones criminales y, posiblemente, inmigrantes ilegales)[22].

---

obstante, esto no le impide al autor preguntarse si, a pesar de ello, es posible la utilización de la técnica premial en algunos casos en Derecho penal, en "La premialità..., ob. cit., páginas 117-118.

En el mismo sentido BRÍCOLA, F., señalaba que la "técnica de la estimulación es incompatible con la esencia de la sanción penal y la función premial es antitética a la función de ésta última", lo cual no impide que el Derecho penal en algunas ocasiones utilice el una función promocional desvinculada de una técnica premial, mediante la selección de intereses que atienden al desarrollo de la sociedad, sobre todo en los delitos omisivos, por ello la estructuración de estos delitos debe ser también respetuosa con los principios constitucionales, "subrayando el peligro del incremento de las figuras omisivas como técnica sancionadora en función promocional devenga expresión de una tendencia del Estado a asumir un modelo dirigista, y no democrático y participativo", en "Función promozinale, técnica premiale e diritto penale", en AA.VV., *Diritto Premiale e Sistema Penale*, Milano 1983, páginas123 a 125.

Por su parte, QUINTANAR DÍEZ, M., hace una interesante referencia histórico-filosófica de la relación entre el Derecho penal y el Derecho premial, en razón a la función promocional del Derecho penal, en La justicia penal y..., ob. cit., páginas 1 a 14; Vid. también, CUERDA ARNAU, M.L., en *Atenuación y...*, ob. cit., página 349.

[20] En palabras DE BENTHAM, J., "los perdones han sido algunas veces otorgados a modo de recompensas, es decir, en consideración a los servicios prestados", en *Theorie des peines et des recompenses*, tomo I, 1911, página 16.

[21] Al respecto vid. COBO DEL ROSAL, M./QUINTANAR DÍEZ, M., en Manuel Cobo del Rosal (Director), *Compendio...*, ob. cit., página 1057.

[22] Al respecto, vid. PORTILLA CONTRERAS, G., en "El Derecho penal y procesal del "enemigo". Las viejas y nuevas políticas de seguridad frente a los peligros internos-externos", ob. cit., en su totalidad.

Dejando a un lado este planteamiento funcionalista que permitiría cualquier medio de investigación procesal penal, aún vulnerando el derecho a la presunción de inocencia de la "no persona", y partiendo del sistema penal y procesal penal garantista propio del Estado liberal, si, a pesar de su dificultosa legitimidad, el legislador opta por instaurar la figura del culpable colaborador con la Justicia como instrumento de investigación ante determinadas modalidades de delincuencia, la opción por el establecimiento de la recompensa en la colaboración procesal del culpable, para ser operativa, debe ser de entidad suficiente que permita al sujeto valorar más positivamente para sus intereses procesales su actitud colaboradora que su "legítima obstrucción a la Justicia" esto es, que el llamado "autoencubrimiento impune, (que le permite el derecho a no declararse culpable y a no declarar contra sí mismo). En esta línea, efectivamente el Derecho penal premial no se convierte más que en un calculo aritmético alejado de la espontaneidad en la que se basan las atenuantes genéricas de confesión y arrepentimiento, que ha de valorar el culpable; cálculo en el que la diferencia entre el "castigo" que supone la confesión de la participación de unos hechos tipificados como delito ya realizados y la recompensa por su colaboración en la identificación de otros culpables como máximo será igual a cero. En definitiva, la colaboración podrá suponer una rebaja considerable de la pena o, incluso –como máximo–, su completa suspensión[23], esto es un perdón, total o parcial, del "castigo" correspondiente por la infracción cometida.

En cualquier caso, el premio a la cooperación en la actividad policial o judicial en la determinación del hecho delictivo o en la individualización y/o captura de otros culpables como orientación político criminal no es exclusiva del Derecho penal material. En la misma línea, el Derecho procesal y el Derecho penitenciario podrían permitir, con la misma finalidad, flexibilizar su tratamiento al cooperador con la Justicia[24].

---

[23] Al respecto, Ruga Riva, C., califica este cálculo de "algebra jurídica", en el que bajo el perfil de la ciencia de la determinación de la pena la técnica premial pone delicados problemas de "alquimia jurídica, en el que se trata de poner en una balanza instrumentos de signo al menos aparentemente opuesto, orientándolos a los fines que históricamente se atribuyen a la pena: retribución, prevención especial y prevención general, en Il premio…, ob. cit., página 8 (nota num. 17).

[24] Desde el punto de vista del Derecho penitenciario, el Derecho premial (que abarcaría el paso del "Derecho clemencial" en la determinación judicial de la penal, al propio Derecho Premial desde la propia elaboración de la Ley hasta la fase de ejecución, pasando por la fase de aplicación judicial, como señala Mantovani, F., en "Diritto premiale e ordinaminamento penitenciario", en AA.VV., *Diritto Premiale e Sistema Penale,* Milano 1983, páginas 200 y siguientes) incluiría las tradicionales medidas de gracia (amnistía e indulto), los instrumentos de prescripción del delito (que anulan la punición del delito por causas ajenas al sujeto), los mecanismos de sustitución de la pena privativa de libertad, así como los beneficios penitenciarios (permisos, licencias, libertad condicional…); respecto al derecho procesal y al derecho penitenciario en Italia (en relación a la posibilidad de aplicar beneficios penitenciarios, después de la condena, a aquellos internos por delitos realizados en materia de asociación para delinquir de tipo mafioso, que colaboran en otros procesos) vid. Sanmarco, A.A. en "La collaborazione con la giustizia nella legge penitenziaria", en *Rivista Italiana di Diritto e Procedura Penale,* 1994, páginas 671 y siguientes.

El premio al "arrepentimiento procesal", esto es la recompensa derivada de la contra-conducta colaboradora del culpable en la investigación del hecho criminal, en abstracto, puede tener una trascendencia meramente procesal, en aquellos ordenamientos jurídicos en los que, como ocurre en los Estados de la Common Law, rige el principio de oportunidad en la acción penal, traduciéndose en la posibilidad de no ejercer la acción penal o incluso, ya iniciada, suspenderla. No obstante, en los estados donde rige el sistema continental de Derecho, en el que el ejercicio de la acción penal es obligatoria, el premio a la colaboración procesal del culpable ha de sustantivizarse en la Ley penal material, mediante atenuaciones específicas de pena o incluso en exenciones de la misma, si bien tras un proceso criminal en el que se determine la culpabilidad del arrepentido. No obstante, fórmulas de culminación del proceso tales como la "conformidad premiada", regulada en los artículos 781 a 801 de la Ley de Enjuiciamiento Criminal, de algún modo introducen en el Ordenamiento procesal penal español una suerte de principio de oportunidad reglada fundamentado en cláusulas premiales. Más complejidad adquiere la fundamentación de otros acuerdos procesales que desactivan el principio acusatorio y que impiden la continuación del Juicio Oral ante la asunción por el acusado de la calificación acordada previamente con la acusación procesal.

III. EL ARREPENTIMENTO ACTIVO EN DELITOS COMUNES

1. El arrepentimiento activo en la parte general del Derecho Penal. las atenuantes de confesión y de reparación del daño. la atenuante analógica

Dentro del concepto de arrepentimiento activo sustantivo se incluyen aquellos actos que siendo realizados por el sujeto culpable tras la comisión del delito van a tener incidencia en la determinación final de la pena. Queda al margen, por tanto, el desistimiento voluntario relevante en el momento de la ejecución del delito en el artículo 16 CP junto a la tentativa de delito por el que "*quedará exento de responsabilidad por el delito intentado quien evite voluntariamente la consumación del delito, bien desistiendo de la ejecución ya iniciada, bien impidiendo la producción del resultado, sin perjuicio de la responsabilidad en que pudiera haber incurrido por los actos*

En relación al endurecimiento de las condiciones para la aplicación de los beneficios penitenciarios a terroristas, vid. SEGURA GARCÍA, M.J., "reflexiones de urgencia sobre la aplicación de los beneficios penitenciarios a reclusos «terroristas»", en *Cuadernos de Política Criminal* número 42, 1990, páginas 619 a 634.

Especialmente dirigido al delincuente terrorista, pero también extensible a otras modalidades de criminalidad organizada, partiendo de un fuerte endurecimiento de las penas y del tratamiento penitenciario en este tipo de delincuencia, este sistema es el que parece recoger la reforma de los artículos 90 del Código penal y 72 de la Ley Orgánica General Penitenciaria, operada por Ley Orgánica 7/2003, de 30 de junio, de medidas de reforma para el cumplimento íntegro y efectivo de las penas.

ejecutados, si éstos fueren constitutivos de otro delito". Este desistimiento, calificado por el Tribunal Supremo como "*una excusa absolutoria incompleta inspirada en razones de política criminal*"[25] va a exigir unas características diferentes en los casos en los que concurra en el desarrollo del iter críminis en la fase de tentativa inacabada o en la fase de tentativa acabada. En la primera bastará con que el sujeto suspenda la ejecución, mientras que en la segunda al sujeto se le exige un desistimiento activo, consistente en hacer algo que, una vez completa la ejecución, evite la producción del resultado[26].

Ahora bien, tras la consumación del delito, el legislador incluye en el Libro primero del Código penal de 1995 unas circunstancias de atenuación de la pena que dependen directamente de hechos realizados con posterioridad a la ejecución delictiva: la confesión (artículo 21.4 CP) y la reparación del daño (artículo 21.5 CP). Circunstancias atenuantes que tienen su origen en lo que tradicionalmente se denominó "arrepentimiento espontáneo"[27]. Así, la Sentencia del Tribunal Supremo *232/1996, de 15 de marzo, respecto del artículo 9.9 del CP, texto refundido de 1973 disponía lo siguiente:* "*El Código Penal recoge entre las circunstancias que atenúan la responsabilidad criminal la denominada de arrepentimiento espontáneo (art. 9.9) que se distingue fundamentalmente de las demás circunstancias por valorar la conducta del sujeto activo «a posteriori» de la comisión del delito. El fundamento de esta atenuante es doble, en cuanto implica una menor culpabilidad en el sujeto y, al propio tiempo, constituye un estímulo para la reparación del daño y un eficaz auxilio de la Justicia. La Ley exige que el arrepentimiento sea espontáneo, aun cuando recientemente, tanto la doctrina como la jurisprudencia se muestran contrarias a una sobrevaloración del elemento subjetivo y –sin eliminarlo totalmente– destacan que tanto da, a efectos jurídicos, que el arrepentimiento descanse en la convicción del sujeto de haber obrado mal éticamente, como en el temor de las consecuencias punitivas de su conducta o incluso en el deseo de obtener una ventaja desde el punto de vista penológico a través de la aplicación de la atenuante. Lo más relevante son las manifestaciones externas de su conducta, es decir constatar que el autor del delito ha desarrollado con posterioridad una actividad directamente encaminada a cooperar con los fines del ordenamiento jurídico, realizando actos que beneficien a la víctima o que favorezcan directamente la acción de la Justicia, como sucede cuando el culpable confiesa ante las autoridades la infracción".*

La toma en consideración en la determinación de la pena del "arrepentimiento activo sustantivo" no ha sido uniforme en todos los Códigos penales históricos, es más, se puede decir que, con la excepción de su inclusión entre el catálogo de atenuantes del primer Código penal español, el de 1822, ha estado ausente del articulado de los Códigos penales del siglo XIX. Así, desde que el artículo 107

[25] Acuerdo del Pleno no jurisdiccional de la Sala Segunda del Tribunal Supremo de 15 de febrero de 2002.

[26] MIR PUIG, S. *Derecho penal. Parte General*, Barcelona 2015, página 37.

[27] Así, el artículo 9 del Código penal texto refundido de 1973 disponía lo siguiente: "*Son circunstancias atenuantes: 9. la de haber procedido el culpable antes de conocer la apertura del procedimiento judicial, y por motivos de arrepentimiento espontaneo, a reparar o disminuir los efectos del delito, a dar satisfacción al ofendido a confesar a las autoridades la infracción*".

del Código penal de 1822 recogiera como "*circunstancias que disminuyan el grado del delito*" las figuras del arrepentimiento con la reparación del daño y la confesión voluntaria con efectos atenuantes en la determinación de la responsabilidad criminal, hay que llegar al artículo 64 del efímero Código penal de 1928, para encontrarlas de nuevo como "*circunstancias atenuantes de la infracción*". El Código penal de 1932 unifica en una sola circunstancia atenuante de la responsabilidad criminal, –que en adelante recibirá la denominación de "*arrepentimiento espontáneo*"–, la reparación del daño y la confesión judicial. Con una redacción similar aparece en los mismos términos en el Código penal de 1944, manteniéndose en sus sucesivas reformas hasta la entrada en vigor del vigente Código penal de 1995. El Código penal de 1995, en su artículo 21 vuelve a establecer dos circunstancias atenuantes diferenciadas: la confesión de la infracción a las autoridades, del apartado 4º, y la reparación del daño, del apartado 5º; en ambas circunstancias se excluye la tradicional referencia al elemento subjetivo que exigía un móvil al sujeto dirigido a restablecer el orden alterado con la conducta delictiva, con la aceptación de los valores transgredidos, lo que le había hecho merecedora de la denominación de "arrepentimiento espontáneo", pasando a una formulación más utilitarista basada exclusivamente en la conducta objetiva del sujeto, facilitadora de la investigación policial y judicial, independientemente de los motivos que llevan a éste a tratar de reparar el daño causado a la víctima, disminuir los efectos del delito o –simplemente– a confesar la infracción a las autoridades[28].

Así, el Código penal de 1995, en el catálogo de circunstancias atenuantes de la responsabilidad criminal incluye en tres supuestos la relevancia del acto realizado por el sujeto tras la consumación del delito:

a. La "confesión" previa al conocimiento de que el procedimiento se dirige frente al sujeto. El artículo 21.4 CP, establece como circunstancia atenuante "*la de haber procedido el culpable, antes de conocer que el procedimiento judicial se dirige contra él, a confesar la infracción a las autoridades*".

b. La "reparación del daño causado o disminución de los efectos del delito con anterioridad a la celebración del acto del juicio oral". El artículo 21.5 CP, establece como circunstancia atenuante "*la de haber procedido el culpable a reparar el daño ocasionado a la víctima, o disminuir sus efectos, en cualquier momento del procedimiento y con anterioridad a la celebración del acto del juicio oral*".

c. La colaboración del "confeso" tras la detención policial; en cuyo caso sería posible plantear, la circunstancia atenuante analógica. El artículo 21.7 del Código penal, establece como circunstancia atenuante "*cualquier otra circunstancia de análoga significación que las anteriores*".

Doctrinal y jurisprudencialmente incluso se ha denominado la circunstancia del artículo 21.4 del Código penal como "*la atenuante de auxilio y colaboración con*

---

[28] Al respecto, Vid. BENITEZ ORTÚZAR, I.F., en, El colaborador con la justicia..., ob. cit., páginas 57-61.

la Administración de Justicia"[29]. A diferencia del artículo 9.9 del Código penal texto refundido de 1973, en esta circunstancia se ha suprimido la referencia expresa al "arrepentimiento espontáneo"[30], haciéndola más "objetiva" incluso que las propias cláusulas de "arrepentimiento activo procesal" de los artículos 376, 570quater.4 y 579bis.3 del Código penal, que incluyen una referencia expresa al "abandono voluntario de las actividades delictivas"[31] no exigible para la aplicación de la atenuante genérica del artículo 21.4º del Código penal. Al respecto, por ejemplo, la Sentencia de la Audiencia Provincial de Albacete de 6 de noviembre de 2000 disponía que *"la atenuación de la pena para el sujeto que colabora con la Administración de Justicia en el esclarecimiento del hecho no viene aquí limitado por la exigencia de una voluntariedad en su conducta, de manera que impida completamente su aplicación cuando el sujeto ya se encuentra detenido y es interrogado sobre el modo en que ocurrieron los hechos. Es decir, al contrario de lo que ocurre al aplicar el art. 376, que pretende extraer al sujeto de la organización criminal, la referida atenuante tiene su razón de ser en la oportunidad de ofrecer un trato especial a quien colabora en el esclarecimiento de los hechos renunciando a su derecho fundamental a no declarar reconocido en el art. 24.2 CE*".

Características de la circunstancia atenuante del artículo 21.4 del Código penal son las siguientes: a. que la "confesión" se produzca con anterioridad a que el sujeto conozca que el procedimiento se dirige contra él, lo que permite tanto el caso en el que el procedimiento aún no se ha abierto, como cuando éste se ha abierto y no se dirige aún contra el sujeto que realiza la confesión –incluso en los casos en los que ésta situación no se produce exclusivamente porque aún se desconoce la identidad del presunto responsable[32]–, o bien,

---

[29] Así, ya recién aprobada la Ley Orgánica 10/1995, de 23 de noviembre del Código Penal, Valle Muñiz, J.M., en Gonzalo Quintero Olivares (Director), Comentarios al Nuevo Código Penal, Pamplona 1996, página 210.

En la Jurisprudencia, la sentencia del Tribunal Supremo de 31 de Mayo de 1999, señala al respecto que la confesión tras el conocimiento de previo por las autoridades aunque sea indiciario de su responsabilidad criminal, "*carece de relevancia colaboradora que, en cambio tiene la confesión carece de la relevancia colaboradora que en cambio tiene la confesión de una responsabilidad desconocida hasta entonces por las autoridades*". No obstante, sin embargo, esto no es del todo cierto, pues el artículo 21.4 CP exige que el sujeto que confiesa sea el que no conozca que el procedimiento se dirige contra él, independientemente de que en el desarrollo del proceso ya existan indicios de la responsabilidad penal del confeso.

[30] La cual ya había sido "suprimida" por la propia jurisprudencia del Tribunal Supremo. Vid. Al respecto las sentencias de 14 de mayo de 1985, de 20 de febrero de 1987, de 11 de marzo de 1987, de 7 de noviembre de 1988 de 13 de diciembre de 1988, 3 de marzo de 1989, 14 de junio de 1990, 15 de octubre de 1990, 16 de septiembre de 1991, 21 de abril de 1992, de 14 de marzo de 1994 o de 16 de octubre de 1996.

[31] Sin duda, muchísimo más que los artículos 90 del Código penal y 72 de la Ley orgánica General Penitenciaria, tras la redacción aprobada por Ley Orgánica 7/2003, de 30 de junio, de medidas de reforma para el cumplimiento íntegro y efectivo de las penas, al incluir entre los requisitos para acceder a la libertad condicional o al tercer grado de tratamiento penitenciario el que el sujeto haya realizado "una petición expresa de perdón a las víctimas de su delito").

[32] Al respecto, la Sentencia de la Audiencia Provincial de León de 19 de septiembre de 2001, Fundamento de Derecho número cuatro. En este sentido, también la Sentencia de la Audiencia

cuando el procedimiento se dirige contra el sujeto pero éste aún no ha tenido conocimiento de esta circunstancia; b. La confesión debe ser veraz; c. La confesión debe ser realizada por el propio sujeto responsable, salvo casos excepcionales; d. La puesta a disposición del sujeto a la autoridad judicial en el momento de la confesión.

La aplicación de la circunstancia atenuante de confesión judicial no exige el hecho de poner en conocimiento de la autoridad judicial ningún dato acerca de la organización criminal, ni tampoco la delación de otros responsables del delito[33]. Tampoco obliga al sujeto a tratar de aminorar los efectos del delito, en cuyo caso se apreciaría la circunstancia atenuante del artículo 21.5 del Código penal. Se trata de dar relevancia en la determinación de la pena a una conducta por parte del sujeto consistente exclusivamente en poner en conocimiento de la autoridad judicial su participación pasada en unos hechos constitutivos de delito en un momento anterior a tener conocimiento de que existe un procedimiento dirigido contra él, facilitando de este modo la investigación de los hechos: "*basta que el culpable no conozca que el proceso judicial se dirige contra él y, sin embargo, confiese la infracción a las autoridades*"[34]. De tal modo que la confesión del sujeto sea útil a la investigación[35]. En esta línea el Tribunal Supremo viene exigiendo los siguientes requisitos para aplicar la atenuante de confesión del artículo 21.4 CP: *1) Tendrá que haber un acto de confesión de la infracción; 2) El sujeto activo de la confesión habrá de ser el culpable; 3) La confesión habrá de ser veraz en lo sustancial; 4) La confesión habrá de mantenerse a lo largo de las diferentes manifestaciones realizadas en el proceso, también en lo sustancial; 5) La confesión habrá de hacerse ante la autoridad, agente de la autoridad o funcionario cualificado para recibirla; 6) Tiene que concurrir el requisito cronológico, consistente en que la confesión tendrá que haberse hecho antes de conocer el confesante que el procedimiento se dirigía contra él, habiendo de*

Provincial de Barcelona (sección quinta), de 5 de febrero de 1997, cuyo Fundamento de Derecho cuarto establece lo siguiente: "*...antes de la detención por el último de los delitos, el intentado, o las actuaciones judiciales a que había n dado lugar denuncias de hechos anteriores habían sido provisionalmente sobreseídas por falta de autor conocido, o no se habían iniciado aún investigaciones policiales, incluso por falta de denuncia, y fue la confesión policial del acusado, al que nada apuntaba como autor de los delitos consumados la que permitió incluso conocer la perpetración de algunos no denunciados antes y establecer la autoría de los hechos*".

[33] Parece posicionarse en contra de esta interpretación, Rodríguez Mourullo, G., cuando señala lo siguiente: "la confesión, que el texto legal refiere objetivamente a la infracción y no contrae a la intervención subjetiva del confesante en la misma, debe comprender también, en el sentido del artículo 389 de la L.E.Cr., la participación que en los hechos hayan tenido las demás personas que hubieren contribuido a ejecutarlos o encubrirlos", en Gonzalo Rodríguez Mourullo (Director), *Comentarios al Código Penal, Madrid 1997*, página 116.

[34] Sentencia de la Audiencia Provincial de Córdoba (sección tercera) de 21 de febrero de 1997.

Su fundamento se haya exclusivamente en razones de política criminal, es decir, "de utilidad", razones no éticas, sino exclusivamente pragmáticas. En este sentido, Cobo del Rosal M./Vives Antón, T.S., en Derecho Penal Parte General. Valencia 1999, página 824. En esta línea, con algún que otro matiz, existe una práctica unanimidad doctrinal.

[35] Así, las Sentencias del Tribunal Supremo de 10 de julio de 2014 o de 15 de mayo de 2014.

entenderse que la iniciación de diligencias policiales ya integra procedimiento judicial a los efectos de la atenuante"[36].

Por su parte, la circunstancia de reparación del daño o disminución de los efectos del delito, en parte, también desgajada del arrepentimiento espontáneo del artículo 9.9 del Código penal texto refundido de 1973, responde a un criterio político criminal de influencia victimológica que tiende a otorgar relevancia en la determinación de la pena a la afección de las expectativas de la víctima del delito, que pudieran verse satisfechas, en parte, con la reparación del daño o, al menos, la disminución de los efectos del delito[37]. El legislador otorga a esta relevancia la consideración de circunstancia atenuante de responsabilidad criminal y, con ello, de incidencia en la determinación de la pena, sin que se exija ningún requisito subjetivo[38].

En cuanto a la fundamentación de la circunstancia atenuante analógica del artículo 21.7 del Código penal, ésta se basa en la constatación de una situación análoga a la de las circunstancias atenuantes concretas recogidas en los primeros seis apartados del artículo 21 del Código penal, lo cual es distinto a su consideración como una atenuante incompleta. Esta situación análoga que justifique una menor responsabilidad criminal exigirá su plasmación en la análoga significación a la menor antijuridicidad o reprochabilidad de la circunstancia atenuante de referencia, o bien, como ocurre en los casos de las atenuantes de los apartados 4º y 5º del artículo 21 (que dan valor atenuatorio a hechos post-delictuales que no implican ni menor antijuridicidad ni menor culpabilidad) a una menor necesidad de pena basada en criterios político-criminales de cooperación con la administración de Justicia –el primer caso– o victimológicos –en el segundo caso–[39].

En relación con la incidencia de la confesión o de la reparación (o, en su caso la atenuante analógica del artículo 21.7 en relación con las anteriores) –como actos post-facto– en la determinación de la pena debe advertirse que las mismas pueden llegar a ser calificadas como muy cualificadas, pudiendo llegar –en virtud del artículo 66.1.2º CP– a la rebaja en uno o dos grados la pena prevista para el delito[40]. Al respecto, la Sentencia de la Audiencia Provincial de Zaragoza 85/2016, de 29 de abril, admitía la atenuante de confesión muy cualificada "*cuando el procesado no pretendió ocultar lo ocurrido y desde el primer momento confesó los hechos y su participación en ellos, facilitando extraordinariamente su investigación, la tramitación de*

[36] Al respecto las Sentencias del Tribunal Supremo de 25 de enero de 2000, de 10 de octubre de 2016 o de 18 de junio de 2009.

[37] En esta línea la Sentencias del Tribunal Supremo de 17 de julio de 2007 o de 29 de enero de 2008.

[38] Sentencia del Tribunal Supremo de 10 de junio de 2013.

[39] Señala la Sentencia de la Audiencia Provincial de León (sección tercera) de 19 de septiembre de 2001, lo siguiente: aún cuando no puede verse en esta atenuante una disminución de la culpabilidad, el hecho de disminuir los efectos del delito se considera, por motivos de política criminal, favorecedor de los comportamientos posteriores para aliviar la situación de las víctimas".

[40] Respecto de la aplicación de las circunstancias atenuantes muy cualificadas, vid. MUÑOZ RUIZ, J., *Las circunstancias atenuantes muy cualificadas*, Pamplona 2016.

la causa contra él y su condena"; asimismo, la Jurisprudencia viene aplicando la circunstancia de reparación del daño del artículo 21.5 como muy cualificada cuando el esfuerzo realizado por el sujeto es particularmente notable en atención a las circunstancias personales y al contexto global en el que la acción se lleve a cabo[41]. Por lo que respecta a la aplicación de la circunstancia atenuante analógica del artículo 21.7 CP en relación con el 21.4 CP, la Sentencia de la Audiencia Provincial de Madrid 796/2015, de 27 de noviembre, así la consideró aunque la admisión de los hechos se produjo después de tener conocimiento de la apertura del procedimiento, pero los datos aportados fueron de singular relevancia y sirvieron para evitar la comisión de ulteriores delitos contra la salud pública[42].

2. El arrepentimiento activo en la parte especial del Derecho Penal

Junto a las previsiones de la parte general, el Código penal introduce en el Libro II algunas previsiones específicas "premiales", esto es, algunas actuaciones del culpable posteriores a la comisión del hecho típicamente antijurídico que tiene incidencia en la determinación de la pena. Así ocurre, por ejemplo, en: a) Los delitos de detenciones ilegales y secuestros del Capítulo primero del Título VI del Libro segundo del Código penal, cuando en los artículos 163.2 y 164, último inciso, "*si el culpable diera libertad al encerrado o detenido dentro de los tres primeros días, sin haber logrado el objeto que se había propuesto*"; b) Los delitos de amenazas, en el artículo 171.3 CP, para favorecer la persecución del delito de chantaje, permitiendo que el Ministerio Fiscal pueda abstenerse de acusar por el delito cuya revelación se hubiere amenazado, salvo que éste estuviere castigado con pena de prisión superior a dos años, en cuyo caso el Juez o Tribunal podrá rebajar la pena en uno o dos grados; c) El delito de trata de seres humanos del artículo 177bis.11 CP, con la previsión de que la victima de trata de seres humanos quedará exenta de pena por las infracciones penales que hubiere cometido en la situación de explotación sufrida siempre que exista una adecuada proporcionalidad entre la situación, intimidación, engaño o abuso y el hecho criminal realizado; d) El delito de cohecho del artículo 426 CP, cuando el particular que habiendo accedido ocasionalmente a la solicitud de dádiva u otra retribución realizada por autoridad o funcionario público, denunciare el hecho a la autoridad que tenga el deber de proceder a su averiguación antes de la apertura del procedimiento, siempre que no haya transcurrido más de dos meses desde la fecha de los hechos; e) El delito de falso testimonio, con la regulación de la retractación del artículo 462 CP, dejando exento de pena a quien, habiendo prestado un falso testimonio en causa criminal, se retracte en tiempo y forma, manifestando la verdad para que surta efecto antes de que se dicte sentencia en el proceso de que se trate (quedando en una atenua-

---

41 Así, por ejemplo la Sentencia de la Audiencia Provincial de Barcelona 840/2014, de 11 de febrero, la aplica cuando alcanza prácticamente la totalidad de lo debido y se hace con especial prontitud.

42 En la línea de la Sentencia del Tribunal Supremo de 10 de junio de 2013.

ción de la pena si como consecuencia del falso testimonio se hubiese producido la privación de libertad, procediendo en estos casos a las penas correspondientes inferiores en grado); f) El delito de rebelión, quedando exento de pena al que, implicado en el delito de rebelión, lo revelare al tiempo de poder evitar sus consecuencias (artículo 482.1 CP) o aplicando la inferior en grado a los meros ejecutores que depongan las armas antes de haber hecho uso de ellas, sometiéndose a las autoridades legítimas, al igual que a los rebeldes que se disolvieran o sometieran a la autoridad legítima antes de la intimidación o a consecuencia de ella (artículo 482.2 CP).

IV. EL ARREPENTIMIENTO ACTIVO PROCESAL. EL COLABORADOR EFICAZ

Cuando el premio a la contra-conducta del sujeto se produce en el desarrollo del proceso el "Derecho penal premial" plantea principalmente tres problemas: su legitimidad, su necesidad y su conveniencia. La legitimidad del premio como instrumento de política criminal y su compatibilidad con los fines de la pena, a la cual puede llegar a neutralizar; la necesidad del mismo, en tanto no existan otras alternativas con resultados menos traumáticos para el sistema penal tradicional, y la conveniencia de su utilización de acuerdo con la práctica jurisprudencial, son los elementos que tendrá que valorar el legislador a la hora de prever y redactar cualquier cláusula de Derecho penal premial [43].

1. Legitimidad y necesidad del premio

1.1. Legitimidad del premio

Desde el punto de partida de se adopte, la principal problemática que plantea "el premio" en el ámbito del Derecho penal es el de su legitimación [44]. Premiando al culpable por su colaboración procesal la ofensa al bien jurídico lesionado o puesto en peligro queda intacta: ni el hecho es menos antijurídico, ni el sujeto es menos culpable. Antijuridicidad y culpabilidad, pues, no se inmutan, afectando, sin embargo, directamente a la punibilidad del delito –o, al menos, a la punición del hecho, si se mantiene la punibilidad como un elemento abstracto en el concepto de delito– [45]. En este sentido, por ejemplo, admitir la posibilidad de "pre-

---

[43] En profundidad sobre la legitimidad, necesidad y conveniencia del premio como orientación político-criminal vid. RUGA RIVA, C., *Il premio...*, páginas 406 a 526.

[44] MANTOVANI, F., en "Diritto premiale,... ob. cit., página 197.

[45] Señala MUSCO, E., lo siguiente: "Las razones justificadoras del premio concedido a quien colabora procesalmente con la autoridad van desancladas de las referencias teóricas inherentes a la función del Derecho penal", en "La premialità..., ob. cit., página 119; QUINTANAR

miar" al culpable confeso que colabora activamente con la Justicia puede chocar directamente con la propia finalidad de la pena y, en definitiva, con la propia función del Derecho penal.

Desde planteamientos exclusivamente retributivos, la propia consideración del premio podría suponer una contradicción con la esencia de la pena, que daría lugar a la incompatibilidad de los fines del Derecho penal retributivo con el Derecho penal premial[46]. Como señala Ruga Riva, el premio no resulta "expresión de un valor moral, sino de un fin político-criminal"[47], lo que lo hace incompatible con la pena como un bien en sí mismo que corresponde al infractor. El premio rompe, con el principio de proporcionalidad de la pena respecto a la gravedad del delito y a la culpabilidad del delincuente y, además pierde el carácter de igualdad, abstracción, certeza y determinación legal[48].

Desde planteamientos preventivos la posibilidad de admitir la figura del premio podría aparecer de modo más coherente, en tanto que "el premio adquiere mayor legitimidad, en la medida en que la contra-conducta aparece idónea a demostrar una menor necesidad de pena del reo, y/o en la medida en que esta aparezca idónea a desarrollar una función general preventiva, negativa o positiva"[49].

Al respecto, señala Padovani, distinguiendo el "premio" del "corrispettivo", en relación a las figuras premiales orientadas en clave de ofensividad[50], que cuando no se actúa sobre una previa afirmación de la responsabilidad del sujeto se está ante una situación incompatible o incongruente con las exigencias de la prevención general, pero partiendo de la afirmación de la responsabilidad pueden aplicarse las cláusulas premiales en tanto que éstas mantengan los presupuestos de la prevención especial[51]. No resulta tan claro, sin embargo, en la argumentación del autor citado, en las figuras premiales construidas exclusivamente sobre la existencia de una contra-conducta del reo inmediatamente pos-

---

Díez, M., por su parte, afirma que "el denominado arrepentimiento procesal consistente en la colaboración con la autoridad judicial o de policía, queda claramente fuera del mencionado ámbito del tipo, y premia, sin embargo, una conducta de tipo meramente procesal, con el fin de hacer más fácil la labor investigadora, comportando de modo frecuente, la delación", en *La justicia penal* y..., ob. cit., página 14.

[46] Mantovani, F., sin embargo, partiendo de que la idea retributiva tiene su fundamento central en "el Derecho penal de la libertad", no considera el premio incompatible con la finalidad retributiva de la pena, en "Diritto premiale..., ob. cit., página198.

[47] Ruca Riva C., en Il Premio..., ob. cit., página 10; en la misma línea Lamarca Pérez, C., afirma que "no se premia un móvil ético o una menor peligrosidad del sujeto", en *Tratamiento...*, ob. cit., página 322.

[48] En este sentido, Ferrajoli, L., en "Emergenza penale e crisi della giurisdizione", en *Dei delitti e delle pene*, 1984, página 277.

[49] Ruca Riva, C. en "La premialità..., ob. cit., página 17.

[50] Fenómenos que implican una afirmación del hecho y de la responsabilidad del autor, pero que inciden en la condena, en tanto que la excluyen o la atenúan (causas sobrevenidas de no punibilidad, condiciones objetivas de punibilidad y algunas causas de atenuación de la pena).

[51] Padovani, T., "Premio..., ob. cit., página 51.

terior al hecho delictivo; en estos casos los límites temporales establecidos por los Códigos penales para otorgar validez "premial" a la contra-ofensa pueden servir para reforzar la prevención general, en el sentido de evitar el "mensaje de que la ofensa pueda ser mantenida hasta el punto en el que resulte útil para el reo"[52], siendo coherentes con un Derecho penal orientado a la protección de bienes jurídicos[53].

Sin embargo, en el caso del colaborador con la Justicia, fundamentado en exclusivos criterios político-criminales basados en una presunta practicidad en la lucha contra la delincuencia organizada, la situación es distinta. El problema se sitúa, como señala Padovani, en si es plausible forjar un mecanismo normativo complejo que de hecho promueva la colaboración procesal como técnica privilegiada de investigación y sobre esta "falsilla" reconstruir institutos procesales y sustanciales adaptándolos al fin así perseguido, en el que se establezca un sistema sancionatorio y de ejecución plasmado en función del coeficiente de colaboración de los imputados: "a grande colaboración, máximo favor empujado en la práctica hasta la impunidad, a media colaboración medio favor, así decreciendo[54]. En definitiva, se trata de invertir las relaciones entre el derecho sustantivo y el derecho procesal. Con cláusulas como la de los artículos 376 y, 570quater.4, 579bis.3 del Código penal, el derecho sustantivo se pone al servicio de los objetivos procesales, rompiendo el "nexo sistemático de principio que quiere el proceso sirviente a la aplicación del derecho sustantivo"[55].

No obstante, en el ámbito preventivo, incluso rompiendo con los principios tradicionales de proporcionalidad e igualdad en la determinación de la pena[56], desde la perspectiva utilitarista de la que se parte en la lucha contra muy específicos delitos realizados en torno a una organización criminal, se ha argumentado que se cumplen las exigencias de prevención especial y general (planteando una funcionalidad general preventiva –de tutela sustancial de los bienes jurídicos– en relación a las contribuciones de los arrepentidos al desconcierto de determinadas formaciones delictivas, encontrando la funcionalidad especial preventiva en la propia relevancia subjetiva –arrepentimiento– atribuible a la colaboración procesal presta-

[52] Ibidem., página 56.

[53] Pulitano, D.,"Tecniche..., ob. cit., página 76.

Para Bricola, F., estas figuras premiales pueden absolver una función de tutela de bienes jurídicos, cuando la contra-acción alentada consiste en la eliminación o atenuación del daño o del peligro en el que se concreta la ofensa, ..., de modo que constituyen "expresiones de una concepción de la pena como instrumento de tutela de bienes jurídicos", en "Funzione promociónale..., ob. cit., página 130.

[54] Padovani, T., "Premio..., ob. cit., página 57.

[55] Pulitano, D.,"Tecniche..., ob. cit., página 77.

[56] Al respecto, Tonini, P., afirma como el sacrificio del principio de igualdad puede ser admitido sólo de frente a exigencias prevalentes, como, por ejemplo, la necesidad de evitar que la asociación criminal haga nuevas víctimas, ejecute nuevos delitos o se engrandezca posteriormente, en "Brevi note sull'attenuante della collaborazione con la giustizia penale", en AA.VV., *Diritto Premiale e Sistema Penale*, Milano 1983, página 266.

da, que sería coherente con los clásicos principios de justicia en la contraposición "irreductible"-"arrepentido" –con eficacia, por tanto en la prevención especial–) [57].

En esta última línea argumental, específicamente con el premio al post-facto podrían cumplirse los requisitos de prevención especial en tanto que puede servir para asegurar la reintegración del sujeto a las reglas sociales de convivencia, si bien debe exigirse, además de la conducta objetiva de colaboración con la Justicia, la constatación de que el sujeto ha asumido los valores imperantes en la sociedad, evitando que la contra-conducta sea una simple mercadería en la determinación de la pena[58], esto es, primando los avances en la reinserción social del culpable. No obstante, con el proceso de subjetivizar la figura del colaborador con la de Justicia podría llegarse a la figura del "tipo de autor", corriendo el peligro de dar cobertura legal a la transformación "subterfugia del Derecho penal del hecho y de la tutela de bienes jurídicos en un Derecho penal de la personalidad y de la peligrosidad"[59].

Pero, ante la posibilidad de justificar el premio en base a la prevención general (positiva o negativa) basada en la simple utilidad social de la contra-conducta, se rompen todos los esquemas si la posibilidad premial es prevista por el culpable incluso con anterioridad a la comisión del delito, conociendo que con unas actuaciones posteriores más o menos sinceras, si es descubierto, podría rebajar considerablemente la pena o hasta anularla completamente. Así, sin más, ni existiría un reforzamiento del respeto debido a la norma ni ésta desarrollaría una función intimidatoria, ni tampoco cumpliría una función de utilidad social[60].

---

[57] Así, PULITANO, D.,"Tecniche..., ob. cit., páginas 86-89 y 93; MANTOVANI, F., también se muestra de la opinión de que el premio cumple tanto funciones de prevención general ("la sanción punitiva o premial queda y quedará siempre como instrumento fundamental de política disuasivo-propulsiva...") y de prevención especial ("el derecho premial constituye un auténtico potenciamiento de la prevención especial en tanto que la concesión de los beneficios especial preventivos solo se fundan sobre el constatado presupuesto de un comportamiento realmente meritorio del sujeto"), en "Diritto premiale..., ob. cit., páginas 198-199; En España mantiene una opinión similar GARCÍA PÉREZ, O., mantiene una postura similar, afirmando que cuando el infractor colabora con la Administración de Justicia y facilita su labor contribuye a la consecución de los fines preventivo generales y especiales (si bien, esta opinión, válida para los delitos de terrorismo no la considera válida para los delitos de tráfico de drogas, para los que sólo cumpliría los fines preventivo generales), en *La Punibilidad en el Derecho penal*, Pamplona 1997, páginas 210 a 212.

[58] En esta línea, MUSCO, E., en "La premialità..., ob. cit., página 124; PASELLA, P., en"Diritto premiale..., ob. cit., página 242; BRICOLA F., se refiere expresamente a como la reeducación del reo podría ser el dato motivador de la figura premial sólo cuando la contra-acción del culpable fuese expresión real de la adquisición de una consciencia de los valores transgredidos y de su reintegración en el contexto social, en "Funzione promociónale..., ob. cit., página 134.

[59] MUSCO, E., en "La premialità..., ob. cit., página 126, autor que a su vez cita a PADOVANI, T., "La soave inquisizione. Osservazioni e rilievi a propósito delle nuove ipotesi di ravediento", en Rivista Italiana di Diritto e Procedura Penale, 1981, página 529.

[60] Al respecto, SANCINETTI, M.A., en "exigencias mínimas de la dogmática del hecho punible en la parte general de los Códigos penales", señala lo siguiente: "En este "Estado mercader" la pena no puede ser entendida más como la ratificación de la vigencia de la norma. El condenado a la pena máxima puede explicarle a todos que él no ha sido un buen hombre de negocios en el

En relación a la legitimidad del establecimiento de un sistema premial al colaborador de la Justicia, también se ha aducido el hecho de que el principio de proporcionalidad de las penas sólo exige un máximo en el quantum de la pena a imponer pero no un mínimo, en tanto en cuanto éste puede descender por razones de prevención especial, lo cual exigiría –además de una contribución efectiva al desmantelamiento de la organización criminal– una actitud subjetiva del reo en relación al bien jurídico ofendido[61], circunstancia que concurre para todos los delitos en la atenuante de reparación del daño del artículo 21.5 CP. No obstante, en aquellos sistemas en los que la figura del arrepentido se estimula exclusivamente con la finalidad de desmantelar la organización, sin exigir una relación especial de arrepentimiento del sujeto en relación al delito por él cometido y con su responsabilidad personal, no es posible legitimar el "premio" ni desde una perspectiva de prevención general ni de prevención especial.

De modo general, tampoco puede encontrarse una fundamentación basada en la reparación de una ofensa al bien jurídico, en tanto que la colaboración se obtiene tras la consumación de delitos ya pasados. Sólo en los casos en los que la información que aporta el arrepentido a la instrucción permite escudriñar de modo objetivo las entrañas de la organización criminal podría plantearse que –dada la permanencia delictiva de la organización– la contra-conducta puede significar una remota menor ofensividad al bien jurídico lesionado, no apareciendo cuando la contra-conducta consiste simplemente en la simple delación de otros miembros de la organización[62].

Por tanto, sólo una razón pragmática de utilitarismo social respecto a la lucha contra la delincuencia organizada fundamentada en razones político-criminales legitimarían una rebaja o exención de pena al colaborador[63]. Como señala

---

proceso penal, y que se halla en la misma situación de justicia material que aquel otro que fue premiado bajo las reglas del mercado", en *www.unifr.ch/derechopenal/articulos*, página 28.

[61] Esa parece ser la idea plasmada por el legislador español en la reforma relativa al tratamiento penitenciario, en cuanto a la exigencia para la clasificación en tercer grado y para la obtención de la libertad condicional, el hecho de poder demostrar una actitud colaboradora mediante una declaración expresa de repudio de sus actividades delictivas y de abandono de la violencia y una petición expresa de perdón a las víctimas de su delito (artículos 90.8 del Código Penal y 72.6 de la Ley Orgánica General Penitenciaria, tras las reformas operadas por la Ley Orgánica 7/2003, de 30 de junio de medidas de reforma para el cumplimiento íntegro y efectivo de las penas, y 1/2015, de 30 de marzo, de reforma del Código Penal).

[62] En este sentido, Musco, E., en "La premialità…, ob. cit., página 129.

[63] Al respecto Padovani, T. señala que en verdad estos beneficios premiales si tienen una correlación con la prevención general, si bien no en términos de funcionalidad, sino de dis-funcionalidad, fundamentados no en un valor, sino en un disvalor. Al respecto, en relación a la legislación de emergencia italiana de los años ochenta, señalaba lo siguiente: "Si es verdad que la prevención general se exprime en relación al sistema punitivo como capacidad de activar los mecanismos coercitivos institucionales, de ejercitar el control social a través de los aparatos a ello destinados, es evidente como las técnicas de incentivación previstas en la legislación de emergencia para estimular la colaboración procesal del reo se han introducido para suplir la carencia de los instrumentos de búsqueda e investigación, para remediar de cualquier modo la incapacidad del sistema de afrontar el fenómeno terrorista de modo institucional «regular»", en "Premio…, ob. cit., página 59.

Musco, la premialidad por la colaboración procesal presenta, en suma, una de las proyecciones de política criminal día a día, fruto de las necesidades contingentes de seguridad colectiva"[64], si bien –como señala este mismo autor– en un Estado de Derecho el fin no siempre justifica los medios[65].

1.2. Necesidad del premio

En relación a la necesidad del establecimiento del premio, la excepcionalidad que supone la admisión de estas conductas post-facto obliga a su planteamiento exclusivamente en aquellos casos en que hayan resultado ineficaces otras técnicas de investigación[66], lo que hace discutible incluso desde una perspectiva exclusivamente procesal la utilización del procedimiento judicial como instrumento de política criminal para la persecución de otros hechos delictivos que pueden ser distintos al enjuiciado expresamente, como puede ocurrir cuando la información obtenida a través de las declaraciones del colaborador a cambio de la disminución o exención de pena aparece referida a actividades de otros miembros de la organización por hechos distintos al enjuiciado[67].

En el sentido político-criminal apuntado, la legislación antiterrorista de emergencia italiana de los años ochenta o el artículo 57 bis b) del Código penal español texto refundido de 1973 justificarían la necesidad político-criminal de excepción de incentivar la colaboración procesal del terrorista arrepentido[68], lo que se ha considerado como la "construcción de los «puentes de oro» a los autores de delitos que constituyen la más inmediata expresión de la situación de emergencia, garantizando soluciones «premiales» en previsión de conductas de diversa forma y medidas antitéticas respecto a aquellas que constituyen la esencia del delito"[69]. La necesidad utilitarista de estas figuras premiales quedaría exclusivamente para unos tipos de delincuencia excepcionales, basados en grupos organizados, de modo que, fundamentándose en una hipotética defensa social, se consiguiera con las declaraciones de estos colaboradores llegar a conocer el interior de la organización y su modo de operar a cambio de unos beneficios en la determinación de la pena o, incluso, en la renuncia a la pena para el sujeto colaborador. Esta necesidad excepcional excluiría del ámbito del premio a la delincuencia común, limitándose a aquellos delitos caracterizados por ejecu-

---

64 Musco, E., en "La premialità..., ob. cit., página 131.

65 Ibidem.

66 Tonini, P., en "Collaborazione..., ob. cit., página 266.

67 En relación a la legislación antiterrorista italiana de principios de los años ochenta, Dominioni, O., señalaba lo siguiente: "se desarrolla un uso político del proceso... en una primera batida con los instrumentos coercitivos del Derecho penal y después, con la promesa del premio, contra la dimensión política de tal fenómeno, un mecanismo de fuga, de condena, de disgregación interno", en "Diritto premiale e processo penale", en AA.VV., *Diritto Premiale e Sistema Penale*, Milano 1983, página 178.

68 Pulitano, D. habla de casos en los que el Estado se encuentra en un "autentico estado de necesidad", en "Techiche..., ob. cit., páginas 97-99.

69 Bricola, F., en "El arrepentimiento del terrorista, el perdón al evasor y los silencios de la Ley n. 646 del 1982", en *Cuadernos de Política Criminal* número 51, 1993, página 961.

tarse mediante una fuerte organización, con una pluralidad de personas y una continuidad delictiva[70]. Así, quedarían limitados al ámbito de los delitos de terrorismo, a las asociaciones mafiosas y a los delitos relacionados con el tráfico ilegal de drogas[71], con la exclusión del narcotraficante y del terrorista individuales.

Aún cuando la perspectiva utilitarista de defensa social aconsejara la necesidad de prever este tipo de recompensas para aquellos culpables que colaboran con la Administración de Justicia en una categoría delictiva determinada, la conveniencia de su utilización vendría delimitada por otros parámetros. Incluso los datos que puedan barajarse en relación a la eficacia de estas cláusulas premiales serán siempre relativos, al intervenir otros medios de investigación tradicionales, así como –en determinados casos– los propios mecanismos de funcionamiento de estas organizaciones basadas en fundamentos "político-ideológicos" (como es el caso del terrorismo), "familiares" (mafias) o estructuras económicas (narcotráfico o tráfico de personas), que pueden desmembrarse en un momento determinado por distintas causas.

En definitiva, las técnicas premiales para los colaboradores de la Justicia aparecen en el marco del Derecho penal con una exclusiva razón utilitarista de política-criminal en el marco de la persecución delictiva[72]. Los requisitos exigidos a las mismas por la Ley, más o menos objetivos, más o menos subjetivos, van a permitir una mayor o menor utilidad práctica en la lucha contra el delito, de un lado, y la posibilidad de que, al menos, se mantenga una compatibilidad con los fines preventivo especiales de la pena[73]. Ello exige, desde la perspectiva de la objetividad requerida, la taxatividad de las conductas colaboradoras a las que le correspondería una menor pena –o, incluso, de una exención completa– así como si de las mismas deben derivarse necesariamente o no resultados concretos en la detención, imputación y condena de otros culpables o en la desarticulación

---

[70] FLORA, G., señala que son "delitos permanentes pluriofensivos que se caracterizan por la potencial progresividad de la carga ofensiva o de delitos igualmente susceptibles de desarrollo ofensivo más grave por cantidad o cualidad, en "Attuali tendenze di política criminale e «ravvedimento del concorrente», en AA.VV., *Diritto Premiale e Sistema Penale*, Milano 1983, página 234.

[71] También se plantea la necesidad de incluir cláusulas premiales en los delitos contra la Administración.

[72] No obstante, respecto al articulo 57bis b), del Código penal texto refundido de 1973, CUERDA ARNAU, M.L., diferenciaba la posibilidad de atenuación (a la que además otorgaba una función preventivo especial y general, justificada desde los fines de la pena) de la posibilidad de la exención total de pena (que se fundamentaría en razones exclusivamente utilitaristas), en *Atenuación y...*, ob. cit., páginas 352 a 354.

ZARAGOZA AGUADO, J., expresamente afirma que se trata de un "instrumento del proceso penal que juega un papel importante respecto a esas gravísimas manifestaciones criminales (terrorismo y tráfico de drogas) en su triple función de medio de prueba, medio de obtención de pruebas y elemento de disociación dentro de esas organizaciones delictivas" –el paréntesis no aparece en el texto citado–, en "Tratamiento penal y procesal de las organizaciones criminales en el derecho español. Especial referencia al tráfico ilegal de drogas", en AA.VV., *Delitos contra la Salud Pública y el Contrabando*, Madrid 2000, páginas 89-90.

[73] En este sentido FLORA, G., en "Attuali tendenze..., ob. cit., página 235.

de la organización criminal; mientras que desde la perspectiva subjetiva, se exigiría la espontaneidad y voluntariedad de la conducta colaboradora con la Justicia llevada a cabo por el sujeto. La interconexión de estos requisitos daría lugar a una multiplicidad de posibilidades. Primando la efectividad de la colaboración, se exigiría necesariamente la necesidad de que la información aportada por el culpable colaborador de la Justicia sea de tal importancia que sea concluyente para la imputar y condenar a otros culpables o para desarticular a la organización delictiva, lo cual dejaría la posibilidad premial exclusivamente para sujetos que ocupan un alto lugar en la pirámide de la organización criminal[74]. Una perspectiva exclusivamente subjetiva, exigiría la espontaneidad y voluntariedad de la conducta del sujeto, lo que lo acerca a la figura tradicional de arrepentimiento espontáneo, permitiendo su reintegración en la sociedad con la asunción expresa de los valores comúnmente admitidos (que podría materializarse en una declaración veraz de repudio del delito realizado y de petición de perdón sincero a las víctimas del mismo). Por último, es posible exigir ambos requisitos, objetivos y subjetivos, exigiendo eficacia en la colaboración y espontaneidad y voluntariedad de la misma.

2. El arrepentimiento activo procesal en el código penal español

El arrepentimiento activo procesal, a diferencia del que se ha calificado como arrepentimiento activo sustantivo, aparece en un momento posterior al delito, desgajado por completo del propio hecho delictivo. Aparece con una función promocional estableciendo un beneficio punitivo al sujeto que colabora con actos posteriores a la ejecución del delito.

Con el objetivo de proporcionar unos instrumentos legales apropiados para luchar contra la delincuencia organizada, tratando de fomentar la desvinculación del individuo con la organización criminal y la colaboración de éste en el esclarecimiento del delito, el Código penal de 1995 recogía como una de sus novedades una cláusula presuntamente premial relativa al tráfico de drogas, sustancias psicotrópicas y estupefacientes en el artículo 376 del Código Penal que, ante unas muy determinadas circunstancias, permite al Juez o Tribunal sentenciador, de modo

[74] Al respecto, Padovani, T., en "«premio»..., ob. cit., página 58; también Casello, G.C./Ingroia, A., en "Normativa premiale e strumenti di protezione per i collaboratori della giustizia: tra inercia legislativa e soluzioni d'emergenza", en Processo penale e criminalità organizzata, 1993, página 200.

Cobo del Rosal, M./Quintanar Díez, M., señalan al respecto lo siguiente: "De modo que un precepto de carácter sustantivo, y de aparente impronta incentivadora de comportamientos antitéticos al injusto propio de las modalidades delictivas terroristas, se perfila en realidad como una suerte de instrumento utilitarista al servicio de la autoridad investigadora o instructora que se ofrece como "medio de pago", ya no de una confesión estrictu sensu (autoinculpación) sino de una declaración delatoria que además debe ser fuente probatoria respecto de otros responsables. Es decir, se premia más cuanto más se sabe. O lo que es lo mismo, cuanto mejor colocado se esté dentro de la organización criminal", en Manuel Cobo del Rosal (director), *Compendio...*, ob. cit., página 1056.

razonado en la sentencia, aplicar una rebaja en el momento de la determinación de la pena. En concreto, el párrafo primero del artículo 376 del Código penal dispone lo siguiente: *"En los delitos previstos en los artículos 368 a 372, los Jueces o Tribunales, razonándolo en la Sentencia, podrán imponer la pena inferior en uno o dos grados a la señalada por la Ley para el delito de que se trate, siempre que el sujeto haya abandonado voluntariamente sus actividades delictivas, y haya colaborado activamente con las Autoridades o sus agentes, bien para impedir la producción del delito, bien para obtener pruebas decisivas para la identificación o captura de otros responsables o para impedir la actuación o el desarrollo de las organizaciones o asociaciones a las que haya pertenecido o con las que haya colaborado"*[75]. La Ley Orgánica 1/2015, de 30 de marzo, de reforma del Código Penal amplía la cláusula premial del artículo 376 CP a los de delitos comprendidos entre el artículo 361 y el artículo 372, incluyendo junto a los delitos relativos al tráfico de drogas otros delitos contra la salud pública, tales como los relativos a los medicamentos, a los alimentos y al delito de dopaje en el deporte.

Razones político-criminales utilitaristas fundamentadas en la lucha contra una estructura organizativa plurisubjetiva hermética y cohesionada en el desarrollo del modus operandi delincuencial hacían que la fórmula utilizada tuviera un perfecto paralelismo con las actuaciones que el legislador había mantenido en la tipificación de las actividades terroristas[76]. Así, se expresa en términos similares el artículo 579bis.3 del Código penal[77] en el ámbito de las "*Organizaciones y grupos terroristas y de los delitos de terrorismo*" del Capítulo VII, del Título XXII del Código Penal, rubricado de las, Delitos contra el Orden Público". Este artículo 579bis.3 del Código penal dispone lo siguiente: "*En los delitos previstos en este capítulo, los Jueces y Tribunales, razonándolo en sentencia, podrán imponer la pena inferior en uno o dos grados a la señalada por la Ley para el delito de que se trate, cuando el sujeto haya abandonado voluntariamente sus actividades delictivas y se presente a las autoridades confesando los hechos en que haya participado y además colabore activamente con éstas para impedir la producción del delito o coadyuve eficazmente a la obtención de pruebas decisivas para la identificación o captura de otros responsables o para impedir la actuación o el desarrollo de*

[75] De acuerdo con la redacción dada por la Ley Orgánica, 15/2003, de 23 de noviembre, de reforma del Código penal.

[76] SEOANE SPIEGELBERG, J.L., afirmaba expresamente lo siguiente: "La necesidad de obtener información a los efectos de desmantelar el hermetismo y la cohesión interna de las organizaciones criminales dedicadas a tan ilícita actividad, lleva a los legisladores nacionales al establecimiento de tipos penales privilegiados con la finalidad de dar un tratamiento penal más benigno a quienes colaboren con los órganos jurisdiccionales a los efectos represivos de dichas organizaciones", en "Aspectos procesales del delito de tráfico de drogas", en *Actualidad Penal* 1996, página 349.

QUERALT JIMÉNEZ, J.J., justo tras aprobarse el Código penal de 1995, señalaba que el legislador ni menciona en el precepto analizado la reinserción social del colaborador, sino que sólo interesa la información decisiva aportada por el mismo. *En derecho penal español. Parte Especial,* Barcelona 1996, página 793.

[77] Nueva numeración de acuerdo a la Ley Orgánica 2/2015, de 30 de marzo, por la que se modifica la Ley Orgánica 10/1995, de 23 de noviembre, del Código Penal, en materia de delitos de terrorismo.

bandas armadas, organizaciones o grupos terroristas a los que haya pertenecido o con los que haya colaborado"[78].

Curiosamente, tanto el legislador de 1995 como con posterioridad en las distintas reformas parciales del Código penal relacionadas con distintos tipos de delincuencia organizada, así como las Reforma del Código penal de 2003, habían limitado esta figura, presuntamente premial, al ámbito de los delitos relacionados con el tráfico de drogas y al terrorismo. Incluso en ambos casos se limitan sus posibles efectos atenuatorios a los delitos de los artículos 361 a 372, en el caso del artículo 376 del Código penal, o a los previstos en los artículos 571 a 578[79], sin abarcar las posibles actividades de blanqueo de capitales obtenidos mediante estas actividades delictivas, aún realizadas en el seno de la propia organización delictiva. Así, sorprende la no previsión de esta cláusula utilitarista en otras figuras delictivas claramente identificadas con grupos organizados de delincuencia como, por ejemplo, los siguientes: a. el propio blanqueo de capitales procedentes de origen ilícito por una organización dedicada a ello, del artículo 302 del Código penal; b. en relación a los delitos relativos a la prostitución y de corrupción de menores mediante organizaciones delictivas, de los artículos 187 a 189 del Código penal; c. en los delitos contra los derechos de los trabajadores de los artículos 311 a 318 del Código penal; d. en relación con el delito de trata de seres humanos del artículo 177bis del Código penal, donde se incluye con una marcada estructura criminológica propia de la delincuencia organizada; e. en relación a los delitos, que se ejecutan en una estructura plurisubjetiva y permanente dedicada al tráfico de especies de flora (artículo 332 del Código penal) o fauna (artículos 334 del Código penal) especialmente protegidas; f. respecto al delito de falsificación de moneda del artículo 386 del Código penal; g. o en relación a los delitos relativos al tráfico de armas, municiones o explosivos de los artículos 563 y siguientes del Código penal; h. igualmente podría citarse el caso de las organizaciones dedicadas a actividades tipificadas como delitos de contrabando.

Especialmente llamativa era la no previsión de esta cláusula utilitarista en la desarticulación de organizaciones dedicadas de modo estructurado y permanente a la ejecución de conductas tipificadas como delitos relativos al tráfico ilícito de personas, bien con el objetivo de lucrarse favoreciendo fenómenos migratorios clandestinos, bien como trata de seres humanos. La gravedad de estas prácticas fraudulentas en los movimientos migratorios ha ocasionado incluso, a nivel internacional, la elaboración de un protocolo independiente que complementa la Convención de Naciones Unidas contra la delincuencia organizada transnacional, hecho en Nueva York el 15 de noviembre de 2000, o –a nivel nacional– a la aprobación de la Ley Orgánica 4/2000, de 11 de Enero, sobre derechos y libertades de los extranjeros en España y su integración social, con la redundancia de incluir en

---

[78] Ubicación dada por la Ley Orgánica 7/2000, de 22 de diciembre, de modificación de la Ley Orgánica10/1995, de 23 de noviembre, del Código Penal y la Ley Orgánica 5/2000 de 12 de Enero, reguladora de la Responsabilidad Penal de los Menores, en relación con los delitos de terrorismo.

[79] En los delitos previstos en "capítulo".

el artículo 515 del Código penal un apartado sexto, considerando expresamente asociación ilícita punible "la que promueva el tráfico ilegal de personas"[80].

La reforma del Código penal operada por Ley Orgánica 5/2010, tras separar los delitos relativos a las organizaciones o grupos criminales (Capítulo VI, del Título XXII del libro segundo del Código penal) de los delitos de terrorismo (Capítulo VII del Título XXII del libro segundo del Código penal), incluye un nuevo artículo 570quater.4 CP, con idéntica redacción a la prevista para los delitos relativos a las "organizaciones y grupos terroristas y los delitos de terrorismo". Esta previsión premial para el cooperador eficaz en cualquier tipo de organización o grupo criminal no alcanza, sin embargo, a los delitos cometidos por dicha organización o grupo criminal, a diferencia de que sí ocurre respecto de los delitos de terrorismo o contra la salud pública, de los artículos 579bis.3 CP y 376 CP, respectivamente.

La previsibilidad de "premiar" al delincuente que con una actitud activa post-delictual colabora con la Administración de Justicia no es exclusiva del legislador español de 1995. La Doctrina ha señalado acertadamente como el premio al que colaboraba en el esclarecimiento del crimen delatando a otros culpables ya estaba expresamente reconocido e incluso regulado en el proceso inquisitorial[81]. De otro lado, en derecho comparado, tal vez la fuente en la que más claramente pueden observarse las ventajas y perversiones del mismo sea en la aplicación de la llamada legislación de excepción elaborada en Italia en la década de los ochenta del siglo XX, relativa a los "colaboratori della giustizia", comúnmente llamados "pentiti".

En otro orden de cosas, la realidad jurisprudencial existente en atención, sobre todo, a los pronunciamientos acerca del artículo 376 del Código penal que ha realizado el Tribunal Supremo, permite afirmar sin posibilidad de error la ineficacia de dicha formula, que al mantener una estructura acumulativa de una serie de

---

[80] Es redundante, pues el tráfico ilegal de personas está tipificado como delito en el artículo 318 bis, de modo que esta finalidad ya se encontraba incluida en el apartado primero de dicho artículo: "las que tengan por objeto cometer algún delito o, después de constituidas, promuevan su comisión". De hecho, la Ley Orgánica 15/2003, de 25 de noviembre, de Reforma del Código Penal, ha suprimido este apartado 6° del artículo 515 del Código Penal. Por su parte, la trata de seres humanos se incluyó expresamente en el artículo 177bis del Código Penal por Ley Orgánica 5/2010.

[81] Al respecto, entre otros, Cobo del Rosal, M., en Jornadas sobre el Proyecto de Ley Orgánica de Código penal de 1994, Tenerife 1995, página 233; Cuerda Arnau, M.L., en Atenuación y Remisión de la pena en los delitos de terrorismo, Madrid 1995, página 28; Quintanar Díez, M., en La Justicia Penal y los denominados arrepentidos, Madrid 1997, página 29; Cobo del Rosal, M./Quintanar Díez, M., en Manuel Cobo del Rosal (Director), Compendio de Derecho Penal (Parte Especial), Madrid 2000, página 1057; Lamarca Pérez, C., en Tratamiento jurídico del terrorismo, Madrid 1985, página 348; De la Cuesta Arzamendi, J.L., en "atenuación, remisión de la pena e indulto de miembros de grupos terroristas", en Cuadernos de Política Criminal número 30, 1986, página 582; Padovani, T., en "Premio e Corrispettivo", en AA.VV., Convengo in ricordo di Pietro Nuvolone: La legislazione Premiale. Milano 1987, página 60, también en "«la soave inquisizione». Osservazione e rilievi a propósito delle nuove ipotesi di «ravedimento»", en Rivista Italiana di Diritto e Procedura Penale, 1981, páginas 529 y siguientes.

requisitos por parte del que previamente a de confesarse culpable de unos hechos típicos y antijurídicos, colaborando con la Administración, bien para impedir la producción del delito, bien para obtener pruebas decisivas para la identificación o captura de otros responsables o para impedir la actuación o el desarrollo de las organizaciones o asociaciones a las que haya pertenecido o con las que haya colaborado. Resultando en todos los casos más ventajosa la aplicación de la atenuante genérica de confesión del artículo 21.4 CP o, incluso, la analógica del artículo 21.7 CP en relación con el artículo 21.4 CP[82].

Por otra parte, aun incorporado en los presupuestos del Derecho penal sustantivo, no son pocos los problemas que plantea esta figura de arrepentimiento activo procesal[83], con la difícil situación procesal en la que se deja al sujeto, que bajo la apariencia de un tratamiento penológico más beneficioso renuncia a su propio derecho constitucional a no declararse culpable, invalidando los mecanismos de defensa procesal (al asumir voluntariamente la participación en unos hechos delictivos), sin que el Ordenamiento Jurídico vigente le garantice la efectiva aplicación de un mejor trato penológico, al depender el mismo de una valoración discrecional que sobre la actuación del autoinculpado ante la policía o ante el Juez instructor hará posteriormente el Tribunal sentenciador.

Otra de las disfuncionalidades, tal vez la mayor, que se apunta como objeción a la admisión de la figura del arrepentido activo en el marco de la lucha contra la criminalidad organizada es la propia valoración procesal que puede darse a sus declaraciones, en tanto en cuanto, la veracidad de las mismas habrán de ser constatadas con otros medios de prueba. La simple delación de otros individuos realizada por el imputado autodeclarado culpable, que presta su testimonio incriminando a otros partícipes de la organización criminal buscando un mejor trato punitivo, plantea graves problemas probatorios. Difícilmente puede identificarse la declaración delatoria de un coimputado con la de un testigo procesal, en tanto en cuanto, el propio interrogatorio del imputado está construido como un medio de defensa que le permite no responder a las cuestiones planteadas e, incluso, mentir sobre los hechos, mientras que el testigo procesal está obligado a decir la verdad sobre los hechos bajo la amenaza de ser imputado por un delito de falso testimonio. La introducción en los ordenamientos jurídicos de la "figura híbrida

[82] Al respecto vid el análisis jurisprudencial recogido en BENÍTEZ ORTÚZAR, I.F., El colaborador con la Justicia..., ob.cit., páginas 137 y siguientes.

[83] Así lo llamó, por ejemplo, PISANI, M., señalando que se refiere a lo que en la crónica cotidiana se conoce como "terrorista pentito", en Diritto premiale e sistema penale: Rapporti e intersezioni", en AA.VV., Diritto premiale e sistema penale, Milano 1983, página 28. La sentencia del Tribunal Supremo 1071/1996, de 20 de diciembre (repertorio de Jurisprudencia Aranzadi 1996/9033), ponente Sr. D. Carlos Granados Pérez, en su Fundamento Jurídico cuarto, en referencia al artículo 57bis b) del Código Penal texto Refundido de 1973 también habla expresamente de "arrepentimiento activo previsto para los delitos de terrorismo en el artículo 57 bis". Posterioriormente ha sido común doctrinal y jurisprudencialmente calificar de "arrepentimiento activo" esta actuación colaboradora del culpable.

del imputado-testigo" abre las puertas al peligro de la "degeneración del sistema probatorio"[84].

La redacción de los artículos 376, 570quater.4 y 579bis.3 del Código penal no expresan más que un deseo político-criminal de premiar al sujeto que tras haber pertenecido a una organización criminal decide voluntariamente abandonarla y colaborar activamente para su destrucción. Ello exige una difícil "conversión" interna del sujeto imputable que le hace pasar en un momento determinado de "su vida de la perversión delictiva a una expiación de su conciencia impura" que le impulsa de un modo altruista a una actuación decidida de cooperación en el desmantelamiento de la organización criminal. Como ello es prácticamente imposible, la realidad cotidiana muestra que la cooperación post-delictiva en el marco de los delitos relativos al tráfico de drogas se produce "voluntariamente" tras la detención del sujeto por los miembros de los cuerpos y fuerzas de seguridad del Estado o, incluso, posteriormente en la investigación llevada a cabo por el Juez instructor. Paradójicamente, en estos casos, el Tribunal Supremo viene utilizando la circunstancia atenuante por analogía del artículo 21.7 del Código penal, en relación a los artículos 21.4 (confesión de la infracción a las autoridades) y 21.5 (haber procedido el culpable a reparar el daño a la víctima o disminuir sus efectos, en cualquier momento del procedimiento, con anterioridad a la apertura del juicio oral), ambos del Código penal, el cual –sin necesidad de establecer ninguna especificidad propia respecto a una determinada tipología delictiva–, con una orientación marcadamente objetiva sin atender a la finalidad concreta que busque el sujeto con su colaboración, permite de un modo más flexible la determinación específica de la pena atendiendo a la actuación facilitadora del culpable en la actuación policial y/o judicial.

Más cercano al derecho penitenciario, esto es, de la instauración del premio por una contra-conducta colaboradora con la Administración de Justicia tras la Sentencia condenatoria, en el en el marco del cumplimiento de la pena, con efectos atenuatorios en el misma el artículo 90.8 del Código penal[85], relativo a las condiciones para otorgar la libertad condicional del culpable. En esta línea, con referencia expresa a las "*personas condenadas por delitos cometidos en el seno de organizaciones criminales o por alguno de los regulados o por alguno de los delitos regulados en el capítulo VII del Título XXII del libro segundo de este Código*", "*la suspensión de la ejecución del resto de la pena impuesta y concesión de la libertad condicional requiere que el penado muestre signos inequívocos de haber abandonado los fines y los medios de la actividad terrorista y además haya colaborado activamente con las autoridades, bien para impedir la producción de otros delitos por parte de la banda armada, organización o grupo terrorista, bien para la identificación, captura y procesamiento de los responsables de delitos terroristas, para obtener pruebas o para impedir la actuación o el desarrollo de las organizaciones o aso-*

---

[84] Pisapia, G., en la "Relazione introductiva" al *Convengo in ricordo di Pietro Nuvolone: La legislazione Premiale.* Milano 1987, página 34.

[85] En su redacción dada de acuerdo a la LO 1/2015, de 30 de marzo. De idéntica forma se expresa el artículo 92.2 CP, respecto de los requisitos para la suspensión de la nueva prisión permanente revisable.

ciaciones a las que haya pertenecido o con las que haya colaborado, lo que podrá acreditarse mediante una declaración expresa de repudio de sus actividades delictivas y de abandono de la violencia y una petición expresa de perdón a las víctimas de su delito, así como por los informes técnicos que acrediten que el preso está realmente desvinculado de la organización terrorista y del entorno y actividades de asociaciones y colectivos ilegales que la rodean y su colaboración con las autoridades". En definitiva se parte de la no previsión de libertad condicional para terroristas y miembros de organizaciones criminales, al no existir la posibilidad de emitir un pronóstico individualizado y favorable de reinserción social si no se dan en el sujeto estas condiciones de arrepentimiento activo.

Pero la reforma penitenciaria operada por la Ley Orgánica 7/2003, de 30 de junio va un paso más allá. El artículo 90 del Código penal exige para acordar la suspensión de la ejecución del resto de la pena de prisión y conceder la libertad condicional que el "*sujeto se encuentre el tercer grado de tratamiento penitenciario*", "*que haya extinguido las tres cuartas partes de la condena impuesta*" y "*que hayan observado buena conducta*" y exista respecto a los sentenciados un pronóstico individualizado y favorable de reinserción social. Como se ha dicho, en materia de delitos de terrorismo y de criminalidad organizada no es posible el informe de reinserción sin un arrepentimiento activo real; pero, además, el nuevo artículo 72.6 de la Ley Orgánica General Penitenciaria, para la clasificación en tercer grado penitenciario de penados por delitos de terrorismo o cometidos en el seno de organizaciones criminales exige que los terroristas, además de haber satisfecho la responsabilidad civil derivada del delito, "*que muestren signos inequívocos de haber abandonado los fines y los medios terroristas, y además hayan colaborado activamente con las autoridades, bien para impedir la producción de otros delitos por parte de la banda armada, organización o grupo terrorista, bien para atenuar los efectos de su delito, bien para la identificación, captura y procesamiento de responsables de delitos terroristas, para obtener pruebas o para impedir la actuación o el desarrollo de las organizaciones o asociaciones a las que haya pertenecido o con las que haya colaborado, lo que podrá acreditarse mediante una declaración expresa de repudio de sus actividades delictivas y de abandono de la violencia y una petición expresa de perdón a las víctimas de su delito, así como por los informes técnicos que acrediten que el preso está realmente desvinculado de la organización terrorista y del entorno y actividades de asociaciones y colectivos ilegales que la rodean y su colaboración con las autoridades*".

Desde la perspectiva procesal, la conducta del culpable colaborador con la Administración de Justicia va a plantear graves problemas en torno a la formación y valoración de la prueba. La posibilidad de inculpar a personas que realmente no han participado en los hechos (o que lo ha hecho con una relevancia distinta a la manifestada por el declarante) no permite fundamentar una hipotética condena de un tercero sobre la exclusiva declaración del coimputado delator. Por otra parte, el grado de la colaboración no podrá ser objeto negocial por parte del Juez instructor ni del Ministerio Fiscal, el cual, además, carece de capacidad para valorar la aplicación o no de los artículos 376, 570quater.4, y 579bis.3 del Código penal.

Por otro lado, al margen de la problemática reconocida en torno a la propia figura penal y procesal del culpable colaborador con la Justicia, en la legislación española no existe una previsión específica acerca de otros aspectos directamente relacionados como la conducta colaboradora, tales como los relativos a su "protección, identidad, situación de los familiares, derechos, deberes y obligaciones del afectado y de la Administración, etc; en definitiva, la configuración de esa relación especial de sujeción derivada de la atípica condición que posee en el proceso penal, y de la necesidad de proteger bienes jurídicos tan esenciales como la vida, la libertad, la integridad y la seguridad de aquellas personas sometidas objetivamente a una situación de riesgo o de peligro por la posición adoptada en el proceso"[86].

3. La discrecional atenuación de la pena por el Tribunal de instancia

Como se ha señalado en epígrafes anteriores, la expresión "podrán" ha sido interpretada jurisprudencialmente como una decisión facultativa, discrecional del Tribunal de instancia, la cual –de no ser tomada en consideración– no puede ser objeto de recurso de casación ante el Tribunal Supremo, "*sin perjuicio de que cuando lo acepten han de motivarlo debidamente en la Sentencia*"[87], pudiendo decidir discrecionalmente la rebaja en uno o dos grados[88]. Esta fórmula, puede traer –de nuevo– consecuencias procesales inoportunas, en tanto que dándose todos los requisitos de los artículos 376, 570quater.4, y 579bis.3 del Código penal (que, como se ha analizado, son bastante más rígidos y exigentes que las circunstancias modificativas de la responsabilidad criminal genéricas del artículo 21 del Código penal) es posible que sea tomado en consideración por el Tribunal de instancia pero que –sin embargo– éste, ante la gravedad de los hechos decida no aplicar la rebaja en uno o dos grados en la determinación de la pena que facultativamente el legislador le ha otorgado, impidiendo de este modo la aplicación de otros beneficios que se derivarían de ser consideradas las circunstancias genéricas de determinación de la pena.

---

[86] ZARAGOZA AGUADO, J., en "Tratamiento..., ob. cit., página 93; al respecto, QUERALT JIMÉNEZ, J.J., señala de aplicación la Ley 19/1994, de protección de peritos y testigos en causas criminales, en *Derecho Penal español...*, ob. cit., página 794.

Vid. al respecto, BERNASCONI, A., *La collaborazione processuale. Incentivi, protezione e strumenti di garanzia a confronto con l'esperienza statunitense*, Milano 1995, páginas 141 a 248; D'AMICO, S., Il collaboratore della Giustizia, Roma 1995, páginas 38 y siguientes; CASELLI, G.C./INGROIA, A., "Normativa premiale e strumenti i protezione per i collaboratori della giustizia: Tra inercia legislativa e soluzioni d'emergenza", en *Processo penale e criminalità organizzata*, a cura di Vittorio Grevi, Roma 1993, páginas 195 a 227; NEPPI MODONA, G., "I «collaboratori della giustizia». *Le garanzie per gli accusati e la protezione degli accusatori nel sistema processuale nord-americano*", en Questione Giustizia, 1988, páginas 163 a 190.

[87] Vid. notas 251 y 255.

[88] Al respecto, expresamente el Fundamento Jurídico Quinto de la Sentencia del Tribunal Supremo de 15 de marzo de 2000.

Por el contrario, el artículo 57 bis b) del Código penal texto refundido de 1973 era de aplicación obligatoria por el Tribunal de Instancia. Así las sentencias del Tribunal Supremo de 22 de marzo de 1995 y de 23 de noviembre de 1995 expresamente habían indicado que el precepto citado "*ordena al Tribunal a imponer la pena inferior en uno o dos grados*".

4. El momento de la colaboración con la Justicia y el de la determinación de la pena atenuada

La contra-conducta exigida al culpable colaborador, que con su presentación a las autoridades confesando los hechos en que hubiere participado decide renunciar a su derecho al silencio, a no declararse culpable y a la presunción de inocencia autoimputándose unos hechos, en la creencia de que con su conducta sincera va a recibir un mejor trato punitivo, encuentra que no tiene un interlocutor válido que le permita valorar su conducta. La conducta colaboradora, por un lado, va a suponer la asunción de unos hechos constitutivos de delitos relativos al narcotráfico o al terrorismo, los cuales han incrementado considerablemente las penas previstas con el Código penal de 1995[89], por otra parte, va a permitir la obtención de elementos procesales idóneos respecto a la exigencia de responsabilidad a otros culpables. Pero en lo que se refiere a los efectos procesales en relación al propio colaborador, el momento procesal en el que el sujeto decide confesar sus hechos para después colaborar en los hechos de otros es distinto al momento en el que va a valorarse su actitud colaboradora. Pero no sólo el momento procesal es distinto, sino que el órgano con capacidad para valorar y decidir el alcance de la colaboración prestada por el culpable con efectos atenuatorios en la determinación de la pena también es distinto a aquel con el que se colabora, lo cual, ante la absoluta discrecional que los artículos 376, 570quater.4, y 579bis.3 del Código Penal otorga al Tribunal de instancia, pervierte el sistema que en un principio parecía premial. El sujeto colaborador, por tanto, en la fase de instrucción de un procedimiento sobre narcotráfico, sólo va a tener la esperanza de que el incremento de pena derivado de su autoinculpación en unos hechos concretos se vea atenuado por la colaboración prestada, lo cual habrá de ser valorado en un tiempo distinto (en algunos casos, varios meses o incluso años después) por un órgano judicial distinto, con unos parámetros político-criminales e incluso de influencia mediática posiblemente también distintos, y que respecto a su valoración no cabra la interposición de recurso alguno.

Podría plantearse la posibilidad de un acuerdo de conformidad en fase instructora entre el Ministerio Fiscal y la defensa del sujeto que ha acordado colaborar con la Administración de Justicia, para que en sus calificaciones de los hechos considerar la aplicación de los artículos 376, 570quater.4, y 579bis.3 del Código penal. En este caso, siempre se planteará el problema de si la atenuación de la pena es de obligada aplicación por el Tribunal de instancia. De acuerdo a la doctrina del Tribunal Supremo en atención a la redacción de los preceptos analizados, considero que el Tribunal de instancia en estos casos sigue teniendo la potestad de atenuar la pena en uno o dos grados o de no re-

[89] Especialmente endurecidas para delitos de terrorismo y delincuencia organizada tras la entrada en vigor de la Ley Orgánica 7/2003, de 30 de junio de medidas de reforma para el cumplimiento íntegro y efectivo de las penas.

bajar en grado, debiendo –en su caso– aplicar la atenuante de confesión del artículo 21.4ª del Código penal, de acuerdo a los artículo 66.2 del Código penal, no pudiendo pasar de la cifra máxima de la mitad inferior de la pena aplicable al delito concreto.

Tampoco, en un ardid de negociación extraprocesal con el abogado de la defensa del sujeto inculpado, el Ministerio Fiscal puede en su escrito de calificaciones provisionales o definitivas de los hechos probados, pedir al Tribunal de instancia la aplicación del artículo 376 del Código penal ante, por ejemplo, el caso del sujeto que decide colaborar con la Administración de Justicia para desarticular una organización criminal dedicada al narcotráfico tras la detención policial. Pudiendo en este caso el Tribunal de instancia aplicar una pena superior a la solicitada por las partes sin vulnerar el principio acusatorio por no exceder los límites penológicos del tipo en cuestión.

Por otra parte, la Sentencia del Tribunal Supremo de 27 abril de 2000 pone de relevancia otra circunstancia procesal respecto a la valoración de las autoinculpaciones que son el requisito previo a la colaboración en la investigación de hechos de terceros, que puede considerarse un tanto anómala, al considerar que la confesión de los hechos ante la Policía, su ratificación en la declaración ante el Juzgado de Instrucción pero no en el Juicio Oral, no satisface los requisitos fácticos del artículo 376 del Código penal, pero tampoco considera que se dan los propios de la atenuante genérica ordinaria del artículo 21.4 del Código penal, ni es posible la circunstancia analógica del artículo 21.7 del Código penal.

5. Valor de las declaraciones de los coimputados

El mismo Tribunal Supremo se ha referido a la problemática de la valoración procesal prestada por acusado confesos que realizan una declaración imputando a terceros esperando un mejor tratamiento punitivo[90]. Al respecto, la sentencia de 18 de mayo de 1999, señalaba lo siguiente: "*El Código penal de 1995 acoge en este precepto la figura del arrepentido colaborador, a quien se beneficia con una respuesta penal más benévola, que responde a criterios de política criminal en el enfrentamiento a la denominada delincuencia organizada, y que resulta ciertamente polémica por la problemática credibilidad de los testimonios acusatorios obtenidos mediante la promesa de una sustancial reducción de pena*". En la misma línea Seoane Spiegelberg resalta la Sentencia del Tribunal supremo de 14 de febrero de 1995, la cual al referirse del siguiente modo al culpable colaborador: "*Desde el momento en que actúa como tal se convierte en un informador que genera una serie de problemas ajenos muchas veces al puro proceso o a la prueba en sí. Este informador debe ser considerado como un coimputado en lo que respecta a la valoración de la prueba...*". Esta situación conlleva una "difícil caracterización jurídica", dado que no es propiamente un testigo, puesto que esta figura procesal

---

[90] Al respecto, Muñoz Conde, F., en Derecho penal. Parte Especial, Valencia 2002, página 874.

está reservada al tercero ajeno a los hechos que se enjuician, ni tampoco se trata de una confesión, ya que carece de la nota relevante de producir efectos contra la persona que la presta[91].

En esta línea, no se trata de valorar simplemente la validez de la conducta colaboradora del sujeto, la cual si es libre y voluntariamente decidida por el mismo y veraz no debe plantear problemas, sino de sus efectos cara a enervar la culpabilidad de terceros, esto es, si es idónea para desvirtuar el principio de presunción de inocencia del artículo 24 del Constitución. En esta línea la reciente sentencia del Tribunal Constitucional 65/2003, de 7 de abril[92], en su fundamento jurídico quinto afirma lo siguiente:

> "*como señala la TC S 181/2002, de 14 de Oct. (FJ 3), con cita de la TC S 68/2001, de 17 Mar. (FJ 5), las declaraciones de un coimputado, por sí solas, no permiten desvirtuar la presunción de inocencia constitucionalmente reconocida, de modo que para que pueda fundarse una condena en tales declaraciones sin lesionar el derecho fundamental a la presunción de inocencia, es preciso que se adicione a las mismas algún dato que corrobore mínimamente su contenido, destacando las consideradas sentencias que no es posible definir qué debe entenderse por la exigible «corroboración mínima», más allá de la idea obvia de que la veracidad de la declaración del coimputado ha de estar avalada por algún hecho, dato o circunstancia externos para que pueda estimarse corroborada, dejando por lo demás, a la casuística la determinación de los supuestos en que puede considerarse que ha existido esa mínima corroboración, tomando en cuenta las circunstancias concurrentes en cada caso. Asimismo, debe destacarse que tanto la citada TC S 181/2002 (FJ 3) como la TC 72/2001, de 26 Mar. (FJ 5), han puesto de manifiesto que la circunstancia de que la condena se funde exclusivamente en las declaraciones de más de un coimputado no permite tampoco considerar desvirtuada la presunción de inocencia del condenado, siendo exigible también en tales casos la mínima corroboración del contenido de esas declaraciones de la pluralidad de coimputados mediante algún dato, hecho o circunstancias externos a la misma; es decir, la declaración de un coimputado no constituye corroboración mínima, a los efectos que venimos exponiendo, de la declaración de otro coimputado*".

Al margen de la corroboración necesaria para desvirtuar la presunción de inocencia en base a la declaración de un coimputado, ésta habrá de reunir los requisitos de veracidad y credibilidad necesarios para ser considerada como medio de prueba por el Tribunal de instancia. En la práctica esta valoración será compleja. Así, la valoración de la denominada en Italia "chiamata di correo", deberá ser realizada de un modo crítico, tras la ponderación de una serie de circunstancias: a. personalidad del sujeto delator y sus relaciones que precedentemente mantuviese con el copartícipe; b. examen riguroso sobre la posible existencia de móviles turbios e inconfesables (como, por ejemplo, promesas de obtención de un tratamiento procesal más benigno); c. que no corresponda la

---

91 SEOANE SPIEGELBERG, J.L., en "Aspectos procesales..., ob. cit., página 350.

92 *Actualidad penal*, jurisprudencia, núm. 25, semana del 16 al 22 de junio.

coimputación a un móvil autoexculpatorio mediante la atribución del ilícito al correo[93].

Las dudas surgen cuando la conducta colaboradora del culpable ha sido incentivada por la posibilidad de obtener unos beneficios punitivos, los cuales no siempre podrán ser considerados móviles espurios, turbios e inconfesables[94]. De hecho, el móvil de obtener una ventaja punitiva con la cooperación es –en definitiva– la incentivación plasmada por el legislador en los artículos 376, 570quater.4 y 579bis.3 CP, de modo que la credibilidad del testimonio en estos casos vendrá determinada por su veracidad confirmada por otros elementos probatorios[95], garantizando en todo momento el principio de contradicción en el desarrollo del Juicio oral. En esta línea se desenvuelve la más reciente jurisprudencia del Tribunal Constitucional y del Tribunal Supremo, en tanto en cuanto, el acusado que presta declaración no tiene la obligación de decir la verdad que le asiste al declarante testigo[96].

---

[93] Al respecto, Seoane Spiegelberg, J.L., y la Jurisprudencia allí citada, en "Aspectos procesales..., ob. cit., página 350; también Zaragoza Aguado, J., en Tratamiento penal y procesal..., ob. cit., páginas 97-98; del mismo autor, también en "La protección de los acusados, testigos y peritos en causas criminales en el ordenamiento jurídico español. Ámbito de aplicación de la Ley Orgánica 19/1994. Las declaraciones de lo coimputados. El problema de los testigos ocultos y anónimos. Incidencia de estas cuestiones en el Derecho a un proceso con todas las garantías", en *Revista de Derecho y Proceso Penal*, 2002-1, número 7, pagina 75.

[94] En esta línea, también, Zaragoza Aguado, J.A., en "La protección de los acusados, testigos y peritos..., ob. cit., página 76 (nota a pié de página número 17).

Jaén Vallejo, M., señala que "todas estas circunstancias, precisamente, hacen altamente perturbadora la figura del llamado "arrepentido", prevista en el artículo 376 del Código penal español, en relación a los delitos contra la salud pública (tráfico ilegal de drogas), que prevé una reducción de pena de hasta dos grados, siempre que el sujeto...", en "Los principios de la prueba en el derecho penal español", en en *www.unifr.ch/derechopenal/articulos*, página 12 (nota final número 43).

[95] Al respecto, vid. Mena Álvarez, J.M., en "Tratamiento penal del partícipe arrepentido", *Cuadernos de Derecho Judicial. Delitos contra la Salud pública*, número XXI. Madrid 1993; también Martín Pallín, J.A., en "Impacto Social criminológico, político y normativo del tráfico de drogas", en AA.VV., *Delitos contra la Salud Pública y el Contrabando*, Madrid 2000, página 156.

[96] Al respecto, además de la Sentencia del Tribunal Constitucional 65/2003, de 7 de abril, ya citada, la Sentencia del Tribunal Constitucional 68/2002, de 21 de marzo, señala que únicamente pueden considerarse auténticas pruebas las practicadas en el juicio oral, con posibilidad de debate contradictorio y en presencia del juzgador señalando que la declaración del coencausado puede valorarse como prueba apta para destruir la presunción de inocencia si bien por la ausencia del deber de veracidad, se trata de una prueba intrínsecamente sospechosa: para otorgarle veracidad ha de verse avalada por algún hecho, dato o circunstancia externa que corrobore mínimamente su contenido; la prueba testifical del coencausado, sin la concurrencia de otra prueba, dato o circunstancia externos a ella que haya corroborado su veracidad en delito contra la salud pública no puede erigirse por sí sola en prueba suficiente para desvirtuar la presunción de inocencia; en la misma línea la Sentencia 153/1997, de 29 de septiembre, señalaba que la declaración incriminatoria del coimputado prestada ante la Policía tenía un valor únicamente de denuncia, sin constituir ni prueba preconstituida ni prueba anticipada; la Sentencia del Tribunal Constitucional 49/1998, de 2 de marzo se refería a la declaración de coencausado en causa por delito contra la salud pública, en la que la declaración

V. OTRAS FÓRMULAS PROCESALES CON INCIDENCIA EN LA DETERMINACIÓN DE LA PENA. LAS CONFORMIDADES

Dentro del proceso de agilización de la Justicia penal se aprueba la Ley Orgánica 8/2002, de 24 de octubre, complementaria de la Ley de reforma parcial de la Ley de Enjuiciamiento Criminal, sobre procedimiento para el enjuiciamiento rápido e inmediato de determinados delitos y faltas, y de modificación del procedimiento abreviado, en la que se incluye una especie de Justicia negociada en la que, para determinados delitos leves se regula el acuerdo de conformidad premiada, es decir, cuando el sujeto acepta la calificación de los hechos con una reducción de un tercio de la cuantía de la pena que por los mismos le hubiere correspondido, renunciando de este modo al Juicio oral. La práctica, no obstante, lleva a acusación y defensa a acuerdos no reglados, previos a la apertura del Juicio oral, con la evidente repercusión en el mismo[97].

En cualquier caso, como señalaba el Grupo de Estudios de Política Criminal, *"Por otra parte, nuestro ordenamiento procesal prevé ya seis modalidades o variantes de conformidad, presentes en los procesos penales ordinarios y especiales, y que difieren entre sí, entre otros aspectos, en el tipo de proceso en el que aparecen, en el momento procesal en el que tienen lugar, en los límites de la gravedad de la pena objeto de acusación, en la amplitud de la negociación entre las partes, y en el margen de discreción del juzgador"*[98].

1. La conformidad premiada reglada

La conformidad para delitos menores aparece regulada en los artículos 781 a 803 de la Ley de Enjuiciamiento Criminal como una fórmula de agilización de la Justicia penal para los delitos menores. Recibe la denominación de conformidad premiada la recogida en el artículo 801 LECr, en la medida en que lleva aparejado un beneficio penológico de un tercio de la condena para el investigado que preste su conformidad con la calificación propuesta por la acusación ante el Juez de instrucción de guardia, impidiendo así la apertura del Juicio Oral.

---

inculpatoria, rectificada posteriormente y no incorporada al juicio oral mediante su lectura y confrontación, limitándose a tenerla «por reproducida» considera que carece de consistencia plena como prueba de cargo; la Sentencia del Tribunal Constitucional 115/1998, de 1 de junio señala que la ausencia de un deber de veracidad exige que el umbral mínimo que da paso al campo de libre valoración judicial de la prueba practicada esté conformado por la adición a las declaraciones del coimputado de algún dato que corrobore mínimamente su contenido.

También, en la misma línea las sentencias del Tribunal Supremo 23 de enero de 2003; de 11 de noviembre de 1999 y de 3 de marzo de 2000.

[97] Utilizando en algunos casos forzadamente la atenuante de confesión, si bien como señala la Sentencia del Tribunal Supremo de 14 de julio de 2014, la atenuante de confesión del artículo 214 CP es distinta a la conformidad.

[98] Grupo de Estudios de Política Criminal *Una alternativa a algunas previsiones penales utilitaristas. Indulto, prescripción, dilaciones indebidas y conformidad procesal,* Valencia 2014, página 16.

Los requisitos que la Ley de Enjuiciamiento Criminal establece para poder acogerse a esta modalidad de resolución del proceso penal son los siguientes[99]:

a. Que no exista no acusación popular ni acusación particular.

b. Que se trate de delitos con pena inferior a tres años de prisión u otra pena de duración inferior a 10 años.

c. El procedimiento a seguir será el previsto para los llamados juicios rápidos.

d. Su acuerdo dará lugar a una rebaja de 1/3 dela pena privativa de libertad solicitada por el Ministerio Fiscal.

---

[99] Artículo 800.2. "*Abierto el juicio oral, si no se hubiere constituido acusación particular, el Ministerio Fiscal presentará de inmediato su escrito de acusación, o formulará ésta oralmente. El acusado, a la vista de la acusación formulada, podrá en el mismo acto prestar su conformidad con arreglo a lo dispuesto en el artículo siguiente. En otro caso, presentará inmediatamente su escrito de defensa o formulará ésta oralmente, procediendo entonces el Secretario del Juzgado de Guardia sin más trámites a la citación de las partes para la celebración del juicio oral*".

Artículo 801. "*1. Sin perjuicio de la aplicación en este procedimiento del artículo 787, el acusado podrá prestar su conformidad ante el juzgado de guardia y dictar éste sentencia de conformidad, cuando concurran los siguientes requisitos:*

1.º Que no se hubiera constituido acusación particular y el Ministerio Fiscal hubiera solicitado la apertura del juicio oral y, así acordada por el juez de guardia, aquél hubiera presentado en el acto escrito de acusación.

2.º Que los hechos objeto de acusación hayan sido calificados como delito castigado con pena de hasta tres años de prisión, con pena de multa cualquiera que sea su cuantía o con otra pena de distinta naturaleza cuya duración no exceda de 10 años.

3.º Que, tratándose de pena privativa de libertad, la pena solicitada o la suma de las penas solicitadas no supere, reducida en un tercio, los dos años de prisión.

2. Dentro del ámbito definido en el apartado anterior, el juzgado de guardia realizará el control de la conformidad prestada en los términos previstos en el artículo 787 y, en su caso, dictará oralmente sentencia de conformidad que se documentará con arreglo a lo previsto en el apartado 2 del artículo 789, en la que impondrá la pena solicitada reducida en un tercio, aun cuando suponga la imposición de una pena inferior al límite mínimo previsto en el Código Penal. Si el fiscal y las partes personadas expresas en su decisión de no recurrir, el juez, en el mismo acto, declarará oralmente la firmeza de la sentencia y, si la pena impuesta fuera privativa de libertad, resolverá lo procedente sobre su suspensión o sustitución.

3. Para acordar, en su caso, la suspensión de la pena privativa de libertad bastará, a los efectos de lo dispuesto en el artículo 81.3.ª del Código Penal, con el compromiso del acusado de satisfacer las responsabilidades civiles que se hubieren originado en el plazo prudencial que el juzgado de guardia fije. Asimismo, en los casos en que de conformidad con el artículo 87.1.1.ª del Código Penal sea necesaria una certificación suficiente por centro o servicio público o privado debidamente acreditado u homologado de que el acusado se encuentra deshabituado o sometido a tratamiento para tal fin, bastará para aceptar la conformidad y acordar la suspensión de la pena privativa de libertad el compromiso del acusado de obtener dicha certificación en el plazo prudencial que el juzgado de guardia fije.

4. Dictada sentencia de conformidad y practicadas las actuaciones a que se refiere el apartado 2, el Juez de guardia acordará lo procedente sobre la puesta en libertad o el ingreso en prisión del condenado y realizará los requerimientos que de ella se deriven, remitiendo el Secretario judicial seguidamente las actuaciones junto con la sentencia redactada al Juzgado de lo Penal que corresponda, que continuará su ejecución.

5. Si hubiere acusador particular en la causa, el acusado podrá, en su escrito de defensa, prestar su conformidad con la más grave de las acusaciones según lo previsto en los apartados anteriores".

La terminación del proceso penal en una "Sentencia de conformidad" en los llamados juicios rápidos, desarrollados ante el propio Juzgado de Instrucción, según la memoria de la Fiscalía General del Estado correspondiente al año 2015, alcanzó al 80 % de las sentencias dictadas, convirtiéndose –como medida de agilización de la Justicia– en la forma más usada de terminación del proceso penal.

2. Otras conformidades

Al margen de la conformidad premiada prevista para los llamados juicios rápidos, las cifras de "acuerdos" que se barajan en la Justicia penal española son de vértigo. Al respecto, la propia Fiscalía General del Estado en la Memoria anual de 2016 señala lo siguiente:

> *"En el año 2015, la conformidad con la posición del Ministerio Fiscal en la totalidad de las sentencias, condenatorias y absolutorias, dictadas por los Juzgados de lo Penal fue del 68 % (el 67 % en 2014, el 58 % en el 2013, el 59 % en 2012, el 58 % en 2011 y el 57 % en 2010). En la totalidad de las sentencias dictadas por las Audiencias Provinciales el porcentaje de conformidad con la posición del Fiscal fue del 68 % (el 67 % en 2014 el 56 % en 2013, el 54 % en 2012, el 58 % en 2011 y el 51 % en 2010). La cuestión se mantiene pues en términos muy estables en el curso de los años.*
>
> *En términos absolutos en el año 2015 se constató un incremento en sentencias dictadas tanto por los Juzgados de lo Penal, que ascendieron a 160.040, como por las Audiencias Provinciales que dictaron 8.843 sentencias.*
>
> *En el año 2015, como en precedentes anualidades, el mayor número de sentencias condenatorias se produjo por la conformidad del acusado y su letrado con la calificación del Fiscal. Así de total de sentencias condenatorias dictadas por los Juzgados de lo Penal, 117.997, 70.647 sentencias lo fueron por conformidad del acusado con la petición del Ministerio Fiscal, lo que representó el 60 % del total de sentencias condenatorias dictadas. En las Audiencias Provinciales se dictaron un total de 7.251 de las cuales 3.461, el 47 %, lo fueron por conformidad del acusado y su defensa con la posición del Fiscal. Los términos son muy similares a los de años anteriores y estas conformidades que se producen antes del comienzo del juicio oral deberían llamar la atención del legislador. No se pretende con esta observación una nueva reforma parcial a la LECrim sino que los datos que se exponen en su conjunto denotan que estas reformas parciales no suponen avance alguno en la mejora de la Justicia penal, que solo será posible con la necesaria e inaplazable reforma en profundidad del derecho procesal penal".*

El Ordenamiento Jurídico español no permite –a diferencia de otros modelos procesales, y con la excepción del proceso de reforma de menores– ejercicios de oportunidad aparejados a la terminación pactada del proceso. Sin embargo, no regulados en la legislación procesal penal, no obstante, en la práctica es posible que se den acuerdos entre la acusación pública y la defensa del acusado, lo cuales –en ausencia acusación particular y popular– limitan al Juez por la vigencia del principio acusatorio.

Sólo es legalmente admisible la aproximación de las posturas de la acusación y la defensa en el terreno de la calificación jurídica del hecho y de las consecuencias punitivas dentro de un estricto marco de legalidad:

1. En el procedimiento ordinario:

   a. Que las conclusiones provisionales sean producto de la propia conformidad, tal y como se reconoce en el artículo 655 LECr, cuando se alcanza la conformidad en el escrito de acusación[100], para aquellos casos en los que la pena de prisión no exceda de seis años. Así, la Sentencia del Tribunal Supremo 808/2016, de 27 de Octubre, señala que "*el derecho penal no es un ordenamiento que se encuentre sometido a la autonomía de la voluntad de las partes, ni a la renuncia de sus requisitos, ni a la aceptación de penas por encima de cualquier otra consideración*", considerando que la admisión por el acusado de una pena de 21 años de prisión tras la celebración de un juicio sin pruebas vulnera "*el principio de legalidad, del proceso debido y el derecho a la tutela judicial*"[101].

   b. En el acto del Juicio Oral, en la regulación de la confesión de los hechos en los artículos 688 y siguientes de la Ley de Enjuiciamiento Criminal[102].

---

[100] Artículo 655 LECr:

"*Si la pena pedida por las partes acusadoras fuese de carácter correccional, al evacuar la representación del procesado el traslado de calificación podrá manifestar su conformidad absoluta con aquélla que más gravemente hubiere calificado, si hubiere más de una, y con la pena que se le pida; expresándose además por el Letrado defensor, si esto no obstante, conceptúa necesaria la continuación del juicio.*

Si no la conceptúa necesaria, el Tribunal, previa ratificación del procesado, dictará sin más trámites la sentencia que proceda según la calificación mutuamente aceptada, sin que pueda imponer pena mayor que la solicitada.

Si ésta no fuese la procedente según dicha calificación, sino otra mayor, acordará el Tribunal la continuación del juicio.

También continuará el juicio si fuesen varios los procesados y no todos manifestaren igual conformidad.

Cuando el procesado o procesados disintiesen únicamente respecto de la responsabilidad civil, se limitará el juicio a la prueba y discusión de los puntos relativos a dicha responsabilidad".

[101] En la misma línea la Sentencia del Tribunal Supremo 291/2016, de 7 de abril.

[102] "*De la confesión de los procesados y personas civilmente responsables*"

Artículo 688. "*En el día señalado para dar principio a las sesiones, el Secretario judicial velará por que se encuentren en el local del Tribunal las piezas de convicción que se hubieren recogido, y el Presidente, en el momento oportuno, declarará abierta la sesión.*

Si la causa que haya de verse fuese por delito para cuyo castigo se pida la imposición de pena correccional, preguntará el Presidente a cada uno de los acusados si se confiesa reo del delito que se le haya imputado en el escrito de calificación, y responsable civilmente a la restitución de la cosa o al pago de la cantidad fijada en dicho escrito por razón de daños y perjuicios".

Artículo 689. "*Si en la causa hubiere, además de la calificación fiscal, otra del querellante particular o diversas calificaciones de querellantes de esta clase, se preguntará al procesado si se confiesa reo del delito, según la calificación más grave, y civilmente responsable por la cantidad mayor que se hubiese fijado*".

Artículo 690. "*Si fueren más de uno los delitos imputados al procesado en el escrito de calificación, se le harán las mismas preguntas respecto de cada cual*".

Artículo 691. "*Si los procesados fueren varios, se preguntará a cada uno sobre la participación que se le haya atribuido*".

2. En el Procedimiento abreviado:

En el escrito de acusación, formulada una inicial acusación, la posterior conformidad da lugar a un nuevo escrito de calificación consensuado (en cualquier momento anterior a la celebración de las sesiones del Juicio Oral)[103].

Artículo 692. "*Imputándose en la calificación responsabilidad civil a cualquiera otra persona, comparecerá también ante el Tribunal y declarará si se conforma con las conclusiones de la calificación que le interesen*".

Artículo 693. "*El Presidente hará las preguntas mencionadas en los artículos anteriores con toda claridad y precisión, exigiendo contestación categórica*".

Artículo 694. "*Si en la causa no hubiere más que un procesado y contestare afirmativamente, el Presidente del Tribunal preguntará al defensor si considera necesaria la continuación del juicio oral. Si éste contestare negativamente, el Tribunal procederá a dictar sentencia en los términos expresados en el artículo 655*".

Artículo 695. "*Si confesare su responsabilidad criminal, pero no la civil, o aun aceptando ésta no se conformare con la cantidad fijada en la calificación, el Tribunal mandará que continúe el juicio.*

Pero en este último caso, la discusión y la producción de pruebas se concretarán al extremo relativo a la responsabilidad civil que el procesado no hubiese admitido de conformidad con las conclusiones de la calificación.

Terminado el acto, el Tribunal dictará sentencia".

Artículo 696. "*Si el procesado no se confesare culpable del delito que le fuere atribuido en la calificación, o su defensor considerase necesaria la continuación del juicio, se procederá a la celebración de éste*".

Artículo 697. "*Cuando fueren varios los procesados en una misma causa, se procederá conforme a lo dispuesto en el artículo 694 si todos se confiesan reos del delito o delitos que les hayan sido atribuidos en los escritos de calificación, y reconocen la participación que en las conclusiones se les haya señalado, a no ser que sus defensores consideren necesaria la continuación del juicio.*

Si cualquiera de los procesados no se confiesa reo del delito que se le haya imputado en la calificación, o su defensor considera necesaria la continuación del juicio, se procederá con arreglo a lo dispuesto en el artículo anterior.

Si el disentimiento fuere tan sólo respecto de la responsabilidad civil, continuará el juicio en la forma y para los efectos determinados en el artículo 695".

Artículo 698. "*Se continuará también el juicio cuando el procesado o procesados no quieran responder a las preguntas que les hiciere el Presidente*".

Artículo 699. "*De igual modo se procederá si en el sumario no hubiese sido posible hacer constar la existencia del cuerpo del delito cuando, de haberse éste cometido, no pueda menos de existir aquél, aunque hayan prestado su conformidad el procesado o procesados y sus defensores*".

Artículo 700. "*Cuando el procesado o procesados hayan confesado su responsabilidad de acuerdo con las conclusiones de la calificación, y sus defensores no consideren necesaria la continuación del juicio, pero la persona a quien sólo se hubiese atribuido responsabilidad civil no haya comparecido ante el Tribunal, o en su declaración no se conformase con las conclusiones del escrito de calificación a ella referentes, se procederá con arreglo a lo dispuesto en el artículo 695.*

Si habiendo comparecido se negase a contestar a las preguntas del Presidente, le apercibirá éste con declararle confeso.

Si persistiere en su negativa, se le declarará confeso, y la causa se fallará de conformidad con lo dispuesto en el artículo 694.

Lo mismo se hará cuando el procesado, después de haber confesado su responsabilidad criminal, se negare a contestar sobre la civil".

[103] Art. 784.3. "*En su escrito, firmado también por el acusado, la defensa podrá manifestar su conformidad con la acusación en los términos previstos en el artículo 787.*

Dicha conformidad podrá ser también prestada con el nuevo escrito de calificación que conjuntamente firmen las partes acusadoras y el acusado junto con su Letrado, en cualquier momento anterior a la celebración de las sesiones del juicio oral, sin perjuicio de lo dispuesto en el artículo 787.1".

Al inicio del Juicio Oral, con anterioridad a la práctica de la prueba[104].

En estos casos, la vigencia del principio acusatorio, obliga al Juez o Tribunal a dictar Sentencia asumiendo el acuerdo de conformidad extralegal aceptado por las partes procesales, admitiendo de este modo cualquier acuerdo relativo a la calificación de los hechos asumidos por el sujeto llevado a cabo entre el Ministerio Fiscal y la defensa del acusado.

3. A modo de conclusión

La paulatina aceptación en la legislación procesal penal de las distintas variables de conformidades admitidas en el Ordenamiento Jurídico español, sin reconocer directamente mecanismos de resolución de conflictos mediante una

---

[104] Art. 787. 1. "*Antes de iniciarse la práctica de la prueba, la defensa, con la conformidad del acusado presente, podrá pedir al Juez o Tribunal que proceda a dictar sentencia de conformidad con el escrito de acusación que contenga pena de mayor gravedad, o con el que se presentara en ese acto, que no podrá referirse a hecho distinto, ni contener calificación más grave que la del escrito de acusación anterior. Si la pena no excediere de seis años de prisión, el Juez o Tribunal dictará sentencia de conformidad con la manifestada por la defensa, si concurren los requisitos establecidos en los apartados siguientes.*

2. Si a partir de la descripción de los hechos aceptada por todas las partes, el Juez o Tribunal entendiere que la calificación aceptada es correcta y que la pena es procedente según dicha calificación, dictará sentencia de conformidad. El Juez o Tribunal habrá oído en todo caso al acusado acerca de si su conformidad ha sido prestada libremente y con conocimiento de sus consecuencias.

3. En caso de que el Juez o Tribunal considerare incorrecta la calificación formulada o entendiere que la pena solicitada no procede legalmente, requerirá a la parte que presentó el escrito de acusación más grave para que manifieste si se ratifica o no en él. Sólo cuando la parte requerida modificare su escrito de acusación en términos tales que la calificación sea correcta y la pena solicitada sea procedente y el acusado preste de nuevo su conformidad, podrá el Juez o Tribunal dictar sentencia de conformidad. En otro caso, ordenará la continuación del juicio.

4. Una vez que la defensa manifieste su conformidad, el Juez o Presidente del Tribunal informará al acusado de sus consecuencias y a continuación le requerirá a fin de que manifieste si presta su conformidad. Cuando el Juez o Tribunal albergue dudas sobre si el acusado ha prestado libremente su conformidad, acordará la continuación del juicio.

También podrá acordar la continuación del juicio cuando, no obstante la conformidad del acusado, su defensor lo considere necesario y el Juez o Tribunal estime fundada su petición.

5. No vinculan al Juez o Tribunal las conformidades sobre la adopción de medidas protectoras en los casos de limitación de la responsabilidad penal.

6. La sentencia de conformidad se dictará oralmente y documentará conforme a lo previsto en el apartado 2 del art. 789, sin perjuicio de su ulterior redacción. Si el fiscal y las partes, conocido el fallo, expresaran su decisión de no recurrir, el juez, en el mismo acto, declarará oralmente la firmeza de la sentencia, y se pronunciará, previa audiencia de las partes, sobre la suspensión o la sustitución de la pena impuesta.

7. Únicamente serán recurribles las sentencias de conformidad cuando no hayan respetado los requisitos o términos de la conformidad, sin que el acusado pueda impugnar por razones de fondo su conformidad libremente prestada.

8. Cuando el acusado sea una persona jurídica, la conformidad deberá prestarla su representante especialmente designado, siempre que cuente con poder especial. Dicha conformidad, que se sujetará a los requisitos enunciados en los apartados anteriores, podrá realizarse con independencia de la posición que adopten los demás acusados, y su contenido no vinculará en el juicio que se celebre en relación con éstos".

Justicia penal negociada, como señaló el Grupo de Estudios de Política Criminal, da lugar a: "*1. una tendencia a introducir en el proceso penal instrumentos propios del derecho privado; 2. a un progresivo distanciamiento de un estricto principio de legalidad, apreciable no solo en la demandas de impulso del principio de oportunidad en la persecución penal, sino también en la pérdida de interés en que la condena responda estrictamente a la responsabilidad del acusado, aun entendida en su sentido más amplio; 3. al deseo de limitar innecesarios efectos de criminalización secundaria de los acusados; y 4. la perspectiva de lograr rebajas de pena sustanciales dentro de un ordenamiento penal excesivamente riguroso con ciertos tipos de delincuencia*"[105].

En definitiva, desde una perspectiva expansionista/reduccionista de la pena de prisión, la utilización desmesurada de la conformidad como fórmula de resolución del proceso penal, aparece con criterios exclusivamente utilitaristas, alejados por completo de los fines de la pena. Ni atiende a criterios de prevención especial, ni, sobre todo, a criterios de prevención general. Al respecto, son sumamente acertadas las palabras de MORILLAS CUEVA cuando afirmaba las serias dudas que se le presentaba: "al menos en su utilización desmesuradamente normalizada y escasa de controles cualitativos, en cuanto a adecuación a nuestro sistema continental garantista y a los efectos negativos a principios penales básicos, como los de presunción de inocencia, igualdad, legalidad, culpabilidad, proporcionalidad, y a fines esenciales del Derecho Penal moderno, como los de prevención, esencialmente de prevención general"[106].

---

[105] Grupo de Estudios de Política Criminal "Una alternativa a algunas previsiones penales utilitaristas...., ob. cit., página 16.

[106] MORILLAS CUEVA, L., *Discurso de Investidura como Doctor "Honoris Causa" por la Universidad de Jaén,* 26 de noviembre de 2013, página 47.

Parte segunda

Suspensión de pena y otras variables alternativas a la pena de prisión

Capítulo sexto
El nuevo modelo omnicomprensivo de suspensión de la ejecucion de la pena

JAIME MIGUEL PERIS RIERA
Catedrático de Derecho Penal. Universidad de Murcia. Abogado

Sumario: I. Introducción: abandono definitivo de la equívoca tripartición "*De las formas sustitutivas de la ejecución de las penas privativas de libertad y de la libertad condicional*".- II. Radical modificación introducida por la Ley Orgánica 1/2015. Apariencia más que realidad.- III. Ejes cardinales del nuevo modelo de suspensión: *1. Valoración de la peligrosidad. 2. Cumplimiento de la responsabilidad civil: nuevo régimen. 3. Momento de otorgamiento de la suspensión y momento de cómputo de los plazos. 4. Transformación "nominalista" de la tradicional sustitución de la pena en otra categoría de suspensión de la ejecución. El irregular mecanismo de valoración de la mediación. 5. La sustitución de la pena de prisión para extranjeros: una superviviente del viejo sistema*.- IV. Nueva configuración de la libertad condicional.- V. Conclusiones: Luces y sombras del nuevo modelo de suspensión de la ejecución de la pena de prisión.

I. INTRODUCCIÓN: ABANDONO DEFINITIVO DE LA EQUÍVOCA TRIPARTICIÓN *"DE LAS FORMAS SUSTITUTIVAS DE LA EJECUCIÓN DE LAS PENAS PRIVATIVAS DE LIBERTAD Y DE LA LIBERTAD CONDICIONAL"*

Tal y como la Doctrina especializada ha venido resaltando durante muchos años, solo desde un significado muy genérico y global de "penas alternativas" o de "paliativos" a la ejecución efectiva de las penas privativas de libertad podía entenderse la rotulación asignada por el legislador de 1995 al Capítulo III, del Título III, del Libro I del Código Penal. En efecto, por más que en él se anunciase un hipotético contenido sobre *las formas sustitutivas de la ejecución de las penas privativas de libertad* (vendría más tarde el inciso final... *y de la libertad condicional)*, únicamente una visión que comportase agrupar bajo dicha denominación cualquier tipo de medidas que de algún modo redimensionaran la aplicación de tal categoría de penas, permitía aunar bajo dicho rótulo instituciones tan dispares como la suspensión, la sustitución o la libertad condicional (máxime porque ésta última forma parte ya de un grado concreto de ejecución de las referidas penas).

El Código de 1995 no estuvo precisamente *técnico* a la hora de rubricar el Capítulo III. Fue, sin duda, demasiado pretencioso; sobre todo en un momento en el que ya se había debatido doctrinalmente –casi hasta la saciedad– en torno al alcance y contenido de la genuina sustitución penal. Y, más aún, queriendo ser la obra representativa del nuevo modelo de Estado, autoproclamado Social y democrático de Derecho. Las alternativas diseñadas por el legislador penal casaban mal con el nuevo espíritu, dado que constituían simples parches, necesarios o no, antes que auténticas alternativas en sentido stricto.

Como ya manifestamos en su momento, la idea de suprimir las prisiones, de individualizar otros instrumentos que constituyesen auténticos sustitutivos de aquéllas, y no solo paliativos o alternativas a su función primigenia, llevaba siendo el *leit motiv* de los especialistas que en su versión más radical llegaban a cuestionarse su propio sentido[1]. Las mal llamadas por el Código formas sustitutivas de las penas privativas de libertad, en modo alguno asumieron ninguno de los retos de los muy atrevidos penalistas-penitenciaristas –como PAVARINI y otros– que en la década de los setenta exigían *aceptar el reto de desbancar esa especie de universo concentracional de la marginalidad criminal* y, en sentido aún más amplio, *de cualquier política criminal que se gobernase todavía por el imperio de la pena privativa de libertad*[2].

Por mucho que en Italia vieran la luz algunas de las posiciones más radicales, a las que tampoco fue ajena la Doctrina de otros países, al final el legislador español de 1995 hizo lo que muchos otros y se adscribió a una moderada tendencia de transformación del binomio Derecho punitivo/Derecho clemencial en el binomio derecho punitivo/derecho premial. Dicha transformación se acometió con iniciativas que se manifestaban en una doble vía: de una parte, incrementando el aspecto sancionador/disuasorio respecto de determinados delitos y para específicos perfiles de delincuentes (o, si se prefiere, de *criminalidad*) y, de otra, potenciando el sistema premial/promocional[3]. El máximo exponente de la segunda vía lo constituían las denominadas medidas alternativas –*lato sensu*– a las penas privativas de libertad. El modelo premial esencialmente supone que la obtención y mantenimiento de cualquier beneficio preventivo-especial dependa de la necesaria verificación de presupuestos de merecimiento, no de la simple y tradicional clemencia (una paradigmática representación de este otro modelo lo constituía en Italia la institución del Perdón judicial).

---

[1] PERIS RIERA, en COBO DEL ROSAL, Comentarios al Código Penal, Tomo III, Madrid 2000, p.1079. Este planteamiento en torno a la búsqueda de auténticos sustitutivos que permitieran suprimir las prisiones, sobre la individualización de nuevos instrumentos o métodos, llegando a cuestionar el sentido mismo de la prisión, ha sido denominador común de muchos estudios al respecto. En palabras de LAMARCA PEREZ la crítica a la cárcel surge, desde el mismo momento de su nacimiento, relacionada con la crítica al propio sistema de justicia penal. LAMARCA PEREZ,C., Régimen penitenciario y derechos fundamentales, en: Estudios penales y Criminológicos, XVI, 1993, p.211.

[2] PAVARINI,M., La nuova disciplina del lavoro carcerario nella riforma dell'ordinamento penitenziario, en: *Il careceré riformato*, Bologna 1977, p.105.

[3] MANTOVANI,F., Diritto Penale. Parte Generale. 9ª ediz. Padova 2015, pp.749 y 750.

Solo asumiendo esta genérica visión, y con esas premisas, resulta comprensible que el Código penal de 1995 agrupase bajo una misma y equívoca rotulación de *las formas sustitutivas de la ejecución de las penas privativas de libertad*, instituciones de contenido material tan diverso como la suspensión, la sustitución y la libertad condicional. Cuando lo cierto y verdad era que sustitución en sí tan sólo había –y no siempre– en la sección segunda.

Por más que el legislador de 2015 haya dado un aparente giro copernicano a las formas sustitutivas, dado que, a pesar de haber mantenido el rótulo, ha suprimido la sustitución de la Sección Segunda del capítulo (salvo para la muy peculiar sustitución para extranjeros), creando un pretendido modelo omnicomprensivo de suspensión[4] cuyo nuevo perfil alcanza hasta la libertad condicional (suspensión de la ejecución del resto de la pena), resulta sorprendente que dos décadas después podamos seguir manteniendo respecto de la iniciativa desarrollada ahora lo mismo que reconocíamos al valorar el modelo diseñado por el Código de 1995[5]. En efecto, el legislador de 2015 no se ha sustraído a la tentación de seguir manteniendo aquella "doble dirección" que suponía, de un lado, reforzar el sistema sancionador/disuasorio para determinada delincuencia, por más que pretenda perseguir, de otro, un incremento del sistema premial/promocional con un autocalificado nuevo modelo de sustitución.

II. RADICAL MODIFICACIÓN INTRODUCIDA POR LA LEY ORGÁNICA 1/2015. MÁS APARIENCIA QUE REALIDAD

Han transcurrido ya casi dos décadas desde que, en la introducción a nuestro estudio sobre las formas sustitutivas de la ejecución de las penas privativas de libertad[6], recordábamos las afirmaciones de Rusche y Kirchheimer al reconocer que el sistema penal de cualquier sociedad históricamente determinada no podía ser analizado como algo aislado, sino que necesariamente venía condicionado por el conjunto del sistema social, participando "tanto de sus aspiraciones como de sus límites". Resaltábamos entonces que lo asombroso era la rapidez con la que estos planteamientos se proyectaron a finales de los años sesenta sobre la concreta visión de las penas, más específicamente respecto de las penas privativas de libertad, sometidas a un latente, continuo y casi fundacional estado de crisis.

Hoy, igual que entonces, hemos de reconocer que la continua referencia a su crisis se circunscribe más a los problemas de su ejecución que a los de su propia

---

4 La Doctrina ha resaltado *la fuerte componente de apariencia y formalismo*de la reforma. Por todos BARQUIN SANZ, J., *De las formas sustitutivas de la pena de prisión y de la libertad condicional*, en MORILLAS CUEVA, L., Estudios sobre el Código Penal reformado (leyes orgánicas 1/2015 y 2/2015, Madrid 2015, p.224.

5 PERIS RIERA, en COBO DEL ROSAL, *Comentarios al Código Penal*, Tomo III, Madrid 2000, p.1077.

6 PERIS RIERA, en COBO DEL ROSAL, *Comentarios al Código Penal*, Tomo III, Madrid 2000, p.1075.

materialidad. Hasta el punto de que numerosos autores destacaron desde hace años la vertiente penitenciaria y criminológica del conflicto. Y ello resulta evidente por cuanto, muchos de los furibundos debates que marcaron los años sesenta y setenta, no lo eran tanto sobre la materialidad de las penas privativas de libertad sino sobre la insatisfactoria realidad con la que se enfrentaba –y se enfrenta– la ejecución de las mismas[7].

Ciertamente, con la amplia y radical reforma de 2015 en esta materia, parecen haber triunfado definitivamente las ideas de quienes pensaban que era más adecuado ahondar en el desarrollo de "alternativas al castigo" y no en el de "castigos alternativos"[8]. En última instancia se trata, una vez más, de solucionar los eternos problemas de las penas privativas de libertad sin afrontar la cuestión de su materialidad, sino más bien la de su ejecución, ampliando los mecanismos y automatismos de la suspensión de las mismas. Sigue posponiéndose cualquier debate real sobre una visión de las alternativas penales tomadas como sinónimo de sanciones penales distintas a la prisión. Nada que ver con lo que, en los años setenta, fue caracterizado por el *Gruppo Penalistico dell'Universitá di Bologna* como cualquier tratamiento sancionador que contemplase sólo en vía *subordinada y eventual* la pena privativa de la libertad personal[9].

Si tal y como hemos dicho el Código de 1995 adoptó un concepto amplio y tradicional de alternativas penales, el legislador de 2015, por más que haya pretendido, anunciado y calificado una radical modificación, lo cierto es que en modo alguno ha diseñado una auténtica opción a las penas privativas de libertad. Muy al contrario, bajo la expresa asunción del objetivo formal de dotar a la suspensión de la ejecución de una mayor flexibilidad a través de un mecanismo de tramitación más rápido, el nuevo modelo omnicomprensivo de suspensión (dado que teóricamente ya todo es suspensión –excepción hecha una vez más de la expulsión de extranjeros–) supone un auténtico *añadido* a las penas privativas de libertad. Si hace dos décadas reconocíamos este efecto *parche* de cualquiera de las pretendidas alternativas, hoy, con el actual modelo, se afianza más aún la visión tradicional de aquellas, se reafirma su amplia presencia. Son solo paliativos y no sustitutivos. Siguen siendo plenamente válidas las palabras de LARRAURI PIJOAN cuando reconocía que el diseño otorgado a estas medidas alternativas reforzaban la propia existencia de las penas de prisión *contribuyendo a un incremento del control, debido a las condiciones, efectos estigmatizadores y grado de intromisión en la persona*[10]. Precisamente porque la actitud del legislador de 2015 ha sido la misma

---

7 Sobre las discusiones al respecto en esos años es fundamental el trabajo de VIVES ANTON, T.S., *Régimen penitenciario y Derecho penal: reflexiones críticas*, Cuadernos de Política Criminal, 3, 1977, pags. 246 y ss.

8 En ese sentido se manifestaba ya en 1991, LARAURI PIJOAN, E., *Las paradojas de importar alternativas a la cárcel en el Derecho penal español*, en Anuario de Derecho penal y Ciencias penales, 1991, pag.53.

9 GRUPPO PENALISTICO DELL'UNIVERSITA DI BOLOGNA, Sulle misure c.d. alternative, en *Il carcere riformato*, Bologna 1977, pp 15 y ss.

10 LARRAURI PIJOAN, E., Suspensión y sustitución de la pena en el nuevo Código penal, en *Estudios penales y Criminológicos*, XIX, 1996, p.207.

estas consideraciones alcanzan mayor valor. De hecho por más que se resalten los aspectos positivos de la reforma no dejan de anunciarse igualmente los riesgos que entraña la instauración de altos niveles de discrecionalidad, con el riesgo de lo que URBANO CASTRILLO denomina la *justicia del caso*[11].

Siempre habían sido reconocidas en la Doctrina las interconexiones entre la suspensión y la sustitución *stricto sensu* de la pena. El Código de 1995 había incurrido de nuevo en lo que calificábamos de un *elevado nivel de combinación/confusión* entre estas instituciones. Hasta el punto de que se cuestionaba qué criterios podían o debían condicionar la elección del juzgador entre un beneficio u otro, sobre todo porque los requisitos exigidos para su concesión eran coincidentes. Esa misma Doctrina llegaba a reconocer que la sustitución no era sino una ley especial respecto de la suspensión, incluyendo el fenómeno en la más amplia problemática del concurso aparente de normas.

Precisamente por ello manifestábamos al respecto que no debía sorprender el conflicto dado que el fundamento que inspiraba ambas era, más que similar, casi idéntico. Y no otro ha sido el punto de partida del legislador de 2015 que asumiendo un concepto omnicomprensivo de suspensión, ha suprimido la triple regulación tradicional diseñando un único modelo de suspensión con distintos supuestos. Se pretende, y se reconoce abiertamente, *que jueces y tribunales decidan una sola vez sobre si debe ser ejecutada o no la pena de prisión.* Esta decisión armoniza con lo que destacábamos líneas atrás alineándose con un modelo tradicional y limitado de alternativa a las penas de prisión. Desde tal óptica se diseña un simple criterio de alternativa centrado en la opción suspensión-ejecución. Como tendremos ocasión de exponer, los aspectos positivos de la reforma no sólo se sustentan por la Doctrina especializada, sino que también se mantienen desde su más directa vertiente aplicativa[12].

III. EJES CARDINALES DEL NUEVO MODELO DE SUSPENSIÓN

No es objetivo de este trabajo efectuar un análisis pormenorizado de los requisitos y condiciones para la concesión, límites y revocación, de la suspensión. Dicho estudio se encuentra desarrollado en otra parte de esta obra conjunta. Lo que se pretende ahora es examinar críticamente los que pueden ser calificados como ejes cardinales del nuevo modelo de suspensión. Aspectos esenciales que caracterizan la transformación de las alternativas a la ejecución de las penas privativas de libertad y que han supuesto en algunos casos verdaderas fracturas legislativas en el modo de concebir estas instituciones.

---

[11] URBANO CASTRILLO, E., La nueva regulación de la suspensión de las penas privativas de libertad", en Aranzadi doctrinal, 2015, p.10.

[12] CANO CUENCA, A., *"Suspensión de ejecución de las penas condicionada al cumplimiento de prohibiciones y deberes. Especial consideración de la expulsión de los extranjeros. La sustitución de la pena de prisión por la expulsión (arts. 83,85, 86, 87, 308 bis y 89)"*en GONZALEZ CUSSAC, J.L., Comentarios a la reforma del Código Penal de 2015, 2ª edición, Valencia 2015, p.345.

1. Valoración de la peligrosidad

El nuevo modelo diseñado en la reforma de la suspensión, en palabras del propio legislador, introduce en el sistema un régimen de concesión *que permite a jueces y tribunales valorar si los antecedentes penales del condenado tienen, por su naturaleza y circunstancias, relevancia para valorar su posible peligrosidad.* El artículo 80.1 exige, a efectos de la concesión de la suspensión de la ejecución de las penas privativas de libertad no superiores a dos años, resolución motivada. Requisito que no revestiría particularidad alguna si no fuera porque el párrafo segundo de este mismo apartado ha enumerado los criterios a valorar en la motivación de la resolución, entre ellos el de los antecedentes penales. Hasta aquí nada especialmente novedoso que destacar.

Los criterios valorativos tradicionales cambian sin embargo cuando, al relacionar el número 2 del mismo artículo 80 las condiciones necesarias para dejar en suspenso la ejecución de la pena, y tras comenzar por repetir el tradicional criterio de que el delincuente sea primario, precise que *no se tendrán en cuenta los antecedentes penales correspondientes a delitos que, por su naturaleza o circunstancias, carezcan de relevancia para valorar la probabilidad de comisión de delitos futuros.* Y esta potestad de jueces y tribunales a la hora de valorar discrecionalmente la relación entre antecedentes y peligrosidad sí constituye una auténtica novedad respecto del modelo tradicional. Es más este nuevo modelo de valoración de los antecedentes –a partir del criterio de la peligrosidad– se convierte en uno de los ejes de la reforma: opera tanto para la concesión de la suspensión como para su revocación.

El legislador, con buen criterio ha optado por eludir un automático y rígido sistema de valoración de los antecedentes penales que, en la realidad aplicativa, llevaba a injustificados supuestos de denegación de la suspensión en virtud de unos antecedentes que nada tenían que ver con el nuevo delito cometido y que, desde cualquier óptica penal-criminológica, llevaban a ilógicas decisiones no armónicas con los más básicos criterios de prevención especial. Además, y de ello ya advertía el legislador, la plena transposición de la Decisión marco 2008/675/JAI supone reconocer la total equiparación entre los antecedentes derivados de condenas dictadas por los tribunales españoles y las de cualquier otro tribunal de un Estado miembro de la Unión Europea. La referida transposición es precisamente la razón que motiva la introducción del último párrafo en el artículo 22, en la circunstancia agravante de reincidencia, *"las condenas firmes de jueces o tribunales impuestas en otros Estados de la Unión Europea producirán los efectos de reincidencia salvo que el antecedente penal haya sido cancelado o pudiera serlo con arreglo al Derecho español".* Sin duda esta plena equiparación entre antecedentes penales podría haberse convertido en una fuente más de posibles denegaciones automáticas de suspensión.

2. Cumplimiento de la responsabilidad civil: nuevo régimen

Sin duda el nuevo régimen de valoración del cumplimiento de la responsabilidad civil constituye una de las modificaciones de mayor calado en el modelo de suspensión y respecto del mismo se produce un mecanismo de valoración inverso al existente desde sus orígenes.

En efecto, la tercera de las *condiciones necesarias* para dejar en suspenso la ejecución de la pena (art. 80.2.3ª) supone *que se hayan satisfecho las responsabilidades civiles que se hubieren originado...* Ciertamente esta condición siempre ha estado presente como exigencia constante para la obtención de la suspensión, si bien, tal y como se trata en otro capítulo de la presente obra dedicado específicamente al estudio de los elementos y requisitos, esta exigencia reviste en la actualidad una mayor rigidez (realmente muy semejante a la casi mecánica y velada aplicación cotidiana de la referida condición por parte de jueces y tribunales). Sin embargo, y por lo que se refiere al cumplimiento del requisito, se instituye un sistema inverso de valoración basado en la presunción del cumplimiento.

Efectivamente, basta con que el penado *asuma el compromiso de satisfacer las responsabilidades civiles de acuerdo a su capacidad económica* para que el requisito se entienda cumplido. Ello siempre y cuando *sea razonable* esperar que el mismo se atienda en el plazo prudencial que el juez o tribunal determine. Para evitar disfunciones, con la asunción de ilógicos e irrealizables compromisos, el juez o tribunal, en atención al alcance de la responsabilidad civil y al impacto social del delito, *podrá solicitar las garantías que considere convenientes para asegurar su cumplimiento.*

Este requisito rige de forma más tajante para la suspensión excepcional de la ejecución de las penas de prisión que individualmente no superen los dos años (art. 80.3), supuesto en el que la suspensión, que se sustrae a otros requisitos, se condicionará siempre a la reparación efectiva del daño o la indemnización del perjuicio causado conforme a sus posibilidades físicas y económicas, o al cumplimiento del acuerdo obtenido a través de mediación. Extremo éste último que constituye a nuestro juicio una auténtica anomalía legislativa de consecuencias muy graves en materia penal: se ha creado un requisito adicional –el cumplimiento de la mediación– respecto de una institución que nunca ha pasado en nuestro ordenamiento de Proyecto de ley y que de forma peligrosamente alambicada entra en el Código penal sin tener respaldo legal alguno. No es extraño que algunos autores se planteen respecto de esta referencia su posible inconstitucionalidad.

Este novedoso sistema inverso de valoración del cumplimiento de la responsabilidad civil, cuyo objetivo pragmático oficialmente reconocido no es otro que el de evitar una lenta e ineficaz comprobación previa, inoperancia que ha sido constante en las últimas décadas, puede acabar convirtiéndose para el penado en un arma de doble filo. En efecto, por mucho que ahora se instaure un sistema de presunción de cumplimiento, no debe olvidarse que también se ha instaurado un mecanismo automático de revocación. Y es que, como sistema de garantía de la efectividad del cumplimiento del compromiso aceptado por el penado, los jueces y tribunales revocarán la suspensión y ordenaran sin más la ejecución de la pena (art.86.1.d) *cuando se haya facilitado información inexacta o insuficiente sobre el paradero de bienes... o no se de cumplimiento al compromiso de pago de las responsabilidades civiles a que hubiera sido condenado* (salvo que careciera de capacidad económica para ello). Lo mismo *si se hubiere facilitado información inexacta o insuficiente sobre su patrimonio*...Es decir, se instituye un nuevo régimen de valoración del cumplimiento de la responsabilidad civil, basado en una especie de presunción de atención del compromiso, pero se instaura también un régimen de garantía que entraña una no menos automática revocación de la suspensión de la ejecución. No es osado aventurar que en la realidad aplicativa, y con un efecto boomerang, se van a ejecutar penas de prisión con mayor automatismo que con el que hasta ahora se producían por denegación de la suspensión en la versión tradicional del beneficio.

3. Momento de otorgamiento de la suspensión y momento de cómputo de los plazos

Simple, pero no menos novedosa, ha sido la iniciativa del legislador de 2015 de imponer a jueces y tribunales el deber de resolver en sentencia, siempre que ello fuere posible, sobre la decisión de otorgar la suspensión de la ejecución. De este modo ha convertido en excepcional la no adopción de la decisión, convirtiendo en obligatorio –*ex lege*– lo que en la práctica diaria venía siendo la excepción. Buena prueba de ello es que se exige, caso de no haberse resuelto, que una vez declarada la firmeza de la sentencia, jueces y tribunales, deberán pronunciarse con la mayor urgencia, previa audiencia de las partes (art. 82.1) [13].

Este mismo trámite de audiencia a las partes ha sido incorporado también (art.86.4) para aquellos supuestos en los que jueces y tribunales tengan que resolver sobre la modificación de algunas prohibiciones, deberes o condiciones, o sobre la revocación misma de la suspensión de la ejecución.

Más técnica ha sido la novedad que supone armonizar lo establecido en el número 1 del artículo 82 (resolución de la decisión en la sentencia) con el momento de inicio del cómputo de los plazos de suspensión. Es lógico que se reconozca ahora que el inicio del cómputo lo sea la fecha de la resolución que la acuerda y, obviamente, si su otorgamiento deriva de la obligatoria regla general establecida, el *dies a quo,* lo será la fecha de la firmeza de la sentencia.

Tiene contenido y alcance autónomo la decisión del legislador de 2015 al reconocer la no valoración del tiempo transcurrido, sea éste cual fuere, mientras el penado estuviere en rebeldía.

---

[13] Toda la Doctrina ve como muy positiva esta novedad, y no resulta extraño porque las críticas al sistema tradicional eran también unánimes. Incluso por algunos se resalta la ventaja que el nuevo modelo diseñado por el legislador de 2015 evitará actuaciones disfuncionales entre la causa principal y concretas resoluciones aisladas sobre la suspensión. Así ROIG TORRES, M., *Suspensión de la ejecución de las penas privativas de libertad (arts. 80, 81 y 82),* en GONZALEZ CUSSAC, J.L., Comentarios a la reforma del Código Penal de 2015, 2ª edición, Valencia 2015, pag. 325.

4. Transformación "nominalista" de la tradicional sustitución de la pena en otra categoría de suspensión de la ejecución. El irregular mecanismo de valoración de la mediación

También de amplio alcance, aunque no de tanto calado técnico como a primera vista pudiera parecer, es el tratamiento dado a la tradicional sustitución de la pena, que pasa a ser regulada como una modalidad de suspensión.

En efecto, el legislador después de haber tratado la suspensión *stricto sensu* en los artículos 80 a 83, en el artículo 84 aborda, como una modalidad de suspensión de la ejecución, sometida al cumplimiento de alguna o algunas prestaciones o medidas, la posibilidad de paralizar la ejecución con *el pago de una multa, cuya extensión determinarán el juez o Tribunal en atención a las circunstancias del caso*; una multa que tiene límites tanto relativos como absolutos en su cómputo de conversión, dado que se advierte que ésta *no podrá ser superior a la que resultase de aplicar dos cuotas de multa por cada día de prisión sobre un límite máximo de dos tercios de su duración* (art.84.1.2ª).

Al mismo tiempo prevé igualmente la suspensión de la ejecución estableciendo la realización de *trabajos en beneficio de la comunidad*. Esta posibilidad está especialmente contemplada de forma expresa cuando su aplicación resulte *adecuada como forma de reparación simbólica a la vista de las circunstancias del hecho y del autor*. La transformación queda en manos de jueces y tribunales debiéndola concretar, al igual que en el anterior supuesto de la multa, valorando las circunstancias del caso pero estableciendo del mismo modo límites en su cómputo a partir de sustituir un día de prisión por un día de trabajo *con el límite máximo de dos tercios de su duración* (art.84.1.3ª).

A la vista de lo expuesto resulta difícil mantener que la sustitución haya desaparecido más allá de su transformación puramente nominalista. Se diga lo que se diga sigue existiendo un cambio, una sustitución de una pena de prisión por otro mecanismo punitivo, por más que se concluya que con ello se suspende la ejecución. No podemos ignorar que la pena una vez cambiada se ejecuta. Ciertamente hay que reconocer que lo que sí ha cambiado en el nuevo régimen de suspensión/sustitución, y no es baladí, es la supresión del tradicional automatismo en el cómputo de la multa o de los trabajos en beneficio de la comunidad, pues en lugar de producirse una mecánica permuta se ofrece a jueces y tribunales la posibilidad de moderar el importe dentro de ciertos límites.

Verdaderamente innovador –y distorsionador– es el mecanismo suspensivo previsto como primera alternativa de la suspensión en el artículo 84.1.1ª, una alternativa que se condiciona al cumplimiento del acuerdo alcanzado por las partes en virtud de **mediación**. En efecto, en la nueva redacción dada al precepto, aparece por vez primera en nuestro ordenamiento penal de adultos la posibilidad de que se condicione la suspensión al *cumplimiento de lo acordado entre las partes tras un proceso de mediación, en los casos en que legalmente sea posible.*

No cabe duda de que el legislador de 2015 tenía en mente, al introducir esta novedad, el Título que a la mediación Penal dedicaba el no nato Código procesal penal[14].

La mediación penal había aparecido en nuestro sistema de justicia penal de menores en la Ley Orgánica 5/2000 [15]. Y el prelegislador procesal había diseñado años después una idea de la mediación penal para adultos centrada en el *procedimiento de solución del conflicto entre el encausado y la víctima libre y voluntariamente asumido por ambos y en el que un tercero interviene para que alcancen un acuerdo* (art.143), dándole los efectos procesales o materiales que pudieran derivarse del acuerdo con la víctima si se alcanzase conforme a la ley (art.146). Todo ello cuadra con la previsión realizada por el nuevo art.84.1.1ª que se erige en uno de esos supuestos previstos por la Ley.

Con todo, entendemos –en contra de algunas entusiastas voces en favor de la mediación como institución– que esta previsión del Código penal no puede ser aplicada precisamente porque falta la premisa legal fundamental referida a la mediación penal en sí. Mucho nos tememos que, al igual que viene ocurriendo con otras instituciones, se fuerce desde la práctica de los Tribunales la aplicación de un instituto sin base legal que lo sustente. Lo grave en el presente supuesto es que se estaría creando una pena al margen del principio *nulla poena sine lege* dado que, como indicábamos líneas atrás, este nuevo modelo de suspensión de la reforma de 2015, no deja de ser sino una versión de la vieja sustitución dado que a la postre se está *cambiando* una pena por otra. El vicio de legalidad estaría en que la mediación no aparece en nuestro catálogo de penas y hoy no hay sustrato legal que la ampare en el ordenamiento penal.

5. La sustitución de la pena de prisión para extranjeros: una superviviente del viejo sistema

Del tradicional instituto de la sustitución de la pena tan sólo pervive,tras la reforma, el régimen de sustitución de la ejecución de la pena de prisión en el marco de las penas de prisión impuestas a extranjeros: sustitución de la ejecución por expulsión del territorio nacional. Bien entendido que ahora esta sustitución ya no se limita como antes a los extranjeros no residentes legalmente en España sino a todos. La discusión doctrinal sobre la naturaleza jurídica de la expulsión era mayoritaria a la hora de entender que estábamos materialmente

---

[14] Con independencia de las entusiastas voces que sobre la mediación se han venido levantando desde algunos sectores de la Doctrina (aunque con mayor entusiasmo se defiende desde la Jurisprudencia), otros han destacado la singularidad que entraña incorporar una figura de escasa tradición en España, BARQUIN SANZ, J.,*De las formas sustitutivas de la pena de prisión y de la libertad condicional*, en MORILLAS CUEVA, L., Estudios sobre el Código Penal reformado (leyes orgánicas 1/2015 y 2/2015, Madrid 2015. P.244.

[15] PERIS RIERA, J.M., *El modelo de mediación y reparación en el nuevo marco de la responsabilidad penal de los menores previsto por la Ley Orgánica 5/2000*, La Ley, 2001, pp. 1649 y ss.

ante una pena[16] por más que la expulsión del extranjero como tal no estuviera en el catálogo previsto en el Código. Primaba la idea de entender que negarle su carácter de pena suponía permitir el fraude a todas las garantías penales y procesales[17].

Hace tres lustros afirmábamos que el artículo 89 suponía una quiebra del propio sistema de sustitución general de la pena que diseñaba el artículo 88 del Código, hasta el punto de reconocer sin ambages que se estaba no tanto en presencia de una modalidad más o menos específica de la institución, sino ante un régimen completamente autónomo, una autonomía que se manifestaba tanto en los requisitos y duración de las penas a que alcanzaba como, sobre todo, en su propio fundamento, alejado por completo de las razones de individualización de la ejecución de las penas que rigen la institución, y ceñido a objetivos de marcado cariz defensista[18].Hasta el punto de que los autores llegaban a cuestionarse los motivos de política criminal que movieron al legislador a la hora de adoptar la expulsión en aquellas ocasiones en las que el delincuente era un inmigrante ilegal[19].

Tristemente el tiempo y el legislador no sólo nos han dado la razón sino que han agudizado esa autonomía al ser precisamente el único artículo superviviente del tradicional modelo de sustitución de la pena. Más aún, la reforma de 2015 ha agudizado todos y cada uno de los extremos que hacían de este singular mecanismo de sustitución un subsistema autónomo regido por parámetros político criminales de pura defensa social[20]. Así, ha quedado reforzado de nuevo un régimen sui generis de libertad condicional diseñado a partir de una efectiva alianza entre la sustitución y la expulsión: un mecanismo que hoy como entonces, con distintas palabras pero con los mismos efectos, hace casi inviable para los extranjeros el disfrute de la libertad condicional, hoy denominada *suspensión de la ejecución del resto de la pena.*

---

16 Más bien de una pena propia que será aplicada con preferencia absoluta a la pena privativa de libertad. En el mismo sentido PEREZ ARIAS,J., *La sustitución de la pena privativa de libertad en el caso de extranjeros con residencia ilegal en España,* en MORILLAS FERNANDEZ, D., Criminología y ejecución de penas, Murcia (Editum), 2014. P.237.

17 Por todos, MONCLÚS MASÓ,M., *La gestión penal de la inmigración: Otra excepción al Estado de Derecho,* Panóptico 3, 2002.

18 PERIS RIERA,J.M., *El Derecho penal y la condición de extranjero: Auténtica contradicción entre principios de tutela y tratamiento político criminal agudizada con la denominada Ley de Extranjería.* Controversia, nº3, 2002, pp.53 y ss.

19 MUÑOZ RUIZ,J., *La expulsión penal: Nuevas tendencias legislativas,* RECPC, nº 16, 2014, p.5.

20 Este marcado cariz defensista ha sido sostenido también por la Jurisprudencia que ha incorporado casi directamente la opinión de la doctrina especializada. Así la STS 901/2008 afirma sin ambages "*no es difícil buscar la razón de tan importante giro en una filosofía* ***puramente defensista*** *de devolver a sus países de origen a los que hayan cometido en España delitos... con el propósito confesado en la Exposición de motivos......de evitar que la pena y su cumplimiento se conviertan en formas de permanencia en España, quebrantando así de manera radical el sentido del Ordenamiento jurídico en su conjunto*". Precisamente por eso se reafirma la idea de que *no estaríamos ante una mera sustitución de pena sino ante una medida que permite dejar sin efecto una pena.* PEREZ ARIAS,J., *La sustitución de la pena privativa... op. cit.* P.249.

El legislador de 2015 ha pretendido armonizar los límites temporales de las penas con la regulación de la Ley de extranjería. Es así como el artículo 89.1 ha previsto el mecanismo de sustitución/expulsión para penas de prisión de más de un año de duración. Aunque prevé para ciudadanos extranjeros la posibilidad de ejecución de una parte de la pena por las razones político criminales que expone, lo cierto es que el mecanismo general diseñado sigue siendo el de la expulsión del territorio español. También son razones político criminales las que esgrime para ejecutar respecto de estos extranjeros penas de prisión superiores a cinco años (art.89.2).

La actual regulación ha mantenido el mismo supuesto de exclusión de la expulsión que ya venía contemplada con anterioridad para los delitos previstos en el art.177 bis (este aparece como nuevo), 312,313 y 318 bis. Delitos todos ellos con una clara vinculación internacional. Es precisamente esta vinculación la que motiva, según los especialistas, la exclusión de la sustitución/expulsión por razones de prevención especial dado que la conducta se inició fuera del territorio español y la expulsión del condenado extranjero coadyuvaría a la comisión de nuevas conductas criminales de semejante naturaleza[21].

Esta medida tiene carácter excepcional en el caso de los ciudadanos de la Unión Europea dado que su expulsión tan sólo está excepcionalmente prevista para *cuando represente una amenaza grave para el orden público o la seguridad pública en atención a la naturaleza, circunstancias y gravedad del delito cometido,* así como en función de *los antecedentes y circunstancias personales del sujeto* (art. 89.4).Todo ello en atención a los criterios recogidos en la Directiva 2004/38/CE del Parlamento Europeo y del Consejo, de 29 de abril de 2004, a la vez que en la Doctrina sentada por el TEDH[22].

Por todo ello seguimos manteniendo hoy, con mayores motivos que hace tres lustros, que estamos esencialmente ante un simple modelo de expulsión, cuyos caracteres están más cerca de una medida de seguridad que de una pena.

IV. NUEVA CONFIGURACIÓN DE LA LIBERTAD CONDICIONAL

Si bien es cierto que los supuestos de concesión de la Institución no han cambiado[23], la libertad condicional queda extraordinariamente transformada tal y como puede comprobarse en detalle en el capítulo correspondiente de esta obra. La transformación de la Institución es de amplio calado y cierra –o pretende hacerlo– un debate tradicional en la Doctrina.

---

[21] PEREZ ARIAS,J., *La sustitución de la pena privativa... op. cit.* p.243.

[22] CANO CUENCA, A., *"Suspensión de ejecución de las penas condicionada al cumplimiento de prohibiciones y deberes. Especial consideración de la expulsión de los extranjeros... op.cit.* p.353.

[23] Planteamientos formales sobre las distintas modalidades en uno y otro sistema en GARRIDO LORENZO,M.A., *La reforma de la Parte General del Código Penal derivada de la LO 1/2015:la libertad condicional tras reforma por LO 1/2015, de 30 de marzo,* en Revista del Ministerio Fiscal, 2015, pp. 40 y ss.

El primer gran cambio, que afecta a su naturaleza, supone concebirla como una modalidad de suspensión de la ejecución del resto de la pena (art.90.1). En rotundas palabras de BARQUIN SANZ al configurarse como suspensión de la ejecución de la pena *deja de formar parte del sistema progresivo de ejecución de la pena de prisión como fase última de cumplimiento*[24].Precisamente por ello, y en sintonía con su redimensionamiento, ésta y no otra es la razón de que la nueva regulación de la libertad condicional siga ahora en gran medida el régimen general diseñado por el legislador de 2015 a la suspensión de la ejecución de la pena. Todo ello ha producido una auténtica desnaturalización, no sólo de la libertad condicional, sino del propio sistema de individualización científica[25].

No está de más recordar que el Código penal de 1995 diseñó esta Institución de un modo claramente continuista respecto de la tradicional legislación ya existente en el Ordenamiento español. Eran constantes en la doctrina las críticas al legislador por presentarla como una sustitución de la ejecución de la pena de prisión dado que poco tenía que ver con la sustitución *stricto sensu*, como forma alternativa de la ejecución de la pena privativa de libertad. De hecho se decía que, si algo se sustituía, era sólo una parte, distinta según los casos, de la ejecución ya iniciada. Una ejecución que, además, y técnicamente, continuaba hasta que transcurriese el periodo correspondiente en el que regían las condiciones fijadas, no sólo la de no volver a delinquir, de obligada imposición, sino también las reglas de conducta cuya observancia podía acordar discrecionalmente el juez de vigilancia.

Es tan sólo desde el planteamiento asumido casi unánimemente por la Doctrina desde hace décadas según el cual la libertad condicional no sustituía, sino que abreviaba, la duración de una pena privativa de libertad cuando ya no se estimaba imprescindible continuar con su ejecución, como cobra cierta lógica su nueva visión como suspensión de la ejecución del resto de la pena. Siempre se insistió en lo extraño que resultaba concebir como sustitución lo que no era nada más que una forma *sui generis* de cumplimiento. Ello no impide que se vayan a producir disfunciones entre el nuevo diseño de la institución y lo dispuesto respecto de la misma en la Ley General Penitenciaria. De hecho, ahora se pone en entredicho la propia función de reeducación y reinserción social en relación con el sistema de individualización científica del que ya no forma parte[26].

La iniciativa adoptada en la reforma de 2015 no hace sino formalizar la común fundamentación que siempre se individualizó por la Doctrina entre ésta institución y los institutos de la suspensión y la sustitución. Además, ésta misma Doctrina acababa discutiendo su naturaleza jurídica debido a variada regulación

---

[24] BARQUIN SANZ, J., *De las formas sustitutivas de la pena de prisión y de la libertad condicional... cit.*,p.255.

[25] GUISASOLA LERMA, C., *Libertad condicional (arts. 90, 91 y 92)*, en GONZALEZ CUSSAC, J.L., Comentarios... cit., p.378.

[26] En tal sentido, NISTAL BURON, J., *El nuevo régimen jurídico de la libertad condicional en la Ley Orgánica 1/2015, de reforma del Código Penal. De la teoría penal a la praxis penitenciaria.* Aranzadi Doctrinal, 2015, p.17.

suministrada por las múltiples normas que se han ocupado de ella. Ahora, una vez decidida su configuración como modalidad de suspensión de la ejecución de la pena es sistemáticamente acertado aplicarle las reglas generales de ésta.

Por ello el tiempo transcurrido en libertad condicional no computará como tiempo de cumplimiento de la condena. Su revocación tendrá los mismos efectos que los de la revocación de la suspensión: Cumplir la pena que restaba al obtenerla y cuya ejecución había sido suspendida (art.90.6).

Como segunda novedad general, y ésta si va a tener una innegable, amplia y efectiva transcendencia en la aplicación del Instituto, se crea un supuesto privilegiado de libertad condicional: Podrán gozar de ella los penados primarios que cumplan por vez primera una pena de prisión que no supere los tres años de duración. De este supuesto (que el propio legislador ha calificado de excepcional) podrá beneficiarse el penado primario que haya cumplido la mitad de la pena (art.90.3). Entendemos que dado el diseño otorgado a este nuevo supuesto la excepcionalidad no tiene porqué serlo tanto en la práctica.

La tercera novedad general (una novedad relacionada con la instauración de la pena de prisión permanente revisable) consiste en configurar el régimen de revisión de la prisión permanente revisable como una modalidad de libertad condicional (art.92). El régimen de revisión funciona como una suspensión de la ejecución de la pena. Se fija un plazo de suspensión de la ejecución durante el cual el penado queda sujeto a condiciones. El incumplimiento de las condiciones o la comisión de nuevos delitos supone la revocación de la suspensión de la ejecución.

V. CONCLUSIONES: LUCES Y SOMBRAS DEL NUEVO MODELO DE SUSPENSIÓN DE LA EJECUCIÓN DE LA PENA DE PRISIÓN.

En una valoración global de este nuevo sistema omnicomprensivo de la suspensión de la ejecución de la pena creado por el legislador de 2015 considero que, con todos los inconvenientes apuntados, estamos ante uno de los pocos aspectos positivos de la reforma. En su conjunto hemos de admitir que, tanto en lo formal como en lo material, se ha logrado un sistema más uniforme, a la vez más ágil, flexible[27] y, sobre el papel al menos, más favorable al reo: tanto en los requisitos como en las condiciones, que se flexibilizan (muy en particular por lo que se refiere a la valoración de los antecedentes penales).

Los inconvenientes, más que resultar inherentes al nuevo modelo en general, entiendo que van a ser los propios que pueden surgir en la aplicación del sistema

---

27 En general se ha destacado como motivo de celebración esta flexibilidad que dota al sistema de mayor benignidad desde perspectivas de prevención especial. Por todos BARQUIN SANZ, J.,*De las formas sustitutivas de la pena de prisión y de la libertad condicional*, en MORILLAS CUEVA, L., Estudios sobre el Código Penal reformado (leyes orgánicas 1/2015 y 2/2015, Madrid 2015, p.230

relacionados precisamente con los dos ejes fundamentales sobre los que éste pivota: la peligrosidad y la discrecionalidad judicial. Por eso me atrevo a concluir que más que inconvenientes son *sombras* de duda en la aplicación. No dejan de venirnos a la memoria ejemplos de otros ensayos sobre la pena que acabaron en fiasco. Y ello no por la naturaleza, contenido y efectos de la innovación en concreto, sino por las deficiencias aplicativas relacionadas con el fondo, la forma y la nula previsión económica para su desarrollo. Qué decir, por ejemplo, de la pena de arresto fin de semana; de las esperanzas y afirmaciones que en su momento se vertieron sobre esta nueva categoría de pena y que, sin embargo, al suprimirla, al legislador le bastó una simple *nota necrológica* que frívolamente declaraba el fracaso de la misma como si hubiera resultado inherente a su naturaleza y diseño, cuando toda la Doctrina lo atribuía exclusivamente a la carencia de medios para aplicarla.

Por lo que se refiere a la peligrosidad, y al peligro del propio concepto (siempre resaltado por los especialistas), en especial en función del uso que se pueda hacer del mismo, no quisiéramos invadir análisis que han sido abordados en esta obra. Con todo, sirven de ejemplo expresiones usadas por el legislador con una sobrecarga de elasticidad e indefinición propia de los conceptos criminalísticos:

— *...cuando sea razonable esperar que la ejecución de la pena no sea necesaria para evitar la comisión futura por el penado de nuevos delitos.*

— *... los efectos que quepa esperar de la propia suspensión de la ejecución y del cumplimiento de las medidas que fueren impuestas.*

— *... antecedentes penales correspondientes a delitos que, por su naturaleza o circunstancias, carezcan de relevancia para valorar la probabilidad de comisión de delitos futuros.*

Por lo que se refiere a los niveles de discrecionalidad judicial (arma de doble filo respecto de la tan en boga y perseguida *predecibilidad* de las resoluciones judiciales) se han visto notablemente incrementados y será la realidad aplicativa la que permita concluir en el futuro si la decisión del legislador optando por este modelo se suma a las *luces* o a las *sombras* de la reforma. Con todo, la multiplicidad de supuestos en los que es aplicable la discrecionalidad hará que el resultado nunca sea indiferente para concluir una valoración del sistema. En concreto, se mantiene la postura tradicional en unos casos, en otros se amplia y en otros muchos se innova. Así, y sin ánimo de exhaustividad los Jueces y Tribunales pueden respecto de la suspensión de la ejecución de la pena:

— Otorgarla o no aunque concurran las condiciones necesarias (art.80.1)

— Otorgar o no la suspensión excepcional que exime de los requisitos de ser delincuente primario y de pena conjunta no superior a dos años (art.80.3)

— Otorgar o no la suspensión humanitaria no sometida a condición (art. 80.4)

— Otorgar o no la suspensión por drogadicción (art. 80.5)

— Aplicar discrecionalmente el plazo de suspensión (art.81)

- Imponer o no condiciones complementarias a las propias de la suspensión (art.83)
- Imponer o no el cumplimiento de alguna o algunas prestaciones (art.84)
- Plena disponibilidad para modificar la decisión adoptada conforme a los artículos 83 y 84 y alzar todas o algunas de las prohibiciones, deberes o prestaciones que hubieran sido acordadas; Igualmente para modificarlas o sustituirlas por otras que resulten menos gravosas (art.85)
- Revocar o no la suspensión en caso de incumplimiento de prohibiciones, deberes o condiciones, siempre que no tengan carácter grave o reiterado (art.86.2)
- Amplia discrecionalidad respecto de todo lo relacionado con la libertad condicional (suspensión del resto de ejecución de la pena) (arts. 90 y 91)
- Amplio margen de valoración en la suspensión de la ejecución de la prisión permanente revisable (art.92)

Ante tales niveles de discrecionalidad, que no olvidemos deberá ser motivada, considero que resultará fundamental el uso procesal de informes y peritaciones. Esto cobra mayor importancia respecto de las múltiples ocasiones en las que la decisión discrecional depende del concepto de peligrosidad. Posiblemente sea esta la vía de entrada del denominado Informe criminológico, porque de otro modo habría que entender que la motivación articulada por Jueces y Tribunales se apoyaría en la denominada, por el Derecho norteamericano, intuición judicial.

Capítulo séptimo
Régimen general en materia de suspensión de la ejecución de la pena: presupuestos y requisitos

Pilar Fernández Pantoja
Profesora Titular de Derecho Penal de la Universidad de Jaén

Sumario: I. Introducción.- II. Aproximación general al sistema de suspensión de ejecución de la pena.- III. Régimen de aplicación de la suspensión de la ejecución de la pena tras la Reforma operada por la Ley Orgánica1/2015, de 30 de marzo: *1. Presupuestos generales (art. 80.1). 2. Requisitos concurrentes para el régimen general (art. 80.2) y excepciones (art. 80.3). 3. Plazos de suspensión (arts. 81 y 82). 4. Condiciones para el cumplimiento de la suspensión: prohibiciones, deberes/prestaciones y/o medidas (arts. 83, 84 y 85). 5. Revocación de la suspensión (art. 86). 6. Efectos del cumplimiento de la suspensión de la ejecución de la pena (arts. 87 y otros).* IV. Aplicación práctica de la suspensión de la ejecución de la pena: *1. Criterios de la Fiscalía General del Estado. 2. Jurisprudencia: selección de algunos pronunciamientos*.- V. El papel de la víctima en el sistema de suspensión de la ejecución de las penas.- VI. A modo de conclusión.

I. INTRODUCCIÓN

La búsqueda de respuestas ante el sentido y la necesidad de las penas ha sido una constante en el pensamiento filosófico a lo largo de la historia[1]; desde la elaboración de las primeras teorías acerca de las funciones y los fines de las penas en la base de nuestro sistema jurídico penal hasta la actualidad, los planteamientos y replanteamientos de las figuras clásicas ante necesidades modernas no cesan, precisamente, un claro ejemplo lo podemos encontrar en la figura que se tratará en este trabajo: la suspensión de la ejecución pena. Esta institución jurídico penal aparece como contrapeso a una de las cuestiones más candentes y preocupantes en los sistemas jurídico-penales modernos: el cuestionamiento de la pena privativa de libertad como respuesta eficaz ante el delito y el cumplimiento de los principales fines de la pena orientada a la rehabilitación y reinserción social del sujeto.

---

[1] WELZEL, H. *Derecho Penal alemán,* 3ª ed., Trad. Bustos Ramírez/Yáñez Pérez, Santiago de Chile, 1987, p. 328.

En este contexto, el cumplimiento de los fines preventivos de la pena alcanza su máximo exponente con esta figura que aquí analizaremos desde la perspectiva de las últimas reformas penales acontecidas e intentaremos concluir si esa finalidad queda más o menos resuelta con la legalidad vigente[2]. No obstante, la evolución de los sistemas penales sancionatorios, su necesaria adecuación a las realidades sociales y la necesidad de respuestas, son demandas innegables[3].

El objetivo que perseguimos en este trabajo es exponer y valorar la reforma penal operada por la Ley Orgánica 1/2015, de 30 de marzo, en aspectos muy concretos de la figura jurídico penal que es la suspensión de la ejecución de la pena tales como los presupuestos, requisitos, condiciones, revocación, etc., remitiéndonos a otros capítulos de esta obra donde se plasma toda una teoría general acerca de la nueva configuración de la suspensión de la pena y otras figuras próximas a ella en el marco de lo que son alternativas a las penas de prisión[4]. Del mismo modo, la necesidad de delimitar el objeto de trabajo nos lleva a ser conscientes de posibles carencias en cuanto a algunos puntos que podían ser tratados y que están estrechamente conectados con la figura que estudiaremos, pero ello nos abre las puertas a otras investigaciones de futuro, aludimos a lo que es la aplicación de esta institución jurídica vinculada a tipos delictivos o a ámbitos concretos de la delincuencia, ejemplo de ello son las especialidades reforzadas con las modificaciones operadas por la Ley Orgánica 1/2015 en materia de violencia de género o, en otro ámbito, como sería el contexto sociológico el que éste que pueda determinar la aplicación de los beneficios en tipos de delincuencia que, hoy por hoy, generan lo que incluso ya el legislador penal llama "alarma social", el ejemplo por antonomasia son los delitos relacionados con la corrupción.

II. APROXIMACIÓN GENERAL AL SISTEMA DE SUSPENSIÓN DE LA EJECUCIÓN DE LA PENA

De entrada –y a riesgo de caer en la obviedad– la llamada "suspensión de la pena" está prevista, en principio, para lo que son penas privativas de libertad de corta duración o, al menos, esa es su finalidad[5]. Sin embargo, hemos de ir al pro-

---

[2] Como apunta GARCÍA ALBERO, R. *en pocas instituciones como ésta se hace visible la opción político criminal del legislador en torno a las funciones y finalidades de la pena y en concreto a la siempre irresuelta tensión (antinomia) entre las necesidades retributivas y preventivo generales, por un lado y los requerimientos de la prevención especial, fundamentalmente positiva, por otro.* "La suspensión de la ejecución de las penas" en *Comentario a la reforma penal de 2015,* Dir. G. Quintero Olivares, Pamplona, 2015, pp. 143 y 144.

[3] Señala MIR PUIG, S. como *a consecuencia de la progresiva humanización de las ideas penales, paralela al aumento del nivel económico en los países desarrollados, la privación de libertad aparece ya hoy como una pena que resulta excesiva en muchos casos. Derecho Penal. Parte General,* 10ª ed., Barcelona, 2016, p. 725.

[4] En concreto remitimos en esta obra al capítulo sobre "El nuevo modelo omnicomprensivo de suspensión de la ejecución de la pena" de PERIS RIERA, J.

[5] La denominada "*crisis de la pena privativa de libertad*" ya viene siendo puesta de manifiesto desde hace mucho tiempo, las voces de los penalistas más autorizados a lo largo de los

pio origen de la institución jurídica siendo así inevitable la presencia en las legislaciones de penas de esta índole así como la conjunción con otras realidades tales como que el sujeto autor del delito lo sea por primera vez o la concurrencia de muchas variables diferentes, en cualquier caso, en la búsqueda del cumplimiento de los fines preventivos de la pena surgen instrumentos jurídicos llamados a "contrarrestar" los efectos de una pena que pudiera resultar no solo "inútil" sino, incluso, contraproducente; es por ello que se instauran en el ámbito de la ejecución de la pena, esto es, presupuesta la existencia de la efectiva comisión del hecho delictivo y, por tanto, existiendo una condena, figuras que eviten los efectos antes apuntados, surgen instituciones jurídicas tales como "la sustitución de penas" y "la suspensión de penas"[6]. A tales efectos –tal y como iremos exponiendo– esta clásica y tradicional distinción es uno de los puntos más relevantes sobre los que ha incidido la reforma penal operada por la Ley Orgánica 1/2015, de 30 de marzo, de reforma del Código penal que sobre la propia declaración en el Preámbulo de la Ley respecto a la finalidad de *incrementar la eficacia de la justicia penal,* se afirma que el nuevo sistema que se introduce y en el que existe un único régimen de suspensión con diferentes alternativas *introduce mayor flexibilidad y eficacia.*

Centrándonos en lo que es la "suspensión de la ejecución de la pena" se trata, en general, de evitar que el sujeto llegue a cumplirla pero sobre la base de que es posible que a cambio deba observar ciertas obligaciones, acatar prohibiciones o cumplir una serie de condiciones, todo ello ha de verse ajustado a las exigencias o requisitos previos que condicionan el otorgamiento de la suspensión[7]. El origen de esta figura lo encontramos en la incorporación que por Ley de 17 de marzo de 1908 se hizo al Código Penal de la denominada "condena condicional" –término no exento de críticas por cuanto no se trataba, en realidad, de suspender la condena si no de suspender la ejecución de la misma– manteniéndose con tal denominación hasta el Código Penal de 1995, de la regulación que entonces se dio podemos destacar algunos aspectos tales como los siguientes: concebida como

---

años han señalado el efecto "desocializador" de la misma cuando al tener poca duración lo que hacen es poner en contacto a quien "se inicia en el delito", bien por ser la primera vez que delinque y/ o bien por cometer un delito de poca gravedad, tiene un efecto criminógeno en el sujeto que en absoluto "resocializa" a quien quizás no necesita ese fin y, menos aún, "reinserta" a quien se pone en situación de contactar con el mundo delincuencial.

[6] Dejamos fuera intencionadamente la alusión a otras figuras tales como la libertad condicional en la medida en que su contenido es diferente, en el caso de la suspensión y ejecución el sujeto no ha de tener contacto con la prisión, mientras que en la libertad condicional, ya lo ha tenido.

[7] Si atendemos al Derecho Comparado éste nos ofrece los mas diversos sistemas desde el modelo anglosajón, donde se declara la culpabilidad pero no se llega a imponer pena condicionándola al cumplimiento de una serie de deberes u obligaciones supervisadas (*probation)* hasta los modelos de nuestro entorno en los que se puede producir la suspensión en diferentes fases desde en el propio proceso penal acordando el cumplimiento de obligaciones de carácter reparatorio por el sujeto encausado, hasta el final donde se llega hasta la imposición de la pena que será "suspendida" en la propia sentencia de condena, caso así por ejemplo de Italia o España. Más ampliamente en cuanto a modelos y desarrollo puede verse MAQUEDA ABREU, M.L. *Suspensión condicional de la pena y probation,* Madrid, 1985, pp. 25.

una forma de "sustitución"[8] aparece la "suspensión de la pena" sustituyendo el término "condena condicional", se recoge como una facultad discrecional del juez introduciendo como criterio orientador para su concesión la peligrosidad criminal del reo, algo novedoso por cuanto este criterio solo era tenido en cuenta a efectos de la imposición de medidas de seguridad[9]. En cuanto a los requisitos para su concesión, encontramos en ellos los más directos precedentes de la regulación actual: suspensión solo de las penas privativas de libertad –incluyendo así lo que era el arresto de fin de semana y la responsabilidad subsidiaria por impago de multa–, que se trate de un delincuente primario y que la pena que se podía "sustituir" debía ser inferior a dos años tomando la suma de todas las penas que se hubieran impuesto en la misma sentencia. Del mismo modo y con la continuidad del sistema actual, se preveía la posible imposición de determinados deberes u obligaciones para controlar que el sujeto no volviera a delinquir lo que era, desde luego, el principal objetivo y condición para su concesión con una particularidad y es que en caso del incumplimiento de estas obligaciones, no necesariamente se produciría la revocación de la suspensión.

Sobre estos presupuestos de la institución ya denominada en 1995 como *"suspensión de la ejecución de las penas privativas de libertad"* se recogerá en la sección 1ª del Capítulo III (*De las formas sustitutivas de la ejecución de las penas privativas de libertad*) del Título III, Libro I, en los artículos 80 a 87[10]. Si bien no nos detendremos en cuestiones ya claramente resueltas para dedicarnos con mayor detalle a la regulación positiva de esta figura en la actualidad, sí que debemos dejar expuesto como esta institución jurídico penal tanto en su origen como en su concepción actual viene llamada a responder a exigencias de cumplimiento de la prevención tanto general como especial y, en este último caso, la afirmación del cumplimiento de la finalidad de prevención especial negativa[11]. En cuanto a cual pueda ser su

---

[8] Al contrario precisamente de lo que ha hecho el legislador con la reforma de 2015 donde se ha invertido el sistema y, como luego veremos, afirma la eliminación de la "sustitución de las penas" a favor de la "suspensión" algo que realmente no ha conseguido en la medida en que de forma encubierta sí que se siguen manteniendo formas de sustitución.

[9] LÓPEZ GARRIDO, D.-GARCÍA ARÁN, M. *El Código Penal de 1995 y la voluntad del legislador (Comentario al texto y al debate parlamentario),* Madrid, 1996, p. 71.

[10] Una reforma se produjo en virtud de la Ley Orgánica 15/2003, de 25 de noviembre que afectó al art. 82 respecto al acceso y publicidad a los antecedentes registrados de suspensiones de penas. Como precedente inmediato de la reforma de 2015, señalaba TRAPERO BARREALES, M.A. respecto a lo que fue el Anteproyecto de la LO de reforma de 2012 (presentado el 16 de julio) que sobre premisas tales como aumentar la eficacia de la justicia penal, se abrían dos posibles caminos respecto a la regulación que podía otorgarse a los sistemas de suspensión y sustitución de la ejecución de las penas: el primero, mantener las dos instituciones optando entre una y otra en función de las necesidades preventivo generales y preventivo especiales a las que se hubiera de dar respuesta, la segunda, la que siguió el Anteproyecto, era la elección a favor de un único sistema y regulación de la suspensión-sustitución que ha sido la incorporada. "El nuevo modelo de suspensión de la ejecución de las penas privativas de libertad en el anteproyecto de reforma del CP", *Diario La Ley,* nº 7941, Sección Doctrina, 10 de octubre de 2012.

[11] Afirma así MIR PUIG, S. la finalidad principal de esta institución de *evitar la privación de libertad y sus efectos negativos cuando no resulte absolutamente necesaria para la prevención general*

contenido respecto a su finalidad, el propio Tribunal Constitucional lo ha dicho en varias ocasiones: el cumplimiento del art. 25.2 de la Constitución española[12]. Sobre este presupuesto, son numerosos los pronunciamientos que dejan clara la razón de ser de esta institución sobre lo que es *la necesidad de evitar en ciertos casos el cumplimiento de penas cortas privativas de libertad por aquellos condenados que presenten un pronóstico favorable de no cometer delitos en el futuro, dado que, en tales supuestos, no sólo la ejecución de una pena de tan breve duración impediría alcanzar resultados positivos en materia de resocialización y readaptación social del penado, sino que ni siquiera estaría justificada dada su falta de necesidad desde el punto de vista preventivo*[13].

III. REGIMEN DE APLICACIÓN DE LA SUSPENSIÓN DE LA EJECUCIÓN DE LA PENA TRAS LA REFORMA OPERADA POR LA LEY ORGÁNICA 1/2015, DE 30 DE MARZO

Como ya se ha mencionado anteriormente, los principios que el legislador de la reforma invoca para modificar los sistemas de suspensión y sustitución de la pena previos a ésta son los de "eficacia" y "flexibilidad", sin embargo, participamos de la opinión junto con otros autores de esta obra de que una de las características que ofrece la reforma en general, y el nuevo régimen de la suspensión de la ejecución de la pena reformada, en particular, es la ampliación de la discrecionalidad judicial encubierta por esos principios tan legítimos como de tan difí-

---

y especial. Las necesidades de prevención general ya se tienen en cuenta al permitir sólo la suspensión de penas no muy graves. La prevención especial depende de las probabilidades de recaída en el delito que manifieste el sujeto: de su peligrosidad criminal. Derecho Penal. Parte General...cit., p. 728. GARCÍA ALBERO, R. sobre la propia declaración que hace el legislador en cuanto a que el fundamento de la suspensión estriba en *la razonable expectativa de que la ejecución de la pena no es necesaria para evitar la comisión futura por el penado de nuevos delitos,* afirma que "la suspensión se explica entera y exclusivamente en clave preventivo-especial *negativa*" en "La suspensión de la ejecución..." ob.cit. p. 145. CARDENAL MONTRAVETA, S. propone, siguiendo líneas también recogidas en algunas resoluciones judiciales, que junto a esa clara función preventivo especial, no se haga incompatible esta figura con funciones también de prevención general, la que será suficiente para la ejecución de penas inferiores a dos años a pesar de la concurrencia de requisitos de suspensión. *Comentarios al Código Penal (Reforma LO 1/2015 y LO 2/2015),* Dir. M. Corcoy Bidasolo y S. Mir Puig, Valencia, 2015, p. 312.

[12] RÍOS MARTÍN, J.-RODRÍGUEZ SÁEZ, J.A.-PASCUAL RODRIGUEZ, E. afirman que tanto esta figura como el resto del contenido de ese capítulo no son *ni beneficios ni concesiones graciables,* por el contrario sostienen que "el Código Penal contiene un sistema penológico en el que coexisten varias piezas o instrumentos que se complementan para alcanzar un fin que no es otro que el descrito en el artículo 25.2 de la Constitución". En este sentido citan la sentencia del Tribunal constitucional 120/2000, de 10 de mayo. *Manual jurídico para evitar el ingreso en la cárcel. Estudio doctrinal y jurisprudencial de las alternativas a la prisión,* Granada, 2015, p. 45.

[13] Sentencia del Tribunal Constitucional nº 224/1992, de 14 de diciembre cuyos términos serán reproducidos en otras tales como la nº 115/1997, de 16 de junio, la nº 164/1999, de 27 de septiembre, la nº 264/2000, de 13 de noviembre, la nº 251/2005, de 10 de octubre y otras posteriores.

cil consecución[14]. En este sentido, el legislador-reformador declara abiertamente como en el régimen de la suspensión *se concede libertad a los jueces y tribunales para resolver sobre cuáles son las comprobaciones que deben llevarse a cabo para acreditar el cumplimiento de los requisitos legales* (Exposición de Motivos)[15].

Con las más diferentes opiniones por parte de la doctrina respecto al nuevo sistema que se incorpora y que, de entrada, parece suponer la eliminación de la figura de la "sustitución de las penas" dejando vacío de contenido el artículo 88 del Código Penal, según la Exposición de Motivos de la reforma, lo que en realidad se hace es configurar el régimen de sustitución como una forma de suspensión de las penas en la que acordada la suspensión, se podrá acordar la imposición –como sustitutivo– de una pena de multa o de trabajos en beneficio de la comunidad[16].

La introducción del sistema de cumplimiento de deberes, obligaciones, prestaciones o medidas que podrán ser impuestas durante la suspensión de la pena, previstas en los artículo 83 y 84 conduce a que diferentes autores vean en este cambio precisamente que no es tal, realmente se considera que el condicionamiento de la suspensión a la realización de prestaciones o medidas recoge, en realidad, *el contenido obligacional de las penas sustitutas*[17].

1. Presupuestos generales (art. 80.1)

El apartado 1° del art. 80 contiene presupuestos tanto procesales como sustantivo-penales, añadiendo a ellos criterios valorativos que el órgano judicial deberá manejar como fundamento de la decisión, a saber:

a) Procesales: carácter facultativo de la decisión judicial (*Los jueces o tribunales... podrán dejar en suspenso...)* y motivación de la resolución por la

---

[14] Nos remitimos una vez más al capítulo de PERIS RIERA, J. "El nuevo modelo omniomprensivo..."cit.

[15] Se atribuye a la jurisprudencia constitucional de los años 90 el fundamento de la nueva redacción del art. 80.1 sobre la base de la constatación de la ineficacia de las penas privativas de libertad de corta duración, ante esta realidad se encomienda al criterio judicial el pronóstico de peligrosidad, siempre dirigido y orientado, se afirma en tal jurisprudencia, a la resocialización y readaptación del condenado. RÍOS MARTÍN, J.-RODRÍGUEZ SÁEZ, J.A.-PASCUAL RODRIGUEZ, E. *ob.cit.*, p. 46. A partir de varios argumentos, compartimos con TRAPERO BARREALES, M.A. la idea de que la nueva regulación de la suspensión puede ser interpretada en "clave expansiva". "El presupuesto de la suspensión, art. 80.1 Código Penal: ¿un cambio en su planteamiento?" en *Cuadernos de Política Criminal*, n° 120, III, diciembre, 2016, p. 134.

[16] Al respecto, la Exposición de Motivos continúa afirmando que *la conversión no se produce de forma automática, sino que se ofrece a jueces y tribunales la posibilidad de moderar su importe dentro de ciertos límites*. GARCÍA ALBERO, R. pone de manifiesto la importante trascendencia práctica de la unificación de regímenes, es así que lo que el juez acordará será siempre una suspensión que tendrá sus particularidades en función de su contenido. "La suspensión de la pena..." cit., p. 153.

[17] En este sentido GARCÍA SAN MARTÍN, J. en *Las medidas alternativas al cumplimiento de las penas privativas de libertad. Adaptado a las reformas del Código Penal y de la Ley de Enjuiciamiento Criminal de 2015*, Madrid, 2015, p. 63.

que fuera acordada[18]. Al respecto, afirma el legislador de la reforma que se trata de una "mejora técnica" la inclusión del deber de resolver en la misma sentencia sobre la posibilidad de suspensión, sin embargo, lo matiza al afirmar que se haga así "*siempre que ello resulte posible*"[19], entenderemos aquí que se hace referencia a los casos en que los que la decisión judicial por una u otra razón no pueda ser acordada, por ejemplo, porque el órgano judicial desconozca en esos momentos los antecedentes penales del sujeto, quedando pendiente la resolución a un momento posterior donde se pronunciará en el correspondiente Auto. Este cambio, en principio, resulta acertado puesto que de lo que se trata es de evitar el alargamiento en el tiempo y el esfuerzo de medios que suponía la posibilidad de realizar diferentes pretensiones de forma escalonada –la solicitud primera se hacía respecto a la suspensión ordinaria de la pena y, de forma subsidiaria en caso de denegación, podía solicitarse la sustitución o las modalidades excepcionales de suspensión– concentrándose todas las pretensiones en lo que dará lugar a una sola resolución judicial, sin embargo, en la práctica no se producen esos resultados[20].

b) Sustantivo-penales: incluimos aquí tanto la naturaleza o clase de la pena a imponer, esto es, *penas privativas de libertad* así como la máxima duración de la pena que se impusiera y que pueda ser sustituida, penas *no superiores a dos años.*

c) Criterios valorativos: hemos de recordar que en la redacción anterior el art. 80.1 se hacía referencia a la valoración o atención que debía prestarse a la "peligrosidad criminal del sujeto" lo que por parte de la jurisprudencia suponía atender no solo a la probabilidad de comisión de nuevos delitos, sino también la que se derivaba de la gravedad, naturaleza y entidad de los hechos por los que es condenado así como a sus

---

18 La exigencia de motivación es algo común para toda resolución judicial de las características de las que deniegan o acuerdan en estos términos, se trata del cumplimiento de derechos fundamentales y con mayor refuerzo aún cuando lo que se encuentra en juego es la privación de derechos tales como los que implican la imposición de penas privativas de libertad. Vid. también BARQUÍN SANZ, J. "El nuevo sistema de alternativas a la ejecución de la prisión en el derecho penal español: una cierta unificación", en *Cuadernos de Política Criminal*, nº 117, 2015, pp. 51 y ss.

19 Así dispuesto en el artículo 82.1, sobre el que más adelante volveremos en el apartado dedicado a los plazos de suspensión.

20 La Exposición de Motivos se refería a que con esta nueva regulación *se pone fin a la situación actual en la que la existencia de una triple regulación de la suspensión (suspensión ordinaria, suspensión para el caso de delincuentes adictos al consumo de drogas y sustitución de la pena) da lugar, en muchas ocasiones, a tres decisiones sucesivas que son objeto de reiterados recursos de reforma y apelación.*

Ponen de manifiesto RÍOS MARTÍN, J.-RODRÍGUEZ SÁEZ, J.A.-PASCUAL RODRIGUEZ, E. que la reforma de 2015 consigue incorporar al Código penal esta novedad pero el legislador *olvida trasladar la lógica de la concentración al ámbito procesal*. ...*Manual jurídico para evitar... ob.it.*, p.53.

circunstancias personales y a su conducta[21]. Con la regulación que se da a partir de 2015, son varios los contenidos en la norma que implican juicios de valor por parte del órgano judicial que deberán atender tanto al pasado del sujeto como a actuaciones futuras casi en los mismos términos que la regulación precedente, queda claramente reflejado el fundamento de la figura en cuestión al afirmar que la suspensión de la pena se acordará *cuando sea razonable esperar que la ejecución de la pena no sea necesaria para evitar la comisión futura por el penado de nuevos delitos,* ahora bien, una importante novedad tiene lugar cuando a todos esos criterios se añaden las "conductas reparadoras" que haya podido llevar a cabo del sujeto e incluso, la propia voluntad de realizarlas aunque tales conductas no se hayan manifestado en hechos concretos. La valoración se llevará a cabo a partir de datos que atienden a las propias actuaciones desarrolladas por el sujeto condenado pasadas, simultáneas e inmediatas: *circunstancias del delito cometido, circunstancias personales, sus antecedentes, su conducta posterior al hecho, en particular su esfuerzo para reparar el daño causado, sus circunstancias familiares y sociales, y los efectos que quepa esperar de la propia suspensión de la ejecución y de las medidas que fueren impuestas.* Sobre este "extenso" catálogo de criterios a valorar realmente se tratará, en definitiva, de concluir si la suspensión de la ejecución de esa pena cumple el fin de prevención especial, es decir, evitar la reincidencia del sujeto[22].

Sobre estos presupuestos nos detendremos en algunos que consideramos tienen un gran interés, por ejemplo, la naturaleza de la pena a imponer. A diferencia de otros sistemas jurídico penales tales como el italiano donde cabe la suspensión tanto de la pena privativa de libertad como la de multa o ambas conjuntamente[23], en nuestro país y desde la incorporación de la figura de la suspensión de la pena, ésta se ciñe a las *penas privativas de libertad* que abarcarían en la actualidad y conforme al artículo 35: la prisión permanente revisable[24], la prisión, la localización

[21] Vid. MUÑOZ COMPANY, M.J. "Delitos de corrupción política: ejecución de las penas, posibilidad de suspensión y sustitución de éstas. Modificación por la Ley Orgánica 1/2015. Análisis jurisprudencial", *Diario La Ley*, nº 8589, Sección Tribuna, 23 de julio de 2015, Ref. D-297.

[22] MUÑOZ CONDE, F./GARCÍA ARÁN, M. *Derecho Penal. Parte General,* Valencia, 2015, p. 615.

[23] Artículo 163 del Código Penal italiano. Más extensamente en FERNÁNDEZ PANTOJA, P. "La suspensión condicional de la pena en el sistema sancionatorio italiano: Aproximaciones al sistema español" en *Anales de Derecho,* Universidad de Murcia, vol. 34, núm. 2, diciembre de 2016. *http//revistas.um.es/analesderecho.*

[24] Realmente no es cierto que esta pena pueda suspenderse y la razón es evidente, si bien por su naturaleza si sería posible tal y como se desprende de su contenido (la privación de libertad), es su duración la que no permitirá que en los casos de condena a esta pena pueda obtenerse tal beneficio, no es que solo ésta sea indeterminada e incierta, como señala GARCÍA SAN MARTÍN, J. si no porque es de suponer que siempre se sobrepasarán los límites respectivos de dos y cinco años. *Las medidas alternativas al cumplimiento de las penas privativas de libertad…ob.cit.,* p. 27. Lo más próximo que se podrá hacer en cuanto "beneficio" que, en nuestra opinión tampoco lo es, sería *la revisión de la prisión permanente.* Al respecto JAÉN VALLEJO, M./PERRINO

permanente y la responsabilidad personal subsidiaria por impago de multa. En el caso de esta última hay que puntualizar excepciones: la nueva redacción del art. 80.2.2º expresamente la excluye para computar los dos años como límite máximo de la pena a imponer en cuanto requisito esencial (*Que la pena, o la suma de las impuestas, no sea superior a dos años, sin incluir en tal cómputo la derivada del impago de la multa)*, esto supondría que en el caso de que las penas a imponer sean las de prisión y multa, en el caso de esta última y si se produjera el impago existirá entonces la responsabilidad subsidiaria lo que supondrá la conversión modular de cuotas impagadas por día de privación de libertad en los términos del artículo 53, la cantidad de días resultante de dicha conversión no se sumarán a los de privación de libertad[25]. Ahora bien, en el caso de que la única pena a imponer fuera la de multa y se produjera esa conversión siempre y cuando entre en el límite de los dos años –lo más frecuente sin duda alguna– sí que podrá dejarse dicha pena en suspenso, al menos en lo que respecta a este requisito, en definitiva, sí que es posible acordar la suspensión de esta pena, tal y como establece el régimen general del art. 80. En este punto y a la hora de reflexionar acerca de la cuestión expansionista-reduccionista por la que haya optado el legislador con la reforma ¿qué repercusiones o relaciones pueden establecerse? En nuestra opinión desde el momento en el que se produzca un incremento cuantitativo en la presencia de penas cortas privativas de libertad o, con mayor razón tal y como ha ocurrido, se conceda un mayor protagonismo a la pena de multa convertible en privación de libertad (expansionismo), las peticiones o solicitudes de suspensión de ejecución de la pena aumentarán con lo que el efecto pretendido por el legislador de poder ofrecer una justicia más ágil y eficaz puede desde luego verse incumplido en lo que supondrá, en la práctica, un incremento de carga judicial.

Por otra parte y en otro orden de cosas, queda claro que la referencia a la suspensión lo es en cuanto a las penas principales, la cuestión de la suspensión de las penas accesorias viene siendo objeto de opiniones diversas desde hace tiempo con una minoría en la opinión doctrinal que es partidaria de la extensión de este

---

PÉREZ, A.L. hablan del "régimen de revisión de la prisión permanente revisable" previsto en el articulo 92 para el penado en tercer grado y que haya cumplido el tiempo de extinción para cada caso sí como la necesaria existencia de un pronóstico favorable de reinserción social y, afirman los autores, *se podrá acordar la suspensión de la ejecución de la pena, que se traduce en la libertad condicional. La reforma penal de 2015 (Análisis de las principales reformas introducidas en el Código Penal por las Leyes Orgánicas 1 y 2/2015, de 30 de marzo)*, Madrid, 2015, p. 62. En nuestra opinión, resulta más que criticable este planteamiento: aunque los autores insistan en afirmar que la libertad condicional es una forma de suspensión a pesar de que se refieren a ellas como "dos piezas claves en el sistema de sanciones penales" y para "reforzar" su planteamiento señalan que ambas tienen la misma naturaleza jurídica en cuanto que las dos suponen la "inejecución de la pena", en la suspensión sería total y en la libertad condicional sería parcial ubicándolas en extremos diferentes, no compartimos tales planteamientos, estamos ante figuras diferentes sistemática y aplicativamente.

[25] En nuestra opinión esta decisión normativa es correcta por cuanto lo contrario sería, en realidad, imponer una pena privativa de libertad allí donde no debe ser impuesta atentando por tanto contra principios básicos como el de legalidad y el de proporcionalidad de las penas y, desde luego, lo más próximo a la inconstitucional "prisión por deudas".

beneficio a ellas[26], ésta podría ser una cuestión *de lege ferenda* –muy discutible, por cierto– en cualquier caso, lo cierto es que las mismas quedan excluidas de tal posibilidad de no ser así lo lógico sería que el legislador lo hubiera declarado expresamente dada la trascendencia de la cuestión.

También resultan de interés los criterios para el "pronóstico", por ejemplo, *los antecedentes*: la referencia a que sean los "penales" lógicamente excluye otros, así los policiales, en la medida en que tener en cuenta éstos supondría vulnerar derechos fundamentales puesto que no hay declaración de culpabilidad del sujeto ni pena impuesta, en consecuencia los antecedentes policiales deben ser totalmente ignorados por el órgano judicial en el juicio valorativo de este aspecto. La valoración respecto a las *"circunstancias del delito cometido"*, aunque la reacción instintiva pudiera ser la de atender al grado de "gravedad" del delito –algo a lo que en términos penales estamos acostumbrados– se ha de tener en cuenta que el delito ya se ha juzgado y se ha "graduado" y, por tanto, castigado; de lo que se tratará realmente es de que el juicio de pronóstico se dirija hacia la evitación de otro delito posterior, este dato puede convertir una denegación de suspensión porque el sujeto cometió un "delito grave" en una concesión de la suspensión que pueda evitar un futuro delito[27]. Las conductas que el sujeto realizara posteriores al hecho cometido también se consideran de especial importancia, en concreto y por ejemplo, en casos en los que ha transcurrido un tiempo considerable entre el hecho cometido y la resolución por sentencia, durante ese tiempo la observancia de una conducta conforme y adecuada a Derecho pudiera ser de fundamental importancia para conceder la suspensión ofreciendo un dato firme acerca de la posibilidad de que no vuelva a delinquir el sujeto y, por tanto, de cumplimiento de la finalidad de la suspensión.

---

[26] Una breve pero clarificadora exposición acerca de posiciones y opiniones contrarias y favorables a la posibilidad de admitir la suspensión de las penas accesorias puede verse en GUTIÉRREZ CASTAÑEDA, A. "Sobre la suspensión condicional de la ejecución de las penas accesorias" en *Diario La Ley*, año XXV, nº 6114, 26 octubre 2004.

[27] CARDENAL MONTRAVETA, S. para una correcta aplicación de la valoración que debe realizarse a efectos de conceder la suspensión introduce el principio de proporcionalidad y así, en conjunto, sostiene que la decisión deberá ser adoptada sobre la mejor de las opciones resultantes de combinar *el mejor saldo preventivo global (especial y general)*, esto es valorar la gravedad de los delitos que se pretenden prevenir y el grado de peligro de comisión bajo la observancia del *principio de proporcionalidad* que habrá de ser garantizado en tal decisión. *Comentarios al Código Penal…cit.*, pp. 312 y 313. También este autor plantea la cuestión de acudir a *informes periciales* puesto que si bien nada dice de ello el legislador, tampoco queda excluida tal posibilidad. *cit.*, p. 314. TRAPERO BARREALES, M.A. plantea el problema práctico de cómo deberá el Juez valorar todos esos factores proponiendo la existencia de un apoyo por parte de personal especializado que pueda informar convenientemente sobre los diferentes extremos que acabarán desembocando en la concesión o denegación de la suspensión-sustitución de la pena. "El nuevo modelo de suspensión…" cit. La misma autora tras plantear la problemática de la ausencia de mención expresa al tipo de antecedentes en la propia ley, concluye que los mismos deberán servir para realizar el pronóstico de reiteración delictiva..."de esta manera deberán de ponerse en cuarentena los antecedentes policiales y procesales....porque en ambos casos estos antecedentes no se traducen siempre en la constatación de que el sujeto ha cometido un hecho delictivo". "El presupuesto de la suspensión..." cit., p. 105.

2. Requisitos concurrentes para el régimen general (art. 80.2) y excepciones (art. 80.3)

El régimen general se contempla en el nº 2 del artículo 80 estableciendo así:

a) Que se trate de un delincuente primario (... *haya delinquido por primera vez...)* quedando excluido de dicha consideración si anteriormente ha sido condenado por delitos imprudentes o por delitos leves, o en el caso de que tenga antecedentes cancelados o que debieran haberlo sido, se añade además la exclusión de aquellos antecedentes penales por delitos *que por su naturaleza o circunstancias, carezcan de relevancia para valorar la probabilidad de comisión de futuros delitos.* Con esta última frase se produce aquí otra de las modificaciones a destacar dado que en la regulación anterior no existía, el sentido y la explicación de esta inclusión la realiza el propio legislador cuando en la Exposición de Motivos de la Ley destaca lo que era la inaplicación en cualquier caso de la suspensión de la pena si se comprobaba la existencia de antecedentes penales independientemente de otras valoraciones que pudieran realizarse y que serían determinantes tales como la peligrosidad del sujeto, igual criterio –se afirma– que el que habrá de tenerse en cuenta a la hora de la revocación[28]. En nuestra opinión, esta es una manifestación más de la ampliación de la arbitrariedad judicial que preside la reforma, sin embargo es aquí donde surgen una serie de preguntas que entendemos son claves: ¿es correcta la línea que ha seguido el legislador? ¿es preferible un sistema que bajo las pretensiones de "flexibilidad" y "eficacia" pueda poner en peligro algo tan fundamental como es la seguridad jurídica? Creemos que son acertadas las palabras de GOYENA HUERTA para quien siendo loable el propósito del legislador de conseguir establecer diferencias por razón de los delitos cometidos ya que no todos, por el hecho de ser dolosos, revelan una tendencia delictiva futura del sujeto en la misma medida (como ejemplos cita ciertas modalidades de delitos contra la seguridad vial o de algunas de los delitos contra el honor), el legislador no opta por un catálogo de delitos dolosos que no serían valorables a efectos de reincidencia sino que adopta la opción de incorporar *una clausula excesivamente abierta que genera una situación de inseguridad, al no establecerse siquiera cuáles son los parámetros o criterios de los que el juez o tribunal debe deducir que un concreto antecedente penal es irrelevante para valorar la probabilidad de comisión de delitos futuros,* continúa el autor afirmando que *la situación es más preocupante si cabe pues esa irrelevancia de las condenas anteriores puede darse incluso en aquellos casos en que existe más de un antecedente*

[28] Reafirmando esta modificación se alude a *la conveniencia de introducir una mayor flexibilidad y discrecionalidad judicial en el régimen de la suspensión* atendiendo a la incorporación de la equiparación del reconocimiento de antecedentes penales entre Estados miembros de la Unión Europea.

penal previo[29]. Compartimos la valoración acerca de la excesiva amplitud y el riesgo de inseguridad jurídica que ello pueda suponer, sin embargo, lo que creemos es realmente difícil y tenemos nuestras dudas es acerca de conseguir un catálogo dado por el propio legislador que con acierto pudiera recoger los delitos referidos y las razones son diversas: la realidad nos ha mostrado y muestra que cuando el propio legislador elabora por la vía normativa "catálogos o listados" nunca suele acertar del todo corriendo así el riesgo de tasar de forma desacertada y, al final, lo que suele ocurrir es el cierre de tales elencos con clausulas abiertas que después de todo el esfuerzo, hacen innecesaria a la propia norma[30].

En otro orden de cosas, otra cuestión de interés se plantea respecto a los casos en los que estemos ante concursos de delitos, no hay problema si estamos ante un concurso ideal siempre y cuando la pena impuesta no supere los límites temporales establecidos ahora bien, en el caso del concurso real e ideal medial es más dudoso por cuanto el primero de los delitos cometidos si entraría en este requisito pero no los siguientes por cuanto el sujeto ya "ha delinquido anteriormente"[31]. En el ámbito aplicativo hemos de citar la Consulta nº 4/1999, de 17 de septiembre *sobre algunas cuestiones derivadas de la regulación de la suspensión de la ejecución de las penas privativas de libertad* –sobre ella volveremos más adelante– en la que precisamente se aborda esta cuestión junto a lo que se interpreta como "delincuente primario". Trata así esta Consulta de aclarar si en los casos en los que se produzca la comisión de varios delitos en relación de concurso real o de concurso ideal medial sobre los que han recaído varias penas que, no obstante, no superan el límite de dos años, estaríamos ante un delincuente primario o no a efectos de dar cumplimiento al requisito general. La respuesta que se da es que en tales casos sí es posible la suspensión de la ejecución de la pena siempre y cuando

[29] GOYENA HUERTA, J. "La suspensión de la ejecución de las penas privativas de libertad tras la reforma del Código Penal de 2015" en *Revista Aranzadi de Derecho y Proceso Penal,* núm. 38, abril-junio 2015, Pamplona, 2015, pp. 182 y 183.

[30] Para justificar que esta no es una afirmación osada sino algo constatado por nuestra parte, un ejemplo lo tenemos fruto de uno de los trabajos realizados sobre la reforma del Código Penal de 2015, en concreto y en materia de la nueva regulación del decomiso en los artículos 127 y siguientes, respecto al listado que se recoge en el art. 127 bis y que denominábamos como "decomiso ampliado/retroactivo" hay llamativas ausencias como la de que abarcando a una gran cantidad de delitos queden fuera algunos que deben estar sin ninguna duda, en concreto y por ejemplo, los delitos urbanísticos o los relacionados con contrabando. FERNÁNDEZ PANTOJA, P. "Las consecuencias accesorias" en *Estudios sobre el Código Penal reformado (Leyes Orgánicas 1/2015 y 2/2015),* Dir. L. Morillas Cueva, Madrid, 2015, p. 287.

[31] Convenientemente apunta MIR PUIG, S. como *en sentido estricto,* el sujeto en estos casos solo delinque por primera vez cuando comete el primero de los delitos concurrentes, sin embargo, *la actual redacción en el artículo 80.2.2ª que no distingue, parece favorecer la inclusión de todos los casos de penas impuestas en una misma sentencia, aunque ello exija interpretar en un sentido restrictivo-correctivo el requisito de haber delinquido por primera vez. Derecho Penal. Parte General…cit.,* p. 731.

la suma de las penas no exceda de dos años de privación de libertad y se hubieren impuesto en la misma sentencia.

b) Que la pena impuesta o la suma de las que se hayan impuesto no supere los dos años sin que se incluya en ese cómputo la que se pudiera derivar del impago de la multa.

c) Que se hayan satisfecho las responsabilidades civiles derivadas del delito así como que se haya hecho efectivo el decomiso previsto en el artículo 127[32]. En este punto se ha producido una importante novedad con la reforma de 2015 introduciendo una variación respecto al sistema anterior en el sentido de que se invierte el sistema actual lo que, en nuestra opinión, supone que sobre el papel quedan los "buenos intentos" pero en la práctica judicial esto genera y generará muchos problemas. En este sentido somos escépticos respecto al loable fin del legislador y coincidimos en las críticas y objeciones de otros autores.

El régimen general presenta junto a él uno **excepcional** en el que que, entendemos, se trata realmente de una "sustitución de la pena" y que encontramos en el art. 80.3 como novedad que ha introducido la reforma de 2015: permite esta excepción que sin concurrir ni el requisito de que sea delincuente primario o el tener cancelados los antecedentes por delitos anteriores, es decir, que pudiendo haber cometido delitos anteriormente, eso sí que no se trate de un "delincuente habitual" –a continuación expondremos el olvido del legislador en este sentido–, o bien si la pena impuesta o la suma de las impuestas superan los dos años o faltando ambos requisitos, podrá acordarse la suspensión sobre dos presupuestos: esencial e imprescindible que el sujeto *haya reparado el daño causado o haya satisfecho la indemnización correspondiente* o bien, cumpla la condición impuesta por el *acuerdo de mediación,* los criterios que además deberán tenerse en cuenta –y aquí es plenamente discreciona-

---

[32] Dice el propio artículo que *este requisito se entenderá cumplido cuando el penado asuma el compromiso de satisfacer las responsabilidades civiles de acuerdo a su capacidad económica y de facilitar el decomiso acordado, y sea razonable esperar que el mismo será cumplido en el plazo prudencial que el juez o tribunal determine. El juez o tribunal, en atención al alcance de la responsabilidad civil y al impacto social del delito, podrá solicitar las garantías que considere convenientes para asegurar su cumplimiento.*

La posibilidad de que no se llegue a satisfacer la responsabilidad civil de facto y cabiendo la posibilidad de cumplir el requisito a través del compromiso del sujeto de hacerlo, señalan RÍOS MARTÍN, J. y otros que no sólo se trata de que el sujeto manifieste la expresión firme y decidida de su cumplimiento, sino también *que demuestre la existencia de posibilidades materiales o esfuerzos personales para ello (realizando conductas tales como la presentación de bienes o de un salario que compatibilice el pago con la satisfacción de sus necesidades para la supervivencia, la búsqueda efectiva de trabajo, etc…). Manual jurídico para evitar…cit.*, p. 51. A mayor abundamiento, según CORELLA MIGUEL, J.J. cabe la posibilidad de que el Juez o Tribunal solicite garantías para asegurar el cumplimiento, así el embargo de bienes ya era una posibilidad que existía por lo que sería posible, afirma, que el legislador se esté refiriendo a garantías que pueda aportar un tercero (ej. entidades de crédito), aunque también es posible que al haber existido ya un juicio penal previo, tales garantías ya hayan sido solicitadas. "La nueva regulación de la suspensión y sustitución tras la entrada en vigor de la reforma operada en el Código Penal por la LO 1/2015, de 30 de marzo", *Diario La Ley*, nº 8552, Sección Doctrina, 2 de junio de 2015, Ref. D-221.

lidad judicial– serán las circunstancias personales del reo, la naturaleza del hecho cometido o la realización de conductas tendentes a la reparación o indemnización del daño[33]. Pues bien, aquí el legislador utiliza incorrectamente a nuestro parecer el término "suspensión" dado que es una auténtica *sustitución de la pena* en la medida en que es preceptiva (*se impondrá siempre además...*) la imposición de alguna de las dos medidas previstas en el art. 84.1.2º o 3º: el pago de una multa o la realización de trabajos en beneficio de la comunidad que en estos casos en particular y para la suspensión de penas tienen contenidos específicos, así por ejemplo los trabajos en beneficio de la comunidad no podrán ser cualesquiera si no que la propia regla del nº 3 requiere una relación entre el trabajo a desempeñar y su adecuación a *una forma de reparación simbólica a la vista de las circunstancias del hecho y del autor.* Finalmente, la determinación de la duración que habrán de tener estas medidas tiene unos límites con reglas especialmente complejas: *una extensión que no podrá ser inferior a lo que resulte de aplicar los criterios de conversión fijados en el mismo sobre un quinto de la pena impuesta,* dichos criterios de conversión complejizan aún más esta "cuantificación", baste leer los mismos en los números 2º y 3º del art. 84.1[34].

Un último apunte queremos hacer respecto a un "olvido" del legislador que tiene que ver con la incorporación de esta "excepcionalidad", se trata de la referencia a la condición de que aunque haya delinquido anteriormente o tenga antecedentes sin cancelar, en cualquier caso no se trate de un "reo habitual". El artículo 94 dentro de lo que son Disposiciones Comunes se viene a dar una interpretación auténtica de quienes son "*a los efectos previstos en la sección 2ª de este capítulo, se consideran reos habituales...*", la cuestión es que el legislador no armoniza la disposición con el contenido y la remisión se hace a la "casi desaparecida" sección que regulaba el régimen general de la "sustitución de las penas privativas de libertad" no existiendo así la referencia a la sección 1ª para las "suspensión de las penas", en nuestra opinión desde luego habrá que plantear un "descuido involuntario del legislador/reformador" en el entendimiento de que tal concepto resulta de aplicación a la sección 1ª, otra explicación no es posible ni puede tener mucho sentido.

3. Plazos de suspensión (arts. 81 y 82)

El tiempo durante el que la pena permanecerá suspendida se establece diferenciando entre el régimen general y el especial previsto para drogodependientes

---

[33] En cuanto a la relación de conceptos, señalan RIOS MARTÍN, J/RODRÍGUEZ SÁEZ, J.A/PASCUAL RODRÍGUEZ, A. que *jurídicamente, la reparación del daño es un concepto más amplio que el de responsabilidad civil (art. 110 C.P), pudiendo ser simbólica o de cualquier otra forma que permita a la víctima o al perjudicado considerarse suficientemente reparado. Manual jurídico para evitar...cit.,* p. 51.

[34] Para el pago de la multa y según el caso concreto, *no podrá ser superior a la que resultase de aplicar dos cuotas de multa por cada día de prisión sobre un máximo de dos tercios de su duración,* y en el caso de los trabajos en beneficio de la comunidad y también según el caso, *sin que pueda exceder de la que resulte de computar un día de trabajos por cada día de prisión sobre un límite máximo de dos tercios de su duración.*

que hubieran cometido el delito a causa de su adicción. Interesándonos el primero, según el art. 81 en su párrafo 1 dependerá de que la pena que se haya suspendido lo haya sido por la comisión de un delito al que se le impusiera pena inferior a dos años, en cuyo caso el margen previsto de suspensión podrá ir de dos a cinco años, de otro lado, si la pena impuesta lo fuera por un "delito leve" el plazo de suspensión podrá ir de tres meses a un año. Los criterios que se tendrán en cuenta para determinar el plazo exacto de suspensión los remite el legislador a los mismos que se utilizaran para conceder la suspensión (art. 80.1, párrafo 2°), en definitiva, los criterios que aplicará el juez o tribunal para admitir la suspensión serán los mismos que para establecer el plazo por el que la pena estará suspensa. El momento procesal de adopción o denegación de la petición de suspensión se establece, según el art. 82.1, en el del *pronunciamiento de la sentencia...siempre que ello resulte posible,* de no ser así, esta misma disposición establece que *una vez declarada la firmeza de la sentencia, se pronunciará con la mayor urgencia, previa audiencia de las partes,* esa "posibilidad" estará condicionada por la disponibilidad de datos que tenga el órgano judicial acerca de los diferentes extremos que condicionan la concesión de la suspensión[35].

Existe también otro caso en el que es preceptiva la audiencia de partes y que ha sido incorporado en 2015, se trata de lo dispuesto en el art. 80.6 para el caso de *delitos perseguibles a instancia de parte* donde, antes de conceder la suspensión de la ejecución de la pena, deberá ser oído el ofendido y, en su caso, a quien le represente[36].

La regla para el cómputo del plazo de suspensión y el momento de su inicio, se contienen en el artículo 82.2 señalándose como tal momento el de la fecha en que se dictara la resolución que la acuerde, si la misma se produjera en una sentencia la fecha para el cómputo será la del momento en que ésta sea firme; en el caso de que el sujeto penado se hubiera mantenido en situación de rebeldía, el tiempo que haya estado en esa situación no se computará dentro del plazo de suspensión[37].

---

[35] Antecedentes del sujeto mediante la correspondiente hoja histórico-penal o los relativos a la situación económica del reo con vistas a la solvencia económica que debe tener para asumir los compromisos que se le exigieren.

[36] Art. 80.6: *En los delitos que sólo pueden ser perseguidos previa denuncia o querella del ofendido, los jueces y tribunales oirán a éste y, en su caso, a quien le represente, antes de conceder los beneficios de la suspensión de la ejecución de la pena.*

[37] Algunos autores advierten ya de problemas interpretativos en este precepto, por ejemplo, lo que atañe al propio concepto de "rebeldía", entre varios de estos problemas estaría el entendimiento de que ese término debe ser interpretado en el sentido de *la actitud o intención de eludir la acción de la justicia,* ello no es identificable con otras situaciones que pueden darse en las que no es posible localizar al penado. RÍOS MARTÍN, J. y otros, *Manual para evitar el ingreso... cit.,* p. 55. Precisamente por la diversidad de situaciones y problemas prácticos en cuanto a que el sujeto no tenga conocimiento de la suspensión y de las obligaciones derivadas de ella y, por tanto, desconoce lo que ha de hacer y por consiguiente existiría un obvio incumplimiento que abriría paso a la revocación, otros autores van más allá y entienden que ese concepto supone que "ha de existir una declaración judicial de la situación de rebeldía acordada tras el correspondiente auto de busca y captura y tras su infructuoso resultado", así GARCÍA SAN MARTÍN J. *Las medidas alternativas al cumplimiento... cit.,* p. 45.

4. Condiciones para el cumplimiento de la suspensión: prohibiciones, deberes/prestaciones y/o medidas (arts. 83, 84 y 85)

En el sistema que la reforma de 2015 ha incorporado en estos preceptos se ve por parte de algunos autores la aproximación hacia el modelo anglosajón de la *probation* por cuanto el sujeto deberá cumplir una serie de obligaciones durante el tiempo que la pena esté en suspenso[38]. Ahora bien, hay un requisito o exigencia esencial común a todos los casos –aunque su formulación se haga de forma negativa al regular la revocación de la suspensión–: se trata de que el sujeto no vuelva a delinquir durante el periodo en el que la pena esté suspendida, si así ocurriera entraríamos en lo que es otro aspecto de la suspensión de la pena por cuanto se pierde este beneficio, de ello nos ocuparemos en el siguiente apartado al tratar la revocación de la suspensión.

La cuestión previa es dejar claro que con la unificación de todas las figuras "sustitutivas" en la suspensión, las reglas de conducta podrán imponerse al suspender cualquiera de las penas privativas de libertad, esto es, que a diferencia de lo que acontecía con el sistema anterior donde la "sustitución" solo estaba prevista para la prisión, la nueva regulación hace extensiva la "suspensión condicionada" a las demás penas con ese carácter, o sea que tanto la localización permanente como la responsabilidad personal subsidiaria por impago de multa podrán dejar de ejecutarse siempre y cuando durante el periodo correspondiente el sujeto observe alguna de las reglas de conducta previstas en los artículos 83 y 84.

Si nos adentramos en el estudio detallado de cuáles son las condiciones que se pueden imponer al sujeto y que deberán ser cumplidas durante todo el periodo de la suspensión, lo primero que llama la atención son las distintas denominaciones que reciben, así el art. 83.1 habla de *prohibiciones y deberes,* el art. 84.1 lo hace de *prestaciones o medidas.* Dada la extensión de estas disposiciones intentaremos hacer una enumeración general:

a) Prohibiciones y deberes *cuando ello resulte necesario para evitar el peligro de comisión de nuevos delitos, sin que puedan imponerse deberes y obligaciones que resulten excesivos y desproporcionados* (art. 83.1):

1. Prohibición de aproximación y/o de comunicación con víctimas o personas relacionadas con ellas que siempre deberá ser comunicada a quienes estén afectados por las mismas.

---

[38] Así lo afirma MIR PUIG, S. para quien el contenido de los artículos 83 y 84 responden a *dos principios distintos: de control y de asistencia al sujeto. Derecho Penal. Parte General...cit.,* pp. 728 y 729. Ya respecto a la regulación anterior a la reforma, MAPELLI CAFFARENA, B. señalaba esa aproximación al sistema de la *probatio* inglesa con una mayor orientación preventiva especial, no obstante aún se mantenía la excesiva objetivización en algunos aspectos tales como el hacer depender la revocación de la simple comisión de otro delito sin introducir otro tipo de criterios, *Las consecuencias jurídicas del delito,* Pamplona, 2011, p.122. A favor de su opinión, como podremos observar en este aspecto se llevan a cabo importantes modificaciones a partir de 2015.

2. Prohibición de contactar con personas concretas o con miembros de un grupo determinado por cuanto ese contacto puede favorecer la nueva comisión de un delito por parte de quien está sujeto a esta prohibición. En este caso, una aplicación correcta implica que se determine a la hora de su imposición de forma identificada quienes son esas personas y los indicios fundados sobre los que se asiente la prohibición para evitar el fin de la misma, esto es, la probable o posible comisión de otros delitos.
3. Deber/obligación de mantener su residencia en un lugar determinado sin que pueda existir abandono ni definitivo ni temporal del mismo sin autorización judicial.
4. Prohibición de residir en un lugar determinado o de acudir a él por cuanto pueda incrementarse la posibilidad de comisión de nuevos delitos.
5. Deber de comparecer periódicamente en la forma que se determine ante autoridad judicial, en una sede policial o de la administración para informar y justificar sus actividades.
6. Obligación de participar en programas formativos, laborales, culturales, de educación vial, sexual, de defensa del medio ambiente, de protección de animales, de igualdad de trato y no discriminación, u otros similares.
7. Obligación de participar en programas de deshabituación al alcohol o a otras sustancias o el tratamiento de otros comportamientos adictivos.
8. Para delitos contra la seguridad vial, prohibición de conducir vehículos a motor que no dispongan de determinados dispositivos tecnológicos que permitan controlar al sujeto a efectos de prevenir la comisión de nuevos delitos. En esta concreta prohibición se suele producir una identificación con los dispositivos para controlar las alcoholemias, sin embargo, hay otros supuestos que también entrarían, por ejemplo, controlar la resistencia física del sujeto debido al cansancio u otros factores que, en cualquier caso, puedan incidir en las capacidades físicas del sujeto que desarrolla una actividad de riesgo susceptible de ocasionar resultados lesivos o dañosos[39].
9. Cumplimiento de otros deberes que el juez o tribunal estime convenientes a efectos de la rehabilitación social del sujeto, previa conformidad de éste y sin que puedan suponer un atentado contra su intimidad.

Tras la enumeración de estas obligaciones el art. 81 en los números 2, 3 y 4 contienen normas especiales tanto respecto a la preceptiva imposición de algu-

[39] En la práctica ya existen empresas de transporte que en sus autobuses de línea tienen instalados dispositivos en los que el conductor debe expirar aire antes de arrancar y si se detecta nivel de alcohol el vehículo no arranca, también cuentan con detectores de cansancio y cámaras que graban en tiempo real y transmiten a su base.

nas de ellas para delitos específicos, caso de suspensión de la pena en delitos de violencia de género –no en los de violencia doméstica que no se incluyen– donde de forma preceptiva se habrán de imponer las que vienen a evitar el contacto con la víctima (prohibición de aproximación y/o comunicación y prohibición de residencia o de acercamiento a un lugar concreto), también se declara la imposición de la obligación de someterse a programas de los previstos en la obligación nº 6, sin embargo, creemos que en este caso hay que tener en cuenta un matiz o particularidad y es que tales programas requieren la aceptación por parte del sujeto. Por lo demás, los números 3 y 4 establecen normas relativas al control y seguimiento de estos deberes y obligaciones tanto por parte de Fuerzas y Cuerpos de Seguridad como por parte de la Administración penitenciaria[40]. Y una cuestión que resulta interesante a nuestro parecer se plantea en este punto, se trata de que los "pronósticos de peligrosidad" ya vistos en otros lugares tales como los presupuestos para la propia concesión de la suspensión y que tienen atribuidos los órganos judiciales, la nueva redacción de 2015 también se los "encomienda" a órganos extrajudiciales pertenecientes al poder ejecutivo; en el caso de que las mismas instancias mencionadas –policiales y administrativas– que llevan el control y vigilancia del cumplimiento si apreciaran circunstancias relevantes que puedan aumentar la peligrosidad del sujeto o la posibilidad de comisión de nuevos delitos, deberán ponerlo en conocimiento del Ministerio Fiscal u órgano judicial competente.

Se ha de llamar la atención también sobre lo que algún autor denomina es una "clausula de proporcionalidad" cuando, de forma expresa y como límite a las reglas impuestas, se hace referencia a que esos deberes u obligaciones *no podrán ser excesivos ni desproporcionados* lo que presupone desde luego la necesidad de conectar el delito cometido, el deber u obligación concreto que se imponga y la finalidad que con la misma se persiga[41]. A estas limitaciones se suma otra más mediante la clausula abierta que incorpora la 9ª que permite la imposición de otras reglas distintas que, sea la que sea, tendrá como límite *el respeto a la dignidad de la persona.* En nuestra opinión resulta sumamente curioso –incluso anecdótico– que el legislador penal pueda plantearse la vulneración de derechos fundamentales por parte de quienes imparten la justicia.

---

[40] En concreto respecto al control por parte de la administración penitenciaria ha de estarse a normas de desarrollo tales como el Real Decreto 840/2011, de 17 de junio referente a las circunstancias en la ejecución de las penas de trabajos en beneficio de la comunidad y de localización permanente en centro penitenciario, de determinadas medidas de seguridad y de la suspensión y sustitución de las penas.

[41] GARCÍA ALBERO, R. afirmando que se trata de un juicio de proporcionalidad en sentido amplio, éste incluiría tres valoraciones secuenciadas: primera, *la medida deberá ser necesaria para neutralizar o mitigar algún factor criminógeno vinculado con el delito cometido,* la segunda, que denomina *juicio de adecuación deberá ser idónea para tal fin* y, la tercera, *deberá ser proporcionada en concreto, atendida fundamentalmente la duración de la pena suspendida y el plazo de garantía.* "La suspensión de la ejecución..." cit., p. 158.

b) Prestaciones o medidas que podrán condicionar la suspensión de la pena (art. 84.1):

1. El cumplimiento del acuerdo alcanzado a través de la mediación.
2. El pago de una multa.
3. La realización de trabajos en beneficio de la comunidad.

Muchas e importantes son las cuestiones que suscita este artículo y en algunas de ellas nos detendremos a continuación, no obstante para acabar de ofrecer la regulación completa en la cuestión de la imposición de alguna o algunas de las prohibiciones, obligaciones y prestaciones o medidas ha de apuntarse la posibilidad que expresamente contempla el art. 85 por la que es posible la modificación de la regla/s impuesta/s en la suspensión[42]. La flexibilidad que introduce esta disposición se considera acertada desde distintas opiniones en la medida en que es muy posible que durante el periodo de suspensión y cumplimiento de las condiciones, acontezcan novedades en la situación del sujeto que puedan dificultar o imposibilitar ese cumplimiento (por ejemplo, razones de salud propias o cercanas, falta absoluta de medios para cumplir con la misma, etc...[43]) de tal modo que lo importante aquí será que no hay voluntad o intención del sujeto de incumplir las mismas y, por tanto, evitar que la suspensión sea revocada por tal causa, algo injusto desde luego a todas luces y que alejaría a esta figura de la finalidad preventivo especial que viene llamada a cumplir.

La primera cuestión es resaltar que en esta norma lo que el legislador-reformador hace es variar el sistema con el escaso criterio de que la "sustitución de penas" ha de desaparecer y todo pasa a ser "suspensión" con lo que incluso llega a hacer pensar que la multa y los trabajos en beneficio de la comunidad a los que hace referencia el artículo 84.1. 2° y 3° no son las penas que con ese mismo nombre conocemos sino que son algo distinto o, es más, se trata de versiones diferentes de las mismas penas[44] llevando al máximo de la "desorientación" las reglas

---

42 Art. 85: *Durante el tiempo de suspensión de la pena, y a la vista de la posible modificación de las circunstancias valoradas, el juez o tribunal podrá modificar la decisión que anteriormente hubiera adoptado conforme a los artículos 83 y 84, y acordar el alzamiento de todas o algunas de las prohibiciones, deberes o prestaciones que hubieran sido acordadas, su modificación o sustitución por otras que resulten menos gravosas.* Esta previsión resulta bien acogida por la doctrina, en concreto GARCÍA ALBERO, R. sostiene que la imposición de las medidas no debe aparecer como "un programa definitivamente fosilizado en sentencia", factores tales como la evolución personal del infractor, resultados obtenidos con las prestaciones impuestas, etc...pueden aconsejar una modulación de tales reglas. "La suspensión de la ejecución...", cit., p. 164.

43 Abundantes ejemplos podemos encontrar en la resoluciones judiciales de las Audiencias Provinciales, uno de ellos, por ejemplo se contiene en el Auto de la Audiencia Provincial de León (Sección 3ª), núm. 29/2012, de 13 de enero donde se admite el recurso contra una resolución de revocación de la suspensión sobre la base de que al sujeto le resultaba imposible desplazarse entre ciudades para cumplir un programa formativo.

44 Hace referencia GARCÍA ALBERO R. a un "reciclaje" de las viejas penas sustitutivas consistentes en multa y trabajos en beneficio de la comunidad que ahora parece ser pasan a ser "prestaciones o deberes". Con gran acierto hace referencia a la pretensión del legislador de

especiales de cómputo que ahí se establecen. No nos engañemos, lo que realmente está haciendo el legislador es "suspender" una pena para "sustituirla por otra", ni más ni menos.

La segunda cuestión que pretendemos plantear tiene que ver con la que creemos constituye "la estrella" de las novedades: la irrupción en el sistema penal sustantivo de la "mediación" o, lo que es igual, la entrada de la denominada justicia restaurativa (reparadora) en el sistema tradicional de justicia penal, cuestión ésta que abordaremos en otro apartado en el que queremos centrarnos en el papel de la víctima en la figura de la suspensión de la ejecución de la pena. Sin duda alguna, se están produciendo cambios de enorme trascendencia en cuanto a la búsqueda de nuevas alternativas y orientaciones que respondan a una serie de demandas en las que el principal problema, precisamente, es quien las demanda: no hay percepción social de un correcto funcionamiento de la justicia cuando se están cometiendo delitos que "indignan" a la sociedad (leamos corrupción)[45] ni sensación de respuestas eficaces ante ello (la ciudadanía muchas veces no cree en que todos seamos iguales ante la ley, es más, se pide precisamente la desigualdad en algunos casos), los poderes públicos se debaten entre su "necesario" mantenimiento en el poder y la existencia de un sistema jurídico que, afortunadamente, no debe entender de carreras de poder ni puede estar a su disposición por lo que han de "nadar en varias aguas". En esta confrontación en la que –permítasenos la expresión– estamos ante auténticos "caballos de batalla", surgen nuevas realidades que sin encajar del todo en el sistema de justicia tradicional pueden representar el cumplimiento de algunas expectativas respecto a lo que se consideraría un "sistema justo" y que se basan en la *individualidad*: ¿Cuál sería el cambio? Creemos que se trata de que cada vez es más profunda la percepción de que el delito afecta a una persona, a quien es la víctima, esto es, el planteamiento básico de que el delito perturba el funcionamiento del orden social, de la necesidad de una lucha común y colectiva ante la delincuencia y otros planteamientos en esta línea comienza a abrir grietas en un sistema que parte de la base de que el delito lesiona "intereses colectivos" ello es así, sin ninguna duda, pero hoy por hoy está dejando de considerarse suficiente para que se perciba socialmente un sistema de justicia "justo", valga la redundancia. Tras estas reflexiones nuestra intención es mostrar la aparición de lo que son nuevos elementos o factores en el sistema de justicia penal que han tenido su máxima expresión con la incorporación a través de la reforma penal de 2015 y en el ámbito de la suspensión de la pena de una "prestación o medida" consistente en cumplir el acuerdo al que se llegara a través

---

"desdibujar" la naturaleza de penas que éstas tienen. "La suspensión de la ejecución..." cit., pp. 160 y 161.

[45] No podemos detenernos en lo que son, desde luego, cuestiones apasionantes y de enorme interés que enlazan todos los acontecimientos sociales, políticos y jurídicos a los que asistimos día a día pero sí que podemos apuntar algunos, por ejemplo, las reacciones judiciales ante las cuestiones que más preocupan a la sociedad, en concreto, como en los casos de condena por delitos de corrupción política se está aplicando o más apropiadamente dicho, no aplicando la suspensión de la ejecución de la condena. Al respecto puede verse MUÑOZ COMPANY, M.J. "Delitos de corrupción política..." cit.

de *la mediación* (art. 84.1.1º) y que, recordemos, puede ser impuesta al mismo nivel que la multa (art. 84.1.2º) o que los trabajos en beneficio de la comunidad (art. 84.1.3º) ambas, no lo olvidemos, son penas.

En realidad, con todo ese trasfondo que acabamos de apuntar, la cara más real aparece con una justificación cada vez más frecuente en la forma de legislar en nuestro país: el cumplimiento que España asume a través de compromisos internacionales en cuanto Estado miembro de la Unión Europea para incorporar a su legislación directrices supranacionales. En concreto y en lo que al punto que estamos viendo interesa, el precedente inmediato de la aparición del instrumento de justicia restaurativa que es la mediación en la norma penal lo hemos de relacionar en el Estatuto de la Víctima recogido en la Ley 4/2015, de 27 de abril[46]. Sobre la base de que este texto ha de marcar un punto de inflexión, lo que es realmente cierto es que estamos ante una realidad con la entrada de nuevos aires político criminales de carácter victimológico[47].

Aunque sin duda estamos ante una novedad, por parte de algunos autores se pone de manifiesto que si bien existe un vacío legal también hay ya una "consolidada experiencia en el campo de la mediación penal", a partir de lo que es ya una dilatada aplicación de la atenuante de reparación del daño[48], planteamiento éste que realmente no compartimos por cuanto la mediación siendo en puridad un mecanismo extrajudicial, la fórmula que se incorpora al Código penal es una fórmula mixta en la que la intervención judicial será clave en la medida en que si bien existe acuerdo de las partes que, preceptivamente, deben dar el consentimiento previo lo que cumple la nota de "voluntareidad" que caracteriza a esta figura, el control del cumplimiento de lo acordado será judicial tal y como claramente lo expresa el artículo 84.1.1º y las consecuencias las mismas que las derivadas del incumplimiento de

---

[46] Fruto de las obligaciones adquiridas a través de la ejecución de la Decisión Marco 2001/220/JAI, de 15 de marzo relativa al Estatuto de la víctima en el proceso penal que luego sería sustituida por la Directiva 2012/29/UE del Parlamento Europeo y del Consejo de 25 de octubre de 2012, sobre normas mínimas acerca de los derechos, el apoyo y la protección a las víctimas. En el primero de los textos citados se afirmaba en su articulado que *los Estados miembros procurarán impulsar la mediación en las causas penales... velarán para que pueda tomarse en consideración todo acuerdo entre víctima e inculpado que haya alcanzado con ocasión de la mediación...* Del segundo texto resultan muy ilustrativas las siguientes palabras: *Los servicios de justicia reparadora, incluidos por ejemplo, la mediación entre víctima e infractor, las conferencias de grupo familiar y los círculos de sentencia, pueden ser de gran ayuda para la víctima pero requieren garantías para evitar toda victimización secundaria y reiterada, la intimidación y las represalias. Por tanto, estos servicios deben fijarse como prioridad satisfacer los intereses de la víctima, reparar el perjuicio que se le haya ocasionado e impedir cualquier otro perjuicio ocasional...*

[47] Como muy acertadamente señalan MORILLAS FERNÁNDEZ, D./PATRÓ HERNÁNDEZ, R.M./AGUILAR CÁRCELES, M. "*se instaura así como un modelo novedoso tanto en el campo de la Victimología como en el de la Criminología, reconociendo que la comisión de un hecho delictivo repercute en distintas personas y esferas sociales, e instando en todo caso a la participación de las partes implicadas durante el proceso penal. Se advierte así una triple finalidad: a) La restitución o reparación de los daños causados, b) en base a mecanismos conciliadores de cooperación entre víctima y victimario, y c) con resultados más favorables para cualquiera de las partes implicadas*". *Victimología: un estudio sobre la víctima y los procesos de victimización*, Madrid, 2014, p. 338.

[48] GARCÍA ALBERO, R. "La suspensión de la ejecución..." cit., p. 163.

otras "penas" que aquí se denominan "prestaciones o medidas" (multa o trabajos en beneficio de la comunidad): *la revocación de la suspensión de la pena* que como bien sabemos solo y exclusivamente puede ser acordada por el órgano judicial.

Finalmente y dejando para más adelante otras cuestiones conexas, hemos de destacar que en estos momentos y sin la existencia de una normativa expresa reguladora de la figura de la mediación penal, el texto de referencia sería el Estatuto de la Víctima, en él y en su artículo 15 se contiene lo que es aplicable por el momento a la mediación, es así que en ese artículo y con referencia a lo que se denominan "Servicios de justicia restaurativa" se afirma que se podrá acudir a los mismos cuando se den los siguientes requisitos: a) el reconocimiento de los hechos por el infractor, b) el consentimiento de la víctima tras recibir toda la información pertinente, c) el consentimiento del infractor, d) el procedimiento de mediación no ha de suponer un riesgo para la seguridad de la víctima ni causar nuevos perjuicios materiales o morales a la víctima, y e) no esté prohibida por ley para el delito cometido; otros aspectos que también se contemplan están referidos a la obligación del secreto profesional por parte de los profesionales que intervinieran en la mediación así como la posibilidad de revocación del consentimiento prestado en cualquier momento del proceso de mediación.

5. Revocación de la suspensión (art. 86)

"Revocar" la suspensión de la pena supone dejar sin efecto este beneficio y llevar a cabo la ejecución de la pena que se suspendiera en su momento. Recogida esta situación en el artículo 86, los motivos por los que se puede producir la revocación pueden reconducirse a dos:

a) Que se produzca una nueva condena por la comisión de un delito (Art. 86.1.a)): como novedad con la reforma de 2015, se incluye aquí la expresa exigencia de que recaiga una sentencia condenatoria por delito cometido durante el periodo de suspensión, por tanto no puede tratarse de la comisión de un delito anterior aunque sobre él recaiga una condena durante el proceso en el que tenga suspendida la pena. Es importante reproducir el contenido de este apartado en la medida en que refleja claramente dos cosas: la primera, la eliminación de decisiones judiciales "automáticas" por las que se produzca la revocación al constatar como dato objetivo la comisión de otro delito y, la segunda como consecuencia de la anterior, encontramos una vez más el recurso a la valoración judicial que permitiría por razones argumentadas que aún existiendo esa situación pudiera ser inconveniente la revocación sobre lo que apreciamos claramente como una manifestación de la prevención especial, es así que se podrá revocar la suspensión, ordenando entonces la ejecución de la pena cuando el sujeto sea condenado por un delito cometido durante el periodo de suspensión *y ello ponga de manifiesto que la expectativa en la que se fundaba la decisión de suspensión ya no puede ser mantenida.* Entendemos así que deberá atenderse desde la perspectiva valorativo judicial tanto al delito nuevo cometido, su naturaleza, gravedad, etc... como a las propias circunstancias personales del sujeto, para concluir en la decisión de si conviene mantener la suspensión puesto que, a pesar de todo, no se destruye la posibilidad que en su momento basara la decisión de suspensión en cuanto a que se podría evitar una posible reincidencia del sujeto[49].

Otra cuestión se plantea en torno a este supuesto y es que si bien se requiere que exista sentencia condenatoria, a pesar de "esta aclaración" se mantiene el debate y punto de discusión respecto a que además de ese carácter condenatorio, la sentencia haya de ser firme[50], extremo éste ante el que mantenemos ciertas reservas puesto que absolutamente todo –incluido el cumplimiento del fin preventivo especial del beneficio– queda a merced o a la suerte del funcionamiento (rápido o lento) del sistema judicial.

b) El incumplimiento *grave o reiterado* de las reglas (prohibiciones, obligaciones y prestaciones o medidas) impuestas así como de otras obligaciones derivadas de los propios presupuestos de concesión de la suspensión (art. 86.1.b), c), d)). La primera cuestión es la de destacar que no cualquier incumplimiento dará lugar a la revocación, solo el que sea "grave" o "reiterado", en este sentido, el propio precepto distingue entre esos supuestos y aquellos en los que no se produzca ni la gravedad ni la reiteración para los cuales se contemplan las previsiones del número 2 de este artículo 86, afirmando así que *si el incumplimiento de las prohibiciones, deberes o condiciones no hubiera tenido carácter grave o reiterado, el juez o tribunal podrá: a) imponer al penado nuevas prohibiciones, deberes o condiciones, o modificar las ya impuestas; b) prorrogar el plazo de suspensión, sin que en ningún caso pueda exceder de la mitad de la duración del que hubiera sido inicialmente fijado*[51]. Lo determinante por tanto, en este punto, es

---

[49] Recordemos que la Exposición de Motivos de la reforma justificaba del siguiente modo esta novedad: *la experiencia venía poniendo de manifiesto que la existencia de antecedentes penales no justificaba en todos los casos la denegación de la suspensión, y que era por ello preferible la introducción de un régimen que permitiera a los jueces y Tribunales valorar si los antecedentes penales del condenado tienen por su naturaleza y circunstancias, relevancia para valorar su posible peligrosidad y, en consecuencia, si puede concedérsele o no el beneficio de la suspensión; y que el mismo criterio debía ser aplicado en la regulación de la revocación de la suspensión.* En general, acerca de la revocación de la suspensión puede verse SÁNCHEZ ROBERT, M.J. "La revocación de la suspensión como efecto del incumplimiento de las condiciones" en *Cuadernos de Política Criminal*, nº 115, 2015, pp. 231 y ss.

[50] Una opinión la tenemos por parte de GARCÍA SAN MARTÍN, J. para quien sería oportuno exigir ese requisito de firmeza en la medida en que afirma *la menor diligencia o eficiencia del órgano jurisdiccional para decretar, tan pronto como transcurra el plazo suspensivo y se compruebe el efectivo cumplimiento de las restantes condiciones impuestas, la remisión definitiva de la pena, no debiera perjudicar al reo...*, en *Las medidas alternativas al cumplimiento...cit.*, p. 65.

[51] Ya se advierten ciertas discordancias o posibles consecuencias negativas de esta regulación, así apunta GARCÍA ALBERO, R. que la prórroga supone la desaparición del límite

saber que se entiende por "grave" y/o "reiterado": la interpretación del primero de este conceptos queda a criterio judicial si bien será fundamental, entendemos, atender a la voluntad o finalidad intencional del sujeto de llevar a cabo ese incumplimiento, quedarían fuera de ello por tanto los casos de imposibilidad sobrevenida –a los que ya nos hemos referido al hablar de las posibles modificaciones que puedan acordarse respecto a las reglas impuestas– o casos en los que pueda apreciarse que ese incumplimiento obedece al propio carácter de desinterés o actitudes similares por parte del sujeto.

Otro aspecto que no debe olvidarse es la cuestión de si el incumplimiento de algunas de las prohibiciones u obligaciones impuestas no solo tendrá el efecto revocatorio respecto a la suspensión si no que a la par podría dar lugar al inicio de actuaciones por la comisión de otros delitos como sería el caso de quebrantamiento de condena, la respuesta en este caso sería negativa[52], se entiende por tanto que la consecuencia será le revocación y en consecuencia el cumplimiento de la pena que quedó suspendida.

A la revocación por el incumplimiento de las disposiciones contenidas en los artículos 83 y 84 se suma una más, la prevista en el apartado d) de este art. 86.1. que tiene que ver con otros incumplimientos en materia de responsabilidad civil y en la del suministro de información por insuficiente o por ser errónea acerca de la que habría de facilitar para la práctica del decomiso, o la que está obligado a suministrar conforme a las normas procesales civiles referente a su propio patrimonio[53].

c) Si bien en los casos anteriores los supuestos o causas para la revocación aparecen claramente señalados, se ha de sumar a ellos otra posibilidad de revocación totalmente abierta y discrecional que se contempla en el nº 4 del artículo 86 donde, tras establecer el requisito común a todos los supuestos de posible revocación de *previa audiencia al Ministerio Fiscal y a las demás partes* antes de tomar la decisión se introduce el que tras este trámite de audiencia –novedad incorporada con la reforma de 2015–, *se podrá revocar la suspensión de la ejecución de la pena y ordenar el ingreso inme-*

---

máximo de cinco años y con este nuevo marco pueden existir suspensiones que lleguen a los siete años y seis meses lo que, como bien señala el autor, es un tiempo probablemente excesivo. "La suspensión de la ejecución"…cit., pp. 167 y 168.

[52] De acuerdo así con SUÁREZ LÓPEZ, J.M., las opciones y debate en este extremo pueden verse ampliamente en *El delito de autoquebrantamiento de condena en el Código Penal español*, Granada, 2000, pp. 308 y ss.

[53] *El juez o tribunal revocará la suspensión y ordenará la ejecución de la pena cuando el penado: d)Facilite información inexacta o insuficiente sobre el paradero de bienes u objetos cuyo decomiso hubiera sido acordado; no se dé cumplimiento al compromiso de pago de las responsabilidades civiles a que hubiera sido condenado, salvo que careciera de capacidad económica para ello; o facilite información inexacta o insuficiente sobre su patrimonio, incumpliendo la obligación impuesta en el artículo 589 de la Ley de Enjuiciamiento Civil.*

diato en prisión cuando resulte imprescindible para evitar el riego de reiteración delictiva, el riesgo de huida del penado o asegurar la protección de la víctima.

Finalmente, el contenido que ya hemos expuesto del artículo 86 se completa con lo dispuesto en el número 3, en el que se recoge una disposición relativa a otras consecuencias de la revocación respecto a las actuaciones que hasta ese momento hubiera llevado a cabo el sujeto en el cumplimiento de alguna de las prestaciones o medidas del artículo 84, en este sentido, lo que haya sido destinado al pago de los gastos dirigidos a reparar el daño causado *no le serán restituidos* si bien sí que le serán "abonados a la pena" en el caso de las medidas de multa y/o la de los trabajos en beneficio de la comunidad.

6. Efectos del cumplimiento de la suspensión de la ejecución de la pena (artículos 87 y otros)

Concluido el plazo de suspensión y cumpliéndose las exigencias establecidas en el artículo 87.1, esto es, que el sujeto no haya cometido ningún delito que pueda variar el pronóstico respecto a las expectativas que fundamentaron la concesión de este beneficio (no reiteración delictiva) y que se hayan cumplido las reglas de conducta que en su momento impuso el órgano judicial, –condiciones éstas que entendemos son obvias por cuanto si no se hubieran producido habría tenido lugar la revocación de la suspensión y, por tanto, no habríamos llegado a la aplicación de lo dispuesto en este artículo 87.1–, se producirá *la remisión de la pena,* lo que supondrá la extinción de la responsabilidad criminal del sujeto en cuanto se trata de una de las causas que el artículo 130.1 recoge: *La responsabilidad criminal se extingue:...3º por la remisión definitiva de la pena, conforme a lo dispuesto en los apartados 1 y 2 del artículo 87*[54].

Siendo el efecto general el que acabamos de exponer, hemos de aludir a otras novedades que han aparecido con la reforma de 2015 y que tienen conexión con la figura que estamos estudiando. En concreto mencionaremos la novedad introducida en el artículo 134 en materia de prescripción de la pena por la que se crea la figura de *la suspensión del plazo de prescripción durante el periodo de suspensión de la pena prevista en el artículo 80.* La cuestión era que con la regulación anterior se planteaba si, a efectos de computar los periodos de prescripción de la pena, quedaban incluidos en ellos los que estaban transcurriendo durante lo que era el plazo de suspensión de la ejecución lo que generó problemas interpretativos y aplicativos abordados en algunos pronunciamientos judiciales. Pues bien, la reforma de 2015 resuelve la cuestión incluyendo en el artículo 134.2 la siguiente disposición: *El plazo*

[54] Dado que queda fuera de la materia objeto de este trabajo que se centra en el régimen general u ordinario de la suspensión de la ejecución de la pena, apuntamos que en el número 2 de este artículo 87 se prevé el efecto de la remisión para los casos de suspensión para sujetos que hubieran cometido el delito a causa de su adicción o dependencia a sustancias donde se añade otro requisito a los anteriores consistente en la acreditación de la deshabituación o continuidad del tratamiento que se le hubiera impuesto.

de prescripción de la pena quedará en suspenso: a) durante el periodo de suspensión de la ejecución de la pena...aclaración ésta que, en principio, ha tenido buena acogida[55].

En este punto se entiende que resulta de sumo interés la Sentencia del Tribunal Constitucional 97/2010, de 15 de noviembre (rec. 1052/2010)[56], en ella se concede el amparo al recurrente que alegó vulneración del derecho a la tutela judicial efectiva (derecho a la libertad y a la legalidad penal). Se trataba de una condena impuesta por la Sala de lo Penal del Tribunal Militar Territorial 4ª por un delito de desobediencia imponiendo prisión de 18 meses y accesorias, siendo solicitada tanto la suspensión de la ejecución de la pena e iniciándose los trámites de solicitud de indulto, este último se deniega si bien sí le fue concedida la suspensión de la pena por Auto del Tribunal Constitucional. Con la apertura de un incidente de ejecución por el Tribunal Militar, el sujeto alega la prescripción de la pena siendo rechazado el argumento al entender que la misma no se podía apreciar y que, en consecuencia, el sujeto debía ejecutar la pena. A partir de ahí se interpone el recurso de amparo que fundamenta, entre otras cuestiones, que el Tribunal Militar apreció causas de interrupción de la prescripción de la pena no previstas legalmente puesto que interrumpió el plazo de prescripción en varios momentos: durante la suspensión de la ejecución de la pena, el de la tramitación del indulto y el de la tramitación del recurso de amparo. Para resumir y remitiéndonos a los argumentos esgrimidos en la propia sentencia, se recoge el argumento de cómo el Código Penal del 95 solo contemplaba de forma expresa causas de interrupción de la prescripción penal respecto a las infracciones penales (extinción del delito), pero no en relación con las penas respecto a lo que solo disponía el artículo 134 que *el tiempo de prescripción de la pena se computará desde la fecha de la sentencia firme, o desde el quebrantamiento de la condena, si ésta hubiera empezado a cumplirse*", finalmente, como ya hemos dicho se concede el amparo estimando la vulneración de los derechos invocados. Aquí tenemos uno de los motivos que han impulsado la reforma llevada a cabo en el artículo 134.2.

IV. APLICACIÓN PRÁCTICA DE LA SUSPENSIÓN DE LA EJECUCIÓN DE LA PENA

1. Criterios de la Fiscalía General del Estado

Como ocurre con toda reforma penal, su puesta en marcha requiere unificación de criterios por parte de diferentes operadores jurídicos y, entre ellos, ló-

[55] Respecto a la situación anterior y a lo acontecido con la Reforma de 2015 al respecto puede verse PÉREZ FERRER, F. "La extinción de la responsabilidad criminal: prescripción de los delitos y las penas y la cancelación de antecedentes penales" en *Estudios sobre el Código Penal reformado...cit.*, pp. 321 a 323.

[56] *Diario La Ley*, nº 7630, Sección Jurisprudencia del Tribunal Constitucional, 16 mayo 2011, año XXXII.

gica y absolutamente necesaria es la armonización en la actuación por parte del Ministerio Fiscal para lo que se dictan las directrices pertinentes. Con motivo de la reforma penal de 2015 han sido varias pero la que aquí nos viene al caso es la *Circular 3/2015, de 22 de junio sobre el régimen tras la reforma operada por la LO 1/2015* en la que se vienen a armonizar las anteriores directrices, así como a establecer el régimen de los diferentes cambios que supone o, lo que es igual, la transitoriedad de las leyes. En concreto y respecto a las modificaciones en materia de suspensión de la ejecución de la pena, la Fiscalía General del Estado establece los siguientes criterios sobre la base de que ésta constituye una *facultad discrecional que deberá ser motivada atendiendo al criterio de que sea razonable esperar que la ejecución de la pena no sea necesaria para evitar la comisión futura por el penado de nuevos delitos, previa valoración de los elementos establecidos en el nuevo artículo 80*[57]:

1. Causas pendientes de enjuiciamiento: siendo posible que desde lo que es la imposición de la pena la reforma no sea más beneficiosa para el reo, si con el régimen anterior no era posible acordar la suspensión y tras la reforma sí lo es, será de aplicación la nueva legislación.
2. Revisión de sentencias: si revisada la sentencia, la nueva pena a imponer cumple los requisitos para acordar la suspensión de la ejecución –al no cumplirse éstos en la primera dictada–, se podrán acordar los beneficios de la suspensión de la ejecución[58].
3. Sentencias firmes: recaída sentencia firme sin que se pudiera acudir a la suspensión, si la revisión de la misma pudiera dar lugar a la aplicación de la misma, éstas podrán ser revisadas.

La revisión de sentencias en cumplimiento de la prohibición constitucional de indefensión en cuanto restricción del derecho a la libertad, ya declarada por el Tribunal Constitucional, supone la *necesaria audiencia de las partes*. Es importante destacar que la propia Circular recoge una serie de supuestos por los que cabe considerar la ampliación del beneficio o beneficios que se conceden con la nueva regulación tanto en el caso del acceso a la suspensión como en el de la no revocación del beneficio (dando lugar a la apertura del incidente de ejecución) y que concreta en los siguientes: primero, en el momento de la concesión los antecedentes por aquellos delitos que por su naturaleza o circunstancias no tengan relevancia a efectos de la posibilidad de comisión de futuros delitos, no serán tenidos en cuenta (art. 80.2.1°); segundo, en el momento de la revocación no basta solo con que el sujeto haya cometido un nuevo delito –tal y como establecía la antigua redacción del artículo 84.1– será necesario, además, que ese nuevo hecho cuestio-

---

[57] Remisión expresa se realiza a la Sentencia del Tribunal Constitucional n° 202/2004, de 15 de noviembre así como a otros pronunciamientos del Tribunal Europeo de Derechos Humanos.

[58] Remisión expresa a las Circulares1/1996 y 1/2004 de la Fiscalía General del Estado para la aplicación de las reformas llevadas a cabo por la entrada en vigor del Código de 1995 y de la realizada por la Ley Orgánica 15/2003.

ne o ponga de manifiesto que la expectativa por la que se concedió la suspensión no podrá ser mantenida (art.86.1.a)[59].

También por anteriores Circulares o Consultas de la Fiscalía General del Estado se han resuelto algunas y diferentes cuestiones que forman parte de la aplicación de la suspensión de la ejecución de la pena en algunos de sus requisitos y presupuestos, es el caso por ejemplo de la Consulta nº 4/1999, de 17 de septiembre *sobre algunas cuestiones derivadas de la regulación de la suspensión de la ejecución de las penas privativas de libertad* en la que en relación a la interpretación del concepto de "delincuente primario" se afirma que con base en el principio de presunción de inocencia, no se puede considerar que una persona ha cometido un determinado delito hasta que no haya un pronunciamiento judicial firme, así *quien se encuentra incurso en un procedimiento judicial como imputado por la comisión de un hecho delictivo no puede decirse que sea delincuente primario, tal condición precisa de una sentencia condenatoria firme que lo acredite.* Este punto afecta así a diferentes aspectos de la suspensión tales como ser el principal presupuesto o requisito para la concesión de la suspensión de la ejecución de la pena, exceptuando la novedad que ha supuesto la posibilidad de suprimir este requisito con el nuevo art. 80.3 que ya tratamos anteriormente, el cómputo de plazos, cuestiones relacionadas con la revocación de la suspensión por comisión de nuevos delitos, etc...[60].

2. Jurisprudencia: selección de algunos pronunciamientos

Como es fácilmente constatable son numerosísimos los pronunciamientos judiciales en materia de suspensión; sentencias y autos desde las diferentes instancias han venido configurando la compleja aplicación de la suspensión de la ejecución de la pena y de la que –hasta la reforma de 2015– era el sistema de sustitución. Dada la dificultad y los límites para realizar una exposición amplia en este lugar, hemos optado por seleccionar algunos de ellos atendiendo, fundamentalmente, a dos criterios: su proximidad en el tiempo y que aborden algún aspecto que, desde nuestro punto de vista, pueda resultar de interés. Las encabezamos a partir de expresiones contenidas en las mismas:

— *"Los condenados a prisión no equivale a los que cumplen pena de prisión"*: la Sentencia del Tribunal Supremo (Sala Segunda) 746/2014, de 11 de noviembre (Rec. 756/2014) se ocupa de un caso de abusos sexuales en el que el autor, un sujeto de 79 años de edad y al que se le aprecia la atenuante cualificada de alte-

---

[59] Se añade un tercer criterio que afecta al sistema de suspensión en los casos de toxicomanía a efectos de la apreciación del incumplimiento de deberes u obligaciones, se trata de aclarar que las recaídas en la adicción no conforman por sí solas el concepto de "abandono del tratamiento", es necesario que las mismas evidencien un abandono definitivo, así lo dice expresamente el artículo 80.5, último párrafo.

[60] Se pueden mencionar otras así, por ejemplo, la Consulta 1/2012, *sobre la interrupción del plazo de prescripción en los supuestos de ejecución de la pena,* de gran importancia en lo que ha sido luego la reforma del art. 134.2 ya expuesta.

ración psíquica, es condenado a un año por cada uno de los dos delitos de abusos sexuales, por tanto, dos años de privación de libertad con otras accesorias de inhabilitación. Como punto de partida se plantea el que determinados grupos de delitos como es el caso de terrorismo y delitos sexuales[61] presentan como de obligada imposición *la libertad vigilada* tras el cumplimiento de la pena privativa de libertad, exceptuando los casos de delincuentes primarios condenados por un único delito, la cuestión a dilucidar es si dada la posibilidad de suspender la pena privativa de libertad y producida la extinción de la misma, procede mantener la medida de libertad vigilada atendiendo además a otros datos de relevancia tales como la edad del condenado o su salud mental. Pues bien, en este caso, la sentencia de la Audiencia recurrida omite la imposición de la medida de libertad vigilada sobre la base de la suspensión de la pena privativa de libertad de dos años que se le impuso al sujeto y que así fue acordada. Consecuencia de ello es el recurso del Ministerio Fiscal que alega el incumplimiento que supone la no imposición de la medida de libertad vigilada que en su momento iba incluida en la pretensión acusatoria. La respuesta del Tribunal Supremo es, al menos, curiosa: comienza a reconocer algo de razón en el planteamiento que aplicara la Audiencia sobre la base de entender la no procedencia de aplicar dos figuras de similar contenido, la medida de libertad vigilada, de una parte, y de otra, una regla de conducta en el marco de la suspensión de la pena de similar contenido; sería así que si se aplica la medida de libertad vigilada y la pena se suspende con la posibilidad de establecer como condición de la suspensión alguna de las reglas de conductas propias de ese sistema que, en cualquier caso, van a permitir que se produzcan los mismos efectos, esto es, el control de una *eventual peligrosidad* del sujeto, se estarán aplicando figuras distintas pero con un mismo contenido[62]. A pesar de reconocer una parte de razón a la Audiencia en su fallo, el Tribunal Supremo rebate algunos argumentos tales como que el hecho de que una pena no supere los dos años no implica que automáticamente se conceda el beneficio, que *la libertad vigilada no es una pena susceptible de suspensión, de hecho es una medida de seguridad,* y que ambos institutos aún siendo muy similares, *no son idénticos los contenidos eventuales de una libertad vigilada y de las condiciones previstas como regla de conducta en el art. 83 CP, como tampoco son iguales las consecuencias que la ley anuda al incumplimiento de unos y otros (arts. 84 y 106.4 CP).* En conclusión el Tribunal Supremo admite el recurso del Ministerio Fiscal y dicta un nuevo fallo por el el sujeto debe cumplir la medida de libertad vigilada durante un tiempo de cinco años una vez extinguidas las penas impuestas.

En nuestra opinión, si bien efectivamente una medida de libertad vigilada tiene una naturaleza diferente a la que presentan reglas de conducta aplicables en los supuestos de suspensión/sustitución, sería conveniente revisar la adecuación de algunos de nuestros mecanismos jurídico penales de respuesta ante las necesi-

---

[61] Vid. artículos 106.2 y 192 del Código Penal.

[62] Literalmente se afirma: *...decaería la razón de ser de una medida adicional de libertad vigilada cuyo contenido y finalidad quedarían absorbidos por ese otro instituto jurídico (la suspensión), de naturaleza dogmática muy diferente pero de contenido no solo equivalente sino casi simétrico.*

dades de prevención especial, fin éste que preside sin duda alguna la reforma de 2015 en algunas de las formas de evitar la ejecución de las penas.

— *"La suspensión y la sustitución como modalidades alternativas a la ejecución en sus propios términos de las penas de prisión… acordada e incumplida la sustitución no puede concederse una suspensión":* La Sentencia de la Audiencia Provincial de Cantabria, Sección 3ª, Auto 488/2015 de 19 de noviembre de 2015 (Rec. 863/2015) resuelve acerca del caso en el que se revocó una suspensión de una pena de dos meses de prisión que fue sustituida por dos meses de trabajos en beneficio de la comunidad. El sujeto incumplió de forma voluntaria, reiterada y grave esta obligación por lo que ante la revocación realizada por el Juzgado de lo Penal interpone recurso ante la Audiencia solicitando *la aplicación del nuevo sistema de suspensión del artículo 80* con la pretensión de que la pena de prisión revocada pueda ser cumplida en régimen de localización permanente. Entre otros puntos la Audiencia resuelve que tal caso sustanciado por el anterior y derogado artículo 88.2 tiene hoy su equivalente en el artículo 86.1.c) que, en cualquier caso, también daría lugar a la revocación ordenando la ejecución de la pena, por ello *no procede la aplicación del nuevo régimen de suspensión de condena regulada en los artículos 80 y siguientes.* En conclusión, se desestima el recurso interpuesto.

Como comentario, señalar la cierta "picaresca" que se presenta en la práctica con la reforma de 2015, se intentan conjugar los sistemas antiguo y nuevo, lógicamente siempre en beneficio de quien los invoca, con lo que existe la necesidad de establecer criterios claros de aplicación del nuevo régimen a pesar de que, realmente, es continuidad del anterior.

— *"Las funciones de prevención y reinserción asignadas a la intervención penal se colman sin llegar a la forma de ejecución penitenciaria a través del cumplimiento de la pena de prisión, pues es factible obtener los objetivos públicos pretendidos con el sistema penal a través de otros mecanismos adecuados":* Sentencia de la Audiencia Provincial de Les Illes Balears, Sección 1ª, Auto 834/2015, de 4 de diciembre de 2015 (Rec. 762/2015): En este caso que tuvo bastante repercusión mediática al ser uno de los primeros en los que se producía una condena por un delito de maltrato animal, se trataba de que el Juzgado de lo Penal que impuso la condena de ocho meses de prisión rechazó tanto la petición de suspensión de la pena como la también solicitada de sustitución de la misma por trabajos en beneficio de la comunidad, por ello se interpuso recurso ante la Audiencia Provincial. Las fundamentaciones del recurso resultan claves: el no suspender una pena por tratarse de unos hechos que generan un importante "rechazo social" supone atribuir a los mecanismos alternativos a la pena de prisión, tal y como son la suspensión y la sustitución de la ejecución de la pena, una función de prevención general positiva que se aleja de lo que es el cumplimiento de los fines previstos en el artículo 25.2 de la Constitución de reinserción y rehabilitación del condenado que son los que vienen llamados a cumplir las instituciones mencionadas. Por tanto, lo que han de cumplirse son las expectativas de prevención especial dirigida a la no reiteración delictiva, a partir de aquí y en este caso en cuestión procede valorar los distintos criterios que da el artículo 80 del Código Penal de donde resulta que dado el tiempo transcurrido desde los hechos en los que el sujeto no ha cometido ningún delito (3 años) –lo que permite un pronóstico favorable a la no reiteración delictiva–, la situación familiar y personal del sujeto, su situación laboral, la posibilidad de "suspensión" condicionada al cumplimento de un programa específico sobre protección de animales, etc...motivan que en cumplimiento de fines de prevención especial, se admita el recurso y se conceda la suspensión de la pena durante un periodo de tres años condicionado además al seguimiento de un programa de protección de animales con seguimiento por parte del Servicio de Gestión de Penas y Medidas de Seguridad que dará cuenta de la evolución del mismo al órgano judicial competente.

Comentario: encontramos aquí uno de los más claros ejemplos de la influencia social en las respuestas judiciales, expresiones tales como *"son comprensibles las valoraciones sobre el rechazo social que genera dicha conducta..."*, se acompañan de los más sólidos argumentos jurídicos así se afirma que "*en nuestro ordenamiento jurídico la decisión sobre la forma de cumplimiento de una pena corta de prisión no puede venir guiada exclusivamente por razones de prevención general positiva; pues de entenderlo así el derecho penal se convertiría en un mecanismo sancionador meramente ejemplarizante, y nuestra Constitución, en el artículo 25.2 prevé otras finalidades específicas de las penas privativas de libertad al proclamar sus fines resocializadores y de rehabilitación de la persona del condenado*". En nuestra opinión es intachable el planteamiento y el razonamiento, correctísima aplicación de la justicia penal.

— *"La mera concurrencia de los requisitos legales mínimos no implica la concesión automática de la suspensión, son un presupuesto necesario pero no suficiente puesto que se trata de una facultad motivadamente discrecional del Tribunal"*: Sentencia de la Audiencia Provincial de Jaén (Sección 3ª) 82/2014 de 10 de marzo de 2014 (Rec. 42/2014). Se trata en este caso de la aplicación de la jurisprudencia constitucional y si bien el recurso interpuesto ante la Audiencia no tenía suficiente fundamento por cuanto ni siquiera se cumplían los requisitos mínimos, en concreto, el sujeto había sido condenado a una pena privativa de libertad de 33 meses de prisión que supera el límite máximo establecido, el recurrente invoca la suspensión como un "derecho fundamental" a lo que se responde con la doctrina de la jurisprudencia constitucional afirmando que el hecho de que concurran los requisitos del artículo 80 no implica que automáticamente se conceda la suspensión, puesto que se trata de una facultad del Tribunal que en todo momento deberá ir guiada por el cumplimiento del artículo 25.2 de la Constitución. En este caso y en lo que respecta a la suspensión (sin perjuicio de poder solicitar la sustitución) se rechaza el recurso interpuesto denegando la suspensión de la ejecución de la pena.

V. EL PAPEL DE LA VÍCTIMA EN EL SISTEMA DE SUSPENSIÓN DE LA EJECUCIÓN DE LAS PENAS

Ya hemos podido ver como en algunos de los puntos abordados en este trabajo acerca del tratamiento legal de la suspensión de la ejecución de la pena iban apareciendo referencias a aspectos o cuestiones vinculadas a actuaciones del sujeto que resulta condenado y que intenta evitar el cumplimiento de una pena privativa de libertad solicitando este "beneficio", y que tienen que ver con el cumplimiento de la responsabilidad civil o lo que es igual, actuaciones que van dirigidas a la satisfacción de demandas de la víctima que, legalmente establecidas en el artículo 110 del Código Penal, pueden consistir en el pago de una indemnización por los perjuicios ocasionados (materiales y morales), la restitución de la cosa o la reparación del daño causado. Frente a algo "clásico" en nuestro sistema jurídico penal como es que de la comisión de un delito se derivan responsabilidades penales y civiles, somos de la opinión de que se están introduciendo cambios en este sistema en el que "tímidamente" comienzan a surgir nuevas líneas que tienen que ver con el papel de la víctima; no hay equivocación en afirmar –como muchos lo han hecho– que la víctima ha sido la "gran ignorada" de un sistema centrado en el delito y el delincuente, toda una realidad. Ahora bien, en los últimos tiempos están aconteciendo una sucesión de acontecimientos que hacen vislumbrar tales cambios: el auge de las ciencias criminológicas se está produciendo y en ellas se inserta la Victimología como un campo novedoso que para algunos puede abrir nuevas líneas político-criminales[63], la "preocupación política" europea que avanza hacia las obligaciones que los Estados tienen de asumir y reunificar sus legislaciones en torno a ejes comunes y a la que debemos ni más ni menos que la incorporación en nuestro ordenamiento jurídico de normas tales como el Estatuto de la Víctima de 2015 –ya mencionado anteriormente–, los cambios sociales, políticos y económicos que se están produciendo, etc... son, a nuestro parecer, determinantes y desde luego no pueden ser ignorados.

Pues bien, si trasladamos esta reflexión a "nuestro tema" podemos encontrar explicaciones a unas cuantas de las modificaciones que se han llevado a cabo en el Código Penal con la reforma de 2015. Sin ninguna duda la expresión protagonista para nosotros es una: *la reparación del daño.* La aparición de figuras extraídas de lo que clásicamente ha sido la responsabilidad civil con su consabido contenido de indemnización de daños y perjuicios, reparación del daño causado y/o restitución de la cosa dañada ha comenzado a desdibujarse con expresas alusiones a la "reparación del daño" con una insegura operatividad por cuanto unas veces es una condición o requisito para acceder a un beneficio,

[63] Resulta indiscutible la relación entre la Victimología y el Derecho Penal, como afirman MORILLAS FERNÁNDEZ,D./PATRÓ HERNÁNDEZ, R.M/AGUILAR CÁCERES,M.M. la vinculación entre ambas resulta bastante más amplia. El problema, señalan, son las campañas sociales promovidas por los propios medios de comunicación contra el Derecho Penal que, muchas veces desinformando en lugar de informando respecto a delitos de especial calado (violencia doméstica, terrorismo, delitos sexuales, etc...) traslada a la opinión pública que el Derecho Penal es el responsable de no ofrecer una atención o cobertura legal a las víctimas. Como bien señalan los autores, esas funciones no corresponden al Derecho Penal el cual solo se encarga de concretar delitos o estados peligrosos a los que imponer una pena o medida de seguridad. Afirman así que *todo lo concerniente a las víctimas debe delimitarse en un campo de conocimiento como es la Victimología, si bien se encuentra difuminado, a excepción de las leyes específicamente victimales en sectores del ordenamiento jurídico español. Victimología: un estudio... cit.*, pp. 49 y 50.

como es el caso de la suspensión de la pena, y otras una atenuante genérica (o específica según el delito), la aparición en el lenguaje y norma penal de la mediación u otras actuaciones que realmente pertenecen al ámbito privado llevan a plantear un posible giro hacia la privatización del Derecho penal que supone, desde luego, un giro radical en la máxima exposición de una rama del derecho por excelencia, cuya manifestación con potestades tales como el "*ius puniendi del Estado*" y principios fundamentales como el "mínima intervención" dejan poco margen a intervenciones privadas[64].

Sobre lo que entendemos que son máximos exponentes de lo que aquí se afirma, tal y como es el caso del nuevo supuesto de "suspensión" que resulta ser una "sustitución" previsto en el art. 80.3[65] que ya hemos analizado anteriormente y por el que, realmente, se condiciona el beneficio fuera de cualquier otro requisito a la "reparación, indemnización, acuerdo de mediación", en cualquier caso a satisfacer a la víctima.

En el ámbito de esta figura y en lo que es la presencia de la víctima en los diferentes momentos del proceso hay uno en el que, sin ser frecuente en las normas penales, se hace referencia a las necesidades de *protección*: se trata de que a efectos de la revocación de la suspensión de la ejecución de la pena conforme establece el artículo 86.4, una vez que se haya oído al Ministerio Fiscal y a las partes antes de adoptar la resolución de revocación que supondrá "el ingreso inmediato del penado en prisión", tal decisión podrá fundamentarse entre otras razones (probable reiteración delictiva o huida del sujeto) en *asegurar la protección de la víctima.*

VI. A MODO DE CONCLUSIÓN

La reforma llevada a cabo por la L.O. de 2015 ha venido a intentar revestir de "modernidad" a una figura clásica con la que, fundamentada en la prevención especial, se trata de evitar que todos los efectos nocivos de la pena de prisión repercutan en sujetos que aún no han entrado en el mundo criminal y sobre los que, teóricamente, se tiene como fin primario el cumplimiento de los fines de la pena señalados en el artículo 25.2 de la Constitución pero, en realidad, el fin es otro: evitar que vuelvan a delinquir, tal y como en diferentes lugares se precisa en la propia regulación penal de la suspensión de la ejecución de la pena.

---

[64] Hace referencia MIR PUIG, S. al requisito del nº 3 del art. 80.2 respecto a la satisfacción o compromiso de satisfacer la responsabilidad civil o de facilitar el decomiso que se hubiera acordado aludiendo a la reforma y a lo que parece ser una manifestación de la preocupación de *la Política Criminal más actual por conseguir la satisfacción de la víctima en cuanto su derecho a ser indemnizada por el daño causado por el delito. Derecho Penal. Parte General…cit.*, p. 731.

[65] RÍOS MARTIN, J. y otros respecto al requisito del art. 80.1.3º afirman que el mismo "ha cobrado mucha trascendencia en los últimos años con las exigencias de los parámetros victimológicos". *Manual jurídico para evitar…cit.*, p. 45.

En general y como se ha expuesto, son muchas las opiniones de la doctrina que consideran que aunque aún hay aspectos bastante mejorables, la regulación que ofrece la reforma ha de valorarse positivamente. En nuestra opinión, ciertamente, se resuelven algunas cuestiones que ponían de manifiesto aspectos problemáticos en la aplicación de esta institución jurídica pero la otra cara la ofrece una regulación con la que el legislador pretende dotar de una mayor eficacia y flexibilidad al sistema, todo en aras de la mejora de la justicia penal pero que vemos que va a ser muy difícil de conseguir. Al respecto, concluimos con dos datos: el primero, la indudable e indiscutible ampliación de la discrecionalidad judicial a la que se someten muchos, por no decir todos, los criterios que habrán de utilizarse para conceder este beneficio, entendemos que si ciertamente en un sistema de justicia penal es necesario el margen decisorio para los órganos judiciales, en el caso de la nueva configuración de la suspensión de la ejecución de la pena, ese margen llega al máximo de lo posible y pensable. El segundo dato es simple, si el legislador modifica incorporando al Código Penal un importante elenco de penas no solo de corta duración sino también de diferente naturaleza que son convertibles en privaciones de libertad, es obvio el incremento de solicitudes para que esas penas puedan ser suspendidas, por tanto la carga de la justicia no disminuye, el efecto es el contrario.

Capítulo octavo
La suspensión de la ejecución de la pena en situaciones de drogadicción

Nuria Castelló Nicás
Catedrática de Derecho penal
Universidad de Granada

Sumario: I. Suspensión de la ejecución de la pena. Estructura de la Sección 1.ª del Capítulo III del Código Penal.- II. Análisis de la suspensión de la ejecución de la pena en un nuevo contexto legislativo. Apreciaciones sobre la nueva regulación en relación con la drogadicción: *1. Examen de sus requisitos y principales novedades de la reforma de 2015. 2. Prohibiciones y deberes del artículo 83 y prestaciones o medidas del artículo 84. Su aplicación en situaciones de drogadicción. 3. La revocación de la suspensión*.- III. Valoración de la suspensión de la pena como alternativa a la pena de prisión.

I. SUSPENSIÓN DE LA EJECUCIÓN DE LA PENA. ESTRUCTURA DE LA SECCIÓN 1.ª DEL CAPÍTULO III DEL CÓDIGO PENAL

La suspensión de la ejecución de la pena ha sufrido, con carácter general, sustanciales modificaciones en la nueva regulación legislativa resultante de la reforma llevada a cabo por la Ley Orgánica 1/2015, de 30 de marzo. Dichas reformas no sólo han afectado a la suspensión en sí, sino también a las especificidades que ella contenía, en concreto, por su importancia, a la suspensión en sujetos que padecen alguna adicción a las sustancias mencionadas en el número 2.º del artículo 20 del Código penal (bebidas alcohólicas, drogas tóxicas, estupefacientes o sustancias psicotrópicas), que sigue excluyendo otro tipo de adicciones, como pueden ser el juego patológico o las derivadas del uso de las nuevas tecnologías, también objeto de tratamiento de deshabituación en la actualidad, a las que se refiere exclusivamente la nueva medida 7.ª del artículo 83, como tendremos ocasión de comentar.

El primer dato a destacar de la redacción otorgada por la LO 1/2015 es su propia estructura interna, que cambia radicalmente, de tal modo que agrupa en el mismo precepto, aunque en diferentes números, las variantes que anteriormente se encontraban en artículos distintos. De este modo, tanto la suspensión de la pena relativa, con carácter general, a quienes han delinquido por primera vez, como la atinente a personas que sufren enfermedades graves con padecimientos incurables, la derivada de situaciones de adicciones a drogas o bebidas alcohólicas, así como la nueva modalidad de suspensión de varias penas (sin habitualidad), que individualmente no excedan de dos años, aparecen agrupadas, dentro de la Sección 1.ª ("De la suspensión de la ejecución de las penas privativas de libertad"), en diversos apartados del artículo 80. Ello no resulta, a la postre, insustancial, dado que todas las modalidades de suspensión están afectadas por la regulación conjunta que se efectúa de la misma, teniendo que realizarse una interpretación valorativa de todo el precepto, así como de los siguientes, para comprender las posibilidades y limitaciones que plantea la nueva situación de la remisión de penas.

El capítulo III del Código penal contiene cuatro secciones, dedicándose la 1.ª de ellas a la *suspensión de la ejecución de las penas privativas de libertad* (arts. 80 a 87), en tanto que la 2.ª contempla la *sustitución de las penas privativas de libertad* (art. 89 exclusivamente, por haber sido suprimido el art. 88 por la LO 1/2015, situación, la regulada por él, que ha pasado, como ya ha señalado la doctrina, a integrar un aspecto de la suspensión de la ejecución); la 3.ª, la *libertad condicional* (arts. 90 a 93), y finalmente, la 4ª recoge dos *disposiciones comunes* en los artículos 94 y 94 bis.

Pues bien, por lo que a nuestra exposición interesa, profundizaremos en la primera de ellas. Obviamente, la realización de un análisis que se pretende que presente cierta exhaustividad respecto de la temática de estudio hace que estemos tentados de realizar una comparativa meticulosa con la anterior legislación. Sin embargo, procuraremos no caer en el recurso de dar contenido a este trabajo con excesivas alusiones a una regulación actualmente obsoleta, aun cuando la actual trae causa de la misma y a efectos prácticos, necesariamente, a lo largo de este escrito, tengamos la necesidad de volver la vista atrás para constatar los beneficios, y también las dificultades, que con las modificaciones llevadas a cabo a lo largo del tiempo, significó la extensa reglamentación que en el año 1995 se introdujo por vía de un nuevo Código penal, la que supuso un antes y un después en la situación del drogodependiente que había cometido algún o algunos delitos y en la de los centros sociales de atención al mismo.

El actual artículo 80 del Código penal (Sección 1.ª) se subdivide en *seis apartados*, de los cuales, el *primero* de ellos responde en sentido estricto a la suspensión de la ejecución en circunstancias normales de comisión de un delito con pena no superior a dos años de privación de libertad, aludiendo a la necesidad de valorar las circunstancias del hecho, las de su autor, antecedentes, conducta posterior, esfuerzo para reparar el daño, circunstancias familiares y sociales, y *lo más importante*: los efectos que quepa esperar de la suspensión y del cumplimiento de las medidas que se hayan podido imponer; el *segundo*, en justa e inexorable conexión con el primero, establece los tres requisitos de riguroso cumplimiento para dicha concesión, a saber, que se haya delinquido por primera vez, exigencia sobre la que se incorporan importantísimas y plausibles novedades que flexibilizan su comprensión[1]; que la pena o suma de las impuestas no supere los dos años de prisión[2]; y que se hayan satisfecho las responsabilidades civiles derivadas del delito, así como el decomiso acordado en sentencia. El *tercer número* comprende una excepción, en el caso de que no concurran las dos primeras condiciones anteriores, para otorgar viabilidad a que sean varias penas las que pueden quedar en suspenso, siempre que no excedan individualmente consideradas de dos años cada una de ellas, y no se trate de un reo habitual, pero las circunstancias personales, el hecho cometido, la conducta y el esfuerzo reparador así lo aconsejen –supuesto similar a la sustitución de la anterior regulación–[3]. El *cuarto* es el relativo a la suspensión de *cualquier pena* sin requisito alguno si se trata de un penado enfermo muy grave con padecimientos incurables[4]. El *quinto* es el concerniente a la suspensión de la pena, en este caso con un margen de hasta cinco años de privación de libertad, cuando el hecho se haya cometido como consecuencia de la adicción de la persona a las sustancias mencionadas en el número 2.º del artículo 20, margen de hasta cinco años que introdujo la reforma de la LO 15/2003, de 25 de noviembre, que entró en vigor el 1 de octubre de 2004, pues desde la aprobación del Código penal de 1995 hasta ese momento, el límite había estado en tres años[5]. Complementa ello la exigencia de que dicha persona habrá de estar deshabituada o sometida a tratamiento en el momento de decidir sobre la suspensión, exigencia que se mantiene durante todo el período de suspensión, y que caso de incumplirse, dará lugar a la revocación de la misma. Se introduce una importante precisión por mor de esta Ley orgánica que es el valorar las *recaídas* no como abandono del tratamiento, salvo que se evidencie que es definitivo, lo que juega muy a favor del esfuerzo continuista del afectado por seguir luchando en esa lí-

---

1 A la ya existente no consideración de las condenas por delitos imprudentes, ni de los antecedentes penales cancelados o que debieran serlo, se añade las anteriores condenas por delitos leves, y los antecedentes por delitos que carezcan de relevancia para valorar la probabilidad de comisión de delitos futuros. Sobre este último inciso, ROIG TORRES, Margarita: "Suspensión de la ejecución de las penas privativas de libertad", en *Comentarios a la reforma del Código Penal de 2015*, Dir. González Cussac, J.L., Valencia, 2015, pág. 327, señala que: "Con esta norma se permite conceder la suspensión a sujetos reincidentes, siguiendo el ejemplo del Derecho alemán".

2 No se incluye en tal cómputo la derivada del impago de multa (art. 80.2.2.ª).

3 Está condicionada a la reparación del daño o a la indemnización del perjuicio conforme a sus posibilidades físicas y económicas, o al cumplimiento del acuerdo entre las partes por mediación (art. 84.1.ª), y siempre se impondrá una de las medidas de los números 2 o 3 del artículo 84 (pago de una multa o trabajos en beneficio de la comunidad), con los criterios de conversión establecidos, que se aplicarán sobre un quinto de la pena impuesta.

4 Salvo que cuando cometió este delito tuviera suspendida otra pena por el mismo motivo.

5 Con anterioridad al Código Penal de 1995, el Texto refundido de 1973, en su artículo 93 bis, introducido por LO 1/1988, de 24 de marzo, de reforma del Código Penal en materia de tráfico ilegal de drogas, establecía el límite de dos años de privación de libertad en tales circunstancias de adicción, en tanto que para la remisión condicional –así se designaba–, en circunstancias normales, las penas a suspender tenían el límite de un año de privación de libertad, que podía ampliarse a dos si había concurrido una eximente incompleta, atenuante muy cualificada o la atenuante de ser menor de 18 años.

nea, incentivando el legislador dicha opción, sin que un consumo esporádico dé al traste con el trabajo de los terapeutas y con el esfuerzo denodado del adicto, pues a veces se producen situaciones de debilidad que, en ningún caso, pueden considerarse como un fracaso. Finalmente, el número *seis* precisa que si se trata de un delito perseguible a instancia de parte, ésta habrá de ser oída previamente a decidir el juez sobre la suspensión.

El artículo 81 cifra el *tiempo de suspensión*, que será de dos a cinco años para penas privativas de libertad no superiores a dos años, y de tres meses a un año para las penas leves, con la salvedad de la suspensión por drogadicción, cuyo plazo será de tres a cinco años, habida cuenta de la mayor permisividad en la pena de prisión a imponer, que puede llegar a cinco años, por las razones, de sobra conocidas, que se comentarán posteriormente.

El artículo 82 pertenece propiamente al ámbito procesal. Según éste, el juez o tribunal resolverá en sentencia sobre la suspensión, si ello es posible, y si no, cuando ésta sea firme, acordando el plazo de cumplimiento de la suspensión desde la fecha de la resolución en la que se acuerda, o desde que la sentencia ha sido firme.

El artículo 83 otorga al juez la posibilidad de suspender la pena imponiendo alguna de las prohibiciones y deberes establecidos en el mismo, si fuera necesario para evitar la comisión de nuevos delitos, medidas tales como prohibición de aproximación a la víctima, familiares, etc.; mantener su residencia en lugar determinado; prohibición de residir en lugar determinado; comparecer ante el juez con la periodicidad que se determine; *participar en programas de deshabituación al consumo de alcohol, drogas tóxicas o sustancias estupefacientes, o de tratamiento de otros comportamientos adictivos*; etc., etc. También contempla este precepto las medidas a imponer en caso de delito por violencia de género, así como del necesario control que habrá de hacerse del cumplimiento de las mismas por parte de las Fuerzas y Cuerpos de Seguridad del Estado y de la Administración penitenciaria, según el tipo de medida impuesta.

En la misma línea, también el artículo 84 contiene algunas "prestaciones o medidas" que pueden imponerse para conceder la suspensión: cumplimiento del acuerdo alcanzado por mediación; pago de multa; y trabajos en beneficio de la comunidad, sobre lo que ya BARQUÍN SANZ ha puesto de manifiesto que: "(…) la reforma permite que la suspensión ordinaria se convierta materialmente en sustitución a través de una decisión del órgano judicial que puede acordar, entre otras condiciones, el cumplimiento de una de las penas sustitutivas mencionadas en el artículo 84.1."[6].

---

[6] BARQUÍN SANZ, Jesús: "De las formas sustitutivas de la pena de prisión y de la libertad condicional", en *Estudios sobre el Código Penal Reformado (Leyes orgánicas 1/2015 y 2/2015)*, Dir. Morillas Cueva, L., Madrid, 2015, pág. 224. Llama la atención el autor sobre la supuesta "fusión de la suspensión y la sustitución". Así también, CARDENAL MONTRAVETA, Sergi: *Comentarios al Código Penal. Reforma LO 1/2015 y LO 2/2015*, Directores Corcoy Bidasolo, M.-Mir Puig, S., Valencia, 2015, pág. 311. Dice así: "La **LO 1/2015** modifica la regulación de la suspensión de la

El artículo 85 autoriza a dejar sin efecto, modificar o sustituir por otras las medidas impuestas.

El artículo 86 expone las circunstancias en las que la suspensión *podrá* revocarse, y en consecuencia, cumplir la pena: condena por un delito cometido en el período de suspensión; incumplimiento grave o reiterado de las medidas o condiciones impuestas conforme a los artículos 83 y 84; dar información inexacta o insuficiente sobre los bienes que han de ser decomisados o no cumplir con las responsabilidades civiles, salvo que carezca de capacidad económica.

Finalmente, el artículo 87 concluye la remisión de la ejecución de la pena transcurrido el plazo establecido y cumplidas las condiciones fijadas, con la precisión de que en caso de drogadicción se exigirá la deshabituación o continuidad en el tratamiento, precepto que es extrapolación casi literal del párrafo segundo del apartado 5 del artículo 87 de la normativa inmediatamente anterior a la reforma de la LO 1/2015, párrafo que en la nueva redacción resulta en cierta medida descolgado y sin sentido, una vez que se ha concretado anteriormente que las recaídas no pueden considerarse abandono del tratamiento, salvo que ello conste como definitivo, lo que será objeto de comentario posterior.

II. ANÁLISIS DE LA SUSPENSIÓN DE LA EJECUCIÓN DE LA PENA EN UN NUEVO CONTEXTO LEGISLATIVO. APRECIACIONES SOBRE LA NUEVA REGULACIÓN EN RELACIÓN CON LA DROGADICCIÓN

1. Examen de sus requisitos y principales novedades de la reforma de 2015

Actualmente parecen superadas las reticencias que supuso para los centros de atención al drogodependiente –de naturaleza social y no penitenciaria–, la normativa, novedosa entonces, que implantó el Código penal de 1995. No olvidemos que éste irrumpe con una profusa y prolija consideración sobre las medidas de seguridad, que anteriormente no se conocía por otorgarse a las mismas un sentido residual respecto de la pena. Ello hizo pensar que en toda situación de drogadicción el adicto iba a ver sustituida su pena de prisión por una medida de seguridad, a cumplir en centro especializado en dichos tratamientos. De ahí el temor de los terapeutas de los centros de atención al drogodependiente de que la puesta en práctica de las medidas de seguridad, como sustitución de la pena en situaciones de adicción a drogas, pudiera generar un trasvase de población

ejecución de las penas privativas de libertad, unificando su régimen jurídico y el de la sustitución, flexibilizando los requisitos para poder acordarla, y ampliando la posibilidad de que las exigencias de prevención general se satisfagan a través de las condiciones fijadas para mantener la suspensión". En la misma línea, e incluyendo la libertad condicional como modalidad de suspensión, ORTS BERENGUER E.-GONZALEZ CUSSAC, J.L.: *Compendio de Derecho Penal, Parte General*, Valencia, 2016, pág. 538.

penitenciaria a las comunidades terapéuticas (internamiento), que ni gozaban de capacidad suficiente para ello, ni de recursos asistenciales, ni, por supuesto, de un personal que pudiera impedir la "fuga", teniendo en cuenta que su estancia allí se basaba en la decisión autónoma de la persona de querer someterse voluntariamente a un tratamiento de deshabituación del consumo, y cuyos profesionales no eran funcionarios de instituciones penitenciarias, sino trabajadores sociales y terapeutas especializados; tampoco los centros contaban con mecanismo alguno que impidiera la evasión. Antes al contrario, la decisión personal de no continuar en el mismo provocaba su alta de manera inmediata.

Afortunadamente, nada de ello sucedió y continuaron su andadura como centros sociales, con escasos ingresos procedentes de los tribunales de justicia, sin que en ningún momento pudiera atribuírseles carácter penitenciario. Simultáneamente y de forma paralela, la prisión contó con la implantación de programas específicos de tratamiento de las adicciones para quienes así lo desearan.

En otro orden, y por lo que respecta, en concreto, a la suspensión de la ejecución de la pena en drogodependientes, esta institución era ya conocida por haber entrado a formar parte del Texto refundido de 1973 desde el año 1988 a través del artículo 93 bis introducido por la LO 1/1988, de 24 de marzo, de reforma del Código Penal en materia de tráfico ilegal de drogas, aunque en términos mucho más restrictivos que en la actualidad –flexibilizados por el Código de 1995 y posterior reforma 15/2003 de 25 de noviembre–[7]. Dichas personas recibían atención a través de los centros de naturaleza ambulatoria existentes en cada provincia, por lo que, en su dinámica, ya se contaba con esta prestación al ámbito judicial. Superados periódicamente los exámenes toxicológicos realizados por personal cualificado del centro, fundamentalmente a través de análisis de orina, el juez recibía información puntual sobre la situación personal de cada cual, así como de los "positivos" en los controles, lo que podía dar lugar a la revocación de la suspensión.

Ni que decir tiene que la suspensión de la ejecución de la pena es la facultad que ostenta el juez de dejar en suspenso su ejecución, dentro de unos límites de gravedad precisados, por un plazo determinado, que fijarán los tribunales, siempre en el marco establecido legalmente, cuando se den los requisitos también señalados en la ley. Las penas que pueden resultar suspendidas son las penas privativas de libertad –con el límite dispuesto–, con inclusión de la localización permanente[8], y de la responsabilidad personal por impago de multa, a la que el legislador concede el carácter de pena privativa de libertad –a salvo la precisión del artículo 80.2.2.ª, según la cual la pena o suma de las impuestas no puede ser superior a dos años, sin

[7] Sobre la evolución en la regulación de esta institución a lo largo del tiempo, vid. CANO PAÑOS, Miguel Ángel: "La suspensión de la ejecución de la pena a drogodependientes y los silencios del legislador del año 2010", en *Estudios Penales y Criminológicos*, vol. XXXI, 2011, págs. 91 y ss.

[8] Ésta es pena leve y tiene una duración de entre un día y tres meses (art. 33.4).

incluir en tal cómputo la derivada del impago de la multa–, pero quedan excluidas las demás penas y también las medidas de seguridad[9] (salvo en el caso de suspensión por enfermedad grave, que comprende cualquier pena).

Por lo que se refiere especialmente al drogodependiente, la suspensión de la ejecución de su pena cuenta, dentro de un escenario general de similitud con la suspensión básica, con sus propias exigencias. Así, la LO 15/2003, de 25 de noviembre estableció el límite de cinco años de condena como máximo, que se ha mantenido tras la reforma de 2015. Hasta ese momento, y desde el Código de 1995, el margen de condena para optar a la suspensión era de hasta tres años de privación de libertad[10]. La razón de tal reforma y consiguiente elevación vino motivada por las elevadas penas con las que se castigaba el delito de tráfico de drogas para el caso de drogas que causan grave daño a la salud, como lo eran, evidentemente, las drogas de más frecuente venta ilegal[11]. A ello se sumó el que desde mitad de la década de los años 90, a partir fundamentalmente del año 1996, el delito cometido con mayor frecuencia era precisamente el tráfico de drogas, y la droga que se convierte en prioritaria, la cocaína, frente al predominio que había tenido anteriormente el consumo de heroína, vinculado éste a una nutrida lista de delitos contra la propiedad –básicamente robos con violencia e intimidación en las personas–. El límite de cinco años permitió dar cobertura a muchas de esas situaciones. Con el tiempo, las críticas a tan desproporcionadas sanciones en hechos de escasa gravedad y respecto de personas que pudieran considerarse más que delincuentes, víctimas de su propio contexto (pequeños camellos), llevó a introducir en la reforma del año 2010 (LO 5/2010, de 22 de junio), un precepto que permitía a los tribunales imponer la pena inferior en grado a las señaladas "en atención a la escasa entidad del hecho y a las circunstancias personales del culpable" –excluyendo de la atenuación las situaciones descritas en los arts. 369 bis y 370–, precepto que ha permitido ajustar, en cierta medida, a la realidad so-

---

[9] Ya en el año 1996, MAPELLI CAFFARENA, B.-TERRADILLOS BASOCO, J.: *Las consecuencias jurídicas del delito*, Madrid, 1996, p. 92, pusieron de manifiesto las situaciones de injusticia a que podía llevar tal exclusión de otro tipo de penas, pues el autor de un delito podía beneficiarse de la remisión, y el partícipe, castigado con pena diferente a la privativa de libertad, no. En el mismo sentido, CUELLO CONTRERAS, J.-MAPELLI CAFFARENA, B.: *Curso de Derecho Penal, Parte General*, Madrid, 2015, pág. 277: "Esta restricción, debida a la generalizada convicción de los graves efectos desocializadores de estas penas, crea en ocasiones verdaderos agravios punitivos, ya que quien es castigado a una pena menos grave, no privativa de libertad, tiene que cumplirla íntegramente y los condenados a prisión pueden eludir su cumplimiento".

[10] En el anterior artículo 93 bis del Texto refundido de 1973 el límite de condena para optar a la suspensión era de dos años de privación de libertad en situaciones de drogodependencia, en las que no se incluía el consumo de alcohol por hacer referencia exclusivamente el precepto a la "dependencia de drogas tóxicas, estupefacientes o sustancias psicotrópicas".

[11] Penas entre tres y nueve años y multa del tanto al triplo del valor de la droga, –actualmente, entre tres y seis años y multa del tanto al triplo del valor de la droga objeto del delito– por lo que resultaba prácticamente imposible conceder la suspensión en tales casos, máxime cuando la circunstancia modificativa de la responsabilidad apreciada con carácter general era una atenuante ordinaria, que caso de concurrir sola, daba lugar a la apreciación de la pena en su mitad inferior, esto es, entre tres y seis años.

cial, la gravedad de las penas a imponer en atención a las personas involucradas en la comisión de un delito que objetivamente responde a los parámetros del tráfico de drogas, pero que subjetivamente merece una consideración diferenciada.

Con carácter previo, recordemos que si el sujeto, por su drogadicción, o por ésta junto a otros problemas psiquiátricos, derivados o no de la misma, ha sido declarado exento de responsabilidad criminal, –ello difícilmente va a tener lugar exclusivamente por causa del consumo de drogas, basta echar una ojeada a la jurisprudencia sobre la materia[12]–, se aplicará la medida de seguridad sustitutiva de la pena correspondiente, y su ingreso en un centro adecuado a su situación, con las dificultades expuestas de que si su voluntad es contraria a un tratamiento, pocos objetivos se podrán lograr con él[13].

En el caso de que haya sido apreciada una exención incompleta que rebaje la pena hasta el límite que hubiera permitido conceder la suspensión, pero el juez decide, por los motivos legales correspondientes, que no procede la misma, podría sustituirse la pena de prisión por una medida de seguridad, de conformidad con el sistema vicarial que arbitra nuestro propio Código penal, opción que está prácticamente cercenada, salvo situaciones muy puntuales, por lo que, en esas circunstancias, el sujeto ingresará en prisión, pudiendo seguir los tratamientos proporcionados por el sistema penitenciario para su deshabituación. Igual sucede en los supuestos, más frecuentes, de aplicación de una atenuante de drogadicción (art. 21.2.ª), o la reconocida y asentada jurisprudencialmente atenuante analógica de drogadicción (art. 21.7.ª)[14].

Sin embargo, en estas tres últimas hipótesis (eximente incompleta del artículo 21.1.ª y atenuantes de los arts. 21.2.ª y 21.7.ª), si se dan los requisitos que prevé el actual art. 80.5 para la suspensión de la pena, entre otros, un máximo de condena de hasta cinco años, el juez reflexionará sobre si concede la suspensión de la ejecución de la misma, siempre que se den las demás condiciones, y *concretamente*, el que el condenado se encuentre deshabituado o sometido a tratamiento para tal fin en el momento de decidir sobre la suspensión (art. 80.5 párrafo primero), exigencia a la que se confiere tal importancia que respecto de ella el legislador solicita que se certifique "suficientemente" tal extremo, lo que quiere decir que la constancia del seguimiento del tratamiento o de la deshabituación del sujeto debe figurar en informe sobre la situación *actual* de la persona, no bastando que el certificado indique que estuvo en tratamiento en determinadas fechas que figuran en el historial, pues si no se tienen datos sobre él en el momento en el que lo solicita el juez, esto es, no hay certidumbre de que está deshabituado o en trata-

---

[12] Vid. CASTELLÓ NICÁS, Nuria: "Causas de inimputabilidad: drogadicción", en *Actual doctrina de la imputabilidad penal, Estudios de Derecho Judicial*, Consejo General del Poder Judicial, 2007, págs. 386 y ss., entre otras de sus publicaciones al respecto.

[13] Al contrario, con toda seguridad alterará la dinámica del centro.

[14] Reconociendo la misma, entre otras, la sentencia de 6 de noviembre de 2010 (RJ/2010/116), la cual, además, rechaza la atenuante muy cualificada de grave adicción, recogiendo el criterio de la Sala que la desaconseja; y las recientes de 22 de febrero de 2016 (RJ/2016/630); 6 de abril de 2016 (RJ/2016/1473); 9 de junio de 2016 (RJ/2016/2739); 26 de julio de 2016 (RJ/2016/3936).

miento, aun cuando lo haya estado en otro momento, tal testimonio ni será apto ni tendrá trascendencia a los efectos que se pretenden[15].

Sorprende que el texto resultante de la reforma de 2015 no se pronuncie taxativamente, como el anterior, sobre la repercusión que puede tener el que el sujeto sea *reincidente*, precisamente una de las condiciones que motivaron en el que fue el nuevo Código penal de 1995 la referencia a tal coyuntura, dada la frecuencia con la que los adictos a alguna sustancia cometían delitos para sufragar su adicción (delincuencia funcional), condición que bloqueaba la concesión de la misma a la mayor parte de los drogodependientes que, por tal causa, se dedicaban al tráfico de drogas o a cometer infracciones contra el patrimonio. Así, el texto originario de 1995, en su artículo 87, recogía por primera vez, y siendo consciente de la realidad social, el que en el caso de ser el condenado reincidente, "el Juez o Tribunal valorará, por resolución motivada, la oportunidad de conceder o no el beneficio de la suspensión de la ejecución de la pena, atendidas las circunstancias del hecho y del autor", disposición que supuso un verdadero progreso, permitiendo el acceso a la suspensión de pena de todos aquéllos que, atrapados e inmersos en el submundo de la droga, no encontraban otra alternativa que la delincuencia, hasta que pudieran, de alguna manera, ser rescatados por el propio sistema judicial, dado que por sí mismos no encontraban la salida.

Aquella disposición, acorde con el conocimiento de las situaciones de adicción propias de los años noventa (heroinómano autor de delitos contra la propiedad), acabó con la restricción que impuso el anterior artículo 93 bis del texto refundido de 1973, que negaba categóricamente la concesión del beneficio si el sujeto era reincidente, y también si ya había gozado anteriormente del beneficio de la llamada entonces remisión condicional. Se restringía, no obstante, para las situaciones de habitualidad, siendo éstas, tal y como reza aún el artículo 94, las de comisión de tres o más delitos de los comprendidos en el mismo capítulo, en un plazo no superior a cinco años, habiendo sido condenados por ello, teniendo, por lo tanto, que ingresar en prisión. Cierto es que las situaciones de habitualidad eran frecuentes, no obstante lo cual, el legislador dio un paso importantísimo al incluir al reincidente como posible beneficiario de la suspensión. No olvidemos que la alarma social que ocasionó el llamado "yonqui" obligaba a ser cautos, pues no podía dejarse de lado la perspectiva de las víctimas, aun cuando en la práctica pudieran producirse situaciones únicamente salvables a través de un indulto[16].

Pues bien, como hemos indicado, la redacción de la reforma de 2015 omite cualquier mención a la reincidencia, lo que no puede, ni mucho menos suponer

---

[15] Vid. ZORRILLA MARTÍNEZ, Nahia: "Suspensión especial para drogodependientes ¿Existen posibilidades para una mayor aplicación? Obstáculos y orientaciones de futuro", en *Eguzkilore*, nº 27, 2013, pág. 130, quien cita varias sentencias de audiencias en las que se denegó la suspensión.

[16] Así, por ejemplo, una persona deshabituada, juzgada varios años después, podía no obtener dicho beneficio porque durante su período de adicción, cometió varios delitos más por los que resultó condenado.

que no cabe la concesión en situaciones de reincidencia, *regresión al pasado* que no tendría sentido, y como señala GARCÍA ALBERO, "Esto sólo puede ser interpretado en términos de asumir la reincidencia como un supuesto normal en estos casos, por lo que no se exige una especial valoración"[17]; además, comparativamente interpretado este precepto en conexión con el número 3 del mismo artículo 80, en este último podrá concederse la suspensión, incluso si no se dan la condiciones 1.ª y 2.ª del apartado anterior (80.2), –condiciones que tampoco se exigen para los casos de adicción–, "siempre que no se trate de reos habituales", de varias penas que individualmente no excedan de dos años "cuando las circunstancias personales del reo, la naturaleza del hecho, su conducta y, en particular, el esfuerzo para reparar el daño, así lo aconsejen". Bien es cierto que el art. 80.3 regula una situación de sustitución más que de suspensión, al obligar a imponer *siempre* alguna de las medidas de los numerales 2.ª o 3.ª del artículo 84.1 (el pago de una multa o la realización de trabajos en beneficio de la comunidad, además de condicionarla a la reparación del daño o indemnización del perjuicio o al cumplimiento de un acuerdo de mediación entre las partes, conforme al número 1.º del artículo 84)[18]. No obstante las diferencias entre ambos, si se cita expresamente a la habitualidad en este apartado, quedando incluida la reincidencia, con mayor motivo habrá de aceptarse al reincidente drogodependiente en el art. 80.5 cuando se trate de un adicto que está deshabituado o que muestra signos inequívocos de su voluntad en esa dirección, para lo cual, está sometido a tratamiento con ese fin.

Pero no solo ello, sino que si el legislador ha aludido expresamente a la habitualidad en el art. 80.3, y respecto de la suspensión de la ejecución de la pena del drogodependiente (art. 80.5) no se ha pronunciado ni en relación con la reincidencia ni en relación con la habitualidad, podemos entender que ha ido más allá respecto de él aceptando la misma[19], teniendo en cuenta que la habitualidad es fácil de constatar en delincuentes que actúan motivados por la droga, lo que no quiere decir que se otorgue vía libre para este tipo de situaciones, dado que, como sabemos, la suspensión es una posibilidad, no una obligación para el juez, quien habrá de evaluar las circunstancias concurrentes, tanto en el autor, como en los hechos cometidos[20].

---

[17] GARCÍA ALBERO, Ramón: "La suspensión de la ejecución de las penas", en *Comentarios a la reforma penal de 2015*, Dir. Quintero Olivares, G., Pamplona, 2015, pág. 155.

[18] Así, BARQUÍN SANZ, cit., págs. 235 y 242, para quien esta modalidad de suspensión es "inequívocamente la antigua sustitución bajo un nuevo prisma". Igual sucede si dándose las circunstancias del apartado 2º del artículo 80, se imponen alguna de las medidas del artículo 84, bien la 2ª o la 3ª, en cuyo caso, como indica este autor, la suspensión deja de ser tal, "para convertirse en sustitución, aun cuando concurren los requisitos del régimen ordinario de la suspensión".

[19] Así también, CUELLO CONTRERAS-MAPELLI CAFFARENA, *Curso de Derecho Penal…*, cit., pág. 283: "Hasta la Reforma 15/2003 se venía exigiendo que el condenado no fuera habitual, lo cual constituía un verdadero obstáculo para su aplicación, teniendo en cuenta el tipo de delincuentes y de delitos al que va referido. El legislador ha cedido a las críticas y ha hecho desaparecer ese requisito, con lo que también los reincidentes o habituales pueden acceder al mismo".

[20] En opinión de BARQUÍN SANZ, cit., pág. 237, "En coherencia con el nuevo marco general de la suspensión, se suprime la referencia expresa al condenado reincidente; en tal caso,

De nuevo cuño es el párrafo segundo del artículo 80.5, el cual dice lo siguiente: "El juez o tribunal podrá ordenar la realización de las comprobaciones necesarias para verificar el cumplimiento de los anteriores requisitos". Viene a ocupar el lugar del inciso final del apartado 1 del antecedente art. 87, según el cual, se establecía para el juez la obligación de solicitar "en todo caso informe del Médico forense sobre los extremos anteriores". Dicha obligación ha quedado relegada a una simple facultad del juez, quien no "solicitará en todo caso", sino que "podrá ordenar la realización de las comprobaciones necesarias". La duda está en si las comprobaciones se refieren exclusivamente al extremo relativo a la constatación de que la persona está deshabituada o en tratamiento para ello, o se extienden también a la verificación de su adicción. Dado que el legislador utiliza el plural, entendemos que abarca a ambos supuestos ("verificar el cumplimiento de los anteriores requisitos")[21]. Ahora bien, durante la instrucción y posterior celebración del juicio oral las partes habrán expuesto y probado –o intentado probar–, tanto la adicción, con el fin de optar a una atenuación de la pena por causa del consumo de drogas, como la situación de deshabituación o sometimiento a tratamiento, al objeto de acceder a la suspensión de la ejecución, si se dan las condiciones para ello, lo que quiere decir que tal facultad entrará en juego cuando el juez tenga dudas, o las alegaciones en esa línea no hayan sido lo suficientemente firmes y convincentes, en cuyo caso, podrá requerir la realización de las pruebas necesarias para verificar, esto es, para confirmar y cotejar las pretensiones en ese sentido, requerimiento que no está ya sólo dirigido con carácter exclusivo hacia el médico forense y su palabra profesional, –modificación que consideramos correcta, pues éste podrá elaborar un informe sobre la situación personal del afectado y la medida en que está afectado por el consumo de drogas, o al contrario, está "limpio"–, sino que se extiende a cualquier otro tipo de prueba, esto es, cualquier actuación o persona que pueda aportar datos sobre la situación particular del autor del hecho, en más estrecha conexión con él, como puede ser el trabajador social, el psicólogo, director del centro, o incluso el jefe laboral, si lo tuviere, etc.[22]

---

se aplicarán las reglas generales y el órgano judicial tendrá que ponderarlo junto con las demás circunstancias relevantes". En contra GARCÍA ALBERO, cit., pág. 155, para quien tanto en el caso de la habitualidad, como en la hipótesis de aplicar la suspensión extraordinaria de penas que individualmente consideradas no exceden de cinco años (aunque la suma de todas ellas sí exceda de tal límite), señala que aunque no lo prohíbe el tenor literal del precepto: "A nuestro juicio, el legislador, supuestamente conocedor de tal controversia doctrinal y jurisprudencial, ha sancionado ambas posibilidades al no modificar el precepto".

[21] También en la redacción antecedente se utilizaba el plural: "informe del médico forense sobre los extremos anteriores".

[22] Así, ADAM A.-FRANCÈS F.: "La eficacia de la suspensión de la pena en drogodependientes", en *Gac. int. cienci. forense*, nº 11. Abril-Junio, 2014, Unidad docente de Medicina Legal, Universidad de Valencia, pág. 33 (disponible en Internet), señalan que el trabajo del médico forense comprobando la situación del sujeto es fundamental para poder auxiliar a la Justicia en el reconocimiento sobre la posibilidad de recuperación, pero: "Es una tarea muy complicada debido a que el médico forense no es el facultativo que sigue periódicamente al sujeto sino que se basa en documentación aportada por los centros que tratan al delincuente y en el reconocimiento en el momento en que se le pide su intervención, donde, además, es frecuente que se

Especialmente relevante es la aclaración de que: "No se entenderán abandono las recaídas en el tratamiento si éstas no evidencian un abandono definitivo del tratamiento de deshabituación", apreciación que resulta trascendental, pues las recaídas en los tratamientos debidas a diferentes factores, factores que dan lugar a un momento de debilidad, son frecuentes, y sin embargo, ello no quiere decir que haya que "tirar la toalla" o dar la situación por perdida, ni el sujeto darse por vencido. La adicción que genera el consumo de drogas conlleva hasta tal punto una dependencia psíquica, mucho más significativa que la dependencia física que puede resolverse en un escaso período de tiempo, que hay que trabajar sobre ella de manera continuada. De hecho, la dependencia psíquica lo acompañará prácticamente durante toda su vida, y es la que le impulsará al consumo en situaciones de empeoramiento de sus circunstancias vitales (una mala racha, una enfermedad familiar, etc.). Por supuesto que también hay abandonos definitivos de los tratamientos, y drogodependientes respecto de los que no queda otra alternativa que optar por paliar los adversos efectos del consumo de drogas, integrándose en programas de reducción del daño con consumo controlado de sustitutivos (metadona, por ej.), pero tenemos que estar atentos a todas aquellas recaídas que sólo han supuesto un tropiezo en el largo y tortuoso camino hacia la liberación de la tiranía de la droga, situaciones que no deben revertir la situación penal y penitenciaria de la persona afectada[23].

En cuanto al plazo de suspensión establecido, se mantiene entre tres y cinco años, plazo que ya fijó el Código penal de 1995 en su versión originaria (art. 87.3), estableciendo un mínimo superior al de la suspensión de la pena que no venía condicionada por problemas de adicción a drogas. Este plazo no se vio afectado por la reforma de la LO 15/2003, de 25 de noviembre, que elevó, como sabemos, hasta cinco años las condenas que podían tener cabida en la suspensión por consumo de drogas. En principio, parece correcto que si las penas suspendidas pueden alcanzar la cifra de cinco años de privación de libertad, el plazo de suspensión permita llegar hasta ese margen. Téngase en cuenta que el previsto en los demás casos es de dos a cinco años (salvo para las penas leves, que es de tres meses a un año), o sea, el mismo límite superior de cinco años, y el límite mínimo de dos años, que es el máximo de condena por el que podría concederse la suspensión general[24]. Adviértase, además, que se ha suprimido, en relación con su antecesor artículo 87.3, la alusión a que en dicho plazo no puede delinquirse, exigencia anteriormente insalvable y que la nueva regulación nos permite ver desde otra

---

solicite el análisis de muestras de cabello para la comprobación de la inexistencia del consumo en un determinado período de tiempo". Señala GARCÍA ALBERO, cit., pág. 155, "podría bastar con informe del centro o servicio donde el drogodependiente está siendo tratado".

[23] ADAM-FRANCÈS, cit., pág. 33, señalan: "Lo más frecuente es que el drogodependiente pase por varias recaídas en el consumo, más bien lapsus, incluso con abandonos del tratamiento durante un tiempo, de forma que éstas sean cada vez más esporádicas hasta que mantenga la abstinencia de forma permanente. En consecuencia, no puede realizarse esta valoración sin tener en cuenta que la recaída es parte del proceso normal de una rehabilitación".

[24] Sobre las distintas opiniones a propósito del motivo de dicho límite mínimo de tres años de suspensión, CANO PAÑOS, cit., págs. 113-114.

perspectiva, ya que lo que establece ahora el artículo 86, relativo a la revocación de la suspensión, es que se revocará la suspensión y se ordenará la ejecución de la pena cuando el penado: "a) Sea condenado por un delito cometido durante el período de suspensión y ello ponga de manifiesto que la expectativa en la que se fundaba la decisión de suspensión adoptada ya no puede ser mantenida". Sobre ello, a *priori*, es razonable pensar que la comisión de un delito durante el plazo de suspensión debe conllevar de suyo el que la expectativa de confianza en *no delinquir* ya no es sostenible, confianza que parece que ha sido quebrantada con la nueva comisión. Sin embargo, no necesariamente ha de ser así, y la nueva redacción abona una interpretación más flexible, a la vez que sensible, de la aplicación de esta institución, permitiendo continuar con el régimen de suspensión del delito anterior si el cometido durante ese período no interfiere o no elimina el presupuesto del que trae causa la concesión de la suspensión, máxime teniendo en cuenta la delicada situación del adicto, de mayor vulnerabilidad y con un esfuerzo superior respecto al ciudadano normal al seguir un tratamiento deshabituador del consumo de droga. Así, sólo en el caso de que la nueva infracción ponga de manifiesto que la expectativa mantenida respecto de que no va a volver a delinquir no sea cierta, será revocada la suspensión. Qué duda cabe que ello requiere un esfuerzo valorativo superior por parte del juez, en atención a las circunstancias del hecho y del sujeto, lo que a su vez imbuye de subjetividad tal apreciación que habrá de dejarse al buen y prudente criterio de aquél[25].

Establecido lo anterior, si focalizamos nuestra atención en los supuestos de adicción, hallaremos razones de humanidad que abonan el acortamiento del plazo de suspensión en este contexto. Así, podremos encontrar situaciones en las que la pena impuesta por delitos patrimoniales cometidos por causa del consumo de drogas sea inferior a esos tres años de suspensión fijados como plazo mínimo, máxime si el sujeto es acreedor de una circunstancia de exención incompleta del artículo 21. 1.ª (por ejemplo, el delito de robo con fuerza en las cosas está castigado, con carácter general, con penas de entre uno y tres años). Esto quiere decir que si ingresa en prisión y sigue voluntariamente un tratamiento de deshabituación, en poco tiempo podrá salir de allí, y habrá satisfecho su deuda con el sistema judicial y con la sociedad, y sin dar cuentas sobre si sigue o no el tratamiento o está deshabituado, e incluso podrá volver a consumir drogas si así lo decide. Evidentemente, durante ese período está privado de libertad, que no es poco. En línea con ello, también hay que argumentar que se producen problemas de integración social, o más bien de desadaptación social y sentimientos de marginación personal en quien ya realiza una vida normalizada, tiene su trabajo, su familia, etc., pero está obligado a continuar durante mucho tiempo sometiéndose a controles para verificar que sigue sin consumir sustancias, de lo cual, evidentemente, el centro ha tenido que venir dando cuentas al juez. A ello se ha sumado la sensación de impotencia de los terapeutas que se cuestionan el sentido de esos controles dilatados durante largo espacio de tiempo, un mínimo de tres años,

---

[25] Así, BARQUÍN SANZ, cit., pág. 237, para quien la revocación, también en este caso, tiene naturaleza valorativa y no automática, por la comisión de un nuevo delito.

pues según lo que disponía el apartado 4 del artículo 87 anterior, "los centros o servicios responsables del tratamiento estarán obligados a facilitar al juez o tribunal sentenciador, en los plazos que señale, y nunca con una periodicidad superior al año, la información precisa para comprobar el comienzo de aquél, así como para conocer periódicamente su evolución, las modificaciones que haya de experimentar así como su finalización". Esta disposición ha desaparecido del actual elenco de disposiciones relativas a la suspensión, pero la obligación sigue estando presente para que el juez pueda decidir, en su caso, si revoca o no la misma (art. 87.2). En consecuencia, por todo ello, entendemos que el límite inferior del plazo de suspensión de la modalidad de drogadicción debería rebajarse, al menos, hasta los dos años

Como última apreciación para cerrar este apartado, hay que reseñar que los cambios en relación con las nuevas formas de adicción no se han visto extrapolados al texto punitivo con la reforma penal de 2015. Como sabemos, son frecuentes en la actualidad las adicciones sin sustancia, a saber, al juego, al móvil, redes sociales, etc., adicciones nocivas que también tienen su contrapartida negativa de comisión de diversos tipos delictivos, no ya sólo contra la propiedad para obtener dinero con el que continuar invirtiendo en el juego, o en la adquisición de nuevos aparatos tecnológicos, sino también, con gran frecuencia, delitos que afectan a la intimidad, todos fruto de esas nuevas formas que se están convirtiendo en un peligroso elemento para la convivencia. La legislación penal, pese a la reciente reforma de 2015, es ajena a ello, pues como sabemos, únicamente alude a la comisión de delitos bajo la influencia de las sustancias mencionadas en el número 2.º del artículo 20, pero la voluntad también puede estar alterada por causa de esas nuevas adicciones, personas que necesitan igualmente ayuda especializada para romper con esa tóxica relación. No será de aplicación, por tanto, al no estar previsto legalmente, la suspensión de la pena del número 5 del artículo 80, de modo que, en tales casos, sólo podrá optarse a la suspensión general del número 1 de dicho precepto, pues la otra posibilidad está descartada por la prohibición de analogía *in bonam partem*[26], pudiéndose imponer, no obstante, el deber a que se refiere el apartado 7 del artículo 83, introducido por la reforma de 2015, relativo al "tratamiento de otros comportamientos adictivos", pero en cualquier caso, se trata de una medida complementaria, y de ninguna manera asume una modalidad posible de suspensión.

2. Prohibiciones y deberes del artículo 83 y prestaciones o medidas del artículo 84. Su aplicación en situaciones de drogadicción

Señala el artículo 83 vigente que el juez o tribunal podrá condicionar la suspensión al cumplimiento de una serie de prohibiciones y deberes cuando ello resulte necesario para evitar el peligro de comisión de nuevos delitos, sin que pue-

[26] Únicamente reconocida en la atenuante de la circunstancia 7.ª del artículo 21.

dan imponerse deberes y obligaciones que resulten excesivos y desproporcionados. Estamos, de nuevo, ante una facultad del juez o tribunal, no una obligación, siendo éstos quienes tendrán que *valorar* si la imposición de alguna/as de dichas medidas son adecuadas en orden a evitar la comisión de nuevos delitos por parte de aquél a quien se le impongan; complicada labor potestativa dejada de nuevo al arbitrio del juez, que adquiere su máxima expresión en el número 9.º del art. 83 (cumplir los demás deberes que el juez o tribunal estime convenientes para la rehabilitación social del penado, previa conformidad de éste, siempre que no atenten contra su dignidad como persona).

Se amplían a nueve, a diferencia de la regulación anterior (seis), la cual ya había incrementado uno respecto del texto primitivo de 1995 (cinco), con la trascendental diferencia de que desde 1995 hasta la reciente reforma de 2015 no era, a nuestro juicio, de aplicación a la suspensión por drogadicción, pues ésta se encontraba regulada hasta entonces en precepto aparte –artículo 87–, diferenciado y separado del resto, con su propia idiosincrasia, mientras que las obligaciones y deberes referidos se recogían en el artículo 83, con expresa alusión al artículo 80.2 sobre su ámbito de aplicación[27].

Concretamente, y de modo sucinto, son: la prohibición de aproximarse a la víctima o a aquellos de sus familiares o personas que determine el juez o tribunal; la prohibición de establecer contacto con personas determinadas o miembros de un grupo determinado cuando existan indicios que permitan suponer que tales sujetos pueden facilitarle la ocasión para cometer nuevos delitos o incitarle a hacerlo; mantener su lugar de residencia en lugar determinado, con prohibición de abandonarlo o ausentarse sin autorización del juez o tribunal; prohibición de residir en un lugar determinado o acudir al mismo, cuando en ellos pueda encontrar la ocasión o motivo para cometer nuevos delitos; comparecer periódicamente ante el juez o tribunal, dependencias policiales o administrativas que se determine, para informar de sus actividades y justificarlas; participar en programas formativos, laborales, culturales, de educación vial, sexual, de defensa del medio ambiente, protección de animales, igualdad de trato y no discriminación, y otros similares[28]; participar en programas de deshabituación al consumo de alcohol, drogas tóxicas o sustancias estupefacientes, o de tratamiento de otros comportamientos adictivos; prohibición de conducir vehículos de motor que no dispongan de dispositivos tecnológicos que condicionen su encendido o funcionamiento a la comprobación previa de las condiciones físicas del conductor, cuando haya sido condenado por un delito contra la seguridad vial; y cumplir otros deberes que el juez o tribunal estime convenientes para la rehabilitación social del penado, siempre que no atenten a su dignidad como persona, y en este caso, con la conformi-

[27] Sobre diferentes opiniones al respecto, vid. CANO PAÑOS, cit., págs. 115-116, para quien dichas prohibiciones o deberes sí eran de aplicación a la suspensión en drogodependientes por considerar que algunos de ellos están particularmente indicados en tales situaciones, como sucede con la prohibición de acudir a determinados lugares.

[28] La última reforma ha incorporado la participación en programas de igualdad de trato y no discriminación.

dad del penado, tenido en cuenta que se trata de un deber que no está legalmente establecido y que, de lo contrario, pondría en serio aprieto la constitucionalidad del precepto, al no delimitar ni precisar el tipo de medidas a imponer por vía de este último apartado[29], el cual figuraba también en el texto originario de 1995 y se ha mantenido exactamente en idénticos términos, a salvo de la sustitución de la mayúscula de Juez o Tribunal por la minúscula (juez o tribunal).

No se fija un límite en el número de prohibiciones o deberes a que pueda ser obligado el sujeto, y varios de ellos son compatibles con la suspensión de la ejecución de la pena por causa de la adicción a drogas, tales como la prohibición de establecer contacto con personas que puedan facilitarle o incitarle a la comisión de un delito, o la prohibición de residir en lugar determinado si en ellos puede encontrar la ocasión de delinquir; Sin embargo, es obvio que el tratamiento que el sujeto debe seguir, y que lo hace por voluntad propia, ya incluye de suyo y por recomendación del terapeuta el no inmiscuirse en situaciones que puedan dar al traste con su evolución.

Por lo que respecta a otra de las limitaciones, la prohibición de conducir vehículos a motor que no dispongan de dispositivos tecnológicos que condicionan su funcionamiento a las condiciones físicas del conductor, que, siendo novedad, está restringido a la comisión de delitos contra la seguridad vial, entendemos que sería conveniente extender su aplicación a los casos en los que el autor del hecho sea toxicómano, aun cuando se encuentre ya en proceso de rehabilitación, sea cual sea el delito que éste haya cometido pues, como sabemos, el estar en proceso de deshabituación no elimina la posibilidad de que consuma en un momento determinado por la dificultad de sobrellevar la abstinencia continuada.

En cuanto al deber, también novedad, consistente en "Participar en programas de deshabituación al consumo de alcohol, drogas tóxicas o sustancias estupefacientes, o de tratamiento de otros comportamientos adictivos" (art. 83.7.ª), estimamos que su apreciación como tal es redundante si la suspensión se otorga por causa de la drogodependencia del individuo, dado que la obligación que establece es *conditio sine quae non* para la concesión de la suspensión en sujetos consumidores de drogas; A mayor abundamiento, la propia redacción alude a programas de *deshabituación*, lo que quiere decir que no se trata de consumidores ocasionales respecto de los cuales se hubiera considerado indicada la actuación con terapias formativas desincentivadoras del consumo, sino que son personas con hábito, es decir, con adicción, lo que, como decimos, es incompatible con la premisa básica para la concesión de la suspensión de la pena en situaciones de drogodependencia, pues no se puede exigir para suspender la pena que el suje-

---

[29] Así también, BARQUÍN SANZ, cit., pág. 240, quien además indica que "resulta dudoso que el sujeto sea verdaderamente libre de negar su aquiescencia a una propuesta por parte de quien, en caso de verla rechazada, posiblemente acordará el efectivo cumplimiento de la pena". Yo no diría tanto, sino sencillamente que es difícil negarse a la medida designada por el juez, aun cuando no creo que dicha negativa conllevara el cumplimiento de la pena y el rechazo de la suspensión.

to siga un tratamiento de deshabituación, y plantear a continuación ello como una potestad del juez o tribunal. Los requisitos son los que son, contundentes y claros[30], y a partir de ahí, el juez decide si procede la suspensión. Estos otros deberes o prohibiciones son anexos complementarios. Así, la suspensión de la pena, dándose los requisitos del artículo 80.5, puede estar condicionada a que el sujeto no mantenga contacto con determinadas personas, o a que participe en un programa formativo, o a que no se aproxime a la víctima; pero en ningún caso a "participar", en un programa de deshabituación, pues ello ya consta atestiguado previamente para que el juez pueda pronunciarse sobre ella[31].

Por otro lado, no puede imponerse como obligación lo que sólo puede lograrse mediante la voluntad, la concienciación del sujeto y su convencimiento contundente de que tiene que dejar de consumir, lo que motiva su decisión de tratarse, premisa sobre la que, además, se basa la concesión de la suspensión.

Llama la atención que sea este apartado la única referencia existente actualmente en relación con otros comportamientos adictivos, los que se denominan adicciones sin sustancia, dada la proliferación de los mismos en la sociedad actual[32], situaciones que, desde luego, merecen su tratamiento a través de similares patrones empleados en otros tipos de adicciones. Sin embargo, el legislador ha perdido la oportunidad de incorporar, en el marco de la suspensión por drogadicción, la suspensión por adicciones de otra naturaleza. Sorprende además que rompa con la literalidad del artículo 20.2ª y omita la referencia a "sustancias psi-

[30] Delito cometido por causa del consumo de drogas, condena de hasta cinco años, y sujeto deshabituado o sometido a tratamiento.

[31] CANO CUENCA, Adoración: "Suspensión de ejecución de la pena condicionada al cumplimiento de prohibiciones y deberes. Especial consideración de la expulsión de los extranjeros. La sustitución de la pena de prisión por la expulsión (arts. 83, 84, 85,86,87, 308 bis y 89)", en *Comentarios a la reforma del Código Penal de 2015*, Dir. González Cussac, cit., pág. 347, también admite que si el delito se ha cometido por adicción al alcohol u otras sustancias, la condición es de sometimiento a tratamiento de deshabituación sin que lo pueda abandonar, lo que no sucede en esta participación en programas que establece el art. 83.7.ª, donde "el grado de compulsión en este caso es mucho menor". Al respecto entiende que: "Es previsible que esta condición quede reservada a aquellas personas que han sido condenadas en varias ocasiones por delitos contra la seguridad vial y quede acreditado una relación de dependencia al alcohol". En nuestra opinión, sin embargo, consideramos que ello está en contradicción con la mención expresa de este precepto a programas de "*deshabituación*", con lo que este término conlleva. Por su parte, SÁNCHEZ GARCÍA DE PAZ, Isabel: *Comentarios prácticos al Código Penal, Parte General, Tomo I*, Dir. Gómez Tomillo, M. Pamplona, 2015, págs. 761-762, estima que es de aplicación en "supuestos en que el hecho se cometió por causa de la dependencia de esas sustancias pero concurren los presupuestos para una suspensión ordinaria, por ejemplo, por ser el penado delincuente primario y la pena no superior a dos años". Según ella, esto permite fijar un plazo de suspensión de 2 a 5 años.

[32] Si ir más lejos, hace pocos meses los medios de comunicación recogieron la estafa llevada a cabo por una persona en relación con una oferta de viaje a Nueva York para correr el famoso maratón, estafa que él mismo confesó voluntariamente en comisaría, presentándose a continuación en la Unidad de Psiquiatría de un hospital madrileño para ser tratado de su ludopatía.

cotrópicas" en este número 7 del articulo 83[33], pues siendo todas ellas sustancias que actúan sobre el sistema nervioso central, existen diferencias entre ambas, y clasificaciones internacionales que las distinguen.

El control del cumplimiento de dichas obligaciones o prohibiciones será llevado a cabo, por lo que respecta a las cuatro primeras, por las Fuerzas y Cuerpos de Seguridad del Estado; y por lo que afecta a la 6ª, 7ª y 8ª, por los servicios de gestión de penas y medidas alternativas de la Administración penitenciaria, que dará informe al juez o tribunal de ejecución con una periodicidad trimestral en el caso de la 6ª (participar en programas formativos, laborales, etc.) y 8ª (prohibición de conducir vehículos que comprueben las condiciones físicas del conductor), y semestral, en el caso de la 7ª (programas de deshabituación). Precisamente, la participación en programas de deshabituación sí requeriría un control más ajustado y próximo en el tiempo, pues, incluso en el caso de internamiento en comunidad terapéutica, dicho período de estancia no va más allá de unos nueve meses, además de que tendría que ser el centro que está en contacto con el consumidor en tratamiento quien emitiera ese informe que ha de recibir el juez, y no el servicio de gestión de penas y medidas de la Administración penitenciaria[34].

Por su parte, el artículo 84 establece otras "prestaciones o medidas", como así las designa[35], que podrían condicionar la suspensión de la ejecución: el cumplimiento del acuerdo entre las partes en virtud de mediación; el pago de una multa, con los límites establecidos por el legislador de no poder superar la que resultara de aplicar dos cuotas de multa por cada día de prisión sobre un máximo de dos tercios de duración de la pena; y la realización de trabajos en beneficio de la comunidad, especialmente si es adecuado como forma de reparación simbólica a la vista de las circunstancias del hecho y del autor, con el límite de un día de trabajo por día de prisión y un máximo de dos tercios de la duración de la pena.

No han quedado fuera de esta previsión del artículo 84 las situaciones de suspensión por drogodependencia, por lo que podría haber una mediación entre partes que tuviera que ser cumplida, el pago de una multa que tenga que ser hecho efectivo, o un trabajo en beneficio de la comunidad que tenga que ser realizado. Sobre este último, presenta complejidad su puesta en práctica en el caso de encontrarse la persona en comunidad terapéutica, por su propio régimen de internamiento[36]. Si el tratamiento es de naturaleza ambulatoria, sí que los trabajos en beneficio de la comunidad constituyen una buena opción y complemento,

[33] Son sustancias psicotrópicas, entre muchas otras, las siguientes: la psilocibina, anfetamina, ketamina, metanfetamina, clozapina, bromazepan, diazepan, lorazepam, etc.

[34] ROIG TORRES, cit., pág. 334, aprecia también que se ha omitido la obligación de los centros o servicios responsables del tratamiento, de facilitar al órgano judicial informes periódicos acerca del comienzo, evolución, modificaciones y finalización del mismo.

[35] Advierte BARQUÍN SANZ, cit., pág. 242, que se trata simplemente de penas, en lo que hace a la pena de multa y a los trabajos en beneficio de la comunidad, siendo así que este precepto es el que recoge el régimen de sustitución de penas.

[36] Ya en las comunidades terapéuticas se imponen labores o ciertas actividades productivas como base del tratamiento.

pudiendo compatibilizar su situación con una ocupación que requiera un horario fijo y preestablecido, y el seguimiento de una rutina laboral, lo que se ha demostrado que es sumamente beneficioso y conveniente, aun cuando haya que otorgar cierto margen de flexibilidad a éste que le permita sobrellevarlo con la realización de las terapias previstas. Pero sin duda, es una opción muy recomendable.

Finalmente, mencionar la disposición del artículo 85, de nuevo cuño, que faculta al juez o tribunal a acordar el alzamiento de las prohibiciones, deberes o prestaciones, o modificarlas o sustituirlas por otras menos gravosas, en ningún caso más gravosas, principio de la prohibición de la *reformatio in peius* que también juega a favor del reo en este ámbito. Es un precepto cuyo contenido, salvando las distancias, refleja el paralelismo con el artículo 97, relativo al cese, sustitución o mantenimiento de una medida de seguridad.

3. La revocación de la suspensión

Dado que tras la reforma de 2015 no se hace una exposición diferenciada entre la suspensión establecida con carácter general, y el resto, y más concretamente, por lo que nos ocupa, con aquella otra que viene motivada por la adicción a sustancias, las disposiciones del artículo 86 serán de aplicación en ambos casos, dedicándose posteriormente un apartado específico, el 2 del artículo 87, a efectuar una precisión en relación con la revocación de la suspensión en supuestos de drogadicción.

Así, la revocación de la suspensión procede, según dispone el artículo 86, en los siguientes casos:

— Cuando el penado sea condenado por un delito cometido durante el período de suspensión, de modo que la suspensión basada en la expectativa de que no va a volver a cometer un delito ha dejado de tener sentido, lo que ya ha sido comentado. Sin embargo, queda por precisar cuándo ha de pronunciarse la sentencia condenatoria que determine la revocación de la suspensión. La doctrina lo tiene claro. Así, para MIR PUIG: "Tras la LO 1/2015, es preciso que la sentencia condenatoria de un delito cometido durante dicho plazo se pronuncie dentro de dicho período"[37]. En el mismo sentido, concluye GARCÍA ALBERO que aunque el precepto diga que el sujeto no sea condenado por un delito cometido durante el período de suspensión, "debe entenderse que *también la sentencia firme* ha de haber recaído en tal período" [38].

---

[37] MIR PUIG, Santiago: *Derecho Penal. Parte General*, 10ª ed., 2ª reimpr., Barcelona, 2016, pág. 732.

[38] GARCÍA ALBERO, cit., pág. 166. Sobre la problemática que plantea la comisión de un delito durante el período de suspensión, condenado en sentencia que adquiere firmeza transcurrido el plazo de suspensión, este autor recoge el criterio del propio Tribunal Supremo de revocar la suspensión después de cumplido el plazo si aflora una condena posterior por delito

— Cuando el penado incumpla de modo *grave y reiterado* las prohibiciones o deberes que se impusieron conforme al artículo 83, o se sustraiga al control de los mismos por parte de la Administración penitenciaria.

— Cuando el penado incumpla de modo *grave y reiterado* las condiciones que se impusieron conforme al artículo 84.

— Cuando el penado facilite información inexacta sobre el paradero de bienes u objetos cuyo decomiso hubiera sido acordado; no abone la responsabilidad civil, salvo si carece de capacidad económica para ello; o facilite información inexacta o insuficiente sobre su patrimonio.

Sin duda alguna, la persona cuya pena se encuentra en suspenso, cumplidas las exigencias establecidas, esto es, entre otras, la no comisión de un delito durante el período de suspensión, así como el haber acatado correctamente las reglas de conducta que se le impusieron, remitirá su pena sin mayor problema, quedando la misma sin ejecutar[39].

Ahora bien, si el sujeto cometió un nuevo delito que frustró la expectativa en la que se basó la concesión de la suspensión, o incumplió de manera grave o reiterada las condiciones o deberes que se le impusieron, etc., ello derivará en la revocación de la suspensión. Dos aciertos se advierten en esta nueva redacción. Por un lado, y como ya ha sido dicho, que la comisión de un nuevo delito no anule automáticamente el beneficio de la suspensión de la ejecución de una pena, salvo

---

cometido en el período de suspensión, incluso habiendo recaído auto de remisión definitiva, criterio también sostenido por la Fiscalía General del Estado (GARCÍA ALBERO, cit., págs. 165-166). También, CANO PAÑOS, cit., págs. 112-113: "debe tratarse de un delito que se cometa, juzgue y adquiera firmeza durante el plazo de suspensión". En la misma línea, CUELLO CONTRERAS-MAPELLI CAFFARENA, *Curso de Derecho Penal...*, cit., pág. 287: "El deber más relevante que asume el condenado es no volver a reincidir y si esto ocurre y hay una sentencia firme durante el plazo de suspensión el órgano judicial la revocará siempre que el nuevo delito ponga de manifiesto que la expectativa en la que se fundaba la decisión de suspensión adoptada ya no puede ser mantenida (art. 86.1.º CP)". *En contra,* SÁNCHEZ GARCÍA DE PAZ, cit., pág. 772, para quien es indiferente la fecha de la sentencia, "pues lo decisivo es que el delito que motiva la condena se cometiera en el plazo de suspensión". Y NÚÑEZ FERNÁNDEZ, José, en GIL GIL, A.-LACRUZ LÓPEZ J.M.-MELENDO PARDOS, M.-NÚÑEZ FERNÁNDEZ, J.: *Curso de Derecho Penal, Parte General,* Madrid, 2015, pág. 895: "Por ello, si la condena deviene firme con posterioridad al plazo de suspensión, procede la revocación de la misma si el delito se cometió durante dicho plazo y siempre que se cumpla el requisito analizado *supra* (ver último inciso del art. 86.1.a) CP)".

[39] Habría sido deseable que se volviera al sistema anterior a la reforma de 2003 en el que la inscripción era en un registro específico para ello, evitando de este modo el efecto estigmatizador que la misma puede tener en la persona, pero dicha reforma estableció la inscripción de antecedentes penales en el registro general. Así también, CERVELLÓ DONDERIS, Vicenta: "Peligrosidad criminal y pronóstico de comportamiento futuro en la suspensión de la ejecución de la pena", en *La Ley penal,* nº 106, 2014, pág. 5 (Smarteca): "la reforma de 2003 restableció la inscripción general y única de antecedentes penales, recuperando con ello uno de los mayores perjuicios de la prisión, como es la estigmatización de la constancia de antecedentes".

que decaiga la expectativa en la que se fundaba esa decisión[40]; por otra parte, la previsión de que el incumplimiento de los deberes o prohibiciones ha de ser grave o reiterado, de tal manera que ello impedirá que se revoque la suspensión sin más al menor incumplimiento de las mismas.

Entre ambas, hay una posibilidad intermedia, a saber, que el incumplimiento de dichas condiciones, prohibiciones o deberes no tenga el carácter de grave o reiterado, en cuyo caso, el legislador, en aras a conceder una segunda oportunidad al penado, permite imponer nuevas prohibiciones, deberes o condiciones o modificar las ya impuestas; o, en segundo lugar, prorrogar el plazo de suspensión, que no podrá exceder de la mitad de la duración del antes impuesto (art. 86.2).

Esta última precisión tiene su trampa, pues si el sujeto delinque al inicio del plazo de suspensión y consigue una prórroga, al no poder exceder el nuevo plazo de la mitad de la duración del antes impuesto, se podría ver recortado el mismo. Así, si se le impuso un plazo de tres años de suspensión y comete un delito al año, el nuevo plazo no puede ser superior a un año y medio, con lo cual, el período de suspensión resultante sería inferior al inicialmente impuesto. Sin embargo, hay que decir que es una posibilidad escasa y alejada de la realidad, entre otros motivos, porque el sujeto tendría que conseguir que se le concediera esa segunda oportunidad, y que hubiera transcurrido poco tiempo del período de suspensión de pena para que llegara a ser una burla de tal disposición.

De cualquier modo, para conceder una segunda oportunidad por incumplimiento de los requisitos exigidos, el juez o tribunal oirá al Fiscal y a las demás partes (art. 86.4), y cuando lo estime necesario, podrá acordar la celebración de una vista oral y la realización de diligencias de comprobación para resolver (art. 86.4 párrafo 2º).

Específicamente referido a situaciones de drogodelincuencia es el apartado 2 del artículo 87, el cual, tras haber establecido el apartado 1 del mismo que procederá la remisión si ha transcurrido el plazo de suspensión sin delinquir el sujeto –de conformidad con el nuevo sentir de esta exigencia de que en el caso de que hubiera cometido un nuevo delito, éste no haya frustrado las expectativas de la suspensión–, y cumplidas de forma suficiente las reglas del conducta fijadas por el juez o tribunal, exige un propósito más para el adicto, que viene a ser una aspiración del legislador (también una aspiración social), y que no es otro que alcanzar la meta de la deshabituación del sujeto o la continuidad del tratamiento, si éste aún no ha terminado. Así, deberá acreditarse cualquiera de esos dos extremos, o la finalización del tratamiento, o la continuación del mismo.

La redacción es muy semejante a la del primitivo texto de 1995, idéntica en la parte final de dicho apartado, pero sigue sin comprenderse muy bien en qué momento se revocaría la suspensión, caso de tenerlo que hacer, si es en el instan-

---

[40] Así también, CANO CUENCA, cit., pág. 353, quien señala que: "Si se trata de delitos de distinta naturaleza cometidos en contextos diferentes, puede entenderse que el fundamento de la suspensión sigue vigente".

te mismo en el que el sujeto incumple las condiciones (y nos referimos fundamentalmente al abandono del tratamiento), o cuando ha transcurrido el plazo de suspensión, advirtiéndose entonces el fracaso de ésta. Parece razonable que la suspensión se revoque si se advierte el incumplimiento de cualquiera de los requisitos establecidos, y ante el conocimiento de esa exacta circunstancia, como sucede en la suspensión de carácter general, pero la redacción no es rigurosamente precisa en esa línea. Sí es claro que para dar por zanjada la responsabilidad del sujeto por el hecho cometido, tendrá que transcurrir el plazo de suspensión con la acreditación de las condiciones que se establecen junto a la deshabituación o continuidad del tratamiento. Si esto último no se confirma, tendrá que cumplir la pena, pero entendemos que habrá de cumplirse la pena cuando se constate que esa exigencia no se está realizando, sin dejar pasar un plazo de suspensión que puede ser de hasta cinco años. Además, el juez o tribunal tiene la potestad de dar una segunda oportunidad, prorrogando el plazo de suspensión por tiempo no superior a dos años para que continúe el tratamiento si lo estima necesario a la vista de los informes correspondientes (obviamente, se entiende que los otros requisitos sí se están observando). Desde luego que la pretensión del texto se vislumbra claramente, pero en sentido estricto es contradictorio o paradójico estimar necesaria la continuación de un tratamiento que no ha tenido continuidad porque se ha abandonado (recordemos que ya la recaídas no se consideran abandono del tratamiento), razón por la cual procedería el cumplimiento de la pena, puesto que no se ha verificado ni la deshabituación ni la continuidad del tratamiento.

Abundando aún más, si la constatación de las exigencias establecidas se lleva a cabo transcurrido el plazo de suspensión, pongamos por caso el límite superior de éste, o sea, cinco años, y el juez decide conceder una prórroga de dos años, nos encontramos con una pena en suspenso por un período de tiempo –excesivo– de siete años, de modo que si al final tiene que cumplir la condena, lo hará transcurridos esos siete años, cuando ya no tenga sentido ni siquiera la misma[41].

Otra interpretación posible es la antes apuntada, la verificación del cumplimiento de los requisitos controladamente en el tiempo, de modo que el incumplimiento de alguno de ellos dará lugar, en ese momento, a la revocación de la suspensión, pero si se estima necesaria la continuación del tratamiento, podrá darse una nueva oportunidad, y en consecuencia, un nuevo plazo de hasta un máximo de dos años. Aquí sí podría suceder que se lograra un plazo de suspensión mucho más breve. Por ejemplo, se concede la suspensión por un período de cinco años; al año se constata que no sigue el tratamiento, y se considera beneficioso que continúe con él. Entonces, se le concede un nuevo período de suspensión de hasta dos años, o sea, un total de tres años, muy por debajo de los cinco impuestos inicialmente. Para paliar ello, el legislador tendría que haber permitido seguir el tratamiento, pero manteniendo el mínimo del número de años inicialmente

41 ZORRILLA MARTÍNEZ, cit., pág. 132, señala, al respecto, que "aunque el período de prueba transcurra con éxito (sin haber delinquido y habiendo cumplido las reglas de conducta), no se produce una remisión automática de la pena como ocurre en la suspensión ordinaria".

impuesto para la suspensión. Es decir, si la suspensión lo era por cinco años, no se debe poder bajar de esa cifra, cifra que, por otra parte, consideramos excesiva en cualquier caso.

Se observa, además, que hay un *desfase* entre este precepto, mantenido, como hemos dicho, casi en los mismos términos que el originario de 1995, y la nueva redacción ofrecida por la reforma de 2015, a la luz del nuevo inciso del art. 80.5 *in fine*, "No se entenderán abandono las recaídas en el tratamiento si éstas no evidencian un abandono definitivo del tratamiento de deshabituación".

Así, si el texto correspondiente al artículo 87.2 estaba, *en su origen*, pensando en situaciones en las que se producían recaídas, motivo por el cual podía concederse una prórroga del plazo en atención a los informes de los terapeutas, ello ya no tiene razón de ser, desde el momento en el que al no ser éstas abandono, no pueden interrumpir el plazo de suspensión inicialmente establecido, según el sentido del párrafo que así lo señala (art. 80.5 *in fine*). En consecuencia, no se pueden valorar tales recaídas a los efectos de conceder una prórroga del plazo de suspensión determinado en el artículo 87.2, pues en éste la premisa que se establece es que no se acredite la deshabituación o la continuidad del tratamiento, es decir, que haya, por tanto, un abandono definitivo[42].

Tal como ha quedado la redacción global de la suspensión en situaciones de drogodependencia, en los casos de abandono definitivo del tratamiento, puede concederse una prórroga del plazo de suspensión, según el texto, oídos los informes correspondientes. Pero, si el abandono ha sido definitivo, los terapeutas difícilmente podrán emitir un informe favorable a un nuevo intento de tratamiento (no continuidad, porque no la habido). Esta disposición podrá ser de aplicación, pues, en situaciones muy puntuales de abandonos definitivos en los que el sujeto muestre su voluntad inequívoca de volver a intentarlo nuevamente.

Tras lo dicho, cabe cuestionarse hasta qué punto se debe exigir esa rehabilitación o deshabituación si el sujeto, transcurrido el plazo de suspensión fijado, no ha delinquido, pues como señala CANO PAÑOS, "El Estado no puede obligar al condenado a curarse amenazándolo con hacer cumplir la pena de prisión suspendida"[43]. Es cierto que el drogo-delincuente tiene una oportunidad cuyos requisitos, mucho más flexibles que en origen, precisamente por su especial situación (entre otros, condena de hasta cinco años de prisión), le han otorgado una buena

---

42 Sobre la posibilidad de imponer un nuevo plazo, o la prórroga del plazo, se pronunció críticamente en el año 1996 PRATS CANUT, Josep Miquel: *Comentarios al Nuevo Código Penal*, Dir. Quintero Olivares, G., Pamplona, 1996, pág. 479, no sólo por entender que se contradicen los principios del régimen general de la medidas de seguridad privativas de libertad, según el cual la sentencia fijará el plazo máximo de duración de dicha medida, sino también porque "es inevitable preguntarse si una vez el condenado ha llevado a cabo una conducta que le hace acreedor a la rehabilitación, por cumplir las condiciones impuestas en sentencia, está legitimado el Estado a imponerle un plus de tratamiento curativo, en un razonamiento que se aleja de la peligrosidad criminal, para adentrarnos en el terreno de la peligrosidad social".

43 CANO PAÑOS, cit., pág. 124.

ocasión para dejar el consumo, pero habrá supuestos en los que ni el sujeto ni los terapeutas junto con él puedan lograr el objetivo propuesto, por lo que en circunstancias excepcionales en las que el adicto no haya vuelto a delinquir, habría que plantearse la necesidad de la pena, cuando se constate de modo palpable que ha puesto todo su esfuerzo y su energía en salir de su adicción, lo que pondrán de relieve los informes de los especialistas que lo han tratado. Pero a día de hoy, si el sujeto ha seguido el tratamiento durante mucho tiempo y al final vuelve a consumir, nada de ese lapso se le va a tener en cuenta en orden a la reducción de la pena; a mayor abundamiento, no queda claro que el período que haya transcurrido en centro de internamiento pueda ser descontado de la condena, que ahora tendrá que cumplir por no acreditar el requisito de no ser consumidor[44], siendo, no obstante, lo jurídicamente correcto que se produzca tal reducción, tanto en el caso de la medida de seguridad privativa de libertad como por el tiempo que ha seguido tratamiento ambulatorio sin privación de libertad, pero con control de su situación, pues en ambos escenarios se ha sometido a unas pautas y a un régimen, y así consta en los archivos del centro, aunque finalmente haya derivado en el fracaso. Cabe exigir lo exigible, por supuesto que no vuelva a delinquir durante el período de suspensión, y por supuesto también, que siga un tratamiento de deshabituación, pero cosa distinta es que finalmente consiga mantener la abstinencia. Estamos, pues, ante una perspectiva del Estado excesivamente moralista que controla, no ya la trasgresión de la norma, lo que es lógico, pues un delito no va a quedar sin respuesta, ni una pena va a quedar sin cumplir si más, sino que ese Estado-papá está al tanto de si el ciudadano consume o no drogas, al margen de que mantenga una conducta intachable, y al margen también de sus denodados intentos por conseguir no drogarse. Así, el esfuerzo que realizó para lograrlo, una aspiración que finalmente ha devenido inalcanzable, podrá no ser computado en ninguna medida.

III. VALORACIÓN DE LA SUSPENSIÓN DE LA PENA COMO ALTERNATIVA A LA PENA DE PRISIÓN

El objetivo fundamental de nuestro sistema penal es evitar la comisión de hechos delictivos, razón por la cual, forzosamente recurre a mecanismos de control de especial gravedad, como es la privación de libertad. Sin embargo, la evolución

---

[44] En este sentido, ZORRILLA MARTÍNEZ, cit., pág. 132: "De modo que, incluso si una persona ha cumplido rigurosamente y de forma continuada el tratamiento durante años, pero lo abandona antes del plazo indicado, se impondrá la pena de prisión original ignorando el tiempo de proceso terapéutico que ha continuado hasta la fecha". Esta autora hace, además, varias propuestas para aumentar la aplicación de la suspensión de la pena en drogodependientes basadas en instituciones del ámbito comparado. Por el contrario, a favor del descuento en la medida de internamiento, CANO PAÑOS, cit., pág. 119: "En este caso, y ante el silencio del legislador al respecto, habría que interpretar que el tiempo de internamiento que el penado sometido a tratamiento haya pasado en un Centro de deshabituación debería serle descontado de la ejecución de la pena".

humana aconseja recurrir a los medios más respetuosos con los derechos fundamentales de la persona, sin olvidar la necesaria intervención del sistema judicial y penitenciario. La suspensión de la pena, institución presente desde el año 1908 en España[45] es, qué duda cabe, un importantísimo avance en ese sentido, permitiendo, como es de sobra conocido, numerosos beneficios, principalmente para el penado, sin que deba resentirse por ello la sociedad, y la necesaria prevención general, ya sea positiva o negativa, o ambas, como objetivo de la pena, lo que entendemos que no sucede a la luz de los precedentes a lo largo de los años de aplicación de la misma. Sin embargo, seguimos estando, una vez más, ante el dilema ¿Prevención general o prevención especial? ¿Debe ceder la prevención general frente a la prevención especial?[46] Como señala GARCÍA ALBERO, "en pocas instituciones como ésta se hace visible la opción político criminal del legislador en torno a las funciones y finalidades de la pena y en concreto a la siempre irresuelta tensión (antinomia) entre las necesidades retributivas y preventivo generales, por un lado y los requerimientos de la prevención especial, fundamentalmente positiva, por otro"[47].

Desde nuestra perspectiva, otorgamos primacía a la prevención general como soporte del sistema penal; así, en aquellos casos en los que ésta puede peligrar, la prevención especial debe ceder su perspectiva individualista en aras a la protección de la sociedad[48]. Sin embargo, cuando hablamos de suspensión de la ejecución de la pena, hay que valorar que el contagio criminógeno que se produce con las estancias cortas en prisión aconsejan su aplicación, tanto de cara a la prevención especial (desde luego, la más potente en este contexto) como de cara a la prevención general, pues la sociedad se verá protegida en mayor medida con la certeza de que no se va a crear un nuevo delincuente en prisión[49]. De este

[45] Así lo recoge MIR PUIG, cit., pág. 727: "Este último sistema, bajo el nombre de «condena condicional», fue acogido en el Derecho español por virtud de la Ley de 17 de marzo 1908, y se incorporó al Código penal". Se refiere al sistema franco-belga del "sursis".

[46] Sobre esta temática, vid., por todos, CARDENAL MONTRAVETA, Sergi: "Función de la pena y suspensión de su ejecución ¿Ya no "se atenderá fundamentalmente a la peligrosidad criminal del sujeto"?, en *In Dret. Revista para el análisis del Derecho*, Barcelona, 2015 (disponible en Internet).

[47] GARCÍA ALBERO, cit., págs. 143-144.

[48] En este sentido, señala CARDENAL MONTRAVETA, *Comentarios al Código Penal...*, cit., pág. 312: "El fundamento de la suspensión radica, en primer lugar, en evitar la ejecución (sobre todo, el ingreso en prisión) cuando ello no resulte necesario desde el punto de vista preventivo especial, o atendiendo a sus efectos criminógenos. A este fundamento preventivo especial, algunos autores y diversas resoluciones judiciales añadimos la exigencia de que la suspensión no resulte incompatible con la función de prevención general, que puede ser suficiente para justificar la ejecución de penas de hasta dos años, aunque concurran los requisitos previstos en el art. 80.2.".

[49] Así, CANO PAÑOS, cit., pág. 92: "El fundamento de la suspensión de la ejecución de la pena para sujetos drogodependientes ha de buscarse, al igual que sucede en el caso del régimen ordinario, en la idea de que las penas cortas privativas de libertad perjudican gravemente a los sujetos a quienes se aplican, frustrándose en ellos los fines de prevención especial positiva". También, CERVELLÓ DONDERIS, cit., pág. 4, señala que las penas cortas de prisión presentan

modo, en todos aquellos supuestos en los que ha de preponderar precisamente la reinserción social y la concesión de una segunda oportunidad al autor de un hecho, debe ser de aplicación, sobre la base de la confianza que ha adquirido el juez de que no va a volver a delinquir, al haber constituido dicha trasgresión un hecho episódico en su vida –delincuente ocasional–[50], o poder lograr objetivos de abstinencia en la comisión de infracciones penales, caso de no tratarse de un delincuente primario.

El reverso de ello es asumir que la prisión, pese a las metas de prevención tanto general como especial que se plantea y altruistamente se le reconocen, no es el lugar recomendable para evitar en el futuro la comisión de delitos[51]. Con mayor motivo, cuando el hecho infractor ha sido dirigido por un agente extrínseco como es el consumo de drogas, lo más acorde con la realidad de dichas personas será su tratamiento externo y el control periódico de las mismas[52]. En esta línea, CARDENAL MONTRAVETA, para quien no siempre la suspensión de la pena debe interpretarse otorgando preferencia a la prevención especial[53], entiende que "cuando sí se asocien efectos criminógenos a la ejecución de la pena, en principio el saldo preventivo global de las distintas alternativas y, en su caso, el principio de proporcionalidad, justificarán la suspensión. El mismo razonamiento explica y justifica, también, el régimen previsto en el art. 80.5 CP (y antes en el art. 87 CP), para los supuestos en los que el delito se ha cometido a causa de la dependencia de las sustancias señaladas en el numeral 2.º del art. 20 CP"[54].

La nueva regulación resultante de la reforma de 2015 ha dado algunos pasos interesantes en orden a pulir la institución de la suspensión de la pena como sustituto cierto, eficaz y eficiente de la pena. Qué duda cabe que la prevención especial se ha visto acentuada al valorar incidencias personales, y en concreto, al incre-

---

numerosos inconvenientes, como: "no permitir el tratamiento por su brevedad, desocializar por la pérdida de empleo y el alejamiento de la familia y allegados, favorecer el contagio criminal y no evitar el estigma de haber pasado por la cárcel".

[50] Al respecto, vid. el estudio de CID MOLINÉ, José: "La suspensión de la pena en España: descarcelación y reincidencia", en *Revista de Derecho Penal y Criminología*, nº 15, 2005, págs. 223-239, en el que tras una investigación que lleva a cabo el seguimiento de 119 personas a las que les fue otorgada la suspensión de la pena. De ellos, sólo el 17,4% ha reincidido en un seguimiento de 5 años (pág. 236).

[51] Así, CERVELLÓ DONDERIS, cit., pág. 4, quien señala que "la crisis de la pena de prisión desarrollada a partir de los años 70 se llevó por delante también el ideal resocializador, dando lugar al abandono doctrinal de la pena de prisión por entender que no sirve para nada más que para aislar al sujeto de la sociedad, que es incapaz de evitar la reincidencia, y que el tratamiento penitenciario no se puede entender como un tratamiento clínico dirigido a cambiar a las personas apartándolas del delito, porque la exigencia de respeto a la dignidad humana impide imponer los valores sociales mayoritarios".

[52] ADAM-FRANCÈS, cit., pág. 34, señalan que a pesar de ser muy elevada la reincidencia en sujetos drogodependientes, "dentro de esta situación se observa que, tanto la reincidencia como la deshabituación obtienen cifras más positivas con tratamientos fuera de prisión que únicamente intrapenitenciarios".

[53] CARDENAL MONTRAVETA, "Función de la pena…", cit., pág. 25.

[54] CARDENAL MONTRAVETA, "Función de la pena…", cit., pág. 24.

mentar la discrecionalidad del juez en aras a suspender la pena atendiendo a las circunstancias desglosadas que recoge el artículo 80.1 párrafo 2º, que aunque pudieran ser vistas puramente tan sólo como la anterior referencia a la peligrosidad criminal del sujeto[55], en realidad es una clara alusión a la atención personalizada y pormenorizada de la situación del infractor y de la necesidad o no de suspender su pena, como también sucede con la valoración de los antecedentes que puedan resultar irrelevantes para tal decisión[56], y todo ello con la mirada puesta en el futuro, en la previsión de que esa ejecución no sea necesaria para evitar un nuevo delito, previsión que constituye el salvoconducto para no ingresar en prisión.

A partir de esa perspectiva de que es deducible que no hay un pronóstico de comisión de un nuevo delito, la suspensión sin más no puede sostenerse, sino que debe someterse a determinados límites y requerimientos, pero estos requerimientos tampoco aparecen ya, ni deben considerarse como insalvables, sino interpretados con la flexibilidad que las circunstancias del caso reclamen. Así, requisito *sine qua non* lo ha sido históricamente la no comisión de un nuevo delito durante el plazo que se señale, exigencia que si bien apareció siempre como insoslayable para quien se veía beneficiado por la suspensión, a día de hoy, y tras la mencionada reforma de 2015, no figura como infranqueable. El logro en ese sentido ya ha sido puesto de manifiesto por la doctrina[57], buen criterio al que nos sumamos.

Por otro lado, también es necesario valorar que el posible resentimiento de la prevención general que pudiera producirse se ve paliado por la potestad del juez o tribunal de imponer las medidas establecidas en el artículo 84, fundamentalmente la 2ª y 3ª del mismo, ya que en ellas lo que existe realmente, como ya ha sido dicho, es una sustitución de la pena privativa de libertad por otra pena, ya sea de multa o de trabajos en beneficio de la comunidad[58].

---

[55] Así, BARQUÍN SANZ, cit., pág. 229. Ampliamente, y de gran interés sobre la valoración del concepto de peligrosidad criminal en la suspensión de la ejecución de la pena antes de la reforma de 2015, *vid.* CERVELLÓ DONDERIS, cit., págs. 7-11, quien también analiza los métodos jurídico-criminológicos de acreditación de la peligrosidad criminal.

[56] Sobre los antecedentes, entiende ROIG TORRES, cit., pág. 325, que "debería acotarse la mención a los penales, de acuerdo con la exigencia de taxatividad necesaria para garantizar la seguridad jurídica, puesto que bajo esa expresión amplia podrían apreciarse otros datos". De hecho, señala esta autora, "la reforma ha estado influida por el artículo 56 del Código penal alemán, donde se aprecian para resolver la suspensión, los antecedentes vitales (*Vorleben*) del condenado y en este apartado el Tribunal Supremo alemán ha afirmado que cabe estimar, por ejemplo, los delitos anteriores del sujeto aunque no haya recaído sentencia firme, los que realice durante el proceso, e incluso la privación de libertad acordada en este periodo en otra causa".

[57] Así, BARQUÍN SANZ, cit., pág. 247: "Se trata de un paso adelante frente a la anterior regulación, que establecía un automatismo vinculante para los jueces, incluso aunque se tratase de un delito de escasa entidad y sin relación alguna con la esfera de actuación en la que se enmarcara la conducta delictiva por la que el sujeto fue en su día condenado".

[58] En este sentido, CARDENAL MONTRAVETA, "Función de la pena...", cit., pág. 24, sobre un grupo de casos en los que no aprecia necesario el cumplimiento de la pena por no considerar que se resienta la prevención general, señala que ésta "puede satisfacerse parcialmente imponiendo alguna de las "prestaciones o medidas" previstas en el art. 84 CP. Se refiere

De nuevo, y en relación más concreta con el drogodependiente, es evidente que el legislador penal, ya desde el año 1988 en que se introduce en el texto punitivo de 1973 la suspensión para este tipo de situaciones en el artículo 93 bis del mismo[59], llevó a cabo, desde luego, un acto de valentía, al advertir que la solución a la delincuencia denominada funcional no debía de estar en prisión, ofreciendo una alternativa –aún muy limitada entonces– que tratase al afectado para acabar de este modo con la causa de dicha delincuencia. Las cosas no eran nada fáciles en aquella época, y las muertes por sobredosis eran frecuentes, además de las dificultades para conseguir la abstinencia, lo que motivó la incorporación de programas de reducción del daño que introdujeron una alternativa a la heroína que se compraba en el mercado ilícito; era la metadona. Sin embargo, tampoco ello solventó el problema en muchos adictos, acostumbrados a consumir en su "medio" y no con la asepsia que les proporcionaba un centro sanitario o de atención al toxicómano. En ese origen, a pesar de sus muchas limitaciones, ya reseñadas anteriormente[60], podemos cifrar la opción legislativa orientada a otorgar a la suspensión carta de naturaleza como acertada alternativa a la pena de prisión. Si en algún campo debemos dar prioridad a la prevención especial sobre la general, éste es, precisamente, uno de ellos, aun cuando las penas que puedan imponerse puedan llegar a la nada despreciable condena de hasta cinco años de prisión. Permanecer anclados en una visión carcelaria decimonónica no tiene, a día de hoy, ni sentido, ni por supuesto futuro. Frente a los condicionamientos sociales y periodísticos, el penalista tiene que continuar su labor, serena y sensata, dando carta de naturaleza a alternativas que ponderadamente han manifestado sus bondades en el tratamiento de determinado tipo de infractor, con resultados mucho más beneficiosos a nivel personal y social que los estigmas individuales que habría ocasionado su paso por prisión. Como bien dice MIR PUIG, "el rasgo tal vez más llamativo de la evolución de los sistemas penales actuales es la previsión en ellos de mecanismos tendentes a evitar la aplicación de penas privativas de libertad no absolutamente necesarias"[61].

---

a casos en los que los delitos sean de escasa gravedad y en los que atendiendo a la eficacia preventiva de la ejecución de la pena o a las consecuencias del delito, la pena se perciba como una respuesta desproporcionada.

[59] Precisamente en un momento no excesivamente propicio para ello por la alarma social generada como consecuencia de los numerosos delitos cometidos por adictos, –en los años 90, casi de modo exclusivo a la heroína–, condicionados por la necesidad de obtener de nuevo la sustancia para paliar el síndrome de abstinencia que dicho opiáceo había logrado instalar en escaso período de tiempo en el consumidor, necesitado de una dosis cada vez más elevada y con menos intervalos de tiempo entre una y otra debido a la tolerancia de dicha sustancia, la "reina" en aquel entonces.

[60] Sobre todo la relativa al límite de pena. Así también, CANO PAÑOS, cit., pág. 96, quien pone de relieve que este artículo 93 bis fue objeto de numerosas críticas por parte de la doctrina, que entendía que las limitaciones del mismo lo convertían en una disposición inútil o incluso contraproducente para los propios afectados.

[61] MIR PUIG, cit., pág. 725.

Capítulo noveno
Sustitución y expulsión de extranjeros

Belén Macías Espejo
Profesora de Derecho Penal. Universidad de Jaén

Sumario: I. Introducción.- II. Naturaleza.- III. Ámbito subjetivo.- IV. Ámbito objetivo: *1. Supuestos de expulsión 2. Improcedencia de la expulsión*.- V. Procedimiento.- VI. Efectos.- VII. Consecuencias del incumplimiento de la prohibición de regreso.- VIII. Internamiento a la espera de expulsión e imposibilidad de ejecución de la expulsión.- IX. Comisión de delitos en virtud de los cuales no procede la expulsión.- X. Toma de posición.

I. INTRODUCCIÓN

La expulsión de los ciudadanos extranjeros, prevista en el art. 89 del Código Penal, es una medida sustitutiva de la pena de prisión en virtud de la cual pueden quedar restringidos los derechos a entrar, residir o transitar por territorio nacional, en el sentido de regulación de la política inmigratoria que corresponde al Gobierno, así como la administración o gestión penitenciaria.

El artículo 21.2 de la Ley Orgánica 7/1985, de 1 de julio, sobre derechos y libertades de los extranjeros en España, fue la primera norma –tras la vigencia de la Constitución– que reguló la expulsión sustitutiva judicial. Posteriormente, fue introducida en el artículo 89 por el Código Penal de 1995. Desde entonces, este precepto ha sido reformado en cuatro ocasiones[1], lo que revela, dice MANZANARES

[1] En concreto, tales modificaciones proceden de las Leyes Orgánicas 8/2000, 11/2003, 5/2010 y 1/2015. La primera introdujo la exclusión expresa de la expulsión a los condenados por la comisión de los delitos referidos en los arts. 312, 318 bis, 515.6.o, 517 y 518. La segunda hizo alusión a la exigencia de que la sustitución se acordara en la sentencia; eliminó las referencias legales a la necesidad de oír al penado antes de su expulsión y las consecuencias de que se incumpliera la prohibición de regreso, cuyo plazo se amplió.

Por su parte, la LO 5/2010, dejó sin efecto muchas de las reformas introducidas por la LO 11/2003, que habían sido matizadas a través de la lectura constitucional que la jurisdicción hizo de esta regulación; destacando, como modificaciones más relevantes: a) exigencia expresa de la audiencia del penado y de las partes personadas, además del Ministerio Fiscal; b) eliminación de la referencia al carácter excepcional del cumplimiento de la condena en España; c) introducción de la posibilidad de acordar la expulsión en un auto motivado posterior a la sentencia; d) modificación de los plazos de duración de la expulsión; f) regulación expresa de las consecuencias del

SAMANIEGO, «los titubeos del legislador en perjuicio de la más elemental seguridad jurídica»[2].

Así, todas las modificaciones llevadas a cabo en el régimen jurídico de la expulsión sustitutiva penal han estado directamente condicionadas no tanto por la evolución de los flujos migratorios hacia España, como por el aumento significativo de la población extranjera recluida en los centros penitenciarios españoles (actualmente alcanza casi el treinta por ciento del total)[3].

Por tanto, parece que la sustitución de la pena de prisión por expulsión del territorio responde a una política de extranjería que quiere evitar que permanezcan en España, y/o regresen a este país, quienes han sido condenados por la comisión de un delito, salvo que la expulsión comprometa gravemente la función

---

regreso a España del extranjero expulsado; g) previsión expresa de la aplicación de los arts. 80 a 88 cuando no pueda llevarse a efecto la expulsión acordada; h) ampliación de los supuestos en los que puede acordarse la expulsión tras el cumplimiento parcial en España de las penas privativas de libertad impuestas; i) modificación del listado de delitos respecto de los cuales no puede sustituirse la pena impuesta por expulsión; j) previsión en el CP del ingreso del condenado en un centro de internamiento para extranjeros con el fin de asegurar la expulsión.

La LO 1/2015 mantiene la referencia a la necesidad de audiencia al Fiscal y las demás partes, así como la posibilidad de acordar la expulsión una vez declarada la sentencia, la duración del plazo de expulsión, la posibilidad de suspender la ejecución de la pena de prisión cuando la expulsión no pudiera llevarse a cabo, la ampliación de la posibilidad de que la expulsión se produzca tras el cumplimiento parcial de las penas y la posibilidad de acordar el internamiento para garantizar la expulsión. Si bien, introduce como cambios más relevantes: a) la no delimitación del ámbito subjetivo de aplicación, con referencia a «ciudadano extranjero» (en consecuencia, también, extranjero residente legalmente en España) y regulación, de forma específica, de la expulsión de ciudadanos de la Unión Europea; b) referencia al carácter excepcional de la ejecución de una parte de la pena, que se vincula al hecho de que «resulte necesario para asegurar la defensa del orden jurídico y restablecer la confianza en la vigencia de la norma infringida por el delito», aunque se indica expresamente que no procederá la expulsión cuando resulte desproporcionada; c) modificación de la regulación de las consecuencias del regreso a España; d) exclusión de la posibilidad de sustituir las penas impuestas por la comisión de los delitos a los que se refiere el art. 177 bis. Además, se precisa que, tras esta reforma, el art. 89 se refiere en exclusiva a la pena de prisión, dejando a un lado las dudas de si las penas de localización permanente y responsabilidad personal subsidiaria podían sustituirse por la expulsión.

En esta línea, vid.: CANO CUENCA, A. "Suspensión de ejecución de la pena condicionada al cumplimiento de prohibiciones y deberes. Especial consideración de la expulsión de los extranjeros. La sustitución de la pena de prisión por la expulsión (arts. 83, 84, 85, 86, 87 y 308 bis y 89)". En *Comentarios a la reforma del Código Penal de 2015*. 2ªed. Dir. González Cussac, Coords. Górriz Royo-Matallín Evangelio. Valencia, 2015, pág. 367.CARDENAL MONTRAVETA, S. "Sección 2ª. De la sustitución de las penas privativas de libertad". En *Comentarios al Código Penal. Reforma LO 1/2015 y LO 2/2015*. Dirs. Corcoy Bidasolo-Mir Puig, Coord. Vera Sánchez. Valencia, 2015, págs. 344 y 345.

[2] MANZANARES SAMANIEGO, J.L. *La reforma del Código Penal de 2015. Conforme a las Leyes Orgánicas 1 y 2/2015, de 30 de marzo*. Madrid, 2015, pág. 106.

[3] Circular Fiscalía General del Estado 7/2015, de 17 de noviembre sobre la expulsión de ciudadanos extranjeros como medida sustitutiva de la pena de prisión tras la reforma operada por LO 1/2015, pág. 2.

preventiva del Derecho penal o que resulte desproporcionada, atendiendo a la pena impuesta o a las circunstancias del condenado.

Se trata, en definitiva, de evitar que la sustitución de la pena de prisión por la expulsión tenga un efecto criminógeno en aquellos que carecen de arraigo en España y de interés por permanecer en nuestro país[4].

En tal sentido, la Exposición de Motivos de la LO 1/2015, señala que «la reforma combina la búsqueda de la eficacia con un escrupuloso respeto de los derechos individuales: se ajusta el límite de pena a partir del cual podrá acordarse la expulsión a la regulación contenida en la legislación de extranjería; los jueces y tribunales deberán establecer, en todo caso, qué parte de la pena impuesta debe ser cumplida efectivamente en prisión, cuando se hayan impuesto penas de más de tres años; y la sustitución se condiciona, en todos los casos, a la proporcionalidad de la medida».

Si bien, no hay que olvidar que esta institución es, en muchos supuestos, de difícil ejecución debido a los múltiples presupuestos jurídicos que la regulan. En unos casos porque es imposible determinar la nacionalidad del afectado, en otros porque las autoridades del Estado de origen se niegan a documentar al penado o aceptar su retorno, otras veces porque la repatriación tiene un costo tan elevado que superaría con creces cualquier previsión presupuestaria; en otros supuestos porque la devolución a su país de origen puede poner en grave riesgo la integridad y la vida del repatriado, etc.[5]

Indudablemente, su implantación es fuente de conflictos de variada naturaleza; por lo que se deben establecer determinados límites objetivos, con el fin de evitar situaciones de impunidad en detrimento del principio de prevención general, así como delimitación del ámbito subjetivo de aplicación derivado del principio de proporcionalidad que, en caso contrario, puede provocar situaciones discriminatorias en la aplicación de la ley penal basadas exclusivamente en la nacionalidad del condenado.

Y es que su aplicación puede llegar a anular la previsión constitucional de que las penas y medidas de seguridad estarán orientadas hacia la reeducación y reinserción social (artículo 25.2 CE).

II. NATURALEZA

Antes de entrar a interpretar el contenido del artículo 89 CP, conviene anticipar una reflexión sobre una de las cuestiones que más controversia se plantea en relación con este precepto, la naturaleza de la expulsión en él contenida.

---

[4] CARDENAL MONTRAVETA, S. "Sección 2ª. De la sustitución...", cit., pág. 348.

[5] Vid., en esta línea, Circular 7/2015 de la Fiscalía General del Estado..., cit., pág. 1.

Ello, con el objetivo de poder determinar si la nueva redacción del artículo 89 permite matizar los posicionamientos doctrinales y si esto puede afectar al contenido del precepto.

A este respecto, lo primero que cabe decir es que la reforma desarrollada por la LO 1/2015 no ha solventado el debate acerca de la naturaleza de la expulsión de la forma más sencilla. Cabe reseñar, en esta línea, las distintas opciones planteadas por nuestra doctrina.

En primer término, su propia ubicación sistemática –recordamos, el artículo 89 forma parte del Capítulo III («*De las formas sustitutivas de la ejecución de las penas privativas de libertad y de la libertad condicional*») del Título III, del Libro I; permaneciendo, tras la reforma, en la Sección 2ª («*De la sustitución de las penas privativas de libertad*») y siendo, desde julio de 2015, la única forma de sustitución– puede llevarnos a entender que la sustitución supone cambiar el cumplimiento de la pena privativa de libertad por otra pena[6]. En tal sentido, FERNÁNDEZ ARÉVALO, salvando la legitimidad de tal institución, la considera como una forma sustitutiva de la ejecución de las penas privativas de libertad[7]; si bien, hemos de precisar que, tras la reforma de la LO 1/2015, cabe referenciar pena de prisión en lugar de penas privativas de libertad.

Esto no obstante, la nueva regulación del artículo 89 CP prevé la posibilidad de que el juez imponga el cumplimiento de la totalidad de la pena de prisión antes de imponer la expulsión, por lo que, en tal caso, la expulsión puede perder cualquier posibilidad de ser considerada como una forma de sustitución, teniendo que configurarse como otra modalidad de respuesta. A lo que sumamos que su omisión en el catálogo de penas del artículo 33[8], determinada como la solución más plausible[9], impide considerar como tal una consecuencia que no esté incluida en ese artículo[10].

A tal respecto, autores como MAQUEDA ABREU, han incidido en el fraude de etiquetas, en cuanto a desconocer la condición de pena en la expulsión, acudiendo a criterios materiales frente a los formales del elenco del art. 33CP[11].

---

[6] Motivo por el cual es determinada como «una mala consideración como sustitución de la pena de prisión, puesto que ésta no se sustituye por otra, sino que se decreta en unos casos la expulsión del condenado del territorio, mientras en otros se cumple al menos una parte de la pena cuando resulte necesario para asegurar la defensa del orden público y restablecer la confianza en la vigencia de la norma infringida», en AA.VV. *Introducción al Derecho Penal.* Coord. Lascuraín Sánchez. 2ª ed. Navarra, 2015, pág. 364.

[7] Tomado de BOZA MARTÍNEZ, D. "La naturaleza de la expulsión...", cit., pág. 6.

[8] Así como su no previsión entre las penas de los arts. 35 y 39, según menciona CARDENAL MONTRAVETA, en CARDENAL MONTRAVETA, S. "Sección 2ª. De la sustitución...", cit., págs. 345 y 346.

[9] BOZA MARTÍNEZ, D. "La naturaleza de la expulsión del artículo 89. La norma penal al servicio de la política migratoria: la expulsión de condenados por sentencia penal. El nuevo artículo 89 CP". En *Monografía de Revista de Derecho y Proceso Penal.* 2016, pág. 1.

[10] AA.VV. *Introducción al Derecho Penal...*, cit., pág. 364.

[11] MAQUEDA ABREU, M. L. "¿Es constitucional la expulsión penal del extranjero?". En *Los derechos humanos. Libro homenaje al Excmo. Sr. D. Luis Portero.* Dirs. Zugaldía Espinar-Roca Roca. Granada, 2001, págs. 509 y ss.

Por su parte, SÁNCHEZ GARCÍA DE PAZ, niega el carácter de pena[12], atendiendo al Auto del Tribunal Constitucional número 106/1995, de 17 de abril (RTC 1997\106), en virtud del cual, según se señala en su fundamento de derecho segundo, «ni en rigor puede decirse que tal expulsión sea una pena –lo que quedaría demostrado, entre otras cosas, por el hecho de no venir expresamente mencionada en el catálogo que de las mismas se establece en el art. 33 del Código Penal de 1995–».

En el mismo sentido, ORTS BERENGUER-GONZÁLEZ CUSSAC determinan que formalmente no es una pena, ya que no se encuentra en el catálogo del art. 33 CP[13]. A lo que, en aras a la legalidad penal, MUÑOZ LORENTE añade que si la expulsión no es una pena por no estar en el artículo 33 CP, su imposición será contraria a tal principio[14].

Así, dada la indeterminada naturaleza de la institución que estamos analizando, una corriente se inclina por entender la expulsión de extranjeros del art. 89 como una medida de seguridad[15].

Posición acogida, tras la reforma de la LO 11/2003, por el Tribunal Supremo. A tal respecto, la Sentencia 901/2004, de 8 de julio de 2004 (RJ 2004\4291), afirma, fundamento segundo, que: «las dudas que habían surgido antes, respecto a la naturaleza de la expulsión, han quedado aclaradas ya que se está en presencia de una medida de seguridad no privativa de la libertad como lo patentiza la reforma del artículo 96 llevada a cabo –en este caso– por la LO 15/2003 que entrará en vigor el 1 de octubre de este año de 2004. En el párrafo 3.o apartado segundo, se califica como medida de seguridad no privativa de la libertad la expulsión de extranjeros».

En efecto, la expulsión de extranjeros no residentes legalmente en España aparece en el catálogo de medidas de seguridad, en el artículo 96.3.2ª y, en consecuencia, las diferentes referencias que el Código hace a la expulsión de extranjeros no residentes legalmente en nuestro país se entiende puede serlo en su condición de medida de seguridad.

Esto no obstante, la justificación de este razonamiento sistemático choca con la propia naturaleza y regulación legal de tales medidas. En tal sentido, desde

---

[12] SÁNCHEZ GARCÍA DE PAZ, I., *Comentarios prácticos al Código Penal. Tomo I. Parte General. Artículos 1-137*. Dir. Gómez Tomillo. Navarra, 2015, pág. 791.

[13] ORTS BERENGUER, E.-GONZÁLEZ CUSSAC, J.L. *Compendio de Derecho Penal. Parte General*. 5ªed. Valencia, 2015, pág. 527.

[14] MUÑOZ LORENTE, J. "La expulsión del extranjero como medida sustitutiva de las penas privativas de libertad: el artículo 89 del CP tras su reforma por la Ley Orgánica 11/2003". En *Revista de Derecho Penal y Criminología*, 2ª época, número extraordinario 2 (2004), pág. 478.

[15] En esta línea, MAPELLI CAFFARENA, B. *Las consecuencias jurídicas del delito*. Navarra, 2005, pág. 109. AA.VV. *Curso de Derecho Penal. Parte General*. 2ªed. Madrid, 2015, pág. 921. GARCÍA SAN MARTÍN, J. *Las medidas alternativas al cumplimiento de las penas privativas de libertad. Adaptado a la reforma del Código Penal y de la Ley de Enjuiciamiento Criminal de 2015*. Madrid, 2015, pág. 166.

la visión legal de la medida de seguridad, ésta es una respuesta penal frente a la comisión de un hecho delictivo por sujetos inimputables y su imposición está relacionada con un pronóstico de peligrosidad criminal[16].

Y es que los presupuestos para la imposición de una medida de seguridad –comisión de un hecho tipificado como delito, condición de inimputable del sujeto activo y constatación de la peligrosidad delictiva– difieren de los de la imposición de la pena y no resultan exigidos en la expulsión del artículo 89 CP[17].

Ciertamente, las últimas reformas penales han ido conduciendo hacia la relativización de esta vinculación entre inimputabilidad y medidas de seguridad, con la introducción de figuras como la libertad vigilada a partir de la LO 5/2010. No obstante, incluso en este contexto, se debe advertir la necesidad de un pronóstico de peligrosidad, aún cuando venga derivado por presunción del tipo de delito cometido.

Así, consideramos que tal apreciación sólo se puede salvar relacionando la aplicación de la medida de seguridad a un pronóstico de peligrosidad presunto, derivado *per se* de la condición de extranjeros de los afectados. Y esta perspectiva, sin embargo, no toma en consideración los fines preventivos especiales propios de las medidas de seguridad, que no estarían presentes en la medida de expulsión y, menos aún, si se aplica de forma automatizada, tal y como ha venido exigiendo nuestro Texto punitivo desde el año 2003[18]. Faltaría, en todo caso, la intervención terapéutica específicamente dirigida a la reducción de la peligrosidad, característica esencial de las medidas de seguridad[19]; y, también, carecería la expulsión, en cuanto a medida de seguridad, de la posibilidad de control prolongado en el tiempo, tal y como exige el artículo 97 CP.

A tal respecto, la consideración de la expulsión del extranjero como medida de seguridad requeriría, dice BOZA MARTÍNEZ, una valoración de excepcionali-

---

[16] BOZA MARTÍNEZ, D. "La naturaleza de la expulsión...", cit., pág. 3.

En efecto, el art. 6.1 CP determina que «las medidas de seguridad se fundamentan en la peligrosidad criminal del sujeto al que se impongan, exteriorizada en la comisión de un hecho previsto como delito». Del igual modo, el art. 95.1.2ª CP establece que «las medidas de seguridad se aplicarán por el Juez o Tribunal, previos los informes que estime convenientes, a las personas que se encuentren en los supuestos previstos en el capítulo siguiente de este Código, siempre que concurran estas circunstancias: 2ª Que del hecho y de las circunstancias personales del sujeto pueda deducirse un pronóstico de comportamiento futuro que revele la probabilidad de comisión de nuevos delitos». Y, en el mismo sentido, el art. 101 y ss. CP vienen a exigir, para la aplicación de una medida de seguridad, que el sujeto haya sido declarado exento de responsabilidad criminal, conforme a los números 1º. 2º, 3º del art. 20 o en los supuestos de eximente incompleta, del art. 21.1º, en relación a dichos preceptos.

[17] En este sentido, ASÚA BATARRITA, A. "La expulsión del extranjero como alternativa a la pena: incongruencias de la subordinación del Derecho penal a las políticas del control de la inmigración". En *Inmigración y derecho penal: bases para su debate*. Valencia, 2001, pág. 60.

[18] AA.VV. *Curso de Derecho Penal. Parte General...*, cit., pág. 921. Igualmente crítica con este planteamiento, ALMEIDA HERRERO, C. "Pena de prisión y extranjería: algunas especialidades legislativas". En *Cuadernos de Derecho penitenciario*, número 16, Los extranjeros en los Centros penitenciarios, pág. 8.

[19] ASÚA BATARRITA, A. "La expulsión del extranjero...", cit., pág. 96.

dad, bien en entender la posibilidad de aplicar una medida de seguridad a imputables sin pronóstico de peligrosidad, bien en aceptar una presunción de peligrosidad genérica y no individualizada, sin control de su evolución[20].

A lo anterior, hemos de añadir que la conceptualización de la expulsión del artículo 89 CP, en cuanto a medida de seguridad, deja de tener consolidación a tenor de la entrada en vigor de la LO 1/2015, por cuanto que la reforma del artículo 89 CP no ha venido acompañada de una reforma del artículo 96 –ni del artículo 108–. Así, el precepto 96.3.2º sigue estableciendo como medida de seguridad no privativa de libertad «*la expulsión del territorio nacional de extranjeros no residentes legalmente en España*»; sin embargo, el artículo 89 CP contempla, desde la LO 1/2015, la expulsión de extranjeros de forma generalizada, sin distinción entre residentes legales y no legales.

En consecuencia, si el criterio fundamental para defender la consideración de la expulsión de extranjeros recogida en el artículo 89 CP como medida de seguridad era el criterio formal de la coherencia sistemática, tal coherencia se ve eliminada por la nueva regulación de este precepto. La única posibilidad interpretativa sería, señala BOZA MARTÍNEZ, la de considerar que «la expulsión de personas extranjeras no residentes legalmente sería una medida de seguridad y la de residentes legales tendría otra naturaleza. No obstante, no parece una posición con un fuerte sustento legal. En efecto, esta disociación se basaría, exclusivamente, en la situación administrativa en España de la persona afectada, sin que encuentre otro fundamento puesto que, aunque el efecto puede ser distinto según el sujeto que sea expulsado, la naturaleza de la medida no cambia. Además, tampoco cerraría el debate puesto que quedaría sin resolver la cuestión de la naturaleza de la expulsión de los residentes legales»[21].

Desde otra perspectiva, RODRÍGUEZ CANDELA viene a considerar la expulsión de extranjeros como una consecuencia del delito, medida (no de seguridad) restrictiva, impuesta a la persona física de nacionalidad no española que comete un delito[22].

Si bien, tal conceptualización comporta la nota de excepcionalidad[23], puesto que se crea una categoría *ad hoc* para explicar tal respuesta penal. Se trata de una definición que pretende dar coherencia a un sistema incoherente, en tanto en cuanto, al considerar la expulsión como un *novum* –«cuerpo extraño en el esquema legalmente establecido para sancionar conductas delictivas», según STS núm. 1231/2006, 23 noviembre de 2006 (RJ 2007/436)–, permite salvar la aplicabilidad de la expulsión en situaciones que plantearían serias dudas respeto de principios constitucionales[24].

---

[20] En esta línea, BOZA MARTÍNEZ, D. "La naturaleza de la expulsión…", cit., pág. 4.

[21] *Ibidem,* pág. 4.

[22] RODRÍGUEZ CANDELA, J. L. "La expulsión del extranjero en el nuevo Código Penal". En *Revista Jueces para la democracia, noviembre 1998,* pág. 60.

[23] MAPELLI CAFFARENA, Borja, *Las consecuencias…*, cit., pág. 128. MUÑOZ LORENTE, J. "La expulsión del extranjero…", cit., pág. 478.

[24] BOZA MARTÍNEZ, D. "La naturaleza de la expulsión…", cit., pág. 4.

A este respecto, la caracterización de la expulsión como una consecuencia del delito requiere completarla con elementos que permitan dar coherencia a la creación de tal categoría. En este sentido, se determina la expulsión como una condición suspensiva del cumplimiento efectivo de la pena privativa de libertad, en especial, al hacer referencia a la prohibición de entrada, que lleva indisolublemente unida la expulsión[25]. En estos términos, se pronuncia la Sentencia del Tribunal Constitucional núm. 242/1994, de 20 de julio (RTC 1994\242), en cuyo fundamento jurídico 4 señala literalmente que «es alternativa al cumplimiento de la verdadera pena, que en todo caso deberá cumplirse si el extranjero regresa a España, porque la expulsión, en sí misma, no satisface la responsabilidad penal o civil derivada del delito, siendo, de alguna manera una posibilidad de suspender la potestad estatal de hacer ejecutar lo juzgado...»–; también, la Circular 3/2001 de la Fiscalía, de 21 de diciembre, sobre actuación del Ministerio Fiscal en materia de extranjería (RCL 2002\1175), que señala que la expulsión, en estos casos, «se configura como una suspensión de la potestad jurisdiccional en su modalidad de hacer ejecutar lo juzgado en aras a preservar otros fines igualmente valiosos para el Estado relacionados con su política de extranjería».

Sin embargo, consideramos que esta forma de entender la naturaleza de la expulsión del artículo 89 sólo es válida para la expulsión como sustitución total de la pena. En los casos de sustitución de la pena por expulsión cuando se alcanza el tercer grado o la libertad condicional, no se podría hablar de condición suspensiva y, mucho menos, de exención personal, puesto que el grueso de la pena de prisión ya se ha cumplido y la sustitución es meramente parcial[26].

De otra parte, comparando el efecto que conlleva la expulsión en los casos de personas con escasos vínculos con España, con el resto de personas extranjeras, ALMEIDA HERRERO ha planteado que se trata de una medida con naturaleza ambivalente[27], en atención a la voluntad del extranjero.

Sobre esta idea el Tribunal Constitucional, en su Sentencia 203/1997, de 25 de noviembre (RTC 1997/203), en referencia a la regulación de la LO 7/1985, de 1 de julio, sobre derechos y libertades de los extranjeros en España (vigente hasta el 1 de febrero de 2000), distinguió entre aquellos supuestos en los que la expulsión no es aceptada por el afectado, que se trataría de «una medida restrictiva de los derechos de los extranjeros que residiendo legítimamente en España, en este

---

[25] SÁNCHEZ TOMÁS, J. M. "Garantismo e insumisión judicial en la expulsión penal de extranjeros". En *Estudios penales en homenaje a Enrique Gimbernat.* Tomo II. Madrid, 2008, págs. 1559 y ss.

[26] PRATS CANUT, J.M.-TAMARIT SUMALLA, J.M. "Artículo 89". En *Comentarios al Código Penal, Tomo I, Parte General.* Dir. Quintero Olivares. Coord. Morales Prats. Pamplona, 2008, págs. 663.

[27] ALMEIDA HERRERO, C. "Pena de prisión...", *cit.*, pág. 8.

Así, según RODRÍGUEZ CANDELA, si no se contempla la expulsión como una pena, se daría la circunstancia de que «en los supuestos de expulsión del extranjero no sustituimos una pena por otra, sino una pena por una medida restrictiva de los derechos de los extranjeros». RODRÍGUEZ CANDELA, José L. "La expulsión del extranjero...", *cit.*, pág. 60.

caso, del derecho a permanecer en nuestro país»; y los supuestos en los que el sujeto solicita la expulsión, casos en los que se aplicaría «un beneficio consistente en eludir la privación de libertad personal». No obstante, hemos de precisar que en la regulación actual la voluntad del afectado tiene una importancia mínima ante los diversos sujetos que intervienen en la decisión, por lo que la aquiescencia o no del penado no cambia la naturaleza de la consecuencia impuesta.

En este sentido, algunos autores han centralizado la identidad de la expulsión como una sanción administrativa[28]; de lo que se extrae su naturaleza híbrida, en cuanto a sanción administrativa convertida en medida sustitutiva de la pena, ello en aras al contenido material de la expulsión, en virtud de su coincidencia absoluta con la administrativa, su condición de mal, así como su efecto restrictivo de derechos para el afectado. Más si se tiene en cuenta que la regulación de los requisitos de condena para la expulsión coinciden, de forma prácticamente idéntica, con la expulsión del artículo 57 Ley 4/2000, de 11 de enero, sobre derechos y libertades de los extranjeros en España y su integración social.

Así, tal planteamiento viene a considerar la expulsión del artículo 89 una sanción administrativa impuesta por el juez penal, admitiendo la posibilidad de que los jueces penales impongan sanciones administrativas, con efectos sustitutivos de la pena; lo que supone aceptar la excepcionalidad, formal y material, de la expulsión en estos casos[29].

Esto no obstante, según determina BOZA MARTÍNEZ, esta visión únicamente cabría en los supuestos en los que quepa sanción administrativa de acuerdo a la normativa extranjera, vinculación de la expulsión penal a la situación administrativa del condenado; si bien, la entrada en vigor de la LO 1/2015 contravendría esta posición al extender la expulsión a las personas extranjeras con residencia legal en España, por lo que tal vinculación ha desaparecido[30].

Por lo expuesto, parece que lo más adecuado es determinar que la expulsión del art. 89 CP tiene naturaleza de pena dado que, aunque no se incluye en el catálogo propio del art. 33 CP, tal exclusión no elimina su carácter punitivo[31], que, en determinados casos puede ser más gravosa que la pena sustituida, pues no olvidemos la afectación para quien tiene que abandonar el lugar en el que vive sin poder regresar en diez años, con la agravación de carácter económico y humano que puede suponer su regreso; motivo por el cual debe determinarse desde un punto de vista objetivo y excepcional.

En este orden, *lege ferenda*, para que no se dude sobre su naturaleza, y al objeto de superar contradicciones que nos acerque a una moderna política criminal, conside-

---

[28] ASÚA BATARRITA, A. "La expulsión del extranjero…", cit., pág. 67. ORTS BERENGUER, E.-GONZÁLEZ CUSSAC, J.L. *Compendio de Derecho Penal. Parte General…*, cit., pág. 527.

[29] ASÚA BATARRITA, A. "La expulsión del extranjero…", cit., pág. 61.

[30] BOZA MARTÍNEZ, D., «La naturaleza de la expulsión…," cit., pág. 7.

[31] Vid. PÉREZ CEPEDA, A. I. *Globalización, tráfico internacional ilícito de personas y Derecho penal.* Granada, 2004, pág. 347.

ramos que conviene abogar por la inclusión de la expulsión en el catálogo de penas; esto, con fundamento en la necesariedad de adecuar tal consideración con su naturaleza, pues si funciona como una pena, si tiene los efectos de una pena, si sustituye a una pena, se ha de calificar como pena. Pues sólo reconociendo la naturaleza de pena de la expulsión puede imponerse de forma adecuada y exigirse el cumplimiento de los principios fundamentales del sistema, en particular el de proporcionalidad y reinserción social, evitando la vulneración del principio de legalidad.

III. ÁMBITO SUBJETIVO

Conformando, la nueva regulación, una de las modificaciones más relevantes introducidas en el artículo 89 CP, la configuración del tipo, por la LO 1/2015, motiva que parte del análisis del trabajo que se presenta se centre en ámbito subjetivo de aplicación del precepto.

En efecto, tal reforma ha sustituido la referencia al «extranjero no residente legalmente en España» por la mención al «ciudadano extranjero»; es decir los sujetos destinatarios de esta disposición son los ciudadanos extranjeros, con independencia de la legalidad o ilegalidad de su situación en España, de su situación administrativa, que, por tanto, pierde su carácter delimitador[32].

Resultando curiosa la incorporación del sustantivo ciudadano que, por otra parte, parece que no aporta nada en relación con el término extranjero[33], la reforma de 2015 se desmarca de todos los regímenes anteriores a su entrada en vigor[34]. Lo que genera una importante ampliación en el ámbito propio la expulsión; constituyendo, en todo caso, dice ZÚÑIGA RODRÍGUEZ, una ampliación del espectro de aplicación de la expulsión y una cuestionable indiferenciación de los ciudadanos extranjeros residentes legalmente de los que se encuentran de manera ilegal[35].

A tal respecto, la Exposición de Motivos de la LO 1/2015 determina que la reforma queda justificada, ya que se contempla con «carácter excepcional» y sólo cuando el autor representa una amenaza grave para el orden público o la seguridad pública.

Esto no obstante, hemos de reseñar que tal operativa no ha estado exenta de críticas y enmiendas planteadas durante la tramitación parlamentaria. Destaca, en este sentido:

---

[32] Circular 7/2015 de la Fiscalía General del Estado…, cit., pág. 2.

[33] BOZA MARTÍNEZ, D. "El contenido del artículo 89 CP tras la reforma de la LO 1/2015". La norma penal al servicio de la política migratoria: la expulsión de condenados por sentencia penal. El nuevo artículo 89 CP. En *Monografía de Revista de Derecho y Proceso Penal*. 2016, pág. 2.

[34] NUÑEZ FERNÁNDEZ, J. *Curso de Derecho Penal. Parte General*. Dykinson, Madrid, 2015, pág. 924.

[35] ZÚÑIGARODRÍGUEZ, L. *Lecciones y materiales para el estudio del Derecho Penal. Tomo I. Introducción al Derecho Penal. Coord.* Berdugo Gómez de la Torre. Iustel, Madrid, 2015, pág. 314.

a) Enmienda nº 122, Grupo Parlamentario IU, ICV-EUiA, CHA. La Izquierda Plural: «La inclusión en su ámbito de aplicación de todos los extranjeros, incluso con las limitaciones establecidas en el artículo 89.4 de la reforma atendiendo los contundentes reproches contenidos en los informes del Consejo Fiscal y, particularmente, del Consejo de Estado, no logran disipar los graves inconvenientes de la pretendida generalización de la expulsión, que permiten duda sobre su constitucionalidad y su acomodo a la normativa de la Unión Europea, del derecho internacional público, y de los cánones jurisprudenciales elaborados desde el Tribunal Europeo de los Derechos del Hombre y el Tribunal de Justicia de la Unión Europea. No existen tampoco apoyos en la jurisprudencia de nuestros tribunales ni se evidencian razones de política criminal que amparen la expulsión sustitutiva para extranjeros con residencia legal. Y el Código Penal no pude ponerse al servicio del control de los flujos migratorios»[36].

b) Enmienda nº 230, Grupo Parlamentario Vasco (EAJ-PNV): «Es necesario distinguir entre extranjeros residentes y no residentes, y entre residentes temporales y de larga duración. No existe razón de política criminal alguna que avale la sustitución de la pena privativa de libertad por la expulsión cuando el extranjero disponga de autorización de residencia. La fórmula que propone el Proyecto de Ley viola el requisito de motivación individualizada que en todos los modelos constitucionales debe estar en la base de cualquiera decisión privativa o restrictiva de derechos, toda vez que la decisión de expulsión es, en principio, imperativa y vinculante para el juez»[37].

Y es que pese a lo que la Exposición de Motivos determina, tal generalización de la expulsión genera graves inconvenientes sobre su constitucionalidad y acomodo a la normativa[38]. En este sentido, dice BOZA MARTÍNEZ, parece que la razón en virtud de la cual el legislador ha modificado el término extranjero por el de ciudadano extranjero es «reforzar la incorporación al ámbito subjetivo de la norma de las personas extranjeras en situación de residencia legal en España»[39]; por lo que, al menos *a priori,* parece que es la oportunidad de expulsar al extranjero la razón en virtud de la cual el legislador ha ampliado su aplicación. Lo cual genera discordancia con los cánones legales.

De otra parte, cabe reseñar que el concepto de persona extranjera necesita para su interpretación de las normas contendidas en la Ley Orgánica 4/2000, de 11 de enero, sobre derechos y libertades de los extranjeros en España y su integración social (LOEx), en virtud de la cual se considera como tales «los que carezcan de la

---

[36] Boletín Oficial de las Cortes Generales, de 10 de diciembre de 2014, pág. 91.

[37] *Ibidem,* pág. 157.

[38] AA.VV. *Introducción al Derecho Penal...,* cit., pág. 365. ORTS BERENGUER, E.-GONZÁLEZ CUSSAC, J. L., *Compendio de Derecho Penal. Parte General...,* cit., pág. 525.

[39] BOZA MARTÍNEZ, D. "El contenido del artículo 89 CP...", cit., pág. 2.

nacionalidad española»[40]; por lo que el cambio en el ámbito de sujetos potencialmente afectados es sustancial para la contextualización del precepto, pues el nuevo sistema borra las diferencias que la legislación extra-penal establece entre las distintas modalidades de residencia, ya que no permite distinguir entre residentes y no residentes, ni entre residentes temporales y residentes de larga duración[41].

De este modo, parece que damos un paso atrás y retornamos a la situación existente a raíz de la entrada en vigor de la Ley Orgánica 7/1985, sobre derechos y libertades de los extranjeros en España, que en la actualidad carece de vigencia, cuyo artículo 21.2 aplicaba la expulsión penal a los extranjeros, independientemente de la legalidad de su residencia en España.

Por lo que la envergadura del cambio es notable, más si tenemos presente que durante la vigencia de aquel artículo 21.2, el número de extranjeros con residencia legal en España no superaba el medio millón de individuos; rondando, en la actualidad, los cinco millones[42]. Lo que conlleva pensar que cabe la posibilidad de ser expulsadas sobre un 10% de las personas que viven en España –con los matices y las excepciones que se contemplan en la regulación del artículo 89 CP.–.

Así, tras la reforma, no sólo serán susceptibles de ser expulsados aquellos ciudadanos que, no ostentando la nacionalidad española no comunitaria, carezcan de la correspondiente autorización vigente de residencia otorgada por la autoridad administrativa competente conforme a la LO 4/2000, de 11 de enero, sobre derechos y libertades de los extranjeros en España y su integración social, salvo que estén dispensados de obtenerla en virtud de Ley o Tratado Internacional, sino que también lo serán aquellos otros extranjeros no comunitarios que sean titulares de cualesquiera de los permisos, tales como autorizaciones de residencia temporal ordinarias, autorizaciones de residencia temporal excepcionales, autorizaciones provisiones de residencia y autorizaciones de residencia de larga duración, así como los ciudadanos de la Unión Europa de concurrir los presupuestos legalmente previstos[43].

La alusión a ciudadanos de la Unión Europea no admite duda; más si se tiene en cuenta que el propio contenido del artículo 89, en su apartado 4, contempla expresamente la regulación de la expulsión de estas personas. Lo que puede generar extralimitación de las exigencias del Derecho de la Unión Europea, por cuanto que, tal y como señalan RÍOS MARTÍN-RODRIGUEZ SÁEZ-PASCUAL RODRÍGUEZ, «el orden penal español no puede ignorar los derechos inherentes al concepto de ciudadanía de la Unión Europea implementado en los arts. 17 y 18 del Tratado constitutivo de la Comunidad Europea, ni el régimen singular que para la restricción de sus derechos de libre circulación y establecimiento configura la Directiva 2004/38/CE, del Parlamento y del Consejo, de 29 de abril de 2004, relativa al derecho de los ciuda-

---

[40] Sobre la forma de acreditar la nacionalidad española en estos casos, la Circular 7/2015 FGE menciona que bastará con la presentación del DNI en vigor, aunque se admiten otros medios de prueba. Circular 7/2015 de la Fiscalía General del Estado…, cit., pág. 3.

[41] BOZA MARTÍNEZ, D. "El contenido del artículo 89 CP…", cit., pág. 3.

[42] *Ibidem*, pág. 2.

[43] En este sentido, GARCÍA SAN MARTÍN, J. L*as medidas alternativas…*, cit., pág. 165.

danos de la Unión y de los miembros de sus familiares a circular y residir libremente en el territorio de los Estados miembros, cuyo art. 27, si bien admite que los Estados miembros puedan limitar la libertad de circulación y residencia de un ciudadano de la Unión o un miembro de su familia, independientemente de su nacionalidad, establece de forma explícita que tal decisión únicamente podrá justificarse por razones de orden público, seguridad pública o salud pública, y que, además, deberán ajustarse al principio de proporcionalidad y basarse exclusivamente en la conducta personal del interesado, de modo que la existencia de condenados penales anteriores no constituirá por sí sola una razón para adoptar dichas medidas. Se exige, igualmente, que la conducta personal del interesado constituya una amenaza real, actual y suficientemente grave que afecte a un interés fundamental de la sociedad sin que puedan esgrimirse justificaciones que no tengan relación directa con el caso concreto o que se refieran a razones de prevención general»[44].

Tal Directiva 2004/38/CE ha sido recogida en España por el RD 240/2007, de 16 de febrero, sobre entrada, libre circulación y residencia en España de ciudadanos de los Estados miembros de la Unión Europea y de otros Estados parte en el Acuerdo sobre el Espacio Económico Europeo, que prevé la posibilidad de impedir la entrada en nuestro país, y ordenar la expulsión o devolución del territorio español, de los ciudadanos de un Estado miembro de la UE o de otro Estado parte en el Acuerdo sobre Espacio Económico Europeo, o de los miembros de su familia por razón de orden o seguridad pública[45], si bien hemos de mencionar que tal configuración queda sometida a limitaciones legales[46].

---

[44] RÍOS MARTÍN, J.-RODRÍGUEZ SÁEZ, J.A.-PASCUAL RODRÍGUEZ, E. *Manual jurídico para evitar el ingreso en la cárcel. Estudio doctrinal y jurisprudencial de las alternativas a la prisión.* Colección Estudios de Derecho Procesal Penal. Dir. Del Moral García. Granada, 2015, pág. 117.

[45] En tal sentido, su art. 15.1 establece que «únicamente podrá adoptarse una decisión de expulsión respecto a ciudadanos de un Estado miembro de la Unión Europea o de otro Estado parte en el Acuerdo sobre el Espacio Económico Europeo, o a miembros de su familia, con independencia de su nacionalidad, que hayan adquirido el derecho de residencia permanente en España, si existen motivos graves de orden público o seguridad pública. Asimismo, antes de adoptarse una decisión en ese sentido, se tendrán en cuenta la duración de la residencia e integración social y cultural del interesado en España, su edad, estado de salud, situación familiar y económica, y la importancia de sus vínculos con su país de origen». A lo que se adiciona en su apartado 5 «La adopción de una de las medidas previstas en los apartados anteriores 1 a 4 se atenderá a los siguientes criterios: (...) d) Cuando se adopte por razones de orden público o de seguridad pública, deberán estar fundadas exclusivamente en la conducta personal de quien sea objeto de aquéllas, que, en todo caso, deberá constituir una amenaza real, actual y suficientemente grave que afecte a un interés fundamental de la sociedad, y que será valorada, por el órgano competente para resolver, en base a los informes de las Autoridades policiales. Fiscales o judiciales que obren en el expediente. La existencia de condenados penales anteriores no constituirá, por si sola, razón para adoptar dichas medidas; y en su aparatado 6 «No podrá adoptarse una decisión de expulsión o repatriación respecto a ciudadanos de un Estado miembro de la Unión Europea o de otro Estado parte en el Acuerdo sobre el Espacio Económico Europeo, salvo si existen motivos imperiosos de seguridad pública, en los siguientes casos: a) Si hubiera residido en España durante los diez años anteriores; o b) Si fuera menor de edad, salvo si la repatriación es conforme al interés superior de menor, no teniendo dicha repatriación, en ningún caso, carácter sancionador».

[46] CARDENAL MONTRAVETA, S. "Sección 2ª. De la sustitución...", cit., págs. 347 y 348.

En esta línea, atendida la previsión contenida en el art. 8 del Convenio para la protección de los Derechos Humanos y Libertades Fundamentales[47], se ha manifestado el Tribunal Europeo de Derechos Humanos[48]. Al igual que la jurisprudencia del Tribunal Supremo viene valorando como elementos a tener en cuenta circunstancias tales como el arraigo, la protección de la familia, o que la vida del extranjero pueda correr peligro o sea objeto de tortura o tratos degradantes[49].

Por lo que entendemos, con carácter general, y sobre la base del citado precepto, que la facultad por parte de los Estados de velar por la seguridad pública y de expulsar a los extranjeros condenados por la comisión de delitos ha de ser una medida proporcional y necesaria, reconocida por la ley. En caso contrario, tal extensión del ámbito subjetivo, generalización de sujetos a los que se les puede aplicar la expulsión, puede suponer una situación discriminatoria.

Lo que genera, indudablemente, contradicción con el carácter propio del Derecho Penal si tenemos en cuenta que, ahora, el fundamento de la expulsión del extranjero que delinque parece definirse por la carencia de nacionalidad española del condenado y no por su condición irregular; adquiriendo el art. 89 CP autonomía propia respecto de la legislación administrativa, que queda reservada a los inmigrantes irregulares. Situación que se agrava si tenemos en cuenta que el legislador nada ha explicitado acerca de la razón de ser de la ampliación del ámbito subjetivo, más allá de la genérica «búsqueda de la eficacia», contemplada en el Preámbulo de la LO 1/2015.

IV. ÁMBITO OBJETIVO

1. Supuestos de expulsión

A diferencia de su anterior redacción, referente a sustitución en caso de penas privativas de libertad inferiores a seis años, en virtud de la reforma de nuestro

[47] «Toda persona tiene el derecho al respeto de su vida privada y familiar, de su domicilio y de su correspondencia. No podrá haber injerencia de la autoridad pública en el ejercicio de este derecho, sino en tanto en cuanto esta injerencia esté prevista por la ley y constituya una medida que, en una sociedad democrática, sea necesaria para la seguridad nacional, la seguridad pública, el bienestar económico del país, la defensa del orden y la prevención de las infracciones penales, la protección de la salud o de la moral, o la protección de los derechos y libertades de los demás»

[48] Vid., en esta línea, reseña jurisprudencial de CANO CUENCA; concretamente, SSTEDH de los casos, Moustaquim v. Belgium, de 18 de febrero 1991 (párrafo 43), Nasri v. France, de 13 de julio de 1995 (párrafo 41), Dalia v. France, de 19 de febrero de 1998 (párrafo 52), Üner v. The Netherlands, de 18 de octubre de 2006 (párrafo 54) y Kya v. Germany, de 28 de septiembre de 2007 (párrafo 51). CANO CUENCA, A. "Suspensión de ejecución de la pena…", cit., pág. 370.

[49] AA.VV. "Expulsiones judiciales de reclusos extranjeros". En *Grandes Tratados. Derecho penitenciario*. 2016, pág. 2.

Texto punitivo por LO 1/2015, el art. 89 CP prevé, en la actualidad, los siguientes supuestos de aplicación de expulsión, con un alcance distinto, en función de la duración de la pena a la que haya sido condenado el sujeto:

a) Si la pena impuesta es la de prisión inferior a un año, no corresponderá la sustitución. El precepto prevé, pues, una pena suelo (un año y un día de prisión), por debajo de la cual no es viable sustituir la pena privativa de libertad por la expulsión[50]; lo cual se ha de valorar positivamente, teniendo en cuenta que la expulsión, en estos casos de escasa gravedad, puede resultar del todo desproporcionada.

b) En la hipótesis de que la pena sea de prisión superior a un año e inferior a cinco, la regla general es la expulsión como sustitución íntegra de la pena, aunque, excepcionalmente[51], también cabe la posibilidad de expulsión como sustitución parcial (89.1CP).

c) Si la pena impuesta a la persona extranjera es superior a cinco años, procederá la sustitución solo tras el cumplimiento parcial, o total (89.2 CP).

En este sentido, pasamos a analizar las prescripciones propias de tal institución.

En primer lugar, por lo que respecta a las penas de prisión de más de un año (89.1 CP), se sustituyen directamente en la propia sentencia (y no en abstracto[52]), por la expulsión del territorio nacional; de modo que el condenado no cumple la pena, salvo que el juez o el tribunal aprecie razones que justifiquen el cumplimiento de parte de la condena en un centro penitenciario en España, resultando necesario por razones de orden preventivo-general[53]. Esto es, desde un punto de vista objetivo, como regla general, todas las penas de prisión superiores a un año de prisión deberán ser sustituidas por la expulsión del territorio español, sustitución que se limita a la pena de prisión[54], cuando además exceda de un año; con-

---

[50] BARQUÍN SANZ, J. "De las formas sustitutivas de la pena de prisión y de la libertad condicional". En *Estudios sobre el Código Penal reformado (Leyes Orgánicas 1/2015 y 2/2015)*. Dir. Morillas Cueva. Madrid, 2015, pág. 252.

[51] Dice BOZA MARTÍNEZ, «en todo caso, ha de reiterarse el carácter excepcional de este supuesto y, por tanto, la obligada interpretación restrictiva del mismo también en la determinación de la pena a cumplir». BOZA MARTÍNEZ, D. "El contenido del artículo 89 CP...", cit., pág. 17.

[52] AA.VV., *Manual jurídico para evitar el ingreso en la cárcel. Estudio doctrinal y jurisprudencial de las alternativas a la prisión*. Colección Estudios de Derecho Procesal Penal. Dir. Del Moral García. Comares, Granada, 2015, pág. 108. CARDENAL MONTRAVETA, S. "Sección 2ª. De la sustitución...", cit., pág. 348.

[53] Al objeto de no crear sensación de impunidad en los delitos que se perciben de cierta gravedad, tal y como se prescribe en AA.VV. *Introducción al Derecho Penal...*, cit., pág. 366. En el mismo sentido, SÁNCHEZ GARCÍA DE PAZ, I. *Comentarios prácticos al Código Penal...*, cit., pág. 792. CARDENAL MONTRAVETA, S. "Sección 2ª. De la sustitución...", cit., pág. 348.

[54] Siendo novedad, respecto a la redacción anterior, que las penas sustituibles son solo las de prisión, no las privativas de libertad que preveía el anterior art. 89 CP; zanjándose la polémica sobre la posibilidad de sustitución de la responsabilidad personal subsidiaria y de la

cediéndose al órgano judicial la posibilidad de acordar la ejecución de una parte, sustituyendo el resto por la expulsión, es decir, de forma potestativa, respecto a las penas superiores a un año, el juez o tribunal podrá acordar la ejecución de una parte, que no podrá ser superior a dos tercios de su extensión, siempre y cuando resulte necesario para asegurar la defensa del orden público y restablecer la confianza en la vigencia de la norma infringida por el delito.

El Preámbulo de la Ley Orgánica 1/2015 (IV) justifica esta restricción en la regulación administrativa; así reza: «se ajusta el límite de la pena a partir de la cual podrá acordarse la expulsión a la regulación contenida en la legislación de extranjería». En este sentido, el art. 57.2 LOEx tipifica, como causa de expulsión administrativa y previa tramitación del correspondiente expediente, «que el extranjero haya sido condenado, dentro o fuera de España, por una conducta dolosa que constituya en nuestro país delito sancionado con pena privativa de libertad superior a un año, salvo que los antecedentes penales hubieran sido cancelados».

No obstante, a esta vinculación conviene realizar, tal y como manifiesta BOZA MARTÍNEZ, tres matizaciones: en primer lugar, en la legislación de extranjería se hace alusión a la pena privativa de libertad y en el art. 89 CP a prisión; en segundo término, la norma de extranjería refiere la realización de una conducta dolosa, referencia que no se menciona en el art. 89 CP y, en último lugar, el precepto de la LOEx alude a delito sancionado con pena superior a un año, es decir, pena abstractamente imponible al delito cometido, mientras que el art. 89 CP exige que la condena efectiva sea superior a un año[55].

En esta línea, en este nuevo contexto, es obligado preguntarse si en el caso de que se impongan dos o más penas de prisión en una misma sentencia, el art. 89.1 CP obliga a considerarlas por separado. En tal sentido, la Circular 7/2015 de 17 de noviembre de 2015 de la Fiscalía General del Estado, señala que la prohibición de sumar tiempos parece ser la solución más acorde al sentido de la Ley[56]; así reza

pena de localización permanente (art. 35 CP), que era admitida, igualmente, por la Circular de la Fiscaliza General del Estado, 5/2011, de 2 de noviembre, sobre criterios para la unidad de actuación especializada del Ministerio Fiscal en materia de extranjería e inmigración. Vid., en esta línea, CANO CUENCA, A. "Suspensión de ejecución de la pena...", cit., pág. 368. BOZA MARTÍNEZ, D. "El contenido del artículo 89 CP...", cit., pág. 16. SÁNCHEZ GARCÍA DE PAZ, I. *Comentarios prácticos al Código Penal...*, cit., pág. 791. BARQUÍN SANZ, J. "De las formas sustitutivas...", cit., pág. 252. AA.VV. *Manual jurídico para evitar el ingreso en la cárcel...*, cit., pág. 107.

55 BOZA MARTÍNEZ, D. "El contenido del artículo 89 CP...", cit., pág. 17.

56 Concretamente establece que «tanto desde una interpretación literal como sistemática del precepto. Literal, porque el empleo del plural en el inciso "las penas de prisión de más de un año" apunta a que el cumplimiento del requisito temporal se exige de todas y cada una de ellas, como es común en nuestro ordenamiento penal (STS núm. 1400/2005, de 23 de noviembre); sistemática, porque cuando el art. 89.2 CP habilita la suma de penas como criterio delimitador de su propio supuesto de aplicación lo hace mediante un enunciado expreso e inequívoco: "cuando hubiera sido impuesta una pena de más de cinco años de prisión, o varias penas que excedieran de esa duración"; como sucede, igualmente, en sede de suspensión condicional, con la regla 2a del art. 80.2 CP. La concurrencia de una pena de prisión de más de un año de duración con otra u otras de duración igual o inferior suscita una duda razonable. No parece asumible que en la

su literalidad «si ninguna de las penas de prisión impuestas en una misma causa a un ciudadano extranjero excede el año de duración, la sustitución por expulsión no será admisible, aunque sumadas todas ellas superen el límite exigido; si, en cambio, una o varias de las penas de prisión tienen una duración superior a un año y otra u otras no, no habrá inconveniente en que se acuerde y ejecute la expulsión judicial en sustitución de todas ellas. Será igualmente posible acordar la expulsión cuando concurre la pena de prisión de más de un año con otras penas de distinta naturaleza»[57]. Así, el límite mínimo de la pena de un año de prisión para la expulsión es claro que ha de tratar de penas individuales, no resultando posible cuando la suma de varias penas inferiores superen tal límite; ahora bien, si son varias las penas impuestas en una misma causa y unas superan el año y otras no, la expulsión puede llevarse a cabo respecto de todas[58].

De otra parte, para el supuesto de que concurran procedimientos penales en tramitación contra el mismo ciudadano extranjero cuya pena de prisión ha sido sustituida, es posible autorizar la expulsión, al amparo del art. 57.7 LOEx, por los juzgados que estén tramitando las causas no finalizadas por sentencia, si concurren los requisitos necesarios[59].

Así, las penas de prisión de más de un año impuestas a ciudadano extranjero serán sustituidas por su expulsión del territorio español, salvo que, excepcionalmente, resultando necesario para asegurar la defensa del orden jurídico –es decir, al objeto de impedir que se produzca el desarme del Derecho Penal mediante la devaluación de los mecanismos de defensa del mismo, entre los que se encuentra la pena[60]– y para restablecer la confianza en la vigencia de la norma infringida por el delito –en cuanto a evitación de la sensación de impunidad que podría instalarse en el conjunto de la sociedad[61]–, el juez o tribunal acuerde la ejecución

misma sentencia se sustituyan unas penas y no otras, pues no es lógico que la renuncia al ejercicio del *ius puniendi* afecte solo a las penas de más entidad. Comoquiera que la ley parece proclive a facilitar la expulsión de quien ha sido condenado a una pena de más de un año de prisión, la concurrencia de otras penas de menor extensión no debe ser tomada como impedimento para la aplicación de la sustitución, que para ser efectiva habrá de abarcar a todas las penas de prisión impuestas en la sentencia». Circular 7/2015 de la Fiscalía General del Estado…, cit., pág. 4.

[57] Sobre tal determinación, vid., SÁNCHEZ GARCÍA DE PAZ, I. *Comentarios prácticos al Código Penal. Tomo I. Parte General. Artículos 1-137…*, cit., pág. 792.

[58] AA.VV. *Manual jurídico para evitar el ingreso en la cárcel…*, cit., pág. 108.

[59] CARDENAL MONTRAVETA, S. "Sección 2ª. De la sustitución…", cit., pág. 349. AA.VV. *Manual jurídico para evitar el ingreso en la cárcel…*, cit., pág. 108.

[60] Ello quiere decir, señala la Fiscalía, que la decisión judicial no debe ignorar los intereses públicos relativos a la política criminal expresada por la Ley, la naturaleza del hecho delictivo, su gravedad y la realización de los fines de prevención general y especial, por lo que la expulsión no puede ser automáticamente aplicada (SSTS núm. 1162/2005, de 11 de octubre; 1249/2004 de 28 de octubre; 901/2004, de 8 de julio; 636/2005, de 17 de mayo; 1546/2004, de 21 de diciembre; 1189/2005, de 24 de octubre; 366/2006, de 30 de marzo; 842/2010, de 30 de septiembre), en Circular 7/2015 de la Fiscalía General del Estado…, cit., pág. 5.

[61] Dice la Fiscalía General del estado que «tal situación de impunidad no sólo anularía la eficacia preventiva y disuasoria de la pena –perspectiva de la prevención general negativa–, sino que generaría en el ciudadano cumplidor de la ley una inadmisible sensación de desam-

de una parte de la pena, que no podrá ser superior a dos tercios de su extensión, y la sustitución del resto de pena por la expulsión del territorio español, que acaecerá, en todo caso, cuando el penado acceda al tercer grado o le sea concedida la libertad condicional[62].

En este sentido, a pesar de que se llegue a considerar necesario el cumplimiento, se ponen topes máximos al mismo. En este caso, la parte de la pena que se ejecute no podrá ser superior a dos tercios de su extensión; procediendo la sustitución del resto de la pena por la expulsión del penado del territorio español, en todo caso, cuando aquel acceda al tercer grado penitenciario o le sea concedida la libertad condicional.

El sistema, permite, por tanto, ejecutar parte de la pena en España; pero ello no significa que se renuncie a la expulsión, pues la misma resulta obligatoria una vez cumplida en España la parte de la pena que se determine o, en todo caso, cuando el penado acceda al tercer grado o a la libertad condicional[63].

Si bien, cuando el cumplimiento de la pena sea parcial, o se acceda al tercer grado penitenciario o la libertad condicional –aunque tal referencia, en principio, parece superflua ya que a tal situación penitenciaria se accede, habitualmente, después de haber cumplido los dos tercios de la condena, tope máximo de cumplimiento de la pena prisión en estos casos–[64], el sujeto después de cumplir parte de la pena que se determine en la sentencia acabará siendo expulsado. Es decir, en caso de ejecución de pena, no habrá sustitución, sino acumulación de sanciones (pena de prisión más expulsión posterior), ya que el ciudadano extranjero se puede ver obligado no solo a cumplir parte de la pena de prisión a la que fue condenado, sino, también, a abandonar el país en el que reside[65].

Esto es, cumplido el periodo decretado, o cuando se acceda al tercer grado penitenciario o a la libertad condicional, el resto de la pena se sustituirá por la expulsión. Lo que genera posible infracción del principio *non bis in ídem*[66], puesto que la expulsión puede ser concebida como una ejecución subsiguiente; respecto a lo cual, cabe reseñar la Enmienda nº 122, Grupo Parlamentario de IU, ICV-EUiA, CHA: La Izquierda Plural, en la que literalmente se introdujo «se suprime

---

paro y de pérdida de confianza en la Ley como medio eficaz para combatir conductas delictivas consideradas socialmente como graves –perspectiva de la prevención general positiva– (SSTS núm. 1189/2005, de 24 de octubre; 245/2011, de 21 de marzo; 28/2012, de 25 de enero)», en Circular 7/2015 de la Fiscalía General del Estado…, cit., pág. 5. En el mismo sentido, vid., AA.VV. *Manual jurídico para evitar el ingreso en la cárcel…*, cit., pág. 108.

[62] GARCÍA SAN MARTÍN, J. L*as medidas alternativas…*, cit., pág. 167.

[63] AA.VV. *Curso de Derecho Penal. Parte General…*, cit., pág. 923.

[64] Vid., BOZA MARTÍNEZ, D. "El contenido del artículo 89…", cit., pág. 21. MANZANARES SAMANIEGO, J.L. *La reforma del Código Penal de 2015…*, cit., pág. 107.

[65] AA.VV. *Introducción al Derecho Penal…*, cit., pág. 364. BARQUÍN SANZ, J. "De las formas sustitutivas…", cit., pág. 253. AA.VV. *Curso de Derecho Penal. Parte General…*, cit., pág. 923. AA.VV. *Manual jurídico para evitar el ingreso en la cárcel…*, cit., pág. 112.

[66] Vid., AA.VV. *Curso de Derecho Penal. Parte General…*, cit., pág. 923. BOZA MARTÍNEZ, D. "El contenido del artículo 89 CP…", cit., pág. 19.

la previsión de sustituir la prisión una vez se hubiera accedido al tercer grado o con la concesión de la libertad condicional al penado porque tal situación implica un doble castigo: la ejecución de la pena de prisión y la posterior expulsión no equivale a la sustitución de aquella sino a su ejecución cumulativa, comprometiendo seriamente el principio non bis in ídem»[67].

A lo que hay que sumar que la fórmula, caracterizada por ORTS BEREGNUER-GONZÁLEZ CUSSAC de abierta, indeterminada y flexible[68], utilizada por el legislador de «asegurar la defensa del orden jurídico y restablecer la confianza en la vigencia de la norma infringida» puede generar diversas interpretaciones[69], dada la discrecionalidad del juez o tribunal, ante la permeabilidad del tal criterio a consideraciones político criminales de dudosa legitimidad (por ejemplo, la alarma o el impacto social del delito que resultan fácilmente manipulables)[70]. Lo cual puede comprometer los principios de seguridad jurídica (art. 9.3 CE) y legalidad[71]; así como el de igualdad (art. 14 CE) con respecto a los ciudadanos nacionales que, habiendo cometido los mismos delitos, solo tendrán que cumplir con la pena de prisión y, en muchos casos ni siquiera eso si se benefician de la suspensión[72], con base a lo dispuesto en los arts. 80 y ss.[73].

A tal respecto, el Grupo Convergencia i Unió, manifestó en la tramitación parlamentaria «el Proyecto emplea un concepto jurídico indeterminado (...) de dificultosa aplicación y que desde este Grupo entendemos que sería contrario al principio de seguridad jurídica, ya que se otorgaría discrecionalidad al juez a la hora de valorar la necesidad de «(...) asegurar la defensa del orden público y restablecer la confianza general en la vigencia de la norma infringida por el delito». Entendemos que esta propuesta supone nuevamente un aumento desmesurado de la discrecionalidad del juez, que no se traduce en un beneficio, sino al contrario, supone una debilidad en la técnica legislativa, que entendemos que no es admisible»[74].

Tal discrecionalidad supone que tengamos que esperar a que sea la jurisprudencia la que marque los criterios a seguir para la aplicación de tal precepto. Si

---

67 Boletín Oficial de las Cortes Generales, de 10 de diciembre de 2014, pág. 92.

68 ORTS BERENGUER, E.-GONZÁLEZ CUSSAC, J.L. *Compendio de Derecho Penal. Parte General...*, cit., pág. 526.

69 Habría sido preferible, dice BOZA MARTÍNEZ «como indicaba el CGPJ en su Informe que la norma hubiera establecido unos criterios seguros y previsibles sobre la parte de pena a cumplir, sin perjuicio de establecer ciertas flexibilizaciones o modulaciones en atención a las circunstancias personales del penado y particulares del hecho», en BOZA MARTÍNEZ, D. "El contenido del artículo 89 CP...", cit., pág. 17.

70 AA.VV. *Curso de Derecho Penal. Parte General...*, cit., pág. 923. BOZA MARTÍNEZ, D. "El contenido del artículo 89 CP...", cit., pág. 21. GARCÍA SAN MARTÍN, J. L*as medidas alternativas...*, cit., págs. 167 y 168.

71 CANO CUENCA, A. "Suspensión de ejecución de la pena...", cit., pág. 372. AA.VV. *Introducción al Derecho Penal...*, cit., pág. 367.

72 AA.VV. *Curso de Derecho Penal. Parte General...*, cit., pág. 923. AA.VV. *Manual jurídico para evitar el ingreso en la cárcel...*, cit., pág. 111.

73 Sobre suspensión/sustitución, vid. PERIS RIERA, J. y FERNÁNDEZ PANTOJA, P., en la presente obra colectiva. *La pena de prisión entre el expansionismo y el reduccionismo punitivo.*

74 Boletín Oficial de las Cortes Generales, de 10 de diciembre de 2014, pág. 15.

bien, hemos de mencionar que, hasta ahora, las resoluciones del Tribunal Supremo y del Tribunal Constitucional han venido imponiendo una interpretación acorde con nuestra Carta Magna y el Tribunal Europeo de Derechos Humanos, exigiendo una valoración individualizada de las circunstancias del delito y del responsable, para evitar automatismos en la sustitución del cumplimiento de la pena por la expulsión, no solo en atención a los derechos afectados, sino también desde la perspectiva de la justicia material y del respeto al principio de igualdad[75].

En definitiva, la fórmula de acumulación de la expulsión a la ejecución parcial de la pena plantea serios riesgos de constitucionalidad, por lo que, a nuestro juicio, al objeto de dar una respuesta adecuada al tal mandato, se ha de revisar el contenido de tal institución, a fin de buscar el enfoque propio de la reinserción y reeducación, desde la igualdad, la legalidad y la seguridad jurídica.

Para el caso de que la pena impuesta sea superior a cinco años (89.2 CP), procederá la sustitución solo tras el cumplimiento parcial (o total). Esto es, cuando se hayan impuesto una o varias penas de prisión de más de cinco años, se acordará la ejecución de todo o parte, en la medida que resulte necesario para asegurar la defensa del orden público y restablecer la confianza en la vigencia de la norma infringida por el delito. De este modo, junto con el límite mínimo de un año, el art. 89 CP mantiene un tope máximo de la pena a partir del cual no podrá procederse a su sustitución, sin el inicio del cumplimiento efectivo de la misma.

En este sentido, si la pena de prisión impuesta al extranjero tiene una duración superior a cinco años, o se le imponen varias penas que sumadas exceden de esa duración, caben dos posibilidades: que la pena privativa de libertad se ejecute en España por completo, o que se ejecute solo parcialmente.

Este límite máximo se adecúa a la consideración del art. 33.2 CP, en cuanto a penas graves. En efecto, señala BOZA MARTÍNEZ, no podrá sustituirse, sin cumplir una parte, la pena de prisión cuando la misma sea grave, es decir, cuando sea superior a cinco años. De esta manera, el tope máximo también se coordina con el régimen especial establecido en el art. 36.2 CP en relación con el acceso al tercer grado[76].

Así, a pesar de la redacción poco clara, se interpreta que procederá la ejecución, al menos de parte de la pena, en todo caso, de forma imperativa[77]; por lo que los criterios de prevención general sirven para decidir si se cumple la pena en todo (cumplimiento íntegro de la pena hasta el último día) o solo en parte[78]. En este último caso de ejecución parcial la expulsión tendrá lugar una vez cumplida la parte de pena que se hubiera determinado en la sentencia, sin quedar restringida al máximo de 2/3 de la pena contemplado para las no superiores a cinco

[75] Así se manifiesta en AA.VV. *Introducción al Derecho Penal...*, cit., pág. 367.

[76] BOZA MARTÍNEZ, D. "El contenido del artículo 89 CP...", cit., pág. 18.

[77] CANO CUENCA, A. "Suspensión de ejecución de la pena...", cit., pág. 371. BOZA MARTÍNEZ, D. "El contenido del artículo 89 CP...", cit., pág. 18. Vid., en este sentido, BARQUÍN SANZ, J. "De las formas sustitutivas...", cit., págs. 253 y 254.

[78] AA.VV. *Introducción al Derecho Penal...*, cit., pág. 367.

años[79], sin señalarse un límite mínimo de cumplimiento[80]; o bien cuando el penado acceda al tercer grado o se le conceda la libertad condicional[81].

Y, en tal sentido, si no se impugna y revoca, dice CARDENAL MONTRAVETA, la clasificación en tercer grado podrá determinar la sustitución de la pena por la expulsión antes de que se haya cumplido la parte de la pena que el juez o tribunal acordó que debía ejecutarse[82]; repitiéndose, de otro lado, los problemas mencionados de la obtención del tercer grado y la libertad condicional[83].

La necesidad de asegurar la defensa del orden jurídico y el restablecimiento de la confianza en la vigencia de la norma infringida por el delito, servirá como criterios de valoración para determinar si la imperativa ejecución de la pena en España, ha de ser total o parcial[84]; por lo que, nuevamente, se da lugar a un cúmulo de conceptos jurídicos indeterminados, valorativos, que pueden ser susceptible de diversas interpretaciones y, por tanto, al margen de discrecionalidad del juez o tribual, lo que puede generar confrontación con el principio de seguridad jurídica, en aras a lo anteriormente expuesto; y que, en todo caso, se ha de superar a fin de salvaguardar una política criminal acorde a los tiempos.

De otra parte, pese a que la actual redacción del art. 89 se refiere a cualquier extranjero, el apartado 4 del art. 89 reduce las posibilidades de expulsión al referirse a ciudadanos de la Unión Europea[85]. Cuando el Legislador se refiere a «ciudadano de la Unión Europea», alude a todo aquel a quien le es aplicable el régimen de la Unión Europea, lo que comprende, según manifiesta la Circular 7/2015, a los nacionales de Estados asimilados[86] y a los nacionales de terceros Estados que sean miembros de la familia de un ciudadano de la UE[87].

---

[79] AA.VV. "Expulsiones judiciales...", cit., pág. 3.

[80] SÁNCHEZ GARCÍA DE PAZ, I. *Comentarios prácticos al Código Penal...*, cit., pág. 792.

[81] GRACIA MARTÍN, L.-ALASTUEY DOBÓN, C. *Lecciones de consecuencias jurídicas del delito.* 5ª ed. Coord. Gracia Martín. Valencia, 2015, pág. 157. AA.VV. *Curso de Derecho Penal. Parte General...*, cit., pág. 926.

[82] CARDENAL MONTRAVETA, S. "Sección 2ª. De la sustitución...", cit., pág. 349.

[83] MANZANARES SAMANIEGO, J.L. *La reforma del Código Penal de 2015...*, cit., pág. 108.

[84] GARCÍA SAN MARTÍN, J. L*as medidas alternativa..., cit.*, pág. 167.

[85] Vid., en esta línea, BARQUÍN SANZ, J. "De las formas sustitutivas...", cit., pág. 251. CARDENAL MONTRAVETA, S. "Sección 2ª. De la sustitución...", cit., pág. 346.

[86] Se señala en la Circular 7/2015 de la Fiscalía General del Estado que, al día de hoy, son ciudadanos de la UE «los nacionales de Alemania, Austria, Bélgica, Bulgaria, Chipre, Croacia, Dinamarca, Eslovenia, Estonia, Finlandia, Francia, Grecia, Holanda, Hungría, Irlanda, Italia, Letonia, Lituania, Luxemburgo, Malta, Polonia, Portugal, Reino Unido, República Checa, República Eslovaca, Rumania y Suecia. Tienen el mismo régimen jurídico los nacionales de los estados firmantes del Acuerdo sobre el Espacio Económico Europeo hecho en Bruselas el 17 de marzo de 1993, esto es, Noruega, Islandia y Liechtenstein. También se aplica a los ciudadanos suizos en virtud del Acuerdo suscrito el 21 de junio de 1999 entre la Comunidad Europea y la Confederación Suiza». Circular 7/2015 de la Fiscalía General del Estado..., cit., pág. 11.

[87] BOZA MARTÍNEZ, D. "El contenido del artículo 89 CP...", cit., pág. 6. Circular 7/2015 de la Fiscalía General del Estado..., cit., págs. 11 y ss.

Así, de acuerdo con el segundo de los párrafos del art. 89.4 «la expulsión de un ciudadano de la Unión Europea solamente procederá cuando represente una amenaza grave para el orden público o la seguridad pública en atención a la naturaleza, circunstancias y gravedad del delito cometido, sus antecedentes y circunstancias personales». Atendiendo a tales criterios, señala CARDENAL MONTRAVETA, necesidades de prevención general y proporcionalidad, deberá valorarse la gravedad del delito, la peligrosidad que pueda derivarse de él, su vinculación a la delincuencia transnacional y, también, la necesidad de protección de las víctimas en el país de origen, los antecedentes y el riesgo de reiteración delictiva[88].

La expulsión, en este caso, se contempla con carácter excepcional[89], reservándose a aquellos supuestos en los que su autor representa una amenaza grave para el orden público o la seguridad pública, en atención a los criterios establecidos por la Directiva 2004/38/CEE del Parlamento Europeo y del Consejo, de 29 de abril de 2004, relativa al derecho de los ciudadanos de la Unión y de los miembros de sus familias a circular y residir libremente en el territorio, que, recordamos, permite a los Estado miembro limitar la libertad de circulación y residencia de un ciudadano de la Unión por razones de orden público o seguridad pública[90].

En efecto, señala CANO CUENCA, tal Directiva autoriza la expulsión de los ciudadanos comunitarios y de sus familiar, por razones de orden público, seguridad pública o salud pública, aunque esta medida debe ajustarse al principio de proporcionalidad y se limita a los casos en que la conducta constituya una amenaza real, actual y suficientemente grave para un interés fundamental de la sociedad; de este modo, cuando el europeo haya adquirido la residencia permanentemente, no se le podrá expulsar, excepto por motivos graves de orden público o seguridad pública y si ha residido en el estado miembro de acogida durante los diez años anteriores, solo por motivos imperiosos de seguridad pública[91].

Previsiones confirmadas, como anteriormente referimos, por el RD 240/2007, de 16 de febrero, sobre entrada, libre circulación y residencia en España de ciudadanos de los estados miembros de la Unión Europea y de otros estados parte en el Acuerdo sobre el Espacio Económico Europeo[92] y, también, por nuestro Texto punitivo en el que se estable que, además, si el ciudadano de la Unión Europea hubiera residido en España durante los diez años anteriores para que proceda la expulsión será necesario, art.89.4 párrafo tercero, que:

---

88 CARDENAL MONTRAVETA, S. "Sección 2ª. De la sustitución…", cit., pág. 348.

89 CANO CUENCA, A. "Suspensión de ejecución de la pena…", cit., pág. 370. GARCÍA SAN MARTÍN, J. L*as medidas alternativas…*, cit., pág.168.

90 GRACIA MARTÍN, L.-ALASTUEY DOBÓN, C. *Lecciones de consecuencias jurídicas del delito…*, cit., pág. 158. CANO CUENCA, A. "Suspensión de ejecución de la pena…", cit., pág. 370. SÁNCHEZ GARCÍA DE PAZ, I. *Comentarios prácticos al Código Penal…*, cit., pág. 795. AA.VV. *Curso de Derecho Penal. Parte General…*, cit., pág. 923. ORTS BERENGUER, E.-GONZÁLEZ CUSSAC, J.L. *Compendio de Derecho Penal. Parte General…*, cit., pág. 525.

91 CANO CUENCA, A. "Suspensión de ejecución de la pena…", cit., pág. 370.

92 *Ibidem*, pág. 371.

«a) Hubiera sido condenado por uno o más delitos contra la vida, libertad, integridad física y libertad e indemnidad sexuales castigados con pena máxima de prisión de más de cinco años y se aprecie fundadamente un riesgo grave de que pueda cometer delitos de la misma naturaleza.

b) Hubiera sido condenado por uno o más delitos de terrorismo u otros delitos cometidos en el seno de un grupo u organización criminal».

El inciso «además» parece que pretende expresar que cuando el ciudadano de la UE ha residido durante los diez años anteriores sólo será admisible la expulsión cuando, además de representar una amenaza grave para el orden público o la seguridad pública (párrafo 2º del art. 89.4), haya sido condenado por alguno de los delitos que a continuación se enumeran en las letras a) y b) (párrafo 3º del art. 89.4); fuera de estas hipótesis, la expulsión de un ciudadano de la UE, o asimilado a su régimen, deberá descartarse.

Por su parte, establece el art. 89.4 *in fine* que «en estos supuestos será en todo caso de aplicación lo dispuesto en el aparatado 2 de este artículo». Esto es, cuando la pena o penas de prisión impuestas fueran superiores a 5 años, el juez o tribunal acordará la ejecución de todo o parte de la pena en España en la medida en que resulte necesario para asegurar la defensa del orden jurídico y restablecer la confianza en la vigencia de la norma infringida por el delito. En estos casos, se sustituirá la ejecución del resto de la pena por la expulsión cuando el penado cumpla la parte de la pena que se hubiera determinado, acceda al tercer grado o se le conceda la libertad condicional; así, estos ciudadanos deberán cumplir en España, en cualquier caso, al menos una parte de la pena de prisión impuesta[93].

Si bien, tal remisión debe aplicarse no sólo a los casos especiales del párrafo tercero del art. 89.4 CP (ciudadanos de la UE con más de diez años de residencia en España), sino también a los casos del párrafo segundo, pues en la medida en que el ciudadano de la UE debe representar un peligro grave y actual para la seguridad o el orden público español, razones elementales, de prevención general y de afirmación del ordenamiento jurídico, demandarán el cumplimiento en prisión de una porción de la condena suficiente para expresar el reproche social que merece la conducta[94]. Teniéndose, por tanto, más en cuenta la peligrosidad del autor que sus circunstancias personales[95].

En cualquier caso, lo que parece evidente es que el legislador ha generado un sistema confuso, poco coherente y plagado de conceptos más propios del análisis del orden administrativo que de política criminal. Así, para una medida de menor aflictividad, como es la de expulsión de un miembro de la Unión Europea, se exige un plus de gravedad frente al sistema ordinario. En este sentido, *lege ferenda*, precisamos un examen de tal determinación, al objeto de evitar la imposición de

---

[93] GRACIA MARTÍN, L.-ALASTUEY DOBÓN, C. *Lecciones de consecuencias jurídicas del delito...*, cit., pág. 158.

[94] Circular 7/2015 de la Fiscalía General del Estado..., cit., pág. 15.

[95] CANO CUENCA, A. "Suspensión de ejecución de la pena...", cit., pág. 371.

un sistema confuso, carente de la necesaria seguridad jurídica y que puede generar, en definitiva, una enorme problemática aplicativa.

2. Improcedencia de la expulsión

No resultando completamente imperativa la expulsión para el juez[96], con carácter general[97], y de acuerdo con el párrafo primero del art. 89.4, no procederá la sustitución cuando, «a la vista de las circunstancias del hecho y personales del autor, en particular su arraigo en España, resulte desproporcionada».

En definitiva, se exige decisión motivada[98], conforme a una valoración individualizada, no solo en atención a los derechos afectados, sino también desde la perspectiva de la justicia material y del respeto a principio de igualdad, en cuanto que la infracción delictiva cometida pueda aparejar una sanción de muy diferentes consecuencias para el autor extranjero que para el que es de nacionalidad española[99].

Y es que tal determinación puede generar un alto grado de inseguridad jurídica para el potencial destinatario de esta medida, en el sentido de la difícil determinación de la posible desproporción.

Por lo que, como señala la Circular 7/105, «la proporcionalidad exige valorar el impacto que el cumplimiento de la medida tendría en la vida privada y familiar del extranjero, así como la gravedad del hecho por el que ha sido condenado. Esta excepción excluye tanto la sustitución total como parcial de la pena de prisión: a ello obedece que el Preámbulo diga que en los términos de la sustitución penal la proporcionalidad opera "en todos los casos". El arraigo personal del extranjero, además, compromete derechos del más alto rango, como el derecho a la intimidad personal y familiar reconocido en el art. 18.1 CE y el derecho a la vida privada y familiar en la formulación del art. 8 CEDH, de los que no puede ser privado sin una sólida justificación»[100]. Y sobre tal premisa, la Fiscalía señala como líneas de atención para el manejo de la expulsión[101]: a) El tiempo de residencia en suelo español del penado; a mayor tiempo, mayor arraigo cabe esperar en razón de los vínculos sociales, laborales y familiares que habrá establecido[102]. b) El tipo de inmigrante, pues hay situaciones de asentamiento prolongado que convierten

---

[96] SÁNCHEZ GARCÍA DE PAZ, I. *Comentarios prácticos al Código Penal...*, cit., pág. 794.

[97] AA.VV. *Curso de Derecho Penal. Parte General...*, cit., pág. 922.

[98] CARDENAL MONTRAVETA, S. "Sección 2ª. De la sustitución...", cit., pág. 351.

[99] AA.VV. *Manual jurídico para evitar el ingreso en la cárcel...*, cit., pág. 109. BOZA MARTÍNEZ, D. "El contenido del artículo 89 CP...", cit., pág. 11.

[100] Circular 7/2015 de la Fiscalía General del Estado..., cit., pág. 7.

[101] *Ibidem*, págs. 8 a 10.

[102] Se valorará el tiempo de permanencia del penado en España, especialmente cuando se trata de inmigrantes de segunda generación, esto es, quienes han nacido aquí, o inmigrantes que han llegado a nuestro país siendo niños o jóvenes y en estos casos, han desarrollado aquí todas sus relacione sociales, culturales y afectivas. CARDENAL MONTRAVETA, S. "Sección 2ª. De la sustitución...", cit., pág. 351.

al inmigrante en un ciudadano efectivo del país[103]. c) El estado de salud; la expulsión no deberá implicar nunca un riesgo añadido en este aspecto. d) La situación familiar, ya que no parece proporcionada la expulsión de un extranjero que tenga establecida su familia en España si sus miembros guardan relaciones estables de convivencia o dependencia[104]. e) El impacto de la medida en los miembros del núcleo familiar del penado; deben valorarse, igualmente, los efectos negativos que la expulsión produciría como consecuencia de la separación de los componentes del grupo familiar[105]. f) Vinculación del afectado con el país de donde procede. A lo que añadimos que deberá tenerse presente la imposibilidad de la expulsión al país de origen cuando haya motivos suficientes para pensar que ésta podría suponer riesgo de tortura, tratos crueles o degradantes o, en general, peligro para la vida, la integridad física de la persona extranjera; si bien, hemos de aclarar que en la actualidad no es posible aplicar la expulsión en tales supuestos, pues, en caso contrario, se estarán vulnerando los derechos fundamentales de las personas extranjeras, el Convenio Europeo de Derechos Humanos, así como la reiterada jurisprudencia de Tribunal Europeo de Derechos Humanos[106].

Además, hemos de manifestar que, dada la entidad del supuesto, aunque el art. 89 no contempla referencia específica, los jueces y tribunales habrán de remitirse al juicio de proporcionalidad ordinario, contemplado en el párrafo 1 del apartado 4 del art. 89, para introducir las consideraciones pertinentes[107] respecto a los ciudadanos extranjeros que poseen una autorización de larga duración, concedida en base a la normativa comunitaria Directiva 2003/109/CE del Consejo de 25 de noviembre de 2003, relativa al estatuto de los nacionales de terceros países residentes de larga duración[108]; pues, en atención a dicha Directiva, se debe

[103] El arraigo no debe ser descartable en el caso de extranjeros en situación irregular, dado que puede darse la circunstancia de que hayan devenido en esta situación de irregularidad al haber cometido el delito, pues los antecedentes penales son tenidos en cuenta a la hora de renovar las autorizaciones de residencia (art. 31.7 LOEx) o por haber dejado de cumplir los requisitos que se exigen en nuestra legislación para la renovación de la autorización de residencia y trabajo (art. 38.7 LOEx); motivo por el cual se habrán de tener en cuenta las circunstancias concretas que ha llevado la carencia de autorización de residencia y valorar la tenencia o no de arraigo en España. AA.VV. *Manual jurídico para evitar el ingreso en la cárcel…*, cit., págs. 110 y 11.

[104] Determinándose como requisitos necesarios que han de concurrir para justificar la expulsión: Que no implique una ruptura de la convivencia familiar, por existir ésta y ser de cierta entidad por el número de miembros familiares, estabilidad alcanzada y dependencia económica del posible expulsado. AA.VV. *Manual jurídico para evitar el ingreso en la cárcel…*, cit., pág. 109.

[105] Dice CARDENAL MONTRAVETA, el llamado arraigo familiar solo puede provenir de las relaciones con los parientes próximos entendiéndose por tales los padres, hermanos, cónyuges o parejas de hecho e hijos, siempre que estos residan legalmente en España y siempre que tales relaciones sean reales y efectivas y de mutua dependencia, unida a la falta de lazos familiares sociales o culturales con el país de origen. CARDENAL MONTRAVETA, S. "Sección 2ª. De la sustitución…", cit., pág. 351.

[106] Vid., en esta línea: AA.VV. *Manual jurídico para evitar el ingreso en la cárcel…*, cit., pág. 1120.

[107] BOZA MARTÍNEZ, D. "El contenido del artículo 89 CP…", cit., pág. 12.

[108] A tal respecto, el art. 12.1 de la Directiva señala «los Estados miembros únicamente podrán tomar una decisión de expulsión contra un residente de larga duración cuando represente una amenaza real y suficientemente grave para el orden público o la seguridad públi-

tener en cuenta que los miembros gozan de una protección reforzada contra la expulsión[109].

De la misma manera, debemos referenciar los casos contemplados en el art. 57.5 LOEx, en el que se tasan los supuestos de ciudadanos de especial protección; prohibiéndose la expulsión a: a) Los nacidos en España que hayan residido legalmente en los últimos cinco años. b) Los residentes de larga duración. c) Los que hayan sido españoles de origen y hubieran perdido la nacionalidad española. d) Los que sean beneficiarios de una prestación por incapacidad permanente para el trabajo como consecuencia de un accidente de trabajo o enfermedad profesional ocurridos en España, así como los que perciban una prestación contributiva por desempleo o sean beneficiarios de una prestación económica asistencial de carácter público destinada a lograr su inserción o reinserción social o laboral. Tampoco se podrá imponer o, en su caso, ejecutar la sanción de expulsión al cónyuge del extranjero que se encuentre en alguna de las situaciones señaladas anteriormente y que haya residido legalmente en España durante más de dos años, ni a sus ascendientes e hijos menores, o mayores con discapacidad que no sean objetivamente capaces de proveer a sus propias necesidades debido a su estado de salud, que estén a su cargo.

Igualmente, hemos de poner de manifiesto que el art. 89 no resulta aplicable a los extranjeros que hayan obtenido protección internacional al amparo de la Ley 12/2009, de 30 de octubre, reguladora del derecho de asilo y de la protección subsidiaria[110]. Y, en el mismo sentido, señala la Circular 7/2015, que aunque no se encuentran excluidos del régimen general del artículo 89 CP, es prácticamente seguro que no podrán ser expulsados los extranjeros que residen en España y estén en posesión de un documento identificativo de los previstos en el artículo 34.2 LOEx –concedido tras haber acreditado que no puede ser documentado por las autoridades de ningún país si desea ser documentado por España–[111]. Sobre los apátridas, nada impide su expulsión cuando represente efectivo peligro para la seguridad o el orden público español[112].

---

ca»; y, de igual manera, su apartado 3 introduce «antes de adoptar una decisión de expulsión de un residente de larga duración, los Estados miembros deberán tomar en consideración los elementos siguientes: a) la duración de la residencia en el territorio; b) la edad de la persona implicada; c) las consecuencias para él y para los miembros de su familia; d) los vínculos con el país de residencia o la ausencia de vínculos con el país de origen».

[109] AA.VV. *Manual jurídico para evitar el ingreso en la cárcel…*, cit., pág. 119.

[110] Tales personas no pueden ser expulsadas sin un acto previo de revocación de su estatuto en los casos y por el procedimiento establecido en sus arts. 44 y 45; aunque el art, 44.1.c) menciona que procederá la revocación del estatuto de refugiado o del estatuto de protección subsidiaria cuando «la persona beneficiaria constituya, por razones fundadas, un peligro para la seguridad de España, o que, habiendo sido condenada por sentencia firme por delito grave, constituya una amenaza para la comunidad»; si bien, tal condena podrá servir, todo lo más, de antecedente para la incoación del correspondiente expediente para la reconsideración del estatuto de protección. *Ibidem*, pág. 119.

[111] Circular 7/2015 de la Fiscalía General del Estado…, cit., pág. 16.

[112] Ello, en atención a la Convención sobre el Estatuto de los Apátridas (1954) que, en su artículo 31.1, admite la expulsión de los apátridas cuando concurran «razones de seguridad

En esta línea, *lege lata*, entendemos que la incorporación de la excepción exige el análisis de las circunstancias personales del autor y del hecho antes de dictar la expulsión, en cumplimiento de compromisos internacionales contraídos por el Estado español. A lo que añadimos, *lege ferenda*, la necesidad de revisión de su redacción, por cuanto que el casuismo que desprende puede suponer grandes divergencias en su aplicación entre diferentes jueces y tribunales con la consiguiente afectación al principio de seguridad jurídica en la imposición de la correspondiente respuesta penal.

V. PROCEDIMIENTO

Respecto al momento en el que el juez o tribunal deben dictar la sustitución de la ejecución de la pena por expulsión, el art. 89.3 presenta las siguientes particularidades, si bien, pocas novedades en relación a la regulación anterior. Antes de la reforma de 2015 se preveía expresamente la audiencia al penado; en cambio, con la redacción actual, se contempla audiencia del Fiscal y de las demás partes, una vez declarada la firmeza de la sentencia, sin alusión al penado. Lo que se significa que la sustitución de la pena por la expulsión habrá de ser resuelta por el juez o tribunal en sentencia, siempre que ello sea posible; de lo contrario, una vez declarada la firmeza de la sentencia, resolverá con la mayor urgencia, previa audiencia al Ministerio Fiscal y a las demás partes personadas[113] –en este último caso, se exigirá la apertura de un incidente en la ejecutoria[114]–; la resolución podrá ser recurrida por el extranjero[115].

Así, de acuerdo con tal literalidad de tal precepto, el juez o tribunal puede acordar la expulsión del condenado en sentencia, sin audiencia del penado, del Ministerio Fiscal ni de las demás partes; lo cual es criticable de plano[116]. Motivo por el cual compartimos la objeción de la enmienda presentada, por el Grupo Parlamentario de Unión Progreso y Democracia[117], durante la tramitación parla-

---

nacional o de orden público», régimen jurídico incorporado al derecho español por el artículo 18 del RD 865/2001, de 20 de julio, por el que se aprueba el Reglamento de reconocimiento del estatuto de apátrida. *Ibidem*, págs. 15 y 16.

[113] AA.VV. *Curso de Derecho Penal. Parte General*..., cit., pág. 920. GRACIA MARTÍN, L.-ALASTUEY DOBÓN, C. *Lecciones de consecuencias jurídicas del delito*..., cit., pág. 157. GARCÍA SAN MARTÍN, J. L*as medidas alternativa*..., *cit.*, pág. 164. MANZANARES SAMANIEGO, J.L. *La reforma del Código Penal de 2015*..., cit., pág. 108. CARDENAL MONTRAVETA, S. "Sección 2ª. De la sustitución...", cit., pág. 349.

[114] AA.VV. *Manual jurídico para evitar el ingreso en la cárcel*..., cit., pág. 112. Circular 7/2015 de la Fiscalía General del Estado..., cit., pág. 17.

[115] ORTS BERENGUER, E.-GONZÁLEZ CUSSAC, J.L. *Compendio de Derecho Penal. Parte General*..., cit., pág. 526. Circular 7/2015 de la Fiscalía General del Estado..., cit., pág. 17. CARDENAL MONTRAVETA, S. "Sección 2ª. De la sustitución...", cit., pág. 350. A tal respecto, vid., AA.VV. *Manual jurídico para evitar el ingreso en la cárcel*..., cit., pág. 113.

[116] En esta línea, AA.VV. *Introducción al Derecho Penal*..., cit., pág. 366.

[117] Enmienda núm. 534. Firmante: Grupo Parlamentario de Unión Progreso y Democracia, Boletín Oficial de las Cortes Generales, de 10 de diciembre de 2014, pág. 340.

mentaria, en la que literalmente se expresa: «elimina sin justificación la audiencia al penado, el Ministerio Fiscal y las partes personas que está recogido en el artículo 89 vigente. A juicio del Consejo de Estado, que compartimos, no existe justificación para eliminar este trámite, ya que las partes y el Ministerio Fiscal tienen derecho a expresar su opinión sobre la institución de la pena por la expulsión». Y es que si se requiere que el Ministerio Fiscal y las demás partes personadas se pronuncien cuando la decisión de sustituir la pena por la expulsión se toma después de que la sentencia sea firme, parece lógico pensar que también tengan la posibilidad de ser escuchadas sobre el particular cuando la decisión se adopta en la sentencia[118].

El Tribunal Constitucional ha venido manteniendo la necesidad de audiencia al penado para sustituir la pena por la expulsión del territorio nacional, sin que sea suficiente el derecho a la última palabra[119]. En consecuencia, señala CANO CUENCA, el trámite de audiencia debe entenderse vigente y, para el supuesto de que se decrete en sentencia, «la cuestión deberá ser objeto de contradicción en el acto del plenario y el acusado deberá pronunciarse sobre la posibilidad de su expulsión, en caso de resultar condenado. Si es en un momento posterior, la audiencia del penado tampoco puede soslayarse junto con la del Ministerio Fiscal y las demás partes (defensa y, en su caso, acusación particular)»[120]. En igual término, manifiesta GARCÍA SAN MARTÍN, en el caso de resolverse la sustitución en la misma sentencia, «en las sesiones del juicio oral o a su finalización habrá de darse traslado al reo, al Ministerio Fiscal y a las demás partes personadas para que se pronuncien sobre la oportunidad o inoportunidad de la sustitución, todo ello de conformidad con la doctrina constitucional reiterada, por la que se establece la necesidad de oír previamente al penado para proceder a sustituir la pena impuesta por la expulsión, sin que sea suficiente el derecho a la última palabra»[121].

Y es que, como indica SÁNCHEZ GARCÍA DE PAZ, «aunque no se diga expresamente, posiblemente porque el juicio oral ya implica la contradicción de las partes, hay que entender que previa audiencia del penado, el Ministerio Fiscal y demás partes personadas, como es preceptivo para salvaguardar el derecho de defensa en cualquier decisión fundamental que se adopte en el procedimiento de ejecución de una pena. La audiencia previa a las partes y al penado en particular es exigida en la práctica judicial, habiéndose declarado nulas decisiones que la acordaron sin dicha audiencia previa, por entender vulnerado el derecho de defensa»[122].

Señala CARDENAL MONTRAVETA que se entiende no se infringe el principio acusatorio si el Tribunal acuerda la sustitución de la pena de prisión por la expulsión del territorio nacional, aunque el Ministerio Fiscal no lo hubiera inte-

---

118 Así se manifiesta BOZA MARTÍNEZ, D. "El contenido del artículo 89 CP…", cit., pág. 27.

119 Por todas: Sentencia 203/1997, de 25 de noviembre (RTC 1997\203) –FJ 4y 5–.

120 CANO CUENCA, A. "Suspensión de ejecución de la pena…", cit., pág. 374.

121 GARCÍA SAN MARTÍN, J. L*as medidas alternativa…, cit.*, pág. 164.

122 SÁNCHEZ GARCÍA DE PAZ, I. *Comentarios prácticos al Código Penal…*, cit., pág. 799.

resado y la defensa se oponga, siempre que se haya oído personalmente al acusado, y se haya realizado el oportuno juicio individualizado sobre las circunstancias concurrentes. De igual forma que el hecho de que el Ministerio Fiscal solicite la sustitución, y el acusado muestre conformidad con la expulsión, no es suficiente para que el Tribunal la acuerde[123]; motivo por el cual se entiende que, aunque no tiene carácter vinculante[124], ha de exigirse la audiencia del condenado, al objeto de motivación de la decisión, atendiendo las circunstancias relevantes, en aras a respetar los derechos fundamentales. A este respecto, cabe reseñar la Sentencia del Tribunal Supremo núm. 901/2004, de 8 de julio (RJ 2004\4291), en atención a la cual se señala, fundamento de derecho segundo, «en conclusión, para lograr la adecuada ponderación y la salvaguarda de derechos fundamentales superiores, en principio, al orden público o una determinada política criminal, parece imprescindible ampliar la excepción de la expulsión, incluyendo un estudio de las concretas circunstancias del penado, arraigo y situación familiar, para lo que resulta imprescindible el trámite de audiencia al penado y la motivación de la decisión. Por ello, habrá de concluirse con la necesidad de injertar tal trámite como única garantía de que en la colisión de los bienes en conflicto en cada caso, se ha salvaguardado el que se considere más relevante con lo que se conjura, eficazmente, la tacha de posible inconstitucionalidad del precepto, tal y como está en la actualidad»[125].

En atención a lo señalado, la desaparición de la audiencia del penado en el texto no puede suponer la supresión *per se*, puesto que la misma se configura como un requisito ineludible de orden constitucional, previo a la toma de cualquier decisión que le afecte, al estar directamente vinculado con el principio de individualización judicial de las penas[126]. Así, *lege ferenda*, proponemos considerar expresamente la necesidad de proceder a tal audiencia, tanto si la expulsión se acuerda en sentencia, como si es en un momento posterior; ello, al objeto de que la decisión judicial motivada permita despejar cualquier vicisitud acerca del derecho de tutela judicial efectiva (art. 24 CE) y del derecho a una resolución fundada en derecho (art. 120.3 CE).

VI. EFECTOS

Sin modificación respecto a la redacción anterior, tanto en los supuestos de ejecución parcial de la pena, en los casos específicamente determinados en el art.

---

[123] CARDENAL MONTRAVETA, S. "Sección 2ª. De la sustitución...", cit., pág. 350.

[124] AA.VV. *Manual jurídico para evitar el ingreso en la cárcel...*, cit., pág. 112.

[125] Igualmente, Sentencias del Tribunal Supremo 514/2005, de 22 de abril (RJ 2005\4714) –FD 2–; 274/2006, de 3 de marzo (RJ 2006\5687) –FD 8–; 682/2007, de 18 de julio (RJ 2007\5166) –FD 1–.

[126] En este sentido se manifiesta BOZA MARTÍNEZ, D. "El contenido del artículo 89 CP...", cit., pág. 26.

89.1 y 2 CP, como en la hipótesis de cumplimiento total de la pena, en los términos del art. 89.2 CP, sin perjuicio de que se proceda a alcanzar el tercer grado de clasificación penitenciaria o la libertad condicional, se fijará en sentencia la prohibición de regreso a España (89.5 CP).

Es decir, en estos casos, el extranjero no podrá regresar en el plazo de cinco a diez años[127], contados desde la expulsión, atendidas la duración de la pena sustituida y las circunstancias personales del penado[128]; lo que supone considerar que todo extranjero condenado a una pena de prisión superior a un año constituye, *per se*, una amenaza grave para el orden público, la seguridad pública o la seguridad nacional[129]. Igualmente, tampoco podrá regresar antes de que la pena haya prescrito[130].

En este sentido, la Fiscalía General del Estado, a efectos orientativos, sugiere la siguiente escala de medición: hasta dos años de prisión, cinco años de prohibición de regreso; a partir de dos años de prisión hasta cinco años, un plazo de prohibición de regreso de entre seis y nueve años; penas de prisión de más de cinco años, prohibición de regreso de diez años[131].

A tal respecto, hemos de reseñar que antes de la LO 1/2010, de 22 de junio, el plazo de prohibición de entrada era en todo caso de diez años, sin que el mismo se pudiese reducir por ninguna circunstancia, lo cual suponía, en muchos casos, una quiebra del principio de igualdad y de proporcionalidad[132]. En tal sentido, la posibilidad de moderación del plazo es positiva por cuanto que este cambio permite una graduación del periodo de expulsión, ofreciendo un trato más proporcionado ante situaciones diferentes, pues, como indica SÁNCHEZ GARCÍA DE PAZ, diferente puede ser tanto la gravedad del delito cometido, como las circunstancias personales, por ejemplo, familiares, del penado[133]. Sin embargo, no es del todo coherente con las previsiones de la LOEx, que impone un plazo máximo ordinario de cinco años (58.1 LOEx), salvo que, excepcionalmente, el extranjero «suponga una amenaza grave para el orden público, la

---

[127] Si bien, hemos de mencionar que para las medidas de seguridad se conserva el plazo único de diez años, art. 108.2 CP. Y es que si el sujeto fuera extranjero no residente legalmente en España, el juez o tribunal acordará en la sentencia, previa audiencia de aquel, la expulsión del territorio nacional como sustitutiva de las medidas de seguridad que le sean aplicables, salvo que el juez o tribunal, previa audiencia del Ministerio Fiscal, excepcionalmente y de forma motivada, aprecie que la naturaleza del delito justifica el cumplimento en España (art. 108.1 CP). Vid., en esta línea, AA.VV. "Expulsiones judiciales...", cit., pág. 5.

[128] CANO CUENCA, A. "Suspensión de ejecución de la pena...", cit., pág. 375. GARCÍA SAN MARTÍN, J. L*as medidas alternativa..., cit.*, pág. 170. AA.VV. *Introducción al Derecho Penal...*, cit., pág. 367. GRACIA MARTÍN, L.-ALASTUEY DOBÓN, C. *Lecciones de consecuencias jurídicas del delito...*, cit., pág. 159.

[129] BOZA MARTÍNEZ, D. "El contenido del artículo 89 CP...", cit., pág. 22.

[130] ORTS BERENGUER, E.-GONZÁLEZ CUSSAC, J.L. *Compendio de Derecho Penal. Parte General...*, cit., pág. 526.

[131] Circular 7/2015 de la Fiscalía General del Estado..., cit., pág. 18.

[132] AA.VV. *Curso de Derecho Penal. Parte General...*, cit., pág. 920.

[133] SÁNCHEZ GARCÍA DE PAZ, I. *Comentarios prácticos al Código Penal...*, cit., pág. 799.

seguridad pública, la seguridad nacional o para la salud pública»; motivo por el que podrá imponerse un período de prohibición de entrada de hasta diez año (58.2 LOEx).

Esta regulación de la LOEx es la concreción, dice BOZA MARTÍNEZ, del contenido de la Directiva 2008/115/CE del Parlamento Europeo y del Consejo, de 16 de diciembre de 2008, relativa a normas y procedimientos comunes en los Estados miembros para el retorno de los nacionales de terceros países en situación irregular, cuyo art. 11.2 establece que «la duración de la prohibición de entrada se determinará con la debida consideración de todas las circunstancias pertinentes del caso concreto y, en principio, su vigencia no excederá de cinco años. Podrá sin embargo exceder de cinco años si el nacional de un tercer país representa una amenaza grave para el orden público, la seguridad pública o la seguridad nacional»[134].

En tal sentido, para mantener la coherencia sistemática, estimamos adecuar el límite de la prohibición de entrada al determinado por la legislación extrapenal, fijando un plazo ordinario máximo de cinco años, que podrá ser ampliado, solo excepcionalmente, ante amenaza grave.

De otro lado, reproducida literalmente la anterior redacción[135], otras de las consecuencias de la expulsión es el archivo de cualquier procedimiento administrativo que tuviera por objeto la autorización para residir o trabajar en España[136] (89. 6 CP). Así, tal regulación puede comportar la extinción de cualquier autorización para permanecer legalmente[137].

Sin embargo, según señala BOZA MARTÍNEZ, tal previsión está orientada especialmente para aquellos extranjeros en situación irregular y que, por tanto, pudieran tener abiertos procedimientos para autorizar su residencia; no incorporándose una cláusula similar en relación a los extranjeros en situación regular. Esto es, no se añade a la regulación del art. 89 un párrafo que suponga la extinción de las autorizaciones de residencia en vigor de aquellos extranjeros que fueren expulsados. Y, en tal sentido, señala que «podría argumentarse que se trata de una cuestión administrativa que el legislador penal ha preferido no asumir, pero eso choca con el propio contenido del art. 89.6 CP que introduce

---

[134] BOZA MARTÍNEZ, D. "El contenido del artículo 89 CP...", cit., pág. 22.

[135] MANZANARES SAMANIEGO, J.L. *La reforma del Código Penal de 2015...*, cit., pág. 108. BARQUÍN SANZ, J. "De las formas sustitutivas...", cit., pág. 255. CANO CUENCA, A. "Suspensión de ejecución de la pena...", cit., pág. 375.

[136] GRACIA MARTÍN, L.-ALASTUEY DOBÓN, C. *Lecciones de consecuencias jurídicas del delito...*, cit., pág. 159. SÁNCHEZ GARCÍA DE PAZ, I. *Comentarios prácticos al Código Penal...*, cit., pág. 799. ORTS BERENGUER, E.-GONZÁLEZ CUSSAC, J.L. *Compendio de Derecho Penal. Parte General...*, cit., pág. 526.AA.VV. *Curso de Derecho Penal. Parte General...*, cit., pág. 927. AA.VV. *Introducción al Derecho Penal...*, cit., pág. 368. GARCÍA SAN MARTÍN, J. L*as medidas alternativa...*, *cit.*, pág. 170.

[137] En este sentido: CARDENAL MONTRAVETA, S. "Sección 2ª. De la sustitución...", cit., pág. 351.

en el ámbito penal la cuestión administrativa del archivo de los procedimientos pendientes»[138].

De este modo, aunque por la redacción parece que tal efecto es común[139], sin embargo, las consecuencias de esta omisión parecen centrarse en los residentes temporales, que perderán su derecho a residir en España, y no tanto en los residentes de larga duración quienes, de acuerdo al art. 32 LOEx, tienen derecho a residir y trabajar en España indefinidamente[140].

Y es que, aunque el tenor del artículo 57.4 LOEx, que explicita que «la expulsión conllevará, en todo caso, la extinción de cualquier autorización para permanecer legalmente en España», al igual que el artículo 32.5.b) contempla la extinción de tales autorizaciones «cuando se dicte una orden de expulsión en los casos previstos en la Ley», tal opción se presta a dudas, puesto que los citados preceptos parecen referirse, en principio, a las expulsiones dictadas por los órganos administrativos, y tal regulación parece diferente de las expulsiones impuestas por los jueces penales[141].

Así, nuevamente, para salvar la coherencia del sistema, dado que la omisión es una nueva evidencia de la deficiente técnica legislativa utilizada en esta reforma, pues este error del legislador puede exigir un doble procedimiento, el penal para la imposición de la expulsión y el administrativo para la extinción de la autorización de residencia de larga duración, proponemos, *lege ferenda,* la consideración de tal concepción, al objeto de contribuir a una mayor sencillez en la aplicabilidad de los operadores jurídicos.

VII. CONSECUENCIAS DEL INCUMPLIMIENTO DE LA PROHIBICIÓN DE REGRESO

Señala el apartado 7 del art. 89 que, en el caso de que el extranjero quebrante una decisión judicial de expulsión con prohibición expresa de regresar al territorio español, sufrirá una de estas dos consecuencias: a) el cumplimiento de la pena sustituida, salvo que considere el juez que no es necesario desde la perspectiva de defensa del orden público; o, b) si fuese sorprendido en la frontera, expulsión por la autoridad gubernativa, comenzando a computarse de nuevo el plazo de prohibición de entrada.

---

138 BOZA MARTÍNEZ, D. "El contenido del artículo 89 CP…", cit., pág. 4. En el mismo sentido, IGLESIAS RÍO, M.A. "La expulsión de extranjeros". En *Comentario a la Reforma penal de 2015*. Dir. Quintero Olivares. Pamplona, 2015, págs. 177 y ss.

139 AA.VV. "Expulsiones judiciales…", cit., pág. 5.

140 BOZA MARTÍNEZ, D. "El contenido del artículo 89 CP…", cit., pág. 4.

141 *Ibidem,* pág. 5.

De este modo, la reforma atenúa, aunque de manera excepcional[142], el cumplimiento automático de la pena, en caso de que el extranjero expulsado regrese a España antes de transcurrir el periodo por el fue expulsado, con la posibilidad de que el juez o tribunal pueda reducir su duración cuando su cumplimiento resulte innecesario para asegurar la defensa del orden jurídico y restablecer la confianza en la norma jurídica infringida por el delito, en atención al tiempo transcurrido desde la expulsión y las circunstancias en las que se haya producido su incumplimiento[143]. En tal sentido, puede decirse que el nuevo texto legal deja un amplio margen de arbitrio judicial, pues no fija límites mínimos de cumplimiento y, además, exige valorar las circunstancias que rodean el incumplimiento, que pueden ser de la más variada naturaleza[144].

Por ende, si el extranjero regresa antes de concluir este plazo establecido judicialmente, cumplirá la pena impuesta en territorio nacional, salvo que, excepcionalmente, el juez reduzca su duración atendiendo a que «resulte innecesario para asegurar la defensa del orden jurídico y restablecer la confianza en la norma jurídica infringida por el delito»; por lo que tal redacción, en definitiva, señala ZÚÑIGA RODRÍGUEZ, nuevamente parece apostar por la prevención general, el restablecimiento de la norma, de las instituciones jurídicas[145].

Así, constatado el incumplimiento de la prohibición de regreso, la opción judicial de exigir al extranjero infractor el cumplimiento de una porción de pena que le había sido sustituida, beneficiándole con una reducción de su duración, ha de contar con el tiempo que ha transcurrido desde que se materializó la expulsión[146].

El actual régimen vigente, en materia del efecto de la vulneración de la prohibición de regreso, es fruto de la reforma de LO 1/2015, de 30 de marzo. En esta línea, la normativa derogada imponía, como consecuencia de quebranto de tal prohibición, y para todos los casos, el cumplimiento íntegro de las penas sus-

---

[142] Vid. en este sentido: Circular 7/2015 de la Fiscalía General del Estado..., cit., pág. 21. GRACIA MARTÍN, L.-ALASTUEY DOBÓN, C. *Lecciones de consecuencias jurídicas del delito...*, cit., pág. 159. MANZANARES SAMANIEGO, J.L. *La reforma del Código Penal de 2015...*, cit., pág. 109. AA.VV. “Expulsiones judiciales...”, cit., pág. 7. BOZA MARTÍNEZ, D. “El contenido del artículo 89 CP...”, cit., pág. 4.

[143] CANO CUENCA, A. “Suspensión de ejecución de la pena...”, cit., pág. 375. SÁNCHEZ GARCÍA DE PAZ, I. *Comentarios prácticos al Código Penal...*, cit., pág. 799.

[144] Así, dice la Fiscalía, «habremos de entender que no está justificada la reducción de condena cuando el quebrantamiento de la medida responda a móviles espurios (cometer nuevos delitos); será de aplicación, en cambio, cuando actúe movido por razones socialmente admisibles (visitar a un familiar enfermo, acudir a un entierro de un ser querido, nacimiento de un hijo, etc.)». Circular 7/2015 de la Fiscalía General del Estado..., cit., pág. 21. En esta línea: AA.VV. *Manual jurídico para evitar el ingreso en la cárcel...*, cit., pág. 120. BOZA MARTÍNEZ, D. “El contenido del artículo 89 CP...”, cit., pág. 24.

[145] ZÚÑIGA RODRÍGUEZ, L. *Lecciones y materiales...*, cit., pág. 316.

[146] Criterio, en principio, congruente, señala la Circular 7/2015, con la Teoría de la Pena, en el sentir de que la necesidad de su cumplimiento se atenúa en la conciencia social con el transcurso de los años. Circular 7/2015 de la Fiscalía General del Estado..., cit., pág. 21.

tituidas, esto es, con independencia del tiempo que hubiese transcurrido y las circunstancias concretas en que se hubiese producido dicho quebrantamiento; lo que suponía una vulneración del principio de igualdad y de proporcionalidad[147], que el actual sistema trata de corregir, si bien, como anteriormente hemos apuntado, la actual redacción, en lo que atañe al criticable contexto de asegurar la defensa del orden jurídico y restablecer la confianza en la vigencia de la norma infringida por el delito, sigue resultando problemática, motivo por el cual, dice BARQUÍN SANZ, nada cambiaría a efectos de vigencia de la norma si la LO 1/2015 hubiera omitido tales términos para referirse simplemente a «cuando su cumplimiento resulte innecesario o desproporcionado, en atención al tiempo transcurrido desde la expulsión y las circunstancias en las que se haya producido su incumplimiento»[148].

No hay un posible abono del tiempo de expulsión cumplido[149]. Por lo que, indica CARDENAL MONTRAVETA, «debe tenerse en cuenta la necesidad de abonar al cumplimiento de la pena de prisión el perjuicio que para el penado haya supuesto la expulsión»[150].

Cabe reseñar, en atención a lo expuesto, que durante la tramitación parlamentaria, se pidió establecer alguna regla de conversión para computar el tiempo que la persona extranjera ha estado fuera del país cumpliendo el sustitutivo penal, evitando, así, el *non bin in idem,* es decir, cumplir pena sustituida y sustitutivo penal. Así, la enmienda núm. 336 del Grupo Parlamentario Mixto, establece que si la persona extranjera pretende entrar, pesando sobre ella una prohibición de entrada, «no deberá reiniciarse el cómputo de la prohibición de entrada, pues la actuación del extranjero que debe retornar al serle denegada la entrada no es objeto de sanción, es decir, no es un supuesto equiparable a los casos de expulsión o devolución». Por lo que, señala SÁNCHEZ GARCÍA DE PAZ, tal moderación puede determinarse como una especie de abono del castigo cumplido de expulsión sustitutiva en la pena sustituida de prisión[151].

Desde otra perspectiva, se ha de señalar que el régimen previsto para el caso de incumplimiento de la citada prohibición, y a salvo los supuestos de que el mismo fuera interceptado en la frontera, el manifiesto contraste advertido entre, por un lado, el régimen de la sustitución que, pese al cumplimiento parcial de la pena en España, difícilmente exime finalmente al extranjero de ser expulsado, y, por otro, el régimen previsto para el incumplimiento de la prohibición de regreso, donde no se previene siquiera la oportunidad de materializar nuevamente la expulsión en su día acordada, disponiendo, por el contrario, el cumplimiento de

---

[147] En este sentido, AA.VV. *Curso de Derecho Penal. Parte General…*, cit., pág. 927.

[148] BARQUÍN SANZ, J. "De las formas sustitutivas…", cit., pág. 255.

[149] MANZANARES SAMANIEGO, J.L. *La reforma del Código Penal de 2015…*, cit., pág. 109.

[150] A lo que añade que, dado que la expulsión habrá supuesto la suspensión de la ejecución de la pena de prisión «durante este periodo se habrá suspendido, también, el cómputo del plazo de prescripción (134.2.a)». CARDENAL MONTRAVETA, S. "Sección 2ª. De la sustitución…", cit., pág. 353.

[151] SÁNCHEZ GARCÍA DE PAZ, I. *Comentarios prácticos al Código Penal…*, cit., pág. 799.

la/s pena/s en España e incluso la posibilidad de que el juez o tribunal reduzca su duración. Lo que, según GARCÍA SAN MARTÍN, genera que «los extranjeros a los que no les satisfaga la expulsión y que prefieran el cumplimiento de la pena en España, una vez acordada y materializada aquella, para alcanzar esta solución tan solo tendría que regresar a España y no ser interceptados en la frontera, para una vez corroborada esta realidad, se acuerde el cumplimiento de la pena en España, optando, incluso, de considerase que el cumplimiento resulta innecesario para asegurar la defensa del orden jurídico y restablecer la confianza en la norma jurídica infringida por el delito, a ver reducida la duración de la pena a cumplir» [152]. Y, en el mismo sentido, dice SÁNCHEZ GARCÍA DE PAZ que la revocación de la sustitución y cumplimiento de la pena de prisión inicialmente impuesta como consecuencia del regreso antes del transcurso del plazo de expulsión, parece tener el sentido de disuadir más eficazmente el regreso, aunque «no es descartable el efecto contrario, si tenemos en cuenta que son muchos los penados que manifiestan su disconformidad con la expulsión prefiriendo el cumplimiento en nuestro país, que por esta vía podrían conseguir» [153].

Igualmente criticable es el diferente tratamiento para aquellos supuestos en que el extranjero sea interceptado en la frontera, en cuyo caso será directamente expulsado [154], comenzando de nuevo a computarse el plazo íntegramente [155]. Y es que sobre este caso, indica GARCÍA SAN MARTÍN, el diferente tratamiento «no encuentra debida justificación por cuanto que se hace depender la aplicación de tan descompensadas, entre sí, consecuencias, de un presupuesto en cuya concurrencia la participación del reo resulta incierta, incidiendo, por el contrario, elementos de marcado carácter aleatorio y, en todo caso, ajenos al reo, como lo es el hecho de que el mismo sea interceptado en la frontera o a partir de un momento inmediatamente posterior, dentro ya del territorio nacional» [156].

En efecto, entendemos, *lege ferenda*, que tal prohibición de entrada, en cuanto a principal elemento aflictivo de la expulsión, requiere de un necesario examen por nuestro legislador, dado que, en caso contrario, para el primero de los casos, se puede da lugar a una tácita invitación al incumplimiento de la prohibición de regreso, en el sentido anteriormente apuntado. A lo que hay que añadir, además, el reproche a la diferenciación en tratamiento, sin justificación aparente,

---

[152] GARCÍA SAN MARTÍN, J. L*as medidas alternativa…, cit.*, págs. 170 y 171.

[153] SÁNCHEZ GARCÍA DE PAZ, I. *Comentarios prácticos al Código Penal…*, cit., pág. 799.

[154] Acorde con el art. 58.3 LOEx: «No será preciso expediente de expulsión para la devolución de los extranjeros en los siguientes supuestos: a) Los que habiendo sido expulsados contravengan la prohibición de entrada en España».

Vid., BOZA MARTÍNEZ, D. "El contenido del artículo 89 CP…", cit., pág. 23. AA.VV. *Manual jurídico para evitar el ingreso en la cárcel…*, cit., pág. 120.

[155] AA.VV. *Introducción al Derecho Penal…*, cit., pág. 368. AA.VV. *Curso de Derecho Penal. Parte General…*, cit., pág. 927. MANZANARES SAMANIEGO, J.L. *La reforma del Código Penal de 2015…*, cit., pág. 109. AA.VV. *Manual jurídico para evitar el ingreso en la cárcel…*, cit., pág. 120.

[156] GARCÍA SAN MARTÍN, J. L*as medidas alternativa…, cit.*, pág. 171.

más que la capacidad de superación de los controles establecidos en las fronteras españolas.

VIII. INTERNAMIENTO A LA ESPERA DE EXPULSIÓN E IMPOSIBILIDAD DE EJECUCIÓN DE LA EXPULSIÓN

Según el primer párrafo del art. 89.8 CP, cuando al acordarse la expulsión en cualquiera de los supuestos descritos en el art. 89 CP, el extranjero no se encuentre o no quede efectivamente privado de libertad en ejecución de la pena impuesta, el juez o tribunal podrá acordar, con el fin de asegurar la expulsión, su ingreso en un centro de internamiento de extranjeros[157], en los términos y con los límites y garantías previstos en la Ley para la expulsión gubernativa (internamiento cautelar)[158].

De este modo, mientras se estudia la aplicación de la medida de expulsión, si el extranjero ha quedado en libertad, el juez podrá autorizar su ingreso en un centro de internamiento de extranjeros (CIE)[159]; si bien, tal internamiento solo podrá acordarse cuando resulte imprescindible para asegurar la expulsión[160]. A lo que hay que añadir que en el supuesto de que el extranjero se haya encontrado privado de libertad en el CIE, por habérsele decretado su ingreso en el mismo, el plazo de estancia en éste deberá ser tenido en cuenta a los efectos del cómputo de pena conforme a lo establecido en el art. 58 CP[161].

Por su parte, el tiempo de estancia en el CIE está sujeto al límite de sesenta días naturales establecidos en el art. 62.2 LOEx, que dispone «el internamiento se mantendrá por el tiempo imprescindible para los fines del expediente, siendo su duración máxima de 60 días, y sin que pueda acordarse un nuevo internamiento por cualquiera de las causas previstas en un mismo expediente»[162].

Sin embargo, el ingreso de un condenado a penas de prisión no parece compatible con el ingreso cautelar en un CIE, que, al ser establecimientos públicos de carácter no penitenciario (art. 62 bis LOEx), carecen de medidas de seguridad adecuadas y personal cualificado, además de que se podría alterar su régimen norma-

---

[157] Tales Centros de internamiento se regulan en el art. 62 sexies LOEx («*Funcionamiento y régimen interior de los centros de internamiento de extranjeros*») y en el RD 162/2014, de 14 de marzo, por el que se aprueba el reglamento de funcionamiento y régimen interior de los centros de internamiento de extranjeros.

[158] AA.VV. *Curso de Derecho Penal. Parte General…*, cit., pág. 928. AA.VV. "Expulsiones judiciales…", cit., pág. 5.

[159] ORTS BERENGUER, E.-GONZÁLEZ CUSSAC, J.L. *Compendio de Derecho Penal. Parte General…*, cit., pág. 527.

[160] CARDENAL MONTRAVETA, S. "Sección 2ª. De la sustitución…", cit., pág. 352.

[161] En este sentido: AA.VV. *Manual jurídico para evitar el ingreso en la cárcel…*, cit., pág. 115.

[162] LARRAURI, E. "Antecedentes penales y expulsión de personas inmigrantes". En *Revista para el análisis del Derecho,* 2016. pág. 20.

lizado de funcionamiento por la necesidad de separar internos que han cometido una mera infracción administrativa de aquellos condenados en sentencia penal[163].

En tal sentido, manifiesta la Fiscalía General del Estado que es aconsejable que el ingreso en CIE sólo «se acuerde para condenados a penas de prisión que, por su duración y demás circunstancias concurrentes en el hecho y el autor, sean virtualmente susceptibles de suspensión condicional en los términos del art. 80 CP, pues el reo que reúne tales condiciones presenta, al menos, un perfil bajo de peligrosidad que le hace más fácilmente asimilable a las condiciones y régimen de vida de un CIE. También conviene introducir un cierto grado de flexibilidad en la aplicación de estas cautelas que permita su dispensa en casos singulares: si el penado se encuentra en libertad provisional y merece confianza, se le puede otorgar un plazo de cumplimiento voluntario –a semejanza de lo previsto en el art. art. 63 bis, 2 LOEX, o en el art. 18.2 RD 240/2007– para ahorrarle los efectos más traumáticos que comporta una privación de libertad»[164].

En tal sentido, este supuesto de ingreso al penado en Centro de internamiento con la finalidad de asegurar la expulsión, fue objeto de críticas durante la tramitación parlamentaria, a las que nos sumamos, puesto que permite, dice CANO CUENCA, que los extranjeros condenados por delitos y pendientes de expulsión del territorio nacional sean ingresados cautelarmente en los Centros de internamiento junto con otros extranjeros irregulares a quienes la única infracción que cabe reprochar es carecer de documentación reglada[165]. Y, en este sentido, cabe poner a colación la Enmienda nº 122 del Grupo Parlamentario de IU, ICV-EUiA, CHA: La Izquierda Plural[166], en cuanto a solapamiento entre el Derecho penal y el administrativo.

En esta línea crítica, señala BOZA MARTÍNEZ que «la Circular 5/2011 de la Fiscalía General había considerado que el ingreso en un CIE debería quedar limitado a la expulsión por penas de localización permanente, responsabilidad subsidiaria por impago de multa o penas de prisión inferiores a tres meses. En tanto en cuanto en la redacción actual ninguna de estas penas dan lugar a la expulsión, el mantenimiento de esta mención resulta controvertido»[167].

---

163 CARDENAL MONTRAVETA, S. "Sección 2ª. De la sustitución...", cit., pág. 352. AA.VV. *Manual jurídico para evitar el ingreso en la cárcel...*, cit., pág. 120.

164 Circular 7/2015 de la Fiscalía General del Estado..., cit., pág. 19.

165 CANO CUENCA, A. "Suspensión de ejecución de la pena...", cit., pág. 376.

166 Boletín Oficial de las Cortes Generales, de 10 de diciembre de 2014, pág. 92: Enmienda nº 122 del Grupo Parlamentario de IU, ICV-EUiA, CHA: La Izquierda Plural «Se elimina toda referencia al ingreso cautelar del extranjero condenado en los Centros de Internamiento de Extranjeros (CIE). El pre-legislador pretende con esta reforma asentar la novedad introducida en el Código Penal por la LO 5/2010, que hizo posible que los extranjeros condenados por delitos y pendientes de expulsión del territorio nacional fueran ingresados cautelarmente en los CIEs junto con otros extranjeros irregulares a quienes la única infracción que cabe reprochar es carecer de documentación en regla. De nuevo, un solapamiento inquietante y perturbador del derecho penal y el derecho administrativo que ha de ser enmendado por la reforma del CP y no consolidado con ella».

167 BOZA MARTÍNEZ, D. "El contenido del artículo 89 CP...", cit., pág. 29.

Por su parte, el último párrafo del art. 89.8 CP dispone que, en todo caso, si acordada la expulsión ésta no pudiera llevarse a efecto, se procederá a la ejecución de la pena originariamente impuesta o del periodo de condena pendiente, o a la aplicación, en su caso, de la suspensión de la ejecución de la misma –en los términos del los arts. 80 a 87 CP[168]– (imposibilidad de llevarse a cabo la expulsión acordada). Así, con la actual reforma, la redacción se mantiene intacta, solamente se suprime la referencia a la sustitución de la pena por lo que, en principio, la expulsión se efectúa y, si una vez acordada, ésta no pudiera llevarse a cabo, se procederá a la ejecución de la pena originariamente impuesta o del periodo de condena pendiente o, en su caso, a la suspensión de la ejecución de la misma[169]; solución acorde al principio de interdicción de la arbitrariedad[170]. De este modo, se recoge el criterio del Tribunal Constitucional, Auto 132/06, de 4 de abril, que introduce en su fundamento segundo que tal regulación «constituye una cláusula de cierre que solo es aplicable cuando la expulsión no es posible».

Por tanto, por lo que respecta a la posibilidad de suspensión de la ejecución de la pena inicialmente impuesta, ésta procederá, según se entiende de la expresión «en su caso», cuando concurran los presupuestos contenidos en los arts. 80 y siguientes del Texto punitivo. Extensión de beneficios, sobre aquellos reos extranjeros cuya sustitución por la medida de expulsión no ha podido finalmente realizarse, que supone, a juicio de GARCÍA SAN MARTÍN, un manifiesto e injustificado trato discriminatorio con respecto a los extranjeros cuya expulsión sí ha podido ser materializada, los cuales quedan excluidos, tras acordarse la sustitución de la extensión de tales beneficios[171].

Por su parte, las causas por las que es imposible llevar a cabo la expulsión pueden ser de naturaleza material (negativa del Estado de origen, carencia del visado correspondiente, imposibilidad de transporte, no ser posible determinar la nacionalidad del penado, etc.) o jurídica (ejecución desproporcionada por ser contraria al principio de proporcionalidad, riesgo para la vida o integridad del condenado, etc.)[172]. Dichas circunstancias deberán, en todo caso, ser comunicadas por la autoridad administrativa correspondiente a la autoridad judicial que tramita la ejecutoria[173].

---

[168] Sobre suspensión/sustitución, vid. PERIS RIERA, J. y FERNÁNDEZ PANTOJA, P., en la presente obra colectiva. *La pena de prisión entre el expansionismo y el reduccionismo punitivo.*

[169] AA.VV. *Introducción al Derecho Penal...*, cit., pág. 368. CANO CUENCA, A. "Suspensión de ejecución de la pena...", cit., pág. 376.

[170] BOZA MARTÍNEZ, D. "El contenido del artículo 89 CP...", cit., pág. 30.

[171] GARCÍA SAN MARTÍN, J. L*as medidas alternativa..., cit.,* pág. 172.

[172] AA.VV. *Manual jurídico para evitar el ingreso en la cárcel...*, cit., pág. 114. AA.VV. *Curso de Derecho Penal. Parte General...*, cit., pág. 920.

[173] Así se determina tanto en el Real Decreto 557/2011, de 20 de abril, por el que se aprueba el Reglamento de la Ley Orgánica 4/2000, sobre derechos y libertades de los extranjeros en España y su integración social, tras su reforma por Ley Orgánica 2/2009, referente a la Comunicación interorgánica de infracciones y las comunicaciones de los órganos judiciales a la Delegación o Subdelegación del Gobierno en relación con extranjeros, como en la Disposición Adicional Decimoséptima de la Ley Orgánica 19/20003, de 23 de diciembre, de modificación

IX. COMISIÓN DE DELITOS EN VIRTUD DE LOS CUALES NO PROCEDE LA EXPULSIÓN

La última cuestión sustantiva afrontada en la redacción del tipo es la referente a los delitos para los que no cabe la sustitución de la pena. Así, al régimen de la sustitución de la pena de prisión por expulsión se incorporan una serie de excepciones que se mueven en dos ámbitos. El primero, relacionado con los vínculos del sujeto, que se pretende expulsar, con España, o su condición de nacional de un Estado de la Unión Europea. El segundo, surge con la voluntad de sustentar la eficacia preventivo general de la norma; dicho con otras palabras, evitar el efecto criminógeno que la expulsión pudiera tener para determinados sujetos.

En este ámbito, se mueve la referencia contenida ahora en el apartado 9 del artículo 89 CP con respecto a los delitos en los que no corresponde la sustitución por expulsión de la pena de prisión impuesta por su comisión.

Tal precepto contiene, a semejanza de la anterior redacción, una relación de delitos cuyas penas quedan excluidas de la sustitución[174]. Así, la medida de expulsión de extranjeros nunca puede acordarse si se trata de delitos comprendidos en los arts. 312, 313 (delitos contra los derechos de los trabajadores) y 318 bis (delitos contra los derechos de los extranjeros) y, como novedad operada por LO 1/2015, art. 177 bis (trata de seres humanos)[175].

De este modo, la LO 1/2015 ha incorporado al elenco ya existente de los artículos 312, 313 y 318 bis, el delito de trata de seres humanos del artículo 177 bis. Paradójicamente, la reforma de 2010, que introdujo el delito de trata de seres humanos, no lo había incluido en la lista de delitos excluidos de la aplicación de la sustitución. Si bien, esta inclusión tampoco se coordina con el contenido actual de la LOEx, cuyo artículo 57.7.c) y 57.8 mantienen las referencias a los artículos 312, 313 y 318 bis.

La decisión de incorporar la trata de seres humanos a los delitos excluidos es coherente con la forma de entender este precepto por parte del legislador, pues, en efecto, de todos los delitos en los que la expulsión puede tener efectos criminógenos se excluye expresamente la aplicación de la expulsión de aquellos con un componente migratorio y, en este sentido, puede resultar lógica la inclusión del delito de trata de seres humanos[176].

Como expone BOZA MARTÍNEZ, el legislador ha otorgado «un margen de actuación muy amplio a los jueces en el cálculo de los efectos criminógenos que la

---

de la Ley Orgánica 6/1985, de 1 julio, del Poder Judicial. CARDENAL MONTRAVETA, S. "Sección 2ª. De la sustitución...", cit., pág. 353.AA.VV. *Manual jurídico para evitar el ingreso en la cárcel...*, cit., pág. 114. Circular 7/2015 de la Fiscalía General del Estado..., cit., pág. 20.

[174] MANZANARES SAMANIEGO, J.L. *La reforma del Código Penal de 2015...*, cit., pág. 109.

[175] Vid., BARQUÍN SANZ, J. "De las formas sustitutivas...", cit., pág. 255. CANO CUENCA, A. "Suspensión de ejecución de la pena...", cit., págs. 373 y 374.

[176] BOZA MARTÍNEZ, D. "El contenido del artículo 89 CP...", cit., pág. 25.

expulsión puede tener en diferentes conductas, pero ha excluido completamente este margen cuando se trata de delitos relacionados con las migraciones»[177]. Si bien, nos sumamos a lo señalado por ORTS BERENGUER-GONZÁLEZ CUSSAC, en el sentido de que el listado de delitos que imposibilitan la expulsión debería ampliarse «a todos aquellos que, de alguna forma integran la noción de criminalidad organizada. Las razones son obvias, pues posee efectos criminógenos: el sujeto integrante de una de estas organizaciones delinque en España y es expulsado para que vuelva a seguir integrado y operativo en estas redes»[178]; debiendo primar, en todo caso, la resocialización del condenado.

X. TOMA DE POSICIÓN

En base a lo analizado, podemos determinar, en definitiva, que la actual regulación de la expulsión de extranjeros, en cuanto a sustitución de la pena de prisión, se determina como figura que escapa a la lógica resocializadora, puesto que, en estos casos, al sujeto no se le otorga la posibilidad de reeducación, sino todo lo contrario, se le inocuiza del territorio nacional. Nos hallamos ante una alternativa que, en ningún caso, favorece la integración social; parece una solución difícilmente justificable, basada en la voluntad de evitar la saturación de centros penitenciarios, sacando el problema fuera del país, de modo poco solidario con el país de origen.

Así, las evidentes diferencias con una adecuada institución de la sustitución se pone de manifiesto por la ausencia de un fin preventivo, no previsión de una pena alternativa, al no conformarse propiamente como pena, por no aparecer, siquiera, en el catálogo de las mismas; así como por su excesiva gravedad y, también, por la condición de los sujetos a los que es aplicable: extranjeros residentes, legales o no, en territorio español que hayan cometido delito, lo que, por sí mismo, genera discriminación y contradicción con el principio de igualdad.

En tal sentido, no podemos más que criticar el régimen que esta norma otorga a los ciudadanos extranjeros, por asemejarse a un «Derecho penal del enemigo». Y es que el trasfondo velado, en cuanto a expulsión del extranjero, «peligroso/marginal», genera un endurecimiento del tratamiento de tales delincuentes; sin tener presente que, en una sociedad globalizada, el tratamiento de «el otro», debe ser mediato, dentro de un proceso mundial de olas migratorias que vienen y van, cambiando las tornas conforme a los vaivenes propios de los Estados.

En línea con tal planteamiento, configurado desde la perspectiva subjetiva referida a quienes son expulsados de España sin mantener, supuestamente, vínculos con este país, *lege lata,* consideramos que su aplicación debe ser limitada,

---

[177] *Ibidem,* pág. 26.

[178] ORTS BERENGUER, E.-GONZÁLEZ CUSSAC, J.L. *Compendio de Derecho Penal. Parte General...,* cit., pág. 527.

dado que, aun en la hipótesis de escaso contenido aflictivo a nuestro país, ello no es óbice para dudar del mal que supone, al igual que lo es, por ejemplo, el contenido aflictivo de la multa para quien posee un enorme capital. A lo que hemos de añadir que, en muchas ocasiones, la catalogación de este mal puede ser superior a la pena que supuestamente se exime, precisamente por el arraigo y conformación de la estructura familiar en nuestro país, así como por el estado de salud o el riesgo de peligro para la vida/integridad que la expulsión puede generar a la persona extranjera.

Por su parte, *lege ferenda,* entendemos necesaria la consideración reflexiva de la institución de la sustitución, en línea con lo apuntado, al tratarse, en la actualidad, de una regulación estructuralmente ilegítima, por cuanto que su finalidad parece enfocarse en mecanismos de capacidad penitenciaria, en cuanto exclusión del sistema jurídico de una categoría de personas, sin obviar que se convierten en «expulsables» el 10% de residentes en nuestro país. Lo que hace precisa, político criminalmente, en su caso, que la configuración de la verdadera alternativa a la pena de prisión, pase por el estricto cumplimiento del juicio de igualdad, proporcionalidad y seguridad jurídica, esencial en un Estado social y democrático de derecho; ello, en aras a lo preceptuado en el art. 25 de nuestra Carta Magna, esto es, reeducación y resocialización del condenado.

Capítulo décimo
La libertad condicional

Eva Mª Domínguez Izquierdo
Profesora de Derecho Penal de la Universidad de Jaén

Pilar Fernández Pantoja
Profesora Titular de Derecho Penal de la Universidad de Jaén

I. INTRODUCCIÓN

En la historia del sistema penal y penitenciario español la figura de la libertad condicional ha sido y es, sin duda, protagonista en el cumplimiento de los fines que la pena privativa de libertad ha de cumplir, hoy marcados por la declaración del artículo 25.2 de la Constitución española según el cual *las penas privativas de libertad y las medidas de seguridad estarán orientadas hacia la reeducación y reinserción social....* Incorporada a nuestro sistema jurídico a través de legislación especial por la Ley de 23 de julio 1914, ha sobrevivido a los avatares históricos y políticos de nuestro país hasta la actualidad siendo además pieza clave en materia de ejecución de la que es la pena por excelencia: la pena de prisión. El último gran acontecimiento que afecta a esta institución es la Reforma Penal operada por la Ley Orgánica 1/2015, de 30 de marzo, del más profundo calado en ella y sobre varios cambios, se produce el que consideramos la clave de su transformación: el cambio de naturaleza jurídica.

Una cuestión, creemos, ha de quedar clara desde el principio –a pesar del riesgo de simplificar una materia tan compleja– pero que ilustra de alguna manera lo que vamos a abordar en las siguientes páginas, se trata de la referida al hecho de que cuando una pena de prisión "se suspende", el sujeto no llega a contactar con el mundo de la prisión ni a él llegan sus efectos, sin embargo, cuando se produce una "liberación condicional" ese contacto ya ha existido y de lo que se trata es de que el sujeto vuelva a reincorporarse a la sociedad tras un tiempo de desconexión de la misma. Este esquema cambia radicalmente tras la Reforma operada por LO 1/2015.

De otra parte, avanzando aquí una de las conclusiones a las que llegaremos al final de este trabajo tras abordar las últimas reformas penales en materia de ejecución de las penas privativas de libertad, nos llevan a plantear la necesidad de revisar y amoldar la legislación penitenciaria por cuanto que cada vez, en mayor medida, se siguen realizando reformas penales cada vez más difíciles de encajar y compatibilizar en lo que es una parte más del sistema jurídico penal de un país; condenar a una pena sin un régimen acorde para su cumplimiento es una de las mayores carencias que pueden rallar en una "hipocresía jurídica" y en lo que es peor aún, poner en cuestión el propio sistema de garantías que se predica de un Estado Social y Democrático de Derecho. Sobre muchas de las cuestiones que se irán exponiendo en las sucesivas páginas, se hace desde aquí una llamada de atención al legislador que atendiendo a demandas populistas que cada vez reclaman más el castigo del delincuente, debe dar prioridad a otros objetivos que suponen ni más ni menos que cumplir con los fines básicos de nuestro sistema original y constitucional: prevenir el delito es un objetivo y un fin, ello se ha de conseguir tanto a través de la prevención general como, sin duda alguna, a través de la especial donde se ubican mecanismos jurídico-penales y penitenciarios entre los que se encuentra el que es objeto de este trabajo.

La irrupción en el sistema de penas de la prisión permanente revisable, incide también en la regulación de este instituto, al tiempo que modifica la competencia para su concesión. Esta cuestión junto a las novedades, en apariencia insignificantes, en lo que a los regímenes especiales respecta, nos muestra un panorama incierto desde el punto de vista aplicativo y que requiere una labor de interpretación integradora.

II. NATURALEZA JURÍDICA EN EL MARCO DE LAS FORMAS DE SUSPENSIÓN DE LA EJECUCIÓN DE LA PENA: INCIDENCIA DE LA REFORMA DE 2015

Nos hallamos ante una institución jurídico penal y penitenciaria que se introdujo en nuestro sistema a través de legislación especial, en concreto, por la Ley de 23 de julio 1914[1]. En su evolución, esta figura no ha dejado de ser objeto de

---

[1] El origen se sitúa en el Real Decreto de 3 de junio de 1902, posteriormente, con el Reglamento de Servicios de Prisiones de 1956 modificado, se implantó como sistema de indivi-

atención en cuanto a establecer cuál es su naturaleza jurídica teniendo en cuenta, además, la doble dimensión que presenta desde su consideración penal sustantiva y desde la perspectiva penitenciaria. Se han planteado así diferentes opciones: si se trata de una forma sustitutiva de la pena, de una forma de suspensión de la misma, de un derecho subjetivo y/o se trata de un cuarto grado penitenciario conforme a esta legislación[2].

La reforma de 2015 no deja lugar a dudas: la libertad condicional aparece como *una forma de suspensión de la ejecución de la pena*, es así que literalmente se establece en el art. 90.1 que "*el juez de vigilancia penitenciaria acordará la suspensión de la ejecución del resto de la pena de prisión y concederá la libertad condicional al penado que cumpla los siguientes requisitos.....*"[3]. Ya desde el propio Preámbulo de la ley de reforma el legislador empieza a marcar las diferencias entre el anterior y el nue-

---

dualización científica y, finalmente, fue en virtud del Real Decreto 162/1968, de 25 de enero, cuando se incorporó en el sistema de grados de clasificación como el cuarto de ellos. En torno a antecedentes históricos de esta figura, de forma muy ilustrativa puede verse GARRIDO LORENZO, M.A. "La libertad condicional tras reforma por Ley Orgánica 1/2015, de 30 de marzo" en *Revista del Ministerio Fiscal*, nº 0, 2015, pags. 38 a 40.

[2] Ha sido abundante el tratamiento otorgado a esta cuestión, evocando trabajos más recientes que resumen algunos planteamientos contemporáneos podemos citar a FERNÁNDEZ BERMEJO, D. "La desnaturalización de la libertad condicional a la luz de la Ley Orgánica 1/2015, de 30 de marzo, de reforma del Código Penal" en *la ley digital, La Ley Penal, nº 115, Sección Estudios, Julio-agosto 2015, La ley 5092/2015*, págs. 9 y 10. De entre varias definiciones propuestas por la doctrina, reproducimos la de MIR PUIG, S. quien señala que se trata de "un derecho del penado condenado a pena privativa de libertad, sujeto al cumplimiento de las condiciones para su concesión, a ser liberado anticipadamente, como medio de prueba, tras el cumplimiento de las ¾ –o, en su caso, 2/3 partes de su condena o menos cuando funciona como beneficio penitenciario– entre otros requisitos legales, quedando sometido al seguimiento y control de los Servicios Sociales Penitenciarios del Centro al que se haya adscrito y condicionado a no volver a delinquir dentro del periodo que le falte para su libertad definitiva y a la observancia, en su caso, de las reglas de conducta que le hubiera impuesto el Juez de Vigilancia". *Derecho penitenciario. El cumplimiento de la pena privativa de libertad*, Barcelona, 2015, pág. 150.

[3] BARQUÍN SANZ, J. señala el cambio de naturaleza en cuanto tras esta reforma, la libertad condicional deja de ser la última fase de cumplimiento de la pena de prisión dentro del sistema progresivo de la misma *para convertirse en una figura suspensiva durante cuyo plazo no se considera que está cumpliéndose la pena de prisión, sino todo lo contrario. Estudios sobre el Código Penal reformado (Leyes Orgánicas 1/2015 y 2/2015)*, Dir. L. Morillas Cueva, Madrid, 2015, pág. 255. FERNÁNDEZ BERMEJO, D. hace referencia a que ya desde la reforma que se realizara en 2003, se avanzaba lo que al final ha sido en 2015 *la desnaturalización de la libertad condicional, conservando su denominación de origen pero desviando su esencia a otra institución penal, la conocida suspensión de condenas*. "La desnaturalización de la libertad condicional..." ob. cit. pág.1. En esta misma línea GUISASOLA LERMA, C. mantiene que este cambio *supone la desnaturalización de esta figura y, con ello, del sistema de individualización científica establecido por la legislación penitenciaria como modelo de ejecución penitenciaria, hasta el momento no cuestionado ni por la doctrina ni por la praxis penitenciaria*. "Libertad condicional (arts. 90, 91 y 92)" en *Comentarios a la Reforma del Código Penal de 2015, 2ª ed.*, Dir. J.L. González Cussac, Valencia, 2015, pág. 384. En cuanto a la incidencia en el cambio de modelos que la reforma supone, según SOLAR CALVO, P. "el cambio equipara nuestra normativa a la de otros ordenamientos que consideran la última parte de ejecución de la condena como medida alternativa al cumplimiento". "La libertad condicional antipeniten-

vo sistema, afirma así que "al contrario de lo que venía sucediendo hasta ahora, el tiempo en libertad condicional no computará como tiempo de cumplimiento de condena, sino que la concesión de la libertad condicional determinará la suspensión de la ejecución del resto de la pena durante un determinado periodo de tiempo….."[4].

Por tanto, el sistema que tenemos actualmente es una modalidad dentro de las formas de suspensión de la ejecución de la pena con la diferencia de que en el régimen general y en los especiales de los artículos precedentes (arts. 80 y siguientes), el sujeto no llegará a ingresar en el centro penitenciario para el cumplimiento de su pena mientras que en el caso de la libertad condicional, sí que habrá cumplido parte de la condena en el mismo pudiendo quedar una parte de la pena "en suspenso" y sometida a mecanismos sustitutivos (imposición de condiciones o normas/reglas de conducta durante su disfrute) en la misma forma que en el régimen general de la suspensión, como más adelante veremos, el art. 90.5 hace remisión expresa al art. 83 donde se contienen tales reglas de conducta y, del mismo modo, se producen reenvíos continuos dentro de la regulación de la libertad condicional a las normas que desarrollan la institución de la suspensión de la ejecución de la pena. No obstante y a pesar de este importante cambio, se apunta en la doctrina que aun

---

ciaria. Comentario al Auto del JVP nº 5 de Madrid de 3 de noviembre de 2016" en *Diario La Ley, nº 8873, Sección Tribuna, 29 de noviembre de 2016, ref. D-417,* pág. 4.

Avanzándose los cambios introducidos desde Anteproyectos como el de 11 de octubre de 2012, ya entonces se criticaba por la doctrina el cambio del sistema, así TERRADILLOS BASOCO, J.M. afirmaba que la reforma suponía "un serio intento de retroceso a opciones de política criminal pre-democráticas". "La reforma española de 2012. Líneas maestras" en *Nuevo Foro Penal, Vol. 7,* nº 78, enero-junio, 2012, pág. 13. Muy crítico también con la reforma ya en relación al Proyecto de 2013 y enlazando con el sistema penitenciario y su desarrollo legislativo, puede verse NÚÑEZ FERNÁNDEZ, J. "Análisis crítico de la libertad condicional en el proyecto de reforma del Código Penal de 20 de septiembre de 2013 (Especial referencia a la prisión permanente revisable)" en *La ley digital, La Ley Penal, nº 110, Sección Estudios,* La Ley 6275/2014.

Las críticas a este cambio también se han producido desde otros ámbitos tales como el Consejo Fiscal que cuando informó el Anteproyecto de Ley de 2012 decía entre otras cosas que "la empresa de reducir a un régimen jurídico común un mecanismo sustitutivo de la ejecución de la pena privativa de libertad, como es la suspensión, y un elemento tan caracterizado de la ejecución penitenciaria de la pena como es la libertad condicional es sumamente arriesgada, pues ni su fundamento ni su finalidad guardan parentesco o semejanza (…) mientras que la suspensión ha sido concebida desde su implantación en nuestro sistema jurídico a principios del siglo XX como una vía para evitar el ingreso en prisión de delincuentes primarios (…) la libertad condicional constituye una de las fases o grados de la ejecución penitenciaria, el último dentro del sistema de individualización científica……". Vid. *Informe del Consejo Fiscal al Anteproyecto de LO por la que se modifica la LO 10/1995, de 24 de noviembre del Código Penal, 20 de diciembre de 2012.*

[4] Continúa el Preámbulo afirmando que (….*) si, durante ese tiempo, el penado no reincide y cumple las condiciones impuestas, se declarará extinguida la pena pendiente de cumplimiento; por el contrario, si durante ese periodo de libertad condicional (o de suspensión de la ejecución del resto de la pena) comete un nuevo delito o incumple gravemente las condiciones impuestas, la libertad será revocada y deberá cumplir toda la pena que le restaba. Por esta razón, el régimen de libertad condicional pasa a estar regulado, en gran parte, por remisión a la regulación de la suspensión de la ejecución de la pena.*

unificando en la misma naturaleza jurídica estas figuras, su fundamento continúa siendo diferente, es así que mientras que la suspensión tiene como objetivo el evitar el cumplimiento de una pena privativa de libertad que "pueda ser contraproducente" y por tanto resulta innecesaria, en la libertad condicional de lo que se trata es de que a la vista de que exista un pronóstico de reinserción favorable, la concesión de la misma se entiende que puede cumplir el fin de resocialización del sujeto[5].

Los cambios que ha llevado a cabo la reforma son valorados de diferentes formas pero se quieren destacar algunos, por ejemplo, la valoración que sostiene que se produce un "endurecimiento" del sistema en lo que afecta al condenado, en la medida en que el tiempo de cumplimiento de la libertad condicional en el que caso de que se produjera la revocación, no le será descontado como plazo de cumplimiento de la pena por cuanto si ésta fuera acordada, deberá cumplir el periodo restante desde la fecha en que comenzara el régimen de libertad condicional lo que, obviamente, supone un alargamiento de la condena. Sobre esta base no queda más remedio que reflexionar acerca de si esta novedad resulta compatible con los fines y fundamentos que inspiran las alternativas a la pena de prisión, esto es, si persiguiendo con ellas la consecución de la reinserción y rehabilitación de los condenados, o lo que es lo mismo, conseguir su "integración en la sociedad" el prolongar las condenas por incumplimiento en las circunstancias especiales que aquí se darían no es otra cosa que regresar a planteamientos retributivos de la pena. En este punto y, en principio, disentimos de la reforma operada en 2015.

III. RÉGIMEN GENERAL

Manteniendo la ubicación sistemática procedente del Código de 1995, en la sección 3ª del capítulo III, Título III bajo el título de "*De la libertad condicional*", en los arts. 90 a 92 se contienen las disposiciones penales que regulan esta figura, por tanto, tras la sección 1ª que contiene las normas relativas a la suspensión de la ejecución de las penas privativas de libertad y la sección 2ª dedicada a la sustitución de las mismas. Pues bien, el hecho de que se haya producido el cambio de naturaleza jurídica de la libertad condicional en los términos expuestos más arriba pero no se haya modificado la estructura sistemática, está resultando criticado por diferentes autores que plantean la existencia de un "cierto desconcierto" ante la nueva regulación dado que lo lógico habría sido que reconduciéndose las distintas figuras a una única, la suspensión de la ejecución de las penas, las tres secciones se hubieran unificado en una sola concebidas como modalidades de suspensión de las penas privativas de libertad[6]. Ciertamente, creemos, que con poco esfuerzo el legislador habría conseguido dar mayor refuerzo y coherencia a los cambios operados en este bloque normativo.

---

[5] En este sentido SALAT PAISAL, M. "Análisis del instituto de la libertad condicional en la reforma del CP de 2015" en *AFDUC 19, 2015*, pág. 417.

[6] Así, por ejemplo, lo plantea SALAT PAISAL, M. *Ibidem*, pág. 418.

1. Contenido y requisitos

La primera cuestión de relevancia es el cambio de la pena impuesta desde la que se podrá tener acceso a la libertad condicional, mientras que el Código del 95 hacía referencia a "penas privativas de libertad" lo que por remisión al art. 35 comprendía la prisión, la localización permanente y la responsabilidad personal subsidiaria por impago de multa, pasa a partir de 2015 a la regulación del acceso a la libertad condicional cuando el sujeto esté cumpliendo penas de prisión lo que así deja fuera tanto a la localización permanente como a la responsabilidad por impago[7]. En definitiva, será posible acordar la libertad condicional cuando el sujeto estando en prisión cumpliendo su condena cumpla con alguno de los siguientes requisitos en lo que es el sistema general de acceso, manteniendo en este punto casi la misma regulación que en el texto anterior con algunas salvedades que iremos viendo a continuación:

1. Que esté "clasificado" en tercer grado[8]: La "clasificación" pertenece no al órgano judicial encargado de la supervisión penitenciaria sino a la Administración penitenciaria, a lo que la reforma de 2015 ha añadido otros dos supuestos en los que se habrán de llevar a cabo las mismas actuaciones administrativas en dos regímenes especiales y en el ámbito de la pena de prisión permanente revisable previstos en el art. 36.3. Fundamentado en "motivos humanitarios y de dignidad personal" se establece para septuagenarios y enfermos muy graves con padecimientos incurables, en cualquier caso, sobre la valoración de su escasa peligrosidad.

Se ha de tener presente la legislación penitenciaria y, en concreto, el art. 194 del Reglamento Penitenciario (RP) que establece que la tramitación del expediente de libertad condicional deberá producirse con antelación suficiente para que el acceso a ella no sufra retraso desde que se acrediten los requisitos necesarios[9].

2. Que haya extinguido las tres cuartas partes de la pena impuesta: con la variación de la referencia en el texto anterior a "condena impuesta" y ahora aludiendo

---

[7] Críticas en este punto pueden verse en DE MARCOS MADRUGA, F. en *Comentarios prácticos al Código Penal,* T. I, Dir. M. Gómez Tomillo, Aranzadi, Pamplona, 2015, pág. 807. Según RÍOS MARTÍN, J./RODRÍGUEZ SÁEZ, J.A./PASCUAL RODRÍGUEZ, E. a pesar de este cambio, habría que afirmar que "cualquier internamiento en una cárcel con motivo del cumplimiento de una pena privativa de libertad (prisión, localización permanente de hasta seis meses y cumplible en determinados supuestos los sábados y domingos y la responsabilidad personal por impago de multa) con independencia de su extensión, debería poder ser suspendido…", según los autores en la medida en que la actividad penitenciaria se dirige a cumplir los fines de reeducación y reinserción social no parece adecuado excluir a determinadas penas de la posibilidad de suspensión o de libertad condicional. *Manual jurídico para evitar el ingreso en la cárcel. Estudio doctrinal y jurisprudencial de las alternativas a la prisión,* Granada, 2015, pág. 68.

[8] Obsérvese la variación en la redacción del CP de 1995 que se refería a "que *se encuentren* en tercer grado".

[9] En este punto señala MIR PUIG, S. que, en la práctica y con el objeto de que no existan retrasos en la concesión de la libertad condicional, el Acuerdo de incoación o iniciación del expediente por parte de la Junta de Tratamiento suele adoptarse tres o cuatro meses antes del cumplimiento de las ¾ partes o, en su caso, de las dos terceras partes de la condena que estuviera extinguiendo el penado. *Derecho penitenciario…*ob. cit., pág. 161.

a "pena impuesta", los problemas prácticos planteados al respecto tienen que ver con los supuestos en los que el sujeto esté cumpliendo varias penas con lo que sería de aplicación el principio de unidad de ejecución en cuento todas las penas se refunden en una sola condena, cuestión ésta a la que nos referiremos en un apartado posterior. A partir de este requisito, se configuran otros regímenes especiales tales como el del número 2 del art. 90 en el que se prevé el adelantamiento de la suspensión al cumplimiento de las dos terceras partes de la condena con el condicionamiento de que en conexión con la actividad delictiva por la que se haya impuesto la pena, *el condenado haya realizado actividades laborales, culturales u ocupacionales con resultado favorable.* Quedan fuera de este régimen especial, conforme al último párrafo del art. 90.8 los condenados por delitos relacionados con terrorismo contenidos en el capítulo VII del Título XXII del Libro II o por delitos cometidos en el seno de organizaciones criminales.

3. Que haya observado buena conducta[10]*:* La transformación que lleva a cabo la reforma de 2015 aunque pudiera parecer irrelevante sí que resulta de interés. Se manifiesta una coherencia con el nuevo sistema de suspensión de la ejecución de la pena, de tal modo que los criterios que antes suponían que "existiera un pronóstico individualizado y favorable de reinserción social" pasan con la reforma a detallarse en los mismos términos que se hace en los arts. 80.1 y concordantes respecto al régimen general de la suspensión. En este sentido, cabría distinguir a efectos de la suspensión de la ejecución del resto de la pena y la concesión de la libertad condicional en la redacción nueva del art. 90.1 entre criterios de valoración respecto al autor del delito: su personalidad, antecedentes, conducta observada durante el cumplimiento de la pena, sus circunstancias familiares y sociales y, de otra parte, los referentes al hecho delictivo cometido o que pudiera cometerse, esto es, las circunstancias concurrentes en el delito por el que resultó condenado así como los bienes jurídicos que pudieran verse afectados en el caso de reiteración delictiva y, en general, los efectos que se podrían esperar de la suspensión y del cumplimiento de las medidas que se le impusieran[11].

---

[10] En el estudio de la figura de la libertad condicional y, en particular, en lo que respecta a este requisito a lo largo del derecho codificado, FERNÁNDEZ BERMEJO, D., expone una diferente consideración del mismo resaltando que se trataría de un concepto abstracto que en alguna ocasión ha sido calificado doctrinalmente como un "concepto jurídico indeterminado", "La desnaturalización de la libertad condicional..", ob. cit., págs. 7 y 8. Según RÍOS MARTÍN, J./ RODRÍGUEZ SÁEZ, J.M./PASCUAL RODRÍGUEZ, E., "no se puede exigir a la persona presa que tenga una conducta «superior» a la del ciudadano libre. Lo único relevante para que pueda concederse la libertad condicional respecto de este requisito es que no tenga partes sancionadores sin cancelar". *Manual jurídico para evitar la cárcel*...ob. cit., pág. 79.

[11] Hay que apuntar que respecto al órgano que se había de encargar de la realización del pronóstico por la remisión que se hacía en el apartado c) del artículo 90.1 en la redacción anterior al art. 67 de la LOGP se refería al informe final emitido por parte de los expertos que el Juez de Vigilancia Penitenciaria estimara competentes, con la nueva redacción que se da en el art. 90.1 ese pronóstico deberá realizarlo el propio órgano judicial de Vigilancia Penitenciaria. A pesar de este cambio, como apunta SALAT PAISAL, M., en cumplimiento de las normas penitenciarias el informe de pronóstico de integración social de la Junta de Tratamiento será necesario, "Análisis del instituto de la libertad condicional.." ob. cit., pág. 423. GUISASOLA

A estos requisitos y manteniendo la regulación anterior, se suma la exigencia de que las responsabilidades civiles hayan sido satisfechas en los términos que establece la LOGP en su art. 72. 5 y 6 donde se reproduce el contenido estricto de la responsabilidad civil del art. 110 del Código Penal: restitución, reparación e indemnización por los perjuicios materiales y morales ocasionados[12]. No obstante, se ha de tener presente la relación normativa con el art. 80.2 en su inciso final, en cuanto a la validez del compromiso de satisfacción de tales responsabilidades por parte del penado[13]. En este punto es interesante apuntar las modificaciones que en el contexto de las reglas de la suspensión de la ejecución de la pena se han

---

LERMA, C., sostiene que habría sido conveniente mantener la redacción anterior encomendando el informe a la junta de tratamiento, por cuanto es en él donde el Juez de Vigilancia Penitenciaria encontrará las variables para conceder o no la libertad condicional, teniendo en cuenta, además, la imprecisión de alguna de tales variables tal y como es la personalidad del penado. "Libertad condicional.." cit. pág. 386. Entrando además en cada una de las variables en particular, RÍOS MARTÍN, J./RODRÍGUEZ SÁEZ J.A/PASCUAL RODRÍGUEZ, E., sostienen que, de entre ellas, algunas deberían de desaparecer tales como los antecedentes o la de las circunstancias del delito cometido, por cuanto no aportan ninguna información sobre el comportamiento futuro del condenado, tratándose además de circunstancias que ya fueron valoradas en la sentencia condenatoria. *Manual jurídico para evitar la cárcel*...ob. cit., pág. 80.

[12] A través de la L.O 7/2003, de 30 de junio, de medidas de reforma para el cumplimiento íntegro y efectivo de las penas se introdujo el requisito de *haber satisfecho la responsabilidad civil derivada del delito* en el art. 90.1.c) del Código Penal. Esta Ley también modificó el art. 72. 5 y 6 de la LOGP dando la redacción vigente en la que se encuentra de forma expresa el catálogo de delitos en los que especialmente se atenderá al cumplimiento de este requisito, todos ellos giran en torno al fundamento recogido en la Exposición de Motivos de esta reforma donde se dice que *esta exigencia se justifica plenamente en aquellos delitos que han permitido al culpable obtener un importante enriquecimiento ilícito y no se satisfacen pecuniarias fijadas en sentencia a causa de haber ocultado su patrimonio. Por ello se aplicará esta norma, singularmente, cuando el interno hubiera sido condenado por la comisión de delitos contra el patrimonio y contra el orden socioeconómico que hubieran revestido notoria gravedad y hubieran perjudicado a una generalidad de personas, por delitos contra los derechos de los trabajadores, por delitos de terrorismo, por delitos contra la Hacienda Pública y contra la Seguridad Social, así como delitos contra la Administración pública comprendidos en los capítulos V al IX del Título XIX del Libro II del Código Penal.* En nuestra opinión y ya respecto a la reforma que se ha llevado a cabo en 2015, habría sido más que conveniente incluir de forma expresa la referencia a la figura del decomiso en su nueva redacción de los arts. 127 y siguientes en cuanto respuesta y reacción jurídica clave en estos delitos en particular. Vid. FERNÁNDEZ PANTOJA, P. "Las consecuencias accesorias" en *Estudios sobre el Código Penal reformado (Leyes Orgánicas 1/2015 y 2/2015)*, Dir. L. Morillas Cueva, Madrid, 2015, págs. 272 y ss.

En otros aspectos de interés, SALAT PAISAL, M. apunta que sin que se haya producido una limitación mayor de acceso a la libertad condicional por cuanto al mantenerse la remisión al art. 72 de la LOPG se trata, en definitiva, de que se producirán los mismos efectos, esto es, la no concesión de la libertad condicional sino se han satisfecho la responsabilidades civiles; señala el autor que el cambio introducido tiene una "finalidad simbólica" por cuanto deja claro que la satisfacción de las responsabilidades civiles constituye un requisito *sine qua non* para conceder la libertad condicional, "Análisis del instituto de la libertad condicional..." ob. cit., pág. 420.

[13] En la práctica penitenciaria, señala MIR PUIG, S., se ha suavizado el requisito bastando con que se acredite *la tendencia a satisfacer dicha responsabilidad civil,* mediante actuaciones tales como puede ser el compromiso de pago fraccionado o el pago efectivo de algún plazo. *Derecho penitenciario*...ob. cit., pág. 156.

producido en 2015, con la introducción de nuevos elementos tales como la valoración de conductas reparatorias o dirigidas a la reparación del daño que el sujeto hubiera podido llevar a cabo, así como la facilitación del decomiso. En cuanto al régimen excepcional previsto para delitos de terrorismo, además se añaden otras exigencias relacionadas con el abandono de la actividad ilícita recogidas en el número 8 del art. 90 que luego abordaremos.

2. Procedimiento, plazos y condiciones

Además de la intervención que se ha de producir en el procedimiento de tramitación y concesión/denegación de la libertad condicional por las diferentes partes que abarcan al propio interesado, a los intereses estatales representados por Instituciones penitenciarias, al Ministerio Fiscal que deberá ser oído y demás partes (acusación popular y particular), aparecen nuevos elementos tal y como es la intervención de la víctima en este proceso tras la entrada en vigor de la Ley 4/2015, de 27 de abril, del Estatuto de la Víctima. En este sentido, en el Título I que reconoce derechos de las víctimas, se recogen varios que hemos de destacar con relación al tema que nos ocupa y que tienen que ver con la parte de la ejecución de las penas sobre un fundamento que el legislador establece en el Preámbulo de esta Ley: *la regulación de la intervención de la víctima en la fase de la ejecución de la pena, cuando se trata del cumplimiento de condenas por delitos especialmente graves, garantiza la confianza y colaboración de las víctimas con la justicia penal, así como la observancia del principio de legalidad, dado que la decisión corresponde siempre a la autoridad judicial, por lo que no se ve afectada la reinserción del penado.* Si bien se trata de una intervención en la fase de ejecución de la pena, en el articulado de la ley se ubica sistemáticamente en el título que hace referencia a la participación de la víctima en el proceso penal, el Título II dentro de él, en el art. 13, se hace referencia a la *participación de la víctima en la ejecución,* tratándose de que las decisiones que adopte el Juez de Vigilancia Penitenciaria (JVP) durante la evolución del cumplimiento de la pena privativa de libertad se pongan en conocimiento de la víctima que así lo haya solicitado, aunque no se haya personado en la causa por la que se haya impuesto la pena; ello con el objeto de que la víctima pueda recurrir tales decisiones, así como también se da la oportunidad de que la víctima intervenga proponiendo medidas o reglas de conducta que podrán adoptarse, lógicamente, por parte del órgano judicial[14]. Con esta regulación se verían satis-

[14] Art. 13.1.c) *El auto por el que se conceda al penado la libertad condicional, cuando se trate de alguno de los delitos a que se refiere el párrafo segundo del artículo 36.2 del Código Penal o de alguno de los delitos a que se refiere la letra a) de este apartado, siempre que se hubiere impuesto una pena de más de cinco años de prisión.*

La víctima deberá anunciar al Secretario judicial competente su voluntad de recurrir dentro del plazo máximo de cinco días contados a partir del momento en que se hubiera notificado conforme a lo dispuesto en los párrafos segundo y tercero del artículo 7.1, e interponer el recurso dentro del plazo de quince días desde dicha notificación.

Para el anuncio de la presentación del recurso no será necesaria la asistencia de abogado.

fechos varios derechos de las víctimas tales como el derecho a la información, el derecho a la participación activa en el proceso, el derecho a su protección y seguridad, entre otros.

Desde la perspectiva de los trámites que conducirán a la concesión o denegación de la suspensión de la pena y el acceso a la libertad condicional, el art. 90.7 establece la resolución por parte del JVP que *resolverá de oficio a petición del penado*[15]. El desarrollo del proceso se regirá por lo dispuesto en el Reglamento Penitenciario (R.D. 190/1996, de 6 de febrero) donde el inicio del expediente, señala el art. 194, se llevará a cabo por parte de la Junta de Tratamiento, la cual adoptará un Acuerdo de incoación o iniciación del expediente de libertad condicional integrándose en él la documentación recogida en el artículo 195[16]. La necesidad de reforma y adaptación de la legislación penitenciaria a las reformas penales que se vienen aconteciendo y que ya apuntábamos desde el inicio, queda patente una vez más en este punto, así mientras que el RP establece que el órgano judicial de Vigilancia Penitenciaria deberá resolver sobre las propuestas de libertad condicional que realicen las Juntas de tratamiento de los Centros (art. 76.2.b), la reforma de 2015 es al interesado al que atribuye la petición de tramitación del expediente[17].

Art. 13.2. *Las víctimas estarán también legitimadas para:*

a)Interesar que se impongan al liberado condicional las medidas o reglas de conducta previstas por la ley que consideren necesarias para garantizar su seguridad, cuando aquél hubiera sido condenado por hechos de los que pueda derivarse razonablemente una situación de peligro para la víctima.

b)Facilitar al Juez o Tribunal cualquier información que resulte relevante para resolver sobre la ejecución de la pena impuesta, las responsabilidades civiles derivadas del delito o el comiso que hubiera sido acordado.

[15] Se considera que se trata de una "evidente contradicción terminológica" por cuanto *una cosa es que se pueda actuar de oficio o a instancia del interesado, más lo que no cabe conceptualmente es actuar de oficio a instancia del interesado,* así DE MARCOS MADRUGA, F. *Comentarios prácticos…* ob. cit., pág. 814. También afirmando que hay una "evidente contradicción" en esta regulación, GRACIA MARTÍN, L./ALASTUEY DOBÓN, C. *Lecciones de consecuencias jurídicas del delito, 5ª edic.* Valencia, 2016, pág. 165. Según GARRIDO LORENZO, M.A., "el precepto en dos líneas de la misma frase incurre en una contradicción *in terminis*", afirma la autora que en este sentido no cabe duda de que puede resolverse de oficio conforme a la legislación penitenciaria. Pudiendo producirse también la petición del penado, afirma que aquí el legislador ha estado poco afortunado en la redacción debiendo haber apuntado una audiencia previa del interesado. "La libertad condicional tras reforma…" ob.cit., pág. 50.

[16] Se deberán contener en él diferentes documentos: el testimonio de sentencia/s recaída/s y la liquidación de condena, certificación de los beneficios penitenciarios y de la clasificación en tercer grado, el informe de pronóstico social que emitiera la Junta de Tratamiento, su situación penal y penitenciaria (fechas de prisión continuada y de la fecha de libertad definitiva, del cumplimiento de las dos terceras partes y tres cuartas partes de la condena, permisos de salida, sanciones, etc..), el programa individual de libertad condicional y el plan para su seguimiento, acta de compromiso de acogida por quien la fuera a llevar a cabo, manifestaciones del interesado respecto a fijación de residencia, de trabajo que pudiera desarrollar, etc.. Se trata así del primer acto administrativo de lo que conforma la propuesta de libertad condicional.

[17] Las previsiones normativas respecto a la posibilidad de que la Junta de Tratamiento decida no proponer la progresión al tercer grado con el que se abriría el expediente de libertad condicional son la posibilidad de recurrir, en primer lugar, a la Secretaría General de

En la "fase penitenciaria", los pasos y trámites a seguir se recogen en la *Instrucción 4/2015, de 29 de junio de la Secretaría General de Instituciones Penitenciarias (Ministerio del Interior),* en lo que entendemos como un auténtico esfuerzo por acomodar la reforma de 2015 a la legislación penitenciaria vigente a pesar de las contradicciones que ya hemos ido poniendo de manifiesto. Desde la claridad de señalar la diferencia entre dos instituciones distintas tales como la de la suspensión de la ejecución de la pena y el régimen de libertad condicional a partir de su diferente fundamento y fines[18], señala las etapas del procedimiento interno desde lo que es el inicio del expediente, pasando por la emisión del informe de pronóstico final que será remitido al JVP y señalando que dicho informe no tendrá carácter vinculante, a la par, también trata otros aspectos tales como la revocación. Es evidente que, a pesar de que pueda parecer que se produce un aumento de las atribuciones al JVP en detrimento de la intervención de la Administración, ello no debe ser así, se entiende que los informes emitidos por los profesionales de dicho ámbito han de ser prioritarios e interpretar la integración normativa sobre un fin primordial: la rehabilitación y reinserción social del penado[19].

Instituciones Penitenciarias según el art.105.2 del RP y tras ella, se abriría la vía de posibles recursos en los términos establecidos en la LOGP (art. 76.2.f).

Señalando también que, a pesar de la claridad de la reforma en este punto, sí que ha de cuestionarse la compatibilidad/incompatibilidad de la normativa penal y penitenciaria sobre ejemplos concretos en la práctica, nos remitimos a RÍOS MARTÍN, J./RODRÍGUEZ SÁEZ, J.A./ PASCUAL RODRÍGUEZ, E. *Manual jurídico para evitar el ingreso.*.ob.cit., págs. 84 y 85. SOLAR CALVO, P. se refiere también a "la difícil conciliación de la versión penal y penitenciaria", "La legislación antipenitenciaria..." ob. cit., págs.. 4 y 5.

[18] Con muchísima claridad se afirma que "el nuevo régimen jurídico de la libertad condicional, que se introduce por esta reforma implica un importante cambio en el procedimiento, es obvio recordar que la libertad condicional se identifica ahora con una institución –la suspensión– que pretende evitar el ingreso de una persona en prisión, mientras que la libertad condicional, conforme su lógica funcional e institucional, pretende anticipar la excarcelación del recluso condenado a pena de prisión, lo que en nuestro ordenamiento jurídico es consecuencia necesaria de la finalidad perseguida por las penas privativas de libertad, consistente en la reeducación y reinserción social del delincuente (...)". *Instrucción 4/2015, de 29 de junio.*.cit., pág. 9.

[19] Afirma GARRIDO LORENZO, M.A. que el hecho de que la reforma haya suprimido la referencia expresa al informe de pronóstico, no debe ser interpretado en el sentido de supresión del mismo en lo que es una "valiosa herramienta para el órgano decisorio". Afirma la autora que "la nueva redacción no excluye si no que amplía lo dispuesto en dicho precepto, por lo que no se prescinde del mismo", no obstante y destacando la importancia del mismo, sí que sostiene que el mismo no debe determinar ni limitar la decisión del juez. "La libertad condicional tras reforma..." ob. cit., pág.42. En nuestra opinión, debe haber un factor clave que no es otro que el cumplimiento de la exigencia de "motivación" de las resoluciones que se adopten. Por otra parte, MIR PUIG, S., afirmando que existe compatibilidad entre los criterios que señala el precepto con lo dispuesto en el art. 67 de la LOGP respecto al informe de pronóstico final, sostiene que sí que se produce un "aumento considerable" del margen de discrecionalidad del Juez de Vigilancia Penitenciaria en la decisión acerca de la concesión de la libertad condicional, "al obligarle a tomar en consideración a tal efecto circunstancias sumamente subjetivas y que aparecen además descritas con excesiva laxitud". *Derecho penitenciario*...ob. cit., pág. 155.

No hemos de perder de vista un punto fundamental en cuanto a diferencias existentes entre el sistema de suspensión de ejecución de las penas y el sistema de acceso a la libertad condicional, a pesar de la unificación que intenta hacer la reforma de 2015. Una primera, tiene que ver con el propio órgano impulsor y decisorio de lo que, en definitiva, son decisiones diferentes: la decisión de suspender la ejecución de una pena para que el sujeto no entre en contacto con la prisión corresponde al órgano sentenciador[20] mientras que en el caso de la resolución de concesión o denegación de la libertad condicional, esto es, sobre la base de la reinserción social del sujeto que ha permanecido un tiempo en el ámbito penitenciario, será el JVP el que valore y decida. Este extremo no estuvo exento de debate desde los trabajos preparatorios de la reforma y su tramitación y se destaca, al respecto, que el hecho de que en este punto se clarifique que el único órgano competente es el Juzgado de Vigilancia Penitenciaria resulta positivo ya que se eliminan así las contradicciones que se produjeron en los diferentes textos para la propuesta de reforma que hacían referencias tanto a este órgano judicial como al sentenciador, se producía así cierta confusión debida al cambio de naturaleza jurídica de la libertad condicional a forma de suspensión de la pena[21].

Finalmente, el procedimiento podrá concluir con la concesión o con la denegación de la propuesta, en este último caso y de forma potestativa, se podrá establecer un plazo de seis meses prorrogable hasta un año –con la consiguiente motivación de la decisión–, durante el que no podrá volver a presentarse una nueva solicitud[22].

En el apartado relacionado con los plazos se hará referencia a varios de ellos, de una parte, estará el cómputo para acceder a la libertad condicional y, de otra, el tiempo durante el cual se concederá la libertad condicional que sin tener que coincidir con el que sea lo que resta para finalizar el cumplimiento de la pena privativa

---

[20] Nos remitimos en este punto a lo expuesto en el capítulo 7 destinado al régimen general de suspensión de ejecución de la pena: presupuestos y requisitos.

[21] No obstante, no hemos de olvidar como apunta GUISASOLA LERMA, C. que en el caso de la concesión de la libertad condicional en la pena de prisión permanente revisable como régimen especial en el art. 92, sí que mantiene la competencia del tribunal sentenciador y, en este sentido, afirma la autora que esa atribución "no solo contribuirá a la sobresaturación de trabajo de los mismos, sino que resulta incoherente con el resto de la legislación, fundamentalmente, porque los jueces y tribunales carecen de la cercanía que los jueces de vigilancia penitenciaria tienen respecto a la ejecución y del conocimiento de la evolución del penado, tras 25 años en el centro penitenciario" vid. "Libertad condicional..." ob. cit., págs. 385 y 386. En nuestra opinión, no creemos que esa "saturación" llegue a producirse por cuanto no se ve muy previsible que sean muy frecuentes los casos de prisión permanente revisable, al menos, dada su limitada imposición en determinados delitos. Igualmente se entiende que, desde luego, dándose ese mayor conocimiento del transcurso del cumplimiento de la pena por parte de la institución penitenciaria, es de suponer que las decisiones del juzgado sentenciador, aunque no sean vinculantes, sí que se fundarán en la emisión de los informes que el Centro emitiere, no cabría esperar otra cosa desde luego.

[22] Con estos plazos, según GARRIDO LORENZO, M.A. se trata de que haya un periodo mínimo durante el cual "las circunstancias puedan beneficiar al reo y ser más proclives a la obtención de la libertad", no obstante, será posible –afirma– que antes de transcurrir el plazo señalado dándose una valoración favorable del reo y sin que éste lo haya solicitado, el juez de oficio acuerde la concesión. "La libertad condicional tras reforma...", ob. cit., pág. 50.

de libertad, no podrá ser inferior a éste y podrá establecerse en el margen de dos a cinco años, en tal caso, el cómputo se realizará desde la fecha de puesta en libertad (párrafo 4º del art. 90.5). En este punto, se ponen de relieve consecuencias que nos llevan a replantear si se están cumpliendo/incumpliendo algunos de los principios básicos y fundamentales del sistema penal, por ejemplo, podrá darse una importante desproporcionalidad en los plazos de libertad condicional para los casos de condenas de prisión relativamente cortas donde podría llegar a ser más extenso el periodo de libertad condicional que el de la pena que en su totalidad el sujeto debe cumplir en régimen cerrado o acudiendo a otras alternativas de cumplimiento[23].

En concreto y en lo que sería el cómputo del régimen general de las ¾ partes así como también para contar otros tales como las dos terceras partes de la pena o la mitad, la norma fundamental es el art. 193 del RP del que se desprende que si en el condenado han recaído dos o más condenas privativas de libertad, la suma de ellas se considerará como una sola a efectos de acceso a la libertad condicional; en el caso de que se hubiera concedido el indulto, se suma el tiempo indultado en cada una de ellas y se rebaja del total de la suma (refundición de las penas) y sobre la cifra resultante, se descontarán las ¾ partes o las dos terceras. Hay que significar que esta operación que se denomina "refundición" es distinta a la "acumulación" del art. 76.1 del CP, donde se trata de la determinación de la pena resultante para establecer el límite de cumplimiento de las penas impuestas por la comisión de varios delitos en un único enjuiciamiento o que hubieran podido ser enjuiciados así por conexión temporal entre ellos. Como excepciones, aparecen las contenidas en el artículo 78 del CP[24].

---

[23] Se ha de recordar aquí que el art. 201 del RP establece que *el periodo de libertad condicional durará todo el tiempo que falte al liberado para cumplir su condena siempre que durante el mismo observe un comportamiento que no dé lugar a la revocación del beneficio y reingreso en establecimiento penitenciario"*, este precepto según GARRIDO LORENZO, M.L. ha de entenderse que está modificado con la reforma de la LO 1/2015 de reforma del Código Penal. *Ibidem*...pág. 51.

En lo que, en nuestra opinión, es pura sensatez, plantea SALAT PAISAL, M., como "en aquellos casos en los que el tiempo pendiente de cumplimiento de condena no sea superior al año o año y medio, sería incluso más ventajoso para el penado rechazar la suspensión del resto de la pena de prisión y, en su lugar, solicitar el cumplimiento de la misma en tercer grado por control a través de medios telemáticos vía art. 86.4 RP". "Análisis del instituto de la libertad condicional..." ob. cit., pág. 429. En el mismo sentido y planteando incluso la compatibilidad con el principio de legalidad se manifiestan RÍOS MARTIN, J./RODRÍGUEZ SÁEZ, J.A/PASCUAL RODRIGUEZ, E. *Manual jurídico para evitar la cárcel*...ob.cit., pág. 94.

[24] Art. 78.1: *Si a consecuencia de las limitaciones establecidas en el apartado 1 del artículo 76 la pena a cumplir resultase inferior a la mitad de la suma total de las impuestas, el juez o tribunal sentenciador podrá acordar que los beneficios penitenciarios, los permisos de salida, la clasificación a tercer grado y el cómputo de tiempo para la libertad condicional se refieran a la totalidad de las penas impuestas en las sentencias.*

2. En estos casos, el juez de vigilancia, previo pronóstico individualizado y favorable de reinserción social y valorando, en su caso, las circunstancias personales del reo y la evolución del tratamiento reeducador, podrá acordar razonadamente, oídos el Ministerio Fiscal, Instituciones Penitenciarias y las demás partes, la aplicación del régimen general de cumplimiento.

A efectos de la aplicación de lo dispuesto en estas normas respecto a la acumulación de condenas, debe verse la Circular 1/2014, de 5 de diciembre de la Fiscalía General del Estado.

De otra parte, hay que tener presentes otras disposiciones como las contenidas en la LO 7/2014, de 12 de noviembre, sobre intercambio de información de antecedentes penales y consideración de resoluciones judiciales de la Unión Europea[25] que tendrá incidencia en la fase también de ejecución de la pena, por tanto, afectando a los cómputos a efectos del acceso a la libertad condicional.

En los casos en los que se conceda la libertad condicional puede ocurrir que se impongan alguna o algunas "condiciones" durante su cumplimiento, lo que se recoge en el art. 90.5 tras la reforma, con lo que entendemos se debería producir una armonización con el nuevo sistema de "suspensión de la ejecución de la pena" algo no bien resuelto, por cierto, en opinión de algunos autores[26]. En cualquier caso, esta nueva regulación viene a sustituir al anterior art. 93 que tras la reforma queda sin contenido.

Entrando en esta materia, en primer lugar hay que señalar que las citadas condiciones son las que se contienen en el art. 83 como "prohibiciones" y/o "deberes u obligaciones" que ya se trataron en sede del régimen general de suspensión de la ejecución de la pena al que nos remitimos, ahora bien la remisión a los arts. 86 y 87 ha de recordarse que lo es al sistema de revocación de la suspensión y a la conclusión de esa fase de cumplimiento de la pena que finalizará con la remisión de la misma por lo que, en principio, pudiera parecer que no tendrían relación[27]. En nuestra opinión, eso no es del todo exacto porque sí que hay referencias a reglas de conducta, es así que en el régimen de revocación de la suspensión del art. 86.2 se contempla la posibilidad de sustituirlas o de modificar las que se impusieran e incumplieran, pero ¿es ello compatible con el contenido del art. 90.6 cuando la revocación –afirma este artículo– supone el cumplimiento de lo que quede de ejecución de la pena? Avanzando aquí una respuesta afirmativa a esta pregunta, la justificaremos en el siguiente apartado. En cuanto a la remisión al art. 87, no hay que perder de vista que en el número 2 del mismo se contiene la disposición expresa de una condición añadida en el caso del régimen especial de suspensión de la ejecución de la pena para los casos de toxicomanías que supone la acreditación de la deshabituación del sujeto o de la necesidad de continuidad del tratamiento.

---

[25] Que traspone la Decisión-Marco 2008/675/JAI del Consejo, de 24 de julio de 2008, en cuanto a la equivalencia de las sentencias dictadas en la Unión Europea que deberán tenerse en cuenta en todas las fases procedimentales, incluida la ejecución de la condena.

[26] Sobre este nuevo régimen se realizan críticas al considerar que se introduce un sistema con un "marcado sesgo marcadamente retribucionista en el cumplimiento de la pena de prisión", planteándose incluso una posible vulneración del principio *ne bis in ídem* por cuanto algunos de los deberes que se impongan tienen el mismo contenido que las penas privativas de derechos, así lo afirma GARRIDO LORENZO, M.A. "La libertad condicional tras reforma..." ob. cit., pág. 37. MIR PUIG, S. critica sobre estos mismos planteamientos el cambio de naturaleza jurídica que instaura el legislador de 2015 por cuanto "*aumenta*" aún más la rigidez del sistema penitenciario del que forma parte esta figura. *Derecho penitenciario*...ob. cit., pág. 152.

[27] Afirma así DE MARCOS MADRUGA, F. que los arts. 86 y 87 no se refieren a reglas de conducta algunas por lo que tal remisión es *un nuevo defecto de técnica legislativa. Comentarios prácticos*...ob.cit., pág. 812.

Las prohibiciones y/o los deberes u obligaciones que le sean impuestas al sujeto formarán parte y deberán ser objeto de seguimiento integrándose así dentro de lo que es el programa individualizado que se incorpora en el expediente de tramitación de la solicitud –tal y como hemos mencionado anteriormente– conforme a las normas establecidas en el RP y, en este extremo, surge otra cuestión de relevancia a efectos prácticos en cuanto al seguimiento del programa en su conjunto: si bien el programa individualizado se atribuye al propio Centro penitenciario o bien al Centro de Inserción Social próximo a su domicilio, en lo que respecta a las reglas de conducta que se hubieran impuesto conforme al art. 83.1 y 2 a través de la remisión del art. 90.5, el control y seguimiento de gran parte de ellas se atribuyen a las Fuerzas y Cuerpos de Seguridad del Estado en los términos de los números 3 y 4 de dicho art. 83. En nuestra opinión, un correcto funcionamiento de este sistema exige de una conjunción y coordinación de recursos que, lamentablemente y sobre experiencias reales, no se produce en la forma deseada. Volvemos a hacer aquí una llamada al legislador acerca de la necesidad de armonización e integración normativa penal y penitenciaria.

3. Cuestiones comunes

3.1. Modificación, quebrantamiento y revocación

La incidencia de la reforma de 2015 se aprecia en gran medida en el aspecto relacionado con la revocación de la libertad condicional que antes recogido en el art. 93, pasa a contenerse en los números 5, párrafo 2º y 6 del art. 90. Si bien respecto a la regulación tradicional de este punto se ponía de manifiesto la discordancia entre la legislación penitenciaria y la penal[28] lo más destacable, y no por ello menos criticable, es la modificación que supone que si se produjera la revocación, el tiempo transcurrido de libertad condicional no se computará como cumplimiento de la pena y, en tal caso, el sujeto habrá de cumplir el resto de la condena a contar desde la fecha no de la revocación sino desde la del disfrute de la libertad condicional, cuestión ésta ya aludida en otros lugares de este trabajo pero que concretamos aquí ante la posible vulneración de derechos fundamentales y principios básicos[29].

Tengamos presente que con el nuevo sistema se ha de clarificar que la revocación presupone la suspensión de la libertad condicional por lo que no estaríamos

---

[28] En este sentido puede verse FERNÁNDEZ BERMEJO, D. "La desnaturalización de la libertad condicional..." ob. cit., págs. 11 y 12.

[29] Son ya varias las opiniones que cuestionan el cumplimiento del principio *non bis in ídem,* así por ejemplo y siguiendo a otros autores FERNÁNDEZ BERMEJO, D. *Ibidem* pág. 13. Para SALAT PAISAL, M. se produce "un incremento punitivo encubierto y desmesurado que responde a la estela político-criminal inocuizadora a la que por desgracia nos tiene acostumbrados el legislador español desde hace un tiempo", "Análisis del instituto de la libertad condicional...", ob. cit., pág. 432.

ante los supuestos que prevé el art. 90.5 en su párrafo 2º, donde se alude a modificación o alzamiento de reglas de conducta ante posibles variaciones de las circunstancias que dieron lugar a su adopción –lo que por supuesto no es revocación–, sino ante la concurrencia de las situaciones referidas en el párrafo 3º utilizando impropiamente la expresión *"asimismo, el juez de vigilancia penitenciaria revocará…"* y en este punto lejos de mejorar, a nuestro parecer, empeora la situación dando pie a juicios que pudieran ser subjetivos e incluso arbitrarios y, de cualquier forma, inseguros jurídicamente hablando, es así que se recoge como causa de revocación el que *se ponga de manifiesto un cambio de las circunstancias que hubieran dado lugar a la suspensión que no permita mantener ya el pronóstico de falta de peligrosidad en que se fundaba la decisión adoptada.* Por tanto, como causa, sería el *cambio en el pronóstico,* ¿sobre qué criterios se pueden sostener los cambios?[30]. En cualquier caso, a la revocación se llegará por el quebrantamiento de las reglas o incumplimiento de las condiciones previstas en el art. 86 en sede de suspensión de la ejecución de la pena, a pesar de las remisiones expresas, la sistemática de la reforma deja mucho que desear en lo que es un entramado de remisiones a remisiones que dificultan la claridad y comprensión de la regulación. A nuestro parecer, un ejemplo sería el siguiente: el art. 90.5 párrafo primero realiza la remisión junto a los arts. 83 y 87 al 86, esto supone tal y como ya hemos expuesto que las causas de revocación de la libertad condicional serán las mismas que las de la revocación de la suspensión de la ejecución de la pena, esto es, comisión de delitos (expectativa incumplida sobre la que se fundamentó la decisión), incumplimiento/quebrantamiento de los deberes y obligaciones impuestas de las enumeradas en el art. 83, sustracción al control que llevaran a cabo los servicios de gestión de penas y medidas alternativas de la Administración Penitenciaria, incumplimientos en la colaboración con la justicia respecto al suministro de información con la que se pueda facilitar la consecución de otras consecuencias derivadas del delito tales como el decomiso, la satisfacción de responsabilidades civiles o, más amplia, acerca de información sobre su propio patrimonio a efectos de lo dispuesto en el art. 589 de la Ley de Enjuiciamiento Civil, a todas ellas se añade una más que supone una remisión indirecta no prevista en el propio art. 90.5 y es la que se hace en el art. 86.1.c) al *incumplimiento grave o reiterado de las condiciones que, para la suspensión, hubieran sido impuestas conforme al artículo 84,* o sea, el art. 90.5 remite al 86 y éste a la par al 84, nos preguntamos ¿no facilitaría más al intérprete y a los aplicadores de las normas la remisión completa al sistema de revocación de la suspensión? En fin, insistimos en la deficiente técnica sistemática del legislador reformador.

---

[30] De acuerdo totalmente así con la opinión de MIR PUIG, S. en mantener una cierta prevención ante lo que afirma el autor es "una novedad preocupante por la falta de precisión y excesiva vaguedad de los presupuestos en que se funda suscitando problemas de seguridad jurídica; al menos hubiera podido tildarse la peligrosidad de *criminal,* y quedarse así circunscrita a la posibilidad de comisión de nuevos delitos". *Derecho penitenciario…*ob.cit.., pág. 167. En cualquier caso y dada su presencia, es importante en la respuesta a esta pregunta tener claros algunos de los criterios, por ejemplo, RÍOS MARTÍN, J./RODRÍGUEZ SÁEZ, J.A./PASCUAL RODRÍGUEZ, E., señalan que en la valoración judicial se tratará de "establecer una relación entre la decisión judicial y la finalidad de evitar la reincidencia futura". *Manual jurídico para evitar el ingreso…*ob. cit., pág. 82.

Los efectos de la revocación se contemplan expresamente en el número 6 del art. 90 y suponen la ejecución del resto de la pena pendiente de cumplimiento sin que pueda computarse como cumplimiento de la misma el que haya transcurrido en la etapa de libertad condicional. En la redacción anterior a la reforma, esta disposición se contenía respecto a los sujetos condenados por delitos de terrorismo a los que se les revocara la libertad condicional con lo que se trataba de una "regla excepcional", con la reforma de 2015 esta excepcionalidad se integra como régimen general en la línea que más arriba apuntamos de "endurecimiento del sistema"[31].

En el apartado anterior planteábamos la compatibilidad de la remisión al art. 86.2 que realiza el art. 90.5 en el sentido de que sea posible su aplicación en los casos de revocación de la libertad condicional siendo la respuesta positiva por cuanto de forma expresa y acorde con el sistema general de suspensión, el párrafo 2º prevé que ante cambios en las circunstancias que hubieran llevado en el momento de conceder la libertad condicional a adoptar unas determinadas reglas de conducta, puedan éstas ser modificadas e, incluso, retiradas. A este respecto, en opinión de varios autores la valoración de la reforma es positiva al incorporar un sistema más flexible que el anterior[32].

3.2. Denegación de la libertad condicional

El art. 90.4 cuenta con una nueva redacción con la reforma de 2015 que refuerza la línea establecida en materia del régimen general de la suspensión de la ejecución de la pena donde las actuaciones reparatorias o de resarcimiento de daños tienen gran protagonismo, en este sentido, de forma expresa se establecen con carácter potestativo las causas por las que el JVP podrá denegar la libertad condicional y que giran en torno a los impedimentos u obstaculizaciones en la información que el condenado pueda dar para facilitar el decomiso que se hubiera impuesto, información sobre su propio patrimonio o que, conforme a su capacidad real, no cumpla con el pago de las responsabilidades civiles a las que fue condenado. De forma especial, se alude al conjunto de delitos contra la Administración Pública contenidos en el Título XIX añadiendo como causas de denegación la elusión de las responsabilidades pecuniarias o de la reparación del daño ocasionado a la Administración que se hubiera determinado en la sentencia de condena[33].

---

[31] Afirma SALAT PAISAL, M., que "con este cambio, el legislador da el salto definitivo a la política criminal iniciada a través de la LO 7/2003...", "Análisis del instituto de la libertad condicional..." ob. cit., pág. 418.

[32] Señalando la existencia de esta posibilidad en la regulación anterior pero circunscrita a los delitos de terrorismo por lo que ahora pasa a ser de aplicación en el régimen general, según DE MARCOS MADRUGA, F. *se abandona pues el sistema objetivo que introdujo la redacción originaria del Código Penal de 1995, sin duda más garantista, si bien muy rígido y poco eficaz, al ser prácticamente imposible prever todas las reglas de conducta adecuadas a cada sujeto. Comentaros prácticos...* ob. cit., pág. 813.

[33] Algunos autores se refieren a estos incumplimientos sobre la base de la existencia de un "deber de colaboración", así DE MARCOS MADRUGA, F. *Ibidem* pág. 812. Por otra parte, estamos

El estudio y análisis de la nueva regulación ha generado y está generando reacciones a favor y también contrarias al nuevo sistema incorporado en 2015 con opiniones que afirman que se dota de una "mayor flexibilidad" y, otras, que señalan contradicciones y defectos en esta nueva concepción de la figura de la libertad condicional como modalidad de suspensión de la pena. Queremos apuntar aquí una de estas opiniones con las que, en principio, no estamos de acuerdo, en concreto, esa cuestión está relacionada con los supuestos de denegación de la libertad condicional cuyas causas se establecen en el art. 90.4 que se acaban de referir, pues bien, señala SALAT PAISAL que existe una "contradicción frontal" entre lo dispuesto en este lugar y lo establecido en el art. 86.1.4ª en el sistema de revocación de la suspensión de las penas y, por tanto, de la libertad condicional[34]. Creemos que ello no es así, en la medida en que a pesar de la unificación de la naturaleza, el legislador mantiene los dos supuestos diferenciados, esto es, en la libertad condicional se trata de "denegar" el acceso a la misma por lo que no es más que la falta de colaboración con la administración de justicia o la obstaculización por no informar o colaborar parcialmente, así como por el incumplimiento de obligaciones y responsabilidades, mientras que en el caso de la suspensión sí que estamos ante supuestos de "revocación" de la suspensión por otros motivos que serían los del nº 4: evitación del riesgo de reiteración delictiva, riesgo de huida del penado o aseguramiento de la protección de la misma. En conclusión, entendemos que no se produce dicha contradicción lo que, desde luego, no salva que pueda plantearse una confusa y farragosa mezcla conceptual sobre la que el legislador debía haber sido más sistemático y claro.

Respecto a las consecuencias de la denegación y en lo que es la posibilidad de volver a presentar la solicitud, debe estarse a lo dispuesto en el número 7 de este mismo art. 90 ya expuesto anteriormente. Otro aspecto es el que plantean algunos autores respecto a que si se atiende al tenor literal de este número cabría la posibilidad de que sin la existencia de expediente administrativo, el JVP acuerde la concesión de la libertad condicional si en el expediente judicial constan los datos necesarios y suficientes que den cumplimiento a los requisitos legales[35].

3.3. Responsabilidad patrimonial de la Administración por daños ocasionados por parte de liberados condicionales

Abordar el estudio de la libertad condicional implica, necesariamente, tratar un aspecto de enorme importancia tal cual es el de qué y hacía quien se derivan responsabilidades en aquellos casos en los que el sujeto se encuentra fuera

---

de acuerdo con la opinión de SALAT PAISAL, M. en cuanto a un "uso populista del Derecho Penal" en el que el legislador no ha estado en absoluto técnicamente afortunado, vid. "Análisis del instituto de la libertad condicional..." ob. cit., pág. 422. Otros autores opinan que se trata de "medidas de política criminal.. que tienen como objetivo prioritario una determinada modalidad delictiva", así GARRIDO LORENZO, M.A."La libertad condicional tras reforma...", ob. cit. pág. 51.

[34] *Ibidem*, págs. 421 y 422.

[35] Así lo entienden RÍOS MARTÍN, J./RODRÍGUEZ SÁEZ, J.A./PASCUAL RODRÍGUEZ, E. *Manual jurídico para evitar el ingreso...*ob. cit., pág. 87.

del centro penitenciario (permisos de salida, régimen abierto, libertad condicional...) y comete algún hecho del que se derivan daños reclamables o indemnizables, teniendo en cuenta que se mantiene la relación del sujeto con el Estado a través del sistema de custodia y control del que se encarga la propia Administración. Denominada como "relación de sujeción especial penitenciaria", durante el tiempo que el sujeto esté cumpliendo una pena en régimen penitenciario existirá un vínculo jurídico entre la Administración y éste, así como respecto a la sociedad en general, sin olvidar que todo el sistema se orienta hacia el cumplimiento de los fines que faciliten la reintegración social del sujeto[36].

Hemos de recordar que las formas jurídicas de responsabilidad que pueden atribuirse al Estado son dos: la responsabilidad civil subsidiaria y la responsabilidad patrimonial, a partir de lo que es la organización y estructura del sistema jurídico español, sobre esta última se configura la respuesta a lo que aquí tratamos. En este sentido, es la jurisprudencia la que ha venido regulando y determinando los criterios de atribución de responsabilidad patrimonial del Estado por hechos cometidos por parte de quienes ostentan ese "vínculo penitenciario" que se deriva de la comisión de hechos delictivos, su condena (*ius puniendi*) y la ejecución de la misma, en cualquier caso, se ha de tratar, lógicamente, de condena/s privativa/s de libertad. Sobre lo que son meros apuntes relacionados con esta cuestión –dada la necesidad de brevedad–, se citan algunas sentencias fundamentales en la materia, así la STS de 4 de junio de 2002[37] en la que se aborda la responsabilidad de la Administración en el caso de un sujeto que encontrándose en libertad condicional produjo la muerte de otra persona. Invocando el "principio de solidaridad" se

---

[36] Como acertadamente señala NISTAL BURÓN, J. respecto al modelo de ejecución penitenciaria que contempla aspectos tales como los permisos de salida, el régimen abierto, la libertad condicional, etc..; "todos ellos son momentos de la ejecución penal que permiten que el recluso permanezca fuera del recinto carcelario durante el cumplimiento de su condena, con el objetivo de conseguir los fines que deben orientar el cumplimiento de la pena privativa de libertad, que no son otros que la reintegración social del recluso, aun a riesgo de facilitar, al mismo tiempo, que el beneficiario pueda cometer nuevos hechos delictivos". "La responsabilidad patrimonial del Estado por los daños causados por los reclusos durante el disfrute de los beneficios penitenciarios en general y de los permisos de salida en particular. La sociedad como garante de las deficiencias del sistema de resocialización de los penados (A propósito de la sentencia *Caso Alcásser*)" en *La ley digital, Diario La Ley, nº 6438, Sección Doctrina, 10 de marzo de 2006, Año XXVII, Ref. D-66,* La Ley 471/2006, pág. 2.

[37] Sala Tercera, de lo Contencioso-administrativo, sección sexta (Rec.930/1998), que remite a su vez a un supuesto similar resuelto por la STS de 7 de octubre de 1997. Otras sentencias de interés son, por ejemplo, la de 30 de septiembre de 2009, Sala Tercera, de lo Contencioso-administrativo, sección cuarta (Rec. 371/2008) acerca de la distinción entre la responsabilidad patrimonial de la Administración de Justicia en general de la responsabilidad de las Administraciones Públicas, tratándose del caso de un sujeto que tras un permiso no regresó al centro y cometió un atraco donde se ocasionaron lesiones al empleado del banco. También la Sentencia de la Audiencia Nacional de 28 de septiembre de 2012, Sala de lo Contencioso-administrativo, sección 1ª (Rec. 393/2011) que declara la procedencia de una indemnización en virtud del principio de solidaridad en un caso de daños ocasionados durante un permiso de salida de un condenado.

afirma que, a pesar de que el daño causado no dimanó directamente de la propia actividad de la Administración o de sus servicios siendo correcta su actuación tanto en la concesión de la libertad condicional como en su control y tutela, se realiza la siguiente consideración: (....) *la obligación de soportar individualmente el daño sufrido no puede imponerse a los perjudicados cuando éstos no tienen el deber jurídico de soportar los riesgos que objetivamente debe asumir la sociedad en la concesión de los beneficios penitenciarios de esta naturaleza, que por perseguir la reinserción social del penado deben ser soportados por toda la sociedad porque así lo impone la función de resocialización propia de la pena que establece la propia Constitución y los compromisos internacionales asumidos por España (...) con arreglo a la conciencia social, no es adecuado que tales perjuicios sean soportados de manera individual (...) sino que deben ser compartidos en virtud del principio de solidaridad por el conjunto de la sociedad.*

En conclusión, se trata de la consagración de un principio que se transforma en un "deber social" recayendo en la propia sociedad la condición de garante del cumplimiento de los fines constitucionales atribuidos a las penas y medidas de seguridad, se entiende que esto es correcto sin embargo, somos de la opinión de que esta premisa se podrá sostener sobre la base de una correcta y diligente actuación de la propia Administración, de no ser así se produce una injerencia que, desde luego, no tendrían porque pagar los propios ciudadanos.

IV. REGÍMENES ESPECIALES Y EXCEPCIONALES

En el art. 90 CP se agrupan actualmente las distintas situaciones en las que puede acordarse la libertad condicional[38] que tras la reforma operada por LO 1/2015 se anuda a la concesión de la suspensión de la ejecución del resto de la pena, sin que ambas instituciones tengan una entidad jurídica propia. Junto al régimen general contenido en el art. 90.1, el propio CP establece varios supuestos especiales en los que la libertad condicional puede ser concedida en un tiempo menor cumpliendo determinados requisitos orientados a conseguir el objetivo constitucional de las penas privativas de libertad: la resocialización del condenado. Vienen a coincidir, aunque suponiendo un endurecimiento del tratamiento del delincuente que claramente sufre un retroceso pese a tener su condena en estado avanzado puesto que no va a computar como tiempo de cumplimiento aun estando próximo al licenciamiento, con lo que hasta 2015 se regulaba como último grado de cumplimiento de la pena en libertad en los arts. 90. 1 y 91 CP, añadiéndose una nueva modalidad excepcional y privilegiada para delincuentes "primarios" que ha de ser, en este caso sí, bien recibida a pesar de los interrogantes que suscita en orden al requisito de primariedad delictiva.

---

[38] A salvo quedan las especialidades previstas en el art. 197 del RP para la libertad condicional de extranjeros no residentes legalmente es España o de españoles residentes en el extranjero.

De forma separada, dada la distinta finalidad que guía a esta modalidad fundada no ya en motivos de reinserción sino en razones humanitarias y de dignidad de la persona[39], se regula en el art. 91 CP la modalidad privilegiada prevista para septuagenarios y enfermos muy graves, así como de aquellos otros que se encuentren en inminente riesgo vital, en cuyo caso se prescinde incluso de la necesidad de clasificación en tercer grado.

Finalmente, dada las características peculiares de la pena de prisión permanente revisable, su autonomía respecto a la pena de prisión y las diferencias que en el modelo de ejecución va a suponer el cumplimiento de una pena de duración indeterminada, se dedica el art. 92 CP a la suspensión de la ejecución del resto de la pena y libertad condicional de los condenados a esta pena indefinida.

1. Régimen privilegiado por el desarrollo de actividades laborales[40]

Se trata de una modalidad de libertad condicional atenuada que deja de ser catalogada expresamente en el CP como excepcional pero que, no obstante, debiera dejar más claro en su redacción que no se presenta como una mera potestad del juez sino como un derecho subjetivo del penado[41]. Presentando ciertas reminiscencias de lo que en el texto CPTR-73 era la redención de penas por trabajos, necesita para su concesión, además de estar el penado clasificado en tercer grado, haber cumplido dos terceras partes de la condena, haber realizado las actividades laborales, culturales u ocupacionales, bien de forma continuada, bien –como novedad– con aprovechamiento que indique un pronóstico favorable del penado en relación con sus circunstancias personales y el delito cometido y siempre que estén presentes el resto de los requisitos generales: buena conducta analizando el conjunto de variables cualitativas que el propio legislador establece[42], dicho sea de paso con excesiva laxitud y en clara inspiración de los art. 63 LOGP y 102 RP a la hora de clasificar al penado[43], así como la satisfacción de la responsabili-

---

[39] Así, TAMARIT SUMALLA J./GARCÍA ALBERO R./RODRÍGUEZ PUERTA, M.J / SAPENA GRAU, F., *Curso de Derecho penitenciario,* Valencia, 2005, pág. 351.

[40] Correspondencia con el art. 91.1 CP en su versión anterior a la Reforma operada por LO 1/ 2005, de 30 de marzo.

[41] En esta línea GUISASOLA LERMA, C., entendiendo que debía haberse establecido con carácter preceptivo. "Libertad condicional...", ob. cit, pág. 386.

[42] Como señala la Instrucción 4/2015 de IIPP sobre "Aspectos de la ejecución penal afectados por la Reforma del Código penal en la LO 1/2015 de 30 de marzo", las variables que ahora debe valorar el JVP para la concesión de la libertad condicional "supone, en definitiva, que el juez debe hacer una valoración positiva sobre la capacidad del interno para respetar la ley penal, que no es otra cosa que establecer un pronóstico de que el interno va a cometer o no nuevos delitos, es decir el tradicional pronóstico de reincidencia o de reinserción social favorable o desfavorable", pág. 11.

[43] Pareciera que el juicio sobre la futura conducta se deja en manos exclusivas del órgano judicial al que se somete la solicitud de libertad condicional, obviando el criterio de los profesionales que han seguido día a día la condena, lo que no parece lo más adecuado en aras a conocer el resultado del tratamiento seguido durante el internamiento.

dad civil[44], aun cuando ello suponga condicionar la evolución penitenciaria a una compensación civil, aun proveniente de un hecho delictivo[45].

Al modificarse el carácter de excepcionalidad[46] que presentaba esta modalidad de otorgamiento de la libertad condicional con anterioridad a la Reforma operada por LO 1/2015 –expresamente se exigía "merecimiento por el desarrollo continuado" de las actividades– y al permitirse que el interno desarrolle una actividad discontinua pero con el aprovechamiento[47] necesario que se traduzca en una modificación relevante y favorable de sus circunstancias personales relacionadas con su actividad delictiva previa, la reforma amplia el espectro de posibilidades que permitan este adelantamiento de la suspensión de la ejecución del resto de la condena[48], sin que ello deba suponer que la nueva regulación no requiera demandar del interno un esfuerzo que se traduzca en algo más que en la mera participación continuada con nulo aprovechamiento[49], sino que simplemente intenta incluir casos que antes quedaban orillados en los que un interno desarrolle una actividad esporádica de distinta índole que le permita una evolución favorable respecto a los factores que han incidido en su trayectoria delictiva. En este sentido cabe destacar que el hecho de que la actividad sea continuada no garantiza necesariamente su aprovechamiento en aras a la prevención especial[50]. Por tal motivo, resulta acertada esta formulación alternativa respecto al desarrollo

---

[44] La Jurisprudencia, con el apoyo que le ofrecen los arts. 72.5 LOGP y 125 del CP, se muestra en general flexible ante esta exigencia, valorando el esfuerzo reparador. Vid. Autos AP de Barcelona secc. 9ª, 146/2007 de 4 de mayo y 938/2005 de 20 de junio y lo que dice la Instrucción DGIP 2/2005. Se trata, por lo demás, de un presupuesto que ya no se vincula expresamente a la observancia de buena conducta, ya que con anterioridad a la reforma de 2015 se entendía incumplido el requisito de "buena conducta" por la no satisfacción de la responsabilidad civil derivada del delito.

[45] La redacción debiera haber incluido expresamente la exigencia de los requisitos a) y c) restablecidos en el art. 90.1 CP, para mayor seguridad jurídica.

[46] El art. 91.1 CP que recogía en similares términos esta libertad condicional anticipada hacía constar expresamente que se trataba de un supuesto "excepcional".

[47] Con esta salvedad se corrige el problema que se suscitaba en la regulación anterior relativa a la injustificada exclusión de las personas que por diversas situaciones no podían optar a las mismas de forma continuada. Destaca esta situación en relación a la insuficiencia material o temporal o en casos de no haberse considerado necesaria su ejecución por la Junta de Tratamiento, SALAT PAISAL, M., "Libertad condicional….", ob. cit., pág. 194.

[48] Decisión que ha sido bien acogida por la doctrina. Vid, entre otros, DAUNIS RODRÍGUEZ, A., "La libertad condicional como forma de suspensión de la ejecución de la pena". *Revista General de Derecho penal*, vol. 21, 2014, pág. 20 y NISTAL BURÓN, J., "El nuevo régimen jurídico de la libertad condicional en la ley Orgánica 1/2015 de reforma del Código penal. De la teoría penal a la praxis penitenciaria", *Revista Aranzadi Doctrinal*, núm. 5, 2015, pág. 225.

[49] Considerando, en cambio, discutible la nueva regulación, DE MARCOS MADRUGA, F., "Artículo 90" *Comentarios prácticos…*, ob. cit., pág. 810.

[50] La persona deberá hacer constar todos los cursos y actividades desarrolladas indicando la incidencia en su aprendizaje y la adquisición de herramientas y habilidades para vivir en libertad, en la medida en que la repercusión ha de ser "relevante y favorable" lo que será valorado por la Junta de Tratamiento, pero, en último extremo, por el JVP, según las actividades concretas realizadas.

de las actividades requeridas permitiendo su aplicación a casos en los en los que no haya sido posible el desarrollo continuado, por ejemplo, por carencias materiales o cualquier otra eventualidad.

El segundo inciso de este mismo art. 90.2 CP contempla, como tercer supuesto más beneficioso para el interno, la posibilidad de un adelantamiento adicional de la libertad condicional una vez extinguida la mitad de la condena[51], que se configura como una libertad condicional cualificada[52]. Se trata de una facultad concedida al JVP a propuesta de Instituciones penitenciarias y previo informe del Ministerio Fiscal. Este adelantamiento cualificado supone una rebaja de hasta un máximo de noventa días por cada año transcurrido de cumplimiento efectivo de condena en relación con el plazo "previsto en el apartado anterior" que no puede ser otro que las tres cuartas partes de la condena que se establece en el art. 90.1 CP que contiene el régimen general. Sin embargo, dado que requiere igualmente que el penado haya desarrollado continuadamente las actividades laborales, culturales u ocupacionales del mismo apartado, debía referirse a los dos tercios de la condena que se indican en el inciso primero del art. 90.2 CP. Esto podría tratarse de un error en la redacción ya que en la regulación anterior a la reforma de 2015 la referencia al plazo previsto en el "apartado anterior" nos dirigía a la formulación atenuada de la concesión de la libertad condicional cumplidos dos tercios de la condena (art. 91.2 en relación con el art. 91.1). Carece de sentido que lo que es un adelantamiento adicional para recortar el tiempo de cumplimiento efectivo cuando se han desarrollado actividades laborales u ocupacionales beneficiosas en orden a la reinserción y que requiere unos requisitos adicionales, tenga como límite de referencia el plazo mínimo previsto en el régimen general y no los dos tercios de la condena, pues en tal caso, no estaríamos ante una modalidad privilegiada o beneficiosa para el penado en la mayoría de los casos sino que sería más conveniente la aplicación del art. 90. CP, que por lo demás, presenta menos requisitos.

En efecto, el Código exige para que pueda concederse esta modalidad de adelantamiento de la libertad condicional, además del desarrollo de actividades mencionadas, la participación efectiva y favorable del penado en programas de reparación a las víctimas o programas de tratamiento o desintoxicación, en su caso, lo que habrá de entenderse limitado a aquellos casos en los que ello ha sido factible. Respecto a la participación en programas de reparación habrá que entender satisfecha la exigencia con la reparación efectiva a la víctima (económicamente a través de la responsabilidad civil o moralmente), pues no siempre va a existir un programa específico de esta índole o, existiendo, que la víctima no se muestre proclive a participar en ellos, lo que implicaría condicionar este tipo de suspensión a un requisito imposible. En lo relativo a los programas de tratamiento o desintoxicación, puede ser suficiente con programas libres de drogas o de reducción de riesgos mediante el tratamiento con metadona pues ello implica una colaboración activa

---

[51] En caso de existir varias penas de prisión el cómputo de estos plazos –las dos terceras partes o la mitad de la condena– deberá efectuarse conforme a lo prescrito por el art. 193 RP, es decir, sumándose y refundiéndose en una sola condena a estos efectos, una vez aprobada por el JVP.

[52] Así, Instrucción 4/2015 de IIPP, cit., pág. 6.

del penado destinada a atajar las causas que motivaron su conducta delictiva. Pero es que, además, en otra palmaria muestra de mala técnica legislativa y escasa coherencia interna, este supuesto sólo está pensado para su aplicación en el caso de haber desarrollado el interno las citadas actividades de forma continuada no en el supuesto de haberlas realizado simplemente con un aprovechamiento relevante y favorable para sus circunstancias. Resulta patente que el legislador al modificar la modalidad de suspensión adelantada por realización de tareas olvidó modificar el supuesto que con él se relaciona y que ahora se muestra carente de sentido[53].

A través de esta modalidad el legislador parece intentar compensar las consecuencias del alargamiento efectivo de las penas, tanto por la desaparición desde la entrada en vigor del texto de 1995 de la redención de penas por trabajo como por el progresivo endurecimiento de las penas de prisión en numerosas modalidades delictivas, sin embargo, el resultado fruto de una reforma precipitada y carente de debate, ha dado lugar a desajustes importantes que pudieran verse solucionados por vía interpretativa, siempre que ello no suponga una contravención al principio de legalidad. Y es que si queremos dotar de coherencia a la figura, la remisión del inciso segundo deberá entenderse hecha al inciso primero del art. 90.2, del mismo modo que la participación continuada en las actividades señaladas deben quedar equiparada en los dos incisos a la participación discontinua con aprovechamiento, esfuerzo o interés por parte del penado, pues tal concreción no es sino una adecuación del principio de individualización de la pena.

Desde el punto de vista procedimental, según se ha apuntado, se exige una propuesta de Instituciones penitenciarias[54] y un informe previo del Ministerio Fiscal y de las demás partes (art. 90.2, in fine). Tampoco se ha aprovechado la reforma de 2015, puesto que el tenor literal del precepto permanece intacto, para aclarar las “otras partes” a las que se refiere dado que en el proceso que se sustancia ante la Jurisdicción penitenciaria, solo son parte el interesado y el Ministerio Fiscal[55], por lo que habrá que entender que se refiere a las partes que participaron en el proceso que dio lugar a la sentencia que se pretende suspender en su ejecución[56] (acusación particular o popular)[57].

---

[53] Baste observar que la dicción del art. 90.2 CP, segundo inciso, corresponde en su literalidad con el art. 91.2 CP anterior a la reforma de 2015.

[54] A favor de la concesión de este beneficio a pesar de que la Administración penitenciaria no lo hubiese solicitado o realizase una propuesta negativa, al amparo de lo defendido por TC en la Sentencia 163/2002 de 21 de noviembre en relación a la posibilidad de proponer el indulto pese al informe negativo del centro penitenciario por las competencias que le otorga el art. 206 del RP, RIOS MARTÍN, J./RODRÍGUEZ SAEZ, J.A./ PASCUAL RODRÍGUEZ, E., *Manual jurídico para evitar el ingreso…*, ob. cit., pág. 72.

[55] Vid. Disposición adicional 5ª LOPJ y la STC de 11 de septiembre de 1995 (RJ 1995/129), estimando que la Administración penitenciaria no tiene la condición de parte.

[56] Estas audiencias fueron incorporadas por LO 7/2003 con la sola previsión para la libertad condicional adelantada a las tres cuartas partes de la condena contenida, por aquel entonces en el art. 91.1 CP.

[57] En este punto hemos de recordar el art. 13 1 c) del Estatuto de la Víctima, ya visto anteriormente, por el que la víctima, si lo solicita, debe recibir notificación del Auto por el que se

2. Nuevo régimen privilegiado y excepcional para delincuentes primarios

Con la pretensión de reducir el tiempo de estancia en prisión de quienes son condenados por un primer delito, el art. 90.3 CP prevé que el JVP, excepcionalmente, pueda acordar la suspensión del resto de la condena y conceder la libertad condicional a los penados que se encuentren cumpliendo su primera condena siempre que ésta no sea superior a los tres años de prisión. Es necesario que se haya extinguido la mitad de la impuesta y que, además, se hayan cumplido los requisitos generales (se haya observado buena conducta y esté en tercer grado penitenciario) del apartado 1 del art 90 CP a excepción del plazo que en este caso difiere a la baja, así como el requisito establecido en el art. 90.2.b), esto es, que haya participado en actividades laborales, culturales u ocupacionales continuadamente o de forma discontinua pero con una aprovechamiento que redunde favorablemente de forma relevante en sus circunstancias personales relacionadas con su actividad delictiva previa[58].

Esta modificación refleja, en palabras del legislador contenidas en la Exposición de Motivos de la LO 1/2015, el sentido general de la reforma en el sistema de penas: "se introducen mecanismos e instituciones que pretenden ofrecer respuesta contundente a los delincuentes multirreincidentes y, de un modo coherente se ofrecen nuevas posibilidades de obtener la libertad a los delincuentes primarios que presentan un pronóstico favorable de reinserción". Sin embargo, si este es el propósito de la reforma que atiende a la función preventivo especial de la pena impuesta, no se alcanza a comprender cómo nuevamente se excluye de este régimen suavizado a los condenados por una concreta tipología delictiva –los atentados contra la libertad e indemnidad sexuales– si están presentes los requisitos que se indican.

Al ser una modalidad excepcional, el JVP tendrá –a diferencia de lo que ocurre con el resto de la modalidad ordinaria y las especiales del art. 90.2 CP– la facultad de otorgar o no dicha suspensión del resto de la pena[59] y la concesión

---

le concede al penado la libertad condicional, siempre que trate de delitos a los que se refiere el art. 36.2 CP o de los recogidos en el art. 13 del citado Estatuto y se hubiera impuesto una pena de más de cinco años de prisión, a fin de que lo pueda recurrir. En este sentido, la previsión del art. 90.2 CP se muestra en sintonía con las facultades atribuidas a la víctima respecto al expediente de libertad condicional pudiendo, además, interesar que se impongan al liberado medidas o reglas de conducta previstas por la ley para garantizar su seguridad.

[58] Al no haberse modificado la legislación penitenciaria (ni La LOGP ni el Reglamento que la desarrolla) de forma paralela al CP tras el cambio de naturaleza de la libertad condicional, no queda claro el procedimiento que deba seguir una persona cuando reúna los requisitos legales: si solicitar el adelantamiento de la libertad condicional al JVP para que inste a la Junta de Tratamiento para que le remita el expediente con los datos necesarios, o si debe solicitarlo directamente a la Junta de Tratamiento para que esta inicie el expediente y lo remita al JVP a efectos de la suspensión del resto de la condena.

[59] En contra, considerando que el adverbio "excepcionalmente" se ha de entender referido al supuesto en sí, GARRIDO LORENZO, M.A., "La libertad condicional tras reforma..." ob. cit., pág. 46.

automática de la libertad condicional al penado aun cuando cumpla todos los requisitos que la ley exige, al tiempo que parece aconsejar de forma solapada un uso moderado o con reservas.

Como se ha advertido, uno de los requisitos para la aplicación de este régimen excepcional, además de que el sujeto haya sido condenado por la comisión de uno o más delitos a una pena resultante de la acumulación jurídica no superior a los tres años de prisión, es que se trate de la primera condena[60] de prisión impuesta[61]. Es respecto a esta exigencia previa que se genera un primer problema interpretativo pues cabe la duda de si deben incluirse o no penas de prisión ya cumplidas que en el momento de resolverse la concesión de la libertad condicional hayan sido canceladas o sean cancelables siendo no computables en sus antecedentes penales e, incluso, cabe plantearse si deben ser tenidas en consideración las penas de prisión que hayan sido impuestas pero que se hayan suspendido en su ejecución *ab initio*. A este respecto, parece lo más oportuno y favorable para el reo que no sean tomadas en cuenta las penas de prisión cumplidas cuyos antecedentes hayan sido cancelados o sean cancelables, del mismo modo que no se toman en cuenta a efectos de la reincidencia. Menos sencillo resulta contestar al segundo interrogante planteado. Para algunos autores, las penas que hayan sido suspendidas en su ejecución no deberán ser tenidas en cuenta a la hora de valorar este requisito puesto que como no han sido ejecutadas, no pueden considerarse "cumplidas", atendiendo a un criterio de literalidad de lo establecido por el art. 90.3 CP, por lo que no deben ser tenidas en cuenta para valorar o no la suspensión excepcional del resto de la condena inferior a tres años que se esté cumpliendo efectivamente[62] en un entendimiento de la "primariedad" como meramente penitenciaria y no delictiva. A este respecto, la Instrucción 4/2015 IIPP considera que estamos en supuestos de primariedad penitenciaria cuando existan antecedentes penales cuya pena se hubiese suspendido en atención al art. 80 CP, cuando el sujeto haya sido indultado o los antecedentes hubiesen sido cancelados, en la medida en que debe entenderse como "primer ingreso en prisión del condenado por delito para cumplimiento de condena"[63].

---

[60] La utilización del término "condena" y no "pena" muestra, conforme a lo establecido en la Instrucción IIPP 2/2005 de 15 de marzo (que a su vez modificó el criterio establecido en las Instrucciones anteriores 9/2003 y 2/2004 del mismo órgano respecto a la interpretación menos favorable del periodo de seguridad incluido en el art. 36 CP por LO 7/2003), *sensu contrario*, que esta modalidad benévola de libertad condicional será aplicación sea cual sea la cantidad de sentencias refundidas, siempre la que suma aritmética no exceda en total de tres años.

[61] En realidad, como ha señalado DAUNIS RODRÍGUEZ, A., este tipo de libertad condicional queda reservada a los condenados a prisión entre dos y tres años: los sentenciados a penas superiores quedan excluidos legalmente y los penados a menos de dos años, al ser delincuentes primarios, podrán solicitar la suspensión de la condena prevista en el art. 80.1 CP". "La libertad condicional como forma de suspensión", ob. cit., pág. 25. Cuestión distinta es si esta pena suspendida debe ser tenida en cuenta o no a efectos de poder aplicar el régimen excepcional del art. 90.3 CP.

[62] Así, SALAT PAISAL, M., "Análisis del instituto de la libertad condicional ...", ob. cit., pág. 426.

[63] Si bien, la existencia de antecedentes deberá ser evaluada por las Juntas de tratamiento en su informe de pronóstico final. Pág. 8.

Resulta, por el contrario, medianamente incuestionable que cabría la concesión de esta libertad condicional excepcional si el sujeto ha cumplido otras condenas en las cuales se hayan impuesto otro tipo de penas incluso aunque fuera privativa de libertad pero distinta a la prisión: localización permanente o responsabilidad personal subsidiaria por impago de multa, la primera porque aunque se trate de una pena privativa de libertad es distinta a la prisión (aunque en algún caso excepcional pueda cumplirse en centro penitenciario) y la segunda, porque la prisión es sólo una de las posibles formas de cumplimiento de esta pena que, en la medida de lo posible debe ser ejecutada como localización permanente o bien, si el penado presta su consentimiento, mediante trabajos en beneficio de la comunidad. A esta conclusión coadyuva una interpretación sistemática del precepto que ha de ponerse en relación con el art. 80 CP relativo a la suspensión *ab initio* de las penas de hasta dos años de prisión –recordemos que ahora la libertad condicional tiene la naturaleza jurídica de suspensión– en cuyo cómputo no debe incluirse la pena derivada del impago de la multa.

Por otra parte, este régimen no será aplicable (según indica el art. 90.3 CP) a los penados que lo hayan sido por la comisión de un delito contra la libertad e indemnidad sexual, además de la restricción general que el art. 90.8 CP[64] contempla para los delitos de terrorismo o cometidos en el seno de organizaciones criminales[65]. Se trata de una restricción discutible por cuanto al limitar el poder de decisión del operador jurídico, se impide que el juez pueda valorar convenientemente las circunstancias que afectan al condenado en aras a una correcta individualización científica, de modo que no podrá otorgarla aunque reúna todos los requisitos descritos.

La exclusión de estos regímenes más favorables de suspensión de la ejecución del resto de la pena por el hecho de haber realizado conductas de una determinada tipología delictiva es muestra evidente de que el legislador no confía en el propio sistema de justicia penal[66]. Tampoco resulta plausible fundar dicha restricción en la consideración de la especial peligrosidad de los sujetos y su escasa posibilidad de resocialización al tratarse de delincuentes por convicción, dado que para la concesión o denegación de la libertad condicional ya se tiene en cuenta el riesgo de comisión de futuros delitos, respondiendo claramente a una utilización populista del Derecho penal. La Exposición de Motivos de la LO 7/2003 que

[64] La LOGP ya dispone de los mecanismos necesarios para impedir que los penados con un propósito desfavorable de reinserción accedan al tercer grado de tratamiento, por lo que se trata de una restricción innecesaria.

[65] De forma poco sistemática, el art. 90.8 in fine CP establece que las modalidades privilegiadas de libertad condicional contempladas en los arts. 90.1 y 90.2 CP no pueden ser aplicables a las personas condenadas por la comisión de alguno de los delitos de los regulados en el capítulo VII del Título XXII del libro II de este Código o por delitos cometidos en el seno de organizaciones criminales.

[66] Así lo destacan RODRÍGUEZ YAGÜE, C./GUISASOLA LERMA, C./ACALE SANCHEZ, M. "Libertad condicional. Artículos 90, 91, 92 y 93 CP" en Álvarez García, F: J., (dir), *Estudio crítico sobre el Anteproyecto de reforma penal de 2012*, pág. 364 y SALAT PAISAL, M., "Análisis del instituto de la libertad condicional...", ob. cit., pág. 426.

introdujera ya estas restricciones, admitía sin tapujos la demanda de la sociedad para reconsiderar el régimen de cumplimiento de las penas de prisión y declaraba que "la flexibilidad en el cumplimiento de las penas y los beneficios penitenciarios tienen su razón de ser en el fin de reinserción y reeducación del delincuente, pero, precisamente por ello, la legislación debe evitar que se conviertan en meros instrumentos al servicio de los terroristas y los más graves delincuentes para lograr un fin distinto". En suma, tratándose de una ley para el cumplimiento íntegro y efectivo de las penas, se apuesta claramente por la inocuización en lugar de por la prevención especial positiva en clara inspiración en lo que es el Derecho penal del enemigo[67].

En cuanto a la posibilidad de que este nuevo régimen más beneficioso pueda ser aplicado a aquellos internos que al tiempo de su entrada en vigor se hallaran cumpliendo una pena privativa de libertad inferior a tres años y dada la falta de disposiciones transitorias para la sucesión de regímenes, tratándose en su esencia de una norma de carácter procesal, surge la duda de si pudiera ser retroactiva esta modalidad cualificadamente adelantada. A tales efectos, hay que recordar que para la determinación de la Ley más favorable no sólo debe tenerse en cuenta el marco penal concreto establecido para un delito, sino la totalidad de las previsiones legales contenidas en una y otra norma, lo que es perfectamente extensible a los posibles sustitutivos penales o beneficios penitenciarios que fueran aplicables. En este sentido, si bien no parece que quepa vulnerar las garantías derivadas de los principios de legalidad y seguridad jurídica sometiendo al penado a un periodo de prueba inexistente con anterioridad a la reforma de 2015, momento en el que el sujeto adquirió unas expectativas en relación a la pena que se le impuso y la adquisición del cuarto grado "de cumplimiento" (sería irretroactiva la nueva norma desfavorable sobre ejecución)[68], sí podría considerarse más beneficiosa esta nueva regulación por el acortamiento de plazos que permite, a pesar de que el tiempo de cumplimiento en libertad condicional ya no suponga cumplimiento de pena (la última fase de la misma) y no se produzca la deducción del tiempo disfrutado en libertad condicional del cómputo del tiempo restante en caso de revocación, una vez prohibida por la DT 2º de la LO 1/2015 en orden a su posible revisión, la aplicación conjunta y parcial de la normativa derogada y la instaurada. En caso de duda, será oído el reo (art. 22 CP)[69].

---

[67] En contra de las críticas que estas restricciones han recibido y considerando que la previsión no supone un adelantamiento de la barrera de protección ante el peligro que supone una persona o un determinado grupo, sino una mayor severidad en la ejecución de las penas por hechos realizados contra los fundamentos de un Estado de Derecho, GARRIDO LORENZO, M.A., "La libertad condicional tras reforma..." ob. cit., pág. 44.

[68] Sin embargo, siguiendo el principio *tempus regit actum* característico de Derecho procesal, la Instrucción 4/2015 de IIPP señala en la DT 1ª señala que los expedientes de libertad condicional iniciados a partir de 1 de julio de 2015, se deben tramitar conforme a la nueva normativa.

[69] Un sujeto condenado a tres años de prisión puede obtener la suspensión del resto de la condena transcurrido un año y medio de cumplimiento, en lugar de los necesarios, al menos, dos tercios que precisaría con la regulación anterior, esto es, 16 meses. Sin embargo,

3. Requisitos específicos para personas condenadas por delitos cometidos en el seno de organizaciones criminales o delitos de terrorismo

En relación con los delitos cometidos en el seno de organizaciones criminales y de terrorismo del capítulo VII del título XXII del Libro II CP, el apartado 8 del art. 90 CP, manteniendo los fines que perseguía la LO 7/2003, añade unos requisitos de forma acumulada a los propios de la modalidad que se le vaya a aplicar (que no pueden ser las privilegiadas del los arts. 90.2 y 90.3) y que están referidos al hecho de que el penado muestre signos inequívocos de haber abandonado los fines y los medios de la actividad terrorista y haya colaborado activamente con las autoridades bien para impedir la producción de otros delitos por parte de la organización o grupo terrorista, bien para atenuar los efectos de su delito, bien para la identificación, captura y procesamiento de responsables de delitos terroristas, para obtener pruebas o para impedir la actuación o el desarrollo de las organizaciones o asociaciones a las que haya pertenecido o con las que haya colaborado. En definitiva, se trata de un abandono que requiere un comportamiento activo de colaboración que evidencie que se ha desligado por completo de la actividad terrorista o criminal, no bastando con una mera actitud pasiva[70].

Dichas alusiones, cuya inclusión proviene de la Reforma mencionada de 2003, se introdujeron al tiempo en el art. 72.5 y 6 LOGP como requisitos para la obtención del tercer grado de tratamiento. El hecho de que se reiteren estos requisitos en el art. 90 CP podría interpretarse como que el legislador ha pretendido que el JVP tenga la potestad de revisar la estimación hecha por parte de la Administración penitenciaria y realizar una nueva valoración[71].

El propio precepto ha regulado un medio de prueba de tal requisito, considerando que tales extremos pueden ser acreditados mediante una declaración expresa de repudio de las actividades delictivas y de abandono de la violencia (lo que no es exactamente una colaboración pero visibiliza el rechazo a tales actividades) y una petición de perdón a las víctimas de su delito o bien mediante los informes técnicos que acrediten la desvinculación de la organización terrorista y su entorno así como la colaboración con las autoridades. Lo que no queda claro

---

en el primer caso queda sometido a un periodo de prueba que no puede ser inferior al tiempo que le quede de cumplimiento pero sí superior (art. 90.5 CP), de modo que de ser revocada la libertad condicional el sujeto retornaría al punto en que se suspendió la condena, restándole aun por cumplir otro año y medio, mientras que en el segundo caso, si el sujeto delinque o incumple las medidas impuestas restándole tres meses de libertad condicional, serán éstos los que deba cumplir en caso de ser revocada.

[70] Críticamente, por considerar un requisito difícilmente conjugable con el principio de legalidad penal (principio de certeza y exclusiva protección de bienes jurídicos) y seguridad jurídica dado que en la interpretación de esta norma intervienen intensamente cuestiones extrajurídicas, RIOS MARTÍN, J./RODRÍGUEZ SAEZ, J.A./ PASCUAL RODRÍGUEZ, E., *Manual jurídico para evitar el ingreso ...*, ob. cit. pág. 69.

[71] Estos requisitos no pueden, sin embargo, ser aplicados a la concesión de permisos penitenciarios al no recogerse en ninguna norma de la LOGP ni de su Reglamento.

en el precepto es si la colaboración activa impidiendo otros delitos, atenuando sus efectos o colaborando en la identificación y procesamiento es un elemento que se acumula a la necesidad de abandonar los fines y medios terroristas o de la organización criminal, se trata de algo alternativo alternativo o una cosa es muestra de la otra. Entendemos que se trata de criterios que deben ser valorados de una forma global como prueba necesaria para afirmar el pronóstico favorable de reinserción, de manera que pueda acreditarse con cualquiera de las modalidades descritas. No parece adecuado que deba exigirse como requisito esencial y excluyente la colaboración en la identificación y captura de otros responsables de las acciones terroristas, ya que resulta difícilmente amparable desde un punto de vista jurídico el deber de delación. Lo que favorece el pronóstico de reinserción, si partimos del presupuesto de que es esto lo que se busca, es su posición personal frente al crimen decidida a la no continuación en el desarrollo de las actuaciones de la organización criminal, sin que sea exigible la asunción de un riesgo que vaya más allá y que se muestre como condición *sine qua non*. En definitiva, se trata de un requisito que constituye una manifestación del sistema de individualización científica de la ejecución, en tanto que implica el estudio personalizado del penado que fundamente la decisión que deba tomar el Juez de Vigilancia.

4. Regímenes excepcionales para septuagenarios y enfermos

Se trata de un supuesto excepcional que viene a recoger en el CP[72] lo dispuesto en el art. 196 RP[73] y que hunde sus raíces esencialmente en el principio limitador del *ius puniendi* referido a la "humanización de las penas"[74] y en el respeto a la dignidad de las personas que debe predominar sobre cualquier otra consideración[75], pero también en la constatación de la escasa peligrosidad criminal y la

---

[72] Hasta la reforma de 2015 este supuesto estaba regulado en el art. 92 CP que fue modificado por LO 15/2003.

[73] Dispone que se elevará al JVP el expediente de libertad condicional de estos penados septuagenarios, en el que deberá acreditarse el cumplimiento de los requisitos establecidos en el CP, excepto el relativo a la extinción de una parte de la condena.

[74] El TC ha declarado que el derecho a la vida e integridad (art. 15 CE) tanto en su dimensión física como moral, constituye un soporte existencial de cualquier otro derecho y que, teniendo un carácter absoluto, no puede verse limitado ni por pronunciamientos judiciales ni por penas (Vid. STC de 25 de marzo de 1996 (La Ley 4012/1996). En este sentido, la Administración penitenciaria queda vinculada a un deber que le es exigible y que implica una "función activa para el cuidado de la vida, la integridad corporal y la salud de los hombres y mujeres privados de libertad".

[75] Tal y como establece el Auto de la Audiencia Nacional 359/2012 de 19 de septiembre (La Ley 136638/2012), "la finalidad de la ley es evitar el internamiento en establecimientos penitenciarios de enfermos muy graves cuando exista peligro para la vida, al entender que puede ser una forma de ejecución de la pena privativa de libertad contraria a la dignidad (…), la ley asume que la prolongación de la estancia en prisión supone un sufrimiento añadido a la propia pena, planteando un riesgo para su vida y salud; también la Convención Europea de derechos humanos proscribe las penas y tratos inhumanos y degradantes en su art. 3, señalando el TEDH

dificultad para delinquir, de ahí que de uno u otro modo –bien a través del acceso al tercer grado, bien a través del informe final de pronóstico favorable, según la modalidad– esta circunstancia o exigencia se encuentre presente. En este sentido, el instituto está directamente conectado con la ausencia de necesidad de pena, a tales efectos, la figura se articula a través de una doble hipótesis a las que también ha afectado, de algún modo, la LO 1/2015, de 30 de marzo.

4.1. Supuesto general

El art. 91.1 CP contempla la suspensión de la ejecución del resto de la pena y la concesión de la libertad condicional a personas condenadas a pena de prisión que hubieran cumplido la edad de setenta años o la cumplan durante la extinción de la condena[76] o bien se trate de "enfermos muy graves con padecimientos incurables" acreditados en los pertinentes informes médicos[77].

En tales casos, el precepto exime del cumplimiento de los diferentes requisitos cronológicos establecidos para las diferentes modalidades de obtención de la libertad condicional recogidas en el art. 90 CP, esto es, haber cumplido las tres cuartas partes, dos terceras partes o la mitad de la condena impuesta, según proceda, debiendo concurrir, no obstante, el resto de los requisitos exigidos en ese artículo 90, de ahí la constatación de que la motivación del precepto no es exclusivamente pietista. De este modo, el penado debe estar clasificado en tercer grado de tratamiento y haber observado buena conducta, según los criterios que el propio art. 90.1enumera. La nueva redacción dada al art. 36.3 CP a diferencia de lo que ocurría en la regulación anterior, determina, además, que la progresión al tercer grado de tratamiento de estos penados sea adoptada judicialmente[78].

---

que la salud del condenado debe tenerse en cuenta al decidir sobre las modalidades de ejecución de las penas privativas de libertad, ya que el internamiento puede resultar incompatible con una grave enfermedad sometiendo a la persona a un peligro y sufrimiento que exceda en intensidad al inevitable inherente a la reclusión".

[76] No se trata de una excarcelación generalizada de los mayores de 70 años, pese al sentimiento de impunidad que a veces se extiende sobre estos delincuentes. En el supuesto general, los requisitos siguen siendo rígidos aunque se flexibilice el cronológico, en el régimen especial, sin embargo, al conllevar un riesgo inminente de muerte, la excepcionalidad preside el procedimiento.

[77] Vid. la Circular 1/2000 de 11 de enero de la Dirección General de Instituciones Penitenciarias que establece los criterios a la hora de emitir el informe médico en orden a la posible aplicación de los arts. 104.4 y 196.2 RP que a fin de lograr una homogeneidad en las decisiones que se puedan adoptar en los distintos centros, establece que se considerará que un interno padece una enfermedad muy grave cuando: 1. Exista riego de muerte estimado superior al 10% en el plazo de una año a pesar del tratamiento; 2. Riesgo de muerte estimado superior al 50% en el plazo de cinco años a pesar del tratamiento, 3. Índice Karnofsky menor o igual al 50%. 4. Infección por VIH en estadio A3, B3 o C. 5. Trastorno psicótico crónico con actividad sintomática a pesar de haber seguido tratamiento durante más de seis meses o con deterioro intelectual. Para otros supuestos de internos en los que la incidencia de la enfermedad no es tan acuciada, Vid. Instrucción DGIP 3/2006 de 23 de enero.

[78] "Por el tribunal o por el juez de vigilancia penitenciaria, según corresponda", según reza. Esta doble potestad se debe a que en el caso de la pena de prisión permanente revisable la

La exigencia legal de tener que estar clasificado previamente en tercer grado para acceder a la libertad condicional plantea, no obstante, algunos interrogantes y no pocos problemas aplicativos. En efecto, en estas situaciones, la clasificación en tercer grado no se hace depender directamente del hecho de que el interno sea acreedor de este grado de clasificación por presentar un pronóstico de inserción social favorable sino que se concede, de forma instrumental[79], para acceder a la libertad condicional por las razones humanitarias y de coherencia con los fines que se le presumen a la pena impuesta[80]. En lugar de prescindirse de este requisito, el art. 104. 4 RP viene a corroborar que el recluso que sufra una enfermedad muy grave puede clasificarse en tercer grado aun cuando no reúna las circunstancias que la normativa penitenciaria exige para ello, eso sí "atendiendo a la dificultad para delinquir y su escasa peligrosidad". No obstante, debe tenerse en cuenta que la LO 7/2003, de 30 de junio, modificó tanto la LOGP en lo relativo a las exigencias para obtener el tercer grado, como el propio CP respecto a los requisitos vistos para acceder a la libertad condicional tal y como quedan expuestos en el actual art. 90.8 CP que conserva su espíritu, en cuanto a la necesidad de abandono efectivo de la actividad criminal y colaboración con las autoridades en caso de delitos relacionados con organizaciones criminales y terrorismo. Dada esta situación, se plantea el dilema de si aquel precepto reglamentario, que exime de cualquier requisito, incluida la satisfacción de la responsabilidad civil, puede eximir de las referidas exigencias legales. Entendemos que no, a salvo de la posibilidad de aplicar la modalidad de libertad condicional para casos de riesgo vital, de forma que se prescinda de toda exigencia que vaya más allá de la comprobación de su estado de salud, en la medida en que el art. 36.3 CP únicamente pretende que la decisión sea judicialmente adoptada para contar con mayores garantías, pero en ningún momento reduce los requisitos generales.

En cuanto a la exigencia de que el penado haya satisfecho la responsabilidad civil, ésta requiere, no obstante, una matización en función de las circunstancias particulares concurrentes en el sujeto, de forma que valorándose el esfuerzo realizado y la incapacidad que su estado físico le acarrea, el impago de la misma no

---

clasificación en tercer grado debe ser autorizada, incomprensiblemente según las incoherencias expuestas, por el tribunal sentenciador, previo pronóstico favorable de reinserción social, oídos el Ministerio Fiscal e Instituciones penitenciarias (art. 36.1, segundo inciso CP), mientras que en el caso de la prisión temporal la competencia relativa al periodo de seguridad y, en general, para ordenar la clasificación del condenado en tercer grado, corresponde al juez de vigilancia penitenciaria (art. 36.2 CP).

[79] En este sentido, NISTAL BURÓN, J., "La libertad condicional anticipada por enfermedad grave. Su necesaria consideración como una modalidad de suspensión de la pena en fase de ejecución". *Diario La Ley, nº 7930, Sección Tribuna*, 25 de septiembre de 2012. D-331 (La ley 16723/2012), pág.4. Como manifiesta el Auto de la AP de Barcelona, secc. 9ª 79/07 de 9 de marzo (La Ley 23664/2007), en atención al art. 104 RP "la clasificación en tercer grado es meramente instrumental, pues si el peticionario de la libertad condicional ex art. 92 CP está clasificado en segundo grado, el JVP si estima que debe accederse a la libertad condicional postulada, le concederá el tercer grado".

[80] De ahí los informes "*pietatis causa*" de los antiguos Equipos de Tratamiento.

puede ser obstáculo para acceder a la libertad condicional[81]. La exigencia de que el JVP al resolver[82] el expediente deba apreciar junto a las circunstancias personales, "la dificultad para delinquir y la escasa peligrosidad del sujeto"[83] debe conectarse con el requisito de la buena conducta y las condiciones de salud en las que se encuentre el penado. La apreciación positiva de tales variables viene a sustituir la exigencia general de un pronóstico final de reinserción dado que el fundamento de esta modalidad es otro[84].

La libertad condicional queda justificada en este caso cuando la edad o la enfermedad del penado haga innecesario el cumplimiento de la pena de prisión desde el punto de vista de la función preventiva de la pena o, en virtud del principio de proporcionalidad, las necesidades preventivas deban sacrificarse a favor del derecho a la dignidad de las personas[85]. En efecto, atendidos el sentido y la finalidad de la pena, no existiendo probabilidades reales de delinquir y habiendo escasas expectativas de reeducación o reinserción, mantener al penado en pri-

---

[81] Vid. el Auto AP de Barcelona de 6 de julio de 2005 (La Ley 270203/2005) señalando que consta el compromiso de hacer frente a la responsabilidad civil pendiente y a las modulaciones y matizaciones que ofrece el art. 72.5 LOGP. Finalmente, confirma el auto del JVP denegándola, por entender que éste ya habrá valorado las posibilidades económicas del responsable.

[82] Tratándose de enfermos muy graves que sean presos preventivos, le corresponde decretar la libertad condicional al Juzgado de Instrucción siempre con el informe de los equipos médicos del centro penitenciario. Si la sentencia fuese finalmente condenatoria, para evitar su nuevo ingreso en prisión habría que solicitar al juzgado o tribunal sentenciador la suspensión de la condena por razones humanitarias (art. 80.4 CP) o bien un indulto (con la petición de suspensión de la condena durante su tramitación).

[83] Son muchas las resoluciones que desestiman el recurso interpuesto contra la decisión del JVP denegando la libertad condicional porque "no basta el padecimiento de una enfermedad de la que establecen las leyes sino que se exige (ex art. 104.4 RP) que se tenga en cuenta la dificultad para delinquir y su escasa peligrosidad". Vid. Auto AP de Madrid, secc. 5ª de 24 de febrero de 2004 (La Ley 4704/2004). En este caso no concurre por sus antecedentes (cometer delito encontrándose en tercer grado y quebrantar la condena). En el mismo sentido, por no estimar que estas exigencias consten en el expediente, Auto AP de Madrid, secc. 5ª de siete de septiembre de 2006 (La Ley 18306/2006). Recuerda que no hay que olvidar otros requisitos además de la enfermedad y la deniega a un sujeto que ha reincidido en el consumo de sustancias tóxicas y necesita autocontrol, el Auto AP Madrid de 24 de marzo de 2004 (La Ley 7138/2004). La deniega por no estar clasificado en tercer grado y por no existir pronóstico de integración social favorable, el Auto AP de Madrid de 21 de mayo de 2007 (La Ley 59247/2007); por "existir alto riesgo de reincidencia", el Auto AP Madrid de 13 de marzo de 2008 (La Ley 24304/2008). Mal pronóstico de reinserción social por cometer delitos estando en libertad condicional con anterioridad y estando en segundo grado de tratamiento, Auto AP Madrid secc. 5ª de 6 de marzo (La Ley 29800/2006) y por "existir una trayectoria penitenciaria marcada por una clara inadaptación", Auto AP Barcelona de 10 de febrero de 2006 (La Ley 3229/2006).

[84] A fin de limitar al mínimo los riesgos de comisión de nuevos delitos es conveniente solicitar del JVP algunas prohibiciones o deberes del art. 83.1 CP (programas de deshabituación, prohibiciones de acudir a determinados lugares donde se comercia con droga o custodia familiar). Así Auto AP de Madrid secc. 5ª 2178/2005 de 1 de junio.

[85] Vid. STC 48/1996 de 25 de marzo (La Ley 4012/1996) y Autos AP de Barcelona secc. 9ª 79/ 2007 de 9 de marzo (La Ley 23664/2007) y 19 de febrero de 2005 (La Ley 21663/2005).

sión respondería únicamente a un fin retributivo de la pena[86]. Tratándose de un enfermo de las características que el art. 91CP describe, únicamente habrá que procurarle que queden suficientemente cubiertas las necesidades sanitarias y asistenciales del mismo. A tal fin, el art. 196 RP establece la necesidad de que conste la admisión del interno por alguna institución o asociación cuando éste carezca de vinculación o apoyo familiar en el exterior.

En este punto resulta de especial trascendencia, en el marco de la supuesta exigibilidad de una posición activa –no meramente de inhibición respetuosa de la voluntad del penado– protectora de la vida e integridad corporal y salud de las personas privadas de libertad, la denominada "relación de sujeción especial penitenciaria" (arts., 3 y 4 LOGP) que presuntamente permitiría la limitación de ciertos derechos fundamentales a consecuencia de la afectación de la libertad pero, que, al tiempo, impone un deber estatal proclive a la facilitación del ejercicio de los demás derechos que no deban ser necesariamente limitados. En este sentido, la puesta en libertad de quien padezca una grave enfermedad, que además sea incurable y suponga un riesgo cierto para la vida o salud del penado se fundamenta en primer término en las razones humanitarias citadas por el indudable riesgo que la permanencia en prisión pudiera acarrear para la salud y la integridad del penado y, por tanto, en razones humanitarias y de dignidad personal, pero, también, de ahí el requisito exigido por el art. 104.4 RP, en la menor peligrosidad que presenta el recluso que debe ser avalada por un informe técnico, que, analizando de forma integral todas las variables intervinientes en el proceso de clasificación penitenciaria, determine la escasa peligrosidad en el sentido de prognosis criminal.

En cuanto al propio concepto de "enfermedad grave con padecimientos incurables" existe todo un cuerpo jurisprudencial –básicamente de Audiencias provinciales al resolver recursos ante la denegación de la libertad condicional a algún interno, pero también de la Sala Segunda del TS e, incluso, de la Audiencia Nacional– que trata de delimitar exactamente la situación personal en la que debe encontrarse el penado para poder acceder a este tipo de libertad condicional privilegiada en cuanto al requisito cronológico, haciendo hincapié en que no se debe restringir la interpretación de la enfermedad a la fase terminal. Ello permite la excarcelación en un momento anterior al de la muerte inminente, dado que el propósito de este artículo no es "sacar de la prisión a los enfermos para que mueran fuera de la cárcel" sino que puedan permanecer en libertad alguna temporada antes del momento del fallecimiento[87].

---

86 Como señala la STS 325/1994, de 12 de diciembre (La Ley 13081/1994), "carece de sentido la programación de un tratamiento rehabilitador o resocializador, respondiendo la permanencia en prisión del recluso a consideraciones exclusivamente aflictivas y retributivas de la pena".

87 STS 4540/1991 de 12 de septiembre (La Ley 1062 - JF/0000). El sida ya desarrollado con pronóstico de fallecimiento a corto plazo cumple los requisitos exigidos ya que es muy grave e incurable. En sentido contrario, el Auto AP Madrid de 16 de octubre de 2008, (la Ley 251500/2008) en un caso de VIH, señala que "no padece enfermedad que se prevea con de-

La citada STC 48/1996 de 25 de marzo insiste en que debe valorarse la forma en que la permanencia en prisión va a afectar a la enfermedad, al tiempo que precisa que las enfermedades graves con padecimientos incurables no son solo las que determinan la condición de enfermo terminal, agónico o cercano a la muerte pues "ni lo exige la redacción del precepto ni se cohonesta tal interpretación con el contenido humanitario del instituto que no puede ser concebido como una mera evitación de muertes dentro del establecimiento penitenciario"[88]. De este modo, no se puede identificar enfermo grave e incurable con estado preagónico, hablamos de dolencias que comprometan seriamente la salud sea o no potencial causa de muerte[89] y cuyo tratamiento con arreglo al estado actual de la ciencia no sea capaz de asegurar la cura definitiva ni tampoco un pronóstico exacto de su evolución[90]. De hecho, no es casual que el propio legislador ponga en relación de similitud el concepto de enfermedad grave con la situación de un sexagenario, siendo evidente que una persona de esa edad no se encuentra en peligro inminente de muerte. Si las situaciones están equiparadas, no debe exigírsele esa condición al enfermo muy grave[91].

---

sarrollo de fatal desenlace a corto plazo ni que requiera tratamiento fuera de prisión" y Auto AP Madrid de 14 de julio de 2006 (La Ley 165230/2006). En el mismo sentido, en un caso de persona con hepatitis B y problemas de movilidad, Auto AP Madrid secc. 5ª de 18 de diciembre de 2003 (La Ley 9212963/2003). No está acreditada una cardiopatía con mal pronóstico de vida que limite su capacidad para delinquir, Auto AP de Madrid secc. 5ª de 22 de 2008 (La Ley, 270163/2008).

88 Vid. Auto AP Barcelona secc. 9ª, 79/2007 de 9 de marzo (La Ley 23664/2007) señalando que es preciso saber si la enfermedad está o no estabilizada y si puede o no seguir un tratamiento adecuado en el Centro penitenciario, pero insistiendo en la necesidad de conjugar las razones humanitarias con los propios fines de la pena, primando aquellos cuando exista la certeza de que estos no pueden conseguirse y que la privación de libertad supone un plus de sufrimiento innecesario.

89 En un sentido mucho más restrictivo el Auto de la AP de Barcelona de 6 de julio de 2004 (La Ley 160140/2004) considera que "una interpretación tan amplia del precepto que acogiera patologías estabilizadas, obligaría a conceder la libertad condicional a toda persona que haya padecido un episodio cardiaco grave, lo cual no entra ni en el espíritu ni en la letra de la norma". Aboga por el seguimiento de la enfermedad en el Centro penitenciario.

90 De forma en exceso gráfica señala el Auto de la AP de Madrid, Secc. 5ª 682/2000 que la "libertad condicional es para enfermos graves no para cadáveres que, contra pronóstico, aun alientan". Otro Auto de esta misma Audiencia y sección (3034/2005 de 26 de octubre) afirma que una enfermedad que comprometa seriamente la salud está presente cuando la persona está en continuo dolor, impedido de andar y de sentarse, necesitado de ayuda para las acciones más elementales. El Auto AP Madrid de 24 de marzo de 2004 (La Ley 7138/2004) se refiere a "una enfermedad que por lo común tiene riesgo de procurar la muerte y, aunque haya casos que no sea así, compromete gravemente la salud, siendo incurable la que no tiene tratamiento curativo alguno con arreglo al estado actual de la ciencia, aunque pueda tener tratamientos preventivos, sintomáticos o paliativos".

91 Vid. Auto AN 359/2012 de 19 de septiembre (La Ley 136638/2012), tratándose de un condenado por delitos de terrorismo, afirma que el peligro inminente "no ha de determinar una situación de enfermo terminal o agónico" y recordando el principio de humanidad advierte que la obtención de la libertad condicional no puede depender de las conductas sancionadas ni de los daños causados por el delito.

Algunos pronunciamientos jurisprudenciales destacan que la libertad condicional no es la única alternativa al internamiento ante estas situaciones en las que se impone el principio de humanidad, ya que es posible cumplir la pena en tercer grado con control telemático y acudiendo al Centro penitenciario solo para realizar actividades de tratamiento, entrevistas y controles presenciales[92].

Por lo demás, tal y como acontecía con anterioridad a la reforma operada en 2015, para la elevación de este tipo de expediente al JVP queda consagrado el principio de impulso oficial que vendrá a cargo de la Administración penitenciaria (ex art. 91.2 CP) cuando le quede constancia de que un interno se halla en cualquiera de las situaciones descritas, elevando el expediente al juzgador con la urgencia que requiera el caso. Sin embargo, no se trata de una concesión obligatoria por haber alcanzado el penado la edad de setenta años, en contra de la creencia generalizada en la sociedad que provocaría un indudable efecto criminógeno y un campo de impunidad, sino que tanto para las personas con esta edad como en el caso de las enfermedades muy graves incurables "podrá" concederla, por tanto, presenta un carácter discrecional. En este sentido, si el JVP apreciase un riesgo de reincidencia, circunstancia que también puede estar presente en septuagenarios[93] o personas con graves padecimientos, se justificaría la improcedencia de conceder la suspensión de la pena.

4.2. *Supuesto especial por riesgo vital*

El párrafo tercero contempla un supuesto especial de suspensión del resto de la pena y obtención de la libertad condicional si por razón de la edad o por la concurrencia del padecimiento grave e incurable mencionado en el párrafo anterior existiese un "patente riesgo vital" –introducido por la LO 1/2003, dando así nueva redacción al párrafo 3º del art. 92 CP– que ha de estar acreditado en el correspondiente dictamen[94].

En este supuesto, por las razones de urgencia que lo justifican, la tramitación difiere respecto al régimen ordinario. Todo se sustancia en sede judicial prescin-

---

[92] Vid. arts. 80.4 CP, 86.4 y 104 del RP y la Instrucción DGIP 13/2006, así como la Instrucción 2/2005 y la SAN 1º 525/2007 de 25 de mayo. El Auto de la AP de Barcelona de de 30 de mayo de 2006 (La Ley 162695/2006), aun reconociendo la gravedad e irreversibilidad del padecimiento del interno, deniega la libertad condicional habida cuenta "que se le ha aplicado el régimen de vida contemplado en el art. 86.4 RP que le permite pernoctar en su domicilio, estando su atención médica y personal garantizada".

[93] Vid. Auto AP de Barcelona de 20 de marzo de 2006 (La Ley 94099/2006) respecto a un penado septuagenario: "su avanzada edad no fue obstáculo para cometer un delito contra la salud pública en la cuantía de notoria importancia", siendo, además, necesario un mayor cumplimiento de la condena para observar su evolución.

[94] Junto al derecho a la dignidad de la vida humana existe el derecho a una muerte digna. La Organización Mundial de la Salud ya indicó en 1987 que debe adelantarse la liberación de los enfermos incurables para "morir en dignidad y libertad". Vid. también la Circular 1/2000 de 11 de enero de la DGIP que establece los criterios a la hora de emitir el informe médico en ordene a la posible aplicación de los arts. 104.4 y 196.2 RP.

diendo de todos los requisitos generales y necesitando, únicamente, el dictamen del médico forense y de los servicios médicos del establecimiento penitenciario y la valoración judicial de la falta de peligrosidad del penado previa petición del informe de pronóstico final –al que ya no se alude en el régimen ordinario del art. 90.1– al Centro penitenciario[95].

En este caso, hasta se prescinde la de la clasificación en tercer grado, dado que el art. 36.3 CP ya contempla que el tribunal o el juez de vigilancia penitenciaria, según corresponda, podrá acordar con los informes pertinentes del Ministerio Fiscal e Instituciones Penitenciarias la progresión a tercer grado por motivos humanitarios y de dignidad personal de septuagenarios y enfermos con padecimientos muy graves[96]. Siendo el mismo órgano competente se ha obviado la reiteración, de modo que la cuestión debe resolverse de la forma más rápida por el mismo juez o tribunal[97] de forma cuasi simultánea.

Ahora bien, a estos casos le son de aplicación los apartados 4, 5 y 6 del art. 90 CP en lo que se refiere al deber de colaboración en el pago de la responsabilidad civil y decomiso de bienes así como en lo referente a la modificación de las condiciones y revocación de la suspensión de la ejecución del resto de la pena y obtención de la libertad condicional, en cuyo caso se establece como órgano competente el JVP[98].

Además del dictamen médico forense y de los servicios médicos del establecimiento penitenciario que acredite el riesgo vital, se establece, como novedad, un deber de colaboración por parte del penado en orden a facilitar la información precisa para evaluar la evolución de su enfermedad al Servicio médico penitenciario, al médico forense o a aquel otro que determine el juez o tribunal, antes del dictado del auto que reconozca el beneficio. Este deber llega al punto de provocar la revocación de la suspensión de la ejecución y la libertad condicional, en caso de ser incumplido. Previsión esta que resulta algo desconcertante por cuanto, difícilmente, puede revocarse algo que no se ha concedido por falta de colaboración previa del penado y que no puede sino estar referida a la persistencia de ese deber de colaborar tras el dictado de un auto favorable y durante

---

95 En su momento los Jueces de Vigilancia Penitenciaria instaron al Gobierno a modificar el antiguo art. 92 (actual art. 91 CP) en el sentido de suprimir incluso la exigencia del pronóstico final de de reinserción social. Vid. los *Criterios de actuaciones, conclusiones y acuerdos*, aprobados por los JVP en sus reuniones celebradas entre 1981 y 2007, plasmadas en el Texto Refundido, depurado y actualizado de 1 de enero de 2008 (punto nº 84).

96 La reducción drástica de los trámites para el supuesto de peligro patente para la vida del interno, se ha considerado justificativa de otorgar excepcionalmente al JVP la facultad de acordar la progresión en tercer grado sin propuesta del establecimiento penitenciario, en el mismo Auto en se conceda la libertad provisional, en casos de enfermos graves con padecimientos incurables o penados septuagenarios, a pesar de que esta posibilidad no sea contemplada por el art. 91 CP. *Criterios de actuaciones, conclusiones y acuerdos*…, cit., (punto 125). No obstante, este modo de proceder podría contravenir lo establecido en el art. 76.2 LOGP.

97 Sobre la falta de necesidad del cumplimiento del periodo de seguridad y la satisfacción de la responsabilidad civil, en caso de existir, vid. IDGIP 2/2005.

98 Sobre esta disfuncionalidad referida a los diferentes órganos competentes, GUISASOLA LERMA, C., "Libertad condicional…", ob. cit., pág. 387.

todo el tiempo que reste de libertad condicional, en la medida en que el propio art. 90.5 CP posibilita que eventualmente el beneficio que constituye la libertad condicional quede revocado por el JVP cuando se produzca "un cambio en las circunstancias que hubieran dado lugar a la suspensión que no permita mantener ya el pronóstico de falta de peligrosidad en que se fundaba la decisión adoptada"[99]. De esta suerte, una mejoría significativa en la salud del interno podría determinar la pérdida de la libertad fundada en el riesgo de vida, si ello se refleja en un alto índice Karnofsky, dado que el beneficio extraordinario pierde sentido si desaparece el motivo que lo motivó dirigido a lograr que el interno termine sus días con dignidad y próximo a sus familiares. Al mismo tiempo, desaparecería la premisa fundamental de la menor peligrosidad ligada a las grandes dolencias.

Pese a que no se hace remisión expresa al art. 92 CP, el hecho de que se mencione tanto al juez como al tribunal y, esencialmente, el de compartir un mismo fundamento y justificación, hace que quepa entender que la pena sobre la que se contrae el supuesto de suspensión mencionado puede ser tanto la pena de prisión como la de prisión permanente revisable[100].

V. LIBERTAD CONDICIONAL Y PRISIÓN PERMANENTE REVISABLE

La novedosa pena de prisión permanente revisable[101] que enmascara una cadena perpetua bajo una cierta apariencia de constitucionalidad[102], en un claro

---

[99] Aunque se trata de una previsión en principio referida a las modalidades de suspensión del resto de la condena y obtención de la libertad condicional contempladas en el art. 90 CP, a ella quedan vinculadas los supuestos especiales del art. 91 CP por imperativo del art. 91.4 CP.

[100] De esta opinión, DE MARCOS MADRUGA, F., "Artículo 91" en *Comentarios prácticos...* ob. cit., pág. 819.

[101] Su origen, en la plasmación legislativa, se remonta a las enmiendas presentadas por el partido popular al Proyecto de Reforma del CP de 2010 (Ley 121/52 de 19 de noviembre de 2009). Concretamente, la enmienda nº 384, proponía la reforma del art. 33, en el sentido de añadir en su numeral segundo, como pena grave, *la pena de prisión perpetua revisable.* BOCG. Congreso de los Diputados, Serie A, Proyectos de ley, nº 52-9, de 18 de marzo de 2010, págs. 173 y ss., con la siguiente justificación: "La «prisión perpetua revisable» que se propone introducir se configura como una pena excepcional a aplicar en supuestos muy restringidos, pero que han alcanzado el máximo grado de reprochabilidad social".

"Sin embargo, el punto determinante de la nueva pena y lo que la diferencia de otros precedentes históricos es su carácter de revisable, orientada a la rehabilitación del reo y a su reinserción social. Este planteamiento hace que la misma se adecue a la perfección con los postulados de nuestra Constitución a la hora de caracterizar las penas y, especialmente, a lo previsto en sus artículos15 y 25". Al presentar esta pena el Sr. Trillo, Portavoz parlamentario del PP, señaló que era una pena distinta y no una prolongación de la pena privativa de libertad, y que "que no provocaba alteración alguna en el catálogo de penas". Vid. con detalle, CUERDA RIEZU, A. *La cadena perpetua y las penas muy largas de prisión: por qué son inconstitucionales en España.* Barcelona, 2011, págs. 27 y ss.

[102] Cierto es, que el Estatuto de Roma de 17 de Julio de 1998, que creara la Corte Penal Internacional y que, por primera vez pretendía configurar un modelo de Justicia penal Internacional Universal, prevé entre las penas aplicables la "reclusión a perpetuidad". Sin embar-

fraude de etiquetas, es fruto indudable de un debate político propiciado por una parte del electorado que bajo el manto de la exigencia del incremento punitivo, ha visto en esta figura la solución a una sensación de impunidad artificialmente creada. Por tanto, una novedad puramente simbólica dado que la evolución de la delincuencia en España evidenciaba una tasa de criminalidad descendente[103], y en los últimos años tampoco se observa un incremento alarmante de la misma[104]. Sin embargo, los medios de comunicación lanzando un mensaje distorsionado y catastrofista, alientan una sensación de inseguridad en la población exponiendo una realidad sobredimensionada que termina por transformarse en una demanda social de mayor intervención punitiva. Y este reclamo se convierte, al tiempo, en una cuestión electoral relevante pues parte de los ciudadanos presos del miedo, ven en la prisión no un instrumento resocializador y reeducador sino un mecanismo de inocuización del delincuente a quien desean esté separado de la sociedad el mayor tiempo posible[105]. Se hace así presente una política criminal de corte electoral[106] que no necesita justificación alguna relativa a la necesidad y los efectos positivos de esta iniciativa en conexión con la función que al Derecho penal se le asigna[107] y sustraída del debate público. Por tanto, con independencia de si son adecuadas y responden a necesidades reales de prevención[108], la repulsa social se convierte, una vez más, en criterio determinante de las reformas legislativas ya que, como indica la Exposición de Motivos "se aplicará a supuestos muy graves de alarma social". Sin embargo, el *ius puniendi* corresponde en exclusiva al Estado y a él también se le atribuya la obligación de legislar con una política criminal racional y fundada en principios como la intervención mínima, la proporcionalidad y la función preventiva de las sanciones impuestas.

---

go, es destacable que al adherirse España a este Estatuto por LO 6/2000, de 4 de octubre, se introdujo una cláusula que condiciona la ejecución en nuestro territorio de las penas privativas de libertad que este órgano pudiera imponer, al hecho de que la duración de la pena no excediera del máximo previsto para cualquier delito por el ordenamiento español.

[103] Vid. JUANATEY DORADO, C. "Política criminal, reinserción y prisión permanente revisable". *Anuario de Derecho penal y Ciencias penales.* Tomo LXV, Madrid, 2013, pág. 127 y ss.

[104] El Ministro de Interior señalaba poco tiempo antes de la Reforma que "la tasa de criminalidad continúa su tendencia a la baja, situándose en una tasa de 44.8 por cada 1000 habitantes "una de las más bajas de la UE". El País, 4 de febrero de 2015.

[105] En las cáceles españolas viven en torno a 400 personas que tienen condenas superiores a los límites establecidos en el CP de 20, 25, 30 o 40 años por aplicación del art. 76 CP y sin posibilidad alguna de revisión de su situación. Así lo pone de relieve, LEGANÉS GÓMEZ, S., "La prisión permanente revisable y "los beneficios penitenciarios"", *La ley penal*, nº 110, 2014, pág. 23.

[106] De hecho, no es casual que el texto definitivo se aprobara en tiempo record en un año cargado de citas electorales, incluidas las elecciones generales del mes de noviembre.

[107] Un claro ejemplo del recurso al Derecho penal o a la agravación de las penas para resolver problemas sociales que tengan mejor solución fuera de la esfera punitiva. IGLESIAS RÍOS, M, A., "Lagunas contradicciones y deslegitimación del discurso contemporáneo del Derecho penal preventivo y de la seguridad. Un nuevo ejemplo en el proyecto de reforma del CP de 2010". *Revista de Derecho Penal*, nº 39, 2013, págs. 22 y 23.

[108] Sobre las razones de política criminal que subyacen tras la incorporación de esta pena en nuestro ordenamiento, MAPELLI CAFARENA, B., "La cadena perpetua", en *El Cronista del Estado Social y Democrático de Derecho*, abril, 2010, págs. 28 y ss.

Así las cosas, las novedades operadas por la última reforma legal en lo concerniente a la materia de libertad condicional, concluyen con una regulación específica para su concesión (revisión) cuando el interno se encuentre cumpliendo una pena de prisión permanente revisable. Aun cuando la cuestión pueda presentar un escaso interés a nivel práctico inmediato atendiendo al escaso número de figuras delictivas que actualmente la llevan anudada como sanción y la excepcionalidad de la comisión de tales hechos delictivos de suma gravedad –a excepción de los asesinatos cualificados introducidos por la reforma de 2015 *ad hoc*– y al tiempo mínimo que habrá de transcurrir hasta que deba hacerse efectiva, lo que daría de largo para que acontecieran otra veintena de reformas que le pudieran afectar en mayor o menor medida, corresponde en este trabajo el análisis de lo que es un sistema absolutamente autónomo marcado no sólo por la criticable indeterminación de la pena, sino también por la dureza del régimen penitenciario que se le asigna y que marcan desde la configuración del periodo de seguridad y los permisos de salida hasta, y principalmente, la libertad condicional, así como por una distinción en atención a la tipología criminal que determina un doble sistema de todos los institutos de ejecución según se trate de internos penados por delitos referentes a organizaciones y grupos terroristas o delitos de terrorismo cualquier otro ilícito sancionado con esta pena. En lo que respecta a la libertad condicional de esta pena indeterminada en su origen, nos interesa indagar lo referido a su revisión ya que es ese el momento que puede coincidir con la obtención del beneficio.

En efecto, más allá de las críticas que esta sanción merece por su eventual contravención al art. 25 CE, cabe recordar que el art. 3 CEDH obliga a introducir la revisión de la condena de manera que sea *realmente posible su remisión* cuando se constate un comportamiento del reo favorable y se hayan producido progresos en el tratamiento rehabilitador. A este respecto, se puede concluir que, ciertamente, no existe una barrera internacional que impidiera la introducción de esta pena en nuestro ordenamiento, pero hay que recordar que el Tribunal Europeo de Derechos Humanos ha basado siempre la adecuación de esta pena al precepto mencionado en que la posibilidad de revisión sea real y efectiva para que el penado tenga la ocasión de reinsertarse, garantizando que los mecanismos previstos propendan a la suspensión del resto de la pena y no la dificultan o conviertan en imposible. Por tanto, la contravención al Convenio vendría dada no solo cuando no esté prevista la posibilidad de revisión, sino también cuando los mecanismos de revisión sean difusos, dependientes de la voluntariedad del órgano decisor y no del comportamiento objetivo del sujeto. Si existen esos mecanismos de revisión formalmente, pero resultan difícilmente alcanzables, no cabe duda que según los propios criterios del Tribunal al que se cita en la Exposición de Motivos de la LO 1/2015 como valedor, la pena vendría contraria al orden establecido internacionalmente.

Y esta es la piedra angular de la cuestión. La configuración que se le otorga en nuestro ordenamiento y su carácter formalmente revisable, no la hace automáticamente aceptable, ya que se parte de una barrera que se ha de derribar. El sujeto es, en principio, irrecuperable, salvo que demuestre lo contrario en un pronóstico de reinsertabilidad tras un larguísimo periodo de reclusión. El planteamiento debiera ser otro: si se dan los requisitos objetivos deberá motivarse la necesidad de la continuación de la privación de libertad por el comportamiento del sujeto o por no haber avanzado en el tratamiento[109].

Pues bien, el nuevo art. 36.1 CP establece que la pena de prisión permanente será revisada –para poder obtener la suspensión de su ejecución y la libertad condicional, aunque esto no se diga expresamente en tales términos– conforme a lo dispuesto en el art. 92 CP. De esta forma, tal y como determina con mayor claridad la Exposición de Motivos de la LO 1/2015, de 30 de marzo, al analizar las extraordinarias modificaciones introducidas en el instituto de la libertad condicional, "se introduce la regulación del régimen de revisión de la prisión permanente revisable como un supuesto de libertad condicional o suspensión de la ejecución de la pena"[110].

Así, para que pueda suspenderse la ejecución de esta pena, en principio indeterminada o indefinida, es necesaria su revisión, siendo ineludible que concurran una serie de requisitos enumerados en el art. 92.1 CP:

a) En primer término, es preciso que *el penado haya cumplido 25 años de su condena*. No obstante, siguiendo el doble criterio de regulación que preside la formulación de esta pena, el tiempo de cumplimiento puede elevarse sustancialmente si el sujeto hubiere sido condenado por dos o más delitos, estando al menos uno de ellos castigado con pena de prisión permanente revisable, tal y como se recoge en el art. 78 bis CP (apartados 2 y 3) que indica unos tiempos mínimos de cumplimiento, en algunos casos más elevados: 25 o 30 años dependiendo de que se trate de varios delitos y solo uno esté penado con prisión permanente revisable y el resto superen los cinco años o los quince de prisión (78 bis apartado 2 en relación con el 78 bis 1, a y b) CP, en cuyo caso no se supera lo preceptuado en el art. 92.1 o bien se trate de varios delitos y dos o más estén castigados con prisión permanente revisable o bien uno solo esté castigado con la prisión permanente y el resto de las penas sumen veinticinco años o más. Tratándose de delitos relativos a organizaciones y grupos terroristas y delitos de terrorismo del Capítulo VII del Título XXII del Libro II o cometidos en el seno de organizaciones criminales, se exige haber extinguido un mínimo de 28 o 35 años, respectivamente, conforme a las dos hipótesis concursales antes mencionadas. En este sentido, cabe destacar

[109] Tal y como pone de relieve CARBONEL MATEU, J.C., "es la continuación y no la libertad la que habrá de ser motivada". "Prisión permanente revisable I (arts. 33 y 35)", en *Comentarios a la Reforma de CP de 2015*, GONZÁLEZ CUSSAC, J.L., (Dir.), pág. 217.

[110] Según la Exposición de Motivos: lejos de ser *una suerte de "pena definitiva" se trata de "una institución que compatibiliza la existencia de una respuesta penal ajustada a la gravedad de la culpabilidad, con la finalidad de reeducación a la que debe ser orientada la ejecución de las penas de prisión"*. Con todo ello, curándose en salud, el legislador pretende alejar toda sombra de inconstitucionalidad. La configuración material de esta pena en el articulado demuestra, sin embargo, todo lo contrario, que tras el intento de edulcoración, se presenta en versión parafrástica, una auténtica cadena perpetua que debe ser abiertamente rechazada en el contexto de un Derecho penal democrático.

que las exigencias temporales son tan arduas que la pena resulta difícilmente conjugable con el mandato constitucional de resocialización.

b) Que se encuentre clasificado en tercer grado.

El segundo requisito hace mención a la necesidad de que el penado se encuentre clasificado en tercer grado, lo que nos lleva a los periodos de *seguridad establecidos para la prisión permanente revisable: el acceso al tercer grado como requisito previo a la "revisión" que permite la libertad condicional.* Para desgranar este requisito es preciso tener en consideración, por una parte, las restricciones previstas para el acceso al tercer grado en el propio art. 36.1 CP que viene a definir la pena en función de su tratamiento penitenciario, así como las previstas en el art. 78 bis CP, apartados 1 y 2 para las hipótesis de concurrencia delictiva. También hay que tener en cuenta las previsiones establecidas en los apartados 5 y 6 del art. 72 LOGP.

Una de las cuestiones relativas a la ejecución de la pena de prisión permanente revisable y regulada en el nuevo art. 36.1 CP es la relativa al acceso al tercer grado, en relación a la cual se ha establecido, como no podía ser de otro modo teniendo en cuenta el máximo de pena de prisión temporal previsto en el texto punitivo para una sola infracción (30 años), un doble periodo de seguridad especialmente riguroso, a tenor del cual el régimen de semilibertad no podrá alcanzarse hasta haber cumplido el penado quince años de prisión efectiva, esto es, de internamiento en régimen ordinario, llegando a alcanzar este periodo de seguridad los veinte años en caso de haberse impuesto la pena por un delito de terrorismo (delito del Capítulo VII del Título XXII del Libro II de este Código).

Para centrar la relevancia del precepto debe partirse del entendimiento de que el denominado sistema de individualización científica que rige en nuestro sistema penitenciario y consagrado en el art. 72 LGP para potenciar la resocialización del delincuente, no es absolutamente flexible para adecuarse a la evolución positiva del penado por cuanto no solo impide el acceso directo a la libertad condicional, sino que a través de las últimas reformas y, esencialmente, desde la operada por LO 7/2003 de 30 de junio, la clasificación no es enteramente ajena al cumplimiento de los plazos –a semejanza del viejo sistema progresivo– restringiéndose los fundamentos que inspiraron el sistema de individualización científica y restándole plasticidad, al impedir, como regla general, la posible clasificación en tercer grado de tratamiento a los condenados por penas superiores a los cinco años de privación de libertad sin tener en cuenta las consecuencias negativas que ello podría comportar. Cierto es, y debe destacarse, que la Reforma de 2010 retoma en cierto modo el espíritu individualizador, suavizando el tratamiento del periodo de seguridad en la generalidad de los casos, que pasa a convertirse en potestativo salvo en los casos en que la pena sea impuesta por delitos relativos a terrorismo o a la indemnidad sexual de menores de trece años.

Pues bien, la LO 1/2015, tras incorporar la pena de prisión permanente vuelve a insistir en la fijación de plazos diferentes para la clasificación en tercer grado de tratamiento, imponiendo un periodo de seguridad obligatorio para los condenados a esta pena, variando el mismo según el delito cometido[111]. Con ello se impide que se tengan en consideración las circunstancias del hecho, o del autor (el pronóstico de integración social su personalidad o su conducta)[112], puesto que durante este periodo de tiempo –15 o 20 años–, la individualización científica brillará por su ausencia, soportando injustamente Instituciones Penitenciarias estos cambios repentinos e injustificados en el Derecho penal sustantivo. Y es que un sistema que se pretende sea flexible y enfocado a los fines de resocialización, debe tener como criterio rector las circunstancias del interno para concretar un programa individual de tratamiento, su clasificación inicial en un determinado grado y, en consecuencia, su destino al tipo de establecimiento más adecuado a su clasificación. Esto, como es lógico, se contrapone al hecho de que el paso por cada grado sea obligado y se establezcan periodos mínimos de cumplimiento para la progresión en el tratamiento[113]. Sin embargo, al mismo tiempo, el art. 36.1 CP condiciona previamente la clasificación en tercer grado a un pronóstico individualizado y favorable de reinserción social, oídos el Ministerio Fiscal e Instituciones Penitenciarias.

Así pues, la posibilidad de acceder al tercer grado está sometida a un elemento objetivo (temporal) y otro valorativo previo, de modo que la amenaza de la pena se centra no ya en su límite, que es incierto, sino más bien en la dureza de su ejecución que se muestra enormemente inflexible. Respecto al elemento temporal, dejando al margen los supuestos de concurrencia criminal en función del tipo delictivo[114] recogidos en el art. 78 bis CP[115], el sistema que pudiera denomi-

---

[111] Respecto a que el propio art. 36 CP regule la materia de clasificación en grados, que es objeto propio de la LOGP, se ha señalado que "se utiliza el camino de la reinserción social del condenado instrumentalmente, es decir, como forma de aumentar la aflictividad de la pena". Así, ACALE SÁNCHEZ, M., "Prisión permanente revisable: arts. 36 (3 y 4), 70.4, 76.1, 78 bis, 92, 136 y concordantes de la parte especial", en *Estudio crítico sobre el Anteproyecto…*, ob. cit., pág. 182.

[112] Arts. 65.2 y 3 LOGP así como art. 106.2 y 3 RP.

[113] No obstante, frente a los planteamientos preventivo–especiales, encontramos voces que mencionando las necesidades de prevención general, reclaman el cumplimiento obligatorio de un determinado periodo de tiempo de la condena antes de poder acceder a los beneficios penitenciarios, aun cuando la evolución personal del penado fuera positiva por el pronóstico favorable de integración. La reforma camina, claramente en esta línea entendiendo que la sociedad también "tiene derecho a esperar que dichos delincuentes salgan en actitud favorable para no volver a delinquir" y que el art. 25 CE no obsta a que las penas de duración extensa también cumplan con su función preventiva general, y por tanto, a favor de una solución que priorice la defensa de la víctima, la protección de la sociedad y el castigo efectivo, NISTAL BURÓN, J. ""¿Es viable en nuestro ordenamiento jurídico la pena de "cadena perpetua" como solución para determinado tipo de delincuentes difícilmente reinsertables?". *La Ley penal*, nº 68, Sección Estudios, febrero, 2010. Versión digital. *La Ley* 119/2010, pág. 3.

[114] Vid., estructurados en tablas el modelo ordinario y los extraordinarios de acceso al tercer grado, en FUENTES OSORIO, J. F., "Periodos de cumplimiento mínimo para el disfrute de beneficios penitenciarios y permisos de salida", en *Comentarios a la Reforma penal de 2015*, (Quintero Olivares, G., Dir.), ob. cit., págs., 128-132.

[115] A esta regulación habría que sumar las previsiones del nuevo art. 78 bis CP en relación con el art. 76.1 CP para los casos en los que el sujeto fuere condenado por dos o más delitos, siendo uno de ellos castigado con prisión permanente o incluso cuando hayan recaído varias

narse ordinario –se comete un único delito castigado con esta pena indeterminada– establece una distinción entre el tiempo que se requiere en caso de cometer cualquier delito a la que se le anude (15 años) y el necesario en caso de delitos de terrorismo (20 años) bajo el fundamento de la mayor gravedad de estos delitos que conduce a imponer un periodo de seguridad mayor[116]. Resulta destacable, no obstante, que esta regulación del periodo de seguridad para acceder al tercer grado se suaviza notablemente respecto al Borrador y el Anteproyecto de reforma de julio de 2012. De los 32 años previstos en aquel texto primitivo se pasó a fijar en el Anteproyecto presentado por el Gobierno el 11 de octubre de 2012[117] los plazos actualmente vigentes. Su cuantía se corresponde, en puridad, con las penas más graves de nuestro ordenamiento, esto es, con unas penas individuales de 30[118] y 40 años.

Establecer una mayor dilación en el tiempo necesario para poder alcanzar el tercer grado según la tipología delictiva, sigue la tónica general de distinguir en los institutos penitenciarios los delitos de terrorismo del resto de condenas otorgándole a los primeros un régimen más gravoso, pero supone, al tiempo, una ruptura frontal con el criterio acogido por el CP para la prisión temporal en el apartado siguiente, sede en la que la cuantía de pena efectivamente cumplida no se modifica en función de los distintos delitos, variando únicamente el carácter preceptivo o no del periodo de seguridad. Si la progresión al tercer grado es la consecuencia de una evolución favorable en el tratamiento penitenciario y si las modalidades delictivas, se supone que de gravedad equiparable, son sancionadas con la misma pena, el establecimiento de un tiempo de prisión efectiva distinto[119],

---

condenas de prisión permanente exigiéndose en tales casos un mínimo de 18, 20 o 22 años, ampliándose tales plazos a 24 o 32 si se tratase de condenas por delitos de terrorismo o cometidos en el seno de organizaciones criminales. Como puede observarse, la regulación de la prisión permanente revisable ha previsto la posibilidad de lograr el tercer grado, una vez cumplido un periodo de carácter obligatorio que oscila entre los 15 años y los 32, si tomamos en cuenta los supuestos de concurso de delitos. Vid. tablas aclaratorias en FUENTES OSORIO, J. F., *ibídem.*

[116] En este sentido, el *Dictamen del Consejo de Estado al Anteproyecto de Reforma*, octava (B).

[117] También a los veinte años de cumplimiento inicial "en todo caso" que proponía el grupo popular al intentar introducir esta pena en el Proyecto de Reforma de 2010 (Ley 121/52, 19 de noviembre de 2009). Vid. *enmienda núm. 387. BOCG. Congreso de los Diputados, Serie A, Proyectos de ley,* nº 52-9, 18 de marzo de 2010.

[118] Considerando, por la misma razón, que la duración mínima de cumplimiento real de la pena de prisión permanente revisable, se debe situar por encima de los quince años, GONZÁLEZ TASCÓN, M. T., "Art. 36", en *Estudio crítico sobre el Anteproyecto...*, (Álvarez García, J., Dir.), ob. cit., pág. 209.

[119] Por el contrario, y puesto que esta situación no se ha contemplado expresamente en el art. 78 CP, habrá que entender que si son varios delitos, uno castigado con prisión permanente revisable y el resto suman penas inferiores a cinco años resultará aplicable la regla general contenida en el art. 36.1 CP, pudiendo el sujeto alcanzar el tercer grado a los 15 años de cumplimiento, aun cuando esto pudiera provocar un efecto criminógeno al no ser tomadas en consideración estas otras penas menos graves, lo que analizado en término de costes, puede significar que al sujeto le resulta indiferente cometer algunos delitos de esta entidad acompañando al que lleva aparejada la pena de prisión permanente revisable, que no serán computables.

más grave en algunos casos, denota el propósito de endurecer el régimen de cumplimiento atendiendo, exclusivamente, al tipo de delito cometido en lo que es un claro ejemplo de un Derecho penal de autor[120].

La segunda exigencia[121] para alcanzar el tercer grado, está referida al pronóstico individualizado y favorable de reinserción social[122], oídos el Ministerio Fiscal e Instituciones Penitenciarias, siguiendo el criterio competencial establecido por el art. 36.2 CP para el periodo de seguridad de la pena de prisión, aunque ello supone apartarse de la regla general de concesión por el Centro Directivo previa propuesta de la Junta de Tratamiento (art. 103.4 RP). Esta autorización de acceso al tercer grado es similar al levantamiento del periodo de seguridad, con la importante diferencia de que en el caso de la prisión ordinaria lo concede el Juez de Vigilancia Penitenciaria iniciando el procedimiento la Junta de Tratamiento que lo propone a dicho juez valorando como criterios favorables la asunción del delito, la actitud de respeto a la víctima, la conducta en libertad después de la comisión del delito y la participación en programas de tratamiento, mientras que el caso de la prisión permanente revisable, esta atribución corresponde, sorprendentemente, al Tribunal sentenciador que será quien conceda o no el tercer grado. En efecto, hay que recordar que el Anteproyecto de julio de 2012 establecía en un apartado tercero del art. 36 CP que "en el caso de que hubiera sido impuesta una pena de prisión permanente revisable, la concesión de permisos de salida o la progresión a tercer grado requerirán de la existencia de un pronóstico individualizado y favorable de reinserción social adoptado por el Juez de Vigilancia Penitenciaria (...)" y que es el segundo Anteproyecto presentado en octubre de 2012 el que ya se refiere, como en la actualidad, al "tribunal" (sentenciador)[123]. Sin embargo, hubiera sido preferible dejar su concesión en manos del Juez de Vigilancia por su mayor especialización y proximidad[124]. Esta modificación presenta un sentido marcadamente reaccionario dirigido a la supresión de funciones

---

[120] El mismo CGPJ en su Informe al Anteproyecto pone de manifiesto que el establecimiento de un requisito temporal de mayor duración para el acceso al tercer grado a causa de la especial tipología delictiva, supone "una quiebra de la sistemática seguida por el CP y no resulta conveniente ni jurídicamente fundado". Para LEGANÉS GÓMEZ, S., esto contribuye a la consideración de los delitos de terrorismo como delitos políticos y a aplicar un "Derecho penal del enemigo". "La prisión permanente revisable y "los beneficios penitenciarios"", *La ley penal*, nº 110, 2014, pág. 26.

[121] Habrá que considerar que, además de los especificados en el art. 36.1 CP, deben contemplarse el resto de los requisitos contemplados en la LOGP, esto es, la capacidad de vivir en semilibertad y el pago de la responsabilidad civil (art. 72.5), así como los específicos previstos para condenados por delito de terrorismo (colaboración con las autoridades y petición expresa de perdón a las víctimas (art. 72.6).

[122] Es difícil imaginar que estos penados puedan obtener un pronóstico favorable de reinserción social que le permita acceder al régimen abierto, especialmente si no se les ofrece un programa de tratamiento adecuado e individualizado.

[123] Vid. FERNÁNDEZ BERMEJO, D. "La desnaturalización de la libertad condicional..." ob.cit., págs. 13 y ss.

[124] Considerando, sin embargo, que no queda determinado quien puede establecer el acceso al tercer grado, si el tribunal de vigilancia o el sentenciador, debiendo determinarse

de los Jueces de Vigilancia Penitenciaria que vienen contribuyendo de forma decisiva a la protección de los derechos de los reclusos.

En cualquier caso, la atribución de la competencia para la clasificación en tercer grado del penado al tribunal sentenciador –si bien pueda recurrir su decisión ante el JVP– precisará una importante adecuación de la legislación penitenciaria que hubiera sido deseable se produjera de forma coordinada en la misma LO 1/2015, así como del sistema de recursos previsto en general contra las resoluciones del JVP, adecuándose a esta novedosa competencia atribuida a los tribunales sentenciadores, que, por lo demás, dada la extensión mínima de la pena y los requisitos para la revisión serán órganos que habrán cambiado inevitablemente su composición.

Este extraño criterio competencial adoptado puede obedecer, buscando una explicación razonable, a la naturaleza misma de los delitos para los que se ha previsto esta pena, con la idea puesta en que no se pierda de vista la infracción cometida y su trascendencia social[125] y, por tanto, con un razonamiento basado más en razones más propias de un derecho penal de autor que en las propias de prevención especial positiva que deberían fundamentar esta figura.

Si el tercer grado se logra cumpliendo los requisitos mencionados (temporal y de autorización por el tribunal previo pronóstico individualizado y favorable de reinserción social) es predecible la disparidad de soluciones que se presentarán en la práctica e incluso el alto grado de estigmatización de determinado tipo de presos condenados por delitos a los que se les anuda esta pena. Este sometimiento a valoraciones personales abunda en la inseguridad jurídica que proporciona una pena que no es finita en su límite superior y cuya revisión se presenta de forma etérea.

c) En tercer y último lugar se requiere que el tribunal, "previa valoración de los informes de evolución remitidos por el centro penitenciario y por aquellos especialistas que el propio tribunal determine" pueda fundar un *pronóstico favorable de reinserción social*". Dicho informe, que pretende salvar al menos formalmente el obstáculo constitucional que presenta una pena con un mínimo de cumplimiento tan elevado, deberá fundarse, según indica el propio art. 92.1 c), en "la personalidad del penado, sus antecedentes, las circunstancias del delito cometido, la relevancia de los bienes jurídicos que podrían verse afectados por una reiteración en el delito, su conducta durante el cumplimiento de la pena, sus circunstancias familiares y sociales y los efectos que quepa esperar de la propia suspensión de la ejecución y del cumplimiento de las medidas impuestas". Todo ello teniendo en cuenta los informes remitidos por la Administración penitenciaria y por aquellos especialistas que el Tribunal determine.

En este punto debe tenerse en consideración que el mismo tribunal (sentenciador) es el que debió conceder con anterioridad, en el caso de los condena-

---

en una norma procesal, CARBONEL MATEU, J.C., "Prisión permanente revisable I (arts. 33 y 35)", en *Comentarios a la Reforma de CP de 2015*, GONZÁLEZ CUSSAC, J.L., (Dir.), pág. 218.

125 En este convencimiento, GARRIDO LORENZO, M.A., "La libertad condicional..." ob. cit., pág. 62.

dos a esta pena, el tercer grado de tratamiento realizando un pronóstico individualizado y favorable de reinserción, por lo que contará con elementos de juicio suficientes.

Conjugando lo establecido en el art. 36.1 CP que intenta garantizar un mínimo de contenido aflictivo para esta pena, con lo dispuesto en el art. 92 CP, puede extraerse que, en el supuesto general y dejando al margen los supuestos especiales de concurrencia delictiva del art. 78 bis CP, no se puede acceder al régimen de vida abierto hasta haber cumplido un mínimo de 15 años y no se logrará la suspensión del resto de la pena accediendo a la libertad condicional hasta haber cumplido un mínimo de veinticinco años[126], viéndose notablemente ampliados si se trata de delitos comprendidos en el capítulo VII del título XXII del libro II (terrorismo) o cometidos en el seno de organizaciones criminales[127].

Tratándose de penados que hayan cometido delitos de esta última tipología, el Código penal exige un requisito adicional, tal vez de forma innecesaria y repetitiva ya que es algo exigido para la propia clasificación en tercer grado de tratamiento penitenciario y que resulta necesario para todas las modalidades ya sean la ordinaria o las especiales contenidas en el art. 90 CP. En efecto, el art. 92.2 CP, a semejanza del analizado apartado 8º del art. 90 CP, considera preceptivo que el penado muestre signos inequívocos de haber abandonado los fines y los medios de la actividad terrorista y haya colaborado activamente con las autoridades, bien para impedir la producción de otros delitos por parte de la organización o grupo terrorista, bien para atenuar los efectos de su delito, bien para la identificación, captura y procesamiento de responsables de delitos terroristas, para obtener pruebas o para o para impedir la actuación o el desarrollo de las organizaciones o asociaciones a las que haya pertenecido o con las que haya colaborado, lo que podrá acreditarse mediante una declaración expresa de repudio de sus actividades delictivas y de abandono de la violencia y una petición expresa de perdón a las víctimas de su delito, así como por los informes técnicos que acrediten que el preso está totalmente desvinculado de la organización terrorista y del entorno y actividades de asociaciones y colectivos ilegales que la rodean y su colaboración con las autoridades.

Por otra parte, establecido este sistema, resulta destacable la notable diferencia que existe entre la regulación del tercer grado y el cumplimiento mínimo para la obtención de la libertad condicional, en la medida en que el art. 92 CP exige el cumplimiento de 25 años de prisión como mínimo (salvo lo dispuesto en el art. 78 bis para el concurso de delitos). Así, el penado puede estar entre cinco y diez años en tercer grado de tratamiento, pero sin lograr el paso a la libertad condicio-

---

126 En los supuestos especiales del art. 78 bis CP se blinda el periodo mínimo de cumplimiento efectivo entre los 18 y los 22 años para el acceso al tercer grado y entre veinticinco y treinta años de cumplimiento efectivo para lograr la suspensión del resto de la condena.

127 En este caso, los límites oscilan entre los veinticuatro y los treinta y dos años de cumplimiento para poder lograr el tercer grado y entre los veintiocho y treinta y cinco para llegar a obtener la suspensión del resto de la condena y la consiguiente libertad condicional.

nal, a diferencia de lo que ocurre respecto a la prisión temporal en cuyo caso no es necesario un tiempo mínimo de permanencia en tercer grado para la concesión de la suspensión y libertad condicional, pudiendo estar, incluso en régimen abierto restringido. En este sentido se ha advertido que "una mayor coherencia con el tercer grado y las ideas preventivo-especiales positivas que contiene, demanda, por tanto, hacer coincidir el momento de concesión del tercer grado con el de libertad condicional. Ambos a los 15 años"[128]. No obstante, dada la nueva naturaleza otorgada a la libertad condicional, en la que el tiempo transcurrido no será computado como tiempo de cumplimiento si se produce la revocación, esta situación puede llevar al penado a considerar preferible el régimen abierto (en tercer grado) pues el cumplimiento de la pena avanza aun cuando se produzca el incumplimiento de alguna medida impuesta e incluso aunque delinca nuevamente.

En otro orden de cosas, es de reseñar cómo el propio texto establece una discriminación entre las víctimas de los delitos castigados con esta pena respecto a aquellas otras que lo son a consecuencia de delitos castigados con pena de prisión temporal. Así, cuando se trata de una pena de prisión superior a cinco años, la clasificación penitenciaria será adoptada por el JVP "previo pronóstico individualizado y favorable de reinserción social y valorando, en su caso, las circunstancias personales del reo y la evolución del tratamiento reeducador, oídos el MF, Instituciones penitenciarias y las demás partes", sin embargo, a tenor del art. 36.1 CP, cuando se trata de la prisión permanente revisable las partes, esto es, la acusación particular y la popular, no participan en el proceso consultivo y quedan al margen del recorrido penitenciario, ya que el tribunal solo debe oír para adoptar su decisión sobre la progresión a tercer grado al Ministerio Fiscal e Instituciones Penitenciarias. Con esta apreciación no es que se pretenda dar más protagonismo a las víctimas en el devenir de la ejecución de la pena, pero sí poner de relieve que sería deseable un trato igualitario, en uno u otro sentido. Las partes vuelven a aparecer en el apartado tercero, a la hora de conceder el régimen de semilibertad por motivos humanitarios, a pesar de que en el Anteproyecto solo se había incluido al Ministerio Fiscal. Queda por saber si esta disparidad de tratamiento es intencionada, en cuyo caso habría que reconocer que, a pesar de la presión de determinados grupos de víctimas sobre el Gobierno para incluir esta pena de prisión permanente revisable, la influencia no ha llegado al punto de concederles una función determinante en la fase de ejecución de la pena por los peligros que ello puede conllevar, o si bien es producto de un error de técnica legislativa, dada la premura y la falta de debate con la que fue aprobado el texto.

Los requisitos establecidos para la libertad condicional de esta pena en el art. 92 CP, entre los que no se exige expresamente la buena conducta, aunque sí se

---

[128] Así, FUENTES OSORIO, J. F. "Periodos de cumplimiento..." ob. cit., pág., 133, apuntando, además, que "15 años de cumplimiento mínimo para acceder a la libertad condicional en la prisión perpetua será el correspondiente para una pena de veinte años, inferior al que se prevé para las condenas máximas por concurso real de delitos". Ello obligaría a modificar los arts. 76 y 78 CP.

alude a la valoración de su comportamiento durante el cumplimiento, incluye, superando ampliamente requisitos temporales establecidos en las legislaciones de nuestro entorno cultural y supuesto referente para el legislador, el cumplimiento efectivo de 25 años de condena, pudiendo alcanzarse los 35 en los supuestos de concurso real de delitos (art. 78 bis CP). La Exposición de Motivos asegura que al ser una pena revisable no se renuncia a la reinserción, ya que "una vez cumplida *una parte mínima* de la condena un Tribunal colegiado deberá valorar nuevamente las circunstancias del penado y del delito". Que la parte mínima que se requiere para ello no es tan exigua queda claro hasta para el propio legislador que teniendo en cuenta los plazos que exige en el articulado para que el tribunal considere o no que concurren los requisitos necesarios para que el penado pueda recuperar la libertad, decide eliminar un párrafo del Preámbulo contenido en la redacción del Anteproyecto donde constaban expresamente los plazos de revisión[129], para no evidenciar en las primeras líneas donde trata de exponer las bondades de este tipo de pena privativa de libertad, la gran farsa que constituye esta figura.

La regulación, tal y como se plantea, está claramente preordenada a la perpetuidad, tanto por los plazos que difícilmente pueden adaptarse al mandato constitucional de reinserción, como por las condiciones para su revisión y concesión. Revisión que, además, depende exclusivamente de una decisión absolutamente discrecional del juez, sin que algún dato objetivo lleve a la adopción de una suspensión de forma preceptiva. Esto ya por sí solo resulta contrario al principio de legalidad que impone la necesidad de *lex certa*, tanto en el presupuesto de hecho como en la consecuencia jurídica, lo que implica que el sujeto debe tener conocimiento previo y tasado de las consecuencias que se anudan a un determinado hecho delictivo, sin que el tiempo máximo de duración quede sometido a un régimen en el que resulta imprevisible. Por ello, el sistema se impregna de connotaciones ajenas a la responsabilidad por el hecho y se acerca, peligrosamente, a los presupuestos de un Derecho penal del enemigo, en el que la confianza en la vigencia y el refuerzo de la norma, sacrifica a un determinado sector de la población.

Por lo demás, las facultades del JVP quedan muy disminuidas en cuanto a la concesión del tercer grado, de la libertad condicional o su adelantamiento. La ya extinta libertad condicional permitía un control por parte de la Administración penitenciaria que no permite este hibrido que es la suspensión de la ejecución, al estar la pena en suspenso y no en cumplimiento, como lo demuestra el hecho de que de revocarse la suspensión del resto de la pena, el tiempo transcurrido en libertad condicional no será computado como tiempo de cumplimiento de la condena[130].

---

[129] "Para la revisión de la prisión se establece un doble régimen. Cumplida una parte de la condena que oscila entre 25 y 35 años de condena, el Tribunal deberá revisar de oficio si la prisión debe ser mantenida cada dos años; y lo hará también siempre que el penado lo solicite (...)". *Anteproyecto de LO de Reforma CP de 3 de abril de 2013.*

[130] Si bien el art. 92.3 CP establece que la revocación corresponde al JVP cuando se ponga de manifiesto un cambio de las circunstancias. Sin embargo, es el juez o Tribunal quien puede modificar o acordar nuevas prohibiciones deberes o prestaciones.

Una vez extinguida la parte preceptiva de la condena, ya sean los 25 años o los plazos establecidos en el art. 78 bis, el tribunal –sorprendentemente la competencia se atribuye al tribunal sentenciador[131]– resolverá sobre la suspensión de la prisión permanente revisable tras un procedimiento oral contradictorio en el que intervendrán el Ministerio Fiscal y el penado, asistido por su abogado. Será el propio tribunal previa valoración de los informes remitidos por el Centro penitenciario quien decida sobre el pronóstico favorable o no de reinserción, quedando obligado, al menos cada dos años, a verificar si el sujeto cumple con los requisitos legales para la suspensión de la pena y el acceso a la libertad condicional. El tribunal también resolverá las peticiones de libertad condicional que formule el penado, pero en caso de que haya rechazado una petición, podrá fijar un plazo de hasta un año dentro del cual no dará curso a nuevas solicitudes. Es de destacar que el Juez de Vigilancia Penitenciaria tiene mucha más cercanía y conocimiento respecto a la evolución y trayectoria del penado que ha estado en el Centro penitenciario al menos 25 años, por lo que esta atribución al juez sentenciador resulta desde todo punto de vista criticable y poco comprensible dado el margen temporal entre la condena y la revisión. No obstante, sí le corresponde al JVP la revocación de la suspensión del resto de la pena y la libertad condicional concedida cuando se ponga de manifiesto un cambio de las circunstancias que hubieran dado lugar a la suspensión que no permita mantener ya el pronóstico de falta de peligrosidad (art. 92.3, inciso segundo CP).

Obsérvese, sin embargo, que para la modificación de las decisiones adoptadas conforme al art. 83 CP, imponer nuevas prohibiciones, la modificación o alzamiento de las acordadas, la competencia se atribuye nuevamente al juez o tribunal (entendemos que se refiere al sentenciador en oposición al JVP) que será quien acuerde la concesión de la suspensión del resto de la condena. Este recorrido por la regulación de la pena y las facultades atribuidas a distintos órganos jurisdiccionales dejan patente la falta de coherencia del texto y la necesidad de una interpretación jurisprudencial integradora.

Abundando en estas disfuncionalidades, merece ser destacado un tema que resulta cuando menos inquietante. Si bien para acordar la suspensión, el último párrafo del art. 92.1 CP establece un procedimiento oral contradictorio, con la intervención del Ministerio Fiscal y el penado, respecto a un tema esencial como es el concerniente a la revocación o la modificación de las condiciones impuestas, nada se dice al respecto. En suma, la situación se traduce en que las garantías que se adoptan para la concesión de esta clase de suspensión en relación con la pena de prisión permanente revisable, pueden quedar en agua de borrajas si un órgano distinto, ajeno a la decisión condenatoria y al otorgamiento del beneficio puede, sin audiencia de las partes, bien eliminarlo, bien modificarlo en sus condiciones. No parece adecuado ni respetuoso con los derechos del condenado y sus

[131] Críticamente, por la contribución a la saturación de estos órganos y por la incoherencia con el resto de la regulación, GUISASOLA LERMA, C., "Libertad condicional...", ob. cit., pág.385.

expectativas en cuanto al modo del cumplimiento de la pena, que mediante este otro procedimiento, el JVP, enmiende lo acordado por el tribunal, modifique las medidas que adoptó y hasta tenga la posibilidad de revocar la libertad condicional otorgada. Estas consideraciones, sin embargo, no han de significar que desde estas líneas se abogue por atribuir la competencia al tribunal sentenciador, sin intervención del JVP, sino que, simplemente, se trata de poner de manifiesto las incoherencias del sistema establecido. El legislador se muestra indeciso en este aspecto porque ha ocasionado un cambio radical en la propia naturaleza de la institución de la libertad condicional, sin tener una concepción sólida de las instituciones que crea o que modifica sustancialmente. De este modo, en puridad, si se configurara totalmente como una forma de suspensión de la pena de prisión no tendría fundamento el hecho de que fuera el JVP el que mantuviera esta labor de otorgamiento o aprobación del instituto, pero, de otro lado, tampoco resulta adecuado insertar al juez o tribunal sentenciador en una institución que sigue siendo eminentemente penitenciaria. De ahí la falta de criterio ante el híbrido creado.

Por lo que respecta al periodo de prueba, a tenor del art. 92.3 CP el plazo de suspensión de la ejecución tendrá una duración de cinco a diez años. El plazo de suspensión y libertad condicional que, aun siendo muy amplio, es flexible, se computará desde la fecha de puesta en libertad del penado. En lo que respecta a las condiciones que el sujeto ha de cumplir durante el plazo que el tribunal determine y los efectos del quebrantamiento de dichas condiciones se estará a lo dispuesto en los arts. 83, 86 y 87 CP. El mismo precepto remite, de forma un tanto extraña e innecesaria al art. 80.1, pfo. 2º, en lo relativo al hecho de que para adoptar la decisión relativa a la suspensión del resto de la condena, el juez o tribunal (nuevamente el sentenciador) valorará las circunstancias del delito cometido, las personales del penado, sus antecedentes, la conducta posterior al hecho, el esfuerzo por reparar el daño causado, sus circunstancias familiares y sociales y los efectos que quepa esperar de la suspensión y el cumplimiento de las medidas que le fueran impuestas. La reiteración de lo ya establecido en idénticos términos en el art. 92.1 c) CP nos lleva a cuestionarnos la necesidad de este reenvío y a refirmarnos en la escasa meditación de una reforma que termina incurriendo, más allá de la gravedad del fondo de la misma, en graves defectos de técnica legislativa.

De producirse la revocación de la suspensión por grave incumplimiento de las condiciones impuestas, entre ellas, como prioritaria, la de no delinquir, el hecho de que tras la nueva naturaleza otorgada a la libertad condicional, no se produzca el abono del tiempo transcurrido durante ese periodo en libertad, se muestra como un dato que poco incide de cara al penado y que resulta poco acorde tratándose de una pena de prisión permanente revisable. Una vez que el penado ha alcanzado esos plazos –no menores– exigidos para el acceso a tercer grado, así como para optar a la suspensión de la ejecución del resto de la condena, habida cuenta de que nos encontramos ante una "prisión permanente", resulta irrelevante que se compute o no el tiempo transcurrido en libertad condicional puesto que, en cualquier caso, si esta fuera revocada el inicialmente beneficiado se reincorporaría a cumplir un tiempo indefinido. En este sentido, la nueva reconversión del clásico instituto de la "libertad condicional" –última fase del cumplimiento de la pena– como "suspensión del resto de la condena", se ajusta mucho más a la pena de prisión permanente que a la prisión temporal, puesto que se cumple a raja tabla el presupuesto de que "nada se cumple y nada se abona"[132].

Finalmente, destacar que también rige para la suspensión de la pena de prisión permanente revisable y el acceso a la libertad condicional el régimen especial regulado para penados que hayan cumplido la edad de setenta años o que padezcan una enfermedad muy grave con padecimientos incurables, previsto en el art. 91 CP, dada la remisión expresa que realiza el art. 92.3 y porque también le resulta aplicable la progresión excepcional al tercer grado por razones humanitarias regulada en el art. 36.3 CP, dada la referencia alternativa a los distintos órganos judiciales que pueden otorgarla: el JVP, tratándose de prisión ordinaria o el tribunal sentenciador en caso de pena de prisión permanente revisable, con todos los requisitos de excepcionalidad que han quedado expuestos, pero sin que deba ser elemento determinante para su concesión ni la condena impuesta ni el delito cometido, pues, de lo contrario, se hubieran establecido salvedades que no se compadecen con las finalidades que presiden esta modalidad privilegiada y particular de libertad condicional.

---

132 Locución con la que MANZANARES SAMANIEGO, J. L., se refiere a la forma de operar de la suspensión de la condena. *La reforma del Código penal de 1995. Conforme a las Leyes orgánicas 1 y 2 /2015 de 30 de marzo.* La Ley, Madrid, 2015, pág. 122.

Capítulo undécimo
Sobre la problemática del indulto y sus límites: la extinción total o parcial de la responsabilidad criminal y la conmutación de penas

FÁTIMA PÉREZ FERRER
Profesora Titular de Derecho Penal de la Universidad de Almería

Sumario: I. Introducción.- II. Antecedentes y normativa vigente.- III. Concepto de indulto y diferencias con la amnistía.- IV. Modalidades de indulto.- V. Requisitos previos para la tramitación del indulto.- VI. Procedimiento: *1. Inicio. 2. Instrucción. 3. Decisión.*- VII. Especial referencia a la suspensión de la ejecución de la pena durante la tramitación del indulto.- VIII. Control jurisdiccional del indulto.- IX. Valoraciones finales.

I. INTRODUCCIÓN

El presente trabajo tiene como finalidad principal el análisis jurídico de la figura del indulto en nuestro país, especialmente durante los últimos años, donde la idea de que éste se convierte de manera constante y progresiva en un instrumento al servicio del Poder Ejecutivo, cobra cada vez mayor relevancia, y donde el límite entre la discrecionalidad y la arbitrariedad en el caso concreto, es por tanto, muy difícil de determinar. Una institución, de especial trascendencia, que supone una potestad extraordinaria de intervención de un Poder Estatal en el ámbito de competencia de otro, –el Judicial–, que es el único al que corresponde, por Constitución y por ley, *"juzgar y hacer ejecutar lo juzgado", ex artículos* 117.3 CE y 2.1 LOPJ[1].

En un Estado Democrático de Derecho como el nuestro, en el que en no pocas ocasiones están ausentes razones de equidad y justicia –retrasos injustificados, penas desproporcionadas (…)–, ¿cómo es posible que una institución fundamentalmente histórica y que ha sobrevivido a diferentes sistemas de organización polí-

[1] Por todos, MAGRO SERVET, V.: "Particularidades de la medida de gracia del indulto frente a las decisiones del Poder Judicial", *La Ley Penal,* núm. 103, 2013, p. 1, y MESTRE DELGADO, E.: "Gracia y justicia (1)", *Diario La Ley,* núm. 8147, 2013, p. 2.

tica no haya sido objeto hasta tiempos recientes de una mayor atención?; ¿deberíamos dejar que el Ejecutivo se siga entrometiendo en una competencia reservada con "carácter exclusivo y excluyente" al Poder Judicial, y pueda seguir revisando sin ningún criterio las penas impuestas al margen de todas las garantías?[2]; ¿cómo se puede justificar que para imponer una condena, se exija una sentencia firme motivada y para indultar, un Real Decreto sin necesidad de motivación alguna?

La Sala Segunda del Tribunal Supremo ha llamado la atención sobre esta situación en el Informe de indulto de fecha 11 de diciembre de 2012, al señalar que: *"(…) En todo caso, el indulto, como manifestación de un Poder residenciado en el Ejecutivo, y que de alguna manera desactiva la eficacia de lo decidido por el Poder Judicial en la medida que acuerda la no ejecución o cumplimiento, debe ser una decisión que tiene que estar extramuros de toda arbitrariedad ex artículo 9.3 de la Constitución, lo que supone un razonamiento justificador de la decisión, porque el poder, todo poder en una sociedad democrática debe ser justificado y explicado"*[3].

Mientras que cientos de presos son indultados cada año en nuestro país, –lo que ha generado una importante preocupación y alarma social–, otras muchas personas ven frustrada su creencia en la justicia al ver como sus ofensores no cumplen con las penas que la Ley establece. En este marco concreto de legalidad, y debido fundamentalmente a las recientes concesiones de insultos sumamente controvertidos y paradigmáticos, podemos hablar, incluso, del nacimiento de una cierta desconfianza por parte de la sociedad sobre el funcionamiento y el fin de las instituciones democráticas. Así las cosas, ¿cómo se puede explicar que en relación a determinados supuestos en los que se ha denegado el indulto, existen precedentes sustancialmente similares en los que sí se ha concedido?

Se ha discutido y mucho sobre la legitimidad del indulto, pero si hay algo sobre esta institución en lo que todos se muestran conformes, es que la misma ha quedado sumamente parca y obsoleta; se trata de una figura residual de larga trayectoria, verdaderamente polémica y cuestionada en nuestro ordenamiento jurídico, especialmente en relación con ciertos aspectos como su verdadera finalidad jurídica, o su dudosa e injustificada concesión, –si se debe a criterios puramente objetivos, o si por el contrario, están "viciados" por las preferencias subjetivas de un determinado Gobierno–. Así lo demuestran la bibliografía y práctica más recientes[4].

---

[2] Sobre ello, Vid. ABEL SOUTO, M.: "El indulto: una propuesta para incluir en el Código Penal su regulación adaptada a principios constitucionales básicos y al Estado Democrático de Derecho", *Revista de l'Institut d' Investigació en Criminología i Ciencies Penales de la UV, http://www.uv.es/recrim,* 2013, p. 2.

[3] Vid. Informe de la Sala Segunda del Tribunal Supremo (Causa Especial 20.716/2009), relativo a la solicitud de indulto de la totalidad de la pena con reintegro del penado a la carrera judicial (B. Garzón Real). Sobre ello, más detalladamente GIMÉNEZ GARCÍA, J.: "Tutela judicial efectiva vs derechos de las víctimas, dilaciones indebidas, prescripción e indultos", *Eguzkilore,* 27, 2013, p. 42.

[4] AGUADO RENEDO, C.: *Problemas constitucionales del ejercicio de la potestad de gracia,* Madrid, 2001, pp. 70 ss. y GARCÍA MAHAMUT, R./LÓPEZ AGUILAR, J.F.: *El indulto. Un análisis jurídico-constitucional,* Marcial Pons, Madrid, 2004.

Aunque las cifras en nuestro país se encuentran muy por encima de la media de lo que debe ser la concesión de una medida de carácter excepcional, como es la que nos ocupa, es cierto que, desde principios del año 2013, la cifra de concesiones ha ido disminuyendo de forma muy significativa. Así, de los 534 que se concedieron en 2012, en el 2013, sólo se concedieron 204, para descender hasta 87 en 2014, y seguir esta tendencia en el año 2015, en el que únicamente se concedieron 75 indultos, la cifra más baja desde 1996. En contrapartida, los datos recopilados muestran una evolución creciente del número de solicitudes al Ministerio de Justicia, que pasan de 5400 en 2010, a más de 7800 en 2014[5].

Curiosamente, y aunque no podemos analizar aquí, por su complejidad y amplitud, todos los casos de indulto acontecidos en los últimos tiempos, si es cierto que se trata de una serie de delitos que por sus condiciones suelen ejercer una gran influencia social por atentar contra los bienes jurídicos más protegidos por nuestra sociedad actual, –como son, a grandes rasgos, los que se producen contra la salud pública, el patrimonio y la vida–[6].

Todo lo anterior pone de relieve que existen fundadas razones para sostener que, tanto la regulación del indulto en nuestro ordenamiento jurídico, como la interpretación que se viene haciendo de esta institución, cuestionan seriamente su encaje en el ordenamiento jurídico propio de un Estado de Derecho, además de infringir el principio de separación de poderes por la intromisión que su uso abusivo supone respecto a la decisión de los tribunales, pues no debe olvidarse que la finalidad de la función jurisdiccional no solo consiste en juzgar, sino también en ejecutar lo juzgado, como ya se ha señalado *supra*[7].

Este trabajo constituye, pues, una magnífica oportunidad para abordar, desde la perspectiva más objetiva posible, las causas de indulto que han sido invocadas con mayor frecuencia, sus presupuestos, el procedimiento para su concesión y sus posteriores efectos. Por esta razón, y como no podía ser de otra manera, en estas páginas se intentará dar respuesta a cuestiones fundamentales que han despertado gran interés en la *praxis*, a merced de la profusa doctrina jurisprudencial producida en los últimos tiempos, como puede ser la necesidad de limitar el uso

---

5 *http://www.civio.es/2016/02/actualizamos-el-indultómetro-2015.*

6 Vid. a este respecto, y por citar algunos indultos de los que mayor impacto han tenido en los medios de comunicación en los últimos tiempos, hemos de señalar el concedido a E. SORIA MOREY, por Real Decreto 85/2013, de 1 de febrero; el del conductor kamikaze, –R.J. RÍOS SALGADO–, por Real Decreto 1668/2012, de 7 de diciembre, que provocó la muerte de un joven también en Valencia en el año 2003; el caso de M.F. MONTES NEIRO, el preso común más antiguo de España, que fue indultado hasta en tres ocasiones por el Gobierno (Vid. Real Decreto 1714/2011, de 16 de diciembre y Real Decreto 1815/2011, de 16 de diciembre), o más reciente, el indulto del banquero A. SÁENZ ABAD –Consejero Delegado del Banco Santander–, que fue condenado en febrero de 2011 a tres meses de arresto mayor, a una multa de 400 euros y a inhabilitación por acusación y denuncia falsa contra un grupo de empresarios, siendo indultado por Real Decreto 1761/2012, de 25 de noviembre.

7 GARCÍA SEDANO, T.: "El indulto", *La Ley*, núm. 5096, 2015, p. 1.

del derecho de gracia que hace el Poder Ejecutivo, y la conveniencia de hallar un adecuado equilibrio con el Poder Judicial.

II. ANTECEDENTES Y NORMATIVA VIGENTE

Para realizar una contextualización histórica adecuada del indulto, y poder determinar su verdadera naturaleza y contenido, es preciso remitirnos a su verdadero nacimiento en el siglo XIX, con la Constitución de Cádiz en el año 1812. La figura del indulto se entendía por aquel entonces como una expresión del derecho de gracia del monarca, quien, de uno u otro modo, eximía del cumplimiento de sus penas a determinadas personas[8]. La norma suprema vigente en España por aquel entonces, atribuía al rey la particular potestad de indultar, cuyo fundamento se justificaba únicamente como una solución *in extremis*, de ahí que llegase a ser denominado como *"la más hermosa de las prerrogativas regias"*[9].

Junto con esta pionera Constitución, las normas supremas de 1837 –en su artículo 47.3–; de 1845 –artículo 45.3–, y de 1856, –artículo 52.10–, reiteran la misma fórmula, con la sola excepción de que esta última fue el primer texto constitucional español que limitaba el empleo del indulto en general[10]. Es de destacar que este límite vuelve a aparecer en la Constitución de 1869, atribuyéndose al Rey en el artículo 73.6 *"(...) además de las facultades necesarias para la ejecución de las leyes"*, la de *"(...) indultar a los delincuentes con arreglo a las leyes, salvo lo dispuesto relativamente a los Ministros"*, imponiendo, por otro lado, el artículo 74 la previa autorización por una Ley especial para que el Rey pudiera *"conceder amnistías e indultos generales"* (apartado 5).

Será en este mismo periodo constitucional cuando se apruebe la Ley de 18 de junio de 1870, reguladora *"del ejercicio de la gracia de indulto"*, –y hoy en día aún vigente–, si bien siendo modificada en alguno de extremos por el Decreto de 22 de abril de 1938 –por el cual se restablece la vigencia de la Ley de Indulto y se devuelve la competencia para su concesión de forma exclusiva y excluyente al Jefe de Estado–, y por la reforma operada por Ley 1/1988, de 14 de enero, de modificación parcial de la Ley de 18 de junio de 1870, –objeto de constantes críticas como más adelante veremos–, a la cual se le debe, entre otros aspectos, la controvertida,

---

8 MADRID PÉREZ, A.: "El indulto como excepción. Análisis de los indultos concedidos durante el Gobierno Español durante 2012", *Revista Crítica Penal y Poder*, núm. 6, 2014, pp. 110 ss.

9 Ésta es la denominación que utilizó Concepción Arenal en su obra *"El Derecho de gracia ante la Justicia"*, publicada en el año 1896. Así lo recoge BUENDÍA CANOVAS, A.: "La necesaria derogación de la institución del indulto", *Diario La Ley*, núm. 8379, 2014, p. 1.

10 SOBREMONTE MÁRTINEZ, J.E.: *Indultos y amnistía*, 1980, p. 8; GARCÍA MAHAMUT, R./LÓPEZ AGUILAR, J.F.: *El indulto...*, cit., p. 30, y SERRANO MAÍLLO, M.I.: "¿Debe exigirse motivación a los acuerdos de concesión de indultos?. Comentario a la Sentencia del Pleno de la Sala de lo Contencioso-Administrativo del Tribunal Supremo de 20-11-2013", *UNED. Teoría y realidad constitucional*, núm. 34, 2014, pp. 609 ss.

y a nuestro parecer, desacertada supresión de la exigencia de motivación del Real Decreto de indulto[11].

Tras la aprobación de la Constitución de 1978, el artículo 62 i) de la Constitución, –ubicado en el Titulo II dedicado a la Corona–, se ocupa de forma breve de la clemencia en general, y establece que corresponde al Rey *"ejercer el derecho de gracia con arreglo a la Ley, que no podrá autorizar indultos generales"*. Desde luego, cuando el Constituyente mencionó en este precepto *"la Ley"* parece poco probable que quisiese la perpetuación de una norma de 1870, y así, vaya por delante desde ya, que verdaderamente, lo que se echa en falta es un desarrollo constitucional y moderno de la institución del indulto; en un sentido o en otro: restrictivo o hasta derogatorio, o bien de consolidación y modernización, pero en todo caso, adaptado a nuestra actual configuración de Estado de Derecho[12].

Dicho lo anterior, la redacción de la Ley del Indulto es ambigua en muchas ocasiones y presenta algunas lagunas, de forma que en numerosos artículos parece quererse imponer una regla general, que inmediatamente después resulta excepcionada, quedando de este modo el precepto vacío de contenido. A pesar de las modificaciones sufridas, esta ambigüedad e imprecisión en sus límites se ha mantenido, y se incrementa al no tener el Gobierno la obligación de motivar el indulto, de forma que, –tal y como señalan algunos autores–, podríamos considerar que se trata más de una estrategia que de un error u olvido por parte del legislador[13]. En todo caso, hay que plantearse el por qué no se han corregido estas deficiencias y el resto de problemas interpretativos y de orden aplicativo existentes en la citada norma.

De este modo, la Ley, –aún reformada–, poco aclara sobre múltiples aspectos de este derecho de gracia del que el indulto es una manifestación más: desde el papel que puedan y deban jugar en la institución conceptos como el de la reincidencia, hasta cuándo el órgano sentenciador o el Gobierno deben pronunciarse de forma taxativa, pues la Ley adolece de una muy amplia indeterminación en algunas de sus disposiciones[14].

Por lo demás, en una materia tan delicada como ésta, y si es que se desea mantener este sistema de clemencia –como parece querer la mayoría de la doctrina–, lo necesario y conveniente sería plantear una revisión en profundidad de la

---

[11] En la actualidad, y como consecuencia de los abusos que se han producido, tras la LO 1/2015, de 30 de marzo, se añade una disposición adicional a la Ley de 18 de junio de 1870 para el ejercicio de la gracia de indulto, que establece que el Gobierno remitirá semestralmente al Congreso de los Diputados un informe sobre la concesión y denegación de indultos. Para la presentación de los datos contenidos en el citado informe, y previa revisión del mismo, un alto cargo del Ministerio de Justicia solicitará su comparecencia ante la Comisión de Justicia del Congreso de los Diputados.

[12] SÁNCHEZ-VERA GÓMEZ TRELLES, J.: "Una lectura crítica de la Ley del Indulto", *InDret Revista para el análisis del Derecho,* abril, 2008, p. 4, y GARCÍA SEDANO, T.: "El indulto", cit., p. 2.

[13] MADRID PÉREZ, A.: "El indulto como excepción...", cit., p. 113.

[14] SÁNCHEZ-VERA GÓMEZ-TRELLES, J.: "Una lectura crítica...", cit., p. 5.

institución del indulto, acorde y consecuente con el actual sistema democrático basado en la división de poderes y a la luz del Código Penal de 1995.

III. CONCEPTO DE INDULTO Y DIFERENCIAS CON LA AMNISTIA

La aproximación conceptual al significado del indulto, quizá por su generalidad o por sus peculiares circunstancias, no es una tarea exenta de dificultades. Aunque se trata de una institución presente en la casi totalidad de los países de nuestro entorno, por todos es sabido que la denominación que recibe en los distintos ordenamientos no es la misma, y que en ocasiones, esto puede generar cierta confusión.

Etimológicamente, la palabra "indulto" procede del latín *indultum* (cuya traducción es ser complaciente, condescender, ser indulgente con las faltas), y según el Diccionario de la Real Academia Española, significa *"gracia o privilegio concedido a uno para que pueda hacer lo que sin él no podía. Gracia por la cual el superior o Jefe de Estado remite todo o parte de una persona o lo conmuta, o exceptúa y exime a uno de la ley o de cualquier otra obligación. Condonación o remisión de la pena que un delincuente mereciese por su delito, ésta solo puede otorgarla el Rey, con arreglo a las leyes"*[15].

Ab initio, conviene destacar que el ordenamiento jurídico español no prevé ni ha previsto hasta el momento en texto normativo alguno una definición de indulto, sino que ha sido de sus efectos de donde la doctrina ha extraído sus principales elementos definitorios. La Constitución Española de 1978 únicamente hace referencia a esta figura en tres de sus preceptos (62 i, 87.3 y 102.3), –y de una manera muy general–, aunque los dos últimos únicamente se limitan a consignar disposiciones meramente prohibitivas en torno al ejercicio del mismo[16].

Desde una perspectiva amplia, el indulto ha sido definido por GIMENO GÓMEZ, como una *"manifestación del derecho de gracia en virtud de la cual se perdona al penado el todo o parte de una pena o se le conmuta por otra más suave"*[17]. O en términos similares, según SOBREMONTE MARTÍNEZ, como *"una medida de gracia, de carácter excepcional, consistente en la remisión total o parcial de las penas de los condenados por sentencia firme, que otorga el Rey, a propuesta del Ministro de Justicia, previa deliberación del Consejo de Ministros"*[18].

Resulta especialmente ilustrativo el Auto de Tribunal Supremo de 9 de octubre de 2012, que lo define como: *"prerrogativa regia y manifestación de justicia retenida en su origen. Herencia del absolutismo, al fin y al cabo, de no fácil encaje, en principio,*

---

[15] Vid. Diccionario de la Real Academia Española de la Lengua (Vox. Indulto).

[16] Sobre ello, Vid. PÉREZ DEL VALLE, C.: "Amnistía, Constitución y justicia material", *Revista Española de Derecho Constitucional,* núm. 61, 2001, p. 192.

[17] GIMENO GÓMEZ, V.: "La gracia del indulto", *Revista de Derecho Procesal Iberoamericano,* núm. 4, 1972, p. 898.

[18] SOBREMONTE MÁRTINEZ, J.E.: *Indultos y...*, cit., p. 239.

en un ordenamiento constitucional como el español vigente, presidido por el imperativo de sujeción al derecho de todos los poderes, tanto en el orden procedimental como sustancial de sus actos; y, en consecuencia, por el deber de dar pública cuenta del porqué de los mismos. Un deber especialmente reforzado en su intensidad, cuando se trata de resoluciones jurisdiccionales, más aún si de sentencias de condena; que, paradójicamente, pueden luego, como en el caso, hacerse vanas sin que conste ninguna razón estimable, en el ejercicio de una discrecionalidad política, más bien arbitrio, no vinculada e incontrolable, por tanto"[19].

Más recientemente, la Sentencia de la Audiencia Provincial de Barcelona, de 20 de octubre de 2014, afirma lo siguiente: *"Se trata de un acto, con rasgos de atipicidad, en el marco del Estado constitucional de Derecho y de una prerrogativa sujeta a la ley. El indulto es un privilegio regio, un residuo de la monarquía absoluta que ha sobrevivido en los estados constitucionales y democráticos como un hecho excepcional y siempre sometido a reglas que lo hagan compatible con la independencia del Poder Judicial y con el cumplimiento de sus resoluciones. De ahí que se trate de una medida discrecional pero no arbitraria. El indulto, como medida de gracia excepcional, constituye un resabio de la arbitrariedad regia del antiguo régimen y se ha calificado como el no-derecho"*[20].

Así pues, el Derecho de gracia supone una potestad extraordinaria de injerencia del Poder Ejecutivo en el ámbito competencial del Poder Judicial, al que le corresponde de forma única, por mandato constitucional, y por ley, la función exclusiva y excluyente, de juzgar y hacer ejecutar lo juzgado; ahora bien, tal y como señala la Sentencia de Tribunal Supremo de 20 de febrero de 2013 *"(…) una vez constitucionalmente admitida esta prerrogativa (…) su uso ha de estar rodeado de cautelas y límites, con objeto de procurar la menor perturbación posible para el orden jurídico"*[21]. En efecto, el ejercicio de la gracia del indulto sólo resulta justificado de forma excepcional y como remedio a situaciones consideradas de "injusticia notoria", para referirse a aquellos casos en que la ejecución de la pena dejaría de cumplir la función de resocialización que constitucionalmente tiene encomendada, de acuerdo con el artículo 25 de la Constitución[22].

Pero además, el indulto es considerado por sus efectos, y en virtud de lo dispuesto en el apartado 4 del artículo 130.1 del Código Penal (Capítulo I, Título VII) como una causa de extinción de la responsabilidad criminal del autor de un delito ya cometido, y que como advierten, entre otros, MUÑOZ CONDE/GARCÍA ARÁN, *"(…) se diferencian de las causas de justificación y de exculpación en que no afectan para nada a la existencia del delito, sino a su perseguibilidad en el proceso penal"*[23].

A este respecto, la Sentencia del Tribunal Constitucional de 24 de julio de 2000 también ha declarado que: *"no obstante la extinción de la responsabilidad penal*

---

[19] Vid. Auto de Tribunal Supremo de 9 de octubre de 2012 (RJ 2012/335534).

[20] Vid. Sentencia de la Audiencia Provincial de Barcelona, de 20 de octubre de 2014 (ARP 2014/1657).

[21] Vid. Sentencia de Tribunal Supremo de 20 de febrero de 2013 (RJ 2013/2202).

[22] Por todos, GARCÍA SEDANO, T.: "El indulto", cit., p. 2.

[23] MUÑOZ CONDE, F./GARCÍA ARÁN, M.: *Derecho Penal. Parte General,* Valencia, 2015, p. 430.

se presupone la existencia de delito"[24]. Por tanto, no es que el delito se niegue o "se extinga", como en ocasiones se ha pretendido, sino que, por el contrario, se expresa tan solo una renuncia a la pena cuando su no aplicación produce más ventajas que inconvenientes. Ninguna de dichas causas, por tanto, es proyectada sobre el delito –el cual ya ha existido–, sino sobre la pena. El delito ya ha existido, pero no desaparece, ni se niega, sino que es, precisamente, el presupuesto *sine qua non* de la medida de gracia[25].

Tomando en consideración todo lo anterior, se podría dar una definición más completa de indulto, al entender que se trata de una manifestación de la prerrogativa de gracia por la que se extingue la responsabilidad criminal, mediante la remisión total o parcial de la pena a que hubiese sido condenado un sujeto, y aún no hubiese cumplido, o mediante su conmutación por otra de menor gravedad, atendiendo a razones de justicia, equidad o utilidad pública[26].

Por otro lado, y aunque la Constitución Española guarda un absoluto silencio acerca de la amnistía, también es necesario hacer alguna alusión a esta figura que presenta ciertas similitudes con el indulto[27]. De ahí que sea fundamental conocer cuáles son las principales diferencias entre ambas y las consecuencias jurídicas a las que dan lugar cada una de ellas[28]. Así, mientras que el indulto supone el perdón de la pena, la amnistía supone el perdón u olvido absoluto del delito; el indulto afecta a una persona concreta, y la amnistía, a un conjunto de personas, constituyendo en esta última, la pluralidad, un elemento determinante en la misma; el indulto, no extingue la responsabilidad civil derivada del delito, y la amnistía, sí. En general, para otorgar el indulto, es necesario un acto administrativo, sin embargo, para la amnistía será necesaria una ley aprobada por las Cortes Generales. A esto se ha de añadir, por último, que para otorgar un indulto, –tal y como ya se ha señalado–, se hará necesaria una sentencia firme con la imposición de una pena, mientras que la amnistía, como regla general, se aplica únicamente a un determinado grupo de delitos[29].

La doctrina penal ha entendido que la ausencia de específica prohibición, por un lado, y el genérico reconocimiento constitucional del derecho de gracia, por otro, debe conducir a la admisión de la amnistía, si bien entendida como una

---

[24] Vid. Sentencia del Tribunal Constitucional de 24 de julio de 2000 (RTC 2000/198).

[25] SÁNCHEZ-VERA GÓMEZ-TRELLES, J.: "Una lectura crítica...", cit., p. 6.

[26] Así lo hace GARCÍA SAN MARTÍN, J.: *El indulto. Tratamiento y control jurisdiccional adaptado a la reforma del Código Penal de 2015*, Valencia, 2015, pp. 32 ss.

[27] La palabra "amnistía" tiene su origen etimológico en el griego (amnés-is) que significa abolición, perdón u olvido total del delito, considerándose como no cometido. En el Diccionario de la Real Academia Española de la Lengua se define como el *"Olvido de los delitos políticos otorgado por quien tiene potestad de hacer las leyes (...). Acto de alta política, por el que los gobiernos, después de las perturbaciones (...) hacen nula la acción de las leyes, echando el velo de un eterno olvido sobre ciertos delitos que atacan el orden"*.

[28] Un estudio más detallado de la misma, se puede ver en LINDE PANIAGUA, E.: "Amnistía e indulto en la Constitución Española de 1978", UNED, 1978, núm. 2, pp. 55 ss.

[29] Más detalladamente, Vid. SOBREMONTE MARTÍNEZ, J.E.: *Indultos y...*, cit., pp. 205 ss.

modalidad extraordinaria, y siempre estrictamente regulada por la propia ley que la conceda[30].

Por el contrario, desde una perspectiva abolicionista, algunos autores han señalado que la Constitución debería haber prohibido también de forma expresa la amnistía, por las mismas o más razones que no son permitidos los llamados indultos generales. Es más, creemos que puede mantenerse, que si los indultos generales están constitucionalmente prohibidos en nuestro ordenamiento, con mucha mayor razón debiera entenderse también prohibida la amnistía. La cuestión nuclear debe centrarse, pues, en la admisión o no de tal medida de gracia, pues tal instituto es de difícil compatibilidad con la configuración propia de un Estado de Derecho. En todo caso, por lo que al derecho positivo actual se refiere, el artículo 130 CP no hace referencia alguna a la amnistía como un caso de exclusión de la pena, o si se quiere, de extinción de responsabilidad criminal, de modo tal que, como concreción del derecho de gracia, el Código Penal sólo reconoce al "indulto particular", lo que debería llevarnos a la conclusión de que la discusión sobre la posibilidad de la amnistía carece hoy día ya de toda vigencia[31].

Nos interesa añadir, y con razón, que el problema más grave que plantea este tipo de medidas de gracia es que, en ocasiones, pueden suponer un atentado frontal para el principio de legalidad. Por eso, una política general de indultos y amnistías nos sitúa en épocas históricas, pues en aquéllas, dicho principio de legalidad no regía, o, lo que es lo mismo, etapas del pasado en las que no podía afirmarse la vigencia del Estado de Derecho y la aplicación del Derecho Penal no se hallaba separada del poder político estatal[32].

En consecuencia, el derecho de gracia no es más que una renuncia expresa al ejercicio del poder punitivo del Estado, fundada en razones de conveniencia u oportunidad política, la cual resultaba lógica en un Estado que ejercía el *ius puniendi* de forma arbitraria, pero no en un Estado, como el actual, que lo ejerce de una forma adecuada, –con arreglo a la ley–, y sobre todo, bajo el principio de separación de poderes. Obviamente, hoy en día, como quiera que el ejercicio del *ius puniendi* recae en el Poder Judicial, resulta un elemento "extraño" al propio sistema que el Poder Ejecutivo –en el caso de los indultos– o el Legislativo –en las amnistías–, puedan retener la contrapartida de dicho poder, es decir, de un poder que no les pertenece. En este sentido, el derecho de gracia se constituye como un límite no suficientemente justificado a la división de poderes[33].

A este juicio crítico general, ha de añadirse que este tipo de medidas de gracia, por definición, y también como consecuencia de sus orígenes históricos, justifica su existencia en la ausencia de reglas o criterios fijos para la toma de decisión clemente, lo que, en definitiva, supone que la misma puede ser considerada

[30] AGUADO RENEDO, C.: *Problemas constitucionales...*, cit., pp. 74 ss.

[31] SÁNCHEZ-VERA GÓMEZ-TRELLES, J.: "Una lectura crítica...", cit., p. 8.

[32] SÁNCHEZ-VERA GÓMEZ-TRELLES, J.: "Una lectura crítica...", cit., p. 9.

[33] BUENO OCHOA, L.: *Estudio sobre la gracia del indulto y su regulación en el ordenamiento jurídico español*, Madrid, 2007, pp. 41 ss.

arbitraria en el sentido literal del término. La incompatibilidad con el principio de igualdad ante la ley, también de nuestro Estado de Derecho, se muestra, pues, en este sentido, manifiesta. En todo caso, este breve análisis crítico que se acaba de exponer, no debe necesariamente ser entendido como un argumento definitivo que conduce a un olvido total del penado en situaciones límite. Más bien, lo que se quiere destacar es la necesidad inaplazable de reconsiderar el derecho de gracia en todas sus manifestaciones, no solo en su modalidad de amnistía, sino también en su vertiente de indultos generales, e incluso en algunos aspectos, –como veremos *infra*–, respecto de los indultos particulares reconocidos por la Constitución[34].

IV. MODALIDADES DE INDULTO

La figura del indulto puede ser objeto de diferentes clasificaciones, no obstante, y con anterioridad a cualquier tipo de clasificación de gracia, es fundamental destacar que en nuestro país, sólo estará legalmente recogida en su vertiente de indulto particular, y no así en la del indulto general[35].

Así pues, en primer lugar, en virtud de la individualidad o pluralidad de los sujetos potencialmente beneficiarios de la gracia, se han de señalar dos clases de indulto:

a) Indulto particular: es la única modalidad de gracia que actualmente encuentra cobertura expresa en la Constitución Española. Todo indulto ha de ser, pues, particular, y en su tramitación y otorgamiento hay que estar a lo dispuesto en la Ley de 18 de junio de 1870.

b) Indulto general: manifestación histórica del derecho de gracia que extiende el círculo de supuestos beneficiarios por el acto de concesión de indulto a una pluralidad de sujetos, en ocasiones, indeterminados. Actualmente está proscrito por nuestra Constitución, al establecer el artículo 62 i) que le corresponde al Rey *"ejercer el derecho de gracia con arreglo a la Ley, que no podrá autorizar indultos generales"*.

En segundo lugar, –por su amplitud–, cabe diferenciar entre los dos tipos de indulto más significativos:

a) Indulto total: remisión de las penas a que hubiese sido condenado y que todavía no hubiese cumplido el penado (artículo 4, párrafo primero LI). Para ello es necesario que la gracia abarque de manera expresa todas las penas del reo en cuestión.

---

[34] SÁNCHEZ-VERA GÓMEZ-TRELLES, J.: "Una lectura crítica…", cit., p. 10.

[35] LLORCA ORTEGA, J.: *La Ley del Indulto (Comentarios, jurisprudencia, formularios y notas para su reforma)*, Tirant lo Blanch, Valencia, 2003, pp. 37 ss.

b) Indulto parcial: remisión de alguna o algunas de las penas impuestas en la condena, o de parte de todas ellas que aún no hubiese cumplido el penado. Se reputará también indulto parcial la conmutación de la pena o penas impuestas al penado en otras menos graves.

El legislador se muestra contrario a la concesión del indulto total, al disponer expresamente el artículo 11 de la ley que la medida de gracia total se otorgará *"tan sólo en el caso de existir a su favor razones de justicia, equidad o utilidad pública, a juicio del Tribunal sentenciador"*[36]. De este modo, se establecen dos limitaciones importantes: la primera, porque el indulto total tiene un carácter residual, es decir, es considerado una excepción; la segunda, porque, en verdad, este tipo de indulto queda en manos del Tribunal sentenciador, pues únicamente si a su juicio, existen las mencionadas razones de justicia, equidad o utilidad pública, –y así lo expresan en su preceptivo informe–, se otorgarán indultos totales; en otras palabras, a diferencia de en un posible caso de indulto parcial, el dictamen del Tribunal sentenciador, opera de forma determinante para el indulto total[37].

Resaltando esta restricción legal al indulto total, el artículo 12 insiste en que: *"(...) en los demás casos se concederá tan solo el parcial y con preferencia la conmutación de la pena impuesta en otra menos grave dentro de la misma escala gradual. Sin embargo, de lo dispuesto en el párrafo anterior, podrá también conmutarse la pena en otra de distinta escala cuando haya méritos suficientes para ello, a juicio del Tribunal sentenciador o del Consejo de Estado, y el penado además se conformare con la conmutación"*. El régimen jurídico de la conmutación de penas establecido en la Ley viene a distinguir entre una conmutación de penas que podríamos denominar "ordinaria" –conmutación de la pena impuesta en otra menos grave dentro de la misma escala gradual–, y una conmutación de penas "especial", –y que desde luego tiene toda su razón desde un punto de vista político-criminal–, aunque hoy en día se ha visto superada, por una parte, por la devenida incompetencia del Consejo de Estado en la materia, y por otra, por la desaparición del sistema de escalas graduales, tras la aprobación del Código Penal de 1995. Una vez más, basta una lectura pausada de la Ley del Indulto para descubrir numerosos defectos en su articulado, y la necesidad de adaptarla a la nueva realidad normativa[38].

En tercer lugar, y en función de la identidad de los solicitantes, esto es, dependiendo de quién sea la persona que solicita la gracia, también se pueden señalar los siguientes tipos de indulto[39]:

---

[36] El artículo 11 de la Ley del Indulto, en su redacción originaria, encomendó la elaboración del preceptivo dictamen al Tribunal sentenciador y al Consejo de Estado, pero con la aprobación del Decreto de 22 de abril de 1938, el informe del Consejo de Estado dejó de ser preceptivo, siendo éste suprimido definitivamente con la reforma operada por la Ley 1/1988, de 14 de enero.

[37] SÁNCHEZ-VERA GÓMEZ-TRELLES, J.: "Una lectura crítica...", cit., p. 12; GARCÍA SEDANO, T.: "El indulto", cit., p. 4, y GARCÍA SAN MARTÍN, J.: *El Indulto...*, cit., p. 116.

[38] LLORCA ORTEGA, J.: *La Ley de Indulto...*, cit., pp. 163 ss., y SÁNCHEZ-VERA GÓMEZ-TRELLES, J.: "Una lectura crítica...", cit., p. 13.

[39] LLORCA ORTEGA, J.: *La Ley de Indulto...*, cit., p. 43.

a) Indulto de iniciativa particular: es aquel promovido por el propio condenado, por sus parientes o por cualquier otra persona en su nombre, sin necesidad de poder escrito que acredite su representación (artículo 19 LI) [40]. Es en virtud del Decreto de 9 de diciembre de 1949, por el cual se prevé la posibilidad de que el propio interesado pueda instar la petición de indulto.

b) Indulto de iniciativa judicial: el indulto es propuesto por el Tribunal sentenciador o por el Tribunal Supremo, o el Fiscal de cualquiera de ellos, con arreglo a lo que se dispone en el párrafo tercero, artículo 2 del Código Penal, y se disponga además en las Leyes de procedimientos y casación criminal (artículo 20 LI). Según el artículo 4.3 del Código Penal vigente, el Juez o Tribunal acudirán al Gobierno, exponiendo la conveniencia de derogar o modificar un precepto o conceder un indulto –sin perjuicio de ejecutar la sentencia–, *"cuando de la rigurosa aplicación de las disposiciones de la Ley resulte penada una acción u omisión que, a juicio del Juez o Tribunal, no debiera serlo, o cuando la pena sea notablemente excesiva, atendiendo el mal causado por la infracción y las circunstancias personales del reo"*[41]. A pesar de la confusa redacción del precepto, la doctrina mayoritaria ha entendido limitada esta posibilidad únicamente a los supuestos de pena notablemente excesiva, cuando ya *"no cumple ninguna función preventivo general ni preventiva especial, ni tiene virtualidad para producir efectos reeducadores o resocializadores"*, señalando que las propuestas de indulto a iniciativa del órgano jurisdiccional no se dirigen a subsanar los casos en que se sancionan acciones u omisiones que no debieran penarse[42]. En cualquier caso, se ha de advertir que esta facultad de acudir al Gobierno para solicitar un indulto es una facultad discrecional del órgano jurisdiccional, cuya decisión no es susceptible de ser revisada[43].

c) Indulto de iniciativa del Jurado: es el instado por el Jurado a través de la sentencia, después de que el Magistrado Presidente haya recabado su criterio al respecto; en este sentido, el artículo 52.2 de la LO 5/1995,

---

[40] Ello significa que, aún sin anuencia del penado, cualquier persona que por entender que hay razones de justicia, humanitarias, de solidaridad u otras, lo considere conveniente, podrá instar el indulto. El *"en su nombre"*, por tanto, no significa "de acuerdo con él", o "con su consentimiento", sino tan solo que se trata de una solicitud "en favor de", como no puede ser de otro modo pues el peticionario no es el penado.

[41] Sobre ello, Vid. Sentencias del Tribunal Supremo de 9 de abril de 2001 (RJ 2001/2026); de 16 de julio de 2001 (RJ 2001/6870), y de 21 de septiembre del mismo año (RJ 2001/7834).

[42] Así, GARCÍA SAN MARTÍN, J.: *El Indulto…*, cit., p. 75. En la Jurisprudencia, son cuantitativamente importantes los supuestos en los que se ha instado la petición de indulto por esta vía. Entre otras, y teniendo en cuenta el mal causado por la infracción y las circunstancias personales del reo, se pueden citar, las Sentencias de Tribunal Supremo de 21 de julio de 1992 (RJ 1992/6767); de 26 de enero de 1993 (RJ 1993/186); de 26 de junio de 2000 (RJ 2000/6076); de 4 de enero de 2001 (RJ 2001/454); de 15 de febrero de 2002 (RJ 2002/3644), y de 21 de enero de 2005 (RJ 2005/1002).

[43] Vid. Sentencia de Tribunal Supremo de 14 de octubre de 2002 (RJ 2002/8892).

de 22 de mayo, del Tribunal del Jurado, establece que: "*Asimismo, el Magistrado Presidente recabará, en su caso, el criterio del Jurado sobre la aplicación de los beneficios de la remisión condicional de la pena y la petición o no de indulto en la propia sentencia*".

d) Indulto de iniciativa fiscal: este tipo de indulto es propuesto por el propio Fiscal del órgano judicial sentenciador o por el Fiscal del Tribunal Supremo (artículo 20 LI).

e) Indulto de iniciativa gubernativa: es el indulto que ordena tramitar el Gobierno ante la inexistencia de alguna de las solicitudes anteriores (artículo 21 LI).

f) Indulto de iniciativa penitenciaria: la solicitud se promueve por el Centro Penitenciario a favor de un concreto penado en base a unas determinadas circunstancias que concurren en el caso[44]. En este sentido, el artículo 206 del Real Decreto 190/1996, de 9 de febrero, por el que se aprueba el Reglamento Penitenciario, dispone que: "*1. La Junta de Tratamiento, a propuesta del Equipo Técnico, podrá solicitar del Juez de Vigilancia Penitenciaria la tramitación de un indulto particular, en la cuantía que aconsejen las circunstancias para los penados en los que concurran, de modo continuado durante un tiempo mínimo de dos años y en un grado que se pueda calificar de extraordinario, todas y cada una de las siguientes circunstancias: a) buena conducta; b) desempeño de una actividad laboral normal en el Centro o en el exterior, que se pueda considerar útil para su preparación para la vida en libertad, y c) participación en las actividades de reeducación y reinserción social. 2. La tramitación del indulto a que se refiere el párrafo anterior se regulará por lo dispuesto en la legislación vigente sobre el ejercicio del derecho de gracia y en las disposiciones que la complementen o modifiquen*".

En cuarto lugar, y en función del momento de concesión[45], los indultos pueden ser clasificados en:

a) Indultos anticipados: aquellos que se otorgan de manera previa a la celebración del juicio, y, lógicamente, antes de que se dicte la sentencia. Una modalidad de indulto ésta no permitida en nuestro país.

b) Indultos *post sententiam:* son los que se otorgan una vez que ya se ha dictado sentencia condenatoria y los únicos realmente vigentes en nuestro ordenamiento jurídico.

En quinto y último lugar, los indultos pueden ser clasificados en función de la modalidad de su otorgamiento, esto es, de la existencia o no de cláusulas condicionantes que hagan depender su virtualidad del cumplimiento de las mismas. Así, se puede hablar de indultos puros e indultos condicionales[46]:

---

[44] RIOS MARTÍN, J.C./SEGOVIA BERNABÉ, J.L.: *Las penas y su aplicación*, Madrid, 2005, p. 167 y GARCÍA SAN MARTÍN, J.: *El Indulto...*, cit., pp. 129 ss.

[45] LLORCA ORTEGA, J.: *La Ley de Indulto...*, cit., pp. 21 ss.

[46] LLORCA ORTEGA, J.: *La Ley de Indulto...*, cit., p. 43.

a) Indultos puros: son los que se otorgan sin más condiciones que las tácitas atribuibles a cualquier indulto. El artículo 15 de la Ley establece como condiciones tácitas de todo indulto: *"1. Que no cause perjuicio a tercera persona o no lastime sus derechos. 2. Que haya sido oída la parte ofendida, cuando el delito por el que hubiese sido condenado el reo fuere de los que solamente se persiguen a instancia de parte"*.

b) Indultos condicionales: son todos aquellos concedidos bajo condición expresa, aconsejada por razones de justicia, equidad o utilidad pública (artículo 16 LI). Esta condición o condiciones habrán de ser previamente cumplidas por el penado a los efectos de que el Tribunal sentenciador pueda dar cumplimiento a la correspondiente concesión del indulto, excepto aquellas que por su naturaleza no lo permitan, de conformidad con lo establecido en el artículo 17 del mismo cuerpo legal[47].

V. REQUISITOS PREVIOS PARA LA TRAMITACIÓN DEL INDULTO

La figura del indulto presenta unas características muy peculiares. Precisamente por esto, deberán tenerse en cuenta una serie de presupuestos a cumplir para que la aplicación de la medida de gracia se constituya como posible y efectiva. En la Ley de 18 de junio de 1870 se exigen los siguientes requisitos previos:

En primer lugar, respecto de beneficiario, el sujeto debe ostentar la condición de penado (artículos 1 y 2.1 LI), y encontrarse a disposición del Tribunal sentenciador, presupuesto este último no carente de ambigüedad y precisión. Tal y como establece el artículo 2 de la Ley del Indulto, –en sus apartados 2 y 3–, los penados que no estuvieran a disposición del órgano sentenciador para el cumplimiento de la condena, quedan exceptuados de la aplicación de esta medida. No obstante, *"estar a disposición del Tribunal sentenciador"* no significa, ni mucho menos, necesariamente el ingreso en prisión, ni tan siquiera, tener el domicilio habitual en el mismo ámbito de jurisdicción[48]. En este punto, la Ley desea hacer también una restricción expresa: el fugado no puede beneficiarse del indulto, pues el graciable habrá de estar *"a disposición del Tribunal sentenciador para el cumplimiento de la condena"*.

De otra parte, se exige que el indultado en cuestión no sea reincidente en el mismo o en otro cualquiera delito por el que se le hubiese condenado por senten-

[47] Entre las condiciones más frecuentes a imponer se encuentran: 1. El haber satisfecho las responsabilidades civiles derivadas del delito, y 2. Que la concesión del indulto no suponga la interrupción de los tratamientos de desintoxicación o similares a que estuviera sujeto el destinatario de la medida de gracia.

[48] Vid. Instrucción 5/1992, de 19 de junio, de la Fiscalía General del Estado, sobre el artículo 2.2 de la Ley de Indulto.

cia firme. El artículo 2.3 de la Ley exceptúa a los reincidentes de la posibilidad de la gracia, aunque señala, –de todas formas–, que si a juicio del Tribunal sentenciador hubiese razones suficientes de justicia, equidad o conveniencia pública, podrá ser otorgada la medida. De este modo, en caso de reincidencia es preceptiva la venia del órgano sentenciador para la concesión de la medida clemente, esto es, su dictamen resulta vinculante, condición ésta que en el resto de las solicitudes de indulto no es obligada. No obstante, el informe favorable del Tribunal no lleva aparejada de forma automática la concesión del indulto[49].

Por lo demás, cuando la Ley del Indulto se refiere a *"los reincidentes en el mismo o en otro cualquiera delito"*, es evidente que el término "reincidente" no coincide con lo regulado en el Código Penal de 1995, sino que es utilizado en una acepción vulgar, de modo que bastará una anterior condena por delito, cualquiera que sea su naturaleza y gravedad, para que nazca el impedimento al otorgamiento de la gracia. Ahora bien, para que la condena pueda ser obstáculo a la concesión de la gracia, será necesario que los hechos que la motivaron, sean de fecha posterior a la de la sentencia firme, y que no se den los requisitos para la cancelación de los antecedentes penales[50].

De acuerdo con lo anterior, los tradicionalmente denominados "delitos políticos" constituyen una excepción a la regla general y afirma el artículo 3 de la Ley que a los delitos comprendidos en el Capítulo I, Secciones Primera y Segunda del Capítulo II, y en los Capítulos III, IV y V del Título II del Libro II del Código Penal, no serán de aplicación los requisitos anteriormente mencionados. Ahora bien, tras la aprobación del Código Penal de 1995 con una sistemática sustancialmente diferente a la de su precedente, se ha de subrayar la necesidad imperante de adecuar las referencias que el precepto contiene a la normativa actualmente vigente, o bien, y aprovechando dicha modificación, –como parece a nuestro parecer, más oportuno–, eliminar este régimen privilegiado respecto al indulto cuando el mismo se extiende a penas impuestas por la comisión de estos hechos delictivos[51].

Como es sabido, y aun reuniendo los requisitos legales, están excluidos de la medida de gracia, –por razones evidentes de discutible imparcialidad en su con-

---

[49] Así pues, lo que se pretende con este requisito es prever todos aquellos casos en los que, concedida la gracia, el indultado no la utiliza sino para delinquir con mayor confianza, frustrando los fines últimos del indulto. Vid. LLORCA ORTEGA, J.: *La Ley de Indulto...*, cit., p. 35.

[50] GARCÍA SAN MARTÍN, J.: *El indulto...*, cit., p. 59.

[51] GARCÍA SAN MARTÍN, J.: *El indulto...*, cit., p. 67. Al afirmar que estarían comprendidos los delitos comprendidos en los capítulos I y II, del Título XXI, del Libro II ("*Rebelión*" y "*Delitos contra la Corona*"); en la sección 1ª del Capítulo III, del Título y Libro antes citados ("*Delitos contra las Instituciones del Estado*", en la sección 1ª, del Capítulo IV, de los repetidos Título y Libro ("*De los delitos cometidos con ocasión del ejercicio de los derechos fundamentales y de las libertades públicas garantizados por la Constitución*"); en el Capítulo V, de los repetidos Títulos XXI y Libro II ("*De los delitos cometidos por los funcionarios públicos contra las garantías constitucionales*"), y en el Capítulo I, del Título XXII, del Libro II ("*Delito de Sedición*").

cesión–, el Presidente y los demás miembros del Gobierno en caso de incurrir en responsabilidad criminal (artículo 102.3 CE)[52].

En lo que al delito objeto de gracia se refiere, la Ley del Indulto no contiene limitación alguna y su artículo 1 es taxativo al establecer que: *"Los reos de toda clase de delitos podrán ser indultados, con arreglo a las disposiciones de esta Ley, de toda o parte de la pena en que por aquellos hubiesen incurrido"*. Tan sólo cabe señalar una particularidad procedimental, y es que, según el artículo 15.2 de la citada Ley, tratándose de delitos de los que se solamente se persiguen a instancia de parte, será necesario previamente escuchar a la parte ofendida. Para ello, lógicamente, el ofendido en cuestión, tendrá que ostentar la condición procesal de parte.

Por lo demás, y es evidente, la reforma operada por la LO 1/2015, de 30 de marzo, con la supresión de las faltas o su conversión a delitos leves, ha puesto fin a la tradicional discusión doctrinal acerca de la viabilidad de extender los beneficios de la gracia de indulto a las penas derivadas de la comisión de faltas.

Respecto a las penas objeto de indulto, se ha de señalar que el indulto de la pena principal llevará consigo el de sus penas accesorias, a excepción de las de inhabilitación para cargos públicos y derechos políticos y sujeción a la vigilancia de la autoridad, –esta última hoy inexistente en el Código Penal actual–, las cuales no se tendrán por comprendidas si de ellas no se hubiere hecho mención especial en la concreta concesión del indulto (artículo 6 LI)[53]. En efecto, tal y como afirma LLORCA ORTEGA *"(…) realmente, resulta a todas luces justo que indultada la pena principal, su accesoria siga la misma suerte"*[54]. Sin embargo, es previsible tanto la remisión de la pena o penas principales con exclusión de las accesorias, como la remisión de la pena o penas accesorias con exclusión de la o las principales, salvo que sean inseparables por su naturaleza y efectos, en virtud de lo establecido en el artículo 7 de la citada Ley.

Por otra parte, el indulto eximirá al indultado del pago de la cantidad que aún no hubiese satisfecho, pero no comprenderá la devolución de la ya pagada, a no ser que así se determine expresamente (artículo 8 LI). En cualquier caso, el indulto se refiere a la pena que aún no está ejecutada, y en ningún caso se refiere a los antecedentes penales, tal y como tendremos ocasión de ver *infra* en el Auto de Tribunal Supremo de 18 de enero de 2001[55].

Con mayor razón, la medida de gracia no elimina la responsabilidad civil, (artículo 6 LI)), y ello es lógico, por cuanto se trata de responsabilidades pecuniarias *ex delicto,* y éste no desaparece con el indulto, sino que, precisamente, es presupuesto de toda medida de gracia. Igualmente, el artículo 9 de la Ley dispone

[52] Sobre esta cuestión, más detalladamente vid. OBREGÓN GARCÍA, A.: *La responsabilidad criminal de los miembros del Gobierno: análisis del artículo 102 de la Constitución Española,* Madrid, 1996, p. 144.

[53] ORDEIG GIMBERNAT, E.: "Prevaricación judicial e indulto", *La Ley,* núm. 15132, 2010, p. 9.

[54] LLORCA ORTEGA, J.: *La Ley de Indulto…",* cit., p. 119.

[55] Vid. Auto de Tribunal Supremo de 18 de enero de 2001 (RJ 2001/15683).

que "*el indulto no se extenderá a las costas procesales*", al entender que estas cargas subsisten tras la concesión del indulto por constituir consecuencias derivadas de la comisión del hecho delictivo –que como ya apuntamos, no queda extinguido– y su correspondiente proceso.

Finalmente, en cuanto a terceros, es condición implícita de todo indulto que su concesión no cause perjuicio a éstos, tal y como se afirma en el artículo 15.1 de la Ley del Indulto. A juicio de algunos autores como LLORCA ORTEGA, se trata de un precepto verdaderamente confuso, ya que "*resulta ciertamente difícil imaginar que un indulto particular post sententiam pueda causar perjuicio a tercera persona o lastimar sus derechos, salvo, en un plano moral, ver en la impunidad al causante de sus desdichas*"[56].

VI. PROCEDIMIENTO

El procedimiento de tramitación del indulto viene regulado en el Capítulo III (artículos 19 a 32) de la Ley de 18 de junio de 1870, por la que se establecen reglas para el ejercicio de la Gracia del indulto, bajo la rúbrica "*Del procedimiento para solicitar y conceder la gracia del indulto*".

1. Inicio

Tal y como hemos señalado líneas arriba, la normativa vigente que regula la solicitud de indulto indica que éste lo pueden solicitar las personas penadas, sus parientes o cualquier otra persona en su nombre, sin necesidad de que acredite a representación del penado. Se entiende que la mayoría de los procedimientos para la concesión del indulto se inician por esta vía. Del mismo modo, también puede solicitar el indulto el Tribunal que condenó, el Tribunal Supremo o el Fiscal de cualquiera de ellos. El artículo 4.3 del Código Penal vigente –con una redacción muy difusa– permite al Juez o Tribunal solicitar la concesión del indulto si se da alguna de las siguientes circunstancias: a) que de la rigurosa aplicación de la ley resulte penada una acción u omisión que a su juicio no debería quedar penada, o b) que la pena sea notablemente excesiva, teniendo en cuenta el mal causado por la infracción y las circunstancias de la persona penada[57].

---

[56] LLORCA ORTEGA, J.: *La Ley de Indulto...*, cit., p. 38, y en un sentido análogo, GARCÍA SAN MARTÍN, J.: *El indulto...*, cit., p. 63.

[57] MADRID PÉREZ, A.: "El indulto como excepción...", cit., p. 122. Se ha de señalar que en nuestra Jurisprudencia son numerosos los supuestos en los que el Juez o Tribunal ha instado la petición de indulto por la vía del artículo 4.3 del Código Penal, al considerar la pena legalmente impuesta como excesiva. Así, Vid. Sentencias de Tribunal Supremo de 26 de junio de 2000 (RJ 2000/6076); de 7 de marzo de 2001 (RJ 2001/487); de 9 de abril de 2001 (RJ 2001/2026), y de 21 de enero de 2005 (RJ 2005/1002), entre otras.

2. Instrucción

Iniciado el procedimiento de indulto, y dictado el acto por el que se ordena la incoación del oportuno expediente, se remitirá el mismo al Tribunal sentenciador. Si la iniciativa no partió de este Tribunal, entonces la Sección de Indultos del Ministerio de Justicia[58] le enviará la petición de la gracia, para que tanto el Tribunal como el Ministerio Fiscal informen sobre la misma, así como para que se dé audiencia a la parte perjudicada, si la hubiere, a fin de que manifieste si el indulto menoscabaría sus derechos. Aunque la Ley no lo prevé expresamente, nada impide, incluso, que se abra un periodo de prueba para acreditar lo alegado en la petición del indulto.

El órgano competente, pues, para emitir el preceptivo informe, que no es vinculante, es el Tribunal sentenciador –que goza del privilegio de la inmediación del que carece el órgano superior–, salvo que, en caso de haberse interpuesto recurso de casación ante la Sala Segunda del Tribunal Supremo, éste haya casado la sentencia de instancia. Ello en virtud de los Acuerdos del Pleno no Jurisdiccional del Tribunal Supremo de 20 de abril de 2001 y de 5 de abril de 2005, según los cuales *"(…) El Tribunal Supremo es competente para informar indultos, como Tribunal sentenciador, cuando dicte segunda sentencia"*, pues se considera que, en tales hipótesis, el Tribunal Supremo se coloca en el lugar del Tribunal sentenciador originario y asume la instancia, de conformidad con lo dispuesto en la Ley de Enjuiciamiento Criminal[59]. En este sentido, se ha pronunciado también la Sentencia de Tribunal Supremo (Sala 3ª), de 17 de marzo de 2014, al identificar, de forma indubitada, el Tribunal sentenciador con la Audiencia Provincial de Granada, al modificar este órgano las penas impuestas en la sentencia dictada en primera instancia[60].

Tal y como ya ha sido expuesto, requisitos materiales de todo indulto son: primero, que *"no se cause perjuicio a tercera persona o no lastima sus derechos"*, y en segundo término, *"que haya sido oída la parte ofendida, cuando el delito por el que hubiere sido condenado el reo, fuere de los que solamente se persigue a instancia de parte"* (artículo

---

[58] Es el Ministerio de Justicia quien tiene asignada, en virtud del Real Decreto 453/2012, de 5 de marzo, por el que se desarrolla la estructura orgánica básica de los departamentos ministeriales, la preparación de los asuntos relativos al ejercicio del derecho de gracia con carácter previo a su elevación al Consejo de Ministros, en concreto, a través de la Subsecretaría de Justicia, Unidad de División de Derechos de Gracia y otros Derechos.

[59] Vid. Acuerdos del Pleno no Jurisdiccional del Tribunal Supremo de 20 de abril de 2001 (RJ 2002/77556), y de 5 de abril de 2005 (RJ 2005/120693).

[60] Vid. Sentencia de Tribunal Supremo (Sala 3ª), de 17 de marzo de 2014 (RJ 2014/2775), en la que se acuerda la anulabilidad del procedimiento de indulto y nulidad del correspondiente Real Decreto de concesión, al no haber emitido el informe previsto en el artículo 23 LI, el Juzgado de lo Penal núm. 2 de Granada, que condenó al indultado a las penas de dos años, seis meses y un día de prisión y de privación del derecho a conducir vehículos a motor y ciclomotores por tiempo de tres años, seis meses y un día, y no como hubiera correspondido, la Sección Primera de la Audiencia Provincial de Granada, que elevó las penas, tras la resolución del respectivo recurso de apelación interpuesto, a tres años y tres meses de prisión y a seis años de privación del derecho a conducir vehículos a motor y ciclomotores.

15). Con ello, queda de nuevo al descubierto, la debilidad de una institución que constituye una mezcolanza impropia de la división de poderes. Según SÁNCHEZ-VERA GÓMEZ-TRELLES, –de un modo muy crítico– nada justifica que el Poder Ejecutivo irrumpa en el proceso dialéctico cuando el procedimiento judicial ya ha sido cerrado[61].

Según los artículos 16 y 17 de la Ley, podrán imponerse al indultado *"las condiciones que la justicia, la equidad o la utilidad pública aconsejen"*, aunque a nuestro juicio, se trata de conceptos jurídicos indeterminados que precisan de la concreción adecuada a las circunstancias concurrentes en cada caso. Aunque estas condiciones pueden ser de cumplimiento anterior o posterior a la concesión de la medida de gracia, en la actualidad, suele ser impuesta la de *"no volver a cometer delito doloso durante el tiempo normal de cumplimiento de la condena"*, esto es, a modo de una suerte de suspensión de la ejecución de la pena según las normas del Código Penal vigente.

Las solicitudes del indulto se presentarán, –dice la Ley–, ante el Tribunal sentenciador, ante el Director del Centro Penitenciario de cumplimiento o ante el Gobernador Civil de la provincia –hoy Delegado o Subdelegado del Gobierno–[62], siempre dirigidos al Ministerio de Justicia (artículo 22 LI). En la actualidad, lo más rápido y habitual es, sin embargo, su presentación ante la Sección de Indultos del Ministerio de Justicia, pues es allí donde son sustanciadas las peticiones. El Tribunal sentenciador, salvo para una serie de delitos supraindividuales en los que resulta potestativo, emitirá informe sobre la pertinencia del indulto (artículo 23 LI).

Por su parte, el artículo 24 establece que el Centro Penitenciario o el Gobernador Civil de la Provincia, según los casos, también dictaminará, sobre la conducta del penado. Este requisito, en caso de estar el penado todavía en libertad, resulta a todas luces incumplido, pues ningún informe se emite por el Gobernador de la Provincia de su residencia, ni, por lo demás, tiene elementos de juicio para tal testimonio. Ahora bien, el mismo puede –y hasta debe– ser sustituido, de lo que se ocupará el solicitante del indulto adjuntándolo a su solicitud mediante informes de instituciones sociales que tengan relación con el penado, de compañeros o jefes de trabajos, de asociaciones de toda índole a las que pertenezca, etc., es decir, de personas de su entorno social, que puedan dar razón del solicitante, pues como hemos señalado *supra*, la referencia al Gobernador Civil ha quedado totalmente superada[63].

Después, se dará traslado al Ministerio Fiscal y a la parte ofendida si la hubiere, para que manifiesten también su parecer. Sería deseable que en toda tramitación procedimental se escuchara siempre la voz del perjudicado, o víctimas del

[61] SÁNCHEZ-VERA GÓMEZ-TRELLES, J.: "Una lectura crítica...", cit., p. 21.

[62] Ahora, Delegado o Subdelegado del Gobierno de la provincia de residencia del penado. Sobre ello, Vid. Ley 6/1997, de 14 de abril, de Organización y funcionamiento de la Administración General del Estado y RD 617/1997, de 25 de abril, de Subdelegados de Gobierno y Directores Insulares de la Administración General del Estado.

[63] SÁNCHEZ-VERA GÓMEZ-TRELLES, J.: "Una lectura crítica..."; cit., p. 21.

delito cometido. Pero sin embargo, la Ley del Indulto no lo contempla como una obligación[64]. En efecto, lo cierto es que la intervención del ofendido no es preceptiva en los procedimientos de indulto, salvo que nos encontremos ante delitos perseguibles a instancia de parte. En tal sentido, se ha pronunciado claramente la Sentencia de Tribunal Supremo (Sala 3ª), de 12 de diciembre de 2007, al señalar que: *"Se alega por parte del recurrente que en la tramitación del indulto se ha omitido la intervención de la parte ofendida regulada en los artículos 24 y 28 de la Ley del Indulto. El primero de dichos preceptos establece que el Tribunal Sentenciador, al emitir su preceptivo informe sobre las solicitudes de indulto, oirá a la parte ofendida si la hubiere, mencionándose el informe del ofendido en el artículo 28 de la Ley. A efectos del correcto enjuiciamiento de la cuestión planteada por el actor no puede olvidarse que el artículo 15 de la misma norma afirma que serán condiciones tácitas de todo indulto que el mismo no cause perjuicio a tercera persona o no lastime sus derechos, y que haya sido oída la parte ofendida cuando el delito por el que hubiese sido condenado el reo fuere de los que solamente se persiguen a instancia de parte, de donde cabe inferir que, de la interpretación conjunta de los artículos 24 de la Ley en relación con el 15 de la misma, la audiencia de la parte ofendida solamente es preceptiva en los delitos perseguibles a instancia de parte, más no en el presente caso, en el que el delito de detención ilegal y de lesiones resultan perseguibles de oficio"*[65].

Ratificando esta doctrina, se ha citar también a la Sentencia de Tribunal Supremo, de esta misma Sala, de 17 de febrero de 2010, cuando afirma que: *"(…) Puesto que el informe del Tribunal sentenciador no es vinculante, y que la opinión del ofendido sólo ha de hacerse constar, –conforme al artículo 25– (…), la omisión de ese dato supondría simplemente una irregularidad formal no invalidante que no habría de acarrear la anulación de la resolución"*[66]. Por tanto, sólo es preceptivo escuchar al ofendido en los expedientes de indulto por delitos perseguibles a instancia de parte y, aunque se omite en el informe reseñar la opinión del ofendido –fuera ésta preceptiva o no–, la resolución seguiría siendo válida[67].

Una vez cumplido lo anterior, el Juez o Tribunal sentenciador –continúa la Ley en su artículo 25–, *"hará constar en su informe, siendo posible, la edad, estado y profesión del penado, su fortuna si fuere conocida, sus méritos y antecedentes, si el penado fue con anterioridad procesado y condenado por otro delio, y si cumplió la pena impuesta o fue de ella indultado, por qué causa y en qué forma, las circunstancias agravantes o atenuantes que hubiesen concurrido en la ejecución del delito, el tiempo de prisión preventiva que hubiese sufrido durante la causa, la parte de condena que hubiere cumplido, su conducta posterior a la ejecutoria, y especialmente las pruebas o indicios de su arrepentimiento que se hubiesen observado, si hay o no parte ofendida, y si el indulto perjudica derecho de tercero, y cualesquiera otros datos que puedan servir para el mejor esclarecimiento de los hechos, con-*

---

[64] DÍAZ LÓPEZ, J.A.: "La participación de la víctima en el indulto", *La Ley Penal*, núm. 113, 2015, p. 3.

[65] Vid. Sentencia de Tribunal Supremo (Sala 3ª), de 12 de diciembre de 2007 (RJ 2007/580).

[66] Vid. Sentencia de Tribunal Supremo (Sala 3ª), de 17 de febrero de 2010 (RJ 2010/1527).

[67] Así, DÍAZ LÓPEZ, J.A.: "La participación de la víctima…", cit., p. 5.

cluyendo por consignar su dictamen sobre la justicia o conveniencia y forma de la concesión de la gracia". Datos que enumera de forma "abierta", y que a la luz de la vigente legalidad, no se reflejan en la práctica con todo el rigor necesario, por lo que en ocasiones, pueden ser considerados insuficientes[68].

El órgano sentenciador, –haya él mismo o no propuesto el indulto–, una vez dictaminado acerca de la justicia o conveniencia y forma de concesión de la gracia, habrá de remitir al Ministro de Justicia, en virtud de lo dispuesto en el artículo 26 de la Ley, el referido informe, al que acompañará la hoja histórico-penal y el testimonio de la sentencia ejecutoria del penado, así como los demás documentos que considere necesarios para la justificación de los hechos. Sin embargo, nada impide que el propio solicitante o terceros con interés, puedan remitir los informes o documentos que consideren pertinentes directamente a la Sección de Indultos del Ministerio de Justicia, como ya expusimos en las líneas anteriores.

Tras la reforma de la Ley 1/1988, de 14 de enero, el legislador ha previsto un turno preferente para los casos en que sea el propio Tribunal el que proponga el indulto, y los informes del Ministerio Fiscal, del Establecimiento Penitenciario y del ofendido, en su caso, no se hayan mostrado contrarios a la propuesta del Tribunal (artículo 28 LI). La verdadera voluntad del legislador queda reflejada en su Exposición de Motivos al afirmar que: *"(...) el constante aumento de sentencias condenatorias, en correspondencia con el crecimiento de la población y la aparición de nuevas formas de delincuencia, han producido un incremento muy notable de las solicitudes de gracia, más aún por la prohibición constitucional de los indultos generales y el uso cada vez más frecuente que hacen los Tribunales del párrafo segundo del artículo 2* –ahora artículo 4.3–, *del Código Penal. Pero la obligatoriedad de tramitar todas las peticiones de indultos, y la general legitimación para deducir la solicitud, tienen el resultado de retrasos en la tramitación de aquellos expedientes iniciados por los Tribunales sentenciadores al entender que la acción enjuiciada resulta penada en exceso al aplicar la Ley con el rigor exigible. Estos casos son dignos de tratamiento preferente que no contempla la Ley vigente, por los que se propone su modificación".*

Además, también prevé este precepto en su segundo párrafo un turno preferente para los expedientes calificados de "especial urgencia o importancia" por la Unidad correspondiente del Ministerio de Justicia, sin especificar cuándo esta circunstancia habría de ser así, por lo que en la *praxis* nos encontramos con conceptos muy ambiguos e indeterminados, que pueden dar lugar a abusos en la interpretación de esta previsión. En este sentido, LLORCA ORTEGA señala que, a su juicio y desde un punto de vista estrictamente jurídico, merecerán la tramitación preferente aquellos expedientes promovidos por particulares en los que se acredite el acuerdo del órgano sentenciador de suspender la ejecución de la pena en consideración a la solicitud de gracia, así como aquellos otros en los que, sin disonancia de informes, la pena a indultar, sea desde el punto de vista tempo-

---

[68] Del mismo modo, se ha pronunciado LLORCA ORTEGA, J.: *La Ley de Indulto...*, cit., p. 145.

ral, de corta extensión en función de la duración de la tramitación ordinaria del expediente[69].

3. Decisión

Una vez devuelto el expediente a la Unidad correspondiente de la Subsecretaria de Justicia, y tras su estudio, se emitirá propuesta de resolución que será elevada al Consejo de Ministros para su aprobación.

El artículo 31 de la Ley del Indulto señala que *"La aplicación de la gracia del indulto habrá de encomendarse indispensablemente al Tribunal sentenciador"*. Esta competencia encuentra su fundamento en que, al fin y al cabo, han de ser eliminados los efectos de una resolución judicial –aún sin suprimirla–. Sin embargo, la competencia de la ejecución de la medida de gracia no debe llevar a engaño: el indulto es un acto del Poder Ejecutivo y no del Judicial[70].

La resolución del expediente de indulto, en caso de ser positiva, tendrá la forma de Real Decreto y se publicará en el Boletín Oficial del Estado (artículo 30)[71]. El indulto se concede *"a propuesta del Ministerio de Justicia y previa deliberación del Consejo de Ministros"*, firmado por el Rey y por el Ministro de Justicia[72]. Ahora bien, es fundamental comprender la idea de que la Constitución Española de forma taxativa atribuye al Monarca el ejercicio del indulto como medida de gracia (artículo 62.i). No obstante, el artículo 102.3 de la mencionada norma pone en evidencia la existencia de una relación entre el Estado y el propio Gobierno de la nación en esta materia, al atribuirle a este último la función principal de dirigir la concesión de los indultos que tengan cabida en nuestro país. Así, será el Rey a quien corresponda el ejercicio de las funciones que la Constitución le atribuye en materia de indulto, pero la decisión como tal de las mismas corresponderá al poder ejecutivo.

En términos análogos, –y aunque se trata de una cuestión no exenta de controversia–, se pronuncia la Sentencia de Tribunal Supremo (Pleno) de 2 de diciembre

---

[69] Sobre ello, más detalladamente Vid. LLORCA ORTEGA, J.: *La Ley de Indulto...*, cit., p. 169.

[70] En este sentido, Vid. Sentencia de Tribunal Supremo (Sala 3ª), de 20 de febrero de 2013 (RJ 2013/2202).

[71] Aunque la Ley del Indulto no dice nada de los expedientes de indulto desestimados, en la práctica, estos expedientes se reflejarán en un acta de Consejo de Ministros, con la propuesta del Ministro de Justicia y la firma del Ministro Secretario del Consejo de Ministros.

[72] El Real Decreto ha de contener el nombre de la persona indultada, el delito o delitos (y faltas, en su caso, *hoy suprimidas)* por los que fue condenada y las penas impuestas. El mismo texto del indulto expresa qué penas son objeto de indulto y en qué medida (total, parcial o bien objeto de conmutación por otra pena más liviana). El texto de los indultos también suele incluir condiciones que de incumplirse podrían suspender el indulto concedido, como no volver a delinquir durante un determinado plazo, y no abandonar el tratamiento iniciado hasta la total rehabilitación.

de 2005 cuando afirma que: *"El indulto está previsto en el artículo 62.i CE (…) y que lo incluye entre las atribuciones del Rey. No obstante, de acuerdo con los principios que informan la Monarquía parlamentaria, esta potestad no es ejercida materialmente por el Jefe de Estado, sino por el Gobierno que es a quien la Ley encomienda adoptar la decisión correspondiente. El ejercicio del derecho de gracia es, pues, una facultad sustancialmente gubernamental"*[73].

A pesar de que la Ley del Indulto hoy en día no exige la motivación del Real Decreto, en la redacción original de la Ley de 1870, el artículo 30 señalaba que *"La concesión de los indultos, cualquiera que sea su clase, se hará en decreto motivado y acordado en Consejo de Ministros";* tal referencia desapareció en la reforma llevada a cabo por la Ley 1/1998, de 14 de enero, que sustituyó la expresión "Decreto motivado" por la de Real Decreto", al establecer simplemente que: *"La concesión de los indultos, cualquiera que sea su clase, se hará en Real Decreto"*, aunque al parecer, no era ésta la verdadera voluntad del legislador. No obstante, la Exposición de Motivos de la Ley, que no ha sido modificada, continua diciendo que *"(…) para asegurar aún más, si cabe, el acierto, no será el Ministro de Gracia y Justicia, sino todo el Consejo, quien habrá de tomar la última resolución en un decreto motivado, a fin de que consten siempre las razones que le movieron a ejercer la prerrogativa constitucional"*.

Además, existen otros cuerpos legales y otros principios fundamentales que imponen que los indultos deben motivarse, pues como razona el Tribunal Supremo (Sala 3ª), en Sentencia de 11 de junio de 1991 *"(…) el ejercicio de toda potestad jurisdiccional se legitima explicitando las razones que determinan la decisión con criterios de racionalidad (…)"*[74]. A lo que se le añade, lo manifestado en la Sentencia de la misma Sala de 24 de febrero de 1999, al establecer que: *"el margen de libertad que la discrecionalidad otorga a la Administración lo sigue teniendo aunque se le imponga la obligación de expresar los motivos de su actuación, deber lógico para que pueda distinguirse entre lo discrecional lícito y lo arbitrario e injusto; en la discrecionalidad los motivos no son controlables pero han de ser conocidos, justamente para que pueda examinarse si una resolución es fruto de la discrecionalidad razonable"*[75].

Por último, importa resaltar que la concesión del indulto es *"por su naturaleza"*, –dice el artículo 18–, irrevocable, con arreglo a las cláusulas según las cuales hubiere otorgado. No obstante, se trata de un precepto que ha dado lugar a una intensa discusión doctrinal sobre el alcance del mismo, advirtiendo LLORCA ORTEGA que *"aun a riesgo de equivocación en la concesión, el legislador ha querido que el indulto produzca sus efectos permanentes, por la propia seguridad del condenado"*[76].

---

[73] Vid. Sentencia del Pleno del Tribunal Supremo de 2 de diciembre de 2005 (RJ 2005/2271).

[74] Vid. Sentencia de Tribunal Supremo (Sala 3ª), de 11 de junio de 1991 (RJ1991/5216).

[75] Vid. Sentencia de Tribunal Supremo (Sala 3ª), de 24 de febrero de 1999 (RJ 1999/488).

[76] LLORCA ORTEGA, J.: *La Ley de Indulto…*, cit., p. 125.

VII. ESPECIAL REFERENCIA A LA SUSPENSIÓN DE LA EJECUCIÓN DE LA PENA DURANTE LA TRAMITACIÓN DEL INDULTO

Uno de los aspectos más controvertidos abordados por la doctrina científica en este contexto, y que entendemos de especial trascendencia, es el relativo a la suspensión de la ejecución de la pena mientras se tramita la petición de indulto. Máxime, si se trata de penas privativas de libertad de corta y media duración en las que la ejecución inmediata de la pena frustraría totalmente una eventual concesión del indulto.

En una primera aproximación, y aunque parece razonable que el principio general sea el de no suspensión de la ejecución, también lo es que los órganos jurisdiccionales dispongan de un instrumento legal que les faculte para otorgar en esos casos especiales la inejecución provisional de la condena en tanto se tramita el indulto. De este modo, si la petición de indulto aparece rodeada de circunstancias que dan contenido a los criterios de *"equidad, justicia y utilidad pública"* que deben fundamentar dicha concesión, puede entenderse que la actitud habrá de ser favorable a la suspensión de la ejecución de la condena. En un sentido análogo, señala GARCÍA SEDANO que, si es previsible la concesión del indulto, será procedente la suspensión de la ejecución. Si, por el contrario, no se evidencian motivos de *"seguridad o justicia"* que puedan llevar al indulto, la respuesta jurisdiccional habrá de ser contraria a la suspensión[77].

La Consulta 1/1994, de 19 de julio de la Fiscalía General del Estado, sobre la posibilidad de suspensión del inicio de ejecución de condenas penales ante una solicitud de indulto afirma que sobre este punto no puede decirse mucho más con carácter válido para todos los casos, ya que habrá que atender a la casuística, y examinar la multiplicidad de criterios que han de tenerse en cuenta para informar o no favorablemente un indulto[78]. Entre ellos, y con carácter meramente enunciativo, se puede señalar en primer lugar, la fecha de los hechos. Si se trata de un delito lejano en el tiempo y juzgado tardíamente como consecuencia de dilaciones sufridas coyunturalmente y no imputables al penado, estaremos ante un primer criterio que puede aconsejar, en algunos casos, un informe favorable al indulto, según viene apuntando la jurisprudencia (entre otras, la Sentencia de Tribunal Supremo de 10 de julio de 1992 y las de Tribunal Constitucional de 20 de diciembre de 1991; de 31 de enero de 1994, y de 12 de mayo de ese mismo año)[79], y por tanto, inejecución provisional de la condena; la efectiva y acreditada rehabilitación del penado y su positiva reincorporación en la vida social, especialmente si esta circunstancia concurre junto con la anterior; la petición de una hoja

[77] GARCÍA SEDANO, T.: "El indulto", cit., p. 5.

[78] Vid. Consulta FGE 1/1994, de 19 de julio, sobre la posibilidad de suspensión del inicio de ejecución de condenas penales ante una solicitud de indulto.

[79] Vid. Sentencia de Tribunal Supremo de 10 de julio de 1992 (RJ 1992/6662), y Sentencias del Tribunal Constitucional de 20 de diciembre de 1990 (RTC 1990/213); de 31 de enero de 1994 (RTC 1994/35), y de 12 de mayo del mismo año (RTC 1994/148).

histórico-penal actualizada, la situación laboral del penado, o el informe sobre detenciones policiales, pueden ilustrar sobre esta materia.

Otros criterios, como que el indulto haya sido propuesto por el Juez o Tribunal; o el excesivo rigor de la pena atendida la gravedad de los hechos, según dispone el artículo 4.3 del Código Penal; la satisfacción de las responsabilidades civiles establecidas en sentencia; la edad o precario estado de salud del penado podrán aportar nuevos elementos que hagan aconsejable la concesión del indulto y, en su caso, la suspensión del inicio de la ejecución mientras se tramita el indulto[80].

En segundo lugar, un posible retraso en la resolución de la petición de indulto sirve también de orientación para perfilar los criterios a manejar. Si se trata de penas pecuniarias no será procedente la suspensión de la ejecución por cuanto tal medida es fácilmente reversible mediante la devolución de las cantidades abonadas (artículo 8 LI). Y desde luego, –tal y como se ha afirmado *supra*–, la suspensión de la ejecución en ningún caso, podrá extenderse a las responsabilidades civiles, por cuanto éstas no pueden quedar comprendidas en el indulto (artículo 6 LI).

Por una parte, es preciso puntualizar que la Ley del indulto en su artículo 32 establece como regla general que: *"La solicitud o propuesta de indulto no suspenderá el cumplimiento de la sentencia ejecutoria, salvo el caso en que la pena impuesta fuese la de muerte*[81]*, la cual no se ejecutará hasta que el Gobierno haya acusado el recibo de la solicitud o propuesta al Tribunal sentenciador"*, aunque esta negación se ha visto superada por el artículo 4.4 del Código Penal de 1995, que si lo permite expresamente al introducir lo siguiente: *"Si mediara petición de indulto, y el Juez o Tribunal hubieren apreciado en resolución fundada que por el cumplimiento de la pena puede resultar vulnerado el derecho a un proceso sin dilaciones indebidas, se suspenderá la ejecución de la misma en tanto no se resuelva sobre la petición formulada. También podrá el Juez o Tribunal suspender la ejecución de la pena, mientras no se resuelva sobre el indulto cuando, de ser ejecutada la sentencia, la finalidad de éste pudiera resultar ilusoria"*. En verdad, de aplicar estrictamente esta última previsión, resulta claro entonces que todas las peticiones de indulto debieran tener efectos suspensivos[82].

Esta cuestión ha sido abordada con carácter general por la Audiencia Provincial de Cáceres (Sección 2ª), en el Auto de 1 de febrero de 2001, quien razona una petición de suspensión de ejecución de pena por tramitación de indulto en los siguientes términos: *"relativo al indulto (…) Cuando se acude a lo que un sistema jurídico ofrece, se han de acatar sus normas y sus reglas de juego. Entre ellas, está el tiempo, esa magnitud trascendental en la vida del ser humano. Si el indulto tiene tal o cual*

---

80 En este sentido, GARCÍA SEDANO, T.: "El indulto", cit., p. 6.

81 La Constitución Española de 1978 en su artículo 15 abolió la pena de muerte *"salvo lo que puedan disponer las leyes militares para tiempos de guerra"*, posibilidad que posteriormente también abolió la LO 11/1995, de 27 de noviembre.

82 SÁNCHEZ-VERA GÓMEZ-TRELLES, J.: "Una lectura crítica…"; cit., pp. 28 ss, y GARCÍA SAN MARTÍN, J.: *El Indulto…*, cit., pp. 217 ss.

tiempo de tramitación no es algo que condicione ni impida la ejecución de la pena, máxime si tenemos en cuenta las circunstancias concurrentes en este caso, puestas de relieve en las sentencias dictadas, y recordadas en las resoluciones judiciales cuestionadas. En otras palabras, no es una rémora para esta ejecución el que el indulto solicitado pueda tardar o menos. Lo que sí trascendería en lo que nos ocupa será la esencia de la infracción, sus circunstancias, la actitud de los condenados, su hacer tras la sentencia, su postura en relación con las consecuencias habidas, y esto, ya se ha dicho, no lo consideramos relevante ni de recibo, ni de entidad suficiente para suspender la ejecución de la sentencia en su aspecto de que la recurrente sea puesta en libertad"[83].

A nuestro juicio, –y aunque es difícil establecer reglas generales–, sería deseable que existiera un criterio más o menos uniforme en las distintas Audiencias Provinciales para evitar que en casos iguales se dieran soluciones distintas ante peticiones de suspensión de ejecución de penas, aunque solo fuera en relación a la penalidad impuesta[84]. Así lo establece el Tribunal Constitucional en Sentencia de 30 de enero de 2006, cuando afirma que: *"(...) Es jurisprudencia constitucional constantemente reiterada la exigencia de que se aporte por el demandante un elemento de contraste adecuado que permita a este Tribunal entrar a valorar la efectiva aplicación discriminatoria de la ley al supuesto debatido respecto de otros casos idénticos anteriormente resueltos por el mismo órgano judicial. El que se trate de casos iguales o idénticos es condición necesaria para que pueda formularse el juicio de desigualdad; pero, además, el reproche de desigualdad en la aplicación de la ley exige en uno y otro término del objeto de comparación la identidad del órgano judicial que resuelve, puesto que lo que ha de valorarse, en definitiva, es si la divergencia de criterio expresada por el juzgador es fruto de la libertad de apreciación del órgano jurisdiccional en el ejercicio de su función juzgadora y consecuencia de una diferente ponderación jurídica de los supuestos sometidos a su decisión, o un cambio de valoración del caso puramente arbitrario, carente de fundamentación suficiente y razonable*[85].

De otro lado, en los casos de denegación del derecho a disfrutar de la suspensión de la ejecución de la pena ante casos de petición de indulto, el Tribunal Constitucional, en la Sentencia de 12 de marzo de 2007, mantiene la exigencia de la necesaria motivación, huyendo de fórmulas estereotipadas de negativa a la concesión de la suspensión descendiendo al caso concreto. Así las cosas, la citada resolución acepta el amparo solicitado al no haberse razonado en el Auto que denegaba la suspensión de la ejecución los motivos por los que no se accedía a esperar a la resolución de la petición de indulto. Apunta el citado Tribunal, que uno de los argumentos en contra de la suspensión podría ser la gravedad de los hechos enjuiciados que han acabado en una sentencia condenatoria con pena privativa de libertad a fin de que se cumpla la finalidad de asegurar el cumplimiento de la pena. Junto a ello, se ha de añadir la función de prevención general o especial de los delitos; la propia de promover la resocialización de los penados, y la de evitar,

---

[83] Vid. Auto de la Audiencia Provincial de Cáceres, de 1 de febrero de 2001 (RJ 2001/122942).

[84] MAGRO SERVET, V.: "La petición de suspensión de ejecución de la pena por tramitación de indulto", *La Ley Penal*, núm. 39, 2007, p. 4.

[85] Vid. Sentencia del Tribunal Constitucional de 20 de enero de 2006 (RTC 2006/120).

a estos efectos, su desocialización. De este modo, –sigue diciendo el Tribunal– que las resoluciones que conceden o deniegan la suspensión de la ejecución de la condena, si bien no constituyen decisiones sobre la restricción de la libertad en sentido estricto, sin embargo, afectan al valor libertad en cuanto modalizan la forma en que la ejecución de la restricción de la libertad se llevará a cabo. Por ello, razón para denegar, sería la necesidad de asegurar el cumplimiento de la pena y evitar la comisión de nuevos hechos delictivos[86].

En cualquier caso, y tal y como hemos avanzado *supra,* la suspensión de la ejecución por petición de indulto tiene un carácter excepcional, convirtiendo en general, el cumplimiento efectivo de las condenas firmes impuestas por los Jueces y Tribunales. Así pues, no procede la suspensión de las resoluciones judiciales por la perturbación de la función jurisdiccional que la misma supone, excepto que el recurrente acredite suficientemente la "irreparabilidad" que para sus derechos fundamentales pudiera tener la ejecución, debiendo entenderse por juicio irreparable aquél que provoque que el restablecimiento del recurrente en el derecho constitucional vulnerado sea tardío y convierta en meramente ilusorio y nominal el amparo.

VIII. CONTROL JURISDICCIONAL DEL INDULTO

Llegados a este punto, puede entenderse que los indultos son susceptibles de control jurisdiccional en cuanto a los límites y requisitos que deriven directamente de la Constitución o de la Ley, –pese a que se trate de actos del Gobierno incluidos entre los denominados tradicionalmente actos políticos–, sin que ello signifique que la fiscalización sea *in integrum* y sin límite de ningún género, pues esta posición resultaría contraria también a nuestro texto constitucional[87]. En este sentido, el Tribunal Constitucional en el Auto de 5 de octubre de 1990 ha señalado que la decisión –conceder o no conceder–, no es fiscalizable sustancialmente por parte de los órganos jurisdiccionales, incluido el propio Tribunal Constitucional[88].

En este ámbito, la controversia no surge en torno a si los actos de concesión de los indultos pueden estar o no fiscalizados por el Poder Judicial, pues no pa-

---

86 Vid. Sentencia del Tribunal Constitucional de 12 de marzo de 2007 (RTC 2007/57). Y en la doctrina, sobre este tema, MAGRO SERVET, V.: "La petición de suspensión...", cit.,, p. 5.

87 Vid. Sentencias de Tribunal Supremo (Sala 3ª), de 20 de febrero de 2013 (RJ 2013/2202), y de 9 de mayo del mismo año (RJ 2013/3880), entre otras.

88 Vid Auto del Tribunal Constitucional de 5 de octubre de 1990 (RTC 1990/360) que establece que: *"La decisión graciable que el indulto comporta, que es contrario a la efectividad de la condena impuesta por los Tribunales, no está sujeta a mandato legal taxativo, siendo de plena disposición para el Gobierno, que no puede ser cuestionado en vía jurisdiccional en cuanto a la decisión esencial del mencionado derecho; esto es, sobre la procedencia o no de conceder el derecho o incluso el alcance con que el mismo se concede por el Gobierno".*

rece haber duda en que sí pueden estarlo. Lo que no queda tan claro es hasta dónde puede llegar ese control cuando nos encontramos entre actos de máxima discrecionalidad como son los indultos[89].

Con motivo del conocido caso "GÓMEZ DE LIAÑO", –referente de tratamiento obligado en cualquier estudio que se precie sobre esta materia–, ha surgido la cuestión, sumamente polémica de si el Tribunal sentenciador puede controlar el acto del indulto. En este supuesto, la Sala Segunda del Tribunal Supremo, en un revelador y trascendente Auto de 18 de enero de 2001, acordó la aplicación parcial del indulto, entendiendo que no era posible el reintegro a la carrera judicial de un penado que había sido condenado por prevaricación judicial dolosa, por cuanto la pena ya ha sido ejecutada[90]. En la doctrina, se ha sostenido de forma mayoritaria que *"(...) El Tribunal encargado de su aplicación podrá inaplicarlo cuando se incumpla cualquiera de los requisitos reglados de los que pueda tener conocimiento, que hacen referencia al procedimiento de concesión, al beneficiario y a los efectos del indulto (...),* –aunque– *el control de los Tribunales no alcanzará, en ningún caso, el ámbito discrecional que la Ley otorga al Jefe del Estado en lo referido a la oportunidad de la concesión y la extensión del beneficio"*[91].

Pues bien, como ya se ha expuesto, existe una línea jurisprudencial reiterada, –entre otras, las Sentencias de Tribunal Supremo (Sala 3ª) de 27 de mayo de 2003, de 16 de febrero de 2005, o de 11 de enero de 2006–, que configuran al indulto como un acto controlable en vía jurisdiccional[92]. No obstante, como recuerda el Tribunal Supremo en la Sentencia de 5 de mayo de 2009 de esta misma Sala, este control judicial es exclusivamente en lo que a los aspectos formales de tramitación se refiere, puesto que, como también ha afirmado el alto Tribunal en Sentencia de 21 de mayo de 2001, el control que se puede hacer por el propio Tribunal sentenciador, –esto es, el que juzgó y condenó–, y luego en la jurisdicción contencioso-administrativa, se encuentra limitado a los aspectos formales de su elaboración; concretamente, a si se ha solicitado los informes que la Ley esta-

---

[89] SERRANO MAÍLLO, M.I.: "¿Debe exigirse motivación...", cit., p. 616.

[90] Vid. Auto de Tribunal Supremo de 18 de enero de 2001 (RJ 2001/5683). Para su análisis, resulta imprescindible hacer referencia a la Sentencia de Tribunal Supremo de 15 de octubre de 1999, de la que trae causa, y en la que se condena al procesado por un delito continuado de prevaricación, además de a una pena de multa, a la de inhabilitación especial para empleo o cargo público por quince años, con pérdida definitiva del cargo que ostenta y de los honores que le son anejos, así como la incapacidad para obtener durante el tiempo de la condena cualquier empleo o cargo con funciones jurisdiccionales o de gobierno dentro del Poder Judicial o funciones jurisdiccionales fuera del mismo. En la doctrina, Vid. GARCÍA SAN MARTÍN, J.: *El Indulto...*, cit., pp. 274 ss.

[91] AGUADO RENEDO, C.: "Análisis (estrictamente jurídico) de un indulto conflictivo: El caso Gómez de Liaño", *Revista Española de Derecho Constitucional*, núm. 63, 2001, pp. 279 ss, y MARTÍNEZ NIETO, A.: "El indulto kamikaze como prerrogativa de gracia", *La Ley Digital*, núm. 180, 2014, p. 8.

[92] Vid. Sentencias del Tribunal Supremo (Sala 3ª), de 27 de mayo de 2003 (RJ 2003/4106); de 16 de febrero de 2005 (RJ 2005/4106), y de 11 de enero de 2006 (RJ 2006/33).

blece como preceptivos, informes que, por otro lado, no resultan vinculantes[93]. Y ello puesto que el control jurisdiccional que corresponde al Juez es el de los elementos reglados en cuanto al procedimiento para solicitar y conceder la gracia del indulto regulado en los artículos 19 a 32 de la Ley del Indulto.

En esta línea, también se ha pronunciado la Sentencia de Tribunal Supremo de 11 de diciembre de 2012 cuando dice que: *"El indulto, stricto sensu, no es un acto administrativo, ni menos un acto cuasi-reglado (...) pues el ejercicio del derecho de gracia constituye una facultad potestativa no susceptible de ser combatida ante la Jurisdicción Contencioso-Administrativa, salvo cuando se incumplan los trámites establecidos para su adopción"*[94]; y más concretamente, la Sentencia de Tribunal Supremo de 23 de enero de 2013, al establecer que *"El indulto no es indiferente a la Ley, muy al contrario, es un quid alliud respecto de la Ley, y por tanto, no puede ser ajeno a la fiscalización de los Tribunales, pues en un Estado Constitucional como el nuestro, que se proclama de Derecho, no se puede admitir un poder público que en el ejercicio de sus potestades esté dispensado y sustraído a cualesquiera restricciones que pudieran derivar de la interpretación de la Ley por los Tribunales"*[95]. Más recientemente, en términos similares, la Sentencia de Tribunal Supremo de 15 de septiembre de 2014, delimita el alcance del control jurisdiccional contencioso-administrativo de los acuerdos de indulto, señalando que dicho control no puede extenderse a los defectos de motivación o a la valoración de los requisitos de carácter sustantivo y sí a los aspectos formales de su elaboración, esto es, a los aspectos reglados del procedimiento, concretándolas en si se han solicitado los informes preceptivos y no vinculantes[96].

Ahora bien, interesa traer aquí a colación, por su gran repercusión social, el popularmente conocido como "Caso del Kamikaze", el cual dio lugar a la Sentencia de Tribunal Supremo de 27 de diciembre de 2011, donde se condena a un sujeto por la comisión de un delito contra la seguridad vial en concurso ideal con un delito de homicidio, un delito de lesiones, una falta de lesiones y una falta de daños. Mediante Real Decreto 1668/2012, de 7 de noviembre, se le concedió un indulto, y los recurrentes, entre otras alegaciones, impugnaron el Real Decreto por: 1) incumplimiento de elementos reglados en la concesión del indulto al incumplirse la finalidad perseguida por la Ley del Indulto con la consiguiente desviación de poder; 2) infracción de los artículos 9.3, 10.1 y 130.1 CE dada la inexistencia de motivación en la concesión del indulto, lo que lo convertiría en

---

[93] Vid. Sentencia del Tribunal Supremo (Sala 3ª), de 21 de mayo de 2001 (RJ 2001/6227), y en la misma línea, la Sentencia de 5 de mayo de 2009 (RJ 2009/5171).

[94] Vid. Sentencia de Tribunal Supremo (Sala 3ª), de 11 de diciembre de 2012 (RJ 2012/752).

[95] Vid. Sentencia de Tribunal Supremo (Sala 3ª), de 23 de enero de 2013 (RJ 2013/1909), y en la doctrina, PERANDONES ALARCÓN, M.: "El indulto y la interdicción de la arbitrariedad de los poderes públicos", *La Ley Penal,* núm. 103, 2013, p. 7.

[96] Vid. Sentencia de Tribunal Supremo (Sala 3ª), de 15 de septiembre de 2014 (RJ 2014/5117), y en un sentido análogo, la Sentencia de Tribunal Supremo (Sala 3ª), de 20 de septiembre de 2016.

arbitrario; 3) por inconstitucionalidad del mismo; 4) por infracción del principio de igualdad (artículo 14 CE), y 5) por infracción del artículo 24 CE.

Frente a las pretensiones de los recurrentes, el Tribunal Supremo dio lugar a la posterior Sentencia de 20 de noviembre de 2013 del Pleno de la Sala Tercera, que supone un cambio en la jurisprudencia de esta Sala, al ampliar el control jurisdiccional contencioso-administrativo del ejercicio del derecho de gracia a través del principio de interdicción de la arbitrariedad de los poderes públicos. Por esa vía, con soporte en el artículo 9.3 de la Constitución, la conclusión mayoritaria que alcanza el Pleno de la Sala es que la Jurisdicción puede comprobar: *"(…) si la concreta decisión discrecional de indultar ha guardado coherencia lógica con los hechos que constan en el expediente"*, y que por ello, es exigible que *"(…) al ejercer la prerrogativa de gracia, materializada en el indulto, se establezcan las razones a las que ha de responder el mismo, las cuales deben constar en el Acuerdo de concesión"*[97]. En la presente resolución se afirma, pues, que tales razones han de ser explicadas, y deducidas de lo actuado en el expediente (informes preceptivos motivados, alegaciones, certificaciones, aportaciones sobre la vida y conducta del indultado etc.), pero una vez verificada la realidad de tales hechos –que el Tribunal ha de aceptar y no puede revisar–, la revisión jurisdiccional, en ese espacio asequible al que tiene acceso, debe valorar si la decisión adoptada guarda "coherencia lógica" con aquéllos, de suerte que, cuando sea clara la incongruencia o discordancia de la decisión elegida (basadas en las expresadas razones legales de *justicia, equidad o utilidad pública*), con la realidad plasmada en el expediente y que constituye su presupuesto inexorable, *"tal decisión resultará viciada por infringir el ordenamiento jurídico y más concretamente el principio de interdicción de a arbitrariedad de los poderes públicos –artículo 9.3 CE– que, en lo que ahora importa, aspira a evitar que se traspasen los límites racionales de la discrecionalidad y se convierte ésta en causa de decisiones desprovistas de justificación fáctica alguna"*[98].

En la actualidad, esta doctrina jurisprudencial se ha consolidado en el seno de la Sala Tercera del Tribunal Supremo, habiendo ya sido invocada en varias ocasiones, si bien, insistiendo en que se trata de un control posible únicamente en los supuestos de concesión del indulto, pero no cuando éste se deniega. Así, se ha pronunciado con carácter posterior el Tribunal Supremo, en Sentencias de 30 de enero de 2014; de 6 de junio del mismo año; de 13 de noviembre de 2015, y de 26 de febrero de 2016, al negar que el acto derogatorio del indulto sea controlable en cuanto al fondo por los Tribunales, *"(…) precisamente porque el acto de denegación del indulto no se contrapone al principio de ejecutividad de las sentencias firmes"*[99].

---

[97] Vid. Sentencia del Pleno del Tribunal Supremo (Sala 3ª), de 20 de noviembre de 2013 (RJ 2013/8339).

[98] SERRANO MAÍLLO, M.I.: "¿Debe exigirse motivación…", cit., pp. 613 ss. En este sentido, la autora pone de manifiesto como 19 de los 36 Magistrados del Pleno que firman la sentencia, emitieron voto particular, dando lugar a una resolución compleja y reiterativa, difícil de interpretar, y en ciertos puntos, contradictoria e incluso incongruente.

[99] Vid. Sentencias del Tribunal Supremo (Sala 3ª), de 30 de enero de 2014 (RJ 2014/1044); de 6 de junio del mismo año (RJ 2014/2995); de 13 de noviembre de 2015 (RJ 2015/5069), y de 26 de febrero de 2016 (RJ 2016/918), que establecen los siguientes paráme-

IX. VALORACIONES FINALES

Sin duda alguna, el indulto se constituye como una figura jurídico-penal de aplicación absolutamente excepcional que juega un papel determinante en la sociedad, aunque *"la sombra de la sospecha"*, –y sus posibles connotaciones políticas o ideológicas– planea sobre unas concesiones cuyas cifras son reveladoras de la gravedad y magnitud del problema que supone en un Estado democrático como el nuestro. La cuestión de los límites y el control de los mismos han sido, y siguen siendo cuestiones centrales en la configuración de un Estado de Derecho, sometido, entre otros, al principio de legalidad, y al de división de poderes[100].

Teniendo en cuenta que el ejercicio de esta potestad es complejo y comprometido, y que la esencia del indulto conlleva la idea de discrecionalidad, tal y como ha sido puesto de manifiesto con anterioridad, nos seguimos planteando los siguientes interrogantes: ¿verdaderamente la gracia y la excepcionalidad de esta medida encuentran una correspondencia adecuada con el proceso de concesión y publicación de los indultos en nuestro país?; ¿se respetan en todo el procedimiento los principios que inspiran y justifican la institución y el resto de valores de nuestro ordenamiento jurídico?

Pues bien, aunque se trata de una figura que sigue existiendo en la mayor parte de los ordenamientos occidentes y que sigue teniendo sentido en un Estado de Derecho propio del siglo XXI, se hace imprescindible, a nuestro juicio, reformar de forma urgente una legislación más que centenaria, que data ya del año 1870, y que a pesar de haber pervivido a los diversos avatares históricos y políticos de nuestro país, no se adapta a la situación actual. La antigüedad de la Ley, los excesos en su aplicación, y el notable incremento del número de solicitudes de indulto en los últimos tiempos, aconsejan abordar una revisión exhaustiva de la normativa, en la línea ya señalada por la doctrina y jurisprudencia, de modo que el indulto no sea una figura anacrónica, sino un instrumento al servicio del Estado de Derecho.

Con mayor razón, tras la aprobación del Código Penal de 1995, que se produce más de un siglo y medio después de la aparición de esta Ley, y que implica nuevas perspectivas; avances en la teoría jurídica del delito; radicales transformaciones en los posibles sujetos, la responsabilidad penal de las personas jurídicas, y un largo etcétera de novedades. Parece que todo pretende ser mantenido, sin más, superpuesto a una frágil Ley del Indulto, como si nada hubiera cambiado en todos estos años[101].

---

tros: *"1. El control no puede afectar a los defectos de motivación; 2. Sólo alcanza a los elementos reglados del procedimiento (incluidos los informes preceptivos y no vinculantes a los que alude la Ley del Indulto, y 3. No se extiende a la valoración de los requisitos de carácter sustantivo"*.

[100] LINDE PANIAGUA, E.: "El indulto como acto de administración de justicia y su judicialización. Problemas, límites y consecuencias", *UNED, Teoría y realidad constitucional,* núm. 5, 2000, p. 161.

[101] SÁNCHEZ-VERA GÓMEZ-TRELLES, J.: "Una lectura crítica...", cit., p. 6.

Tomando en consideración las deficiencias y debilidades que la Ley presenta, y que ha sido puestas de manifiesto a lo largo de estas páginas, de *lege ferenda*, se podría proponer un sistema en el que se regularan en la mayor medida posible, los motivos o las causas objetivas por la que se puede conceder un indulto –incluso establecer un *numerus clausus* de los mismos–; la exigencia de una motivación individualizada de las concesiones y denegaciones del mismo con objeto de procurar que sus efectos se produzcan del modo que resulte menos perturbador para el orden jurídico; una previsión legal específica para la suspensión de la ejecución de la pena ante la petición de indulto, y, como no podía ser de otro modo, el que pueda ser ejercido un verdadero control jurisdiccional que resulte efectivo, para poder dar cumplimiento a que se ejercite la citada expectativa de gracia con igualdad en todos los casos, ganando con ello en seguridad jurídica, y limitando cuando sea necesario, el desmedido poder otorgado al Gobierno en esta materia.

Capítulo duodécimo
La prisión: ¿una "alternativa" al impago de la multa?

Eva Mª Domínguez Izquierdo
Profesora de Derecho Penal. Universidad de Jaén

I. SOBRE LA POSIBILIDAD DE SUFRIR PRIVACIÓN DE LIBERTAD EN CASO DE NO SATISFACER LA SANCIÓN PECUNIARIA

La entrada en vigor del CP de 1995 supuso, al menos formalmente, un relanzamiento de la pena de multa como alternativa menos aflictiva y desocializante a la pena corta de prisión para combatir la criminalidad de pequeña o mediana intensidad, suprimiendo, en esta línea político criminal, las penas de prisión inferiores a seis meses –actualmente, tras la LO 5/2003, tres meses– que se muestran disfuncionales por no permitir un adecuado y eficaz tratamiento resocializador y constituir un factor criminógeno de primera magnitud. Por su parte, la adopción del sistema de días multa que domina nuestro sistema, aun en convivencia con la multa proporcional, permite, en principio, soslayar los serios inconvenientes que presentaba la pena de multa en su formulación tradicional indiferenciada y generadora de un tratamiento desigual de los penados por idéntico ilícito, en función de la situación económica particular.

Por el contrario, en una línea continuista[1], aunque algo edulcorada, el nuevo Texto mantiene el clásico sistema coercitivo establecido en caso de multa no satis-

[1] "El arresto sustitutorio por impago de multa" es una institución clásica en nuestro ordenamiento que, tradicionalmente, se ha servido de castigar con mayor o menor gravedad a los

fecha a causa de la insolvencia, aunque realizando una reforma en profundidad de lo que hasta entonces se denominaba, aun sin naturaleza jurídica legalmente declarada, "arresto sustitutorio" en caso de impago, que, en último término, posibilita la imposición de penas privativas de libertad de corta o muy corta duración, sobre el que ya se cernían serías dudas sobre su constitucionalidad[2], al considerarse, llanamente, en las ya famosas palabras de Antón Oneca, "una agravación de pena sin otros motivos que la pobreza"[3]. Se trata, además, de una solución simplista y afectante al principio de igualdad, de un claro exponente de la denostada "prisión por deudas"[4] y, finalmente, un ejemplo palmario del retribucionismo más puro en la medida en que el penado debe responder, en todo caso, por la conducta realizada, si no ya con sus bienes, con su persona.

Junto a este aspecto de eventual contravención a la CE, la desmesurada discrecionalidad del juzgador podía fácilmente soslayar el principio de proporcionalidad de la sanción respecto del hecho cometido que originó la multa. Esto unido a que, la regulación no contemplaba un cumplimiento de esa responsabilidad personal de un modo distinto a la pena de prisión, determinando situaciones potencialmente injustas derivadas de las diferentes condiciones económicas del penado –aunque con unos máximos inferiores a los actuales– ha hecho que tradicionalmente se trate de una institución jurídica sometida a numerosas críticas[5]. Su propia existencia crea serias dudas sobre la consideración de la pena de multa como alternativa a las penas cortas de prisión.

---

penados a multa que resultasen insolventes. La primera manifestación la encontramos en el CP de 1822 (art. 91). Se incorpora de forma más semejante a lo que actualmente es por primera vez al CP de 1848 integrada en el concepto de responsabilidad pecuniaria junto a las costas procesales y las consecuencias surgidas ante el incumplimiento de la responsabilidad civil derivada del delito (arts. 48 y 49). También pervive en el CP de 1870 (arts. 50 y 93.2). El CP 1928 incorpora instrumentos correctores para evitar que el insolvente por el mero hecho de serlo fuera privado de libertad. La redacción vigente hasta la entrada en vigor del texto de 1995, procede del CP de 1932 (art. 94), aunque es en Texto de 1944 (art. 91) cuando se incorpora la precisión de que el cumplimiento de la responsabilidad subsidiaria extingue e la obligación de pago aunque el reo mejorare de fortuna, previsión que se mantiene en la actualidad en el art. 53.4 CP.

[2] De hecho, estas dudas derivaron en la declaración de inconstitucionalidad del mismo instituto en el ordenamiento italiano por la disparidad en el tratamiento a consecuencia de una situación económica ajena a la gravedad del delito. Vid. S. n.131 de la Corte Constituzionale de 21 de noviembre de 1979, advirtiendo que la sustitución solo podía hacerse por libertad vigilada o trabajos en beneficio de la comunidad. Sobre el caso italiano, ROLDÁN BARBERO, H., *El dinero objeto fundamental de la sanción penal*, Madrid, 1983, págs., 93 y ss y ROCA AGAPITO, L., *La responsabilidad personal subsidiaria por impago de la pena de multa (Estudio histórico-comparado, dogmático y político criminal)*, Valladolid, 2003, págs. 267 y ss.

[3] ANTÓN ONECA, J., *Derecho penal. Parte General*, Madrid, 1986, pág. 576. Para LANDROVE DÍAZ, G., "una sustitución agravadora de la pena sin otros motivos que la pobreza". "El arresto sustitutorio" *Comentarios s la legislación penal* (Cobo del Rosal, M., Dir.). Tomo V, vol 1.

[4] Vid. QUINTANO RIPOLLÉS, A., *Comentarios al Código penal*, 2º ed. *Revista de Derecho privado*, Madrid, 1966, pág. 409, considerándola una "pena a la pobreza".

[5] Vid. críticamente, BOIX REIG, J., "Algunos aspectos de la responsabilidad personal subsidiaria". *CPC* nº 3, 1977, pág. 41.

En la actualidad, teóricamente, el sistema de días multa encaminándose a conseguir un ajuste preciso de la sanción a la situación económica del condenado con el fin de que a nadie se le imponga una multa que no pueda pagar, debería haber logrado disminuir la presencia de la figura de la RPSIM. Este objetivo, sin embargo, no se ha conseguido plenamente, aunque, es cierto, que la fijación de su duración ha ganado en seguridad jurídica respecto al régimen del arresto sustitutorio previsto para la multa tradicional, en el que el número de días lo fijaba el juez o tribunal a su arbitrio, dependiendo ahora, de forma más acorde al principio de culpabilidad, del número de cuotas impagadas. Subsiste, sin embrago, el mencionado problema de inseguridad jurídica respecto a la multa proporcional (art. 53.2 CP).

La responsabilidad personal subsidiaria por impago de multa, tal y como ha quedado configurada, sigue constituyendo una "institución de cierre del sistema"[6], dirigida a evitar que quede sin efecto una de las penas que generalmente se aúna a delitos de escasa gravedad, como es la pena de multa que se haya impuesto a una persona física. Sin embargo, la conversión de una pena pecuniaria en otro tipo de pena es un sistema en sí mismo criticable por cuanto lo que se muestra como una alternativa a la prisión[7] termina, sobre la base de una supuesta fungibilidad entre la libertad y el patrimonio, convirtiéndose en una pena privativa de libertad. En este sentido, han sido muchas las críticas a la decisión del legislador de que el impago de la multa cuando el condenado no pueda hacerle frente y habiendo fracasado la vía de apremio, se transforme en una privación de libertad, máxime cuando según establece el art. 126 del CP el sujeto tiene ante sí un listado de responsabilidades pecuniarias que resultan preferentes (apartado 1, numerales 1° a 4°) y que no puede soslayar, lo que, al tiempo, puede ser una de las causas de la imposibilidad probada de hacer frente al abono de la multa. Un CP que trate de incorporar nuevas penas con las que suprimir en lo posible la privativa de libertad no debería acudir a una fórmula que lleva nuevamente en primer término a lo que se trata de evitar, invirtiendo la tendencia político criminal según la cual precisamente las penas pecuniarias deberían sustituir a la prisión de escasa duración.

De otra parte, el principio de inderogabilidad de las penas y la propia vigencia y eficacia de la norma penal estrechamente vinculada a las funciones de prevención general y especial que se les atribuye, determinan la búsqueda de un instituto o de un sistema que impida que un delincuente insolvente no cumpla pena alguna por los delitos cometidos y sancionados con una pena de multa, que de este modo quedarían amparados por una situación de impunidad y, de facto, destipificadas las conductas que sólo han previsto sanciones pecuniarias. Sin embargo, el principio de inderogabilidad de las penas no puede obviar la ponderación

---

6 En palabras de ROCA AGAPITO, L., *La responsabilidad personal subsidiaria*, ob. cit., pág. 289.

7 A favor de este instituto que trata de dotar de coercitividad a la pena de multa, y porque la alternativa sería dejar impune el delito perpetrado, LANDECHO VELASCO, C.M./ MOLINA BLÁZQUEZ, C., *Derecho Penal Español. Parte General*, Madrid, 2015, pág. 630.

de intereses constitucionalmente relevantes hasta el punto de estar por encima de la igualdad y la proporcionalidad entre el delito y la pena irrogada. Por esta razón, el sistema que acoge nuestro ordenamiento no resulta el más adecuado y, ni siquiera el más eficaz por los problemas de ejecución.

Ya respecto al art. 91 del CPTR-73 el TC había consolidado una doctrina a tenor de la cual el juez no debía necesariamente ejecutar el arresto sustitutorio como efectiva privación de libertad en prisión, sino que podía adoptar otras formas más atenuadas como el arresto domiciliario o bien otras restricciones de derechos de distinta naturaleza y menos lesivas para el reo[8], todo ello al tiempo que declaraba la adecuación del instituto a la Carta Magna ante dudas de inconstitucionalidad que había generado. Las críticas dirigidas a la utilización de la privación de libertad en los supuestos de impago de multa se han fundamentado en su posible contradicción con los principios de igualdad y proporcionalidad, así como su contravención al art. 25.2 CE. El principio de *igualdad* básicamente porque la transformación de una pena de multa en otra más grave de privación de libertad depende de la capacidad económica del penado y no de la gravedad del injusto, lo que termina por beneficiar a los ciudadanos mejor situados económicamente. La discriminación, en este sentido, resultaba clara ya que la privación de libertad se aplicaba simple y llanamente a los condenados que carecían de medios para abonar la pena inicialmente impuesta. El atentado al principio de *proporcionalidad* vendría dado porque resulta un instituto innecesario para abordar los casos de multas impagadas por insolvencia, existiendo alternativas directas como los TBC, la Libertad vigilada con determinadas obligaciones e, incluso, podrían sondearse otras penas privativas de derechos que tuvieran una carga aflictiva equivalente a la multa. También infringiría la proporcionalidad en sentido estricto, al conllevar una carga punitiva muy superior a la que la pena de multa acarrea[9].

---

[8] La propia FGE en su consulta núm. 6/1999, de 16 de diciembre, indica que el legislador de 1995 parece haber atendido a las exigencias del TC, cuando regula, "además de la posibilidad de conceder al reo la remisión condicional de la condena, si concurren los requisitos necesarios para ello, hasta tres formas distintas de ejecutar la responsabilidad personal subsidiaria, de intensidad aflictiva progresivamente descendente: cumplimiento continuo en Centro Penitenciario, cumplimiento discontinuo en régimen de arrestos de fin de semana o ejecución no privativa de libertad mediante la vía de los trabajos en beneficio de la comunidad" (epígrafe II). Esta tendencia a no utilizar la pena de prisión en el caso de la RPS se observa también en Europa. Así, la Recomendación nº R(92) 17 sobre la coherencia en la imposición de penas (Consistency in Sentencing) del Comité de Ministros de Europa, del 19 de octubre de 1992 indica en cuanto a la pena de multa que a) esta se establecerá dentro de los medios del penado a quien se impone, b) la privación de la libertad debe evitarse en lo posible en los casos de incapacidad de pago, teniendo en cuenta que el delito original no fue considerado lo suficientemente grave para el encarcelamiento o porque tal pena era inadecuada por otras razones, c) los estados deben explorar, con urgencia, otras medidas no privativas de libertad para hacer cumplir el pago de multas, incluyendo la suspensión del pago y la modificación de la condena.

[9] Así, JARREÑO LEAL, A., con distintos argumentos. *La pena privativa de libertad por impago de multa,* Madrid, 1994, págs. 193 y ss.

Ante tales planteamientos, la conocida STC 19/1988, de 16 de febrero[10] viene a confirmar la adecuación del instituto a la Constitución. En ella se argumenta que el precepto examinado no puede conculcar la norma constitucional que declara el derecho de todos a la libertad, pues en su propio art. 17.1 ha concretado tal garantía, imponiendo que la privación o restricción de la libertad no se lleve a cabo sino "en los casos y en la forma previstos en la Ley" y entre las hipótesis que justifican constitucionalmente la privación o restricción pro tempore de la libertad se halla la de haber sido "penado legalmente en virtud de sentencia dictada por un Tribunal competente".

En segundo término destaca esta sentencia que la privación subsidiaria de libertad, en aquel momento contemplada en el art. 91 CP, no está llamada a recaer sobre una persona al margen y con independencia de toda estimación sobre su culpabilidad. Su finalidad es la de procurar que no quede sin sanción una determinada transgresión del ordenamiento penal y con ello "lograr la consecución de los fines de prevención general y especial". Deja patente, al tiempo, ante las críticas vertidas en este sentido, que "la norma no pretende establecer equivalencias abstractas entre los bienes objeto de la condena, sino atender a exigencias de política criminal, inobjetables en sí mismas, consistentes ya en la más correcta individualización judicial de la pena, ya en la predisposición de una sanción sustitutiva de la que, impuesta con carácter principal, resultó de ejecución imposible". Esta previsión, por lo demás, "no entraña en el sentido del art. 14 CE "diferenciación" normativa alguna entre el condenado insolvente y aquel otro que, por no serlo, se situaría ya al margen del ámbito de aplicación de la norma cuestionada (...) su sentido no es otro que el de ordenar una previsión específica no diferenciadora para la hipótesis en la cual la regla general (impositiva de la pena de multa) se resistiese de una aplicación inevitablemente diversa, al proyectarse el mandato abstracto de la norma sancionadora sobre realidades fácticas distintas"[11].

En definitiva, el TC sostiene en este pronunciamiento que el arresto sustitutorio se justifica por el principio de inderogabilidad de las penas, pues de lo contrario la insolvencia garantizaría la impunidad. Siendo este el fundamento y no la "insolvencia determinante de la inejecutabilidad de la pena patrimonial" no puede estimarse que dicha sanción vulnere el principio de igualdad porque se aplique solo a quienes carecen de medios económicos. Por otro lado, no incide "sobre una persona al margen y con independencia de toda estimación sobre su culpabilidad, sino que está llamada a recaer sobre quien ha sido declarado culpable tras el debido proceso", por lo cual "el dolo o la culpa que en ese proceso fueron apreciados por el juzgador no son, en modo alguno disociables de las

[10] Resuelve una cuestión de inconstitucionalidad formulada por el juez de instrucción nº 9 de Madrid, Fernández Entralgo, J., y de la que fue ponente Díez Picazo y Ponce de León. Vid., BUENO ARÚS, "La constitucionalidad del arresto sustitutorio por impago de una pena de multa". *Poder Judicial* 9/1988, págs. 63 y ss.

[11] Vid., en contra de estos argumentos, JARREÑO LEAL A., *La pena privativa de libertad por impago de multa*, ob. cit., págs. 122 y ss., entendiendo que una norma que especifica también diferencia. Comentando críticamente esta sentencia, ROLDÁN BARBERO, H., "Arresto sustitutorio y sanciones alternativas. (A propósito de la STC de 18 de febrero de 1988)", *ADPCP*, 1989, págs. 839 y ss.

consecuencias sancionadoras ligadas por la ley, principal o subsidiariamente" a la condena motivada en tal culpabilidad. Sin embargo, la propia sentencia deja también sentado que debían escogerse fórmulas de restricción de la libertad que encajaran mejor con el sentido general del precepto y con una interpretación del mismo favorecedora de las menores restricciones de la libertad individual, lo que sucede, por ejemplo, muy en particular, con el "arresto domiciliario". De esta forma, se pone el acento en los paliativos que podían rodear a la institución[12].

El legislador de 1995, aunque en una línea continuista, atendió en cierta medida a las sugerencias del TC a favor de la utilización de otras formas de responsabilidad personal subsidiaria diferentes a la prisión. La regulación del art. 53 CP viene a reforzar la doctrina constitucional a favor de esta medida aunque intentando, no con demasiado éxito, suavizar con una serie de paliativos la inicial desproporción tantas veces denunciada de esta pena a la insolvencia. Cierto es que el sistema vigente no suscita tantos problemas de constitucionalidad al resultar más favorable y más ajustado a las circunstancias del sujeto como consecuencia de la adopción del sistema de multa por cuotas, y que se ha ganando en seguridad jurídica –aunque también en duración ya que el límite máximo se duplica– al tiempo que se posibilita que la prisión pueda ser eludida mediante un sistema de sustituciones que obliga al juez a motivar por qué no opta por la alternativa, antes de acordar una forma de cumplimiento de privación de libertad continuada en centro penitenciario[13], sin embargo, aunque la adopción del sistema de días multa que adapta la intensidad de la pena pecuniaria a la situación o capacidad económica del condenado –con el fin que tratando de forma diferente situaciones desiguales se alcance un resultado equitativamente aflictivo– debería impedir la imposición de penas que resulten totalmente inasumibles para no condenar al sujeto directamente a una responsabilidad subsidiaria, este objetivo aún está lejos de conseguirse como consecuencia del modo de aplicación de la multa por parte de los distintos operadores jurídicos.

---

[12] La STC 230/ 1991 de 10 de diciembre, reproduciendo en gran parte los argumentos de la anterior, y al hilo de cuestionarse no ya la constitucionalidad del art. 91 CPA, sino la propia prelación legal del art. 111 del mismo texto que origina discriminación entre quienes pueden abonar todas las consecuencias penales y civiles derivadas del delito y los que por carecer de medios solo pueden en parte hacer frente a las mismas, abunda en "la exigencia de que las resoluciones judiciales se cumplan, primero, en sus propios términos o, en caso de imposibilidad material o jurídica, acudiendo a expedientes previstos por la Ley para ejecuciones subsidiarias de lo resuelto por la sentencia firme", en la medida en que "la ejecución de las resoluciones judiciales forma parte del derecho a la tutela judicial efectiva". Afirma, al tiempo, que solo puede hablarse de "prisión por deudas cuando la insolvencia tiene su base en el incumplimiento de una obligación contractual" y recuerda las posibilidades que pueden ofrecer otras previsiones legales como, en primer lugar, la determinación cuantitativa de la pena de multa, en la que, junto a la prevención debe también tomar en consideración el Juzgador la proporcionalidad con el patrimonio del acusado, en segundo lugar, mediante el pago aplazado de la multa, (pago que goza de total flexibilidad); finalmente, a través de institutos materiales, tales como la remisión condicional de la citada responsabilidad y, en casos de desproporción, incluso, entre otras medidas legales, una posible solicitud de indulto.

[13] Así, entendiendo que el art. 53 CP no resulta discriminatorio porque ya, en ningún supuesto, la imposición de la pena privativa de libertad resulta obligada ante la insolvencia del condenado a multa, PUENTE SEGURA, L., "La sustitución de la pena de multa. Responsabilidad personal subsidiaria". *La Ley*, 11669/2011, pág.4.

II. NATURALEZA JURÍDICA DE LA RPSIM

Descartada la posible contravención con la Constitución, lo cierto es que los propios argumentos jurídicos utilizados por el TC calaron en el Informe del CGPJ al Anteproyecto de 1992 y, finalmente, condujeron a su declaración *ex lege* en el texto de 1995 como pena privativa de libertad (art. 35 CP) terminando, de este modo, formalmente con el debate originado por las carencias de la anterior regulación sobre la naturaleza jurídica de la RPSIM. La ausencia de especificación legal (no se recogía en el catalogo de penas del art. 27) dio lugar a una diversidad de calificaciones tanto por parte de la doctrina[14] como por la Jurisprudencia[15] en la medida en que al no fundamentarse inmediatamente en la comisión del delito sino solo indirectamente –su causa no es el injusto realizado sino la imposibilidad de cumplir la pena pecuniaria– no se trataría de una pena en sentido estricto[16], lo que, finalmente, tendría sus consecuencias en orden a cuestiones como la suspensión de la misma o los plazos de la libertad condicional.

En efecto, el legislador en su día hizo declaración expresa de su naturaleza jurídica, adjetivándola como una pena y dentro del listado de las mismas, como una pena privativa de libertad aunque en algún caso pueda cumplirse de forma diferente (en concreto como TBC), lo que se ha considerado como un argumento formal decisivo. Y siendo pena privativa de libertad, a diferencia de la anterior regulación[17], en teoría, le serían aplicables todos los principios y garantía que a

[14] A favor de su consideración como una pena material, JARREÑO LAEAL, A., *La pena privativa de libertad por impago...* ob. cit., pág. 38 y ss.; MARTÍNEZ-BUJÁN PÉREZ, C., por lo que "puede ser dejada en suspenso", "La regulación de la pena de multa en el CP español de 1995 (los días-multa y la multa proporcional, con referencia a la responsabilidad personal subsidiaria en caso de impago)". *Estudios Penales y Criminológicos XX*, Universidad de Santiago de Compostela, 1997, pág. 258, BOIX REIG, J., "Algunos aspectos de la responsabilidad...," ob. cit., pág. 32; GONZÁLEZ CUSSAC, J.L., "Prisión subsidiaria", *NEJ*, tomo XX 1994, pág. 559. En contra, MANZANARES SAMANIEGO, J.L., *La pena de multa.* Mancomunidad de Cabildos de Las Palmas, 1977, pág. 321.

[15] Inclinada a negar su consideración como pena, entendiendo que únicamente "equivale en sus efectos a una pena de privación de libertad en caso de tener que hacerse efectiva" (STS de 2 de junio de 1912). Insistiendo en que no es una pena por no recogerse en el catálogo pero considerando que es "el modo que la ley adoptó para que la pena de multa se cumpla (STS de 16 de enero de 1954). La STS de 9 de mayo de 1977 considera, igualmente, que no es una pena privativa de libertad sino un modo singular o alternativo al que se recurre para que la pena sea cumplida, una suerte de "una peculiaridad aflictiva". Reconociéndolo así también la STC 19/1988 de 16 de febrero (La Ley 53530-JF/0000) "por lo que no puede participar de la naturaleza jurídica de la pena y sus fines de corrección y readaptación".

[16] Sin embargo, en el marco del art. 93.2 si se le mencionaba como "pena subsidiaria de privación de libertad por insolvencia". Vid., BERISTAIN IPIÑA, A., "La multa en el derecho penal español". *RGLJ*, 1976, nº 4, 325 y ss. y una exposición detallada de las distintas posturas en JARREÑO LEAL, A., *La pena privativa de libertad por impago de multa,* ob. cit., págs. 60 y ss.

[17] A quienes sufrían el "arresto sustitutorio por el impago de multa" el CPA les negaba el beneficio de la redención de penas por trabajo (art. 100 CP), la libertad condicional, las refundiciones de condena e incluso el derecho a los permisos ordinarios por no ser penados a efectos del art. 24 de la LOGP.

estas penas se le aplican. Así, su ejecución deberá orientarse a la reeducación y reinserción social (25.2 CE), su regulación está sujeta a la LO (art. 81 CE), le será abonable el tiempo de privación de libertad sufrido preventivamente (art. 58 CP)[18], vendrán en aplicación los límites establecidos para el concurso real de delitos (art. 76 CP) y deberá ser posible, en principio y con los matices que se expondrán, acordar la suspensión de la misma (art. 80 y ss. CP) y también la libertad condicional (arts. 90 y ss CP)[19]. Por lo mismo, deberá ser sumada, cuando se produzca esta eventualidad, a otras penas de prisión a los afectos de su ejecución conforme al sistema de individualización científica.

Sin embargo, los argumentos formales no son totalmente definitivos ni aclaratorios ya que pese a la inicial catalogación en el art. 35 CP, posteriormente no encuentra un desarrollo como tal en la sección 2ª del capítulo I, Titulo III del Libro I "De las penas privativas de libertad", sino cuando se desarrolla el contenido de la pena de multa, y lo hace, además, de una forma que no despeja dudas, refiriéndose a la "privación de libertad" y no a la prisión que sería su forma primigenia de conversión, aun cuando pueda finalmente no cumplirse de este modo. De este modo, infringiendo el principio de taxatividad, el contenido material de la pena no está suficientemente especificado[20], y solo sabemos que es una privación de libertad distinta a la prisión y a la localización permanente, pero que curiosamente puede cumplirse mediante otra pena privativa de libertad u otra privativa de derechos. En efecto, es distinta a las anteriores pero debe convertirse en una de ellas para poder ejecutarse, de este modo, la RPSIM se convierte en una pena sin contenido definido, en una mera categoría penológica necesitada de tomar cuerpo para que sea posible su ejecución[21/22].

Por otro lado, a tenor de lo previsto en el art. 33.5 CP se trataría de una pena *sustitutiva,* dado que tendrá naturaleza menos grave o leve "según la que corres-

---

18 El art. 58 CP no establece limitación alguna en el sentido de que la prisión provisional eventualmente sufrida sólo pueda ser abonada con relación a la pena de prisión impuesta, aludiendo el precepto a "la pena o penas" sin distinción alguna en relación a su naturaleza.

19 Así lo pone de relieve, GRACIA MARTÍN, L., en GRACIA MARTÍN, L./BOLDOVA PASAMAR, M. A. / ALASTUEY DOBÓN, C. *Las consecuencias jurídicas del delito,* Valencia, 2016, pág. 102. En el mismo sentido, ROCA AGAPITO, L. *La responsabilidad…*, ob. cit., pág. 303.

20 Para MAPELLI CAFARENA, B., es simplemente una "cuota o magnitud punitiva" que debe transformarse en algo, no tiene magnitud hasta que no se convierta en una pena determinada mediante los módulos de conversión, por lo que es pena pero no privativa de libertad. *Las consecuencias jurídicas del delito,* Pamplona, 2011, pág. 230.

21 Vid. TAMARIT SUMALLA, J.M., "Responsabilidad personal subsidiaria y arresto domiciliario. *Actualidad Jurídica Aranzadi,* nº 272 (5.12.1996), pág. 2, destacando que el arresto sustitutorio carece de modelo de ejecución ya que el CP solo menciona los contenidos de las penas en las que puede convertirse y porque las características de la RPSIM no se adaptan al régimen diseñado por la legislación penitenciaria.

22 Este dato ya fue destacado por la Jurisprudencia, en sentido positivo. Así, la citada STC de 18 de febrero de 1988 destaca cómo el legislador se refería en todo momento a la responsabilidad personal subsidiaria sin determinar en qué modelo punitivo se concretaba, lo que permitía "fórmulas de restricción de la libertad que encajen mejor en el sentido general del precepto".

ponda a la pena que sustituya"[23], aun cuando su finalidad no sea la propia de evitar una pena corta privativa de libertad como la "suspensión sustitutiva" o la tradicional sustitución del derogado art. 88 CP, sino garantizar la responsabilidad por la comisión de un ilícito castigado con multa con un claro fin preventivo-general y con carácter imperativo cuando se produzca la insolvencia[24].

Sin embargo, aun entendiendo que no existen razones preventivo especiales en el mecanismo de sustitución de las multas impagadas, de ahí las subsidiariedad que le caracteriza, si tomamos en consideración que el art. 53 CP se articula en dos momentos diferentes, podemos matizar esta primera afirmación. En primer lugar resultando no satisfecha la multa, esta pena se transforma en RPSIM a razón de un día por cada dos cuotas impagadas. En este primer estadio no existen, en efecto, razones preventivas que avalen la conversión, se trata simplemente de evitar la impunidad de una sanción impuesta por la comisión de un delito[25] mediante una pena privativa de libertad autónoma[26].

En un segundo estadio, sin embargo, cuando se ha impuesto una responsabilidad personal subsidiaria ante el impago de la multa y una vez materializada en días de privación de libertad, nos encontramos ante una auténtica sustitución (conversión) de equivalencia notoria con lo que hasta 2015 ha sido el instituto descrito en el art. 88 CP, con el que comparte fundamento parcialmente en la medida en que el legislador trata de ofrecer un conjunto de sustitutivos alternativos a la prisión para que el juez, con criterios preventivo especiales, elija el más idóneo para el condenado y su pronóstico resocializador, aun cuando sean sustituciones potestativas. Sin olvidar que existe también ese componente de prevención general intimidatoria, por la posibilidad de sufrir una pena diferente y más grave a fin de evitar el impago. Integrada actualmente la sustitución en la suspensión de la condena, los argumentos utilizados pueden seguir manteniéndose, de forma que cabe sostener que se produce una suspensión sustitutiva de la pena de prisión subsidiaria con la condición de cumplimiento de una pena de localización permanente si se trata de un delito leve o TBC de ser un delito leve o menos grave. Nos encontraríamos ante una pena subsidiaria privativa de libertad frente a la

---

[23] Por tanto, con independencia de su duración real, su clasificación como pena menos grave dependerá de si la multa es superior a tres meses, lo que tendrá relevancia a efectos de prescripción.

[24] Los autores que se mostraban en contra de este paralelismo argumentaban que aunque las reglas de los arts. 53 y 88 CP eran "estructuralmente parecidas", eran valorativamente diferentes, de ahí que el legislador fuera en un caso más generoso y en el otro más estricto con el reo. En el art. 53 cada día de prisión equivalía a una jornada de TBC, mientras que la conversión del art. 88 daba lugar a cuatro jornadas de TBC por cada semana de prisión. MARTÍNEZ –BUJÁN, PEREZ, C., "La regulación de la pena de multa…", ob. cit., pág. 262 y ss.

[25] Para MAPELLI CAFARENA, B., "La responsabilidad personal…", ob. cit., pág. 69, no sería una sustitución propiamente dicha al faltar uno de sus elementos procesales más característicos: la resolución judicial no tiene que motivarse, no es precisa la audiencia de las partes y se impone por mandato legal.

[26] Entendiéndola, en cambio, como una forma excepcional de ejecución de la pena de multa, Consulta FGE 6/1999 de 16 de diciembre.

principal de multa[27], que puede ejecutarse de otro modo al sustituirse por otras menos aflictivas de forma potestativa[28].

En suma, una cosa es la RPSIM que se recoge en el art. 35 CP como pena privativa de libertad (asimilable a la prisión que sería su forma inicial de cumplimiento) y otra diferente, determinar la naturaleza jurídica de las transformaciones o conversiones previstas en el art. 53 CP[29] porque esto último determinará la respuesta que deba arbitrarse en los casos de incumplimiento, si volver a la pena de prisión inicialmente impuesta tras el impago o, acudir en todo caso al delito de quebrantamiento de condena[30]. Al mismo tiempo, al considerarse el sistema establecido una sustitución en sentido estricto le afectará de lleno la antigua problemática sobre cuándo corresponde la sustitución y cuando la suspensión de esa pena corta privativa de libertad.

Aclarado el carácter de pena de la RPSIM y enmarcada entre las privativas de libertad junto con la prisión permanente revisable, la prisión, la localización permanente, su cumplimiento así como los beneficios penitenciarios que supongan un acortamiento de la condena[31], "se ajustarán a lo dispuesto en las Leyes y en este Código" (art. 35 CP último inciso) Precisión –hasta la fecha incluida en el art. 36.1 CP, tras describir la pena de prisión– que afecta ahora a todas las penas privativas de libertad en una especie de recordatorio, tal vez innecesario, del prin-

---

[27] Es autónoma respecto a la multa, siendo una consecuencia jurídica derivada del delito –no de la multa– en forma de sustitutivo que no impide su condición de verdadera pena.

[28] Para GARCIA ARÁN, M., *Fundamentos y aplicación de penas y medidas de seguridad en el Código penal de 1995*. Pamplona, 1997, pág., 57, no se trata de "sustituir sino de resolver un problema de régimen de cumplimiento".

[29] Con anterioridad a la Reforma de 2015, los autores se cuestionaban la naturaleza jurídica del sistema de sustitución que se ha previsto. Contrarios a asimilar las conversiones previstas en el art. 53 como otro tipo de sustitución al estilo del contemplado el art. 88 CP, LLORCA ORTEGA, J., *Manual de determinación de la pena conforme al Código de 1995*, Valencia, 1999, pág. 134., PUENTE SEGURA, L., por conllevar una finalidad diferente, "La sustitución…, ob. cit., pág. 3. Por el contrario, viendo un claro paralelismo, QUINTERO OLIVARES, G., *Manual de Derecho penal. Parte general*, 1993, pág. 523, respecto al CPA; MUÑOZ CONDE, F., GARCÍA ARÁN, M., *Derecho penal. Parte General*, Valencia, 1996, pág. 546 o COBO DEL ROSAL/VIVES ANTÓN, *Derecho penal. Parte General.* Valencia, 1996, 871 aunque entendiéndola una modalidad muy específica de sustitución. En el mismo sentido, BUSTOS RAMÍREZ/ HORMAZABAL MALAREE, H., *Lecciones de Derecho penal vol. 1*, Madrid, 1997, pág. 191 y MAPELLI/TERRADILLOS, *Las consecuencias jurídicas del delito*, Madrid, 1996, pág. 171. Entendiendo que al tratarse de una sustitución de penas en sentido técnico, el juez debía atender a las pautas o criterios orientadores que el legislador le marcaba en el art. 88 CP, GONZÁLEZ TASCÓN, M.M., "Estudio teórico y práctico…", ob. cit., pág. 295.

[30] Así, PUENTE SEGURA, L., señala que a pesar de la confusa redacción del precepto la responsabilidad personal subsidiaria no presenta tres modalidades, prisión, LP y TBC, ya que la RPSIM es una pena privativa de libertad y claramente los TBC no lo son. La RPSIM únicamente puede consistir en prisión, que a su vez puede ser sustituida. "La sustitución…", ob. cit., pág. 16.

[31] Estos sólo pueden estar referidos al adelantamiento de la libertad condicional tras la suspensión del resto de la condena, regulado en los números 2 y 3 del art. 90 CP y arts. 202, 205 y 206 del RP (RD 190/1996 de 9 de febrero), así como al indulto parcial.

cipio de legalidad en su vertiente de garantía en la ejecución de las penas[32], que, por lo demás, ya queda consagrado con carácter general y no sólo para las penas privativas de libertad, en el art. 3.2 CP. Por tanto, nada nuevo aporta, salvo que, de no ser fruto de una inercia legislativa, esta advertencia tenga por finalidad la de de excluir el Reglamento como forma en la que tradicionalmente se desarrolla la materia de ejecución de las penas y confirmar la reserva absoluta de ley en el ámbito penitenciario en lo que respecta a las penas privativas de libertad.

Por lo mismo, considerada como una pena independiente[33] y no como un mecanismo de apremio o una forma de ejecución o extinción de la pena de multa[34] debe estar sometida a las oportunas exigencias probatorias y de motivación, debiendo, además, figurar en el fallo de la sentencia junto a la principal de multa, aun cuando debieran explorarse fórmulas más solventes y proporcionadas encaminadas a evitar que una multa no satisfecha se convierta en una privación de libertad, máxime cuando el impago no sea totalmente atribuible al penado.

Tampoco debe perderse de vista que antes de llegar a la conversión de la RPSIM en prisión y que a su vez esta se transforme en su modo de cumplimiento en LP o TBC, el juez actualmente, a diferencia de la rigidez del sistema clásico, cuenta con la opción de modificar su cuantía (art. 51 CP) o los plazos de pago si el sujeto empeorase en su situación económica, lo que se muestra como otra alternativa a la pena de prisión como forma de RPSIM. Ahora bien, esta razonable previsión resultará indefectiblemente ineficaz si el penado se encuentra en una situación de absoluta insolvencia.

Por el contrario, en la medida en que debe atenderse a las circunstancias de empeoramiento pero también a las de mejoramiento, debe retrasarse la inmediata ejecución de la prisión subsidiaria si existe una fundada expectativa de recuperación de la solvencia, pues se trata de ejecutar preferentemente la pena originaria y no la subsidiaria (además dudosa) y supone igualmente atender a las circunstancias sobrevenidas a favor del reo de modo análogo a lo establecido en el citado art. 51 para la multa por cuotas pero también para la multa proporcional (art. 52.3 CP).

Finalmente, poner de relieve que cuando la pena de multa se impone no como pena sino como prestación o medida que acompaña a la suspensión del resto de la

---

[32] No obstante, en materia de ejecución el concepto de Ley adquiere un sentido amplio incluyendo los Reglamentos que la desarrollan.

[33] Algunos autores siguen considerando que no se trata de una pena al menos en un sentido material. SERRANO BUTRAGUEÑO, I., *Las penas en el nuevo Código penal. Ley orgánica 10/1995, de 23 de noviembre. Doctrina, Jurisprudencia, Derecho comparado y casos prácticos*, Granada, 1996, pág. 36 (también en RGD nº 64, 1998, pág. 3545 y en PJ nº 64, 2001, pág. 142). Se trataría de una forma sustitutiva de ejecución o de extinción de la pena de multa. En contra, entendiendo que su naturaleza es la de una pena autónoma y subsidiaria, ROCA AGAPITO, L., *La responsabilidad...*, ob. cit., pág. 297.

[34] El hecho de que el cumplimiento de la RPSIM extinga la obligación de pago de la multa se fundamenta, simplemente, en el cumplimiento de la condena en los términos del art. 130.2º CP, en este caso a través de la responsabilidad subsidiaria y no mediante la multa, que como tal, fue incumplida.

pena o suspensión condicional conforme al art. 84 CP, su incumplimiento, si es grave y reiterado y da lugar a la revocación de la suspensión condicional, no determina el surgimiento de una la responsabilidad penal subsidiaria, sino el cumplimiento de la pena de prisión suspendida, con los descuentos que le correspondan, ya que el tribunal deberá abonar a la pena los pagos realizados (art. 86 CP).

III. LA REFORMA OPERADA POR LO 1/2015 Y SU INFLUENCIA EN LA RPSIM

La reforma operada en el primer inciso del art. 53.1 CP se ciñe, como en tantos otros artículos modificados por la LO 1/2015, a sustituir la mención a las faltas por la alusión a los "delitos leves", en cuyo caso, de no satisfacer el condenado voluntariamente o por vía de apremio la multa impuesta por su comisión, la responsabilidad personal subsidiaria podrá cumplirse mediante localización permanente. Esta, en apariencia, intranscendente modificación, adquiere mayor alcance si tomamos en consideración que los delitos leves, aunque corresponden en su contenido sustancial a las anteriores faltas, han experimentado con el cambio un notable aumento en las penas (fundamentalmente de las multas que ven aumentada su extensión y su presencia) ya que se ha decidido prescindir casi totalmente de los TBC y de la localización permanente como consecuencia jurídica para estas infracciones de poca entidad. Al mismo tiempo porque cuando se cumpla a través de una pena de localización permanente no existirá un límite máximo, ya que según se indica, no rige el plazo máximo prescrito en el art. 37.1CP (seis meses), aumentando su duración como consecuencia de la conversión de multas más extensas.

Este tratamiento, que difiere del otorgado en los casos de impago de la multa proporcional, puede dar lugar a una pena de localización permanente muy elevada. Si se tiene en cuenta que la pena de multa tiene con carácter general una duración máxima de hasta dos años (art.53.2 CP) esta pena podría llegar a presentar un periodo de hasta un año de duración, el doble de lo dispuesto como norma general. Esta situación poco deseable, que en la mayoría de los casos se evitará porque a los delitos leves les corresponde una pena de multa con un máximo de tres meses –art. 33.4.g CP– puede llegar a producirse porque según el criterio establecido en el art. 13.4 CP segundo inciso, también reformado, "cuando la pena, por su extensión pueda considerarse como leve y como menos grave, el delito se considerará en todo caso como leve", lo que viene a ampliar notablemente la catalogación de figuras delictivas como "leves"[35], al tiempo que contraviene la sistemática general del CP que, tanto para determinar la gravedad de una pena, como para, por ejemplo, establecer el periodo de prescripción, atiende siempre

[35] Incluso, en el caso en que se establezca una penalidad alternativa, siempre que la pena mínima sea leve. Vid, *ad exemplum*, los arts. 270.1 o 274.2 CP para las modalidades atenuadas de delitos contra la propiedad intelectual e industrial, respectivamente.

a la pena máxima señalada por la ley[36]. Así, figuras atenuadas para las que se ha previsto una pena de multa cuyo mínimo es inferior a tres meses pero que en su máximo llega a los seis meses o, incluso, en algún caso, al año, deberán catalogarse como delitos leves[37], por lo que le sería aplicable esta regla de conversión en caso de impago.

Teniendo en cuenta que se trata de una pena que obliga al condenado a permanecer en su domicilio o en un lugar determinado fijado por el juez[38] y que continúa planteando muchos interrogantes en relación con su ejecución, parece excesivo que una sanción que hasta el año 2010 tenía una duración máxima de 12 días y que en la actualidad puede llegar a seis meses, lo cual ya es un límite muy elevado para esta clase de pena (aunque en ningún delito se impone ni por asomo con tal extensión) pueda llegar al término del año, al menos mientras no se conciba de un modo en el que su cumplimiento consista no ya en permanecer durante las veinticuatro horas del día recluido, sino en tener un control sobre los lugares en los que el sujeto se encuentra y sean autorizados por el juez[39]. Y es que, si verdaderamente esta pena se quiere mostrar como una auténtica alternativa a la pena de prisión, como una pena que se desarrolla en la comunidad para evitar el ingreso en un centro penitenciario, no puede consistir en un arresto continuado durante un periodo de tiempo tan prolongado[40], máxime cuando no se ha previsto ninguna forma de intervención sobre el condenado encaminada a la reeducación, esto es privación de libertad sin aplicación de tratamiento individualizado, más allá del simple control de su cumplimiento mediante los medios oportunos. No obstante, siempre queda la posibilidad de acudir al modelo de ejecución que el propio art. 37.2 CP facilita, consistente en cumplir la condena durante sábados y domingos o de forma no continuada, si el reo lo solicita y las circunstancias lo aconsejan[41], posibilidad que debe entenderse de forma flexible.

---

[36] A esta ruptura con el criterio general de referencia para determinar el umbral de gravedad de una pena que el Código sitúa en su "techo" y no en su "suelo" se refiere el *Informe del CGPJ al Anteproyecto* de *Reforma del Código penal*, firmado el 16 de enero de 2013, pág. 21.

[37] Sobre la nueva consideración de delitos que eran menos grave y pasan a ser leves, seguramente sin intención del legislador, vid. pormenorizadamente, GONZÁLEZ RUS, J.J., "Secuelas "colaterales" no pretendidas de la LO 1/2015, de 30 de marzo, de reforma del CP", *Diario La ley*, nº 8553, 2015, pág. 3.

[38] Así, destacando que estamos ante una pena cuyo contenido difiere del que le correspondería por su denominación y más cercana al arresto domiciliario, SUÁREZ LÓPEZ J. M., "La reintroducción en el texto punitivo de las penas de arresto domiciliario y fin de semana a través de la localización permanente". *RECPC* 14-19 (2012), pág. 19:6.

[39] Se impone, o reducir su tope máximo si se configura como un arresto, o adecuar el contenido a su denominación para poder mantener unos marcos temporales mayores por su menor contenido aflictivo. *Ibidem*, pág. 19:11.

[40] Indica TORRES ROSELL, N., que un cumplimiento continuado de una pena tan larga en el domicilio del condenado convierte a la localización permanente en una forma barata de ejecutar una pena de prisión "Contenido y fines de la pena de localización permanente". *Indret*. Barcelona, enero, 2012, pág. 31.

[41] En contra de prever la localización permanente como forma de cumplimiento de la responsabilidad personal subsidiaria por impago de multa cuando su duración supere los seis

El párrafo segundo mantiene, finalmente, la posibilidad de cumplir esta responsabilidad personal subsidiaria a la multa impagada a través de trabajos en beneficio de la comunidad. El texto del Anteproyecto de 2013 parecía haber suprimido este apartado y con ello la posibilidad de evitar una pena privativa de libertad, tal vez por un error[42], tal vez de forma absolutamente intencionada tomando en consideración los argumentos esgrimidos por el prelegislador para eliminar la pena de trabajos en beneficio de la comunidad como pena aplicable a los delitos leves –los problemas para llevar a efecto su ejecución– que también estarían presentes y, en mayor medida, si también se utilizase esta pena como forma de cumplimiento de la responsabilidad por impago de multa. Sea como fuere, la decisión debe ser celebrada.

IV. PRESUPUESTO DEL NACIMIENTO DE LA RPSIM: EL IMPAGO DE LA MULTA POR INSOLVENCIA

La responsabilidad personal subsidiaria, opera, según establece el art. 53 CP "si el condenado no satisficiere, voluntariamente o por vía de apremio[43], la multa impuesta". Por tanto, el presupuesto de hecho al que se le anuda el surgimiento de esta pena privativa de libertad es el impago de la multa[44]. Sin embargo, la redacción del precepto, algo imprecisa, pudiera dar pie a pensar que el penado cuenta con la capacidad de elegir el pago de la multa que se le reclama o bien aceptar las consecuencias de un impago voluntario. No es esta, sin embargo la interpretación que procede. En este sistema de responsabilidad subsidiaria no interviene la voluntad del reo, sino que, por el contrario, no tratándose de una pena alternativa al cumplimiento de la sanción impuesta en el fallo, una vez libre la vía de apremio, el

meses, FARALDO CABANA, P., "Novedades en la pena de Responsabilidad personal subsidiaria por impago de multa" en González Cusacc (Dir.), *Comentarios a la Reforma del CP de 2015*, Valencia, 2015, pág. 265.

42 Ya que se mencionaba erróneamente el objeto de la modificación, aludiendo al párrafo primero del art. 53 CP, que parecía, de este modo, quedarse sin el inciso.

43 "Una vez hecha excusión de sus bienes" rezaba el art. 91.1 CPA tras la Reforma Urgente y Parcial de 1983 que incorpora esta salvedad. Esta frase termina con la polémica anterior a esa fecha en torno a si para proceder al arresto sustitutorio debía procederse al impago por insolvencia o si, por el contrario, tenía en condenado la facultad de pagar o no aun teniendo bienes y soportar la consecuencia de la responsabilidad subsidiaria.

44 Sobre la posibilidad de que fuera un tercero quien, en beneficio del penado, satisficiera el importe de la multa impuesta, existen discrepancias doctrinales fundadas en el principio de responsabilidad de las penas. Así, MANZANARES SAMANIEGO, J.L., considera esta posibilidad inadmisible y si "se aceptara por error, no solo no se habría extinguido la pena, sino que cabría incluso exigir la devolución de lo indebidamente abonado". También en contra por ser "una sanción personal", ROCA AGAPITO, L., *La responsabilidad…*, ob. cit., pág. 389 A favor, LOPEZ BARJA DE QUIROGA, J., por las propias características de la pena de multa pues no puede impedirse que un tercero entregue el dinero al condenado. "El arresto sustitutorio. Una pena a la pobreza", *JPD* nº 4, 1988, pág. 17. A favor, por el carácter fungible del dinero y por la posibilidad de realizar un contrato de préstamo o de donación e incluso realizando el tercero el pago directamente ante el juez, quien deberá aceptarlo, PUENTE SEGURA, L., "La sustitución…", ob. cit., pág., 10.

juez debe disponer todo lo necesario para lograr la satisfacción última de la sanción económica impuesta. Así lo expresa también la doctrina cuando señala que para proceder a la responsabilidad subsidiaria es necesario la previa exacción o requerimiento de los bienes[45], esto es, se hace necesario no el impago sino la insolvencia del condenado. El impago debe producirse tras el intento de cobro por las dos sucesivas vías indicadas, ya sea voluntaria mente o por vía de apremio si se constata la falta de voluntariedad pero la presencia de bienes. En este caso, al no establecerse en nuestro ordenamiento un procedimiento específico para la ejecución de la pena de multa, habrá de acudirse a las previsiones civiles de ejecución forzosa[46] y a las penales sobre fianzas y embargos (aunque antes deberá procederse a requerir al condenado para que satisfaga voluntariamente el pago de la multa) y, únicamente, cuando decaigan tales vías, podrá estimarse realizado el presupuesto de hecho causa determinante de la aplicación de la responsabilidad personal subsidiaria[47]. Por tanto, no está en manos del condenado eludir caprichosamente la efectividad de la pena de multa[48], sino que el texto realmente está aludiendo al pago voluntario por parte del condenado solvente y al pago esforzado, dentro, en su caso, de las condiciones que pudieran haberse establecido para facilitar su ejecución, o forzoso de aquel con menos liquidez en aras a eludir la responsabilidad personal que pueda acarrear una pena privativa de libertad[49]. De esta suerte, aquel condenado a la pena de multa que cuente con bienes suficientes para cumplir con la pena pecuniaria será sometido a un procedimiento de apremio que no podrá eludir[50] aun cuando asuma voluntariamente la responsabilidad personal[51].

---

[45] Así, MARTÍNEZ-BUJÁN PÉREZ, C., "La regulación de la pena de multa...", ob. cit., pág. 261.

[46] Puede procederse al embargo (art. 581.1 ELC) aunque pudiera concederle un plazo mínimo antes de proceder a la traba de los bienes.

[47] Así, GRACIA MARTÍN, L./BOLDOVA PASAMAR, M. A./ALASTUEY DOBÓN, C., *Las consecuencias jurídicas...*, ob. cit., pág. 103 y PUENTE SEGURA, L., "La sustitución..., ob. cit., pág. 14.

[48] Se ha propuesto que siendo el penado solvente, de situarse voluntariamente en aparente insolvencia u ocultar sus bienes para evitar que pueda ser ejecutada en ellos la condena, tal conducta debiera perseguirse a tenor del delito de quebrantamiento de condena Así, de *lege ferenda*, QUINTERO OLIVARES, G., "El arresto...", ob. cit., pág. 124.

[49] Esta interpretación proviene de la exégesis del pfº. 1º del art 91 del CPA que había llevado a la doctrina mayoritaria a concluir que el multado no podía escoger entre el abono de la multa o incurrir en la responsabilidad personal, aunque el tenor literal no lo prohibía expresamente. Interpretación confirmada por la Reforma operada por LO 8/1983 de 25 de junio de Reforma Urgente y Parcial del Código Penal al incorporar la aclaratoria frase "una vez hecho excusión de sus bienes" como requisito previo para la transformación de una pena en otra.

[50] La insolvencia del penado, acreditada mediante el fracaso de la ejecución forzosa, es el elemento indispensable para su aplicación pues el penado no tiene "ningún derecho de opción entre pagar la multa o cumplir la responsabilidad personal". Así, ROCA AGAPITO, L., *La responsabilidad...*, ob. cit., pág. 388.

[51] En este sentido, SOTO NIETO, F., "Responsabilidad personal subsidiaria por impago de multa". Diario La ley, Sección Doctrina, 2000, D-245. *La Ley* 21081/2001, pág. 2, REVILLA REVILLA, E., "La Pena de multa". *Diario La Ley*, 1997 D-220, pág. 12 (versión digital, La Ley 11909/2001).

En suma, la responsabilidad subsidiaria recaerá solo sobre los condenados que ni satisfagan de hecho la pena de multa, ni pueda cobrársele esta en sus bienes por vía de apremio[52]. En consecuencia, no existe un pretendido derecho del reo a optar entre el pago y la responsabilidad personal que lo sustituye, toda vez que desnaturalizaría la sentencia condenatoria y el carácter puramente subsidiario o supletorio de la pena privativa de libertad. De lo contrario, el penado solvente podría, incluso, en un claro fraude de ley, eludir el pago de la multa optando por la responsabilidad personal, para posteriormente acogerse al beneficio de la suspensión de la condena, eventualidad que, como veremos, no resulta claramente prohibida. Con esta previsión imperativa se atribuye al mecanismo de transformación de la pena pecuniaria en pena personal un evidente carácter de *ultima ratio* y, al tiempo, se impide que en los casos en que venga en aplicación conjunta una pena de multa y otra superior a cinco años (que imposibilita el cumplimiento de la responsabilidad personal subsidiaria) el reo solvente, pudiese libremente, dejar de satisfacer la multa impuesta.

Por lo demás, esta responsabilidad personal subsidiaria surge no solo en los casos de un impago total de la multa impuesta, sino también ante un incumplimiento parcial. En supuestos de impago de una parte, la prisión subsidiaria deberá ir referida a la cantidad pendiente de liquidar y sobre ella deben computarse los pertinentes módulos de conversión. Así, los días de responsabilidad personal se calcularán en atención a las cuotas que resten por abonar y de ahí el paso a las penas sustitutivas. Por lo mismo, una solvencia sobrevenida –tras resultar inicialmente impagada la multa y emprendida sin éxito la vía de apremio– que posibilite al penado hacer frente al pago total o parcial deberá dar lugar a la correspondiente modificación de la responsabilidad personal[53] aplicando de modo inverso el módulo de conversión o, incluso, o a su extinción mediante el abono[54] del resto de la multa y la consiguiente excarcelación, si estuviera privado de libertad, ya que la prisión como método para suplir la falta de capacidad económica del penado a pena de multa debe ser algo excepcional y aplicado de forma restrictiva[55].

Sentado lo anterior, resulta patente que el problema esencial que desemboca en supuestos de insolvencia real y en el consecuente nacimiento de la RPSIM es la deficiente actividad judicial encaminada a investigar, seguramente por falta de

---

[52] Vid. SAP de Orense de 24 de octubre de 1997.

[53] En este sentido, pero incluso considerando que en casos de insolvencia actual total o parcial si apareciera una fundada expectativa de que sobrevenga una solvencia del penado, debería impedirse la aplicación inmediata de la responsabilidad personal subsidiaria por aplicación analógica de los arts. 51 y 52.3 CP, GRACIA MARTÍN L./ BOLDOVA PASAMAR, M. A. / ALASTUEY DOBÓN, C., *Tratado de las consecuencias jurídicas del delito*, Valencia, 2006, pág. 210. En opinión de ROCA AGAPITO, L., esta tesis no vulneraría el principio de cosa juzgada, toda vez que no sería una modificación de la condena sino de la ejecución de la pena impuesta. *La responsabilidad…*, ob. cit., pág.388.

[54] Ya sea este voluntario o producto de una nueva vía de apremio al tenerse conocimiento de esa modificación en el patrimonio del penado.

[55] A favor de esta interpretación favorable al reo, JAREÑO LEAL, A., *La pena privativa de libertad…*, ob. cit., pág. 76 y QUINTERO OLIVARES, G., "El arresto…", ob. cit., pág. 37.

medios materiales y personales adecuados[56], la auténtica capacidad económica del penado, siendo este un aspecto esencial para la determinación y ejecución de la pena de multa, que puede determinar en unos casos una exasperación punitiva en casos de pobreza y exclusión social, pues la tendencia clara será a cumplir una responsabilidad subsidiaria y, en otros, que la multa sea asumida como un coste adicional de su actividad delincuencial, que puede ser fácilmente sufragada o levantada por un tercero restándole toda su eficacia preventiva, sobre todo teniendo en cuenta que la cantidad concreta impuesta no se compadecerá con su capacidad económica efectiva, por tanto sin menoscabo de la rentabilidad de la actividad delictiva. Se convierte, pues, en un factor criminógeno.

Es cierto que, a diferencia de la multa clásica establecida legalmente de forma global y fija para cada infracción, la modalidad de días multa permite vincular dos aspectos fundamentales: por un lado, la adecuación de la cantidad de pena a la gravedad del hecho y la culpabilidad del autor y, por otro, la igualdad de impacto punitivo respecto a los destinatarios potenciales mediante la determinación del importe de la cuota por la unidad temporal establecida a través del criterio rector la capacidad económica del penado. Ahora bien, esto requiere un esfuerzo judicial en la individualización de la pena utilizando todos los canales informativos necesarios[57].

La realidad es que el diseño del sistema de días multa, lejos de combatir las injusticias punitivas del sistema anterior ha provocado situaciones no deseables que tienen en parte su origen en deficiencias estructurales y organizativas y en la precariedad de los recursos de la Administración que se muestra incapaz de averiguar con solvencia la capacidad económica y de pago del penado[58], pero también en una práctica judicial que lleva a establecer cuotas estandarizadas que normalmente se encuentran en un estadio muy inferior a la disponibilidad económica real del multado que, lógicamente, aporta información interesada. Esto, no sólo redunda en la disminución de su eficacia preventiva y de desincentivo hacia la comisión de un delito que puede proporcionar un beneficio económico superior[59],

---

[56] Tal vez los órganos judiciales de las ejecutorias no dispongan de los medios imprescindibles para acceder al conocimiento de la real capacidad económica del penado y se proceda a una averiguación muy superficial. A estos efectos, la información que puede ofrecer la Agencia Tributaria, si es que se solicita, es también parcial (pues no constan todas las fuentes de ingreso). De hecho, resulta significativo que en el marco de los delitos contra la Hacienda Pública, el legislador consciente de las dificultades indagatorias, delegue directamente a los servicios de la Administración Tributaria la exigencia por la vía administrativa de apremio (lo que supone la delegación de la ejecución) de las responsabilidades pecuniarias, en los términos previstos en la Ley General Tributaria. Vid. art. 305.7 CP.

[57] A estas dificultades hay que unir el dato de que, en muchas ocasiones, el condenado no se presenta a juicio ni a cualquier requerimiento judicial, lo que abunda en el absoluto desconocimiento de la capacidad económica del penado por parte del juez.

[58] Destacando la ausencia de reformas procesales que debían haber acompañado a esta pena y proponiendo soluciones, BAUCELLS LLADÓS, J., "Sistema de penas para el delincuente económico" *CPC*, nº 107 II octubre, 2012, pág. 160.

[59] Tampoco en el ámbito procesal se facilita esta labor. Pensemos que muchos delitos sancionados sólo con pena de multa seguirán el procedimiento para el juicio sobre delitos leves

sino que de esta situación deriva la escasa eficacia del sistema de días multa como verdadera alternativa a la pena de prisión como medio de reacción contra la delincuencia de media y baja intensidad.

Dada la exigencia de que la capacidad económica se materialice en la sentencia, resulta obligado que en fase de instrucción se recaben todos los datos necesarios a fin de que en la fase del plenario pueda conocerse y someterse a contradicción tal capacidad reciente del sujeto, sus ingresos, obligaciones y cargas familiares[60]. La dificultad que sin duda conlleva esta labor indagatoria no puede soslayarse con prácticas terminan con la credibilidad del sistema y abundan en la desigualdad de trato, aun cuando sea un procedimiento avalado por el propio TS.

Así, la doctrina del TS, con un propósito inicialmente garantista, ha establecido que la concreción de un importe determinado sin previo análisis de la situación económica del reo conculcaría el derecho a la tutela judicial efectiva, ya que este modo de proceder limita las posibilidades de recurso al desconocerse las razones que han conducido al juzgador a fijar una cuota en detrimento de la otra. Ante esta situación, paradójicamente, el TS considera que de omitirse esta motivación deberá optarse por imponer la cuota mínima en aplicación del principio in dubio pro reo. Una cuota que en la praxis judicial suele situarse en los 6 euros, pero con la reserva de la cuantía mínima (2 euros) para los casos de "indigencia acreditada"[61].

Con este tipo de resoluciones el TS da definitivamente carta libre a la Jurisprudencia menor para consolidar una práctica fundada en que "*los juzgadores no están obligados a efectuar una inquisición exhaustiva de todos los factores directos e indirectos que puedan afectar a las disponibilidades económicas del acusado, lo que resulta imposible y es además desproporcionado, sino únicamente deben tomar en consideración aquellos datos esenciales que permitan efectuar una razonable ponderación de la cuantía proporcionada de la multa que deban imponer*"[62] En otros casos el TS observa que el mínimo legal de la cuota de multa es de dos euros y habiéndose impuesto el triple (seis euros), situado el máximo legal en la lejana cifra de 400 euros, "la suma de seis euros es prácticamente equivalente al mínimo legal y, por tanto, no precisa de una explícita motivación", aunque se desconozca la solvencia del acusado[63].

De esta forma se ha llegado a la situación de que lejos de contribuir a la tutela judicial efectiva y lejos de contribuir a un mayor esfuerzo del juzgador dirigido a

---

(arts. 962 y ss. LECrim) caracterizado por carecer de fase de instrucción y su celeridad, rasgos no compatibles con el tiempo preciso para la necesaria indagación sobre la capacidad económica real del reo, sobre todo teniendo en cuenta que la cuantía de la multa debe fijarse en sentencia (art. 50.5 CP) y no en fase de ejecución.

[60] El óptimo funcionamiento del sistema exigiría reformas procesales, así como la dotación de un apoyo profesional para complementar los datos documentales con un informe social.

[61] Vid STS 1377/2001 de 11 de junio (RJ 20015961). En el mismo sentido, STS 80/2007, de 7 de febrero (La Ley 9724/2007).

[62] STS 175/2001, de 12 de febrero (RJ 2001/280).

[63] STS 252/2000, de 24 de febrero (RJ 2000/1453) y 1155/2006, de 20 de noviembre (La Ley 175853/2006).

acreditar los efectivos recursos económicos del penado, el refuerzo que supone el respaldo de la doctrina del TS ha terminado por consolidar una práctica que deriva en la imposición de la cuantía mínima[64] o casi mínima (generalizada la de seis euros)[65] de la cuota de multa eludiendo, en contra de lo preceptuado en el art. 50.5 CP, la obligada motivación que ha llevado a fijar una cuota concreta y de paso, consiguiendo evitar un eventual recurso del fallo[66].

Con este proceder se desplaza la carga de la prueba al acusado que si pretende obtener la imposición de una cuota mínima deberá demostrar que carece absolutamente de medios o la presencia de cargas insoslayables. Se trata, por tanto, de una presunción en contra del reo, de que cualquier persona que no se encuentre en la indigencia tiene una capacidad económica suficiente como para afrontar una multa con una cuota diaria como mínimo de seis euros, por tratarse de un caso "ordinario" en el que no concurren circunstancias extremas, debiendo probarlo quienes se hallen inmersos en ellas[67]. Esta generalizada aplicación de lo que pudiera llamarse la multa "estándar" impide que la pena de multa se ajuste en cuanto a su componente aflictivo a la realidad del condenado perdiendo toda eficacia preventiva. Sería importante que los distintos operadores jurídicos tomen en consideración los elementos que ha dispuesto el legislador para aplicar correctamente esta pena para que verdaderamente resulten infrecuentes los casos de imposibilidad de pago.

---

[64] Aplicando, la cuantía mínima legal de la cuota diaria, en ausencia de investigación sobre la capacidad económica del acusado, la STS de 3 de octubre de 1998 (RJ 1998/7106). Una cuota diaria situada en el primer escalón, y próxima al límite mínimo no supone infracción en la determinación punitiva. Así, STS de 26 de octubre de 2001 (RJ 2001/9619) y STS 7 de abril de 1999 (RJ 1999/3137). La fijación de unas cuantías que no superen siquiera las del salario mínimo o que llevan a una sanción en el ámbito penal incluso inferior a la que pudiera considerar equivalente impuesta por la Administración, no requieren mayor justificación por ser consideradas conforme a derecho. Así, STS 15 de octubre de 2001 (RJ 2001/9421).

[65] La insuficiencia de datos no debe llevar automáticamente a la imposición de la pena de multa con una cuota cifrada en su umbral mínimo (...) que debe quedar reservado para casos extremos de indigencia o miseria, por lo que en casos ordinarios en los que no concurren dichas circunstancias extremas resulta adecuada la imposición de una cuota prudencial situada en el tramo inferior (seis euros). Así, SSTS 847/2007, de 18 de octubre (La Ley 180026/2007) 624/2008, de 21 de octubre (La Ley 158353/2008) y 192/2008, de 29 de abril (RJ 2008/2910), entre otras.

[66] Como señala FERNÁNDEZ, J. G., ello supone, además, un desplazamiento de la labor investigadora del juzgador a la acusación particular, cuya ausencia no es suplida por el Ministerio Público. *Instituciones de Derecho penal económico y de la empresa*. Valladolid, 2013, págs. 159 y ss.

[67] Así, "no se puede considerar jurídicamente incorrecto que los órganos jurisdiccionales ponderen a estos efectos los signos externos que las circunstancias concurrentes en cada caso permitan conocer". STS de 28 de junio de 2006 o SAP de Albacete de 19 de julio de 2010. En algunas audiencias provinciales se ha venido calibrando la cuota diaria en un 1% del salario mensual (SAP de Girona de 15 de abril de 2002, al estilo de los modelos escandinavos) pero este automatismo no es acorde con los criterios que el CP señala, al no tomar en cuenta las obligaciones y las cargas familiares y ser ajeno a toda idea de progresividad.

V. LA RPSIM COMO SISTEMA DE DOBLE CONVERSIÓN

De la redacción del art. 53 CP se desprende que el órgano judicial viene a tener que realizar dos operaciones de conversión mediante las reglas tasadas en el precepto y previa comprobación del presupuesto para que surja esta responsabilidad personal, esto es, que se haya agotado la vía de apremio para lograr el cumplimiento de la sanción pecuniaria. En este sentido, la transformación de la originaria pena de multa no satisfecha en otra pena distinta es un proceso que se articula en dos fases, siendo la segunda potestativa.

La primera mutación que sufre la pena de multa impagada es la que conduce a su criticable conversión en una pena privativa de libertad, a razón de un día por cada dos cuotas de multa impagada, tratándose de una pena de días-multa y quedando la duración de esta privación al arbitrio del tribunal, siempre en el marco de un día a un año, tratándose de una pena proporcional y con independencia de la cuantía de la misma (art. 53.2). En cualquier caso, esta primera regla de conversión de la multa en RPSIM, originará, aunque no se diga expresamente, su transformación en una pena de prisión, de corta o muy corta duración, lo que más allá de resultar disfuncional desde el punto de vista de su ejecución, da lugar a que estas personas permanezcan simplemente privadas de libertad, pues el tiempo en el Centro penitenciario es tan sumamente breve que resultará imposible su integración en programas de trabajo e incluso su clasificación penitenciaria. Reclusión y custodia sin más.

Como es sabido, estas privaciones de libertad que a veces no superan los pocos días, sobre todo si es la primera vez, no hacen sino provocar un efecto desocializador y de toma de contacto con el mundo de la delincuencia que se aleja bastante del cometido establecido en el art. 25.1 CE. Tratándose de autores de delitos poco graves o incluso leves, el sistema acaba etiquetándoles como delincuentes habituales que hacen acopio de una multitud de multas que finalmente no pagarán por su situación de insolvencia, de modo que la reacción estatal consiste en imponer una sucesión o descargas de pequeñas privaciones de libertad en lo que constituye un claro ejemplo de prevención especial inocuizadora (un apartamiento de la sociedad intermitente con breves ingresos en prisión) cuando no de una política puramente retribucionista dado que el mal causado con el ilícito original, no puede, en ningún caso, quedar sin castigo aun cuando no tenga finalidad alguna dirigida a la prevención de futuras actuaciones delictivas.

Ante tal panorama que demuestra el fracaso de la sanción pecuniaria, nominalmente una pena alternativa a la prisión pero que acaba convertida en esta desligándose de cualquier función preventivo especial positiva, no es de extrañar que tales sujetos se conviertan en reincidentes sobre todo tratándose de delitos patrimoniales leves. A estos efectos, sin embargo, el art. 963.1 de la LECr, modificado por LO 1/2015 que introduce el principio de oportunidad en el seno del procedimiento para el juicio de delitos leves y permite al juez acordar el sobreseimiento y el archivo de las diligencias, a solicitud del MF si resulta de muy escasa gravedad por su naturaleza y circunstancias y no exista un interés público relevante en la persecución del hecho, puede, de algún modo, evitar algunos supuestos de estancias muy cortas en centros penitenciarios.

En suma, esta primera operación permite transformar la insustancial RPSIM en una categoría punitiva distinta y cuantificada conforme al parámetro de conversión establecido, lo que, siendo automática, no permite márgenes de discrecionalidad al tribunal y no necesita de motivación alguna[68], sin perjuicio de su posible sustitución. Con ello queda definitivamente desterrada la posibilidad de acudir al delito de quebrantamiento de condena ante un impago de la pena de multa originariamente impuesta, para no vulnerar el principio de ne bis in idem.

En cuanto pena privativa de libertad que es de ejecución continuada no está exenta de los efectos desocializantes que le son propios y que resultan más inaceptables si tenemos en cuenta que la gravedad del hecho delictivo por sí misma no condujo directamente a la aplicación de una pena de prisión, siendo el internamiento del condenado fruto de su imposibilidad de satisfacer el abono de la pena de multa. De ahí que, actualmente[69], el art. 53 contemple que esa responsabilidad personal surgida tras la no satisfacción voluntaria o por vía de apremio de la multa impuesta pueda ser sustituida por otra menos aflictiva (LP y TBC).

La segunda operación consiste en la sustitución de esa pena privativa de libertad, que no puede ser otra que la pena de prisión por la propia coherencia interna del precepto y porque la RPSIM toma como referente de ejecución la prisión cuya nomenclatura se prefiere obviar[70], por otras penas, una de ellas también privativa de libertad (localización permanente, reservada para los delitos leves) y la otra la de TBC. En ambos casos se trata de una mutación o sustitución potestativa aunque el legislador no indica los criterios que deben utilizarse en esta segunda fase para decidir o no esta conversión[71] pero que deberán enmarcarse en consideraciones de prevención especial.

---

[68] Así, STS 119/2008, de 15 de febrero (La Ley 20914/200). Se trata de una disposición legal de obligado cumplimiento, salvo en los supuestos legalmente exceptuados que se contraen a aquellos casos en que se supere ese número de años, incluyendo en el cómputo, a estos efectos los días de arresto por impago de multa (STS 1419/2003 de 31 de octubre (La ley 473/2004).

[69] Pensemos que en otros momentos históricos, la falta de determinación explícita en el CP de la forma de cumplir esta pena originó dudas interpretativas que llevaron a considerar como lo más acertado su cumplimiento en el domicilio del condenado. En este sentido, TAMARIT SUMALLA, J. M., "Responsabilidad personal y arresto domiciliario" AJA, 1996, nº 272, pág. 3; CAHÓN CÁRDENAS, M./ CID MOLINÉ, J., "La pena de días-multa como alternativa a la pena de prisión" en Cid Moliné, J. /Laurrari Piojān, E., (coord.). *Penas alternativas a la prisión,* pág. 56, Informe del CGPJ sobre la aplicación del CP de 1995, pág. 61 y DEL MORAL GARCÍA A., "¿Es posible el cumplimiento de la responsabilidad personal subsidiaria por impago de la multa en régimen de arresto domiciliario?. *AJA*, 1999, nº 391, págs. 1-3.

[70] La alusión a la "pena privativa de libertad" tenía sentido en el CPA para aglutinar las distintas penas de arresto, prisiones y reclusiones, sin embargo hubiera sido preferible la utilización del término prisión, pues entre las penas privativas de libertad se encuentra la propia RPSIM.

[71] MAPELLI CAFARENA, B., en un paralelismo con los institutos de la suspensión y la sustitución, considera, como criterios válidos, las circunstancias personales del reo, la naturale-

De este modo, el juez no se ve compelido a ordenar el ingreso en prisión de quien no paga la multa impuesta, gozando de discrecionalidad a la hora de seleccionar el otro modo de ejecución que le permita no identificar, irremediablemente, la responsabilidad subsidiaria con la pena –corta– de prisión, máxime cuando en nuestro sistema no se toma en consideración las razones por las que el sujeto ha llegado a esa situación de insolvencia[72], situación que bien pudieran tenerse en cuenta en esta segunda fase[73].

En caso de que se acumulasen distintas multas impagadas, todas ellas se convierten en RPSIM y estas magnitudes se suman para posteriormente ser "sustituidas", si así se estima, por LP o TBC, pero siempre por la misma pena subrogada. De este modo se favorece la mejor conversión debido a la rigidez de los módulos establecidos que no admiten fracciones. Pero aun así, en caso de número de cuota impar, no se computará la última[74] y, en general, si se ha dejado de pagar una parte de la multa, el cálculo de las cuotas impagadas despreciará los restos inferiores a una cuota[75], teniendo en cuenta que la medida penológica está establecida en un día, no cabe imponer, por no estar contemplado en nuestro ordenamiento, una sanción de medio día de privación de libertad. Sobre esta base tampoco sería posible efectuar los módulos de conversión.

Un factor negativo en aras al cumplimiento de la prisión sustitutiva mediante alternativas a la misma viene propiciado por la propia LECrim que, en relación con el procedimiento por delitos leves –básicamente coincidentes con lo que hasta 2015 eran las desaparecidas faltas– considera no preceptiva la presencia de abogado (art. 967.2 LECrim.), de modo que el sujeto procesado puede ser juzgado sin intervención letrada incluso con riesgo de sufrir privación de libertad y no puede recurrir a un abogado de oficio aduciendo su derecho a la justicia gratuita. Esta situación lleva, irremediablemente, a que un penado por delito leve que ha carecido de letrado en defensa de sus intereses se encuentre en una situación poco propicia para buscar alternativas a la prisión como sustitución de la multa impagada por otra alternativa o,

---

za del hecho, su conducta y el esfuerzo para reparar el daño causado. "La responsabilidad...", ob. cit., pág. 86.

[72] La distinción entre una insolvencia dolosa y una fortuita podría hacer más justificable el recurso a la privación de libertad en caso de impago de multa. Pensemos que la conducta dolosa de ocultación de bienes no encajaría en el ámbito del delito del art. 257. 2 CP que claramente, en el ámbito de la "frustración de la ejecución", se refiere a las responsabilidades civiles derivadas de un delito" no previendo los actos tendentes al impago de una multa. En este sentido, SAP de Madrid, secc. 5 núm. 6/2000 de 10 de enero, recordando que el Estado no es acreedor al cobro de las multas sino que "ejecuta las penas con fines punitivos no recaudatorios" por medio del Poder Judicial.

[73] Tal y como expone el Auto de la AP de Álava 132/2011 de 16 de marzo (La Ley 128750/2011), el art. 53 CP "impone una fungibilidad entre los valores libertad y patrimonio que se contradice de forma sustancial con el contenido intrínseco de ambos, sin que pueda solventarse el problema acudiendo a un sistema compensatorios de baremos cuantitativos".

[74] La cuota sobrante deberá ser despreciada y no tenida en cuenta. LLORCA ORTEGA, J., *Manual...*, ob. cit., pág.133, GRACIA MARTÍN, L., *Tratado de las consecuencias jurídicas...*, ob. cit., pág. 211 y ROCA AGAPITO, L., *La responsabilidad...*, ob. cit., pág. 403.

[75] Así, ROCA AGAPITO, L., *ibiden*, pág. 404.

simplemente, plantear un plan de pago ajustado a sus capacidades. Esto puede abocar fácilmente a un cumplimiento de la responsabilidad mediante pena de prisión en Centro penitenciario, en muchos casos porque la persona desconoce otras opciones de cumplimiento y, en otras ocasiones, porque el juez no las plantea en la ejecutoria. Estas son situaciones que, como resulta obvio, no ayudan a evitar el automatismo de la aplicación de la RPSIM en favor de alternativas diferentes a la prisión.

VI. LA RPSIM EN LOS DOS SISTEMAS DE MULTA DEL CP

La convivencia en nuestro ordenamiento de dos sistemas de mula –el de días multa o por cuotas y el de multa proporcional– determina que en el ámbito de de la responsabilidad que surge cuando estas son impagadas, el Código haya tenido que establecer también un doble sistema de transformación a tiempo de privación de libertad (aunque luego pueda ser sustituida), siendo en el primer caso un sistema tasado y dotando de un amplio margen de discrecionalidad al órgano juzgador en el segundo.

1. La RPSIM en el sistema de días multa

1.1. La RPSIM en régimen de prisión

Lo cierto es que, aun cuando no se mencione expresamente, la única pena privativa de libertad a la que puede estarse refiriendo el art. 53 CP como primer módulo de conversión que más tarde puede transformarse en TBC o LP, es a la pena de prisión (imposible a la prisión permanente revisable) a razón de un día de privación de libertad por cada dos cutas impagadas[76]. Por tanto, la ejecución de esta prisión subsidiaria, consiste, si no se sustituye por otra opción, en un internamiento continuado en un Centro penitenciario siéndole aplicable teóricamente el régimen de ejecución penitenciaria. Esta decisión judicial que determine el ingreso en prisión de un penado, aunque posteriormente no se ejecute en estos términos, genera irremediablemente una serie de efectos y plantea cuestiones diversas.

Aun cuando deba descartarse la adopción de la pena de prisión como primera opción penológica para abordar los supuestos de impagos de multas, lo cierto es que esto se produce con más frecuencia de lo deseable[77] por lo que se hace

---

[76] Defendiendo el módulo de un día por cada tres cuotas, BERISTAIN IPIÑA, A., "La multa penal y la administrativa en relación con las sanciones privativas de libertad", *ADPCP*, 1975, pág. 392. En Alemania el parágrafo 43 StGB, con un criterio más estricto, impone un día de prisión por cada cuota de multa. Esta equiparación en términos absolutos de la libertad y el patrimonio se compadece mal con el principio de culpabilidad, ya que el mal infligido con carácter subsidiario supera la culpabilidad.

[77] Según CID MOLINÉ, J./ LARRAURI PIOJÁN, E., la reacción más frecuente del sistema penal español ante el impago de multa es la pena privativa de libertad, quizás por cultura

preciso analizar cuestiones específicas de ejecución de esta pena corta privativa de libertad y cómo pueden atenuarse los efectos nocivos de esta pena que parece limitarse a cumplir fines de retención y custodia, sin que ello suponga ignorar absolutamente el propio sistema de sustituciones que el propio art. 53 CP, con todas sus deficiencias, ha establecido.

En primer término, si la pena de días multa se sitúa en un marco abstracto general entre diez días y dos años (art, 50.3 CP) y teniendo en cuenta que, a tenor del art. 53.1 CP dos cuotas diarias no satisfechas equivalen a un día de privación de libertad, el límite máximo de la responsabilidad personal subsidiaria será, en general, de un año (360 días, según la duración marcada por el art. 50.4 CP) y tendrá un mínimo de cinco días[78]. Teniendo en cuenta el citado límite inferior de la pena de multa, habrá que presuponer que el legislador, aunque no lo diga expresamente, habrá contado con la alta posibilidad de que pueda generarse una pena de prisión inferior a los tres meses mínimos establecidos en el art. 36.2 CP "salvo lo que excepcionalmente dispongan otros preceptos de este Código", prueba de ello es que en atención al art. 33.5 CP en relación con el art. 33.4 CP, ésta puede ser pena leve, a diferencia de la pena de prisión ordinaria que teniendo una duración superior a tres meses y hasta cinco años será siempre pena "menos grave". Sin embargo, admitida esta eventualidad, no parece oportuno considerar que en estos casos resulte obligatoria la sustitución[79] prevista en el art. 71.2 CP, si resultara una pena de prisión inferior a tres meses, pues sería incoherente sustituirla por multa[80] –dado que la pena de prisión procede de convertir una pena de multa, la sustitución por TBC precisa del consentimiento del penado y para los delitos leves procederá la aplicación de la LP– y, porque, en definitiva, sería un supuesto de doble sustitución que aunque sirviera para corregir los efectos de una responsabilidad personal cumplida en régimen de privación de libertad inferior a

judicial, incongruencias legislativas y dificultades en la gestión de las medidas penales alternativas. *Jueces penales y penas en España Aplicación de las penas alternativas a la privación de libertad en los juzgados de lo penal*, Valencia, 2002, pág. 121.

78 Entendiendo, sin embargo, que es factible imponer una pena por debajo del límite genérico de los cinco días, MARTÍNEZ BUJAN PÉREZ, C., "La regulación…", ob. cit., pág. 265.

79 Respecto a la situación anterior a la reforma de 2003 y siendo el límite mínimo de la prisión seis meses, a favor de la sustitución por arresto de fin de semana o TBC, en coherencia con lo establecido por el art. 71.2 CP, GRACIA MARTÍN/ BOLDOVA PASAMAR/ALASTUEY DOBÓN, *Las consecuencias jurídicas del delito en el nuevo Código penal español*. Valencia, 1996, pág. 174. Vid., también, GRACIA MARTÍN, L., en *Tratado de las consecuencias…*, 2006, pág. 218-220, admitiendo que en la actualidad su tesis queda mermada por la supresión del arresto de fin de semana y la necesidad de consentimiento en los TBC. Vid., también, LLORCA ORTEGA, J., *Manual de determinación…*, ob. cit., pág. 134, entendiendo esta sustitución como potestativa, no preceptiva. En el mismo sentido, la Circular de la FGE 2/2004 sobre aplicación de la reforma operada por LO 5/2003 de 25 de diciembre, *apartado IX, 1.* señala que "una interpretación sistemática y teleológica del art. 53 en relación con el art. 36.1 y con el art. 71.2 lleva al principio general de no imposición de penas de prisión inferiores a tres meses de duración. Por ello, (…) salvo que se opte por la suspensión de la ejecución, habrá de ofrecerse al reo imperativamente la posibilidad de cumplimiento mediante trabajos en beneficio de la comunidad".

80 Así, DIEZ RIPOLLÉS, J.L., *Derecho penal, parte general*, Valencia, 2015, pág. 737.

tres meses vendría a terminar con la operatividad del art. 53 CP que sólo vendría en aplicación para casos de responsabilidad –los menos– superiores a tres meses, respecto a todos los cuales también se plantea la posibilidad de suspensión de la privación de libertad conforme a los arts. 80 y ss. CP.

En cuanto al límite máximo, en la medida en que la pena de multa tiene una extensión máxima de dos años, aquel se situará, con carácter general, en los 360 días, que podrá superarse en los supuestos excepcionales en los que la multa dura más de dos años pudiendo llegar a los 15 meses de prisión atendiendo a los supuestos extraordinarios previstos en el art. 70.3.9 CP y pudiendo alcanzar la cuantía de tres años y nueve meses para el caso excepcional en el que la multa impuesta llegue a siete años y medio como consecuencia de de aplicar las reglas de un concurso real de delitos y corresponda el triple de la pena más grave siendo esta una multa de 30 meses por no ser susceptibles de cumplimiento simultáneo y encontrarse su cumplimiento limitado por la regla de acumulación jurídica del concurso real prevista en el art. 76 CP.

Establecida la pena de prisión subsidiaria, su forma de cumplimiento ha de ser en Centro penitenciario con el régimen de ejecución que a ella le corresponde. Incluso, en este caso, puede refundirse con penas de prisión (vid art. 193.2 del RP) y podría acceder, en principio teóricamente, a los beneficios de la libertad condicional (arts. 90 y ss CP). Sin embargo, cuando se transforma en una pena corta de prisión, resulta difícil diseñar un programa individualizado de tratamiento, máxime si a ello se une la alta probabilidad de que el interno por esta causa termine pagando la multa, interrumpiéndose el tratamiento tras el trabajo de observación[81].

Por lo demás, y en lo que concierne a la práctica judicial, no estaría de más eliminar la fórmula automatizada y reiterada presente en todas las resoluciones ya que solo se hace mención a una forma de cumplimiento –la prisión– que pareciera excluir otras modalidades que puedan establecerse en la fase de ejecución, esencialmente cuando no ha sido condenado a otras penas de prisión, en supuestos de primariedad delictiva (aunque el artículo no lo requiera) o en los casos en los que el número de cuotas impagadas de lugar conforme a la regla de transformación a una pena privativa de libertad de corta duración, entendiendo por estas las inferiores a tres meses de duración, ya que en fase de ejecución pueden tomarse en consideración aspectos personales del penado y su pronóstico de reinserción[82].

1.2. La localización permanente como forma de cumplimiento de la prisión subsidiaria

Tratándose de un delito leve y de una multa por cuotas, la pena privativa de libertad que integra la RPSIM puede cumplirse –en los términos potestativos que marca el art. 53.1 CP, primer inciso– a través de la pena sustitutiva de loca-

[81] Por el contrario, cuando se trate de una pena de multa sustitutiva de una pena de prisión inferior a tres meses, su impago no dará lugar a una responsabilidad subsidiaria que pueda cumplirse mediante TBC o LP, sino un retorno a la pena de prisión sustituida.

[82] Vid. SSAP de Barcelona de 11 de julio de 2014, 10 y 11 de junio de 2015.

lización permanente. Sin embargo, en esta previsión legal no se ha establecido, al tiempo, ningún módulo expreso de transformación en tiempo de localización permanente.

La modificación operada por LO 1/2015 derogando el art. 88 CP que contenía en sede del instituto de la sustitución de las penas cortas privativas de libertad el módulo de conversión entre la prisión y la localización permanente –un día de prisión por un día de localización–, ha eliminado esta referencia que, no obstante, se sigue manteniendo en el art. 71.2 CP cuando obliga a la sustitución de la pena de prisión inferior a tres meses, de forma que el baremo mencionado puede considerarse vigente y aplicable a la RPSIM pues la localización permanente es una pena privativa de libertad medida en tiempo y es el día la unidad penológica de estas penas[83]. Dicho módulo de conversión tomaría en adecuada consideración, además, el diferente grado de aflictividad existente entre la prisión y la localización permanente. Por tanto, aunque no haya expresa previsión de equivalencia, deberá entenderse que también cada día de RPSIP convertida en prisión equivaldrá, sustituida, a uno de localización permanente[84]. Este mismo criterio de equivalencia debe operar en el abono de la prisión provisional a la multa (art. 58.1 CP).

La pena de localización permanente –cuya irrupción en nuestro ordenamiento data de la Reforma de 2003 viniendo a sustituir a la desaparecida pena de arresto de fin de semana, que debía cumplirse, salvo excepciones, en establecimiento penitenciario y con notables similitudes con el arresto domiciliario conocido en el CPTR-73– constituye la primera forma de cumplir la RPSIM para evitar la prisión. En este caso es preciso que se trate de un *delito leve* por la comisión del cual se haya condenado a la multa que resulta finalmente impagada (art. 53.1 CP). Distinto es que los jueces hagan uso efectivo de tal posibilidad y los motivos que ocasionen tal situación.

Suprimida esta pena por el pre-legislador de la reforma de 2015 para los delitos menos graves y leves, reaparece en el trámite parlamentario para estas últimas infracciones (Dictamen del Congreso de los Diputados) con una duración de un día a tres meses, aunque mantiene, sin embargo, la imposibilidad de imponer este tipo de pena a un delito calificado de menos grave. Este planteamiento del legislador que la configura únicamente como pena leve supondría, si el Código mantuviera una coherencia interna, que no cabría imponer más de tres meses de localización permanente (art. 33.4.h CP). Sin embargo, el art. 37 CP, cuando la define, sitúa su duración máxima en un límite de seis meses, siendo, además, un tope que se supera fácilmente cuando la localización permanente opera como modo de cumplimiento de la responsabilidad subsidiaria por impago de multa, dado que ese límite no es de aplicación, según establece el propio art. 53.1, primer inciso, CP. Estos desajustes normativos terminan por desactivar las funciones

---

83 Vid., ABEL SOUTO, M., *La pena de localización permanente*, Granada, 2008, pág. 63.

84 Vid. Disposición Transitoria 4º de la lo reforma y Circular FGE 2/2004, Apartado IX, 1.

de esta pena alternativa a la prisión y origina descoordinaciones entre preceptos que se debían haber subsanado en la última reforma.

Por tanto, lo más habitual será que esta localización sustitutiva tenga una duración que oscile entre los cinco y los cuarenta y cinco días como consecuencia de que la pena de multa en los delitos leves tenga, en principio, una duración de hasta tres meses (art. 33.4 g), sin embargo, puede sobrepasar tal cuantía si la pena de multa prevista para la concreta infracción es superior incluso tratándose de un delito leve, en atención al límite mínimo de la pena. Esta situación extraña, como se ha comentado, puede producirse porque a tenor de lo dispuesto en el art. 13.4 CP, cuando la pena por su extensión pueda considerarse como leve y menos grave, el delito se considerará en todo caso como leve[85].

De otro lado, el hecho de que la localización permanente se haya previsto expresamente para los delitos leves, hace surgir la duda de si tal declaración cierra la puerta a que en estos casos la RPSIM transformada en prisión se pudiera cumplir mediante TBC. En principio, podría pensarse que no existen obstáculos si el sujeto presta su anuencia, ya que la previsión opera incluso para delitos de mayor gravedad, sobre todo teniendo en cuenta que, finalmente, los TBC se han incluido también en el art. 33.4 f) CP como pena leve. Sin embargo, es importante resaltar, que en todo caso, tratándose de un delito leve la sustitución de una u otra forma es necesaria e imperativa, no quedando su elección a la discrecionalidad judicial, pese a la expresión legal "podrá cumplirse", pues su no conversión en otra pena supondría aplicar a delitos leves una pena –la de prisión– destinada a delitos menos graves o graves[86].

En cuanto al lugar de cumplimiento, esta pena obliga al penado a permanecer en su domicilio o en lugar determinado fijado por el juez en sentencia o posteriormente en auto motivado. Este lugar suele ser el domicilio aunque pudiera ser otro lugar fijado por el juez. La LO 5/2010 introdujo en el art. 37.1 CP la posibilidad de que, en algunos casos singularmente previstos, la LP se cumpliera en un régimen extraordinario los sábados, domingos y días festivos en centro penitenciario más próximo al domicilio del penado. Sin embargo, en una muestra más de las incongruencias en que incurre la poco reflexionada reforma operada por LO1/2015, el art. 37.1 CP sigue aludiendo, inexplicablemente, a dicha posibilidad aun cuando no existen supuestos de aplicación en la Parte especial del Texto punitivo, ni tampoco se configura como un modo de cumplimiento de la RPSIM en casos de delitos leves castigados con multa[87] porque la LP, en definitiva,

---

[85] Así por ejemplo, los delitos recogidos en el art. 142.2 y 152.2 CP (homicidio por imprudencia menos grave y lesiones por imprudencia menos grave) cuya pene mínima se sitúa en multa de tres meses pero el límite máximo es muy superior.

[86] En sentido parecido, ya para la regulación anterior a 2015, PUENTE SEGURA, L., "La sustitución...", ob. cit., pág. 17, señalaba que a pesar de decir "podrá cumplirse" no estando prevista la pena de prisión para las faltas, resultaría desproporcionado que la pena de multa impuesta determinara su sustitución por una pena más grave que cualquiera de la establecida para la comisión de una falta.

[87] Este régimen excepcional se contempla únicamente cuando esta pena "esté prevista como pena principal, atendiendo a la reiteración en la comisión de la infracción y siempre que

viene a convertir los días de prisión en otra modalidad de cumplimiento más benévolo pero no es una consecuencia jurídica directamente ligada a un supuesto delictivo concreto.

Por lo demás, aunque el art. 468 CP recoge un tipo agravado en el marco del delito de quebrantamiento de condena para los supuestos en que la conducta infractora recayera sobre una pena privativa de libertad –la localización permanente lo es– y este tratamiento más gravoso siga vigente tras la reforma pudiendo afectar a un mayor número de casos por la extensión que la pena puede alcanzar como forma de cumplimiento de la responsabilidad subsidiaria por la multa impagada, una vez vista la naturaleza jurídica de la RPSIM así como la de la de las sustituciones que la acompañan, es fácil colegir que, más allá del despropósito que significaría aplicar una pena de seis meses a un año en cualquier caso de incumplimiento y aunque sería deseable posibilitar formas de cumplimiento que no signifiquen un encierro permanente y continuado en el domicilio para evitar estas situaciones que vayan más allá de una incidencia puntual[88], cuando efectivamente se "quebrante" esta pena sustitutiva de la subsidiaria, salvo que se trate de una contravención justificada, procederá la ejecución de la pena sustituida, lo que, por otra parte resultará muchísimo más beneficioso para el reo en la inmensa mayoría de los casos.

Tratándose de la inutilización o falta de cuidado del dispositivo de control que pudiera haber acordado el juez o tribunal para garantizar el cumplimiento efectivo de esta pena, siempre que el funcionamiento irregular del mecanismo mecánico o electrónico empleado en el caso concreto no obedezca a causas fortuitas o justificadas o bien impliquen un incumplimiento por un periodo de tiempo irrelevante[89], harán difícil soslayar la pena por el delito de quebrantamiento de condena, una vez que el legislador de 2015 ha decidido incorpo-

---

así lo disponga expresamente el concreto precepto aplicable", situación hasta 2015 concretada únicamente en la falta reiterada de hurto ínsita en el entonces vigente art. 623.1 CP. Este nuevo panorama positivo, se hace aun más incomprensible si se toma en consideración que el RD 840/2011, de 17 de junio, que sustituye al anterior RD 515/2005, disciplina en exclusiva las condiciones de ejecución de la pena de localización permanente en Centro penitenciario, esto es, del régimen excepcional de cumplimiento que ahora queda sin virtualidad. El contenido del plan de ejecución se establece en la Instrucción 11/2011 de la Secretaría General de Instituciones Penitenciarias.

[88] Habría que regular convenientemente, lo que el RD 840/2011 no hace, una situación intermedia que no hiciera plantearse ni el cumplimiento de la prisión ni la pena propia del quebrantamiento ante cualquier incumplimiento, de forma que fuera la propia Administración penitenciaria la que sirviera de filtro a la hora de comunicar al juez sólo las incidencias que resulten relevantes, tomando en consideración las circunstancias personales que dificultaron la ejecución adecuada de la pena, tal y como sucede con la pena de TBC (art. 49.6 CP). Vid. STS 182/2000 de 20 de septiembre, entendiendo que el quebrantamiento de condena –referido a la pena de arresto de fin de semana– solo debía venir en aplicación cuando era principal (no si era multa sustitutiva o consecuencia de multa impagada). Criterio extensible a la localización permanente en estos supuestos.

[89] La función tamizadora la debería asumir el Servicio de Gestión de penas previsto en el RD 840/2011. El derogado RD 515/2005 contemplaba un mecanismo que atribuía a los

rar esta conducta al art. 468.3 CP –curiosamente también castigado con pena de multa– aun cuando su naturaleza no responda al injusto propio de esta figura contra la Administración de Justicia. En último caso, las alertas generadas por un funcionamiento irregular de entidad deberán ser valoradas, siendo finalmente el juez quien aprecie la presencia o no del delito de quebrantamiento de condena valorando las circunstancias objetivas y subjetivas que revelen un rechazo manifiesto al cumplimiento de las condiciones de ejecución impuestas, aunque ello no conlleve, de ahí la peculiaridad de la conducta, un quebrantamiento de la pena impuesta, que de producirse generaría las consecuencias oportunas adicionales, en nuestro caso, el cumplimiento de la pena de prisión subsidiaria.

1.3. Los TBC como sustitutivo de la prisión subsidiaria por impago de multa

Con independencia de que se trate de una pena de multa por cuotas o proporcional, resultando esta impagada, la responsabilidad subsidiaria puede ejecutarse o ser suplida por trabajos comunitarios[90] (art. 53.1 y 53.2 CP). Se formula, de este modo, una sustitución penológica que sobrevive, de forma autónoma, a la suprimida en la Reforma de 2015. Opera también, como se verá, para los casos de delitos leves y es la única "alternativa" real que se presenta a la privación de libertad subsidiaria por impago de multa.

Por esta razón, con carácter general, salvo excepcionales circunstancias que recomienden otra cosa, el órgano jurisdiccional deberá, en primer lugar, requerir el consentimiento del penado para la realización de TBC una vez no haya resultado posible la ejecución de la pena de multa, pues esta debe ser considerada la principal y primera alternativa efectiva a la privación de libertad. Únicamente cuando no se obtenga la anuencia o cuando el órgano tenga razones fundadas para no considerar esta opción y lo haga constar de forma motivada, procederá a establecer la responsabilidad subsidiaria privativa de libertad (si fuera delito leve, obligatoriamente, la localización permanente). Otra cosa es lo que suceda en la realidad y que la ley lo ampare[91].

A pesar de que la sustitución de la posible pena de prisión por el impago de la multa pueda transformarse en TBC es una previsión que debe ser aplaudida como medio de evitar la privación de libertad, también puede conllevar algunos inconvenientes, partiendo de la necesidad del consentimiento del penado. Existe

---

Servicios Sociales penitenciarios competencia para valorar y filtrar las incidencias antes de ponerlas en conocimiento del juez sentenciador.

[90] La regulación de esta pena se halla recogida tanto en el propio CP, donde se establecen cuestiones tan relevantes como el número de horas diarias de trabajo, su ámbito de aplicación, o los motivos y consecuencias de su incumplimiento, como en el RD 840/2011 de 17 de junio que establece las circunstancias de ejecución y clarifica que la competencia se atribuye a la Administración penitenciaria.

[91] Vid. MARTÍNEZ-BUJAN PÉREZ, C., considerando, sin embargo, que este régimen de cumplimiento queda al arbitrio del juez o tribunal que podrá acordarlo o bien mantener la modalidad principal de privación de libertad. "La regulación de la pena de multa…", ob. cit., pág. 267.

un determinado perfil de persona con vida desorganizada para quien cuestiones como el cumplimiento de un horario y unas pautas de trabajo puede resultar algo difícil de asumir y que esto termine por derivar en un quebrantamiento de condena. Estas situaciones pueden conllevar un excesivo alargamiento en el tiempo del control del penado y una espiral de incidencias, informes y sustituciones hasta terminar en un posible quebrantamiento de la pena originaria. Quizá por estas dificultades y la escasa colaboración del penado que en ocasiones prefiere la estancia corta en la prisión, la doctrina confirma que los TBC como forma de responsabilidad por impago de multa tienen un uso judicial escaso o minoritario, aun cuando se advierte que no se dispone de cifras fiables[92].

No obstante, a falta de otras soluciones alternativas, el hecho de que tras la reforma de 2010, el art. 49 CP permita que los TBC consistan en la participación del penado en talleres o programas formativos o de reeducación, laborales, culturales, de educación vial, sexual y otros similares, abre nuevas posibilidades para su aplicación como medida alternativa a la prisión por impago de multa, reforzando, al tiempo, la naturaleza punitiva de la RPSIM ya que la opción consiste también en una pena y no en un mero programa de rehabilitación en libertad o cualquier otra medida penal alternativa que pudiera advertirse como excesivamente benévola para el penado[93].

Cuando la pena privativa de libertad nacida por el impago de una multa sea "sustituida" o ejecutada a través de la pena de TBC el establecimiento de su duración no plantea grandes problemas si la pena de multa originaria era una pena de días multa, puesto que el propio art. 53.1. 2º CP establece como módulo de conversión que cada día de privación de libertad equivaldrá a una jornada de trabajo[94]. Esto nos lleva a determinar si lo conjugamos con la duración establecida de la pena de días multa que se sitúa entre diez días y dos años (art, 50.3 CP) y que dos cuotas diarias no satisfechas equivales a un día de privación de libertad (53.1.1 CP) una horquilla entre cinco jornadas de trabajo y un máximo de 360 jornadas de TBC, ya que la excepcionalidad en cuanto a superar los límites genéricos de la pena solo se establece en el art. 53 CP para la pena de localización permanente. En este sentido, debe advertirse que los límites máximos que puede alcanzar esta pena cuando opera como forma de cumplimiento de la responsabilidad personal subsidiaria por impago de multa pueden resultar desproporcionados, aumentando las dificultades de su ejecución y los riesgos de desocialización.

---

92 Vid., CID MOLINÉ, J. y LAURRAURI PIOJÁN, E., *Los jueces penales*... 2002, pág. 130.

93 Ello seguirá originando numerosos problemas teóricos y prácticos, sobre todo en los casos de concursos o en los de determinación de la pena de multa superior en grado (ex art. 70.3 CP). Así, BRANDARIZ GARCÍA, J.A., "Las penas de trabajos en beneficio de la comunidad y localización permanente (Arts. 40, 48 y 35)", en *Comentarios a la Reforma del CP de 2015*, ob. cit., pág. 249. Admitiendo llegar hasta las cuatrocientas cincuenta jornadas en caso de subir de grado la pena de multa (art. 70.2.4), MARTÍNEZ BUJAN PÉREZ, C., "La regulación de la pena..." ob. cit., pág. 268.

94 En opinión de CID MOLINÉ, J., en consideración a los distintos derechos afectados en la pena de multa y la de TBC, un día de multa no puede equivaler a una cantidad superior a una hora de trabajo. "El trabajo en beneficio de la comunidad", CID MOLINÉ, J., / LARRAURI PIJOAN, E., (EDS.), *Penas alternativas a la prisión*, Bosch, Barcelona, 1997, pág. 107.

Dada la configuración legal de esta pena que requiere el consentimiento expreso del condenado, resulta primordial el modo de adopción de la decisión judicial de aplicar la pena TBC en lugar de otra pena (en nuestro caso la prisión o la LP). A estos efectos, tal y como ocurre cuando se configura como una pena alternativa principal, los jueces deberán tener en cuenta los principios básicos que rigen nuestro sistema de penas, esencialmente el principio de proporcionalidad entre pena y delito, pero también el principio de humanidad y el de resocialización tan ligados a los fines de prevención especial. En este sentido resulta evidente que la pena de TBC es una pena, por los bienes a los que afecta, más leve que la pena de prisión, pero más grave que la pena de multa. Asimismo, en la concreción de la clase de pena que le corresponde a quien ha impagado la multa debe estar presente la finalidad que se pretende conseguir con la pena, en atención a las concretas circunstancias del hecho y del responsable del mismo, desde el momento en que cada una de las posibilidades punitivas que ofrece el art. 53 no comparten los fines a los que responden (más desocializadores, sin duda en el caso de los TBC que en la prisión o que, incluso, en la LP), pero también las propias circunstancias personales del sujeto (si está en condiciones de cumplir la pena de TBC por sus circunstancias personales, familiares y sociales, si ha prestado o no el consentimiento) e incluso las posibilidades reales de la Administración para la ejecución de una pena de este tipo que se cumple en la comunidad. Respecto al primer aspecto, debería exigirse un informe social previo a la imposición de la pena sobre la idoneidad del condenado para su cumplimiento que contribuyese a que el órgano sentenciador dispusiese de mayores y mejores elementos de juicio para aplicarla en el caso concreto y que serviría de apoyo a la decisión del órgano judicial y evitaría La duplicación del trabajo al evitar que hubiese que dar marcha atrás en el proceso de ejecución de la pena a raíz de una posterior constatación, ya en fase de planificación del cumplimiento de la misma, de la imposibilidad del sujeto de cumplirla[95] algo que se recogía tímidamente en el RD 515/2005 como potestativo pero que el nuevo RD 840/2011, que desarrolla esta pena, no contempla[96].

En general, pese a la posibilidad de hacer cumplir la responsabilidad subsidiaria mediante LP, TBC, o, inclusive suspenderla –si se comparte que ello es posible– lo cierto es que en la práctica son posibilidades que quedan infrautilizadas, de forma que las sentencias, con un cierto automatismo, se encargan de subrayar la pena privativa de libertad que correspondería en caso de impago sin indicar, lo

---

[95] En este sentido, BRANDARIZ GARCÍA, J. A., *La sanción penal de trabajos en beneficio de la comunidad*, Valencia, 2009, pág. 351; CID MOLINÉ, J., «Penas no privativas de Libertad en la Ley Orgánica 15/2003 (especial mención a: trabajo en beneficio de la comunidad y prohibición de acercamiento)», ob. cit., pág. 222. La necesidad del citado informe habría sido observada también por las personas que intervienen en la aplicación y ejecución de esta pena, tal y como constata TORRES ROSELL, N., «La pena de trabajos en beneficio de la comunidad: opinión de los sujetos implicados en su aplicación y ejecución», RGD nº 4, 2005, p. 7.

[96] LARRAURI PIJOAN, E., «La necesidad de un informe social para la decisión y ejecución de las penas comunitarias», en *Boletín Criminológico*, 2012, nº. 139, págs. 1-5, recoge los resultados de un estudio sobre el conocimiento y utilización de este informe en diversos juzgados de Cataluña tras corroborar el limitado uso que se hacía del mismo.

que sería deseable, las diferentes maneras de ejecución que no conducen necesariamente al ingreso en prisión. Las penas sustitutivas, puede decirse, se aplican en contadas ocasiones. En el caso de los TBC por una interpretación en exceso garantista de la exigencia legal que lleva a requerir un consentimiento cualificado del condenado, que determinaría no ya su anuencia, sino la propia petición por parte del penado que para eso debería conocer esa posibilidad y su alcance.

Tal vez una solución plausible sea la aplicación del citado principio de oportunidad encomendado *ex lege* al Ministerio Fiscal que posibilitaría el sobreseimiento por parte del juez siempre que no exista un interés público (no hay denuncia y se ha reparado el daño), conforme a la Circular de la FGE 1/2015 a raíz de la reforma operada en la LECrim por LO 1/2015 y que sería aplicable, por ejemplo, a la pequeña delincuencia patrimonial, como medida previa al juicio.

2. La conversión de la RPSIM correspondiente a la multa proporcional

Junto a la aplicación generalizada del sistema de días multa, el CP conserva en algunas figuras de la parte especial una pena de multa que se establecerá en proporción al daño causado, al valor del objeto del delito o al beneficio reportado por el mismo (art. 52 CP) concretándose en relación a las circunstancias atenuantes y agravantes del hecho y la situación económica del culpable. Pues bien, más allá del desmesurado marco de discrecionalidad con que cuenta el órgano jurisdiccional para establecer la cuantía de la multa, en caso de resultar esta impagada, la responsabilidad personal subsidiaria será "la que proceda", según el "prudente arbitrio" del juzgador. En este apartado, el art. 53.2 sigue el criterio del anterior art. 91 CP para la multa tradicional, aunque con un único límite máximo. Este prudente arbitrio, que, en ningún caso, puede autorizar la arbitrariedad que prohíben los principios constitucionales y que obligará a analizar y ponderar las posibilidades del condenado para hacer frente a la multa en lo que supone una medición pormenorizada de los presupuestos legales para la fijación de esta sanción pecuniaria según lo establecido en el art. 50.2 CP buscando la proporcionalidad, resulta una de las previsiones más criticables[97], al otorgar al juez una ámbito de discrecionalidad excesivo, difícilmente sujeto a revisión a través de recurso por la ausencia de reglas positivas específicas en que basar la motivación.

La complejidad técnica que este modelo de multa puede suponer para establecer una fórmula con un módulo de conversión no puede justificar semejante exceso en las facultades otorgadas al juzgador, ya que produce una enorme inseguridad jurídica. De este modo, el cómo deba entenderse este elemento del "prudente arbitrio" no es cuestión baladí puesto que el marco abstracto de la pena es bastante amplio. En este caso, no se está refiriendo a que el juez tenga en cuenta las circunstancias concretas del delito y la existencia de agravantes o atenuantes,

[97] La STS 1761/2001 de 19 de diciembre considera que no se exige "una razonada motivación" en su determinación.

toda vez que eso ya fue tenido en cuenta a la hora de fijar la multa finalmente impuesta, sino que se alude a que, puesto que la multa no se establece con un criterio temporal, el juez deberá tomar en consideración el importe de la multa impuesta, valorarlo y establecer en función de su cuantía (gravedad de la sanción) la responsabilidad personal subsidiaria en caso de impago. En realidad, resulta difícil pensar en un módulo de conversión aplicable a la multa proporcional, ya que ésta se impone en atención a circunstancias ajenas a la situación económica del reo, pero quizá el legislador debía haber sido más claro en este punto y haber preceptuado que la responsabilidad subsidiaria deberá concretarse en atención al importe de la multa impagada de forma semejante, por otro lado, a lo que ocurre con la multa por cuotas para mantener la proporcionalidad[98].

En cualquier caso, esta responsabilidad subsidiaria derivada de la insatisfacción de la multa proporcional no podrá exceder de un año[99] –prescindiendo, a diferencia del régimen establecido para la multa por cuotas, de un doble límite temporal según la gravedad– como límite legal unitario[100] para todo tipo de delitos sin excepciones ni matices[101], en una muestra más del excesivo arbitrio que se otorga al juzgador. No obstante, este agravio se ve paliado por el hecho constatable de que no existen delitos leves castigados con este tipo de pena.

La fijación concreta dentro de ese margen queda al arbitrio del juzgador. Esto es algo que no tiene justificación alguna desde el punto de vista de la proporcionalidad y la seguridad jurídica. A este respecto se ha propuesto un modelo por escala con diferentes tramos en función del importe de la multa susceptible de imponerse, de modo que a cada uno de esos tramos se le asignaría una pena subsidiaria cuyo límite máximo iría aumentando a medida que se pasa de un tramo a otro, proporcionando en segundo término la duración de la pena subsidiaria en función del porcentaje de multa que restase por pagar[102] o, directamente, determinar la duración de la sanción subsidiaria no en relación con la multa impagada

[98] Así la STS de 1892/2000 del1 de diciembre (RJ 2000/9786) considera que la responsabilidad personal subsidiaria en casos de multa proporcional deberá establecerse con criterios anális a los de la multa por cuotas, en un caso en el que se le impuso una responsabilidad personal de diez días ante el impago de una multa muy reducida que no hubiera alcanzado el límite mínimo de una cuota, pues "no depende de la forma en la que se individualiza la multa".

[99] Esta previsión tal vez responda a que la extensión máxima de la pena de multa (Art. 50.3) por cuotas es de dos años y teniendo en cuenta el módulo de conversión del art. 53.1 CP, se ha pretendido realizar un paralelismo en los límites, aun cuando las infracciones a las que se anuda la multa proporcional son de más gravedad.

[100] Límite que podría entenderse aplicable incluso si se tratasen de varias multas proporcionales, dado que el precepto indica categóricamente "en ningún caso", en lo que supondría un régimen específico de moderación sancionadora. LLORCA ORGEGA, J., *Manual de determinación*, ob. cit., pág. 137.

[101] El art. 91 CPA establecía un límite de seis meses para los delitos y quince días para las faltas.

[102] ROCA AGAPITO, L., *La responsabilidad personal...*, ob. cit., pág. 405 y ss. Encontrando difícil esta solución, por cuanto el importe de la multa proporcional en cada caso es un a priori desconocido, GRACIA MARTÍN, L./BOLDOVA PASAMAR/ALASTUEY DOBÓN, C., *Tratado de las consecuencias jurídicas del delito*, Valencia 2006, pág. 213.

"sino con la gravedad del delito realizado" a fin de tratar igualitariamente responsabilidades similares[103]. La Jurisprudencia, en cambio, viene siguiendo una pauta: un día de arresto por cada 500 euros o fracción impagados[104].

En cualquier caso, siempre que el Tribunal imponga una multa de estas características no puede olvidar la obligación de fijar la responsabilidad personal subsidiaria para el caso en que no fuera satisfecha la pena pecuniaria impuesta, sin que los términos "la que proceda" signifique que el tribunal deba realizar una nueva valoración de las circunstancias económicas del reo, dado que esto ya se tuvo en cuenta para establecer la cuantía de multa proporcional. Al mismo tiempo, la incidencia de las reglas descritas art. 66 CP en la individualización de la responsabilidad subsidiaria es nula.

En el caso de la multa proporcional el legislador se ha limitado a señalar que "también podrá el juez o tribunal acordar, previa conformidad del penado, que se cumpla mediante trabajos en beneficio de la comunidad". Nos falta, por tanto, en este supuesto la referencia al módulo de conversión o equivalencia que deba utilizarse para concretar la duración de la pena de responsabilidad personal subsidiaria por su impago, quedando al prudente arbitrio del juzgador (art. 53.2 CP) establecer la que proceda que en ningún caso podrá exceder de un año. Pudiendo esta cumplirse a través de los TBC, podría entenderse fácilmente que también la duración de los TBC pueden quedar al arbitrio del juez. Sin embargo, razones de coherencia interna del precepto obligan a una aplicación de idéntico módulo de equivalencia previsto para el caso de la pena de días multa, pues una cosa es que el arbitrio se utilice para concretar la duración de la RPSIM y otra que se siga un criterio distinto para su cumplimiento[105].

VII. EL CUMPLIMIENTO DE LA RESPONSABILIDAD PERSONAL SUBSIDIARIA

Tal y como resulta de lo establecido en el art. 53.4 CP el cumplimiento de la responsabilidad subsidiaria, extingue la obligación de pago de la multa, aunque

---

[103] JARREÑO LEAL, A., porque no es la situación económica la que debe determinar la extensión de la sanción "La pena de multa y las penas privativas de Derechos en el CP de 1995" en *Estudios jurídicos en memoria del profesor Dr. D. José Ramón Casabó Ruiz, vol II*, Valencia, 1997, pág. 73.

[104] Vid. AP Guipúzcoa 71/2005 de 24 de junio (La Ley 142701/2005). La STS 1761/2001 de 19 de diciembre (RJ 2002/565), considera que el arresto impuesto de veinte días por el impago de 200.000 pts. no resulta desmesurado ni desproporcionado, sin que se exija una razonada motivación. Por tanto no hay vulneración del derecho a la tutela judicial efectiva.

[105] En este sentido, TÉLLEZ AGUILERA, A., *Nuevas penas y medidas alternativas a la prisión*, Madrid, 2005, pág. 125 y GONZÁLEZ TASCÓN, M.M., "Estudio teórico y práctico...", ob. cit., pág. 296, quien además recuerda el proceso de gestación del art. 53 y, en concreto, lo establecido al respecto en el Anteproyecto de CP de 1994, texto en el que expresamente se decía que se aplicasen a la multa proporcional de forma analógica las reglas establecidas para la pena días multa y que desapareció de forma accidental al introducir a instancias del CGPJ el criterio del arbitrio judicial.

mejore la situación económica del penado. Siendo una norma subsidiaria, lo contrario sería infringir el principio *ne bis in idem*. Esto, además, resulta lógico pues, como ocurre en cualquier sustitución, situados en el segundo nivel, el cumplimiento de la pena sustitutiva extingue la responsabilidad penal del mismo modo que si se hubiera producido el cumplimiento de la suplida.

Cuando la responsabilidad personal subsidiaria se materialice en el ingreso del penado en un Centro penitenciario, su ejecución en nada deberá diferenciarse de la pena de prisión, de forma que cuando haya sido impuesta junto a otras penas de prisión, ya sea en esa misma causa o en otra distinta, se unirá a ellas en una *unidad de ejecución* a los efectos de serle aplicado el régimen penitenciario como una sola pena. Por lo mismo, si la pena privativa de libertad se articula mediante el cumplimiento de la pena de localización permanente o trabajos en beneficio de la comunidad, deberían también seguirse las reglas generales que corresponden a la ejecución de cada una de ellas.

1. El incumplimiento de las penas sustitutivas

La primera cuestión que se suscita es la relativa al tratamiento que debe ofrecerse en los casos en los que se incumplen las penas que sustituyen o que constituyen los medios de cumplimiento de la pena de prisión, pues si fuera ésta la que se quebrantase resulta claro, siendo una pena subsidiaria, que si se quebranta el régimen de privación de libertad en centro penitenciario, se incurriría en el correspondiente delito de autoquebrantamiento de condena (art. 468 CP).

En el caso de un incumplimiento real –esto es, que vaya más allá de una mera incidencia y que quede clara la voluntad del penado de no asumirla– de la pena de localización permanente o de los trabajos en beneficio de la comunidad, debe retornarse a la pena sustituida, descontando, en su caso, la parte del tiempo que haya cumplido conforme a las reglas de conversión que dieron lugar a las mismas[106], sin que quepa deducir testimonio por un delito de quebrantamiento de condena y sin que, en este caso, quepa proceder nuevamente a su sustitución. Desaparecido como tal el instituto de la sustitución, y dada la

[106] En este sentido, MAPELLI CARFARENA, B., entendiendo aplicable las normas del art. 88.3 CP, anterior a 2015, incluso admitiendo la posibilidad de una nueva sustitución, "La responsabilidad...", ob. cit., pág. 86 y ROCA AGAPITO, L., aunque solo refiriéndose a los trabajos en beneficio de la comunidad y no a los arrestos de fin de semana que consideraba pena directamente impuesta como alternativa a la prisión continuada. *La responsabilidad personal...*, ob. cit., pág.485. En contra, por entender que se trata de una institución de fundamento diverso, MARTÍNEZ BUJAN, C., "La regulación de la pena de multa...", ob. cit., pág. 269. En el mismo sentido, PUENTE SEGURA, L., porque, en este caso, explica, el art. 53 no solo no ha previsto ninguna consecuencia específica para dicha hipótesis, sino porque tampoco podrá cumplirse la pena sustituida (multa) salvo que se hubiera modificado la situación económica del condenado. "La sustitución...", ob. cit., pág. 21 y SERRANO BUTRAGUEÑO, I., "El quebrantamiento de los arrestos de fin de semana". *PJ*, 2002, pág. 64.

nueva regulación de la suspensión de la pena, si se incumplen las penas de LP o los TBC deberá estarse, por analogía, a lo previsto en el art. 86.3 CP para los casos de revocación de la suspensión, debiendo satisfacerse los días de privación de libertad pendientes[107].

A esta solución se llega porque, tratándose de una pena autónoma privativa de libertad y no una mera ejecución de la multa, cuando la prisión subsidiaria se sustituye por LP o por TBC, éstas se convierten en sanciones sustitutivas de la privación de libertad y no directamente de la multa, como se desprende del hecho de que el módulo de conversión se establezca entre las jornadas de trabajo o los días de permanencia en el lugar que el juez indique y los días de privación de libertad.

2. Aspectos procesales

La primera cuestión ligada a los aspectos procesales que esta pena suscita está relacionada con el momento en que el órgano judicial debe establecer la RPSIM, si ha de ser en la sentencia condenatoria o en fase de ejecución de la misma.

En la práctica, aunque se prodigan las dos situaciones, lo habitual es que las acusaciones en general o, el MF, en particular, soliciten en sus conclusiones tras interesar una pena de multa, la imposición de la correspondiente responsabilidad subsidiaria en caso de impago y que la misma quede concretada en la sentencia, aunque esto es algo que no resulta exigido por el tenor del art. 53 CP. De ahí que algunos autores encuentren razones suficientes para entender que se trata de una declaración que en muchos casos puede resultar superflua, así, por ejemplo, cuando el condenado presente solvencia suficiente para asumir el pago, y que, por lo mismo, no habría obstáculo para que establecida en la sentencia firme la pena pecuniaria, pueda posteriormente, en fase de ejecución de sentencia, una vez conste el impago de la multa como consecuencia del insatisfactorio resultado de la vía de apremio, establecer mediante el correspondiente auto y, con audiencia de las partes, la responsabilidad personal subsidiaria que corresponda[108]. El TS, sin embargo, considera que el hecho de no establecer

[107] Así, DÍEZ RIPOLLÉS, J.L., *Derecho Penal. Parte general*, ob. cit., pág. 738. Vid. SAP de Guipuzcoa 230/1998 de 3 de julio (ARP 1998/11858). Si se sustituyó la multa por arresto domiciliario, sin disposición legal que lo legitime, el incumplimiento de este deberá dar lugar sin más a la ejecución de la pena (el arresto sustitutivo previsto por el impago de la multa) en un Centro penitenciario, pero no puede dar lugar a la comisión de un delito de quebrantamiento de condena.

[108] PUENTE SEGURA, L., "La sustitución…", ob. cit., pág. 23. La Jurisprudencia viene entendiendo que el art. 53.1 CP establece, con carácter preceptivo, la sujeción del condenado a una responsabilidad personal subsidiaria para el caso de impago de la pena de multa, por lo que esta responsabilidad supletoria es de imposición legal y no exige solicitud expresa de la acusación. Lo que puede hacer el Tribunal es sustituirla, en ejecución de sentencia, por traba-

el órgano jurisdiccional de instancia la responsabilidad personal subsidiaria en la sentencia supone encontrarse ante un simple error material que debe ser subsanado[109].

Otra cuestión conectada a la anterior se dirige a dilucidar si dicha responsabilidad concretada en la sentencia o fijada posteriormente mediante auto, queda sometida al principio acusatorio o no se contrae al mismo. El argumento para sostener que la responsabilidad personal subsidiaria no está sometida al principio acusatorio y que, por tanto, es algo que se sustrae al debate en el juicio oral radica en el hecho de que esta responsabilidad subsidiaria es un efecto inmediato e ineludible previsto legalmente para la ejecución de una pena impuesta en sentencia firme cuando la misma no resulta posible, especialmente en el ámbito de las multas temporales, donde se parte de un módulo fijo de conversión[110], siendo, además, algo imperativo para el juez.

La cuestión, sin embargo, se muestra más turbia tratándose de una responsabilidad personal establecida a raíz del pago de una multa proporcional, teniendo en cuenta que para tales supuestos el art. 53 CP no establece un módulo de transformación fijo y automático, quedando a su prudente arbitrio. Por esta razón, en tales casos parece más adecuado considerar que el órgano jurisdiccional queda limitado por las exigencias del principio acusatorio[111], para que de este modo se pueda discutir sobre su extensión.

3. Suspensión de la RPSIM y la libertad condicional

La configuración *ex lege* de la RPSIM como una pena privativa de libertad ha suscitado tradicionalmente dudas acerca de si era posible aplicarle los institutos de la sustitución y la suspensión de la pena. Existiendo en nuestro CP actualmente solo este último, aunque incorporando en sí parte de aquel, la pregunta se ciñe únicamente a si es posible suspender la RPSIM si se dan los requisitos que, en cada momento y para cada modalidad, el Código exige.

En principio, siendo una pena privativa de libertad nada impediría que pudiera suspenderse[112], aunque también es cierto que la Jurisprudencia y el propio

---

jos en beneficio de la comunidad, pero no rechazarla con carácter previo, pues "resulta incorrecto predeterminar en la sentencia la imposibilidad de imponer dicha responsabilidad para el caso de que se produzca el impago en la ejecución". SSTS 2060/2002 de 4 de diciembre (La Ley 203328/2002) y 252/2004 de 4 de marzo (RJ 2004/1116).

[109] STS 1191/2006 de 5 de diciembre (La Ley 150041/2006).

[110] PUENTES SEGURA, L., "La sustitución...", ob. cit., pág. 23.

[111] Vid. SAP de Toledo secc. 2ª núm. 21/2006, de 17 de marzo.

[112] A favor, DE LAMO RUBIO, J., *Penas y medidas de seguridad en el nuevo Código*, 1997, pág. 431, SÁNCHEZ GARCÍA DE PAZ, I., "Artículo 53" en *Comentarios prácticos al Código penal. Tomo I. Parte general.* Artículos 1-137, Manuel Gómez Tomillo (dir.) LANDECHO VELASCO, C.M.,/ MOLINA BLÁZQUEZ, C., *Derecho Penal Español,* ob. cit., pág, 630, aunque utilizando argumentos de artículos ya derogados.

legislador en algunos casos, son reacios a extender los institutos alternativos a otras penas distintas a la prisión ya que se formulan precisamente como alternativas a esta[113]. En este caso, aun cuando se trate de una pena de prisión, es subsidiaria de la principal que era la multa que no se pudo satisfacer.

Si nos adentramos en su articulado, el CP hace referencia en distintos preceptos a la posibilidad de acordar judicialmente la suspensión de la ejecución de las penas en general y de las privativas de libertad en particular. Así, por ejemplo, en el art. 4.4 CP se alude a la suspensión de la ejecución de la pena en tanto se resuelve una petición de indulto cuando de no hacerlo resultaría vulnerado el derecho a un proceso sin dilaciones indebidas o para que no resulte ilusoria la finalidad del indulto. Pues bien, entre esas mencionadas penas, aunque no se trate del supuesto más usual, están las penas de multa por cuotas o la multa proporcional, de modo que en tal supuesto pudiera evitarse la consiguiente RPSIM, supuesto que no resulta problemático.

Por su parte, el art. 60 CP establece la suspensión de la ejecución de la pena privativa de libertad impuesta, cuando, después de pronunciada sentencia firme, se aprecie en el penado una situación duradera de trastorno mental grave que le impida conocer el sentido de la pena, garantizando el Juez o Tribunal que aquel reciba la asistencia médica precisa. A tenor de lo expuesto, podrá suspenderse la RPSIM y la prisión en la que se ha transformado la multa impagada pero no la propia multa[114], por más que esta exclusión no se compadezca con el carácter personal de la pena y resulte poco acorde con la naturaleza periódica de la multa por cuotas que va a requerir para su cumplimiento, por su configuración temporal, una relación continuada entre el tribunal y el penado para el abono de las cuotas o de los pagos aplazados, relación que resultará imposible si el penado ha perdido las facultades cognoscitivas que le llevaron a ser declarado culpable de una infracción. Ello supone una confusión entre la pena, por recaer en este caso sobre el patrimonio, y la responsabilidad civil destinada a resarcir a la víctima y perjudicados, siendo que aquélla se proyecta en su versión preventivo especial sobre la persona del delincuente y requiere la comprensión de su contenido. Paradójicamente cuando resulte impagada, cabría aplicar el art. 60 CP a la prisión subsidiaria.

Por lo que respecta a la nueva regulación de la sustitución de las penas (arts. 80 y ss totalmente remodelados tras la LO 1/2015) esta sigue circunscribiendo su ámbito aplicativo a las privativas de libertad no superiores a dos años[115], sin incluir en tal cómputo, según dispone el art. 80.2, 2º CP, la derivada del impago de la multa, de modo

[113] Vid. SSTC 224/1992; 165/1993 y 209/1993 justificando la diferencia de trato y la no contravención de los principios de igualdad y libertad en el hecho de que la suspensión tiene por finalidad "evitar el cumplimiento de penas cortas privativas de libertad".

[114] Vid. MANZANARES SAMANIEGO, J.L., considerando esta exclusión retrógrada, pudiendo hablarse de una involución histórica pues recupera la normativa del CP de 1928, el de la dictadura de Primo de Rivera. "La pena de multa". *Diario la ley*, sección doctrina, 1996, D 130, tomo 2 (La ley 12162/2001) pág. 7.

[115] El CPA incluía en el régimen jurídico de la "remisión condicional" la privación de libertad subsidiaria por impago de multa. Vid. art. 93 CPTR-73. De este modo, la ficción llegaba

que podría darse el supuesto de una suspensión de una pena privativa de libertad superior a dos años si esa cuantía total se ha alcanzado por sumar al tiempo de prisión el concerniente a la RPSIM porque no parece oportuno que las respuestas que impliquen una alternativa a la prisión queden desde el inicio vetadas por la imposición adicional de una multa que no puede satisfacerse por carecer de solvencia. Se apoya para ello en el hecho de que el CP concibe el proceso de transformación en dos fases independientes cada una con fundamento y naturaleza distintos, lo que permite afirmar que la RPSIM no es la pena "impuesta" por lo que escaparía a la referencia. Pero más allá de esta circunstancia, resulta discutible –y discutido– que quepa suspender la responsabilidad subsidiaria por impago de multa cuando esta se va a ejecutar en forma de prisión, existiendo argumentos a favor y en contra de esta posibilidad.

El loable propósito de evitar, en lo posible, las penas cortas privativas de libertad que inspira el instituto de la suspensión de la ejecución de la pena, el hecho de que la RPSIM sea definida como una pena privativa de libertad, el propósito preventivo especial que alcanzaría aquí toda su fuerza y el agravio comparativo que supondría tratar más gravemente la pena de multa[116] que la de prisión[117] cuando teóricamente aquélla se liga a infracciones de menor entidad, abogarían por admitir sin paliativos la posibilidad de suspensión[118]. Pero, por esta misma regla, ¿por qué no suspender la localización permanente sustitutiva que también presenta naturaleza de pena privativa de libertad?

Argumentos de índole histórica –el art. 93 del CPA consideraba expresamente aplicable la llamada "remisión condicional" también a la privación de libertad impuesta como sustitutoria de la multa impagada, siempre que, en los mismos términos que la prisión, no excediera de una año, habiéndose omitido en el vigente

---

al punto de poderse suspender una privación de libertad surgida de algo que no era considerado pena, a tenor del art. 27.

[116] Parecería poco razonable que se excluya la posibilidad de suspender la ejecución de una pena de prisión que corresponde a una RPSIM por no haber satisfecho el pago de la sanción impuesta por la comisión de un delito "leve" de hurto (art. 234.2 CP) y, en cambio, consentir la posible suspensión de la ejecución de la pena de prisión impuesta ante la realización de un delito, también de hurto, catalogado legalmente como "menos grave" (art. 234.1 CP) de mayor intensidad lesiva (incluso sin condicionar la suspensión a ninguna prohibición o regla de conducta de las descritas en los arts. 83 y 84, entre ellas la multa).

[117] Así, LARRAURI PIOJÁN, E., "Suspensión y sustitución de la pena en el nuevo Código penal" EPC tomo XIX, 1996, pág. 209.

[118] Así, ROCA AGAPITO, L. La responsabilidad, ob. cit., pág. 477; GRACIA MARTÍN, L., *Lecciones de consecuencias...*, ob. cit., pág. 102, y DIEZ RILPOLLÉS, J.L., *Derecho penal español...*, ob. cit., pág. 733; MIR PUIG, S., con un argumento derivado del art. 35 y con el apoyo del art. 83.1 CP cuyo tenor literal revela a contrario sensu que no solo pueden suspenderse las penas de prisión, LÓPEZ BARJA DE QUIROGA, "La pena de multa" en *Estudios sobre el Código penal de 1995*. CGPJ, 1996, pág. 320-337 y LASCURAÍN SÁNCHEZ, J.A.,en Rodríguez Mourullo, *Comentarios...*, ob. cit., pág. 277. Siempre que el beneficiado por la suspensión haya saldado sus responsabilidades civiles, ROLDÁN BARBERO, H., "Arresto sustitutorio...", ob. cit., pág. 860. La Consulta de la FGE 4/1999, de 17 de diciembre se pronuncia también a favor. Vid. apartado III con los argumentos que le aportan la literalidad de los arts. 80 y 35 CP.

tal declaración– y de Derecho proyectado[119], así como razones relativas a la frustración de la finalidad de la pena que no es otro que garantizar la inderogabilidad de la pena de multa, nos llevaría a concluir negativamente respecto a la posibilidad de suspensión de la prisión subsidiaria, pues el sujeto incumpliría tranquilamente su obligación de pago, sabiendo que la sanción no se va a ejecutar.

Sin embargo, la respuesta debe venir dada por la propia estructura y naturaleza del art. 53 CP que se configura como un sistema completo de conversiones, aun cuando, ciertamente, la reforma de 2015 podía haber aprovechado para aclarar aspectos de esta institución. De este modo, si se considerase que la prisión es ya una pena sustitutiva no cabría una nueva sustitución porque estaríamos infringiendo el *ne bis in idem* con un efecto privilegiante[120].

A este respecto hay que hacer constar varios extremos. Por una parte, aunque se trate de una pena privativa de libertad que, por lo mismo, pudiera verse suspendida en su ejecución, si atendemos a la letra de la ley, no se trata de una condena privativa de libertad "impuesta en la sentencia" no superior a dos años (art. 80.1.2º CP)[121] tal y como se requiere. Este argumento gramatical, que por sí mismo sería insuficiente, viene a corroborar que la suspensión no es posible porque es un instituto referido a las penas privativas de libertad impuestas con carácter principal[122] y en este caso la que se le impone en primer lugar es la pecuniaria[123]. No siendo una pena impuesta en el fallo debe seguir el recorrido que le marca el propio art. 53 CP que, de lo contrario, quedaría nulo de eficacia.

El art. 53 CP parece contener una suspensión de la condena de la RPSIM transformada en prisión que puede sustituirse por LP o TBC –una especie de suspensión sustitutoria– quedando intacta si no se sustituye lo que, conforme al art. 80.2 CP, no se computará privación de libertad. Por esta razón, cuando se incumplen las penas sustitutorias se retorna a la situación originaria, debiendo ejecutarse la pena de prisión. Sin embargo, se debería haber matizado que cuando se suspende la condena de menos de dos años de prisión y exista otra condena a RPSIM, aun cuando exceda de esta cifra y esta última no sea sustituida por LP o TBC, la responsabilidad subsidiaria debe quedar incluida en la suspensión de la condena siguiendo la misma suerte que la pena de prisión a la que se une, esencialmente en lo relativo a su suspensión aunque también a la libertad condicional, porque siendo también una pena privativa de libertad procede la acumulación y en otro caso, la situación que se provocaría sería de absoluta indefensión. Con

---

[119] La PLOCP de 1980 permitía la suspensión condicional de la pena privativa de libertad subsidiaria. En cambio, la PACP de 1983 vetaba expresamente esta posibilidad.

[120] La sustitución de lo sustituido es tanto como valorar sucesivamente una misma situación jurídica, MAPELLI CAFARENA, B., "La responsabilidad…, ob. cit., pág. 83.

[121] Así, QUINTERO OLIVARES, G., *Manual de Derecho penal. Parte General*, 2014, pág. 663.

[122] AYO FERNÁNDEZ, M., *Las penas, medidas de seguridad y consecuencias accesorias. Manual de determinación de las penas y de las demás consecuencias jurídico-penales del delito*. Pamplona, 1997, pág. 182.

[123] En Derecho alemán no se admite precisamente porque la multa no puede sustituirse siendo como es la pena de referencia. Vid. parágrafo 56 del StGB.

ello se resolvería, además, un problema práctico ya que, con carácter general, según establece el art. 82.1 CP, siempre que sea posible, "el juez o tribunal resolverá en sentencia sobre la suspensión de la ejecución de la pena" aunque, excepcionalmente, pueda hacerse después. En nuestro caso, el hecho de que la transformación de la multa en efectiva ejecución de la pena privativa de libertad continuada requiera el previo impago de la sanción pecuniaria, dificulta la citada toma de decisión y sobre todo, porque si se valora en ese momento la conveniencia de la concesión de la suspensión ello podría indudablemente no favorecer el pago de la multa. La posibilidad de intentar la suspensión la pena de prisión subsidiaria cuando es única, plantea, sin embargo, los inconvenientes mencionados.

Por lo demás, precisamente porque se trata de un sistema sustitutivo propio, qué interés tendría el sujeto en consentir realizar los TBC, sabiendo que la prisión no va a ser ejecutada. Y, finalmente, siendo condición indispensable para la suspensión de la ejecución que se hayan satisfecho las responsabilidades civiles originadas (art. 80.2.3° CP), situación que ya no se excepciona (el art. 81.3 CP anterior a la reforma de 2015 decía "salvo que se declarare la imposibilidad total o parcial de que el condenado haga frente a las mismas") al exigirse, en todo, caso un compromiso de cumplimiento conforme a su capacidad económica, quien no puede en modo alguno hacer frente a la pena de multa difícilmente podrá satisfacer la responsabilidad civil o aportar las garantías que el precepto requiere.

Igualmente, el art. 84 CP permite (de forma obligatoria cuando se trate de la suspensión excepcional del art. 80.3) condicionar la suspensión de la ejecución de la pena al cumplimiento de alguna prestación o medida entre las que se encuentran: el pago de una multa (art. 84.1.2° CP) o la realización de TBC (art. 84.1.3° CP) cuando resulte adecuado como forma de reparación simbólica a la vista de las circunstancias del hecho y el autor. En este sentido no resulta coherente la suspensión de la prisión substitutiva imponiendo, además, estas reglas de conducta o prestaciones sustitutivas, toda vez que el propio art. 53 CP ha establecido sus particulares reglas de conversión de una pena privativa de libertad continuada en TBC o LP. La multa mucho menos procederá acordarla cuando hemos llegado a este punto por no pagar la originaria.

El hecho de que la RPSIM no resulte acorde con el principio de proporcionalidad e igualdad y mucho menos con la finalidad de reinserción que la CE prescribe para la pena privativa de libertad, así como la realidad de los problemas que ocasiona para la Administración penitenciaria y que, en definitiva, una pena corta privativa de libertad que acaba convirtiéndose en un factor criminógeno no sea el mejor recurso para abordar los supuestos de incumplimiento, no significa que la suspensión deba ser la solución adecuada porque la misma se contradice con el propio sentido y finalidad del art. 53 CP. En el fondo, al igual que las limitaciones temporales y el sistema de sustitución propio que contempla esta pena constituyen correcciones y atemperamientos que tienden a legitimar y perpetuar un institución dudosa, sin mala conciencia. Y no parece que la solución más apropiada sea después recurrir a la suspensión de la pena de prisión, sino mas bien arbitrar mecanismos más directos que sin pasar por tantas conversiones limiten el recurso a esta institución de la RPSIM en primera instancia cuando las circunstancias así lo aconsejen: dejar sin ejecución la pena con carácter provisional o definitivo u optar por una conversión primaria de la multa en TBC, por ejemplo, sin tener que recurrir a la pena privativa de libertad como paso previo[124].

Sobre la posibilidad de aplicar la institución de la libertad condicional a la responsabilidad personal cuando esta consista en una prisión sustitutoria o si por el contrario se trata de una privación de libertad que no puede incardinarse en el sistema de individualización científica pensado para las genuinas penas de prisión, la doctrina, en general, es propensa a su aceptación. En principio, siendo una genuina pena privativa de libertad a todos los efectos, debería participar de este instituto[125] que, en definitiva, propende a dar cumplimiento a lo establecido en el art. 25.2 CE., salvo que la RPSIM cumpla una mera función retributiva y su ejecución básicamente la de retención y custodia.

Sin embargo, en este caso, los arts. 90 y ss se refieren expresamente a la pena de prisión. Lógicamente, para poder cumplir los requisitos que se enumeran, entre ellos estar en tercer grado penitenciario, es preciso que el sujeto esté cumpliendo pena de prisión y que haya extinguido tres cuartas partes de la misma. Esto es, su funcionamiento conecta con un determinado tratamiento penitenciario previo (previsto, en principio, para la pena de prisión) y el sistema de individualización científica.

Atendiendo a la regulación legal, el art. 100 del RP (RD 190/1996) dispone que tras el ingreso en prisión, los penados deberán ser clasificados en grados, viniendo determinada la clasificación por una ponderación de "la personalidad y el historial individual, familiar, social y delictivo del interno, la duración de las penas, el medio social al que retorne el recluso y los recursos, facilidades y dificultades existentes en cada caso y momento para el buen éxito del tratamiento" (art. 102.2 RP). La clasificación en tercer grado se aplicará a los internos que, por sus circunstancias personales y penitenciarias, estén capacitados para llevar a cabo un régimen de vida en semilibertad (art. 102.4 RP).

---

124 Vid. art. 48 de la PACP de 1983 que reproduciendo lo previsto en el Proyecto de 1980 contemplaba que la responsabilidad personal subsidiaria se fijara "estableciendo un día, semana o mes de privación de libertad por cada dos cuotas diarias, semanales o mensuales no satisfechas, salvo que por razones de equidad estimare oportuno reducir ese tiempo".

125 Así, JARREÑO LEAL, A., *La privación de libertad...*, ob. cit. pág. 103, PRIETO RODRÍGUEZ, J.L, "La libertad condicional en el derecho penal español", AP, pág. 205 o VEGA ALOCÉN, *La libertad condicional en derecho español*, 2001, pág. 40. En contra, MANZANARES SAMANIEGO, J.L., "La pena de multa...", pág., 10, las responsabilidades subsidiarias que conlleva el impago de la multa debe permanecer al margen del tratamiento en general y de la libertad condicional en particular y porque la multa carece de un efecto resocializador. También CONDE PUMPIDO FERREIRO, C., "Los problemas penitenciarios de la responsabilidad personal por insatisfacción de la pena de multa", *Revista del Centro de Estudios Judiciales*, núm. 1, 1988, pág. 167 y SERRANO BUTRAGUEÑO, I., *Código penal (comentarios y jurisprudencia) Tomo I*, Granada, 2002, pág. 1045.

Por su parte, el art. 103.7 RP, señala que "cuando se trate de penados con condenas de hasta un año, la propuesta de clasificación inicial formulada por la Junta de Tratamiento, adoptada por acuerdo unánime de sus miembros, tendrá la consideración de resolución de clasificación inicial a todos los efectos". De esta forma, si hubiese un protocolo de clasificación inmediata de las personas que cumplen RPSIM habría unos criterios técnicos y objetivos para ejercer la citada facultad que se le reconoce a la Junta de Tratamiento y sería factible la clasificación de este tipo de penados en un tiempo muy corto y de forma casi automática.

En definitiva, atendiendo a la legislación penitenciaria, un interno no puede permanecer sin clasificar durante el cumplimiento de una pena de prisión, existiendo un plazo máximo para ello la propuesta de clasificación inicial debe formularla la Junta de Tratamiento como máximo en dos meses desde la notificación de la sentencia al centro penitenciario (art.103.2 RP). La resolución de clasificación debe dictarla el centro directivo en un periodo de dos meses desde la recepción de dicha propuesta prorrogable dos meses más (art. 103, 4 y 6 RP). De este modo, no es de extrañar que mucho de los internos no clasificados estén cumpliendo RPSIM. Un interno sin clasificar es una persona con quien no se trabaja de forma individualizada sobre los déficits que han dado lugar a la comisión de ese delito para evitar la reincidencia constituyendo parte de la llamada "población flotante" del sistema carcelario que pasa por todo el circuito de la Administración penitenciaria sin poder recibir ningún tratamiento específico, presentando escasos estímulos para la reinserción.

En la práctica, cuando la responsabilidad subsidiaria se cumpla en prisión, salvo que alcance una duración alta –puede llegar hasta los 15 meses– o, como no resulta infrecuente, esté impuesta junto a otra privativa de libertad a la que se una, resultará difícil clasificar al condenado e iniciar su tratamiento penitenciario individualizado. De darse estas circunstancias y tratándose de una pena privativa de libertad, debe proseguir el ritmo de cumplimiento progresivo hasta el último grado, llegando a disfrutar de la libertad condicional (arts. 71.2 LOGP y 192 y ss de su Reglamento), algo que por lo demás, resulta perfectamente admisible a tenor de lo establecido en el art. 90 CP, siempre que se cumplan los requisitos en él establecidos. En la práctica, el hecho de que el penado no se encuentre en tercer grado –requisito primordial para acceder a la concesión de la libertad condicional– hace que esta cuestión sea meramente teórica, tal y como acontecía con los antiguos arrestos de fin de semana, también catalogados como pena privativa de libertad pero cuyos penados no podían ser clasificados [126].

Sin embargo, como es práctica común y opinión generalizada de los JVP favorable a la unidad de ejecución con cuantas privaciones de libertad se deriven de la condena o condenas del reo, cuando se produzca esta acumulación será más factible la aplicación de la libertad condicional al cómputo total de la pena de prisión.

---

[126] Vid. art. 21 RD 690/1996 de 26 de abril.

VIII. EXCEPCIÓN: LA NO IMPOSICIÓN DE RPSIM CUANDO ACOMPAÑA A UNA PENA DE PRISIÓN DE 5 AÑOS

Abundando en la falta de sustancialidad de esta pena, el apartado 3º del art. 53 CP, establece una excepción a su imposición, aun cuando el sujeto haya obviado el pago de la multa. Sin que se alcance a comprender del todo el fundamento de esta renuncia a la sanción del ilícito, se impone el decaimiento de esta responsabilidad personal por la multa no satisfecha cuando el sujeto, además, haya sido condenado a una pena privativa de libertad –prisión y ahora también prisión permanente revisable– superior a cinco años[127].

La razón de esta limitación, aunque en ocasiones valorada positivamente por su función restrictiva[128], carece de una justificación plausible y abunda más en la inconsistencia de la propia figura y la desproporcionalidad que pueda conllevar. El hecho de que una pena pecuniaria termine mutando en una sanción que afecte a bienes personalísimos ha conducido a una delimitación *ex lege* con el fin de atemperar el plus de aflictividad[129] que se deriva de un cambio en la naturaleza de la sanción[130]. Sin embargo, yendo a las propias incongruencias de la figura, más bien la duración de una pena de prisión acumulada vendría a paliar algunas de las críticas que sobre ella se ciernen. Así, si el penado ya va a cumplir una pena de prisión larga o media, la adicción de una responsabilidad personal no conllevaría la conversión de la pena de multa impagada en una pena "corta" de prisión pues se acumularán a aquélla. De este modo, se atenúa no sólo la vulneración posible

---

[127] Incluso aunque no los supere y coincida exactamente con el límite legal. Esto es así, según la Jurisprudencia, porque "si atendemos al espíritu y finalidad de la norma que, conforme al principio de proporcionalidad, pretende imponer determinados límites a las penas privativas de libertad, impidiendo que ésta se prolongue más allá de lo debido en función de una cuestión accesoria como es la responsabilidad personal subsidiaria derivada de la multa, observamos que el legislador, en uso de su voluntad soberana, ha situado dicho límite precisamente en cuatro años, y dicha finalidad se frustraría si, a través de una interpretación literal y formal, el condenado acabase cumpliendo una pena privativa de libertad superior al límite legal de cuatro años, precisamente por la acumulación de la responsabilidad subsidiaria a la pena inicialmente impuesta". Así, STS 872/1993, de 13 de abril, SSTS 1419/2003, de 31 octubre, 1685/2000, de 31 octubre, 803/2000, de 16 mayo, 886/1993, de 14 de abril, 119/1994, de 1 de febrero, y 629/1996, de 26 de septiembre.

[128] Calificada de "limitación justa" por PACHECO, F., *Código penal concordado y comentado*, vol. I, Madrid, 1870, pág. 359.

[129] MAPELLI CAFARENA, B., habla de "mala conciencia" del legislador. *Las consecuencias jurídicas...*, ob. cit., pág. 234; PUENTE SEGURA, L., apunta que tras esa decisión del legislador parece estar la consideración poco meditada de que quien ya ha sido condenado a una pena de prisión superior a cinco años, con eso, "ya tiene bastante". "La sustitución...", ob. cit., pág. 22.

[130] Esta fórmula limitativa no es desconocida en nuestros textos históricos que tradicionalmente, desde el CP de 1948 (art. 49) han contemplado un límite semejante. Nuestro Código inmediatamente anterior al vigente, el CPTR73, lo establecía en seis años, aunque finalmente el CP1995 por los recelos que despierta esta pena y las dudas sobre su constitucionalidad, se rebajó a cuatro años. Fue la LO 15/2003 la norma que vino a introducir una modificación restrictiva, incrementando el límite a cinco años.

del principio de igualdad por cuanto se trata de un simple alargamiento de una pena que iba a cumplir igualmente y no de un ingreso en prisión por insolvencia, sino también del de proporcionalidad pues el sujeto no ingresa en prisión por el hecho del impago, de modo que la prisión subsidiaria no vendría a suponer un salto considerable en una pena ya superior a los cinco años. Si el legislador ha tomado la decisión de convertir la multa impagada nada menos que en una pena privativa de libertad –sin perjuicio de que esta a su vez, pueda ser sustituida– no se advierte la razón por la que este régimen deba ser excepcionado[131] en relación con personas condenadas a una determinada pena de prisión. En cualquier caso, lejos de entender que el legislador haya plasmado una fórmula de impunidad generalizada, esta renuncia a la responsabilidad personal subsidiaria, no afecta al hecho de que la multa sea exigible y no exime del pago en caso de solvencia (voluntaria o forzada), sino que únicamente impide su transformación en prisión cuando deba cumplirse otra superior a cinco años.

El precepto no nos aclara, no obstante, en qué términos se debe entender este límite, a pesar del problema interpretativo que tradicionalmente ha suscitado esta clausula de exención ya que podría darse el caso de que una responsabilidad subsidiaria sumada a la pena de prisión impuesta arroje una pena privativa de libertad superior a los cinco años, o que imponiéndose varias penas privativas de libertad todas ellas inferiores a tal límite, sumasen en su conjunto un total de privación de libertad superior a los cinco años de prisión, surgiendo la duda de si la prohibición alcanzaría también a estos supuestos

La polémica se suscitó al hilo de la redacción primitiva del art. 91 CPA que prohibía imponer el arresto sustitutorio por impago de multa a supuestos en los que la pena privativa de libertad alcanzase una duración superior a seis años, siendo distintas las fases evolutivas de la interpretación jurisprudencial que ha discurrido desde una tesis estricta según la cual, la limitación operaba solo si la multa impagada correspondía a un delito castigado con una pena que excediera los seis años indicados, no pudiendo extenderse el beneficio a los supuestos en que las penas impuestas por cada uno de los delitos no alcanzase ese tope, aunque sí la suma de las penas impuestas por varios delitos[132], aun cuando ello pugnase con una interpretación teleológica de un precepto cuya finalidad es evitar que el condenado a una privación de libertad de una gravedad determinada pero no

---

[131] Entendiendo que en los casos en los que la multa acompañe a una pena de prisión superior a cinco años dejar impune su impago no restará coactividad a la pena de multa, LANDECHO VELASCO, C.M.,/MOLINA BLÁZQUEZ, C., *Derecho Penal Español*, ob. cit., pág. 630.

[132] Vid. en un momento histórico más lejano, las SSTS de 22 de octubre de 1970, 27 de junio de 1974 o 24 de enero de 1977 con una solución eminentemente restrictiva y excesivamente gramatical, dado que el precepto utiliza la palabra "pena" en singular. En contra de esta interpretación notoriamente perjudicial para el reo y algo simplista que atribuye a una inercia jurisprudencial que no tuvo en cuenta el cambio legislativo, BOIX REIG, "Algunos aspectos de la RPSIM" ob. cit.,, pág. 39.

menor, cumpla además otra pena personal adicional como sustitutivo de la multa impagada.

Ya respecto a la regulación vigente, esta posición más restrictiva hacia el reo ha exigido que la limitación sólo proceda cuando la multa sea conjunta, en el mismo delito y la pena de prisión, por sí sola, supere el límite del art. 53.3 CP. Argumenta la Jurisprudencia[133] que aunque ciertamente existen precedentes que entienden que el arresto sustitutorio sumado a la pena privativa de libertad impuesta no debe superar el límite (por entonces 4 años) el cumplimiento de la multa "solo dependerá de la voluntad del acusado". En este sentido se afirma que "el legislador no puede haber querido renunciar al cumplimiento de las penas de multa establecidas en forma conjunta con la prisión, pues si así fuera podía haberlo dicho claramente". Una renuncia de este tipo, se afirma, "no parece impuesta por ningún principio concerniente a la aplicación de las penas"[134].

Con un criterio amplísimo a favor del decaimiento de la responsabilidad subsidiaria, una línea jurisprudencial generosa con el penado e iniciada por la STS de 19 de diciembre de 1985 ha considerado, sin embargo, que la limitación del art. 53.3 CP debe extenderse a todos arrestos sustitutorios derivados de multas, aunque sea por delitos sancionados con penas inferiores, siempre que alguno de ellos o la suma penológica de los apreciados en sentencia exceda del límite de cinco años, pues al igual que lo dispuesto en los arts. 75 a 78 CP ha de tenerse en cuenta tanto la conexidad material como la procesal. Así, resoluciones más alejadas en el tiempo y referidas aun al art. 91 CPTR-73[135] que situaba el límite en seis años y otras relativamente más cercanas[136] y próximas a la doctrina dominante[137], que, ampliando los supuestos de interdicción la suma de las penas privativas de libertad procedentes de distintas causas por distintos delitos se sitúa en una posición según la cual la renuncia procedería siempre que se imponga una pena pri-

[133] Así, STS 693/2000 de 24 de abril (RJ 2000/5189).

[134] Posición minoritaria en la doctrina mantenida por GRACIA MARTÍN, L., *Tratado…*, ob. cit., pág. 215 y MANZANARES SAMANIEGO, J.L., "La pena de multa", ob. cit., pág. 6.

[135] SSTS 19 de diciembre de 1985 (RJ 1985/6346); 12 de septiembre de 1986 (RJ 1986/4671); 22 de diciembre de 1987 (RJ 1987/9826); 11 de octubre de 1989 (La Ley 126978); 16 de enero de 1995 (RJ 1995/8); 15 de abril de 1991 (La Ley 4939/1991) y 509/1998 de abril (La Ley 6414/1998).

[136] STS 1419/2003 de 31 de octubre (La Ley 473/2004). Todas ellas dejan patente que, para determinar la procedencia del arresto sustitutorio de la multa en función de la declaración de la pena conjunta privación de libertad, debe estarse no a la pena dada de cada delito concreto penado, sino al conjunto o suma de las penas de privación de libertad por los distintos delitos.

[137] MARTÍNEZ BUJÁN-PÉREZ, C., "La regulación…", ob. cit., pág. 274, admitiendo la suma de varias penas bien fuera por un delito o bien por varios, e incluso aunque respondan a varias sentencias. Así, también, LÓPEZ BARJA DE QUIROGA, J., "La pena de multa" ob. cit., pág. 338; MIR PUIG., *Derecho penal. Parte general*, Barcelona, 2016, pág. 755 y VALLDECABRES ORTIZ, *Comentarios*, ob. cit. pág. 348. QUINTERO OLIVARES, G., "El arresto..." ob. cit., pág. 136; DÍEZ RIPOLLÉS, J. L., es quien va más lejos, considerando que habría que incluir todos y solo los supuestos que quepan en las previsiones del art. 76.2 regulador del concurso real, lo que permitirá sumar las penas impuestas en sentencias distintas. *Derecho penal. Parte General*, 2015, pág. 737.

vativa de libertad superior a cinco años resultando indiferente el modo en el que se alcance esa cifra total. Así, también cuando la pena privativa de libertad se haya impuesto por un delito distinto al penado con pena de multa y concurrente con él, también cuando la prisión superior a cinco años resulte de la suma de varias penas de prisión inferiores a cinco años, o incluso cuando la suma de las penas de prisión o la única impuesta no alcance ese límite, pero si lo superaría al añadirle la propia RPSIM.

Una posición intermedia, mayoritaria en la actualidad en la doctrina del TS[138], considera que la RPSIM debe sumarse a la pena privativa de libertad a los efectos del límite establecido en el art. 53.3 CP, dejando sin efecto el apremio personal. De esta forma, decaería la posibilidad de imponer una responsabilidad personal adicional cuando ésta, unida a la pena de prisión rebasase el límite del art. 53.3 CP[139].

Quizá sea la STS 803/2000 de 16 de mayo[140] la que sintetiza mejor los argumentos que sustentan esta interpretación. El pronunciamiento reconoce que "atendiendo al espíritu y finalidad de la norma que, conforme al principio de proporcionalidad pretende imponer determinados límites a las penas privativas de libertad, impidiendo que esta se prolongue más allá de lo debido en función de una cuestión accesoria como es la responsabilidad subsidiaria derivada de la multa (...) y dicha finalidad se frustraría si, a través de una interpretación literal y formal, el condenado acabase cumpliendo una pena privativa de libertad superior al límite legal al límite legal de cuatro años, precisamente por la acumulación de la responsabilidad subsidiaria a la pena inicialmente impuesta".

En otro caso, concluye –con un argumento muy repetido en otras resoluciones– se conduciría al absurdo de ser de mejor condición el condenado a pena

[138] Vid. en momentos más lejanos, incluso, SSTS de 872/1993/13 a abril (La Ley 3306/93) 1 de febrero de 1994 (RJ 1994/1242); 26 de septiembre de 1996 (RJ 1996/6930) o 30 de mayo de 1997 (RJ 1997/4547), 2 de junio de 1996 (La Ley 9861/1998) o 30 de mayo de 1997 (La Ley 8193/1997), entre otras.

[139] Entre el amplio grupo de sentencias que se adhieren a esta posición, pueden citarse las SSTS1184/2003 de 18 de septiembre (RJ 2003/8378); 77/2007 de 7 de febrero (RJ 2007/1921; 601/2010 de 7 de junio (RJ 2010/2690); 627/2012 de 18 de julio (RJ 2013/2307), aun cuando la pena sean cinco años justos pues con la responsabilidad personal los rebasaría; 561/2014 de 4 de julio (RJ 2014/4013); extensiva a los recurrentes en atención a lo dispuesto en el art. 903 LECrim, la STS 425/2014 de 28 de mayo (RJ 2014/4506); dejando sin efectos la RPSIM incluso sin haber sido algo cuestionado por el recurrente, STS 284/2016 de 6 de abril (RJ 2016/1473).

[140] RJ 2000/3465. En contra, STS de 24 de abril de 2000 (La Ley, 2000, 8599), optando por una solución distinta en un caso semejante y considerando correcta la solución de la Audiencia que impuso una pena privativa de libertad de cuatro años de prisión y una multa de 500.000 pts., con arresto sustitutorio en caso de impago, con el argumento de que de no hacerlo así, "en los casos en los que la pena alcance los cuatro años, el cumplimiento de la multa sólo dependería de la voluntad del acusado". Sin embargo, debe hacerse notar que el abono de la multa no es algo opcional cuando el condenado es solvente y que existe la vía de apremio para saldar la deuda.

de seis años y un día que el que lo fue a pena, por ejemplo, de cinco años y once meses, sin arresto sustitutorio aquella y con posible arresto sustitutorio esta que pudiera exceder en su cómputo de los seis años y un día, lo que vulneraría el principio de culpabilidad[141] al resultar más sancionado de modo efectivo quien ha cometido un ilícito de menor gravedad[142].

Estas distintas interpretaciones se intentaron unificar a través del Acuerdo del Pleno no jurisdiccional de la Sala segunda de 1 de marzo de 2005[143] en cuyo contexto, acogiendo básicamente la línea de la sentencia mencionada, se acuerda que "la responsabilidad personal subsidiaria de la pena de multa debe sumarse a la pena privativa de libertad a los efectos del límite del art. 53 del CP"[144]. Señala, al tiempo, desmarcándose de las posturas más generosas que "en los casos de prisión distintas, cada pena es independiente y no se suman a los efectos del art. 53.3 del CP". De esta forma, según expone la STS 358/2005 de 22 de marzo que lo asume y desarrolla[145], "el límite de cuatros años (actualmente cinco) solo tendrá lugar para la pena privativa de libertad y pecuniaria conjuntamente prevista para un delito, pero no debe operar la suma de las penas privativas de libertad impuestas por distintos delitos en una misma sentencia para alcanzar ese tope"[146]. Ello implica que "si no puede sumarse a estos efectos las penas privativas de libertad de todos los delitos, tampoco podrá sumarse una responsabilidad personal subsidiaria acordada por el impago de una multa impuesta por la comisión de un delito distinto del sancionado con la pena privativa de libertad"[147]. La regla sería, en definitiva, que para cada delito la pena privativa de libertad y el arresto sustitutivo nunca deben exceder, adicionadas, los cinco años[148]. Esta limitación deberá ser apreciada por el Tribunal de casación como ultimo intérprete de la legalidad. Por el contrario, cuando la pena privativa de libertad que el Tribunal impone es inferior al límite de cinco años del art. 53.3 CP estará obligado, de oficio, a impo-

---

[141] Utilizando este mismo argumento las SSTS 872/1993 de 13 de abril (RJ 1993/ 3090); 886/1993 de 14 de abril (RJ 1993/3093) y 1 de febrero de 1994(RJ 1994/1272).

[142] Reproduciendo íntegramente esta sentencia modelo, la STS 1419/2003 de 31 de octubre (RJ 2003/7990) y 847/2007 de 18 de octubre (RJ 2007/8529).

[143] JUR 2005/75765.

[144] En esta línea también STS 449/2006 de 17 de abril (la Ley 43923/2006); 77/2007, de 7 de febrero (La ley 2450/2002); 826/2008 de 12 de diciembre y 83/2009 de 28 de enero (La Ley 1927/2009).

[145] RJ 2005/2735.

[146] Aunque respetando, para no infringir el principio de *no reformatio in peius*, la decisión de la Audiencia que había computado la condena por otros delitos.

[147] En el mismo sentido y STS 131/2007, de 16 de febrero (RJ 2007/1926); 449/2006 de 17 de abril (RJ 2006/3101) y STS 901/2009 de 24 de septiembre (La Ley 184111/2009)

[148] Circular FGE 2/2004 "en otro caso, se conduciría al absurdo de ser de mejor condición el condenado a pena de 5 años y 1 día que el que lo fue a pena, por ejemplo, de 4 años y 11 meses, sin responsabilidad personal subsidiaria aquella y con una posible responsabilidad personal subsidiaria ésta que pudiera exceder en su cómputo de los cinco años y 1 día, lo que vulneraría el principio de culpabilidad al resultar más sancionado de modo efectivo quien ha cometido un ilícito de inferior gravedad (vid. en este sentido, entre otras, SSTS 803/2000, de 16 de mayo, 976/2002, de 24 mayo, y 1685/2000, de 31 de octubre" (apartado IX. 4).

ner la responsabilidad personal subsidiaria que proceda, sin que pueda omitir tal pronunciamiento en base al principio acusatorio[149]. Por lo demás, la estimación de este motivo a uno de los recurrentes debe repercutir en el resto de encontrarse en idéntica situación, conforme a lo dispuesto en el art. 903 LECrim[150].

A falta de declaración expresa, las dudas interpretativas siguen vigentes, aun cuando sea uniforme en la praxis jurisprudencial la tesis intermedia tendente a sumar el tiempo de responsabilidad subsidiaria al de prisión para alcanzar el límite legal, lo que, al tiempo, adquiere especial relevancia si tomamos en consideración que el tiempo máximo de privación de libertad por el impago de multa puede llegar al año de duración. Sin embargo, queda por dilucidar si es conveniente la suma de distintas penas provenientes de distintos delitos enjuiciados, incluso en causas distintas como fórmula para excluir la aplicación de la RPSIM. La respuesta a este interrogante dependerá del sentido que pretenda otorgársele a esta figura exclusiva. Si su razón de ser se sitúa en la inconveniencia de su ejecución desde un punto de vista de prevención especial para quien está cumpliendo una condena de prisión de una entidad considerable no se vea obligado a aumentar el tiempo de estancia en prisión, seguramente, además, causa principal de la insolvencia que le llevó a la responsabilidad subsidiaria, habrá que concluir que la RPSIM no debe aplicarse en los casos en los que un sujeto se encuentra ya privado de libertad por el tiempo señalado por una sola causa o por causas distintas[151], recurriendo para ello al concepto de *unidad de ejecución*[152] de las penas privativas de libertad[153]. Si las penas de prisión impuestas pasan a formar una unidad indiferenciable en fase de ejecución, también en el caso de los concursos de delitos, no habría motivos para no considerarlas así a efectos de hacer valer la exclusión de la RPIM que pretende no alargar más la permanencia en prisión mediante la suma de una pena de dudoso origen y justificación. Desde esta perspectiva, la RPSIM dejará de aplicarse cuando el condenado insolvente tenga pendiente de ejecución una pena de prisión superior a cinco años y esto sucede siempre que desde el punto de vista penitenciario la acumulación (más propiamente refundición[154]), incluida la propia duración de la RSIM, rebase el límite establecido en el art. 53.3 CP.

---

[149] Así, la STS 2060/2002 de 4 de diciembre (recogida en la Circular 2/2004).

[150] STS 627/2012 de 18 de julio (RJ 2013/2307) y la STS 425/2014 de 28 de mayo (RJ 2014/4506).

[151] En contra, STS 1257/2009 (RJ 2010/2011), imponiendo un día de prisión por cada 2oo euros de multa.

[152] Este supuesto hace referencia a cuando una pluralidad de penas privativas de libertad se ejecutan sin interrupción en el tiempo. Vid. STS 3 de mayo de 1994 y 23 de noviembre de 2004 de la corriente amplísima.

[153] En este sentido, por razones humanitarias y utilizando la regla de los cómputos del art. 58 para resolver analógicamente el supuesto, MAPELLI CAFARENA, B., *Las consecuencias jurídicas*..., ob. cit., pág. 234.

[154] Instituto regulado en el art. 193.2 RP que rige para la clasificación y el tratamiento individualizado que, de este modo, operará sobre la totalidad de las penas impuestas en la sentencia o la condenas pendientes.

Esta interpretación destinada a aminorar los efectos de una pena que ha mutado desde su naturaleza pecuniaria, no elimina los múltiples problemas aplicativos que conlleva ni tampoco hace desaparecer las incongruencias del sistema que termina por convertir una pena alternativa a la prisión en una prisión subsidiaria a la alternativa. Por esta razón, insistimos, deberían arbitrarse soluciones legislativas directas que posibilitasen otro tipo de respuesta a la insolvencia, bien aplicando en primera instancia la pena sustitutiva (LP, TBC, extinción de la condena, suspensión con obligaciones...), en lugar de buscar soluciones más o menos imbricadas a las nefastas consecuencias de un sistema injusto e ineficaz o bien arbitrando supuestos de extinción total o parcial de la condena dado que el sujeto no está en condiciones de cumplirla, sobre todo, en casos en los que la insolvencia no es atribuible al penado[155].

[155] Proponiendo de *lege ferenda* la supresión de la prisión como alternativa posible a la responsabilidad personal subsidiaria, con la consiguiente modificación del art 53, que debería prever, exclusivamente otras alternativas como la pena de TBC o la LP, SUÁREZ LÓPEZ J. M., "La pena de multa". En *Aplicación de las o penas alternativas a la pena de prisión en España* (Morillas Cueva, I./Barquín Sanz, J., Dir.), Madrid, 2013, pág. 332.

Parte tercera

Ejecución de la pena de prisión

Capítulo decimotercero
Los beneficios penitenciarios como mecanismo reduccionista de la pena de prisión: la aplicación de la redención de penas por el trabajo veinte años después de su derogación

David Lorenzo Morillas Fernández
Profesor Titular de Derecho Penal, acreditado Catedrático
Universidad de Murcia

Sumario: I. Los beneficios penitenciarios en el ordenamiento jurídico español.- II. La redención de penas por el trabajo: *1. Regulación normativa. 2. Ámbito aplicativo. 3. Norma más favorable.*- III. A modo de conclusión.

I. LOS BENEFICIOS PENITENCIARIOS EN EL ORDENAMIENTO JURÍDICO ESPAÑOL

Los beneficios penitenciarios representan una institución consolidada en nuestro ordenamiento jurídico y constituyen, a grandes rasgos y a falta de una mayor concreción, una reducción de la condena inicialmente impuesta al autor del delito o, cuanto menos, del tiempo de internamiento, lo que se traduce, en definitiva, en una disminución del quantum ejecutivo de la pena de prisión. Entre la multitud de definiciones existentes al respecto, comenzaría por citar, siquiera de manera meramente aproximativa, las llevadas a cabo por: i) FERNÁNDEZ GARCÍA, para quien se trataría de unos mecanismos jurídicos que permiten el acortamiento de la condena o, al menos, el acortamiento de la reclusión efectiva[1]; ii) CERVELLÓ DONDERIS, quien los identifica con «mecanismos que persiguen estimular la conducta del interno para contribuir a su reinserción social y mantener un clima positivo de convivencia en el establecimiento»[2]; o iii) SANZ DELGADO, quien los asocia con aquellas medidas que articuladas como derechos

---

[1] FERNÁNDEZ GARCÍA, J., «La libertad condicional y los beneficios penitenciarios», en Berdugo Gómez de la Torre (Coord.), *Lecciones y materiales para el estudio del Derecho Penal, Tomo VI, Derecho Penitenciario,* Madrid, 2016, pág. 235.

[2] CERVELLÓ DONDERIS, V., *Derecho Penitenciario,* Valencia, 2016, pág. 337.

en el marco penitenciario, y con el fin de conseguir la reeducación y reinserción social del interno, permiten la reducción de la duración de la condena impuesta en sentencia firme o la del tiempo efectivo de internamiento[3].

Su origen se ha vinculado, por parte de FERNÁNDEZ BERMEJO, como un choque frente al duro régimen disciplinario de las normas decimonónicas, configurándola como una especie de recompensa o esperanza de adelantamiento de la libertad[4], algo sobre lo que ha incidido expresa y muy ampliamente NILLA VÁSQUEZ, quien asocia históricamente sus antecedentes con las recompensas y las rebaja de las penas, con lo que podríamos retrotraernos incluso a la época de Alfonso X[5].

Si se parte de la premisa de que el beneficio penitenciario supone una mera rebaja de la pena, su aplicación inicial, como apunta FERNÁNDEZ BERMEJO, no dejaba de ser una medida condicional, graciosa y completamente arbitraria y discrecional, lo cual fue objeto de duras críticas por parte de la doctrina, quien reclamó desde su origen un procedimiento reglado de concesión. Su regulación legal primigenia debería hallarse en tres textos legales: i) la Real Pragmática de 1771; ii) el Código Penal de 1822, al establecer propósitos de arrepentimiento o enmienda; y iii) en la Ordenanza General de los Presidios del Reino de 1834 donde, en su artículo 303, proponía que «el presidiario que por su mérito particular o trabajo extraordinario, arrepentimiento y corrección acreditada deba ser atendido y premiado con alguna recompensa» y que, parágrafo 304, no podría rebajarse la condena «a los presidiarios que no hayan cumplido sin nota la mitad del tiempo de su condena» ni a los «sentenciados con retención, los cuales cumplirán su condena día por día; pero se tendrá presentes su conducta y circunstancias en el expediente que se formará cumplidos los diez años, para alzarles la retención» (306), con el límite genérico de que la rebaja no podía exceder «de la tercera parte del tiempo de la condena, aún cuando se reúnan muchos motivos para concederla» (305). No obstante, junto a ello, fue el Coronel Montesinos quien desde 1835 aplicó un sistema de rebaja de condena hasta un tercio como máximo[6].

En opinión de Gallego Díaz, su introducción en el ordenamiento penal español se produjo durante la Guerra Civil sobre la base del Decreto de 28 de mayo de 1937, en el que se reconocía el derecho al trabajo de los prisioneros de guerra y presos políticos del bando republicano. En su desarrollo, la Orden del Ministerio de Justicia de 7 de octubre de 1938 estableció que el Patronato Central de Redención de Penas por el Trabajo propondría al Gobierno, al fin de cada año, la condonación, a favor de estos reclusos, de días de condena por días efec-

---

[3] SANZ DELGADO, E., «Beneficios penitenciarios», en García Valdés (Ed.), *Diccionario de Ciencias Penales,* Madrid, 2000, pág. 83.

[4] FERNÁNDEZ BERMEJO, D., *Derecho Penitenciario,* Madrid, 2016, pág. 283.

[5] NILLA VÁSQUEZ, D. G., «Los beneficios penitenciarios como instrumentos de acercamiento a la libertad. Análisis desde la legislación iberoamericana», Alcalá de Henares, 2014, págs. 136-148. Tesis doctoral disponible en el siguiente recurso electrónico:
http://dspace.uah.es/dspace/bitstream/handle/10017/22579/Tesis%20Diana%20G.%20Milla.pdf?sequence=1

[6] FERNÁNDEZ BERMEJO, D., *Derecho...* cit., págs. 283 y 284.

tivos de trabajo, incorporándose definitivamente esta fórmula al Código Penal de 1944, haciéndose extensiva a los presos comunes[7] bajo la conocida fórmula de remisión de un día de condena por cada dos de trabajo[8].

En cualquier caso, resulta pacífica en la doctrina la consideración de que la expresión "beneficio penitenciario" aparece por primera vez en nuestro ordenamiento jurídico en los artículos 65-73 del Reglamento de los Servicios de Prisiones de 1956 referida exclusivamente a la redención de penas por el trabajo[9].

Hoy día, el fundamento de los beneficios penitenciarios no es otro que la individualización de la pena y la búsqueda de la implicación del reo en el adecuado proceso de reeducación y reinserción social, cuya principal motivación no es lógicamente otra que el acortamiento de la condena y la consiguiente puesta en libertad en un plazo de tiempo anterior al inicialmente fijado en la sentencia condenatoria, surgiendo precisamente ahí esa especial relación o motivación adicional que debe alentar y fomentar en los internos la Administración Penitenciaria para implicarlos en el desarrollo de las tareas propias de la resocialización[10], cumpliendo así con las exigencias internacionales existentes al respecto como, por ejemplo, la contemplada en las Reglas Mínimas para el tratamiento de los reclusos, acordadas en el Primer Congreso de las Naciones Unidas sobre Prevención del Delito y Tratamiento del Delincuente, celebrado en Ginebra en 1955[11], donde, en su Regla 70, recoge que en cada establecimiento se instituirá un sistema de privilegios adaptado a los diferentes grupos de reclusos y a los diferentes métodos de tratamiento, a fin de alentar la buena conducta, desarrollar el sentido de responsabilidad y promover el interés y la cooperación de los reclusos en lo que atañe su tratamiento.

Precisamente lo enunciado anteriormente hace que, como ha manifestado mayoritariamente la doctrina, no quepa considerarlos como "meras concesiones graciosas de la Administración"[12] sino como derechos subjetivos del penado, toda vez que se encuentra, desde su ingreso en prisión, en una situación de espera, con una expectativa creada de derechos, hasta tanto se den o produzcan las circunstancias legales para su adquisición, pudiendo recurrir en queja o por vía de

---

[7] Decreto de 24 de febrero de 1945.

[8] GALLEGO DÍAZ, M., «Beneficios penitenciarios y cumplimiento efectivo de la pena: de la imprecisión a la restricción», en *Cuadernos de Política Criminal, nº91,* Madrid, 2007, pág. 165.

[9] A modo de ejemplo, vid., RODRÍGUEZ ALONSO, A. y RODRÍGUEZ AVILÉS, J. A., *Lecciones de Derecho Penitenciario,* Granada, 2011, pág. 275; GALLEGO DÍAZ, M., «Beneficios...» cit., págs. 168 y 169; MIR PUIG, C., *Derecho Penitenciario. El cumplimiento de la pena privativa de libertad,* Barcelona, 2015, pág. 129; CERVELLÓ DONDERIS, V., *Derecho...* cit., pág. 338; NILLA VÁSQUEZ, D. G., «Los beneficios...» cit., pág. 149.

[10] De la misma opinión, vid. FERNÁNDEZ BERMEJO, D., *Derecho...* cit., pág. 284.

[11] Aprobadas por el Consejo Económico y Social en sus resoluciones 663C (XXIV) de 31 de julio de 1957 y 2076 (LXII) de 13 de mayo de 1977.

[12] Esta referencia ha sido expresamente criticada por Gallego Díaz por considerarla completamente errónea, tras lo cual afirma que en el actual Derecho Penitenciario no cabe mantener esa interpretación (GALLEGO DÍAZ, M., «Beneficios...» cit., pág. 177).

recurso ante el Juez de Vigilancia Penitenciaria cuando se vea privado de su disfrute[13]. En términos muy parecidos se ha mostrado FERNÁNDEZ GARCÍA, quien ha planteado incluso la posibilidad de considerarlos como una recompensa[14], entendiendo por tal, de acuerdo con los artículos 46 de la Ley General Penitenciaria y 263 del Reglamento Penitenciario, la participación positiva del interno en las actividades asociativas reglamentarias o de otro tipo que se organicen en el establecimiento, pero otorgándole finalmente la consideración de derecho subjetivo, siquiera condicionado al cumplimiento de una serie de requisitos establecidos en el Código Penal y la legislación penitenciaria, ya que su aplicación no procede de manera automática por el mero hecho de cumplir una condena sino por reunir los citados condicionantes[15]. En mi opinión, considero que se trata de un auténtico derecho del interno, en los términos anteriormente expuestos, sobre lo que no cabe más discusión, toda vez que existe un reconocimiento legal en el artículo 4.2. h) del Reglamento Penitenciario, el cual, a la hora de enunciar los derechos que asisten a los internos, reconoce expresamente el «derecho a los beneficios penitenciarios previstos en la legislación». En consecuencia, el interno podrá ejercitar todas las acciones legales que le asistan para reclamar o solicitar su concesión, las cuales no tienen por qué finalizar en el Juez de Vigilancia Penitenciaria sino que pueden llegar a la propia Audiencia Provincial.

La Jurisprudencia también tiene muy clara la configuración de los beneficios penitenciarios como auténticos derechos subjetivos y así se ha manifestado en reiteradas ocasiones, compartiendo los postulados anteriormente expuestos y dando por buenos los razonamientos doctrinales existentes al respecto, en, por ejemplo, la Sentencia del Tribunal Supremo 839/2016, de 7 de noviembre [JUR 2016\249553]; o en el Auto de la Audiencia Provincial de Córdoba de 2 de julio de 1999 [ARP 1999\2440], quien lo condiciona a que «se den las condiciones y presupuestos establecidos legalmente».

Normativamente no existen dudas al respecto ya que el legislador español procedió a definir el concepto de beneficios penitenciarios en el artículo 202 del Real Decreto 190/1996, de 9 de febrero, por el que se aprueba el Reglamento Penitenciario, como «aquellas medidas que permiten la reducción de la dura-

---

13 Entre otros, RODRÍGUEZ ALONSO, A. y RODRÍGUEZ AVILÉS, J. A., *Lecciones...* cit., pág. 276; BUENO ARÚS, F., «Los beneficios penitenciarios a la luz del Código Penal y de la legislación penitenciaria vigentes», en Cerezo Mir, Suárez Montes, Beristáin Ipiña y Romeo Casabona (Eds), *El nuevo Código Penal: presupuestos y fundamentos. Libro Homenaje al Profesor Doctor Don Ángel Torío López*, Granada, 1999, págs. 566 y 567; MIR PUIG, C., *Derecho...* cit., pág. 128; DAUNIS RODRÍGUEZ, A. *Ejecución de penas en España. La reinserción social en retirada*, Granada, 2016, pág. 204; GALLEGO DÍAZ, M., «Beneficios...» cit., pág. 117; FERNÁNDEZ ARÉVALO, I. y NISTAL BURÓN, J., *Manual de Derecho Penitenciario*, Navarra, 2011, pág. 139.

14 Este extremo ha sido rechazado por diversos autores. Entre ellos, Gallego Díaz considera que no resulta difícil separar a ambos toda vez que las recompensas responden a fundamentos, criterios y finalidades distintas a los beneficios penitenciarios, toda vez que, por ejemplo, no aparecen vinculadas con el tratamiento ni con las actividades resocializadoras, sino con el régimen penitenciario (GALLEGO DÍAZ, M., «Beneficios...» cit., págs. 179 y 180).

15 FERNÁNDEZ GARCÍA, J., «La libertad...» cit., pág. 238.

ción de la condena impuesta en sentencia firme o de la del tiempo efectivo de internamiento».

Un sector doctrinal se ha mostrado muy crítico con la citada descripción y así, por ejemplo, BUENO ARÚS ya destacaba que la expresión beneficios penitenciarios no venía siendo empleada con gran precisión por los textos legales ya que en su actual configuración podía abarcar igualmente a los permisos de salida y la prisión abierta, toda vez que reducen el tiempo de estancia dentro de los muros de los establecimientos si bien la norma no parece haber querido ser tan amplia[16]. MAPELLI CAFFARENA no comparte la distinción realizada en relación a la dualidad tipológica de los beneficios, considerando en sentido estricto únicamente al que acorta la condena, incluyendo bajo tal descripción al indulto, toda vez que permiten reducir el tiempo de internamiento; esto es, los que permiten la salida sin acortar la condena, son tantos y tan variados que requieren de una definición legal más precisa ya que, por ejemplo, un traslado o una salida a un hospital acortan el tiempo de estancia en prisión pero no son beneficios. En consecuencia, lo que caracteriza a aquéllos frente a éstos es que los primeros están relacionados directamente con los fines resocializadores y se fundamentan en los mismos[17]. En términos muy parecidos, DAUNIS RODRÍGUEZ considera que la definición legal confunde más que define, toda vez que dentro de ella podrían incluirse muchas figuras jurídicas que suponen una reducción del tiempo efectivo de internamiento, como pueden ser el tercer grado, los permisos penitenciarios o la propia libertad condicional ordinaria, entre otros[18]. Del mismo modo se ha mostrado GALLEGO DÍAZ, para quien la citada definición carece de la debida precisión y necesaria sistematización, básicamente porque sólo resulta válida a los efectos del Reglamento Penitenciario dada la ausencia de correlación con las menciones legales realizadas en los artículos 36.1 del Código Penal y 76.2 c) de la Ley General Penitenciaria[19].

Sea como fuere y antes de entrar en consideraciones más o menos críticas, considero fundamental extraer las dos principales características de la definición legal expuesta:

A) Inicialmente se establece una remisión genérica respecto a las tipologías de beneficios penitenciarios, toda vez que integraría a cualquier medida orientada a la reducción de la condena inicialmente impuesta por sentencia firme. Sin embargo, esta interpretación no resulta adecuada ya que en el artículo 202.2 el legislador opta por un criterio de numerus clausus al recoger expresamente como beneficios penitenciarios el adelantamiento de la libertad condicional y el indulto particular.

Semejante reconocimiento legal, como ya he referido, ha generado alguna discrepancia y controversia que procedo a exponer:

---

16 BUENO ARÚS, F., «Los beneficios...» cit., págs. 365 y 366.

17 MAPELLI CAFFARENA, B., *Las consecuencias jurídicas del delito,* Navarra, 2011, pág. 202.

18 DAUNIS RODRÍGUEZ, A. *Ejecución... cit.,* pág. 204.

19 GALLEGO DÍAZ, M., «Beneficios...» cit., pág. 172.

a1) Aunque respecto del indulto parcial no caben tesis contrarias a su admisión como beneficio penitenciario, sí existe un minoritario sector doctrinal que duda de la efectiva naturaleza de la libertad condicional. En este sentido, RODRÍGUEZ ALONSO y RODRÍGUEZ AVILÉS no lo consideran como beneficio penitenciario debido a su propia esencia; esto es, la libertad condicional la configuran con un significado propio vinculado a un grado de tratamiento específico de acuerdo con el artículo 72.1 de la Ley Orgánica General Penitenciaria, al disponer que «las penas privativas de libertad se ejecutarán según el sistema de individualización científica, separado en grados, el último de los cuales será el de la libertad condicional, conforme determina el Código Penal»[20]. Sin embargo, en mi opinión, lo aquí enjuiciado, como reconocen finalmente los propios autores, es el adelantamiento de la libertad condicional, la cual queda extramuros de la Ley General Penitenciaria. Por ello, no puedo compartir el criterio manifestado por los citados autores ya que, aunque la Ley General Penitenciaria se refiera a la libertad condicional como un hipotético cuarto grado, el Código Penal no la configura como tal[21] sino como una modalidad suspensiva en la ejecución de la pena privativa de libertad, resultando además plenamente incoherente y contrario al principio de supremacía normativa que un Reglamento –en este caso Penitenciario– contraviniera preceptos contenidos en una norma superior –Ley Orgánica (Penitenciaria)–[22].

a2) La principal controversia que puede apreciarse en la actualidad radica respecto a la legislación anterior en la que la redención de penas por el trabajo sí se computaba como beneficio penitenciario. En consecuencia, nos encontramos con una definición legal –artículo 202.1 del Reglamento Penitenciario– que permite incluir a la redención de penas por el trabajo como beneficio penitenciario, ya que supone una medida reductora del quantum de la pena, facultando al interno a obtener la libertad en un instante temporal anterior al contemplado en la sentencia condenatoria, pero, por otro, excluye su apreciación como modalidad específica de beneficio penitenciario (parágrafo 202.2 del citado texto legal).

La respuesta a semejante disimilitud resulta coherente con la propia configuración del ordenamiento jurídico, toda vez que la redención de penas por el trabajo desapareció con el Código Penal de 1995, imposibilitando su

---

[20] RODRÍGUEZ ALONSO, A. y RODRÍGUEZ AVILÉS, J. A., *Lecciones...* cit., pág. 276.

[21] Comparte esta opinión la mayor parte de la doctrina y así, por ejemplo, Mapelli Caffarena entiende que existen muchas razones para considerarla como algo distinto al cuarto grado, entre los que cabe destacar que los criterios para su aplicación y revocación no tienen mucha relación con los criterios de progresión y regresión en grado; se otorga por un procedimiento diferente; y su contenido difiere absolutamente del régimen que se corresponde con los otros grados (MAPELLI CAFFARENA, B., *Las consecuencias...* cit., pág. 191).

[22] En semejante sentido, entre otros: BARQUÍN SANZ, J. "De las formas sustitutivas de la pena de prisión y de la libertad condicional", en *Estudios sobre el Código Penal reformado (Leyes Orgánicas 1/2015 y 2/2015)*. Dir. Morillas Cueva. Madrid, 2015, pág. 255.

aplicación para todos aquellos internos condenados bajo el citado Texto Punitivo, lo cual conlleva la lógica supresión, como categoría autónoma de beneficio penitenciario, en la normativa penitenciaria posterior al Código Penal de 1995. Sin embargo, a fecha de hoy aún siguen aplicándose descuentos sobre el quantum de la pena por este motivo debido a la existencia en las prisiones españolas de sujetos condenados conforme al Texto Refundido de Código Penal de 1973, a los cuales, conforme al principio de retroactividad de la ley más favorable al reo, deben respetárseles este derecho de reducción, aún no estando en la actualidad vigente.

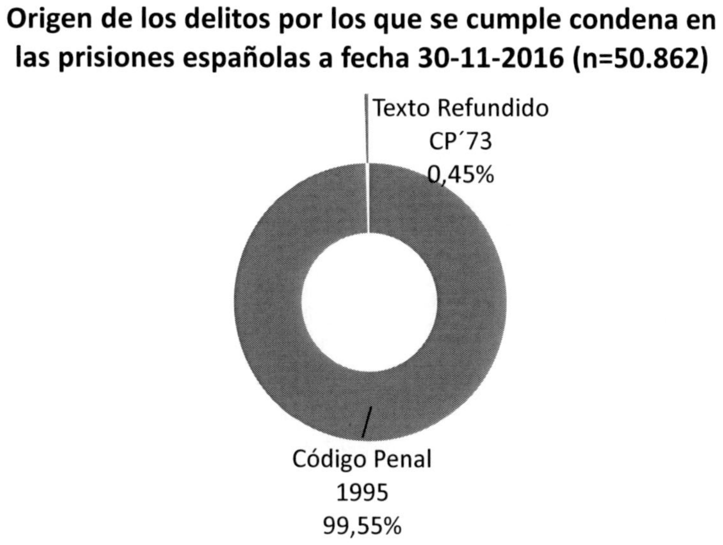

Fuente: Secretaría General de Instituciones Penitenciarias[23].

a3) Si se considera que los beneficios penitenciarios no son exclusivamente una reducción del tiempo de duración de la condena sino también un acortamiento del tiempo efectivo de internamiento, tal y como recoge el artículo 202.1 del Reglamento Penitenciario, podría plantearse la opción de incluir igualmente otros supuestos como la libertad condicional en sí, los permisos de salida o el régimen abierto en general, independientemente del reconocimiento expreso hecho en el parágrafo 202.2 del citado texto normativo, toda vez que cumplimentan los presupuestos descritos y reducen la estancia temporal del interno en el centro penitenciario.

---

[23] Recursos electrónicos disponibles en: *http://www.institucionpenitenciaria.es/web/portal/documentos/estadisticas.html?r=um&adm=TES&am=2012&mm=1&tm=TIP1&tm2=GENE*

http://www.institucionpenitenciaria.es/web/portal/documentos/estadisticas.html?r=um&adm=TES&am=2012&mm=1&tm=TIP0&tm2=GENE

La solución a esta problemática no es pacífica y la doctrina se encuentra relativamente dividida si bien la opción mayoritaria consiste en respetar la citada bicefalia. En este sentido, la solución aportada por MIR PUIG resulta adecuada al considerar que por beneficios penitenciarios a la luz del Reglamento Penitenciario sólo cabe incluir al adelantamiento de la libertad condicional y el indulto particular ya que así lo describe y cita expresamente el mencionado texto legal[24]. JUANATEY DORADO comparte el citado criterio recurriendo a la expresión "beneficios penitenciarios en sentido estricto", apoyándose para ello en la reforma del Código Penal operada en virtud de la Ley Orgánica 7/2003, de 30 de junio, donde el artículo 78 del Teto Punitivo distingue claramente entre beneficios penitenciarios, libertad condicional y permisos de salida[25]. GALLEGO DÍAZ ha negado su consideración en sentido amplio ya que no responden a las premisas fundamentales e identificadoras de los beneficios penitenciarios, pese a compartir algunos aspectos comunes, y así, por ejemplo, considera, con razón, que los permisos de salida no son más que una manera ordinaria de cumplir estas penas en atención a la vida en libertad, configurándose como pequeños paréntesis de libertad, reducciones intermitentes del efectivo internamiento o liberaciones temporales y puntuales para ir preparando la vida en el exterior o, simplemente, por razones humanitarias. Pero es más, continúa el citado autor, si se abogara por un concepción amplia, todo el sistema de individualización científica quedaría vinculado como beneficio penitenciario, toda vez que encuentra su fundamento en una actuación positiva del penado al tratamiento, reveladora de un progreso en su reeducación y reinserción social, por lo que cuantos mayores sean los avances del recluso más posibilidades de libertad (permisos de salida, acceso al régimen abierto, etc.) hasta conseguir la excarcelación aun antes de haber extinguido completamente la condena. Por ello, cada avance o progresión implicaría una mitigación o suavización del régimen penitenciario o la consecución de una mayor libertad, por lo que se hace necesario defender un concepto restringido de beneficios penitenciarios[26]. NILLA VÁSQUEZ se muestra partidaria de considerar que la declaración legal del artículo 202 del Reglamento Penitenciario, respecto a su alcance, no debe ser exclusiva ni excluyente respecto de otras medidas que permitan la reducción de la duración de la condena impuesta o la del tiempo efectivo de internamiento en tanto su contenido debe armonizarse con la praxis, lo cual conllevaría ampliar los beneficios penitenciarios a aquellas otras medidas que por su naturaleza y finalidad corresponda atribuirles tal categoría y podrían encajar dentro de la concepción amplia de estas medidas atenuatorias de la pena pri-

---

[24] MIR PUIG, C., *Derecho...* cit., pág. 127.

[25] JUANATEY DORADO, C., *Manual de Derecho Penitenciario,* Madrid, 2016, págs. 172 y 173.

[26] GALLEGO DÍAZ, M., «Beneficios...» cit., págs. 182, 183, 185 y 186.

vativa de la libertad, si bien no comparte la extensión a figuras como los permisos de salida o el régimen abierto[27].

En definitiva, a mi juicio, la opción anteriormente planteada resulta correcta, toda vez que el Reglamento Penitenciario dice lo que dice y quiere decir, como lo demuestra el artículo 202; pero además si, por ejemplo, la libertad condicional fuera íntegramente una modalidad de beneficio penitenciario, en tanto supone una reducción del período de internamiento, el legislador no hubiera configurado el Título Octavo del Reglamento Penitenciario sobre dos rúbricas diferentes: la libertad condicional, por un lado, y los beneficios penitenciarios, por otro, sino que los hubiera subsumido otorgándoles un tratamiento unitario como beneficios penitenciarios; pero también el propio legislador no hubiera distinguido en el artículo 78 del Código Penal entre beneficios penitenciarios, permisos de salida y libertad condicional, habiéndoles otorgado un tratamiento común; pero y, por último, después de veinte años, aprovechando alguna de las reformas del Código Penal, quizás la más adecuada hubiera sido la realizada en virtud de la Ley Orgánica 1/2015, hubiera procedido a reformar el artículo 202 del Reglamento Penitenciario para incorporar expresamente el resto de hipotéticos beneficios penitenciarios a la categorización legal existente y no haber optado por distanciar más a la libertad condicional hasta configurarla como una forma de suspensión de la pena.

Por todo ello, concluyo que los beneficios penitenciarios aplicables en la actualidad son tres: i) el adelantamiento de la libertad condicional[28]; ii) el indulto parcial[29]; y iii) la redención de la pena por el trabajo, resaltando en relación a esta última, su próxima desaparición toda vez que no se encuentra recogida en el Reglamento Penitenciario vigente, ha sido expresamente derogada, reduciéndose sus últimos vestigios aplicativos a 226 internos que, a fecha de 30 de noviembre de 2016, continúan cumpliendo penas de prisión conforme al Texto Refundido de Código Penal de 1973, procediéndose a su extinción en el instante en el que obtenga la libertad el último de estos sujetos.

B) Su finalidad es exclusivamente la de reducir la condena del reo. Semejante expresión, como tal, debe ser matizada ya que, aunque el reconocimiento sea así, hay unos intereses preponderantes detrás que justifican la citada reducción de condena, toda vez que se vinculan al tratamiento del interno como contraprestación por su implicación en tareas reeducativas y resocializadoras; esto es, se basan en fomentar la participación de los penados en actividades resocializadoras que le permitan evolucionar en su proceso reinsertador que es, en definitiva, una de las funciones esenciales de la pena.

---

[27] NILLA VÁSQUEZ, D. G., «Los beneficios...» cit., págs. 152-156.

[28] Cuyo estudio será abordado específicamente en el Capítulo relativo a la libertad condicional.

[29] Cuyo tratamiento será analizado en el Capítulo referente al indulto.

En términos muy parecidos se han mostrado, entre otros: i) BUENO ARÚS, al vincular su razón de ser al artículo 25.2 de la Constitución Española y, en concreto, a la prevención especial y al tratamiento y los factores positivos en la evolución de la personalidad del recluso para individualizar la condena impuesta, haciendo así una aplicación indeterminada y ofreciendo al penado estímulos gratificantes para lograr su adhesión a esos modos de comportamiento que pueden valorarse como indiciarios de una evolución positiva[30]; ii) FERNÁNDEZ GARCÍA, quien comparte el planteamiento de Bueno Arús, añadiendo a ello, cumpliendo las prescripciones de un programa de tratamiento individualizado: buena conducta, trabajo, participación en actividades de reeducación y reinserción social[31]; iii) GARCÍA ARÁN, quien señaló que los beneficios penitenciarios se articulan sobre el aprovechamiento del tratamiento penitenciario del interno y sobre una prognosis favorable acerca de las posibilidades de llevar una vida en libertad respetuosa con las leyes[32]; y iv) FERNÁNDEZ ARÉVALO y NISTAL BURÓN, al vincular esta institución al ámbito del derecho penitenciario y, en particular, no al régimen ni a las prestaciones asistenciales, sino a la parcela de la actividad penitenciaria conocida como tratamiento, pues implican medidas de reinserción social atendidos los avances objetivos del proceso de reeducación[33].

Desde este punto de vista, los beneficios penitenciarios incluyen un conjunto de actuaciones en virtud de las cuales todos los agentes integrantes del centro penitenciario salen beneficiados en un sentido u otro ya que mientras el recluso puede obtener la libertad en un período de tiempo inferior al inicialmente contemplado en la sentencia condenatoria, el establecimiento logra una pacífica y ordenada convivencia de los reos, la Administración Penitenciaria cumple con los objetivos constitucionalmente reconocidos en el artículo 25.2 de la Constitución y la propia sociedad debe ver satisfechas las expectativas depositadas en la finalidad de la pena y puede ver cumplimentadas las garantías de reinserción del sujeto una vez obtenida la libertad. En palabras de MIR PUIG, se trata de importantes estímulos para los penados para llevar una buena conducta y obtenerse una convivencia ordenada en el centro penitenciario y someterse al régimen disciplinario[34]. Así, concluye NILLA VÁSQUEZ que los beneficios penitenciarios constituyen un elemento vertebral dentro del sistema ya que articulan todos los componentes (internos, funcionarios, administración penitenciaria) para que caminen en sintonía y direccionados hacia un único fin: la reinserción social[35].

Este hecho es convenientemente aclarado por el propio legislador al reconocer, en el artículo 203 del Reglamento Penitenciario, que "los beneficios penitenciarios responden a las exigencias de la individualización de la pena en atención

[30] BUENO ARÚS, F., «Los beneficios...» cit., pág. 567.

[31] FERNÁNDEZ GARCÍA, J., «La libertad...» cit., pág. 235.

[32] GARCÍA ARÁN, M., «Los nuevos beneficios penitenciarios: una reforma inadvertida», en *Revista Jurídica de Cataluña, núm. 1*, 1983, pág. 119.

[33] FERNÁNDEZ ARÉVALO, I. y NISTAL BURÓN, J., *Manual...* cit., pág. 139.

[34] MIR PUIG, C., *Derecho...* cit., pág. 128.

[35] NILLA VÁSQUEZ, D. G., «Los beneficios...» cit., pág. 158.

a la concurrencia de factores positivos en la evolución del interno, encaminados a conseguir su reeducación y reinserción social como fin principal de la pena privativa de libertad". En palabras de DAUNIS RODRÍGUEZ, con ello se logra un doble fundamento: i) por un lado, despliegan una función de prevención especial positiva básica para el sistema de individualización científica, ya que acomodan la pena a las necesidades del condenado, disminuyendo la privación de libertad en aquellos supuestos en los que pueda resultar excesivamente larga, innecesaria o perjudicial para los intereses y aspiraciones del tratamiento penitenciario; y ii) constituyen una forma de incentivar al interno, muy especialmente al condenado a una pena larga privativa de libertad, para que participe en las distintas actividades de tratamiento y mantenga un buen comportamiento en prisión[36].

FERNÁNDEZ ARÉVALO y NISTAL BURÓN han interpretado el contenido del artículo 203 del Reglamento Penitenciario sobre la premisa descrita de la reinserción social alertando del efecto perverso o negativo generado por la prolongación de la situación de internamiento o la pervivencia incluso nominal de la pena, las cuales resultarían contrarias y perjudiciales para los logros alcanzados a través del proceso reeducativo[37]. Precisamente por ello, NILLA VÁSQUEZ considera que existe una relación simbiótica entre sus fines, es decir, la pena privativa de libertad no cumpliría su fin principal si los beneficios penitenciarios no existieran o no cumplieran su rol dentro del sistema penal. Estas medidas premiales actúan por ello como el combustible necesario que encamina al motor penitenciario a la consecución del fin primordial de la pena privativa de la libertad[38].

En consecuencia, lo anterior no hace sino reafirmar la consideración de derecho subjetivo de los beneficios penitenciarios, los actuales han de ser ofertados al interno sobre la premisa de la consecución de los requisitos legales establecidos al efecto, los cuales, por otro lado, están claramente vinculados a la reinserción social. Sobre semejante posibilidad, el recluso es absolutamente libre a la hora de decidir si desea adherirse a los programas habilitados al efecto o, por el contrario, prefiere rechazarlos amparándose, como ha referido FERNÁNDEZ GARCÍA, en su inviolable derecho a la dignidad de la persona, al libre desarrollo de la personalidad, al derecho a no ser tratado, lo cual conllevará la lógica inaplicación de cualquier tipo de beneficio y el consiguiente cumplimiento íntegro de la pena[39].

Pero es más, el parágrafo 204 del Reglamento Penitenciario ahonda en la citada relación al establecer que la propuesta para la concesión de los beneficios penitenciarios requerirá, en todo caso, la ponderación razonada de los factores que la motivan, así como la acreditación de la concurrencia de buena conducta, el trabajo, la participación del interesado en las actividades de reeducación y reinserción social y la evolución positiva en el proceso de reinserción.

---

36 DAUNIS RODRÍGUEZ, A., «Ejecución...» cit., pág. 205.

37 FERNÁNDEZ ARÉVALO, I. y NISTAL BURÓN, J., *Manual...* cit., pág. 140.

38 NILLA VÁSQUEZ, D. G., «Los beneficios...» cit., pág. 158.

39 FERNÁNDEZ GARCÍA, J., «La libertad...» cit., pág. 237.

Semejante declaración legal conlleva la asunción de una serie de requisitos formales y competenciales genéricos para su efectiva aplicación, independientemente de otros pluses específicos para cada una de las modalidades descritas:

i) Desde una perspectiva procedimental, la Junta de Tratamiento deberá corroborar la presencia de los elementos materiales anteriormente descritos, valorando positivamente la buena conducta, el trabajo, la participación del interesado en las actividades de reeducación y reinserción social y la evolución positiva en el proceso de reinserción.

ii) El Juez de Vigilancia Penitenciaria, de conformidad con el artículo 76 de la Ley General Penitenciaria fiscaliza los acuerdos alcanzados o los recursos o quejas presentados en sentido contrario por el interno conforme a la doble función que ostenta: por un lado, constituye la autoridad judicial que debe aprobar las propuesta elevadas por la Junta de Tratamiento; y, por otro, como autoridad judicial que puede concederlo en virtud de queja por el interno[40].

iii) En el caso de beneficios penitenciaros que conlleven un acortamiento de condena –redención de penas por el trabajo o indulto particular–, el Tribunal sentenciador deberá aprobar semejante modificación y la ulterior liquidación de la condena conforme al nuevo período de tiempo generado por estos beneficios.

Una cuestión muy interesante, que planteó hace ya más de quince años BUENO ARÚS radica en si los beneficios penitenciarios deben subsistir en tanto haga lo propio la ideología del tratamiento. Partiendo de la premisa compartida con el citado autor de que el tratamiento no va a –y añado, ni puede– desaparecer de los sistemas penitenciarios de nuestro entorno cultural, pero, aún si esto sucediera, aquellos beneficios consistentes en el acortamiento o dulcificación de la condena con base en criterios individualizadores, tendrían que continuar por razones humanitarias y de seguridad, al constituir un estímulo indispensable al buen comportamiento de los internos en los establecimientos penitenciarios. Es más, semejante figura constituye una consecuencia de la configuración de un Estado como Social de Derecho[41].

De otro lado, como puede comprobarse, todas las referencias normativas realizadas a los beneficios penitenciarios provienen del Reglamento Penitenciario pero no de la Ley 1/1979, de 26 de septiembre, General Penitenciaria, donde únicamente el legislador se refirió a ellos de manera indirecta toda vez que en el artículo 76.2 c) incluye como funciones del Juez de Vigilancia Penitenciaria la competencia para aprobar las propuestas que formulen los establecimientos sobre beneficios penitenciarios que puedan suponer acortamiento de la condena. Esta mera referencia superficial realizada en el texto base de nuestro sistema penitenciario ha hecho que la doctrina se muestre muy crítica con la técnica legislativa empleada y así, por ejemplo, JUANATEY DORADO considera semejante silencio

---

[40] Véase FERNÁNDEZ ARÉVALO, I. y NISTAL BURÓN, J., *Manual...* cit., pág. 141.

[41] BUENO ARÚS, F., «Los beneficios...» cit., pág. 568.

como incomprensible si se tiene en cuenta el alcance que los beneficios penitenciarios tienen desde el punto de vista de los fines de la reeducación y resocialización social, llegando a sugerir una profunda reforma que los aborde e instaure en el lugar que les corresponde[42], lo cual, por otro lado es una evidencia más que lógica ya que, como ha resaltado NILLA VÁSQUEZ, la Ley General Penitenciaria requiere hoy día de una imperiosa reforma máxime si se tiene presente que el citado texto legal debe configurar la base y esencia del sistema penitenciario y regular los beneficios penitenciarios en el marco de un Reglamento no cumple con las exigencias del principio de legalidad[43].

Precisamente por lo anterior, es muy probable que el legislador optara por regularlos en el Reglamento Penitenciario, el cual coincide temporalmente con la entrada en vigor del Código Penal de 1995, el cambio de Gobierno acontecido en esa época y la falta de interés y, sobre todo, complicaciones del Poder Legislativo para instaurar la citada reforma de la Ley General Penitenciaria en ese momento histórico, optando por partir de cero a través de un Reglamento que, por otro lado, desarrollaba los principios comprendidos en la Ley Orgánica y no entraba en colisión con sus preceptos. O, dicho de otra manera, se optó por abordar la situación desde la perspectiva más cómoda y sencilla sin importar el calado de lo contenido en el Reglamento y el flaco favor que le hacían al ordenamiento jurídico y la jerarquía normativa.

Finalmente, respecto a la cuestión relativa a si su naturaleza es administrativa o jurisdiccional, entiendo que debe vincularse a esta última, toda vez que presentan una eficacia directa en la reducción de la pena impuesta o, cuanto menos, del tiempo efectivo de privación de libertad. En términos muy parecidos se han mostrado FERNÁNDEZ ARÉVALO y NISTAL BURÓN, quienes entienden que si bien es cierto que presentan una fase administrativa, vinculada a su concesión, su naturaleza jurisdiccional se basa en que constituyen medidas que o bien entrañan acortamiento en la duración de la pena o del tiempo efectivo de internamiento con la consiguiente ejecución del título de ejecución –sentencia– o del mandato de retención y custodia, vinculándose su aprobación al Juez de Vigilancia Penitenciaria[44].

II. LA REDENCIÓN DE PENAS POR EL TRABAJO

BUENO ARÚS la definió como una causa de extinción de la responsabilidad criminal consistente en una valoración jurídica del tiempo de cumplimiento de las penas de privación de libertad superior a la medida cronológica, siempre que el penado desarrolle en ese tiempo una actividad laboral (o asimilada)[45].

---

[42] JUANATEY DORADO, C., *Manual...* cit., pág. 17.

[43] NILLA VÁSQUEZ, D. G., «Los beneficios...» cit., pág. 152.

[44] FERNÁNDEZ ARÉVALO, I. y NISTAL BURÓN, J., *Manual...* cit., pág. 139.

[45] BUENO ARÚS, F., «Los beneficios...» cit., pág. 570.

Su actual configuración como beneficio penitenciario en extinción ha sido ya tratada en el epígrafe anterior de este Capítulo, por lo que no creo necesario volver a justificar ni su consideración ni su efectiva naturaleza sino únicamente remitirme a lo allí manifestado y especificar que se trata de una institución derogada[46] pero vigente en la actualidad única y exclusivamente para aquellas personas condenadas aún en virtud del Texto Refundido de Código Penal de 1973[47], a los cuales les será de aplicación en virtud del principio de retroactividad de la norma penal más favorable al reo.

1. Regulación normativa

La figura de la redención de penas por el trabajo aparecía expresamente contemplada en el artículo 100 del Texto Refundido de Código Penal de 1973, en virtud del cual se permitía redimir las penas contempladas en sentencia firme por trabajos a los reclusos que cumplieran las siguientes características:

a) Hubieran sido condenados a penas de reclusión, prisión y arresto mayor.

b) La reducción de la pena se computará descontando del total de privación un día por cada dos jornadas de trabajo realizadas, previa aprobación por el Juez de Vigilancia Penitenciara. Este hecho no comporta de por sí la efectiva puesta en libertad del interno sino simplemente el reconocimiento de unos beneficios penitenciarios derivados del trabajo desarrollado ya que esa competencia la tiene exclusivamente el

[46] Juanatey Dorado ha analizado el origen y evolución de esta figura y cómo su aplicación puntual se desvirtuó hasta crear una institución común dentro del sistema penal y penitenciario español, aplicable a cualquier penado, con independencia del delito cometido. En este sentido, data su creación en una Orden ministerial tras la Guerra Civil, surgiendo con un propósito muy concreto: remediar el problema de la superpoblación reclusa provocada por la contienda bélica referida. Por ello, no es de extrañar que sus primeras disposiciones preveían su aplicación, con carácter ordinario, a los presos por delitos políticos y, sólo excepcionalmente, a los condenados por delitos comunes (JUANATEY DORADO, C., *Manual*... cit., pág. 178). Como ya se refirió en las primeras líneas de este trabajo, el origen de la redención de penas por el trabajo se produce durante la contienda bélica en virtud del Decreto 28 de mayo de 1937, existiendo una errónea creencia que la ubica tras la Guerra Civil, quizás por las connotaciones que presenta respecto al trabajo de los presos del frente republicano, cuando su origen data de 1937. Es más, en ese preciso año, ya comenzaron a trabajar presos en el monumento a Mola situado en el Cerro de Alcocero (Burgos). Sin embargo, la redención como tal no se aprueba hasta la Orden del Ministerio de Justicia de 7 de octubre de 1938, donde se estableció que el Patronato Central de Redención de Penas por el Trabajo propusiera al Gobierno la redención de días de condena por días de trabajo.

[47] Tal y como se explicitó en el epígrafe anterior, según los datos de la Secretaría General de Instituciones Penitenciarias, con fecha de 30 de noviembre de 2016, existen 226 internos cumpliendo condena en virtud del Texto Refundo de Código Penal de 1973 y, en consecuencia, beneficiándose de la redención de penas por el trabajo.

Tribunal sentenciador, órgano encargado de aprobar la liquidación de condena. En estos términos se ha mostrado el Tribunal Constitucional en su Sentencia 57/2012, de 29 de marzo [RTC 2012\57] al afirmar que «las resoluciones de los Jueces de Vigilancia Penitenciaria, que reconocen al penado los días de redención de pena por el trabajo, ni aprueban liquidación de condena alguna, ni deciden acerca del criterio de cómputo de las redenciones, ni incorporan dicho criterio como ratio decidendi, por lo que no puede afirmarse que de ellas se derive una situación consolidada e intangible sobre esta cuestión. El Juez de Vigilancia periódicamente aprueba las propuestas de redención de los Centros Penitenciarios y reconoce un determinado número de días redimidos que, posteriormente, el Tribunal sentenciador ha de computar en la liquidación de condena cuando la misma se produzca».

c) El cómputo referido se descontará tanto para la obtención de la libertad definitiva como de la condicional y tendrá igualmente efectos para los privados provisionalmente de libertad.

d) Se excluye la aplicación de la redención de penas por el trabajo a las personas: i) condenadas por un delito de quebrantamiento de condena o que intentaren quebrantarla aun cuando no lograran su propósito; o ii) sobre las que reiteradamente se observe mala conducta durante el cumplimiento de la condena.

En relación a la exclusión primera; esto es, a las personas condenadas por un delito de quebrantamiento de condena o por el mero intento de hacerlo aun cuando no lograren su propósito, conviene realizar algunas matizaciones, máxime cuando su retirada se deba a un simple intento no consumado. Mi opinión al respecto gira en torno a la exigencia de una sentencia firme condenatoria tanto por un delito de quebrantamiento de condena consumado o, cuanto menos, en grado de tentativa, para poder proceder a la retirada del beneficio penitenciario al interno conforme a la descripción legal mencionada ya que, una vez acreditada, se rompe el vínculo motivador de la presencia de los beneficios penitenciarios, que no es otro que el favorecimiento de las condiciones que permitan reeducar y reinsertar al interno. Todo estos postulados –y algunos más– han sido expresamente reconocidos en la Sentencia del Tribunal Supremo 839/2016, de 7 de noviembre [JUR 2016\249553], donde se concluye que la regla general ha de ser la exigencia de sentencia firme por quebrantamiento de condena para la pérdida del derecho de redención de penas por el trabajo[48], no resultando suficiente

---

48 Según consta en la Sentencia del Tribunal Supremo 839/2016, de 7 de noviembre [JUR 2016\249553], tomando como referencia el Auto de la Audiencia Provincial de Sevilla de 14 de julio de 2015, en la XII Reunión de los Jueces de Vigilancia Penitenciaria celebrada en el año 2003 se acordó que «la pérdida del derecho a redimir en virtud de quebrantamiento de condena exige la declaración de este nuevo delito en sentencia firme» (Acuerdo nº 49). Sin embargo, consultados los Acuerdos alcanzados en la citada reunión celebrada en Madrid no se ha encontrado referencia alguna al respecto. Es más, el Acuerdo 49 menciona expresamente los casos en los que el consumo de drogas por los internos no debe dar lugar a sanción

un proceso penal abierto por el referido delito. Este criterio presenta su base en el principio de presunción de inocencia ya que la casuística práctica puede resultar muy amplia, pudiendo concluir finalmente con la inexistencia del citado delito por diversos motivos, tales como, por ejemplo, que no existió –piénsese, a tal efecto, en una incorporación tardía al centro penitenciario sin ánimo de quebrantar– o incluso la concurrencia de alguna causa de justificación o exculpación de la conducta.

Sin embargo, la regla general referida también admite excepciones en el sentido de retirar los beneficios penitenciarios sin la concurrencia efectiva de una condena firme por quebrantamiento. Efectivamente, la mencionada Sentencia del Tribunal Supremo 839/2016, de 7 de noviembre [JUR 2016\249553], admite y contempla, con razón, la excepcionalidad para los casos, como el allí casado, en que no exista sentencia condenatoria por prescripción del delito o causa similar, en cuyo caso los Jueces y Tribunales deberán valorar si los datos fácticos existentes en la causa constatan la existencia del quebrantamiento, en cuyo caso podrán acordar la pérdida del beneficio penitenciario.

Muy ilustrativo al respecto resulta el caso allí analizado, donde el recurrente, quien se encontraba cumpliendo condena conforme al Texto Refundido de Código Penal de 1973 y disfrutaba de redención de penas por el trabajo, aprovechando la concesión de un permiso extraordinario en el año 1999 no reingresa a la prisión donde se encontraba recluido, hasta que, en 2015, vuelve a hacerlo, una vez que es detenido, siéndole retirado el derecho a redimir penas por el trabajo por haber quebrantado la condena. Ante ello, la defensa invoca la inexistencia de una sentencia condenatoria firme, toda vez que el delito de quebrantamiento de condena prescribió, solicitando el restablecimiento del beneficio penitenciario. Las diversas instancias judiciales deniegan la concesión del derecho y finalmente el Tribunal Supremo, en la sentencia referenciada, hace lo propio excepcionando la regla general en los términos ya descritos, toda vez que la única razón por la que el recurrente no afronta el delito de quebrantamiento es la prescripción, ya que han pasado más de dieciséis años desde el no reingreso en el centro penitenciario, y el delito de quebrantamiento sería incuestionable si no llega a ser por la prescripción en sí, máxime cuando no existe concurrencia alguna de causa de justificación o exculpación de la conducta, por lo que resultaría absurdo que además se beneficiase de redenciones el interno que más tiempo hubiese prolongado voluntariamente su evasión. Por ello, entiende la Sala, debe asimilarse el Auto de prescripción del delito de quebrantamiento con la sentencia firme condenatoria a los efectos de la pérdida del beneficio penitenciario.

---

disciplinaria o a pérdida de beneficios penitenciarios. En consecuencia, debe haber algún tipo de error al transcribir la referencia en el Auto y la Sentencia indicadas, no habiéndose encontrado la fuente original. En cualquier caso, los Acuerdos alcanzados en la XII Reunión pueden encontrarse en la siguiente dirección electrónica: *https://www.acaip.es/images/docs/jornadas12_jvp_2003.pdf*

Otra cuestión que podría plantearse radica en la posible vulneración del principio non bis in ídem toda vez que la sentencia condenatoria por un delito de quebrantamiento de condena comportaría dos efectos a la par: por un lado, una nueva pena para el sujeto y, por otro, la supresión del derecho a continuar disfrutando de la redención de penas por el trabajo. Sin embargo, la Sentencia del Tribunal Constitucional 94/1986, de 8 de julio [RTC 1986\94], rechazó la vulneración del principio toda vez que no existe una doble sanción penal por operar ambas en planos diferentes; esto es, la pena, en el castigo del delito de quebrantamiento, y la privación del beneficio en el de la consecuencia del incumplimiento de una obligación. En concreto, la referida sentencia se apoya en los siguientes postulados:

i) No existe una dualidad de procedimientos que desemboquen en dos sanciones diferentes conectadas a un mismo fundamento sancionador, pues sólo existe una sentencia condenatoria por delito de quebrantamiento de condena, y es la norma penal por sí misma la que estatuye el efecto excluyente del beneficio. Lo que significa que siendo la redención de penas por el trabajo un beneficio, los poderes públicos deben denegarlo si se le solicita por efecto directo de la norma sin necesidad de seguir ningún procedimiento. En este caso, el procedimiento existió, pero no tiene carácter sancionador, por no enjuiciar conducta alguna, limitándose a una medida aplicativa de una norma.

ii) Debe precisarse que la pena y la exclusión del beneficio responden a distinta fundamentación, pues la primera cumple una función retributiva y preventiva, mientras que la exclusión del beneficio de la redención tiende simplemente a reducir el contenido de la pena en aquellos casos en los que pueda presumirse fundadamente una actitud propicia a la reinserción social a que se refiere el art. 25.2 de la Constitución.

iii) Es indudable que el legislador, atendiendo a poderosas razones de Política Criminal, puede establecer ese doble juego de efectos sin vulnerar el art. 25.1 de la Carta Magna, ni el principio implícito del non bis in ídem, permitiendo actuar a Jueces distintos: de un lado, el que enjuició y reprochó el delito indicado, y, de otro, al de Vigilancia Penitenciaria, encargado del control y efectividad del cumplimiento de otras penas impuestas por distintos delitos y de la debida aplicación del beneficio de redención de penas por el trabajo sometida a condición. Consecuentemente, no cabe hablar de violación del principio.

2. Ámbito aplicativo

La Disposición Transitoria Primera del Reglamento Penitenciario mantiene en vigor los artículos 65 a 73 del Decreto de 2 de febrero de 1956, por el que se aprueba el Reglamento de Servicios de Prisiones, los cuales, además de particularizar algunos aspectos de la normativa general –principalmente, reconocer la posibilidad de aplicar la redención de penas por el trabajo a todas las personas condenadas por sentencia firme cuando la privación de libertad exceda de seis meses (artículo 65.2); y entender que la mala conducta se observa cuando el interno cometiere una nueva falta grave o muy grave sin haber obtenido la invalidación de las anteriores (artículo 65.3)–, procede a recoger y regular las normas básicas relativas a la realización de los trabajos en sí, las cuales pueden resumirse de la siguiente forma:

A) El trabajo desarrollado por los penados podrá ser retribuido o gratuito, intelectual o manual, dentro de los centros penitenciarios o fuera de éstos, en régimen de destacamentos penitenciarios; pero, en todo caso, habrá de ser de naturaleza útil.

El artículo 72 del anteriormente citado Reglamento de Servicios de Prisiones enumera expresamente los casos en que se reconocerá el esfuerzo intelectual como trabajo, si bien no existe una traslación directa en cuanto al cómputo efectivo. En este sentido, se incluyen los siguientes supuestos: i) cursar y aprobar las enseñanzas religiosas o culturales establecidas y organizadas por el Centro Directivo; ii) pertenecer a las agrupaciones artísticas, literarias o científicas de la Prisión; iii) desempeñar destinos intelectuales; y iv) la realización de producción original, artística, literaria o científica.

Respecto a los trabajos manuales, las posibilidades resultaban muy amplias pero la masificación de las prisiones, la escasez de recursos por parte de la Administración Penitenciaria para ofertarlos a todos los reclusos y las consiguientes dificultades de control hicieron que comenzara a desvirtuarse esta figura y así, como señala JUANATEY DORADO, la redención comenzó a aplicarse de manera automática a todos los internos por la simple realización de tareas obligatorias de limpieza e higiene en los centros penitenciarios, convirtiéndose en un proceso de reducción de condena que alcanzaba hasta un tercio de la misma por el mero hecho de cumplir con las obligaciones propias del centro[49]. Como ha apuntado DAUNIS RODRÍGUEZ, todo ello derivó en que el concepto de trabajo se difuminara para acoger cualquier tipo de actividad que supusiera una participación, aunque fuese mínima, del penado en las labores de organización o funcionamiento del establecimiento penitenciario[50]; situaciones que, como ya se ha referido, se mantienen vigentes hoy día pese a no cumplir con las premisas iniciales con las que fueron creadas ni con los exigidas para los beneficios penitenciarios de la legislación vigente.

B) El cómputo de las jornadas de trabajo desarrolladas es competencia de los propios establecimientos, existiendo una libreta de redención expedida de oficio por los Directores de los Centros Penitenciarios. Semejante documento, el control respectivo del Centro y la actuación correspondiente del Juez de Vigilancia Penitenciaria serán indicios suficientes para proceder a las redenciones

---

[49] JUANATEY DORADO, C., *Manual*… cit., pág. 179.
[50] DAUNIS RODRÍGUEZ, A. *Ejecución*… cit., pág. 208.

y configurar prueba de cargo desde que las mismas deben producirse al configurarse como derecho adquirido por parte del interno; esto es, lo trabajado reducirá la condena independientemente de las circunstancias posteriores concurrentes en el sujeto, tal y como puede ser, por ejemplo, la imposibilidad de acogerse a ellos por haber quebrantado la condena o su revisión y cumplimiento conforme al Código Penal de 1995, a lo que se le deberá descontar no sólo el tiempo ya cumplido sino también las reducciones obtenidas hasta esa fecha por los trabajos ejecutados y es que, como afirma la Sentencia del Tribunal Constitucional 57/2012, de 29 de marzo [RTC 2012\57], se crea una situación jurídica consolidada respecto del cómputo de las redenciones pues se trata de un criterio conforme al cual ha venido ejecutándose la pena y cuya existencia no puede ser ignorada. En idénticos términos se ha manifestado JUANATEY DORADO al referir que el beneficio penitenciario acumulado hasta la entrada en vigor del nuevo Código, configura una pena efectivamente cumplida; esto es, origina una situación jurídica inamovible, una situación penitenciaria plenamente consolidada ex ante, perfectamente compatible con todo en cuanto ex post representa la aplicación del nuevo Código Penal[51].

C) Se continuarán computando como jornadas de trabajo aquellas en las que el interno no desarrolle efectivamente la tarea laboral encomendada siempre y cuando concurra alguno de los siguientes supuestos: i) en caso de accidente de trabajo o enfermedad que traiga causa del mismo, por el tiempo que tarde el penado en curar y ser dado de alta, bien para realizar el mismo trabajo u otro de distinta naturaleza; ii) cuando se trate de penadas trabajadoras que se encuentren en período de gestación, los sesenta días anteriores y cuarenta posteriores al alumbramiento, dispensándolas durante este tiempo de todo trabajo; y iii) los días festivos, así como los días perdidos en el trabajo por fuerza mayor, destino a otro trabajo o establecimiento por razón de enfermedad suficientemente acreditada, siempre que no exceda en este último caso de treinta días consecutivos.

Sobre ello, además, como han resaltado FERNÁNDEZ ARÉVALO y NISTAL BURÓN, los Jueces de Vigilancia Penitenciaria han acordado que el aislamiento en celda no interrumpa necesariamente el beneficio de las redenciones de penas por el trabajo, siempre y cuando persistan las causas determinantes para su concesión, si bien semejante regla es aplicable exclusivamente a las redenciones ordinarias, toda vez que persiste la prestación personal obligatoria de limpieza, orden y aseo de la celda como espacio privativo[52], lo cual no dejar de demostrar, una vez más, la incoherencia reguladora de esta figura en tanto, se haga lo que se haga y se porte como se porte el interno, siempre podrá hacer valer la redención por actividades cotidianas intrínsecas hacia el bienestar de su propia persona.

D) Siempre que exista informe favorable del Tribunal Sentenciador, una vez oído el Ministerio Fiscal, se computarán extraordinariamente como días de trabajo realizados, a efectos de beneficios penitenciarios, los siguientes: i) los lle-

---

[51] JUANATEY DORADO, C., *Manual*... cit., pág. 181.

[52] FERNÁNDEZ ARÉVALO, I. y NISTAL BURÓN, J., *Manual*... cit., pág. 145.

vados a cabo en horas extraordinarias, o como destinos, o con carácter auxiliar y eventual en los establecimientos, se computará, a efectos de la redención, por el número de horas que constituya la jornada legal de trabajo; ii) el esfuerzo realizado, siempre con carácter absolutamente voluntario, como donantes de sangre, así como el esfuerzo físico que un recluso realice o el riesgo que sufra auxiliando a las autoridades de un establecimiento penitenciario en circunstancias especiales, con un límite de 75 días por cada año de efectivo cumplimiento; y iii) en razón a las circunstancias especiales de laboriosidad, disciplina y rendimiento en el trabajo que, a propuesta de la Junta de Régimen, podrán concederse, mediante la misma correspondiente equiparación, por el Patronato, con el límite de uno por cada día de trabajo y de 175 días por cada año de cumplimiento efectivo de la pena[53]; y iv) en el caso de enfermos psíquicos y físicos, se facilitarán los medios adecuados para que también puedan beneficiarse de la redención, a través del trabajo o actividad que sean compatibles con su estado.

Las redenciones extraordinarias sí han estado sujetas a un mayor control jurisdiccional, motivando su no concurrencia en supuestos excesivamente genéricos. Así, por ejemplo, el Auto de la Audiencia Provincial de Ciudad Real 75/2003, de 17 de octubre [JUR 2004\48873], considera que tanto la decisión del Centro Penitenciario como la del Juez de Vigilancia Penitenciaria de no considerar como redención extraordinaria la limpieza de las zonas comunes del departamento en el que se encontraba recluido el interno resulta correcta ya que su realización no comprende una especial laboriosidad que justifique una atenuación del quantum de la pena, máxime cuando la citada prestación resulta necesaria para el buen orden, limpieza e higiene del Establecimiento, ya que, según el artículo 19 del Reglamento Penitenciario de 1.981, vigente en la época en que reclama el interno, se trata de una obligación impuesta a los reclusos.

La compatibilidad entre las redenciones ordinarias y extraordinarias posibilita una reducción de la pena no sólo de un tercio sino incluso de la mitad. A ello contribuyó, como señala CERVELLÓ DONDERIS, a la inexistencia de interrupción por días festivos, enfermedad, bajas maternales (...) y, sobre todo, porque acabaron no siendo tan excepcionales, ya que muchos reclusos se beneficiaban de ellas por la amplitud del término especial laboriosidad, que permitía incluir en él desde los destinos auxiliares, hasta los trabajos productivos o la participación en la escuela[54], situaciones que desvirtúan nuevamente la esencia y finalidad del beneficio penitenciario y que han generado, a efectos de finalidad de la pena, más costes que beneficios debido a su desmesurada aplicación sobre situaciones que no debían haber sido permitidas, si se hubiera mantenido

[53] Para un sector doctrinal esta previsión reglamentaria se torna ilegal ya que realiza una interpretación analógica in bonam partem que puede vulnerar el principio de seguridad jurídica y va más allá de lo establecido en el art. 100 CP 1973 (un día de pena por cada dos de trabajo, 2x1); no obstante, a pesar de su carácter ilegal, ha sido aplicado reiteradamente en la práctica (véase, BUENO ARÚS, F., «Los beneficios...» cit., pág. 572; NILLA VÁSQUEZ, D. G., «Los beneficios...» cit., pág. 149).

[54] CERVELLÓ DONDERIS, V., *Derecho...* cit., pág.344.

una coherente Política Penitenciaria y no un proceso de desocupación progresivo de las cárceles, por otro lado relativamente comprensible dada la preocupante situación de sobremasificación y peligrosidad de los centros penitenciarios españoles, que dio lugar a la imposición de penas que quedaban prácticamente sin contenido durante su ejecución, siendo además muy preocupante el estado de los centros en los que se cumplía la escasa sanción punitiva. Todo esta situación se generó por la ausencia de alternativas creativas al respecto y, sobre todo, a una errónea ampliación e interpretación de los supuestos legal y originariamente establecidos, lo que dio lugar al "café para todos" en materia de redención de penas por el trabajo con las consecuencias futuras que de ello se han derivado –por ejemplo, doctrina Parot–, situación que ya se alertó, por otro lado, en la década de los ochenta y que intentó corregirse sin éxito, tal y como puede atestiguarse en el Proyecto de Código Penal de 1980 o el Anteproyecto de 1983, donde se contemplaba su derogación.

3. Norma más favorable

Una cuestión problemática que ha subyacido sobre la aplicación de la redención de penas por el trabajo, una vez aprobado el Código Penal de 1995, ha sido la consideración de la norma penal más favorable al reo y, en consecuencia, la aplicación del Texto Refundido de Código Penal de 1973 en lugar del de 1995. Para resolver semejante disimilitud, la Disposición Transitoria Primera del Real Decreto 190/1996, de 9 de febrero, por el que se aprueba el Reglamento Penitenciario, establece unas pautas de delimitación sobre las siguientes premisas:

A) Para determinar la Ley más favorable al reo habrá que aplicar, como no puede ser de otra manera conforme al principio de legalidad y la jerarquía normativa, a lo establecido en las Disposiciones Transitorias Primera a Cuarta del Código Penal de 1995, las cuales establecen que:

a1) Los delitos y faltas cometidos hasta el día de la entrada en vigor del Código Penal de 1995 se juzgarán conforme al cuerpo legal y demás leyes penales especiales que se derogan. Una vez que entre en vigor el presente Código, si las disposiciones del mismo son más favorables para el reo, se aplicarán éstas. El citado mandato legal comporta dos premisas fundamentales: una –general– consistente en que todo delito o falta cometido antes de la entrada en vigor del Código Penal de 1995 será sancionado por la normativa vigente en el momento de cometer el ilícito penal; y otra, excepcional, toda vez que se exceptúa la regla anterior en el caso de que si las normas del Código Penal de 1995 fueran más favorables al reo se aplicará éste una vez hubiera entrado en vigor.

La repercusión de semejante disposición en relación a la redención de penas por el trabajo comporta su aplicación en el primer supuesto pero su exclusión en el segundo, toda vez que siempre que se enjuicie a un individuo conforme al Código Penal de 1995 le será de inaplicación el citado beneficio penitenciario.

a2) Precisamente, para despejar cualquier duda existente al respecto, la Disposición Transitoria Segunda del Código Penal de 1995 contempla expresamente lo enunciado en el párrafo anterior en el sentido de declarar la aplicación de uno u otro texto normativo y la vigencia de la redención de penas por el trabajo exclusivamente a los ilícitos juzgados con anterioridad al vigente texto punitivo, introduciendo el requisito de la necesidad de oír en todo caso al reo.

a3) Las Disposiciones Transitorias Tercera y Cuarta incluyen los mecanismos procedimentales para llevar a efecto la aplicación de la pena más favorable al reo frente a la disimilitud entre aplicar el Código Penal de 1995 o el texto Refundido de Código Penal de 1973. Para ello, otorga la competencia de iniciación del procedimiento administrativo a los Directores de los establecimientos penitenciarios, quienes serán los que dirijan la liquidación provisional de la pena en ejecución, incluyendo los días redimidos y los que pueda redimir en el futuro, a los Jueces o Tribunales que conozcan de la ejecutoria, los cuales, una vez lo reciban, darán traslado al Ministerio Fiscal para que informe sobre si procede revisar o no la sentencia y, llegado el caso, en los términos en que se haría. Una vez hecho, se procederá a oír al reo, notificándole los términos de la revisión propuesta, así como dar traslado al Letrado que asumió la defensa en el juicio oral, para que exponga lo que estime más favorable para el reo.

Todas estas reglas que, a priori, podría pensarse que se encuentran obsoletas o sin aplicación alguna en la actualidad, toda vez que el grueso de supuestos en los que se activó el citado procedimiento provenían en los años inmediatamente posteriores a la entrada en vigor del Código Penal de 1995, siguen planteando una cierta conflictividad en la planta judicial española. Así, por ejemplo, piénsese en el individuo que delinquió y con la aplicación del Texto Refundido de Código Penal de 1973 la pena de prisión aplicable era de treinta años mientras que con el vigente lo sería de veinticinco. A priori, parecería lógico recurrir al Texto Punitivo actual pero, sin embargo, si se actuara así, el interno no podría acogerse a los beneficios de la redención de penas por el trabajo, con lo que el cumplimiento de la condena sería mayor si se opta por la solución inicial, lo cual únicamente dependerá de la voluntad del sujeto de acogerse al citado beneficio penitenciario, pero ¿qué sucede si durante el transcurso de los dos primeros años el recluso decide dejar de realizar los citados trabajos por iniciativa propia? ¿Podría alegar un cambio en la legislación aplicable al delito por el que ha sido condenado invocando la aplicación de la norma más favorable?

Sobre tales premisas, traigo a colación la Sentencia del Tribunal Constitucional 57/2012, de 29 de marzo [RTC 2012\57], donde se corroboran los postulados anteriores en un caso en el que el interno se acoge al Texto Refundido de Código Penal de 1973, pese a contemplar una mayor penalidad, lo cual puede reducir finalmente por aplicación de la redención de penas por el trabajo, pero en un escrito posterior previo al otorgamiento del licenciamiento el demandante solicita el cómputo de la pena inferior por ser "más beneficiosa al reo" –extremo absolutamente falso ya que impediría su reducción por los trabajos mencionados, buscando verdaderamente un alargamiento encubierto de la condena–, lo cual como reconoce el propio Tribunal Constitucional no se ajusta a la realidad toda vez que «el cómputo de las redenciones se efectuaba sobre ese límite máximo de treinta años, ello significaba una notable disminución del tiempo real de privación de libertad respecto de ese tope máximo». Por ello, como continúa el Tribunal, «la decisión sobre la base de un determinado criterio de cómputo de las redenciones que resulta determinante para considerar más favorable el Código anterior (hasta el punto de que la aplicación del otro criterio posteriormente utilizado obligaría a modificar el sentido del fallo de esta resolución), está conformando la realidad jurídica relativa a la ejecución de la pena privativa de libertad y creando una situación jurídica consolidada no sólo respecto de la Ley aplicable, sino también respecto del criterio de cómputo de las redenciones que sustenta su decisión. Un criterio conforme al cual ha venido ejecutándose la pena y cuya existencia no puede ser ignorada»[55].

La opción acogida y aceptada por el interno de optar por un sistema u otro queda además validada, aparte de los acuerdos jurisdiccionales referidos, por actos propios de la administración penitenciaria y así, por ejemplo, la comentada Sentencia del Tribunal Constitucional 57/2012, de 29 de marzo [RTC 2012\57], considera como actos inequívocos de la Administración Penitenciaria las hojas de cálculo en las que se van realizando las liquidaciones provisionales de condena teniendo en cuenta los abonos derivados de la redención de penas por trabajo practicados periódicamente por el Juez de Vigilancia Penitenciaria a propuesta del centro penitenciario.

B) En el caso de que un penado deba cumplir dos o más penas privativas de libertad, una de las cuales sea conforme al Texto Refundido de Código Penal de 1973 y otras conforme al Código Penal de 1995, comenzará a extinguir la condena procedente del Código derogado, sobre el cual cabrá aplicar la redención de penas por el trabajo, y, una vez finalizada, se iniciará el cómputo de la que corresponda conforme al Texto Punitivo vigente, no siendo de aplicación el beneficio de la redención de penas por el trabajo[56].

Sin embargo, si ha existido una cuestión conflictiva vinculada a la redención de penas por el trabajo en la última década, ésa se ha generado por las críticas sociales y periodísticas hacia el sistema de cumplimiento de las penas por parte de los integrantes de bandas terroristas, primordialmente ETA, y el rechazo social ge-

---

[55] Conviene resaltar además que, como manifiesta el Pleno del Tribunal Constitucional en la sentencia referenciada, ni un cambio de criterio interpretativo por parte de un Tribunal (en este caso la Audiencia Nacional) frente a una decisión anterior firme pueden poner en cuestión la firmeza de la Resolución anterior, ni justificar el desconocimiento de su eficacia y la vulneración del derecho a la intangibilidad de la realidad jurídica conformada.

[56] Apartado 4º de la Disposición Transitoria Primera del Reglamento Penitenciario.

nerado por un sector de la sociedad que alertó de que los terroristas, condenados a largas penas de prisión, cumplían la condena en menos de veinte años, debido a la aplicación de la redención de penas por el trabajo, en un sistema ya de por sí viciado, tal y como se ha descrito, lleno de automatismos sin fundamentación ninguna sobre los fines de la pena, sobre el límite de los treinta años contemplados en el Texto Refundido de Código Penal de 1973, algo que, sin embargo, hubiera existido en cualquier caso pero que se denunciaba ante el mayor rigor punitivo del Código Penal de 1995 y la flexibilidad permitida por su antecesor, todo lo cual desembocó en una interpretación restrictiva de la redención de penas por el trabajo en la Sentencia 197/2006, de 28 de febrero [RJ 2006\467] del Tribunal Supremo, que dio lugar a la conocida "doctrina Parot"[57], la cual, a grandes rasgos, toda vez que no es temática objeto de estudio particularizado en este capítulo, consistía en que en lugar de calcular la redención sobre el límite máximo de los treinta años fijado por el Texto Refundido de Código Penal de 1973, se debería hacer sobre cada una de las penas particulares en orden a su gravedad, toda vez que cuando se eliminaba una se pasaba a la siguiente. Sin embargo, semejante postulado fue anulado por el Tribunal Europeo de Derechos Humanos en sus respectivas Sentencias de 10 de julio de 2012 y 21 de octubre de 2013, asunto Del Río Prada contra España.

III. A MODO DE CONCLUSIÓN

La redención de penas por el trabajo constituye una modalidad reduccionista de la pena de prisión, configurándose como un beneficio penitenciario, derogado normativamente pero en extinción práctica, que puede ser todavía aplicado, con efectos retroactivos, a los 226 internos que, a fecha de 30 de noviembre de 2016, continúan cumpliendo condena en las cárceles españolas, siempre y cuando no concurra alguna de las causas específicas que invaliden su aplicación –sentencia firme condenatoria por delito consumado o en grado de tentativa de quebrantamiento de condena o mala conducta durante el período de cumplimiento de la condena–.

Su concesión se desvirtuó con el tiempo hasta aplicarse de manera automática a los internos por realizar meros trabajos obligatorios dentro del centro penitenciario, bastando meramente los asociados a limpieza e higiene para su cómputo, lo que permite a la totalidad de reclusos que disfruten de este beneficio peniten-

[57] Sobre el contenido particularizado y la repercusión de la doctrina Parot, consúltese, entre las múltiples publicaciones existentes al respecto, SUÁREZ LÓPEZ, J. M., «La incidencia de los principios informadores del sistema penológico en el marco del cumplimiento íntegro de las penas», en *Cuadernos de Política Criminal, nº 107*, 2012, págs. 113-142; MUÑOZ CLARES, J., *Doctrina Parot. El Estado y sus enemigos*, Navarra, 2014; HUERTA TOCILDO, S., «La anulación de la doctrina Parot por STEDH de 21 de octubre de 2013: mucho ruido para un fallo jurídicamente cantado», en Pérez Manzano y Lascuraín Sánchez (Dirs.), *La tutela multinivel del principio de legalidad*, Madrid, 2016, págs. 265-291.

ciario reducir hasta una tercera parte del total de la condena impuesta –pudiendo llegar a la mitad si las compaginan con las denominadas extraordinarias–, la cual tenía en todo caso un límite máximo de treinta años, cuyo cumplimiento efectivo, como acabo de referir, podía verse reducido a una horquilla entre veinte y quince años, no cumpliendo ni en la última década de vigencia normativa ni con la entrada en vigor del Código Penal de 1995 la naturaleza, premisa y fundamentos con los que originariamente fue creado pero que arrastra la inercia de derecho adquirido para toda persona que continúe cumpliendo condena conforme al Texto Refundido de Código Penal de 1973.

Su reincorporación actual al ordenamiento jurídico español no se aconseja por dos motivos fundamentalmente:

i) Por el fracaso aplicativo de la experiencia anterior, en la que se acabó desvirtuando su aplicación con el paso de los años, dada la naturaleza extensiva que acabó con el reconocimiento automático a la inmensa mayoría de internos ante la imposibilidad de la propia Administración Penitenciaria de poder gestionarlos. A ello contribuye además la reciente experiencia de los trabajos en beneficio de la comunidad, situación que se extiende igualmente a las prestaciones en beneficio de la comunidad en materia de menores, donde ha vuelto a quedar acreditada que la Administración no se encuentra preparada para ofertar plazas de estas características para todas las personas condenadas y es que, con el paso de los años, la experiencia demuestra que se volverá a desbordar el sistema.

ii) La actual configuración del ordenamiento jurídico penal y penitenciario tampoco aconseja su inclusión ya que existen otras medidas, alternativas o, en definitiva, beneficios penitenciarios en sentido amplio, que responden de forma muy parecida a las premisas características de la redención de penas por el trabajo: disminución de la condena o cumplimiento fuera del entorno penitenciario, situación que se alcanza con una actividad colaborativa, participativa y positiva en los distintos recursos que la Administración Penitenciaria pone a disposición de los internos durante el cumplimiento de la condena, como estrategias y actuaciones tendentes a lograr la efectiva reinserción social del penado.

Capítulo decimocuarto
Percepción de la calidad de vida en prisión por los reclusos en dos centros
Una aproximación en materia de reinserción

Jesús Barquín Sanz

Catedrático (acr.) de Derecho Penal. Universidad de Granada

HS Freehills Visiting Professor. Faculty of Law, University of Cambridge

Miguel Ángel Cano Paños

Profesor Titular de Derecho Penal. Universidad de Granada

María Ángeles Calvo Alba

Investigadora en el Depto. de Sociología. Universidad de Granada

I. INTRODUCCIÓN[1]

El estudio del derecho penal sigue ofreciendo todo tipo de posibilidades de desarrollo científico (con las peculiaridades metodológicas de las ciencias jurídi-

[1] El presente trabajo ha sido posible gracias a la Secretaría General de Instituciones Penitenciarias del Gobierno de España y de los Centros Penitenciarios de Almería y Granada, a todos cuyos responsables agradecen los autores su esfuerzo y su constante colaboración. Las visitas y encuestas a los reclusos fueron realizadas, en diferentes fechas de febrero y marzo de 2015 por Jesús Barquín, Miguel Ángel Cano y Lorenzo Morillas Cueva. M. Ángeles Calvo se ha encargado de la mayor parte del trabajo de metodología estadística.

cas, ya que obviamente la dogmática penal no es «científica» en el mismo sentido que lo es la neurobiología, por ejemplo), a pesar de las múltiples facetas en las que manifiesta sus debilidades en un entorno hostil al garantismo y en el que, para más *inri*, el populismo punitivo sigue ganando terreno en las democracias occidentales y en casi todo el planeta[2]. Probablemente en el fondo, el derecho penal sigue teniendo futuro, como lo tenía hace dieciocho[3], o hace cuarenta y cinco años[4], pero hoy en día no tiene sentido un acercamiento científico al derecho penal que no adopte una perspectiva integral, de amplios horizontes, no tiene sentido un desarrollo al margen del diálogo con instituciones que a lo largo de décadas han tendido a considerarse zona fronteriza, cuando no directamente extramuros del sistema. Ninguna aproximación con voluntad de sistematicidad, ninguna aproximación científica al derecho penal, puede aspirar legítimamente a prescindir de todo aquello que molesta para la bella armonía de las elevadas y

---

La contribución de Jesús Barquín al presente trabajo se ha beneficiado de una estancia de tres meses en el *Department of Crime and Security Science* del *University College London* con el Prof. Richard Wortley durante el verano y el otoño de 2016, gracias a una Beca del Programa Salvador de Madariaga del Ministerio de Educación, Cultura y Deporte. Asimismo en sus orígenes, de una estancia de tres meses del mismo profesor en el *Institute of Criminology* de la *University of Cambridge* con la Prof[a]. Alison Liebling durante la primavera y verano de 2013, gracias a una Ayuda del Plan Propio de Investigación de la Universidad de Granada.

[2] Ya a finales del pasado siglo las dificultades eran manifiestas para quien tuviera la finura de apreciarlas. Así, Silva Sánchez, J. en el «Prólogo a la Edición Española» de: VV.AA. (2000): *La insostenible situación del Derecho Penal*, Granada, págs. XI y ss. En cuanto al populismo y su carácter contrarrevolucionario (de la Revolución Liberal), véase en el mismo volumen Albrecht. P.-A. (2000): «El Derecho Penal en la intervención de la política populista», págs. 471 y ss. Téngase en cuenta además que el artículo original en lengua alemana se publicó en 1994.

[3] Véase Roxin, C. (1998): «¿Tiene futuro el Derecho Penal?», *Revista del Poder Judicial*, núm. 49, págs. 373 y ss. Versión alemana publicada en 1999: «Hat das Strafrecht eine Zukunft?», en: *Gedächtnisschrift für Heinz Zipf*, Heidelberg: C. F. Müller, págs. 135 y ss.

[4] Cfr. Gimbernat Ordeig, E. (1970): «¿Tiene un futuro la dogmática jurídicopenal?», en *Estudios de Derecho Penal*, Madrid: Civitas, 1976, págs. 57 y ss. Hay ediciones ulteriores de este mismo libro, si bien la versión original del artículo es de 1970. Véase, posterior, Gimbernat Ordeig, E. (2000): «¿Las exigencias dogmáticas fundamentales hasta ahora vigentes de una parte general son idóneas para satisfacer la actual situación de la criminalidad, de la medición de la pena y del sistema de sanciones?», en VVAA, *Modernas tendencias en la Ciencia del Derecho Penal y en la Criminología*, Madrid: UNED, págs. 355 y ss., con una expresa defensa de la utilidad de las categorías dogmáticas elaboradas a lo largo de más de un siglo para adaptarse a las cambiantes y futuras necesidades del Derecho Penal y la Política Criminal, en la que es de subrayar la expresa inclusión de la medición de la pena en el núcleo central. Es una aproximación que compartimos; una perspectiva integral de la dogmática implica reforzar y ampliar sus horizontes, sobre la sólida base ya disponible. De nuevo sobre el tema del futuro del Derecho Penal en términos de razón utilitarista o instrumental: Mir Puig, S. (2016): *Derecho Penal. Parte General*, 10[a] ed, corregida y revisada, Barcelona, págs. 100 y ss.; García Pablos, A. (2000): «Tendencias del actual Derecho Penal», en VVAA, *Modernas tendencias en la Ciencia del Derecho Penal y en la Criminología*, Madrid: UNED, págs. 41 y ss. Una visión personalista en Eser, A. (2000): «Una justicia penal «a la medida del ser humano» en la época de la europeización y la globalización», *ibid.*, págs. 15 y ss., en especial págs. 18 y ss.

apriorísticas construcciones teóricas[5], de manera similar a lo que, desde el punto de vista de la exclusión de la responsabilidad, ha venido sucediendo, por ejemplo, con la excusa absolutoria[6], instituto jurídico incómodo para la coherencia de los sistemas apriorísticos, al tiempo que indiscutiblemente tangible en la realidad de las normas y de la justicia penal. Si la cuasiexpulsión de esta y otras realidades jurídicas del reino puro de la dogmática jurídico-penal, del olimpo del injusto culpable, resulta aceptable desde una determinada visión reduccionista de la misma (la cual, por cierto, se manifiesta más en actitudes académicas que en escritos científicos, como es previsible dado lo superado de sus presupuestos), harto más sencillo se antojará que la doctrina llegue a asumir la ajenidad de problemas y análisis pertenecientes al ámbito de la ejecución de las penas, incluso de la pena privativa de libertad, como en buena medida ha venido sucediendo a lo largo de décadas.

Los tiempos decididamente han cambiado y hoy lo convincente de las aproximaciones orientadas a las consecuencias obliga a replantearse de continuo los límites «clásicos» de la dogmática jurídicopenal. Si se reconoce que el sentido delictivo del hecho no se agota en la conducta sino que va desarrollándose en el proceso, en la imposición de la pena e incluso en la ejecución de ésta y, como nos interesa particularmente en esta ocasión, en el modo en que la ejecución repercute sobre el penado[7]; si se defiende que la dogmática haya de elaborarse en diálogo con la repercusión mensurable que la intervención penal tiene en la sociedad (sobre el condenado y su entorno, sobre la víctima y su entorno, sobre el conflicto que, al cabo, se pretende resolver), entonces no puede discurrir por caminos paralelos y ajenos al de las penas y su ejecución, sino que estos caminos han de entrecruzarse, e incluso de vez en cuan-

---

[5] Sobre las construcciones ideales carentes de una imprescindible vinculación con la realidad así como sobre la insuficiencia de la dogmática reduccionista para legitimar materialmente el Derecho Penal como Derecho, véase: FREUND, G. (1995): «Der Zweckgedanke im Strafrecht?», *Goltdammer's Archiv für Strafrecht*, págs. 4 y ss., *passim*. En español, del mismo autor (2004): «Sobre la función legitimadora de la idea de fin en el sistema integral del Derecho Penal», en WOLTER/FREUND (eds.), *El sistema integral del Derecho penal. Delito, determinación de la pena y proceso penal*, Madrid: Marcial Pons, pp. 106 y ss.

[6] O, desde el punto de vista opuesto, con las condiciones objetivas de punibilidad. Sobre la punibilidad y los problemas dogmáticos que se plantean en su sede, véase ampliamente GARCÍA PÉREZ, O. (1997): *La punibilidad*, Pamplona: Aranzadi; así como LUZÓN PEÑA, D.M. (2002): «La punibilidad», en VVAA, *La ciencia del Derecho Penal ante el nuevo siglo. Libro homenaje al Profesor Doctor Don José Cerezo Mir*, págs. 831 y ss. Por otra parte, un ejemplo, al menos desde el punto de vista terminológico, de acercamiento reduccionista a la dogmática que hoy en día debe reputarse afortunadamente superado puede verse en GÓMEZ BENÍTEZ, J.M. (1984): *Teoría jurídica del delito. Derecho penal, parte general*, Madrid: Civitas, pág. 495, al caracterizar la participación como una «causa de extensión de la pena». En un doble sentido: por un lado lo periférico, incluso los problemas de participación, como elementos extraños a la verdadera teoría del delito, que por tanto no hay que integrar en un sistema coherente; por otro lado, la pena se considera tan externa al núcleo del derecho penal que es precisamente algo parecido al arrabal al que se derivan las instituciones que se estiman periféricas.

[7] En esta línea, véase: SILVA SÁNCHEZ, J.M. (2004): «Introducción: Dimensiones de la sistematicidad de la teoría del delito», en WOLTER Y FREUND, *El Sistema integral del Derecho penal. Delito, determinación de la pena y proceso penal*, Madrid: Marcial Pons, págs. 20-21.

do fundirse en uno solo. Si, en verdad, la necesidad de pena (y, con ella, su reverso: los fundamentos de la renuncia a la pena) es una construcción jurídica que no puede prescindir de criterios de valoración personal del individuo sobre el que recae[8], entonces la persona del condenado a privación de libertad y su vivencia penitenciaria no puede quedar expulsada de una perspectiva dogmática integral.

Es un fenómeno valioso, que celebramos, el que la ciencia penal haya salido definitivamente de un caparazón que, al tiempo que sirve para permitir que una cierta dogmática autorreferente se alimente de (y comunique significado para) tan sólo sus propias preconcepciones y apriorismos, erigía una barrera entre la ciencia penal y la realidad de la justicia penal. No es ajeno a ello otro fenómeno contemporáneo que no ha dejado de agudizarse en las últimas décadas: el alejamiento casi abismal de los penalistas académicos frente a las principales instancias de decisión político-criminal, situación que nos separa del objetivo de contribuir a un derecho penal justo a la vez que humano, que responda con eficacia a sus retos sin dejar de ser compasivo, que refuerce la adhesión sin complejos de los ciudadanos a las normas elementales de la convivencia a la vez que fomente la solidaridad hacia los débiles, quienes se suelen encontrar entre los infractores, pero también con frecuencia entre las víctimas. A nuestro juicio, una de las vías más útiles para retomar el diálogo con la sociedad y con las instancias de decisión políticas (fundamentalmente, político-criminales) consiste en salir definitivamente de esa urna, en abrir la ciencia penal. En primer lugar, a los sectores supuestamente periféricos de las consecuencias y su ejecución[9] así como a las instituciones procesales con relevancia material, pero también a la Política Criminal y la Criminología, convirtiendo así el Derecho Penal en una disciplina viva e integradora acerca del fenómeno criminal[10], como corresponde por otra parte a la función fundamentadora y básica que desempeña con respecto a la misma idea de delito, a través de la selección de cuáles conductas han de reputarse típicas y cuáles no.

Como apunta GARCÍA PABLOS, más allá de las particularidades de cada una de las disciplinas que se ocupan del crimen, «interesa contar con una informa-

---

[8] MORILLAS CUEVA, L. (2016): *Derecho Penal. Parte General. Fundamentos conceptuales y metodológicos del Derecho Penal. Ley Penal*, Madrid: Dykinson, pág. 137. Véase ampliamente, por la abundante literatura en materia de merecimiento y necesidad de pena: FRISCH, W. (1993): «An der Grenzen des Strafrechts», en KÜPER/WELP, *Feitschrift für Walter Stree und Johannes Wessels*, págs. 70 y ss.

[9] Una muestra notoria de semejante perspectiva son las discusiones, manifiestos y propuestas alternativas del Grupo de Estudios de Política Criminal, que coherentemente se ha ocupado de la materia de forma extensiva en GRUPO DE ESTUDIOS DE POLÍTICA CRIMINAL (2005): *Una propuesta alternativa al sistema de penas y su ejecución, y a las medidas cautelares personales*, Málaga/Valencia, *passim* y, en especial, pág. 48. Del mismo (2016): *Revisión y actualización de las propuestas alternativas a la regulación vigente, passim.*

[10] Por decirlo en términos roxinianos, pasar del *sistema* al *problema*. Véase ROXIN, C. (1972): *Política criminal y Sistema del Derecho penal*, trad. de MUÑOZ CONDE, Barcelona, pág. 14 y *passim*. En nuestra doctrina, CARBONELL MATEU, J.C. (1999): *Derecho penal: concepto y principios constitucionales*, Valencia: Tirant lo Blanch, pág. 238, en el contexto de una defensa de la íntima conexión entre dogmática y política criminal con el sólido argumento, entre otros, de que la primera es, indiscutiblemente, una necesidad político-criminal (*ibid.*, págs. 236 y ss.).

ción totalizadora, global, multidimensional (...) lo que exige una instancia coordinadora de las fuentes de conocimiento sectoriales que, además, *elimine posibles contradicciones internas y supere lagunas o vacíos*» (las cursivas son nuestras)[11]. Pues bien, dada la irrenunciable vocación sistematizadora de la ciencia penal, la apuntada necesidad de integración totalizadora debe afectar de lleno a los penalistas, que han de elaborar una dogmática abierta e integral, sin exclusiones artificiosas. En semejante perspectiva, la realidad penitenciaria se desembaraza del halo de oscuro submundo metapenal que poco tiene que ver con el núcleo duro de nuestra disciplina, puesto que esta clase de cuestiones pertenecientes al ámbito de la ejecución penal han sido tradicionalmente relegadas por un cierto modo reduccionista de concebir la ciencia del Derecho Penal, para pasar a ocupar un lugar de relevancia junto a otras instituciones protagonistas en materia de ejecución[12]. No somos tan negligentes como para pretender que la discusión de los fundamentos de nuestra disciplina haya de desplazarse del injusto, la culpabilidad, la imputación, etc. a la reinserción y a la vida penitenciaria. El núcleo duro no se ha movido de su sitio, pero sí estamos convencidos de que estas otras cuestiones no le son ajenas, sino que tienen mucho que ver con él, en particular, y obviamente, en ámbitos tales como los fines de la pena o el merecimiento y la necesidad de pena, antes mencionados.

En el presente trabajo nos centraremos, por tanto, desde nuestra perspectiva de penalistas académicos y con la inestimable colaboración de una especialista en metodología que facilitará desentrañar el significado no siempre evidente que surge de las respuestas a encuestas y su cuantificación y procesamiento de datos, en indagar acerca de la *reinserción* a través de las respuestas directas proporcionadas por reclusos de dos centros penitenciarios andaluces, Almería y Granada, a una serie de preguntas de autoencuesta que les planteamos en diversas visitas a lo largo de 2015. A pesar de la ola de pesimismo reinante en la sociedad española en general y el legislador penal en particular en lo referente al ideal de la resocialización en el contexto de la pena de prisión, lo cierto es que el mandato contenido en el art. 25.2 de la Constitución Española (CE) sigue, de momento, plenamente vigente. En virtud de lo allí establecido: «Las penas privativas de libertad y las medidas de seguridad estarán orientadas hacia la reeducación y reinserción social y no podrán consistir en trabajos forzados». Por su parte, las instituciones penitenciarias, destino de buena parte de los condenados a una pena de prisión, tienen como fin primordial «la reeducación y reinserción social de los sentenciados a penas y medidas penales privativas de libertad» (art. 1 de la Ley Orgánica General Penitenciaria, LOGP). En prácticamente los mismos términos se pronuncia el art. 2 del Reglamento Penitenciario (RP). Todo ello, en un contexto que queda

---

[11] García Pablos, A. (1999); *Tratado de Criminología*, Valencia: Tirant lo Blanch, pág. 194. Véase asimismo *ibid.*, pág. 198, *mutatis mutandis*, acerca del Derecho como «instrumento ciego, dogmático e inhumano» cuando se construye de espalda al universo social.

[12] La prescripción, por ejemplo. O, siguiendo a Roxin en el contexto del Derecho positivo alemán, la reparación: Roxin, C. (2000): *La evolución de la Política criminal, el Derecho penal y el Proceso penal*, trad. de Gómez Rivero/García Cantizano, Valencia: Tirant lo Blanch, págs. 35-36.

bien caracterizado por las siguientes frases extraídas de la Exposición de Motivos del Proyecto de Ley General Penitenciaria, publicado en el Boletín Oficial de las Cortes, núm. 148, de 15 de septiembre de 1978. Estas consideraciones, debido al ambiente de pesimismo antes aludido, difícilmente las encontraríamos en el preámbulo de ninguna ley penal o penitenciaria actual o reciente:

> «*La finalidad fundamental que doctrina y legislación atribuyen en la actualidad a las penas y medidas de privación de libertad es la prevención especial, entendida como reeducación y reinserción social de los condenados, sin perjuicio de prestar atención debida a las finalidades de advertencia e intimidación que la prevención general demanda, y a la proporcionalidad de las penas con la gravedad de los delitos cometidos que el sentido más elemental de justicia requiere.*
>
> *Al defender en primer término la finalidad resocializadora de la pena, la Ley pretende significar que el penado no es un ser eliminado de la sociedad, sino una persona que continúa formando parte de la misma, incluso como miembro activo, si bien sometido a un particular régimen jurídico, motivado por el comportamiento antisocial anterior de aquél y encaminado a preparar su vuelta a la vida libre en las mejores condiciones para ejercitar socialmente su libertad*».

Las afirmaciones contenidas en estos dos párrafos nos parecen vigentes en lo esencial, si bien es particularmente discutible que en concreto la doctrina jurídicopenal identifique mayoritariamente la prevención especial como *finalidad fundamental* de la pena[13]. Pero una sociedad organizada jurídicamente que se estime a sí misma no puede jamás utilizar la pena como un método unívoco de exclusión del penado, a cuyo retorno a la vida en comunidad se renuncia. Como en tantos otros campos, es éste un pensamiento que encuentra su génesis en la Grecia Clásica[14]. Platón, en su diálogo «Protágoras, o los sofistas», ofrece una teoría de la

---

[13] No procede entrar en esa discusión en el presente trabajo. Pero no se debe obviar que ya en la misma época en que se redactó la LOGP había manifestaciones profundamente críticas, como Muñoz Conde, F. (1979): «La resocialización del delincuente. Análisis y crítica de un mito», *Sistema. Revista de Ciencias Sociales*, núm. 31, *passim*. Recientemente, en particular véase en extenso: Feijoo Sánchez, B. (2014): *La pena como institución jurídica: retribución y prevención general*, Madrid, cuyo título orienta mucho más por lo que omite que por lo que contiene; o, en concreto, véase pág. 299: «la prevención especial no puede ser el fin esencial de la pena, tanto por su falta de eficacia contrastada como por los peligros que conlleva para las garantías individuales cuando se absolutiza»; antes, pág. 152 por ejemplo: «la experiencia demuestra (…) que bajo la bandera del tratamiento y la terapia se esconden en muchas ocasiones castigos abusivos o excesivos «con buena conciencia». Entre medias de ambos autores (en términos temporales), véase Morillas Cueva, L. (1991): *Teoría de las consecuencias jurídicas del delito*, Madrid, págs. 28 y ss., y 35 y ss.

[14] De gran interés no sólo por fijar el foco en los trascendentales avances iusfilosóficos de los griegos antiguos, padres de la civilización y del derecho, sino especialmente por hacer justicia a la enorme figura histórica de la correccionalista española Concepción Arenal, quien desarrolló su pensamiento en el dificilísimo entorno del siglo XIX: Núñez Paz, Isabel (2013): «Concepción Arenal y el fin de la pena desde las fuentes clásicas. (*Philantropia, humanitas, therapheia*)», *Revista Electrónica de Ciencia Penal y Criminología*, núm. 15-20, págs. 20:3 y ss. Disponible en internet: *http://criminet.ugr.es/recpc/15/recpc15-20.pdf*. Véase asimismo Gracia Martín, L. (2005): «Consideraciones críticas sobre el actualmente denominado "Derecho

justicia atribuida al sofista Protágoras que pone las bases del espíritu que, casi dos mil quinientos años más tarde, animó al legislador español de 1978, en pasajes como:

> *«el hombre que parece más injusto en una sociedad sometida a leyes sería aun justo (...) si se le comparase con hombres que no tuviesen ni educación ni tribunales ni leyes, ni coacción de ninguna clase que los forzara nunca a preocuparse de la virtud»*[15].

O como:

> *«la justicia no es fruto ni de la naturaleza ni de la casualidad, antes bien se enseña»*[16].

Y, a los efectos que nos interesan en el presente trabajo, en el siguiente párrafo, de cuya traducción al latín parafraseada por los escolásticos surgió la oposición entre *quia peccatum est* (más bien: «por la injusticia pasada») y *sed ne pecetur* («para prevenir el futuro») que, con razón, ha hecho fortuna entre los juristas:

> *«nadie, al castigar a un culpable, tiene ante los ojos ni emplea como móvil el hecho mismo de la falta cometida –a no ser que se entregue como un animal salvaje a la venganza irracional–; el que tiene el cuidado de castigar inteligentemente no lo hace a causa del pasado –porque lo hecho ya está hecho–, sino para prevenir el futuro, en orden a que ni el culpable ni los testigos de su castigo caigan en la tentación de volver a comenzar (...) El castigo tiene como fin la intimidación»*[17].

A partir de estos presupuestos ideológicos y, sobre todo, de las previsiones normativas vigentes en la actualidad en la legislación penitenciaria española, la calidad de vida penitenciaria está directamente relacionada con dos conceptos que se antojan cruciales de cara a conseguir el objetivo último de la ejecución de la pena de prisión. Dichos conceptos son el régimen y el tratamiento penitencia-

---

penal del enemigo"», *Revista Electrónica de Ciencia Penal y Criminología*, núm. 07-02, pág. 02:2. Disponible en internet: *http://criminet.ugr.es/recpc/07/recpc07-02.pdf*. Desde otra perspectiva, Tudor, S. (2001): «Accepting one's punishment as meaningful suffering», *Law and Philosophy*, 20, pág. 591.

[15] Cito por la trad. de Francisco P. de Samaranch en Platón, *Obras Completas*, 2ª ed., 4ª reimpr., Madrid: Aguilar, 1979, pág. 172, número marginal 327 c-d.

[16] *Ibid.*, pág. 169, núm. marg. 323 c.

[17] *Ibid.*, págs. 169-170, n. m. 324 b.

Se puede acceder en internet a una versión bilingüe en *http://www.filosofia.org/cla/pla/protbil.htm*, con traducción de J. Velarde, Oviedo, 1980. La redacción es menos elegante pero en este caso alargamos un poco el párrafo para incluir una observación con un añadido que nos parece ilustrativa: «nadie castiga a los injustos con la atención puesta en, o a causa de que cometieron injusticias, a menos que se vengue irracionalmente como una bestia. El que se pone a castigar con la razón aplica el castigo, no por la injusticia pasada, pues no conseguiría que lo que fue dejase de ser, sino pensando en el futuro, para que ni él ni quien ve su castigo vuelvan a cometer injusticias. Y si lo hace con esta intención, es porque piensa que *la virtud es enseñable*, pues castiga en prevención. *De esta opinión son cuantos* en la vida privada o pública *aplican penas*» (las cursivas son nuestras).

rio. Como se sabe, el régimen penitenciario, tal y como señala el art. 73.1 RP, está constituido por «el conjunto de normas o medidas que persiguen la consecución de una convivencia ordenada y pacífica que permita alcanzar el ambiente adecuado para el éxito del tratamiento y la retención y custodia de los reclusos». Por su parte, y acudiendo en este caso a lo prescrito en el art. 59.1 LOGP, el tratamiento penitenciario consiste «en el conjunto de actividades directamente dirigidas a la consecución de la reeducación y reinserción social de los penados». A partir de lo explicado, no cabe duda de que tanto el régimen como el tratamiento penitenciario deben coordinarse y complementarse entre sí, ya que es evidente que el buen o mal funcionamiento de uno, de otro, o de ambos, repercute indudablemente en la calidad de vida penitenciaria.

Relacionado directamente con la mencionada calidad de vida penitenciaria y con el mandato recogido en los ya referidos arts. 25.2 CE, 1 y 59 LOGP se encuentran los programas de tratamiento penitenciario. Tal y como al respecto señalan REDONDO ILLESCAS *et al.*, el ideal del tratamiento en prisión resulta tremendamente importante tanto desde una perspectiva social-moral, como desde un punto de vista científico[18]. En el primer caso, los programas de tratamiento penitenciario –tanto los generales como aquellos específicos destinados a determinadas tipologías de delincuentes– encierran en sí mismos la creencia positiva de poder utilizar aquellos medios psicológicos y socio-educativos encaminados a que las personas que se encuentran en prisión incrementen sus oportunidades para tener un futuro mejor sin cometer delitos, insertos de forma satisfactoria en la sociedad a la que, tarde o temprano, casi todas deberán regresar. En el segundo caso, el ideal del tratamiento parte de la base de que el comportamiento delictivo está directa o indirectamente relacionado con una serie de factores de muy diversa índole, como ciertas características personales del individuo, ciertos condicionantes familiares, ambientales o educativos, o bien determinadas oportunidades para el delito. Teniendo en cuenta todos estos factores, el tratamiento penitenciario puede producir cambios en algunos o todos de los factores de riesgo anteriormente reseñados; y todo ello con el objetivo último de cumplir con el mandato constitucional recogido en el art. 25.2 CE.

Sin embargo, es bien sabido que el ideal resocializador se encuentra desde hace varias décadas sumido en una profunda crisis, y ello no sólo en el contexto español[19]. En este sentido, existe un sector doctrinal en el ámbito penal y penitenciario que considera una contradicción *constitucionalizar* el fin de la resocialización en el art. 24.2 CE, si el mismo se pone en relación con la visión dramáti-

---

[18] REDONDO ILLESCAS, Santiago/POZUELO RUBIO, Florencia/RUIZ ALVARADO, Alfredo (2007): «El tratamiento en las prisiones: Investigación internacional y situación en España», en: CEREZO DOMÍNGUEZ, Ana Isabel/GARCÍA ESPAÑA, Elisa (coords.), *La prisión en España. Una perspectiva criminológica*, Granada: Comares, pp. 175-176.

[19] Ya se mencionó a MUÑOZ CONDE, Francisco (1979): «La resocialización del delincuente. Análisis y crítica de un mito», *Sistema. Revista de Ciencias Sociales*, núm. 31, pp. 74 y ss. Más recientemente: BRANDÁRIZ GARCÍA, José Ángel (2007): «*Nuevo* capitalismo, prisión y lógicas del castigo», *Mientras tanto*, núm. 102, pp. 69 y ss.

ca que –se considera– ofrecen los centros penitenciarios. Para fundamentar esta visión pesimista del ideal de la resocialización, este grupo de autores ha puesto sobre la mesa una serie de objeciones, entre las cuales cabe destacar, siquiera de forma sucinta, las siguientes: (1) El objetivo de pretender modificar las actitudes internas de un sujeto que ha sido condenado no deja de ser indeterminable e indefinible en una sociedad democrática y pluralista en la que conviven distintos modelos de sociedad, y donde el Estado no está en absoluto legitimado para imponer a un sujeto un modelo «educativo» determinado[20]. (2) No deja de ser una hipocresía pretender reintegrar al condenado a la misma sociedad que, de una u otra manera, genera las causas de la delincuencia, sin antes tratar de eliminarlas[21]. (3) Imponer la resocialización como fin último de la pena de prisión supone realizar una visión tremendamente reduccionista de la criminalidad, ya que resulta obvia la existencia de determinados delincuentes que ciertamente no requieren de una reeducación o reinserción social (por ejemplo, delincuentes de cuello blanco, pasionales u ocasionales)[22]. (4) El binomio «resocialización/prisión» presenta una contradicción en sí misma, ya que la propia naturaleza de la prisión, los códigos de conducta, valores y normas que reinan en los ambientes penitenciarios, conducen a que el recluso tenga que adaptarse a un medio distinto al del mundo exterior; esto a la larga puede dar lugar, no a una eventual resocialización, sino más bien a una desocialización respecto del medio al que después tendrá que volver[23]. (5) Por último, la realidad penal y penitenciaria sigue demostrando que, en la práctica, y una vez que los delincuentes cumplen una pena de prisión, un porcentaje importante de ellos continúa mostrando elevadas tasas de reinciden-

---

[20] GALLEGO DÍAZ, Manuel/CABRERA CABRERA, Pedro José/RÍOS MARTÍN, Julián Carlos/SEGOVIA BERNABÉ, José Luís (2010): *Andar 1 km. en línea recta. La cárcel del siglo XXI que vive el preso*, Madrid: Universidad Pontifica de Comillas, p. 87.

[21] En este sentido señala MUÑOZ CONDE lo siguiente: «Hablar, por tanto, de resocialización del delincuente sin cuestionar al mismo tiempo el conjunto normativo al que se pretende incorporarlo significa aceptar como perfecto el orden social vigente sin cuestionar ninguna de sus estructuras, ni siquiera aquéllas más directamente relacionadas con el delito cometido». MUÑOZ CONDE, cit., pp. 76-77.

[22] Ya en su momento, GARCÍA-PABLOS DE MOLINA señalaba al respecto lo siguiente: «Tal vez, el mayor contrasentido reside en convertir el pensamiento de la resocialización en una meta absoluta del actual sistema penal de nuestra sociedad. A pesar de que 2/3 de la delincuencia de ésta no necesita de resocialización alguna, por tratarse de delincuentes perfectamente socializados». GARCÍA-PABLOS DE MOLINA, Antonio (1979): «La supuesta función resocializadora del Derecho penal: utopía, mito y eufemismo», *Anuario de Derecho Penal y Ciencias Penales*, Tomo XXXII, p. 696.

[23] Véase al respecto: TAMARIT SUMALLA, Josep-Maria/GARCÍA ALBERO, Ramón/ RODRÍGUEZ PUERTA, María José/SAPENA GRAU, Francisco (2005): *Curso de Derecho Penitenciario*, 3ª Ed. Valencia: Tirant lo Blanch, pp. 45-46. Para estos autores, «la criminología ha utilizado la expresión «subcultura penitenciaria» para referirse a la comentada modificación de la realidad, caracterizada por la creación de rígidas reglas de conducta diversas a las de la cultura dominante que responden a las necesidades de autotutela del grupo (...) pero también a un cierto código moral». Tal y como señala el propio BARATTA: «No se puede excluir e incluir al mismo tiempo». BARATTA, Alessandro (1986): *Criminología crítica y crítica del Derecho penal*, México: Siglo XXI editores, p. 196.

cia que, en términos promedios y atendiendo a las cifras que manejan Redondo, Sánchez-Meca y Garrido, se sitúan en torno al 50 por 100[24]. Estas elevadas tasas de reincidencia han conducido a un creciente pesimismo acerca de la capacidad reformadora del sistema penitenciario, lo que ha llevado, durante las últimas décadas, a explorar otras estrategias rehabilitadoras, de carácter no estrictamente penal[25].

Aparte de las objeciones planteadas en el párrafo anterior, otro sector doctrinal considera que las condiciones históricas que permitieron en su momento la asimilación del principio de resocialización como criterio orientador del sistema penitenciario en el período de su formulación, se han visto modificadas por la creciente tendencia al endurecimiento del sistema de penas y medidas de seguridad, como demuestran, entre otras disposiciones legislativas, la reciente modificación del Código Penal español mediante las Leyes Orgánicas 1/2015 y 2/2015, ambas de 30 de marzo. Ello ha dado lugar a una especie de «hipertrofia del sistema penal», con la consiguiente adaptación de las Instituciones Penitenciarias, más cercanas a realizar funciones de control y custodia que al proceso de tratamiento e intervención que requiere la búsqueda de la resocialización del recluso. La consecuencia de todo ello habría sido un progresivo abandono del ideal resocializador[26].

Frente a la postura esbozada en el párrafo anterior[27], otro sector de la doctrina española se aferra a la idea de que el tratamiento penitenciario siga estando enfocado a la reeducación y reinserción de los reclusos. En este sentido cabe destacar las figuras de Redondo[28] y de Mapelli, quien manifiesta que la reeducación aspira a que la prisión no interrumpa el proceso de desarrollo de la personalidad del recluso de acuerdo con los derechos fundamentales recogidos en la propia CE[29].

---

24 REDONDO ILLESCAS, Santiago/SÁNCHEZ-MECA, Julio/GARRIDO GENOVÉS, Vicente (2002): «Los programas psicológicos con delincuentes y su efectividad: la situación europea», *Psicothema*, Vol. 14, p. 164.

25 *Ibid.*

26 Véase al respecto, por todos: CORRECHER MIRA, Jorge (2014): «Nuevas perspectivas en la ejecución de la pena privativa de libertad: la privatización de las prisiones», *Estudios Penales y Criminológicos*, Vol. XXXIV, p. 347.

27 Es interesante confrontar dos trabajos publicados conjuntamente en un mismo volumen, uno a continuación del otro, con posiciones que resumen respectivamente la crítica y el voto de confianza a la idea de resocialización: MANZANOS BILBAO, C. (1994): «Reproducción de lo carcelario: el caso de las ideologías resocializadoras», págs. 121 y ss., y REDONDO ILLESCAS, S. (1994): «Algunas razones por las que vale la pena seguir manteniendo el ideal de la rehabilitación en las prisiones», págs. 141 y ss., ambos en VV.AA. (1994): *Tratamiento penitenciario y derechos fundamentales*, Barcelona.

28 Véase cita anterior.

29 MAPELLI CAFFARENA, Borja (1983): «Los fines de la ejecución de la pena privativa de libertad», *Ponencia de las I Jornadas Penitenciarias Andaluzas*, Sevilla: Consejería de Gobernación, p. 22. En una línea similar, a pesar de su ya reseñado escepticismo para con el carácter fundamentador de la pena de la prevención especial (págs. 152 y ss.), Feijoo Sánchez, B. (2014): *La pena como institución jurídica: retribución y prevención general*, Madrid, págs. 298 y ss.,

Se asuma una postura u otra, lo cierto es que, en un Estado social y democrático de Derecho, el reducir la ejecución de la pena privativa de libertad a la mera retención y custodia puede lograr la inocuización de los reclusos durante un periodo más o menos prolongado de tiempo[30]; sin embargo no podrá en ningún caso reducir su reincidencia delictiva, sino más bien aumentarla. Por consiguiente, tanto la ejecución de la pena de prisión en general como los programas penitenciarios en particular siguen teniendo, a día de hoy, dos objetivos fundamentales: (1) Desde un punto de vista exclusivamente penitenciario, lograr la reinserción social de los condenados a una pena de prisión; (2) Desde una perspectiva jurídico-penal, conseguir reducir la reincidencia delictiva[31]. En este último caso, el objetivo de la resocialización sería el respeto y la aceptación por parte del delincuente de las normas penales con el fin de impedirle cometer en el futuro nuevos delitos[32].

A partir de los postulados teóricos expuestos en los párrafos anteriores, y asumiendo los autores de este trabajo una concepción matizadamente optimista de las funciones inherentes al cumplimiento de la pena de prisión, a la que no se puede pedir más que lo que razonablemente está en disposición de proveer: una ejecución compatible con la dignidad personal y el potencial de reinserción del recluso, resulta fundamental analizar y conocer el contexto penitenciario español en la época actual, es decir, el lugar donde se debe llevar a cabo a reeducación y reinserción social de las personas condenadas a una pena de prisión. Y ello no a través de informes oficiales o de experiencias provenientes de funcionarios o profesionales encargados de llevar a la práctica el mandato contenido en los arts. 25.2 CE y 1 LOGP. Por el contrario, los protagonistas de este estudio son los propios reclusos, a través de las respuestas otorgadas en un cuestionario –al cual se hará referencia en un epígrafe posterior–, así como mediante el contacto directo mantenido con los propios autores de este estudio en una serie de visitas realizadas en dos centros penitenciarios ubicados en la Comunidad Autónoma de Andalucía, en concreto Almería (1) y Granada (2).

---

quien convincentemente destaca la utilidad del tratamiento, que debe respetar en todo caso las opciones personales del penado en una sociedad pluralista.

30 Véase al respecto: Silva Sánchez, J.M. (2000): «El retorno de la inocuización», en Arroyo Zapatero y Berdugo Gómez de la Torre (coords.), *Homenaje al Dr. Marino Barbero Santos: «in memoriam»*, Vol. 1, págs. 699 y ss.

31 Y ello dejando sentado que, tal y como al respecto señala de forma meridiana la STC 19/1988, de 16 de febrero, la reeducación y la reinserción social no son los únicos objetivos admisibles de la privación de la libertad, no constituyendo, por tanto, la resocialización prevista *ex* art. 25.2 CE la única finalidad de la pena. Por tanto, el ideal resocializador puede coexistir –y de hecho lo hace– con otros fines de la pena, como la prevención general, la prevención especial negativa o bien la pura y simple retribución. Véase al respecto, en detalle: ZAPICO BARBEITO, Mónica (2009): «¿Un derecho fundamental a la reinserción social? Reflexiones acerca del artículo 25.2 de la CE», *Anuario da Facultade de Dereito da Universidade da Coruña*, núm. 13, pp. 921 y ss.

32 Así lo establece con claridad meridiana el apartado 2 del art. 59 LOGP: «El tratamiento pretende hacer del interno una persona con la intención y la capacidad de vivir respetando la Ley penal, así como de subvenir a sus necesidades».

La opinión de los reclusos, en primera persona, mediante participación directa y no a través de diversos intermediarios, se antoja fundamental para conocer el estado actual de las prisiones en España y la eventual efectividad de los programas de tratamiento. Para ello resulta de nuevo conveniente acudir a lo establecido en el art. 25.2 CE, donde se señala que «[e]l condenado a pena de prisión que estuviere cumpliendo la misma gozará de los derechos fundamentales de este Capítulo, a excepción de los que se vean expresamente limitados por el contenido del fallo condenatorio, el sentido de la pena y la ley penitenciaria». Como a nadie escapa, los conceptos de reeducación y reinserción social deben partir del respeto de los derechos del penado, entre los que se encuentran el principio de igualdad y el más amplio de la dignidad de la persona. Por todo ello el recluso, destinatario primero tanto del régimen como del tratamiento penitenciario, se transforma en un sujeto imbuido de derechos sociales. Derechos que pueden ponerse de manifiesto cuando a aquellos se les permite expresar directamente sus sensaciones, vivencias y perspectivas en un ambiente carcelario.

El objetivo de este estudio es, por tanto, determinar en qué medida el mandato constitucional previsto en el apartado 2 del art. 25 CE se está llevando a cabo actualmente en la realidad de los centros penitenciarios españoles, y más concretamente en dos prisiones situadas en Andalucía oriental. Para ello se le da voz a los propios condenados; algunos de ellos con numerosas carencias, de las cuales algunas tienen su origen en la propia condición de sujetos privados de libertad. Son ellos quienes ofrecen un relato de primera mano sobre lo que realmente está sucediendo en los centros penitenciarios españoles. Parece evidente que la información proporcionada por los propios reclusos puede ser muy útil no sólo para la Administración penitenciaria, sino también para el legislador, ya que el conocer la vida diaria en prisión, la relación de los internos con el personal (funcionarios de prisiones y profesionales encargados del tratamiento), con los otros internos, o bien el propio ambiente reinante en un concreto centro penitenciario, son aspectos que pueden permitir la creación, modificación o supresión de determinados recursos y servicios que permitan, bien eliminar una serie de carencias, bien fomentar y promover una serie de variables dirigidas a hacer efectivo ese «ideal de la resocialización», del cual, conviene reiterar, los autores del presente trabajo somos firmes partidarios. Cabe, y se debe, poner en duda la eficacia del sistema penitenciario para cumplir a rajatabla el programa garantista y de derechos fundamentales del artículo 25.2 CE y de la LOGP; cabe, y se debe, pensar en opciones alternativas que mejoren la realidad del sistema de ejecución de penas. Pero no es pensable siquiera, y no sólo porque sea inconstitucional, optar por un sistema penitenciario que se aparte del ideal del tratamiento y la resocialización, por muy insatisfactorios que hayan sido hasta ahora los logros en este terreno.

II. CALIDAD DE VIDA PENITENCIARIA

1. Algunos estudios sobre la vida penitenciaria en España

El ámbito penitenciario no ha sido a lo largo de las últimas décadas un área especialmente atendida por la Criminología española, la cual se ha enfocado fundamentalmente en el estudio las causas de la delincuencia, la persona del delincuente y, menor medida, la víctima de la acción delictiva. A pesar de ello, lo cierto es que en los últimos años han ido apareciendo distintos estudios –de naturaleza tanto cuantitativa como cualitativa– cuyo objeto ha sido analizar tanto la situación de las prisiones española como –ciertamente, sólo en contadas ocasiones– la denominada «calidad de vida penitenciaria».

Uno de los primeros estudios empíricos realizados con la población reclusa en España fue el llevado a cabo en el año 1997 por CABRERA CABRERA y RÍOS MARTÍN. En el mismo, ambos autores elaboraron un cuestionario que fue cumplimentado por un total de 1.011 personas que se encontraban en prisión durante el año 1997[33]. Conviene señalar que este cuestionario no fue repartido directamente por los investigadores en los correspondientes centros penitenciarios, sino que, tras la preceptiva aprobación de la Secretaría General de Instituciones Penitenciarias (SGIP), fue enviado a los reclusos a través del correo ordinario y repartido por la Dirección del centro. Como resultado de esa encuesta se pudo obtener una radiografía interior de la vida en prisión, la cual permitía transmitir tanto a la sociedad en general como a los profesionales implicados en el contexto penitenciario una visión específica y de primera mano a partir del relato de los propios presos. Conviene señalar que este trabajo constituyó la base de un trabajo empírico posterior al cual se hará referencia posteriormente.

Desde una perspectiva eminentemente cuantitativa merece ser destacado también el estudio llevado a cabo por BENÍTEZ JIMÉNEZ en el año 2006, en el cual analiza la evolución de la población reclusa en España en el período comprendido entre los años 1998 y 2006[34]. El objetivo del estudio era conocer, a través de la explotación de datos estadísticos publicados por instancias oficiales, el volumen y características demográficas de la población penitenciaria en España, tanto a nivel estatal como con respecto a las distintas Comunidades Autónomas. A partir de s los datos publicados por el Ministerio del Interior, la población reclusa en España creció de manera continuada a partir del año 1999, superando con creces la cifra de 60.000 internos en el año 2006[35]. La conclusión a la que llega la autora del trabajo es que, en la época en la que se realizó el estudio, España destacaba tanto por su alta tasa de encarcelamiento –si la misma se compara con otros

[33] Cabrera Cabrera, P.J. y RÍOS MARTÍN, J.C. (1998): *Mil voces presas*, Madrid.

[34] Benítez Jiménez, María José (2007): «Población penitenciaria: evolución, volumen y características demográficas», en: CEREZO DOMÍNGUEZ, Ana Isabel/GARCÍA ESPAÑA, Elisa (coords.), *La prisión en España. Una perspectiva criminológica*, Granada: Comares, pp. 41 y ss.

[35] *Ibidem*, p. 45.

países europeos– como por la densidad de ocupación de sus prisiones, augurando que el aumento de la población reclusa sería una constante en años futuros. Así sucedió, pero por poco tiempo, puesto que las cifras oficiales publicadas en los últimos años señalan que, desde mayo de 2010, cuando se alcanzó una cifra máxima de 76.951 internos, la población penitenciaria en España se está reduciendo de manera ininterrumpida año tras año, lo cual viene refrendado estadísticamente por los datos recientemente publicados, y que indican que en enero de 2016, la población penitenciaria en España ascendía a un total de 56.728 internos[36].

Digno también de mención es el estudio llevado a cabo por REDONDO ILLESCAS *et al.*, quienes realizaron un análisis de los programas de intervención específica o tratamiento llevados a cabo en distintos centros penitenciarios españoles, y que iban dirigidos a determinados grupos de internos que presentaban una serie de características comunes como la edad (programa de jóvenes), el origen demográfico (programa de extranjeros), la tipología del delito cometido (agresiones sexuales o violencia de género), ciertos factores directamente relacionados con la comisión del delito (toxicómanos), especial violencia o inadaptación a la convivencia en prisión (programa de régimen cerrado o de prevención de suicidios)[37]. En el mencionado estudio, sus autores presentaron una serie de datos empíricos atinentes a la eficacia lograda por los distintos programas de tratamiento en relación con delincuentes adultos, llegando a la conclusión de que aquellos lograban, en promedio, una reducción de entre 1/3 y 1/7 de la reincidencia total que sería esperable en ausencia de tratamiento[38]. Con todo, REDONDO ILLESCAS *et al.* incidían en la necesidad de llevar a cabo evaluaciones más amplias en número de internos y más prolongadas en el tiempo, para con ello conocer la eficacia de los mencionados programas de tratamiento, a gran escala y a largo plazo.

Quizá uno de los estudios empíricos más importantes llevados a cabo en España en el contexto penitenciario es el realizado por GALLEGO DÍAZ *et al.* en el año 2010[39], que fue desarrollado a partir del trabajo realizado en el año 1997 por dos de sus autores, y al cual se ha hecho referencia *supra*.

La metodología utilizada en este estudio combinaba la explotación estadística de unos cuestionarios que fueron contestados por un total de 1.668 reclusos que se encontraban cumpliendo condena en 46 centros penitenciarios, junto con el análisis de los textos recogidos en las preguntas abiertas formuladas a los propios presos, así como con la reflexión a partir del análisis del discurso expresado a través de las entrevistas focalizadas que se realizaron en los mismos centros peni-

---

[36] Fuente: *http://www.institucionpenitenciaria.es/web/portal/documentos/estadisticas.html*. En este sentido, la evolución penitenciaria en España en la última década ha sido la siguiente (datos a diciembre de cada año): 2006: 64.021; 2007: 67.100; 2008: 73.558; 2009: 76.079; 2010: 73.929; 2011: 70.472; 2012: 68.597; 2013: 66.765; 2014: 65.017; 2015: 61.614; 2016: 59.589.

[37] REDONDO ILLESCAS/POZUELO RUBIO/RUIZ ALVARADO, *opus cit.*, pp. 186 y ss.

[38] *Ibidem*, p. 210.

[39] GALLEGO DÍAZ/CABRERA CABRERA/RÍOS MARTÍN, *opus cit.* (*passim*).

tenciarios a directores, responsables de tratamiento, psicólogos, juristas criminólogos y trabajadores sociales[40].

Conviene señalar que, también en este caso, la encuesta no se realizó de forma presencial, sino que los cuestionarios fueron remitidos por correo a un total de 66 establecimientos penitenciarios, solicitando a la SGIP que diera instrucciones a los centros para que, al llegar el paquete con los cuestionarios, estos se distribuyesen de forma aleatoria, y respetando estrictamente una cuota que previamente habían establecido los autores del estudio para cada concreto centro penitenciario en función del número de internos, su sexo y situación penitenciaria[41].

El cuestionario elaborado por los autores del estudio estaba integrado fundamentalmente por preguntas de carácter socio-demográfico, las cuales hacían referencia a aspectos como el sexo, el estado civil, la edad, el trabajo, la nacionalidad, el nivel de estudios o el origen familiar. Además, dicho cuestionario contenía preguntas sobre aspectos del tratamiento penitenciario de la vida en prisión, o incluso sentimientos de los propios internos en relación con la víctima del delito. Se trata, por tanto, fundamentalmente, de un estudio etnográfico y sociológico sobre la población reclusa en España, lo que, tal y como señalan sus propios autores, representó en su momento la muestra más numerosa jamás alcanzada en los estudios penitenciarios que hasta la fecha se había realizado en este país[42].

Posteriormente, en un estudio publicado en el año 2012, AGUILAR CONDE, GARCÍA ESPAÑA y BECERRA MUÑOZ, analizaron la realidad y las políticas penitenciarias llevadas a cabo en España en los últimos años. La base del estudio estaba compuesta tanto por datos oficiales penitenciarios específicos, a los que se sometió a un análisis descriptivo-cuantitativo, así como por un estudio cualitativo de opinión mediante entrevistas telefónicas semi-abiertas con expertos y profesionales del ámbito penitenciario[43]. En lo que al presente trabajo interesa, los expertos entrevistados manifestaron, entre otras cosas, lo siguiente: (1) La menor violencia y conflictividad carcelarias del presente (en comparación con décadas anteriores) se podrían explicar a partir del perfil diferente de los presos actuales (con menores índices de marginalidad y drogadicción), una arquitectura penitenciaria más segura, los mayores niveles de bienestar existentes en la vida en prisión, y la «falta de estructuras de oportunidad» para la violencia, tanto dentro de las prisiones como fuera de ellas[44]; (2) Por otro lado, los expertos consideraron que algunas de las prioridades del sistema penitenciario español, de cara al futuro, deberían ser un análisis más científico de la realidad penitenciaria, lo que contribuiría tanto

---

40 *Ibídem*, pp. 14-15.

41 Junto a cada cuestionario se enviaba una carta de presentación y un sobre autofranqueado en el que los internos debían introducir el cuestionario una vez cumplimentado de forma que pudieran remitirlo directa y personalmente a los autores del estudio sin necesidad por tanto de utilizar sellos.

42 *Ibidem*, p. 20.

43 AGUILAR CONDE, Araceli/GARCÍA ESPAÑA, Elisa/BECERRA MUÑOZ, Josè (2012): «Realidad y política penitenciarias», *Boletín Criminológico*, núm. 136, pp. 1-4.

44 *Ibidem*, p. 4.

a un mejor conocimiento de las condiciones de vida de los presos como a una mayor transparencia en la gestión, la anteposición de los derechos de las personas internadas sobre otras consideraciones del régimen y del tratamiento en las prisiones, la descongestión carcelaria y, más ampliamente, la reforma del Código Penal en dirección a acortar las actuales penas de prisión y a desarrollar en mayor grado las penas alternativas[45].

Por último, procede mencionar el estudio publicado en el año 2015 por CUTIÑO RAYA sobre la realidad del tratamiento en las prisiones españolas[46]. En el mismo, el mencionado autor analiza los distintos programas de tratamiento –los generales y los más específicos destinados a determinados tipos de delincuentes– tanto desde una perspectiva teórica como afrontando también su aplicación práctica en la realidad penitenciaria, y llega a la conclusión de que los mismos no se ejecutan con las condiciones y frecuencia necesarias como para lograr los objetivos fundamentales para los que fueron creados: conseguir la reeducación y reinserción social de las personas privadas de libertad. Al mismo tiempo, CUTIÑO RAYA denuncia con datos estadísticos que dichos programas de tratamiento sólo llegan a una minoría de la población penitenciaria, que faltan recursos materiales y personales, y que la mayoría de los programas están dedicados al control y la seguridad, lo cual, en su opinión, provoca un escaso contacto de los equipos técnicos con la población reclusa. Además, según señala el mencionado autor, los programas que se realizan son escasos y poco orientados hacia una recuperación de la persona en la sociedad normalizada del exterior[47], llegando a afirmar que el tratamiento penitenciario, al contrario de lo establecido en la legislación, que lo considera el centro de la actividad penitenciaria, constituye un medio fundamental para garantizar la disciplina y la vigilancia en las prisiones[48].

2. La encuesta de Medición de la Calidad de Vida en Prisión (MQPL)

La criminóloga Alison LIEBLING, directora del *Prisons Research Centre* (PRC) de la Universidad de Cambridge[49], es la personalidad académica que está detrás

---

[45] *Ibidem*, p. 4.

[46] CUTIÑO RAYA, Salvador (2015): «Algunos datos sobre la realidad del tratamiento en las prisiones españolas», *Revista Electrónica de Ciencia Penal y Criminología*, núm. 17-11, pp. 1 y ss.

[47] *Ibidem*, pp. 34-35.

[48] *Ibidem*, p. 36.

[49] La última versión, actualizada y «afinada» en el seno del propio *Prisons Research Centre* en 2011, es denominada por Liebling y su equipo MQPL+, e integra asimismo la encuesta de Calidad de Vida del Personal de Prisiones (SQL: *Staff Quality of Life survey*). Aunque inicialmente tuvimos la intención de pasar asimismo la encuesta para el personal, para lo que nos coordinamos con el grupo dirigido por la Prof^{a}. LARRAURI PIJOAN e incluso nos encargamos desde la Universidad de Granada de la traducción al castellano de la SQL, finalmente se decidió consensuadamente aparcar por el momento esa parte de la investigación, por diversas razones, entre otras la de no abarcar demasiado territorio y concentrar los esfuerzos en la MQPL.

de la idea y los principales desarrollos y aplicaciones de las encuestas de medición de la calidad de vida en prisión o, si de prefiere, de vida penitenciaria (MQPL, por sus iniciales en inglés: *Measuring the Quality of Prison Life*) [50].

MQPL son las siglas por las que se designa no sólo el cuestionario en que se basa esta encuesta, sino el enfoque global de la investigación y del instrumento de conocimiento de cuál es el grado de desempeño moral de una prisión, su grado de cultura social o resocializadora. *Moral performance*[51], *moral culture, rehabilitative culture* son algunas de las expresiones en inglés en torno a este concepto de difícil traducción por su novedad[52]. Pero la encuesta MQPL también puede considerarse un excelente medio de aproximación a diferentes aspectos claves de la organización de la vida penitenciaria. Incluso, y éste es el sentido en el que primariamente nos acercamos al MQPL, como un instrumento para obtener un mapa de la situación de nuestras prisiones, una foto fija que incluye aspectos como dignidad, respeto, seguridad, etc.[53]

En la actualidad, hay varios grupos de investigación e investigadores individuales que, en diferentes etapas de desarrollo de sus estudios[54], están trabajando sobre el modelo de encuesta MQPL desarrollado por Alison Liebling. Con algu-

---

[50] Recientemente, véase Liebling, A., Schmidt, B., Crewe, B., Auty, K., Armstrong, R., Akoensi, T., Kant, D., Ludlow, A. y Ievins, A. (2015): *Birmingham prison: the transition from public to private sector and its impact on staff and prisoner quality of life - a three-year study*, Londres. *http://socialwelfare.bl.uk/subject-areas/services-activity/criminal-justice/ministryofjustice/175153birmingham-prison-3-study.pdf*

[51] La obra de referencia es Liebling, A. y Arnold, H. (assist.) (2004): *Prisons and their Moral Performance. A Study of Values, Quality, and Prison Life*, Oxford. No obstante, la producción científica surgida no sólo de la propia Liebling y su grupo en el Prisons Research Centre de Cambridge, sino también de otros grupos de investigación (y de los servicios de prisiones) que han trabajado y trabajan sobre la base de las encuestas MQPL es amplísima. Una pequeña representación de esas referencias se citan en este epígrafe.

[52] Una historia del origen y el desarrollo de las encuestas MQPL en Liebling, A., Hulley, S. y Crewe, B. (2011): «Conceptualising and Measuring the Quality of Prison Life», en Gadd, D., Karstedt, S. and Messner, S. (eds.), *The Sage Handbook of Criminological Research Methods*, Londres, págs. 358 y ss. Más concisa y descriptivamente, Liebling, A. (2012): «'What is 'MQPL'? Solving Puzzles about the Prison'», *Prison Service Journal*, 202, págs. 3 y ss. Disponible en internet: *https://www.crimeandjustice.org.uk/sites/crimeandjustice.org.uk/files/PSJ%20July%20 2012%20No.%20202.pdf* (último acceso: diciembre de 2016).

[53] Es así en buena medida como se recurre al MQPL por parte del *National Offenders Management Service* de Inglaterra y Gales (NOMS, o Servicio Nacional de Gestión de Infractores), donde desde 2003 un equipo especializado sondea cada centro penitenciario aproximadamente cada treinta meses. Véase NOMS (2015): *Measuring the Quality of Prison Life (MQPL) and the Harris Review*, accesible en internet: *http://iapdeathsincustody.independent.gov.uk/wp-content/uploads/2015/09/Measuring-the-Quality-of-Prison-Life-MQPL-and-the-Harris-Review*—February-2015. pdf (último acceso: diciembre 2016).

[54] En España, además del grupo de la Pompeu Fabra y nosotros, al menos Araceli Aguilar (en la Universidad de Málaga, Salvador Cutiño en la Universidad de Sevilla y Jon M. Landa en la Universidad del País Vasco, aunque en este último caso con problemas de acceso a los centros penitenciarios que obstaculizan, y probablemente impidan del todo, el desarrollo de su investigación en las prisiones vascas.

nos de ellos, señaladamente con el dirigido por Elena LARRAURI en la Universitat Pompeu Fabra de Barcelona[55], hemos estado coordinados. En los antecedentes y desarrollo del trabajo que ha conducido a esta primera presentación de resultados, aún parciales, han estado una estancia como investigador visitante de uno de los coautores (Jesús BARQUÍN) con LIEBLING en la Universidad de Cambridge en 2013 y con Richard WORTLEY en el University College London en 2016, un contacto con LARRAURI durante su estancia como profesora visitante en Oxford durante 2013 y 2014, reuniones con la referida profesora con asistencia en ocasiones de miembros del PRC y particularmente Bethany SCHMIDT, en la Universidad de Granada (abril de 2014), Universidad de Cambridge (julio de 2014), Universidad Pompeu Fabra (Barcelona, octubre de 2014), Granada de nuevo (marzo de 2016), Barcelona de nuevo (junio de 2016).

Aunque cada uno de nuestros grupos de investigación funciona por separado, sigue sus propios criterios (como se verá, diferentes en algo tan relevante como el método de recopilación de respuestas al cuestionario) y responde lógicamente tan sólo por su propio trabajo, en estas reuniones se ha discutido y, en la mayor parte de los casos, llegado a consenso sobre una serie de cuestiones metodológicas e instrumentos de trabajo, con una doble finalidad. Por un lado, cumplir con el mejor espíritu de la *universitas* compartiendo experiencias, problemas surgidos y modos de solventarlos, a fin de multiplicar la capacidad de actuación de todos; a este respecto, puesto que casi siempre nuestros compañeros de la UPF han ido por delante, han sido los que han abierto camino permitiéndonos adelantarnos a situaciones que había que resolver, por lo que desde aquí agradecemos muy especialmente su generosidad al compartir sus propios conocimientos y experiencia. Por otro lado la idea de que, cuanto más coordinados estén los instrumentos y criterios de investigación entre los diversos grupos que desarrollemos estas encuestas, más sentido tendrán en su día unas comparaciones, cruces y acumulación de resultados que serán sin duda deseables. También por este lado se multiplica la «potencia» de la investigación al coordinar varias en lugar de que cada una se desarrolle en plena independencia unas de otras.

Uno de los aspectos que más tiempo y atención ha ocupado en algunas de las reuniones arriba mencionadas se refiere a la traducción y delimitación del texto del cuestionario con el que íbamos a trabajar. La *Measuring the Quality of Prison Life Survey* original es muy extensa y su administración ocupa al menos una hora y media, lo cual es fuente de importantes problemas potenciales tanto si se realiza a través de una entrevista personal[56], como si el cuestionario es autocompletado

[55] Del trabajo del grupo dirigido por LARRAURI hay un artículo en prensa en el momento de redactar estas líneas a cuyo contenido hemos podido acceder por cortesía de los autores. Véase RODRÍGUEZ, J., LARRAURI, E. y GÜERRI, C. (2017, en prensa): Calidad de vida en prisión: un estudio comparativo de cuatro prisiones. *Revista Internacional de Sociología.* Al no disponer de referencias exactas de las páginas, lo citaremos por epígrafes.

[56] Véase RODRÍGUEZ, LARRAURI y GÜERRI (2017, en prensa): «Calidad de vida…», cit., n. 4: «Inicialmente se intentó administrar el cuestionario completo, pero esto consumía más de una hora y media por entrevista. La falta de recursos humanos nos llevó a optar por administrar

por los internos, como fue nuestro caso, ya que un factor con el que hay que contar es el cansancio e incluso el potencial hastío de los internos al enfrentarse a un texto notablemente largo, siendo así que en muchos casos el hábito de leer no lo tienen particularmente desarrollado. Así pues, convenía proceder a una reducción e incluso a una adaptación cultural y técnica, que dio lugar a que retuviésemos finalmente 53 de los 126 ítems originales de la encuesta MQPL.

Una vez llevadas a cabo las encuestas en los centros penitenciarios de Almería y Granada, llegamos a la conclusión de que, para obtener un cuadro general más fiable de la percepción de la calidad de vida por los reclusos, e incidentalmente para disponer de datos homologables con los de nuestros colegas de la UPF, sería apropiado ampliar la investigación a otros centros cercanos para cubrir toda Andalucía Oriental. Decidimos por tanto solicitar una ampliación del permiso a la Dirección General de Instituciones Penitenciarias, que en última instancia nos lo concedió con fecha límite de 30 de junio de 2017 para los centros de Jaén, Málaga y Melilla. En el momento de terminar el presente trabajo ya hemos pasado las encuestas en el Centro Penitenciario de Melilla y para el primer y segundo trimestres de 2017 tenemos programadas las visitas a las prisiones de Málaga y Jaén. El objetivo de fondo es recopilar y analizar todos estos datos y difundirlos en el futuro en una o varias publicaciones comprensivas sobre diferentes aspectos relevantes en los que incide la percepción de su propia calidad de vida por parte de los reclusos. Por lo tanto, el presente artículo es un adelanto de futuras publicaciones sobre la base del trabajo de campo que está en curso.

III. METODOLOGÍA

1. Selección de la muestra y modo de obtención de respuestas

Otra de las principales cuestiones objeto de discusión y puesta en común en las reuniones de coordinación con nuestros compañeros del grupo de investigación de la Universidad Pompeu Fabra fue la del tamaño absoluto y relativo (sobre el conjunto de la población penitenciaria de cada centro) de la muestra. Una muestra tan grande como fuera posible, idealmente incluso el conjunto de los reclusos de cada prisión, garantizaría un máximo de representatividad, pero hay limitaciones, inherentes tanto a la propia población reclusa como a los medios personales y materiales de que disponemos, que aconsejan una reducción sustancial.

En cuanto a lo primero, hay un número de internos que no dominan el idioma español, en ocasiones ni siquiera suficientemente ninguno de los idiomas europeos que a nosotros nos permitiría comunicarnos con ellos (inglés, francés, alemán, italiano, portugués, catalán); otro número variable de internos no estará

---

una versión reducida del cuestionario que pudiera ser completada en 30 ó 40 minutos por un número mayor de internos y así lograr una muestra representativa en todos los centros».

disponible por salidas programadas, traslados, juicios; y, lo más importante, un número de ellos sencillamente no estará dispuesto a colaborar. Debe reseñarse no obstante, que, tanto en estos dos centros como en las encuestas ya administradas, aunque aún no procesadas, en el Centro Penitenciario de Melilla, fueron pocos los reclusos que declinaron participar. También es cierto que, a pesar de que se les insistía en la voluntariedad de la participación, un pequeño número de los que accedían a rellenar los cuestionarios dejaban posteriormente en blanco un buen número de respuestas, sin que pueda saberse con certeza si en cada caso el motivo era que en realidad no querían pero preferían no reconocerlo abiertamente ante los educadores y el personal del centro, o más bien la sensación de agobio por la falta de capacidad de concentración frente a un cuestionario largo y premioso que se extiende a lo largo de diez páginas y en muchos casos les ocupa más de una hora para poder leerlo con atención y contestar debidamente.

En cuanto a lo segundo, en nuestro caso limitaciones de tiempo y disponibilidad académica aconsejaban acotar el número de internos de manera significativa. A pesar de contar con un equipo más amplio, la opción (que a continuación comentaremos) de nuestros compañeros catalanes por el método de la entrevista personal y uno a uno a los internos, entendemos que hacía aconsejable también también para ellos una limitación del número de encuestados. Teniendo en cuenta que la población típica de la mayor parte de los centros susceptibles de visita y encuesta es de entre 800 y 1400 internos, pareció razonablemente significativo un número de a partir de 80 internos de cada centro y en torno al diez por ciento de la población reclusa, procurando una distribución uniforme por módulos. Ésas fueron las cifras que consensuamos, sujetas posteriormente a la adaptación que fuera necesaria por circunstancias particulares de la investigación que fueran surgiendo[57].

En esta línea, procedimos a encuestar a 80 internos de los aproximadamente 790 reclusos con pernocta que en la fecha de las visitas (febrero de 2015) había en el Centro Penitenciario de Almería, y a 150 de los aproximadamente 1450 internos del Centro Penitenciario de Granada en varias visitas en marzo de 2015. La selección, aleatoria, se efectuó por el sencillo procedimiento de seleccionar en el listado oficial de internos de cada módulo a las personas que ocupaban el número 1, 11, 21, 31 y así sucesivamente; en caso de que el recluso seleccionado no estuviera disponible, su sustituto era en cada caso el siguiente de la lista. De este modo se pretendía tener una sobrerrepresentación por encima del 10%, ya que en módulos con, por ejemplo 23, 37 y 42 reclusos, saldrían respectivamente 3, 4 y 5 encuestados, o sea 12 personas en lugar de las 10,2 personas que se corresponderían

[57] Así, en nuestro caso hemos ampliado significativamente el porcentaje de muestra en la tercera prisión visitada, la de Melilla, cuya población reclusa se movía a finales de 2016 en torno a las 280-290 personas, y una muestra de apenas treinta personas parecía demasiado pequeña. Por este motivo, decidimos que era conveniente aumentar significativamente la muestra asumiendo la sobrerrepresentación, a fin de conseguir una mayor fiabilidad en el retrato o foto fija de la percepción de la calidad de vida por los internos de esa prisión. Los datos y el análisis detallado serán debidamente publicados en el futuro.

con una estricta aplicación de la regla del diez por ciento. A pesar de ello, en la práctica el número quedó corregido a la baja para ajustarse casi exactamente al referido diez por ciento. La causa es que, llegado el momento efectivo de realizar las encuestas, un pequeño porcentaje de los reclusos que habían accedido previamente no estaban efectivamente disponibles por circunstancias organizativas o, en menor medida, por haber cambiado de idea a última hora.

Una opción disponible para los cuestionarios MQPL es la entrevista personal con cada interno, que ofrece la notable ventaja de poder apreciar cara a cara «también las experiencias y opiniones de aquéllos que no saben leer o tienen dificultades con el idioma»[58]. No nos pareció lo más aconsejable en nuestro caso, sino que optamos por administrar el sondeo como cuestionarios de autoencuesta, como es por lo demás el procedimiento estándar en las prisiones inglesas y galesas en las que desde 2003 se desarrolla el programa MQPL.

2. Hipótesis de partida

El objetivo del presente trabajo es analizar si la reeducación y reinserción social, elemento fundamental que la propia CE establece como finalidad de la ejecución de las penas privativas de libertad (art. 25.2), se cumple a partir de los resultados de las encuestas llevadas a cabo en los dos centros penitenciarios anteriormente mencionados.

A partir de la hipótesis de que la percepción de la calidad de vida en prisión por parte de los reclusos variará dependiendo del centro penitenciario en función de las condiciones y el ambiente, el objeto general es detectar si hay sensibles diferencias entre prisiones y, en su caso, con qué variables se correlacionan. En particular a efectos del presente trabajo, ¿varía la percepción de la calidad de vida penitenciaria en función de las relaciones con los funcionarios y del trato recibido por parte de ellos?, ¿de las relaciones de los internos entre sí?, ¿el ambiente en prisión está correlacionado con variables relevantes desde el punto de vista de la reinserción?

Para ello, las variables generales que se analizarán son las siguientes: a) Percepción de la relación entre internos y funcionarios. b) Percepción de la relación entre internos. c) Percepción del ambiente en prisión y sus repercusiones en la resocialización. En relación con cada una de ellas hemos seleccionado cinco preguntas o items significativos:

a) *Percepción de la relación entre internos y funcionarios*

s5. Las relaciones entre el personal y los internos son buenas

s6. Recibo apoyo del personal de esta prisión cuando lo necesito

s48. En esta prisión el personal me trata con amabilidad

[58] Rodríguez, Larrauri y Güerri (2017, en prensa): «Calidad de vida...», cit., epígr. 2.1.

s62. No siento miedo de que el personal me vaya a golpear, insultar, o amenazar

s69. El personal de esta prisión me trata con respeto

b) *Percepción de la relación entre internos*

s66. En mi módulo hay muchas peleas entre internos

s102. En esta prisión hay que estar en un grupo para salir adelante

s107. En esta prisión las drogas provocan muchos problemas entre los internos

s114. En esta prisión puedo relajarme y ser yo mismo en presencia de otros internos

s117. En esta prisión no s tolera que unos internos acosen a otros

c) *Percepción del ambiente en prisión y sus repercusiones en la resocialización*

s15. En esta prisión me ayudan a hacer planes para no delinquir cuando salga en libertad

s56. Las condiciones de vida en esta prisión son malas

s59. En general siento que estoy «pasando el tiempo» en vez de «aprovechando el tiempo» de mi condena

s106. La mayor parte del tiempo de mi condena me parece, ante todo, un castigo

s115. El plan individual de tratamiento en esta prisión es útil

Además, dentro de la primera parte del cuestionario, tenemos la pregunta p19, de relevancia a efectos de esta tercera variable. El tenor literal de la pregunta es el siguiente: «¿Habitualmente pasa usted seis (o más) horas sin actividades (escuela, formación profesional, trabajo en talleres, destinos [trabajo de funcionamiento de la prisión], programa de tratamiento u otra)?».

Por último, se tratarán los índices de percepción construidos a partir de las tres variables anteriores.

3. Método estadístico

Una vez recabados los cuestionarios que previamente habían sido cumplimentados por la población penitenciaria de ambos centros objeto de estudio, el contenido de estos fue grabado en *IBM SPSS Statistics 20* con el objetivo de facilitar el análisis de los mismos.

De cara a confirmar o rechazar las tres hipótesis que han sido planteadas anteriormente, se realizó en primer lugar un análisis descriptivo de los datos obtenidos con el objetivo de establecer el perfil de la población penitenciaria a través de las siguientes preguntas: (1) «p1_Nacimiento» –que fue recodificada en grupos de edad (26 años o menos, entre 27 y 36 años, entre 37 y 46 años, entre 47 y 56 años y, finalmente, más de 67 años)–; (2) «p15_país_nac» (país de nacimiento); (3) «p35_estadocivil»; (4) «p_36_estudios» (finalizados); (5) «p28_consumo_drogas» (previo ingreso en prisión); (6) «p6_situación_actual» (en prisión); (7) «p9_primera_vez» (que fue condenado) –esta variable se recodificó, agrupando las edades en los siguientes grupos: 23 años o menos, entre 24 y 33 años, entre 34 y 43 años, entre 44 y 53 años, entre 54 y 63 años y, por último, más de 64 años–; (8) «p3_primera_vez» (en prisión). De estos últimos se seleccionaron aquellas respuestas que afirmaban no estar por primera vez en la cárcel para anotar, sólo en estos casos, las respuestas numéricas a la pregunta «p4_veces_prisión» relativa a cuántas veces habían estado en prisión; a continuación se deseleccionaron para seguir con el análisis; por otra parte, se utilizó la «p2_tiempo_prisión» (en años) recodificando sus valores para agrupar las respuestas –menos de 1 año y medio, entre 1 año y 7 meses y 4 años y 6 meses, entre 4 años y 7 meses y 14 años y 6 meses, y más de 14 años y 7 meses–; (9) «p14_actividad» (principal durante el día); (10) «p19_sin_actividades» (durante 6 horas o más). En último lugar, se llevó a cabo una recodificación de la pregunta s127 del cuestionario (evaluación del centro penitenciario) en la que se incluyeron los 0 contestados por algunos de los encuestados y que no venían contemplados en el enunciado de la pregunta, para con ello lograr una mayor representatividad de la nota media que daban a la institución penitenciaria donde se les pasó el cuestionario; asimismo, a quienes no habían contestado la pregunta –fuera por cansancio, hastío o por no advertir que el cuestionario continuaba en la cara posterior del último folio– se les asignó el valor que dio la media.

Una vez finalizado el perfil, se llevó a cabo la comparación de los perfiles por centros penitenciarios para comprobar si existían diferencias o distintos perfiles en la población penitenciaria de cada centro, para lo que se empleó la variable «prisión».

A continuación, se realizó un análisis en bloque con las preguntas s5 («Las relaciones entre el personal y los internos son buenas»), s6 («Recibo apoyo del personal de esta prisión cuando lo necesito»), s48 («En esta prisión el personal me trata con amabilidad»), s62 («No siento miedo de que el personal me vaya a golpear, insultar, o amenazar») y s69 («El personal de esta prisión me trata con respeto»), las cuales fueron elegidas como las que mejor representaban la percepción de las relaciones entre internos y funcionarios, es decir, la primera de las tres variables generales elegidas para eventual verificación de la hipótesis de partida. Para comenzar se realizó un análisis descriptivo al objeto de comprobar las distribuciones porcentuales de la población penitenciaria en las cinco preguntas. Seguidamente se dio paso al análisis bivariante, en el que estas cinco variables dependientes se cruzaron con las variables independientes «prisión» y «p19_sin_actividades» (durante 6 horas o más). Tras ello, se empleó chi-cuadrado para comprobar si existía asociación/relación entre las variables –chi-cuadrado>1– y si dicha relación era significativa (no debiéndose al tamaño de la muestra o a causas azarosas) –significación asintótica (bilateral) mayor o igual que 0,05–. Para concluir este primer bloque, se empleó la medida direccional Eta para cruces de variables dependientes de escala por variables independientes nominales, pudiéndose determinar la intensidad de la relación entre los distintos cruces de las variables –Relación perfecta: Eta=1; Independencia de las variables: Eta=0–.

En segundo lugar, el bloque que trató de determinar la percepción que los internos tenían sobre sus relaciones con otros internos (segunda de las variables generales de las que se partía) se compuso de las preguntas: s66 («En mi módulo hay muchas peleas entre internos»), s102 («En esta prisión hay que estar en un grupo para salir adelante»), s107 («En esta prisión las drogas provocan muchos problemas entre los internos»), s114 («En esta prisión puedo relajarme y ser yo mismo en presencia de otros internos») y s117 («En esta prisión no se tolera que unos internos acosen a otros»). Sobre estas preguntas se volvió a realizar un análisis descriptivo, un análisis bivariante al cruzarlas con las variables independientes «prisión» y «p19_sin_actividades», y, para finalizar, se volvió a comprobar si existía asociación/relación entre las variables cruzadas, para lo que se volvió a utilizar chi-cuadrado, así como se trató de determinar la intensidad de la relación con Eta.

El tercer y último bloque pretendía dar a conocer cuál era la percepción de la población penitenciaria sobre el ambiente en prisión y sus repercusiones en la resocialización (tercera variable general previamente fijada), para lo que se seleccionaron como preguntas más representativas por su contenido las siguientes: s15 («En esta prisión me ayudan a hacer planes para no delinquir cuando salga en libertad»), s56 («Las condiciones de vida en esta prisión son malas»), s59 («En general siento que estoy «pasando el tiempo» en vez de «aprovechando el tiempo» de mi condena»), s106 («La mayor parte del tiempo de mi condena me parece, ante todo, un castigo») y s115 («El plan individual de tratamiento en esta prisión es útil»). Una vez realizado el análisis descriptivo, se siguió con el análisis bivariante en el que se cruzaron estas variables con las variables independientes «prisión» y «p19_sin_actividades». Para concluir, se comprobó aquí también si existía relación/asociación significativa entre las variables independientes con las dependientes utilizando chi-cuadrado y si dicha relación era perfecta o, realmente, no existía asociación con el uso de Eta.

En último lugar, se procedió a la construcción de Índices de Percepción tomando como indicadores de cada índice las preguntas de los bloques anteriores. De esta forma, el Índice de Percepción sobre las Relaciones entre Internos y Funcionarios se construyó con el sumatorio de s5, s6, s48, s62 y s69. Para la construcción del Índice de Percepción sobre las Relaciones entre Internos se sumaron las preguntas s66, s102, s107, s114 y s117; aunque, previamente, se habían recodificado s66, s102 y s107 invirtiendo los valores de sus escalas para evitar las desviaciones que podían incluir en el índice dado que el sentido de estas variables estaba expresado de forma negativa. Finalmente, el Índice de Percepción sobre el Ambiente en Prisión y sus repercusiones en la Resocialización se construyó a través del sumatorio de las preguntas s15, s56, s59, s106 y s115. También en este caso se recodificaron previamente las preguntas s56, s59, s106 ya que sus enunciados eran negativos, por lo que se invirtieron sus valores para evitar la aparición de errores o sesgos en el índice.

Una vez se habían construido estos Índices, se procedió a realizar a continuación un análisis descriptivo de los tres para comprobar la distribución porcentual resultante para, acto seguido, realizar un análisis bivariante. En éste, se cruzaron los índices con las variables independientes «prisión» y «p19_sin_actividades» para con ello descubrir las posibles diferencias en la percepción de estos elementos en función de su posicionamiento en estas variables. Para concluir el análisis, se aplicó chi-cuadrado a los cruces de los índices con cada una de las dos variables dependientes para demostrar la existencia o no de relación/asociación significativa entre dichos cruces, y se volvió a recurrir de nuevo a Eta para dar cuenta de la intensidad de las relaciones –ya que los índices quedaron como variables de escala y las independientes continuaban siendo nominales–.

IV. RESULTADOS

1. Perfil de la población penitenciaria masculina

El análisis descriptivo reveló, como se puede apreciar en la Tabla I, el perfil socio-demográfico de la población penitenciaria encuestada, del que destaca la persona nacida en España (83,41%), adulta (40,19% con edades comprendidas entre los 37 y 46 años), soltera con pareja (32,11%), cuyo nivel máximo de estudios superados son los primarios (46,79%) y que consumía drogas antes de ingresar en el centro penitenciario (54,67%). Por su parte, el perfil penitenciario se caracterizaba por aunar a una mayoría de encuestados que se encontraban cumpliendo condena (72,10%), condenados por primera vez a edades menores o iguales a 23 años (46,19%), reincidentes (85,59%), y los que han estado en prisión entre 2 y 3 veces (51,76%) pero que, aun así, han pasado menos de 1 año y medio privados de libertad (51,22%). Con respecto a las actividades que realizan, el 32,32% de los encuestados acuden a la escuela y el 60,48% reconoce no pasar seis (o más) horas sin actividades. La nota media que estos otorgan a sus respectivos centros penitenciarios se encuentra en un aprobado (5,29; con una desviación típica de 1,99 puntos de la media).

Tabla I: Perfil de la población penitenciaria

Perfil de la población penitenciaria encuestada		
		Porcentajes Válidos
Edad	*Entre 37 y 46 años*	40,19
País de nacimiento	*España*	83,41
	Marruecos	5,53
	Rumania	2,30
Estado Civil	*Soltero con pareja*	32,11
Estudios finalizados	*Primarios*	46,79
Consumo de drogas previo a su ingreso en prisión	*Sí*	54,67
Situación actual	*Cumpliendo condena*	72,10
Edad de la primera condena	*23 años o menos*	46,19
Primera vez en prisión	*No*	85,59
Nº de veces que han estado en prisión los reincidentes	*2*	31,76
	3	20,00
Tiempo que ha pasado en prisión (a lo largo de su vida)	*Menos de 1 año y medio*	51,22
Actividad principal durante el día	*Escuela*	32,32
Pasa seis (o más) horas sin actividades	*No*	60,48
Calificación del Centro Penitenciario	*Media*	5,29
	Desviación típica	1,99

Fuente: Elaboración propia.

Ahora bien, con objeto de verificar si existían discrepancias o diferencias en los perfiles de los internos encuestados de las dos prisiones cubiertas, se pudo comprobar (Tabla II) que entre los perfiles socio-demográficos coincidían básicamente la edad[59], el estado civil, así como el nivel de estudios máximos realizados. Sin embargo, se encontraron discrepancias significativas en aspectos tales como el consumo de drogas previo a ser ingresado en prisión –en el primer centro (Almería), más del 50% de los internos aseguraba no consumir antes de ser ingresado, al contrario que en el segundo centro (Granada)–, así como en relación a los países de nacimiento recopilados: En el primer centro destacaban Marruecos, Rumanía y Colombia, con porcentajes que oscilaban entre el 1,30% y el 11,69% y, en el segundo centro, Marruecos y Colombia, empatados en la segunda población más representada con un 2,14% de los encuestados.

En torno al perfil penitenciario, cabe destacar que no se hallaron grandes discrepancias, a pesar de que existían diferencias de hasta 20 puntos porcentuales; el grueso de los encuestados en ambos casos parecía concentrarse en las mismas categorías de las variables: Internos que se encontraban cumpliendo condena, que han pasado menos de 1 año y medio en prisión y que ingresaron por primera vez con 23 años o menos. En esta ocasión, la gran diferencia se pudo encontrar en la reincidencia: mientras que el 67,11% de los internos encuestados en el primer centro afirmaba que esa era su primera vez en prisión, el 52,17% de los encuestados en el segundo centro contestaron que no era su primera vez en un centro penitenciario. La actividad mayoritariamente realizada por los encuestados del primer centro era la escuela (53,33%) y en el segundo centro los talleres (23,08%); en cambio sí que coincidían en que no pasaban seis (o más) horas sin actividades (52,70% en el primer caso y 64,71% en el segundo).

Finalmente, las calificaciones proporcionadas por los encuestados de cada centro también revelan una ligera diferencia entre cómo califican a su centro de internamiento actual, aunque en ambos casos se aprueba al centro. Así, la calificación dada por la población penitenciaria del centro de Almería fue de un 5,54 (con una desviación típica de 1,83 puntos), mientras que en el de Granada se situó en un 5,15 (con 2,07 puntos como desviación típica).

[59] La edad en los perfiles socio-demográficos coincide, a pesar de las diferencias porcentuales entre ambos centros, ya que la categoría de la variable edad que agrupa a los sujetos con edades comprendidas entre los 37 y 46 años es la que obtiene mayores porcentajes tanto en la prisión de Almería (Prisión1: 32,00%) como en la de Granada (Prisión2: 44,78%) en el segundo. El resto de categorías tenían porcentajes inferiores, por lo que, finalmente, los 2 centros penitenciarios coinciden en que el mayor porcentaje de su población se encuentra en ese intervalo de edad.

Tabla II: Perfil poblacional por Centro Penitenciario

Perfil por Centro Penitenciario			
		Prisión1	**Prisión2**
Edad	*Entre 37 y 46 años*	32,00%	44,78%
País de nacimiento	*España*	75,32%	87,86%
	Marruecos	11,69%	2,14%
	Rumania	5,19%	
	Colombia	1,30%	2,14%
Estado Civil	*Soltero con pareja*	32,05%	32,14%
Estudios finalizados	*Primarios*	44,87%	47,86%
Consumo de drogas previo ingreso	*Sí*	-	51,08%
	No	56,00%	-
Situación actual	*Cumpliendo condena*	69,74%	73,38%
Edad de la primera condena	*23 años o menos*	38,71%	49,63%
Primera vez en prisión	*Sí*	67,11%	
	No	-	52,17%
Nº de veces que han estado en prisión los reincidentes	*1*	35,0%	13,8%
	2	25,0%	33,8%
	3	25,0%	18,5%
Tiempo que ha pasado en prisión (a lo largo de su vida)	*Menos de 1 años y medio*	57,75%	47,76%
Actividad principal durante el día	*Escuela*	53,33%	-
	Trabajo en talleres	-	23,08%
Pasa seis (o más) horas sin actividades	*No*	52,70%	64,71%
Calificación del Centro Penitenciario	*Media*	5,54	5,15
	Desviación Típica	1,83	2,07

Fuente: Elaboración propia.

2. Percepción de la relación entre internos y funcionarios

En lo que respecta a la primera variable general utilizada para verificar o rechazar la hipótesis central del estudio, a saber, cómo perciben los internos su relación con el funcionariado del centro penitenciario (Tabla III), se reveló que, dentro de las posibles opciones de respuesta que se suministraban a los reclusos («muy de acuerdo», «de acuerdo», «ni en acuerdo ni en desacuerdo», «en desacuerdo», «muy en desacuerdo»), la categoría central («ni de acuerdo ni en desacuerdo») era la que, en general, concentraba el mayor porcentaje de respuestas. No obstante, con respecto a ambos centros penitenciarios se pudo comprobar que el 45,98% de los reclusos encuestados estaba «de acuerdo» o «muy de acuerdo» con la afirmación que establece que las relaciones con el personal de las instituciones penitenciarias eran buenas (pregunta s5), mientras que exactamente el mismo porcentaje de los encuestados (45,98%) estaba «de acuerdo» o «muy de acuerdo» en la afirmación relacionada con el apoyo que el personal de prisión les proporcionaba (pregunta s6).

Por su parte, el 37,50% de los encuestados se mostró conforme con la afirmación que establecía que eran tratados con amabilidad por parte el personal (pregunta s48), mientras que un 45,54% manifestó conformidad («muy de acuerdo» o «de acuerdo») con la afirmación que declara un trato respetuoso por parte del personal (pregunta s69). Finalmente, el 48,22% de los internos encuestados declaró estar «de acuerdo» o «muy de acuerdo» con la afirmación que establecía la ausencia de miedo ante cualquier tipo de actitud vejatoria por parte del personal hacia ellos (pregunta s62).

Tabla III: Preparación sobre las relaciones Internos-Funcionarios (Porcentajes)

	Las relaciones entre el personal y los internos son buenas	Recibo apoyo del personal de esta prisión cuando lo necesito	Aquí el personal me trata con amabilidad	No siento miedo de que el personal me vaya a golpear, insultar, o amenazar	El personal de esta prisión me trata con respeto
Muy de acuerdo	18,75	16,96	12,50	25,45	16,52
De acuerdo	27,23	29,02	25,00	22,77	29,02
Ni de acuerdo ni en desacuerdo	33,04	19,64	34,82	21,43	32,59
En desacuerdo	11,61	16,96	11,16	9,38	9,38
Muy en desacuerdo	9,38	17,41	16,52	20,98	12,50

Fuente: Elaboración propia

En cuanto a la posible existencia de diferencias en la percepción sobre la relación con los funcionarios del centro penitenciario en función de ser recluso en uno u otro centro (Tabla IV), no se pudieron establecer grandes diferencias. En líneas generales, se observa un peso notable de la opción neutra de respuesta («ni de acuerdo ni en desacuerdo»), que representa, dependiendo del centro y de la pregunta, desde un mínimo del 18,75% hasta un máximo del 37,50% de los casos. En ambos centros se produce una distribución porcentual más o menos similar en el caso de la categoría neutra que afecta, por norma general, a la mayor parte de las variables seleccionadas se da este comportamiento. No obstante, al hacer un análisis más específico veremos que sí se muestran algunas diferencias. En definitiva, es importante que no se pase por alto la relevancia que adquieren los valores neutros de las variables, pero ello no impide que existan diferencias, como se comenta a continuación.

En efecto, sí que hay diferencias en función del centro penitenciario en el que se estuviese recluido. En relación al primer centro, y ante la pregunta que versaba sobre el apoyo recibido por parte del personal de la prisión (pregunta s6), el 58,75% se mostraba «de acuerdo» o «muy de acuerdo» con esta afirmación. Por el contrario, un 40,97% de los encuestados del segundo centro agrupó sus respuestas en torno a las opciones «en desacuerdo» o «muy en desacuerdo». En relación con la presencia de amabilidad en el trato con el funcionariado (pregunta s48) pudo observarse, nuevamente, que el 51,25% de los internos que se encontraba cumpliendo condena en el primer centro manifestaba su acuerdo con dicha afirmación, entrando en contraste con el 35,42% de los internos en el segundo centro, quienes se mostraban en contra de la misma.

Tras comprobar la existencia de ciertas diferencias sobre la percepción de la relación internos-funcionarios, la aplicación de chi-cuadrado reveló la existencia de asociación o relación entre las variables seleccionadas y el centro penitenciario en el que se estaba recluido (variable independiente «prisión»). Chi-cuadrado resultó ser mayor a 1 en todos los casos, demostrando la existencia de asociación, y las respectivas significaciones asintóticas bilaterales resultaron ser menores que 0,05, confirmando que la asociación entre estas variables era significativa. La única pregunta que resultó no estar relacionada con el centro penitenciario, en este caso, fue la s62 («no siento miedo de que el personal me vaya a insultar, golpear o amenazar») (chi-cuadrado=2,442; sig. Asintótica (bilateral)=0,655>0,05).

A pesar de quedar demostrada la existencia de relación entre 4 de las 5 preguntas seleccionadas para medir la percepción que tiene la muestra encuestada en lo referente a su relación con los funcionarios, el coeficiente Eta puso de manifiesto que dicha relación no era muy fuerte, dado que en todos los casos en los que se reveló la existencia de asociación entre las variables, el valor de Eta no llegó al 0,3.

Tabla IV: Percepción sobre las relaciones Internos-Funcionarios por Centro Penitenciario

		Centro Penitenciario		Pruebas de chi-cuadrado		Medidas direccionales	
		Prisión1	Prisión2	Chi-cuadrado de Pearson	Sig. asintótica (bilateral)	Eta (Nominal por Escala)	
Las relaciones entre el personal y los internos son buenas	*Muy de acuerdo*	25,00%	15,28%	13,218	0,010	*Las relaciones entre..*	0,217
	De acuerdo	36,25%	22,22%			*Centro Penitenciario*	0,243
	Ni de acuerdo ni en desacuerdo	25,00%	37,50%				
	En desacuerdo	10,00%	12,50%				
	Muy en desacuerdo	3,75%	12,50%				
Recibo apoyo del personal de esta prisión cuando lo necesito	*Muy de acuerdo*	26,25%	11,81%	12,283	0,015	*Recibo apoyo...*	0,228
	De acuerdo	32,50%	27,08%			*Centro Penitenciario*	0,234
	Ni de acuerdo ni en desacuerdo	18,75%	20,14%				
	En desacuerdo	12,50%	19,44%				
	Muy en desacuerdo	10,00%	21,53%				
Aquí el personal me trata con amabilidad	*Muy de acuerdo*	12,50%	12,50%	18,228	0,001	*Aquí el personal...*	0,222
	De acuerdo	38,75%	17,36%			*Centro Penitenciario*	0,285
	Ni de acuerdo ni en desacuerdo	35,00%	34,72%				
	En desacuerdo	6,25%	13,89%				
	Muy en desacuerdo	7,50%	21,53%				
No siento miedo de que el personal me vaya a golpear, insultar, o amenazar	*Muy de acuerdo*	28,75%	23,61%	2,442	0,655	-	-
	De acuerdo	22,50%	22,92%				
	Ni de acuerdo ni en desacuerdo	23,75%	20,14%				
	En desacuerdo	6,25%	11,11%				
	Muy en desacuerdo	18,75%	22,22%				
El personal de esta prisión me trata con respeto	*Muy de acuerdo*	18,75%	15,28%	14,289	0,006	*El personal de esta...*	0,214
	De acuerdo	38,75%	23,61%			*Centro Penitenciario*	0,253
	Ni de acuerdo ni en desacuerdo	33,75%	31,94%				
	En desacuerdo	3,75%	12,50%				
	Muy en desacuerdo	5,00%	16,67%				

Fuente: Elaboración propia

Figura I: Percepción de la Relación entre Internos y Funcionarios por Centro Penitenciario

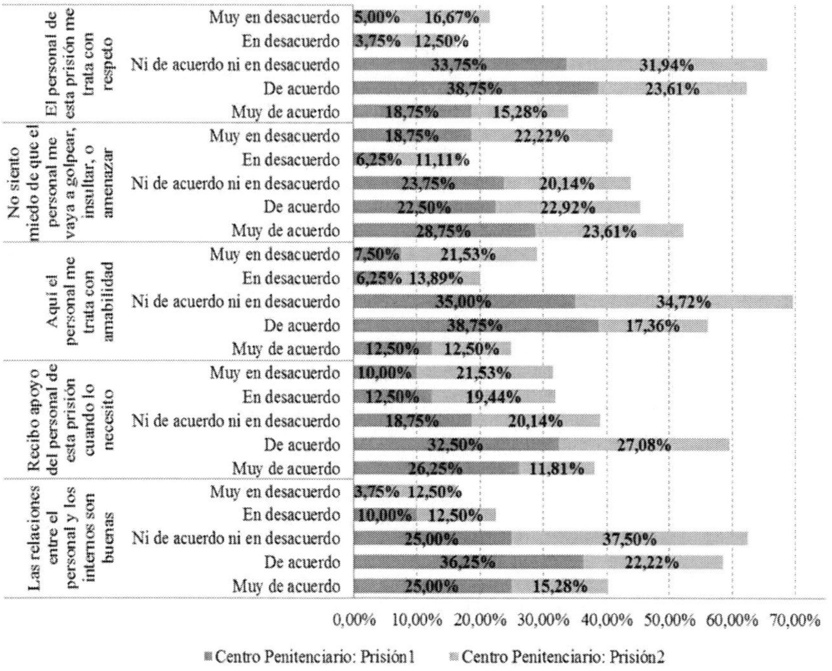

En relación con la otra variable independiente que se tomó para realizar el análisis bivariante [«p19_sin_actividades» (durante 6 horas o más)], no se encontraron grandes diferencias en la percepción que tenían los reclusos encuestados que afirmaban no pasar seis (o más) horas sin actividades y sus opuestos. Como en el caso de los centros penitenciarios, el mayor porcentaje de encuestados agrupó sus respuestas de forma más o menos clara en la categoría central «ni de acuerdo ni en desacuerdo»: Entre el 16,54% («recibo apoyo del personal cuando lo necesito») y el 39,76% («en esta prisión el personal me trata con amabilidad»). En la Tabla V se recogieron las distintas distribuciones porcentuales que se dan en función de las preguntas seleccionadas para este primer bloque (relación entre funcionarios e internos) y comparadas según los internos se pasasen o no seis (o más) horas sin realizar actividad alguna.

Con respecto a la existencia de relación o asociación entre las variables de escala y la variable independiente (pasar seis o más horas sin realizar ninguna actividad), chi-cuadrado demostró que no existía asociación significativa en 4 de los 5 casos con una significación asintótica (Bilateral)>0.05 en los cruces con las preguntas: «recibo apoyo del personal de esta prisión cuando lo necesito», «en esta prisión el personal me trata con amabilidad», «no siento miedo de que el personal me vaya a golpear, insultar o amenazar» y «el personal de esta prisión me trata con respeto».

La pregunta referida a «las relaciones entre los internos y el personal son buenas» (s5) resultó ser la única que se encontraba significativamente relacionada con haber manifestado pasar seis (o más) horas, o no, sin actividades (chi-cuadrado=13,381; sig. Asintótica (bilateral)=0,01<0,05), a pesar de que la fuerza de la relación no fuese muy alta, pues los valores de Eta volvieron a estar por debajo de 0,3 puntos.

Tabla V: Percepción sobre las relaciones Internos-Funcionarios por Pasar 6 horas (o más) sin actividades

		Pasa 6 horas (o más) sin actividades		Pruebas de chi-cuadrado		Medidas direccionales	
		No	Sí	Chi-cuadrado de Pearson	Sig. asintótica (bilateral)	Eta (Nominal por Escala)	
Las relaciones entre el personal y los internos son buenas	*Muy de acuerdo*	21,26%	15,66%	13,381	0,010	*Las relaciones entre..*	0,216
	De acuerdo	33,86%	16,87%			*Habitualmente pasa..*	0,252
	Ni de acuerdo ni en desacuerdo	29,92%	38,55%				
	En desacuerdo	9,45%	13,25%				
	Muy en desacuerdo	5,51%	15,66%				
Recibo apoyo del personal de esta prisión cuando lo necesito	*Muy de acuerdo*	18,90%	14,46%	6,515	0,164	-	-
	De acuerdo	34,65%	21,69%				
	Ni de acuerdo ni en desacuerdo	16,54%	22,89%				
	En desacuerdo	15,75%	19,28%				
	Muy en desacuerdo	14,17%	21,69%				
Aquí el personal me trata con amabilidad	*Muy de acuerdo*	15,75%	9,64%	7,430	0,115	-	-
	De acuerdo	30,71%	18,07%				
	Ni de acuerdo ni en desacuerdo	29,92%	39,76%				
	En desacuerdo	9,45%	13,25%				
	Muy en desacuerdo	14,17%	19,28%				
No siento miedo de que el personal me vaya a golpear, insultar, o amenazar	*Muy de acuerdo*	29,92%	21,69%	3,484	0,480	-	-
	De acuerdo	22,05%	22,89%				
	Ni de acuerdo ni en desacuerdo	20,47%	20,48%				
	En desacuerdo	10,24%	8,43%				
	Muy en desacuerdo	17,32%	26,51%				
El personal de esta prisión me trata con respeto	*Muy de acuerdo*	19,69%	14,46%	8,188	0,085	-	-
	De acuerdo	34,65%	20,48%				
	Ni de acuerdo ni en desacuerdo	26,77%	38,55%				
	En desacuerdo	9,45%	10,84%				
	Muy en desacuerdo	9,45%	15,66%				

Fuente: Elaboración propia

Figura II: Percepción de la Relación entre Internos y Funcionarios y Pasar 6 horas (o más) sin actividades

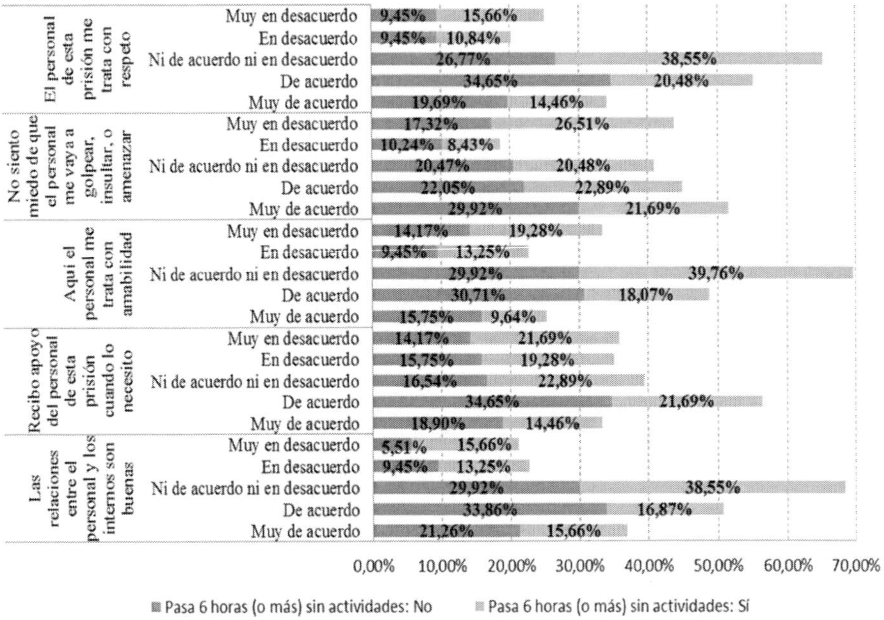

3. Percepción de la relación entre internos

En líneas generales, la distribución porcentual de los valores contestados por la población penitenciaria en las cinco preguntas seleccionadas para conocer su percepción sobre la relación entre internos (Tabla VI) permitió comprobar que alrededor del 23,21% y el 29,91% de los encuestados seleccionó su respuesta en torno a la opción «ni de acuerdo ni en desacuerdo», y ello con respecto a las preguntas s66, s102 y s107. Por otra parte, el 62,06% declaró no estar de acuerdo con una elevada presencia de peleas en su módulo (pregunta s66); el 40,18% de los encuestados se oponía a la necesidad de formar parte de un grupo para «salir adelante» (pregunta s102); el 41,07% declaró poder ser él mismo ante otros internos (pregunta s114), mientras que el 43,75% consideraba que no se permitía el acoso entre internos (pregunta s117). Como contraposición con lo anterior, un 51,79% de los reclusos encuestados (de ambos centros penitenciarios) manifestaba su grado de acuerdo con respecto a los problemas que causan las drogas (pregunta s107).

Tabla VI: Percepción sobre las relaciones Internos-Funcionarios (Porcentajes)

	En este módulo hay muchas peleas entre internos	En esta prisión hay que estar en un grupo para salir adelante	En esta prisión las drogas provocan muchos problemas entre los internos	En esta prisión, puedo relajarme y ser yo mismo en presencia de otros internos	En esta prisión no se tolera que unos internos acosen a otros
Muy de acuerdo	7,59	11,16	31,70	13,84	16,96
De acuerdo	7,14	18,75	20,09	27,23	26,79
Ni de acuerdo ni en desacuerdo	23,21	29,91	29,91	23,66	29,46
En desacuerdo	26,79	20,98	10,71	12,95	10,71
Muy en desacuerdo	35,27	19,20	7,59	22,32	16,07

Fuente: Elaboración propia

En términos generales el hecho de estar cumpliendo condena en un centro penitenciario o en otro no resaltó grandes diferencias desde el punto de vista las relaciones entre internos (Tabla VII) en lo que se refiere a la opción neutral de respuesta («ni de acuerdo ni en desacuerdo»), con unos porcentajes que oscilaban entre el 20,00% y el 38,75%. No obstante, esto es de nuevo compatible con diferencias en los resultados pregunta a pregunta si se comparan específicamente.

En esta ocasión, la mayor diferencia entre los encuestados de un centro y de otro se pudo observar en las respuestas dadas a la pregunta que hace alusión a «ser uno mismo» ante otros internos (pregunta s114: «En esta prisión puedo relajarme y ser yo mismo en presencia de otros internos»). Así, en el primer centro, el 53,75% de los internos mostraron un buen grado de acuerdo con estar cómodos ante otros internos, mientras que el 40,27% de los encuestados en el segundo centro manifestaban no estar de acuerdo con dicha afirmación. Con respecto a la necesidad de estar en un grupo durante la estancia en prisión para salir adelante (pregunta s102), se encontró que el 50,00% de los encuestados del primer centro se mostraban en contra de dicha afirmación, en comparación con un 35,41% de los reclusos del segundo centro penitenciario, los cuales apoyaban esta afirmación. La pregunta que suscitó más discrepancia entre los encuestados fue la s117 («En esta prisión no se tolera que unos internos acosen a otros»). En este sentido, nada menos que un 61,25 de los internos del primer centro manifestaron estar de acuerdo o muy de acuerdo con la afirmación que contenía la mencionada pregunta, mientras que en el caso de los reclusos del segundo centro, un escaso 34,03% manifestaba su conformidad.

En el resto de preguntas seleccionadas pudo apreciarse cómo coincidían, en bloque, el grado de acuerdo o desacuerdo, como, por ejemplo, en las respuestas dadas ante la afirmación «en este módulo hay muchas peleas entre internos», donde un 12,50% de los reclusos en el primer centro y un 15,97% en el segundo se muestran en de acuerdo con esta afirmación y, así, con el resto de categorías de esta variable.

La existencia de relación entre el centro penitenciario en el que se encontrasen los encuestados en el momento de rellenar el cuestionario (variable independiente «prisión»), y las preguntas seleccionadas para este apartado pudo confirmarse como significativa en dos ocasiones (Tabla VII): en su cruce con «en esta prisión puedo relajarme y ser yo mismo en presencia de otros internos» (chi-cuadrado=9,746; sig. Asintótica (bilateral)=0,045<0,05) y «en esta prisión no se tolera que unos internos acosen a otros» (chi-cuadrado=17,728; sig. Asintótica (bilateral)=0,001<0,05). El cálculo de Eta volvió a poner de manifiesto que, incluso existiendo una relación significativa entre estas variables y el centro penitenciario, dicha relación no era muy fuerte, puesto que éste adoptaba valores entre 0,193 y 0,281.

Tabla VII: Percepción sobre las relaciones Internos-Internos por Centro Penitenciario

		Centro Penitenciario		Pruebas de chi-cuadrado		Medidas direccionales	
		Prisión1	Prisión2	Chi-cuadrado de Pearson	Sig. asintótica (bilateral)	Eta (Nominal por Escala)	
En este módulo hay muchas peleas entre internos	*Muy de acuerdo*	7,50%	7,64%	1,378	0,848	-	-
	De acuerdo	5,00%	8,33%				
	Ni de acuerdo ni en desacuerdo	23,75%	22,92%				
	En desacuerdo	30,00%	25,00%				
	Muy en desacuerdo	33,75%	36,11%				
En esta prisión hay que estar en un grupo para salir adelante	*Muy de acuerdo*	5,00%	14,58%	8,845	0,065	-	-
	De acuerdo	15,00%	20,83%				
	Ni de acuerdo ni en desacuerdo	30,00%	29,86%				
	En desacuerdo	23,75%	19,44%				
	Muy en desacuerdo	26,25%	15,28%				
En esta prisión las drogas provocan muchos problemas entre los internos	*Muy de acuerdo*	23,75%	36,11%	8,658	0,070	-	-
	De acuerdo	15,00%	22,92%				
	Ni de acuerdo ni en desacuerdo	38,75%	25,00%				
	En desacuerdo	12,50%	9,72%				
	Muy en desacuerdo	10,00%	6,25%				
En esta prisión, puedo relajarme y ser yo mismo en presencia de otros internos	*Muy de acuerdo*	18,75%	11,11%	9,746	0,045	*En esta prisión...*	0,193
	De acuerdo	35,00%	22,92%			*Centro Penitenciario*	0,209
	Ni de acuerdo ni en desacuerdo	20,00%	25,69%				
	En desacuerdo	12,50%	13,19%				
	Muy en desacuerdo	13,75%	27,08%				
En esta prisión no se tolera que unos internos acosen a otros	*Muy de acuerdo*	26,25%	11,81%	17,728	0,001	*En esta prisión no...*	0,272
	De acuerdo	35,00%	22,22%			*Centro Penitenciario*	0,281
	Ni de acuerdo ni en desacuerdo	23,75%	32,64%				
	En desacuerdo	7,50%	12,50%				
	Muy en desacuerdo	7,50%	20,83%				

Fuente: Elaboración propia

Figura III: Percepción de la Relación entre Internos por Centro Penitenciario

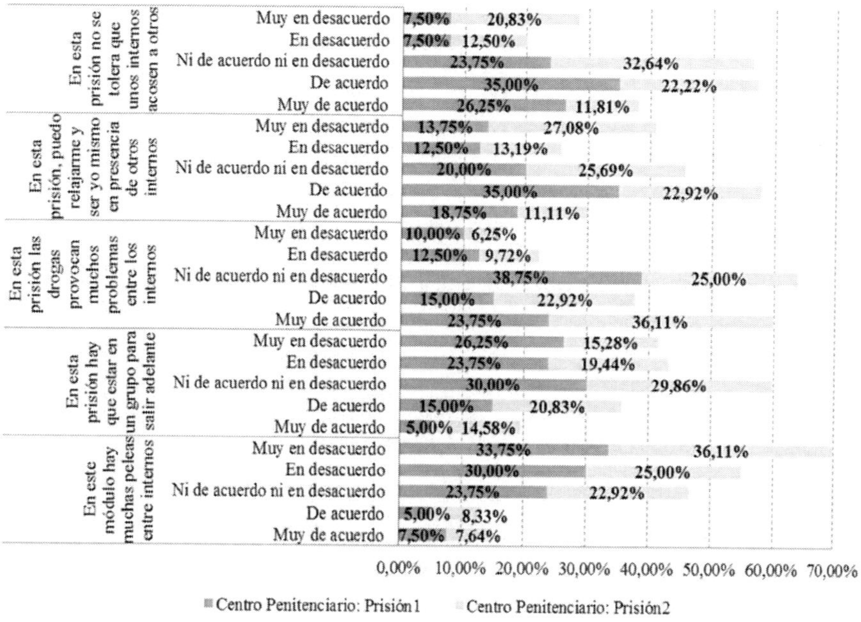

Para finalizar con este segundo bloque, se pudo vislumbrar la ausencia de grandes diferencias entre aquellos internos que pasan seis (o más) horas sin actividades y los que no (Tabla VIII). En este sentido, las diferencias pudieron encontrarse, tan solo, entre los porcentajes que recibieron las opciones de respuesta «muy en desacuerdo» sobre las afirmaciones que hacían referencia a las peleas entre internos (8,83 puntos porcentuales entre un centro y otro), la necesaria pertenencia a un grupo para salir adelante (7,14 puntos porcentuales), la posibilidad de poder relajarse y ser uno mismo en presencia de otros internos (7,61 puntos porcentuales de diferencia entre los centros) y en torno a la permisividad del acoso entre internos (7,88 puntos porcentuales).

El consenso, por el contrario, se reveló ante la pregunta que trataba la presencia de problemas a consecuencia de las drogas (s107), donde el 33,86% estaban «muy de acuerdo» entre los que no pasaban más de 6 horas sin actividades y el 31,33% de aquellos que sí pasaban seis (o más) horas sin actividades. Del mismo modo que en los casos anteriores, el valor «ni de acuerdo ni en desacuerdo» volvía a acumular grandes porcentajes de respuestas (entre el 18,11% y el 33,07%).

Las pruebas de chi-cuadrado, en estos cruces, no demostraron la existencia de ninguna relación o asociación significativa entre las variables seleccionadas para tratar la percepción de las relaciones entre internos y pasar o no pasar seis (o más) horas sin actividades.

Tabla VIII: Percepción sobre las relaciones Internos-Internos por 6 horas (o más) sin actividades

		Pasa 6 horas (o más) sin actividades		Pruebas de chi-cuadrado		Medidas direccionales	
		No	Sí	Chi-cuadrado de Pearson	Sig. asintótica (bilateral)	Eta (Nominal por Escala)	
En este módulo hay muchas peleas entre internos	*Muy de acuerdo*	9,45%	4,82%	4,562	0,335	-	-
	De acuerdo	5,51%	8,43%				
	Ni de acuerdo ni en desacuerdo	18,11%	25,30%				
	En desacuerdo	26,77%	30,12%				
	Muy en desacuerdo	40,16%	31,33%				
En esta prisión hay que estar en un grupo para salir adelante	*Muy de acuerdo*	9,45%	14,46%	5,132	0,274	-	-
	De acuerdo	17,32%	20,48%				
	Ni de acuerdo ni en desacuerdo	33,07%	22,89%				
	En desacuerdo	24,41%	19,28%				
	Muy en desacuerdo	15,75%	22,89%				
En esta prisión las drogas provocan muchos problemas entre los internos	*Muy de acuerdo*	33,86%	31,33%	0,878	0,928	-	-
	De acuerdo	18,90%	19,28%				
	Ni de acuerdo ni en desacuerdo	29,13%	28,92%				
	En desacuerdo	11,81%	10,84%				
	Muy en desacuerdo	6,30%	9,64%				
En esta prisión, puedo relajarme y ser yo mismo en presencia de otros internos	*Muy de acuerdo*	11,81%	16,87%	5,194	0,268	-	-
	De acuerdo	32,28%	21,69%				
	Ni de acuerdo ni en desacuerdo	24,41%	19,28%				
	En desacuerdo	12,60%	15,66%				
	Muy en desacuerdo	18,90%	26,51%				
En esta prisión no se tolera que unos internos acosen a otros	*Muy de acuerdo*	18,90%	16,87%	2,508	0,643	-	-
	De acuerdo	29,13%	25,30%				
	Ni de acuerdo ni en desacuerdo	29,13%	26,51%				
	En desacuerdo	10,24%	10,84%				
	Muy en desacuerdo	12,60%	20,48%				

Fuente: Elaboración propia

Figura IV: Percepción de la Relación entre Internos por Pasar 6 horas (o más) sin actividades

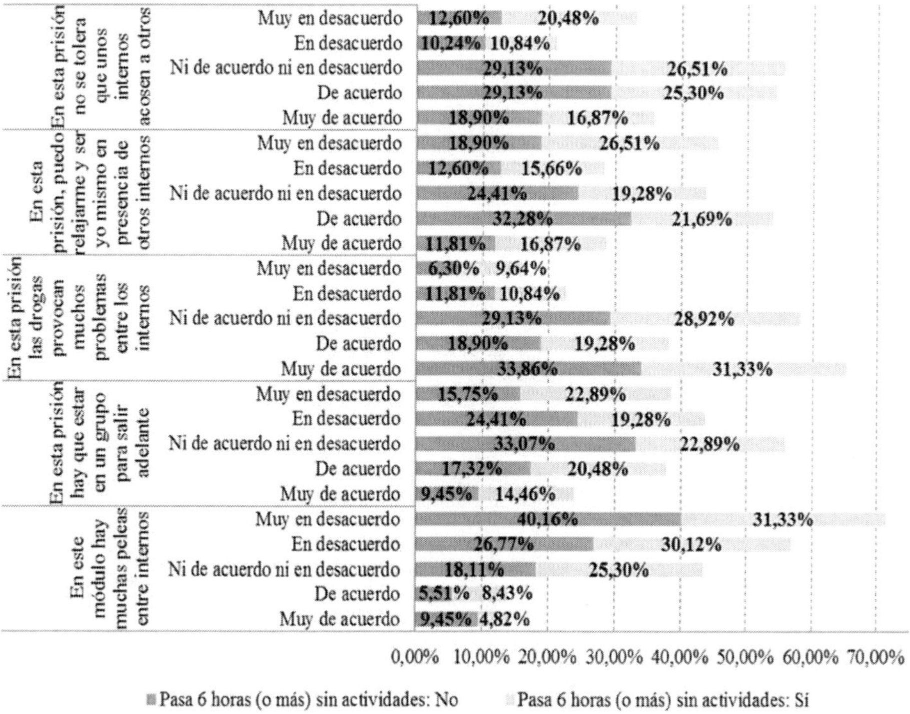

4. Percepción del ambiente en prisión y sus repercusiones en la resocialización

En lo que respecta a la percepción que los internos (de ambos centros) tienen sobre el ambiente en prisión y sus repercusiones en la socialización (Tabla IX*)*, pudo comprobarse que el 43,30% de los encuestados no consideraban que, durante su estancia en prisión, se les proporcionaba ayuda para hacer planes para no delinquir una vez volvieran a estar en libertad (pregunta s15). Además, el 38,40% valoró de forma negativa las condiciones de vida en el centro en el que estaban cumpliendo condena (pregunta s56). Por su parte, el 66,96% de los encuestados consideraba su condena como un castigo (pregunta s106). Por otro lado, el 53,57% de los internos encuestados afirmó sentir que estaba pasando el tiempo, en lugar de aprovecharlo (pregunta s59), mientras que el 36,16% se encontraba «en desacuerdo» o «muy en desacuerdo» con la afirmación que consideraba el plan individual de tratamiento como útil (pregunta s115).

Tabla IX: Percepción sobre el Ambiente en prisión y su repercusión en la resocialización (Porcentajes)

	En esta prisión me ayudan a hacer planes para no delinquir cuando salga en libertad	Las condiciones de vida en esta prisión son malas	En general siento que estoy 'pasando el tiempo' en vez de 'aprovechando el tiempo	Mi condena me parece, ante todo, un castigo	El plan individual de tratamiento en esta prisión es útil
Muy de acuerdo	16,96	17,86	35,71	38,39	8,48
De acuerdo	20,98	20,54	17,86	28,57	23,66
Ni de acuerdo ni en desacuerdo	18,75	30,80	15,18	18,30	31,70
En desacuerdo	12,50	19,20	17,41	7,14	13,84
Muy en desacuerdo	30,80	11,61	13,84	7,59	22,32

Fuente: Elaboración propia

En esta ocasión, las diferencias más elevadas entre centros penitenciarios (Tabla X) se dieron en las respuestas ante la afirmación que interpretaba la estancia en prisión como una pérdida de tiempo, con un 27,50% de la población penitenciaria del primer centro que se posicionó en «muy de acuerdo», frente al 40,28% de sus iguales en el segundo centro. Otra de las grandes diferencias pudo observarse en las respuestas dadas a considerar útil el plan de tratamiento, pues tan sólo el 18,75% de los encuestados en la primera prisión expresan una visión negativa (suma de «en desacuerdo» y «muy en desacuerdo»), frente al 45,83% (15,97% «en desacuerdo», más 29,86% «muy en desacuerdo») de sus homónimos en el segundo centro. Destacable también es la diferencia en los porcentajes con respecto a la pregunta s56 («Las condiciones de vida en esta prisión son malas»). Así, mientras que un 32,50% de los reclusos del primer centro penitenciario declaro estar «muy de acuerdo» o «de acuerdo» con semejante afirmación, dicho porcentaje aumentó hasta alcanzar un 41,66% con respecto a los reclusos del segundo centro penitenciario.

Las pruebas de chi-cuadrado (Tabla X) revelaron la existencia de asociación o relación significativa entre el centro penitenciario en el que se cumpliera condena y las tres últimas preguntas de este bloque (sentimiento de pérdida de tiempo en prisión, la condena como castigo y la consideración del plan individual de tratamiento como útil), con unos valores del estadístico superiores a 1 y una significación menor que 0,05. La medida Eta volvió a demostrar, como en los casos anteriores, que esta relación no era muy fuerte, pues adoptó valores comprendidos entre 0,147 y 0,281.

Tabla X: Percepción sobre el Ambiente en prisión y su repercusión en la resocialización por Centro Penitenciario

		Centro Penitenciario		Pruebas de chi-cuadrado		Medidas direccionales	
		Prisión1	Prisión2	Chi-cuadrado de Pearson	Sig. asintótica (bilateral)	Eta (Nominal por Escala)	
En esta prisión me ayudan a hacer planes para no delinquir cuando salga en libertad	*Muy de acuerdo*	21,25%	14,58%	9,238	0,055	-	-
	De acuerdo	25,00%	18,75%				
	Ni de acuerdo ni en desacuerdo	23,75%	15,97%				
	En desacuerdo	7,50%	15,28%				
	Muy en desacuerdo	22,50%	35,42%				
Las condiciones de vida en esta prisión son malas	*Muy de acuerdo*	12,50%	20,83%	3,271	0,513	-	-
	De acuerdo	20,00%	20,83%				
	Ni de acuerdo ni en desacuerdo	36,25%	27,78%				
	En desacuerdo	20,00%	18,75%				
	Muy en desacuerdo	11,25%	11,81%				
En general siento que estoy 'pasando el tiempo' en vez de 'aprovechando el tiempo	*Muy de acuerdo*	27,50%	40,28%	10,090	0,039	*En general siento...*	0,155
	De acuerdo	13,75%	20,14%			*Centro Penitenciario*	0,212
	Ni de acuerdo ni en desacuerdo	22,50%	11,11%				
	En desacuerdo	17,50%	17,36%				
	Muy en desacuerdo	18,75%	11,11%				
Mi condena me parece, ante todo, un castigo	*Muy de acuerdo*	26,25%	45,14%	13,917	0,008	*Mi condena me...*	0,147
	De acuerdo	28,75%	28,47%			*Centro Penitenciario*	0,249
	Ni de acuerdo ni en desacuerdo	28,75%	12,50%				
	En desacuerdo	10,00%	5,56%				
	Muy en desacuerdo	6,25%	8,33%				
El plan individual de tratamiento en esta prisión es útil	*Muy de acuerdo*	11,25%	6,94%	17,664	0,001	*El plan individual...*	0,247
	De acuerdo	28,75%	20,83%			*Centro Penitenciario*	0,281
	Ni de acuerdo ni en desacuerdo	41,25%	26,39%				
	En desacuerdo	10,00%	15,97%				
	Muy en desacuerdo	8,75%	29,86%				

Fuente: Elaboración propia

Figura V: Percepción del Ambiente en Prisión y sus repercusiones en la Resocialización por Centro Penitenciario

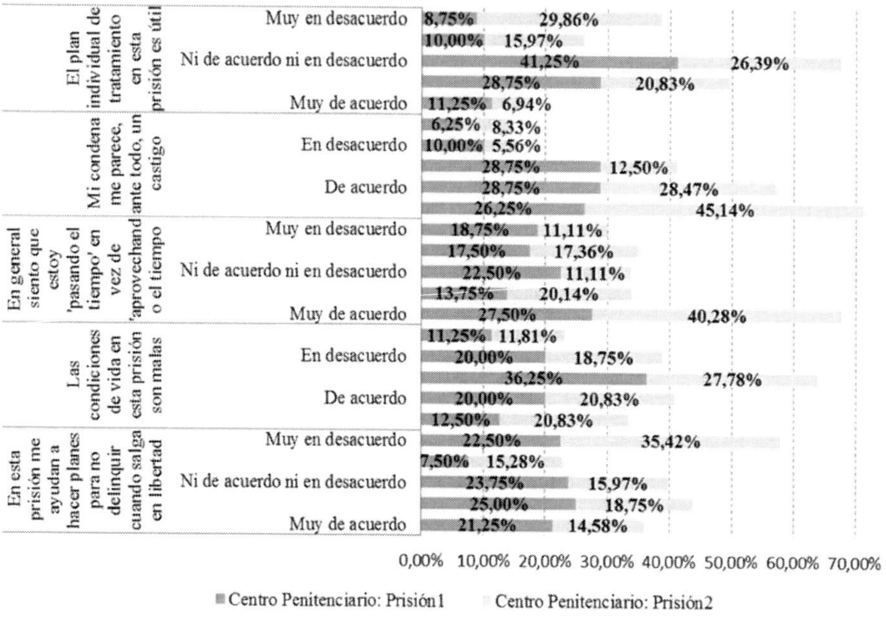

En función de si los reclusos pasaban o no seis (o más) horas sin actividades, se encontraron, también, algunas diferencias reseñables (Tabla XI): En el caso de los internos que pasaban seis (o más) horas sin actividades, un 46,99% (de ambos centros) estaba «muy en desacuerdo» con la afirmación que aludía a la ayuda del centro penitenciario a hacer planes para cuando estuviesen el libertad, en contraposición con los que no pasaban seis horas (o más) sin actividades, los cuales se mostraban «de acuerdo» con la afirmación (23,62%). A lo largo del resto de preguntas se pudo dilucidar una similitud en las distribuciones porcentuales entre quienes pasaban y no pasaban seis (o más) horas sin actividades.

Las dos únicas preguntas que se relacionaron con la variable independiente (pasar seis o más horas sin actividades) fueron, respectivamente, la que hacía referencia a los planes para no delinquir cuando salieran en libertad y la que establecía que las condiciones de la prisión eran malas; aunque, igual que en las relaciones anteriores, Eta indicó que dicha relación no era muy intensa, adoptando valores que oscilaban entre 0,014 y 0,298.

Tabla XI: Percepción sobre el Ambiente en prisión y su repercusión en la resocialización por por Pasar 6 horas (o más) sin actividades

		Pasa 6 horas (o más) sin actividades		Pruebas de chi-cuadrado		Medidas direccionales	
		No	Sí	Chi-cuadrado de Pearson	Sig. asintótica (bilateral)	Eta (Nominal por Escala)	
En esta prisión me ayudan a hacer planes para no delinquir cuando salga en libertad	*Muy de acuerdo*	22,05%	10,84%	18,692	0,001	*En esta prisión me...*	0,232
	De acuerdo	23,62%	16,87%			*Habitualmente...*	0,298
	Ni de acuerdo ni en desacuerdo	16,54%	18,07%				
	En desacuerdo	16,54%	7,23%				
	Muy en desacuerdo	21,26%	46,99%				
Las condiciones de vida en esta prisión son malas	*Muy de acuerdo*	20,47%	13,25%	12,308	0,015	*Las condiciones de...*	0,014
	De acuerdo	15,75%	30,12%			*Habitualmente...*	0,242
	Ni de acuerdo ni en desacuerdo	29,92%	31,33%				
	En desacuerdo	24,41%	10,84%				
	Muy en desacuerdo	9,45%	14,46%				
En general siento que estoy 'pasando el tiempo' en vez de 'aprovechando el tiempo	*Muy de acuerdo*	36,22%	37,35%	1,681	0,794	-	-
	De acuerdo	18,90%	16,87%				
	Ni de acuerdo ni en desacuerdo	12,60%	14,46%				
	En desacuerdo	19,69%	14,46%				
	Muy en desacuerdo	12,60%	16,87%				
Mi condena me parece, ante todo, un castigo	*Muy de acuerdo*	35,43%	44,58%	2,400	0,663	-	-
	De acuerdo	29,92%	27,71%				
	Ni de acuerdo ni en desacuerdo	18,11%	15,66%				
	En desacuerdo	8,66%	4,82%				
	Muy en desacuerdo	7,87%	7,23%				
El plan individual de tratamiento en esta prisión es útil	*Muy de acuerdo*	9,45%	8,43%	4,274	0,370	-	-
	De acuerdo	28,35%	16,87%				
	Ni de acuerdo ni en desacuerdo	27,56%	36,14%				
	En desacuerdo	13,39%	15,66%				
	Muy en desacuerdo	21,26%	22,89%				

Fuente: Elaboración propia

Figura VI: Percepción del Ambiente en Prisión y sus repercusiones en la Resocialización por Pasar 6 horas (o más) sin actividades

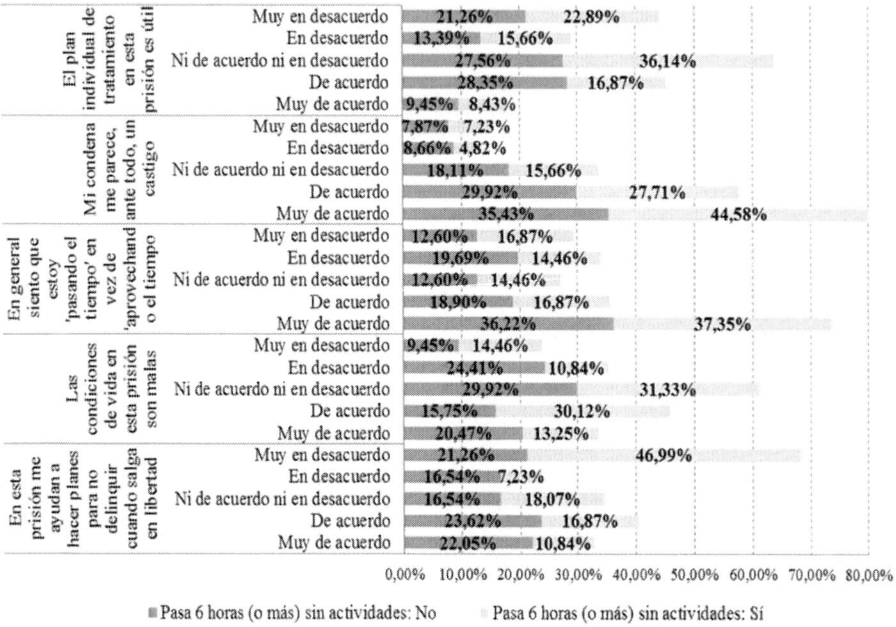

5. Índices de percepción de las relaciones entre internos y funcionarios, internos entre sí y el ambiente en prisión (y su repercusión en la resocialización)

Los indicadores que se crearon para cada bloque anterior mediante el sumatorio de las preguntas seleccionadas como indicadores para cada uno agruparon porcentajes muy altos en la categoría neutra (Tabla XII). Sin embargo, se puede comprobar que, en el caso del índice relativo a la percepción de los reclusos sobre su relación con los funcionarios, los valores más positivos acumulan una mayor concentración de encuestados (41,07%), frente a un 21,87% que las consideraban «malas» o «muy malas».

El Índice de la Percepción sobre las Relaciones entre Internos resultó obtener una distribución porcentual similar al anterior, ya que el 26,34% de los encuestados consideraba de forma positiva su relación con el resto de internos, mientras que el 19,65% las valoraba de forma negativa.

El último índice, en cambio, muestra una situación distinta a los anteriores, puesto que, en este caso, el 38,84% de los encuestados tenía la percepción de que el ambiente carcelario y las repercusiones que éste tenía sobre la resocialización era negativo.

Tabla XII: Índices de Percepción

		Porcentajes
Índice de Percepción sobre las Relaciones entre Internos y Funcionarios	*Muy buenas*	11,61%
	Buenas	29,46%
	Ni buenas ni malas	37,05%
	Malas	14,73%
	Muy malas	7,14%
Índice de Percepción sobre las Relaciones entre Internos	*Muy buenas*	5,36%
	Buenas	20,98%
	Ni buenas ni malas	54,02%
	Malas	15,63%
	Muy malas	4,02%
Índice de Percepción sobre el Ambiente en Prisión y sus repercusiones en la Resocialización	*Muy buena*	3,57%
	Buena	21,43%
	Ni buena ni mala	36,16%
	Mala	20,09%
	Muy mala	18,75%

Fuente: Elaboración propia

La comparación por centros penitenciarios en cuanto a los Índices creados mostró seguir la misma línea general de los casos anteriores, concentrando porcentajes considerables de encuestados en la categoría neutra (Tabla XIII). El 40,00% de la población reclusa del primer centro penitenciario consideraba «buenas» sus relaciones con el personal, mientras que dicho porcentaje alcanzaba únicamente un 23,61% en el caso de los encuestados en el segundo centro.

Por su parte, el Índice de Percepción sobre las Relaciones entre Internos reveló que el 0,00% de los internos de la primera prisión percibía sus relaciones con los compañeros como «muy malas»; por su parte, el 33,75% de los reclusos de este centro las valoraban como «buenas». En el polo opuesto, un 20,14% de internos encuestados en el segundo centro señaló que las relaciones con los compañeros eran «malas».

En tercer lugar, la percepción sobre el ambiente en los centros y su repercusión sobre la resocialización se reveló positiva en el primer centro –un 41,25% tenía una percepción positiva sobre este elemento–. En el polo opuesto, un 45,84% de los encuestados del segundo centro valoraba esta variable de forma negativa.

Como bien queda reflejado en la Tabla XIII, el centro penitenciario en el que se estuviese cumpliendo condena durante la realización del cuestionario resultó estar significativamente asociado con el Índice de Percepción sobre las Relaciones entre Internos y Funcionarios, sobre las Relaciones entre Internos y sobre el Índice de Percepción en torno al Ambiente en Prisión y sus Repercusiones en la Resocialización: chi-cuadrado obtuvo valores superiores a 0 y la significación, en los 3 casos, fue inferior a 0,05. Sin embargo, Eta reveló que la influencia sobre los Índices –o de los Índices sobre el centro penitenciario– no era muy elevada (aunque era ligeramente superior a la de los casos anteriores), dado que oscilaba entre los valores 0,228 y 0,317.

Tabla XIII: Índices de Percepción por Centro Penitenciario

		Centro Penitenciario		Pruebas de chi-cuadrado		Medidas direccionales	
				Chi-cuadrado	Sig. asintótica		
		Prisión1	Prisión2	de Pearson	(bilateral)	Eta (Nominal por Escala)	
Índice de Percepción sobre las Relaciones entre Internos y Funcionarios	*Muy buenas*	15,00%	9,72%	13,693	0,008	*Índice de Percepción*	0,228
	Buenas	40,00%	23,61%			*Centro Penitenciario*	0,247
	Ni buenas ni malas	32,50%	39,58%				
	Malas	11,25%	16,67%				
	Muy malas	1,25%	10,42%				
Índice de Percepción sobre las Relaciones entre Internos	*Muy buenas*	6,25%	4,86%	20,165	0,000	*Índice de Percepción*	0,267
	Buenas	33,75%	13,89%			*Centro Penitenciario*	0,300
	Ni buenas ni malas	52,50%	54,86%				
	Malas	7,50%	20,14%				
	Muy malas	-	6,25%				
Índice de Percepción sobre el Ambiente en Prisión y sus repercusiones en la Resocialización	*Muy buena*	3,75%	3,47%	22,525	0,000	*Índice de Percepción*	0,263
	Buena	37,50%	12,50%			*Centro Penitenciario*	0,317
	Ni buena ni mala	32,50%	38,19%				
	Mala	17,50%	21,53%				
	Muy mala	8,75%	24,31%				

Fuente: Elaboración propia

Figura VII: Índices por Centro Penitenciario

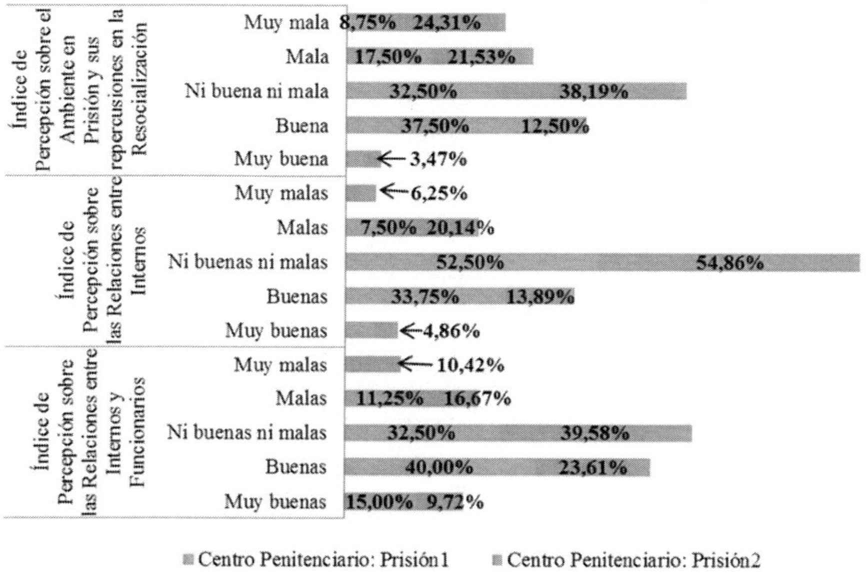

En función de si se pasaban o no seis (o más) horas sin actividades (Tabla XIV), pudo comprobarse que aquellos que sí pasaban seis (o más) horas sin realizar actividad alguna tenían una percepción más negativa de su relación con los funcionarios –30,12%– frente a aquellos que no pasaban ese intervalo temporal en esta situación, cuya percepción era más positiva –49,60%–.

En cuanto al Índice de Percepción sobre las Relaciones entre Internos, aquellos que ocupaban más horas con actividades las consideraban más positivas –30,70%– que aquellos reclusos que pasaban 6 (o más) horas sin actividades –21,69%–.

Por otra parte, la mayor diferencia entre los internos segmentados según pasasen o no seis (o más) horas sin actividades se reveló en el Índice de Percepción sobre el Ambiente en Prisión y sus repercusiones en la Resocialización. En este cruce pudo observarse que el 48,19% de los reclusos que pasaban al menos 6 horas sin actividades tenían una percepción negativa, frente al 33,86% de los que no pasaban esos intervalos de tiempo sin actividades, pero que, sin embargo, compartían esa percepción más negativa en relación a dicho elemento.

Finalmente, las pruebas de chi-cuadrado sólo revelaron la existencia de una asociación significativa entre el Índice de Percepción sobre las Relaciones entre Internos y Funcionarios y pasar 6 (o más) horas sin actividades (Tabla XIV), a pesar de que Eta concluyese que ésta no fuera muy intensa.

Tabla XIV: Índices de Percepción por Pasar 6 horas (o más) sin actividades

		Pasa 6 horas (o más) sin actividades		Pruebas de chi-cuadrado		Medidas direccionales	
		No	Sí	Chi-cuadrado de Pearson	Sig. asintótica (bilateral)	Eta (Nominal por Escala)	
Índice de Percepción sobre las Relaciones entre Internos y Funcionarios	*Muy buenas*	14,17%	9,64%	10,744	0,030	*Índice de Percepción*	0,204
	Buenas	35,43%	19,28%			*Habitualmente pasa.*	0,226
	Ni buenas ni malas	34,65%	40,96%				
	Malas	11,02%	20,48%				
	Muy malas	4,72%	9,64%				
Índice de Percepción sobre las Relaciones entre Internos	*Muy buenas*	4,72%	7,23%	4,442	0,350	-	-
	Buenas	25,98%	14,46%				
	Ni buenas ni malas	51,18%	56,63%				
	Malas	14,17%	18,07%				
	Muy malas	3,94%	3,61%				
Índice de Percepción sobre el Ambiente en Prisión y sus repercusiones en la Resocialización	*Muy buena*	3,15%	4,82%	6,390	0,172	-	-
	Buena	25,98%	14,46%				
	Ni buena ni mala	37,01%	32,53%				
	Mala	17,32%	25,30%				
	Muy mala	16,54%	22,89%				

Fuente: Elaboración propia

Figura VIII: Índices por Pasar 6 horas (o más) sin actividades

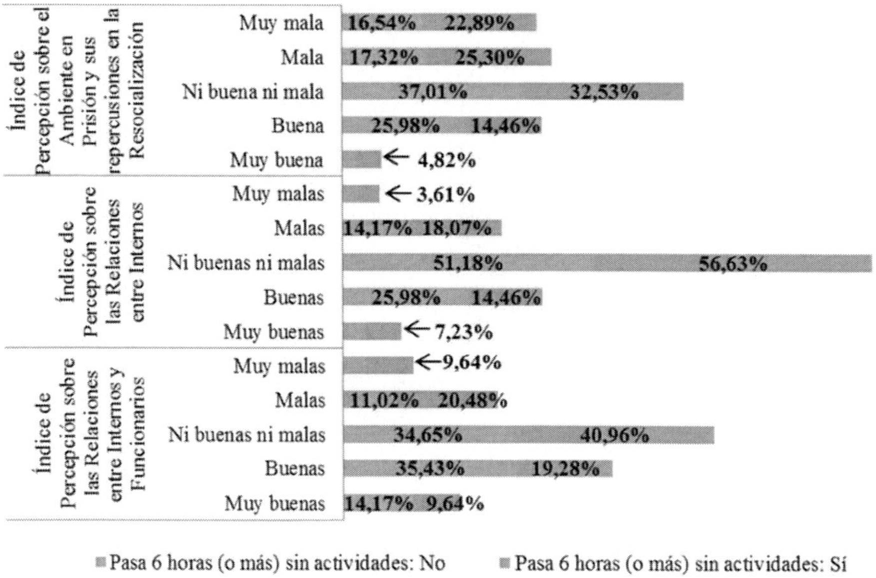

V. DISCUSIÓN Y CONCLUSIONES

Tal y como se indicó en un epígrafe anterior, la discusión de los resultados obtenidos a partir de la muestra analizada de los dos centros penitenciarios objeto de estudio debe contextualizarse teniendo en cuenta que se trata, fundamentalmente, de unos hallazgos intermedios que posteriormente habrán completarse cuando se incorporen al estudio otros tres centros penitenciarios situados en Andalucía oriental, uno de los cuales ya fue recientemente visitado.

La hipótesis planteada en su momento, y que ahora debe ser o no verificada, era si la reeducación y reinserción social, elemento fundamental que la propia CE establece como finalidad de la ejecución de las penas privativas de libertad (art. 24.2), se cumple a partir de los resultados de las encuestas llevadas a cabo en los dos centros penitenciarios objeto de la muestra. Para ello, las variables generales que han sido analizadas a lo largo de los epígrafes anteriores son las siguientes: (1) Relación entre los funcionarios y los propios internos. (2) Relación internos-internos. (3) Ambiente carcelario en el centro penitenciario y sus repercusiones de cara a la resocialización. Además, con respecto a cada una de estas tres variables se valoraron las respuestas otorgadas por los internos a cinco preguntas previamente seleccionadas, cuyos enunciados hacían referencia más o menos explícita a una de estas tres variables.

Pues bien, en relación con la primera variable analizada, a saber, la que hace referencia a la relación entre los funcionarios de prisiones y los internos, los resultados conjuntos de ambos centros indican que la hipótesis de partida puede ser parcialmente verificada, ya que los porcentajes de respuesta positiva con respecto a la relación y el trato que los internos reciben por parte de los funcionarios se mueve entre un 37,50% y un 48,22%, superando con creces a las respuestas de naturaleza negativa, las cuales se mueven en porcentajes que van del 20,99% al 34,37%. Con respecto a los dos centros penitenciarios hay que destacar en primer lugar el porcentaje de respuesta positiva que los internos otorgan a la pregunta s62 («No siento miedo de que el personal me vaya a golpear, insultar, o amenazar»), un 48,22%, frente al 30,36% que se inclinan por una respuesta de carácter negativo («en desacuerdo» o «muy en desacuerdo»). En segundo lugar, merece también ser destacado el amplio porcentaje de indecisos, que se acogen a la opción de respuesta neutra («ni de acuerdo ni en desacuerdo»), cuya horquilla va del 19,64% al 33,04%. Si bien dicha opción de respuesta no puede ser valorada de forma negativa, la misma se debe sobre todo a la indecisión mostrada por algunos reclusos con respecto a determinadas preguntas contenidas en el cuestionario.

Ahora bien, si los resultados de esta primera variable se analizan individualmente considerando cada centro penitenciario en particular, se ha podido observar cómo existen diferencias palpables entre ambos centros en lo relativo a la relación entre los funcionarios y los internos. Así, en relación al primer centro, y ante la pregunta que versaba sobre el apoyo recibido por parte del personal de la prisión (pregunta s6), el 58,75% de los internos se mostraba «de acuerdo» o «muy de acuerdo» con esta afirmación. Por el contrario, apenas un 38,89% de los encuestados del segundo centro agrupó sus respuestas en torno a esas dos opciones de naturaleza positiva, lo cual supone 20 puntos menos que con respecto al primer centro. En relación con la apreciación de amabilidad en el trato con el funcionariado (pregunta s48) pudo observarse, nuevamente, que el 51,25% de los internos que se encontraba cumpliendo condena en el primer centro manifestaba su acuerdo con dicha afirmación, entrando en contraste con el 29,86% de los internos en el segundo centro, los cuales eligieron las opciones de respuesta «de acuerdo» o «muy de acuerdo». En este segundo centro, un 35,42% de los encuestados consideró que el personal no le trataba con amabilidad.

A partir de los datos presentados, puede afirmarse que las opciones de cumplir con el mandato constitucional *ex* 25.2 CE (reeducación y reinserción social) son más benignas en el primer centro que en el segundo, si se contempla la variable relativa a la relación entre internos y funcionarios.

Si a continuación se analizan las respuestas otorgadas por los reclusos de ambos centros en lo que respecta a la segunda variable general objeto de análisis (relación internos-internos), la distribución porcentual de los valores contestados por la población penitenciaria en las cinco preguntas seleccionadas ha permitido comprobar que un 62,06% declaró no estar de acuerdo con una elevada presencia de peleas en su módulo (pregunta s66), mientras que apenas un 14,73 mostraba su acuerdo con dicha afirmación. Por su parte, el 40,18% de los encuestados se oponía a la necesidad de formar parte de un grupo para «salir adelante», frente a un 29,91% que consideraba lo contrario. Como contraposición a las respuestas otorgadas en relación a las dos preguntas que se acaban de analizar, un 51,79% de los reclusos encuestados (conviene reiterar: de ambos centros penitenciarios) manifestaba su grado de acuerdo con respecto a los problemas que causan las drogas en prisión (pregunta s107), mientras que apenas un 18,30% se decantó por la opción contraria.

Por consiguiente, las relaciones entre internos, en general, coadyuvan a conseguir el mandato resocializador contenido en la Constitución Española, de tal forma que dichas relaciones no se presentan como un problema en ambos centros penitenciarios. No obstante, hay que destacar, de forma negativa, el papel que en la actualidad siguen jugando las drogas en los centros penitenciarios españoles. Evidentemente, esta afirmación debe ser contrastada empíricamente con los resultados que se alcancen en los otros tres centros penitenciarios que en un futuro inmediato van a ser objeto de estudio.

Si a continuación se analiza la segunda variable general, de forma individualizada con respecto a cada uno de los centro penitenciarios analizados, puede observase cómo existen diferencias palpables en ambos centros en lo relativo a las relaciones entre internos. Así, en el primer centro, un 53,75% de los internos mostraron un buen grado de acuerdo en relación a la pregunta s114 («En esta prisión puedo relajarme y ser yo mismo en presencia de otros internos»), mientras que dicho porcentaje alcanzó un 34,03% con respecto a los internos del segundo centro, es decir, casi 20 puntos menos. La pregunta que suscitó más discrepancia entre los encuestados fue la s117 («En esta prisión no se tolera que unos internos acosen a otros»). En este sentido, nada menos que un 61,25% de los internos del primer centro manifestaron estar «de acuerdo» o «muy de acuerdo» con la afirmación que contenía la mencionada pregunta, mientras que en el caso de los reclusos del segundo centro, un escaso 34,03% se inclinó por las mencionadas dos opciones de respuesta.

En el resto de preguntas seleccionadas pudo apreciarse cómo coincidían, en bloque, el grado de acuerdo o desacuerdo entre los internos de la prisión 1 (Almería) y la prisión 2 (Granada). Un ejemplo de lo dicho lo constituyen las respuestas dadas ante la afirmación «en este módulo hay muchas peleas entre internos», donde un 12,50% de los reclusos en el primer centro y un 15,87% en el segundo se muestran de acuerdo con esta afirmación y, así, con el resto de categorías de esta variable.

En definitiva, si con respecto a esta segunda variable general (relación entre internos) los porcentajes de respuesta no presentan grandes diferencias entre los centros penitenciarios individualmente considerados, sí que hay una pregunta (s117, relativa al acoso de unos internos por parte de otros), que suscita palpables discrepancias entre la prisión 1 y la prisión 2, ya que entre ambas hay casi 28 puntos de diferencia. Esto lleva a afirmar que, si bien la hipótesis de partida puede verificarse en sus puntos sustanciales, lo cierto es que ello resulta más benigno en el primer centro penitenciario, ya que allí las relaciones entre los internos son bastante mejores que en el segundo centro.

Finalmente, la tercera variable general a analizar era la relativa a la percepción de los reclusos sobre el ambiente en prisión y sus repercusiones de cara al objetivo de la resocialización. Pues bien, si se analizan en primer lugar las respuestas dadas por los internos (de ambos centros) a las distintas preguntas planteadas, pudo comprobarse que el 43,30% de los encuestados no consideraban que, durante su estancia en prisión, se les proporcionase ayuda para hacer planes para no delinquir una vez volvieran a estar en libertad (pregunta s15), frente a un 37,94% que mostraba su conformidad con recibir dicho apoyo de cara a evitar la reincidencia delictiva. Por otra parte, llama la atención cómo un 38,40% de los internos valoró de forma negativa las condiciones de vida en el centro en el que estaban cumpliendo condena (pregunta s56), mientras que un 30,81% opinaba lo contrario. Por su parte, el 36,16% se encontraba «en desacuerdo» o «muy en desacuerdo» con la afirmación que consideraba el plan individual de tratamiento como útil (pregunta s115), frente a un 32,14% que se inclinaba por mostrar su conformidad con la pregunta planteada.

En consecuencia, y a partir de los datos que se acaban de presentar, no cabe duda de que, de las tres variables generales que se analizan, ésta es la que presenta los peores porcentajes en el contexto de la calidad de vida penitenciara de cara a la eventual verificación de la hipótesis de partida. Efectivamente, de los porcentajes que contiene la Tabla IX, y con respecto a ambos centros penitenciarios, se desprende que el ambiente en prisión repercute negativamente en la consecución de la resocialización. Por ello, resulta a continuación necesario examinar si dicha afirmación es común a ambos centros penitenciarios o si, por el contrario, existen diferencias entre ambos.

Pues bien, si se analizan las respuestas otorgadas por los reclusos de uno y otro centro penitenciario a las cinco preguntas que integraban esta tercera variable general (ambiente en prisión y sus repercusiones en la resocialización), las diferencias más elevadas entre centros penitenciarios se dan en las respuestas ante la afirmación que interpretaba la estancia en prisión como una pérdida de tiempo. Así, mientras que un 27,50% de la población penitenciaria del primer centro se posicionó en «muy de acuerdo» ante la pregunta planteada, dicho porcentaje alcanzó el 40,28% con respecto a los reclusos del segundo centro. Otra de las grandes diferencias pudo observarse en las respuestas dadas a considerar útil el plan de tratamiento, pues tan sólo el 18,75% de los encuestados en la primera prisión expresan una visión negativa (suma de «en desacuerdo» y «muy en desacuerdo»), frente al 45,83% (15,97% «en desacuerdo», más 29,86% «muy en desacuerdo») de sus homónimos en el segundo centro. Destacable es también la diferencia en los porcentajes con respecto a la pregunta s56 («Las condiciones de vida en esta prisión son malas»). Así, mientras que un 32,50% de los reclusos del primer centro penitenciario declaró estar «muy de acuerdo» o «de acuerdo» con semejante afirmación, dicho porcentaje aumentó hasta alcanzar un 41,66% con respecto a los reclusos del segundo centro penitenciario.

De este modo, las condiciones de vida en prisión, el ambiente carcelario y los programas de tratamiento en cuanto a su eventual eficacia difieren claramente entre los centros penitenciarios de Almería y Granada. O lo que es lo mismo: el ideal de la resocialización tiene más posibilidades de llevarse a cabo en el primer centro que en el segundo.

Finalmente, los indicadores que se crearon para cada uno de los tres bloques analizados anteriormente mediante el sumatorio de las preguntas (cinco para cada bloque) seleccionadas como indicadores para cada uno, dieron unos porcentajes que pueden servir de referencia final de cara a la verificación o no de la hipótesis de partida.

En este sentido, los índices relativos a la percepción de los reclusos sobre su relación con los funcionarios y sobre las relaciones entre los internos acumulan un porcentaje mayor de valoraciones positivas que negativas, a saber, un 41,07% y un 21,87% en relación a la primera variable general, y un 26,34 frente a un 19,65% con respecto a la segunda. Sin embargo, la tercera variable muestra una situación distinta a las dos anteriores, ya que aquí las valoraciones negativas superan ampliamente a las positivas (38,84 frente al 25%).

Si se analizan los mencionados índices por centros penitenciarios, en primer lugar, el 40,00% de la población reclusa del centro penitenciario núm. 1 consideraba «buenas» sus relaciones con el personal, mientras que dicho porcentaje alcanzaba únicamente un 23,61% en el caso de los encuestados en el segundo centro.

Por su parte, el Índice de Percepción sobre las Relaciones entre Internos reveló que el 0,00% de los internos de la primera prisión percibía sus relaciones con los compañeros como «muy malas»; por su parte, el 33,75% de los reclusos de este centro las valoraban como «buenas». En el polo opuesto, apenas un 13,89% de los internos encuestados en el segundo centro señaló que las relaciones con los compañeros eran «buenas», lo que supone casi 20 puntos menos.

Por último, en tercer lugar, la percepción sobre el ambiente en los centros y su repercusión sobre la resocialización se reveló positiva en el primer centro: un 41,25% tenía una percepción positiva sobre este elemento. En el polo opuesto, un 15,97% de los encuestados del segundo centro valoraba esta variable de forma positiva.

En definitiva, la hipótesis planteada de forma previa al estudio empírico realizado puede ser a grandes rasgos verificada, aunque únicamente con respecto a las variables relativas a la relación funcionarios-internos e internos-internos. Por el contrario, la tercera variable, la cual hace referencia al ambiente en prisión, arroja en las encuestas unos resultados generales que dan pie a rechazar la hipótesis de partida.

Por otro lado, quizá el aspecto más importante a señalar es la diferencia existente entre los dos centros penitenciarios cuando se valoran las tres variables comentadas. Efectivamente, si se analizan aspectos tales como el apoyo y la amabilidad dispensada por parte de los funcionarios de prisiones, la presencia o no de conflictos entre internos o bien las condiciones de vida en prisión o la utilidad de los programas de tratamiento, parece claro que las condiciones que presenta el Centro Penitenciario de Almería para lograr el mandato establecido en el art. 25.2 CE son claramente mejores a lo que sucede en el Centro Penitenciario de Granada.

A título de reflexión final, insistimos en todo caso en que será del mayor interés conocer la situación en los otros tres centros penitenciarios que próximamente van a ser objeto de encuesta y posterior análisis cuyos resultados verán la luz en forma de futuras publicaciones científicas.

Parte cuarta

Otras cuestiones

Capítulo decimoquinto
El tratamiento penal de la inutilización de los dispositivos electrónicos de control de cumplimiento de penas, medidas cautelares o de seguridad

José María Suárez López
Profesor Titular de Derecho Penal acreditado a Catedrático
Universidad de Granada

I. CUESTIONES PREVIAS

Los medios telemáticos o electrónicos en el ámbito penal y penitenciario, con RECOJO BALBOA, se pueden definir como el conjunto de sistemas electrónicos que se utilizan a fin de verificar el cumplimiento a distancia de determinadas medidas cautelares personales, penas y medidas de seguridad, así como de penados en régimen abierto dependientes de Instituciones Penitenciarias[1]. Su empleo incide en la dinámica expansión reducción de la pena de prisión, dado que si bien pueden constituir una excelente herramienta de cara a evitar una excesiva aplicación de la privación de libertad y posibilitar un adecuado control del cumplimiento de ciertas prohibiciones o limitaciones de la libertad, también son con relativa facilidad susceptibles de destrucción o inutilización, pudiendo en tales casos resultar ineficaces y carecer de sentido.

Dicha situación no ha pasado desapercibida ni para la jurisprudencia que, como abordaremos más adelante, ha venido considerando que en algunas ocasiones las conductas de inutilización o destrucción de los dispositivos podrían dar lugar a un delito de desobediencia, ni para el legislador, que en manifiesto desconocimiento del criterio que seguían los Tribunales ha optado por crear una nueva modalidad de quebrantamiento de condena, a través de la Ley Orgánica

---

[1] REGOJO BALBOA, JUAN PABLO, «Presente y futuro de los medios de control telemáticos en el Derecho Penal», *Actualidad Jurídica Aranzadi*, núm. 877/2014, pág. 1.

1/2015, de 30 de marzo, por la que se modifica la Ley Orgánica 10/1995, de 23 de noviembre, del Código Penal, por la que se castiga al que inutiliza o perturba el funcionamiento de los dispositivos electrónicos, no los lleva consigo u omite las medidas exigibles para mantener su correcto funcionamiento, con lo que opta por convertir una herramienta que puede ser muy útil en la ejecución penal y en el control de medidas cautelares en un nuevo factor de expansión penal que en caso de impago de la pena de multa prevista puede dar lugar a una nueva expansión de la de prisión. La oportunidad e idoneidad del criterio seguido es objeto de análisis en el presente trabajo.

En efecto, el número 233 del artículo único de la citada Ley Orgánica 1/2015 añade un nuevo apartado 3 al artículo 468, con el siguiente contenido:

> «*3. Los que inutilicen o perturben el funcionamiento normal de los dispositivos técnicos que hubieran sido dispuestos para controlar el cumplimiento de penas, medidas de seguridad o medidas cautelares, no los lleven consigo u omitan las medidas exigibles para mantener su correcto estado de funcionamiento, serán castigados con una pena de multa de seis a doce meses*»[2].

Se trata de un precepto que amplía, probablemente, a límites incomprensibles el ámbito de intervención penal del delito de autoquebrantamiento de condena a supuestos que todavía no lo son y que aunque según el preámbulo de la ley está orientado a la lucha contra la violencia de género, realmente con su redacción final desborda dicho ámbito para ser aplicable a todo tipo de delitos en los que se pretenda garantizar el cumplimiento de la condena a través de dispositivos electrónicos.

Como se ha indicado el preámbulo de la citada Ley Orgánica 1/2015 señala que: «Finalmente, en relación con los dispositivos telemáticos para controlar las medidas cautelares y las penas de alejamiento en materia de violencia de género, se están planteando problemas sobre la calificación penal de ciertas conductas del imputado o penado tendentes a hacerlos ineficaces, a las que se alude en la Circular 6/2011, de la Fiscalía General del Estado, sobre criterios para la unidad de actuación especializada del Ministerio Fiscal en relación a la violencia sobre la mujer. Por ello, se considera adecuado tipificar expresamente estas conductas dentro de los delitos de quebrantamiento, a fin de evitar que queden impunes los actos tendentes a alterar o impedir el correcto funcionamiento de dichos dispositivos»[3]. Sin embargo, es obvio que en la redacción que tienen el precepto no existe limitación de ningún tipo en relación a ámbito delictivo alguno.

---

[2] El texto definitivo coincide con el del Anteproyecto de Código Penal de 2012. No obstante, en el texto original del citado Anteproyecto a la redacción actualmente vigente del núm. 3 del artículo 468 se añadía un último inciso con la siguiente redacción: «salvo que los hechos estuvieran ya castigados con una pena más grave por alguna otra norma de este Código».

[3] En la exposición de motivos del anteproyecto de reforma del Código Penal que dio lugar a la Ley Orgánica 1/2015 también se indicaba de forma más extensa y contradictoria –al señalar que no estamos ante el contenido de una pena o medida por lo que no son subsumibles en el art. 468 y posteriormente que por ello es adecuado tipificarlas dentro de dichos

En este sentido, ha afirmado PALOMO DEL ARCO que en su redacción no resulta acotada la finalidad de reforzar la protección que dispensa el Texto punitivo a las víctimas de violencia doméstica o de género, de forma que integra un ámbito de considerable mayor amplitud, pues podría proyectarse de manera genérica sin esa redacción teleológica a: a) Las penas de privación de derecho a residir en determinados lugares o acudir a ellos (art. 48.1), a la pena de prohibición de aproximarse (art. 48.2) y a la prohibición de comunicarse (art. 48.3), al ser penas susceptibles de control electrónico si lo decide el Juez o Tribunal (art. 48.4); b) a las medidas cautelares previstas en el art. 64.3 de la LO 1/2004, a la localización permanente (art. 37.4); a la libertad vigilada (art.106.1.a); y a la pena de prisión que se cumple en régimen abierto (art. 86.3 del Reglamento Penitenciario)[4].

En términos generales la doctrina ha sido muy crítica con la introducción de esta nueva figura[5]. Así, para DOMÍNGUEZ IZQUIERDO estamos ante un precepto de deficiente redacción, mala ubicación y dudosa necesidad en cuya virtud se sancionan diferentes conductas dirigidas a hacer ineficaces, aunque no en todos los casos porque la conducta es más amplia, los dispositivos técnicos previstos para controlar el cumplimiento de las penas o medidas de seguridad para las que se hayan podido disponer, lo que en principio puede abarcar un buen número de casos[6].

Sumamente crítica es la valoración de ABEL SOUTO que señala que el nuevo párrafo tercero del art. 468 constituye un paradigmático ejemplo de torpeza legislativa y precipitación de la reforma llevada a cabo en 2015[7].

---

delitos– que: «Estas conductas consisten, bien en la falta de colaboración para el adecuado funcionamiento de los dispositivos o en no respetar las normas de mantenimiento, bien en dañar intencionadamente los dispositivos En principio, estas conductas no serían subsumibles en el tipo penal de quebrantamiento del vigente artículo 468 del Código Penal, por cuanto dichos dispositivos no constituyen en sí el contenido de la pena o medida, siendo únicamente un instrumento para controlar el cumplimiento de la misma. En su caso, podrían ser constitutivas de un delito de desobediencia, en la medida en que la imposición de estos instrumentos de detección de proximidad se ha acordado en una resolución judicial. Por ello, se considera adecuado tipificar expresamente estas conductas dentro de los delitos de quebrantamiento, a fin de evitar que queden impunes los actos tendentes a alterar el funcionamiento de dichos dispositivos».

[4] PALOMO DEL ARCO, Andrés.: *Comentarios Prácticos al Código Penal, (Tomo V. Delitos de falsedades, contra la Administración Pública y contra la Administración de Justicia. Artículos 386-471 bis),* (Dir. Gómez Tomillo), edit. Thomson Reuters, Aranzadi, 1ª edic., Pamplona 2015, pág. 577.

[5] En sentido contrario, REGOJO BALBOA ha afirmado en relación con el Proyecto de Reforma que más que extender la aplicación de estos medios, vendría a solucionar ciertos problemas que plantea la actual regulación sustantiva y, además, a castigar expresamente, mediante la introducción de un nuevo apartado 3 al artículo 468 del Código Penal. REGOJO BALBOA, Juan Pablo, «Presente...», cit., pág. 2.

[6] DOMÍNGUEZ IZQUIERDO, Eva.: «Los delitos contra la Administración de Justicia: la nueva modalidad de delito de quebrantamiento de condena», *Estudios sobre el Código Penal reformado,* (Dir. Morillas Cueva), edit Dykinson, Madrid, 2015, pág. 845.

[7] ABEL SOUTO, Miguel.: «Inutilización de dispositivos de control de cumplimiento de penas y medidas (Art. 468), *Comentarios a la reforma del Código Penal de 2015* (Dir. González Cussac), edit. Tirant lo Blanch, Valencia, 2015, pág. 1237.

Con la misma perspectiva, QUERALT JIMÉNEZ ha apuntado las deficiencias de redacción al señalar que la misma es innecesariamente complicada por descriptiva en exceso[8].

En la misma línea CUGAL MAURI/ SÁNCHEZ TOMAS afirman que la introducción de este nuevo tipo penal no viene a cubrir ningún vacío de punibilidad, porque esta conducta ya podría sancionarse por el delito de desobediencia, que su inclusión implica, por un lado, reducir considerablemente su penalidad en relación con la pena que le correspondería si se le considerara un delito de desobediencia y que su ubicación sistemática entre los delitos de quebrantamiento de condena no resulta sistemáticamente adecuada, ya que el mero hecho de inutilizar o perturbar el funcionamiento del dispositivo por sí mismo no implica una voluntad de aprovecharse del mal funcionamiento del dispositivo para quebrantar[9].

En clave crítica, también se mueve el informe emitido por el Consejo Fiscal al anteproyecto de Ley Orgánica de modificación del Código Penal. Así, señala que: «La ubicación del nuevo delito como una modalidad del delito de quebrantamiento es contraria a las reflexiones previas del propio legislador y puede provocar, finalmente, problemas de interpretación e, incluso, dificultar la adecuada persecución de aquellos actos que sí supondrían un auténtico incumplimiento de la medida cautelar o pena para cuyo control se acordó la imposición de aquellos mecanismos»[10].

Así, señala el citado informe que: «Partiendo de la ubicación, en nuestra opinión inadecuada, que en el Anteproyecto se hace del nuevo tipo penal, los hechos sólo podrían subsumirse en otros dos tipos penales, castigados con penas más graves:

— en el delito de desobediencia, que en la nueva redacción viene castigado con una pena de 3 meses a 1 año de prisión o multa de 6 a 18 meses;

— o un delito de daños que vendría castigado, según el anteproyecto, con pena de 6 meses a 24 meses de multa, en el caso de que fuere un delito menos grave o de multa de 1 a 3 meses si fuere sólo constitutivo de un delito leve, según la propia redacción (art. 263.1).

Este argumento redunda en la inadecuada inclusión de este tipo nuevo penal en el delito de quebrantamiento pues, los hechos, en la mayoría de las ocasiones, serán también subsumibles en un delito de desobediencia o en un delito de daños menos graves (en atención al alto valor de estos dispositivos), delitos, en ambos casos, sancionados con penas mayores que la prevista para el nuevo tipo penal que

---

[8] QUERALT JIMÉNEZ, Joan Josep.: *Derecho penal español. Parte Especial*, edit. Tirant lo Blanch, 7ª edic., Valencia, 2015, pág. 1340.

[9] CUGAL MAURI, Mirian/ SÁNCHEZ TOMÁS, José Miguel.: «Delitos contra la Administración de Justicia: Inutilización de dispositivos electrónicos de control del cumplimiento de penas y medidas: Art. 468 CP», *Estudio crítico sobre el anteproyecto de reforma penal de 2012*, edit. Tirant lo Blanch, Valencia 2013, pág. 930.

[10] Informe del Consejo Fiscal al anteproyecto de Ley Orgánica de modificación del Código Penal de 8 de enero de 2013, págs. 297 y 298.

https://www.fiscal.es/fiscal/PA_WebApp_SGNTJ_NFIS/descarga/INFORME_ANTEPROYECTO_CP_2012_8-enero-2013.pdf?idFile=ab37a28b-9fbc-4af5-b2b3-3b14c1826623

tratamos, lo que determinará su nula aplicación y refrenda nuestra postura en orden a la adecuada ubicación como una modalidad del delito de desobediencia.

En consecuencia, y necesariamente, se habría de prescindir de la fórmula final relativa al concurso de normas comentada, pero debería incluirse en el precepto aquella que permita que el que cometa esas conductas, sea también condenado por un delito de quebrantamiento cuando, además, se aproxima a la persona protegida. De esta manera se impediría, de forma positiva, la aplicación a estos supuestos, en los que el plus de antijuridicidad es mayor, de las normas relativas al concurso medial que primarían a aquel imputado o condenado que no sólo desobedece a la autoridad judicial haciendo ineficaz el dispositivo que se le ha impuesto, sino que ha vulnerado la medida cautelar o pena de alejamiento que se impuso para proteger a la víctima.

Recapitulando, se sugiere que se regule el delito como una modalidad del delito de desobediencia del art. 556 del C.P. y no como un delito de quebrantamiento de condena.

Se propone como redacción la siguiente, añadiendo un párrafo 2º al art. 556, con el siguiente contenido:*Los que de propósito inutilicen los dispositivos impuestos para el control de las penas contempladas en el art. 48-1 y 2 del C.P. o de las medidas cautelares o de seguridad de la misma naturaleza, o de forma contumaz o reiterada impidan su adecuado funcionamiento incumpliendo las instrucciones que le fueron facilitadas a tal fin, serán castigados con una multa de 6 meses a doce meses, sin perjuicio de la pena que pudiera corresponder por el delito de quebrantamiento si se hubiera incumplido la medida o pena para cuyo control se impuso el dispositivo*»[11].

Con una perspectiva mucho menos crítica el Consejo General del Poder Judicial, señaló, en el informe evacuado en relación con el Anteproyecto de Código Penal de 2012, que no cabe oponer reparos a la medida que el prelegislador pretende estatuir, pues es evidente que cualquier alteración de los mecanismos de control impide que pueda ser constatado el exacto cumplimiento de la pena o medida de que se trate, con el riesgo que ello comporta. Ahora bien, si la creación de un tipo específico permite solventar las dificultades indicadas en la Exposición de Motivos, carece de sentido condicionar su aplicación a que en otro precepto de este Código no se sancionen los hechos con mayor gravedad, sin siquiera indicar a qué artículo se está haciendo referencia. Por ello, se sugiere la supresión del inciso a que se ha hecho mención de manera que, en cualquier caso, la conducta descrita en el ordinal tercero del artículo 468 será sancionada, exclusivamente, conforme a dicho precepto[12].

En cuanto a su tramitación parlamentaria, hay que destacar, como apunta MANZANARES SAMANIEGO que ni en el Congreso de los Diputados ni en el Senado se presentaron enmiendas, de forma que la propuesta del Proyecto acabó

---

[11] Informe del Consejo Fiscal..., cit., págs. 301 y 302.

[12] Informe del Consejo General del Poder Judicial al Anteproyecto de reforma de Código Penal de 2012, pág. 267.

convirtiéndose en Derecho positivo[13]. No obstante, hay que señalar que la pena inicialmente prevista en el proyecto «una de multa de seis a doce meses», paso a concretarse en el texto aprobado por el Congreso de los Diputados «con una pena de seis a doce meses» y que la misma finalmente fue corregida y adecuadamente concretada en el Senado con la redacción aprobada como «una pena de multa de seis a doce meses».

Las diversas valoraciones recogidas ponen de manifiesto una importante falta de rigor técnico y de criterios de política criminal en la elaboración del precepto que se constata claramente si se tienen en cuenta, al margen de los problemas dogmáticos que en su aplicación pueden surgir y que será objeto de ulterior análisis, las contradicciones existentes entre lo manifestado en el preámbulo y la realidad. En efecto, la argumentación esgrimida choca frontalmente con la realidad en dos cuestiones:

Primera. Ámbito de aplicación. Aunque el preámbulo vincula la incriminación de esta conducta con «los dispositivos telemáticos para controlar las medidas cautelares y las penas de alejamiento en materia de violencia de género…», la realidad es que es aplicable a todos aquellos casos en los que se hubieran dispuesto dispositivos técnicos para controlar el cumplimiento de penas, medidas de seguridad o medidas cautelares. Sean de violencia de género o de cualquier otro tipo. La redacción del precepto no deja margen de duda al respecto, por lo que nos encontramos con una figura delictiva que va mucho más allá de lo que realmente pretendía el legislador, lo que debe ser totalmente rechazable y constituye una nueva fórmula de lesión del principio de intervención mínima[14].

Segunda. Problemas de aplicación. Los citados en el preámbulo como «problemas sobre la calificación penal de ciertas conductas del imputado o penado tendentes a hacerlos ineficaces, a las que se alude en la Circular 6/2011, de la Fiscalía General del Estado», realmente no son ciertos. Se hace una lectura parcial de lo afirmado en la citada circular. La misma, realmente lo que dice, tras destacar la ampliación del empleo de medios electrónicos que permitan controlar el cumplimiento de la pena de prohibición de aproximarse a la víctima a las medidas de alejamiento impuestas con carácter cautelar[15] es que: «En torno a los dispositivos telemáticos se han venido planteando problemas sobre la calificación penal de ciertas conductas del imputado, cuando no respeta las normas de funcionamiento del dispositivo, haciendo éste ineficaz, o fractura intencionadamen-

---

[13] MANZANARES SAMANIEGO, José Luis.: *Comentarios al Código Penal (Tras las Leyes Orgánicas 1/2015, de 30 de marzo y 2/2015 de 30 de marzo)*, edit. WolktersKluwer, Madrid, 2016, pág. 1447. En el mismo sentido, ALONSO DE ESCAMILLA, Avelina.: «Inutilización de dispositivos de control de cumplimiento de penas y medidas», Comentarios a la reforma penal de 2015, (Dir. Quintero Olivares), edit. Aranzadi, Pamplona, 2015, pág. 704.

[14] En el mismo sentido ABEL SOUTO, Miguel.: «Inutilización…», cit., pág. 1238.

[15] Circular de la Fiscalía General del Estado 6/2011, sobre criterios para la unidad de actuación especializada del Ministerio Fiscal en relación a la violencia sobre la mujer, págs. 59 y 60. *https://www.fiscal.es/fiscal/PA_WebApp_SGNTJ_NFIS/descarga/circular%20en%20materia%20de%20violencia%20sobre%20la%20mujer.pdf?idFile=87165082-287f-4f06-a3b5-4ff6d4d2d9e8*

te el dispositivo transmisor RF (brazalete), sin aproximarse a la víctima, ni a los lugares determinados en la resolución judicial.

Se pueden distinguir:

a) Situaciones en las que el dispositivo no funciona a consecuencia de la actuación voluntaria del imputado (por ejemplo, no carga de forma contumaz la batería de la unidad 2Trak, sabiendo que al agotarse ésta deja de funcionar).

   Se podría estar ante un delito de desobediencia, pues la imposición de tales mecanismos de detección de proximidad ha sido acordada en una resolución judicial, y el imputado debe haber sido requerido para colaborar en la instalación y adecuado funcionamiento del dispositivo con el apercibimiento de que, de no hacerlo así, puede incurrir en el citado delito; tal requerimiento deberá constar en la propia resolución o en el acta de la notificación de la resolución en la que se acuerda la imposición de estos mecanismos para el control. (...) [16].

b) Supuestos en los que el imputado fractura intencionadamente el brazalete (lo que generará inmediatamente la alarma correspondiente), pero no invada las zonas de exclusión establecidas en la resolución judicial, es decir, no se aproxime a la víctima ni a su domicilio, ni a los demás lugares afectados por la prohibición de aproximación.

   En este caso, no cometería un delito de quebrantamiento de medida cautelar, pues no incumple las prohibiciones impuestas en la resolución judicial, dado que el dispositivo de detección de proximidad no es más que un mecanismo de control de la ejecución de la medida cautelar o pena que no se vulnera.

   Podría imputarse un delito de desobediencia (artículo 556 del Código Penal), si en la resolución judicial, o en el acta de su notificación al imputado consta el expreso requerimiento de que ha de colaborar con el adecuado funcionamiento del dispositivo, con las advertencias de poder

[16] «En las conclusiones alcanzadas por los Fiscales Delegados especialistas en el Seminario celebrado en Antequera en el año 2010 refrendadas por el Fiscal General del Estado, ya se hacía constar que, los Sres. Fiscales debían velar para que se hicieran esos requerimientos.

Hay que tener en cuenta, además, que la imputado se le advierte por los técnicos en el momento de la instalación del dispositivo, de su funcionamiento y las normas básicas del mantenimiento de los aparatos, dejando constancia escrita y firmada por el usuario de todo ello y de que lo ha comprendido.

Efectivamente el "Protocolo de actuación para la implantación del sistema de seguimiento por medios telemáticos del cumplimiento de las medidas de alejamiento en materia de violencia de género", en el apartado 1.2.2 establece que "el inculpado dejará constancia por escrito de que le han facilitado el DLI, que le han explicado su funcionamiento y las normas básicas de mantenimiento y que las ha comprendido", documento que ha de suscribirse en todos los supuestos en los que se proceda a la instalación de estos mecanismos y del que han de procurarse los técnicos en el momento de la instalación». *Ibidem*, págs. 61 y 62.

incurrir, en caso contrario, en un delito de desobediencia. Además, y en atención al valor pericial de los daños causados, podría haber incurrido en una falta o delito de daños (artículo 625 o 263 del Código Penal)»[17].

En definitiva, se ha incorporado una nueva infracción penal en la que, al margen de introducir un sinfín de problemas dogmáticos, inicialmente se detecta una grave ausencia de técnica legislativa, hasta el punto de que ninguno de los argumentos esgrimidos por el legislador en el preámbulo para justificarla coinciden con la realidad. En consecuencia, nos encontramos con un delito de difícil exégesis, que tutela un bien jurídico que no se corresponde con su normal ámbito de actuación y que constituye un nuevo e injustificado adelantamiento de las barreras de intervención penal.

II. BIEN JURÍDICO

El análisis del bien jurídico en una infracción de estas características nos obliga a valorar dos cuestiones. Por una parte, cual es el bien jurídico realmente protegido y, por otra, si el mismo está necesitado de una protección penal como la aquí dispensada. Esto es, si estamos ante una conducta susceptible de tutela penal.

Por su ubicación sistemática, y a pesar de su clara vinculación con el delito de desobediencia, considero que el bien jurídico protegido ha de estar vinculado al que se tutela en el quebrantamiento de condena. En este sentido, hay que señalar que es el interés estatal en el cumplimiento de las sentencias penales de condena, en tanto que la lesión del mismo impide: a) La afirmación del Estado de Derecho; b) la prevención general de la pena y por consiguiente la eficacia del sistema penal; y c) la tutela judicial efectiva[18].

Desde esta perspectiva, el precepto incide en una situación previa a la del incumplimiento, porque la inutilización de los dispositivos electrónicos no conlleva tal incumplimiento de la sentencia de condena, por lo que, a lo sumo, podemos admitir que nos encontramos en un estadio previo y ajeno al propio quebrantamiento. En síntesis, no se puede afirmar que la realización de la conducta ocasione una lesión del bien jurídico protegido en los delitos de quebrantamiento de condena.

Se podría tratar, como mucho, de un peligro abstracto de quebrantamiento, más cercano al principio de autoridad como garantía del buen funcionamiento de los servicios y funciones públicas, en la medida que se produce la desobediencia de la orden de no inutilizar el funcionamiento de los dispositivos u omitir las medidas exigibles para mantenerlo, que al citado interés estatal en el cumplimiento de las sentencias penales de condena.

---

[17] *Ibidem*, págs. 62 y 63.

[18] SUÁREZ LÓPEZ, José María: *El delito de autoquebrantamiento de condena en el Código Penal español*, edit. Comares, Granada, 2000, pág. 282.

No obstante, en los términos ya adelantados, por la actual ubicación sistemática no queda más remedio que asumir que el bien jurídico protegido es el interés estatal en el cumplimiento de las sentencias penales de condena, interés estatal que con estos comportamientos únicamente se ve puesto en peligro de forma abstracta. Se trata, en definitiva, a mi juicio, de un delito de peligro abstracto porque, como apunta el preámbulo de la Ley Orgánica 1/2015, se dirige a conductas que tienden a hacer ineficaces los dispositivos electrónicos de control de cumplimiento de penas, medidas cautelares o de seguridad, esto es conductas que pueden ser peligrosas de cara a un ulterior quebrantamiento[19]. Desde esta perspectiva, se torna sumamente compleja, además, de la concreción del valor jurídico realmente protegido, la necesidad de su protección penal, porque no se pueden obviar las múltiples críticas que contra la admisión de los delitos de peligro abstracto ha vertido la doctrina. Así, con MORILLAS CUEVA, considero defectuosa la incorporación de esta modalidad de peligro al ámbito punitivo ensanchando innecesariamente el mismo e invadiendo otros sectores del Ordenamiento jurídico[20].

Si por las razones ya esgrimidas su ubicación en el seno de los delitos de quebrantamiento y su propia legitimidad se torna compleja, mucho más lo va a ser si se analiza la evolución que los mismos han tenido. En efecto, ha sido frecuente en nuestra doctrina encontrar posicionamientos contrarios a la incriminación del autoquebrantamiento de condena. Así, al margen de las lecturas que de forma incompleta se hacen de los planteamientos de PACHECO Y GROIZARD[21], CÓRDOBA RODA ha afirmado que el que el autoquebrantamiento de condena deba ser constitutivo de delito resulta, a su juicio, ciertamente criticable, pues el imponer a los condenados una obligación penalmente sancionada de cumplir la condena manifiesta un indudable abuso del *ius puniendi*[22].

RODRÍGUEZ DEVESA rechaza, aludiendo a la autoliberación, la existencia de esta infracción destacando que a la Administración compete tomar las medidas necesarias para asegurar coactivamente que la privación de libertad o la condena del que se halla detenido o preso sea efectiva, ya que no puede humanamente esperarse de un hombre que por propia voluntad o teniendo facilidad para evitarlo se someta al rigor e incomodidad de la pena[23]. LUZÓN PEÑA afirma que los tipos

---

[19] Como afirma MORILLAS CUEVA en los delitos de peligro abstracto, el peligro no pertenece a las características del tipo, únicamente existe una presunción de que la situación es peligrosa por sí misma sin que ello sea preciso concretarlo en el caso específico. Reclaman una abstracción por parte del legislador que incrimina las conductas no por su peligrosidad definida para el caso concreto, sino por la valoración generalmente estadística que demuestra que en la mayoría de las ocasiones en que esa conducta se ha producido ha resultado ser peligrosa. Hay pues una simple presunción de peligro. MORILLAS CUEVA, Lorenzo: *Derecho penal. Parte General,* tomo II, vol. 1 (Teoría jurídica del delito. Nociones generales. El delito doloso: Juicio de antijuricidad), edit. Dykinson, Madrid, 2008, pág. 85.

[20] *Ibidem,* pág. 89.

[21] SUÁREZ LÓPEZ, José María: *El delito…,* cit., págs. 259 ss.

[22] CÓRDOBA RODA, Juan: *Comentarios al Código Penal,* t. III, edit. Ariel, Barcelona, 1978, pág. 1164.

[23] RODRÍGUEZ DEVESA, J.Mª./SERRANO GÓMEZ, A.: *Derecho Penal español. Parte Especial,* 18ª edic., edit. Dykinson, Madrid, 1995, pág. 1033.

de quebrantamiento de condena sin violencia ni motín deben suprimirse pues es inexigible un comportamiento diferente[24].

En semejantes parámetros QUINTERO OLIVARES destaca que el grupo de delitos que conforman los de quebrantamiento de condena hubiera podido reducirse, en el Proyecto de 1980, al favorecimiento de evasión excluyendo el autoquebrantamiento que podría tratarse suficientemente con las sanciones establecidas en la Ley General Penitenciaria y arbitrarse alguna fórmula similar para las condenas no privativas de libertad, por ejemplo, el arresto sustitutorio, además, apunta que es incongruente castigar igual a detenidos preventivos y a penados definitivos, pues su situación evidentemente no es la misma respecto de la Administración de Justicia, aunque sea igual respecto a la privación de libertad[25].

MAPELLI CAFFARENA destaca que resulta paradójico que libertades de menor peso, como la libertad de expresión, hayan merecido en el marco Constitucional de un Estado democrático de Derecho un tratamiento preferente por la jurisprudencia y por la doctrina, incluso, cuando tienen enfrente otros derechos fundamentales como el honor y, sin embargo, la necesidad de libertad ambulatoria deje de reconocerse en los condenados y se persiga penalmente a quien simplemente, sin mediar violencia ni intimidación en las personas, logra quebrar su condición de privación de libertad. Asevera que es en el ámbito penitenciario, y no en el penal, en el que deben resolverse los casos de autoevasión sin violencia u otros comportamientos delictivos autónomos[26]. Además, en la línea planteada por QUINTERO OLIVARES, critica la equiparación de penados y presos, pues ni procesalmente es lo mismo ni tampoco puede exigirse por igual un hipotético deber de cumplimiento a quien se le ha probado después de un proceso la comisión de hechos delictivos por los que ha sido condenado, de quienes son preventivamente privados de libertad con el fin de asegurar los fines del proceso y la eventual ejecución de la pena[27]. Planteamientos críticos con la incriminación del autoquebrantamiento formularon también, entre otros: CORCOY BIDASOLO[28], GONZÁLEZ GUITIÁN[29] y LORENZO SALGADO[30].

---

[24] LUZÓN PEÑA, Diego Manuel: «Consideraciones sobre la sistemática y alcance de los delitos contra la Administración de Justicia», *Libro-Homenaje al Prof. J. Antón Oneca*, edit. Universidad de Salamanca, 1982, pág. 794.

[25] QUINTERO OLIVARES, Gonzalo: «El Proyecto de Código Penal», *Revista Jurídica de Cataluña*, núm. extra, Barcelona, 1980, págs. 202 y 203.

[26] MAPELLI CAFFARENA, Borja: «Quebrantamiento de condena y evasión de presos», *Revista de Estudios Penitenciarios*, núm. 244, 1999, págs. 21 y 31.

[27] Ibídem, págs. 22 y 23.

[28] CORCOY BIDASOLO, Mirentxu.: «El quebrantamiento de condena. Una propuesta legislativa: la frustración de la pena», *Anuario de Derecho Penal y Ciencias Penales*, t.XLV, fasc. 1, Madrid, 1992, págs. 123, 138 y 140.

[29] GONZÁLEZ GUITIÁN, Luis: «Dos problemas del artículo 334 del Código Penal (En torno a los delitos de quebrantamiento de condena)», *Estudios Penales II, La Reforma Penitenciaria*, Santiago de Compostela, págs. 281 y 282.

[30] LORENZO SALGADO, J.M.: «El quebrantamiento de determinadas resoluciones judiciales», *Estudios Penales y Criminológicos*. Vol. 4, Santiago de Compostela, 1981, págs. 325, 340 y 341.

Frente a dicho criterio, otro sector doctrinal minoritario defendió con intensidad la existencia de esta infracción y la importancia del bien jurídico para ser protegido por el Derecho penal. Así, VIVES ANTÓN ha afirmado que el hecho de que las sentencias, incluso las más rigurosas, se cumplan representa jurídicamente un valor y dicho cumplimiento constituye, también para el condenado, un deber. En su opinión, lo mismo cabe decir, aunque en menor medida, de las resoluciones judiciales que acuerdan la prisión. Indica, además, que, desde un punto de vista pragmático, la existencia del delito es indispensable si las penas privativas de libertad han de tender a ejecutarse cada vez en mayor medida en regímenes abiertos. Por ello, concluye que no cabe negar a este delito una consistente objetividad jurídica y, en esta línea, el bien jurídico se halla constituido por el interés del Estado en la efectividad de determinadas resoluciones de la jurisdicción (las que acuerdan la prisión o adoptan otras medidas cautelares, las sentencias penales condenatorias y las resoluciones que imponen medidas de seguridad)[31].

Dicha dialéctica en su momento me llevó a afirmar que habría que optar por valorar positivamente la existencia de esta infracción, aunque limitando en términos razonables su ámbito de aplicación. En efecto, destaqué que el cumplimiento de las sentencias es una obligación constitucional consagrada en el art. 118 de la Constitución y, como dice VIVES ANTÓN, representa jurídicamente un valor o, como apunta el Tribunal Constitucional –STC 67/84, de 7 de junio– «una cuestión de capital importancia para la efectividad del Estado social y democrático de Derecho que proclama la Constitución»; que la evolución, en el ámbito de las consecuencias jurídicas del delito, presidida por la búsqueda de medidas que posibiliten la consecución de la resocialización, convierte el delito de autoquebrantamiento de condena en una exigencia básica de prevención general; que la inexistencia de otro tipo de fórmulas, distinta de la pura privación de libertad, para garantizar el cumplimiento de las condenas aconseja el mantenimiento del delito; y que, por todo ello, es acertada la incriminación del autoquebrantamiento de condena, pues en caso contrario el empleo de sanciones que otorguen amplios márgenes de libertad al condenado, incluso a los que se encuentran en prisión impediría el fin de prevención general de la pena pero que, no obstante, ello no era asumible en relación con la incriminación vía autoquebrantamiento de las medidas cautelares que, como el propio Código Penal señala de forma expresa en el art. 34, no son penas y que, además, constituyen una clara restricción, por no decir negación del derecho fundamental a la presunción de inocencia, art. 24.2 de la Constitución[32].

---

[31] VIVES ANTÓN. Tomás Salvador.: *Derecho Penal. Parte Especial*, edit. Tirant lo Blanch, Valencia, 1990, pág. 292. VIVES ANTÓN, Tomás Salvador: *Comentarios al Código Penal de 1995*, vol. 2, edit. Tirant lo Blanch, Valencia, 1996, pág. 1950. También defienden la existencia de estas infracciones: ANTÓN ONECA, José.: «El Código Penal de 1870», *Anuario de Derecho Penal y Ciencias Penales*, t. XXIII, fasc. 2, Madrid, 1970, pág. 233. Y, únicamente, en relación con las penas impuestas en virtud de sentencia firme BENEYTEZ MERINO, Luis.: *Código Penal (Doctrina y jurisprudencia)*, t. III, edit. Trivium, Madrid, 1997, págs. 4374 y 4375.

[32] En relación con esta postura *vid.*, en profundidad: SUÁREZ LÓPEZ, José María: *El delito...*, cit., págs. 276 a 283.

En ese contexto, en el que se constata fácilmente que mi planteamiento se puede situar en el sector doctrinal minoritario proclive al mantenimiento del autoquebrantamiento, al considerar que existe un bien jurídico digno de tutela penal y, aun admitiendo y reconociendo que la dicotomía desaparición-expansión de este delito se viene resolviendo legislativamente ampliando el ámbito del quebrantamiento en el último de los sentidos expuestos, la expansión[33], he de pronunciarme, ahora, en un sentido totalmente contrario a la creación de esta figura.

Ni dogmática, ni político criminalmente es admisible su existencia. En efecto, se trata, como dice MORILLAS CUEVA de proteger el control de determinadas penas y medidas que se realiza a través de medios electrónicos acordados por el Juez y Tribunal[34], por lo que la inutilización de los dispositivos electrónicos de control de cumplimiento de penas, medidas cautelares o seguridad no constituyen el incumplimiento del contenido de una sentencia firme de condena, ni tan siquiera de una medida cautelar o de seguridad y, desde luego, no afectan al interés estatal, en términos penalmente relevantes, en el cumplimiento de las sentencias penales de condena, porque a lo sumo integraría como he afirmado un peligro abstracto de incumplimiento insuficiente para merecer una respuesta penal. Desde esta perspectiva, el precepto se torna de injustificada existencia y debe ser rechazado. Otra cuestión es si conductas de este tipo tendrían cabida en el delito de desobediencia, en los términos que ha propuesto la Fiscalía General del Estado y siempre y cuando se den los elementos típicos del mismo.

En este sentido, conviene tener en cuenta que la jurisprudencia ha considerado que la manipulación por el acusado de estos instrumentos podría ser constitutiva del delito de desobediencia y no de quebrantamiento[35]. Así, la sentencia núm. 5/2015 de la Secc. 1ª de la Audiencia Provincial de Guadalajara (JUR 2013/39677) afirma en el fundamento de derecho segundo que:

> «*Esta postura es la que mantienen distintas Audiencias Provinciales como se refleja, a título de ejemplo, en la sentencia de la de Valencia de 27 de marzo de 2012, que habla, en relación a los dispositivos electrónicos de "mantenimiento del control de las medidas de protección mediante el dispositivo electrónico", las de Madrid de 6 de abril de 2011, 13 de junio de 2011 ó 29 de junio de 2012, de Las Palmas de 23 de febrero de 2012 y 21 de diciembre de 2011, de Santa Cruz de Tenerife de 28 de abril de 2011, de Vizcaya de 5 de octubre de 2010, de Soria de 1 de febrero de 2010 ó de Alicante de 26 de diciembre de 2008. Con lo que difícilmente si el dispositivo electrónico es un mero instrumento de control de la medida puede producirse un quebrantamiento de condena con su retirada o manipulación, ya que*

---

[33] SUÁREZ LÓPEZ, José María: «De la desaparición a la expansión del autoquebrantamiento de condena», *Estudios penales en homenaje al Profesor Cobo del Rosal*, edit. Dykinson, Madrid, 2005, págs. 925 ss.

[34] MORILLAS CUEVA, Lorenzo: *Sistema de Derecho penal. Parte Especial* (Dir. Morillas Cueva), edit. Dykinson, 2ª edic., Madrid, 2016, pág. 1241.

[35] En este sentido, vid., ALONSO DE ESCAMILLA, Avelina: «Inutilización…», cit., págs. 705 y 706.

dicho quebrantamiento queda limitado al incumplimiento de la medida en sí, que en este caso sería la prohibición de acercamiento y comunicación y la entrada en el término municipal de Leganés.

En cuanto al posible delito de quebrantamiento de condena del art. 468.1 CP (RCL 1995, 3170 y RCL 1996, 777), efectivamente, es posible entenderlo infringiendo meras medidas cautelares como pueda ser una orden de alejamiento y sin necesidad de condena firme, y a ello responde el tenor literal del citado artículo, y la reiterada doctrina que el Tribunal Supremo mantiene al respecto y en este sentido la Sentencia de 9 de junio de 2010 se refiere a un supuesto de quebrantamiento de medida cautelar y la Sentencia de 15 de octubre de 2009, en la consideración de la cuestión de que es objeto el recurso de casación que contempla, se refiere a la comisión de un delito de quebrantamiento "de medida cautelar o de condena", puntualizando que en estos casos se exige el cabal conocimiento por parte del sujeto de la existencia y vigencia de la medida cautelar, con lo que efectivamente sujeto activo de este delito lo sería tanto el sentenciado que quebrante su condena como el no sentenciado que quebrante una medida cautelar o su conducción o custodia, requiriéndose en el segundo caso una medida cautelar adoptada por decisión judicial aunque no sea firme, conocida, y desde un punto de vista subjetivo una voluntad deliberada y consciente de incumplirla, simplemente. Pero medida cautelar que serían, en este caso, las contempladas en los arts. 544 bis LECr (LEG 1882, 16), en relación con el art. 57 CP, con referencia al art. 48 CP, e impuestas con la finalidad de prevenir la comisión de nuevas infracciones penales y evitar posibles males en las personas a proteger, como efectivamente recoge ese auto de 12 de noviembre de 2007, en que se impusieron, pero, insistimos las medidas son las contempladas en el párrafo primero de la parte dispositiva y la imposición de la pulsera de control es, simplemente eso, una forma de controlar el cumplimiento, no la medida en sí, con lo que no cabe un quebrantamiento de medida cautelar equiparable al delito por el hecho de haberse retirado el dispositivo, aún sin causa justificada, porque efectivamente el dispositivo ha sido reiterado y conscientemente de que no debía serlo porque así se le advirtió en el auto referenciado y le fue inmediatamente instalada la pulsera, con lo que ahora no se puede negar desconocimiento, refiriéndose la notificación de 14 de febrero de 2008 a una resolución distinta que es el auto de 14 de febrero de 2008 que denegaba un agravamiento de la medida de protección, folios 83, 84 y 85 de las actuaciones, constando la notificación efectiva del auto de medidas el mismo día que se dictó, folio 82 de las actuaciones, con lo que el Ministerio Fiscal incurre en error en su escrito de acusación, y la defensa lo reproduce en su escrito de recurso. Pero con independencia de que efectivamente el auto se notificó correctamente y el señor Claudio sabía que no podía retirarse la pulsera, y lo hizo con plena conciencia y voluntad, el problema radica en que ello no es constitutivo de un delito de quebrantamiento de condena, que lo hubiera sido en el caso de aproximación o comunicación con la víctima o entrada en el término municipal de Leganés, sino que nos encontramos ante un delito de desobediencia, con lo que se ha errado desde el principio y hasta la sentencia en la calificación jurídica de los hechos, la conducta, como pretende el recurrente, no es atípica, sino simplemente defectuosamente calificada desde un punto de vista jurídico. En este sentido la sentencia de la audiencia provincial de Madrid, antes referida, de 29 de junio de 2012, en relación a un supuesto muy parecido, nos dice, criterio que esta Sala comparte, que: "Los hechos declarados probados constituyen asimismo un delito continuado de desobediencia del artículo

556 del Código Penal (LA LEY 3996/1995), precepto según el cual: «Los que, sin estar comprendidos en el artículo 550, resistieren a la autoridad o sus agentes, o los desobedecieren gravemente, en el ejercicio de sus funciones, serán castigados con la pena de prisión de seis meses a un año». Ello porque el propio acusado reconoció, (si bien argumentó para su exculpación encontrarse «destrozado» por la situación), haberse arrancado la pulsera electrónica impuesta para el control telemático de la medida de alejamiento de la víctima acordada por el Juzgado de violencia sobre la mujer nº 8 de Madrid y asimismo desobedeció al prohibición impuesta por dicha resolución judicial (obrante en las diligencias) de salir de nuestro país, extremos también reconocidos por el procesado al manifestarse por el mismo haber marchado a Italia ver a su madre y que también se infiere al constar en las actuaciones como el procesado fue detenido en la frontera de Francia siendo puesto a disposición de los Tribunales españoles por las autoridades de dicho país. En este punto no pueden, desde luego, prosperar los alegatos de la defensa del acusado tratando de exculpar a éste en base a la consideración de que el mismo se encontraba injustamente acusado, pues ni aun en el caso de que hubiese resultado absuelto en este procedimiento ello sería causa para desobedecer los mandatos judiciales, máxime de la forma reiterada llevada a cabo por el procesado". De manera que el hecho de quitarse una pulsera de control telemático constituye un delito de desobediencia del art. 556 CP y no un delito de quebrantamiento de condena, que únicamente se produciría con la vulneración de la medida cautelar que la pulsera controla, del art. 468 del mismo cuerpo legal. Ya que si partimos de que el delito de desobediencia supone en una de sus vertientes resistir o desobedecer gravemente a la autoridad en el ejercicio de sus funciones, mediante una actitud pasiva e inerte, manifiesta y tenaz (SSTS 7 de junio de 1974, 28 de octubre de 1975 ó 28 de enero de 1982), con conocimiento de la orden o mandato de la autoridad y la voluntad de desobedecer o resistir a pesar de ello, y habiendo siendo requerido, mediante auto debidamente notificado, conociendo el recurrente el alcance de la retirada del dispositivo que trata de justificar "inútilmente" en molestias, que perfectamente pudo poner en conocimiento o bien del Juzgado o bien incluso de la Policía, es evidente que ha incurrido en un delito de desobediencia a una orden judicial recogida en una resolución de este tipo, debidamente notificada y con todas las advertencias necesarias realizadas, y vulnerada de manera consciente y voluntaria».

El mismo criterio es seguido por la sentencia núm. 77, de 11 de marzo de 2016, de la Secc. 1ª de Audiencia Provincial de Castellón (JUR 2016\143996) que señala en el fundamento jurídico segundo que:

«Sobre la problemática derivada del mal uso de los sistemas de detección vinculados a las prohibiciones de aproximación y comunicación con las víctimas de delitos relacionados con la violencia de género y su incidencia penal, se ha pronunciado la sentencia de la Sección 2ª de la Audiencia Provincial de Castellón de 4 de Julio de 2012, 980/2012, (Recurso: 242/2012, Ponente: José Luis Antón Blanco), que señala que los supuestos en los que legalmente se puede colocar a un imputado o condenado tal medio de control telemático son básicamente cuatro: "anudada a una medida cautelar de posible adopción (la prohibición de acercamiento en el art. 64.3 de la LO 1/2001 de 28 de diciembre de medidas de Protección Integral contra al Violencia de Género, desarrollado en el Protocolo de Actuación de 8 de julio de 2009); para la ejecución de una pena de alejamiento respecto de una

persona determinada ex art. 48.4 del CP; como medida de control en supuesto de libertad condicional conforme al art. 86.3 del Reglamento Penitenciario 190/96 en caso de que el interno acepte el control de su presencia fuera del Centro mediante tales dispositivos telemáticos adecuados proporcionados por la Administración Penitenciaria u otros mecanismos de control suficiente; y por último para casos de medida de libertad vigilada".

Añade dicha resolución "Así las cosas, la sola infracción –sea voluntaria o por dejadez– de las normas de uso del dispositivo GPS de control de la pena o medida, podrá tener en cada caso una incidencia en función de la finalidad perseguida. (...)En el caso de estar el dispositivo acordado para la ejecución de la pena concreta de prohibición de acercamiento conforme al art. 48 CP, en que no cabe la sustitución por otro tipo de pena que permita la seguridad de la víctima, solo procedería la respuesta de la inculpación por delito de desobediencia, una vez que el controlado ha sido avisado de lo que supone el incumplimiento de los cuidados precisos para el funcionamiento correcto del aparato que lleva puesto, o en su caso haya sido avisado de la incidencia y por ejemplo recibido la orden de que cargue de inmediato la batería, o en su caso que se vuelva a colocar el dispositivo que se hubiere quitado o desprendido."

A similar conclusión llegan las Sentencias de la Sección 27 de la Audiencia Provincial de Madrid de 29 de Junio de 2012 (12581/2012. Recurso: 5/2012),de Granada, Sec. 2 [a] de 25 de julio de 2014, de Guipúzcoa de 31 de marzo de 2014, Cáceres, Sec. 2[a], de 10de marzo de dos mil catorce, yde la Sección 1[a] de la Audiencia Provincial de Guadalajara de 20 de Diciembre de 2012 (521/2012. Recurso: 356/2012) que señala: "la instalación de una pulsera electrónica no es una medida en sí sino una forma de control de la medida que realmente es la prohibición de acercamiento...impuesta", postura que califica como mayoritaria dentro de la jurisprudencia de las Audiencias Provinciales, "citando a título de ejemplo, en la sentencia de la de Valencia de 27 de marzo de 2012, que habla, en relación a los dispositivos electrónicos de "mantenimiento del control de las medidas de protección mediante el dispositivo electrónico ", las de Madrid de 6 de abril de 2011, 13 de junio de 2011 ó 29 de junio de 2012, de Las Palmas de 23 de febrero de 2012 y 21 de diciembre de 2011, de Santa Cruz de Tenerife de 28 de abril de 2011, de Vizcaya de 5 de octubre de 2010, de Soria de 1 de febrero de 2010 ó de Alicante de 26 de diciembre de 2008. Con lo que difícilmente si el dispositivo electrónico es un mero instrumento de control de la medida puede producirse un quebrantamiento de condena con su retirada o manipulación, ya que dicho quebrantamiento queda limitado al incumplimiento de la medida en sí..." y califica jurídicamente los hechos como constitutivos de un delito de desobediencia del artículo 556 del Código Penal ...".

En el caso actual el recurrente "no prestó la atención debida y se descargó la batería. Al sacar el dispositivo por la ventana, buscando señal, cayó el mismo al suelo, quedando inservible." Previamente había sido informado de sus obligaciones en relación al dispositivo con apercibimiento de incurrir en un delito de desobediencia, por lo que el dolo, al menos en la forma eventual, está presente en la conducta descrita, y se satisfacen todas las exigencias legales del delito de desobediencia por el que ha sido sancionado, procediendo la desestimación del primer motivo del recurso».

Con esta perspectiva, afirmó la Fiscalía General del Estado, que: «el bien jurídico protegido en el delito de quebrantamiento (regulado en el Capítulo VIII del Titulo XX del libro II del C.P. bajo la rúbrica *"Del quebrantamiento de condena")*, es la efectividad de determinadas resoluciones judiciales, solamente de aquellas que contienen la imposición de una pena o medida cautelar.

La imposición de un dispositivo electrónico, no es una pena ni una medida cautelar (por lo que no se incluyen en el catalogo de penas del art. 33 del C.P. ni entre las medidas cautelares de los arts. 502, 544 bis y 544 ter LECrim), sino, simplemente, es un mecanismo de control de la ejecución de algunas de ellas, por lo que, el propio art. 48 CP, al regular la pena de prohibición de aproximación, dispone, en el párrafo 4, que el juez o tribunal podrá acordar que su "***control*** *se realice a través de aquellos medios electrónicos que lo permitan*" y el art. 64-3 apartado 2º de la L.O. 1/2004 de Medidas de Protección Integral contra la Violencia de Género, del mismo modo dispone que *"Podrá acordarse la utilización de instrumentos con la tecnología adecuada para* ***verificar*** *de inmediato ...* " el cumplimiento de las medidas de prohibición de aproximación.

Por tanto, la conducta en que pueda incurrir un imputado o condenado con el objeto hacer ineficaz el dispositivo que se le ha impuesto para controlar la adecuada ejecución de la medida cautelar o pena de prohibición de aproximación, no supone un incumplimiento de éstas, sin perjuicio de que, además, se acerque a la persona protegida. En tal caso, sólo esta última conducta constituiría un delito de quebrantamiento, mientras que la acción llevada a cabo para burlar la efectividad del dispositivo, podría ser constitutiva de un delito de desobediencia, cuyo bien jurídico protegido es la eficacia de la función pública.

Por ello y como primera reflexión, consideramos inadecuada la inclusión del tipo penal en estudio dentro del Capítulo VIII relativo al delito de quebrantamiento de condena, considerando que debería ser regulado como una modalidad del delito de desobediencia del art. 556 del C.P»[36].

En la misma línea, señala ABEL SOUTO que realmente se trata de una modalidad de desobediencia que protege un bien jurídico distinto al tutelado por el quebrantamiento[37].

En conclusión, no se puede más que rechazar la pretensión legislativa de calificar estas conductas como hipótesis de quebrantamiento. Si lo fueran, lo que es obligatorio concluir actualmente por su ubicación sistemática, constituyen una ampliación penal a todas luces rechazable y si no lo son, carece de sentido su inclusión en el art. 468. Estamos ante un grave error legislativo que pretende una injustificada ampliación del ámbito de intervención penal a límites inaceptables y

---

[36] Informe del Consejo Fiscal al anteproyecto de Ley Orgánica de modificación del Código Penal de 8 de enero de 2013, págs. 297 y 298.

https://www.fiscal.es/fiscal/PA_WebApp_SGNTJ_NFIS/descarga/INFORME_ANTEPROYECTO_CP_2012_8-enero-2013.pdf?idFile=ab37a28b-9fbc-4af5-b2b3-3b14c1826623

[37] ABEL SOUTO, Miguel.: «Inutilización...», cit., pág. 1241.

que, por ahora, sólo ha conseguido dificultar la persecución de unos hechos, que ya lo estaban siendo en los supuestos más graves y por una vía más adecuada la del delito de desobediencia, que ahora en su versión más grave se ven privilegiados y en la más leve injustamente castigados. Por otra parte, esta inadecuada técnica legislativa genera, como vamos a ver al analizar el tipo, importantes problemas exegéticos en cuestiones dogmáticas básicas.

III. ELEMENTO OBJETIVO

Teniendo en cuenta la amplitud con la que está redactado el tipo penal es sumamente compleja la configuración como delito especial o común y la concreción de la conducta, dado que se puede cometer el mismo a través de acciones y omisiones. Por el contrario, el objeto material sobre el que recae la misma no plantea excesivos problemas al estar integrado por los dispositivos técnicos que hubieran sido dispuestos para controlar el cumplimiento de las penas o medidas. En consecuencia son los dos aspectos destacados los que van a ser objeto de especial análisis.

1. Sujetos

En términos generales se suele admitir que el delito de autoquebrantamiento de condena es un delito de propia mano o especial propio o impropio según el tipo de conducta ante la que nos encontremos. Si se trata de aquellas cuya forma de participación está incriminada específicamente en los arts. 470 o 471 será impropio y en los demás casos propio. El empleo en el art. 468.1 de la fórmula «Los que quebrantaren su condena...» resulta bastante esclarecedora al efecto[38].

Dicha conclusión no es fácilmente trasladable al supuesto de inutilización de los dispositivos electrónicos dado que la redacción legal alude a «Los que inutilicen o perturben el funcionamiento normal de los dispositivos técnicos que hubieran sido dispuestos para controlar el cumplimiento de penas, medidas de seguridad o medidas cautelares, no los lleven consigo u omitan las medidas exigibles para mantener su correcto estado de funcionamiento», por lo que surge la duda de si en la modalidad activa se puede cometer el delito por el tercero que inutiliza o perturba el funcionamiento normal de los dispositivos citados. La poco rigurosa redacción del precepto abre dicho interrogante.

No obstante lo anterior, a mi juicio, estamos también ante un delito especial propio. Son varias las razones que permiten fundamentar tal conclusión. Sistemáticas, su ubicación en el marco de un delito especial como es el autoquebrantamiento y el inequívoco carácter especial de las modalidades omisivas que sí se refieren a no llevar consigo los dispositivos u omitir las medidas exigibles

---

[38] SUÁREZ LÓPEZ, José María: *El delito...*, cit., págs. 365 ss.

para mantener su correcto funcionamiento, referencias que únicamente se pueden entender hechas en relación con las personas a la que se obliga a tenerlos, portarlos y cuidarlos. Dicha conclusión se ve favorecida por criterios dogmáticos dado que sería a todas luces incoherente con los principios limitadores del *ius puniendi* en un Estado social y democrático de Derecho, principalmente con el de intervención mínima, una interpretación todavía más amplia del precepto haciéndolo también aplicable a terceros y porque sería contradictorio y desproporcionado que el hecho principal el autoquebrantamiento sólo lo puedan cometer los condenados o sometidos a medidas cautelares o de seguridad y, sin embargo, esta conducta preparatoria de la anterior que solo supone un peligro abstracto sí pudiera ser cometida por terceros al tratarse de un delito común y no especial.

2. Conducta Típica

La conducta típica se concreta en dos modalidades diferentes una activa –inutilizar o perturbar el funcionamiento de los dispositivos– y otra omisiva –no llevarlos consigo u omitir las medidas exigibles para mantener su correcto estado de funcionamiento–. En definitiva, como afirma MORILLAS CUEVA los verbos típicos presentan varias dimensiones: la primera, inutilizar –hacer inútil vago o nulo algo– o perturbar –inmutar, trastornar la orden y concierto de algo–. Ese repetido algo es el funcionamiento normal del objeto material sobre el que recae la acción que se proyecta en los dispositivos técnicos para controlar el cumplimiento de penas, medidas de seguridad o medidas cautelares; la segunda no los llevare consigo; la tercera, omitan las medidas exigibles para mantener su correcto estado de funcionamiento[39].

Se trata, en palabras de ABEL SOUTO, de una farragosa y amplísima redacción típica que abarca inutilizar o perturbar el funcionamiento normal de los dispositivos de control de penas o medidas, tanto de seguridad como cautelares, no llevarlos consigo u omitir las medidas de mantenimiento exigibles, conductas que vulneran la taxatividad dimanante del principio de legalidad, especialmente la perturbación del funcionamiento normal y la omisión de las medidas exigibles en las que la claridad brilla por su ausencia, con lo que el art. 468.3 se muestra como ejemplo paradigmático de la reforma por sus conductas sumamente indeterminadas o debido al «deliberado y constante uso de términos ambiguos» que comprometen «seriamente exigencias básicas del principio de legalidad penal»[40].

En línea con el autor citado el informe emitido por el Consejo Fiscal al anteproyecto de Ley Orgánica de modificación del Código Penal, examinando la redacción dada al tipo penal propuesto en el Anteproyecto señala que: «se observa que el mismo incluye una amalgama de verbos (inutilizar, perturbar, no llevar

[39] MORILLAS CUEVA, Lorenzo: *Sistema...*, cit., págs. 1241 y 1242.

[40] ABEL SOUTO, Miguel: «Inutilización...», cit., pág. 1241. En el mismo sentido, DOMÍNGUEZ IZQUIERDO, E.: «Los delitos...», cit., pág. 857.

consigo, omitir medidas) para acotar las acciones que se pretenden delictivas que pudieran llevar a una confusión indeseable en el ámbito penal.

Las conductas que se pretenden sancionar son, en definitiva, aquellas acciones u omisiones voluntarias del condenado o imputado que dificultan el adecuado funcionamiento de tales dispositivos, que pueden ser de gran variedad, y que, como ya se apuntaban en la Circular 6/2011, se concretan en aquellas que provocan la ineficacia del sistema sin causar daños al dispositivo (no cargar deforma contumaz la batería o alejarse reiteradamente de la unidad Track 2), o las que conllevan la fractura de alguno de sus mecanismos (rotura del brazalete).

Por ello consideramos que debería abordarse una redacción en la que se concretaran las acciones punibles más graves, a fin de evitar que puedan ser objeto de persecución o sanción aquellas otras que por ser de menor entidad o no ser reiterativas deban quedar al margen del Derecho Penal.

Entendemos, igualmente que las modalidades de perturbación del funcionamiento y de omisión de medidas de mantenimiento debieran ir precedidas del inciso "a propósito" para evitar la tipicidad de conductas carentes del necesario contenido de antijuridicidad material y con infracción del principio de subsidiariedad y de intervención mínima»[41].

En definitiva, hay que reconocer lo acertado que resultan la valoraciones críticas recogidas. Por ello, considero, en línea con QUERALT JIMÉNEZ, que al concretar la conducta típica de esta infracción se debe partir de una exégesis por la que se considere que la misma no sanciona el quebrantamiento de una pena o medida en sí misma, cosa que ya está prevista, sino hacer inservibles, sea cual fuere el modo, los medios telemáticos de control de dichas penas, medidas cautelares o de seguridad. Se trata de no hacer fiable, en todo o en parte, el seguimiento al que se debe el sujeto mediante estos sistemas[42], bien por medio de un comportamiento activo –inutilizar o perturbar el funcionamiento de los dispositivos– u omisivo –no llevarlos consigo u omitir las medidas exigibles para mantener su correcto estado de funcionamiento–. En conclusión, de una conducta previa que denota un riesgo de posterior quebrantamiento. Se amplía el ámbito de intervención penal a conductas previas a la del propio quebrantamiento.

El delito puede alcanzar a todos aquellos supuestos en los que está prevista la utilización de medios de control telemático o electrónico y así se acuerda. En este sentido, en línea con lo ya señalado y sin ánimo de exhaustividad, se pueden mencionar, entre otros, de conformidad con el art. 48.4 que establece que: «El juez o tribunal podrá acordar que el control de estas medidas se realice a través de aquellos medios electrónicos que lo permitan», la privación del derecho a residir

---

[41] Informe del Consejo Fiscal al anteproyecto de Ley Orgánica de modificación del Código Penal de 8 de enero de 2013, págs. 298 y 299.

https://www.fiscal.es/fiscal/PA_WebApp_SGNTJ_NFIS/descarga/INFORME_ANTEPROYECTO_CP_2012_8-enero-2013.pdf?idFile=ab37a28b-9fbc-4af5-b2b3-3b14c1826623

[42] QUERALT JIMÉNEZ, J.J.: *Derecho penal...*, cit., pág. 1340.

en determinados lugares o acudir a ellos, art. 48.1, prohibición de aproximarse a la víctima, o a aquellos de sus familiares u otras personas que se determinen, art. 48.2, y a la prohibición de comunicarse con las víctimas o con aquellos de sus familiares u otras personas que se determine, art. 48.3. A la pena de localización permanente, también susceptible de control electrónico de conformidad con el art. 37.4, a la medida de libertad vigilada, según establece el art. 106.1 a) del Texto punitivo, al cumplimiento de la prisión en régimen abierto, art. 86.4 del Reglamento penitenciario, al control de los permisos de salida, de conformidad con el art. 156.2 del Reglamento Penitenciario y las medidas cautelares de alejamiento, de conformidad con lo establecido en el art. 64.3 de la Ley Orgánica 1/2004, de 28 de diciembre, de medidas de protección integral contra la violencia de género[43].

Por otra parte, hay que destacar que a pesar de lo afirmado en el preámbulo de la Ley Orgánica 1/2015, no existe limitación alguna en relación con el delito que está en origen de su imposición como pena, medida cautelar o de seguridad, porque, como dice DOMÍNGUEZ IZQUIERDO, el legislador desconociendo que la función que cumplen estos medios de control difiere cuando se orienta a proteger a la víctima de cuando se adopta para controlar la ejecución de una pena, o bien se disponen para el control del régimen abierto, sin embargo ha tratado todos los casos por igual, pensando básicamente en conductas relacionadas con la violencia de género pero sin acotar los supuestos expresamente, de forma que la regulación resulta poco acertada por inespecífica[44].

Desde otra perspectiva, como señala DOMÍNGUEZ IZQUIERDO, deben distinguirse, en atención al principio de lesividad, los supuestos graves de aquellas conductas puntuales que no revelen la intención de incumplir con el mandato judicial de soportar medidas de control. Deberán distinguirse las conductas fortuitas, los descuidos o las acciones no voluntarias para castigar únicamente las dolosas, siempre y cuando revistan la suficiente gravedad[45].

IV. ELEMENTO SUBJETIVO

Al no estar expresamente incriminada la forma imprudente sólo cabe la dolosa. En este sentido, afirma MORILLAS CUEVA que es un delito dolosos, en el que cabe el dolo eventual, no así la imprudencia, por decisión legislativa que no por el contenido o naturaleza de la conducta[46]. Con esta perspectiva, y para evitar problemas vinculados a un posible desconocimiento de las obligaciones deriva-

---

[43] En este sentido, entre otros, ABEL SOUTO, M.: «Inutilización...», cit., pág. 1238, REGOJO BALBOA, Juan Pablo, «Presente...», cit., pág. 1, DOMÍNGUEZ IZQUIERDO, Eva: «Los delitos...», cit., págs. 848 a 850.

[44] DOMÍNGUEZ IZQUIERDO, Eva.: «Los delitos...», cit., pág. 852.

[45] *Ibidem*, pág. 857.

[46] MORILLAS CUEVA, Lorenzo: *Sistema...*, cit., pág. 1242.

das del uso de estos dispositivos, coincido con QUERALT JIMÉNEZ en que para aplicar esta figura debe quedar constancia de la advertencia formal al controlado telemáticamente de sus obligaciones, incluso, en su caso, la del mantenimiento del aparato[47].

En relación con el elemento subjetivo, también hay que señalar que el informe emitido por el Consejo Fiscal al anteproyecto de Ley Orgánica de modificación del Código Penal, proponía la introducción de un elemento subjetivo del injusto. Así, afirmó que: «entendemos, igualmente que las modalidades de perturbación del funcionamiento y de omisión de medidas de mantenimiento debieran ir precedidas del inciso "a propósito" para evitar la tipicidad de conductas carentes del necesario contenido de antijuridicidad material y con infracción del principio de subsidiariedad y de intervención mínima»[48]. En relación con dicha propuesta, he de señalar que si bien la misma tiene por objeto restringir el ámbito de aplicación del precepto, la solución no me parece asumible, porque finalmente condiciona su aplicación a un elemento subjetivo lo que conlleva una mayor inseguridad jurídica, por muy loable que sea la finalidad que con el mismo se persiga.

En relación con el elemento subjetivo, muy destacable, a mi juicio, es la sentencia núm. 307/2016 de la Secc. 1ª de la Audiencia Provincial de Zaragoza (JUR 2016\236638), que, con el objeto de limitar el ámbito de aplicación de este precepto, ha exigido un ánimo tendencial de quebrantamiento. Así, afirma, en el fundamento de derecho segundo, que: «Esta Sala estima que el recurso debe prosperar, ya que no se dan en este caso los elementos del tipo penal previsto en el artículo 468,3 del Código Penal (RCL 1995, 3170 y RCL 1996, 777). En efecto, la reforma del Código Penal introducida por la LO 1/2015 (RCL 2015, 439 y 868) establece una nueva modalidad de delito de quebrantamiento de condena o de medida cautelar consistente en la posible realización de las diferentes conductas relacionadas con el uso de dispositivos técnicos utilizados para controlar el cumplimiento penas, medidas de seguridad o medidas cautelares adoptadas en procesos penales. Tales conductas pueden consistir en: 1) inutilizar o perturbar el funcionamiento normal de los dispositivos técnicos de control; 2) no llevar consigo los dispositivos técnicos de control; 3) omitir las medidas exigibles para mantener su correcto estado de funcionamiento. Se trata de un delito doloso, por lo que es preciso que el sujeto actúe con el ánimo tendencial de quebrantar la condena, medida cautelar o medida de seguridad, ya que el delito se encuadra dentro del capítulo VIII del Código Penal bajo la rubrica "Del quebrantamiento de condena"». Desde luego, introduce una fórmula exegética muy atractiva de cara a limitar la aplicación del precepto, pero también muy insegura, porque finalmente será una apreciación de carácter subjetivo la que permitirá o impedirá

---

47 QUERALT JIMÉNEZ, J.J.: *Derecho...*, cit., pág. 1340.

48 Informe del Consejo Fiscal al anteproyecto de Ley Orgánica de modificación del Código Penal de 8 de enero de 2013, págs. 296 a 302. *https://www.fiscal.es/fiscal/PA_WebApp_SGNTJ_NFIS/descarga/INFORME_ANTEPROYECTO_CP_2012_8-enero-2013.pdf?idFile=ab37a28b-9fbc-4af5-b2b3-3b14c1826623*

la aplicación del delito y todo ello, sin tener en cuenta los peligros de interpretaciones que consideren que toda perturbación, inutilización u omisión de las medidas exigibles en relación con los dispositivos conlleva dicho ánimo tendencial.

V. FORMAS DE APARICIÓN

En cuanto al *iter criminis*, hay que tener en cuenta que la amplitud de la conducta integrada por modalidades activas con resultado y omisivas no permite resolver de forma unitaria la admisión de forma imperfectas.

La autoría y participación se ven condicionadas por el carácter de delito especial propio. Así, solo sería planteable la autoría mediata cuando el sujeto cualificado se vale de un no cualificado como instrumento para realizar el tipo, hipótesis difícilmente imaginable, sin que sea posible la inversa, que el *extraneus* se valga de uno cualificado. Igualmente y por la misma razón es inviable la coautoría[49].

En cuanto a la participación, son múltiples las soluciones que se ofertan. Con carácter general, se puede afirmar que la admisión de la participación en los delitos especiales propios es un denominador común en la mayoría de las opciones existentes[50].

En materia concursal, las deficiencias técnicas del precepto lo convierten en un verdadero semillero de problemas al respecto. Así, su relación concursal con las desobediencias, los autoquebrantamientos y los daños es compleja.

En cuanto a la desobediencia, tratándose el delito objeto de estudio, a mi juicio, de una figura más propia de este ámbito delictivo el concurso de normas surge con gran facilidad. No obstante, mientras esté vigente el art. 468.3, debe ser de aplicación preferente por especialidad. La solución es a todas luces insatisfactoria, dado que, como dicen CUGAL MAURI/ SÁNCHEZ TOMÁS, la pretensión de incluir este nuevo tipo implica, por un lado, reducir considerablemente su penalidad en relación con la pena que le correspondería si se le considerara un delito de desobediencia[51], con lo que finalmente el precepto no viene a cubrir una laguna de punibilidad, sino todo lo contrario a privilegiar una conducta ya

---

[49] MIR PUIG, Santiago: *Derecho penal. Parte General*, 10ª edic., edit. Reppertor, Barcelona, 2015, págs. 397, 398 y 408.

[50] En este sentido, afirma QUINTERO OLIVARES que esta opción es dominante en la doctrina penal alemana. Además, señala que en nuestra doctrina no se defiende por nadie la posibilidad de que el partícipe extraño en un delito especial propio o impropio pueda permanecer impune por no afectarle a él aquellas concretas prescripciones legales. El problema gravita pues en determinar el criterio fundamentador de su punibilidad. QUINTERO OLIVARES, Gonzalo: *Los delitos especiales y la teoría de la participación en Derecho penal*, Barcelona, 1974, págs. 50 y 56. En el mismo sentido MIR PUIG, Santiago: *Derecho penal...*, cit., pág. 415.

[51] CUGAL MAURI, Miriam/ SÁNCHEZ TOMÁS, José Miguel: «Delitos...», cit., pág. 930. En el mismo sentido MIR PUIG, Santiago: *Derecho penal...*, cit., pág. 415.

incriminada, por lo que el resultado final es radicalmente opuesto a la, al menos manifestada en el preámbulo, voluntad legislativa[52].

En los supuestos de inutilización del dispositivo seguidos de un autoquebrantamiento, por aplicación del principio de consunción habrá que optar por castigar el hecho por autoquebrantamiento del 468.1 o 2, según los casos. Criterio que también sería válido en los supuestos de inutilización del dispositivo precedido de un quebrantamiento en grado de tentativa, lo que vuelve a generar una cuanto menos paradójica consecuencia político criminal que la tentativa de quebrantamiento se pueda castigar con menor pena que lo que a lo sumo, admitiendo su ubicación en este ámbito, es un acto preparatorio de un ulterior quebrantamiento.

En este sentido, y aun compartiendo la crítica que a la ubicación sistemática del precepto ha venido realizando el informe del Consejo Fiscal, no puedo más que discrepar de la propuesta de incluir en el precepto una clausula «que permita que el que cometa esas conductas, sea también condenado por un delito de quebrantamiento cuando, además, se aproxima a la persona protegida. De esta manera se impediría, de forma positiva, la aplicación a estos supuestos, en los que el plus de antijuridicidad es mayor, de las normas relativas al concurso medial que primarían a aquel imputado o condenado que no sólo desobedece a la autoridad judicial haciendo ineficaz el dispositivo que se le ha impuesto, sino que ha vulnerado la medida cautelar o pena de alejamiento que se impuso para proteger a la víctima»[53]. En efecto, admitir dicha posibilidad de concurrencia delictiva, podría conllevar una flagrante lesión del principio *non bis in idem*, de forma que se castigaría la puesta en peligro y la posterior lesión del bien jurídico, lo que a mi juicio no es compatible con el citado principio, además de que la inclusión de la misma no impediría la aplicación de las reglas del concurso medial como se pretende, porque la admisión del citado concurso en ningún caso supone la exclusión de una de las modalidades de concurrencia delictiva que tiene el Ordenamiento jurídico español. Mucho más operativo sería un cambio de ubicación sistemática del precepto en los términos que venimos proponiendo que, sin duda, posibilitaría un concurso de delitos entre desobediencia por la inutilización de los dispositivos y un eventual posterior quebrantamiento.

En cuanto a los daños, si la inutilización o perturbación conlleva la destrucción o deterioro del dispositivo que por ello resulta dañado, se puede plantear un concurso ideal de delitos entre el del 468.3 y la correspondiente figura de daños. En

---

[52] Con esta perspectiva, señala DOMÍNGUEZ IZQUIERDO que la creación de esta figura implica, por una parte una disminución considerable de la penalidad en relación a la pena que le correspondería de ser una conducta incardinable en el delito de desobediencia: pena de multa de seis a doce meses frente a la pena de prisión de tres meses a un año alternativa a la pena de multa de seis a dieciocho meses según la nueva redacción del art. 556. DOMINGUEZ IZQUIERDO, Eva: «Los delitos...», cit., págs. 855 y 856.

[53] Informe del Consejo Fiscal..., cit., págs. 301 y 302. En el mismo sentido, ABEL SOUTO, M.: «Inutilización...», cit., pág. 1242. DOMINGUEZ IZQUIERDO, E.: «Los delitos...», cit., págs. 859 y 860

sentido contrario, aboga DOMINGUEZ IZQUIERDO por considerar que en estos supuestos, dado que el art. 263.1 se refiere a daños en propiedad ajena no comprendidos en otros artículos de este Código nos encontramos ante un supuesto de concurso de normas penales a resolver por el principio de subsidiariedad previsto en el art. 8.2[54]. Sin embargo, dicha exégesis parte de una premisa que no comparto, la de que la inutilización o perturbación del funcionamiento exige la causación de daños, lo que realmente no tiene que suceder. Es más, dicha interpretación no coincide con lo afirmado por la citada autora en relación con la inutilización de la que afirma que «Por "inutilizar" habrá de entenderse dejarlos de un modo no apto para su uso, aun cuando no se llegue a dañar o destruir el dispositivo...»[55].

VI. CONCLUSIONES

No se puede cuestionar la importancia de mecanismos técnicos para garantizar el cumplimiento de las penas. Como afirma ALONSO DE ESCAMILLA los mismos contribuyen a mejorar la seguridad y protección de las víctimas y permiten verificar el cumplimiento de las prohibiciones de aproximación impuestas en las resoluciones judiciales. Además, proporcionan información sobre cualquier incidencia que se produzca en su funcionamiento y también en el cumplimiento de la prohibición generando, además, una prueba de los incumplimientos que será relevante en el procedimiento penal que se incoe por la comisión de un delito de quebrantamiento[56].

Desde ese punto de vista, introducir dispositivos electrónicos que hagan posible la superación de las contradicciones expansionistas/reduccionistas de la pena de prisión, debe valorarse de forma muy positiva. No obstante, ello debe ir acompañado de cierto rigor de técnica legislativa que evite la dispersión sistemática y los problemas exegéticos que un precepto, como el nuevo art. 468.3, tiene, porque no es el ámbito del quebrantamiento de condena el que corresponde al nuevo delito de inutilización de los dispositivos electrónicos de control de cumplimiento de penas, medidas cautelares o de seguridad, sino el de las desobediencias.

Son múltiples los problemas dogmáticos y político criminales que introduce y que lo hacen innecesario, porque las conductas que prevé ya eran subsumibles, siempre y cuando se cumplieran las exigencias legales, en el citado delito de desobediencia con una mayor pena.

Desde otro punto de vista la nueva infracción supone una ampliación totalmente desmedida del ámbito de intervención penal a figuras de peligro abstracto que no pasan de ser actos preparatorios, por lo que nuevamente se produce una anticipación del ámbito de intervención penal a límites insospechados e injusti-

[54] DOMINGUEZ IZQUIERDO, E.: «Los delitos...», cit., pág. 858.
[55] *Ibídem.*, pág. 856.
[56] ALONSO DE ESCAMILLA, Avelina.: «Inutilización...», cit., pág. 700.

ficados, lo que no puede más que llevarnos a solicitar de *lege ferenda* su desaparición, al ser, además, un precepto disfuncional, contradictorio y de una exégesis más que compleja.

En definitiva, si bien considero muy adecuado el empleo de mecanismos electrónicos de control de cumplimiento de la pena de prisión que permitan una reducción de su utilización y posibiliten mayores espacios de libertad. Sin embargo, rechazo, sin duda alguna, la pretensión de castigar por quebrantamiento de condena la inutilización de los mismos dado que esta nueva infracción penal es innecesaria y tiene un encaje más que complejo en el art. 468 introduciendo problemas exegéticos que aconsejan su inmediata supresión. Y, todo ello, sin olvidar, que la redacción actualmente vigente da pie a un tipo privilegiado en relación con la desobediencia que sin su existencia sería la figura aplicable. En definitiva, no se habría conseguido la pretensión del legislador de evitar unas inexistentes situaciones de impunidad, sino todo lo contrario la creación de un tipo privilegiado en una espiral expansionista contrario a la más que necesaria reducción del ámbito de intervención penal. Por lo demás, el empleo de una pena de multa no viene a paliar los nocivos efectos que venimos apuntando, porque el impago de la misma finalmente dará lugar a una responsabilidad personal subsidiaria que puede llevar a nuevas privaciones de libertad e hipótesis de quebrantamiento.

Capítulo decimosexto
La constitucionalidad de la pena de prisión permanente revisable en la Unión Europea. Especial referencia a las legislaciones española y alemana

Mª José Sánchez Robert
Doctora por la Universidad de Granada

Sumario: I. Introducción.- II. Posición del Tribunal Europeo de Derechos Humanos ante la prisión permanente revisable.- III. La ejecución de la pena de prisión permanente revisable: *1. Períodos de seguridad y concesión del tercer grado. El pronóstico de reinserción social. 2. Los permisos de salida y la libertad condicional.*- IV. Problemas de constitucionalidad desde la perspectiva del Convenio Europeo de Derechos Humanos. Visión práctica de las realidades española y alemana.- V. Conclusión.

I. INTRODUCCIÓN

La pena de prisión permanente revisable en el ámbito del Derecho europeo ha sido considerada, por el Tribunal Europeo de Derechos Humanos, ajustada a la Convención Europea de Derechos Humanos –Roma, 4-11-1950–, habiendo declarado que cuando la ley nacional ofrece la posibilidad de revisión de la condena de duración indeterminada con vistas a su conmutación, remisión, terminación o libertad condicional del penado, esto sería suficiente para dar satisfacción al artículo 3 del Convenio[1]. Ciertamente, este Tribunal ha distinguido entre la prisión perpetua ineludible, contraria a los derechos consagrados en el Convenio, y la prisión perpetua discrecional, que permite la excarcelación del condenado, siendo esta última conforme a la doctrina del Tribunal[2].

---

[1] SSTEDH 12-2-2008, caso Kafkaris vs. Chipre; 3-11-2009, caso Meixner vs. Alemania; 13-11-2014, caso Bodein vs. Francia; y 3-2-2015, caso Hutchinson vs. Reino Unido.

[2] SSTEDH 25-10-1990, caso Thynne, Wilson y Gurmell contra el Reino Unido; 18-7-1994, caso Wyrine contra el Reino Unido; y 16-10-2001, caso Einhorn contra Francia.

En la legislación española, la Ley Orgánica 1/2015, de 30 de marzo, por la que se modifica la LO 10/1995, de 23 de noviembre, del Código penal español ha introducido la pena de prisión permanente revisable en relación con determinados delitos considerados de extrema gravedad. La Exposición de Motivos de esta Ley justifica, precisamente, esta medida en un seguimiento del modelo de otros países europeos. Y defendiendo la plena constitucionalidad de la medida, va a aludir al sometimiento de la pena a un régimen de revisión, de modo que, tras el cumplimiento íntegro de una parte relevante de la condena, y acreditada la reinserción del penado, éste podría obtener una libertad condicionada al cumplimiento de ciertas exigencias, lo cual alejaría cualquier duda sobre la posible inhumanidad de la pena, al "garantizar un horizonte de libertad para el condenado"[3]. No se trataría, pues, de una "pena definitiva" en la que el Estado se desentiende del penado, sino que, se insiste, se trataría de hacer compatible una respuesta penal ajustada a la gravedad de la culpabilidad, con la reeducación a la que debe orientarse la ejecución de las penas de prisión. Se intenta, así, justificar la pena de prisión permanente revisable que, a pesar de que aparezca como una "demanda social", no deja de sembrar serias dudas no solo sobre la propia constitucionalidad de su introducción, sino además, sobre el hecho de que realmente su adopción sea acorde a las demás legislaciones de los países europeos[4].

Vamos referirnos en este trabajo, de forma especial, a dos regímenes de la pena de prisión permanente revisable, el español y el alemán que van a permitir acercarnos a la problemática de la constitucionalidad de esta pena en las legislaciones europeas.

II. POSICIÓN DEL TRIBUNAL EUROPEO DE DERECHOS HUMANOS ANTE LA PRISIÓN PERMANENTE REVISABLE

La doctrina del Tribunal Europeo de Derechos Humanos ha sido tajante y afirma la prohibición de someter al recluso a penas que supongan tratos inhumanos o degradantes. Exige como requisito para sostener la viabilidad de dicha

---

[3] Expositivo de Motivos II.

[4] La doctrina española ha mantenido diversas posturas respecto a la oportunidad e incluso la constitucionalidad de la introducción de esta pena. En concreto, hay quien la ha defendido como M. JAÉN VALLEJO: "Prisión permanente revisable (Una nueva pena basada en el Derecho Europeo)", *Diario del Derecho, Iustel*, 06/11/2012, p. 2 (edición Internet). No obstante, se han manifestado en contra la gran mayoría de autores, entre los que podríamos destacar ACALE SÁNCHEZ, M.: "Prisión permanente revisable: Arts. 36 (3 y 4), 70.4, 76.1, 78 bis, 92, 136 y concordantes en la Parte Especial". En *Estudio crítico sobre el Anteproyecto de reforma penal de 2012*. Dir. Álvarez García, coord. Dopico Gómez Aller. Valencia, 2013, y MORILLAS CUEVA, L.: "Pena de prisión versus alternativas: una difícil convergencia", *Libertas, Revista de la Fundación Internacional de Ciencias Penales*, núm. 1, 2013, págs. 459 y ss. Vid., asimismo, sobre la problemática derivada del establecimiento de esta pena, CANCIO MELIÁ, M.: "La pena de cadena perpetua en el Proyecto de reforma del Código penal", *La Ley*, nº 8175, 2013, y más recientemente, CARBONELL MATEU, J.C.: "Prisión permanente revisable I (arts. 33 y 35)". En *Comentarios a la reforma del Código Penal de 2015*. González Cussac, J.L. (dir), Tirant lo Blanch, Valencia, 2015.

medida que el Estado ofrezca al recluso una posible libertad a través de la revisión de su pena. Tal y como ha afirmado este Tribunal, por ejemplo en las Sentencias de 7 de julio de 1989[5], 16 de noviembre de 1999[6], 12 de febrero de 2008[7], o 3 de noviembre de 2009[8], para que la pena indicada no sea declarada contraria al artículo 3 del Convenio Europeo para la Protección de los Derechos Humanos tiene que prever la posibilidad de revisión de la condena y dejar al menos una puerta abierta para que la persona condenada pueda recuperar la libertad y reinsertarse socialmente. Se ha entendido, no obstante, que ello no sería suficiente fundamento, ya que produciría una ansiedad similar al del corredor de la muerte estadounidense, que ya fue rechazado por el Tribunal de Estrasburgo en 1989[9].

La compatibilidad con la Convención Europea de Derechos Humanos, en principio, sería posible con la mera previsión de medidas para revisar esta condena, no vulnerándose así el artículo 3 de la CEDH que postula que "Nadie podrá ser sometido a tortura ni a penas o tratos inhumanos o degradantes". Por tanto, exige el TEDH que el recluso pueda hacer que se le revise la continuidad de su encarcelamiento periódicamente y mediante un procedimiento adecuado[10]. También se incluyen como penas que no vulneran el citado artículo 3 CEDH aquellas penas que puedan ser suspendidas por orden del poder ejecutivo bien por el perdón definitivo de la pena o la sustitución por otra pena.

Desde el año 2006, el TEDH ha ido enjuiciando la prisión perpetua desde el ámbito de la inhumanidad o no de la pena, sin analizar únicamente la regularidad de la privación de libertad, como hacía en fechas anteriores a 2006. Es decir, ya no valora el cómo se debe imponer sino si se debe imponer a raíz de si tal pena es inhumana y no solo contraria al principio de legalidad.

En el caso Kafkaris c. Chipre –Sentencia de 12 de febrero de 2008–, se fundamenta la constitucionalidad de la Prisión Permanente Revisable. El Consejo de Europa en 1976 ya había dictado una recomendación según la cual se encomendaba a los gobiernos de los Estados miembros que fueran revisando periódicamente cuándo existía un pronóstico favorable en los penados, ya que mantener a alguien toda la vida entre rejas por el mero argumento de prevención general

---

[5] Sentencia del Tribunal Europeo de Derechos Humanos de 7 de julio de 1989, caso Soering contra Reino Unido.

[6] Sentencia del Tribunal Europeo de Derechos Humanos de 16 de noviembre de 1999, caso T. y V. contra Reino Unido.

[7] Sentencia del Tribunal Europeo de Derechos Humanos de 12 de febrero de 2008, caso Kafkaris contra Chipre.

[8] Sentencia del Tribunal Europeo de Derechos Humanos de 3 de noviembre de 2009, caso Meixner contra Alemania.

[9] Vid., en este sentido, CUERDA RIEZU A.: *La cadena perpetua y las penas muy largas de prisión*, Atelier, Barcelona, 2011, pág. 25. Sobre un estudio penológico de la pena de cadena perpetua y su rechazo a la luz de la jurisprudencia del Tribunal Europeo de Derechos Humanos, vid., por todos, *SNACKEN, S. / VAN ZYL SMIT, D.: Principios de Derecho y Política Penitenciaria Europea. Penología y Derechos Humanos,* Tirant lo Blanch, Valencia, 2013 (traducción al español de Ana Isabel Pérez Machio et alt.), especialmente las páginas 31-81.

[10] STEDH de 7 de octubre de 2003, von Bülow c. Reino Unido

era algo inhumano. Mantener a alguien encerrado cuando ya no es un peligro para la sociedad no sería compatible con la idea de reintegrar a los delincuentes en la sociedad. Más adelante, el mismo órgano afirmó que la libertad condicional es una de las medidas más eficaces para favorecer la reinserción. En este sentido, el Tribunal Europeo de Derechos Humanos siempre ha considerado una pena como inhumana cuando no existan oportunidades para el detenido de alcanzar la libertad. Por tanto, y en principio, allá donde la legislación nacional prevé la revisión, suspensión o libertad condicional se cumple con el artículo 3 del CEDH. Y en el caso de autos, el más alto Tribunal europeo acuerda la constitucionalidad de la decisión puesto que el Derecho chipriota tiene previsto una reducción de la pena para el condenado independientemente del tiempo pasado en prisión.

En el caso Vinter c. Reino Unido, Sentencia de 9 de julio de 2013, y en un sentido contrario, encontramos un pronunciamiento sobre la inconstitucionalidad de penas similares a la Prisión Permanente Revisable. En esta fecha, efectivamente, la Gran Sala del Tribunal Europeo de Derecho Humanos (TEDH) dictó un fallo –en adelante, caso Vinter– directamente relacionado con el control de las penas perpetuas y que podemos considerar transcendental como reflejo de la doctrina que va siendo progresivamente delimitada por el alto tribunal de Estrasburgo en la materia[11]. El caso revisa de forma conjunta tres recursos presentados por tres ciudadanos británicos –Vinter, Bamber y Moore– cuyas demandas fueron consideradas de forma simultánea y rechazadas como conformes con el CEDH por la Sección 4 del TEDH. La Gran Sala, no obstante, admitido el recurso, emitió un pronunciamiento final y definitivo que, corrigiendo a la sala, sí que afirma la violación del artículo 3 CEDH por la manera en que una de las modalidades de prisión perpetua, la denominada "para toda la vida" (whole life), se aplicó según la legislación inglesa vigente[12]. En los tres casos se impuso una pena perpetua de por vida tras sopesar que, fundamentalmente, la gravedad de los hechos hacía aconsejable tal castigo que ni resultaba automático ni previsto de forma preceptiva *ex legem*. Destacamos, no obstante, que en este caso, y desde la perspectiva del Tribunal Europeo de Derechos Humanos, no se discute la imposición de la pena por su eventual desproporción[13].

Debemos, ante todo, recordar que el Tribunal parte de la consideración de que cada Estado puede decidir sobre las particularidades de su propio sistema

---

[11] Sentencia del Tribunal Europeo de Derechos Humanos, de 9 de julio de 2013, caso Vinter y otros contra el Reino Unido. Vid. el magnífico comentario que realizan sobre esta Sentencia VAN ZYL SMIT, D. / WEATHERBY, P. /CREIGHTON, S., en su op. "Whole life Sentences and the tide of European Human Rights Jurisprudence: What is to be done?", *Human Rights Law Review*, vol. 14, núm. 1, marzo 2014, págs. 59-84.

[12] Vid., sobre las consecuencias derivadas de esta Sentencia, y entre otros, LANZA GOROSTIZA, J.M.: "Prisión perpetua y de muy larga duración tras la LO 1/2015: ¿Derecho a la esperanza?", *Revista electrónica de Ciencia Penal y Criminología*, 17-20 (2015), rec. electrónico, y CONTRERAS V., P.: "Presidio perpetuo irreductible como pena inhumana y degradante: análisis del caso Vinter y otros v. Reino Unido (Tribunal Europeo de Derechos Humanos)", *Revista de Ciencias Sociales*, núm. 63, 2013, págs. 169-181.

[13] LANZA GOROSTIZA, J.M.: "Prisión perpetua y de muy larga duración tras la LO 1/2015: ¿Derecho a la esperanza?", op. cit.

de justicia criminal y, en particular, sobre la revisión de las condenas y los beneficios penitenciarios, correspondiendo a las autoridades nacionales de los Estados Partes, la decisión sobre la duración apropiada de la pena privativa de libertad. De este modo confirma la subsidiariedad estructural de los sistemas regionales de protección de los derechos humanos[14], de modo que, en principio, las penas de prisión perpetua no serían *per se*, incompatibles con el CEDH[15].

No obstante lo anterior, corresponderá al TEDH determinar si ha existido una violación de las obligaciones internacionales del Tratado, estableciendo límites en esta materia, y más en concreto, sobre la posible vulneración del artículo 3 CEDH[16]. De esta forma, y por un lado, se va a considerar como una violación de este artículo, la imposición de una pena manifiestamente desproporcionada. Pero, sobre todo, y en lo que afecta al tema objeto de estudio, la Sentencia del caso Vinter va a disponer, claramente, que las condiciones de la "legitimidad" de la pena de cadena perpetua se articularían sobre dos ejes esenciales: en primer lugar, la necesidad de que exista una expectativa de puesta en libertad y, en segundo lugar, que además haya una posibilidad de revisión de la pena. El Tribunal Europeo establece esos presupuestos o principios esenciales como constitutivos del contenido esencial del artículo 3 CEDH. La pena de prisión perpetua, por tanto, debería, en su caso, articularse de manera que exista una suerte de derecho a la esperanza –una expectativa de liberación– (*de iure*), acompañada de mecanismos efectivos de revisión (*de facto*) que permitan actualizar dicha expectativa. Todos los delincuentes condenados a prisión tienen derecho a una perspectiva de liberación y a la revisión de su condena. Son dos principios que se consideran implícitos: una oportunidad para la propia rehabilitación; y el derecho a una revisión efectiva del procedimiento. En el fondo, se trataría de hacer efectivo el derecho de reinserción, resultando esencial construir un canon de revisión de la ejecución de la pena para poder establecer si ésta es compatible con dicho derecho[17].

Así pues, el estándar de control se basaría en las siguientes claves: la pena perpetua debe ser "reducible" *de iure*, pero también *de facto*, de lo que se deriva una obligación procesal de que exista un mecanismo de revisión del que, de forma más inconcreta, se asegure, en primer lugar, que debe estar sujeto a algún tipo de plazo para su activación, y, en segundo lugar, y también de forma relativamente inconcreta, se establezcan determinados criterios materiales de dicha revisión, haciendo depender el mantenimiento justificado en prisión de que exista algún

---

[14] Vid. CAROZZA, P.: "Subsidiarity as a Structural Principle of International Human Rights Law", *The American Journal of International Law*, vol. 97, 2003.

[15] TEDH, Vinter and others v. United Kingdom, APP. n.66069/09, 130/10 y 3896/10, jul. 9, 2013, pág. 106.

[16] CONTRERAS V., P.: "Presidio perpetuo irreductible como pena inhumana y degradante: análisis del caso Vinter y otros v. Reino Unido (Tribunal Europeo de Derechos Humanos)", op. cit., págs. 176 y ss.

[17] LANZA GOROSTIZA, J.M.: "Prisión perpetua y de muy larga duración tras la LO 1/2015: ¿Derecho a la esperanza?, op. cit.

“motivo legítimo de política criminal”. Por tanto, el estándar de control que se construye no es puramente formalista, aunque tampoco está totalmente cerrado.

La dignidad del penado exige que el Estado organice la ejecución de las penas sobre la creencia de que todo penado puede cambiar y, en consecuencia, debe prever una oportunidad factible de reinserción. Oportunidad que no satisfaría el mínimo exigible si consistiera única y exclusivamente en la posibilidad de que el ejecutivo pudiera conceder una suerte de perdón por razones humanitarias, ya que el derecho a ser liberado va más allá del derecho a morir en casa o en un establecimiento para enfermos terminales en vez de en prisión. Debe existir la posibilidad legal de liberación, por tanto, y de forma universal para todos los que deban cumplir la pena perpetua, sean cuales fueren los hechos por los que fueron condenados, al igual que deben poderse conocer, desde el principio, los requisitos o presupuestos sobre cuya base se va a contrastar la evolución del interno de cara a que la revisión sea positiva o negativa.

En el caso de que el horizonte legal fuese inexistente, difuso o indeterminado, no cabría una planificación adecuada del itinerario rehabilitador para que el recluso pudiese trabajar para alcanzar dicho objetivo. Faltaría el incentivo mínimo que permitiría al interno actuar como un ser humano que precisa, como base existencial indispensable, de una esperanza razonable y efectiva para poder organizar una estancia en prisión que le posibilite volver a la sociedad como un sujeto responsable y respetuoso de la ley penal. El derecho a la esperanza de una liberación, en suma, debe recogerse en el ordenamiento legal de tal manera que despeje toda indeterminación sobre su existencia desde el primer momento en que el condenado lo es a pena perpetua. Así pues, la falta de reducibilidad *de iure* podría desencadenar una condena del TEDH desde el momento de la imposición de la pena y sin tener que esperar a que ésta se llevara ejecutando un gran número de años. Se prohíbe, pues, en la sentencia Vinter, una pena de presidio perpetuo irreducible; la salida o liberación puede darse por diversos motivos tales como la conmutación de la pena, su término anticipado o la libertad provisional, entre otros posibles beneficios penitenciarios, pero lo esencial, según el TEDH, es que, aunque no se exija una posibilidad cierta, al menos dicha posibilidad exista[18]. Por lo que cualquier Estado que no establezca ningún tipo de posibilidad de revisión de las bases penológicas de la prisión perpetua no satisfaría el estándar obligado del artículo 3 CEDH, o lo que es igual, una pena de prisión perpetua irreducible sería considerada una pena cruel e inhumana.

Pero, por otra parte, también se va a exigir, como venimos indicando, una obligación *de facto*, que venga a asegurar la posibilidad o mecanismo procedimental de la revisión. Así, no bastaría con un mero reconocimiento legal de la expectativa de liberación, sino que también se exige una vía efectiva que pueda materializarla, la existencia de un mecanismo de revisión. Y en este sentido, el

---

[18] CONTRERAS V., P.: “Presidio perpetuo irreductible como pena inhumana y degradante: análisis del caso Vinter y otros v. Reino Unido (Tribunal Europeo de Derechos Humanos)”, op. cit., pág. 177.

Tribunal tan solo realiza una serie de indicaciones o sugerencias relativamente inconcretas e interpretables, partiendo del hecho de que debe reconocerse, ante todo, un margen de maniobra a los Estados a la hora de conformar la configuración concreta de dicho mecanismo. Se mantiene, pues, la posibilidad de que los Estados establezcan, de forma particular, las reglas sustantivas y procedimentales de la revisión para determinar la posibilidad de una salida o liberación, manteniéndose una esfera de discreción importante, que siempre podrá ser revisada por el Tribunal[19].

Ahora bien, el mecanismo en cuestión no podría ser absolutamente indeterminado en el plazo de revisión. Tras un análisis pormenorizado de los estándares internacionales y regionales de derechos humanos, así como del Derecho comparado en la materia, vendría a sugerirse que el plazo de revisión efectiva debería situarse no más allá del cumplimiento de los 25 años desde la imposición de la pena perpetua con obligación, además, de que con posterioridad a dicha fecha haya revisiones periódicas[20]. Se abriría, así, una horquilla en la que, por una parte, debe excluirse la indeterminación del plazo de revisión como contraria al artículo 3 CEDH y, por otra, no debería irse más allá de un cumplimiento mínimo, que no es categórico ni debe ser interpretado de forma rigurosa, en torno a 25 años como máximo. Y al margen de este periodo mínimo de cumplimiento antes del cual no debiera operar el mecanismo de revisión, adquiere gran relevancia la consideración sobre los criterios materiales de revisión. Se ha mantenido aquí, y esta es una opinión que comparto, que, más allá de lo que el tribunal afirma literal y expresamente, existiría una lógica subyacente de primar el criterio de rehabilitación, en detrimento de razones puramente retributivas o preventivo-generales, como clave de bóveda para decidir si liberar condicionalmente al sujeto, lo cual estaría más en línea de un modelo de ejecución penal conforme con los estándares de los derechos humanos, y respetando al mismo tiempo los principios de legalidad y proporcionalidad[21].

Pero volviendo al caso concreto –Vinter–, sobre el que venimos realizando este comentario, debemos destacar que la legislación británica había eliminado desde 2003 la revisión de las cadenas perpetuas cada 25 años, dejando que cada juez individualmente determinase cuándo se podía revisar la condena. La normativa en cuestión obligaba a que la cadena perpetua fuese efectivamente reclusión de por vida, salvo que el Ministro de Justicia decidiese la puesta en libertad por razones humanitarias, o sea, si el reo está a punto de morir –debemos indicar que la Sentencia Vinter solo afecta a Inglaterra y Gales, porque en Escocia no existe cadena perpetua y en Irlanda del Norte sí que existe un sistema de revisión de las condenas de por vida–[22].

---

[19] TEDH, Vinter y otros vs. United Kingdom, APP. n.66069/09, 130/10 y 3896/10, jul. 9, 2013, pág. 121.

[20] LANZA GOROSTIZA, J.M.: "Prisión perpetua y de muy larga duración tras la LO 1/2015: ¿Derecho a la esperanza?", op. cit.

[21] Esta es la opinión mantenida por LANZA GOROSTIZA, J.M.: "Prisión perpetua y de muy larga duración tras la LO 1/2015: ¿Derecho a la esperanza?", op. cit.

[22] Como han puesto de manifiesto los profesores ZYL SMIT, WEATHERBY y CREIGHTON, la ley ordinaria no ofrece una posibilidad real de puesta en libertad y una sig-

El Tribunal, revocando otra decisión tomada en enero de 2012, declaró esta modificación contraria al artículo 3 CEDH porque se niega a los condenados el derecho a una revisión real y eficaz de su condena. El TEDH considera que si se suprime esta revisión tasada los prisioneros no tienen perspectivas de libertad, entonces nunca se arrepentirán de su crimen y por mucho que se rehabiliten su castigo nunca se podrá revisar. Por su parte, el Gobierno británico alega que se puede poner en libertad a cualquier condenado lo que equivale a afirmar que ello implica una revisión de la pena. Ante esto, el TEDH afirma que esta norma está prevista solo para personas enfermas, que tengan riesgo mínimo de reincidencia y exista un compromiso de cuidado fuera de la cárcel. Y finalmente considera que no existe en la legislación británica ningún mecanismo de revisión de las penas a perpetuidad, puesto que no se asegura la revisión en el caso concreto y, por ello se aleja del objetivo de rehabilitar al criminal. El problema de fondo, argumenta la sentencia, es que un sistema como el que existe en Inglaterra y Gales se aleja del objetivo que se supone que tienen las políticas penales modernas: rehabilitar al criminal. No obstante, en la práctica esta sentencia difícilmente supondrá la puesta en libertad de estos reos porque el tribunal no niega, como ya señalamos, el derecho de los Estados a imponer sentencias de cadena perpetua ni el derecho a mantener a los condenados en prisión toda la vida si se considera que siguen siendo peligrosos para la sociedad. Lo que exige es la posibilidad de que tengan el derecho a ser excarcelados si el Estado considera que se han rehabilitado. En suma, la sentencia Vinter concluye que en casos en que se haya impuesto la pena de cadena perpetua, los condenados deberían tener asegurada la posibilidad de una completa revisión de los factores que van desde la gravedad y naturaleza del delito cometido, al progreso de la rehabilitación en prisión. Y el amplio parámetro de la revision Vinter lo permite distinguir de la revision posterior, que se limita a la consideración de la peligrosidad potencial que el condenado podría infligir a la sociedad[23].

---

nificativa revision de la legalidad de una detención continuada después de cierto periodo de tiempo, y además infringe el derecho de los condenados a perpetuidad a no padecer un trato o castigo inhumano o degradante. El mecanismo existente de revisión por compasión que reside en la discrecionalidad del Secretario de Estado, como mucho ofrece la "débil esperanza" para los condenados a prisión perpetua, ya que solo promete la liberación a aquellos para los que fuesen enfermos terminales o incapacitados psíquicos. Esta limitada revision ministerial podía conducir al encarcelamiento continuo de un prisionero siempre que su encarcelamiento no pudiese por más tiempo ser justificado con base en legítimas medidas penológicas. Cfr. VAN ZYL SMIT, D. / WEATHERBY, P. /CREIGHTON, S.: "Whole life Sentences and the tide of European Human Rights Jurisprudence: What is to be done?", op. cit.

[23] La decision de Estrasburgo sugiere que no habría casos criminales –independientemente de la gravedad de la conducta inicial del penado– en que la finalidad de la retribución y disuasión pudiera solo ser satisfecha mediante toda la vida, sin la posibilidad de una futura puesta en libertad hasta la proximidad de la muerte o por una enfermedad de gran importancia. Ciertamente, incluso 'el peor de los peores' criminales que haya sido condenado a cadena perpetua tiene derecho a conocer, desde el principio de su sentencia, la fecha concreta en que podría ser considerada su puesta en libertad bajo una significativa revision. No deberían tener que esperar para conocer si, cuándo y bajo qué condiciones esta revision tendría lugar después de haber cumplido un indeterminado número de años. El asunto Vinter, no obstante, otorga una mayor importancia al objetivo de reha-

Debemos aludir, finalmente, a la Sentencia del TEDH de 3 de febrero de 2015, caso Hutchinson contra Reino Unido. En este caso el Tribunal rechaza el recurso de un preso británico que denunció que su condena a cadena perpetua suponía un "trato inhumano y degradante", al concluir, aparentemente en contra de la sentencia Vinter, que la legislación del país tiene mecanismos para revisar las penas y, por lo tanto, es "compatible con el artículo 3" del Convenio Europeo de Derechos Humanos.

La contradicción aludida es solo aparente, ya que el Tribunal va a dar por resueltas las dudas que tuvo en el pasado sobre la legislación británica, y ello, a raíz de una reciente sentencia de su Tribunal de Apelaciones, que establece que el Secretario de Estado de Justicia está obligado a excarcelar a personas con penas de cadena perpetua si hay "circunstancias excepcionales" y su decisión puede ser revisada por los tribunales.

Así pues, el Tribunal va a concluir en esta sentencia que la cadena perpetua está sujeta a revisión en la ley nacional británica, y por ello la avala. A pesar de haber sido condenado Arthur Hutchinson en 1984 a cadena perpetua con un cumplimiento mínimo de 18 años, en 1994 el ministro le informó de que se le aplicaba la cadena perpetua y en mayo de 2008 los tribunales avalaron su decisión, dada la gravedad de los crímenes del penado. La Corte de Apelaciones británica también respaldó la medida y entonces el recluso recurrió a Estrasburgo, con fecha 10 de noviembre de 2008, sosteniendo que su caso era similar al asunto Vinter, en el que la Corte europea dictó sentencia en 2013 y en el que mostró sus dudas sobre la facultad del Secretario de Estado de Justicia de revisar las penas de los condenados a cadena perpetua. Estrasburgo, como vimos, cuestionaba el sistema porque la Ley de Justicia Criminal británica de 2003 anuló el modelo anterior, según el cual el Secretario de Estado de Justicia debía revisar automáticamente las penas de cadena perpetua una vez transcurridos 25 años, sin crear mecanismos de revisión alternativos.

No obstante lo anterior, y a pesar de la claridad expresada en la sentencia Vinter, el Gobierno británico alegó, rechazando el amparo en relación con el caso Hutchinson, que el 18 de febrero de 2014 la Corte de Apelaciones dictó otra Sentencia –caso del Reino Unido frente a Newell y McLoughlin– en el que dejó claro que las condenas a cadena perpetua están sujetas a revisión en la ley británica. En este caso, la Corte británica subrayó que si un condenado a cadena perpetua puede demostrar que después de la imposición de la pena habían surgido "circunstancias excepcionales", el Secretario de Estado de Justicia debe analizar, de manera compatible con el artículo 3 del Convenio Europeo de Derechos Humanos, si esas circunstancias justifican su excarcelación. La decisión del Secretario de Estado de Justicia

---

bilitación de la prisión, durante la revision, que tiene lugar en el estadio más tardío de la encarcelación. 'Un derecho a la rehabilitación' debería ser reconocido en la legislación penal británica y 'procedimientos comprensivos y manifiestamente equitativos' han de ser establecidos para evaluar los avances en relación con la puesta en libertad de los condenados a cadena perpetua. VAN ZYL SMIT, D. / WEATHERBY, P. /CREIGHTON, S.: "Whole life Sentences and the tide of European Human Rights Jurisprudence: What is to be done?", op. cit.

debe estar razonada conforme a esas "circunstancias excepcionales", y no ya solo por razones humanitarias, y estando sujeta a revisión judicial. De este modo, a raíz de esta sentencia británica, el TEDH va a dar por resueltas sus dudas, considerando que la ley británica "da a los condenados a cadena perpetua esperanza y la posibilidad de ser liberados si se producen circunstancias en las que el castigo deja de estar justificado"[24]. Y además, va a recordar que, no obstante, corresponde principalmente a los tribunales domésticos resolver los problemas de interpretación de las leyes nacionales. Así, dado que una Corte británica ha fijado posición sobre el asunto que preocupaba al tribunal europeo, éste considera que los poderes del Secretario de Estado de Justicia para liberar a un preso "son suficientes para cumplir con el artículo 3" de la Convención de Derechos Humanos.

En relación con la introducción de la pena de prisión permanente revisable en la legislación española, debemos destacar que el dictamen elaborado por el Consejo de Estado español al respecto, partiendo de la ratificación por parte de España del Estatuto de la Corte Penal Internacional, afirma la admisibilidad en dicho Estatuto de las penas perpetuas siempre que sean justificadas debido a la gravedad de los hechos y las circunstancias del delincuente. Y en efecto, el Instrumento de Ratificación por España del Estatuto de Roma de la Corte Penal Internacional, dado el 17/7/1998, contiene la siguiente cláusula: «España declara que, en su momento estará dispuesta a recibir a personas condenadas por la Corte Penal Internacional, a condición de que la duración de la pena impuesta no exceda del máximo más elevado previsto para cualquier delito con arreglo a la legislación española». Esta cautela, si bien no puede ser invocada para refutar, rotundamente, la conformidad de la Prisión Permanente Revisable con el ordenamiento jurídico español, al menos pone de relieve la clara oposición del legislador a que las penas de prisión a perpetuidad pudieran llegar a ejecutarse en territorio español.

En cualquier caso, y con independencia de lo anterior, una vez fijada la doctrina del TEDH, es preciso referirnos, de modo más concreto, a la ejecución de la pena en los Ordenamientos español y alemán para vislumbrar posibles matices en relación con la constitucionalidad o no de la pena de prisión permanente revisable.

III. LA EJECUCIÓN DE LA PENA DE PRISIÓN PERMANENTE REVISABLE

1. Períodos de seguridad y concesión del tercer grado. El pronóstico de reinserción social

En el Ordenamiento español, y según los artículos 36.1 y 92 del Código penal, la posible revisión de la pena de prisión permanente se llevaría a cabo tras el

[24] Sentencia TEDH, de 3-2-2015, caso Hutchinson vs. Reino Unido.

cumplimiento íntegro de una parte relevante de la condena, en concreto, 25 años como regla general; 28, para delitos de terrorismo y organizaciones terroristas; 30 años, en los supuestos de comisión de dos o más delitos castigados con esta pena; y 35 si, en este último caso, los delitos se refieren a terrorismo u organizaciones terroristas. Semejante revisión va a exigir la acreditación de la resocialización, lo cual se plasma en el hecho de haber alcanzado el tercer grado. Y además, el pronóstico favorable de reinserción social, o bien el signo inequívoco de abandono de los fines y medios de la actividad terrorista.

La clasificación del condenado en el tercer grado deberá ser autorizada por el tribunal previo pronóstico individualizado y favorable de reinserción social, oídos el Ministerio Fiscal e Instituciones Penitenciarias, y no podrá efectuarse hasta el cumplimiento de veinte años de prisión efectiva, en el caso de que el penado lo hubiera sido por un delito de terrorismo, o bien hasta el cumplimiento de quince años de prisión efectiva, en el resto de los casos. Y en estos supuestos el penado no podrá disfrutar de permisos de salida hasta que haya cumplido un mínimo de doce años de prisión, en el primer caso, y ocho años de prisión, en el segundo. Así pues, se entendería como período de seguridad mínimo para alcanzar el tercer grado, el de quince años para los condenados a pena de prisión permanente por la comisión de asesinatos cualificados –art. 140.1 CP–, la muerte del Rey o del Príncipe heredero –art. 485.1 CP–, la muerte del Jefe de un Estado extranjero o de otra persona internacionalmente protegida por un Tratado que se encuentre en España –art. 605.1 CP–, los delitos de genocidio –art. 607 CP– y los de lesa humanidad –art. 607 bis 2 1º CP–. En el caso de los condenados por delito de terrorismo, se exigirá, para acceder al tercer grado, el cumplimiento de veinte años de prisión efectiva[25]. Y todo ello, sin perjuicio de la previsión del límite especial de cumplimiento efectivo de la pena, para el acceso al tercer grado, cuando el sujeto haya sido condenado por dos o más delitos y, al menos uno de ellos esté castigado con la pena de prisión permanente revisable –artículo 78 bis CP–.

El pronóstico de reinserción social se decidirá por el Tribunal "a la vista de la personalidad del penado, sus antecedentes, las circunstancias del delito cometido, la relevancia de los bienes jurídicos que podrían verse afectados por una reiteración en el delito, su conducta durante el cumplimiento de la pena, sus circunstancias familiares y sociales, y los efectos que quepa esperar de la propia suspensión de la ejecución y del cumplimiento de las medidas que fueren impuestas"–art.92.1.c)–, circunstancias en las que se fundamentará la decisión, previa valoración de los informes de evolución remitidos por el centro penitenciario y por aquellos especialistas que el propio tribunal determine. En el caso de que el penado lo hubiera sido por varios delitos, el examen de estos requisitos se realizará valorando en su conjunto todos los delitos cometidos. Y si se trata de delitos re-

---

[25] Hay que tener, no obstante, en cuenta que según el art. 36.3 CP "en todo caso, el tribunal o el juez de vigilancia penitenciaria, según corresponda, podrá acordar, previo informe del Ministerio Fiscal, Instituciones Penitenciarias y las demás partes, la progresión a tercer grado por motivos humanitarios y de dignidad personal de penados enfermos muy graves con padecimientos incurables y de los septuagenarios valorando, especialmente su escasa peligrosidad".

ferentes a organizaciones y grupos terroristas y delitos de terrorismo, será además necesario que el penado muestre signos inequívocos de haber abandonado los fines y los medios de la actividad terrorista; que haya colaborado activamente con las autoridades; y los informes técnicos que acrediten que el preso está realmente desvinculado de la organización terrorista y del entorno y actividades de asociaciones y colectivos ilegales que la rodean y su colaboración con las autoridades.

La suspensión de la ejecución tendrá una duración de cinco a diez años, computándose el plazo de suspensión y libertad condicional desde la fecha de puesta en libertad del penado. Y cumplidos 25 años de condena, el Tribunal deberá verificar, al menos cada dos años, el cumplimiento del resto de requisitos de la libertad condicional. Asimismo, el Tribunal resolverá las peticiones de concesión de libertad condicional del penado, pudiendo, sin embargo, fijar un plazo de hasta un año dentro del cual, tras haber sido rechazada una petición, no habrá de darse curso a sus nuevas solicitudes.

En relación con la suspensión o "revisión" de la pena de cadena perpetua en el Ordenamiento penal alemán, el parágrafo 57 a) StGB –Código penal–, introducido en 1981, va a disponer que el tribunal suspenderá la ejecución del resto de la pena privativa de la libertad perpetua para conceder la libertad condicional cuando se hayan cumplido quince años de la pena; la especial gravedad de la culpa del condenado no imponga su ulterior cumplimiento; y se den los presupuestos del § 57 inciso 1 frase 1 numerales 2 y 3[26]. Para el pronóstico es decisivo que se pueda demostrar de forma justificada que el procesado no cometerá ningún otro delito fuera del cumplimiento de la pena. En este caso, se debe tomar en consideración, principalmente, la personalidad del procesado, su pasado, las circunstancias de la comisión del delito, su conducta durante el cumplimiento de la condena, sus condiciones de vida y las circunstancias que se exigen para su sustitución (§57a apartado 1 párrafo 1 número 3, párrafo 2 en relación con el § 57 apartado 1 párrafo 1 número 2 párrafo 2)[27]. Además, se requiere el consentimiento del procesado (§57a apartado 1 párrafo 1 número 3 en relación con el § 57 apartado 1 párrafo 1 número 3).

El Derecho procesal alemán incluye algunas cautelas adicionales: la ejecución del resto de una pena privativa de libertad a perpetuidad solo se puede aplicar cuando el Tribunal haya solicitado de antemano un dictamen de un perito sobre el procesado, principalmente sobre si ya no existe posibilidad de que persista la aparición de peligro mediante la comisión de delitos (§454 párrafo 2 StPO –Código Penal Procesal–)[28]. Durante este procedimiento, el Tribunal también

---

[26] Es preciso añadir que, como pena cumplida en el sentido del inciso primero frase 2 numeral 1, vale toda privación de la libertad que el condenado haya sufrido con ocasión de su conducta delictiva. La duración del período de libertad condicional es de cinco años. Y, además, el tribunal puede fijar plazos máximos de dos años, antes de cuyo vencimiento es inadmisible que el condenado presente una petición en el sentido de suspender el resto de la pena.

[27] Acerca de las exigencias para la resolución sobre el pronóstico, vid. BVerfGE –Sentencias del Tribunal Constitucional Penal– 58 208, 222 y ss.; 70 97, 308 y ss.; y BVerfG 25.

[28] Sobre esta tipificación en detalle, vid. *Meyer-Goßner* Kommentar, § 454 marginal 37 y ss. y *Fischer* Karlruher Kommentar § 454 marginal 29.

puede encargar, en contra del recurso del procesado, que un psiquiatra entregue un dictamen sobre éste, si el mismo estaba físicamente sano al perpetrar el delito y si durante el cumplimiento de la pena no había mostrado ninguna anomalía psíquica especial.

Queda clara la posibilidad de suspender la pena de cadena perpetua cumplidos quince años de prisión, atendiendo a las otras dos circunstancias –el hecho de que la especial gravedad de la culpa en la comisión del delito no imponga su ulterior cumplimiento y los presupuestos del §57 inciso 1, frase 1 numerales 2 y 3, en concreto, su justificación en consideración al interés de seguridad de la comunidad y que el interesado preste su consentimiento–.

Se ha estimado, por parte de la doctrina[29], que el período de quince años sería el tiempo máximo que debería durar una pena privativa de libertad, si realmente se entiende que la principal función de la pena debe atender a objetivos resocializadores o de reinserción. Y atendidos los demás requisitos, que en síntesis suponen un pronóstico favorable de conducta, así como el necesario consentimiento del condenado, éste pasaría en ese momento a la situación de libertad condicional. El §56b StGB prevé la posibilidad de que el Tribunal imponga al condenado la obligación de reparar los daños causados o, en su caso, que pague a una institución pública sin ánimo de lucro una suma de dinero, según los hechos cometidos.

Debemos considerar que esta regulación va a suponer en la práctica que sean pocos los condenados a cadena perpetua que pasen en prisión más de veinte años[30], en aplicación del régimen jurídico alemán sobre la suspensión de las penas. Y no cabe duda de que la posible revisión de la pena a los quince años supone salvar la posible inconstitucionalidad de la medida incluida en el Ordenamiento penal alemán y constituye una relevante diferencia respecto al régimen de suspensión español.

La regulación del internamiento preventivo en el Ordenamiento alemán requiere, según el § 66 apartado 2, la condena a "pena privativa de libertad temporal". Y a la vista de ese inequívoco tenor literal de la ley, la orden de internamiento preventivo junto a la imposición de una pena privativa de libertad a perpetuidad se excluyen, cuando la pena privativa de libertad se impone como pena individual o se construye como pena global, a partir de numerosas penas privativas de libertad a perpetuidad[31] (BGHSt. 33, 398, 399). Esto, en principio, puede sorprender,

---

[29] Vid., entre otros, JAÉN VALLEJO, M.: "Prisión permanente revisable", *El Cronista*, núm. 35, 2013 y CANCIO MELIÁ, M: "La pena de cadena perpetua en el Proyecto de reforma del Código penal", op.cit.

[30] Vid., en este sentido, MUÑOZ CONDE, Fco.: "Un Derecho Penal comprometido". En AAVV, *Libro homenaje al Prof. Dr. D. Gerardo Landrove Díaz*, Tirant lo Blanch, 2011, pág. 874. Vid., asimismo, CARBONELL MATEU, J.C.: "Prisión permanente revisable I (arts. 33 y 35)", op. cit.

[31] Consecuentemente, Horskotte LK § 67c marginal 18 (antes del 23 de la Ley de Modificación del Código Penal) estima que se excluye la posibilidad de dictar orden de internamiento preventivo junto a una pena privativa de libertad a perpetuidad.

si bien el Tribunal Federal (BGH) ha defendido también expresamente, desde el punto de vista contrario, su observancia y ha descrito con dificultad la restricción del § 66 como objetiva (BGHSt 37, 160).

Sin embargo, desde la introducción de la posibilidad de sustituir la ejecución del resto de una pena privativa de libertad a perpetuidad por la libertad vigilada, existen ciertas especialidades: antes de que el condenado a pena privativa de libertad a perpetuidad salga en libertad, conforme al § 57, se debe dictar una resolución de prognosis, en la que se debe tomar especialmente en consideración la exigencia de seguridad relevante para la colectividad. En el marco de este análisis se pueden considerar todas las circunstancias que han de ser ponderadas, según el § 67c apartado 1 (BGHSt 233 398, 401) y en particular, todos los aspectos de la prevención.

La ejecución de la pena privativa de libertad a perpetuidad se somete a la Ley de Ejecuciones Penales[32], que solamente contiene una disposición especial única sobre la pena privativa de libertad a perpetuidad[33]; conforme al §13 apartado 3 de esta Ley, puede licenciarse a un preso condenado a pena privativa de libertad a perpetuidad si ha cumplido diez años de la pena o se le ha concedido el régimen abierto. Y la vigencia de la Ley de Ejecuciones Penales –especialmente, las reglas sobre la finalidad de la ejecución del §2 párrafo 1 (resocialización como "objetivo de la ejecución") y del §3 (conformación de la ejecución penal como reinserción social)– son válidas también para los reclusos condenados a una pena privativa de libertad a perpetuidad[34].

Aunque el tenor de una sentencia imponiendo una pena privativa de libertad a perpetuidad parezca no dar esperanza al condenado, se debe orientar la ejecución de la pena privativa de libertad a perpetuidad, en todo momento, al objetivo de la liberación del recluso de la ejecución[35]. Especial significado debe otorgarse a la disposición del §3 apartado 2 de la Ley de Ejecuciones Penales, según el cual se deben contrarrestar las consecuencias dañosas de la privación de libertad.

En todo caso, en la aplicación e interpretación de las disposiciones de la Ley de Ejecuciones Penales, se deben tomar en consideración las especialidades que se derivan de que la pena privativa de libertad que se ha de ejecutar, lo sea a perpetuidad. Esto conduce con frecuencia a una colisión de la pretensión de resocialización con los criterios de los §§57a, 57 b, especialmente de la cláusula de la

---

[32] Ibidem, op. cit., marginales 51 y ss.

[33] Esto se debe apreciar a partir de trasfondo de que la Ley de Ejecuciones Penales de 16 de marzo de 1976 se aprobó un año antes de la Sentencia del Tribunal Constitucional de 21 de junio de 1977 (BVerfGE 45, 87).

[34] Vid., en este sentido, la Resolución (76) 2 del Consejo de Europa, de 17 de febrero de 1976.

[35] Vid. también el artículo 10 apartado 3 párrafo1 del Pacto Internacional sobre Derechos Civiles y Políticos (BGB –Boletín Oficial Federal–, II, 1973, p. 1534). Este afirma: "El régimen penitenciario consistirá en un tratamiento cuya finalidad esencial será la reforma y la readaptación social de los penados".

gravedad de la culpa[36]. Aquí se encuentra el punto en el que las diferentes finalidades de la pena chocan entre sí[37].

La resolución sobre la gravedad especial de la culpa es recurrible, considerándose independiente de la revisión (BGHSt. 39 208). La resolución sobre la continuación de la ejecución compete al juez ejecutivo; él tiene que probar –junto con los requisitos especiales– si la gravedad especial de la culpa del procesado "exige" la continuación de la ejecución. Si el juez del hecho acepta la gravedad especial de la culpa, no se precisa una declaración ni acerca de si más adelante la pena se hace efectiva más de 15 años –en caso de que el juez ejecutivo estime oportuno una ejecución más larga–, ni sobre cuánto durará la continuación del cumplimiento. La tarea del juez del hecho se limita a posibilitarle al juez ejecutivo la disposición de una ejecución más larga por motivo de la gravedad especial de la culpa y se la proporciona cuando haga uso de esta posibilidad de declaración de la gravedad de la culpa, fundamento que necesita el juez ejecutivo para determinar temporalmente la prolongación de la ejecución bajo este planteamiento (BGHSt. 40 360; véase BVerfGE 86 288, 331).

La sentencia BVerfGE 86 288 –Sentencia del Tribunal Constitucional Federal– tuvo que pronunciarse sobre si para la determinación de una culpa especialmente grave era suficiente que, para la pena privativa de libertad a perpetuidad por homicidio, se superase claramente el mínimo de culpa requerido[38] o si la culpa del autor del delito solo se pondera como especialmente grave cuando el delito en conjunto, incluida la personalidad de su autor, difiere tanto de los casos de homicidio frecuentes y comunes, según la experiencia adquirida, como para considerar que una sustitución de la pena privativa de libertad a perpetuidad, después de 15 años en el caso de un pronóstico favorable, también sería inadecuada[39].

Acerca de esta cuestión, la Sala Penal del Tribunal Supremo Federal (BGHSt. 40 360) dispuso que era imposible investigar el "promedio de los casos frecuentes según la experiencia adquirida". Más bien, el juez del hecho tiene que investigar y ponderar, sin una conexión con una regla conceptual, las circunstancias relevantes para la culpabilidad. En este caso, la determinación de la gravedad especial de la culpa solo entra en consideración cuando existen circunstancias de peso. Este tipo de circunstancias podrían ser, por ejemplo, el carácter reprochable de la ejecución de un delito o de los móviles, la existencia de varias víctimas del delito,

---

[36] Vid. HÄGER, J., ult. cit.

[37] Vid., como ejemplo, BverfGe 64, 261 en un caso que implica todos los extremos: petición de licenciamiento de un recluso de 78 años de edad, gravemente enfermo, quien por el asesinato en 475 casos, cometidos en el campo de concentración de Auschwitz, sobre un total de 2.100 hombres, fue condenado a prisión perpetua y a una pena acumulada de 15 años de prisión.

[38] BGH 1. Strafsenat NStZ 1994 540 Vorlegungsbeschluß (resolución sobre la presentación); así como *Foth* NStZ 1993, 368.

[39] BGH 4. Strafsenat NStZ 1993 235 y StV 1993 4. Nachweis der ähnlichen Rspr. des 2., 3. (registro de la jurisprudencia similar del 2, 3) y 5. Strafsenat im Beschluß des Großen Strafsenates (Resolución del Gran Senado Penal), así como *Salger* DRiZ 1993, 391.

o la perpetración de varios delitos de homicidio u otros delitos graves –perpetrados con o sin conexión con el homicidio–. Al respecto, siempre se debe considerar que este tipo de circunstancias podrían llevar no inmediatamente, sino en el marco de una valoración global, a aceptar la gravedad especial de la culpa. Al Tribunal de revisión se le deniega, en la verificación de la resolución, un control detallado de la exactitud. Este tendría que demostrar si el juez del hecho ha cubierto todas las circunstancias decisivas y las ha sopesado sin incurrir en errores, aunque no podría situar su propia valoración en el lugar del juez del hecho. Esta resolución ha resuelto la polaridad de puntos de vista subyacentes a la misma mediante una solución intermedia.

Debemos destacar que con la introducción en la Ley del §57a el legislador ha cumplido el precepto emitido por el Tribunal Constitucional Federal[40], proporcionándole al condenado a una pena privativa de libertad a perpetuidad, una oportunidad concreta y también fundamentalmente realizable de recuperar su libertad en una fecha futura. El cumplimiento de este precepto lo ha confirmado explícitamente el Tribunal Constitucional Federal (BVerfGE 72 105, 113; BVerfG StV 1992 25) y, para el tiempo provisional, en vista de la dificultad y la controversia, negó la existencia de un retraso improcedente del nuevo régimen requerido por el legislador (BVerfG NJW 1978 2591; BVerfG StV 1981 618). Este Tribunal no ha establecido nunca un plazo distinto de los señalados en las resoluciones sobre la necesidad de una Ley de Ejecuciones Penales (BVerfGE 33 1, 13 y 40 276, 283).

En el tiempo transcurrido entre la Sentencia del Tribunal Constitucional Federal del 21 de junio de 1977 y la entrada en vigor del §57, los tribunales no pudieron adelantarse a la resolución del legislador que éste exigía. En concreto, el derecho de un condenado a una pena privativa de libertad a perpetuidad, a la realización de un juicio *ex oficio* para la concesión del indulto y para la puesta en libertad en los procedimientos correspondientes, no era posible en el espacio de tiempo mencionado (BVerfG NJW 1978 2591). El procedimiento para la concesión del indulto permanece, en todo caso, intacto[41]. Por un lado, esto significa que una pena privativa de libertad a perpetuidad en el procedimiento para la concesión del indulto no se puede conmutar por una pena privativa de libertad temporal. Por otro lado, en el procedimiento para la concesión del indulto, hasta la introducción del §57a, existe la posibilidad única de la sustitución del resto de la pena privativa de libertad a perpetuidad[42], además del régimen de los §§57a, 57b, en adelante[43].

---

[40] En concreto, el mandato emitido por el Tribunal Constitucional Federal de BVerfGE 45 187, 242, 252, vid. marginales 14, 17.

[41] Sobre la relación entre el sobreseimiento de una pena y el indulto en el caso de la pena privativa de libertad a perpetuidad, vid. J. MEYER, cit., págs. 112 y ss.

[42] Sobre la comparación entre el procedimiento para la concesión del indulto y la normativa legal ponderada antes del fallo, BVerfGE 45 187.

[43] Vid. *Kunert* NStZ, cit. 1982 89, 95; sobre la resolución del indulto sobre el resto de una pena en el caso de una medida privativa de libertad incompleta todavía, vid. *Horstkotte* LK[10] 67c marginal 20; y sobre la práctica del indulto, *Eisenberg* Kriminologie § 36 marginal 172 y ss.

2. Los permisos de salida y la libertad condicional

Hemos creído conveniente aludir brevemente en este trabajo, y de un modo separado, al régimen jurídico de los permisos de salida, previos al tercer grado, para en su caso, destacar posibles matices respecto a la pena de prisión permanente revisable, y siempre desde la perspectiva de la función rehabilitadora de la pena.

Los permisos de salida que pretenden estimular la buena conducta del penado y conseguir su reeducación y reinserción social, como preparación para la vida en libertad, también son objeto de un tratamiento especial cuando se ha impuesto como pena la prisión permanente revisable[44]. Así, en la normativa española –artículo 36.1, último párrafo del Código penal–, el penado no podrá disfrutar de permisos de salida hasta que haya cumplido un mínimo de doce años de prisión, en el caso en que haya sido condenado por delitos de terrorismo, y ocho años de prisión para el resto de los casos, debiendo entenderse que estos períodos vendrían a corresponder, teóricamente, a la cuarta parte de la condena, y teniendo además en cuenta que, a estos efectos, los delitos cometidos en el seno de organizaciones criminales no se incluyen en el grupo de delitos relacionados con el terrorismo, equiparándose a los condenados por los otros delitos[45]. Y no va a concederse un tratamiento especial en función del número de delitos cometidos[46].

Así pues, la pena de prisión permanente revisable supone limitaciones reforzadas para disfrutar de los permisos de salida, para los se exige un mínimo de ocho años de prisión como norma general y doce si el delito objeto de la condena fuese de terrorismo[47].

Por otra parte, la libertad condicional va a suponer un supuesto de suspensión de la ejecución de la pena de prisión permanente revisable, no computando como tiempo de cumplimiento de la condena, sino suponiendo tan solo la suspensión de la ejecución del resto de la pena durante un tiempo determinado[48]. Si

---

[44] Sobre los permisos de salida y la libertad condicional en relación con la pena de prisión permanente revisable en la legislación española, vid. el excelente estudio realizado por CERVELLÓ DONDERIS, V: *Prisión perpetua y de larga duración. Régimen jurídico de la prisión permanente revisable*, Tirant lo Blanch, Valencia, 2015, págs. 195 y ss.

[45] Los permisos de salida se regulan, con carácter general, en los artículos 47 y 48 de la Ley Orgánica 1/1979, de 26 de septiembre, General Penitenciaria, pudiendo tener una duración de hasta siete días consecutivos, con un total de treinta y seis días al año en caso de condenados en segundo grado de clasificación, y de cuarenta y ocho días al año en caso de condenados clasificados en tercer grado.

[46] Vid., entre otros, DEL CARPIO DELGADO, V.: "La pena de prisión permanente en el Anteproyecto de 2012 de reforma del Código Penal", op. cit., pág. 13.

[47] Vid. DOMINGUEZ IZQUIERDO, E. Mª: "El nuevo sistema de penas a la luz de las reformas". En *Estudios…*, cit. Dir. Morillas Cueva, L. (Dir.), págs. 150 y 151 y JUANATEY DORADO, C.: "Una "moderna" barbarie: la prisión permanente revisable", *Revista General de Derecho Penal*, nº 20, 2013.

[48] El plazo de suspensión de la ejecución de la pena de prisión permanente, como ya indicamos, es de cinco a diez años, acordándolo el Tribunal dentro de este margen.

el penado no delinque y cumple con las condiciones impuestas durante el tiempo que se encuentre en libertad condicional, se declarará extinguida la pena pendiente de cumplimiento. Si, por el contrario, incumple estas condiciones, la libertad será revocada ordenándose su reingreso en prisión.

El Juez o Tribunal concederá la libertad condicional al penado si este reúne las condiciones necesarias, no tratándose de una decisión discrecional, aunque sí tenga cierto poder discrecional en el requisito del pronóstico favorable de reinserción social. Los requisitos o presupuestos para su concesión, como vimos, aluden al presupuesto temporal, la clasificación en el tercer grado penitenciario y el pronóstico favorable de reinserción social.

Respecto al último de los requisitos, el artículo 92.1.c) establece que "el tribunal, a la vista de la personalidad del penado, sus antecedentes, las circunstancias del delito cometido, la relevancia de los bienes jurídicos que podrían verse afectados por una reiteración en el delito, su conducta durante el cumplimiento de la pena, sus circunstancias familiares y sociales, y los efectos que quepa esperar de la propia suspensión de la ejecución y del cumplimiento de las medidas que fueren impuestas, pueda fundar, previa valoración de los informes de evolución remitidos por el centro penitenciario y por aquellos especialistas que el propio tribunal determine, la existencia de un pronóstico favorable de reinserción social". Y en los casos de acumulación de delitos, el pronóstico debe realizarse con relación a todos los delitos en su conjunto.

La concesión de la libertad condicional está supeditada al cumplimiento de determinadas prohibiciones y deberes, de modo que el juez o tribunal podrá condicionar la suspensión al cumplimiento de estos cuando ello resulte necesario para evitar el peligro de comisión de nuevos delitos, sin que puedan imponerse deberes y obligaciones que resulten excesivos y desproporcionados, así como otros que considere convenientes, siempre que no atenten contra la dignidad del penado –artículo 83 CP–. Y además el juez o tribunal también podrá condicionar la suspensión de la ejecución de la pena al cumplimiento de alguna o algunas de las prestaciones o medidas establecidas en el mismo, y que se refieren al cumplimiento del acuerdo alcanzado por las partes en virtud de mediación; el pago de una multa, cuya extensión determinará el juez o tribunal en atención a las circunstancias del caso; y la realización de trabajos en beneficio de la comunidad –artículo 84 CP–.

Se permite al juez o tribunal, durante el tiempo de suspensión de la pena, y a la vista de la posible modificación de las circunstancias valoradas, modificar la decisión que anteriormente hubiera adoptado y acordar el alzamiento de todas o alguna de las prohibiciones, deberes o prestaciones que hubieran sido acordadas, su modificación, o su sustitución por otras que resulten menos gravosas –artículo 85 CP–. Si el incumplimiento de las prohibiciones, deberes o condiciones no hubiera tenido carácter grave o reiterado, el juez o tribunal podrá imponer al penado nuevas prohibiciones, deberes o condiciones, o modificar las ya impuestas, o bien, prorrogar el plazo de suspensión, sin que en ningún caso pueda exceder de la mitad de la duración del que hubiera sido inicialmente fijado –art.86.2 CP–. Y en los casos más graves, el juez podrá revocar la libertad condicional y ordenar el ingreso del penado en prisión, según dispone el artículo 86.1 CP[49].

Debemos indicar, finalmente, que, según dispone el artículo 87.1 CP, "transcurrido el plazo de suspensión fijado sin haber cometido el sujeto un delito que ponga de manifiesto que la expectativa en la que se fundaba la decisión de suspensión adoptada ya no puede ser mantenida, y cumplidas de forma suficiente las reglas de conducta fijadas por el juez o tribunal, éste acordará la remisión de la pena". Y por supuesto ese precepto también resulta aplicable en relación con la pena de prisión permanente revisable[50].

El Código penal alemán no reviste diferencias sustanciales respecto al régimen español en relación con los permisos de salida y libertad condicional.

Tras determinarse, en el §56a el periodo de libertad condicional, que no puede ser superior a cinco años ni inferior a dos, el §56b establece las obligaciones que se pueden imponer al condenado, y asimismo se le pueden exigir otros deberes, o mejor, cumplir determinadas órdenes. Destaca, en el Ordenamiento alemán, la regulación de la asistencia durante la libertad condicional, con la finalidad de que el condenado no vuelva a delinquir, y también el tribunal, como sucede en el régimen español, podrá adoptar, cambiar o suprimir decisiones con posterioridad, de acuerdo con los §§56b y 56c.

Asimismo, y según el §56f también será posible la revocación de la suspensión de la pena. Y procederá su condonación, según el §56g, después del periodo de libertad condicional, si el tribunal no ha revocado la suspensión. El Tribunal puede revocar la condonación cuando el condenado, en el ámbito de aplicación de esta ley, haya sido condenado, dentro del periodo de libertad condicional, por la realización de un hecho punible doloso castigado con pena privativa de la libertad de por lo menos de seis meses. La revocatoria sólo procederá dentro del año posterior al vencimiento del periodo de libertad condicional y de los seis meses después de que la condena sea firme.

En suma, observada la gran similitud en el régimen jurídico de la suspensión y revisión, así como de la libertad condicional, en los Ordenamientos español y alemán, tanto a un nivel general, como respecto a la pena de prisión permanente revisable, debemos insistir en que las principales diferencias que, aunque pocas, resultan esenciales, van a estribar en los plazos de la posible revisión de esta pena,

---

[49] Sobre la revocación de la suspensión de la pena, vid., entre otros, SÁNCHEZ ROBERT, M.J.: "La revocación de la suspensión como efecto del incumplimiento de las condiciones", *Cuadernos de Política Criminal*, núm. 115, I, Época II, mayo, 2015, págs. 231 y ss. Vid., asimismo, JUANATEY DORADO, C.: "Una "moderna" barbarie: la prisión permanente revisable", *Revista General de Derecho Penal*, nº 20, 2013.

[50] Sobre la posible revisión de la pena de prisión permanente en Derecho español, y más en concreto, sobre las dudas que se plantean sobre su ejecución o, en su caso, levantamiento, vid., por todos, CERVELLÓ DONDERIS, V: *Prisión perpetua y de larga duración. Régimen jurídico de la prisión permanente revisable,* op. cit., págs. 291 y ss.

así como las posibilidades reales o la real voluntad del legislador para que esta revisión se lleve a efecto. Y aquí es donde podrá residenciarse la diferencia que permita considerar la constitucionalidad o no del régimen jurídico de la prisión permanente revisable.

IV. PROBLEMAS DE CONSTITUCIONALIDAD DESDE LA PERSPECTIVA DEL CONVENIO EUROPEO DE DERECHOS HUMANOS. VISIÓN PRÁCTICA DE LAS REALIDADES ESPAÑOLA Y ALEMANA

Los problemas de la pena de prisión permanente revisable en el Ordenamiento español, respecto a la posible vulneración de preceptos constitucionales, se van a referir a los principios básicos del Derecho penal garantista, y en particular, a la prohibición de penas o tratos inhumanos o degradantes –artículo 15 Constitución española –, principio de legalidad –artículo 25.1 CE–, y sobre todo, a la necesidad de que la ejecución de las penas y medidas de seguridad esté orientada hacia la reeducación y reinserción social –artículo 25.2 CE–.

En efecto, se ha mantenido, por parte de la doctrina española, la inconstitucionalidad de la cadena perpetua, y también de la prisión permanente revisable[51], e incluso cualquier otra pena muy larga de prisión, por vulnerar el mandato constitucional de reeducación y reinserción social de las penas privativas de libertad, el mandato de determinación o certeza derivado del principio de legalidad –ya que están indeterminadas las penas en relación a la fecha del término de cumplimiento, y como consecuencia de esta indeterminación, se vulneraría también el principio de igualdad y no discriminación–; y asimismo, se infringiría la prohibición de penas o tratos inhumanos o degradantes, a pesar de la posible revisión de la condena. La indeterminación de la prisión permanente revisable no respeta el principio de proporcionalidad ni el contenido esencial de los derechos fundamentales.

Tras la entrada en vigor de Ley Orgánica 1/2015, de 30 de marzo, por la que se modifica la Ley Orgánica 10/1995, de 23 de noviembre, del Código Penal, que instaura la prisión permanente revisable para los delitos más graves (arts. 33, 35, 36, 76, 78 bis y 92 CP), y a pesar de contar con los los informes favorables del Consejo General del Poder Judicial, de la Fiscalía General y del Consejo de Estado, el Pleno del Tribunal Constitucional español ha admitido a trámite el recurso de los grupos de la oposición en el Congreso de los Diputados contra los artículos que regulan la nueva prisión permanente revisable. En concreto, los recurrentes estiman que la nueva medida es una «cadena perpetua encubierta», alegando

[51] Vid., entre otros, CUERDA RIEZU, A.: *La cadena perpetua y las penas muy largas de prisión: por qué son inconstitucionales en España*, Barcelona, 2011, pág. 109. Por supuesto, también existen defensores de esta pena, entre los que podríamos citar a MANZANARES SAMANIEGO, J.L.: "La libertad vigilada", *Diario La Ley*, núm. 7386, Sección Doctrina, año XXXI, ref. D-130, 22 de abril de 2010, pág. 2 y ss.

que la prisión permanente revisable vulnera cuatro artículos de la Constitución española, en concreto el 15.1, que prohíbe penas inhumanas; el 17, que regula el principio de proporcionalidad; el 25.1, ya que no es una pena determinada sino que se prolonga en el tiempo incluso hasta la muerte del reo, y el 25.2, al restringir la posibilidad de reinserción. Incluso la Abogacía del Estado consideró que la prisión permanente revisable raya la inconstitucionalidad porque va contra la "función reinsertora que ordena" la Carta Magna. Se ha entendido que, en la práctica esta pena es una pena "inhumana", "populista" y caracterizada por su "inseguridad jurídica". Existirían, pues, "motivos más que de sobra" para cuestionar una docena de artículos relativos a esta "cadena perpetua", que chocan "frontalmente" contra varios preceptos de la Constitución: la prohibición de penas inhumanas o degradantes (artículo 15), los principios de seguridad jurídica, libertad y legalidad (9, 17 y 25.1) y la reinserción social a la que deben orientarse las penas (25.2).

Desde un punto de vista criminológico, se ha entendido por los recurrentes que, con el régimen jurídico establecido en relación con esta pena, un condenado sabrá cuando entra a la cárcel pero no cuando sale, pudiendo estar en ella hasta el momento de su muerte. Estaríamos así ante una "cadena perpetua encubierta", que produciría un menoscabo psíquico y físico del recluso; se denuncia, así, en el recurso, el carácter "inhumano, cruel y degradante de la cadena perpetua", porque ocasiona "graves padecimientos psíquicos" al condenado, deteriora su personalidad y menoscaba sus capacidades cognitivas y sociales. Con independencia de estas consideraciones que, en gran medida, vienen a apartarse de una argumentación estrictamente jurídica, es preciso descender a las concretas tachas de inconstitucionalidad que tanto la doctrina como los recurrentes han esgrimido frente a la regulación española de la pena de prisión permanente revisable.

Ciñéndonos a las cuatro argumentaciones jurídicas esenciales, en primer lugar, y respecto a la posible vulneración del artículo 10 CE –y consecuentemente el artículo 3 CEDH, en relación con la dignidad de la persona–, debemos considerar que la prisión permanente revisable conlleva, como consecuencia, que la persona condenada quizá no vuelva a salir a la calle. La decisión o no de suspender el resto de la pena de todo condenado a perpetuidad, está en manos de un tribunal que puede equivocarse sobre el juicio de peligrosidad del condenado. Además, la persona que entra dentro de la cárcel, y desde la perspectiva de la política criminal, se "institucionaliza" y por tanto tendrá pocas posibilidades de "superar" el examen del tribunal referente a su aptitud para poder ser devuelto a la sociedad. Teniendo en cuenta el tiempo que debe transcurrir para que esta persona pueda salir de la cárcel, sin ninguna posibilidad o con muy pocas posibilidades de rehacer su vida fuera, la prisión permanente revisable sería difícilmente compatible con el derecho a la dignidad y el libre desarrollo de la personalidad[52].

---

[52] Como ha afirmado RÍOS MARTÍN, "la dignidad implica tener posibilidades reales y ciertas de poder incorporarse a la sociedad para desarrollar, si quiera mínimamente, un proyecto vital a nivel social, familiar, laboral; lo que queda incumplido con la prisión perpetua, aunque se le quiera hacer pasar por revisable". Vid. RÍOS MARTÍN, J.: *La prisión perpetua en España. Razones de su ilegiti-*

En segundo lugar, y en conexión con lo anterior, se podría vulnerar el artículo 15 CE, relativo a la prohibición de penas o tratos inhumanos o degradantes, ya que una pena de prisión puede llegar a ser inhumana o degradante si no da al preso una expectativa de poder salir algún día de la cárcel. Esta inhumanidad también podría derivarse del trato que dicho preso reciba dentro de prisión y de las condiciones de vida en el establecimiento penitenciario. Y es que la duración de la pena de prisión permanente es indeterminada en el momento de la imposición, sin garantía cierta de que el condenado vaya a salir de prisión, lo cual creará un sentimiento de desesperanza[53]. Y en realidad, si la vida en prisión produce un intenso sufrimiento humano, que puede devenir insoportable al carecer de una expectativa de seguridad en el alcance de la libertad, la pena de prisión permanente podría llegar a ser, por vulneración del artículo 15 CE, inconstitucional[54].

En tercer lugar, el principio de legalidad o mandato de determinación de las penas, establecido en el artículo 25.1 CE[55], exige su tipificación, que debe prever un mínimo y un máximo de tiempo a cumplir, exigiendo la determinación de la cuantía y extensión de la sanción[56]. La pena de prisión permanente revisable atentaría contra este principio al desconocer en qué momento va a concluir su cumplimiento. Y resulta claro que, en definitiva, la duración dependerá de unos criterios discrecionales, conectados a unos elementos de evaluación que no están relacionados con el momento de la comisión del delito, sino que se van a producir con posterioridad. Cuando se impone la pena, la duración de la misma queda indeterminada, por lo que ésta se convierte inicialmente en una condena perpetua[57]. Por tanto, la indeterminación del término de la pena vulneraría el mandato de certeza incluido en el principio de legalidad penal del artículo 25.1, el cual se

---

midad ética y de su inconstitucionalidad, Tercera Prensa S.L., 2013, pág. 109. No podemos olvidar que las prisiones siguen siendo, fundamentalmente, y desde un punto de vista estructural, lugares destinados a la custodia y al castigo. Vid., en este sentido, *SNACKEN, S. / VAN ZYL SMIT, D.: Principios de Derecho y Política Penitenciaria Europea. Penología y Derechos Humanos*, op. cit. págs. 84 y ss.

[53] El Tribunal Supremo, en Sentencia de 4 de noviembre de 1994 (RJ 1994/8565), se refería a la posible inhumanidad de una pena de prisión de larga duración, afirmando lo siguiente: "El desentendimiento de la inspiración constitucional rehabilitadora y de reinserción social, llevaría a un "trato inhumano" a quien… se viese abocado a una situación de privación de libertad muy superior a los treinta años. Tal intensidad supondría una privación de oportunidad reinsertadora para el sujeto, una humillación o sensación de envilecimiento superior a la que acompaña la simple imposición de la condena, trato inhumano o degradante proscrito por el artículo 15 de la Constitución".

[54] Precisamente, el Consejo de la Abogacía Española consideraba inconstitucional la prisión permanente revisable, porque no se fija un límite de cumplimiento de la pena de prisión, lo que vulneraría los artículos 10, 15 y 25 de la Constitución Española.

[55] Dispone este precepto lo siguiente: "Nadie puede ser condenando o sancionado por acciones u omisiones que en el momento de producirse no constituyan delito, falta o infracción administrativa, según la legislación vigente en aquel momento".

[56] Vid., entre otras, las SSTC 136/1989, de 19 de julio; 207/1990, de 17 de diciembre; 36/1991, de 14 de febrero; y 45/1994, de 15 de febrero.

[57] CUERDA RIEZU, A.: "Inconstitucionalidad de la prisión permanente revisable y de las penas muy largas de prisión", *Revista Jurídica Otrosí*, núm. 12, 2012, pág. 2.

basa en que el ciudadano ha de saber a qué atenerse y conocer de antemano las posibles consecuencias de sus acciones.

El Tribunal Constitucional español, en la materia relativa al tiempo de cumplimiento de la pena privativa de libertad, se ha pronunciado entendiendo que "se vulnera el principio de certeza cuando el *quantum maximum* de la sanción queda absolutamente indeterminado en el tiempo"[58]. A este respecto, en su Sentencia de 7 de abril de 1987, establecía que "el derecho fundamental así anunciado incorpora la regla *nullum crimen nulla poena sine lege*, extendiéndola incluso al ordenamiento sancionador administrativo, y comprende una doble garantía. La primera, de orden material y alcance absoluto, tanto por lo que se refiere al ámbito estrictamente penal como al de las sanciones administrativas, refleja la especial trascendencia del principio de seguridad en dichos ámbitos limitativos de la libertad individual y se traduce en la imperiosa exigencia de predeterminación normativa de las conductas ilícitas y de las sanciones correspondientes..."[59]. De esta forma, en aplicación de esta doctrina, el Consejo General del Poder Judicial, en su informe al Anteproyecto de reforma del Código Penal, consideraba "conveniente adecuar la regulación de la prisión permanente revisable al principio de legalidad establecido en el artículo 25.1 de la Constitución"[60].

No obstante lo anterior, y en último lugar, la principal duda acerca de la posible inconstitucionalidad de la prisión permanente revisable en España está relacionada con la posible vulneración del art. 25.2 CE[61]. Este artículo es determinante al establecer que las penas privativas de libertad se han de orientar a la reeducación y reinserción social de los penados. Por lo que, toda pena que no cumpla este requisito atentaría, a su vez, contra el artículo 15 de la CE (que repudia cualquier trato inhumano y degradante) y además, sería contraria a la dignidad de la persona, a los derechos inviolables que le son inherentes y al libre desarrollo de la personalidad, recogidos en el artículo 10.

Dejando a un lado las consideraciones relativas al hecho de que España ratificó el Estatuto de la Corte Penal Internacional y que el TEDH ha declarado que la cadena perpetua no es contraria al art.3 del CEDH, siempre que su regulación prevea la posibilidad de revisión de la condena a efectos de conceder la libertad condicional, conmutación, la remisión o terminación de la pena, la Exposición de Motivos de la Ley española va a justificar la constitucionalidad de la medida al afirmar que "la prisión permanente revisable...de ningún modo renuncia a la reinserción del penado: una vez cumplida una parte mínima de la condena, un Tribunal colegiado deberá

---

[58] STC 129/2006, de 24 de abril.

[59] STC 42/1987, de 7 de abril.

[60] Por su parte, el Informe aprobado por el Pleno del CGPJ también cuestiona la constitucionalidad de la pena en relación con el artículo 25.1 CE. Además, el voto particular extiende esa tacha al artículo 25.2. Solo dos vocales, los Srs. Dorado Picón y Espejel Jorquera, no advirtieron problemas de constitucionalidad.

[61] El artículo 25.2 CE, que se dirige tanto al legislador como a la Administración penitenciaria, se refiere al principio de reeducación y reinserción social, estableciendo que "las penas privativas de libertad y las medidas de seguridad estarán orientadas hacia la reeducación y reinserción social y no podrán consistir en trabajos forzados...".

valorar nuevamente las circunstancias del penado y del delito cometido y podrá revisar su situación personal. La previsión de esta revisión judicial periódica de la situación personal del penado, idónea para poder verificar en cada caso el necesario pronóstico favorable de reinserción social, aleja toda duda de inhumanidad de esta pena, al garantizar un horizonte de libertad para el condenado".

Entendemos que la prisión permanente revisable deja fuera de juego la reeducación y la reinserción del reo, al quedar éstas supeditadas a que éste vuelva a ser "juzgado" para que, después de cumplir una parte de la condena, se le otorgue o no el derecho a la libertad. La Constitución vincula absolutamente al legislador vetándole el establecimiento de penas radicalmente contrarias a la reinserción social, como viene a ser la prisión permanente revisable incorporada al Ordenamiento español. Difícilmente puede mantenerse que la pena de cárcel se orientará, en su ejecución, a la reinserción social, si se ha impuesto una pena de prisión permanente que, pudiendo evitarse, se considera desocializadora. Evidentemente, es perfectamente posible que, aún cumplida la pena de prisión, no se haya conseguido alcanzar la reinserción social, pero, en todo caso, no se estaría vulnerando el referido mandato constitucional. Sin embargo, sí lo infringiría un precepto que la impidiera abiertamente, como sería la regulación legal de la cadena perpetua o de la prisión permanente revisable, en la medida en que ésta no ofrezca al penado, expectativas sólidas de libertad en un futuro cercano.

Las afirmaciones anteriores tienen, por tanto, especial relevancia en el caso de las penas de larga duración ya que, en virtud de los límites concursales del art. 76 del Código Penal español, se podría alcanzar un límite máximo de cumplimiento de cuarenta años, algo a todas luces excesivo y contradictorio con el principio de resocialización. Así lo ha venido señalando el Tribunal Supremo español en numerosas sentencias, entre las que podríamos reseñar las siguientes:

- STS 7-3-1993 "...no puede conseguirse o es muy difícil la consecución del mandato constitucional de resocialización cuando se produce, en función de las circunstancias, una excesiva exasperación de las penas. La legalidad constitucional debe prevalecer sobre la ordinaria; una privación de libertad muy superior a treinta años sería un tratamiento inhumano por privar de la oportunidad reinsertadora". En el mismo sentido, la STS 30-1-1998, "todo lo que contradiga y empañe la resocialización comportará una tacha desde el punto de vista constitucional".
- STS 24-7-2000 "...el art. 76 del Código Penal debe interpretarse en relación con el art. 15 y el art. 25.2 de la Constitución".
- STS 23-1-2000 "...cuarenta y ocho años de prisión es excesivo; por eso hay que ajustarlo al humanitarismo penal y a la prohibición de tratos inhumanos y degradantes...".
- STS 7-3-2001 "...penas tan largas (48 años de prisión) ni se dirigen a la prevención general, ni a la prevención especial, por lo tanto hay que acudir a los mecanismos penitenciarios para evitar una pena similar a

la cadena perpetua..., en particular acudir al art. 206 del Reglamento Penitenciario que permite que la Junta de Tratamiento solicite al Juez de Vigilancia que tramite un indulto particular por la evolución positiva y modificación en la conducta del interno".

Debemos destacar aquí, cómo en algunos países europeos como Italia o Alemania, la existencia de la reclusión perpetua se compatibiliza con revisiones obligatorias de condena que permiten la excarcelación anticipada, lo que da lugar a que las críticas recibidas no lo sean por su posible vulneración del principio de resocialización o de humanidad, sino más bien por la confrontación con el principio de certeza o efectividad de la pena o con el de igualdad, al variar los efectos en función de la edad del condenado.

El examen concreto del régimen jurídico de la pena de prisión permanente revisable incorporada en el Ordenamiento penal español nos lleva, y en el sentido señalado por el Tribunal Supremo, a realizar consideraciones que distan en gran medida de las justificaciones esgrimidas en la Exposición de Motivos, y por ende, del sentido esencial de lo declarado por el TEDH en la jurisprudencia que en otro momento citamos.

Debemos manifestar ante todo, y en cuanto a la "reeducación", que no solo muchos estudios sociológicos y de política penitenciaria han puesto de manifiesto las circunstancias objetivas y medios –escasez de funcionarios y personal técnico– que la dificultan[62], especialmente en casos de penas de prisión de larga duración, sino que el propio Consejo de Europa ha puesto de manifiesto esta dificultad, manifestando incluso la preocupación, en muchos países de Europa, sobre el número y duración de las penas de larga duración, lo cual contribuye al hacinamiento en las prisiones, perjudicando la gestión eficaz y humana de los reclusos[63]. Estas consideraciones permiten aseverar que la reeducación de un preso condenado a una pena de prisión permanente, aunque pueda ser "revisable", resulta realmente difícil, si no imposible, dejando en entredicho el precepto constitucional. Con esta nueva pena, el hacinamiento en las cárceles, con la consecuencia inevitable de una más compleja reeducación de los presos, es más que evidente.

Pero, y esto es aún más relevante, la "vía resocializadora" abierta al penado, una vez cumplida una parte "mínima" de la pena, queda en entredicho, pues ni se aplican criterios lo suficientemente objetivos que garanticen la suspensión, ni el plazo a partir

---

[62] Vid., entre otros, RÍOS MARTÍN, J.: "La prisión perpetua en España. Razones de su ilegitimidad ética y de su inconstitucionalidad", op. cit., pág. 150 y ss., y GONZÁLEZ SÁNCHEZ, I.: "La cárcel en España: mediciones y condiciones del encarcelamiento en el siglo XXI", *Revista de Derecho Penal y Criminología*, 3ª Época, núm. 8, 2012, pág. 351 y ss.

[63] En concreto, vid. la Recomendación Rec. (2003/23), relativa a la gestión por las Administraciones penitenciarias de los condenados a perpetuidad y de otros recursos de larga duración, adoptada el 9 de octubre de 2003, si bien, con anterioridad, la Recomendación Rec. (1999/ 22), relativa a la situación de las prisiones y de la inflación carcelaria, adoptada el 30 de septiembre de 1999, en su apartado 14 afirmaba que "se debería tratar de reducir el recurso a las penas de larga duración que dan lugar a un uso intensivo del sistema penitenciario".

del cual puede tener lugar ésta permite realmente dejar una puerta abierta al camino de la resocialización. Las circunstancias objetivas referidas a la suspensión, concesión del tercer grado, permisos de salida y libertad condicional, en relación con esta pena, no garantizan suficientemente el respeto a los principios constitucionales en el orden penal. Esta afirmación no tiene por qué ser contradicha por el hecho de que la aplicación de otras penas vigentes en el ordenamiento español, en ocasiones pudiese resultar aún más dura que la pena de prisión permanente revisable.

El Tribunal Constitucional español ha dejado clara la necesidad de que las penas privativas de libertad y las medidas de seguridad, en aplicación del artículo 25.2 CE, deban estar orientadas a la reinserción y reeducación social del penado, o más claramente, a la "reinserción del preso en la sociedad"[64], de modo que la reeducación social, iniciada en la propia cárcel, va a tener como objetivo "la preparación de la vida en libertad del interno"[65].

La pena privativa de libertad, en general, ya de por sí vendría a obstaculizar estos objetivos, o al menos los dificultaría, resultando más problemática la consecución de la función preventiva especial que, a mi entender, debe cumplir toda pena[66]. Y mucho más en el caso de la prisión permanente revisable que, en realidad, viene a enmascarar la de cadena perpetua, aunque con apariencia de constitucionalidad, lo que viene siendo un fraude de etiquetas[67], fruto de un debate

---

[64] Vid. STC 2/2001, de 15 de enero. Ciertamente, resultando posible que, tras la imposición de la pena de prisión permanente revisable, el recluso jamás pueda salir de prisión, ello supondría, sin duda, una vulneración del principio contemplado en el artículo 25.2 CE –no se puede *a priori* fijar un determinado día en que se considere posible esta reinserción en la sociedad–. Y en este sentido, el Consejo de Europa ha reconocido que "la ejecución de penas de larga duración puede tener efectos nefastos sobre el recluso y su entorno", exigiendo que las condenas sean revisadas como muy tarde entre los 8 y los 14 años de prisión, para acordar en su caso la libertad condicional y ordenando que tales revisiones sean realizadas periódicamente. Es obvio, tras el examen del régimen jurídico establecido en el Código penal español sobre la pena de prisión permanente revisable, que en modo alguno éste ha seguido las Recomendaciones del Consejo de Europa en un tema tan trascendental, de modo que difícilmente este régimen podrá contribuir a la reinserción social de los condenados.

[65] Vid. entre otras, las SSTC 137/2000, de 29 de mayo y 23/2006, de 30 de enero.

[66] Ciertamente, y en el sentido expresado por el profesor Morillas Cueva, en la fase de ejecución de las penas, los fines preventivos se encaminan primordialmente hacia la prevención especial, aunque sin anular los efectos preventivo-generales que, según se deduce de su exposición, se pondrían de manifiesto en una ejecución efectiva, que va a reiterar la seriedad de la conminación legal para el resto de los ciudadanos. Vid. MORILLAS CUEVA,L.: *Sistema de Derecho Penal. Parte General. Fundamentos conceptuales y metodológicos del Derecho Penal. Ley Penal*, Dykinson, Madrid, 2016, págs. 110-111. Vid., asimismo, la formulación de la teoría unificadora de la pena desarrollada por el profesor C. ROXIN, en su op. *Derecho Penal. Parte General.* Trad. Luzón, Díaz, De Vicente, Tomo I, Madrid, 1999, págs. 95-103. En este sentido, y como ha puesto de manifiesto el Tribunal Constitucional español, la prevención especial no es la única finalidad de la pena, sino que no excluye otras finalidades como la prevención general. Vid., entre otras, las SSTC 150/1991, de 4 de julio, 175/1997, de 27 de octubre, y 200/1997, de 24 de noviembre.

[67] DOMINGUEZ IZQUIERDO, E. Mª.: "El nuevo sistemas de penas a la luz de las reformas". En *Estudios sobre el Código penal reformado (Leyes Orgánicas 1/2015 y 2/2015)*, Morillas

político del electorado y propiciado por la exigencia de un incremento punitivo ante la sensación de impunidad que ha sido falsamente creada, utilizando argumentos claramente defensivos en el Preámbulo de la Ley 1/2015[68]. El principio de resocialización preside el cumplimiento de la pena y por lo tanto resulta incompatible con la pena a perpetuidad[69] y el derecho a la dignidad a que se refieren el artículo 10 de la Constitución española y el artículo 3 del CEDH.

Por otro lado, y en relación con la constitucionalidad de esta medida en el Ordenamiento penal alemán, y partiendo del hecho de que en este Ordenamiento no existe una disposición similar a la del artículo 25.2 de la Constitución española, destaca el pronunciamiento del Tribunal sobre la cadena perpetua para el caso de asesinato (§211, párrafo 1 StGB). El contenido del pronunciamiento sobre este supuesto[70] se puede resumir del siguiente modo:

1. La condena a prisión perpetua para el caso de asesinato es compatible con la Ley Fundamental, de conformidad con los criterios que se enuncian a continuación.
2. De acuerdo con el estado actual del conocimiento, no puede determinarse que el cumplimiento de una pena de cadena perpetua –de conformidad con las disposiciones de la Ley de Ejecución Penal, y tomando en consideración la actual práctica del indulto– conduzca forzosamente a daños irreparables de tipo físico o psíquico que lesionen la dignidad humana (art. 1, párrafo 1 de la Ley Fundamental).
3. A los presupuestos del cumplimiento de una pena dentro del marco de la dignidad humana, pertenece el que los condenados a prisión perpetua tengan al menos una oportunidad de gozar nuevamente de la libertad. La posibilidad de un indulto no es por sí sólo suficiente; antes bien, el principio del Estado de Derecho ofrece los presupuestos bajo

---

Cueva, L. (Dir.), Dykinson, Madrid, 2015, págs. 143 y ss. Vid., asimismo los comentarios realizados por TAMARIT SUMALLA, J.M.: "La prisión permanente revisable". En *Comentarios a la Reforma Penal de 2015*. Quintero Olivares, G. (Dir.), Aranzadi, Navarra, 2015 y VIVES ANTÓN, T.S.: "La reforma penal de 2015: una valoración genérica". En *Comentarios a la reforma del Código Penal de 2015*. González Cussac, J.L. (Dir.), Tirant lo Blanch, Valencia, 2015.

[68] Acerca de las razones de política criminal esgrimidas, vid. MAPELLI CAFARENA, B.: "La cadena perpetua", *El Cronista del Estado Social y Democrático de Derecho*, abril, 2010, págs. 28 y ss.

[69] Como señala la STS de 18 de mayo, el principio de humanidad debe orientar al legislador a adoptar unas penas que tengan en cuenta la dignidad del penado, evitando la crueldad y el sufrimiento tanto físico como psíquico. La STS de 14 de noviembre de 2008, reconoce expresamente la incompatibilidad de la pena de prisión perpetua con lo dispuesto en el artículo 15 de la Carta Magna.

[70] Vid. la Sentencia BVerfGE 45, 187. En esta Sentencia, el Tribunal Constitucional Federal alemán expuso de forma clara: "La historia de la justicia penal muestra claramente que en lugar de las penas más crueles siempre han entrado en juego penas más benignas. Ha continuado el progreso de las más brutales formas de punición a las más humanas, de las más sencillas a las más diferenciadas, en lo cual se reconoce el camino que todavía hay que recorrer", t. 45, pág. 229. VAN ZYL SMIT, WEATHERBY/CREIGHTON: "Whole Sentences and the tide of European Human Rights Jurisprudence: What is to be done", op.cit.

los cuales la ejecución de una pena de prisión perpetua puede suspenderse, así como para reglamentar el proceso aplicable a tal efecto.

Por otra parte, también podemos encontrar argumentos sobre el respeto a los principios de legalidad y el principio de respeto a la dignidad humana, en la Sentencia de la Primera Sala, de 21 de junio de 1977[71]. Así, respecto al principio de legalidad, se parte de la consideración de que en el campo de la lucha contra la delincuencia, en donde se establecen los más altos requisitos de justicia, el art. 1, párrafo 1 de la Ley Fundamental determina la concepción de la esencia de la pena y de la relación entre culpa y expiación. El principio *nulla poena sine culpa* tiene el rango de un principio constitucional (BVerfGE 20, 323 [331]). Toda pena debe estar en adecuada proporción con la gravedad del hecho punible y la culpa del delincuente (BVerfGE 6, 389 [489]; 9, 167 [169]; 20, 323 [331]; 25, 269 [285 y ss.]).

Y respecto al mandato de respetar la dignidad humana, este significa especialmente, que se prohíben las penas crueles, inhumanas y denigrantes (BVerfGE 1, 332 [348]; 6, 389[439]). El delincuente no puede convertirse en simple objeto de la lucha contra el crimen con violación de sus derechos al respeto y a la protección constitucional de sus valores sociales (BVerfGE 28, 389 [391]). Los presupuestos básicos de la existencia individual y social del ser humano deben conservarse. Del artículo 1, párrafo 1 de la Ley Fundamental, en relación con el principio del Estado social, se deduce la obligación del Estado –y esto es válido en especial para la ejecución de las penas– de garantizar un mínimo de existencia que asegure ante todo una vida acorde con la dignidad humana. Por ello, sería incompatible con este concepto de dignidad humana que el Estado se apropiara de la facultad de privar de la libertad a las personas sin darles por lo menos la posibilidad de poder obtenerla nuevamente, pues el núcleo de la dignidad humana se ve conculcado si se obliga al condenado, independientemente del desarrollo de su personalidad, a abandonar toda esperanza de volver a obtener su libertad. Y a estos efectos, el instituto del indulto –por sí solo– no es suficiente para satisfacer las exigencias constitucionales.

Pero, examinando más detenidamente la problemática planteada en el Ordenamiento alemán, el pronunciamiento del Tribunal Constitucional Federal mantuvo, como hemos visto, la constitucionalidad en la sentencia del 21 de junio de 1977 (BVerfGE 45,187)[72] y después lo confirmó repetidamente (BVerfGE 72

[71] Vid. 1BvL 14/76. Esta sentencia se declarará en favor del mantenimiento de esta pena por considerar que es necesaria para reforzar la conciencia jurídica y el sentimiento de seguridad jurídica.

[72] Esta Sentencia fue dictada tras la presentación del recurso del Tribunal regional Verden 1976 980. Antes, el Tribunal Constitucional Federal había rechazado admitir un recurso de inconstitucionalidad contra la ejecución de la pena privativa de libertad a perpetuidad conforme al §93a apartado 3 BVerfGE. Recurso del 30 de noviembre de 1967 –1 BvR 511/67–. El Tribunal Supremo Federal había declarado explícitamente constitucional la pena privativa de libertad a perpetuidad por homicidio, BGH NJW 1976, 1755; vid., también BverfGE 45 187, 201 y siguientes, dictámenes emitidos por la Cámara Federal de Casación Penal del Tribunal Supremo Federal.

105; BVerfG StV 1992 25; BVerfGE 86 288). Si la resolución se limitaba a la conminación de la pena privativa de libertad a perpetuidad por asesinato, el Tribunal Constitucional Federal ampliaba en lo sucesivo los principios correspondientes a la conminación de la pena privativa de libertad a perpetuidad en otros resultandos[73]. La declaración central de la Sentencia es que el principio del Estado de Derecho requiere una "judicialización de la indulgencia practicada hasta el momento" para la pena privativa de libertad a perpetuidad. Un cumplimiento de la pena digno del ser humano presupone que el procesado tiene una oportunidad concreta, y fundamentalmente también realizable, de recuperar su libertad. El legislador debe, por tanto, reglamentar el sobreseimiento de la pena privativa de libertad a perpetuidad, de ahí su reacción incorporando el §57a y §57b[74], con lo que la pena privativa de libertad a perpetuidad obtuvo una nueva cualificación[75].

La doctrina alemana ha considerado que la tarea del Tribunal Constitucional Federal en relación con el legislador ha sido explícitamente cumplida[76], basándose en la constitucionalidad de la pena privativa de libertad a perpetuidad en su nueva forma[77]. SCHMIDHÄUSER[78] interpreta la sentencia del Tribunal Constitucional Federal y explica que la conminación y la imposición de la pena privativa de libertad a perpetuidad es constitucional y que su ejecución resulta, sin embargo, inconstitucional, trasladándose la discusión a otros ámbitos, principalmente al sistema de los delitos de homicidio[79] y a la cláusula de la gravedad de la culpa a que se refieren el § 57a apartado 1 párrafo 2 número 2 y el § 57b[80].

Atendiendo a las teorías sobre el objetivo de la pena, las Resoluciones del Tribunal Constitucional Federal 45, 187, 253 y siguientes proporcionaron una aportación de consolidación, de modo que éste ha declarado como constitucional la "teoría unificadora" o "mixta" dominante y la aplicación, en los cumplimientos individuales, de todos los objetivos que integran la pena[81]. Se muestra la inclinación del Tribunal Constitucional Federal mucho más en favor de los objetivos de prevención –y especialmente, en favor de la prevención especial positiva (resocialización) y la prevención general positiva (reforzamiento de la consciencia sobre el Derecho)–, así como en favor del planteamiento de la compensación de culpas (expiación), que los que la jurisprudencia del Tribunal Supremo Federal aplica en la graduación de la pena[82]. Así pues, el Tribunal Constitucional Federal tuvo

---

73 Vid. HÄGER, J., ult. cit. (marginal 17).

74 Vid. HÄGER, J., en AA.VV.: Strafgesetzbuch Leipziger Kommentar, op.cit., Berlín, p. 126 y ss., marginales 18 a 26.

75 Ibidem, marginal 28.

76 Vid. *Jescheck/Welgend* § 72 I 2 y 3; *Maurach/Gössel/Zipf* § 59 marginal 16; *Sch/Schröder/Stree* § 38 marginal 3.

77 Vid. *Blel* I § 104 II; *Tröndle/Fischer* § 38 marginal 2a; *Lackner/Kühl* § 38 marginal 2.

78 Juristische Rundschau 1978 265, 271 y Studienbuch 15/6.

79 Vid. HÄGER, J., op.cit., marginales 30 a 34.

80 Ibidem, marginales 18 a 25.

81 Vid. BVerfGE 28 264, 278 y 32 98, 109.

82 Además, el Tribunal Constitucional Federal amplió en las siguientes resoluciones el ámbito de aplicación de los principios de las BVerfGE 45, 187: si la sentencia en cuestión se

en cuenta los dos supuestos en que las circunstancias agravantes conllevan motivos para prescindir de la atenuación de la pena según el §21: por un lado, tiene gran importancia el carácter reprochable especial del delito, en particular en su ejecución; por otro, una atenuación de la pena ya no es indispensable cuando el autor del delito ha provocado, por su propia culpa, la situación de culpabilidad reducida. Aquí existe una conexión entre el Tribunal Constitucional Federal y la jurisprudencia del Tribunal Supremo Federal[83].

En suma, la jurisprudencia alemana, partiendo de la idea de que la contemplación del indulto no es suficiente para garantizar la constitucionalidad de la medida, insiste en la necesidad de un régimen de suspensión de la condena que permita la resocialización o reinserción del delincuente, en unos términos que son los que van a hacer compatible la medida con los principios constitucionales, régimen que deberá necesariamente ser regulado por Ley.

En cualquier caso, y compartimos la opinión de MORILLAS CUEVA[84], en absoluto consideramos necesaria la introducción en el Ordenamiento español de la pena de prisión permanente revisable, atendiendo a parámetros político-criminales, dando lugar a un injustificable endurecimiento de las penas, en el marco de un expansionismo negativo e irracional del Derecho penal. En el resto de Europa y, en particular, en Alemania, no se constata, en la actualidad, una tendencia al endurecimiento de las penas.

V. CONCLUSIÓN

Atendiendo al artículo 3 del Convenio Europeo de Derechos Humanos, nadie puede ser sometido a tortura ni a penas inhumanas o degradantes. Por lo tanto considero que el régimen de la pena de prisión permanente revisable o "cadena perpetua" podría llegar a vulnerar este artículo en el sentido examinado, estando fuera de lugar en la sociedad actual.

---

relacionaba especialmente con la constitucionalidad de la pena privativa de libertad a perpetuidad por asesinato, el Tribunal Constitucional Federal ratificaba inmediatamente después la constitucionalidad de la pena privativa de libertad a perpetuidad también para su conminación por homicidio en casos especialmente graves, y por traición a la patria en casos especialmente graves (BVerfGE 45, 363, 370). De esta forma, el Tribunal Constitucional Federal dispuso que la imposición de la pena privativa de libertad a perpetuidad contravendría la Constitución si se tratase de un asesino con culpabilidad notablemente reducida, en casos especialmente sencillos, y no cuando la pena es proporcional debido a unas circunstancias del delito considerablemente agravantes (BVerfGE 50 5).

[83] Vid. BGH en Dallinger Monatshirft für Deutches Recht, 1972 16 y 570; BGH, MDR 1960 938; y en relación con el desarrollo de la jurisprudencia, BGH NStZ 1986 114, 115.

[84] Vid. MORILLAS CUEVA, L.: "Pena de prisión versus alternativas: una difícil convergencia", op. cit., pág. 463. Vid. asimismo, y con parecidas críticas, los comentarios de TAMARIT SUMALLA, J.M.: "La prisión permanente revisable", op. cit. y VIVES ANTÓN, T.S.: "La reforma penal de 2015: una valoración genérica", op. cit.

Ninguna disposición del CEDH puede interpretarse en el sentido de limitar o perjudicar aquellos derechos humanos y libertades fundamentales que pudieran ser reconocidos en el Convenio, de acuerdo con su artículo 53. Partiendo de la consideración de que, en principio, toda persona tiene derecho a la libertad, nadie puede ser privado de ella, salvo en casos concretos que establece el artículo 5 del CEDH.

Al igual que el artículo primero del Protocolo nº 6 al Convenio para la Protección de los Derechos Humanos y de las Libertades Fundamentales relativo a la abolición de la pena de muerte dispone la necesaria abolición de esta pena, considero que la pena de prisión permanente revisable debería ser también abolida, porque resulta igualmente degradante para la persona y es comparable a ésta o peor si cabe. Cuando un sujeto muere deja de sufrir, en cambio con la pena de prisión permanente revisable, el sufrimiento continúa de por vida, lo que resulta inhumano y degradante para el penado[85].

La incorporación de la pena de prisión permanente revisable ha supuesto, sin duda, en el Ordenamiento jurídico español, un acercamiento a un cierto retribucionismo, contrario a las más modernas tendencias penalistas europeas, cada vez más inclinadas a los postulados garantistas conectados a la prevención especial.

A pesar de los argumentos esgrimidos en favor de la introducción de la pena de prisión permanente revisable –la especial gravedad de los delitos para los que se prevé, así como el hecho de que se trate de compatibilizar la respuesta penal ajustada a la gravedad de la culpabilidad, con la finalidad de reeducación a la que debe orientarse la ejecución de la pena de prisión, no constituyendo una pena "definitiva"–, así como el hecho de que aparezca como un modelo extendido en el Derecho europeo, habiendo considerado el TEDH que se ajusta al CEDH, con las importantísimas matizaciones realizadas en los casos Vinter y Hutchinson, a que ampliamente nos referimos, y el pronunciamiento, en sentido similar, y de forma indirecta, del Consejo de Estado español, no significa que no nos encontremos ante argumentaciones muy discutibles. Y en todo caso, queda clara la línea retribucionista-preventivo general a la que estamos asistiendo en las últimas reformas en España.

La posibilidad de aplicación de una pena de hasta 40 años y el cumplimiento íntegro de la condena en los casos más graves, previsto en el artículo 78 CP español, muestran la innecesariedad de la prisión permanente revisable, así como los más que dudosos parámetros resocializadores y reeducadores del delincuente que pretende conseguir la introducción de esta pena. Y además de que no es necesaria, difícilmente se va a adecuar a los parámetros exigidos por el artículo 25.2 de la Constitución[86].

---

85 En este orden de cuestiones, se creó el Comité Europeo, regulado en el artículo 1 del Convenio Europeo para la Prevención de la Tortura y de las Penas o Tratos Inhumanos o Degradantes. Por medio de visitas, este Comité examinará el trato dado a las personas privadas de libertad para reforzar, llegado el caso, su protección contra la tortura y las penas o tratos inhumanos o degradantes.

86 Vid., en este sentido, MORILLAS CUEVA, L.: "Pena de prisión versus alternativas: una difícil convergencia", op. cit., pág. 462.

Por el contrario, y en la línea seguida por otros ordenamientos europeos como el francés, el Ordenamiento alemán, tal como hemos examinado, posibilita la suspensión de la ejecución del resto de la pena privativa de la libertad perpetua, para conceder la libertad condicional en un plazo bastante menor, en concreto cuando se hayan cumplido quince años de ejecución de la pena, exigiéndose, además, que la especial gravedad de la culpa del condenado no imponga el ulterior cumplimiento; y, en su caso, atendiendo a los presupuestos del §57 inciso 1 frase 1 numerales 2 y 3. Y esta regulación, en comparación con la española, aparece mucho más acertada en orden a la posible resocialización de los penados. Además, en la Constitución alemana no existe ningún precepto que, en modo parecido al artículo 25.2 de la Constitución española, consagre explícitamente la finalidad resocializadora y reeducadora de la pena.

El régimen jurídico de la pena de prisión permanente revisable incorporado al Código español prevé la posible revisión a los veinticinco años, pero teniendo en cuenta los requisitos para esta revisión, podría convertir realmente esta pena en una cadena perpetua –el condenado puede ser considerado como no apto para la reinserción–. Y resulta evidente que, si esto es así, supondría abiertamente un atentado contra la Constitución, y en particular una vulneración del artículo 15 CE y el artículo 3 CEDH –la pena llegaría a ser inhumana o degradante, al no existir una expectativa clara en relación con la posibilidad de abandonar la prisión– y sobre todo, del artículo 25.2 CE, ya que esta pena sería absolutamente incompatible con el principio de reeducación o reinserción de los condenados a penas privativas de libertad.

El Código penal español se ha convertido en uno de los más severos comparado con los aplicados en los demás países europeos, entre los que nos hemos referido, en particular, a Alemania, a pesar de que la pena de prisión permanente revisable se prevea aplicar tan solo en determinados supuestos "excepcionales". Y sin duda, la parte "mínima" de prisión –periodo de seguridad– para poder obtener la libertad, junto a las demás condiciones o requisitos examinados –tercer grado y pronóstico de reinserción favorable–, hacen que esta pena resulte mucho más gravosa que la "cadena perpetua" alemana que, entendemos, sí se puede considerar como realmente revisable y plenamente acorde con los postulados de la función preventiva de la pena. Resulta más que dudosa, a nivel general, la posible reinserción del condenado en España por esta pena, y siempre tras un período "mínimo" que no deja de ser realmente elevado en muchos de los casos. Sin duda alguna, la incorporación de esta pena debería haber previsto las suficientes garantías procesales para procurar que los condenados estén protegidos contra decisiones arbitrarias. El régimen vigente podría conducir a la declaración de su inconstitucionalidad, además de suponer la vulneración del art. 3 CEDH, según la reciente doctrina del TEDH.

La introducción de la pena de prisión permanente revisable ha constituido el núcleo esencial del endurecimiento de las penas que consagra la última reforma del Código penal español que, en nuestra opinión, ni solucionará ningún problema del régimen de penas hasta ahora vigente, ni va a garantizar un mayor nivel de seguridad, exigido por una supuesta "alarma social". La progresiva evolución de la legislación española hacia una humanización de las penas, partiendo del artículo 25.2 CE, se puso de manifiesto de forma especial en el CP de 1995, en el que el fundamento esencial lo constituían los principios de legalidad, culpabilidad y de intervención mínima[87]. A partir de aquí, ya en la reforma de 2003, se comienza a modificar sustancialmente la orientación político-criminal, incidiendo en el carácter retributivo de las penas, para finalmente, y tras la reforma de 2010, introducir, en la reforma de 2015, la pena de prisión permanente revisable.

Y podemos traer aquí a colación las palabras del profesor ROXIN, en su acertada crítica a las tesis retribucionistas, que conllevan una ejecución de la pena alejada de los presupuestos resocializadores, cuando afirma: "una ejecución de la pena que parte del principio de la imposición de un mal no puede reparar los daños en la socialización, que a menudo constituyen la causa de la comisión de delitos, y por ello no es un medio adecuado de lucha contra la delincuencia"[88]. A nuestro entender, esto es lo que sucede con el régimen jurídico de la pena de prisión permanente revisable introducida en el Código penal español.

---

[87] Vid. CEREZO MIR, J.: *Curso en Derecho Penal Español. Parte General I*, sexta edición, incorporando las reformas introducidas en nuestro Código penal en el año 2003, Madrid, 2004, pág. 154.

[88] Vid. ROXIN, C.: *Derecho Penal. Parte General, Tomo I. Fundamentos. La estructura de la teoría del delito*, op. cit., pág. 84, añadiendo que "si la finalidad del Derecho Penal consiste en la protección subsidiaria de bienes jurídicos, entonces, para el cumplimiento de este cometido, no está permitido servirse de una pena que de forma expresa prescinda de todos los fines sociales".

Capítulo decimoséptimo
El sistema de penas en Inglaterra y Gales

Javier Valls Prieto
Profesor Titular de la Universidad de Granada

Sumario: I. Introducción.- II. Pena de prisión: *1. Cadena perpetua 2. Pena de prisión*.- III. Multas.- IV. Penas en beneficio de la Comunidad.- V. Las directrices para imponer las penas.- VI. Conclusiones.

I. INTRODUCCIÓN

La pena es la segunda parte de la norma penal después de la conducta que se quiere castigar. A principios del siglo XX fue la base de los estudios de Derecho Penal en España y poco a poco se ha ido retrotrayendo como objeto de investigación. Sin embargo, hay que señalar su importancia, sobre todo desde la aplicación práctica del Derecho Penal y desde los principios de interpretación mínima y de resocialización.

Las novedades que se han presentado desde el Código de 1995 han sido importantes. No hace falta recordar como la pena de arresto de fin de semana, que podría tener un efecto teórico muy positivo pero que, sin embargo, por motivos presupuestarios y, probablemente, por no haberse entendido bien su utilización fue un auténtico fracaso. Con la última reforma se ha añadido la pena de prisión permanente revisable, copiando a otros sistemas penales de nuestro entorno, como pueda ser el Derecho penal alemán o el inglés. En principio se ha explicado como un trato más duro y férreo contra determinados criminales que se les considera peligrosos, intentando dar un nuevo giro de tuerca al sistema penal para castigar con mayor dureza a los criminales que son considerados como más peligrosos para la sociedad. Para ello vamos a estudiar cómo funciona el sistema de penas en Inglaterra y Gales de manera que podamos ver un ejemplo de lo que nos puede deparar el sistema, aunque ya cabe adelantar que no va a ser un resultado muy agradable para el legislador español si su propósito era endurecer el castigo todavía más.

Nuestro sistema penal diferencia tres tipos de penas: graves, menos graves y leves. Dentro de las primeras se encuentran:

a) La prisión permanente revisable.

b) La prisión superior a cinco años.

c) La inhabilitación absoluta.

d) Las inhabilitaciones especiales por tiempo superior a cinco años.

e) La suspensión de empleo o cargo público por tiempo superior a cinco años.

f) La privación del derecho a conducir vehículos a motor y ciclomotores por tiempo superior a ocho años.

g) La privación del derecho a la tenencia y porte de armas por tiempo superior a ocho años.

h) La privación del derecho a residir en determinados lugares o acudir a ellos, por tiempo superior a cinco años.

i) La prohibición de aproximarse a la víctima o a aquellos de sus familiares u otras personas que determine el juez o tribunal, por tiempo superior a cinco años.

j) La prohibición de comunicarse con la víctima o con aquellos de sus familiares u otras personas que determine el juez o tribunal, por tiempo superior a cinco años.

k) La privación de la patria potestad.

Dentro de las segundas:

a) La prisión de tres meses hasta cinco años.

b) Las inhabilitaciones especiales hasta cinco años.

c) La suspensión de empleo o cargo público hasta cinco años.

d) La privación del derecho a conducir vehículos a motor y ciclomotores de un año y un día a ocho años.

e) La privación del derecho a la tenencia y porte de armas de un año y un día a ocho años.

f) Inhabilitación especial para el ejercicio de profesión, oficio o comercio que tenga relación con los animales y para la tenencia de animales de un año y un día a cinco años.

g) La privación del derecho a residir en determinados lugares o acudir a ellos, por tiempo de seis meses a cinco años.

h) La prohibición de aproximarse a la víctima o a aquellos de sus familiares u otras personas que determine el juez o tribunal, por tiempo de seis meses a cinco años.

i) La prohibición de comunicarse con la víctima o con aquellos de sus familiares u otras personas que determine el juez o tribunal, por tiempo de seis meses a cinco años.

j) La multa de más de tres meses.

k) La multa proporcional, cualquiera que fuese su cuantía, salvo lo dispuesto en el apartado 7 de este artículo.

l) Los trabajos en beneficio de la comunidad de treinta y un días a un año.

Finalmente son leves:

a) La privación del derecho a conducir vehículos a motor y ciclomotores de tres meses a un año.

b) La privación del derecho a la tenencia y porte de armas de tres meses a un año.

c) Inhabilitación especial para el ejercicio de profesión, oficio o comercio que tenga relación con los animales y para la tenencia de animales de tres meses a un año.

d) La privación del derecho a residir en determinados lugares o acudir a ellos, por tiempo inferior a seis meses.

e) La prohibición de aproximarse a la víctima o a aquellos de sus familiares u otras personas que determine el juez o tribunal, por tiempo de un mes a menos de seis meses.

f) La prohibición de comunicarse con la víctima o con aquellos de sus familiares u otras personas que determine el juez o tribunal, por tiempo de un mes a menos de seis meses.

g) La multa de hasta tres meses.

h) La localización permanente de un día a tres meses.

i) Los trabajos en beneficio de la comunidad de uno a treinta días.

En el sistema inglés y galés, tal y como viene redactado en la *Criminal Justice Act* de 2003 se distinguen tres tipos de penas únicamente: las penas de prisión, las multas y las penas en beneficio de la sociedad. Estas últimas son un conjunto de medidas de variada índole que tienen como fin el prevenir de forma muy concreta las causas del delito. Así, por ejemplo, se le puede prohibir a alguien regentar bares si el motivo del delito que ha cometido está íntimamente relacionado con el consumo de alcohol. O en la pena de toque de queda implica el restringir la salida de un determinado lugar a unas horas concretas con el fin de evitar que se produzcan las mismas circunstancias que produjeron el delito.

Aunque la forma de clasificación de las penas tienen su orientación en causas diferentes, en el español su duración mientras que en el inglés y galés es el objetivo que se persigue, es cierto, que las penas se parecen mucho en los dos sistemas. Si a esto añadimos el hecho de que los principios inspiradores de las mismas son parecidos nos encontramos con unas penas que se parecen mucho entre sí.

Aquí hay que indicar que a la hora de comparar no podemos centrarnos únicamente en los conceptos y definiciones que tienen. Cada lenguaje jurídico es diferente, con una tradición jurídica variada y que no permite encontrar un par perfecto en el otro sistema que permita comparar como si fuese la imagen en un espejo. En nuestro caso nos hemos centrado a la hora de hacer el estudio, en cómo se definen cada una de las figuras jurídicas en la normativa inglesa y galesa, intentando al traducir los términos buscar el equivalente en nuestro sistema penal basándonos en la función que cumplen y cuáles son sus fines. Así, la pena de *Life Imprisionment* se ha traducido por cadena perpetua, ya que aunque su formulación es parecida a la de nuestro país, no es menos cierto que su origen no era el de ser revisada, característica que se ha tenido que introducir por la jurisprudencia de los Tribunales europeos y nacionales.

Algo parecido ha ocurrido con las penas en beneficio de la comunidad, que abarcan tanto penas limitadoras de la libertad como restrictivas de derechos, estando todas dentro de un cajón de medidas dirigidas a prevenir las causas del crimen. En nuestro sistema lo más cercano que tenemos son las penas privativas de derechos. En algunos de los casos coinciden con equivalentes en nuestro sistema, en otros no.

El desarrollo de nuestra aportación a este libro colectivo va a ser el estudio de las penas en el sistema inglés y galés. El primer apartado se estudiará la pena de prisión, empezando por la pena de cadena perpetua, pasando por la prisión genérica y viendo dos casos concretos que existen en ese sistema.

En la segunda parte se analizará el sistema de multas. Figura clave en el sistema pena ya que se aplica en casi el 75% de los delitos que se comenten. Además, la posibilidad de transformar determinadas penas de prisión por el pago de una multa es algo novedoso que no es posible en nuestro sistema penal. Una de las claves de la importancia de la multa es la casi nula existencia de sanciones administrativas en la legislación inglesa y galesa. Lo cual conduce a que casi todo el conjunto de sanciones se derive hacia los Tribunales de justicia penales. Haciendo que, lo que para nosotros es una simple sanción administrativa pecuniaria en Inglaterra y Gales se solucione con un juicio aunque el resultado final sea parecido en los dos sistemas.

La tercera parte es, quizás, la que tiene figuras más novedosas para los interesados en el sistema de penas continental. Aunque muchas las tenemos incorporadas en nuestro sistema judicial, como la privación del derecho a la tenencia y porte de armas, hay otras muchas que son novedosas para nuestro sistema como la prohibición de acudir a determinados lugares o la obligación de pertenecer en casa durante determinadas horas del día. Al igual que con la utilización de dispositivos electrónicos de seguimiento y control.

La regulación actual sobre el sistema de penas en se encuentra normativizada, principalmente, en la *Criminal Justice Act* de 2003, la *Powers of Criminal Courts (sentencing) Act* 2000 y la *Legal Aid, Sentencing and Punishment of Offenders Act* 2012. La primera norma tiene un carácter principalmente procesal. Recoge funciones del fiscal, métodos de prueba, fianzas, derecho penitenciario y penas, que vienen recogidas en la parte 12. Esta nueva redacción se diferencia entre delitos peligrosos y no peligrosos como base para la pena de privación de libertad[1]. La segunda regula las competencias de los tribunales en materia penal y algunas normas procesales relativas a la aplicación de penas, que no han sido derogadas en la CJA 2003. Finalmente la tercera norma regula la asistencia letrada y una reforma de la CJA 2003 en materia de aplicación de penas.

Los principios que inspiran al sistema de penas vienen recogidos en esta norma en la sección 142 (1) y son por este orden el castigo a los delincuentes, la reducción del crimen, la rehabilitación y reforma del delincuente, protección de orden público y la reparación de las víctimas por parte de los sujetos activos. Estos principios no se aplican en los casos en que la pena ya viene determinada en el tipo, como en el caso del asesinato o en los casos de inimputables por enfermedades mentales[2].

Las penas que tiene el sistema penal de Inglaterra y Gales son: pena de cadena perpetua (*life imprisonment*), pena de cárcel, pena de custodia, multas y penas comunitarias (que abarcan los trabajos en beneficio de la comunidad).

II. PENA DE PRISIÓN

Para que se imponga una sanción privativa de la libertad se tienen que cumplir con los requisitos del párrafo 152 de la CJA 2003, que son que esté regulada por la ley y que entre en alguna de las matizaciones de las diferentes leyes: párrafo 52 A (2) de la ley de armas de fuego, los apartados 110(2) y 111(2) de la *Sentencing Act*, los apartados 26 (4) y (6) de la ley de reducción del crimen violento o los apartados 225(2) o 226(2) de la CJA 2003. Además, en el apartado segundo del párrafo 152 se limita la imposición de la pena de prisión si el Tribunal considera que el delito o concurso de delitos fue de tal importancia que no es suficiente con una multa o con una pena de beneficios para la comunidad. Si el acusado no incumple con la multa, pena en beneficio de la comunidad o no realiza los test de drogas antes del juicio, el tribunal puede considerar que se aplique una pena de prisión.

Una vez decidido que se debe imponer una pena de prisión, el siguiente paso es determinar su duración. El párrafo 153 de la CJA 2003 regula su procedimiento. La idea es que la pena sea lo más corta posible, en criterio del Tribunal, teniendo como criterio la gravedad del delito, salvo que exista una obligación legal a una pena mínima. La jurisprudencia ha considerado como criterios: ser lo más corta posible, siempre teniendo en cuenta la obligación de proteger los intereses públicos y castigar y disuadir al criminal (R v Bibi 1980) y que cuando no haya sido anteriormente condenado y la una pena más corta tenga el mismo efecto que una más larga (R v Ollerenshaw 1999)[3].

---

1 EASTON, S., PIPER, C., *Sentencing and punishment. The quest for justice,* Oxford University Press, Oxford, 2012, p. 147.

2 WASIK, M., *A practical approach to sentencing,* Oxford University Press, Oxford, 2014, p. 46.

3 HUGERFORD-WELCH, P., *Criminal Procedure and Sentencing,* Routledge, 2014, p. 276.

1. Cadena perpetua

La pena más importante de privación de libertad es la cadena perpetua[4] que puede ser obligatoria o potestativa. La obligatoria lo que hace es establecer el límite mínimo por el que se puede imponer. Regulada en los párrafos 269 y ss. de la CJA 2003, modificada recientemente por LASPOA 2012, establece que cuando el Tribunal que imponga una sentencia de cadena perpetua tiene que pasar un tiempo antes de que se lleve a la comisión de revisión, tal y como viene reguladoen el apartado 2 del párrafo 269. Se puede imponer a mayores de 18 años que hayan cometido un delito grave, según el párrafo 224, y existe un riesgo serio de que comenta un delito grave contra los miembros de la sociedad (párr. 225 CJA 2003). Por delito grave hay que entender delitos violentos o sexuales específicos cometido por un mayor de 18 años. Recientemente se ha reformado este párrafo, añadiendo más casos para los que se puede pedir cadena perpetua. Así, la nueva redacción del 224.

A permite castigar con cadena perpetua a los mayores de 18 años, si comete un delito de los regulados en la parte primera del anexo 15B de la CJA 2003, ha sido castigado con anterioridad por un delito de los regulados en el anexo 15B (en cualquiera de sus partes) que tenga una pena superior a 10 años. El Tribunal puede negarse a imponer esta sentencia si existe alguna circunstancia en relación al autor o en relación con el delito previo o al nuevo y la sentencia fuese injusta en relación a estas circunstancias[5]. Las listas de delitos están en la reforma de 2012 dentro del *Schedule* 15B y son las siguientes:

Dentro de la Parte 1, podemos clasificar las tipologías delictivas en varios grupos:

a) Delitos contra la vida e integridad física: asesinato/homicidio imprudente, pedir el asesinato de alguien, lesiones con riesgo grave para la salud, posesión de armas con intención de poner en daño a la vida,utilización de armas para evitar un arresto, utilización de armas de fuego con la intención de cometer un delito, robo con arma de fuego o imitación de arma de fuego.

b) Delitos relacionados con el terrorismo: dirigir organizaciones terroristas, posesión de material con fines terroristas, incitación al terrorismo transnacional, utilización y equivalentes de armas nucleares confines terroristas, ayuda o inducir a actos claros en conexión con determinadas armas con fines terroristas con carácter transnacional, el uso de sustancias tóxicas, cosas que causen riesgos o intimide en conexión con terrorismo, por realizar actos terroristas, creación o posesión de un dispositivo o materiales radiactivos, así mismo, utilización de aparatos o

[4] Se considera que tiene un carácter preventivo. Cfr. ASHWORD, A., ZEDNER, L., *Preventive Justice*, Oxford University Press, 2014, p. 156.

[5] WASIK, M., *A practical*..., p. 101.

material radiactivos o mala utilización o daño de instalaciones con fines terroristas, amenazas de atentado terrorista en conexión con aparatos, materiales o instalaciones radiactivas.

c) Delitos contra la libertad sexual: violación, ataques con penetración, obligar a otra persona a tomar parte en un actividad sexual, pornografía infantil, violación de un menor de 13 años, ataque con penetración de un menor de 13 años, obligar o inducir a un menor de 13 años a participar en una actividad sexual, tener alguna actividad sexual con un niño, tener algún tipo de actividad sexual en presencia de un niño, obligar a un niño a presenciar alguna actividad sexual, organiza o facilita la comisión de un delito sexual contra un menor, reunirse con un menor como consecuencia de acoso sexual y similares, mantener una actividad con un niño de la familia (si el autor es mayor de 18 años), inducir a un niño miembro de la familia a tomar parte en una actividad sexual, realizar una actividad sexual con una persona con una enfermedad mental que impida consentir si el autor es penado con una pena de cadena perpetua, lo mismo para obligar o inducir a participar en una actividad sexual, inducción, amenaza o engaño para conseguir actividad sexual con una persona con enfermedad mental cuando el autor tenga las mismas condiciones anteriores,solicitar servicios sexuales de menor de 16 años, en relación a pornografía o prostitución de menores o su inducción, distribución o gestión de prostitución o pornografía infantil, comisión de un delito como tentativa para cometer un delito sexual si el autor se encuentra con un pena de cadena perpetua por un Tribunal de la Corona.

d) Delitos cometidos dentro del entorno familiar: homicidio de un niño o un adulto dependiente o por permitirlo en casos de violencia en el ámbito familiar.

e) Casos de tentativa o concurso: la tentativa de alguno de los delitos señalados en estos delitos o la tentativa de homicidio, conspiración para cometerlos o la inducción a cometerlos. Cualquier delito de la parte segunda de la *Serious Crime Act* 2007 en conexión con cualquier delito de los anteriormente nombrados en el cual la persona intente o crea que puede ser cometido. Finalmente, la participación, complicidad, ayuda intelectual u conseguir la comisión de un delito de los señalados.

Los delitos de Parte 2 con cadena perpetua en Inglaterra y Gales son los siguientes: Asesinato, cualquier delito que haya sido abolido antes de la entrada en vigor de este anexo y estuviera recogido en la Parte 1 de este anexo, si se cometió en el día pertinente. Por día pertinente se entiende, para los casos de la párrafo 246A(2), el día en el que el autor condenado por ese delito y para los fines de este párrafo cumple con los fines del párrafo 224A(2) y 226A(2), el día en que el autor fue condenado, el día en que el autor fue condenado por el delito referido al párrafo 224A(1)(a) o 226A(1)(a).

La tercera Parte corresponde a los delitos cometidos por miembros de las fuerzas armadas que son considerados como delitos civiles, es decir, aquellos que son juzgados por las tribunales civiles y que está regulado en por la ley de Inglaterra, pudiendo ser cometido por cualquier otro ciudadano[6]. De la misma forma se castiga a los afectados por la *Armed Forces Act* 2006, en cuyo párrafo 42. En ambos casos se castiga la conspiración, tentativa, etc.[7]

Finalmente, en la Parte 4 se castiga con cadena perpetua los casos de delitos cometidos en los sistemas jurídicos de Escocia, Irlanda del Norte o un estado miembro diferente del Reino Unido para los supuestos en que se regula la cadena perpetua en Inglaterra y Gales, si el delito es cometido en Escocia, Irlanda del Norte o cualquier estado miembro y si fuese cometido en Inglaterra y Gales en el tiempo en que se está en prisión, entraría en los apartados 1 y 2 de este anexo[8].

Una vez cumplido el periodo de prisión (*Tariff*) el condenado puede solicitar la salida de prisión al *Parole Board*. Esta institución creada en 1967 es la encargada de revisar la situación del condenado y emitir un informe que no es vinculante al Ministerio del Interior, quien posee en última instancia la decisión de liberarlo o no[9]. El tiempo necesario para que se revise la condena puede ser de tres tipos: a los 15 años, a los 30 años y toda la vida[10]. Así, a modo de ejemplo, por el asesinato de dos o más personas el límite es a partir de 30 años. Para un homicidio sin especiales características sería 12 años[11]. Para tener una idea los datos estadísticos nos señalan que en la década que va del 2000 al 2010 la media de años en prisión es de 15,50 años por el delito de homicidio[12]. La pena de cadena perpetua obligatoria en esa misma década fue de una media de 127 y con una media de 14,40 años hasta que empezó a ser revisable[13]. Esta disparidad entre los años de cumplimiento se debe a que el Ministro de Interior puede decir la excarcelación antes de cumplidos los años por motivos de salud y criterios humanitarios.

Condenado y cumplido el tiempo mínimo pasa al órgano judicial (*Parole Board*) encargado de la revisión. Su decisión de puesta en libertad depende del criterio de peligrosidad[14]. Y en todo caso el acusado está bajo vigilancia todo este tiempo. Si el órgano judicial considera como positiva, dará informe al Ministro del Interior, quien es el último y único con poder para conceder la *Licence,* la libertad está condicionada a estar bajo vigilancia judicial.

---

[6] Párrafo 70 de la ArmyAct 1955, párrafo 70 de la Air ForceAct 1955 y el párrafo 42 de la Naval Discipline Act 1957.

[7] Párrafo 48 de la ArmedForcesAct 2006.

[8] Apartado 49 de la Parte 4 del anexo 15.

[9] MITCHELL, B., ROBERTS, J.V. *Exploring the mandatory life sentence for murder*, Oxford and Portland, Oregon, 2012, p. 41.

[10] Anexo 21 de la Criminal JusticeAct 2003.

[11] Cfr. ROIG TORRES, M., *Cadena perpetua en el derecho alemán y británico. La prisión permanente revisable*, Iustel, Valencia, 2016, p. 70.

[12] MITCHELL, B., ROBERTS, J.V. *Exploring...*, p. 49.

[13] Ibid., p. 50.

[14] WASIK, M., *A practical...*, p. 105.

2. Pena de prisión

Las penas de prisión se imponen en los casos en que el caso es lo suficientemente grave como para la necesidad de privar de libertad al sujeto. El párrafo 153 de la CJA 2003 regula la duración de la condena, siempre bajo el principio de que debe tener la duración más corta posible[15].

Se puede distinguir dos casos que se salen del sistema normal de condena. Las penas obligatorias y las inferiores a 12 meses. En el primer supuesto son los casos de Tráfico de drogas de Clase A, robo en vivienda, delitos cometidos con armas de fuego, delitos cometidos con armas peligrosas y, como excepción, las reglas de reducción de pena por declararse culpable[16].

En el primer caso se condena a una pena de mínimo siete años[17] cuando el autor es condenado por tercera vez por tráfico de drogas clasificadas como A[18]. También se pone una pena agravada por el tercer delito de robo en vivienda con una pena de tres años[19]. En el párrafo 51 A de la ley de armas de fuego,*Firearms Act* 1968, regula diferentes delitos cometidos por un mayor de 18 años, como resistirse con arma de fuego a una detención, querer causar alarma con arma de fuego, poseer esta con el fin de causar lesiones, etc., y se les impone una pena mínima de cinco años, y de tres si es menor de 18 años. Las mismas penas se impondrán en los casos regulados en el párrafo 29 de la *Violent Crime Reduction Act* 2006, en la que se sanciona la utilización de cuchillos o similares para cometer un delito. Finalmente, se pone una pena mínima por reducción de condena por declararse culpable, siendo la reducción máxima del 80% de la pena que le correspondería por el delito[20].

En el caso de las penas inferiores a 12 meses[21] las penas han de estar en semanas, como mínimo ha de ser de 28 semanas y un máximo de 51 por delito. En caso de concurso las penas no podrán superar las 65 semanas de prisión.

III. MULTAS

El sistema de multas se encuentra regulado en los párrafos 162 y ss. de la CJA 2003. Se define como la cantidad de dinero que el sujeto debe entregar en un determinado plazo por orden de un Tribunal dependiendo de sus circunstan-

---

[15] HUNGERFORD-VELCH, P., *Criminal...*, p. 276.

[16] WASIK, M., *A practical...*, pp. 126 y ss.

[17] Párrafo 111 de la PCC(S)A 2000.

[18] Clasificadas como tal son casi todos los opiáceos, algunos precursores, alucinógenos, Metanfetamina y cocaína y sus derivados. Drogas duras.

[19] Párrafo 112 de la PCC(S)A 2000.

[20] HUNGERFORD-VELCH, P., *Criminal...*, p. 277.

[21] Párrafo 181 de la Criminal JusticeAct 2003.

cias económicas[22]. La cantidad prescrita como máxima es 5.000 libras según la *Magistrate´s Courts Sentencing Act* 1980[23] y la mínima es de 200. La escala se divide en cinco niveles[24]: el primero se castiga con 200 libras, el segundo con 500, el tercero con mil, el cuarto con 2.500 y el quinto con 5.000[25]. En los casos en que el autor pueda justificar la ausencia de recursos la multa máxima será la de nivel 3. Todos los delitos, salvo el de asesinato se pueden sancionar con una pena de cadena perpetua y algunos delitos en los que se exige pena de prisión[26], es por esto que la pena más común es la multa[27].

Si un acusado se declara culpable se le podrá poner una multa en sustitución de la pena que le corresponda[28] dependiendo de su capacidad financiera y si la ley permite de forma expresa la sustitución. El sistema aceptado es el del sistema de día multa que ya existía en Estados Unidos y en Escandinavia[29]

En el caso de tratarse de un delito grave (*indictment*) el Tribunal de la Corona puede imponer sentencias de multa siempre que cumplan con los requisitos de los párrafos 110(2) o 111(2) de la *Sentencing Act* o con los de los párrafos 225(2) o 226(2) de la CJA 2003[30]. Para estos casos existe una nueva regulación en el párrafo 85 de la LASPOA 2012, pudiendo sancionar a cualquier mayor de edad a una pena máxima sin límite, siendo el límite máximo por defecto para pagar de 12 meses[31]. Para los casos de las multa el nuevo sistema se aplica de la siguiente manera dependiendo de la gravedad del delito y de la capacidad económica del sujeto. Las multas se clasifican en cinco niveles, de la A a la E. Para los casos más leves, grado A, se le pone un punto de inicio del 50% de los ingresos brutos semanales[32] y se podrá imponer entre un 25 a un 75% del ingreso semanal. Para las de grado B, el punto de inicio es del 100% y el rango va del 75 a un 125% del ingreso semanal. Para el grado C, se comienza por el 150% de los ingresos semanales y la puede modular desde el 125 al 175%[33]. Estos tres niveles son para los delitos considerados como no graves. Para los casos de trabajos para la comunidad existe el nivel D, cuyo punto de inicio es 250% de los ingresos brutos semanales y tiene un margen de discreción entre el 200 y el 300%. Finalmente para las penas privativas de libertad, el nivel E, empieza con 400% y tiene unos márgenes de 300

---

22 Apartado 162 de la Criminal JusticeAct 2003.Cfr. Hungerford-Velch, P., *Criminal…*, p. 293.

23 Apartado 32(9) de la Magistrate´s Courts Sentencing Act 1980.

24 HUNGERFORD-VELCH, P., *Criminal…*, p. 292.

25 Las cantidades se han ido adaptando al incremento del dinero.

26 WASIK, M., *A practical…*, p. 195.

27 El 72% de los delitos está castigado con una multa *https://www.sentencingcouncil.org.uk/about-sentencing/types-of-sentence/fines/* (visitado 21/12/2016).

28 Párrafo 162(2) de la CJA 2003.

29 EASTON, S., PIPER, C., *Sentencing…*, p. 337.

30 Todos los casos en que la ley obliga a una pena de prisión o de cadena perpetua.

31 Anexo 4 de la Magistrate´sCourtAct 1980.

32 En los casos de autónomos, son los ingresos después de descontados los gastos de su actividad.

33 WASIK, M., *A practical…*, p. 197.

a 500%. En estos casos el periodo para poder pagar la multa es mayor de los 12 meses. Cuando el acusado no suministra información su situación económica y el Tribunal no puede encontrarlos ser tomará como ingresos 400 libras semanales[34]. Si el acusado suministrase la información después de puesta la multa, el Tribunal tiene la potestad de volver a calcularla[35].

El pago se tiene que realizar el en día señalado. En caso de no pagar el Tribunal puede solicitar la detención del acusado y durando como máximo hasta las ocho de la tarde. Pero lo más común es que se vaya pagando poco a poco mediante la siguiente guía. Si los ingresos son de 60 libras a la semana, se pagarán cinco como punto de inicio. Si son 120 libras se pagará un mínimo de 10 libras por semana. Si son 200, el mínimo será de 25 libras. 30 para el caso de unos ingresos de 250 libras semanales. 50 para el margen de 300 libras. Finalmente, en los casos en que se ingrese más de 400 libras por semana, la cuota empezará a pagarse a partir de 80 libras semanales.

En el caso de impago el Tribunal de la Corona puede imponer una pena de privación de libertad que se encuentra tabulada. Así, para una multa inferior a 200 libras se impondrá una pena no superior a 7 días. Entre 200 y 500 libras, no superior a 14 días. Si fuese entre 500 y 1.000 libras hasta 28 días. En los casos entre 1.000 y 2.500 libras y 2.500 y 5.000, 45 días y 3 meses de máximo respectivamente. De 5.000 a 10.000 libras, seis meses. De 10.000 a 20.000 y de 20.000 a 50.000 libras, 12 y 18 meses cada una. Finalmente, la pena será de más de un año para los casos entre 50.000 libras y 100.000, 100.000 a 250.000 y, por último, 250.000 a 1 millón de libras, 2 años, 3 años y cinco años para cada caso. La más alta es en los supuestos de una multa superior al millón de libras que implica una condena como máximo de 10 años de privación de libertad[36]. Según los datos la tasa de cumplimiento oscila entre 74% y el 95% entre los años 2003 a 2010, con una media de un 82%[37].

Como se puede esperar no es lo mismo no querer pagar la multa que no tener recursos para pagarla. Es por ello que en las *Materistrate's Courts Sentencing Guidelines* se regula sistemas para evitar este tipo de situaciones en los que se multa por encima de las posibilidades económicas del autor del delito[38]. Aunque las guías no son obligatorias sí es cierto que sirven para homogeneizar el sistema de penas. El Tribunal siempre tiene la última palabra.

Para el caso de multas a personas jurídicas las cantidades son mucho mayores. Reguladas en *SCC Guideline* sobre *Corporate Manslaughter and Health and Safety Offences Causing Death* las sanciones no pueden ser inferiores a 500.000 libras y en muchos casos llegan a ser superiores al millón de libras[39].

---

[34] Párrafo 164(2) de la CJA 2003.

[35] Párrafo 165(2) de la CJA 2003.

[36] Párrafo 108 de la PCC(S)A 2000.

[37] EASTON, S., PIPER, C., *Sentencing...*, p. 340.

[38] WASIK, M., *A Practical...*, p. 202.

[39] Pueden llegar hasta 10 millones de libras *https://www.sentencingcouncil.org.uk/wp-content/uploads/HS-offences-definitive-guideline-FINAL-web.pdf* (visitado 23/12/2016)

IV. PENAS EN BENEFICIO DE LA COMUNIDAD

Dentro del catálogo de penas en beneficio de la comunidad entra un variado conjunto de penas alternativas o complementarias a la de prisión. Se ponen para los delitos de grado medio de gravedad. La pena consiste o incluye una orden de beneficio de la comunidad o en el caso de los menores una orden de rehabilitación. En principio es una orden impuesta a un mayor de edad. En la orden se contiene uno o más requerimientos que impone el Tribunal. Se encuentra regulada en los párrafos 147 y ss. de la CJA. La duración máxima es de tres años y para que los Tribunales la puedan imponer tienen que cumplir con dos requisitos: a) la pena ha de ser la más adecuada al infractor y b) las restricciones a la ley han de ser comparable a la gravedad del delito cometido[40]. Sin duda, se trata de penas que limitan la libertad de las personas[41] que se trata de una pena, incluso teniendo un beneficio rehabilitatorio y pueda, incluso, un beneficio para la sociedad.

Existen delitos en los que no se puede imponer esta modalidad de pena. Recogidos en el párrafo 150(1) de la CJA 2003 no se podrá imponer cuando la ley no lo permita (como en el asesinato), cuando el autor sea especialmente peligroso o en los casos agravados que hemos señalado anteriormente. Otro de los posibles casos es en las sentencias de no privativas de libertad en la que el sujeto tenga posibilidad de incumplir con la sentencia en beneficio de la comunidad y por ello tenga que entrar en prisión. No se pueden compaginar con una prisión preventiva ni con un internamiento hospitalario (*Mental Health Act* 1983, párrafo 37(8))[42].

Para imponer una condena en beneficio de la comunidad es necesario, primero, un informe sobre el delito y las circunstancias del acusado[43]. No es un informe vinculante para tomar la decisión pero sí es necesario para saber el tipo de delito y las circunstancias del delincuente. Al mismo tiempo se tiene que describir el programa a seguir así como las posibilidades que tiene el sujeto de cumplirlo con éxito[44].

Las medidas en beneficio de la comunidad pueden ser variadas y están recogidas en los párrafos 177 y ss. y consisten en:

a) Trabajo no retribuido

b) Actividades obligatorias

c) Asistencia a programas

d) Prohibición de participar en determinadas actividades

---

40 Párrafo 148 de la CrimeJusticeAct 2003.

41 WASIK, M., *A Practical...*, p. 135.

42 Idem., p. 137.

43 Párrafo 156 de la Criminal JusticeAct 2003.

44 Párrafos 1.1.15 y 16 de la SGC Guideline, *New Sentences: CJA* 2003.

e) Toque de queda
f) Prohibición de estar en determinados sitios
g) Obligación de vivir en determinada zona
h) Prohibición de viajar al extranjero
i) Tratamiento de salud mental
j) Tratamiento de rehabilitación
k) Tratamiento de alcoholismo
l) Obligación de no beber y controles de alcoholemia
m) Asistencia a controles
n) En el caso de menores de 25 años asistencia a los centros que se determinen
o) Seguimiento electrónico

La obligación de trabajo no remunerado tiene una duración de más de 40 horas y menos de 300 horas[45]. El Tribunal puede imponer dos sanciones de trabajo no pagado por dos delitos y las horas pueden ser correlativas o consecutivas pero en ningún caso puede exceder del límite de las 300 horas[46]. La orden de trabajo no remunerado se debe cumplir en los 12 meses siguientes[47].

Las actividades obligatorias, recogidas en el párrafo 201(1) de la CJA 2003, implica que el sujeto debe presentarse ante la persona designada, en un lugar determinado y a las horas indicadas para tomar parte en las actividades asignadas y cumplir las instrucciones que se le asignen por esta persona[48]. No pueden exceder de sesenta días su duración[49]. Si fuese necesaria para la realización de la actividad la intervención de otra persona (por ejemplo, la víctima) es preciso el consentimiento de ella para poder llevarla a cabo[50].

En el caso de la obligación de asistir a programas[51] el sujeto tiene la obligación de participar en un programa acreditado, entendido como tal aquel que tiene un conjunto de actividades que tiene que realizar el condenado, en un lugar aprobado por un número determinados de días. Los programas tendrán como objetivo terapias de comportamiento, control de impulsos, comportamiento sexual, tratamientos de deshabituación a las drogas, violencia de género, etc. Un juez es quien debe tomar la decisión de asistir al programa o no, en ningún caso puede ser delegada en otras personas[52].

---

45 HUNGERFORD-VELCH, P., *Criminal...*, p. 287.
46 Párrafo 199(5) de la Criminal JusticeAct 2003.
47 Párrafo 200(3) de la Criminal JusticeAct 2003.
48 HUNGERFORD-VELCH, P., *Criminal...*, pp. 287 y 288.
49 Párrafo 201(5) de la Criminal JusticeAct 2003.
50 WASIK, M., *A Practical...*, p. 141.
51 Párrafo 202(1) de la Criminal JusticeAct 2003
52 WASIK, M., *A Practical...*, p. 141.

La prohibición de realizar actividades viene regulada en el párrafo 203(1) de la CJA 2003. El Tribunal puede impedir que el sujeto realice determinadas actividades en determinados días o por un periodo concreto de tiempo. La prohibición puede consistir en ver a determinadas personas, limitar derechos, como la posesión, uso o portar armas de fuego[53].

En el siguiente párrafo viene regulado el toque de queda. Es la obligación que tiene el condenado de estar a determinada hora en un determinado sitio, normalmente su casa[54]. Esta limitación no puede ser inferior a dos horas ni superior a 16 en un solo día. No puede extenderse por un tiempo superior a 12 meses[55] y tiene que tener la hora de inicio y de finalización de la restricción. Normalmente este tipo de medidas va conjunta con un brazalete electrónico para tener localizado al sujeto salvo que el Tribunal considera que no es apropiado para los fines de la pena[56].

La medida de no estar en determinados sitios o zonas será por un periodo de tiempo no superior a los dos años. También puede ser una obligación de no encontrarse con determinadas personas las cuales recibirán una copia de la decisión[57]. En estos casos también se utiliza la localización del sujeto para asegurarse el cumplimiento de la medida. Cómo el fin por el que se impone es preventivo o de reducción de riesgo, tal decisión debe ser proporcional al riesgo que se quiere evitar.

En el párrafo 206 se regula la medida de obligación de residencia en la cual se obliga a estar en una residencia fija. Se debe tener en cuenta los alrededores de la misma y no deben ser considerados como residencia los hoteles ni hostales salvo que se haya recomendado por los encargados de supervisar la medida[58].

La prohibición de viajar al extranjero se introdujo en 2012. El Tribunal puede prohibir a un delincuente viajar por un día o días concretos o por un tiempo determinado fuera del Gran Bretaña o de un país concreto o de cualquier país que se considere[59]. Las fechas especificadas no pueden estar fuera del plazo de 12 meses desde que impone la medida.

En los casos de internamiento en centro psiquiátrico es necesario que la enfermedad de la que se trate tiene un posible tratamiento en el centro donde se le interna, para ello es necesario asesoramiento por parte de personal médico especializado[60]. El tratamiento se puede llevar a cabo en un cerno normal o incluso en

---

53 Párrafo 203 de la Criminal JusticeAct 2003.

54 HUNGERFORD-VELCH, P., *Criminal...*, p. 288.

55 Se ha incrementado de seis meses a doce meses en 2012. Cfr. Wasik, M., *A Practical...*, p. 141.

56 Idem.

57 Párrafo 205 de la Criminal JusticeAct 2003.

58 WASIK, M., *A Practical...*, p. 142.

59 Párrafo 206 de la Criminal JusticeAct 2003.

60 Cfr. EASTON S., PIPER, C., *Sentencing...*, p. 203 y ss. Sobre la necesidad de buscar alternativas a la medida de prisión, en particular, con inimputables que no deben estar en un centro penitenciario sino en un centro sanitario.

casa, también en ambulatorio o mediante seguimiento médico, sin necesidad de internamiento. En caso en el que el paciente no cumpliera con el mismo se considerará como un incumplimiento de la medida, con la correspondiente sanción por parte del Tribunal[61].

El tratamiento de desintoxicación viene recogido en párrafo 209 de la CJA 2003. El tratamiento incluye además test de control de sustancias bajo la supervisión de una persona específica con formación o con experiencia en tratamiento contra el uso de las drogas. Para imponer esta medida es necesario que el Tribunal tenga pruebas de que efectivamente es drogodependiente y medidas para asegurar el cumplimiento del tratamiento. Es necesario el consentimiento del adicto y el tratamiento puede ser ingresado en un centro o de forma ambulatoria. El sujeto en cuestión tendrá que presentarse ante el Tribunal una vez al mes para una vista oral y el encargado de su vigilancia tendrá que emitir un informe en el que se remitan las pruebas de drogodependencia por las que haya pasado el sujeto[62].

De forma similar el tratamiento de alcoholismo se realiza con el consentimiento del afectado y bajo supervisión de personal formado o con experiencia en este tipo de adiciones. En este caso no son necesario los controles ni presentarse ante el Tribunal[63].

Sin embargo, en la nueva medida introducida en 2012 sobre la abstinencia del alcohol y la obligación de pasar controles de alcoholemia. Sólo se podrá imponer esta medida cuando el consumo de dicha sustancia tiene conexión con el crimen cometido. El periodo en el que se prohíba la ingesta o su consumo moderado no podrá superar los 120 días y esta medida se tomará siempre con el consentimiento del condenado.

Complementaria a estas medidas es la obligación de tener una supervisión para controlar que la rehabilitación va por buen camino. Para ello el sujeto tendrá que estar en contacto con un responsable que le supervise durante ese periodo de tiempo.

La obligación de asistir a algún centro, párrafo 214, en los caso de menores de 25 años, tiene el fin de que el sujeto centre su vida ligándose a alguna ocupación o la posibilidad de recibir consejo por parte de un supervisor y/o del centro al que tiene que asistir.

Finalmente, el control electrónico se impone con el fin de asegurar el cumplimiento de la medida por parte del condenado[64]. Aparte de los casos en que se aplica obligatoriamente para cumplir otro tipo de beneficios a la comunidad, de los que hemos hablado anteriormente, se está debatiendo la posibilidad de que el

---

61 Wasik, M., *A Practical...*, p. 242.

62 Wasik, M., *A Practical...*, p. 143.

63 Párrafo 212 de la Criminal JusticeAct 2003.

64 Párrafo 215 de la Criminal JusticeAct 2003.

afectado la solicite voluntariamente para asegurar el cumplimiento de las medidas que se les imponen.

V. LAS DIRECTRICES PARA IMPONER PENAS

Desde 1980 se crearon unas directrices para que hubiese uno criterios a la hora de poner penas, sobre todo en los Tribunales inferiores[65]. No son obligatorias pero la asociación de jueces consideró interesante su creación con el fin de hubiese una coherencia a la hora de imponer penas. La idea es indicar el punto de inicio en el cálculo de la pena y luego se va subiendo o bajando dependiendo de las agravantes o atenuantes, causas de justificación, eximentes y concursos de delitos. En 2003 se introdujo por la CJA 2003 un consejo de guías para penar, que desde 2010 ha creado un número relevante de directrices que desde 2010 y según el párrafo 125 es obligación de los Tribunales seguir sus postulados[66]. Sin embargo, se ha interpretado que esa obligación va dirigida a rango de los delitos y no al delito concreto. Luego se ha quedado en una forma de limitar las categorías de delitos pero no la pena concreta por cada una de ellas.

VI. CONCLUSIONES

Indudablemente uno de los puntos clave del sistema penal son las medidas y penas que tienen como resultado la realización de un hecho típico. Tras el estudio que hemos realizado podemos ver como las similitudes con el sistema español de penas, de forma abstracta, no es tan grande. Sobre todo después de haber adoptado la pena de prisión permanente revisable. Aunque el número de delitos al que se aplica es menor en España al de Inglaterra y Gales, no es menos cierto que tienen puntos en común: terrorismo, delitos sexuales y determinadas formas de homicidio y asesinato. Es cierto que en el Reino Unido se aplica más delitos pero también lo es que en la práctica las penas son más similares a las que aplicaban en España sin la nueva incorporación de la prisión permanente a nuestro texto punitivo.

Las conclusiones más relevantes que podemos sacar de nuestro estudio son:

La pena de cadena perpetua en Inglaterra y Gales supuso un avance en el sistema penal orientado al respeto de los Derecho Humanos. Hay que tener en cuenta que este modelo de sanción sustituyó a la pena de muerte lo cual fue un gran avance dentro del sistema penal. La realidad reflejaba que la pena de muerte ya casi no se aplicaba, pero su eliminación ha de considerarse como un gran logro.

---

65 Wasik, M., *A Practical…*, p. 48.

66 Ibid., p. 49.

Después de su introducción, en los años 70, se reguló con más detalle y respetando los derechos de los condenados al tener que revisar en algún momento el caso del condenado a cadena perpetua, obligado por las sentencias del Tribunal Europeo de Derechos Humanos y por las sentencias de sus Tribunales nacionales.

Destaca también la posibilidad de transformación de penas en multas. Lo cual permite bajar el número de presos en el sistema carcelario, uno de los más altos de Europa junto con el español. Una de las razones por las que se permite el cambio de la pena de prisión por una sanción económica es la práctica inexistencia del Derecho Administrativo sancionador. Es por ello que muchas de las sanciones administrativas que tenemos en nuestro país son tratadas por Tribunales penales en Inglaterra y Gales. Luego es otra forma de solucionar determinados problemas de la misma manera.

Finalmente, el sistema de penas en beneficio de la comunidad consiste en un modelo de prevención para los delitos menos graves. Se cruzan dos intereses en algunas de esas medidas, la incorporación a la rutina de determinadas personas con problemas de conducta y por otro lado un sistema de castigo no orientado en la prisión. Se ha discutido si son o no penas y si realmente se estaba coartando la libertad de los sujetos pero las conclusiones de la doctrina es que es un sistema punitivo que restringe la libertad de los delincuentes aunque no sea mediante la prisión.

En definitiva, los dos sistemas tienen un alto número de coincidencias en las modalidades de penas que se imponen y en los principios que se persiguen a la hora de castigar a los sujetos infractores. Es sorprendente como, procediendo de tradiciones jurídicas diferentes, con el tiempo se han ido igualando los modelos de penas que se aplican a la hora de resolver los ataques a los intereses de las respectivas sociedades. Esto nos lleva a pensar que el problema no reside tanto en la variedad de penas que se pueden imponer, sino en los medios que se tienen para su aplicación.

Como decíamos al principio, una medida como los arrestos de fin de semana, podía permitir que la persona no estuviese completamente desligada de la sociedad y tener sus propios ingresos y relaciones familiares si el crimen no era muy grave, estando bajo supervisión durante la semana y los fines de semana. Sin embargo, por falta de medios la medida no tuvo el éxito que se esperaba.

Por otro, lado la prisión electrónica en el sistema inglés y galés permite el cumplimiento de determinadas medidas en beneficio de la comunidad que implica el no acercarse a determinados lugares. La necesidad de este tipo de control para tales medidas puede ser cuestionable. Lo que sí parece claro es su extremado uso para situaciones de poca transcendencia que en nuestro sistema se soluciona mediante el sistema sancionador administrativo. Al no estar claramente diferenciado los incumplimientos de la norma menos peligros entre un sistema penal y otro administrativo, puede dar situaciones de mayor lesión a los derechos del infractor que con un modelo continental.

Resultados a manera de conclusiones

1ª.1[1]. Conveniente es admitir que la pena de prisión se manifiesta, al menos sobre las coordenadas actuales del sistema social y jurídico, como un mal necesario, que se justifica en su necesidad para la protección de bienes jurídicos a través de la prevención general y especial. Se muestra de esta manera la opción mantenida en este escrito unificadora-preventiva que acerca dicha pena a niveles razonables de reduccionismo y la aleja del expansionismo radical.

2ª.1 Lo contrario, seguido por determinados sectores doctrinales y normativos, evidencia una cierta vuelta a planteamientos retribucionistas-preventivos generales y un alejamiento de los parámetros más esenciales del Derecho penal garantista y preventivo unitario basado en la idea de intervención mínima tanto en cuanto al delito como a la pena e integrador y recuperador, como objetivo esencial de ésta, de los ciudadanos que delinquen instalado en políticas sociales y punitivas mantenidas en mecanismos alternativos, en la medida de lo posible, a la pena de prisión.

3ª.1 En línea con los parámetros esenciales de Naciones Unidas, de otras Instituciones Internacionales y de un amplio sector doctrinal, es imprescindible apostar en los Ordenamientos jurídicos internos por las medidas no privativas de la libertad para de este modo proporcionar otras opciones y así reducir la aplicación de la pena de prisión y racionalizar las políticas de justicia penal, teniendo en cuenta el respeto de los derechos humanos, las exigencias de la justicia social y las necesidades de rehabilitación del delincuente así como alcanzar el equilibrio indispensable entre los derechos de los delincuentes, los derechos de las víctimas y el interés de la sociedad en la seguridad pública y la prevención del delito.

4ª.1 Se asiste, de todas formas y en consecuencia, en la realidad punitiva actual a una controvertida dicotomía de difícil armonización: por un lado, sobre el aumento de la utilización de la pena de prisión; por otro, en la consecución de nuevas formas alternativas o sustitutivas a ella. Lo primero muestra la orientación más relevante del expansionismo punitivo por el que caminan muchas de las políticas criminales en la actualidad y de las que el Código penal español y sus posteriores reformas son un claro ejemplo, aunque no se puede negar, como avance, objetivos aciertos en el contenido de alguna de ellas; lo segundo supone el intento, en demasiadas ocasiones simbólico y limitado, por parte de los Estados de compensar el desorbitado avance del modelo de prisionización con un toque de racionalización y humanización de las consecuencias jurídicas derivadas del delito.

5ª.1.Como política criminal alternativa, esencialmente para las penas de prisión de corta y media duración, se requiere como imprescindible una progresiva sensibilización de la comunidad social acerca de la importancia y necesidad de las

[1] La ordenación numérica marca en primer lugar, el orden de la conclusión; en segundo, el Capítulo de libro al que corresponde.

penas alternativas a la prisión y de sustitutivos eficaces. Con ella, se ha de evitar lo que algún autor ha venido en llamar "miedo al cambio" de un sistema uniforme basado en la privación de libertad, para dirigirse a otro diferenciador y pluriforme en sus respuestas, asentado en la trilogía: información-educación-sensibilidad. Pero al mismo tiempo es preciso asumir con un conveniente realismo político criminal las importantes limitaciones que se proyectan, como constante insuperable, en forma de insuficiencia de respuestas alternativas, fundamentalmente, para las penas de larga duración.

6ª.1. En definitiva, y a pesar de la pretendida crisis de la pena de prisión, posiblemente más proclamada por la doctrina que por la realidad empírica, en cuanto para los afirmadores de aquella situación no parece inevitable, para muchos de los supuestos en que está contemplada, que por ello cabe valorarla como contraria a los fines preventivo especiales, perturbadora para el sujeto que delinque pero también y, sobre todo, para su familia, costosa para la sociedad y en erosión de su función preventivo general y especial precisamente por el efecto de su inflación y expansión, su decisiva realidad es un dato incuestionable. A partir de ahí hay que definirla y utilizarla como la *ultima ratio de la ultima ratio* que es el Derecho penal, lo que exige proponer frente al expansionismo una realista política criminal reduccionistas. Únicamente de esta forma podrá legitimarse en el respeto a los principios garantistas del Estado social y democrático de Derecho.

1ª.2. Como la proclamación del Estado democrático de Derecho significa, entre otras cosas, la proscripción de las penas y sanciones que carezcan de justificación suficiente y el retraimiento del ejercicio del ius puniendi del Estado a los supuestos estrictamente necesarios como remedio extremo y último para los fines de prevención del delito. Puesto que también significa la aceptación del principio de proporcionalidad entre la gravedad del delito y la intensidad de la pena, la reacción punitiva del Estado tiene que configurarse en un sistema democrático como última ratio o de intervención mínima llamada a actuar en aquellos supuestos en los que la relevancia del bien jurídico menoscabado lo requiera y con el mínimo perjuicio posible en los derechos fundamentales implicados en la sanción penal.

2ª.2. Un Estado de derecho requiere, igualmente, la orientación de las penas a la persecución de un fin constitucionalmente relevante y legítimo, adquiriendo, en consecuencia, un papel relevante la naturaleza de los efectos producidos por la sanción penal, sobre todo si la misma consiste en una privación de libertad con respecto a la cual, la Constitución española de 1978, contiene, en el art. 25.2, un mandato resocializador no exento de consecuencias relevantes. Y si bien la prevención especial no tiene por qué erigirse como única finalidad legitima de las penas privativas de libertad capaz, en consecuencia de determinar la inconstitucionalidad de aquellas sanciones penales que otorguen predominio a otros fines legítimos, ello no es óbice para que si pueda determinar la inconstitucionalidad de aquellas sanciones que impidan la consecución de dicho objetivo resocializador.

3ª.2. Un Estado de Derecho es una estructura de poder limitado en garantía de la libertad y, en consecuencia, el poder represivo del Estado también se encuentra limitado en el ejercicio de su potestad sancionadora por la estricta observancia de una serie de principios (legalidad, la dignidad de la persona) y el necesario respeto de los derechos fundamentales llamados a ejercer una intensa función constrictora de la reacción penal. Ello en razón de que potestad sancionadora del Estado no solo debe ser ejercida de forma que la imposición de una sanción penal no restrinja de forma innecesaria o desproporcionada el ejercicio de un derecho fundamental o libertad publica sino también porque esa potestad sancionadora está obligada a respetar el principio de no incriminación de conductas que sean ejercicio de un derecho fundamental o libertad pública al objeto de no convertirse por la gravedad de las sanciones que comporta en un factor disuasorio del ejercicio de tales derechos.

4ª.2. Todas las consideraciones anteriores acerca de lo que significa el Estado de derecho para el poder punitivo del Estado nos conducen a un punto de confluencia: la necesidad de retrotraer la situación del Derecho Penal a una posición equilibrada rompiendo con la tendencia expansionista observada en los últimos tiempos a causa de la inseguridad generada por los nuevos peligros que acechan a la sociedad actual. En esa posición equilibrada tendrán que estar presentes los siguientes elementos: 1) No permitir la sanción penal allí donde no sea necesaria en razón de la importancia de los bienes o intereses a proteger y el grado de afectación de los mismos por las conductas desviantes. 2) No sobredimensionar la pena aplicable allí donde sea necesaria en razón de que en ningún caso la cuantía de la pena puede superar el hipotético alcance retributivo de la sanción. 3) Sustituir las penas de prisión por otras menos desocializadoras allí donde sea posible dada la existencia de sistemas alternativos capaces de ejercer similar contención.

1ª.3. La distribución estática de las penas en el Código Penal español revela un indiscutible protagonismo de la pena de prisión, que es la sanción penal por antonomasia no sólo en atención a su naturaleza particularmente aflictiva y a su exclusión de otros órdenes jurídicos sancionatorios diferentes del penal, sino también porque es notoriamente la que el legislador español establece con mayor frecuencia que cualquier otra. La prisión tiene una presencia mayoritaria en el diseño formal del código, donde tres de cada cuatro disposiciones punitivas contemplan su aplicación como consecuencia jurídica a quienes resulten responsables de un ilícito penal.

2ª.3 Este hecho numérico ya era notorio en el Código Penal de 1995 desde que entró en vigor en mayo de 1996, y quedó acreditado en el recuento que realizamos en la segunda mitad de 2012. Desde entonces ha habido varias modificaciones de calado del Código Penal español, en particular a través de la L.O. 1/2015, entre todas las cuales se han cambiado las previsiones punitivas de varios centenares de disposiciones del Código. El nuevo recuento actualizado a diciembre de 2016 evidencia que la pena de prisión no ha perdido protagonismo sino que la tendencia se mantiene, puesto que las novedades incorporadas por estas leyes de reforma implican en su conjunto un ligero incremento presencial de la pena de prisión.

3ª.3. En el contexto del presente proyecto de investigación, enfocado en la tensión expansión-reducción de la pena privativa de libertad, cabe por tanto concluir que el camino por el que sigue optando el legislador en el nivel formal al menos es el de la expansión de la pena de prisión. Las últimas reformas significan un impulso adicional en ese sentido. Es de subrayar que esta observación se limita a dicho ámbito formal de la asignación de penas en la tipificación penal, puesto que no se debe perder de vista un dato que es bien conocido y cuyo análisis excede el alcance del presente trabajo,[2] por lo que me limito a mencionarlo: en el mismo período 2012-2016 ha continuado de manera ininterrumpida una tendencia inversa en el ámbito penitenciario a la reducción del número de internos de las prisiones españolas, que tuvo su inicio a mediados de 2010, cuando la población penitenciaria alcanzó un máximo cercano a 77.000 reclusos, frente a menos de 60.000 que reflejan las últimas estadísticas penitenciarias publicadas (noviembre de 2016).[3]

1ª.4. Una alternativa no expansionista de la pena de prisión no debe instrumentalizarse únicamente mediante una adecuada política legislativa criminalizadora/discriminalizadora si efectivamente se respetan insalvables principios como el de lesividad, sino también con la utilización de fórmulas jurídicas que permitan imponer una pena más justa al autor del delito como elemental consecuencia del principio de igualdad.

2ª.4. Aplicando los criterios de individualización de las penas, necesariamente con ciertas dosis de discrecional, un juez u otro pueden ofrecer resultados penológicos diversos a casos similares (que nunca iguales); de ahí la importancia de establecer márgenes más claros para el ejercicio de la necesaria, por inevitable, discrecionalidad judicial.

3ª.4. Un escaso desarrollo teórico sobre la determinación de la pena ha propiciado que las decisiones judiciales relativas a la concreción de la pena hayan sido "pobres en algunos casos, variables siempre y, en ocasiones, directamente 'arbitrarias' (Silva Sánchez)" (como se ilustra en alguna sentencia). Por eso en este trabajo se ha puesto de relieve las posibles justificaciones internas que pretenden racionalizar y dar coherencia a la determinación y cuantificación en el momento final de determinación judicial de la pena concreta a imponer por la comisión de un injusto culpable, esto es, en la fase judicial de concreción de la extensión de la pena exacta.

1ª.5. Los Estados articulan fórmulas premiales y de Justicia negociada que surgen por la necesidad de restaurar el orden jurídico perturbado a través de

[2] Un análisis que debe integrar, entre otros datos y factores, los relativos a la evolución de la criminalidad en nuestro país.

[3] Véase http://www.institucionpenitenciaria.es/web/portal/documentos/estadisticas.html.

conductas que pueden remediar las consecuencias del delito y facilitar su persecución penal. Con la previsión de un mejor tratamiento punitivo al delincuente arrepentido, se trataría de incluir, junto al castigo como consecuencia legítima de la comisión de la conducta constitutiva de delito, la del premio por la contraconducta consistente en la colaboración con la Justicia. En estos casos, la mayoría de estas medidas de reducción de las consecuencias jurídicas del delito por actuaciones post-facto no encuentran justificación alguna ni en una menor culpabilidad del sujeto ni en una menor antijuridicidad del hecho antijurídico ya pasado. Tampoco desde el prisma de los fines de la pena es fácil encontrar su legitimación. El premio difícilmente encaja en una perspectiva retributiva de la pena, y no siempre la reducción punitiva prevista va a tener encaje ni desde la perspectiva de una función de prevención especial, ni desde una función de prevención general. El fundamento de estas instituciones principalmente radica en razones utilitaristas y pragmáticas, no siempre compatibles con los principios que fundamentan el Derecho penal liberal.

2ª.5. En relación con la que pudiera denominarse delincuencia común, el Código penal recoge fórmulas que dotan de relevancia a los actos realizados por el sujeto tras la comisión del hecho típicamente antijurídico y que van a afectar directamente en la una disminución de la pena. Así, por ejemplo, de forma genérica se pueden incluir en este grupo de conductas post-facto con incidencia en la determinación de la pena, de un lado, la figura del desistimiento en la tentativa del artículo 16.2 CP, y, de otro lado, las circunstancias atenuantes de responsabilidad criminal de confesión de los hechos a las autoridades (artículo 21.4 CP) o de reparación del daño causado (artículo 21.5 CP), así como la resultante de la aplicación analógica del artículo 21.7 a alguna de las dos anteriores. Las cuales, construidas cada día de forma más objetiva, alejadas del elemento subjetivo que conformaba el arrepentimiento espontáneo de los Códigos penales históricos, pueden llegar a suponer una rebaja de pena de hasta dos grados, si son consideradas como muy cualificadas. No obstante, estas circunstancias quedan muy limitadas a un espacio y a un momento post-delictual muy concreto (con anterioridad al inicio del procedimiento o al de que el culpable tenga conocimiento de que éste se dirige contra él, en unos casos, o con anterioridad a la apertura del juicio oral, en otros) y se fundamentan en una disminución de los efectos del delito provocado de manera voluntaria por el culpable. También aparecen algunas referencias específicas en la parte especial del Código penal.

3ª.5. En la lucha contra la criminalidad organizada, razones político-criminales utilitaristas han ido permitiendo la incentivación de la delación de miembros de la organización criminal. Surge así, la figura del colaborador con la Justicia, al que se le exige una contra-conducta dirigida a evitar los efectos del delito o a desarticular la organización. En cualquier caso, el premio a la cooperación en la actividad policial o judicial en la determinación del hecho delictivo o en la individualización y/o captura de otros culpables como orientación político criminal no es exclusiva del derecho penal material. En la misma línea, el derecho procesal y el derecho penitenciario podrían permitir, con la misma finalidad, flexibilizar su tratamiento al cooperador con la Justicia. En el Derecho penal español se incluyen estas fórmulas premiales en los artículos 376, 579.bis.3 y, tras la reforma operada por Ley Orgánica 1/2015, en el artículo 570quater.4. No obstante, su discrecionalidad por el tribunal de instancia, y la exigencia de una contribución eficaz, las hacen prácticamente inaplicables por la Jurisprudencia.

4ª.5. En otro orden de cosas, aún cuando en España no rige el principio de oportunidad en el proceso penal, cada vez son más frecuentes las llamadas sentencias penales por conformidad, con las que –de algún modo– desde el plano estrictamente procesal se están utilizando actos post-facto que inciden directamente en la determinación de la pena. Al respecto, la Ley de Enjuiciamiento Criminal regula en los artículos 781 a 801 la "conformidad premiada", que lleva aparejada un beneficio penológico de un tercio de la pena solicitada para los delitos menores. Al margen de esta conformidad premiada, la practica judicial está posibilitando acuerdos entre fiscalía y defensa, que sin estar regulados expresamente por la vigencia del principio acusatorio, impide una valoración judicial diferente a la acordada por las partes, posibilitando una Sentencia de conformidad de acuerdo con el artículo 655 LECr, con renuncia a la práctica de la prueba. Desde una perspectiva expansionista/reduccionista de la pena de prisión, la utilización desmesurada de la conformidad como fórmula de resolución del proceso penal, aparece con criterios exclusivamente utilitaristas, alejados por completo de los fines de la pena. Ni atiende a criterios de prevención especial, ni, sobre todo, a criterios de prevención general.

1ª.6. El nuevo modelo de suspensión de la ejecución de la pena de prisión, creado por el Legislador del 2015, es uno de los pocos aspectos positivos de la reforma del Código Penal.

2ª.6. Estamos ante un modelo que, al menos sobre el papel, resulta más favorable al reo. Otros rasgos que lo caracterizan sería su mayor uniformidad, agilidad y flexibilidad.

3ª.6. En cuanto a sus inconvenientes, destacan los dos ejes fundamentales sobre los que pivota el modelo: la peligrosidad y la discrecionalidad judicial.

4ª.6. Estos inconvenientes pueden surgir en el momento de aplicación del modelo, de ahí que se opte por considerarlo sombras de duda en la aplicación.

5ª.6. Por cuanto hace a la peligrosidad, se observa una sobrecarga de elasticidad e indefinición de los conceptos criminalísticos empleados por el Legislador.

6ª.6. Los elevados niveles de discrecionalidad del modelo harán necesario el uso procesal de informes y peritaciones (dando así entrada al informe criminológico).

1ª.7. El nuevo sistema de regulación que ha instaurado la reforma penal llevada a cabo por la L.O 1/2015, de 30 de marzo, mantiene la finalidad principal que, tradicionalmente, han venido llamadas a cumplir las formas de evitar la entrada y contacto con la prisión en determinados casos (suspensión y sustitución de la pena), esto es, la prevención especial. Esta nueva regulación deja como núcleo de tal sistema a la figura contenida en los artículo 80 a 87 del Código Penal denominada "suspensión de la ejecución de la pena privativa de libertad".

2ª.7. Manteniendo el contenido y forma de regulación previa en cuanto a requisitos, presupuestos, consecuencias, etc.. se introducen nuevas e importantes modificaciones, unas en la línea de corregir algunas disfunciones detectadas en lo que ha venido siendo su aplicación práctica así como de adaptación a otras normas de carácter supranacional en respuesta a los compromisos internacionales y, otras, introduciendo nuevos elementos de fundamental importancia en cuanto a líneas político criminales que están irrumpiendo en el clásico sistema de justicia penal.

3ª.7. En este contexto, especial relevancia tienen algunas de las novedades introducidas: un sistema de valoración de prognosis criminal exclusivamente atribuida a los órganos judiciales sobre muchos y diversos criterios que, en bastantes ocasiones, hacen reflexionar acerca de cuales hayan de ser límites a la discrecionalidad judicial algo que, en nuestra opinión, caracteriza la nueva regulación. De otra parte, la aparición de un papel fundamental que se atribuye a las respuestas ante la víctima del delito; tradicional era la satisfacción de la responsabilidad civil como presupuesto para conceder la suspensión de la pena pero junto a ella ha irrumpido un nuevo elemento que, ante todo, representa la satisfacción a las víctimas, es así que la "reparación de daños" ocupa un papel fundamental en el nuevo sistema. Especialmente relevante es la aparición expresa en la norma penal y en el contexto de la suspensión de la ejecución de la pena de "la mediación" como condición en un régimen excepcional de concesión del beneficio.

4ª.7. Estas novedades dejan en el aire pensamientos y reflexiones ante consecuencias posibles de nuevas líneas tal y como sería una posible "privatización del sistema de justicia penal"; sin duda alguna, la preocupación por la víctima existe y debe existir, sin embargo, el Derecho penal debe estar atento a ello pero también deben buscarse vías que no desnaturalicen el carácter público de la justicia penal.

5ª.7. El recurso al incremento de penas cortas privativas de libertad o de otra naturaleza que pudiendo ser útiles, en cualquier caso, desaconsejen la ejecución de una pena privativa de libertad –desocializadora y con efectos criminógenos– sin duda va a incrementar, al menos, las solicitudes de este beneficio, ello no ha de ser negativo necesariamente, sin embargo, entendemos que sí que va a producir un efecto expansivo, al menos, cuantitativamente hablando.

1ª.8. Especialmente significativa es la ubicación de la suspensión de la ejecución de la pena en situaciones de drogadicción en el marco general de la suspensión ordinaria, haciendo aplicable a aquélla la interpretación y las valoraciones anexas a ésta última, así como la previsión de la posible imposición de las prohibiciones, deberes, prestaciones y medidas de los artículos 83 y 84.

2ª.8. Se advierten claros signos de flexibilización en la concepción de dicha institución en relación con las situaciones de drogadicción. En este sentido, merece ser destacada la omisión del legislador sobre la habitualidad como incidente que impediría la concesión de la misma, lo que nos lleva a pensar que dichos supuestos no resultan excluidos de tal posibilidad. En línea con ello, novedad destacable, acorde con la situación real de los tratamientos de deshabituación de la droga, es la introducción del inciso que aclara que: "No se entenderán abandono las recaídas en el tratamiento si éstas no evidencian un abandono definitivo del tratamiento de deshabituación". En el mismo orden de consideraciones, es obligado referir que la revocación de la suspensión no se producirá de forma automática ante la comisión de un nuevo delito, sino que tendrá lugar cuando el nuevo delito cometido frustró la expectativa en la que se basó la concesión de la suspensión, trascendente reforma que incide en la potenciación de la prevención especial. No obstante, sí es cierto que el plazo de suspensión establecido sigue resultando, –a pesar de estar jurídicamente justificado por la entidad de las penas que pueden resultar suspendidas–, excesivamente prolongado, y en muchas ocasiones, socialmente estigmatizante.

3ª.8. Se advierte que lo requisitos establecidos para la concesión de la suspensión no aparecen ya, ni deben considerarse como insalvables, sino interpretados con la flexibilidad que las circunstancias del caso reclamen.

4ª.8 El posible resentimiento de la prevención general que pudiera producirse se ve paliado por la potestad del juez o tribunal de imponer las medidas establecidas en el artículo 84, las que vienen a conformar, en definitiva, la sustitución de la pena privativa de libertad por otra pena, ya sea de multa o de trabajos en beneficio de la comunidad.

5ª.8. Sería adecuado que la suspensión de esta naturaleza se extendiera para abarcar otro tipo de adicciones (adicciones sin sustancia), frecuentes en la actualidad, que no pueden ser comprendidas en la regulación vigente de la suspensión del artículo 80.5.

1ª.9. La regulación de tal institución –expulsión de extranjeros–, obviando el principio de igualdad, se formula de manera estructuralmente ilegítima, marginando el orden constitucional. A tal efecto, se propone la urgente y necesaria consideración de tal previsión, que huyendo de toda lógica resocializadora, parece enfocarse hacia mecanismos de capacidad penitenciaria, incompatible con una adecuada política criminal propia de un Estado social y democrático de Derecho.

2ª.9. En tal sentido, se reprocha la ampliación del ámbito subjetivo de la expulsión, generando, la actual redacción, una cuestionable indiferenciación entre ciudadanos residentes legales de los que se encuentran de manera ilegal. A lo que se suma la incoherencia legislativa en el plano de expulsión de ciudadano extranjero, para el que se requiere un plus de gravedad.

3ª.9.De igual manera, se cuestiona la utilización, por el legislador, de criterios indeterminados que hacen dudar de la técnica discrecional, en el casuismo judicial de tales valoraciones.

4ª.9. En cualquier caso, parece discutible la técnica empleada, al permitir ejecución de la pena junto con la posterior expulsión –expulsión en cuanto a ejecución subsiguiente–, lo cual choca con la fórmula sustitutiva que pasa a convertirse en acumulativa de sanciones.

5ª.9. En la misma línea, se critica la indeterminación de la naturaleza propia que defina tal institución; así como la necesaria conformación de audiencia del penado como requisito preceptivo; más la previsión de una escala de medición en la prohibición de regreso, el examen de la diferenciación de tratamiento en el incumplimiento de tal prohibición y el trato discriminatorio con respecto a extranjeros cuya expulsión no pueda materializarse.

1ª.10. La libertad condicional constituye una pieza clave en materia de ejecución de las penas privativas de libertad, así como en orden a la consecución de los fines constitucionalmente consagrados y dirigidos a la reinserción social del sujeto que durante un tiempo ha permanecido en contacto con la prisión y, por tanto, con el mundo penitenciario. Sin temor a equivocarnos, el cambio más importante que ha sufrido esta institución jurídico penal y penitenciaria proviene de la mano de la reforma del Código Penal operada por la Ley 1/2015, de 30 de marzo, sobre lo que es el punto de partida para identificar esta figura, su naturaleza jurídica. En tal sentido, marcada por diferentes etapas tales como el paso de la individualización científica, de su consideración como un "cuarto grado penitenciario" a lo que hoy se configura como "una forma de suspensión de la ejecución de la pena" resulta determinante y definitivo en el cambio ante el que hoy nos encontramos.

2ª.10. Son diferentes las valoraciones que pueden hacerse y que se han venido haciendo a lo largo del trabajo: un *endurecimiento* del sistema, por ejemplo, de evidente apreciación en las reglas que regulan la revocación de la libertad condicional, una aparente *flexibilización* en la apreciación de determinadas circunstancias tanto para acceder como para denegar o retirar el acceso a la libertad condicional, lo que no debería de confundirse con el uso y/o abuso del arbitrio judicial, entre otras, son algunas características, sin embargo hay una que queremos resaltar y es la de hacer una llamada al legislador que, en el futuro, debería velar por la armonización y coherencia de los sistemas penal y penitenciario, ambas legislaciones deben de ir de la mano y complementarse, de no ser así no llegaremos a responder a los fines fundamentales de las penas y las medidas de seguridad: la reeducación y reinserción social del condenado.

3ª.10. En cuanto a los diferentes regímenes especiales y excepcionales, en lo concerniente a la modalidad privilegiada de libertad condicional por desarrollo de actividades laborales, la modificación operada, incluyendo las actividades discontinuas con aprovechamiento, debe ser bien recibida. Sin embargo, el hecho de que la modalidad adelantada a la mitad de la condena (art. 90.2, segundo inciso CP) no se haya modificado en consonancia con el supuesto general (inciso primero) crea importantes dudas interpretativas sobre la necesidad de la "continuidad" de las actividades desarrolladas, así como sobre el plazo mínimo de cumplimiento al que se halla referido, dada la deficiente redacción del precepto.

4ª. 10. La modalidad privilegiada para delincuentes primarios, aunque bien enfocada a la prevención especial positiva, plantea importantes interrogantes no sólo referidas al propio concepto cualificarte de "primariedad delictiva" sino también en cuanto a su efectividad real, por cuanto a alguien condenado a una pena privativa de prisión por debajo de dos años, siendo el delincuente primario, le corresponderá, en teoría la suspensión *ab initito* (art. 80 CP).

5ª.10. Destacar que, más allá de las críticas que la pena de prisión permanente revisable merezca, cabe matizar que el art. 3 CEDH obliga a introducir la revisión de la condena de manera que sea "realmente posible su remisión" cuando se constate un comportamiento favorable del reo. En este mismo sentido, el TEDH exige que la posibilidad de remisión sea "real y efectiva" y no solo formal, exigencias que no parecen cumplirse en el mecanismo de revisión acogido por nuestro ordenamiento que deja patente, tanto por los plazos establecidos como por las trabas procesales impuestas, que la pena está orientada a una reclusión perpetua enmascarada. Por lo demás, la atribución general de competencias en todo este proceso al tribunal sentenciador –excepto para cuestiones tan relevantes como la revocación –, muestra claramente que el legislador no configura con claridad los cimientos de la figura y termina por minar los derechos del penado que ve como un órgano diferente a quien le concedió el beneficio (JVP), puede, sin audiencia alguna, eliminarlo o modificarlo en su contenido.

1ª.11. Aunque el Código penal tradicionalmente sitúa el indulto como una causa de extinción de la responsabilidad criminal, no deja de ser una institución que en su efectiva ejecución incide en el cumplimiento de las penas, en concreto en la pena de prisión, lo que conduce a poder estimarlo como una modalidad, con su propia naturaleza, de reducción aplicativa de dicha pena. Una forma limitativa que requiere las máximas garantías en su real uso, que en todo caso, ha de ser, asimismo, en clave intensamente restrictiva.

2ª.11.- Necesidad de una revisión y reforma urgente de la legislación del indulto, que a pesar de haber pervivido a los distintos avatares históricos y políticos de nuestro país, no se adapta a la situación actual.

3ª.11.- Nuevas perspectivas tras la aprobación del Código Penal de 1995: avances en la Teoría jurídica del delito, transformaciones en los sujetos, la responsabilidad penal de las personas jurídicas, y un largo etcétera de novedades.

4ª. 11.- De *lege ferenda* se podría proponer un sistema en el que se regularan en la mayor medida posible los siguientes aspectos:

* Los motivos por los que se puede conceder un indulto (incluso establecer un *numerus clausus* de los mismos).
* La exigencia de una motivación individualizada de las concesiones y denegaciones del indulto, con el objeto de procurar que sus efectos se produzcan del modo menos perturbador para el orden jurídico.
* Una previsión legal específica para la suspensión de la ejecución de la pena ante la petición de indulto.
* Un verdadero control jurisdiccional que resulte efectivo para poder dar cumplimiento al principio de igualdad en todos los casos, y de seguridad jurídica, limitando cuando sea necesario, el desmedido poder otorgado al Gobierno en esta materia.

1ª 12. La propia existencia de la RPSIM, aun declarada su conformidad con el Texto constitucional, crea serias dudas sobre la consideración de la pena de multa como alternativa real a la pena corta privativa de libertad. La conversión de una pena pecuniaria en otro tipo de pena más grave es un sistema que resulta en sí mismo criticable por cuanto que lo que se muestra teóricamente como una alternativa a la pena de prisión termina, sobre la base de una supuesta fungibilidad entre la libertad y el patrimonio, convirtiéndose, la mayor parte de las veces, en una pena corta de prisión, máxime cuando el sujeto, según establece el art. 126 CP, tiene ante sí un listado de responsabilidades pecuniarias que resultan preferentes e insoslayables. Todo ello bajo el auspicio del principio de inderogabilidad de las penas que no permitiría que la sanción originaria quedase sin ejecución.

2ª.12. El sistema de días multa debería encaminarse a conseguir un ajuste preciso de la sanción pecuniaria a la situación económica del condenado, con el fin de que no fueran impuestas multas que no puedan ser saldadas y así disminuir la presencia de la RPSIM. Siendo patente que el problema esencial que desemboca en supuestos de insolvencia real y en el consiguiente nacimiento de la RPSIM es la deficiente actividad judicial encaminada al esclarecimiento, seguramente por falta de medios personales y materiales, de la auténtica capacidad económica del penado, resulta criticable una práctica jurisprudencial generalizada que lleva a establecer cuotas de multa estándar y que, avalada por el propio TS determina que, abundando en una clara desigualdad de trato, considera que de omitirse la motivación que debiera llevar al juez a imponer una cuota determinada, deberá procederse a adoptar la cuota mínima (en la praxis situada en los seis euros). Con ello se consigue limitar las posibilidades de un eventual recurso del fallo y se desplaza la carga de la prueba al acusado.

3ª.12. Configurada ex lege como una pena privativa de libertad (art. 35 CP) y aunque en algún caso pueda cumplirse de forma diferente (mediante TBC), su configuración termina formalmente con el debate sobre su naturaleza jurídica, pero se abren nuevos interrogantes relativos a su ejecución. Así, si es posible conjugarla con el mandato de orientación a la reeducación y reinserción social (art. 25 CE), si le son aplicables los límites establecidos para el concurso real de delitos (art. 76 CP), si sería factible su suspensión conforme a las reglas del art. 70 CP cuando implique una privación de libertad inferior a tres meses; si es posible acordar la suspensión de la misma (art. 80 y ss CP); si sería de aplicación el instituto de la libertad condicional (arts. 90 y ss) y si debe ser sumada, cuando se produzca esta eventualidad a otras penas de prisión a efectos de su ejecución conforme al sistema de individualización científica.

4ª.12. A tenor de lo previsto en el art. 33.5 CP se trata de una pena sustitutiva cuya naturaleza –menos grave o leve– depende de la que corresponda a la pena que sustituya, aun cuando su finalidad no sea la propia de evitar una pena corta privativa de libertad al modo del derogado art. 88 CP y por tanto, no existan razones preventivas que avalen la conversión. Sin embargo, en un segundo estadio, una vez materializada la responsabilidad subsidiaria en días de privación de libertad, el hecho de que pueda cumplirse mediante localización permanente o TBC, supone que nos encontremos ante una auténtica sustitución en la que priman criterios preventivo especiales. La naturaleza jurídica no ya de la RPSIM, sino de estas transformaciones de la pena privativa de libertad subsidiaria a la multa, determina la respuesta que deba arbitrarse en caso de incumplimiento de las formas sustitutivas de ejecución. En efecto de incumplirse la pena de localización permanente o los TBC debe retornarse a la pena sustituida descontando, en su caso, la parte del tiempo que haya cumplido conforme a las reglas de conversión que dieron lugar a las mismas, sin que quepa deducir testimonio por un delito de quebrantamiento de condena y sin que, en este caso quepa proceder nuevamente a su sustitución, de forma análoga a lo establecido en el art. 86.3 CP.

5ª.12. El presupuesto al que se anuda el surgimiento de esta pena privativa de libertad es independiente de la voluntad del reo. No tratándose de una pena alternativa al cumplimiento de la sanción impuesta en el fallo, una vez libre la vía de apremio, el juez debe disponer todo lo necesario para lograr la satisfacción última de la sanción económica impuesta. Sólo cuando decaiga la vía de apremio y se declare la insolvencia del condenado, puede surgir la responsabilidad subsidiaria, incluso tratándose de un impago parcial. De lo contrario, el penado solvente podría eludir el pago de la multa y optar por la responsabilidad personal para, posteriormente intentar acogerse al instituto de la suspensión de la condena, posibilidad que no resulta claramente prohibida aunque no sea compartida.

6ª.12. Debería eliminarse la práctica judicial automatizada y reiterada en todas las resoluciones consistente en mencionar una única forma de cumplimiento de esta responsabilidad subsidiaria –la prisión– que pareciera excluir otras modalidades que puedan establecerse en la fase de ejecución, esencialmente cuando el sujeto no ha sido condenado a otras penas de prisión con la que pudiera refundirse, en supuestos de primariedad delictiva y en los casos en los que el número de cuotas impagadas de lugar, conforme a la regla de transformación prevista a una pena privativa de libertad de corta duración (inferior a tres meses), dado que hay que considerar no aplicable la regla prevista en el art. 71.2 CP, por contener el art. 53 CP un sistema propio de sustituciones.

7ª.12. En lo que respecta a los delitos leves, a pesar de los términos potestativos del art. 53, su conversión en una alternativa a la prisión (localización permanente, pero también TBC) se muestra imperativa, pues lo contrario supondría aplicar a delitos leves una pena –la de prisión– destinada a delitos menos graves o graves.

8ª.12.Ya sea una pena de multa por cuotas o proporcional, resultando ésta impagada, la responsabilidad subsidiaria puede ejecutarse o ser suplida mediante trabajos comunitarios, debiendo el órgano jurisdiccional requerir el consentimiento del penado. Sin embargo, una interpretación en exceso garantista de este requisito llega a requerir no ya su anuencia sino la propia petición por parte del penado, que para ello debe conocer tal posibilidad y su alcance, siendo que en muchos casos acudirá, tal y como establece la LECrim, sin abogado.

9ª.12. Resulta criticable el desmesurado marco de discrecionalidad con que cuenta el órgano jurisdiccional para establecer la responsabilidad subsidiaria que proceda en caso de resultar impagada la multa proporcional. La privación de libertad señalada resultará difícilmente revisable a través de recurso por la ausencia de reglas positivas especificas en que basar la motivación. En estos casos y dado que no se establece un módulo de conversión fijo, parece adecuado considerar que el órgano jurisdiccional quede limitado por el principio acusatorio para que se pueda discutir sobre su extensión.

10ª.12. El loable propósito de evitar penas cortas privativas de libertad no puede llevar a utilizar el mecanismo de la suspensión de la condena, aun cuando la RPSIM sea catalogada como una pena privativa de libertad, al menos cuando no sea acumulada a otra pena de prisión. En realidad no se trata de una pena privativa de libertad inferior a dos años "impuesta en sentencia" con carácter principal, sino que debe seguir el recorrido que le marca el art. 53 CP que contiene un sistema sustitutivo propio y que, de lo contrario, quedaría sin eficacia pues el sujeto no tendría interés en consentir los TBC sabiendo que la prisión no va a ser ejecutada.

11ª.12. Siendo la RSIM una pena en sí misma criticable por lo que de contravención al principio de proporcionalidad e igualdad conlleva, la solución debiera pasar por arbitrar mecanismos que, sin utilizar un sistema de conversión de dos niveles limitase el recurso a una pena corta privativa de libertad: dejar sin ejecución la pena con carácter provisional o definitivo u optar por una conversión primaria de la multa impagada en TBC o en localización permanente, sin tener que recurrir a la pena de prisión como paso previo.

1ª.13. Los beneficios penitenciarios constituyen una institución consolidada en el ordenamiento jurídico español como modalidad reduccionista de la pena de prisión, si bien su actual regulación en el artículo 202 del Reglamento Penitenciario no está exenta de críticas tanto por la técnica legislativa empleada –incluidos en un Reglamento en lugar de una Ley Orgánica– como por la indefinición en su regulación en tanto el artículo 202.1 los define, de manera abierta, como «aquellas medidas que permiten la reducción de la duración de la condena impuesta en sentencia firme o de la del tiempo efectivo de la condena», lo cual permitiría incluir un catálogo muy amplio de beneficios, tales como la libertad condicional, el indulto, los permisos de salida, el régimen abierto, los internamiento en centros hospitalarios, etc.

2ª.13. Pese a la división doctrinal existente, en la actualidad los beneficios penitenciarios regulados expresamente como tales en nuestro ordenamiento jurídico son tres: i) el adelantamiento de la libertad condicional; ii) el indulto parcial; y iii) la redención de penas por el trabajo. Este sistema de numerus clausus es así porque el artículo 202.2 del Reglamento Penitenciario otorga expresamente semejante consideración a los dos primeros mientras que el tercero, pese a haber sido expresamente derogado, continúa aún aplicándose a los 226 internos que, a fecha de 30 de noviembre de 2016, siguen cumpliendo condena en virtud del Texto Refundido de Código Penal de 1995, procediéndose a su supresión definitiva como beneficio penitenciario en el instante en el que el último cumpla la pena impuesta.

3ª.13. La redención de penas por el trabajo constituye por antonomasia uno de los beneficios penitenciarios más utilizados y recurridos por el legislador a lo largo de la historia, constituyendo el germen de los actuales. Sin embargo, su aplicación se ha ido desvirtuando desde su creación en tanto originariamente se configuraba como una medida puntual orientada a los presos por delitos políticos, de ahí se extendió a los reclusos comunes para acabar aplicándose de manera indiscriminada, con el propósito de reducir la masificación existente en las prisiones, a todo penado por el mero hecho de realizar cualquier trabajo de naturaleza útil, retribuido o gratuito, intelectual o manual, dentro o fuera del establecimiento penitenciario.

La praxis del beneficio penitenciario –y, en este caso particular, de la redención– resulta muy positiva ya que con ello se quiere vincular al adecuado proceso de reeducación y reinserción social, mediante el desarrollo de actividades laborales, creando una especial relación o motivación adicional que alente y fomente en los internos la Administración Penitenciaria con un fin claro: la reducción del tiempo de condena como contraprestación por la realización de actividades vinculadas a la reinserción social. Sin embrago, este equilibrio se rompe en el momento en el que la Administración no puede ofertar los trabajos necesarios para que todos los internos tengan la opción de redimir pena, comenzando ahí a desvirtuarse el citado proceso, lo cual se plasma en el instante en el que comienza a reconocerse como trabajos actividades rutinarias que poco o nada tienen que ver con el tratamiento y sí con las obligaciones que debe cumplimentar el interno –el supuesto más relevante de esta mala praxis han sido las tareas de limpieza e higiene–. En ese preciso momento es cuando empieza a morir la figura de la redención de penas por el trabajo a favor del "café para todos", lo cual derivó en unas consecuencias incomprensibles para la sociedad y en la necesidad de articular interpretaciones jurídicas de dudosa legalidad –piénsese, en la doctrina Parot– para evitar la excarcelación de internos cuyo período de cumplimiento de condena era incomprensible para la sociedad, conforme al delito cometido, poniendo en serie duda los fundamentos de la propia prevención general.

4ª.13. No se aconseja la reincorporación de la redención de penas por el trabajo al ordenamiento jurídico: i) dada la probada incapacidad de la Administración para poder ofertar plazas de estas características a la totalidad de la población reclusa con las garantías que debe reunir, sin que se convierta en un reconocimiento automático sino como actuaciones propias encuadrables en el tratamiento del interno; y ii) por la existencia de otras medidas, alternativas o, en definitiva, beneficios penitenciarios en sentido amplio, que responden de forma muy parecida a las premisas características de la redención de penas por el trabajo: disminución de la condena o cumplimiento fuera del entorno penitenciario, situación que se alcanza con una actividad colaborativa, participativa y positiva en los distintos recursos que la Administración Penitenciaria pone a disposición de los internos durante el cumplimiento de la condena, como estrategias y actuaciones tendentes a lograr la efectiva reinserción social del penado.

5ª.13. La Libertad condicional no debe considerarse un cuarto grado de tratamiento penitenciario, tal y como señala la Ley Orgánica General Penitenciaria, sino, conforme a lo establecido en el Código Penal, una modalidad suspensiva en la ejecución de la pena privativa de libertad, la cual, en sus supuestos excepcionales, se configura además como auténtico beneficio penitenciario –expresamente regulado como tal en el Reglamento Penitenciario–, toda vez que conlleva una reducción adicional en la ejecución de la pena de prisión a la, ya de por sí, inicialmente establecida conforme al criterio de la extinción de las tres cuartas partes de la condena. Pero semejante disimilitud se basa además en criterios objetivos y perfectamente diferenciables, tal y como pueden ser, por ejemplo, sus distintos procedimientos de concesión y la progresión/regresión de grado, lo cual hace que se configuren como dos realidades diferentes.

1ª.14. En relación con la variable que hace referencia a la relación entre los funcionarios de prisiones y los internos, los resultados conjuntos de ambos centros penitenciarios indican que la hipótesis del cumplimiento de la reeducación y reinserción social se verifica parcialmente, ya que los porcentajes de respuesta positiva con respecto a la relación y el trato que los internos reciben por parte de los funcionarios se mueve entre un 37,50% y un 48,22%, y superan con creces a las respuestas de naturaleza negativa, las cuales se mueven en porcentajes que van del 20,99% al 34,37%.

2ª.14. En los dos centros penitenciarios destaca el porcentaje de respuesta positiva que los internos otorgan a la pregunta s62 («No siento miedo de que el personal me vaya a golpear, insultar, o amenazar»), un 48,22%, frente al 30,36% que se inclinan por una respuesta de carácter negativo («en desacuerdo» o «muy en desacuerdo»).

3ª.14. Hay diferencias palpables entre ambos centros en lo relativo a la relación entre los funcionarios y los internos. Así, en relación al primer centro, y ante la pregunta que versaba sobre el apoyo recibido por parte del personal de la prisión (pregunta s6), el 58,75% de los internos se mostraba se mostraba «de acuerdo» o «muy de acuerdo» con esta afirmación. Por el contrario, apenas un 38,89% de los encuestados del segundo centro agrupó sus respuestas en torno a esas dos opciones de naturaleza positiva, lo cual supone 20 puntos menos que con respecto al primer centro. En relación con la presencia de amabilidad en el trato con el funcionariado (pregunta s48) pudo observarse, nuevamente, que el 51,25% de los internos que se encontraba cumpliendo condena en el primer centro manifestaba su acuerdo con dicha afirmación, entrando en contraste con el 29,86% de los internos en el segundo centro, los cuales eligieron las opciones de respuesta «de acuerdo» o «muy de acuerdo». En este segundo centro, un 35,42% de los encuestados consideró que el personal no le trataba con amabilidad. A partir de los datos presentados, puede afirmarse que las opciones de cumplir con el mandato constitucional *ex* 25.2 CE (reeducación y reinserción social) son más benignas en el primer centro que en el segundo, si se contempla la variable relativa a la relación entre internos y funcionarios.

4ª.14. Los datos indican que las relaciones entre internos, en general, también son propicias para conseguir el mandato resocializador contenido en el artículo 25.2 CE. Un 62,06% declaró no estar de acuerdo con una elevada presencia de peleas en su módulo (pregunta s66), mientras que apenas un 14,73 mostraba su acuerdo con dicha afirmación. Por su parte, el 40,18% de los encuestados se oponía a la necesidad de formar parte de un grupo para «salir adelante», frente a un 29,91% que consideraba lo contrario. Como contraposición a las respuestas otorgadas en relación a las dos preguntas que se acaban de analizar, un 51,79% de los reclusos encuestados de ambos centros penitenciarios manifestaba su grado de acuerdo con respecto a los problemas que causan las drogas en prisión (pregunta s107), mientras que apenas un 18,30% se decantó por la opción contraria.

5ª.14. También hay algunas diferencias entre ambos centros en lo relativo a las relaciones entre internos. Así, en el primer centro, un 53,75% de los internos mostraron un buen grado de acuerdo en relación a la pregunta s114 («En esta prisión puedo relajarme y ser yo mismo en presencia de otros internos»), mientras que dicho porcentaje alcanzó un 34,03% con respecto a los internos del segundo centro, es decir, casi 20 puntos menos. La pregunta que suscitó más discrepancia entre los encuestados fue la s117 («En esta prisión no se tolera que unos internos acosen a otros»): un 61,25% de los internos del primer centro manifestaron estar «de acuerdo» o «muy de acuerdo» con la afirmación que contenía la mencionada pregunta, mientras que en el caso de los reclusos del segundo centro, un escaso

34,03% se inclinó por las mencionadas dos opciones de respuesta. En el resto de preguntas seleccionadas de esta dimensión pudo apreciarse cómo coincidían, en bloque, el grado de acuerdo o desacuerdo entre los internos de la prisión 1 y la prisión 2.

6ª.14. En cuanto a la percepción de los reclusos sobre el ambiente en prisión, es ésta la variable que presenta los peores porcentajes en el contexto de la calidad de vida penitenciara de cara a la eventual verificación de la hipótesis de partida y sus repercusiones de cara al objetivo de la resocialización, tenemos que el 43,30% de los encuestados no consideraban que, durante su estancia en prisión, se les proporcionase ayuda para hacer planes para no delinquir una vez volvieran a estar en libertad (pregunta s15), frente a un 37,94% que opinaba que sí. Un 38,40% de los internos valoró de forma negativa las condiciones de vida en el centro en el que estaban cumpliendo condena (pregunta s56), mientras que un 30,81% opinaba lo contrario. Por su parte, el 36,16% se encontraba «en desacuerdo» o «muy en desacuerdo» con la afirmación que consideraba el plan individual de tratamiento como útil (pregunta s115), frente a un 32,14% que se inclinaba por mostrar su conformidad con la pregunta planteada. En consecuencia, de los porcentajes que arroja la encuesta en ambos centros penitenciarios se desprende que el ambiente en prisión repercute negativamente en la consecución de la resocialización.

7ª.14. En esta dimensión, las diferencias más elevadas entre centros penitenciarios se dan en las respuestas a la afirmación que interpretaba la estancia en prisión como una pérdida de tiempo. Así, mientras que un 27,50% de la población penitenciaria del primer centro se posicionó en «muy de acuerdo» ante la pregunta planteada, dicho porcentaje alcanzó el 40,28% con respecto a los reclusos del segundo centro. Otra de las grandes diferencias pudo observarse en las respuestas dadas a considerar útil el plan de tratamiento, pues tan sólo el 18,75% de los encuestados en la primera prisión expresan una visión negativa (suma de «en desacuerdo» y «muy en desacuerdo»), frente al 45,83% (15,97% «en desacuerdo», más 29,86% «muy en desacuerdo») de sus homónimos en el segundo centro. Sobre esta base, cabe estimar que el ideal de la resocialización tiene más posibilidades de llevarse a cabo en el primer centro que en el segundo.

1ª.15. No se puede cuestionar la importancia de mecanismos técnicos para garantizar el cumplimiento de las penas.

2ª.15. La introducción de dispositivos electrónicos que hagan posible la superación de las contradicciones expansionistas/reduccionistas de la pena de prisión, debe valorarse de forma muy positiva.

3ª. 15. No obstante, ello exige el empleo de una técnica legislativa más depurada que la aquí seguida que pretende reducir el ámbito de la pena de prisión ampliando el de intervención penal, con lo que no solo no resuelve la citada contradicción, sino que la amplia y potencia todavía más.

4ª. 15. La creación del delito de inutilización de los dispositivos electrónicos de control de cumplimiento de penas, medidas cautelares o de seguridad, además de innecesaria resulta a todas luces disfuncional y contradictoria. Los supuestos más graves que pretende evitar ya estaban incriminados por el delito de desobediencia recibiendo ahora un tratamiento injustificadamente privilegiado y los restantes constituyen una nueva y criticable expansión penal desconocedora del ya olvidado principio de intervención mínima y negadora de sus verdaderos límites.

1ª.16. El régimen de la pena de prisión permanente revisable introducido en la legislación española a través de la Ley Orgánica 1/2015, de 30 de marzo, plantea importantes dudas sobre el necesario respeto del artículo 3 del Convenio Europeo de Derechos Humanos, teniendo en cuenta la jurisprudencia emanada del TEDH. La incorporación de esta pena ha supuesto un acercamiento a un cierto retribucionismo, contrario a las más modernas tendencias penalistas europeas, cada vez más inclinadas a los postulados garantistas conectados con la prevención especial.

2ª.16. Observada la gran similitud en el régimen jurídico de la ejecución de la pena en los Ordenamientos español y alemán, tanto a un nivel general, como respecto a la pena de prisión permanente revisable, debemos concluir que las diferencias esenciales van a estribar en los plazos de la posible revisión de esta pena, así como en las posibilidades reales o la real voluntad del legislador para que esta revisión se lleve a efecto. En la línea seguida por otros ordenamientos europeos como el francés, el Ordenamiento alemán posibilita la suspensión de la ejecución del resto de la pena privativa de la libertad perpetua, para conceder la libertad condicional, en un plazo bastante menor que el previsto en la normativa española, atendiendo a determinados requisitos, regulación más acertada en orden a la posible resocialización de los penados.

3ª.16. El régimen jurídico de la pena de prisión permanente revisable incorporado al Código español prevé la posible revisión a los veinticinco años, pero teniendo en cuenta los requisitos establecidos, podría convertir realmente esta pena en una cadena perpetua. Y resulta evidente que, si esto es así, supondría abiertamente un atentado contra la Constitución, y en particular una vulneración del artículo 15 CE y el artículo 3 CEDH, y sobre todo del artículo 25.2 CE, ya que sería absolutamente incompatible con el principio de reeducación o reinserción de los condenados a penas privativas de libertad. Además, la posible aplicación, en el Ordenamiento español, de una pena de hasta 40 años y el cumplimiento íntegro de la condena en los casos más graves, previsto en el artículo 78 CP, muestran su innecesariedad, así como los más que dudosos parámetros resocializadores y reeducadores del delincuente que se pretenden conseguir.

4ª.16. En absoluto consideramos necesaria la introducción en el Ordenamiento español de la pena de prisión permanente revisable, atendiendo a parámetros político-criminales, dando lugar a un injustificable endurecimiento de las penas, en el marco de un expansionismo negativo del Derecho penal.

1ª.17. La pena de cadena perpetua en Inglaterra y Gales supuso una alternativa, dura alternativa, en el sistema penal inglés. Hay que tener en cuenta que este modelo de sanción sustituyó a la pena de muerte con lo que se neutralizó a esta pero con parámetros de gran rigor punitivo.

2ª.17. Después de su introducción, en los años 70, se reguló con más detalle y respetando los derechos de los condenados al tener que revisar en algún momento el caso del sentenciado a cadena perpetua, obligado por las sentencias del Tribunal Europeo de Derechos Humanos y por las sentencias de sus Tribunales nacionales.

3ª.17. Destaca también la posibilidad de transformación de penas en multas. Lo cual permite bajar el número de presos en el sistema carcelario, uno de los más altos de Europa junto con el español. Una de las razones por las que se permite el cambio de la pena de prisión por una sanción económica es la práctica inexistencia del Derecho Administrativo sancionador. Es por ello, como ejemplo, que muchas de las sanciones administrativas que se regulan como tales en España, son tratadas por Tribunales penales en Inglaterra y Gales.

4ª.17. Finalmente, el sistema de penas en beneficio de la comunidad consiste en un sistema de prevención para los delitos menos graves. Se cruzan dos intereses en algunas de esas medidas, la incorporación a la rutina de determinadas personas con problemas de conducta y por otro lado un sistema de castigo no orientado a la prisión. Se ha discutido si son o no penas y si realmente coartan la libertad de los sujetos pero la conclusión de la doctrina es que es un sistema punitivo que restringe la libertad de los delincuentes aunque no sea mediante la prisión, pero sí como una de sus posibles alternativas reductoras en su aplicación.

Made in United States
North Haven, CT
20 January 2026

87028631R00352